3. Feb. 2000

Evangelisches
KIRCHENRECHT
in Bayern

Gerhard Grethlein
Hartmut Böttcher
Werner Hofmann
Hans-Peter Hübner

Evangelisches
KIRCHENRECHT
in Bayern

Claudius Verlag
München

Die Autoren

Dr. Gerhard Grethlein, geb. 1924, Oberstaatsanwalt a. D., Oberkirchenrat i. R., Mitglied des Bayer. Senats, langjähriger Leiter der dienstrechtlichen Abteilung im Landeskirchenamt München. Berater für Dienstrechtsfragen des Verbandes der Evang. Pfarrervereine in Deutschland.

Dr. Hartmut Böttcher, geb. 1943, Oberkirchenrat. Nach Tätigkeiten als Anwalt, Wissenschaftlicher Assistent und Staatsanwalt ab 1978 Referent im Kirchenrechtlichen Institut der EKD; seit 1980 juristischer Referent, seit 1994 Abteilungsleiter im Landeskirchenamt München.

Dr. Werner Hofmann, geb. 1931, Oberkirchenrat. Seit 1972 Leiter des Landeskirchenamts München; seit 1973 Mitglied des Rates der Evangelischen Kirche in Deutschland, seit 1986 Vorsitzender des Diakonischen Rates der EKD.

Dr. Hans-Peter Hübner, geb. 1961, Oberkirchenanwalt. Wissenschaftlicher Mitarbeiter am Hans-Liermann-Institut für Kirchenrecht und am Antikrechtlichen Institut der Universität Erlangen-Nürnberg; seit 1990 juristischer Referent im Landeskirchenamt München.

Die Deutsche Bibliothek – CIP-Einheitsaufnahme

Evangelisches Kirchenrecht in Bayern :
Gerhard Grethlein ... – München : Claudius Verl., 1994
ISBN 3-532-62166-5
NE: Grethlein, Gerhard

1. Auflage 1994

Gesamtherstellung: gwd Hans Venus GmbH, München

ISBN 3-532-62166-5

Inhaltsübersicht

Kapitel II: Die Mitarbeiter der Kirche

Vorwort

Als letzte zusammenfassende Darstellungen des Rechts der Evang.-Luth. Kirche in Bayern erschienen 1967 der Grundriß von *Gustav-Adolf Vischer* »Aufbau, Organisation und Dienstrecht der Evang.-Luth. Kirche in Bayern« und 1968 von *Adolf Rusam* das »Handbuch für Dekane, Pfarrer und kirchliche Mitarbeiter«. Beide Werke sind durch zahlreiche und grundlegende Rechtsänderungen völlig überholt.

Das jetzt vorgelegte »Evangelische Kirchenrecht in Bayern« möchte die seit langem bestehende Lücke schließen. Der Zeitpunkt dafür erscheint besonders geeignet, weil wichtige Gesetze in den letzten Jahren in Kraft getreten sind, anstehende Gesetzesvorhaben von grundlegender Bedeutung zumindest für die allernächste Zeit nicht zu erwarten sind.

Der schwierigste Teil der Arbeit der Autoren war das Weglassen. Wer die umfangreiche Rechtssammlung der Evang.-Luth. Kirche in Bayern kennt, wird dies verstehen. Uns kam es darauf an, die wesentlichen Linien des geltenden Rechts möglichst kurz darzustellen, ohne dabei wissenschaftliche Ansprüche außer acht zu lassen. Besonderen Raum nehmen das Verfassungsrecht, das Pfarrerrecht und das Recht der Kirchengemeinden ein, die sich u. E. in besonderer Weise für eine exemplarische Darstellung eignen.

Wichtig für die Verfasser war die Überlegung, daß das Kirchenrecht jeweils in der konkreten Situation eine Ordnung für Zusammenleben und Zusammenarbeit zur Verfügung stellen will, die der Erfüllung des Auftrages in der konkreten Situation unter den Umständen unserer Zeit dienen soll. Kirchenrecht ist weithin Recht der zweckmäßigen Gestaltung.

Die Zersplitterung des evangelischen Kirchenrechts, die in der Sache so nicht gebotene und kaum vertretbare unterschiedliche Gestaltung des Rechts in jeder Gliedkirche zwingen uns zu einer Darstellung des Rechts, wie es in der Evang.-Luth. Kirche in Bayern gilt. Doch haben wir immer wieder die allgemeinen Grundsätze des Rechts in der Kirche herausgestellt, auch auf die Problematik der einen oder anderen

Einzelregelung hingewiesen. Wir hoffen, daß dadurch das Buch auch Leserinnen und Lesern aus anderen Gliedkirchen nicht nur Anregungen liefert, sondern ihnen auch bei der täglichen Arbeit Nutzen bringt.

Wir wünschen uns, daß uns unser alles in allem recht schwieriges Vorhaben einigermaßen gelungen ist. Wir wollen den jungen Theologen und Theologinnen, die sich auf die Übernahme in den Pfarrdienst vorbereiten, Hilfe in diesem ihnen fremden Gebiet geben, damit sie in der Praxis ihres Amtes nicht zuviel Zeit auf diese äußeren Dinge verschwenden und durch ungeschickten Umgang mit dem Recht sich nicht unnötig Ärger aufladen. Das Buch möchte auch dazu helfen, Pfarrerinnen und Pfarrern sowie allen anderen kirchlichen Mitarbeiterinnen und Mitarbeitern das Leben etwas leichter zu machen. Wir meinen aber auch, daß das Buch allen interessierten Gemeindegliedern Anregung und Hilfe für ihren Dienst in der Kirche geben könnte. Zu den Funktionen des Rechts gehört es ja auch, für die normalen Lebensabläufe klare »Spielregeln« bereit zu halten, mit denen man sich zwar bei ihrer Schaffung gründlich beschäftigen muß, bei deren Anwendung aber nicht zuviel Zeit für diese in der Kirche doch sekundären Dinge verwendet werden sollte. Vor allem wünschen wir uns, daß das Buch dazu hilft, Schaden von der Kirche abzuwenden; solcher entsteht leider immer wieder, wenn im Zusammenleben das Recht gering geachtet und – als notwendige Folge – gerade die Schwächeren benachteiligt oder sonst schlecht behandelt werden. Recht und Ordnung haben allgemein wie in der Kirche nicht zuletzt auch den Schutz der Schwachen zum Ziel.

Die Autoren verantworten den vorliegenden Text gemeinsam. Im einzelnen haben bearbeitet: *Böttcher* die §§ 1–12, 14, 15, 49, 62–67 sowie den Teil D (Fälle); *Grethlein* die §§ 13, 16–36, 45–48, 58–61, 68–70 sowie die Hinweise zur Benutzung und die Nachschrift nach § 1 »Nachdenkliches – Nachdenkenswertes zum Kirchenrecht«; *Hübner* die §§ 37–44, 50 und 51. Die §§ 52–57 wurden von *Böttcher* und *Hübner* gemeinsam bearbeitet, ebenso das Sach-, Personen- und Begriffsverzeichnis.

Besonderen Dank schulden wir unseren Kollegen *Heinz Grempel (†), Jost Heinzel, Gerhard Hoyer,* Dr. *Hermann Krag* und Dr. *Gerhard Tröger* für die Durchsicht der ihre Spezialgebiete betreffenden Textabschnitte und für dabei gegebene wertvolle Hinweise, sowie – stellvertretend für andere – Frau *Ingrid Gölitz,* Frau *Rosa Maria Hoffmann,* Frau *Elisabeth Krafft* und Frau *Karin Sack* für die bewährte zuverlässige Hilfe beim Schreiben.

Eine besondere Bereicherung erfuhr das Werk durch die stets engagierten, sachkundigen und weiterführenden Hinweise unseres verstorbenen theologischen Kollegen D. *Hugo Maser.* Viele Anregungen haben wir auch aus den Arbeiten unseres verstorbenen juristischen Kollegen Dr. *Gustav-Adolf Vischer* gewonnen. Dem Andenken beider sei daher dieses Buch gewidmet.

Hartmut Böttcher *Gerhard Grethlein*
Werner Hofmann *Hans-Peter Hübner*

Hinweise zur Benutzung

1. Im Recht kann niemand alle Einzelheiten wissen, schon gar nicht ein ehrenamtlicher Mitarbeiter oder ein Pfarrer, der in seinem Dienst vor allem das zu tun hat, was ihm in der Ordination aufgetragen wurde. Wo es um die (konkrete) Rechtsanwendung, wo es um Einzelheiten geht, hilft nur ein Nachschlagen in der Rechtssammlung: Nichts fördert die Rechtsanwendung mehr als die Kenntnis und Beachtung des Gesetzes. Wir haben deshalb am Rand – und damit besonders betont – die entsprechende Fundstelle in der Rechtssammlung angegeben, damit der Leser, der Fälle lösen oder das Recht auf einen konkreten Fall anwenden will, an das Nachschlagen im Gesetzestext gewöhnt wird. Gut im Kirchenrecht ist ja nicht der, der viele Paragraphen auswendig kennt (richtiger: zu kennen meint), sondern der, der die Zusammenhänge des Kirchenrechts erfaßt hat (und sich immer bewußt ist, daß es auch im Recht der Kirche allein darum geht, dem Auftrag der Kirche zu dienen). Um auch in dem schon möglichst knapp gehaltenen Text deutlich zu machen, was besonders wichtig und was für einen ersten Überblick vielleicht weniger wichtig ist, haben wir uns für letzteres des **Kleindrucks** bedient. **Fettdruck** einzelner Worte soll den Überblick erleichtern, vergleichbar einer (so vermiedenen) Überschrift.

2. Eine besondere Hilfe wollen wir an drei uns besonders wichtigen Punkten geben: Im Hauptteil D werden **kirchenrechtliche Fälle** dargestellt und ihre Lösung erarbeitet, so daß der Leser Anleitung zum Umgang mit dem Recht in der Praxis erhält. Es handelt sich dabei um Fälle, wie sie als Klausuren in der Theologischen Anstellungsprüfung gestellt worden sind. Zum anderen bringen wir eine kurze Darstellung zur Frage der Stellung der Kirche im Staat und ihren sich daraus ergebenden Möglichkeiten nach der **Rechtsprechung des Bundesverfassungsgerichts** – überwiegend mit den Worten des Gerichts selbst – (s. § 13); wir meinen, die Kenntnis dieser Grundlagen für das freie Handeln der Kirche in unserem Staat des Grundgesetzes sei außerordentlich wichtig, aber zu wenig bekannt. Endlich wollen wir durch eine Gegenüberstellung der sich **überschneidenden »Zuständigkeiten« von Pfarrer und Kirchenvorstand** (s. § 20 bei 4.) verdeutlichen, was das »einander zugeordnet und aneinander gewiesen« (KVerf Art. 4 Abs. 1) für die Leitung der Gemeinde einer Kirche bedeutet, die nur das geschwisterliche Miteinander kennt, nicht die Überordnung der einen über die anderen. Auch wird dadurch etwas von dem Grundsatz der »arbeitsteiligen Gemeinschaft und gegensei-

tigen Verantwortung« (KVerf Art. 40 Abs. 1) spürbar, der allgemein für Leitungsaufgaben in unserer Kirche gilt.

3. Verhältnismäßig umfangreiche **Literaturhinweise** sollen es ermöglichen, vertieft weiterzuarbeiten, die Meinungsvielfalt zu erleben, auf deren Darstellung in diesem Grundriß aus Raumgründen verzichtet werden mußte. Besondere Bedeutung kommt u.E. dem Evangelischen Staatslexikon (begr. von *H. Kunst* u. *S. Grundmann*, hrsg. v. *R. Herzog, H. Kunst, K. Schlaich, W. Schneemelcher,* 3. Aufl. Stuttgart 1987), dem »Staatskirchenrecht« von *A. Frhr. v. Campenhausen* (2. Aufl. München 1983), dem Kommentar zur bayerischen Kirchenverfassung von *W. v. Ammon/R. Rusam* (Verfassung der Evangelisch-Lutherischen Kirche in Bayern vom 20.11.1971, 2. Aufl. München 1985) und dem »Arbeitsrecht in der Kirche« von *R. Richardi* (2. Aufl. München 1992) zu; von besonderer rechtlicher Bedeutung ist die Zeitschrift für evangelisches Kirchenrecht, die im Laufe der Jahre praktisch alle wesentlichen Rechtsfragen aufgegriffen hat, und die Reihe Jus Ecclesiasticum mit ihren wissenschaftlich wertvollen Monographien. Auf diese Veröffentlichungen wurde vor allem verwiesen. Aus dem Bereich unserer Kirche besonders leicht zugänglich wurden das Deutsche Pfarrerblatt, die Lutherischen Monatshefte, die Nachrichten der ELKiB und das Korrespondenzblatt des bayerischen Pfarrer- und Pfarrerinnenvereins beachtet. Im Rahmen des Möglichen haben wir auf die Rechtsprechungsbeilage zum Amtsblatt der EKD hingewiesen. Um der Sache willen war es nicht zu umgehen, besonders wichtige Entscheidungen, vor allem des Bundesverfassungsgerichts, und wesentliche Aufsätze auch aus der juristischen Fachliteratur zu zitieren.

4. Ein besonderes Problem für uns war die **Schreibweise von Worten,** die für **Frauen und Männer** in gleicher Weise gelten. Wir wissen, daß viele Frauen darunter leiden, wenn nur von dem Pfarrer, dem Angestellten, dem Mitarbeiter die Rede ist, daß sie als Frauen genannt sein wollen[1)]. Dennoch entschlossen wir uns, wenn auch schweren Herzens, bei der üblichen Schreibweise zu bleiben[2)], zumal nur so die einheitliche Diktion auch an den (zahlreichen) Stellen gewahrt werden

1) *U. Gräßel,* Oh Mann, oh Mann, KorrBl 1990, H. 3 S. 44; *dies.,* Der Mann, das geschlechtsneutrale Wesen?, Zum Sexismus in der Sprache, Nachrichten 1990, H. 9 S. 171.

2) Vgl. *Otto,* Bürgernahe Sprache in der Verwaltung, hrsg. v. Bayer. Staatsministerium des Innern, 3. Aufl. 1988, bes. Nr. 4.2.1 – 4.3.2 und 4.3.1 – 4.3.3; besonders für die Rechtssprache: *G. Kastendieck,* Gleichberechtigung in der Rechtssprache. Praktische Überlegungen zu einer frauenpolitischen Forderung, ZevKR 35 (1990) S. 43-56 (u.E. überzeugend). – Vgl. auch *Lippold,* »Ihr Christen alle Frau und Mann«. Zur Frage der inklusiven Sprache im Gesangbuch, DPfBl 1989, H. 4 S. 138 f.

kann, in denen der Gesetzestext[3] zitiert wird. Zu schreiben: »Der/Die Pfarrer(in)« macht das Lesen sehr schwerfällig. Die für Nichtjuristen schon schwierige Lektüre über das Recht sollte nicht noch mehr erschwert werden. Auch zu schreiben: »Die MitarbeiterInnen« schien uns zu problematisch, zumal sogar die Sprachwissenschaftlerin *Maria Dose* vom Duden-Institut diese Schreibweise als geradezu »abartig« abqualifiziert hat[4]. – Wir trösten uns damit, daß Frauen und Männer gleicherweise gemeint sind, wenn man von »dem Menschen«, von »der Person« spricht. Bei allen anderen (auch) geschlechtsspezifischen Bezeichnungen möge der Leser in Gedanken ein »utriusque generis« (= beiderlei Geschlechts) hinzufügen[5]. Wir hoffen, daß die Leserinnen sich über diese unsere Entscheidung nicht ärgern und bitten, wo doch Ärger entsteht, um Nachsicht. Wir versichern, daß es uns allein darum gegangen ist, den Text möglichst nicht noch schwerer lesbar zu machen als es bei juristischen Texten ohnehin schon unumgänglich ist.

5. Beim **Zitieren** von Vorschriften wird – abweichend von der üblichen Zitierweise – im Hinblick auf den im Umgang mit dem Recht weithin nicht so bewanderten Leserkreis zuerst das Gesetz genannt (z. B. KVerf Art. x; KGO § y Abs. 2). Doch wird in einem Abschnitt, in dem ein bestimmtes Gesetz behandelt wird, dieses Gesetz nur beim ersten Zitat angeführt; die folgenden Angaben über Paragraphen oder Artikel beziehen sich, wo nicht anders angegeben, auf dieses Gesetz. Wo in Fußnoten verkürzte Literaturtitel-Zitierungen zu finden sind, ergeben sich die vollständigen Angaben aus der Übersicht zur Literatur am Ende der jeweiligen Kapitel.

6. Juristische Fachausdrücke (z. B. »Einvernehmen«, »Benehmen«, »juristische Person«) oder Ausdrücke mit einer in der Rechtssprache spezifischen Bedeutung (z. B. »grundsätzlich«) haben wir in Texteinschüben unter dem Hinweis »Beachte« erläutert. Über das Schlagwortverzeichnis sind diese leicht erschließbar.

3) Deshalb wird dort, wo ein Kirchengesetz Frauen und Männer besonders benennt (z. B. »Vertrauensfrau/Vertrauensmann«) auch hier entsprechend formuliert.
4) Nürnberger Nachrichten vom 26.7.1989, S. 3.
5) Wie es *Walter Jens* bei dem Wort »Schriftsteller« in seinem »Plädoyer gegen die Preisgabe der DDR-Kultur« (Süddeutsche Zeitung v. 16./17.6.1990, S. 14) getan hat.

Abkürzungsverzeichnis

a.A.	anderer Ansicht **oder** am Anfang
a.a.O.	am angegebenen Ort
ABest	Ausführungsbestimmungen
ABl	Amtsblatt
Abs.	Absatz
Abschn.	Abschnitt
a.E.	am Ende
allg.	allgemein
v. Ammon/Rusam	*W. v. Ammon/R. Rusam,* Verfassung der Evangelisch-Lutherischen Kirche in Bayern, 2. Aufl. München 1985
Anm.	Anmerkung
ARRG	Arbeitsrechtsregelungsgesetz – RS 770
Art.	Artikel
A.T.	Altes Testament
Aufl.	Auflage
AV	Ausführungsvorschrift, Ausführungsverordnung (etwa zu Kirchengesetzen)
AVR	Arbeitsvertragsrichtlinien, gegebenenfalls mit Zusatz (wie DW Bay., DW EKD)
AVR DC	Richtlinien für Arbeitsverträge des Deutschen Caritasverbandes
AVerG	Amtspflichtverletzungsgesetz – RS 960 (früher Amtszuchtgesetz = AZG; jetzt Disziplinargesetz = DiszG)
BAG	Bundesarbeitsgericht
BAT	Bundesangestellten-Tarifvertrag – RS 655
bay.	bayerisch
BayRS	Bayerische Rechtssammlung
BayVBl.	Bayerische Verwaltungsblätter
Bd.	Band
Beil.	Beilage
Bek.	Bekanntmachung
bes.	besonders
BGB (EGBGB)	Bürgerliches Gesetzbuch (Einführungsgesetz zum BGB)
BGBl I	Bundesgesetzblatt Teil I
BGHSt	Entscheidungen des Bundesgerichtshofs in Strafsachen
BGHZ	Entscheidungen des Bundesgerichtshofs in Zivilsachen

Bund	Bund Evangelischer Kirchen in der DDR
Buchst.	Buchstabe(n)
BV	Verfassung des Freistaates Bayern vom 2.12.1946
BVerfG	Bundesverfassungsgericht
BVerwG	Bundesverwaltungsgericht
CA	Confessio Augustana: Die Augsburgische Konfession, zitiert in der verkürzten Fassung des EKG S. 760 ff.
C. I. C. 1983	Codex Iuris Canonici von 1983
v. Campenhausen	*A. Frhr. v. Campenhausen,* Staatskirchenrecht. Ein Studienbuch, 2. Aufl. München 1983 (C. H. Beck: Juristische Kurzlehrbücher)
DBO	Dekanatsbezirksordnung – RS 310
DDR	Deutsche Demokratische Republik
DenkmSchG	Denkmalschutz-Gesetz
ders.	derselbe
DGB	Deutscher Gewerkschaftsbund
DiakG	Diakonengesetz – RS 640
DiVO	Dienstvertragsordnung der ELKiB – RS 650
DÖV	Die Öffentliche Verwaltung
DPfBl.	Deutsches Pfarrerblatt, hrsg. v. Verband Evang. Pfarrervereine in Deutschland e.V.
DSG	Datenschutz-Gesetz
DV	Verordnung(en) zur Durchführung ...
DVBl	Deutsche Verwaltungsblätter
DW	Diakonisches Werk
E	Entscheidung (in Zusammenhang mit einem Gericht: amtliche Entscheidungssammlung)
EKD	Evangelische Kirche in Deutschland
EKD GO	Grundordnung der Evangelischen Kirche in Deutschland – RS 70, teilweise auch nur GO
EKD KMitgliedG	Mitgliedschaftsgesetz der Evangelischen Kirche in Deutschland – RS 230
EKG/EG	Evangelisches Kirchengesangbuch, Ausgabe für die ELKiB/Evangelisches Gesangbuch
EKL	Evangelisches Kirchenlexikon, 2. u. 3. Aufl. Göttingen 1961/1986
EKU	Evangelische Kirche der Union
ELKiB	Evangelisch-Lutherische Kirche in Bayern
EMRK	Europäische Konvention zum Schutze der Menschenrechte und Grundfreiheiten

Eph.	Brief an die Epheser
ErprobG	Erprobungsgesetz – RS 500/1
EuZW	Europäische Zeitschrift für Wirtschaftsrecht
e.V.	eingetragener Verein
evang.	evangelisch
Ev. Komm	Evangelische Kommentare
EvStL	Evangelisches Staatslexikon, hrsg. v. R. Herzog, H. Kunst, K. Schlaich, W. Schneemelcher, 3. Aufl. (soweit nichts anderes angegeben), Stuttgart 1987
f., ff.	folgende Seite(n); Paragraphen u. ä.
Fn.	Fußnote
FS	Festschrift
G (auch Ges.)	Gesetz
gem.	gemäß
GG	Grundgesetz der Bundesrepublik Deutschland vom 23. 5. 1949 – RS 100
GKV	Gesamtkirchenverwaltung
GO	Grundordnung (der EKD – RS 70)
GVBl	Bay. Gesetz- und Verordnungsblatt
H.	Heft
HdbBayStKirchR	*O. Voll,* Handbuch des Bayerischen Staatskirchenrechts, München 1985
HdbKathKR	Handbuch des Katholischen Kirchenrechts, hrsg. von *J. Listl* u. a., Regensburg 1983
HdbStKirchR	Handbuch des Staatskirchenrechts der Bundesrepublik Deutschland, hrsg. v. *E. Friesenhahn* u. *U. Scheuner* i. V. m. *J. Listl,* 2 Bde., Berlin 1974 u. 1975 (Eine Neuauflage, hrsg. von *J. Listl* u. *D. Pirson,* ist in Vorbereitung, war aber bei Drucklegung noch nicht erschienen.)
HdbStR	Handbuch des Staatsrechts der Bundesrepublik Deutschland, hrsg. von *J. Isensee* u. *P. Kirchhof,* Heidelberg 1989
Hes.	Hesekiel
Hrsg., hrsg. v.	Herausgeber, herausgegeben von
HS.	Halbsatz
i.d.F.v.	in der Fassung vom
i.d.R.	in der Regel
IM	Innere Mission

i.S.v., i.S.d.	im Sinne von ..., im Sinne des/der
i.V.m.	in Verbindung mit
Jer.	Jeremia
Jes.	Jesaia
Joh.	Johannes
Jus Eccl.	Jus Ecclesiasticum. Beiträge zum evangelischen Kirchenrecht und zum Staatskirchenrecht, hrsg. v. *A. v. Campenhausen, M. Daur, M. Heckel, Ch. Link, K. Schlaich, G. Tröger,* J. C. B. Mohr (Paul Siebeck), Tübingen
JZ	Juristenzeitung
K.	Kirche
KABl	Kirchliches Amtsblatt ... (ohne Zusatz: der ELKiB)
KBBesG	Kirchenbeamtenbesoldungsgesetz – RS 605
KBErgG	Kirchenbeamtenergänzungsgesetz – RS 601
KBG	Kirchenbeamtengesetz – RS 600
KirchE	Entscheidungen in Kirchensachen seit 1946, Berlin 1963 ff.
KirchStG	Kirchensteuergesetz – RS 430
KirchStErhebG	Kirchensteuererhebungsgesetz – RS 432
KG	Kirchengesetz
KGliedG	Gliedschaftsgesetz – RS 236
KGO	Kirchengemeindeordnung – RS 300
Kor.	Brief an die Korinther
KorrBl.	Korrespondenzblatt, hrsg. v. Pfarrer- und Pfarrerinnenverein in der ELKiB
KSchG	Kündigungsschutzgesetz
KV	Kirchenvorstand, Kirchenvorsteher(in)
KVG	Kirchliches Verwaltungsgericht (ELKiB)
KVerf	Verfassung der ELKiB – RS 1
LAG	Landesarbeitsgericht
LDO	Lehrerdienstordnung – RS 130
LK	Lutherische Kirche
Lk.	Landeskirche
LKA	Landeskirchenamt
LKR	Landeskirchenrat
LM	Lutherische Monatshefte, Lutherisches Verlagshaus Hannover
LS	Landessynode

Ls.	Leitsatz (bei Gerichtsentscheidungen)
LSA	Landessynodalausschuß
Luk.	Lukas
luth.	lutherisch
LWB	Lutherischer Weltbund
Mark.	Markus
Matth.	Matthäus
MDR	Monatszeitschrift für Deutsches Recht
Mos.	Mose
m. w. N.	mit weiteren Nachweisen
MTL	Manteltarifvertrag für Arbeiter der Länder
MVG	Mitarbeitervertretungsgesetz – RS 800
Nachrichten	Nachrichten der ELKiB, hrsg. im Auftrag des Evangelisch-Lutherischen LKR
NELK	Nordelbische Evangelisch-Lutherische Kirche
NJW	Neue Juristische Wochenschrift
Nr.	Nummer
N.T.	Neues Testament
NVwZ	Neue Zeitschrift für Verwaltungsrecht
NZA	Neue Zeitschrift für Arbeits- und Sozialrecht
O	Ordnung (in zusammengesetzten Worten)
o., o.ä.	oder oder oben; oder ähnlich
OKL	Ordnung des kirchlichen Lebens – RS 200
OKL AnwG	OKL – Anwendungsgesetz – RS 210
ÖRK	Ökumenischer Rat der Kirchen
PfG	Pfarrergesetz – RS 500
PfBesG	Pfarrbesoldungsgesetz – RS 550
PfStBO	Pfarrstellenbesetzungsordnung – RS 510
Phil.	Brief an die Philipper
PrädG	Prädikantengesetz – RS 545
Rdnr.	Randnummer
Richardi, Arbeitsrecht	*R. Richardi,* Arbeitsrecht in der Kirche. Staatliches Arbeitsrecht und kirchliches Dienstrecht, 2. Aufl. München 1992
Richardi, NZA	Das Selbstbestimmungsrecht der Kirchen im Arbeitsrecht, NZA Beil. 1 zu H. 3/1986, S. 3–10
RKEG	Reichsgesetz über die religiöse Kindererziehung – RS 240

Röm.	Brief an die Römer
röm.-kath.	römisch-katholisch
RS	Rechtssammlung der ELKiB, hrsg. v. LKR der ELKiB, bearbeitet v. *J. Heinzel,* Loseblattsammlung bei C. H. Beck, München
RSprB.	Rechtssprechungsbeilage (jährliche, zum ABl EKD) mit der Angabe des Jahres und der S. oder Nr. der Entscheidung
RU	Religionsunterricht
s., s.a.	siehe, siehe auch
s.o., s.u.	siehe oben, siehe unten
S.	Satz oder Seite
Sp.	Spalte
St.	Staat **oder** Steuer
StL	Staatslexikon, hrsg. v. d. Görres-Gesellschaft, 7. Aufl. Freiburg-Basel-Wien 1985 ff.
StG	Stiftungsgesetz
Tim.	Brief an Timotheus
TRE	Theologische Realenzyklopädie, Berlin-New York 1976 ff.
u., u.a., u.ä.	und oder unten; und andere, und ähnliches
u. dgl.	und dergleichen
u.A., u.E., u.M.	unserer Ansicht, unseres Ermessens, unserer Meinung
v.	von, vom
VELKD	Vereinigte Evangelisch-Lutherische Kirche Deutschlands
VELK DDR	Vereinigte Evangelisch-Lutherische Kirche in der DDR
Verf	Verfassung
VGH	(Bay.) Verwaltungsgerichtshof
V, VO	Verordnung
vgl.	vergleiche
VNG	Versorgungsneuregelungsgesetz – RS 760
Voll	Handbuch des Bay. Staatskirchenrechts, München 1985
VorbDG	Vorbereitungsdienstgesetz RS 520
VuVG	Verfassungs- und Verwaltungsgericht (der VELKD)
WRV	Verfassung des Deutschen Reiches vom 11. 8. 1919 (»Weimarer Verfassung«) – RS 101

z.B.	zum Beispiel
ZBR	Zeitschrift für Beamtenrecht
ZevKR	Zeitschrift für evangelisches Kirchenrecht, hrsg. v. *A. v. Campenhausen, Ch. Link, H.-M. Müller, D. Pirson, P. v. Tiling,* seit 1951, Tübingen
zust.	zustimmend
zwh.	zweifelhaft
z.Zt.	zur Zeit

EINFÜHRUNG

§ 1
Kirche und Recht

1. Die Kirche des Evangeliums tut sich seit jeher schwer mit dem Recht. Als Akt der Befreiung, als Bekenntnisakt[1] wurde die Verbrennung der päpstlichen Bannandrohungsbulle und des damals geltenden kirchlichen Gesetzbuches, des Corpus Iuris Canonici, durch Martin Luther im Dezember 1520 angesehen. In allen Stücken – so Luther – strebe das geistliche Recht »wider das Evangelium«[2], sei nicht vereinbar mit der durch dieses Evangelium vermittelten Freiheit. In ähnlicher Weise konnte noch 350 Jahre später der Leipziger Kirchenrechtler *Rudolph Sohm* die These vertreten, das Wesen der Kirche sei geistlich, das des Rechts dagegen weltlich. Das Wesen des Kirchenrechts stehe daher mit dem Wesen der Kirche in Widerspruch[3]. Von dieser Sicht wird eine gewisse, traditionelle Rechtsfeindlichkeit oder zumindest Rechtsfremdheit bzw. Gleichgültigkeit dem Recht gegenüber gerade lutherischer Theologen verständlich[4]. Dies um so mehr, als gerade die lutherischen Kirchen in den Zeiten des landesherrlichen Kirchenregiments sicher im staatlichen Schoße ruhten, sich auf das geistliche Wesen der Kirche konzentrieren konnten, und die Sorge für die äußere Organisation dem Staate überlassen blieb[5].

Im Rahmen dieses Buches ist eine eingehendere Auseinandersetzung mit der angedeuteten Problematik nicht möglich.

a) Wer Luther und auch die übrigen Reformatoren als Beleg für eine Voreingenommenheit gegenüber dem kirchlichen Recht zitiert, muß die historische Situation bedenken, in der diese standen und gegen die sie angingen: Nicht das Recht schlechthin stand in ihrer Kritik, sondern dessen Funktion und Bedeutung bei der Vermittlung und Erlangung des Heils. Die Befolgung des weit über den kirchlichen Bereich ausgreifenden kanonischen Rechts war nicht heilsnotwendig und zudem gewissensbelastend.

1) *H. M. Müller,* Der Umgang mit dem Recht in der evangelischen Kirche, in: Evangelische Landessynode in Württemberg (Hrsg.), Evangelische Freiheit – kirchliche Ordnung, S. 45.

2) *Martin Luther,* Warum des Papsts und seiner Jünger Bücher verbrannt sind, WA 7, S. 151/168. Wobei Luther, was oft übersehen wird, hier mit »geistlichem Recht« eindeutig allein jenes kirchliche Recht meint, das sein Wesen und seinen Geltungsgrund allein aus der kirchlichen Hierarchie und der Setzung durch diese ableitet.

3) *Rudolph Sohm,* Kirchenrecht Bd. I, Leipzig 1892, S. 1, 407, 700.

4) Wobei diese Grundeinstellung – ganz inkonsequent – Forderungen nach eingehenden Regelungen über Reise- und Umzugskosten, Dienstwohnungen, Urlaub u. a. nicht ausschließt!

5) *A. v. Campenhausen,* Das Problem der Rechtsgestalt, S. 48. Anders die reformierten Kirchen, die ihr Rechtsleben »unabhängig vom Staat, oft sogar gegen ihn selbst zu entwickeln und zu erkämpfen« hatten (*S. Grundmann,* Evangelisches Kirchenrecht, Abh. z. Kirchenrecht, S. 2).

Die Reformation war ein Kampf gegen die Verrechtlichung des Glaubens und der Kirche, gegen ein gesetzlich geordnetes System, aus dem sich hierarchische Zwänge, menschliche Werkgerechtigkeit und Überordnung irdischer Traditionen über die Heilige Schrift ableiteten[6)]. Keineswegs wurde aber dem Recht jeglicher Sinn abgesprochen. Im Gegenteil: Gerade die Theologie Luthers enthält eine Vielzahl rechtserheblicher Aussagen[7)]. Gleiches gilt für die übrigen Reformatoren, in besonderer Weise vielleicht für Calvin und Zwingli[8)]. Die durch die Reformation wiederentdeckte evangelische Freiheit – die Freiheit allein aus der Gnade Gottes, allein aus dem Glauben und dem Hören auf das Wort Gottes (sola gratia, sola fide, sola scriptura) – wurde nicht als Widerspruch zu kirchlichem Recht gesehen. Auch die evangelische Gemeinde bedurfte einer Gestalt und Ordnung[9)]. Bestimmungen über Ordnung der Gemeinde, über Amt, Predigt, Sakramentsverwaltung, Buße wurden unter Mitwirkung und Beratung der Reformatoren erlassen, die in bewußter Absetzung vom kanonischen Recht nicht geistliches Recht genannt wurden, aber unter der Bezeichnung **Kirchenordnungen** durchaus **Rechtsqualität** besaßen[10)].

b) Ähnlich zu relativieren wäre die Berufung auf *Rudolph Sohm. Sohm* geht von einem spiritualistischen Kirchen- und einem rein positivistischen Rechtsbegriff aus. *Sohm* sieht die Kirche allein als unsichtbare Größe, als ecclesia invisibilis, das Recht dagegen allein als von der staatlichen Gemeinschaft gesetztes, mit Zwangscharakter ausgestattetes Recht. Ein derart formaler und positivistischer Rechtsbegriff ist in der Tat mit dem Wesen der Kirche nicht vereinbar, zumal wenn diese nur als geistliche Gemeinschaft verstanden wird, deren irdische Schauseite aber völlig ausgeblendet beziehungsweise sogar geleugnet wird[11)]. Sowohl der Rechts- als auch der Kirchenbegriff, wie *Sohm* sie verstanden hat, gelten heute als überwunden[12)]. Gleichwohl bleibt *Sohms* These eine ständige Anfrage und Mahnung an das evangelische Kirchenrecht.

6) *M. Heckel,* Evangelische Freiheit und kirchliche Ordnung – kirchenrechtliche Perspektiven, in: Evangelische Landessynode in Württemberg (Hrsg.), Evangelische Freiheit – kirchliche Ordnung, S. 92.

7) Hierzu eingehend und wegweisend *J. Heckel,* Lex charitatis. Eine juristische Untersuchung über das Recht in der Theologie Martin Luthers, München 1953, 2. Aufl. Köln, Wien 1973.

8) Vgl. hierzu den kurzen und prägnanten Überblick von *M. Honecker,* Kirchenrecht II (Evangelische Kirchen) in TRE 18, S. 724 ff. Zu Calvin immer noch bedeutend: *J. Bohatec,* Calvin und das Recht, Feudingen 1934.

9) *Honecker* a.a.O. S. 725.

10) Vgl. vor allem das Wirken von Johannes Bugenhagen oder Johannes Brenz.

11) *Sohm,* Kirchenrecht Bd. 2, München, Leipzig 1923, S. 141: »Es gibt keine sichtbare Kirche.« Zu *Sohm* vgl. u. a. *H. Barion,* Rudolph Sohm und die Grundlegung des Kirchenrechts, *ders.,* Der Rechtsbegriff Rudolph Sohms, in: *ders.,* Kirche und Kirchenrecht, Ges. Aufsätze, Hrsg. v. *W. Böckenförde,* Paderborn, München, Wien, Zürich 1984, S. 79 ff. und S. 115 ff.; *G. Holstein,* Die Grundlagen des evangelischen Kirchenrechts, Tübingen 1928; *W. Kahl,* Lehrsystem des Kirchenrechts und der Kirchenpolitik, Freiburg, Leipzig 1894, S. 70 ff.; *U. A. Wolf,* Jus Divinum. Erwägungen zur Rechtsgeschichte und Rechtsgestaltung, Jus Eccl. 11, München 1970, S. 155 ff.; vgl. auch *G. Grethlein,* Rudolph Sohm. Ein frommer Jurist seiner Zeit, ein Diener seiner Kirche noch heute, DPfBl. 1991, S. 409 ff.

2. Im Gegensatz zum katholischen Verständnis ist nach evangelischer Sicht Kirche von ihrer Stiftung her nicht auch zugleich Rechtskirche (Kirchenrecht als der Kirche von Anfang an stiftungsmäßig mitgegeben, Christus als redemptor et legislator, als Erlöser und Gesetzgeber)[13]. Aber auch nach evangelischem Verständnis kann es keine rechtsfreie Kirche geben. Kirche ist nicht nur die Gemeinschaft des Herrn mit den an ihn Glaubenden, als Versammlung der Gläubigen, in der das Evangelium rein gepredigt und die Sakramente evangeliumsgemäß gereicht werden (CA VII) ist sie zugleich auch Gemeinschaft von Menschen und bedarf daher einer gewissen Ordnung. Kirche ist nicht nur »ecclesia abscondita« oder »ecclesia invisibilis« (verborgene, unsichtbare Kirche), sie ist vielmehr auch »ecclesia manifesta«, »ecclesia visibilis« (offenbare, sichtbare Kirche), die in einzelnen Partikularkirchen rechtliche Gestaltung erfährt. Beide Seiten dieser **einen Kirche** sind gleich wichtig[14].

3. »Gott ist nicht ein Gott der Unordnung, sondern des Friedens« heißt es in 1. Kor. 14,33. Und damit ist gleichzeitig gesagt, welchen Sinn allein diese Ordnung hat: Frieden stiften. **Recht hat** immer eine **friedenstiftende Funktion**. Es ist ein Ordnungsgefüge, welches unter Wahrung der Freiheit und der Menschenwürde der einzelnen als Ausgleich verschiedener Interessen gedacht ist (der Allgemeinheit und der einzelnen, der einzelnen untereinander) und dabei den inneren Frieden einer Gemeinschaft auf der Grundlage der Gerechtigkeit zu verwirklichen sucht[15]. In diesem Sinn ist auch kirchliches Recht, kirchliche Ordnung zu verstehen: Ihr Sinn ist allein, »dem Frieden und guter Ordnung in der Kirche (zu) dienen« (CA XV, vgl. auch CA VII und CA XXVIII). Dabei muß dieses Recht bestimmt sein vom und ausge-

12) *Honecker,* Kirchenrecht (Fn. 8), S. 730. *D. Ehlers,* Rechtstheologische und säkulare Aspekte des evangelischen Kirchenrechts, FS Obermayer, S. 274/276, jew. m. N.; vgl. auch *M. Heckel,* Evangelische Freiheit und kirchliche Ordnung (Fn. 6), S. 92.

13) So die Lehre des Tridentinischen Konzils (1545–1563).
Ein wesentliches Element katholischen Kirchenrechtsverständnisses war die Sicht der Kirche als societas perfecta, als vollkommene Gesellschaft, die – ähnlich wie der Staat – über alle Mittel verfügt, die zur Erreichung ihres Zieles erforderlich sind. Hierzu gehört auch das Recht. Seit dem zweiten Vatikanum steht für die Sicht der Kirche der Gedanke der communio stärker im Vordergrund. Zugleich ist durch dieses Konzil und den neuen CIC/1983 die Struktur der Kirche als hierarchisch aufgebaut, von vornherein mit Leitungsämtern versehen und damit als rechtlich verfaßte Institution bestätigt worden.

14) Je mehr freilich, gerade von lutherischer Theologie, die wahre Kirche allein in der ecclesia invisibilis gesehen worden ist, desto unbedeutender wurde die rechtliche Ordnung der sichtbaren Kirche.

15) Vgl. hierzu auch *G. Grethlein,* »Dem Frieden und der guten Ordnung dienen«, Nachrichten der ELKiB 1979, S. 121/123 (= vor RS 1, S. 1/6).

richtet sein am Auftrag, den der Herr seiner Kirche gegeben hat[16]. Die Kirche existiert zwar in dieser Welt, sie lebt aber allein aus ihrem Auftrag[17]. Einziger Zweck kirchlicher Rechtsordnung ist daher, »die nach menschlicher Einsicht besten Bedingungen und Voraussetzungen für die Erfüllung des Auftrages der Kirche zu schaffen und insbesondere den Dienst der öffentlichen Wortverkündigung und der Sakramentsverwaltung nach dem Bekenntnis der Kirche zu fördern und zu gewährleisten«[18]. Damit hat kirchliches Recht eindeutig **dienenden Charakter**.

4. Kirchenrecht folgt daher nicht einfach aus dem Umstand, daß die Kirche als (auch) menschliche Gemeinschaft gewisser Regeln des Zusammenlebens bedarf. Es ist somit kein »allgemeines soziologisches Ordnungsmodell« wie das Recht anderer soziologischer Institutionen[19], sondern auftrags- und damit bekenntnisgebunden. Grund und Grenze für alle menschliche Ordnung in der Kirche ist das Bekenntnis zum Herrn dieser Kirche[20]. Evangelisches Kirchenrecht ist daher auf das evangelische Bekenntnis verpflichtet: »Die Kirche bekennt sich zu ihrem Herrn auch darin, wie sie ihr äußeres Leben gestaltet.«[21]

Dies meint auch die dritte These der Barmer Theologischen Erklärung, wenn es darin heißt, daß die Kirche »mit ihrem Glauben und Gehorsam, mit ihrer Botschaft **wie mit ihrer Ordnung**« sich als Kirche der begnadigten Sünder zu bezeugen hat, und daß sie allein Eigentum ihres Herrn Jesus Christus ist, »allein von seinem Trost und von seiner Weisung in Erwartung seiner Erscheinung lebt und leben möchte« (vgl. auch These 3 der »Erklärung zur Rechtslage der Bekenntnissynode der Deutschen Evangelischen Kirche«, wonach eine **Scheidung der äußeren Ordnung vom Bekenntnis nicht möglich ist).**[22] Letztlich ist dieser Bezug von Bekenntnis und Ordnung auch eine Rückbesinnung auf CA XXVIII.

16) *A. Stein,* Kirchenrecht, S. 21.
17) *Grethlein,* »Dem Frieden und der guten Ordnung dienen« (Fn. 15), S. 125 (= vor RS 1, S. 10).
18) *J. Frank,* Zur Frage der kirchlichen Ämter auf Zeit, in: Kerygma und Melos – Christhard Mahrenholz 70 Jahre, Kassel 1970, S. 435/441; vgl. auch *Grethlein* a.a.O. (Fn. 15): »Das Recht der Kirche darf der zeitgemäßen Erfüllung des Auftrags nicht im Wege stehen, sondern muß sie in seinem Rahmen fördern.« (= vor RS 1, S. 12).
19) *M. Heckel,* Evangelische Freiheit und kirchliche Ordnung (Fn. 6), S. 99.
20) *Chr. Link,* Die Gemeinde und ihre Vertretung, in: *S. Kreuzer/K. Lüthi,* Zur Aktualität des Alten Testaments, FS G. Sauer, Frankfurt/M., Berlin, New York, Paris 1991, S. 281/282.
21) *Link* a.a.O.
22) *A. Burgsmüller/R. Weth* (Hrsg.), Die Barmer Theologische Erklärung. Einführung und Dokumentation, Neukirchen-Vluyn, 1983, S. 64.

5. Dabei kann kirchliches Recht durchaus verschiedene Grade von Bekenntnisrelevanz aufweisen[23]. Das Sakramentsrecht, das Recht des Pfarramts und das Pfarrerdienstrecht, Lehrordnungen und das Recht der Kirchenmitgliedschaft stehen dem Bekenntnis wesentlich näher als andere Rechtsmaterien, wie zum Beispiel das kirchliche Finanz-, Haushalts- und Vermögensrecht, wobei aber bei letzteren ebenfalls die dienende Funktion für den geistlichen Auftrag der Kirche besteht[24]. Dabei kann die Kirche bei der rechtlichen Gestaltung einzelner Materien auch durchaus auf bewährte Rechtsinstitute weltlichen Rechts zurückgreifen oder diese modifizieren, wenn dies mit ihrem geistlichen Auftrag vereinbar ist. Zum einen lebt sie in einem bestimmten gesellschaftlichen Umfeld, »in der Welt« und nicht »von der Welt«[25] und kann daher entsprechende staatliche Regelungen übernehmen[26]. Zum anderen ist die Übernahme staatlichen Rechts auch eine Frage der Zweckmäßigkeit, »ein Mittel zum Zweck, mehr Zeit und Raum für ihr Wirken als Kirche für andere zu haben«[27].

Es darf dabei aber nicht um eine unkritische und undifferenzierte Übernahme weltlicher Gestaltungsformen gehen. Nur insoweit können Regeln übernommen oder entsprechend verändert werden, wenn dies mit dem geistlichen Auftrag, mit dem »geistlichen Dienst am Wort und der vom Herrn gebotenen Einigkeit der Gemeinde«[28] vereinbar ist[29]. Kirche ist eben keine beliebige Personenvereinigung, sondern beruht

23) Zum folgenden: *M. Heckel,* Evangelische Freiheit und kirchliche Ordnung (Fn. 6), S. 100 f.

24) Gerade durch den kirchlichen Haushalt können besondere, kirchengemäße Akzente gesetzt werden.

25) *E. Wolf,* Ordnung der Kirche, Frankfurt/M. 1961, S. 5 ff.; *M. Heckel,* Evangelische Freiheit und kirchliche Ordnung (Fn. 6), S. 100; ferner *Grethlein,* Dem Frieden und der guten Ordnung dienen (Fn. 15), S. 127 (= vor RS 1, S. 15).

26) *Grethlein* a.a.O. weist darauf hin, daß die Aufwendungen, die etwa einem kirchlichen Mitarbeiter durch Dienstreisen, Umzug oder Krankheit entstehen, sich in keiner Weise von denen eines Staatsbediensteten unterscheiden. Auch hinsichtlich der Besoldung gilt eine Vergleichbarkeit. Vgl. hierzu ferner *G. Grethlein,* Gedanken eines Juristen zur Pfarrerbesoldung, DPfBl. 1992, S. 440 ff. u. *H. P. Hübner,* Pfarrer in der Sozialversicherung, Jus Eccl. 43, Tübingen 1992, S. 9 f., 26 f., 48 ff.

27) *Grethlein* a.a.O.
Hinzu kommt ferner, daß staatliches und kirchliches Recht seit Jahrhunderten sich gegenseitig befruchtet haben, so daß manches staatliche Recht im eigentlichen »säkularisiertes« Kirchenrecht ist.

28) *M. Heckel,* Evangelische Freiheit und kirchliche Ordnung (Fn. 6), S. 100.

29) So wurde etwa das streng dualistische System des Betriebsverfassungsgesetzes (Tarifvertragsrecht) mit seinen auf jeweilige Interessenbefriedigung abstellenden Konfliktstrukturen als nicht kirchengemäß und einem geschwisterlichen, partnerschaftlichen Umgang miteinander widersprechend empfunden. Statt dessen wurde im sog. Dritten Weg eine Form des kircheneigenen, bekenntnisgemäßen Ausgleichs gesucht. *M. Heckel* a.a.O.; *Grethlein* (Fn. 15) a.a.O. (S. 126 = vor RS 1, S. 12); hierzu auch u. § 16 und § 33.

auf der Stiftung und der fortdauernden Gegenwart Jesu Christi. Die Freiheit in der Gestaltung des äußeren Lebens der Kirche ist daher beschränkt durch die Bindung an Schrift und Bekenntnis[30]. Kirchliches Recht hat dieses Bekenntnis »lebendig zu entfalten und im kirchlichen Wirken zu verwirklichen«[31]. Dies ist eine immer wieder neu zu lösende Aufgabe.

6. Nach den Erfahrungen im Kirchenkampf kam es nach 1945 zu einer verstärkten Beschäftigung mit den theologischen Grundlagen evangelischen Kirchenrechts. Diese führte zu drei Grundlagenentwürfen, die mit den Namen *Johannes Heckel, Erik Wolf* und *Hans Dombois* verbunden sind. Diese können und sollen hier nicht dargestellt werden, zumal in den letzten Jahrzehnten diese Prinzipiendiskussion wieder abgenommen hat[32]. Die Überwindung des doppelten Kirchenbegriffs (Geistkirche und Rechtskirche, ecclesia invisibilis – ecclesia visibilis) und die Wiederentdeckung des ganzheitlichen Kirchenbegriffs in der Barmer Theologischen Erklärung und in diesen Grundlagenentwürfen führte zum Teil jedoch zu einem doppelten Rechtsbegriff[33]. Auch hierauf soll hier nicht näher eingegangen werden. Zum einen spielt dies in der Praxis nicht dieselbe Rolle wie in der Theorie, zum anderen haben neuere Arbeiten gezeigt, wie der doppelte Kirchenrechtsbegriff aufgegeben werden kann, ohne daß das Kirchenrecht seine geistliche Prägung verliert, etwa in dem Gedanken vom »antwortenden Charakter« des Kirchenrechts – Kirchenrecht als Antwort auf den Anruf des Evangeliums[34].

30) *Link,* Gemeinde und ihre Vertretung (Fn. 20), S. 283.

31) *M. Heckel* (Fn. 6), S. 98.

32) Vgl. hierzu den prägnanten Überblick von *S. Grundmann,* Kirchenrecht I C, in: EvStL Sp. 1657 ff.; ferner *Honecker,* Kirchenrecht II (Fn. 8), S. 732 ff.; *K. Schlaich,* Die Grundlagendiskussion zum evangelischen Kirchenrecht, Pastoraltheologie 72 (1983) S. 240 ff.

33) Dualistische Theorie des Kirchenrechts: Kirchenrecht als eigenständiges und eigengeartetes Recht und damit ein Recht besonderer Art, welches qualitativ von allem unterschieden ist, was sonst als Recht bezeichnet wird. Demgegenüber geht die monistische Theorie des Kirchenrechts von einem einheitlichen, Staat und Kirche gemeinsamen Rechtsbegriff aus. Vgl. hierzu den kurzen Überblick bei *Ehlers,* Rechtstheologische und säkulare Aspekte des evangelischen Kirchenrechts (Fn. 12); ferner *K. Schlaich,* Kirchenrecht und Kirche, ZevKR 28 (1983) S. 337 ff.

34) Vgl. hierzu umfassend m. w. N.: *Schlaich,* Kirchenrecht und Kirche (Fn. 33), S. 353 ff.; ferner *Ehlers,* Rechtstheologische und säkulare Aspekte des evangelischen Kirchenrechts (Fn. 12). *W. Huber,* Die wirkliche Kirche, in: *A. Burgsmüller* (Hrsg.), Kirche als »Gemeinde von Brüdern« (Barmen III), Bd. 1, Gütersloh 1980, S. 249/258 weist auf eine »antwortende Entsprechung« hin (= *ders.,* Folgen christlicher Freiheit. Ethik und Theorie der Kirche im Horizont der Barmer Theologischen Erklärung, 2. Aufl., Neukirchen-Vluyn 1985, S. 147 ff.); hierzu auch *G. Robbers,* Grundsatzfragen heutiger Rechtstheologie, ZevKR 37 (1992) S. 231/238. Vgl. ferner *Stein,* Kirchenrecht, S. 17 ff., der aus der Funktion des Kirchenrechts als Handlungsanweisung die Gegenüberstellung von monistischer und dualistischer Kirchenrechtsauffassung als »überspitzt« bezeichnet (a.a.O. S. 19).

Kirchenrecht hat gegenüber dem allgemeinen Recht zwar besondere Voraussetzungen in der Gebundenheit an den Auftrag des Herrn und an das Bekenntnis. Als menschlich gesetztes Recht unterscheidet es sich in seiner Funktion als friedenstiftendes Ordnungsgefüge aber nicht derart vom allgemeinen Recht, daß es als etwas ganz anderes angesehen werden müßte. Kirchenrecht bleibt inhaltlich **immer auf den Auftrag der Kirche bezogen**. Insoweit besteht keine Identität beider Rechtsordnungen. Innerhalb des Rechts kommt dem Kirchenrecht somit eine besondere Rolle zu, weil es die ihm eigenen Bindungen nicht aufgeben kann und darf[35].

7. Kirchliches Recht hat nicht die gleichen strengen Sanktionsmöglichkeiten wie weltliches, staatliches Recht. Zwang und Strafe sind aber auch im Recht allgemein nur ganz sekundär[36]. Wenn auch Kirchenrecht nicht ganz sanktionslos ist[37], so ist kirchliches Recht doch weithin auf freiwillige Befolgung angewiesen. Dies ist einer Kirche als Gemeinde von Brüdern und Schwestern (Barmen III) auch durchaus angemessen. Freiheit ist nicht absolut. Freiheit und Bindung bedingen vielmehr einander. Erst Ordnung kann Freiheit den Raum geben, den sie zu ihrer Entfaltung braucht und der sie gleichzeitig begrenzt[38]. Mehr noch: Ordnung kann Freiheit nicht nur einen Raum geben, sie kann die Entfaltung der Freiheit oft erst ermöglichen. Recht und Ordnung bedeuten ja kein bloßes »Du sollst«. Sie bedeuten in ihrer primären Funktion vor allem auch ein Dürfen und Können[39]. In diesem Sinn dient Kirchenrecht lediglich dazu, einen Rahmen bereitzustellen, der es erlaubt, den Auftrag der Kirche unter den jeweiligen Bedingungen bestmöglich zu erfüllen. Einen Rahmen, der auch die Verwirklichung der durch das Evangelium geschenkten Freiheit ermöglicht und diese schützt. Kirchliches Recht und kirchliche Ordnung wollen daher nicht beschränken, sondern dem geistlichen Dienst den erforderlichen Freiraum schaffen und diesen schützen. **Kirchliche Rechtsordnung ist** damit **Dienst am Evangelium**. Die Einsicht in diese Funktion kann vielleicht zu einer höheren Bindung führen als es zum Beispiel ein Zwangscharakter weltlichen Rechts je zu tun vermag. Kirchliches Recht und kirchliche Ordnung dienen auch dem Schutz des einzelnen

35) Vgl. *Robbers* (Fn. 34), a.a.O.

36) *Robbers* a.a.O. S. 239.

37) So etwa im Pfarrerdienstrecht, im Disziplinarrecht, im Kirchengemeinderecht oder der Ordnung des kirchlichen Lebens.

38) Vgl. auch *E. Jüngel,* Ordnung gibt der Freiheit einen Raum, in: Evangelische Landessynode in Württemberg (Hrsg.), Evangelische Freiheit – kirchliche Ordnung, S. 105 ff.

39) *Robbers,* Rezension zu »Evangelische Freiheit – kirchliche Ordnung«, ZevKR 34 (1989) S. 469/471.

Mitarbeiters und einzelnen Kirchengliedes, damit »in der Kirche alles geordnet zugeht« (CA XXVIII). Wenn die Einsicht in diese friedensstiftende Funktion kirchlichen Rechts wächst, dann ist vielleicht auch die Bereitschaft größer, die Notwendigkeit dieser Ordnungen anzuerkennen und sie »um der Liebe und des Friedens willen zu befolgen« (CA XXVIII)[40]. Das uns Gottes Gnade und Verheißung zusprechende **Evangelium** und das uns bisweilen fordernde, aber auch Raum zur Freiheit ermöglichende **Gesetz** müssen recht unterschieden werden. Recht unterscheiden heißt aber auch: Richtig aufeinander beziehen[41]. Kirchliche Ordnung hat dabei diakonischen Charakter, nämlich den bestmöglichen Raum zu schaffen zur Erfüllung der Grundaufgabe der Kirche: die Verkündigung des Evangeliums. Kirchliche Ordnung ist dabei so zu gestalten, daß sich die durch das Evangelium geschenkte Freiheit dieser Ordnung nicht nur bedient, sondern in ihr auch verwirklicht[42]. Dieser wechselseitige Bezug von Freiheit und Ordnung verbietet andererseits aber auch eine beliebige Willfährigkeit kirchlichen Rechts.

40) *Grethlein,* Dem Frieden und der guten Ordnung dienen (Fn. 15), S. 128 (= vor RS 1 S. 17).
41) *Jüngel* (Fn. 38), S. 109.
42) *Robbers,* Rezension (Fn. 39), S. 471.

Literatur

W. Aymans/K. Mörsdorf, Kanonisches Recht Bd. 1, Paderborn, München, Wien, Zürich 1991, S. 1 ff.; *F. Brunstäd,* Die Kirche und ihr Recht, Halle/S. 1935; *A. Burgsmüller,* Rechtliche Bindungen kirchlicher Praxis und Tendenzen ihrer Entwicklung, ZevKR 28 (1993) S. 125 ff.; *A. v. Campenhausen,* Das Problem der Rechtsgestalt in ihrer Spannung zwischen Empirie und Anspruch, in: *A. Burgsmüller* (Hrsg.), Kirche als »Gemeinde von Brüdern« (Barmen III) Bd. 1, Gütersloh 1980, S. 47 ff.; *W. Dantine,* Recht aus Rechtfertigung, Jus Eccl. 27, Tübingen 1982; *ders.,* Skizze einer Theologie des Rechts, ZevKR 23 (1979) S. 365 ff.; *H. Dombois,* Recht der Gnade. Ökumenisches Kirchenrecht. 3 Bände, Witten 1961, Bielefeld 1974 und 1983; *R. Dreier,* Methodenprobleme der Kirchenrechtslehre, ZevKR 23 (1979) S. 365 ff.; *ders.,* Göttliches und menschliches Recht, ZevKR 32 (1987) S. 289 ff.; *D. Ehlers,* Rechtstheologische und säkulare Aspekte des evangelischen Kirchenrechts, in: *R. Bartlsperger/D. Ehlers/W. Hofmann/D. Pirson* (Hrsg.), Rechtsstaat, Kirche, Sinnverantwortung. FS. K. Obermayer, München 1986, S. 275 ff.; *A. Erler,* Kirchenrecht, 5. Aufl. München 1983; *O. Friedrich,* Einführung in das Kirchenrecht, 2. Aufl. Göttingen 1978; *G. Grethlein,* »Dem Frieden und der guten Ordnung dienen«. Überlegungen zum Recht in der Kirche, Nachrichten der ELKiB 1979, S. 121 ff. (= vor RS 1); *S. Grundmann,* Zur Einführung: Evangelisches Kirchenrecht, Jur. Schulung 1966, S. 466 ff. (= *ders.,* Abhandlungen zum Kirchenrecht, Köln, Wien 1969, S. 1 ff.); *J. Heckel,* Lex charitatis. Eine juristische Untersuchung über das Recht in der Theologie Martin Luthers, München 1953, 2. Aufl. Köln, Wien 1973; *M. Heckel,* Summum Ius – Summa Iniuria als Problem reformatorischen Kirchenrechts, in: *ders.,* Gesammelte Schriften, Jus. Eccl. 38, Tübingen 1989, S. 82 ff.; *E. Herms,* Das Kirchenrecht als Thema der theologischen Ethik, ZevKR 28 (1983) S. 199 ff.; *W. Kahl,* Lehrsystem des Kirchenrechts und der Kirchenpolitik, Tübingen, Leipzig 1894; *P. Krämer,* Katholische Versuche einer theologischen Begründung des Kirchenrechts, in: Theologische Berichte XV, Die Kirche und ihr Recht, Zürich, Einsiedeln, Köln 1986, S. 11 ff.; *O. Kühn/J. Weier,* Kirchenrecht. Schaeffers Grundriß des Rechts und der Wirtschaft Bd. 33, Heidelberg 1986; *W. Maurer,* Die Kirche und ihr Recht. Gesammelte Aufsätze zum evangelischen Kirchenrecht, hrsg. v. *G. Müller* und *G. Seebaß,* Jus. Eccl. 23, Tübingen 1976; *R. Puza,* Katholisches Kirchenrecht, Heidelberg 1986, S. 1 ff.; *G. Robbers,* Grundsatzfragen der heutigen Rechtstheologie, ZevKR 37 (1992) S. 230 ff.; *K. Schlaich,* Kirchenrecht und Kirche. Grundfragen einer Verhältnisbestimmung heute, ZevKR 28 (1983) S. 337 ff.; *K. Schwarz,* Rechtstheologie – Kirchenrecht. Anmerkungen und Aperçus zu inner- protestantischen Kontroversen hinsichtlich Begründung und Entfaltung eines evangelischen Kirchenrechts, ZevKR 28 (1983) S. 172 ff.; *E. Sehling,* Kirchenrecht, Leipzig 1908; *A. Stein,* Evangelisches Kirchenrecht. Ein Lernbuch, 3. Aufl. Neuwied, Kriftel/Ts., Berlin 1992, S. 9 ff. (vgl. hierzu *H.-P. Hübner,* Die theologische Relevanz des Kirchenrechts, DPfBl. 1993, S. 541 ff.); *ders.,* Der Zeugnischarakter des evangelischen Kirchenrechts als Problem der Auslegung kirchenrechtlicher Normen, ZevKR 28 (1983) S. 160 ff., *ders.,* Kirchenrecht in theologischer Verantwortung. Ausgewählte Beiträge zu Rechtstheologie, Kirchenrecht und Staatskirchenrecht, hrsg. v. *K. Schwarz,* Wien 1990 (vgl. hierzu *W. Dettmar,* Kirchenrecht in theologischer Verantwortung, DPfBl. 1991, S. 192 ff.); *W. Steinmüller,* Evangelische Rechtstheologie. Zweireichelehre – Christokratie – Gnadenrecht, Köln, Graz 1968; *K. Walf,* Kirchenrecht, Düsseldorf 1984, S. 16 ff.; *E. Wolf,* Ordnung der Kirche, Frankfurt/M. 1961.

Vgl. ferner die Art. »Kirchenrecht« in: EvStL Sp. 654 ff. (mit Beiträgen von *K. Schlaich, S. Grundmann, P. Krämer),* StL 7. Aufl. Bd. 3, Freiburg 1987, Sp. 435 ff. (mit Beiträgen von *P. Krämer, H. Frost),* EKL 3. Aufl. Bd. 2, Göttingen 1989, Sp. 1164 ff. *(D. Pirson),* TRE 18, S. 724 ff. (mit Beiträgen von *J. Gaudemet* und *M. Honecker);* ferner die Themenhefte Theologica Practica Nr. 2/1992: »Recht in der Kirche« und Diakonia Nr. 2/1993: »Ein Recht für das Volk Gottes« und vor allem: Evangelische Landessynode in Württemberg (Hrsg.), Evangelische Freiheit – kirchliche Ordnung. Beiträge zum Selbstverständnis der Kirche, Stuttgart 1987, mit Beiträgen von *H. v. Keler,* Würdig unserer Berufung (Predigt über Eph. 4,1–6), ebd., S. 8 ff.; *K. Gottschick,* Kirchengeschichtliche Momentaufnahmen zum Thema »Evangelische Freiheit – Ordnung der Kirche«, ebd. S. 17 ff.; *H. M. Müller,* Der Umgang mit dem Recht in der evangelischen Kirche, ebd. S. 44 ff.; *M. Heckel,* Evangelische Freiheit und kirchliche Ordnung – kirchenrechtliche Perspektiven, ebd. S. 72 ff. (= *ders.,* Gesammelte Schriften, Jus. Eccl. 38, Tübingen 1989, S. 1099 ff.); *E. Jüngel,* Ordnung gibt der Freiheit einen Raum, ebd. S. 105 ff.

Nachschrift
Nachdenkliches – Nachdenkenswertes zum Kirchenrecht

1. »Von der CA her läßt sich für die Ordnung der Kirche nur ein Kriterium entwickeln: Kirche muß so geordnet sein, daß der Vollzug ihrer Aufgaben nicht verhindert wird.«
F.-W. Graf, Abschied von der Volkskirche?, KorrBl. 1988, 5 und 65.

»Ordnung darf also nicht Selbstzweck werden, sie selbst verkündigt nicht, sondern sie dient der Verkündigung.« »Das kirchliche Recht hat nicht Herrschaftscharakter, sondern **Dienstcharakter.**«
H. M. Müller, Der Umgang mit dem Recht in der evangelischen Kirche[1], S. 44/67 und 65.

Die **Bekenntnisartikel** haben in jedem Fall **Vorrang**.
M. Heckel, Evang. Freiheit und kirchliche Ordnung – kirchenrechtliche Perspektiven[1], S. 72/97–100.

2. Das **Kirchenrecht »ordnet** die Gemeinde so, daß sie das Wort am besten hören kann«.
W. Maurer, Pfarrerrecht und Bekenntnis, Berlin 1957, S. 115.

Die **Ordnung** der Kirche **dient dazu**, »die Gemeinschaft gegenseitigen Anders-Seins zu befördern«.
E. Jüngel, Ordnung gibt der Freiheit einen Raum[1], S. 105, 119.

»Wer **Ordnung** verachtet, gefährdet den **Frieden**.«
H. v. Keler, Würdig unserer Berufung[1], S. 8/12.

»So verstanden braucht sich **Freiheit** des Gesetzes nicht bloß zu bedienen, sie kann sich in ihm auch **verwirklichen**.«
G. Robbers, ZevKR 34 (1989) S. 469, 471.

3. a) So »kommt es darauf an, die **Vorschriften** des Kirchenrechts in theologischer Verantwortung **nüchtern dem Bedarf anzupassen**«.
W. Strietzel, Kirchenrecht und Kirchenpolitik, ZevKR 34 (1989) S. 21 ff., 39, im Anschluß an *A. v. Campenhausen.*

»Warum sollten in der Kirche normative Gebote, die eine unbestimmte Vielzahl von Fällen für die Zukunft abstrakt und generell regeln und auch sonst die rechtlichen Merkmale eines säkularen Gesetzes besit-

1) in: Evangelische Landessynode in Württemberg (Hrsg.), Evangelische Freiheit – kirchliche Ordnung. Beiträge zum Selbstverständnis der Kirche, Stuttgart 1987.

zen, undenkbar sein? Warum sollte sich die **Kirche** für ihre innere Ordnung der Mittel der **modernen Rechtstechnik** nicht bedienen dürfen?«
S. Grundmann, Evangelisches Kirchenrecht, in EvStL (2. Aufl.) 1975, Sp. 1223.

»... die Kirche ›kann‹ weltliche Regelungen für ihre Rechtsordnung übernehmen, wenn diese **ihr dienlich sind.**«
H. M. Müller[1)], S. 67.

»... gerade eine **pragmatische Orientierung** des Kirchenrechts an bewährten Vorbildern auch aus dem weltlichen Recht« kann »dazu beitragen, daß die Verantwortlichen in der Kirche ihre eigentliche Aufgabe – die Verkündigung des Wortes Gottes – besser erkennen und wahrnehmen.«
W. Strietzel, a.a.O., S. 38 in Anlehnung an *H. Ph. Meyer.*

b) Für die Rechtsgestaltung in der Evangelisch-Lutherischen Kirche in Bayern kann festgestellt werden, »daß dabei jeweils die Absicht erkennbar war, **dem Leben** der Kirche, ihrer Glieder und ihrer Beschäftigten **gerecht zu werden**«. Für die weitere Entwicklung gilt: »Fingerspitzengefühl, Weisheit und Konfliktbereitschaft sind stets von neuem nötig, um die Bedürfnisse der Kirche, der konkreten Gemeinden und der betroffenen Personen gegeneinander **abzuwägen** und miteinander **zu vermitteln.**«
J. Hanselmann, Gedenken und bedanken, Bericht des LB bei der Tagung der bayerischen Landessynode in Nördlingen am 23. 11. 1987, München 1987 (Bd. 79, S. 13 ff., 21).

4. »Ich meine, daß **Grund und Grenze** für alles menschliche Ordnen, Ordnung-Schaffen und Ordnung-Halten in der Kirche das evangelische **Bekenntnis zu dem Herrn** eben dieser Kirche ist. In diesem Sinn ist kirchliche Ordnung bekenntnisgebundene Ordnung. Die Kirche bekennt sich zu ihrem Herrn auch darin, wie sie ihr äußeres Leben gestaltet. Hier muß man sich freilich vor zwei Mißverständnissen hüten. Das eine bestünde darin, die Heilige Schrift oder die Bekenntnisse gleichsam als Gesetzbücher zu betrachten« (wie die mittelalterliche Kirche, wogegen sich die Reformation mit Nachdruck wandte). »... das entgegengesetzte Mißverständnis, dem der Protestantismus immer wieder erlegen ist«, wäre zu meinen »: ... als wären Ordnung und äußere Gestalt der Kirche für den Glauben gleichgültige Dinge, mit denen man beliebig verfahren kann, ... die man einfach nach weltlichen Vorbildern ausrichtet. ... ›In der Kirche ist eine Scheidung der äußeren Ordnung vom Bekenntnis nicht möglich‹, heißt es« dage-

gen und deswegen zu Recht »in der Erklärung zur Rechtslage der Bekenntnissynode von Barmen. Diese Erkenntnis ist lange Zeit hindurch wirksam geblieben. ... Heute beginnt sie gelegentlich wieder zu verblassen. Das zeigt sich etwa in einer unkritischen und undifferenzierten Übernahme ›weltlicher‹ Gestaltungsformen; zu denken ist etwa an manche Untertöne der Debatte um die ›Demokratisierung‹ der Kirche.«
Chr. Link, Die Gemeinde und ihre Vertretung, in FS für Georg Sauer, Zur Aktualität des Alten Testaments, Frankfurt/Main, Bern, New York, Paris 1991, S. 282 f.

5. a) »Das **Gesetz** ist – auch in dem äußerst idealen Fall – immer nur eine von den **unvollkommenen** und mehr oder weniger äußerlichen Methoden, **das Bessere** im Leben vor dem Schlechteren **zu schützen**; von allein schafft es aber das Bessere nie. Die Aufgabe des Gesetzes ist eine dienstbare; sein Sinn liegt nicht in ihm selbst.«
V. Havel, Versuch, in der Wahrheit zu leben, Neuausgabe 1989, Reinbek bei Hamburg, S. 69.

b) »... jede bestehende rechtliche und politische Ordnung« ist »endlich, grundsätzlich relativ, grundsätzlich veränderlich und verbesserungsbedürftig ... : ... eine Staatsform muß also um so ›besser‹ gelten, je mehr sie dieser **inneren Reformbedürftigkeit** in sich selbst Raum gibt.« ... »Herrschaft« ist »allein als **Herrschaft des Rechts** legitimiert«.
T. Koch, Ein Umbau der alten Lehre (zu CA Art. 16), Deutsches Allgemeines Sonntagsblatt, 29. 6. 1980, S. 10.

c) Dabei sollte auch beachtet werden, daß unsere Kirche **in einem Staat wirkt**[2], für dessen **Grundgesetz** gilt:
»Wenn wir mit alledem vor Augen auf das Grundgesetz der Bundesrepublik Deutschland blicken, können wir nur staunen. Denn hier haben wir den seltenen, vielleicht sogar einmaligen Fall, daß die Verfassungswirklichkeit den Verfassungsanspruch auf eine 1949 ungeahnte Weise übertrifft.«[3]
S. Haffner, Im Schatten der Geschichte. Historisch-politische Variationen, 4. Aufl., Stuttgart 1985, S. 186.

2) Da die Kirche in einem Staat wirkt, der die äußere Ordnung für diese Gemeinschaft setzt, kann nicht unbeachtet bleiben, welche sittliche Qualität dieser Staat hat.

3) Das ist nicht zuletzt auf die hohe Qualität der Verfassungsrechtsprechung, insbesondere des Bundesverfassungsgerichts (s. u. § 13), zurückzuführen.

TEIL A
DIE GRUNDLAGEN DES RECHTS DER EVANGELISCH-LUTHERISCHEN KIRCHE IN BAYERN

Kapitel I: Die Kirchenverfassung

§ 2
Aufgabe einer Kirchenverfassung

1. Das **kirchliche Verfassungsrecht** ist Teil der gesamten kirchlichen Rechtsordnung. Wie alles kirchliche Recht unterliegt es daher der **Bindung an Schrift und Bekenntnis** und weist den von dieser Bindung bestimmten und am kirchlichen Auftrag ausgerichteten besonderen dienenden Charakter auf[1]. In der Tat muß jedes Kirchenrecht, und dies gilt im besonderen Maße für das kirchliche Verfassungsrecht, im Auftrag der Kirche gegründet sein. Dies bedeutet eine Ausrichtung der Rechtsnormen auf das kirchliche Bekenntnis[2]. In der Barmer Erklärung von 1934 kommt dies in dem Satz zum Ausdruck: »In der Kirche ist eine Scheidung der äußeren Ordnung vom Bekenntnis nicht möglich[3]. Als Erkenntnis von bleibender Bedeutung ist der evangelischen Kirche nicht zuletzt durch den Kirchenkampf der unlösbare Zusammenhang zwischen Verkündigung und Ordnung der Kirche deutlich geworden[4]. Kirchenverfassung hat also mehr zu sein als bloßes Organisationsstatut. Sie hat auch geistlich-theologische Akzente zu setzen.

Besteht in dieser Erkenntnis zwar Einigkeit, so gehen hinsichtlich der praktischen Durchführung die Meinungen auseinander. Zum einen wird vor einer »theologischen Überbetonung« gewarnt, die auf Kosten der Klarheit gehe[5], zum anderen wird moniert, daß viele Verfassungen die »eigentliche Substanz der Kirche« ausklammern, und von ihnen eine »Kirchenbewußtsein bildende Kraft« nicht ausgehe[6].

1) *H. Frost*, Strukturprobleme evangelischer Kirchenverfassung, S. 23; *ders.*, EvStL Sp. 1721. Vgl. bereits o. § 1.
2) *H. Liermann*, Neuere Entwicklung des evangelischen Kirchenrechts, FS Ruppel, S. 94.
3) These 3 der Erklärung zur Rechtslage der Berkenntnissynode der Deutschen Evangelischen Kirche; vgl. auch These 3 der Theologischen Erklärung (o. § 1 Fn. 22).
4) *H. Brunotte*, Grundfragen der Kirchenverfassung, in: *ders.*, Bekenntnis und Kirchenverfassung, S. 177.
5) *Liermann* (Fn. 2), S. 94; vgl. ferner *S. Grundmann*, Die Gestaltung einer neuen Kirchenverfassung für die Evang.-Luth. Kirche in Bayern, in: Grundlagen einer neuen Kirchenverfassung der Evang.-Luth. Kirche in Bayern, S. 31; *ders.*, Abhandlungen S. 130; *ders.*, Verfassungsrecht in der Kirche des Evangeliums, ZevKR 11 (1964/65) S. 11.
6) *K. Obermayer*, Aufgabe einer evangelischen Kirchenverfassung in dieser Zeit, ZevKR 32 (1987) S. 608.

2. Eine Kirchenverfassung kann kein theologisches Lehrdokument sein. Sie muß aber in ihrer gesamten Konzeption die theologische und rechtstheologische Grundüberzeugung der Kirche widerspiegeln, wobei dies auch implizit zum Ausdruck kommen kann[7]. Eine Kirchenverfassung muß ferner zu erkennen geben, von welcher Vorstellung vom Wesen der Kirche sie ausgeht. Im Rahmen der Vorbereitungsarbeiten für die Verfassung der ELKiB von 1971 hat *Siegfried Grundmann* hierzu unter anderem ausgeführt: »Die Kirche ist einmal Stiftung Jesu Christi und Gemeinschaft des Herrn mit den an ihn Glaubenden und dieser untereinander. Diese selbe Kirche, also die Kirche Jesu Christi, ist gleichzeitig aber auch die Gemeinschaft von Menschen. Sie ist nicht nur geistliche Kirche, sondern auch Kirche in der Welt. In beiden Fällen handelt es sich nicht um eine unsichtbare und eine sichtbare Kirche, sondern stets um die gleiche Kirche und nur um verschiedene Seiten an ihr. Beide Seiten sind gleich wichtig«[8]. Für eine Kirchenverfassung gilt es nun, diese beiden Aspekte in Einklang zu bringen. Daß die Herstellung einer rechten Relation zwischen geglaubter und verfaßter Kirche, diesen beiden Aspekten innerhalb eines ganzheitlichen Kirchenbegriffs[9] in einer Ordnung, die auf den Aufbau und die Organisation einer verfaßten ecclesia particularis bezogen ist, oft nicht ganz einfach ist, liegt auf der Hand.

Die Verfassung einer evangelischen Kirche muß zu erkennen geben, daß es sich bei ihr um eine Kirche des Wortes handelt. Vom Wort her ist sie zu gestalten, von ihm erhält sie ihre Legitimation. Seiner Verbreitung hat sie zu dienen. Wenn nach CA VII die Kirche eine Gemeinde der Gläubigen ist, in der das Evangelium rein gepredigt wird und die Sakramente dem Evangelium gemäß gereicht werden, so bedeutet dies, daß diese eine Seite des Begriffs »Kirche« dem Menschen vorgegeben und rechtlicher Normierung durch ihn entzogen ist. Kirche ist immer da, wo die Botschaft des Evangeliums, die Rechtfertigung des Menschen durch Christus, verkündigt wird. Es kann bei einer Kirchenverfassung nur um die äußere Ordnung einer ecclesia particularis, also eines Teils der ecclesia universalis, gehen, wobei aber die Zugehörigkeit zu dieser ecclesia universalis erkennbar bleiben muß. Für diese Ordnung zur Regelung des Aufbaus und der gegenseitigen Zuordnung von Organen einer bestimmten Teilkirche besteht nach reformatorischer Erkenntnis eine verantwortliche Freiheit in der kirchenrechtlichen

7) *Grundmann* (Fn. 5), a.a.O.

8) *Grundmann*, Gestaltung einer neuen Kirchenverfassung (Fn. 5), S. 32; *ders.*, Abhandlungen S. 131; *ders.*, ZevKR 11 (1964/65) S. 27.

9) Vgl. bereits die Barmer Erklärung, o. Fn. 3.

und -verfassungsrechtlichen Gestaltung[10]. Dies erklärt die Vielzahl der Erscheinungs- und Gestaltungsformen der verfaßten Kirche. Eine einheitliche formale Gestaltung von Kirchenverfassungen gibt es daher nicht. Kirchenverfassungen sind in ihrer Form nicht zuletzt auch Ausdruck ihrer Zeit.

Immer ist das Auseinanderklaffen von Verfassung und Verfassungswirklichkeit Anlaß gewesen für Reformen oder grundsätzliche Neugestaltungen kirchlicher Verfassungen[11]. In den letzten beiden Jahrhunderten sind **drei große Einschnitte** festzustellen, die als äußere Anstöße die evangelischen Landeskirchen zu umfassenden Weiterbildungen ihres Rechts veranlaßt haben[12]. Im Laufe des 19. Jahrhunderts ist es die **fortschreitende Herauslösung** der deutschen evangelischen Landeskirchen **aus dem Staatsgefüge** der monarchischen Einzelstaaten und ihrer allmähliche organisatorische Konstituierung als selbständige Körperschaften des öffentlichen Rechts[13] sowie der Ausbau einer konsistorial-synodalen Kirchenverfassung[14]. Dies geschah nicht ohne staatliche Vorbilder und Einflüsse. Der zweite große Einschnitt war der Zusammenbruch von 1918 und das **Ende des landesherrlichen Kirchenregiments**. Infolge der Trennung von Staat und Kirche trat in die durch den Wegfall des Summepiskopats entstandene Lücke die Kirchenregierung oder Kirchenleitung, zum Teil verbunden mit der geistlichen Leitung, dem Bischofsamt. So verschieden die Anwendung und Rechtsgestalt der Kirchenverfassungen dieser Zeit sich auch entwickelten, so beruhten sie, außer in der Aufnahme des Trennungsgrundsatzes, letztlich nicht auf grundlegend neuen Konzeptionen. In vielem konnten sie auf das im vorigen Jahrhundert gewachsene Erscheinungsbild der deutschen Landeskirchen zurückgreifen. Der dritte und entscheidende Einschnitt war der des **Kirchenkampfes**. Überall ist nach 1945 von neuen Verfassungskonzeptionen ausgegangen worden, zum Teil nach jahre-, manchmal sogar jahrzehntelangem Behelf durch Provisorien oder behutsamer Anpassung der alten Verfassungen an die neue Verfassungswirklichkeit. Den neuen Konzeptionen lag die Einsicht zugrunde, daß das kirchliche Verfassungsrecht nach den Erfahrungen des Kirchenkampfes nicht so bleiben konnte, wie es zu Beginn der Weimarer Republik gestaltet worden war. Das geänderte Verhältnis zum Staat beanspruchte eine freiere Stellung innerhalb dieses Staates. Die Überwindung des gespaltenen Kirchenbegriffs und die Erkenntnis, daß in der Kirche eine Scheidung der äußeren Ordnung vom Bekenntnis nicht möglich ist, bedingten ein neues Konzept dieser Ordnung.

10) Vgl. CA VII und Apologie 30 ff.

11) Zum Auseinanderklaffen von Verfassung und Verfassungswirklichkeit in der ELKiB vor Verabschiedung der jetzt gültigen Verfassung vgl. auch *G.-A. Vischer*, Fragen zur Verfassungsreform, in: Grundlagen einer neuen Kirchenverfassung für die Evang.-Luth. Kirche in Bayern, S. 53 ff.

12) Hierzu im einzelnen *R. Smend*, Wissenschafts- und Gestaltungsprobleme im evangelischen Kirchenrecht, ZevKR 6 (1957/58) S. 225/230 ff.

13) Zu diesem Begriff s. u. § 9.

14) Hierzu u. § 3 und § 38,1a.

Das kirchliche Verfassungsrecht ist einmal als »Summe derjenigen Rechtsregeln« bezeichnet worden, »durch die das Zusammenwirken der Kirchengemeinden und der auf ihnen aufbauenden kirchlichen Körperschaften, die organisatorische Aufgabenverteilung auf Amtsträger und Organe sowie der Ausgleich der durch die Kompetenzregelung notwendig entstehenden Spannungen geordnet werden«[15].

3. Dieses »Ordnungsgefüge« der Kirchenverfassung hat zunächst das Selbstverständnis der betreffenden Kirche und ihren Bekenntnisstand anzugeben. Dem schließen sich in der Regel Bestimmungen an über[16]
- das Gebiet und die Rechtsstellung der Kirche und das Verhältnis zu kirchlichen Zusammenschlüssen
- die Kirchengliedschaft
- das geistliche Amt
- die Kirchengemeinde und den weiteren organisatorischen Aufbau (z. B. Dekanatsbezirke, Kirchenkreise)
- die gesamtkirchlichen Leitungsorgane
- die kirchliche Gesetzgebung
- das kirchliche Finanzwesen
- den kirchlichen Rechtsschutz

Als Grundordnung der betreffenden Kirche beschränkt sich die Kirchenverfassung – nicht anders als eine staatliche Verfassung – auf die **wesentlichen Grundaussagen** und überläßt die nähere Entfaltung den entsprechenden Einzelgesetzen[17]. Die Beschränkung auf das Notwendige, Wesentliche und Zentrale soll der Verfassung zudem eine gewisse Elastizität geben, um »in ihr liegende oder von außen an sie herankommende Spannungen zu ertragen und für das Ganze fruchtbar zu machen«[18]. Verfassung kann daher nichts Endgültiges sein, sondern muß dynamisch begriffen werden. Sie soll Raum geben für künftige Entwicklungen. Allzu häufige Verfassungsänderungen werden dadurch vermieden. So erweist sie sich als Konstante auf Zeit.

Noch ein kurzes Wort zur **Terminologie**: Die Verfassungsgesetze der einzelnen evangelischen Landeskirchen tragen vielfach statt der Bezeichnung »Verfassung« bzw. »Kirchenverfassung« die Bezeichnung »Kirchenordnung«, »Grundordnung« oder auch »Rechtsordnung«. Der Begriff der

15) *Frost*, Strukturprobleme (Fn. 1), S. 23; vgl. *ders.*, EvStL Sp. 1718: »Funktional läßt sich Kirchenverfassung als ein Ordnungsgefüge verstehen, das personale und kollegiale Amtsaufträge, organschaftliche Verantwortungsbereiche, Zusammenarbeitsformen, Mitwirkungsbefugnisse, Leitung, Aufsicht und Kräfteausgleich umfaßt.«

16) Zu diesem gemeinsamen – äußeren – Muster: *Obermayer* (Fn. 6), S. 607.

17) Z. B. dem Kirchengliedschaftsgesetz, dem Pfarrergesetz, der Kirchengemeindeordnung, Dekanatsbezirksordnung usw.

18) *Grundmann*, Gestaltung einer neuen Kirchenverfassung (Fn. 5), S. 30.

Ordnung wurde, insbesondere seit der Zeit des Kirchenkampfes, vielfach deswegen gewählt, um deutlich zu machen, daß die Formen der äußeren Organisation der Kirche von denen des Staates verschieden sind. Bewußt wollte man von der Parallelbezeichnung auf der Ebene des Staates abrükken und griff auf die Terminologie der Reformationszeit zurück[19]. Nun ging aber der Begriff der »Kirchenordnung« jener Zeit weit über den der Gegenwart hinaus. Er umfaßte neben Rechtsvorschriften i. S. einer heutigen Kirchenverfassung auch Bestimmungen, die wir heute den Bereichen einer Lehrordnung und kirchlichen Lebensordnung zuweisen würden. In der Tat umfassen auch einige der neueren Kirchenordnungen mehr als das eigentliche kirchliche Verfassungsrecht: So etwa die rheinische und die westfälische Kirchenordnung, die neben der eigentlichen Verfassung auch den Gesamtbereich der kirchlichen Lebensordnung zum Inhalt haben. Wo es allein um die verfassungsrechtliche Ordnung geht, vermag aber auch eine »Kirchenverfassung« unter diesem Namen den Unterschied zur staatlichen Verfassung hinreichend deutlich zu machen, wenn sie ihre Bekenntnisverpflichtung klar zum Ausdruck bringt. Letztlich ist die Frage der Gestaltung einer »Kirchenverfassung« oder »Kirchenordnung« und ihre Benennung auch die Antwort auf die Frage, was man von ihr erwartet. Auch kann, und dies wird von besonderer Bedeutung sein, die Traditionsbindung in der bisherigen Terminologie der betreffenden Kirche nicht unberücksichtigt bleiben.

4. Eine **Kirchenverfassung** hat somit die **Aufgabe**, den **Aufbau und** die **Organisationsstruktur** der betreffenden Kirche **zu regeln**. Sie muß dabei zu erkennen geben, von welcher **theologischen** und **rechtstheologischen Grundüberzeugung** sie ausgeht. Wie jedes kirchliche Recht ist sie an **Schrift und Bekenntnis gebunden** und hat daher **dienende Funktion**. Ihr einziger **Zweck** ist es, den rechtlichen Grund dafür zu legen, daß der **Auftrag der Kirche** in dieser Zeit **möglichst gut erfüllt** werde. In verantwortlicher Freiheit kirchenrechtlicher Gestaltung hat der kirchliche Verfassungsgeber theologische und rechtstheologische Grundaussagen und juristische Organisationsregelung in eine rechte Relation zu bringen.

19) *Frost*, Strukturprobleme (Fn. 1), S. 23 und *H. Brunotte*, Die Grundordnung der Evangelischen Kirche in Deutschland, Berlin 1954, S. 91 ff.

Literatur

H. Brunotte, Grundfragen der Kirchenverfassung nach den Erfahrungen des Kirchenkampfes, in: *ders.*, Bekenntnis und Kirchenverfassung. Aufsätze zur kirchlichen Zeitgeschichte. Arbeiten zur kirchlichen Zeitgeschichte, Reihe B, Bd. 3, Göttingen 1977, S. 176 ff.; *H. Frost*, Strukturprobleme evangelischer Kirchenverfassung. Rechtsvergleichende Untersuchungen zum Verfassungsrecht der deutschen evangelischen Landeskirchen, Göttingen 1972; *ders., E. Wolf, W. Aymans*, Kirchenverfassung, EvStL Sp. 1711 ff. m. w. N.; *S. Grundmann*, Die Gestaltung einer neuen Kirchenverfassung für die Evang.-Luth. Kirche in Bayern, in: Grundlagen einer neuen Kirchenverfassung der Evang.-Luth. Kirche in Bayern (s. u.), S. 29 ff. (Wiederabdruck in: *ders.*, Abhandlungen zum Kirchenrecht, Köln, Wien 1979, S. 127 ff.); *ders.*, Verfassungsrecht in der Kirche des Evangeliums, in: Verfassungsrecht in der Kirche des Evangeliums (s. u.), S. 46 ff. (erweiterte Fassung in: ZevKR 11 (1964/65) S. 9 ff.); *H. Liermann*, Über die neuere Entwicklung des evangelischen Kirchenrechts, in: *H. Brunotte, K. Müller, R. Smend (Hrsg.)*, FS Erich Ruppel, Hannover 1968, S. 89 ff.; *P. Müller*, Neuere Entwicklungen im Verfassungsrecht der evangelischen Landeskirchen in der DDR, ZevKR 33 (1988) S. 380 ff.; *K. Obermayer*, Aufgabe einer evangelischen Kirchenverfassung in dieser Zeit, ZevKR 32 (1987) S. 599 ff.; *G. Robbers*, Totalrevision der Kirchenordnung?, ZevKR 38 (1993) S. 300 ff.; *G.-A. Vischer*, Fragen zur Verfassungsreform, in: Grundlagen einer neuen Kirchenverfassung der Evang.-Luth. Kirche in Bayern (s. u.), S. 51 ff.

Vgl. ferner die Sonderdrucke: Grundlagen einer neuen Kirchenverfassung der Evang.-Luth. Kirche in Bayern. Referate der Arbeitstagung der Landessynode vom 21.–22. Oktober 1966, Sonderdruck der Landessynode, München 1966, mit Beiträgen von *W. Maurer*, Zum theologischen Ansatz einer neuen Ordnung der Evang.-Luth. Kirche in Bayern (ebd. S. 7 ff.), *S. Grundmann* (s. o), *G.-A. Vischer* (s. o.), und Verfassungsrecht in der Kirche des Evangeliums. Referate der 4. außerordentlichen Tagung der 3. Landessynode der Evang. Landeskirche von Kurhessen-Waldeck vom 7.–9. Oktober 1963, Sonderdruck der Landessynode, Kassel 1963, mit Beiträgen von *H. Graß*, Das Wesen der Kirche und ihre Verfassungsgestalt (ebd. S. 5 ff.), *W. Niesel*, Grundsätzliche Bemerkungen zur Ordnung der Kirche in Kurhessen-Waldeck (ebd. S. 22 ff.), *H. Brunotte*, Kirchliches Verfassungsrecht in lutherischer Sicht (ebd. S. 32 ff.) und *S. Grundmann* (s. o.).

§ 3
Die Gestaltwerdung der Evangelisch-Lutherischen Kirche in Bayern

Die geltende Kirchenverfassung von 1971 ist eine behutsame Fortentwicklung der Kirchenverfassung von 1920[1]. Diese wiederum knüpfte in vielem an das im vorigen Jahrhundert gewachsene Verfassungsbild an. Es ist deshalb gut, sich diese Entwicklung kurz zu vergegenwärtigen.

1. Protestantenzuwachs im katholischen (Alt-)Bayern

Bis zum Beginn des 19. Jahrhunderts war das kurfürstliche Bayern mit ganz geringen Ausnahmen[2] ein rein katholisches Land. Dies änderte sich im wesentlichen erst, als durch die zahlreichen Gebietsveränderungen aufgrund des Reichsdeputationshauptschlusses von 1803 (Säkularisation der geistlichen Herrschaften und Mediatisierung der reichsfreien Städte) und in den Folgejahren größere, zum Teil rein evangelische Gebiete an Bayern fielen[3], und Graf *Montgelas,* der einflußreiche Minister des Kurfürsten Max IV. Joseph – ab 1806 König Max I. Joseph – daran ging, Bayern zu einem modernen, zentralistischen, aufgeklärten und paritätischen Staat zu formen. Ziel war sowohl im katholischen wie auch im evangelischen Bereich eine Kirchenorganisation, die mit den Landesgrenzen übereinstimmte. Für die aus rund neunzig verschiedenen Territorien und damit voneinander unabhängigen Kirchenwesen stammenden Protestanten, die nach Abschluß der Gebietsveränderungen 1816 mit rund 750 000 bereits knapp 25 Pro-

1) »Verfassung der Evangelisch-Lutherischen Kirche r. d. Rhs.« vom 16. 9. 1920, in Kraft getreten am 1. 1. 1921, KABl 1920, S. 413 ff.

2) Seit 1740 das »Landl«, die Grafschaft Wolfstein mit Sulzbürg-Pyrbaum, später die Herzogtümer Neuburg und Sulzbach, die Kurpfalz, Teile der nürnbergischen Pflegämter Velden und Hersbruck, sowie 1799 das Herzogtum Pfalz-Zweibrücken.

3) Dies waren in der Zeit ab 1802/03 bis 1816 – zum Teil mit kurzfristiger Zugehörigkeit zu anderen Territorien – u. a. die ehemaligen Reichsstädte Augsburg, Dinkelsbühl, Lindau, Kaufbeuren, Kempten, Memmingen, Nördlingen, Nürnberg, Regensburg, Rothenburg, Schweinfurt, Weißenburg, Windsheim, die früheren rein evangelischen Markgrafschaften Ansbach und Bayreuth, das Fürstentum Aschaffenburg, das Stift Kempten mit den reformierten Gemeinden Grönenbach und Herbishofen, die Hochstifte Würzburg und Bamberg mit ihren reichsritterschaftlichen und markgräflich-ansbachischen und -bayreuthischen Einsprengseln, fränkische, zum Teil ebenfalls rein evangelische herrschaftliche Gebiete (u. a. Oettingen, Hohenlohe-Schillingsfürst, Castell, Limpurg, Pappenheim, Schwarzenberg), das Amt Marktredwitz und schließlich 1816 die linksrheinische Rhein-Pfalz – letztere bildete von 1816 bis 1945 den bayerischen Verwaltungskreis (später: Regierungsbezirk) Rheinkreis (ab 1838: Pfalz) mit dem Verwaltungssitz Speyer.

zent der rechtsrheinischen bayerischen Bevölkerung ausmachten[4)], bedeutete dies das Ziel einer einheitlichen Organisation, die **Zusammenfassung zu einer Landeskirche.** Freilich konnte dies entsprechend den damaligen Verhältnissen, in denen Kirche im wesentlichen ein Teil des Staates war, nur »von oben«, durch den Staat selbst geschehen. Hier war *Montgelas* die treibende Kraft.

2. Religiöse Gleichstellung und Bildung der »Protestantischen Gesamtgemeinde«

Ein erster Schritt auf dem Wege zu einem einheitlichen evangelischen Kirchenwesen war die Gleichstellung mit dem katholischen Bevölkerungsteil. Hier konnte an pfälzische Vorbilder angeknüpft werden. Die Religionsdeklaration vom 9. 5. 1799 in der seit 1777 unter Karl Theodor, dem Vorgänger Max IV. Joseph, mit Bayern vereinten Kurpfalz hatte eine Toleranzgesetzgebung mit der Anerkennung von individueller Religionsfreiheit und bürgerlicher Gleichberechtigung eingeleitet. Für das rechtsrheinische Bayern führte dies die Amberger Resolution vom 10. 11. 1800 und das Toleranzedikt vom 26. 8. 1801 fort.

Die Amberger Resolution mit ihrer Bestimmung, daß die »katholische Religionseigenschaft« bei der »Ansäßigmachung ... nicht ferner wesentliche Bedingniß« sei, war die Grundlage dafür, daß der Kurfürst 1801 die Aufnahme eines Pfälzer Weinwirts als ersten protestantischen Bürger Münchens gegen den Stadtmagistrat durchsetzen konnte[5)].

Eigentliche Grundlage des neuen bayerischen staatskirchenrechtlichen Systems wurde das **Religionsedikt vom 10. 1. 1803**[6)]. Es gewährte die vollkommene bürgerliche Gleichberechtigung der drei durch den Westfälischen Frieden von 1648 anerkannten christlichen Konfessionen (römisch-katholisch, lutherisch und reformiert) und gestattete die Bildung eigener Kirchengemeinden. Mit diesem Religionsedikt war die Grundlage für die Ausbildung einer evangelischen Kirche in Gesamtbayern gegeben.

4) Gesamtbevölkerung (rechtsrheinisch): 3,16 Mio.; Katholiken: 2,35 Mio.; Juden: 53 000. Zahlenangaben nach: *M. Simon,* Evangelische Kirche, S. 14. Beachtenswert ist, daß dieser Prozentanteil an der Gesamtbevölkerung bis heute in etwa gleich geblieben ist. Zu den Zahlen nach der Volkszählung 1987: *R. Rost,* Evangelisch in Bayern, Nachrichten der ELKiB 1989, S. 61 ff.

5) Hierzu *C.-J. Roepke,* Die Protestanten in Bayern, S. 330; *A. R. Kitzmann,* Das offene Tor, S. 84; Geschichte der ersten Bürgeraufnahme eines Protestanten in München, 1801, Nachdruck München 1976.

6) Reg.Bl. S. 25.

Das Recht der äußeren Kirchenorganisation verblieb freilich beim Staat: Zunächst wurden – nach Auflösung der meisten Lokalkonsistorien in den neu hinzugekommenen Landesteilen – konsistoriale Stellen den staatlichen Mittelbehörden (Landesdirektionen) angegliedert[7]. 1808 kam eine oberste Kirchenleitungsbehörde hinzu: Beim Ministerium des Innern wurde eine »**Sektion in kirchlichen Angelegenheiten**« gebildet[8]. Dieser Abteilung des Innenministeriums oblag die Ausübung der staatlichen Hoheitsrechte über die katholische Kirche und die evangelischen Gemeinden. Für den evangelischen Bereich fungierte diese Kirchensektion gleichzeitig als **Generalkonsistorium** und damit gegenüber den den Landesdirektionen angegliederten Konsistorien als übergeordnete Behörde. Sie war insoweit im evangelischen Bereich die zentrale oberste Kirchenleitung, oder – besser gesagt – dessen oberstes Verwaltungsorgan[9]. Vorstand dieser Abteilung war ein Katholik. Die Amtsbezeichnung der Mitglieder dieser Abteilung[10] war »Oberkirchenrat«.

Die neue Verfassung vom 1. 5. 1808 hatte eine neue Territorialeinteilung und eine neue Behördenstruktur gebracht. An die Stelle der früheren Landesdirektionen waren die Generalkreiskommissariate getreten. Soweit in ihren Gebieten evangelische Gemeinden lagen, wurden statt der früher den Landesdirektionen angegliederten Konsistorien jetzt **Generaldekanate** gebildet[11]. Diese Generaldekanate waren keine eigenen Behörden, vielmehr fungierten die Generalkreiskommissariate in kirchlichen Angelegenheiten in Kollegialbesetzung als Generaldekanate. Wie die Kirchensektion als Generalkonsistorium

7) 1807 bestanden fünf derartige Konsistorien in München, Ansbach, Ulm (1803 an Bayern gefallen, 1810 durch Landesvergleich an Württemberg abgetreten), Amberg und Bamberg.

8) Edikt vom 8. 9. 1808, Reg.Bl. S. 2271.

9) Offizielle Bezeichnung: »Generalkonsistorium für die in dem Reiche öffentlich rezipierten protestantischen Konfessionen«.

10) Neben dem katholischen Vorstand bestand die Kirchensektion aus je einem katholischen und evangelischen ordentlichen Mitglied, sowie aus zwei evangelischen außerordentlichen Mitgliedern.

11) Org. Edikt vom 17. 3. 1809, Reg.Bl. S. 569.
Die Zahl dieser Generaldekanate wurde laufend verringert: 1809 bestanden Generaldekanate in München, Nürnberg, Augsburg, Ulm, Ansbach und Bamberg; 1810 – nach der Grenzbereinigung mit Württemberg und dem Gebietszuwachs von Regensburg und Bayreuth – in München, Regensburg, Ansbach und Bayreuth; 1815 wurde das Generaldekanat München und 1817 das Generaldekanat Regensburg aufgelöst, so daß 1817 im rechtsrheinischen Bayern nur noch die Generaldekanate Ansbach und Bayreuth bestanden, wobei das Dekanat München dem Generalkonsistorium direkt unterstellt war. Für die 1816 zu Bayern gekommene Rheinpfalz bestand das Konsistorium Speyer, welches als solches auch erhalten blieb.

eine staatliche Behörde war, so waren die Generalkreiskommissariate auch in ihrer Eigenschaft als Generaldekanat staatliche Behörden[12].

Als Zwischenstufe zwischen den Pfarrämtern und den Generaldekanaten wurden die (Distrikts-)**Dekanate** eingeführt. Dabei konnte die jetzt vorgenommene Dekanatseinteilung in vielem an die bereits in vorbayerischer Zeit bestehende Organisation mittlerer Aufsichtsstellen (Dekanate und Superintendenturen) anknüpfen. Ein entscheidender Unterschied bestand jedoch: Wurde früher im Amt des Dekans vor allem die Aufsichtsfunktion gesehen, so stand jetzt hinsichtlich des Dekanats die Zusammenfassung der Gemeinden und ihre organische Gliederung in einem einheitlichen Kirchenwesen im Vordergrund. Die organisatorische Zusammenfassung mehrerer Kirchengemeinden zu einem Dekanat (mit dem Dekan an der Spitze) und mehrerer Dekanate zu einem Generaldekanat (mit dem Generalkreiskommissariat als Generaldekanat an der Spitze) sollte dem zügigen Aufbau eines einheitlichen protestantischen Kirchenwesens dienen. Geregelt war dies im einzelnen in der **Konsistorialordnung vom 8. 9. 1809** und deren Folgegesetzen[13]. Diese Konsistorialordnung, die mit einigem Recht als erste verfassungsrechtliche Grundlage der bayerischen evangelischen Kirche bezeichnet werden kann, zumindest als ihr erstes Organisationsstatut, beendete die erste Organisationsphase des jungen protestantischen bayerischen Kirchenwesens. Die Bezeichnung »Kirche« war ihm – vor allem im Hinblick auf die katholische Kirche – seinerzeit noch verwehrt. Die offizielle Bezeichnung war vielmehr »**Protestantische Gesamtgemeinde**«[14]. Maßgeblichen Anteil an dieser Ausbildung der einzelnen Organstrukturen und deren Festlegung in der Konsistorialordnung von 1809 hatte der Theologe *Friedrich Immanuel Niethammer*[15].

12) In Ableitung des Summepiskopats des Königs übten die staatlichen Mittelbehörden – als Mittelorgane des Generalskonsistoriums – also Kirchengewalt aus, wobei sie sich im praktischen Vollzug eigens berufener Kreiskirchenräte bedienten. Diese waren Theologen. Sie waren zwar in die Behörde der Generalkreiskommissariate als Generaldekanat eingegliedert, hatten dort aber bloßes Vortragsrecht.

13) Reg.Bl. S. 1489, vgl. ferner die Formationsordnung vom 7. 12. 1810, Reg.Bl. S. 1414. Zum Zustandekommen dieser Konsistorialordnung ausführlich: *G. Henke,* Die Anfänge der evangelischen Kirche in Bayern, S. 219 ff.

14) Dieser Ausdruck geht auf eine Bezeichnung von *F. I. Niethammer* zurück, der 1807 von einer »evangelischen Gesamtgemeinde« gesprochen hatte. *(Henke* (Fn. 13), S. 163). Erst 1824 – geraume Zeit nach Abschluß der Konkordatsverhandlungen und Beruhigung der dadurch entstandenen Irritation (vgl. hierzu eingehend *K. Hausberger,* Staat und Kirche nach der Säkularisation. Zur bayerischen Konkordatspolitik im frühen

3. Konsolidierung durch das Protestantenedikt

Nachdem also in einer ersten Periode bis 1803 die konfessionelle Parität des evangelischen Bevölkerungsteils erreicht war, wurde in einer zweiten Phase ab 1803 der Aufbau eines eigenen einheitlichen evangelischen Kirchenwesens und einer Kirchenverfassung zunächst auf Provinzebene durch Schaffung konsistorialer Stellen bei den Landesdirektionen vorbereitet und in einer dritten Phase ab 1808/09 auf Landesebene durch Errichtung eines Generalkonsistoriums, von Generaldekanaten und Dekanaten fortgeführt. Freilich waren Generalkonsistorium und Generaldekanate vollkommen in die staatliche Verwaltung integriert. Das Generalkonsistorium war das Organ, durch welches der König als summus episcopus seine Kirchengewalt ausübte. 1817/18 kam diese Ausformung der Organisation der evangelischen Kirche zu einem gewissen Abschluß, der für rund hundert Jahre die Grundlage ihres weiteren Wirkens bilden sollte. Bereits kurz nach dem Sturz *Montgelas'* 1817 wurde im Zuge der Neuformation der Verwaltung die Kirchensektion im Innenministerium aufgelöst. Die Kirchenhoheit wurde nun durch das Ministerium selbst ausgeübt. Als oberste protestantische Kirchenleitung wurde ein eigenes Generalkonsistorium gebildet, welches nicht mehr in das Innenministerium integriert war, ihm allerdings weiter unterstellt blieb und von einem katholischen Vorstand geleitet wurde. Die Mitglieder des Generalkonsistoriums führten jetzt nicht mehr die Bezeichnung »Oberkirchenrat«, sondern »Oberkonsistorialrat«.

Die neue bayerische Verfassung vom 26. 5. 1818[16)] brachte eine weitere Verselbständigung dieser Behörde. Als selbständige Kirchen-

19. Jahrhundert, St. Ottilien 1983; ferner *Henke,* S. 316 ff.) – wurde auf Antrag der beiden Generalsynoden der Gebrauch der Bezeichnung »Protestantische Kirche« als »der passend und würdigere« durch Allerhöchste Entschließung genehmigt *(G. Döllinger,* Sammlung der im Gebiete der inneren Staatsverwaltung des Königreichs Bayern bestehenden Verordnungen, Bd. 8, München 1838, S. 1299/1301). Im Zuge der Konfessionalisierung bildeten sich dann die Bezeichnungen »evangelisch-lutherische Kirche« und »evangelisch-reformierte Kirche«. Deren Verwendung mußte jedoch auf den innerkirchlichen Bereich beschränkt bleiben. Erst seit der Kirchenverfassung von 1920 gilt als amtlicher Name »Evangelisch-Lutherische Kirche in Bayern«. Der damals noch enthaltene Zusatz »rechts des Rheins« entfiel nach 1945 mit dem Verlust der Pfalz und im Zusammenhang mit der Neubildung der Länder.

15 Hierzu ausführlich *Henke* (Fn. 13).

16) GBl. S. 101.
Die Verfassung enthielt insgesamt 10 Beilagen und 2 Anhänge. Für unseren Bereich sind entscheidend die 2. Beilage, das Religionsedikt, mit seinen beiden Anhängen,

leitung für die Protestanten bestand sie nun unter der Bezeichnung **Oberkonsistorium** mit einem Präsidenten protestantischer Konfession an der Spitze[17] und insgesamt fünf Oberkonsistorialräten, vier davon geistlich und einer weltlich. Mit Rücksicht auf den reformierten Bevölkerungsteil (vor allem Rheinpfalz, aber auch die reformierten Gemeinden im rechtsrheinischen Bayern) mußte einer der geistlichen Oberkonsistorialräte der reformierten Konfession angehören. Obwohl als eigene und selbständige Behörde konzipiert, blieb das Oberkonsistorium nach wie vor dem Innenministerium untergeordnet, von dem es »Aufträge und Befehle« empfangen konnte.

Die Generaldekanate wurden in **Konsistorien** umgewandelt. Für das gesamte Bayern bestanden drei Konsistorien, nämlich in Ansbach für das Gebiet Mittelfranken und Schwaben, in Bayreuth für Oberfranken, Oberpfalz, Niederbayern und Unterfranken, und in Speyer für die linksrheinische Pfalz. Auch die Konsistorien waren gegenüber den Kreisregierungen – anders als noch die Generaldekanate – in ihrem Wirkungskreis jetzt selbständige Behörden. An der bisherigen Verfassung der Distriktsdekanate traten keine Änderungen ein. Das Dekanat München, das weite Teile Oberbayerns umfaßte, blieb dem Oberkonsistorium direkt unterstellt. 1819 unterstanden dem Konsistorium Ansbach 35 Dekanate mit 448 Pfarreien und dem Konsistorium Bayreuth 37 Dekanate mit 327 Pfarreien[18]. Auch in anderer Weise brachte das Protestantenedikt eine entscheidende Neuerung: die Einführung von **Synoden.** Bereits die Konsistorialordnung von 1809 kannte erste synodale Einrichtungen, allerdings nur auf der Ebene der Distriktsdekanate. Sie glichen jedoch mehr einer heutigen Pfarrkonferenz als einer Dekanatssynode. Das Protestantenedikt führte das synodale Element auch auf höherer Ebene ein, nämlich in Form von »allgemei-

dem Konkordat vom 5. 6. 1817 und dem Protestantenedikt. Die Verfassung selbst regelte in Titel IV § 9 nochmals die individuelle Religionsfreiheit und die absolute Parität der drei Konfessionen (römisch-katholisch, lutherisch und reformiert). Das Religionsedikt enthielt die allgemeinen staatskirchenrechtlichen Bestimmungen und die beiden Anhänge – Konkordat und Protestantenedikt – regelten die inneren Kirchenangelegenheiten der beiden Kirchen.

17) Darüber, ob der Präsident Theologe sein mußte oder auch »weltlich« sein konnte, enthielt das Protestantenedikt keine Bestimmung. Tatsächlich wechselten sich auch Theologen und Juristen an der Spitze des Oberkonsistoriums ab. Den ersten drei Juristen *Carl August Frhr. von Seckendorff* (1818–1828), *Friedrich Roth* (1828–1848), *Friedrich Christian Arnold* (1848–1852) folgten die Theologen *Adolf Harleß* (1852–1879), *Johann Matthias Meyer* (1879–1883), *Adolf Stählin* (1883–1897), der Jurist *Alexander Schneider* (1897–1909) und wieder die Theologen *Hermann Bezzel* (1909–1917) und *Friedrich Veit* (1917–1920, ab Januar 1921 bis 1933 als Kirchenpräsident).

18) Vgl. *Henke,* Anfänge der evangelischen Kirche in Bayern (Fn. 13), S. 351.

nen Synoden am Sitze des Consistoriums zur Beratung über innere Kirchenangelegenheiten«. Die Dekanatssynoden blieben unter der Bezeichnung »Diözesansynoden« erhalten. Die Einführung von Synoden war insoweit eine Besonderheit, als dadurch eine überwiegend lutherische Kirche sehr früh zu einem synodalen Institut kam, sogar noch vor anderen deutschen Landeskirchen reformierten oder unierten Bekenntnisses. Äußerer Anstoß hierfür war sicherlich die Unionsbewegung in der Pfalz[19)].

Das Protestantenedikt begnügte sich mit einer allgemeinen Garantie für die drei Generalsynoden in Speyer, Ansbach und Bayreuth, die alle vier Jahre zusammentreten sollten und 1823 zum ersten Mal tagten. Die nähere Ausgestaltung dieses synodalen Systems sollte der innerkirchlichen Entwicklung und Diskussion vorbehalten bleiben. In der Tat wuchs, insbesondere in späterer Zeit, als der Synode auch mehr Rechte zugestanden wurden, dieser Einrichtung eine ganz besondere Bedeutung zu, insbesondere deswegen, weil sie in ganz anderer Weise die kirchlichen Strömungen jener Zeit aufnehmen oder auf sie reagieren konnte als das Oberkonsistorium, welches ja staatliche Behörde war.

Das Religions- und das Protestantenedikt von 1818 brachten der protestantischen Kirche somit eine konsistoriale Verfassung mit synodalen Zügen und eine im Rahmen des Summepiskopats des katholischen Königs begrenzte selbständige Verwaltung. Diese begrenzte Selbständigkeit bezog sich allein auf die inneren Kirchenangelegenheiten, wobei auch hier in bestimmten Fällen die königliche Genehmigung einzuholen war. Die Aufsicht über die Grenzen zwischen weltlicher und geistlicher Gewalt und über das gesamte sogenannte äußere Kirchenwesen verblieb dagegen unmittelbar bei der staatlichen Verwaltung, hier dem Innenministerium und den Kreisregierungen. Letzteres galt in gleicher Weise für die katholische Kirche. Lediglich in bezug auf innere Kirchenangelegenheiten hatte diese eine freiere Stellung, da sie insoweit nicht dem Summepiskopat des Landesherrn unterworfen war.

Die Legitimation für diese weitgehenden **Kirchenhoheitsrechte** entnahm der Staat der territorialistischen Verfassungsidee, wonach allein

19) Zur Ausbildung des synodalen Elements vgl. vor allem *H. Bruchner,* Die synodalen und presbyterialen Verfassungsformen in der Protestantischen Kirche des rechtsrheinischen Bayern im 19. Jahrhundert, Berlin 1977; *H. Böttcher,* Wie wir wurden, was wir sind, Nachrichten der ELKiB 1990, S. 454/456.

aus der Territorialgewalt dem Landesherrn auch die Kirchenhoheit und damit die Aufsicht über das Kirchenwesen zukam. Immerhin war mit dem Bestand von 1818 eine gewisse, wenn auch sehr begrenzte Selbständigkeit auf protestantischer Seite erreicht und die Grundlage gelegt für eine weitere Entwicklung hin zu größerer Selbständigkeit, die dann nach dem Ende des landesherrlichen Kirchenregiments 1918 in eine Unabhängigkeit münden sollte.

4. Konfessionelle Ausprägung

Die »Protestantische Gesamtgemeinde«, ab 1824 »Protestantische Kirche«, umfaßte im linksrheinischen Bayern unierte Gemeinden (Pfälzer Union 1818) und im rechtsrheinischen Landesteil lutherische sowie ganz wenige reformierte Gemeinden. Anfangs spielten die konfessionellen Unterschiede kaum eine Rolle, ging es doch zunächst darum, eine einheitliche Kirchenorganisation zu erreichen. Dies sollte sich allerdings ändern, als in der Folgezeit sowohl von unierten Pfälzern als auch von ihr Bekenntnis neu und verstärkt profilierenden Lutheranern eine Trennung gefordert wurde.

1849 wurde auf Antrag der Speyerer Generalsynode der Konsistorialbezirk Speyer vom Wirkungskreis des Oberkonsistoriums getrennt und dem neu gebildeten Kultusministerium[20] als »Vereinigte Protestantische Kirche der Pfalz« direkt unterstellt. Die reformierten Gemeinden im rechtsrheinischen Bayern verblieben dagegen im Verband und unter der Verwaltung der rechtsrheinischen (lutherischen) Protestantischen Kirche, erlangten aber insoweit eine gewisse Selbständigkeit, als ihnen 1853 die Bildung einer eigenen Synode zugestanden wurde, die aus ihren geistlichen Mitgliedern wiederum ein Moderamen wählen konnte. Als selbständige Kirchenleitung durfte das Moderamen aber nicht fungieren. Diese lag weiterhin beim Oberkonsistorium. Eine endgültige Trennung trat erst 1920 mit der Bildung einer eigenen Evangelisch-reformierten Kirche in Bayern ein[21].

20) Dieses bestand ab 1.1.1847 zunächst als »Ministerium des Innern für kirchliche Angelegenheiten«, ab 1.3.1847 als »Ministerium des Innern für Kirchen- und Schulangelegenheiten«. Seine Abtrennung vom Innenministerium ging ganz wesentlich auf protestantische Proteste gegen Innenminister *Abel* zurück.

21) Vgl. zu dieser Entwicklung besonders: *K. E. Haas,* Die Evangelisch-reformierte Kirche in Bayern, Neustadt/Aisch 1970.

5. Stärkung des synodalen Elements

Die durch das Protestantenedikt 1818 auf der Ebene der Konsistorien eingeführten Synoden (»Generalsynode«) waren in ihrer Zuständigkeit zunächst sehr beschränkt, nämlich auf eine reine **Beratung über innere Kirchenangelegenheiten.** Sie traten alle vier Jahre zusammen. Die überwiegende Anzahl der Mitglieder waren Geistliche. Jahrelangen Bemühungen um eine Stärkung des synodalen Elements war erst 1849 ein gewisser Erfolg beschieden: Nach der Ausgliederung des pfälzischen Konsistorialbezirks Speyer tagte die Synode für die Konsistorialbezirke Ansbach und Bayreuth zum ersten Mal als **»Vereinigte Generalsynode«,** zum ersten Mal auch **paritätisch aus Laien und Geistlichen** zusammengesetzt[22].

Auch die Beratungskompetenz wurde von den »inneren Angelegenheiten« ausgeweitet zu »Angelegenheiten der Protestantischen Kirche des Königreichs Bayern«. Die von dieser Vereinigten Synode 1849 gemachten Vorschläge einer Verfassungsreform wurden allerdings nur teilweise verwirklicht. Immerhin kam es 1850 zur Einführung von **Kirchenvorständen.** Ein erster Versuch kurz nach dem Protestantenedikt, nach pfälzischem Vorbild in ganz Bayern Presbyterien einzuführen, war noch am Widerstand rationalistischer Kreise gescheitert[23]. So gab es nun ab 1850 in den Kirchengemeinden Kirchenvorstände, die sich aus den in der Gemeinde tätigen Geistlichen und einer bestimmten Zahl von gewählten Gemeindegliedern zusammensetzten. Im Gegensatz zu heute beschränkte sich ihr Wirkungskreis aber allein auf Angelegenheiten, die das geistliche und religiöse Leben der Gemeinde betrafen. Für Verwaltungsangelegenheiten bestand daneben die schon 1834 geschaffene **Kirchenverwaltung**[24].

Im Dekanatsbezirk gab es die **Diözesansynode.** Sie bestand aus den Geistlichen des Dekanatsbezirks und aus der gleichen Anzahl Laien. Diese wurden von den jeweiligen Kirchenvorständen gewählt[25]. Die **Generalsynoden** auf der Ebene der Konsistorialbezirke bestanden aus je einem geistlichen und weltlichen Abgeordneten der Dekanatsbezirke im jeweiligen Konsistorialbezirk. Beide wurden von der betref-

22) Zu dieser Entwicklung, vor allem über die Rückkoppelung kirchenpolitischer Forderungen zu Vorstellungen in der allgemeinen politischen Verfassungsdiskussion in der Zeit des Vormärz, vgl. v. a. *Bruchner,* Synodale und presbyteriale Verfassungsformen (Fn. 19), S. 63 ff.

23) Vgl. *Bruchner,* Synodale und presbyteriale Verfassungsformen (Fn. 19), S. 43 ff.

24) Diese war Vertreterin des ortskirchlichen Stiftungsvermögens und gleichzeitig rechtliche Vertreterin der Kirchengemeinde, vgl. hierzu auch u. § 56,1.

25) Aufgabe der Diözesansynode war v. a. die Wahrnehmung und Besprechung der kirchlichen Zustände und Bedürfnisse innerhalb des Dekanatsbezirks.

fenden Diözesansynode gewählt. Ferner war Mitglied der Generalsynode ein Vertreter der Evangelisch-Theologischen Fakultät in Erlangen. Die Leitung der Generalsynode lag bei einem Mitglied des Oberkonsistoriums. Bei den Sitzungen waren auch die Mitglieder des jeweiligen Konsistoriums anwesend. Ferner nahm ein königlicher Kommissär teil.

Beiden Generalsynoden, die ab 1849 jeweils auf Antrag als Vereinigte Generalsynode zusammen getagt hatten[26)], wurde 1881 zugestanden, daß sie künftig generell – also ohne jeweiligen Antrag – in einer gemeinsamen Versammlung abgehalten werden konnten[27)]. Gleichzeitig wurde ihnen ein lange gefordertes Recht eingeräumt: Die bisherige bloße Beratungsfunktion wurde umgewandelt in ein **Zustimmungsrecht** für alle »allgemeinen und neuen organischen kirchlichen Einrichtungen und Verordnungen, welche sich auf Lehre, Liturgie, Kirchenordnung und Kirchenverfassung beziehen«. Dies war eine Stärkung der Stellung der Synode und gleichzeitig eine Beschränkung der Kompetenzen des Oberkonsistoriums, das in den genannten Bereichen nur noch mit ausdrücklicher Zustimmung der Vereinigten Generalsynode tätig werden konnte[28)]. Die Entwicklung der damaligen bayerischen Kirchenverfassung war schließlich 1887 mit der Einführung eines Synodalausschusses **(»Generalsynodalausschuß«)** abgeschlossen[29)]. Dieser war paritätisch mit vier geistlichen und vier weltlichen Synodalen besetzt und war in allen wichtigen Kirchenangelegenheiten mit seinem »ratsamen Gutachten« vom Oberkonsistorium zu hören. Er war regelmäßig einmal jährlich, mindestens aber einmal zwischen zwei Generalsynoden, die nach wie vor alle vier Jahre tagten, vom Oberkonsistorium einzuberufen.

26) Mit Ausnahme von 1857. Zu den verfassungsrechtlichen Auseinandersetzungen dieser Zeit vgl. v. a. *Bruchner,* Synodale und presbyteriale Verfassungsformen (Fn. 19), S. 130 ff.; ferner *H. Maser,* Evangelische Kirche im demokratischen Staat, S. 38 ff.

27) Allerhöchste Entschließung vom 1. 8. 1881, Min.Bl. f. Kirchen- und Schulangelegenheiten – CMBl – S. 201; abgedruckt auch in: *K. Weber,* Neue Gesetz- und Verordnungensammlung für das Königreich Bayern, Bd. 15, München 1892, S. 385; ferner Verhandlungen der Vereinigten Generalsynode zu Bayreuth 1881, S. 26.
Zu den wesentlich weitergehenden Forderungen jener Zeit nach einer (kirchen-)verfassungsrechtlichen Revision, die anfangs auch vom Oberkonsistorium und namentlich von dessen Präsidenten *von Harleß* unterstützt wurden, vgl. *Bruchner,* Synodale und presbyteriale Verfassungsformen (Fn. 19), S. 147 ff.; *Maser,* Evangelische Kirche im demokratischen Staat (Fn. 25), S. 39 ff.

28) Dieses Recht war übrigens der Speyerer Synode bereits in der Pfälzer Unionsverfassung von 1818 eingeräumt worden. Es bedurfte wiederholter Anläufe, bis im rechtsrheinischen Bayern die Vereinigte Generalsynode die gleiche Stellung erlangt hatte.

29) Zustimmung durch die Generalsynode 1885 (Verhandlungen der Vereinigten Generalsynode zu Ansbach 1885, S. 55 ff., 264 ff.) und genehmigt durch Allerhöchste Entschließung vom 25. 6. 1887, CMBl (Fn. 27) S. 189; *Weber,* Gesetz- und Verordnungensammlung (Fn. 27), Bd. 18, München 1894, S. 421/424.

Ab Mitte des 19. Jahrhunderts hatte sich die Protestantische Kirche in Bayern rechts des Rheins nach Loslösung des Konsistorialbezirks Speyer und dessen Verselbständigung zur Pfälzer Kirche also mehr und mehr zur »evangelisch-lutherischen Kirche« entwickelt, ohne freilich diesen Namen offiziell tragen zu dürfen. Gleichzeitig verstärkte sich ab 1849 das synodal-presbyteriale Element. Dies kam vor allem in der Bildung von Kirchenvorständen, der paritätischen Zusammensetzung der synodalen Organe, verstärkten Rechten der Synoden, der ständigen Vereinigung der Synoden zu einer Vereinigten Generalsynode und der Bildung eines Synodalausschusses zum Ausdruck. Freilich blieb in dem jetzt ausgeformten Verfassungsbild mit konsistorialen, synodalen und presbyterialen Elementen das konsistoriale Element nach wie vor beherrschend.

6. Die Kirchenverfassung 1920

Das Ende des landesherrlichen Kirchenregiments im Jahr 1918 hatte begreiflicherweise Auswirkungen auf die Verfassung der Landeskirche. Nach dem Zusammenbruch der Monarchie nahm zunächst das Kultusministerium, ab 1919 (Weimarer Verfassung und Bayerische Verfassung mit der Aufhebung des bisherigen staatskirchlichen Systems) das Oberkonsistorium die aus dem Summepiskopat folgende Rechte wahr, die bisher dem König zugestanden hatten[30]. Die Verfassung vom 16. 9. 1920, die am 1. 1. 1921 in Kraft getreten war[31], enthielt einen kurzen Vorspruch (Präambel) über den Bekenntnisstand und acht Abschnitte über Aufbau und Organisation:

- Landeskirche
- Kirchengemeinde und Pfarramt
- Dekanat und Kirchenbezirk
- Landessynode
- Landessynodalausschuß
- Kirchenpräsident, Landeskirchenrat, Kreisdekane
- Verhältnis zu anderen evangelischen Landeskirchen
- Übergangs- und Einführungsbestimmungen.

Die neue Kirchenverfassung konnte in vielem an das bisher gewachsene Bild anknüpfen. Im Aufbau änderte sich auf der unteren und

30) Hierzu *H. Maser,* Die ELKiB zur Zeit der Weimarer Republik, S. 9 ff.; *G.-M. Knopp,* Ende des landesherrlichen Kirchenregiments, S. 10 ff.; *ders.,* Entstehung der Verfassung der ELKiB, Nachrichten der ELKiB 1971, S. 2 ff.; *R. Oeschey,* Verfassung der evang.-luth. Kirche, S. XXIX ff.

31) Vgl. o. Fn. 1.

mittleren Ebene wenig. Die Gliederung in Kirchengemeinden und Dekanatsbezirke blieb bestehen. Neu war jetzt, daß der Dekanatsbezirk nicht nur wie bisher Verwaltungsbezirk war, sondern daß die in einem Dekanatsbezirk zusammengeschlossenen Kirchengemeinden einen **Kirchenbezirk** (Bezirkskirchenverband) mit eigener Rechtspersönlichkeit bildeten. Ver- waltungsbezirk war also der Dekanatsbezirk mit dem Dekan an der Spitze. Organe des räumlich identischen Kirchenbezirks als Selbstverwaltungskörperschaft waren die Bezirkssynode und der Bezirkssynodalausschuß. Anders als die frühere Diözesansynode, die paritätisch mit Geistlichen und Laien besetzt war, bestand die Bezirkssynode jetzt aus allen im Bezirk tätigen Geistlichen und allen Kirchenvorstehern des Bezirks, sowie allen hauptamtlich tätigen Kirchenmusikern und einem Vertreter der an Volksschulen Religionsunterricht erteilenden Lehrkräfte (Art. 16). Dadurch gewann das Laienelement eine deutliche Überzahl, die Handlungsfähigkeit nahm infolge des Anwachsens der Mitgliederwahl aber nicht gerade zu.

Neu war die Einteilung in **Kirchenkreise,** denen – wie heute – eine eigene Rechtspersönlichkeit nicht zukam. An ihrer Spitze stand ein Oberkirchenrat als **Kreisdekan.** Es gab zunächst drei Kirchenkreise: Ansbach, Bayreuth und München. Erst später kamen weitere Kirchenkreise hinzu: 1934 Nürnberg, 1951 Regensburg und 1971 Augsburg[32)].

Die neue Kirchenverfassung kannte nunmehr vier oberste Organe: Die **Landessynode,** den **Landessynodalausschuß,** den **Kirchenpräsidenten** und den **Landeskirchenrat.**

Die **Landessynode** löste die frühere Generalsynode ab, freilich mit jetzt viel weitergehenden Kompetenzen, von denen die wichtigste das Gesetzgebungsrecht war, welches früher allein beim Staat gelegen hatte. Die Landessynode war mindestens alle drei Jahre zu einer ordentlichen Tagung einzuberufen[33)]. Anders als früher wählte sie ihren Präsidenten jetzt selbst[34)].

Der **Landessynodalausschuß** ging aus dem Generalsynodalausschuß hervor und bestand jetzt aus neun Mitgliedern (vier geistlich, fünf weltlich). Der Vorsitzende des Landessynodalausschusses wurde aus der Mitte seiner Mitglieder gewählt. Anders als jetzt war der Präsident der Landessynode also nicht geborener Vorsitzender. Der Landessynodalausschuß

32) Vgl. u. § 37,2 (Fn. 2).

33) In der Tat trat die LS anfangs zu ordentlichen Tagungen nur alle drei Jahre zusammen, tagte dann aber dafür bis zu 3 Wochen! Daneben gab es außerordentliche Tagungen.

34) Die Mitgliederzahl der LS betrug 90, davon 84 gewählte (28 geistliche und 56 weltliche) und 5 berufene Mitglieder, sowie ein Vertreter der Evangelisch-Theologischen Fakultät Erlangen.

war die ständige Vertretung der Landessynode und hatte im übrigen etwa die gleichen Kompetenzen, die ihm auch heute zukommen.

Der **Landeskirchenrat** als oberste Behörde für die Verwaltung der Landeskirche trat an die Stelle des Oberkonsistoriums. Er bestand ursprünglich aus elf Mitgliedern: Dem Kirchenpräsidenten, seinem Vertreter (dem – weltlichen – Vizepräsidenten) und den – geistlichen und weltlichen – Oberkirchenräten (einschließlich der drei Kreisdekane). Ein eigenes Landeskirchenamt gab es nicht. Nachgeordnete Behörden – wie früher die Konsistorien – bestanden nicht mehr. Die Konsistorien Ansbach und Bayreuth wurden also abgeschafft. Bis 1930 bestand dagegen in Ansbach eine Zweigstelle des Landeskirchenrates für Finanzangelegenheiten, ein ausgelagertes Referat des Landeskirchenrates. An dessen Stelle trat dann als einzige Mittelbehörde die Evang.-Luth. Landeskirchenstelle[35]. Als Sitz des Landeskirchenrates wurde – nachdem hierfür auch Ansbach im Gespräch war – zunächst vorläufig, 1927 dann endgültig München bestimmt.

Zu diesen drei kirchenleitenden Organen, die an bisher bestehende Einrichtungen anknüpften, allerdings mit wesentlich erweiterten Kompetenzen, trat nun als weiteres kirchenleitendes Organ ein eigener bischöflicher Amtsträger, der **Kirchenpräsident,** der nach Art. 46 »an der Spitze der Landeskirche« stand. Er führte die Bezeichnung: »Präsident der evangelisch-lutherischen Kirche in Bayern r. d. Rhs.«. Wenn auch seinerzeit aus den verschiedensten Gründen der Titel »Bischof« abgelehnt worden war[36], so war dieses Amt doch eindeutig als **bischöfliches Amt** ausgestaltet[37]. Der Kirchenpräsident und die Mitglieder des Landeskirchenrates waren nicht Mitglieder der Landessynode. Sie waren jedoch berechtigt, an deren Sitzungen teilzunehmen.

An die Stelle des obersten Kirchenregiments, welches in dem Summepiskopat des Königs gelegen hatte, waren nun also vier kirchliche Leitungsorgane getreten. Diese Leitungsstruktur hat auch die Kirchenverfassung von 1971 übernommen, wenngleich durch das Anwachsen der Mitgliederzahl die entsprechenden Gremien sicher nicht handlungsfähiger geworden sind.

Kirchengebiet war das gesamte rechtsrheinische Bayern. Hierzu gehörte auch das 1920 zu Bayern gekommene ehemalige Herzogtum Coburg (zuletzt: Freistaat Coburg). Wegen der dortigen besonderen

35) Vgl. Landeskirchenstellenverordnung – LKStV – v. 15. 3. 1930 – RS 50.
36) Vgl. hierzu u. § 40,1 zu Fn. 23.
37) Durch das verfassungsändernde Kirchengesetz über die Bestellung eines Landesbischofs vom 8. 5. 1933 (KABl S. 53) wurden dann die in der Kirchenverfassung vorgesehenen Rechte und Pflichten des Kirchenpräsidenten durch einen **Landesbischof** wahrgenommen. Dadurch wurde noch nicht das Amt des Landesbischofs geschaffen, sondern nur die Wahrnehmung der Aufgaben des Kirchenpräsidenten durch einen Landesbischof geregelt. Hierzu und zu der folgenden Entwicklung näher u. § 40,1 zu Fn. 24–26.

Verhältnisse (eigene Landeskirche!) wurde die Kirchenverfassung für dieses Gebiet erst aufgrund eigener Vereinbarung in Vollzug gesetzt[38].

Die Kirchenverfassung von 1920 wurde ganz maßgeblich vom damaligen Oberkonsistorialrat und späteren Vizepräsidenten der Landeskirche, dem Juristen *Karl Gebhard,* gestaltet. Sie ist in Einzelheiten später mehrmals ergänzt und geändert worden[39] und galt bis zum Inkrafttreten der neuen Kirchenverfassung vom 20. 11. 1971. Diese Kirchenverfassung, in Kraft seit 1. 1. 1972, entwickelte die Kirchenverfassung von 1920 behutsam fort, steht also ganz in deren Tradition. Diese konnte wiederum in sehr vielem an das im vorigen Jahrhundert gewachsene Verfassungsbild anknüpfen. Die Wurzeln der heutigen Gestalt unserer Landeskirche reichen also weit zurück.

38) KG betr. das Abkommen mit der evangelischen Landeskirche Coburg vom 11. 9. 1920, KABl S. 480.

39) Hierzu *v. Ammon/Rusam,* Verfassung der ELKiB, 2. Aufl., S 13 ff.; *G.-A. Vischer,* Aufbau, Organisation und Recht der ELKiB, Bd. 1, S. 34 ff.

Literatur

W. v. Ammon, Die Entstehung der Evang.-Luth. Kirche in Bayern und ihre ersten Verfassungen, Zeitschr. f. bayer. Kirchengeschichte 37 (1968) S. 71 ff.; *W. v. Ammon/R. Rusam,* Verfassung der Evangelisch-Lutherischen Kirche in Bayern vom 20. 11. 1971, 2. Aufl. München 1985, S. 1–15; *H. Böttcher,* Wie wir wurden, was wir sind. Geschichte der rechtlichen Gestaltwerdung der bayerischen Landeskirche, Nachrichten der ELKiB 1990, S. 454 ff.; *H. Bruchner,* Die synodalen und presbyterialen Verfassungsformen in der Protestantischen Kirche des rechtsrheinischen Bayern im 19. Jahrhundert, Münchener Universitätsschriften, Jur. Fak. Abh. z. rechtswissenschaftlichen Grundlagenforschung Bd. 24, Berlin 1977 (hierzu *H. Böttcher,* ZevKR 28 (1983) S. 317 ff.); *G. Henke,* Die Anfänge der evangelischen Kirche in Bayern. Friedrich Immanuel Niethammer und die Entstehung der Protestantischen Gesamtgemeinde. Jus Eccl. Bd. 20, München 1974; *ders.,* 150 Jahre »Protestantische Kirche« in Bayern, Nachrichten der ELKiB 1974, S. 385 ff.; *G. Hirschmann,* Die evangelische Kirche seit 1800, in: *M. Spindler* (Hrsg.), Handbuch der bayerischen Geschichte Bd. IV/2, München 1975, S. 883 ff.; *A. R. Kitzmann,* Das offene Tor. Aus der Geschichte der Protestanten in München, München 1990; *G.-M. Knopp,* Das Ende des landesherrlichen Kirchenregiments in Bayern und die Verfassung der Evangelisch-Lutherischen Landeskirche in Bayern, München 1969; *ders.,* Die Entstehung der Verfassung der evangelisch-lutherischen Kirche in Bayern von 1920, Nachrichten der ELKiB 1971, S. 2 ff.; *Th. Kolde,* Das bayerische Religionsedikt vom 10. 1. 1803 und die Anfänge der protestantischen Landeskirche in Bayern, Beitr. z. bayer. Kirchengeschichte 9 (1903), S. 97 ff.; *H. Maser,* Evangelische Kirche im demokratischen Staat. Der bayerische Kirchenvertrag von 1924 als Modell für das Verhältnis von Staat und Kirche, München 1983, S. 27 ff.; *ders.,* Die Evangelisch-Lutherische Kirche in Bayern rechts des Rheins zur Zeit der Weimarer Republik 1918–1933, München 1990; *W. Maurer,* Die »Protestantische« Kirche in Bayern, Zeitschr. f. bayer. Kirchengeschichte 32 (1963) S. 271 ff.; *E. F. H. Medicus,* Geschichte der evangelischen Kirche im Königreiche Bayern diesseits d. Rh., Erlangen 1863, S. 1 ff., 492 ff. Supplementbd. 1865, S. 1 f. u. 109 ff. (Pfalz); *R. Oeschey,* Verfassung der evangelisch-lutherischen Kirche in Bayern r. d. Rhs. vom 16. 9. 1920, München 1921; *ders.,* Zwei Kapitel aus der Frühgeschichte evangelischer Kirchenverfassung in Bayern, Zeitschr. f. Rechtsgeschichte, Bd. 44, Kan. Abt. 13 (1924) S. 215 ff.; *G. Pfeiffer,* Die Umwandlung Bayerns in einen paritätischen Staat, in: Bayern. Staat und Kirche, Land und Reich, Gedächtnisschrift für W. Winkler, München 1961, S. 35 ff.; *C.-J. Roepke,* Die Protestanten in Bayern, München 1972, S. 336 ff.; *M. Simon,* Evangelische Kirchengeschichte Bayerns, 2. Aufl. Nürnberg 1952, S. 540 ff.; *ders.,* Die evangelische Kirche. Hist. Atlas v. Bayern, Kirchl. Organisation I. Teil, München 1960, S. 1 ff.; *L. Turtur/A. L. Bühler,* Geschichte des protestantischen Dekanates und Pfarramtes München 1799–1852. Ein Beitrag zur bayerischen Religionspolitik des 19. Jahrhunderts (Einzelarbeiten aus der Kirchengeschichte Bayerns, Bd. 48), Nürnberg 1969, S. 18 ff.; *G.-A. Vischer,* Aufbau, Organisation und Recht der Evang.-Luth. Kirche in Bayern, Bd. 1,

München 1952; *ders.,* Die Evang.-Luth. Kirche in Bayern von 1800–1920. Ihre staats- und kirchenrechtliche Entwicklung, München 1951.
Zur Geschichte der Evangelisch-reformierten Kirche in Bayern vgl. v. a. *K. E. Haas,* Die Evangelisch-Reformierte Kirche in Bayern, ihr Wesen und ihre Geschichte, Neustadt/Aisch 1970.

§ 4
Die Kirchenverfassung von 1971

1. Zustandekommen und Aufbau

a) Die Kirchenverfassung von 1920 galt bis Ende 1971. Sie war mehrfach, zum Teil tiefgreifend geändert worden, teilweise im Wege einer ausdrücklichen Verfassungsänderung, teilweise im Wege der sog. Verfassungsdurchbrechung.

> **Beachte:**
> Eine Verfassungsdurchbrechung liegt dann vor, wenn ein Gesetz etwas anderes bestimmt als in der Verfassung geregelt ist, ohne daß dabei der Text der Verfassung ausdrücklich geändert wird. Es liegt dann **keine formelle,** aber eine **materielle Änderung** der Verfassung vor. Diese Gesetze müssen mit verfassungsändernder Mehrheit beschlossen werden, anderenfalls wären sie wegen Verstoßes gegen die Verfassung nichtig. Eine Verfassungsdurchbrechung ist nur möglich, wenn der Text einer Verfassung nicht die Bestimmung enthält, daß Änderungen dieser Verfassung nur durch Gesetze möglich sind, die den Wortlaut der Verfassung ausdrücklich ändern oder ergänzen. Eine solche Bestimmung enthielt weder die frühere noch enthält sie die geltende Kirchenverfassung.

Zudem sind besonders in der Zeit nach 1945 Kirchengesetze in großer Zahl ergangen, die Lücken in der Kirchenverfassung ausgefüllt haben. So war mit der Zeit eine **Diskrepanz zwischen Verfassungstext und Verfassungswirklichkeit** entstanden. Hinzu kam, daß die Kirchenverfassung von 1920 – wie andere Verfassungen jener Zeit – in vielem den Charakter eines Organisationsstatuts trug, und eine theologisch-kirchenrechtliche Besinnung über den Grund kirchlichen Rechts, insbesondere kirchlichen Verfassungsrechts, erst später einsetzte, im wesentlichen aufgrund der Erfahrungen im Kirchenkampf.

Nach 1945 schließlich standen zunächst andere Dinge im Vordergrund, die rasch geregelt werden mußten, bevor an eine grundlegende Verfassungsreform gedacht werden konnte. Die ELKiB stand mit ihrer Neuregelung nicht allein: Als sie daran ging, ihre Kirchenverfassung zu reformieren, hatte die Mehrzahl der deutschen Landeskirchen ihre Verfassungen bereits neu geordnet oder war gerade dabei.

b) Erste **Überlegungen für eine Verfassungsreform** reichen in das Jahr 1961 zurück. Die in jener Zeit anstehenden Gesetzgebungsvorhaben einer Kirchengemeindeordnung, einer neuen Ordnung des kirchlichen Lebens, des Kirchengliedschaftsgesetzes, sowie die Vereinheitlichung des Rechts der Pfarrstellenbesetzung, die Neuregelung des Rechts des Dekanatsbezirkes, die Ermöglichung der Beauftragung mit Predigtdienst und Sakramentsverwaltung auch an Nichttheologen (Beauftragungsgesetz) und die Änderung der Zusammensetzung der Landessynode wurden bereits als Teile einer Verfassungsnovellierung angesehen.

Nachdem die Landessynode im Herbst 1966 offiziell das Vorhaben einer Reform der Kirchenverfassung beschlossen hatte, erarbeitete ein aus Synodalen und Vertretern des Landeskirchenrates und weiteren berufenen Sachverständigen bestehender Verfassungsausschuß[1)] in der Zeit von Dezember 1966 bis November 1969 einen Vorentwurf. Zwischenergebnisse wurden laufend veröffentlicht und zur Diskussion gestellt[2)]. Im Frühjahr 1970 wurde der gesamte Vorentwurf veröffentlicht[3)]. Nach Überarbeitung durch Landeskirchenrat und Landessynodalausschuß aufgrund zahlreicher eingegangener Voten wurde der Entwurf erneut im Juni 1970 veröffentlicht[4)] und im Herbst 1970 in die Landessynode eingebracht[5)], im Herbst 1970 und Frühjahr 1971 in erster Lesung behandelt und nach weiterer intensiver Beratung und Bearbeitung durch einen sog. synodalen Zwischenausschuß schließlich auf der Herbsttagung 1971 verabschiedet. Am 20.11.1971 erfolgte die Ausfertigung durch den Landesbischof[6)]. Am 1. Januar 1972 ist die neue Kirchenverfassung in Kraft getreten. Gleichzeitig trat das Einführungsgesetz zu dieser Verfassung in Kraft, welches ebenfalls im Herbst 1971 abschließend von der Landessynode behandelt worden war.

Die Arbeiten an der neuen Kirchenverfassung nahmen die gesamte Synodalperiode 1966/72 in Anspruch. Sie wurden auf **breiter Grundlage** durchgeführt. Bereits auf der »Arbeitstagung der Landessynode über Verfassungsfragen« im Oktober 1966 führten drei grundlegende Referate aus theologischer, kirchenrechtlicher und aus der Sicht der Kirchenpraxis in die Fragen der Verfassungsreform ein[7)]. Über die

1) Zur Zusammensetzung näher *v. Ammon/Rusam,* Verfassung der ELKiB, 2. Aufl., S. 17 ff.
2) Vgl. vor allem Nachrichten der ELKiB, Jahrgänge 1968 und 1969.
3) Kirchenverfassung. Vorentwurf Evang.-Luth. Kirche in Bayern, im Auftrag des Verfassungsausschusses hrsgg. v. OKR *H. Riedel,* München 1970. Diesem Vorentwurf waren Erläuterungen von OKR i.R. *G.-A. Vischer* beigefügt.
4) KABl S. 119.
5) Verhandlungen der LS der ELKiB, Synodalperiode 1966/72, 9. ord. Tagung (44), Bayreuth, 18.–23.10.1970, S. 146 ff. (Entwurf), S. 155 ff. (Begründung).
6) Verkündung im Amtsblatt: KABl S. 287.
7) Grundlagen einer neuen Kirchenverfassung der Evang.-Luth. Kirche in Bayern. Referate der Arbeitstagung der Landessynode vom 21. – 22. Oktober 1966, Sonderdruck der Landessynode, München 1966, mit Beiträgen von *W. Maurer,* Zum theologischen Ansatz einer neuen Ordnung der Evang.-Luth. Kirche in Bayern (ebd. S. 7 ff.), *S. Grundmann,* Die Gestaltung einer neuen Kirchenverfassung für die Evang.-Luth. Kirche in Bayern (ebd. S. 29 ff.), *G.-A. Vischer,* Fragen zur Verfassungsreform (ebd. S. 51 ff.).

Zwischenergebnisse des Verfassungsausschusses wurde der Landessynode laufend berichtet. Sowohl die Beratungen des Verfassungsausschusses als auch des synodalen Zwischenausschusses wurden von kirchenrechtlichen Sachverständigen begleitet. Neu war ein Anhörungsverfahren nach Veröffentlichung des Vorentwurfs, in dem im Rahmen der Frühjahrstagung der Landessynode 1970 einzelne Kirchenmitglieder oder ganze Vereinigungen zu dem Entwurf Stellung nehmen konnten[8]. Neu war auch eine besondere Anhörung im Rahmen der Beratungen des Zwischenausschusses im Mai 1971, bei der mehrere Sachverständige aus der kirchlichen Praxis anderer lutherischer Landeskirchen, aus der theologischen Wissenschaft und der kirchlichen Publizistik eingeladen waren. Beide Ausschüsse waren bemüht, die zahlreich eingegangenen Voten[9] in ihre Beratungen aufzunehmen.

Neben der breiten Einbeziehung der kirchlichen Öffentlichkeit war bezeichnend für die Arbeit an der Kirchenverfassung, daß wesentliche Teile bereits vorab Gegenstand der synodalen Beratung und Beschlußfassung waren (vgl. o.). So konnten – wie die Begründung zum Verfassungsentwurf ausführt – »bereits weitgehend fertige und zum Teil sogar erprobte Teile in den endgültigen Entwurf eingebracht werden«. Die Begründung spricht daher von einer »**Fertigteilbauweise**« bei der Erarbeitung der Verfassung, d. h. einzelne Teile wurden gesondert beraten und konnten dann in ihren Ergebnissen in die neue Verfassung übernommen werden, bzw. die Verfassung konnte sich damit begnügen, in diesen Bereichen nur einige grundsätzliche Aussagen zu machen und im übrigen auf die entsprechende Einzelregelung zu verweisen.

c) Neben der Neuregelung des Kirchengemeinderechts, des Rechts der Dekanatsbezirke, der Pfarrstellenbesetzung, der Möglichkeit der Beauftragung, der Kirchengliedschaft, die im wesentlichen bereits vorab in besonderen Gesetzen geregelt waren und in ihren Grundaussagen in die Kirchenverfassung übernommen worden sind, sind als **Änderungen gegenüber dem bisherigen Verfassungsstand** vor allem zu nennen die neuen Bestimmungen über die Stellung des Landesbischofs, über das Verhältnis der kirchenleitenden Organe untereinander, sowie die Bestimmungen über die Gliederung des Amtes der Kirche in verschiedene Dienste und über die besonderen

8) Verhandlungen der LS der ELKiB, Synodalperiode 1966/72, 8. ord. Tagung (43) Coburg, 8.–13.3.1970, S. 127–158.

9) Vgl. auch noch Nachrichten der ELKiB, Jahrgänge 1970 und 1971. Daneben gab es eine Vielzahl nicht veröffentlichter Voten.

Arbeitsbereiche und Arbeitsformen der Kirche. Neu war auch der Grundartikel und die einleitenden allgemeinen Bestimmungen des ersten Abschnittes.

Insgesamt ist die Kirchenverfassung von 1971 eine behutsame und in vielem bewahrende Fortführung derjenigen von 1920, eine Anpassung an die damals vorgefundene Verfassungswirklichkeit, aber auch Raum gebend für neue Entwicklungen. Sie ist zum Teil ein Kompromiß aus den unterschiedlichen Erwartungen, die an sie herangetragen worden sind, oft auch in Verkennung dessen, was eine Kirchenverfassung leisten kann. Je nach Sichtweise ist sie daher mit Mängeln behaftet. Dies gilt jedoch für jede Verfassung.

Bewußt hält die Verfassung von 1971 an dem Terminus »Verfassung« fest[10]. Sie folgt darin der Terminologie einiger anderer Kirchen, die ihre Verfassungen kurz vorher neu gefaßt hatten. Sie steht damit aber auch in bewußter Tradition zu der Verfassung von 1920. Anders als die Verfassung von 1920, die im Textteil den Begriff »Landeskirche« verwendet hat, kennt dagegen die Verfassung von 1971 diesen Begriff nicht mehr und ersetzt ihn konsequent mit »Evangelisch-Lutherische Kirche in Bayern«. Die Begründung führt hierzu aus, daß diese Änderung verdeutlichen soll, »daß diese Verfassung nicht die Grundordnung einer bloßen Territorialkirche ist, sondern daß sich diese Kirche (wenngleich als Territorialkirche entstanden) als Konfessionskirche und als Personalverband versteht, allerdings mit der Beschränkung auf ein bestimmtes Kirchengebiet«[11]. Etwas inkonsequent, aber in Tradition zu den bisherigen Bezeichnungen, wird an den abgeleiteten Begriffen Landessynode, Landessynodalausschuß, Landesbischof, Landeskirchenrat festgehalten.

d) Das Kirchengebiet ist deckungsgleich mit dem Territorium des Freistaates Bayern.

e) Die Verfassung von 1971 ist bemüht, die **Bekenntnisbindung**
RS 1 und andere **theologische Grundaussagen** in den **einleitenden Bestimmungen** zu konzentrieren. Auch darin folgt sie dem Vorbild anderer neuerer Verfassungen. Zugleich erfolgt damit eine gewisse »Ortsbestimmung« an hervorgehobener Stelle.

In der **weiteren Gliederung** entspricht die Verfassung von 1971 im großen und ganzen ebenfalls verschiedenen neueren Verfassungen anderer Landeskirchen: Auf den Grundartikel und die allgemeinen Bestimmungen (Art. 1–8) folgen die Bestimmungen über die Kirchengliedschaft (Art. 9, 10), das Amt der Kirche (Art. 11–18), die Kirchengemeinde (Art. 19–25), den Dekanatsbezirk und den Dekan (Art.

10) Vgl. zu dieser Terminologie bereits o. § 2 (S. 22 ff.).
11) Verhandlungen der LS der ELKiB (Fn. 5), S. 156/157.

26–35), besondere Arbeitsbereiche und Arbeitsformen (Art. 36–39), die oberste Leitungsebene (Leitung der ELKiB, Art. 40–70), die Rechtsetzung (Art. 71–76), den Rechtsschutz (Art. 77, 78), die Vermögens- und Finanzverwaltung (Art. 79–83) sowie eine Schlußbestimmung (Art. 84).

2. Der Grundartikel

a) Die Verfassung von 1920 hatte als theologische Leitaussage in ihrer Präambel schlicht festgehalten: »Die evangelisch-lutherische Kirche in Bayern r. d. Rhs. steht auf dem alleinigen Grund der Heiligen Schrift. Sie hält sich in Lehre und Leben an das evangelisch-lutherische Bekenntnis. Für die äußere Ordnung ihres Lebens nimmt sie folgende Verfassung an: ...«

Entsprechend dem gewandelten Verständnis von der Ordnung einer Kirche erschien den Vätern der neuen Verfassung der alte Vorspruch als theologische und rechtstheologische Leitaussage nicht mehr ausreichend. Analog zu anderen neueren Verfassungen wurden die – bewußt knapp gehaltenen – theologischen Grundaussagen und bestimmte grundlegende Bestimmungen gewissermaßen als allgemeiner Teil der ganzen Verfassung vorausgestellt. Durch diese hervorgehobene Stellung sind sie für die weiteren Abschnitte Leitlinien und Auslegungsnorm, also zugleich Interpretationshilfe und Interpretationsmaßstab für die nachfolgenden Bestimmungen.

b) Bewußt wurden die grundlegenden Aussagen nicht in einer **Präambel** oder einem Vorspruch zusammengefaßt. Es sollte damit einerseits der Unsicherheit über die rechtliche Qualität einer Präambel begegnet, zum anderen gerade auch das besondere Gewicht dieser Aussagen unterstrichen werden.

Durch die besondere **Hervorhebung des Grundartikels** – einbezogen in den eigentlichen Verfassungstext, aber allen anderen Artikeln vorangestellt – wird klargestellt, daß Schrift und Bekenntnis Grundlegung und unabdingbare Voraussetzung des kirchlichen Verfassungsrechts (und damit des kirchlichen Rechts überhaupt) sind, und daß dieses nur den Zweck hat, der Erfüllung des kirchlichen Auftrags in dieser Welt zu dienen (vgl. Absatz 3, letzter Satz: »Diesem Auftrag haben auch ihr Recht und ihre Ordnungen zu dienen.«).

c) Der **Grundartikel** geht in **Absatz 1** zunächst von der **Basis** jeder Kirche aus, dem Wort Gottes, das in Jesus Christus Mensch geworden ist und in der Heiligen Schrift bezeugt wird. In der Gemeinschaft der aus dem Wort Gottes lebenden ecclesia universalis – der Gemeinschaft der einen, heiligen, allgemeinen und apostolischen Kirche – lebt neben anderen als ecclesia particularis auch die ELKiB.

Ihre **Bekenntnisgrundlage** ist in **Absatz 2** festgehalten: Dem Hinweis auf die altkirchlichen Bekenntnisse folgt die Feststellung, daß die ELKiB sich in Lehre und Leben an das evangelisch-lutherische Bekenntnis hält, wie es insbesondere in der Augsburgischen Konfession von 1530 und im Kleinen Katechismus Martin Luthers ausgesprochen ist. Von den Bekenntnisschriften werden diese beiden besonders hervorgehoben[12)], weil diese – wie es in der Begründung zum Entwurf der Kirchenverfassung heißt – »in besonderer Weise den Kirchengliedern zugänglich sind und geeignet sind, das zu vermitteln, was Evangelisch-Lutherisches Bekenntnis meint«[13)]. Auch das Interesse an der Gemeinschaft mit anderen lutherischen Kirchen, von denen einige nicht das ganze Konkordienbuch von 1580 als Bekenntnisgrundlage akzeptieren, alle sich aber an die beispielhaft genannten Bekenntnisschriften gebunden wissen, spielte hierbei eine Rolle. Die Begründung hebt weiter hervor, daß die beispielhafte – also insoweit nicht abschließende – Nennung der CA und des Kleinen Katechismus nicht bedeutet, daß die ELKiB »ihre Verankerung nicht auch in den übrigen Teilen des Konkordienbuches sähe«[14)]. Der besondere Hinweis auf die Lehre von der Rechtfertigung am Ende von Abs. 2 geht wesentlich zurück auf ein Votum der Erlanger Theologischen Fakultät.

Auf die Theologische Erklärung der Barmer Bekenntnissynode ist nicht eigens verwiesen worden, wie dies z. B. in manchen anderen Verfassungen der Fall ist und auch für die Verfassung der ELKiB erwogen worden ist, weil sowohl in Art. 2 der Verfassung der VELKD als auch in Art. 1 Abs. 3 der Grundordnung der EKD hierauf Bezug genommen ist. Diese Aussagen haben damit auch für die ELKiB als deren Gliedkirche (vgl. Art. 6 Abs. 2 und 3) Verbindlichkeit. Im übrigen kommen auch ohne ausdrückliche Bezugnahme die grundlegenden Entscheidungen der Barmer Synode im Text unserer Verfassung selbst zum Tragen.

Der **Bekenntnisstand** war und ist dem Verfassungsgesetzgeber **vorgegeben** und steht außerhalb seiner Disposition. Er konnte ihn daher nur (deklaratorisch) feststellen, da – und dies versteht sich von selbst

12) Ähnlich VELKDVerf Art. 1 Abs. 1 – RS 60 – und LWBVerf Art. 2 – RS 95.
13) Verhandlungen der LS der ELKiB (Fn. 5), S. 156.
14) Verhandlungen der LS der ELKiB (Fn. 5) a.a.O.
Zur Bedeutung des Wortes »insbesondere« vgl. auch u. § 28,1 (S. 291).

– der Inhalt des Bekenntnisses nicht Gegenstand kirchlicher Rechtssetzung sein kann (Art. 72)[15].

Absatz 3 des Grundartikels führt nochmals über die ecclesia particularis hinaus und verweist auf die **Gemeinschaft der ganzen Christenheit** und den dieser aufgegebenen Auftrag, »Gottes Heil in Jesus Christus in der Welt zu bezeugen«, also mit Wort **und** Tat. Mit dem Zeugnis in der Welt ist zugleich der **Öffentlichkeitsauftrag** der Kirche angesprochen, also das Wirken der Kirche in der Öffentlichkeit und gegenüber der Öffentlichkeit[16].

3. Die allgemeinen Bestimmungen (Art. 1 bis 8)

Neben dem Grundartikel enthält auch der erste Abschnitt allgemeine Bestimmungen von besonderer Bedeutung, die den folgenden Abschnitten vorgeordnet sind und sowohl rechtliche als auch theologische Grundsatzaussagen enthalten.

a) Art. 1 stellt nochmals den schon im Grundartikel angesprochenen **Auftrag der Kirche** in den Vordergrund. Ihr Dienst am Evangelium in Wort und Sakrament (CA VII) wird ergänzt, näher entfaltet und untrennbar verbunden mit der Gemeinschaft im Gebet und in der Nachfolge Jesu Christi, mit der Ausrichtung des Missionsauftrages, dem Zeugnis in der Öffentlichkeit, im Dienst der helfenden Liebe und der christlichen Erziehung und Unterweisung (Art. 1 Abs. 1; vgl. bereits Grundartikel Abs. 3, wo vom Auftrag, Gottes Heil zu **bezeugen,** nicht nur zu verkündigen, die Rede ist). Nicht nur den kirchlichen Rechtsträgern, sondern – als Ausfluß des Priestertums aller Gläubigen – **allen Kirchengliedern** kommt dabei die Verantwortung für die rechte Lehre und für die zeit- und sachgemäße Erfüllung dieses kirchlichen Auftrages zu (Abs. 2; vgl. daneben die besondere Verantwortung des Pfarrers (Art. 15), der kirchenleitenden Organe (Art. 40 Abs. 2) und – noch einmal besonders erwähnt – des Landesbischofs (Art. 60 Abs. 1 Nr. 1) und der Kreisdekane (Art. 63 Abs. 3 Nr. 1)).

b) Art. 2 enthält die »Bausteine«, die **organisatorische und struk-**

15) Hierzu auch *W. Hofmann,* Die neue Verfassung der ELKiB, ZevKR 18 (1973) S. 3. Eine Änderung oder Fortentwicklung des Bekenntnisses ist dadurch nicht ausgeschlossen. Dies ist jedoch ein gesamtkirchlicher Entschluß, wie er nur im Verfahren des magnus consensus (CA I) unter Einbeziehung aller Ebenen der Kirche (vgl. Art. 1 Abs. 2) vollzogen werden kann und schließlich durch übereinstimmende Beschlüsse aller kirchenleitenden Organe festgestellt wird. Dieses Verfahren hat etwa bei der Annahme der das Bekenntnis berührenden Leuenberger Konkordie eine Rolle gespielt. Zum magnus consensus vgl. auch u. § 38, 1b und 3b (S. 350 u. 353).

16) Hierzu näher u. § 12.

turelle Gliederung der ELKiB. Hier wird die ELKiB näher entfaltet: Sie besteht nicht nur aus den **Kirchengemeinden, Gesamtkirchengemeinden** und **Dekanatsbezirken**, auch ihre **sonstigen Körperschaften,** ihre **Anstalten** und **Stiftungen,** ihre **Ämter, Werke** und **Dienste** bilden einen **integrativen Bestandteil der ELKiB.** Sie alle stellen eine innere und äußere Einheit dar, sind die »verfaßte Kirche«. In dieser Einheit haben sie die »zur Erfüllung ihrer besonderen Aufgaben notwendige Eigenverantwortung und Freiheit, die durch die kirchlichen Ordnungen gesichert und begrenzt werden« (Art. 2 S. 2)[17]. Die einzelnen Rechtsträger sind also Partner in Freiheit untereinander und gegenüber der Landeskirche. Zum anderen sind alle auch Teile eines als Einheit sich darstellenden Ganzen und damit den gemeinsamen Ordnungen unterworfen[18]. Die neben den Kirchengemeinden, den Gesamtkirchengemeinden und Dekanatsbezirken bestehenden sonstigen »Gliederungen«, wie Ämter, Werke und Dienste u. a. werden häufig unter der Bezeichnung »landeskirchliche Einrichtungen« zusammengefaßt. In manchen Fällen kommt ihnen eine eigene Rechtspersönlichkeit zu, überwiegend jedoch nicht (vgl. hierzu auch Art. 8 und Art. 38). Eine besondere Systematik besteht in dieser Beziehung nicht[19].

Beachte:
Die Rechtsordnung erkennt neben natürlichen Personen unter bestimmten Voraussetzungen auch sog. **juristischen Personen** die Rechtsfähigkeit zu, also die Fähigkeit, Träger von Rechten und Pflichten zu sein. In der Regel handelt es sich bei den juristischen Personen um Personenvereinigungen oder auch um ein Zweckvermögen. Die Zuerkennung eigener Rechtsfähigkeit als juristische Person hat bei einer Personenvereinigung z. B. den Vorteil, daß nicht alle Mitglieder zusammen jeweils handeln müssen, sondern daß ein **Organ,** der Vorstand, für die Personenvereinigung verbindlich handeln kann, und daß diese von ihrem jeweiligen Mitgliederbestand bzw. -wechsel losgelöst ist. Insoweit handelt es sich um eine die Rechtspraxis erleichternde Hilfskonstruktion.
Man unterscheidet zwischen **juristischen Personen des privaten und des öffentlichen Rechts.** Die bekannteste juristische Person des Privatrechts ist der **eingetragene Verein** als mitgliedschaftlich organisierter Personenverband. Nicht mitgliedschaftlich organisiert sind dagegen z. B. Stiftungen als Zweckvermögen (vgl. u.). Die juristischen Personen des **öffentlichen Rechts** werden in **Körperschaften, Anstalten** und **Stiftungen** unterteilt. Bei der Körperschaft handelt es sich

17) Vgl. dazu beispielhaft KGO § 3 Abs. 1, wonach die Kirchengemeinde »ihre Angelegenheiten in eigener Verantwortung selbständig im Rahmen der Kirchengesetze ordnet und verwaltet«.
18) Vgl. die Begründung, Verhandlungen der LS der ELKiB (Fn. 5), S. 157.
19) Zu den landeskirchlichen Einrichtungen, Werken und Diensten vgl. u. §§ 58–61.

um einen mitgliedschaftlich (körperschaftlich) organisierten Verband, also eine Personenvereinigung (Beispiele aus dem staatlichen Bereich: Staat, Gemeinde, Landkreis als Gebietskörperschaften, Universitäten, Industrie- und Handelskammern, Ärztekammern usw. als Personalkörperschaften). Anstalt ist ein als eigene Rechtspersönlichkeit behandelter Bestand von persönlichen und sächlichen Verwaltungsmitteln, der einem besonderen (öffentlichen) Zweck dauernd zu dienen bestimmt ist, in der Regel in der Form einer öffentlich-rechtlichen Verwaltungseinrichtung (Beispiele aus dem staatlichen Bereich: Sparkassen, Rundfunk- und Fernsehanstalten). Hier geht es nicht um eine Mitgliedschaft, vielmehr steht die Benutzung im Vordergrund. Sehr häufig sind Anstalten ohne eigene Rechtspersönlichkeit. Diese bilden dann nur organisatorisch, nicht aber auch rechtlich selbständige Einheiten (z. B. kommunale Versorgungsbetriebe, öffentliche Schulen und Bibliotheken). Stiftung ist wiederum eine als eigene Rechtspersönlichkeit behandelte Vermögensmasse, deren Erträgnisse einem bestimmten Zweck dauernd zu dienen bestimmt sind. Als Stiftung des öffentlichen Rechts hat sie einem allgemeinen gemeinnützigen oder kirchlichen Zweck zu dienen[20].

Diese drei Rechtsformen, Körperschaften, Anstalten und Stiftungen, existieren, wie sich aus Art. 2 und Art. 8 ergibt, **auch im kirchlichen Bereich. Körperschaften**, also mit eigener Rechtspersönlichkeit ausgestattet, sind etwa die **ELKiB** selbst, ihre **Kirchengemeinden, Gesamtkirchengemeinden** und **Dekanatsbezirke**, nicht dagegen die Kirchenkreise (Art. 8 Abs. 1 Nr. 1). »Sonstige Körperschaft« (vgl. Art. 2 Satz 1, 8 Abs. 1 Nr. 1), die aufgrund eines Kirchengesetzes errichtet ist, ist etwa der Evangelisch-Lutherische **Pfründestiftungsverband**[21]. Landeskirchliche **Anstalten** (allerdings ohne eigene Rechtspersönlichkeit) sind etwa das **Missionswerk** und das **Landeskirchliche Archiv**[22]. **Kirchliche Stiftungen** sind vor allem die **Kirchenstiftungen** und **Pfründestiftungen**[23].

Neben den zur verfaßten Kirche zählenden Körperschaften, Anstalten, Stiftungen, Ämtern, Werken und Diensten gibt es noch eine Vielzahl rechtlich selbständiger Einrichtungen, meist in Form des privatrechtlichen Vereins, die formalrechtlich nicht zum eigentlichen Bereich der verfaßten Kirche gehören (so etwa das Diakonische Werk und die ihm angeschlossenen Untergliederungen)[24]. Gleichwohl stellen auch sie eine **Lebensäußerung** der Kirche dar und haben einen ganz wesentlichen Anteil an der Erfüllung des umfassenden kirchlichen Auftrages.

20) Zu Stiftungen näher u. § 55.
21) Hierzu u. § 56,3.
22) Vgl. Satzung des Missionswerkes der ELKiB – RS 851 – § 3 und Archivgesetz – RS 940 – § 2.
23) Hierzu u. § 56.
24) Vgl. hierzu u. den Überblick in § 58 und näher §§ 59–61.

Ihre An- und Einbindung in den Bereich der »verfaßten« Kirche sieht Art. 38 vor, wonach diese besonderen rechtlich selbständigen oder nicht selbständigen Werke und Dienste unter dem Schutz und der Fürsorge der ELKiB stehen und deren Leitungsorganen verantwortlich sind. Als Lebensäußerung der Kirche und dieser in bestimmter Weise zugeordnet, haben auch diese Werke und Einrichtungen ohne Rücksicht auf ihre Rechtsform teil am Selbstbestimmungsrecht und der Autonomie der Kirche[25)].

c) Dieses **Selbstbestimmungsrecht der Kirche** ist in **Art. 3** ausgedrückt. Im staatlichen Recht ist dieses Recht anerkannt und garantiert in GG Art. 140 i. V. m. Art. 137 Abs. 3 WRV und in BV Art. 142 Abs. 3.

d) **Art. 4** enthält die grundlegende Aussage über das **Verhältnis von Amt und Gemeinde**[26)]. Art. 4 trifft keine Entscheidung hinsichtlich einer Priorität weder des einen noch des anderen: Amt und Gemeinde stehen nicht im Verhältnis einer Über- oder Unterordnung. Unter der gemeinsamen Verantwortung der ganzen Kirche für Wort und Sakrament (vgl. bereits die gemeinsame Verantwortung für die Erfüllung des kirchlichen Auftrages durch alle Kirchenglieder und die kirchlichen Rechtsträger in Art. 1 Abs. 2) sind »Gemeinde und Amt einander zugeordnet und aneinander gewiesen«. Dieses Spannungsverhältnis der gegenseitigen Zuordnung und des Aneinandergewiesenseins ist ein hoher Anspruch, dessen Verwirklichung der Praxis immer wieder neu aufgegeben ist (vgl. hierzu auch KGO §§ 1 Abs. 1, 19; ferner allgemein OKL Abschnitt IX)[27)]. Wenn auch die Kirchenverfassung in Art. 4 von einer grundsätzlichen Gleichgewichtigkeit von Gemeinde und Amt ausgeht, so bleibt doch zu fragen, ob dieses Maß stets in gleicher Weise durchgehalten wird. Insgesamt scheint die Stellung des Amtes doch etwas stärker ausgeprägt zu sein als die Stellung der Gemeinde (vgl. hierzu den weiten Begriff des Amtes in Art. 11 und die besondere Verantwortung des Pfarrers in Art. 15; vgl. aber andererseits auch die Möglichkeit einer Versetzung wegen nicht gedeihlichen

25) BVerfGE 46,73; 57, 220/242; vgl. u. § 13, IV, 11 und 12 (S. 164 f.); zum Selbstbestimmungsrecht u. § 8.

26) Zu diesem Problemkreis gibt es eine lange, weit in das 19. Jahrhundert zurückreichende Diskussion zwischen den beiden Polen allgemeines Priestertum und öffentliches Predigtamt, sacerdotium und ministerium, die nicht nur theoretischer Natur ist, sondern je nach Gewichtung der Priorität die konkrete Verfassungsgestaltung beeinflußt. Zu diesem Problemkreis statt aller: *S. Grundmann,* Verfassungsrecht in der Kirche des Evangeliums, ZevKR 11 (1964/65) S. 18 ff.; ferner *Hofmann,* Verfassung der ELKiB (Fn.15) S. 4 ff.

27) Hierzu näher u. § 46,5. Zu den sich in Bezug zur Gemeinde zum Teil überlappenden Aufgaben des Pfarrers nach PfG und KGO s. die Zusammenstellung auf S. 257 f.

Wirkens)[28]. Ob hieraus Folgerungen etwa für den Bereich des Kirchengemeinderechts zu ziehen sein werden, bleibt abzuwarten[29].

e) Art. 5 weist mit seiner Aussage, daß **Leitung der Kirche zugleich geistlicher und rechtlicher Dienst** sei, auf Abs. 3 des Grundartikels zurück, wonach auch das Recht und die Ordnungen dem Auftrag der Kirche unterstellt sind, Gottes Heil in Jesus Christus in der Welt zu bezeugen (vgl. insoweit auch die dritte These der Barmer Theologischen Erklärung: »Sie hat mit ihrem Glauben wie mit ihrem Gehorsam, mit ihrer Botschaft wie mit ihrer Ordnung mitten in der Welt der Sünde als die Kirche der begnadigten Sünder zu bezeugen...«). Was mit Art. 5 gemeint ist, besagt auch jene bekannte und in der Klarheit ihrer Aussage so treffliche Bestimmung der Grundordnung der Badischen Landeskirche (Art. 109, Abs. 2 Satz 1): »Die Leitung der Landeskirche geschieht geistlich und rechtlich in unaufgebbarer Einheit.«

f) Art. 6 enthält Aussagen über das **Verhältnis der ELKiB zu anderen Kirchen** und ihre Einbindung als Partikularkirche in größere kirchliche Gemeinschaften (VELKD, EKD – unter Wahrung ihres Bekenntnisstandes! – , LWB und ÖRK)[30].

g) In **Art. 7** wird das **Verhältnis zum Staat** und zu anderen öffentlichen Körperschaften nur insoweit angesprochen, als die – selbstverständliche – Möglichkeit vertraglicher Vereinbarungen bejaht wird. Das Verhältnis Kirche – Staat regelt sich gemeinhin auf der Basis der staatlichen Verfassungsgarantien (GG Art. 4 und 140 i. V. m. Art. 136–141 WRV) und der staatlichen Gesetze. Dem gewandelten Verhältnis von Staat und Kirche entspricht aber zunehmend auch die **Regelung durch vertragliche Vereinbarungen.** Hierzu bedarf es allerdings keiner besonderen Ermächtigung in der Kirchenverfassung. Insoweit hat Art. 7 lediglich deklaratorische Bedeutung[31]. In der Tat bestehen eine ganze Anzahl vertraglicher Vereinbarungen, die bereits aus der Zeit vor Inkrafttreten der Verfassung von 1971 stammen. Die bedeutendste davon ist der Kirchenvertrag von 1924 mit den Änderungsver-

28) PfG §§ 85 ff; hierzu u. § 22,1b (S. 264).

29) Hierzu bereits *W. Hofmann,* Hat sich die bayerische Kirchenverfassung bewährt?, Nachrichten der ELKiB 1987, S. 41 ff. So war z.B. die Frage des Vorsitzes im Kirchenvorstand in letzter Zeit verstärkt in der Diskussion. Vgl. hierzu jetzt das Kirchengemeinde-Erprobungsgesetz v. 4. 12. 1993, KABl S. 342.

30) Hierzu näher u. §§ 68–70.

31) Dies ist heute anders als früher. Beim Abschluß des Kirchenvertrages von 1924 waren – gerade auf evangelischer Seite – erhebliche Widerstände und Bedenken gegen den Abschluß eines derartigen Vertrages zu überwinden. Hierzu *H. Maser,* Evangelische Kirche im demokratischen Staat. Der Bayerische Kirchenvertrag von 1924 als Modell für das Verhältnis von Staat und Kirche, München 1983, S. 129 ff.

trägen von 1968, 1974, 1978 und 1984.[32]. Zu erwähnen wären ferner der Vertrag über die Evangelisch-Theologische Fakultät der Universität München (1967) sowie die Vereinbarung über Staatsleistungen (1964) und vertragliche Regelungen auf einigen Sondergebieten (z. B. über die Pauschalvergütung für die Erteilung des Religionsunterrichtes, die Seelsorge in den Justizvollzugsanstalten oder auf dem Gebiet des Baulastrechts)[33].

h) Art. 8 als letzte der allgemeinen Bestimmungen behandelt schließlich die **Rechtspersönlichkeit nach kirchlichem Recht,** wobei festgestellt wird, daß die bestehenden kirchlichen Körperschaften zugleich nach staatlichem Recht Körperschaften des öffentlichen Rechts sind und neu errichtete kirchliche Körperschaften die Rechtsfähigkeit nach staatlichem Recht erwerben sollen[34]. Die Rechtsfigur der Rechtspersönlichkeit nach kirchlichem Recht hat lediglich innerkirchliche Bedeutung.

4. Bestimmungen des zweiten bis elften Abschnitts im Überblick

Für die folgenden Abschnitte der Kirchenverfassung reicht an dieser Stelle ein kurzer Überblick, da hierauf in den nachfolgenden Ausführungen in Teil B jeweils näher eingegangen wird. Entsprechend den Aufgaben und dem Wesen einer Kirchenverfassung werden in der Verfassung selbst – bis auf den Abschnitt über die Kirchenleitung – nur Grundaussagen gemacht, die in Einzelgesetzen dann näher entfaltet werden.

a) Die **Art. 9 und 10** regeln die Grundzüge des kirchlichen **Gliedschaftsrechts.** Zentrale Aussage ist Art. 9 Abs. 1, wonach sich die **Gliedschaft in der Kirche Jesu Christi** auf die **Heilige Taufe** gründet. Dies zielt auf die Gliedschaft in der ecclesia universalis. Die **Mitgliedschaft** in einer bestimmten ecclesia particularis, hier der ELKiB, ergibt sich durch zwei weitere Merkmale: **Bekenntnis und Wohnsitz.** Bezeichnend ist, daß die durch die Taufe entstehende Beziehung zu der einen Kirche »Gliedschaft« genannt wird, die rechtliche Beziehung zu der ELKiB als Partikularkirche dann »Mitgliedschaft«. Dies ist inzwi-

32) Zum Zustandekommen und zur Wirkungsgeschichte dieses Vertrages eingehend *Maser* (Fn. 31).

33) Vgl. RS 113, 115, 116, 400, 401, 403. In chronologischer Folge abgedruckt auch bei *J. Listl,* Die Konkordate und Kirchenverträge in der Bundesrepublik Deutschland, München 1987, Band I, S. 508 ff. Zum Vertragsstaatskirchenrecht allgemein und zum Kirchenvertrag im besonderen u. § 10.

34) Vgl. hierzu den Überblick o. bei 3b unter »Beachte« (S. 48).

schen die übliche Bezeichnung der Unterscheidung der geistlichen und rechtlichen Komponente der Kirchengliedschaft. Das Kirchengliedschaftsgesetz von 1965 – RS 236 – trifft diese Unterscheidung zwischen Gliedschaft und Mitgliedschaft noch nicht.

Die KVerf hat bezüglich der Kirchen(mit)gliedschaft und deren Inhalt nur wenige Grundaussagen getroffen, da einerseits bereits vor Inkrafttreten der KVerf das Kirchengliedschaftsgesetz erlassen worden war, und ebenfalls vorher die Gliedkirchen der EKD die wichtige Mitgliedschaftsvereinbarung – RS 235 – getroffen hatten, auf die die Bezeichnung der »Mitgliedschaft« für die rechtliche Zugehörigkeit zur Kirche ganz wesentlich zurückgeht (vgl. hierzu auch das EKD-Kirchenmitgliedschaftsgesetz – RS 230). In diesen Regelungen ist das Gliedschaftsrecht im einzelnen entfaltet. Hinsichtlich des Inhalts der Kirchengliedschaft treten ergänzend die einschlägigen Bestimmungen der OKL – RS 200[35].

b) Der dritte Abschnitt (das **Amt der Kirche, Art. 11–18)** geht in Art. 11 von einem **weiten Begriff** des Amtes der Kirche aus: »Das der Kirche von Jesus Christus anvertraute Amt gliedert sich in verschiedene Dienste.« Alle in der Kirche haupt-, neben- oder ehrenamtlich Tätigen haben teil an den Aufgaben des Amtes der Kirche (Art. 12–14). Sie werden also als im Amt der Kirche stehend angesehen. Die KVerf reduziert das Amt der Kirche nicht auf das Predigtamt, das Pfarramt, wenngleich dieses das Kernstück bleibt, zu dem durch die Ordination berufen wird (Art. 12). Der Auftrag der Kirche, das Amt der Kirche, werden umfassend angesehen. Daher ist von dem **einen Amt** die Rede, das sich **in verschiedene Dienste** aufgliedert, und nicht in verschiedene Ämter. Das Spannungsverhältnis, das schon in Art. 4 das Verhältnis von Amt und Gemeinde, von ministerium und sacerdotium, in Form eines gegenseitigen engen und nicht lösbaren Bezugs bestimmt, wird auch hier wieder deutlich: Die verschiedenen Dienste, in die sich das eine Amt auffächert, könnten auch als **Entfaltung des Priestertums aller Gläubigen** gesehen werden[36]. Auch zu dem Amtsbegriff in Art. 4, der das öffentliche Predigtamt meint, steht der weite Amtsbegriff der Art. 11 ff. in einem gewissen Spannungsverhältnis. Dieses geht auf unterschiedliche theologische Positionen zurück. Diese werden auch in Zukunft eine erhebliche Rolle spielen, insbesondere im ökumenischen Kontext. Gerade die in den letzten Jahren

35) Zur Mitgliedschaft und den einzelnen aus ihr folgenden Rechten und Pflichten näher u. §§ 14, 15.

36) Vgl. *Hofmann,* Verfassung der ELKiB (Fn. 15) S. 7; ferner *U. Kühn,* Amt (in der Kirche). I. Evangelisch, EvStL Sp. 39/44.

erarbeiteten Konsens- oder Konvergenztexte[37] stellen eine besondere Herausforderung an das evangelische Amtsverständnis dar.

Das Kernelement des Amtes der Kirche, das **öffentliche Predigtamt,** das Amt des Pfarrers oder der Pfarrerin, wird näher entfaltet in der

RS 506 »**Ordnung des geistlichen Amtes**«[38]. Bereits das vor Inkrafttreten der Kirchenverfassung verabschiedete – nicht unumstrittene – Beauftragungsgesetz hatte vorgesehen, daß auch nicht ordinierten kirchlichen Mitarbeitern der Auftrag zum Predigtdienst und zur Sakramentsverwaltung für einen bestimmten Dienstbereich erteilt werden könne. Dieses ist unverändert in Art. 12 Abs. 2 übernommen worden. Heute ist dieser Bereich geregelt im Prädikantengesetz – RS 545. Erwähnenswert ist dabei, daß nun nicht mehr wie früher von einer »Beauftragung« die Rede ist, sondern von einer Berufung zur Teilhabe und Mitwirkung am geistlichen Amt. Dies entspricht dem Sinn der Art. 11 ff. KVerf. Die Neuordnung der Berufung zum Prädikanten stellt dabei einen Schritt dar »auf dem Weg zu einem Verständnis der Einheit des ordinierenden Handelns der Kirche« (Präambel, vgl. auch PrädG § 1 Abs. 3)[39].

Der Rest des dritten Abschnitts enthält überwiegend **Vorschriften dienstrechtlicher Art,** die in den einschlägigen Gesetzen näher entfaltet werden[40]. Von dem Grundsatz des Art. 16, daß der Pfarrer in einem »Dienst- und Treueverhältnis auf Lebenszeit« zur ELKiB steht,

RS 500/1 enthält das Erprobungsgesetz insoweit Ausnahmen, als danach unter bestimmten Voraussetzungen nicht nur Teildienstverhältnisse, sondern auch Dienstverhältnisse auf Zeit oder Beschäftigung von Pfarrern auf Dienstvertrag, d. h. im Angestelltenverhältnis, zulässig sind. Diese Regelungen stellen eine Durchbrechung der Verfassung dar[41]. Das

37) Leuenberger Konkordie, Lima-Dokumente, »Lehrverurteilungen – kirchentrennend?«, zum Teil auch Methodisten-Erklärung, Meißener-Erklärung; ferner die Vereinbarung mit der altkatholischen Kirche; sowie »Das Herrenmahl«, »Wege zur Gemeinschaft«, »Das geistliche Amt in der Kirche« oder der Dialog mit der Arbeitsgemeinschaft mennonitischer Gemeinden. Textdokumentation z. T. bei *H. Meyer/D. Papandreou/H. J. Urban/L. Vischer,* Dokumente wachsender Übereinstimmung, Bd. 1: 1931–1982, 2. Aufl. Paderborn-Frankfurt/M. 1991, Bd. 2: 1982–1990, Paderborn-Frankfurt/M. 1992. Zu Problemen der Rezeption dieser Dokumente: *E. Stiller,* Rezeption als Rechtsvorgang, ZevKR 37 (1992) S. 350 ff.; ferner *U. Kühn* und *H. Böttcher,* Bedingungen der Rezeption ökumenischer Dokumente, in: *G. Rau/H.-R. Reuter/K. Schlaich,* Das Recht der Kirche, Band 3, München 1994.

38) RS 506. Vgl. auch KG über das geistliche Amt. (Teil B der Ordnung des geistlichen Amtes) – RS 507. Die Voraussetzungen für die Begründung des Dienstverhältnisses als Pfarrer und das Dienstverhältnis der Pfarrer selbst sind jetzt im PfG – RS 500 – geregelt.

39) Hierzu auch *Kühn,* Amt (Fn. 36) Sp. 45.

40) U. §§ 16 ff.

41) Zu diesem Begriff o. 1a unter »Beachte« (S. 41).

Erprobungsgesetz mußte daher mit verfassungsändernder Mehrheit verabschiedet werden[42].

c) Der vierte Abschnitt über die **Kirchengemeinde (Art. 19–25)** enthält die grundlegenden Aussagen über die Kirchengemeinde, ihr Wesen und ihre Aufgaben (Art. 19), ihre Leitung, bei der Pfarrer bzw. Pfarrerin und Kirchenvorsteher bzw. Kirchenvorsteherinnen im Kirchenvorstand zusammenwirken (Art. 20), über die Zusammensetzung des Kirchenvorstands (Art. 21) und die Festlegung über dessen Vorsitz (Art. 22)[42a]. Diese Regelungen waren bereits in der neuen **KGO** von 1964 enthalten, auf die die KVerf in Art. 24 bezüglich weiterer Einzelheiten auch verweist[43].

Das **Pfarrstellenbesetzungsrecht** wurde seinerzeit parallel zur Kirchenverfassung beraten. Der wichtigste Grundsatz, das damals neu eingeführte **alternierende Verfahren** und die einzelnen Schritte des Besetzungsverfahrens, sind in der KVerf selbst in Art. 25 festgehalten. Näher entfaltet wurde dies in der damaligen Stellenbesetzungsordnung von 1971. Diese ist inzwischen, unter Beibehaltung ihrer wesentlichen Grundsätze, durch die Pfarrstellenbesetzungsordnung von 1980, in der Fassung des letzten Änderungsgesetzes von 1989, abgelöst worden (PfStBO – RS 510)[44].

d) Der fünfte Abschnitt über den **Dekanatsbezirk und den Dekan (Art. 26–35)** konnte ebenfalls auf eine außerhalb der eigentlichen Verfassungsberatungen erarbeitete neue Regelung des Rechts des Dekanatsbezirks zurückgreifen und deren Grundsätze in die Verfassung übernehmen. Ziel dieser Neuregelung war, dem Dekanatsbezirk als Mittelstufenverband, einerseits Zusammenschluß von Kirchengemeinden in Form einer eigenen Selbstverwaltungskörperschaft, andererseits Aufsichts- und Verwaltungsbezirk der ELKiB, **stärkeres Profil** zu geben. Die Organe des Dekanatsbezirks – Dekanatssynode, Dekanatsausschuß und Dekan – erhalten gegenüber der alten Verfassung von 1920 klarere Konturen (damals noch Trennung in Dekanatsbezirk als Verwaltungsbezirk und in Kirchenbezirk – Bezirkskirchenverband – als Selbstverwaltungskörperschaft)[45]. Insbesondere dem Dekanatsausschuß sind gegenüber dem früheren Bezirkssynodalausschuß erheblich mehr Kompetenzen, auch Entscheidungskompeten-

42) Zum Erprobungsgesetz u. § 30.
42a) Vgl. zum Vorsitz im Kirchenvorstand jetzt auch das Kirchengemeinde-Erprobungsgesetz vom 4.12.1993, KABl S. 342.
43) Hierzu näher u. §§ 45 ff.
44) Zum Pfarrstellenbesetzungsrecht näher u. § 26.
45) Vgl. o. § 3.

zen, zugewachsen. Hervorzuheben ist dabei insbesondere, daß die Dekansfunktion nur mit seinem Einvernehmen[46] übertragen werden kann (Art. 31 Abs. 1 Satz 2). Weiteres Gremium innerhalb des Dekanatsbezirks ist das Pfarrkapitel, dem zwar keine eigene Organstellung zukommt, dessen Bedeutung in der Praxis aber ziemlich groß ist. Nähere Regelungen über den Dekanatsbezirk enthält die DBO – RS 310 –, auf die in Art. 35 verwiesen ist[47].

e) Der sechste Abschnitt über **besondere Arbeitsbereiche und Arbeitsformen (Art. 36–39)** ist gegenüber der alten Verfassung von 1920 neu. Damit wurde die Folgerung aus der Erkenntnis gezogen, daß die Gemeinde Jesu Christi sich nicht ausschließlich in der Kirchengemeinde, sondern auch in besonderen Arbeitsbereichen und durch besondere Arbeitsformen verwirklicht (Art. 36). Dabei werden die besondere Verantwortung für die Weltmission und Diakonie, aber auch für die Dienste an verschiedenen Gruppen der Gesellschaft sowie im Bereich der Erziehung, Bildung und Öffentlichkeitsarbeit hervorgehoben (Art. 37). Diese besonderen Arbeitsbereiche und Arbeitsformen sind unverzichtbarer Bestandteil in der Erfüllung des kirchlichen Auftrags. Auch wenn sie ihrem besonderen Auftrag entsprechend gegenüber der verfaßten Kirche zum Teil als selbständige Werke und Dienste organisiert sind (wie z. B. in der Diakonie), so stehen sie doch unter dem Schutz und der Fürsorge der ELKiB und sind deren Leitungsorganen verantwortlich (Art. 38 Abs. 2). Sie sind damit **der Kirche** in bestimmter Weise **zugeordnet** und haben teil an dem Selbstbestimmungsrecht und der Autonomie der Kirche[48].

f) Der siebente Abschnitt über die **Leitung der ELKiB** ist am umfangreichsten **(Art. 40–70).** Er enthält eingehende und überwiegend auch abschließende, d. h. nicht durch spezielle Einzelgesetze[49] näher entfaltete Regelungen über die kirchenleitenden Organe und ihre Aufgaben. Die entscheidende Grundaussage ist Art. 40 Abs. 1: Die Leitung der ELKiB besteht aus vier Organen: **Landessynode, Landessynodalausschuß, Landesbischof und Landeskirchenrat.** Diese leiten die ELKiB in »**arbeitsteiliger Gemeinschaft und gegenseitiger Verantwortung**«. Es besteht also kein oberstes Leitungsorgan, alle vier Organe wirken vielmehr **gleichberechtigt** in der Leitung

46) Zu diesem Begriff vgl. u. § 18, 5 a.E. (S. 224).
47) Hierzu näher u. § 37 und vor allem § 54.
48) BVerfGE 46,73; 57, 220/242, u. § 13, IV, 11 und 12 (S. 164); vgl. näher u. §§ 58 ff.
49) Ergänzende Bestimmungen über die **Wahl** der LS enthält das Landessynodalwahlgesetz mit Ausführungsbestimmungen – RS 10, 11 – , über die Rechtsstellung des LB vgl. das Bischofsgesetz – RS 35. Vgl. ferner die Geschäftsordnungen der LS – RS 20 –, des LSA – RS 25 – und des LKR (Vorl. Geschäftsordnung – RS 40).

zusammen, haben jedoch je ihren eigenen Funktionskreis (»arbeitsteilige Gemeinschaft«) entsprechend der in der Verfassung vorgenommenen Aufgabenzuweisung. Diesen nehmen sie eigenverantwortlich wahr, stehen daber aber wiederum in »gegenseitiger Verantwortung« gegenüber den anderen kirchenleitenden Organen. Dies erfordert ein stetes Bemühen um gegenseitige Information, Kooperation und Koordination. Dies kann nur in einer Gemeinschaft des Gesprächs und des Vertrauens erfolgen[50].

In diesem Zusammenwirken der vier Organe erfolgt die Leitung der Kirche. Die **Aufteilung** der einzelnen Aufgaben der Kirchenleitung auf verschiedene Organe entspricht traditionellem **lutherischem Verständnis** von Kirchenleitung[51]. Sie ist Ausfluß des Trennungsprinzips (im Gegensatz zum Einheitsprinzip, bei dem einem Organ – meist der Synode – die oberste Leitungsgewalt zukommt). Der Landesbischof verkörpert in diesem System der Kirchenleitung in arbeitsteiliger Gemeinschaft und gegenseitiger Verantwortung das episkopale Element, Landessynode und Landessynodalausschuß das synodal-presbyteriale und der Landeskirchenrat das konsistoriale Element[52].

g) Der achte Abschnitt befaßt sich mit der **kirchlichen Rechtsetzung (Art. 71–76).** Er bringt zunächst den üblichen Katalog der Gegenstände, die nur durch Kirchengesetz geregelt werden können (Art. 71) und legt dann die einzelnen Schritte des Gesetzgebungsverfahrens fest (Gesetzesinitiative, Zuleitung an ein anderes kirchenleitendes Organ zur Stellungnahme, Beschlußfassung in der Landessynode, Ausfertigung durch den Landesbischof und Verkündung im Amtsblatt, Art. 73, 74). Wichtig ist die Bestimmung, daß **das Bekenntnis nicht Gegenstand der Rechtsetzung** sein kann (Art. 72). Das Recht der kirchlichen Gesetzgebung liegt bei der Landessynode (Art. 42 Abs. 2 Nr. 1), Verordnungen erläßt dagegen der Landeskirchenrat mit Zustimmung des Landessynodalausschusses (Art. 75 Abs. 1)[53].

h) Im neunten Abschnitt sind die grundlegenden Bestimmungen über den **Rechtsschutz in der ELKiB** niedergelegt **(Art. 77 und 78).** Dabei regelt Art. 77 Abs. 1, in welchen Bereichen zwingend kirchlicher Rechtsschutz vorzusehen ist. Die ELKiB hat bisher davon abgesehen,

50) Hierzu besonders *G. Grethlein,* Arbeitsteilige Kirchenleitung in einer lutherischen Kirche, FS *Hofmann,* S. 67 ff.; *ders.,* Wer trägt Verantwortung in der Kirche?, Nachrichten der ELKiB 1989, S. 403 ff.

51) Hierzu näher u. Vorbem. vor § 38.

52) Zu der Aufgabenverteilung im einzelnen u. §§ 38 ff.

53) Zu Einzelheiten der Gesetzgebung und zum unterschiedlichen Charakter von Normen (Gesetz-Verordnung) näher u. § 42. Zum Gesetzgebungsverfahren selbst u. § 43.

in Verfassungsstreitigkeiten einen eigenen Spruchkörper einzusetzen. Verfassungsstreitigkeiten sind vielmehr gemäß EGKVerf Art. 14 – RS 2 – dem Verfassungs- und Verwaltungsgericht der VELKD zugewiesen.

In kirchlichen Verwaltungsangelegenheiten ist mit der Errichtung eines kirchlichen Verwaltungsgerichtes durch KG vom 9.12.1992 – KVGG, RS 955 – ein lange Zeit bestehendes Desiderat verwirklicht worden. Das Verwaltungsgericht der ELKiB ist an die Stelle der Schlichtungsstelle für Pfarrer, Kirchenbeamte und Diakone einerseits und des Schiedsausschusses nach der KGO andererseits getreten[54]. Kirchliche Angestellte und Arbeiter haben die Möglichkeit, die Schlichtungsstelle für kirchliche Mitarbeiter anzurufen, ohne daß dadurch die grundsätzliche Zuständigkeit der staatlichen Arbeitsgerichte berührt wird[55]. Als weitere Rechtspflegeeinrichtungen können die Schlichtungsstelle nach MVG § 58[56] und der Schlichtungsausschuß ARRG § 13 angesehen werden.

In Art. 78 wird ganz wesentlichen Anforderungen an eine Gerichtsbarkeit im rechtsstaatlichen Sinne, wie sie sich für die staatlichen Gerichte aus GG Art. 97 Abs. 1 bzw. BV Art. 85 und aus GG 103 Abs. 1 ergeben, Rechnung getragen. In bezug auf sämtliche Rechtspflegeeinrichtungen der ELKiB gilt, daß

- ihre Mitglieder in richterlicher Unabhängigkeit entscheiden und nur an das geltende Recht gebunden sind (Art. 78 Abs. 2) und
- jeder Verfahrensbeteiligte Anspruch darauf hat, zu allen einschlägigen Tat- und Rechtsfragen des konkreten Verfahrens Stellung zu nehmen und gehört zu werden (Art. 78 Abs. 1 S. 2)[57].

Selbstverständlich sind auch diese Rechtspflegeeinrichtungen an Schrift und Bekenntnis gebunden (vgl. KVGG § 2).

i) Der zehnte Abschnitt über die **Vermögens- und Finanzverwaltung (Art. 79–83)** enthält übliche Bestimmungen über die Verwaltung des Vermögens (Einsatz ausschließlich zur Erfüllung der kirchlichen Aufgaben, gewissenhafte, pflegliche und wirtschaftliche Verwaltung,

54) Vgl. hierzu *H.-P. Hübner,* »Daß sie richten mit gerechtem Gericht!«. Zur Einführung einer kirchlichen Verwaltungsgerichtsbarkeit in der ELKiB, Nachrichten der ELKiB 1993, S. 226 ff.

55) Vgl. näher VO über das Schlichtungsverfahren für kirchliche Mitarbeiter – RS 985.

56) Vgl. näher 2. VO zum MVG – Schlichtungsausschuß – , RS 802. Diese bezieht sich allerdings noch auf das MVG a.F. Eine VO über die Schlichtungsstelle nach dem MVG i. d. F. v. 4. 12. 1993 (KABl S. 346) muß erst noch erlassen werden.

57) Nähere Einzelheiten zum Rechtsschutz u. § 44.

Art. 79 Abs. 1), die Aufstellung des Haushaltsplanes (Aufstellung durch den Landeskirchenrat, Feststellung durch die Landessynode – durch Gesetz!, Art. 71 Abs. 1 Nr. 6 – nach Anhörung des Landessynodalausschusses, Art. 82 Abs. 1 i. V. m. Art. 42 Abs. 2 Nr. 6) und die Prüfung der Rechnung (Art. 83). Die Rechnung der Allgemeinen Kirchenkasse, also die landeskirchliche Jahresrechnung (vgl. Art. 72 Abs. 4) wird durch die Landessynode überprüft, die auch die Entlastung erteilt (Art. 83 Abs. 2 i. V. m. Art. 42 Abs. 2 Nr. 6: beschlußmäßige Feststellung). Für die übrigen kirchlichen Rechtsträger bestehen kirchengesetzliche Spezialregelungen (z. B. KGO §§ 73, 74; DBO §§ 37–39). Für die Überwachung der gesamten Haushalts-, Kassen-, Rechnungs- und Wirtschaftsführung sowie der Vermögensverwaltung der ELKiB ist ein eigenes **Rechnungsprüfungsamt** eingerichtet, welches bei der Durchführung seiner Aufgaben unabhängig und hinsichtlich des Umfanges, der Art und Weise oder des Ergebnisses der Prüfung nicht weisungsgebunden ist (RPrAG – RS 55 – § 2)[58].

j) Der elfte Abschnitt enthält die **Schlußbestimmung** in **Art. 84** über das Inkrafttreten (1.1.1972) und den Hinweis auf das Einführungsgesetz zur Kirchenverfassung.

5. Verfassungsänderungen, Verfassungsdurchbrechungen

Die Kirchenverfassung ist seit ihrem Inkrafttreten formal lediglich zweimal geändert bzw. ergänzt worden: In Art. 22 Abs. 1 wurde 1988 beim Zusammenwirken des (!) Vorsitzenden mit dem Vertrauensmann vor »dem Vertrauensmann« ein »mit der Vertrauensfrau oder« eingefügt. Und in Art. 43 Abs. 1 Buchst. a wurde 1993 die Zahl der gewählten Laien geringfügig erhöht. Abgesehen hiervon sind nach Inkrafttreten der Kirchenverfassung weitere kirchengesetzliche Regelungen ergangen, die den Inhalt der Verfassung in einzelnen Bereichen verändert oder ergänzt haben, ohne am Text etwas zu ändern. Dies war möglich im Wege der Verfassungsdurchbrechung[59], da die Kirchenverfassung von 1971 – wie auch ihre Vorgängerin von 1920 – keine Bestimmung enthält, daß Änderungen nur unter ausdrücklicher Veränderung oder Ergänzung des Wortlauts vorgenommen werden dürfen.

Derartige **sachliche Änderungen** waren z. B. die Zulassung der Frauenordination, d. h. die Berufung der Theologin zum Dienst als

58) Zum landeskirchlichen Haushalt näher u. § 62 (dort auch Übersicht über die Einnahmen und Ausgaben); zum kirchengemeindlichen Haushalt u. § 49.
59) Zu diesem Begriff vgl. o. 1a unter »Beachte« (S. 41).

Pfarrerin 1975[60], die Änderung der Dekanatsbezirksordnung 1976, durch die für die Dekanatsbezirke München und Nürnberg Sonderbestimmungen eingeführt worden sind, die die Kirchenverfassung ergänzen, teils aber auch von ihr abweichen, das Arbeitsrechtsregelungsgesetz 1977 – RS 770 –, welches in dem Alleinentscheidungsrecht der Arbeitsrechtlichen Kommission bzw. des Schlichtungsausschusses für deren Zuständigkeitsbereich (vgl. ARRG § 2) einen Teil kirchenleitender Aufgaben auf diese Gremien übertragen hat[61]. Ferner stellte das schon erwähnte Erprobungsgesetz 1980 (Neufassung 1986) – RS 500/1 – eine Verfassungsdurchbrechung dar, indem zur Erprobung neuer Regelungen im Bereich des Dienstrechts Abweichungen von dem Grundsatz des lebenslangen Dienst- und Treueverhältnisses (Art. 16) zugelassen werden[62] und auch die Möglichkeit der Erprobung neuer haushaltsrechtlicher Regelungen vorgesehen war (ErprobG § 24)[63]. Jüngstes Beispiel ist das Kirchengemeinde-Erprobungsgesetz vom 4. 12. 1993, wonach mit Wirkung vom 1. 1. 1995 an im Wege der Erprobung für den Vorsitz im Kirchenvorstand auf Antrag auch von KVerf Art. 22 Abs. 1 abweichende Regelungen zugelassen werden können[64]. All diese Gesetze wurden mit der nach Art. 50 Abs. 3 erforderlichen Zwei-Drittel-Mehrheit erlassen[65].

60) Die Verfassung selbst sagt in Art. 12 nichts darüber aus, daß die Ordination nur Männern vorbehalten sei. Gemäß traditionellem Amtsverständnis wurde dies jedoch so angesehen, und hiervon gehen auch andere Verfassungsbestimmungen aus. Insoweit kam der Frage der Frauenordination Verfassungsqualität zu. Das entsprechende Gesetz (Kirchengesetz über die Berufung der Theologin zum Dienst des Pfarrers – RS 503) war daher mit der Mehrheit des Art. 50 Abs. 3 zu verabschieden. Seit dieser Gleichstellung bedeutet »der Pfarrer« zugleich »die Pfarrerin« und umfaßt das »des Vorsitzenden« in Art. 22 Abs. 1 auch ein »der Vorsitzenden«. Dennoch sollte hier wie auch an anderen Stellen eine textliche Klarstellung erfolgen, damit die Gemeinschaft von Frauen und Männern in der Kirche auch in der Gesetzessprache deutlicher zum Ausdruck kommt.

61) Hierzu näher u. § 33.

62) Vgl. o. 4b, S. 54 und u. § 30.

63) Vgl. hierzu jetzt die Neufassung der VO über den innerkirchlichen Finanzausgleich – RS 439. Hierzu u. § 67.

64) KABl 1993, S. 342.

65) Vgl. zur Entwicklung nach dem Erlaß der Kirchenverfassung und zur Verfassungsdurchbrechung allgemein: *v. Ammon/Rusam,* Verfassung der ELKiB, S. 25 ff. Als weitere Verfassungsdurchbrechung ist dort § 35 des Kandidatengesetzes vom 4.12.1975 erwähnt. Dieses Kandidatengesetz ist jetzt durch das Vorbereitungsdienstgesetz – RS 520 – und Teile des seit 1.1.1990 geltenden Pfarrergesetzes – RS 500 – ersetzt. § 35 des Kandidatengesetzes hatte KGO § 27 Abs. 1 Buchst. a geändert (Zusammensetzung des Kirchenvorstands: Predigtamtskandidaten – jetzige Dienstbezeichnung: Vikare – u.a. nur mit beratender Stimme). KVerf Art. 21 Abs. 1 Buchst. a zählt nur die geistlichen Mitglieder auf, ohne nach Stimmrecht zu unterscheiden. Mitglied kann man auch ohne Stimmrecht sein, wenngleich dies regelmäßig das hervorragendste Merkmal einer Mitgliedschaft ist. Da bereits die KGO von 1964 Mitglieder ohne Stimmrecht kannte, erscheint eine tatsächliche Verfassungsdurchbre-

Literatur

Grundlagen einer neuen Kirchenverfassung der Evangelisch-Lutherischen Kirche in Bayern. Referate der Arbeitstagung der Landessynode vom 21.–22. Oktober 1966, Sonderdruck der Landessynode, München 1966, mit Beiträgen von *W. Maurer,* Zum theologischen Ansatz einer neuen Ordnung der Evang.-Luth. Kirche in Bayern (ebd. S. 7 ff.), *S. Grundmann,* Die Gestaltung einer neuen Kirchenverfassung für die Evang.-Luth. Kirche in Bayern (ebd. S. 29 ff., Wiederabdruck in: *ders.,* Abhandlungen zum Kirchenrecht, Köln-Wien 1979, S. 127 ff.), *G.-A. Vischer,* Fragen zur Verfassungsreform (ebd. S. 51 ff.); Verhandlungen der Landessynode, Synodalperiode 1966/72, Bde. 44, 45, 46 (9., 10., 11. ord. Tagung, Bayreuth Oktober 1970, Schweinfurt März 1971, Bayreuth Oktober 1971); vgl. auch die vorherigen LS-Protokoll-Bde. mit jeweiligen Berichten über die Arbeit des Verfassungsausschusses; *v. Ammon/Rusam,* Verfassung der Evangelisch-Lutherischen Kirche in Bayern, 2. Aufl. München 1985; *G. Grethlein,* Arbeitsteilige Kirchenleitung in einer lutherischen Kirche, in: Wägen und Wahren, FS W. Hofmann, München 1981, S. 67 ff.; *ders.,* Wer trägt Verantwortung in der Kirche?, Nachrichten der ELKiB 1989, S. 403 ff.; *ders.,* Theologie der Synode. Zu Selbstverständnis und religiösem Anspruch des protestantischen Synodalsystems, in: Vielfalt in der Einheit. Theologisches Studienbuch zum 175jährigen Jubiläum der Pfälzischen Kirchenunion, im Auftrag des Landeskirchenrats hrsg. v. *R. Ziegert,* Speyer 1993, S. 229 ff.; *S. Grundmann,* Verfassungsrecht in der Kirche des Evangeliums, ZevKR 11 (1964/65) S. 9 ff.; *W. Hofmann,* Die neue Verfassung der Evangelisch-Lutherischen Kirche in Bayern, ZevKR 18 (1973) S. 1 ff.; *ders.,* Hat sich die bayerische Kirchenverfassung bewährt?, Nachrichten der ELKiB 1987, S. 41 ff. (= *R. Bartlsperger/D. Ehlers/W. Hofmann/D. Pirson,* Rechtsstaat, Kirche, Sinnverantwortung. FS K. Obermayer, München 1986, S. 287 ff.); *K. H. Schwab,* Geschichte, Rechtsstellung und Aufgaben der Landessynode der Evangelisch-Lutherischen Kirche in Bayern, in: *R. Bartlsperger/D. Ehlers/W. Hofmann/D. Pirson,* Rechtsstaat, Kirche, Sinnverantwortung. FS K. Obermayer, München 1986, S. 315 ff.

chung durch § 35 des damaligen Kandidatengesetzes fraglich. Unabhängig hiervon ist das Kandidatengesetz seinerzeit jedoch mit entsprechender Mehrheit des Art. 50 Abs. 3 beschlossen worden, so daß die Frage, ob eine Verfassungsdurchbrechung vorlag, auf sich beruhen kann. Im Hinblick auf mögliche künftige Änderungen und Ergänzungen der Kirchenverfassung ist derzeit ein Gemischter Ausschuß »Kirchenverfassung« eingesetzt, der im April 1994 seine Arbeit aufgenommen hat. Zu Gemischten Ausschüssen vgl. u. § 38,4 e (S. 357).

Kapitel II: Das Verhältnis von Kirche und Staat

§ 5 Grundlagen

1. Unsere Kirchenverfassung geht auf das Verhältnis der ELKiB zum Staat und auf ihr Wirken in der Öffentlichkeit in zwei einleitenden allgemeinen Bestimmungen ein: Nach Art. 3 ordnet und verwaltet sie ihre Angelegenheiten selbständig und nach Art. 7 kann die ELKiB ihr Verhältnis zum Staat und zu anderen Körperschaften durch vertragliche Vereinbarungen regeln. Mit diesen Bestimmungen im **kirchlichen Verfassungsrecht** sind zwei Grundsätze angesprochen, die grundlegend für das heutige Verhältnis von Kirche und Staat sind: Einmal das Selbstbestimmungsrecht der Kirchen und Religionsgemeinschaften, welches das **staatliche Verfassungsrecht** in GG Art. 140 i. V. m. Art. 137 Abs. 3 WRV bzw. in BV Art. 142 Abs. 3 anerkennt und garantiert, und zum anderen, daß Kirche und Staat sich als voneinander unabhängige, aber gleichberechtigte Partner gegenüberstehen. Denn der Abschluß von Verträgen setzt grundsätzlich die Gleichberechtigung der Vertragspartner voraus. In dieser heutigen Stellung der Kirchen und Religionsgemeinschaften zeigt sich der Wandel gegenüber dem früheren staatskirchlichen System oder gegenüber manchen ausländischen Modellen.

RS 1

RS 100/ RS 101

Kein Staat kommt daran vorbei, sich zu den in seinem Gebiet bestehenden Kirchen und Religionsgemeinschaften in Beziehung zu setzen, und sei es nur, um sich gegen sie abzugrenzen[1]. Ob und wie der Staat etwa Religionsfreiheit gewährt oder den Kirchen und Religionsgemeinschaften den zu ihrem Wirken und zur Erfüllung ihres Auftrages erforderlichen Freiraum zugesteht und durch seine Rechtsordnung garantiert, ist nicht nur bestimmend für das Wesen dieses Staates, wie sich gerade jüngst bei der neuen Religionsgesetzgebung in den demokratisch gewordenen bzw. zur Demokratie zurückfindenden ehemaligen sozialistischen Staaten gezeigt hat und noch zeigt. Das rechtliche Verhältnis des Staates zu den Kirchen und Religionsgemeinschaften ist auch bestimmend für die Ausgestaltung der rechtlichen Ordnung der betreffenden Kirchen und Religionsgemeinschaften.

1) *v. Campenhausen,* Staatskirchenrecht, S. 3; *K. Hesse,* EvStL Sp. 1546.

So ist z. B. das gesamte Kirchensteuerrecht oder etwa die Ausgestaltung der Dienstverhältnisse der Pfarrer und Kirchenbeamten als öffentlichrechtliche Dienstverhältnisse ohne die Vorgaben im staatlichen Verfassungsrecht (vgl. GG Art. 140 i. V. m. Art. 137 Abs. 3, 5 und 6 WRV) überhaupt nicht verständlich. Ungeachtet ihrer eigenständigen (vom Staat unabhängigen) Rechtsmacht handeln die Kirchen in diesen Bereichen zum Teil, d. h. soweit sie mit ihren Regelungen über den eigenen kirchlichen Bereich hinaus auch im staatlich-weltlichen Bereich unmittelbar wirksame Rechtsnormen setzen[2], auch im Rahmen einer bloßen Autonomie, also aufgrund einer vom Staat verliehenen Rechtsetzungsbefugnis.

2. Staatskirchenrecht hat es also zu tun mit den rechtlichen Beziehungen zwischen dem Staat und den in seinem Gebiet tätigen Religionsgemeinschaften. Es sind dies die **Beziehungen der Institutionen Staat und Religionsgemeinschaften** zueinander. Darüber hinaus umfaßt es auch die Stellung des **einzelnen Mitglieds oder der gesamten Religionsgemeinschaft als Träger von Grundrechten** (hier der Religionsfreiheit) gegenüber dem Staat. Es handelt somit von den **rechtlichen Beziehungen des Staates zu den in seinem Gebiet tätigen Religionsgemeinschaften und zu deren jeweiligen Mitgliedern.** Die Bezeichnung »Staatskirchenrecht« wurzelt in unserer Geschichte, indem früher die Beziehungen des Staates zu den drei christlichen Hauptkonfessionen (römisch-katholisch, evangelisch-lutherisch und evangelisch-reformiert) Gegenstand eines besonderen Staatskirchenrechts gewesen waren[3]. In anderen Ländern oder Rechtssystemen wird dieser Rechtsbereich häufig als **Religionsrecht** bezeichnet.

Rechtsquellen des Staatskirchenrechts sind einmal das vom Staat selbst gesetzte Recht (Grundgesetz, Länderverfassungen, Gesetze und Verordnungen), soweit es sich mit dem Verhältnis zu den Kirchen und Religionsgemeinschaften und der Stellung ihrer Mitglieder im staatlich-öffentlichen Bereich befaßt, ferner das zwischen Staat und Kirchen bzw. Religionsgemeinschaften im Wege der Vereinbarung gesetzte Recht (Konkordate – so die Bezeichnung auf katholischer Seite – oder Kirchenverträge).

3. Ein allgemein gültiges, für alle Zeiten geltendes »Grundmodell« des Verhältnisses von Staat und Kirche gibt es nicht, denn in ihren äußeren Erscheinungsformen unterliegen Staat wie Kirche einem geschichtlichen Wandel[4]. Die Vielzahl der aus der geschichtlichen Tradition

2) *v. Campenhausen* a.a.O. S. 80.
3) *A. Hollerbach,* »Staatskirchenrecht«, StL V Sp. 180.
4) *Hesse* (Fn. 1) a.a.O.

erwachsenen Modelle lassen sich jedoch auf drei Grundformen zurückführen[5]:

- Das **Einheitsmodell,** also die Verbindung von Staat und Kirche, wie sie früher üblich war und auch heute noch mit gewissen Modifikationen in Ländern mit einer Staatskirche (z. B. in Großbritannien: England und Schottland, ferner die skandinavischen Staaten Dänemark, Schweden, Norwegen, Finnland und Island)[6] oder in der islamischen Welt[7] besteht. Kommt bei diesem Modell der Kirche die Oberhand zu, spricht man von Kirchenstaatstum, im umgekehrten Fall von Staatskirchentum.

- Das **Trennungsmodell,** also eine strikte Trennung von Staat und Kirche, wie sie erst seit der Neuzeit im Grundsatz verwirklicht ist. Dabei kann diese Trennung in zweifacher Weise bestehen: Trennung von Kirche und Staat mit völliger Neutralität des Staates gegenüber den Kirchen und Religionsgemeinschaften unter Anerkennung ihrer Unabhängigkeit – so z. B. dem Grundsatz nach in Frankreich[8] und den USA[9] – oder in einer radikalen Trennung ohne

5) *Zum folgenden: v. Campenhausen,* Staatskirchenrecht, S. 3 und 221 ff.; *O. Voll,* HdbBayStKirchR S. 1 ff.; *J. Listl,* HdbKathKR S. 1037 ff.; *E. Niebler,* Die Rechtsprechung des Bundesverfassungsgerichts zum Verhältnis Staat und Kirche, BayVBl 1984, S. 1 ff.

6) Das Festhalten am staatskirchlichen System bedingt zwar eine gewisse Beeinträchtigung der religiösen und weltanschaulichen Neutralität des Staates und führt vielfach auch zu – bei uns nicht möglichen – Eingriffen des Staates in den Bereich der Kirche. Andererseits wird in diesen Staaten vielfach eine effektive individuelle Religionsfreiheit garantiert und die freie Tätigkeit auch der übrigen Religionsgemeinschaften gewährleistet.

7) Die islamischen Staaten stellen insoweit einen Sonderfall dar, als der Islam sich nicht nur als Religionsgemeinschaft versteht, sondern auch als eine Lebensform, die Identität von Gesellschaft und Religion voraussetzt und fordert, somit von einem religiösen Totalitätsanspruch ausgeht. Dabei ist die religionsrechtliche Situation in den einzelnen Staaten unterschiedlich: Sie reicht von einer in eingeschränktem Maß gewährten Religionsfreiheit bis hin zu Tendenzen einer religiösen Liberalisierung, kann aber auch starke und radikale gegenläufige Entwicklungen (Einheit von Religion und Politik) umfassen. Siehe hierzu *Listl* (Fn. 5), S. 1049.

8) Grundlage ist das Trennungsgesetz von 1905, welches eine radikale und kirchenfeindliche Trennung brachte. Dieser »kirchenfeindliche Laizismus« ist heute aber weitgehend von einer »religionsfreundlichen akonfessionellen Laizität« abgelöst (*v. Campenhausen,* Staatskirchenrecht, S. 226). Religionsfreiheit und korporative Kirchenfreiheit werden gewährt. Partiell – z. B. auf dem Gebiet des Sozial- und Fürsorgewesens – besteht eine Zusammenarbeit von Staat und Kirche. Schulen in freier Trägerschaft, auch konfessionelle Schulen, erhalten staatliche Unterstützung. Die im Jahr 1905 bereits vorhandenen Kirchengebäude stehen im staatlichen Eigentum und werden vom Staat baulich unterhalten.
Im früheren Elsaß-Lothringen, d. h. in den Departements Bas-Rhin, Haut-Rhin und Moselle, hat das Trennungsgesetz von 1905 keine Geltung erlangt. Hier ist der Staat aufgrund früherer konkordatärer Verpflichtungen nach wie vor zu Leistungen an die Kirche verpflichtet (Pfarrerbesoldung, bauliche Unterhaltung kirchlicher Gebäude u. a.). Zu Frankreich vgl. etwa *A. Frhr. v. Campenhausen,* Staat und Kirche in Frankreich, Göttingen 1962.

Neutralität des Staates, wie dies bis vor kurzem in den atheistisch geprägten Staaten des ehemaligen Ostblocks der Fall war. Hier bedeutete »Trennung« nicht ein Nebeneinander von Staat und Kirche, sondern letztlich die Einschränkung und Überwachung der Kirchen durch den Staat. Dies konnte bis hin zur Unterdrückung kirchlicher Organisation und kirchlichen Lebens gehen[10)].

- Das **modifizierte Trennungsmodell,** also eine prinzipielle und institutionelle Trennung von Kirche und Staat mit Anerkennung der Eigenständigkeit im jeweiligen Aufgabenbereich und dem Willen gegenseitiger Koordination und – zum Teil auch verfassungsrechtlich geregelter – Kooperation in weiten Bereichen (z. B. im sozialen Sektor, im Bildungs- und Erziehungswesen). Dieses Modell ist verwirklicht in der Bundesrepublik Deutschland[11)], in Österreich und Teilen der Schweiz[12)]. Auch die in den letzten Jahren – entweder

9) Die Trennung ist – zusammen mit der Gewährleistung der Religionsfreiheit – festgelegt im ersten Amendment zur amerikanischen Verfassung von 1791. Dies geschah nicht aus einer Kirchenfeindlichkeit heraus, sondern sollte umgekehrt gerade sicherstellen, daß Religionsgemeinschaften sich ungehindert entfalten konnten. Viele Einwanderer waren ja Glaubensverfolgte. Die rechtliche Festlegung auf *eine* Religionsgemeinschaft hätte sonst zwangsläufig eine Benachteiligung anderer Konfessionen zur Folge gehabt. Die heutigen Verhältnisse in den USA sind jedoch in viel stärkerem Maß vom System einer radikalen Trennung entfernt als vielfach angenommen wird. Es bestehen vielfältige Formen indirekter staatlicher Subventionen. Vgl. hierzu etwa *M. Quaas,* Staatliche Hilfen an Kirchen und kirchliche Institutionen in den Vereinigten Staaten von Amerika. Staatskirchenrechtliche Abhandlungen Bd. 6, Berlin 1977.

10) Zu den Auswirkungen der radikalen Umwälzungen in Osteuropa auf die Stellung der Kirchen und auf die Gewährleistung von Religionsfreiheit vgl. *O. Luchterhandt,* Neuere Entwicklungen der Religionsgesetzgebung in Osteuropa, ZevKR 35 (1990) S. 283 ff.; *L. Boleratzky,* Neues Gesetz über die Gewissens- und Religionsfreiheit und die Kirchen in Ungarn, ZevKR 35 (1990) S. 323 ff.; ferner den Tagungsbericht von *V. Herntrich* über das Tutzinger staatskirchenrechtliche Kolloquium vom Oktober 1990 über die Reform der Religionsgesetzgebung in Ungarn, der CSFR und der Sowjetunion in LM 1990, S. 566 ff., sowie die epd-Dokumentationen Nr. 42/89; Nr. 22/90; 23/90; 41/90; 42/90.

11) Durch die Vereinigung im Wege des alten Art. 23 GG (dieser Artikel ist jetzt durch den Einigungsvertrag aufgehoben worden) gelten die Bestimmungen des Grundgesetzes und damit dessen staatskirchenrechtliche Regelungen auch in den neuen Bundesländern, wobei die neue Praxis als Folge einer anderen rechtlichen Stellung der Kirchen und Religionsgemeinschaften und eines radikal anderen staatlichen Gegenübers zunächst sicher nicht leicht fällt. Nicht übersehen werden darf in diesem Zusammenhang, daß der staatskirchenrechtliche Rahmen des GG ein **Angebot** an die Kirchen und Religionsgemeinschaften für ihr Wirken in Gesellschaft und Öffentlichkeit darstellt, welches von einzelnen Religionsgemeinschaften in durchaus unterschiedlicher Weise angenommen werden kann. Näher entfaltet wird die rechtliche Stellung der Kirchen und Religionsgemeinschaften in den neuen Landesverfassungen und vor allem in den zur Zeit zur Beratung und Verhandlung anstehenden Staatskirchenverträgen. Zur Stellung der evangelischen Kirchen in der ehemaligen DDR und den Konsequenzen für den Vereinigungsprozeß vgl. jetzt *H. Kremser,* Der Rechtsstatus der evangelischen Kirchen in der DDR und die neue Einheit der EKD, Jus. Eccl. Bd. 46, Tübingen 1993.

12) Zu Österreich vgl. *I. Gampl,* Österreichisches Staatskirchenrecht, Wien-New York 1971; *H. Schwendenwein,* Österreichisches Staatskirchenrecht, Essen 1992.

durch Gesetz, Konkordat oder mehrere Einzelverträge – neu geregelten Verhältnisse zwischen Kirche und Staat in den südeuropäischen Ländern (Spanien, Portugal, Italien) entsprechen im wesentlichen diesem Modell und brachten eine Abkehr von der bis dahin dort in Form von Staatskirchen bestehenden Verbindung von Staat und (katholischer) Kirche[13]. Die neuen Religionsgesetze in den osteuropäischen Ländern, die eine Befreiung der Kirchen von staatlicher Bevormundung, zum Teil auch von Unterdrückung brachten, sehen ebenfalls bei grundsätzlicher Trennung gewisse Formen der Kooperation vor[14].

Alle drei Grundformen haben im Lauf der Geschichte ihre Verwirklichung gefunden, zum Teil kamen und kommen zahlreiche Übergangs- und Mischformen vor.

4. Das heutige staatskirchenrechtliche System in der Bundesrepublik Deutschland ist das **Ergebnis einer jahrhundertelangen Entwicklung**[15]. Es bestimmt sich maßgeblich nach der im Grundrechtsteil des Grundgesetzes verankerten Religionsfreiheit (Art. 4) und den durch GG Art. 140 in das Grundgesetz aufgenommenen institutionellen

In der Schweiz gibt es wegen der Souveränität der Kantone in diesem Bereich keine einheitliche Rechtslage. In den Kantonen Genf und Neuenburg besteht eine formelle Trennung von Staat und Kirche (was allerdings eine finanzielle Förderung durch den Staat bzw. eine durch staatliche Organe erhobene – in diesen Kantonen: fakultative – Kirchensteuer nicht ausschließt!). In manchen Kantonen finden sich dagegen Reste eines Staatskirchentums mit staatlicher Kirchenhoheit. Überwiegend gilt jedoch das modifizierte Trennungsmodell. Zum Verhältnis von Staat und Kirche in der Schweiz vgl. *D. Kraus,* Schweizerisches Staatskirchenrecht. Hauptlinien des Verhältnisses Staat und Kirche auf eidgenössischer und kantonaler Ebene, Jus. Eccl. Bd. 45, Tübingen 1993.

13) Im wesentlichen handelt es sich daher auch um Neuregelungen des Verhältnisses zur katholischen Kirche. Teilweise gibt es aber auch Verträge mit anderen Kirchen und Religionsgemeinschaften. Zu Italien vgl. *L. Musselli,* Kirche und Staat in Italien. Grundlinien ihres bisherigen Verhältnisses und neuere Entwicklungstendenzen, in: *J. Krautscheidt/H. Marré,* Essener Gespräche zum Thema Staat und Kirche, Bd. 15, Münster 1981, S. 148 ff.; ferner den kurzen Überblick bei *J. Michaeler,* Kirchenfinanzierung durch Zweckbindung eines Teiles der Einkommenssteuer: Das Beispiel Italien, in: *C. Rinderer* (Hrsg.), Finanzwissenschaftliche Aspekte von Religionsgemeinschaften, Baden-Baden 1989, S. 143 ff.; zu Spanien: *C. C. Salvador,* Staat und Kirche in Spanien. Grundlinien ihres bisherigen Verhältnisses und neuere Entwicklungstendenzen, in: *H. Marré/J. Stüting,* Essener Gespräche zum Thema Staat und Kirche, Bd. 18, Münster 1984, S. 156 ff.

14) Dies schließt auch gewisse finanzielle Förderungen ein, ebenso wie etwa die Zulassung von Religionsunterricht. Ein öffentlich-rechtlicher Status ist den Kirchen in diesen Ländern jedoch überwiegend verwehrt, zum Teil deswegen, weil der Begriff einer Körperschaft des öffentlichen Rechts in diesen Rechtssystemen nicht bekannt ist. Kirchliches Wirken regelt sich dort rechtlich also im wesentlichen nach privatem Vereinsrecht.

15) Hierzu *v. Campenhausen,* Staatskirchenrecht, S. 1 ff., *Voll,* HdbBayStKirchR, S. 2 ff.; vgl. auch u. 6. (S. 74).

Garantien[16] der Weimarer Reichsverfassung von 1919. Diese Garantien sind in ihrem Kernbereich bereits von Art. 4 umfaßt, im übrigen eine notwendige Ergänzung zu diesem Grundrecht[17]. Diese verfassungsrechtlichen Bestimmungen werden ergänzt und zum Teil näher ausgeführt in vertraglichen Regelungen zwischen Staat und Kirche[18].

Die Weimarer Reichsverfassung knüpfte in vielem an Bestimmungen der (nicht in Kraft getretenen) Paulskirchenverfassung von 1848 an. Sie war ein epochaler Einschnitt im Verhältnis von Staat und Kirche, indem sie das Band zerschnitt, welches Kirche und Staat seit dem Ausgang der Antike miteinander verbunden hatte. Diese Verbindung, 313 durch das Mailänder Abkommen (rechtliche Gleichstellung des Christentums mit anderen Religionen) vorbereitet, unter Kaiser Konstantin faktisch, und 380 unter Kaiser Theodosius auch rechtlich durchgeführt (Christentum als Staatsreligion) – und damit die Einheit von Religion und Politik der vorchristlichen Antike wieder aufgreifend –, hielt – mit gewissen Erosionserscheinungen bereits im 19. Jahrhundert – bis zum Beginn des 20. Jahrhunderts. Die Weimarer Reichsverfassung beendete die Epoche des »christlichen Staates«, die ausgehend von den »zwei Gewalten«[19] innerhalb der einen res publica christiana auch Reformation und Aufklärung überdauert und

16) Institutionelle Garantien sind verfassungsrechtliche Gewährleistungen von Einrichtungen, die in der Verfassung selbst nicht im einzelnen geregelt sind, und aus denen subjektive Rechte nicht oder jedenfalls nicht begriffsnotwendig für den einzelnen ableitbar sind. Einschlägige Beispiele: Selbstbestimmungsrecht der Kirchen (WRV Art. 137 Abs. 3), Korporationsstatus (Art. 137 Abs. 5), Steuererhebungsrecht (Art. 137 Abs. 6), Kirchengutsgarantie (Art. 138 – neben dem allgemeinen Grundrecht der Eigentumsgarantie in GG Art. 14), Sonn- und Feiertagsschutz (WRV Art. 139), Anstaltseelsorge (Art. 141).

17) BVerfGE 18, 385/386; 19, 1/5; 19, 129/132; 42, 312/321. Zum Teil werden die Garantien in den Weimarer Kirchenartikeln auch als bloße Entfaltung oder Konkretion von Freiheiten angesehen, die bereits durch GG Art. 4 geschützt sind, so etwa *J. Listl,* Das Grundrecht der Religionsfreiheit in der Rechtsprechung der Gerichte der Bundesrepublik Deutschland. Staatskirchenrechtliche Abhandlungen Bd. 1, Berlin 1971, S. 368 ff.; *ders.,* Glaubens-, Gewissens-, Bekenntnis- und Kirchenfreiheit, in: HdbStKirchR I, S. 363/401 ff. m. w. N.

18) Hierzu näher u. § 10.

19) Erstmals von Papst *Gelasius* (492–496) vertreten, dann sich fortsetzend in der mittelalterlichen Zwei-Schwerter-Lehre, wie sie etwa auch in den bekanntesten mittelalterlichen deutschen Rechtsbüchern, dem Sachsenspiegel und dem Schwabenspiegel aus dem 13. Jahrhundert, enthalten ist: Zwei Schwerter hat Gott zum Schutz der Christenheit verliehen, das geistliche Schwert dem Papst, das weltliche dem Kaiser, wobei nach der extremen kurialistischen Theorie dieses weltliche Schwert der Kaiser vom Papst erhält, die weltliche Macht also der geistlichen Macht untergeordnet ist. Im Investiturstreit fand diese Auseinandersetzung ihren Höhepunkt mit der Durchsetzung des päpstlichen Weltherrschaftsanspruchs.
Bald gewann die staatliche Seite in den allmählich zu eigenen Staaten heranwachsenden Territorien zumindest faktisch, zum Teil auch rechtlich die Oberhand (z. B. in der Gesetzgebungskompetenz für manche Bereiche, die vorher nur im kanonischen

auf protestantischer Seite im landesherrlichen Kirchenregiment[20] seine besondere Ausprägung erfahren hatte. Durch sie wurde der »weltliche Staat« geschaffen. Dies geschah keineswegs in kirchenfeindlicher Absicht, wie manche kirchlich-konservative Kreise dies anfangs mißverstanden. Durch die Einführung des Trennungsgrundsatzes, durch die Garantie der Kirchenfreiheit, durch die sehr weit gefaßte

Recht geregelt waren; ebenso durch eine zunehmende Jurisdiktionsgewalt in Bereichen, die bislang allein der kirchlichen Gerichtsbarkeit unterstanden). Dies war auch bedingt durch ein durch innerkirchliche Auseinandersetzungen (Schisma, päpstliches Exil) geschwächtes Papsttum. Immer vollzog sich dieses Ringen zwischen Kaisertum und Papsttum, zwischen Regnum und Sacerdotium, zwischen weltlicher und geistlicher Gewalt aber innerhalb der einen »res publica christiana« oder dem einheitlichen Corpus Christianum. Erst als Folge der Reformation zerbrach durch den Augsburger Religionsfrieden (1555) und endgültig im Westfälischen Frieden (1648) die bis dahin reichsrechtlich gesicherte Einheit von Glaube und Kirche. Durch das Anerkenntnis des Bestehens von drei Bekenntnissen bzw. »Religionsparteien« (römisch-katholisch, evangelisch-lutherisch und reformiert) wurden eine **korporative** Religionsfreiheit und der Gedanke der **Parität** verwirklicht. Zur Anerkennung einer **individuellen** Religionsfreiheit kam es allerdings erst im ausgehenden 18. Jahrhundert durch die Toleranzgesetzgebung der Aufklärungszeit (hierzu auch u. § 6,3, S. 82).

20) *Luthers* Zwei-Reiche-Lehre hob die Selbständigkeit der christlichen Gemeinde und ihre Unabhängigkeit von weltlichem Einfluß hervor. Sie wandte sich von ihrem Ansatz her auch gegen die Vorstellung des einheitlichen »Corpus Christianum«, im Ergebnis konnte die Nähe und Verflechtung von Staat und Kirche aber nicht aufgehoben werden. Im Gegenteil: In allen Gebieten der sich nun herausbildenden Konfessionen kam es zu einer Verstärkung des landesherrlichen Einflusses auf das Kirchenwesen. In den katholischen Gebieten wurde dies seitens der Fürsten zunächst auf den Rechtstitel der Kirchenadvokatie gestützt, jene schon von *Pippin* (754) übernommene Verpflichtung, die Kirche von Rom zu schützen, und später unter Berufung auf ihre Souveränität zu einem Machtanspruch über die Kirche ausgebaut. In den evangelischen Territorien, in denen durch die Reformation selbst den Fürsten lediglich die Stellung eines praecipuum membrum ecclesiae (hervorgehobenes Kirchenmitglied) eingeräumt wurde, freilich mit der Pflicht, die Kirche zu schützen, aber ohne hoheitliche Gewalt und den Gehorsamsanspruch, die ihnen auf der weltlichen Seite zur Verfügung standen, entwickelte sich, gestützt auf verschiedene Rechtstitel die besondere Ausprägung des landesherrlichen Kirchenregiments. Die evangelischen Kirchen wurden in diesen Ländern als Staatsanstalt angesehen, die Kirchengewalt als Staatsgewalt, das Kirchenregiment als landesherrliche Funktion. Die vom Landesherrn eingerichteten Kirchenbehörden – Konsistorien – waren Staatsbehörden. Drei verschiedene, zeitlich aufeinander folgende und zum Teil aufeinander aufbauende Titel bzw. Theorien dienten zur Begründung dieses staatskirchenrechtlichen Systems, das Episkopalsystem, das Territorialsystem und das Kollegialsystem.
Das **Episkopalsystem** ging davon aus, daß durch reichsrechtliche Übertragung (Augsburger Religionsfriede) infolge der Suspension der Jurisdiktionsgewalt der katholischen Hierarchie in den evangelischen Landen die bischöflichen Rechte auf den Landesherrn übergegangen waren. Die Kirchengewalt entsprang zwar kirchlichem Recht, war aber reichsverfassungsrechtlich – zumindest treuhänderisch – auf den Landesherrn übergegangen. Der Landesherr war oberster Bischof seiner Kirche. Dieses **Summepiskopat** des Landesherrn wurde erst durch die Weimarer Reichsverfassung beseitigt. Nach dem **Territorialsystem** wurden die umfassenden staatlichen Rechte der Kirchenleitung nicht mehr aus einer reichsrechtlichen Übertragung, sondern allein aus der Territorialherrschaft abgeleitet. Auch danach lag die cura religionis beim Landesherrn. Nach dem **Kollegialsystem** schließlich fanden der Staat und die Verbände unter dem Einfluß des Naturrechts nunmehr ihre rechtfertigende Deutung in einer vertraglichen Begründung. Durch einen horizontalen Herrschaftsvertrag wur-

Garantie der Religionsfreiheit, wurde vielmehr eine **formale Gleichstellung aller Religionen und Religions- oder Weltanschauungsgemeinschaften** erreicht[21]. Den etablierten Großkirchen sollten keineswegs die Möglichkeiten ihres bisherigen öffentlich-rechtlichen Wirkens genommen und diese etwa in den Bereich des privaten Vereinsrechts abgedrängt werden. Trennung und religiös-weltanschauliche Neutralität erforderten aber, daß diese öffentlich-rechtliche Stellung, die die Großkirchen schon früher erlangt hatten, nunmehr allen Religionsgemeinschaften unter gewissen Voraussetzungen offenstand. Mit der Trennung entledigte sich der Staat der bis dahin bestehenden

de die staatliche Gemeinschaft oder die eines Verbandes begründet. Durch den vertikalen Herrschaftsvertrag wurde einem Oberen – im Staat dem Landesherrn – die Leitung übertragen. Gleiches galt für die Kirche, die als kollegialer Zusammenschluß angesehen wurde, wie jeder andere Verein auch, daher die bis heute in der WRV verbliebene Bezeichnung »Religionsgesellschaft«. Dem Landesherrn kam durch »Übertragung« (vertikaler Herrschaftsvertrag) das Aufsichtsrecht auch über die Kirche zu. Ihm oblagen nicht nur die iura circa sacra, sondern teilweise auch die iura in sacra. Die äußere Gestalt der Kirche wurde weitgehend durch die staatliche Gesetzgebung bestimmt.

Zu dieser Entwicklung vgl. vor allem *v. Campenhausen,* Staatskirchenrecht, S. 18 ff.; *K. Obermayer,* in: *R. Dolzer/K. Vogel* (Hrsg.), Bonner Kommentar zum Grundgesetz, Art. 140 Rdnr. 1–28 (Stand 1971); ferner die kurzen Überblicke bei *Hesse* (Fn. 1), Sp. 2548 ff. und *Chr. Link,* StL III Sp. 482 ff.

Die Lage der katholischen und der evangelischen Kirche war zu jener Zeit also kaum unterschiedlich. In beiden Fällen lag in der Praxis ein Staatskirchentum vor, nur die rechtliche Begründung war verschieden. Die katholischen Regenten beanspruchten ihre Hoheitsrechte gegenüber ihrer Kirche nicht aufgrund eines Übertragungsaktes, sondern zunächst aufgrund des mittelalterlichen Rechtstitels der Kirchenadvokatie, dann allein aufgrund ihrer Souveränität.

Einen allmählichen Wandel brachte dann erst das 19. Jahrhundert, vor allem durch die nach und nach erfolgende Durchsetzung einer uneingeschränkten, auch individuellen Religionsfreiheit und durch die allmähliche Verwirklichung einer kirchlichen Autonomie, die freilich bei der katholischen Kirche schneller als bei der evangelischen erfolgte. Eine wesentliche Folge der Säkularisation und des Reichsdeputationshauptschlusses zu Beginn dieses Jahrhunderts war – der reichsrechtlichen Regelung folgend – jetzt auch in den einzelnen Ländern die allmähliche Anerkennung der verschiedenen christlichen Bekenntnisse als gleichberechtigt (Parität; vgl. bereits o. § 3,2, S. 26). Sie genossen als öffentliche Korporationen besondere Vorrechte. Weiterhin bestand aber eine Staatsaufsicht über das äußere Kirchenwesen. Nach wie vor war z. B. der bayerische (katholische!) König oberster Bischof der evangelischen Landeskirche. Die Kirchenbehörden, die Konsistorien, waren nach wie vor staatliche Behörden. Die Pfarrämter waren »königliche Pfarrämter«. So bedurfte auch die Berufung zum Pfarrer der »allerhöchsten Genehmigung«, die Installation des Pfarrers und Einweisung in seine neue Pfarrstelle erfolgte durch staatliche und kirchliche Vertreter (Landrichter und Dekan). Beim Eidesgelübde des neuen Pfarrers stand das Gelöbnis, dem König treu zu dienen und die Gesetze und die Verfassung zu beachten, an erster Stelle! Insgesamt bestand daher in Bayern – im Gegensatz zu manchen anderen Ländern – nach wie vor ein Staatskirchentum, wenn auch die Stellung der Kirche gegenüber früher freier geworden war. Kennzeichen für diesen verstärkten Freiraum war etwa der allmähliche Aufbau eines eigenen Kirchenverfassungsrechts (vgl. o. § 3).

21) Hierzu jetzt eingehend: *M. Heckel,* Gleichheit oder Privilegien?, Jus. Eccl. Bd. 47, Tübingen 1993.

konfessionellen Fessel, umgekehrt wurde aber auch den Kirchen und Religionsgemeinschaften die Freiheit vom Staat, von staatlichen Eingriffen und staatlicher Bevormundung geschenkt.

5. Freilich kamen die Weimarer Kirchenartikel erst richtig zur Entfaltung und Wirkung durch deren Aufnahme in das Grundgesetz von 1949.

Während der Weimarer Zeit hielten Lehre und Praxis teilweise noch an alten staatlichen – durch die WRV aber gerade aufgehobenen – Kirchenhoheitsrechten fest[22].
In der NS-Zeit wurden die verfassungsrechtliche Stellung der Kirchen und Religionsgemeinschaften zunehmend weniger geachtet, ja mit der Zeit gänzlich negiert, und kirchenfeindliche Gesetze erlassen und Anordnungen getroffen, mit dem Ziel einer allgemeinen Entkonfessionalisierung, einer Entrechtung und Zerstörung der Kirchen[23].

Das Grundgesetz von 1949 inkorporierte die Weimarer Kirchenartikel, d. h. es machte diese zu seinem Bestandteil (vgl. Wortlaut von GG Art. 140)[24].

Dies ging u. a. auf eine Anregung des damaligen Abgeordneten im Parlamentarischen Rat und nachmaligen Bundespräsidenten *Theodor Heuss* zurück, nachdem Vorschläge aus der Mitte der Abgeordneten für eine Neuregelung keine Mehrheit gefunden hatten. Der Wunsch nach Festhalten an der im Grunde bewährten Lösung einer besonders schwierigen, aber auch sensiblen Materie, ein Kompromißstreben und nicht zuletzt eine gewisse Eilbedürftigkeit der Beratungen führten zu diesem etwas ungewöhnlichen Schritt.

Durch diese Inkorporation sind die staatskirchenrechtlichen Artikel aber kein Verfassungsrecht zweiter Klasse. Sie sind vielmehr »vollgültiges Verfassungsrecht«, stehen also im gleichen Rang wie jede

22) Als »Korrelat« für die »Gewährung« des Status als öffentlich-rechtliche Körperschaft, sog. Korrelatentheorie.

23) Zu einer ganz ähnlichen Entwicklung in der ehemaligen DDR nach fast gleicher Ausgangslage wie in der Bundesrepublik vgl. *Kremser*, Der Rechtsstatus der evangelischen Kirchen in der DDR (Fn. 11). Dies ist gerade in Kennzeichen von Diktaturen, die ja immer den ganzen Menschen beanspruchen, daß sie unter Mißachtung geltenden Rechts Kirchen und Religionsgemeinschaften als unliebsame Konkurrenz zu ihrem (staatlich-ideologischen) Menschenbild dort unterdrücken, wo dies faktisch möglich ist.

24) Nicht übernommen wurde Art. 135 WRV (Religionsfreiheit), der in erweiterter Fassung an hervorgehobener Stelle in den Grundrechtsteil Eingang fand (GG Art. 4). Nicht übernommen wurde ferner Art. 140 WRV (Ermöglichung der Erfüllung religiöser Pflichten für Soldaten), der zur damaligen Zeit als nicht erforderlich angesehen wurde und im übrigen durch GG Art. 4 und GG Art. 140 i. V. m. Art. 141 WRV mitumfaßt ist, ferner Art. 149 Abs. 3 WRV (theologische Fakultäten), da die Regelung dieser Materie jetzt in die Zuständigkeit der Länder fiel (vgl. BV Art. 150). Ferner wurde nicht übernommen Art. 173 WRV (Bestand der Staatsleistungen bis zur gesetzlichen Aufstellung von Ablösungsgrundsätzen), da diese Vorschrift nach einhelliger Meinung bereits von Art. 138 WRV umfaßt wird.

andere Bestimmung des Grundgesetzes[25]. Ebenso sind trotz ihres unterschiedlichen Standortes im Grundgesetz Art. 4 und Art. 140 als Einheit anzusehen. Diese beiden Grundvorschriften können mit Rücksicht auf ihren Sinngehalt bei der Bestimmung des Verhältnisses von Kirche und Staat nicht getrennt werden[26]. In ganz wesentlicher Weise hat dabei die Rechtsprechung des Bundesverfassungsgerichts den Bedeutungsgehalt der staatskirchenrechtlichen Bestimmungen unseres Grundgesetzes mitbestimmt und näher entfaltet[27].

Es sind im wesentlichen die folgenden tragenden Grundsätze (»Säulen«), die unser staatskirchenrechtliches System bestimmen:

- die **Religionsfreiheit** (GG Art. 4)
- die grundsätzliche **Trennung von Staat und Kirche**: »Es besteht keine Staatskirche.« (GG Art. 140 i. V. m. Art. 137 Abs. 1 WRV)
- das **Selbstbestimmungsrecht** der Kirchen und Religions- bzw. Weltanschauungsgemeinschaften (GG Art. 140 i. V. m. Art. 137 Abs. 3 WRV; Gleichstellung der Weltanschauungsgemeinschaften in Art. 137 Abs. 7 WRV)
- der **Korporationsstatus** (Kirchen- und Religions- bzw. Weltanschauungsgemeinschaften als Körperschaften des öffentlichen Rechts, GG Art. 140 i. V. m. Art. 137 Abs. 5 WRV)[28]
- das **Vertragsstaatskirchenrecht** (vertragliche Regelungen zwischen Staat und Kirchen oder Religionsgemeinschaften, vgl. z. B. den bayerischen Kirchenvertrag vom 15.11.1924).

Dieses System zeichnet sich aus durch die Bestimmung des Staates

- als weltanschaulich religiös neutraler Staat (Grundsatz der **Neutralität**),

25) Grundlegend BVerfGE 19,206/219.
26) BVerfGE 42,312/322.
27) Siehe hierzu auch u. § 13.
28) Die grundgesetzlichen Bestimmungen werden teilweise ergänzt und konkretisiert durch Regelungen in den einzelnen Länderverfassungen. Manche davon enthalten selbst wiederum eine Inkorporation von GG Art. 140 (Baden-Württemberg, Nordrhein-Westfalen). Soweit kein Widerspruch mit dem GG besteht (vgl. GG Art. 31) sind ergänzende oder auch weitergehende Gewährleistungen in den einzelnen Länderverfassungen zulässig und gültig.
Für **Bayern** vgl. die den GG-Artikeln entsprechenden Bestimmungen in BV Art. 107 (Religionsfreiheit), Art. 142 Abs. 1 (Trennungsgrundsatz), Art. 142 Abs. 3 (Selbstbestimmungsrecht), Art. 143 Abs. 2 (Korporationsstatus). Vgl. auch die übrigen Bestimmungen dieses 3. Abschnitts im dritten Hauptteil (»Religion und Religionsgemeinschaften«, BV Art. 142–150), ferner Art. 127 (Erziehungsbeeinflussung der Religionsgemeinschaften) und Art. 136, 137 (Religionsunterricht), die teilweise ihre Entsprechung in den Weimarer Kirchenartikeln haben, teilweise aber auch darüber hinaus gehen.

- der sich mit keiner auf seinem Gebiet vorhandenen Religion oder Weltanschauung identifizieren darf (Grundsatz der **Nicht-Identifikation**),
- der diese Religionen und Weltanschauungen formal gleich zu behandeln hat (Grundsatz der **Parität**), was freilich nicht ausschließt, daß an tatsächlich bestehende Unterschiede angeknüpft werden kann (z. B. Größe, Relevanz in der Öffentlichkeit usw.),
- der die Eigenständigkeit und die Selbstbestimmung der Kirchen und der Religionsgemeinschaften innerhalb der Schranken der für alle geltenden Gesetze anerkennt und gewährleistet und ihnen hierfür das Wirken in den Formen des öffentlichen Rechts ermöglicht,
- der schließlich allen seinen Bewohnern ein umfassendes Recht auf Religionsfreiheit zugesteht.

Der Staat anerkennt den Freiheitsbereich des einzelnen im religiösen Bereich. Dies muß er schon deshalb tun, weil ihm die Würde des Menschen vorgegeben und deren Schutz oberste staatliche Aufgabe ist (GG Art. 1 Abs. 1). Zu dieser Menschenwürde gehört notwendigerweise auch ein positiver – wie negativer – Transzendenz-Bezug. In dieser Freiheitsgewährung unterscheidet sich unser Staat von ideologisch geprägten Staaten, die dem Menschen auch seine Wertvorstellungen in ihrem Sinne vorgeben. Der Staat unseres Grundgesetzes anerkennt nicht nur den Freiheitsbereich des einzelnen, sondern auch den der religiösen Vereinigungen, der Kirchen, Religionsgemeinschaften oder auch Weltanschauungsgemeinschaften. Durch seine verfassungsrechtlichen Gewährleistungen bietet er diesen einen rechtlichen Rahmen für die Gestaltung ihres Wirkens, den diese durch ihr eigenes geistliches oder weltanschauliches Selbstverständnis füllen. *Was* Glaube, Bekenntnis, Religionsausübung, kirchliches Selbstverständnis u. ä. ist, unterliegt daher nicht der staatlichen Definition, sondern der je eigenen Ausführung und Sinnbestimmung des einzelnen oder der jeweiligen Religionsgemeinschaft[29)]. Unser staatskirchenrechtliches System ist daher stark **freiheitlich** geprägt. Es ist ein System der »freiheitlichen Zuordnung der beiderseitigen Aufgaben und des beiderseitigen Wirkens« von Staat und Kirche[30)].

Da Staat und Kirche sich – je von ihrem Ansatz und Auftrag her – jedoch für dieselbe Gesellschaft und für dieselben Menschen verantwortlich fühlen (als Staatsbürger und als Kirchenmitglied), und es durch die zunehmende Verantwortung des Staates als Sozialstaat mit dem Ziel einer umfassenden Daseinsvorsorge oft zu einer Überlage-

29) Hierzu *M. Heckel,* »In Verantwortung vor Gott und den Menschen ...«, S. 14.
30) *Hesse* (Fn. 1) Sp. 1571.

rung und Konkurrenz staatlicher und kirchlicher Aktivitäten kommt[31]), bedarf es einer »verständigen Kooperation«[32]) zwischen Staat und Kirche. Diese **modifizierte** oder auch **positive Trennung** stellt sich daher dar als »wechselseitige Selbständigkeit innerhalb eines Koordinationssystems oder als Partnerschaft zwischen Kirche und Staat«[33]). Ausgehend von beiderseitiger Freiheit und Unabhängigkeit voneinander hält dieses Modell also Kirche und Staat zu Kooperation an. Gerade weil der Staat Religiöses nicht selbst bestimmen darf, bedarf es dieser Kooperation und Verständigung, wenn beide – Staat und Kirche – in sich berührenden oder auch überlagernden Arbeitsfeldern tätig werden.

6. Mit der **verfassungsrechtlichen Gewährleistung** eines näher ausgeformten Systems institutioneller Garantien (GG Art. 140 i. V. m. den Weimarer Kirchenartikeln) neben der Garantie der Religionsfreiheit unterscheidet sich das deutsche staatskirchenrechtliche System von anderen Rechtsordnungen. Diese kennen meist nur die verfassungsrechtliche Gewährleistung der Religionsfreiheit selbst, während institutionelle Garantien zum Teil als von dieser umfaßt angesehen werden, zum Teil auch in besonderen Religionsgesetzen oder Konkordaten oder Einzelverträgen[34]) näher festgelegt werden. Auch diese Besonderheit ist historisch bedingt: Das alte deutsche Reich war der einzige größere Staatenverband, in dem mehrere, sich zudem theoretisch ausschließende Konfessionen gleichberechtigt nebeneinander bestanden, während in den anderen Ländern im wesentlichen *eine* Konfession bestanden hat[35]). Dieses konfessionelle Nebeneinander wurde ermöglicht durch die Festschreibungen im Augsburger Religionsfrieden (1555) und dem Westfälischen Frieden (1648). In dieser paritätischen Behandlung der damals drei Konfessionen liegen die Wurzeln der verfassungsrechtlichen institutionellen Garantien, die dann 1919 auf alle Religionsgemeinschaften ausgedehnt worden sind[36]).

Beide Garantien – die institutionellen des Art. 140 und die Religionsfreiheit des Art. 4 – sind als **Einheit** anzusehen. Beide sind die

31) *Heckel* (Fn. 29), S. 15/16; ferner *A. v. Campenhausen,* Freie Kirche im freien Staat. Zusammenarbeit in der offenen Gesellschaft, LM 1992, S. 546; vgl. auch u. § 7.

32) BVerfGE 42, 312/340; s. auch u. § 13 II.8, S. 163.

33) BVerfG a.a.O.

34) Insoweit häufig jedoch nur hinsichtlich des Verhältnisses zu *einer* in diesen Ländern vorherrschenden Kirche oder Religionsgemeinschaft.

35) Hierzu v. a. *A. v. Campenhausen,* Rechtzeitig das Bewährte sichern. Zum Staat-Kirche-Verhältnis im künftigen Europa, LM 1990, S. 536.

36) *Heckel,* Gleichheit oder Privilegien? (Fn. 21), S. 36 ff. u. passim.

Grundlagen der Gestaltung des Verhältnisses zwischen Staat und Kirche, d. h. unserer staatskirchenrechtlichen Ordnung. Es sind Garantien, die die Freiheit des einzelnen und der Gemeinschaften sichern und schützen und dadurch ein Zusammenleben unter dem Bekennen verschiedener Anschauungen erst recht ermöglichen. Nicht um Privilegien von Religions- und Weltanschauungsgemeinschaften handelt es sich bei diesen Garantien, sondern um eine angemessene Berücksichtigung des vom Staat ohnehin nicht bestimmbaren Eigenlebens und der sich daraus ergebenden Eigenständigkeit von religiösen oder weltanschaulichen Gemeinschaften.

Literatur

EvStL Sp. 1546 ff. »Kirche und Staat« (*K. Hesse, H. Kalinna*); StL III, Sp. 468 ff. »Kirche und Staat« (*P. Mikat, Chr. Link, A. Hollerbach, P. Leisching*); HdbStKirchR I mit den einführenden Artikeln über die Grundlagen des Verhältnisses von Staat und Kirche und des Staatskirchenrechts (§§ 1–5: *U. Scheuner* (S. 5 ff.), *H. Maier* (S. 87 ff.), *P. Mikat* (S. 107 ff. und S. 143 ff.), *H. Simon* (S. 189 ff.), *A. Hollerbach* (S. 215 ff.); HdbKathKR mit den Artikeln über das Verhältnis von Kirche und Staat sowohl in der Bundesrepublik Deutschland als auch in den Nachbarländern (§§ 111–117; *J. Listl* (S. 1021 ff., 1037 ff. und 1050 ff.), *A. Hollerbach* (S. 1072 ff.), *R. Klecatsky* (S. 1081 ff.); *L. Carlen* (S. 1097 ff.), *R. Metz* (S. 1109 ff.)).

A. v. Campenhausen, Staatskirchenrecht, 2. Auflage München 1983, S. 1 ff., 45 ff., 221 ff.; *ders.*, Die Kirchen unter dem Grundgesetz 1949–1989, in: *R. Morsey/K. Repgen* (Hrsg.), Christen und Grundgesetz, Paderborn u. a. 1989, S. 71 ff.; *ders.*, »Staat und Kirche«, Evang. Soziallexikon, 7. Aufl. Stuttgart 1980, Sp. 712 ff. (= *A. v. Campenhausen/H. J. Erhardt,* Kirche – Staat – Diakonie, Hannover 1982, S. 214 ff.); *M. Heckel,* »In Verantwortung vor Gott und den Menschen ...«. Staatskirchenrecht und Kulturverfassung des Grundgesetzes 1949–1989, in: 40 Jahre Bundesrepublik Deutschland, 40 Jahre Rechtsentwicklung. Ringvorlesung der Juristischen Fakultät der Universität Tübingen 1989. Hrsg. v. *K. W. Nörr.* Tübinger Rechtswissenschaftl. Abh. 69, Tübingen 1990; *O. Voll,* HdbBayStKirchR, S. 1 ff., 25 ff.

§ 6
Religionsfreiheit

1. Die Religionsfreiheit genießt in unserer Rechtsordnung einen hohen Rang. Dies wird schon dadurch deutlich, daß sie in den Verfassungen (GG Art. 4; BV Art. 107) in den Grundrechtsteil aufgenommen ist, *RS 100* während sie beispielsweise in der WRV noch an der Spitze des *RS 105* Abschnittes »Religion und Religionsgesellschaften« stand (Art. 135), also im Zusammenhang mit den Kirchenartikeln. Dies wird weiter dadurch deutlich, daß es sich bei ihr um ein **Menschenrecht** handelt, das nicht nur den deutschen Staatsbürgern, sondern allen Menschen gewährleistet ist[1)], welches ferner – wenigstens formal – ohne Vorbehalt gilt[2)] und auch nicht nach GG Art. 18 verwirkt werden kann. Die Religionsfreiheit steht in engem Zusammenhang mit der Menschenwürde (GG Art. 1 Abs. 1), zu der der Bezug zur Transzendenz und damit auch die Frage nach dem Lebenssinn gehört. Die Religionsfreiheit ist daher extensiv auszulegen[3)]. Sie gehört zu den fundamentalen Normen nicht nur des Staatskirchenrechts, sondern unserer Rechtsordnung überhaupt: Durch die Gewährleistung der Religionsfreiheit erkennt der Staat das Bedürfnis des Menschen nach religiöser oder weltanschaulicher Orientierung als grundlegendes menschliches Bedürfnis an. Dadurch ist er auch gehindert, sich gegenüber denjenigen Gemeinschaften, die der Befriedigung dieses Grundbedürfnisses dienen, indifferent oder gar ablehnend zu verhalten[4)].

Ergänzt und in bestimmten Teilbereichen konkretisiert wird Art. 4 durch weitere Vorschriften im GG, nämlich Art. 3 Abs. 3 (keine Bevorzugung oder Benachteiligung wegen des Glaubens oder religiöser Anschauungen), Art. 33 Abs. 3 (staatsbürgerliche Rechte und Zulassung zu öffentlichen Ämtern unabhängig von religiösem oder weltanschaulichem Bekenntnis), Art. 140 i. V. m. Art. 136 WRV (staatsbürgerliche Rechte und Zulassung zu öffentlichen Ämtern unabhängig von religiösem oder weltanschaulichem Bekenntnis; grundsätzlich kein Zwang zur Offenbarung religiöser Überzeugungen; kein Zwang zur Teilnahme an kirchlichen oder religiösen Handlungen), sowie Art. 7 Abs. 2 und 3 (Religionsunterricht in der Schule als Ausfluß der Religionsfreiheit[5)]).

1) Vgl. dagegen etwa den Wortlaut von GG Art. 8 Abs. 1, Art. 9 Abs. 1, Art. 11 Abs. 1, Art. 12 Abs. 1: »Alle Deutschen« oder BV Art. 106 Abs. 1, Art. 109 Abs. 1, Art. 110 Abs. 1 u.a.: »Jeder Bewohner Bayerns« bzw. »Alle Bewohner Bayerns«.

2) Vgl. dagegen den Wortlaut in GG Art. 2, Art. 5 Abs. 2, Art. 8 Abs. 2. Auch WRV Art. 135 stand noch unter dem Vorbehalt der »allgemeinen Staatsgesetze«. Zu den möglichen Schranken, denen auch Art. 4 unterliegt, vgl. u. 5.

3) BVerfGE 24, 236/246.

4) *Herzog* in: *Maunz/Dürig,* GG, Art. 4 Rdnr. 13; vgl. auch *v. Mangoldt/Klein/Starck,* GG, Art. 4 Rdnr. 2.

5) Hierzu u. § 11, 6a (S. 133).

2. **a)** Im einzelnen sind durch GG Art. 4 Abs. 1 und 2 geschützt:

- Die **Glaubens- und Gewissensfreiheit,** d. h. die Freiheit des **Denkens,** das sog. forum internum.
- Die **Bekenntnisfreiheit**, d. h. die Freiheit des **Redens**, die Freiheit, seinen Glauben oder Unglauben zu äußern oder auch zu verschweigen, aber auch die Freiheit, seinem Glauben gemäß zu leben.
- Die **Religionsausübungsfreiheit**, d. h. die Freiheit des **Handelns**, die Freiheit zur Vornahme aller denkbaren kultischen Handlungen und der Beachtung religiöser Gebräuche.
- Die **religiöse Vereinigungsfreiheit**, d. h. die Freiheit, aus gemeinsamem Glauben sich zu einer Religionsgemeinschaft zusammenzuschließen, einschließlich der Teilnahme am allgemeinen Rechtsverkehr[6)].

Glaubens-, Gewissens-[7)], Bekenntnis-, Religionsausübungs- und religiöse Vereinigungsfreiheit sind heute Ausfluß eines einheitlichen, für die Lebensgestaltung des einzelnen umfassenden Rechts der Religionsfreiheit. Diese verschiedenen Bereiche überlappen sich zum Teil, insbesondere ist die Religionsausübungsfreiheit (Art. 4 Abs. 2) bereits in der Glaubens- und Bekenntnisfreiheit (Art. 4 Abs. 1) enthalten. Die Einzelaufzählung dieser Bereiche erklärt sich aus historischen Gründen, nämlich einem in früherer Zeit abgestuften und nicht allen in gleicher Weise zustehenden Recht auf Religionsausübung, und vor allem aus der Abwehrhaltung gegenüber Störungen der Religionsausübung unter der nationalsozialistischen Gewaltherrschaft[8)].

b) Die **Glaubensfreiheit** als innerster Kern der Religionsfreiheit schützt das Recht, einen Glauben, eine religiöse Überzeugung zu haben. Dabei ist nicht das Fürwahrhalten jedes beliebigen Meinungsinhaltes geschützt, sondern nur der Glaube, der auf eine – wie immer geartete – Gottesvorstellung gerichtet ist[9)]. Wegen der Gleichstellung

6) Die religiöse Vereinigungsfreiheit ist in Art. 4 nicht ausdrücklich genannt, dafür jedoch in GG Art. 140 i. V. m. Art. 137 Abs. 2 WRV. Zur Religionsfreiheit im Sinn des Art. 4 gehört aber auch diese religiöse Vereinigungsfreiheit (BVerfGE 83, 341; vgl. auch u. § 13 I 2b, S. 160).

7) Die Gewissensfreiheit wurde früher in einer historisch gewachsenen Verbindung zur Glaubensfreiheit gesehen. Nach neuerem Grundrechtsverständnis sind beide jedoch eigenständige Grundrechte (auch ein nicht religiös motiviertes Gewissen unterliegt diesem Schutz); vgl. hierzu *Herzog* in: *Maunz/Dürig,* GG, Art. 4 Rdnr. 122 ff.; ferner *H. Bethge,* Gewissensfreiheit, in: HdbStR VI, § 137 Rdnr. 3 (S. 438). Im folgenden wird daher auch nur von der Glaubensfreiheit ausgegangen.

8) So BVerfGE 24, 236/245. Zu dem früher abgestuften Recht auf Religionsausübung vgl. auch o. § 5 Fn. 20 und u. Fn. 30.

9) *v. Campenhausen,* Religionsfreiheit, Rdnr. 42; *Herzog* in: *Maunz/Dürig,* GG, Art. 4 Rdnr. 66; beide unter Berufung auf *Zippelius,* in: Bonner Kommentar zum GG, Art. 4 Rdnr. 29.

des weltanschaulichen Bekenntnisses sind aber auch Überzeugungen ohne transzendenten Bezug, der Glaube an weltanschauliche Gedankensysteme geschützt, die auf eine Sinndeutung der Welt im Ganzen abzielen, eine Gottesidee aber gerade nicht kennen. Eine genaue Abgrenzung zwischen religiösem und weltanschaulichem Bekenntnis erübrigt sich wegen dieser Gleichstellung eigentlich. Es wird jedoch, um unüberschaubare Ausuferungen zu vermeiden, auch für Weltanschauungen, die dem Schutz des Art. 4 unterfallen, eine ähnliche Geschlossenheit und Breite gefordert, wie sie den Religionen eigen sind[10]. Der Glaube an Inhalte herkömmlicher oder auch neuer Religionen steht also rechtlich gleich den Überzeugungen etwa anthroposophischer, existenzphilosophischer oder marxistischer Weltanschauungen.

Allerdings können nicht allein die Behauptung und das Selbstverständnis, eine Gemeinschaft bekenne sich zu einer Religion und sei eine Religionsgemeinschaft, bereits den Schutz des Art. 4 rechtfertigen. Es muß sich vielmehr auch tatsächlich, nach geistigem Gehalt und äußerem Erscheinungsbild, um eine Religion und Religionsgemeinschaft handeln. Ob dies gegeben ist, obliegt – als Anwendung von Art. 4 als Regelung der staatlichen Rechtsordnung – den staatlichen Organen, letztlich den Gerichten. Diese haben dabei allerdings keine freie Bestimmungsmacht, sondern müssen »den von der Verfassung gemeinten oder vorausgesetzten, dem Sinn und Zweck der grundrechtlichen Verbürgung entsprechenden Begriff der Religion zugrunde legen«[11].

Geschützt sind die Freiheit der Glaubenswahl, die Informationsbemühungen, die Zuwendung zur Glaubens- oder Weltanschauungsgemeinschaft, als Folge davon auch der Beitritt zu, der Austritt aus oder der Wechsel von Glaubensgemeinschaften. Es ist die »elementare Freiheit der inneren Überzeugung«[12], sei sie religiös, areligiös oder antireligiös.

c) Die **Bekenntnisfreiheit** umschließt nicht nur die Freiheit des kultischen Handelns, der Propaganda, des Werbens für den eigenen Glauben und der Abwerbung von fremdem Glauben, sondern auch die Freiheit, den Glauben zu manifestieren, zu bekennen und zu verbreiten. Sie gewährt dem einzelnen »einen vom staatlichen Eingriff freien Rechtsraum, in dem er sich die Lebensform zu geben vermag, die seiner Überzeugung entspricht«[13]. Hierzu gehört insbesondere das

10) *Herzog* a.a.O. Rdnr. 67; *v. Mangoldt/Klein/Starck,* GG, Art. 4 Rdnr. 18.
11) BVerfGE 83, 341 Ls. 1 und 353; vgl. auch u. § 13 I 2b (S. 160).
12) *v. Mangoldt/Klein/Starck,* GG, Art. 4 Rdnr. 19.
13) BVerfGE 32, 98/106; vgl. u. § 13 I 2a (S. 160).

Recht, »sein gesamtes Verhalten an den Lehren seines Glaubens auszurichten und seiner inneren Glaubensüberzeugung gemäß zu handeln«[14]. Dies ist die Folge und Anerkenntnis dessen, daß religiöse Überzeugungen gerade im alltäglichen Geschehen umgesetzt sein wollen, auf Verwirklichung im praktischen Leben zielen.

Hierzu zählen, um nur einige Beispiele herauszugreifen, die religiöse Erziehung der Kinder, das Tragen einer bestimmten Kleidung (Ordenstracht, aber auch Shador[15]) oder die Beachtung religiöser Feiertage[16]. Feiertagsregelungen, die an »kirchlichen Feiertagen« den Gottesdienstbesuch während der normalen Arbeitszeit zulassen, gelten wegen GG Art. 3 Abs. 3 in gleicher Weise für christliche wie nichtchristliche Religionen[17]. Dazu gehört auch das Recht, nicht ausgerechnet an einem hohen Feiertag der eigenen Glaubensgemeinschaft zu einer gerichtlichen Verhandlung, als Jude am Samstag oder als Christ am Sonntagvormittag zur Zeit des Gottesdienstes zum Verkehrsunterricht geladen zu werden[18]. Die Ordnung staatlicher Einrichtungen hat auf die Erfüllung religiöser Wünsche Bedacht zu nehmen. In besonderen Statusverhältnissen kann dies bedeuten, daß der Staat durch positive Vorkehrungen den betreffenden Personen die Wahrnehmung ihrer religiösen Rechte oder die Erfüllung ihrer religiösen Pflichten zu ermöglichen hat. Krankenhaus-, Gefängnis- oder Militärseelsorge sind hierfür Hauptbeispiele[19].

d) Zu der Freiheit der **Religionsausübung** zählen kultische Handlungen und die Ausübung und Beachtung religiöser Gebräuche. Als selbstverständliche Beispiele nennt das Bundesverfassungsgericht etwa: Gottesdienst, Sammlung von Kollekten, Gebete, Sakramentenempfang, Prozessionen, Zeigen von Kirchenfahnen, Glockenläuten[20],

14) BVerfGE 33, 23/28; vgl. u. § 13 a.a.O.

15) Hierzu zuletzt *A. Spies,* Verschleierte Schülerinnen in Frankreich und Deutschland, NVwZ 1993, S. 637.

16) Vgl. hierzu das Bayer. Feiertagsgesetz (Gesetz über den Schutz der Sonn- und Feiertage – RS 190) und im Hinblick auf die Auswirkung auf die Schule die Bek. des Bayer. Staatsministeriums für Unterricht und Kultus vom 13.6.1978, KMBl I S. 434 (»Auswirkungen des Gesetzes über den Schutz der Sonn- und Feiertage sowie anderer religiöser und nationaler Feiertage auf den Unterricht an den Schulen«).

17) *H.-W. Strätz,* Sonn- und Feiertage, in: HdbStKirchR II, S. 801/818.

18) *v. Campenhausen,* Religionsfreiheit, Rdnr. 53; vgl. allgemein ferner *Strätz* (Fn. 17) S. 801 ff.; *O. Voll,* HdbBayStKirchR S. 308 ff.; *H. Marré/J. Stüting,* Essener Gespräche zum Thema Staat und Kirche, Bd. 24: Der Schutz der Sonn- und Feiertage, Münster 1990 (mit Referaten von *J. Splett, A. Pahlke* und *R. Richardi*).

19) *v. Campenhausen,* Staatskirchenrecht S. 54; vgl. GG Art. 140 i. V. m. Art. 141 WRV; BV Art. 148; Art. 17 Staatsvertrag – RS 110; Militärseelsorgevertrag mit (EKD-) Militärseelsorgegesetz und (ELKiB-) Militärseelsorgedurchführungsgesetz – RS 192, 194, 196. Ferner u. § 11.

20) Soweit es sich um das **liturgische** Geläut handelt. Der normale Stundenschlag dagegen genießt als bloßes Instrument akustischer Zeitansage nicht den Schutz des Art. 4. Vgl. aus der Rechtsprechung: BVerwGE 68, 62 (Kirchenglocken) u. BVerwG, ZevKR 38 (1993) S. 85 (Kirchturmuhr, Stundenschlag). Umfassender Überblick bei: *H.-W. Laubinger,* Nachbarschutz gegen kirchliches Glockengeläut, in: Verwaltungsarchiv 83 (1992) S. 623 ff.

ferner religiöse Erziehung, im Rahmen der Weltanschauungsfreiheit: frei-religiöse und atheistische Feiern (Jugendweihe), sowie andere Äußerungen des religiösen und weltanschaulichen Lebens[21]. Ferner wird von der Freiheit der Religionsausübung auch die diakonisch-karitative Tätigkeit umfaßt[22]. Zur Religionsausübung gehören ferner nicht nur die altvertrauten religiösen Gebräuche, auch fremde, neue oder aus anderen Religionen stammende Kultformen können diesem Schutzbereich unterfallen, wie z. B. das Schlachten von Tieren ohne Betäubung (Schächten) als Kulthandlung bei israelitischen Kultusgemeinden oder nach islamischen Religionserfordernissen.[23]

Gemeinschaften, die sich zwar als Religions- oder Weltanschauungsgemeinschaften bezeichnen, in erster Linie aber auf eine wirtschaftliche Tätigkeit abzielen, genießen dabei nicht den Schutz des Art. 4[24].

e) Die **religiöse Vereinigungsfreiheit** umfaßt die Freiheit, aus gemeinsamem Glauben sich zu einer Religionsgemeinschaft zusammenzuschließen und zu organisieren, damit dieser Gemeinschaft eine rechtliche Gestalt zu geben und am allgemeinen Rechtsverkehr teilzunehmen. Damit ist allerdings kein Anspruch auf eine bestimmte Rechtsform verbunden, z. B. die eines rechtsfähigen Vereins oder einer sonstigen Form der juristischen Person[25]. Gewährleistet ist die Möglichkeit einer »irgendwie gearteten rechtlichen Existenz einschließlich der Teilnahme am allgemeinen Rechtsverkehr«[26].

GG Art. 140 i. V. m. Art. 137 Abs. 4 WRV eröffnet den Religionsgemein-

21) BVerfGE 24, 236/246.
22) BVerfGE 24, 236 (sog. »Lumpensammler-Entscheidung«).
Es ging dabei um die »Aktion Rumpelkammer« der katholischen Landjugend, die eine Sammlung von Altkleidern, Lumpen und Altpapier durchführte und hierfür von den Kanzeln herab werben ließ. Der Erlös kam karitativen Zwecken in der Dritten Welt zugute. Das Urteil eines Landgerichts untersagte auf Klage eines gewerblichen Lumpensammlers aus Wettbewerbsgründen diese Kanzelwerbung. Das Bundesverfassungsgericht hob dieses Urteil auf und führte aus, die karitative Tätigkeit, insbesondere das Sammeln von Gaben für karitative Zwecke im Rahmen der christlichen Liebestätigkeit, könne religiösen Charakter haben. Für die »Aktion Rumpelkammer« wurde dies bejaht, mit der Folge, daß auch eine im Rahmen des üblichen religiösen Lebens liegende Unterstützungshandlung, wie die Werbung von der Kanzel, zulässig sei. Bei dieser besonderen Art des Wettbewerbs zwischen einem Gewerbetreibenden und einem »innerhalb der Religionsausübung handelnden Wettbewerber« sei das höherwertige Rechtsgut der ungestörten Religionsausübung vom Landgericht nicht genügend beachtet worden (BVerfGE 24, 236/250–252; vgl. auch u. § 13 I 4a, S. 161).
23) Vgl. hierzu jetzt die Regelung in § 4 a Abs. 2 Nr. 2 des Tierschutzgesetzes (i. d. F. der Bek. v. 17.2.1993, BGBl. I S. 254; BGBl. III, 7833–3): Ausnahmegenehmigung für Schächten, wenn »zwingende Vorschriften (der) Religionsgemeinschaft das Schächten vorschreiben oder den Genuß von Fleisch nichtgeschächteter Tiere untersagen«.
24) Vgl. *v. Campenhausen,* Religionsfreiheit, Rdnr. 72.73.
25) Zu diesem Begriff vgl. o. § 4, 3 b unter »Beachte« (S. 48).
26) BVerfGE 83, 341 Ls. 2 b u. S. 355.

schaften die Möglichkeit, die Rechtsfähigkeit nach den allgemeinen Vorschriften des bürgerlichen Rechts zu erwerben, z. B. nach den Vorschriften des Vereinsrechts[27]. Dabei gebietet es die religiöse Vereinigungsfreiheit, das Eigenverständnis der Religionsgemeinschaft, »soweit es in dem Bereich der in Art. 4 Abs. 1 als unverletzlich gewährleisteten Glaubens- und Bekenntnisfreiheit wurzelt und sich in der durch Art. 4 Abs. 2 geschützten Religionsausübung verwirklicht, bei der Auslegung und Handhabung des einschlägigen Rechts, hier des Vereinsrechts des Bürgerlichen Gesetzbuches, besonders zu berücksichtigen«[28]. Dies umfaßt nicht nur die volle Ausschöpfung von Gestaltungsspielräumen, soweit sie das Recht zuläßt, sondern auch – bei Anwendung zwingenden Rechts – die Nutzung von gegebenen Auslegungsspielräumen zugunsten der Religionsgemeinschaft. Unvereinbar mit der religiösen Vereinigungsfreiheit wäre jedenfalls ein Ergebnis, das eine Religionsgemeinschaft im Blick auf ihre innere Organisation von der Teilnahme am allgemeinen Rechtsverkehr ganz ausschlösse oder diese nur unter unzumutbaren Erschwerungen ermöglichte[29].

3. **a)** Das Grundrecht des Art. 4 hat nicht nur eine **positive,** sondern auch eine **negative** Komponente[30] **(positive und negative Religionsfreiheit).**

27) Daneben besteht die Möglichkeit, unter bestimmten Voraussetzungen die Rechtsfähigkeit durch den Status einer Körperschaft des öffentlichen Rechts zu erwerben (GG Art. 140 i. V. m. Art. 137 Abs. 5 WRV, hierzu u. § 9). Diejenigen Religionsgemeinschaften, die bei Inkrafttreten der WRV bereits Körperschaften des öffentlichen Rechts waren, behielten diesen Status bei (vgl. WRV Art. 137 Abs. 5: »... *bleiben*«).

28) BVerfGE 83, 341/356 unter Hinweis auf BVerfGE 53, 366/401; vgl. u. § 13 I 2b (S. 160).

29) BVerfG a.a.O. In dem konkreten Verfahren ging es darum, ob eine örtliche Untergliederung einer Religionsgemeinschaft die Eintragung als rechtsfähiger Verein begehren kann. Die ordentlichen Gerichte hatten dies mit der Begründung abgelehnt, die Satzung dieser örtlichen Untergliederung lasse einen zu großen Einfluß der übergeordneten Stelle zu. Hierin sahen sie einen Verstoß gegen die Vereinsautonomie. Das BVerfG hob diese Urteile auf und wies darauf hin, daß bei religiösen Vereinigungen, die sich als Teilgliederungen einer Religionsgemeinschaft konstituieren, gewisse Einschränkungen autonomer Befugnisse nicht als mit der Vereinsautonomie unvereinbare Fremdbestimmung anzusehen seien, soweit sie die Sicherung der Einordnung in die größere Religionsgemeinschaft bezwecken (BVerfGE 83, 341/360).

30) Diese negative Komponente stand in der geschichtlichen Entwicklung zunächst auch im Vordergrund. Im Augsburger Religionsfrieden (1555) kam es zu einer Gleichstellung des katholischen und evangelischen Bekenntnisses. Anerkannt war hier aber nur das Recht der Landesherren auf Konfessionswahl und auf Festlegung des Bekenntnisstandes (ius reformandi). Die einzelnen Untertanen gehörten der Landesreligion an (*cuius regio – eius religio*), abweichende Konfessionen konnten verboten, deren Anhänger vertrieben oder auch toleriert werden. Nur in Ansätzen war für die Untertanen eine »Religionsfreiheit« insoweit anerkannt, als sie unter bestimmten Bedingungen in ein Land ihrer Konfession auswandern durften (ius emigrandi). Der Westfälische Frieden (1648) ging hier einen Schritt weiter, indem er auf das öffentliche exercitium religionis des Normaljahres 1624 abstellte, und die Reformierten als dritte Religionspartei anerkannte. Aus dem Emigrationsrecht der Anderskonfessionellen und derjenigen, die 1624 kein Recht zur öffentlichen Religionsausübung hatten, wuchs das Recht zu bleiben und ihren Glauben wenigstens in nicht öffentlicher Form (Hausandachten) ausüben zu können. (Besuche des öffentlichen Gottesdienstes in benachbarten Gebieten *ihrer* Konfession waren erlaubt.) Die Anerkennung einer **individuel-**

Umfaßt ist von Art. 4 sowohl die Freiheit, religiös zu sein, aber auch areligiös oder gar antireligiös. Garantiert ist nicht nur das Recht, eine religiöse Überzeugung zu äußern, und bestimmte kultische Handlungen vorzunehmen, sondern auch das Recht, keine religiöse Überzeugung zu äußern und kultischen Handlungen fern zu bleiben[31]. Mit anderen Worten: **Geschützt ist die Freiheit zu glauben oder auch nicht zu glauben, einen Glauben zu bekennen oder ihn zu verschweigen, sich von ihm loszusagen und einem anderen Glauben zuzuwenden, ihn auszuüben oder auch nicht auszuüben.** Der Kirchenaustritt, die Möglichkeit, Schüler von der Teilnahme am Religionsunterricht abzumelden[32], die Befugnis der Lehrer, nicht gegen ihren Willen Religionsunterricht erteilen zu müssen[33], die Möglichkeit der Verweigerung der Angabe der Konfessionszugehörigkeit in bestimmten Fällen (z. B. bei der Aufnahme in ein Krankenhaus)[34] finden hier ihre Grundlage.

len Religionsfreiheit erfolgte dann zuerst in Preußen im Allgemeinen Landrecht von 1794 (ALR). Glaubens- und Gewissensfreiheit wurden für jeden anerkannt (ALR §§ 1 ff. II 11). Allerdings war nur ein **Kirchenübertritt,** kein völliger **Kirchenaustritt** möglich. Letzteres wurde erst in der zweiten Hälfte des 19. Jahrhunderts gesetzlich geregelt. Die Religionsausübung war weiterhin abgestuft. Nur die drei anerkannten Konfessionen hatten das **Recht der öffentlichen Religionsausübung**, einschließlich des **Rechts auf Kirchturm und Glockengeläut** (ALR § 25 II 11). Andere Konfessionen oder auch Sekten hatten den Status »**geduldeter Kirchengesellschaften**«, denen nur die freie Ausübung von »**Privat-Gottesdiensten**« gestattet war (ALR § 22 II 11).
Ähnlich war die Rechtslage in Bayern nach Anerkennung einer individuellen Glaubens- und Gewissensfreiheit, zuerst durch die Amberger Resolution vom 10.11.1800, durch das Toleranzedikt vom 26.8.1801 und das Religionsedikt vom 10.1.1803. Das Religionsedikt – RE – vom 26.5.1818 (vgl. o. § 3 Fn. 16) kannte wie das ALR die **öffentliche Religionsausübung nur durch die drei anerkannten Konfessionen** (RE § 28), während die anderen Glaubensgemeinschaften »Privat-Gesellschaften« waren (RE § 32), mit der Befugnis der freien Ausübung ihrer »Privat-Gottesdienste« (RE § 33) ohne Glockenrecht (RE § 35).
Erst im Laufe der Zeit wandelte sich die Bedeutung der Religionsfreiheit. Stand sie zunächst Dissidenten oder Minoritäten als Abwehrrecht zur Seite (Freiheit *von* Religion), gewann sie ab dem 19. und verstärkt in dem 20. Jahrhundert mit der Trennung von Staat und Kirche auch in der positiven Ausformung Relevanz (Freiheit *zur* Religion), also als Recht, einen Glauben zu haben, diesen zu bekennen und auch auszuüben.
Zur Entwicklung der Religionsfreiheit vgl. vor allem: *v. Campenhausen,* Religionsfreiheit, Rdnr. 6–32; *M. Heckel,* Religionsfreiheit I, in: StL IV, Sp. 820–825; zum ALR: *H. Böttcher,* Landrecht, Allgemeines Preußisches, EvStL Sp. 1970–1972, jew. m. w. N.

31) Vgl. auch GG Art. 140 i. V. m. Art. 136 Abs. 3 und 4 WRV.
32) GG Art. 7 Abs. 2; BV Art. 137 Abs. 2; BayEUG Art. 25 Abs. 3.
33) GG Art. 7 Abs. 3 Satz 3; BV Art. 136 Abs. 3; BayEUG Art. 25 Abs. 2 Satz 2.
34) Es darf in diesem Fall zwar gefragt werden, die Beantwortung ist jedoch freigestellt, vgl. BVerfGE 46, 266.
Ein behördliches **Fragerecht** – mit korrespondierender **Auskunftspflicht** – besteht sonst nach GG Art. 140 i. V. m. Art. 136 Abs. 3 nur, wenn davon Rechte und Pflichten auch im staatlichen Bereich abhängen (z. B. Eintragung der Konfessionszugehörigkeit auf der Lohnsteuerkarte, BVerfGE 49, 375) oder eine gesetzlich angeordnete statistische Erhebung dies erfordert (z. B. Volkszählung, BVerfGE 65, 1/38 ff.). Beachte:

b) Zu schwierigen Abgrenzungsproblemen kann es kommen, wenn positive und negative Religionsfreiheit aufeinander treffen. Als Beispiel sei hier der Schulgebetsfall angeführt: Das Bundesverfassungsgericht hat – unter Aufhebung eines Urteils des Hessischen Staatsgerichtshofes[35] – entschieden, daß das allgemeine Schulgebet im Grundsatz auch dann verfassungsrechtlich unbedenklich sei, wenn ein Schüler oder dessen Eltern der Abhaltung widersprechen. Deren Grundrecht der negativen Religionsfreiheit sei jedenfalls dann nicht verletzt, wenn über die Teilnahme am Gebet frei und ohne Zwänge entschieden werden könne. Die bei Beachtung des Toleranzgebotes regelmäßig vorauszusetzende Freiwilligkeit sei aber dann nicht mehr gesichert, wenn der Schüler nach den Umständen des Einzelfalles der Teilnahme nicht in zumutbarer Weise ausweichen könne. Es dürfe keinesfalls zu einer Diskriminierung des oder der Andersdenkenden kommen. In diesem Fall hätte die negative Religionsfreiheit Vorrang[36].

Bei Kollisionen von positiver und negativer Religionsfreiheit ist, wie auch bei sonstigen Grundrechts- oder Verfassungskollisionen, eine **Abwägung** zwischen dem Inhalt der verschiedenen widerstreitenden Rechtsgüter (hier: positive und negative Religionsfreiheit) vorzunehmen und diese zu einem möglichst schonenden Ausgleich zu bringen[37].

Die Freiheit, etwas anderes oder nichts zu glauben, umschließt jedenfalls nicht die Freiheit, andere mit staatlicher Hilfe an der Entfaltung ihres Glaubens zu hindern[38].

Gefragt wird hier nicht nach Glaubens- oder religiösen Überzeugungen – dies wäre unzulässig –, sondern lediglich nach dem rechtlichen Merkmal der Zugehörigkeit zu einer Religionsgemeinschaft.

35) KirchE 7, 275. Der Hessische Staatsgerichtshof hatte auf die Verfassungsklage der Eltern eines Schülers festgestellt, daß ein Schulgebet zu Beginn des allgemeinen Unterrichts gegen die (negative) Religionsfreiheit verstoße, da zum einen eine Zwangsteilnahme dieses Recht verletze, die Möglichkeit der Nichtteilnahme durch Fernbleiben zum anderen aber zur Offenbarung der eigenen Überzeugung zwinge. Art. 4 schütze aber gerade auch das Recht, seine eigene Glaubensüberzeugung nicht zu offenbaren.

36) BVerfGE 52, 223; vgl. auch u. § 13 I 4b (S. 162).
Auf die absolute Freiwilligkeit der Teilnahme am Schulgebet weist auch das Rundschreiben des Bayerischen Staatsministeriums für Unterricht und Kultus vom 27.7.1987 an alle öffentlichen Schulen in Bayern hin (Az. II/14-S 4430/1-8/59 054), in dem in Ausführung eines Landtagsbeschlusses vom 3.7.1986 auf die Möglichkeit und Bedeutung des Schulgebetes hingewiesen wird. Vgl. hierzu bereits die einschlägigen Vorschriften in den Schulordnungen, z. B. VSO § 13 Abs. 1, RSO § 22 Abs. 1, GSO § 21 Abs. 1, jew. RS 127.

37) Entscheidend wäre in diesem Fall vor allem auch, auf den Charakter der Schule abzustellen. Die Abwägung zwischen positiver und negativer Religionsfreiheit kann anders ausfallen bei Schulen mit christlichem Bekenntnischarakter, christlichen Gemeinschaftsschulen oder mit nichtchristlicher Prägung.

38) *M. Heckel,* »In Verantwortung vor Gott und den Menschen ...« – Staatskirchenrecht und Kulturverfassung des Grundgesetzes 1949–1989, in: 40 Jahre Bundesrepublik Deutschland – 40 Jahre Rechtsentwicklung. Ringvorlesung d. Jur. Fak. d. Univ.

c) Die Freiheiten des Art. 4 gelten nicht nur für den **einzelnen** selbst, sondern auch für die **Religionsgemeinschaften** als solche. Damit sind diese selbst grundrechtsfähig und insoweit auch berechtigt, Verfassungsbeschwerde wegen Grundrechtsverletzungen zu erheben. Als Gemeinschaften, als Gemeinde der Gläubigen, haben also auch sie den Freiheitsanspruch auf Glaubensüberzeugung, Glaubensbekenntnis und Glaubensbetätigung. Dies gilt auch für Vereinigungen, die mit Kirchen oder Religionsgemeinschaften organisatorisch oder institutionell verbunden sind, aber auch für andere selbständige oder unselbständige Vereinigungen, »wenn und soweit ihr Zweck die Pflege oder Förderung eines religiösen Bekenntnisses oder die Verkündung des Glaubens ihrer Mitglieder ist«[39]. Dabei ist bei der Frage, was im einzelnen Religionsausübung ist, das Selbstverständnis dieser Religionsgemeinschaften im besonderen Maße zu beachten[40]. Geschützt ist aber auch eine nur **vereinzelt auftretende Glaubensüberzeugung,** die von den offiziellen Lehren der Kirchen und Religionsgemeinschaften abweicht[41].

Wer beispielsweise überzeugt ist, ihm sei durch eine Glaubensvorschrift **jede Leistung eines Eides** – einschließlich einer Fassung ohne religiösen oder transzendenten Bezug – untersagt (vgl. etwa Matth. 5,33–37), kann als Zeuge vor Gericht unter Berufung auf Art. 4 die Eidesleistung verweigern, auch wenn diese Überzeugung nicht die Mehrheitsauffassung seiner Religions- oder Glaubensgemeinschaft ist[42]. Aus dieser Entscheidung des Bundesverfassungsgerichts hat der Gesetzgeber die Konsequenz gezogen und den Zeugen im geltenden Prozeßrecht die Möglichkeit einer »eidesgleichen Bekräftigung« eröffnet[43]. Die Möglichkeit einer Verweigerung der Eidesleistung unter Berufung auf religiöse Gründe hat das Bundesverfassungsgericht inzwischen auch auf den Amtseid von Mandatsträgern ausgedehnt[44].

Tübingen. Hrsg. v. *K.W. Nörr.* Tübinger Rechtswissenschaftl. Abh. Bd. 69, Tübingen 1990, S. 13.

39) BVerfGE 24, 236/246.

40) BVerfG a.a.O. S. 247 ff.
Dies kann allerdings nicht so weit gehen, daß dieses Selbstverständnis allein entscheidend ist. Gerade bei extremen neuen religiösen oder weltanschaulichen Gemeinschaften könnte insoweit durch eine religiöse oder weltanschauliche »Verbrämung« der Schutz durch GG Art. 4 in unverantwortlicher Weise ausgedehnt werden. Hierzu jetzt auch BVerfGE 83, 341 Ls. 1 u. 353, vgl. o. 2b. Zu den Schranken des Art. 4, vgl. u. 5.

41) BVerfGE 33, 23/28 ff.; vgl. u. § 13 I 2a (S. 160).

42) BVerfG a.a.O.

43) Vgl. § 66 d Strafprozeßordnung und § 484 Zivilprozeßordnung; strafrechtliche Sanktion: § 155 i. V. m. § 154 Strafgesetzbuch, d. h. bei falscher Bekräftigung: Bestrafung wie Meineid.

44) BVerfGE 79, 69/76. Hier ging es um die Ablehnung des gemäß Art. 24 Abs. 4 der Bayer. Landkreisordnung verlangten Amtseides eines zum Kreisrat Gewählten. Hierzu auch *v. Mangoldt/Klein/Starck,* GG, Art. 4 Rdnr. 24.

Kruzifixe in Gerichtssälen verletzen die Religionsfreiheit dann nicht, wenn dadurch keine »eigene Identifizierung mit den darin symbolhaft verkörperten Ideen oder Institutionen noch ein irgendwie geartetes aktives Verhalten»[45] verlangt wird. Das Vorhandensein eines Kreuzes bedeutet also und verlangt auch keine Identifizierung mit dem christlichen Glauben. Niemand darf etwa gezwungen werden, auf das Kreuz zu schwören. Der Staat kann und darf ohne Verletzung seiner Neutralitätspflicht den Umstand einer überwiegenden christlichen Bevölkerungsmehrheit und eines nach wie vor vorhandenen religiösen Interesses dieser Bevölkerung zum Anlaß nehmen, christliche Symbole in Gerichtssälen – oder auch Schulsälen – zu verwenden, wenn dadurch kein religiöser Zwang ausgeübt und auch das Kreuz nicht zur Form staatlicher Selbstdarstellung wird[46]. Grundsätzlich werden Andersgläubige und Atheisten durch Kreuze in Gerichtssälen in ihrer negativen Religionsfreiheit also nicht verletzt. Nach der Rechtsprechung des Bundesverfassungsgerichts kann allerdings in besonders gelagerten Einzelfällen aufgrund einer individuellen Glaubens- und Gewissenshaltung eine Verletzung von Art. 4 gegeben sein, selbst dann, wenn »weite Kreise der Bevölkerung gegen die Anbringung von Kreuzen in Gerichtssälen nichts einzuwenden haben und auch im übrigen das Maß der in dieser Ausstattung möglicherweise zutage tretenden ›Identifikation‹ mit spezifisch christlichen Aussagen nicht derart ist, daß die Teilnahme ... von andersdenkenden Parteien, Prozeßvertretern oder Zeugen in der Regel als unzumutbar empfunden wird«[47]. Ein aus Art. 4 ableitbarer Anspruch auf Ausstattung von Gerichtssälen mit Kreuzen besteht dagegen auf keinen Fall[48].

5. **a)** Art. 4 garantiert die Religionsfreiheit dem Wortlaut nach ohne Einschränkung und untersteht keinem Gesetzesvorbehalt. Dennoch gilt dieses Grundrecht **nicht schrankenlos.** Wie jedes Grundrecht trägt auch Art. 4 eine immanente Schranke (genauer: inhaltliche Bestimmung) in sich. Dies ergibt sich aus seiner Eigenschaft als Bestandteil der gesamten Verfassungsordnung. Nach dem Grundsatz

45) BVerfGE 35, 366/375.
46) *v. Mangoldt/Klein/Starck,* GG, Art. 4 Rdnr. 14.
47) BVerfG a.a.O. S. 366 (Ls.) u. S. 375. Dieser Beschluß stellt sehr auf die Besonderheiten des konkreten Falles ab (die Prozeßbeteiligten und Beschwerdeführer waren frühere deutsche Juden, die sich gegen das Vorhandensein von Standkreuzen auf dem Richtertisch wandten und geltend machten, ein »Verhandeln unter dem Kreuz« stelle eine unzumutbare innere Belastung für sie dar). Zu dieser Entscheidung kritisch: *Rüfner,* NJW 1974, S. 491; *v. Campenhausen,* Religionsfreiheit, Rdnr. 95 m. Fn. 318. Zur allgemeinen Zulässigkeit von Kreuzen in Gerichtssälen: OLG Nürnberg, KirchE 8, 125; BayVerfGH, KirchE 9, 114; a.A. *E. W. Böckenförde,* Kreuze (Kruzifixe) in Gerichtssälen? ZevKR 20 (1975) S. 119 ff., der hierin einen Verstoß gegen die staatliche Neutralitätspflicht sieht. Zur Zulässigkeit von Kreuzen in **Schulsälen:** BayVGH, NVwZ 1991, S. 1099 (unter sorgfältiger Abwägung der positiven und negativen Religionsfreiheit in Beachtung des Toleranzgebotes). Gegen diesen Beschluß läuft eine Verfassungsbeschwerde vor dem Bundesverfassungsgericht, über die in der Hauptsache noch nicht entschieden ist. Der Erlaß einer einstweiligen Anordnung wurde vom BVerfG abgelehnt (NVwZ 1992, S. 52).
48) *v. Mangoldt/Klein/Starck,* GG, Art. 4 Rdnr. 14.

der »Einheit der Verfassung« ordnen sich die Grundrechte sowohl nach ihrem Gehalt als auch in ihrer Anwendung in die Grundlagen der Verfassung ein[49]. Von daher erklärt sich die Bindung jeder Verfassungsbestimmung, und damit auch des Art. 4, an die sittlichen Grundlagen der grundgesetzlichen Wertordnung. Geschützt ist daher – mit den Worten des Bundesverfassungsgerichts – nicht »irgend eine, wie auch immer geartete freie Betätigung des Glaubens, ... sondern nur diejenige, die sich bei den heutigen Kulturvölkern auf dem Boden gewisser übereinstimmender sittlicher Grundanschauungen im Laufe der geschichtlichen Entwicklung herausgebildet hat«[50].

b) Einschränkungen durch Gesetze oder aufgrund eines Gesetzes sind nach dem Wortlaut des Art. 4 nicht möglich. Nur solche Grenzen sind denkbar, die sich aus der Verfassung selbst[51], also durch andere Bestimmungen des Grundgesetzes ergeben. Dies können **Grundrechte anderer** sein oder **mit Verfassungsrang ausgestattete Gemeinschaftsinteressen**[52] bzw. auch Gesetzesvorschriften, die derartige Verfassungspositionen deklaratorisch[53] näher ausfüllen. In jedem Fall hat dann eine **Güterabwägung** stattzufinden, welche die

49) *U. Scheuner,* Das System der Beziehungen von Staat und Kirchen im Grundgesetz, HdbStKirchR I, S. 57.

50) BVerfGE 12, 1/4.
Danach wären bereits nach dieser Interpretation der Religionsausübung die bekannten, nicht gerade aktuellen Beispiele von glaubensbedingter Polygamie, Ritualmord, Tempelunzucht, Witwenverbrennung u. ä. verboten. Ein Verbot ergibt sich in diesen Fällen aber auch aus der gebotenen Rechtsgüterabwägung, wenn z. B. Art. 4 im konkreten Fall höherrangigen Rechtsgütern, z. B. anderen Grundrechten, weichen muß. Vgl. zu Polygamie Art. 6 Abs. 1, der allein auf die in unserem Kulturkreis geltende Einehe abstellt (hierzu grundlegend BVerfGE 10, 59/66); zu den anderen Beispielen: Art. 1 Abs. 1 (Menschenwürde) und Art. 2 Abs. 1 und 2 (freie Persönlichkeitsentfaltung, Recht auf Leben und körperliche Unversehrtheit).

51) BVerfGE 32, 98/108; vgl. u. § 13 I 3 (S. 161).

52) BVerfG 33, 23/32.
Zu diesen im Verfassungsrang stehenden Gemeinschaftsinteressen zählen z. B. die Schulpflicht, die Steuerpflicht, die allgemeine Wehrpflicht, ein geordnetes Gerichtsverfahren mit Zeugen- und Eidespflicht (vgl. hierzu o. Fn. 41, 42), ein geordneter Strafvollzug, ferner gewisse Handlungs- und Duldungspflichten, die sich aus der Beachtung von Strafgesetzen oder des Schutzes der öffentlichen Sicherheit und Ordnung ergeben.
Eine wesentliche Schranke, der das Bundesverfassungsgericht in seiner Rechtsprechung bislang allerdings wenig Bedeutung beigemessen hat, ist in GG Art. 140 i. V. m. Art. 136 Abs. 1 WRV enthalten: die »bürgerlichen und staatsbürgerlichen Pflichten«. Vgl. hierzu näher *v. Mangoldt/Klein/Starck,* GG, Art. 4 Rdnr. 46 ff.; *v. Campenhausen,* Religionsfreiheit, Rdnr. 82. Eine weitere Schranke aus der Verfassung selbst ergibt sich aus Art. 9 Abs. 2 (Verbotsmöglichkeit von Vereinigungen, wenn diese sich gegen die verfassungsmäßige Ordnung richten oder den Strafgesetzen zuwiderlaufen).

53) Hier erfolgt die Einschränkung nicht durch das Gesetz, sondern bereits durch die entsprechende Verfassungsnorm. Das Gesetz enthält dann lediglich eine nähere Konkretisierung dieser Verfassungsnorm.

anderen Grundrechtsverbürgungen oder die sonstigen verfassungsrechtlichen Werte in Beziehung zur Religionsfreiheit setzt und im Bemühen um eine **praktische Konkordanz** versucht, die einzelnen beteiligten Rechtsgüter zu »optimaler, d. h. auch sich gegenseitig limitierender Geltung zu bringen«[54].

Eine solche **Abwägung** ist aber niemals allgemein möglich, sondern nur **im konkreten Einzelfall**. Dabei kann auch die Religionsfreiheit – trotz ihres hohen verfassungsrechtlichen Ranges – höherrangigen Rechtsgütern weichen müssen. Bei Kollisionen mit Grundrechten anderer wird dies z. B. immer dann der Fall sein, wenn das Recht auf Menschenwürde (GG Art. 1 Abs. 1)[55] oder auf Leben und körperliche Unversehrtheit (GG Art. 2 Abs. 2)[56] durch die Religionsausübung

54) *v. Campenhausen*, Religionsfreiheit, Rdnr. 101.

55) Als Mißbrauch der Religionsausübung, da gegen die Menschenwürde verstoßend, wurde es z. B. angesehen, wenn ein Strafgefangener unter Ausnutzung der besonderen Verhältnisse im Strafvollzug unter seinen Mitgefangenen Glaubensabwerbung betreibt und für Kirchenaustritte Tabakerzeugnisse verspricht (BVerfGE 12, 1/4). Der Menschenwürde kommt oberste Bedeutung zu. Religiöse Praktiken, die gegen die Menschenwürde verstoßen, sind daher nicht zulässig.

56) Beispiel: Glaubensbedingte Verweigerung des elterlichen Einverständnisses zu einer lebensnotwendigen Bluttransfusion für das Kind. Im Hinblick auf die eigene Person dagegen wäre die Verweigerung einer lebensnotwendigen Bluttransfusion oder einer lebensnotwendigen Operation auf jeden Fall zu beachten.
Hierzu auch BVerfGE 32, 98 (»Gesundbeterfall«, vgl. auch u. § 13 I 3, S. 161): Ein Ehemann, Mitglied des evangelischen Brüdervereins, war zunächst wegen fahrlässiger Tötung angeklagt, schließlich wegen unterlassener Hilfeleistung verurteilt worden, weil er es unterlassen hatte, seinen Einfluß auf die Ehefrau geltend zu machen, damit diese ärztlichem Rat folgend sich in die Klinik einweisen und dort eine lebensnotwendige Bluttransfusion vornehmen lasse. Unter Berufung auf die Bibel (Jak. 5,14 und 15) vertrauten beide allein der Kraft der Gebete. Eine Heilbehandlung unterblieb. Kurze Zeit darauf starb die Ehefrau. Bis zu ihrem Tod war sie bei vollem Bewußtsein. Zur Ausstrahlungswirkung des Art. 4 auf das Strafrecht führte das BVerfG aus: »Wer sich in einer konkreten Situation durch seine Glaubensüberzeugung zu einem Tun oder Unterlassen bestimmen läßt, kann mit den in der Gesellschaft herrschenden sittlichen Anschauungen und den auf sie begründeten Rechtspflichten in Konflikt geraten. Verwirklicht er durch dieses Verhalten nach herkömmlicher Auslegung einen Straftatbestand, so ist im Lichte des Art. 4 Abs. 1 GG zu fragen, ob unter den besonderen Umständen des Falles eine Bestrafung den Sinn staatlichen Strafens überhaupt noch erfüllen würde. Ein solcher Täter lehnt sich nicht aus mangelnder Rechtsgesinnung gegen die staatliche Rechtsordnung auf; das durch die Strafdrohung geschützte Rechtsgut will auch er wahren. Er sieht sich aber in eine Grenzsituation gestellt, in der die allgemeine Rechtsordnung mit dem persönlichen Glaubensgebot in Widerstreit tritt und erfüllt die Verpflichtung, hier dem höheren Gebot des Glaubens zu folgen. Ist diese Entscheidung auch objektiv nach den in der Gesellschaft allgemein herrschenden Wertvorstellungen zu mißbilligen, so ist sie doch nicht mehr in dem Maße vorwerfbar, daß es gerechtfertigt wäre, mit der schärfsten der Gesellschaft zu Gebote stehenden Waffe, dem Strafrecht, gegen den Täter vorzugehen. ... Die sich aus Art. 4 Abs. 1 GG ergebende Pflicht aller öffentlichen Gewalt, die ernste Glaubensüberzeugung in weitesten Grenzen zu respektieren, muß zu einem Zurückweichen des Strafrechts jedenfalls dann führen, wenn der konkrete Konflikt zwischen einer nach allgemeinen Anschauungen bestehenden Rechtspflicht und einem Glaubensgebot den Täter in eine seelische Bedrängnis bringt, der gegenüber die kriminelle (gemeint

tangiert werden. Bei Kollisionen mit anderen Grundrechten dagegen oder mit Gemeinschaftswerten im Verfassungsrang wird es auf den jeweiligen Einzelfall ankommen[57]. Auch die Frage des in letzter Zeit häufiger diskutierten »**Kirchenasyls**« ist unter diesem Gesichtspunkt zu sehen und im Einzelfall zu prüfen[58]. Selbst die **allgemeine Schulpflicht** kann hiernach gewissen Einschränkungen unterliegen[59].

Dabei können, gerade bei neuen Formen der Religionsausübung, schwierige Abgrenzungsfragen auftreten. Die Schwierigkeiten bestehen vor allem darin, daß der Staat wegen des Prinzips der Neutralität und der Nichtidentifikation selbst nicht den Inhalt der Religionsausübung bestimmen darf. Auch der Warnung vor möglichen Gefährdungen durch einzelne Religionsgemeinschaften oder sog. neue Jugend-

wohl: kriminalrechtliche, *d. Verf.*) Bestrafung, die ihn zum Rechtsbrecher stempelt, sich als eine übermäßige und daher seine Menschenwürde verletzende soziale Reaktion darstellen würde.« (BVerfGE 32, 108 f.).
Das BVerfG hat es hier also an der Vorwerfbarkeit, d. h. an der Frage der Schuld fehlen lassen. Es ist davon ausgegangen, daß die Tat des Ehemannes zwar objektiv rechtswidrig, ihm sein Tun aber nicht vorzuwerfen war, und er deshalb nicht schuldhaft gehandelt hatte. Es ist auch dies eine Abwägung aufgrund besonderer Umstände des Einzelfalles, die sich nicht ohne weiteres auf andere Fälle übertragen läßt.

57) So ging es bei der Ersetzung der Eidesleistung durch die Möglichkeit einer »eidesgleichen Bekräftigung« (o. zu Fn. 42) um die Abwägung zwischen Religionsausübung und dem Interesse der staatlichen Gemeinschaft an einer funktionstüchtigen Rechtspflege (GG Art. 92; vgl. BVerfGE 33, 23/32).

58) Zur möglichen Anwendbarkeit der in der »Gesundbeter«-Entscheidung des Bundesverfassungsgerichts entwickelten Grundsätze (o. Fn. 56) auf das sog. »Kirchenasyl«, vgl. *G. Robbers,* Kirchliches Asylrecht?, Archiv für öffentliches Recht 113 (1988), S. 30/46; *B. Huber,* Sanctuary: Kirchenasyl im Spannungsverhältnis von strafrechtlicher Verfolgung und verfassungsrechtlicher Legitimation, Zeitschrift für Ausländerrecht und Ausländerpolitik 1988, S. 153/157; *U. K. Jacobs*, Kirchliches Asylrecht, ZevKR 35 (1990) S. 25/39. Das Gewähren von »Kirchenasyl« kann danach Ausfluß von Art. 4 sein. Dadurch können aber verschiedene Straftatbestände – nach dem Strafgesetzbuch, nach dem Ausländer- oder dem Asylverfahrensgesetz – verwirklicht werden. Im Spannungsfeld mit dem verfassungsimmanenten Grundsatz der Funktionsfähigkeit der Rechtsordnung kann die Ausstrahlungswirkung des Art. 4 dann möglicherweise je nach Einzelfall Art und Ausmaß der zulässigen staatlichen Sanktionen beeinflussen. Hierzu auch *H. Böttcher*, »Kirchenasyl« – Asyl in der Kirche?, Nachrichten der ELKiB 1994; ferner: *H.-R. Reuter*, Kirchenasyl und staatliches Asylrecht; *H. Ehnes,* Asyl und kirchliches Handeln, beide in: *G. Rau/H.-R. Reuter/K. Schlaich* (Hrsg.), Das Recht der Kirche, Bd. 3, München 1994 (im Druck = epd-Dokumentation 24/94); vgl. ferner die Erklärung des LKR vom 5.7.1994 »Christlicher Beistand für verfolgte Menschen«, Nachrichten der ELKiB 1994, S. 273 ff. – Vgl. allgemein hierzu auch: »Evangelische Kirche und freiheitliche Demokratie. Der Staat des Grundgesetzes als Angebot und Aufgabe«, Denkschrift der EKD, Gütersloh 1985, S. 21 ff.

59) Z. B. die Befreiung vom Sportunterricht aus glaubensbedingten Gründen, wenn die betreffenden Glaubensgrundsätze das Tragen einer bestimmten Sportkleidung verbieten. Hierzu eingehend BayVGH, NVwZ 1987, S. 706 (Palmarianer); HessVGH, NVwZ 1988, S. 951; OVG Münster, NVwZ 1992, S. 77; OVG Lüneburg, NVwZ 1992, S. 79 (muslimische Mädchen): Abwägung zwischen Religionsausübung einerseits und staatlichem Bildungsauftrag (GG Art. 7 Abs. 1) andererseits mit dem darin enthaltenen Schulorganisationsrecht (einschließlich dessen Ausfüllung durch Schulpflichtgesetz und Schulordnungen).

religionen sind dadurch enge Grenzen gesteckt[60]. Dem Staat bleibt lediglich die Feststellung, ob Grundrechte anderer oder die sonstige verfassungsrechtliche Wertordnung verletzt werden, um dann eine entsprechende Abwägung vorzunehmen. Auch Außenseitern und Sektierern soll die ungestörte Entfaltung ihrer Persönlichkeit gemäß ihren subjektiven Glaubensüberzeugungen gestattet werden, »solange sie nicht in Widerspruch zu anderen Wertentscheidungen der Verfassung geraten und aus ihrem Verhalten deshalb fühlbare Beeinträchtigungen für das Gemeinwesen oder die Grundrechte anderer erwachsen«[61].

c) Ein weiteres Problem bei der Schrankenziehung ergibt sich daraus, daß Grundrechte in einen **Kernbereich** und in sog. **Randzonen** aufteilbar sind. Im Kernbereich, dem eigentlich geschützten Bereich, ist eine Schrankenziehung nur in den oben aufgezeigten engen Grenzen möglich. Der innerste Kern (forum internum), die Glaubensfreiheit als Freiheit des Denkens, ist sogar gänzlich unantastbar. Wo aber der geschützte Lebensbereich nur am Rande berührt wird, fügt sich jedes Grundrecht in die allgemeine Rechtsordnung ein. Auf die Religionsfreiheit bezogen bedeutet dies: Wo es nur um modale Beschränkungen der Bekenntnis- oder Religionsausübungsfreiheit geht, also z. B. um Ort und Umfang der Religionsausübung, sind Beschränkungen innerhalb der allgemeinen Rechtsordnung (also nicht nur der verfassungsrechtlichen Ordnung) ohne weiteres möglich.

So sind z. B. Beschränkungen der Religionsausübung in der Strafhaft im Interesse eines geordneten Strafvollzuges möglich. Die Religionsfreiheit ist auch nicht dadurch verletzt, daß Kirchengebäude den Anforderungen der Bauordnung genügen müssen, daß kirchliche Angestellte der Sozialversicherung unterliegen[62], daß bei Prozessionen auf öffentlichen Straßen Verkehrsvorschriften zu beachten sein können[63] oder musikalische Dar-

60) Vgl. BVerwG, ZevKR 38 (1993) S. 341 (= NJW 1992, S. 2496= JZ 1993, S. 33 m. Anm. *v. Badura*); hierzu ferner: *H.W. Alberts,* Die schwierige Toleranz, NVwZ 1992, S. 1164 ff.; *R. Scholz,* »Neue Jugendreligionen« und Grundrechtschutz nach Art. 4 GG, NVwZ 1992, S. 1152 ff.; ferner allgemein: *A. v. Campenhausen,* Neue Religionen im Abendland. Staatskirchenrechtliche Probleme der Muslime, der Jugendsekten und der sogenannten destruktiven religiösen Gruppen, ZevKR 25 (1980) S. 135 ff.; *ders.,* Aktuelle Aspekte der Religionsfreiheit. Neue Religionen im Abendland II, ZevKR 37 (1992) S. 405 ff.; *P. Badura,* Der Schutz von Religion und Weltanschauung durch das Grundgesetz. Tübingen 1989; *P.A. Engstfeld* u. a. (Hrsg.), Juristische Probleme im Zusammenhang mit den sogenannten neuen Jugendreligionen, München 1981; s. a. *K. Obermayer,* Die Schranken des Grundrechts der Religionsfreiheit, ZevKR 27 (1982) S. 253 ff.; *R. Scholz,* Probleme mit Jugendsekten, München 1993.

61) BVerfGE 33, 23/29.

62) Beispiel nach *Scheuner* (Fn. 49) S. 58.

63) Vgl. *Scheuner,* DÖV 1967, S. 585/590; *W. Hamel,* Glaubens- und Gewissensfreiheit, in: *Bettermann/Nipperdey/Scheuner,* Die Grundrechte, Bd. IV/1, Berlin 1960, S. 37/84.

bietungen im Rahmen der Religionsausübung nicht zu übermäßigen Störungen des öffentlichen Friedens führen dürfen[64]. Auch können z. B. gottesdienstliche Zusammenkünfte und andere Kulthandlungen in Anwendung des Gesundheitspolizeirechts (Seuchengefahr), Bauordnungsrechts (Einsturzgefahr einer Kirche) oder aus Gründen des Feuer- oder Katastrophenschutzes[65] für gewisse Zeiten oder an einem bestimmten Ort unterbunden werden. In all diesen Fällen handelt es sich um bloß modale, d. h. nicht den Inhalt der Religionsausübung, sondern lediglich die zeitlichen und örtlichen Umstände der Religionsausübung regelnde Beschränkungen[66].

d) Ein Eingriff in die Religionsfreiheit liegt ferner nicht vor, wenn eine Maßnahme eine ganz andere Intention verfolgt und eine tatsächliche Beeinträchtigung nur als unvermeidbaren Reflex mit sich bringen kann[67].

6. Immer war auch die **Toleranz** ein entscheidendes Moment bei der Religionsfreiheit. Niemals konnte diese deshalb das Recht auf die Verwirklichung des jeweils nur eigenen Standpunktes bedeuten, ohne Rücksicht auf den der anderen. Art. 4 schützt den einzelnen daher »nicht nur gegen die Intoleranz seiner Mitmenschen, sondern verpflichtet ihn auch, ihnen gegenüber die gleiche Duldsamkeit zu erweisen, die er für seine eigene Überzeugung in Anspruch nimmt«[68]. Toleranz ist also mehr als bloße Duldung: Sie ist »Bewährung eines offenen und auf gegenseitiger Achtung beruhenden Zusammenlebens«[69].

Beachte also zu GG Art. 4:
Geschützt ist die Glaubens-, Bekenntnis- und Religionsausübungsfreiheit des einzelnen wie auch einer ganzen Religionsgemeinschaft. Dieser Schutz umfaßt auch die Freiheit der religiösen Vereinigung. Geschützt ist sowohl die positive als auch die negative Religionsfreiheit. Das Grundrecht des Art. 4 ist sehr weit auszulegen. Schranken können sich nur aus den Grundrechten anderer oder der allgemeinen verfassungsmäßigen Wertordnung ergeben. Im Einzelfall mag die Abgrenzung schwierig sein, es bedarf hier – wie auch sonst im Verfassungsrecht – der Abwägung der unterschiedlichen Rechtsposi-

64) *Hamel* a.a.O.
65) *Hamel* (Fn. 63) S. 84; *Zippelius* in: Bonner Kommentar zum Grundgesetz, Art. 4 Rdnr. 65.
66) *J. Listl,* Glaubens-, Gewissens-, Bekenntnis-, Kirchenfreiheit in: HdbStKirchR I, S. 363/395.
Letztlich handelt es sich hier aber bei den Grundlagen der Beschränkungsmöglichkeiten ebenfalls um nähere Konkretionen von Rechtsgütern und Werten, die bereits durch die Verfassung selbst geschützt sind.
67) BVerfGE 6, 278; 13, 233; 42, 329.
68) BVerfGE 32, 98/108.
69) *Scheuner* (Fn. 49), S. 55.

tionen. In seinen Randzonen, wo es nicht um den Inhalt, sondern mehr um Formalien der Ausübung geht, hat auch die Religionsfreiheit wie jedes andere Grundrecht sich in die allgemeine Rechtsordnung einzufügen.

Die negative Religionsfreiheit der einen kann nicht die positive Religionsfreiheit der anderen unterbinden, soweit diese sich in den beschriebenen Grenzen hält. Sie verleiht auch keinen Anspruch darauf, vom Staat vor jeglicher Begegnung mit Religion oder Weltanschauung geschützt zu werden. Ein Rechtsanspruch, im privaten oder öffentlichen Raum vor tatsächlichen religiösen oder weltanschaulichen Einflüssen durch andere abgeschirmt zu werden, besteht nicht[70]. Denn diese Einflüsse anderer sind gerade Ausfluß von deren Religionsfreiheit, die in Toleranz hinzunehmen sind.

7. Das Grundrecht aus Art. 4 wirkt – gemäß dem Charakter von Grundrechten als Abwehrrechte gegenüber dem Staat – gegen alle Träger der öffentlichen Gewalt, also gegen die Behörden des Bundes, der Länder, der sonstigen juristischen Personen des öffentlichen Rechts, soweit diese öffentliche Gewalt ausüben, in den Funktionen der Rechtsetzung, Rechtsanwendung und Rechtsprechung[71]. Mitglieder von Religionsgemeinschaften können diesen Gemeinschaften gegenüber hinsichtlich eigener abweichender Meinung also nicht das Grundrecht aus Art. 4 ins Feld führen[72]. Über gewisse Generalklauseln und unbestimmte Rechtsbegriffe[73] kann dieses Grundrecht aber auch in das Privat- und Arbeitsrecht ausstrahlen (sog. **Drittwirkung der Grundrechte**)[74].

So ist ein Vertrag, in dem sich jemand wirtschaftlicher Vorteile wegen zum Konfessionswechsel verpflichtet, sittenwidrig (Verstoß gegen die »guten Sitten«, BGB § 138); ebenso wäre eine letztwillige Verfügung ungültig, die zu bestimmten Glaubensentscheidungen nötigt. Kirchenaustritt oder Konfessionswechsel kann ein »wichtiger Grund« für eine Kündigung sein, wenn Konfessionszugehörigkeit als Vertragsinhalt vorausgesetzt war[75]. Arbeitgeber können u. U. verpflichtet sein, islamischen Arbeitnehmern Gelegenheit zur Einhaltung von Gebetszeiten zu geben, soweit dies mit der Betriebsordnung vereinbar ist, oder in der Werkskantine auch Kost anzubieten, die bestimmten Glaubensvorschriften entspricht.

70) *v. Campenhausen,* Staatskirchenrecht, S. 62.
71) *v. Mangoldt/Klein/Starck,* GG, Art. 4 Rdnr. 67.
72) *Zippelius,* Bonner Kommentar zum Grundgesetz, Art. 4 Rdnr. 58; *Herzog* in: *Maunz/Dürig,* GG, Art. 4 Rdnr. 50; *v. Mangoldt/Klein/Starck,* GG, Art. 4 Rdnr. 68. Allerdings sind auch Kirchen und Religionsgemeinschaften in ihrem Bereich in jedem Fall an die Achtung der Menschenwürde gebunden.
73) Z. B. »Treu und Glauben«, »Unzumutbarkeit«, »wichtiger Grund«, »sittliche« oder »psychische Unmöglichkeit« o. ä.
74) Hierzu auch *v. Mangoldt/Klein/Starck,* GG, Art. 4 Rdnr. 71 ff.
75) Hierzu auch u. § 16, 3 u. 4 (S. 203 ff.).

Aus der gegen den Staat gerichteten Grundrechtsverbürgung folgt für diesen:

- **Neutralität** und **Nichtidentifikation** hinsichtlich der in seinem Bereich bestehenden Religionen und Weltanschauungen.
- **Toleranz** gegenüber allen in seinem Bereich vorkommenden Religionen und Weltanschauungen.
- **Parität,** d. h. Gleichbehandlung aller Individuen und Vereinigungen, unabhängig von ihrer religiösen oder weltanschaulichen Grundhaltung[76].

Diese Grundsätze bedeuten nicht, daß Bekenntnis- oder Weltanschauungsüberzeugungen im sozialen und politischen Willensbildungsprozeß nichts zu suchen hätten. Im Gegenteil: Gerade dies ist ja auch durch Art. 4 garantiert. Als neutraler Staat kann und darf der Staat sich ferner an denjenigen Wertvorstellungen orientieren, die von wesentlichen gesellschaftlichen Gruppen getragen werden oder sich aus der geschichtlichen Entwicklung ergeben haben. Lediglich eine Identifizierung mit einer dieser Meinungen oder Wertvorstellungen ist ihm aufgrund seiner religiös-weltanschaulichen Neutralität verwehrt. Auch Förderung von Religion wäre – unter Beachtung des Paritätsgebotes – kein Verstoß gegen Art. 4[77].

8. Soweit das Grundrecht aus Art. 4 nicht individual-, sondern auch kollektivrechtlich verstanden wird, also z. B. auch den Religionsgemeinschaften selbst zusteht, wird Art. 4 ergänzt durch die institutionellen Garantien in GG Art. 140 i. V. m. den Weimarer Kirchenartikeln. Zwar ist ein bestimmter Kernbereich des kirchlichen Lebens und Wirkens bereits durch Art. 4 geschützt[78]. Die Kirchenfreiheit in GG Art. 140 i. V. m. Art. 137 Abs. 3 WRV ist aber eine »notwendige, wenngleich rechtlich selbständige Gewährleistung, die der Freiheit des religiösen Lebens und Wirkens der Kirchen und Religionsgemeinschaften die zur Wahrnehmung dieser Aufgabe unerläßliche Freiheit der Bestimmung über Organisation, Normsetzung und Verwaltung« hinzufügt[79].

76) Vgl. bereits o. § 5, 5 (S. 73).
77) BVerfGE 44, 103/104.
78) Hierzu bereits o. § 5, 4 (Fn. 16,17, o. S. 68).
Dies hat auch praktische Auswirkungen: Bei Verfassungsbeschwerden von Kirchen und Religionsgemeinschaften muß eine Verletzung von Art. 4 gerügt werden und zumindest möglich erscheinen. Das Verfassungsgericht ist dann aber nicht gehindert, eine umfassende Prüfung vorzunehmen, z. B. auch, ob eine Verletzung der Kirchenartikel gegeben ist (vgl. BVerfGE 42, 312/322 ff.). Auf eine Verletzung der Kirchenartikel allein, z. B. auf GG Art. 140 i. V. m. Art. 137 Abs. 3 WRV (Selbstbestimmungsrecht), kann eine Verfassungsbeschwerde dagegen nicht gestützt werden (vgl. GG Art. 93 Abs. 1 Nr. 4 a).
79) BVerfGE 53, 366/401.

Das Verständnis, daß ein Kernbereich des kirchlichen Selbstbestimmungsrechts Ausfluß der Religionsfreiheit ist, liegt auch der Auslegung des Art. 9 der Europäischen Menschenrechtskonvention (EMRK) zugrunde. In dieser Konvention vom 4.11.1950, der die meisten europäischen Staaten beigetreten sind, und die die Grundlage der Rechtsprechung der Europäischen Kommission für Menschenrechte und des Europäischen Gerichtshofes für Menschenrechte (beide in Straßburg) bildet, ist die Religionsfreiheit ebenfalls umfassend geregelt, in Art. 9 Abs. 2 aber – anders als GG Art. 4 – unter einen Gesetzesvorbehalt gestellt[80]. Dieser Gesetzesvorbehalt zieht aber ebenfalls nur Schranken, die in etwa den Schranken des Art. 4 (Grundrechte anderer und Gemeinschaftswerte im Verfassungsrang) entsprechen. Im zusammenwachsenden Europa wird die Bedeutung von EMRK Art. 9 sicherlich noch zunehmen und möglicherweise die Gewährleistung von Grundrechten und Grundfreiheiten durch die nationale Verfassung und deren Überprüfung durch die nationalen Verfassungsgerichte zurücktreten lassen. Auch von daher ist bedeutsam, daß die Auslegung, die Art. 9 der Menschenrechtskonvention durch die Rechtsprechung der Kommission für Menschenrechte erfahren hat, auch ein kollektivrechtliches Moment enthält und zumindest einen Kernbestand der Kirchenfreiheit umfaßt[81].

80) Art. 9 EMRK lautet:
»(1) Jedermann hat Anspruch auf Gedanken-, Gewissens- und Religionsfreiheit. Dieses Recht umfaßt die Freiheit des Einzelnen zum Wechsel der Religion oder der Weltanschauung sowie die Freiheit, seine Religion oder Weltanschauung einzeln oder in Gemeinschaft mit anderen öffentlich oder privat, durch Gottesdienst, Unterricht, durch die Ausübung und Beachtung religiöser Gebräuche auszuüben.
(2) Die Religions- und Bekenntnisfreiheit darf nicht Gegenstand anderer als vom Gesetz vorgesehener Beschränkungen sein, die in einer demokratischen Gesellschaft notwendige Maßnahmen im Interesse der öffentlichen Sicherheit, der öffentlichen Ordnung, Gesundheit und Moral oder für den Schutz der Rechte und Freiheiten anderer sind.«

81) Hierzu *N. Blum,* Die Gedanken-, Gewissens- und Religionsfreiheit nach Art. 9 der Europäischen Menschenrechtskonvention. Staatskirchenrechtliche Abhandlungen Bd. 19, Berlin 1990; *J. A. Frowein,* Die Bedeutung des die Gedanken-, Gewissens- und Religionsfreiheit garantierenden Artikels 9 der Europäischen Menschenrechtskonvention, in: *H. Heinemann/H. Marré* (Hrsg.), Essener Gespräche zum Thema Staat und Kirche Bd. 27: Die Einigung Europas und die Staat-Kirche-Ordnung, Münster 1993, S. 46 ff.

Literatur

P. Badura, Der Schutz von Religion und Weltanschauung durch das Grundgesetz. Verfassungsfragen zur Existenz und Tätigkeit der neuen »Jugendreligionen«. Tübingen 1989; *A. v. Campenhausen,* Staatskirchenrecht, 2. Aufl. München 1983, S. 51 ff.; *ders.,* »Religionsfreiheit«, in: *J. Isensee/P. Kirchof* (Hrsg.), HdbStR, Bd. 6: Freiheitsrechte, Heidelberg 1989, S. 369 ff. (§ 136); *J. Listl,* Glaubens-, Gewissens-, Bekenntnis- und Kirchenfreiheit, in: HdbStKirchR I S. 363 ff.; *ders.,* Das Grundrecht der Religionsfreiheit in der Rechtsprechung der Gerichte der Bundesrepublik Deutschland. Staatskirchenrechtliche Abhandlungen Bd. 1, Berlin 1971; *ders.,* Die Religions- und Kirchenfreiheit in der neueren Rechtsprechung des Bundesverfassungsgerichts, in: *H. J. Faller/P. Kirchhof/E. Träger* (Hrsg.), Verantwortlichkeit und Freiheit. Festschrift f. W. Geiger, Tübingen 1989, S. 539 ff.; *U. Scheuner,* Die Religionsfreiheit im Grundgesetz, DÖV 1967, S. 585 ff. (= *ders.,* Schriften zum Staatskirchenrecht, hrsg. v. *J. Listl.* Staatskirchenrechtliche Abhandlungen Bd. 3, Berlin 1973, S. 33 ff.).

Übersichtsartikel in Lexika

EvStL: »Glaubens-, Bekenntnis- und Gewissensfreiheit«, Sp. 1153 ff. *(R. Herzog);* »Toleranz«, Sp. 3621 ff. *(M. Honecker, U. Steiner);* »Religionsfreiheit«, Sp. 2966 ff. *(R. Schloz)*; StL: »Religionsfreiheit«, Bd. IV, Sp. 820 ff. *(M. Heckel, W. Kasper, W. Loschelder, J. A. Frowein);* EKL: »Religionsfreiheit«, Bd. 3, Sp. 1549 ff. *(H. Weber).*

GG-Kommentare (Kommentierungen zu Art. 4 GG)

H. v. Mangoldt/F. Klein, Das Bonner Grundgesetz, 3. Aufl. Bd. 1, bearb. v. *Chr. Starck,* München 1985 (zit.: *v. Mangoldt/Klein/Starck)*; *R. Herzog,* in: *Th. Maunz/G. Dürig/R. Herzog/R. Scholz,* Kommentar zum Grundgesetz, München 1993 (Kommentierung zu Art. 4: Stand 1988; zit.: *Herzog* in: *Maunz/Dürig); R. Zippelius,* in: *R. Dolzer/K. Vogel* (Hrsg.), Bonner Kommentar zum Grundgesetz, Heidelberg 1993 (Kommentierung zu Art. 4: Stand 1989).

§ 7
Trennung von Staat und Kirche

RS 100/ RS 101 1. Der in GG Art. 140 i. V. m. Art. 137 Abs. 1 WRV festgehaltene Grundsatz »**Es besteht keine Staatskirche**« (gleichlautend: BV Art. 142 Abs. 1) legt die prinzipielle Trennung von Staat und Kirche[1] und die Unabhängigkeit der beiden Institutionen voneinander fest. Zum Zeitpunkt des Inkrafttretens der WRV bedeutete diese Aussage zunächst das Ende des auf evangelischer Seite noch bestehenden landesherrlichen Kirchenregiments mit dem Summepiskopat des Landesherrn und insgesamt die Beseitigung von noch bestehenden Restformen eines Staatskirchentums[2]. Es war dies ein Akt, der einen Schlußpunkt unter die im 19. Jahrhundert angebahnte Entwicklung setzte und die institutionell-organisatorische Verbindung von Staat und Kirche (»Bündnis von Thron und Altar«) beseitigte.

Die Bestimmung des Art. 137 Abs. 1 verhindert zum einen die Wiederherstellung staatskirchlicher Zustände. Zum anderen liegt ihre besondere Bedeutung heute darin, daß **Kirchen in die Staatsorganisation nicht eingegliedert** und **staatlicher Aufsicht nicht unterworfen** werden dürfen[3]. Bereits aus dem Trennungsgrundsatz in Art. 137 Abs. 1 ergibt sich, was in Art. 137 Abs. 3 noch einmal ausdrücklich festgehalten wird: Dem Staat ist jeglicher Eingriff in Lehre, Ordnung oder kirchliche Betätigung im Bereich der eigenen Angelegenheiten verwehrt[4]. Art. 137 Abs. 1 gibt Staat und Kirche die Möglichkeit, jeweils frei von gegenseitiger Bevormundung zu wirken. Der Freiheit der Kirche vom Staat korrespondiert die Freiheit des Staates von der Kirche, aber auch die Freiheit der Kirche *im* Staat. Der Trennungsgrundsatz bedeutet also auch die Anerkennung der Eigenständigkeit und Unabhängigkeit der Kirche.

Daraus folgen für den Staat wiederum die Grundsätze der **Neutralität** und der **Nichtidentifikation** sowie das Gebot der **Parität**[5]. Letzteres ist dabei als Verbot einer sachwidrigen Differenzierung anzusehen: Grundsätzlich sind alle Kirchen und Religionsgemeinschaften rechtlich gleichgestellt. Eine **schematische Gleichbehandlung** ist dadurch jedoch **nicht geboten.** Mit dem Trennungsgrundsatz und den Grund-

1) Mit »Kirche« sind im folgenden selbstverständlich gemeint alle Kirchen und Religionsgemeinschaften.
2) Vgl. hierzu o. § 5 Fn. 20 a. E.
3) BVerfGE 18, 385/386 ff.; 30, 415/428; 42, 312/321 ff., 332; 66, 1/19 u. ö.
4) *v. Campenhausen,* Staatskirchenrecht, S. 70.
5) Hierzu bereits o. § 5, 5 (S. 73).

sätzen der Neutralität und der Parität ist es durchaus vereinbar, wenn Differenzierungen vorgenommen werden, die durch tatsächliche Verschiedenheiten der einzelnen Religionsgemeinschaften bedingt sind, wie z. B. durch ihre Größe oder soziale Relevanz[6)].

Wenn es z. B. um die Benennung von Vertretern verschiedener gesellschaftlicher Gruppen in Rundfunkräten, Kuratorien oder sonstigen Gremien und den Anspruch der Repräsentation der einzelnen gesellschaftlichen Kräfte geht, bedeutet der Paritätsgrundsatz nicht, daß *alle* Kirchen, Religionsgemeinschaften oder Weltanschauungsgemeinschaften zu berücksichtigen sind. Insoweit kann durchaus an die unterschiedliche gesellschaftliche Bedeutung der einzelnen Kirchen, Religionsgemeinschaften oder Weltanschauungsgemeinschaften angeknüpft werden. Ungleiches muß nicht schematisch gleichbehandelt werden. Ausgeschlossen wäre lediglich eine durch sachliche Gründe nicht gerechtfertigte rechtliche Besserstellung der Großkirchen im Vergleich zu kleineren Religionsgemeinschaften[7)].

Unmittelbare Folgen der Trennung von Staat und Kirche und Ergänzung zur Religionsfreiheit sind die Bestimmungen in GG Art. 33 Abs. 3, GG Art. 140 i. V. m. Art. 136 WRV und GG Art. 3 Abs. 3: Öffentliche Ämter, bürgerliche und staatsbürgerliche Rechte und Pflichten sind unabhängig vom Bekenntnis. Niemand darf wegen seines Glaubens oder seiner religiösen Anschauungen benachteiligt werden[8)].

2. Art. 137 Abs. 1 spricht zwar von der Trennung von Staat und Kirche, richtet aber keine »undurchlässige Mauer«[9)] zwischen beiden Institutionen auf. Dies ergibt sich bereits aus der Verfassung selbst: Art. 137 Abs. 1 kann nicht isoliert gesehen werden. Er bildet mit den übrigen Absätzen dieser Vorschrift, insbesondere Abs. 3 (Selbstbestimmungsrecht) und Abs. 5 (Korporationsstatus) eine Einheit[10)]. Nimmt man noch die Religionsfreiheit in GG Art. 4 hinzu, ergibt sich daraus das »grundlegende Koordinatensystem« des Staat-Kirche-Verhältnisses: Garantie der individuellen und korporativen, positiven und negativen Religions- und Weltanschauungsfreiheit, »sowie ein freies Religions- bzw. Kirchenwesen im weltanschaulich, religiös und konfessionell neutralen und paritätischen Staat, der zwar als **säkularer Staat in der Wurzel von Religion und Kirche getrennt** ist, der diese **aber** als schutzwür-

6) BVerfGE 19, 1/8; 41, 65/87.
7) *v. Campenhausen,* Staatskirchenrecht, S. 69. Zum ganzen jetzt auch *M. Heckel,* Gleichheit oder Privilegien? Der Allgemeine und der Besondere Gleichheitssatz im Staatskirchenrecht. Jus. Eccl. Bd. 47, Tübingen 1993.
8) Vgl. bereits o. § 6, 1 (S. 77).
9) *v. Campenhausen,* Staatskirchenrecht, S. 68.
10) Hierzu besonders *Chr. Link,* BayVBl 1966, S. 297/301; *P. Mikat,* Kirche und Staat, in: StL III, Sp. 493.

dige und für sich selbst bedeutsame Faktoren anerkennt, schützt und **Zusammenarbeit mit ihnen ermöglicht«**[11].

Diese **Kooperation** ist schon deswegen erforderlich, weil die Arbeitsfelder von Staat und Kirche sich in vielem überschneiden. Einige dieser Bereiche sind als sog. »gemeinsame Angelegenheiten« von Staat und Kirche institutionalisiert, wie z. B. der Religionsunterricht, die Theologischen Fakultäten, das Kirchensteuerwesen, die Anstaltseelsorge oder das kommunale Friedhofswesen[12]. In anderen Bereichen, wie etwa Krankenfürsorge, Sozialfürsorge, Kindergärten usw., ebenfalls Bereiche der kirchlich-diakonischen Tätigkeit, aber auch Aufgabenfelder der modernen staatlichen Daseinsvorsorge, hat sich der Staat zum Teil etwas zurückgezogen, soweit diese Bereiche durch Tätigkeiten der Kirchen oder anderer Verbände abgedeckt sind. Ein Anspruch auf Vorrang der Kirchen oder auch anderer Verbände im Sinne eines allgemeinen Subsidiaritätsprinzips besteht jedoch nicht[13]. Wegen Art. 137 Abs. 1 und der grundlegenden Bedeutung der Religionsfreiheit muß der Staat jedoch darauf achten, daß niemand gegen seine Überzeugung konfessionell vereinnahmt wird, daß also eine Wahlmöglichkeit erhalten bleibt und eine konfessionell nicht gebundene Ausgestaltung der betreffenden Lebensbereiche sichergestellt ist[14].

3. Art. 137 Abs. 1 enthält nach alledem **keine vollständige Trennung** von Staat und Kirche. Er befreit zwar von wechselseitigen Abhängigkeiten und unterscheidet die verschiedenen Aufgabenbereiche und Rechtssphären, läßt aber eine verständige Kooperation beider Institutionen zu, ja gebietet sie für die nach ihrem jeweiligen Selbstverständnis für das soziale Ganze gemeinsam bestehenden Aufgaben geradezu[15]. Man hat daher nach Inkrafttreten der WRV von einer »hinkenden Trennung« gesprochen *(Ulrich Stutz)*[16]. Treffender wäre wohl **»modi-**

11) *A. Hollerbach*, Verfassungsrechtliche Grundlagen des Staatskirchenrechts, in: HdbStKirchR I S. 215/252; *ders.,* Grundlagen des Staatskirchenrechts, in: *J. Isensee/P. Kirchhof*, HdbStR Bd. 6: Freiheitsrechte, Heidelberg 1989, § 138 Rdnr. 88 (S. 520); ferner *K. Obermayer*, Bonner Kommentar zum Grundgesetz, Art. 140 Rdnr. 81 ff.

12) Hierzu u. § 11.

13) Hierzu mit Nachweisen *R. Herzog,* »Subsidiaritätsprinzip«, EvStL Sp. 3564 ff.

14) *v. Campenhausen,* Staatskirchenrecht, S. 76 f.; *v. Mangoldt/Klein/v. Campenhausen,* GG, Art. 140 GG/Art. 137 WRV Rdnr. 15.

15) Vgl. *Mikat* (Fn. 10) a.a.O.; *Maunz*, in: *Maunz/Dürig,* Kommentar zum GG, Art. 140 GG/Art. 137 WRV Rdnr. 6; ferner *M. Heckel,* »In Verantwortung vor Gott und den Menschen ...«. Staatskirchenrecht und Kulturverfassung des Grundgesetzes 1949–1989, in: 40 Jahre Bundesrepublik Deutschland – 40 Jahre Rechtsentwicklung. Ringvorlesung d. Jur. Fak. d. Univ. Tübingen. Hrsg. v. *K. W. Nörr,* Tübinger Rechtswissenschaftl. Abh. Bd. 69, Tübingen 1990, S. 16.

16) Nachweise bei *v. Mangoldt/Klein/v. Campenhausen,* GG, Art. 140 GG/Art. 137 WRV Fn. 2.

fizierte Trennung« oder auch »**positive Trennung«**[17]. Jedenfalls beruhen die heutigen Beziehungen zwischen Staat und Kirche nicht mehr auf Verschmelzung oder Abhängigkeit, sondern auf Verständigung[18]. Daraus ergibt sich, daß sowohl eine kirchenfeindliche als auch eine klerikale Interpretation des Trennungsgrundsatzes ausgeschlossen sind[19].

17) Vgl. *Heckel,* »In Verantwortung vor Gott und den Menschen ...« (Fn. 15), S. 14.

18) *Maunz,* in: *Maunz/Dürig,* Kommentar zum Grundgesetz zum GG, Art. 140 GG/Art. 137 WRV, Rdnr. 5.

19) Hierzu *v. Campenhausen,* Staatskirchenrecht, S. 74 ff.; *v. Mangoldt/Klein/v. Campenhausen,* GG, Art. 140 GG/Art. 137 WRV, Rdnr. 12 ff.; ferner *Hollerbach,* Grundlagen des Staatskirchenrechts (Fn. 11), Rdnr. 113 (S. 533), der zu Recht darauf hinweist, daß das Verbot der Staatskirche auch bedeutet: Verbot der Staatsreligion oder Verbot der Staatsweltanschauung. Der Staat darf also weder zum Religions- bzw. Konfessions- noch zum Weltanschauungsstaat werden. Freilich bedeutet dieses nicht, daß der Staat sämtliche kulturellen und historischen Bezüge über Bord werfen und sich zum »abstrakten Neutrum« wandeln müßte. Ein Bekenntnis zur Verantwortung vor Gott in der Präambel des GG verstößt daher ebenso wenig gegen Art. 137 Abs. 1 wie die Berücksichtigung christlicher Traditionen und Überzeugungen in der allgemeinen Rechtsordnung (*Hollerbach* a.a.O. S. 534).

Literatur

A. v. Campenhausen, Staatskirchenrecht, 2. Aufl. München 1983, S. 67 ff.; *M. Heckel,* Die Kirchen unter dem Grundgesetz. Veröffentlichungen der Vereinigung der Deutschen Staatsrechtslehrer 26, Berlin 1968, S. 5 ff. (= *ders.,* Gesammelte Schriften. Jus Eccl. Bd. 38, Tübingen 1989, Bd. 1, S. 402 ff. (v. a. S. 421 ff.)); *K. Hesse,* Freie Kirche im demokratischen Gemeinwesen, ZevKR 11, (1964/65) S. 337 ff.; *Chr. Link,* Verfassungsrechtliche Fragen zur Aufhebung der »Staatskirche«, BayVBl 1966, S. 297 ff.; sowie die Kommentierungen in:

H. v. Mangoldt/F. Klein, Das Bonner Grundgesetz, Bd. 14, bearb. v. *A. v. Campenhausen,* München 1991, Art. 140 GG/Art. 137 WRV Rdnr. 3 ff. (zit.: *v. Mangoldt/Klein/v. Campenhausen); Th. Maunz/G. Dürig/R. Herzog/R. Scholz,* Kommentar zum Grundgesetz, Art. 140 GG/Art. 137 WRV Rdnr. 3 ff. *(Maunz,* Stand 1973); *R. Dolzer/K. Vogel* (Hrsg.), Bonner Kommentar zum Grundgesetz, Art. 140 Rdnr. 76 ff. *(K. Obermayer,* Stand 1971).

§ 8
Selbstbestimmungsrecht der Kirchen

1. Eine wichtige Ergänzung zu der in GG Art. 4 enthaltenen Garantie der Religionsfreiheit ist das in GG Art. 140 i. V. m. Art. 137 Abs. 3 WRV gewährleistete kirchliche **Selbstbestimmungsrecht** (entsprechend: BV Art. 142 Abs. 3). Während Art. 4 die einzelne Person wie auch Kirchen und Religionsgemeinschaften – oder Weltanschauungsgemeinschaften – als Korporationen, d. h. in ihrer Eigenschaft als religiöse oder weltanschauliche Vereinigungen, in der Freiheit des Glaubens, Bekennens und der religiösen oder weltanschaulichen Betätigung schützt und damit bereits einen gewissen Kernbereich des kirchlichen Selbstbestimmungsrechts erfaßt und gewährleistet[1)], greift Art. 137 Abs. 3 über die eigentliche Kultusausübung hinaus. Damit erweist sich diese Garantie der freien Ordnung und Verwaltung eigener Angelegenheiten »als notwendige, wenngleich rechtlich selbständige Gewährleistung, die der Freiheit des religiösen Lebens und Wirkens der Kirche und der Religionsgemeinschaften die zur Wahrnehmung dieser Aufgaben unerläßliche Freiheit der Bestimmung über Organisation, Normsetzung und Verwaltung hinzufügt«[2)]. Damit ist auch der gesamte organisatorische Rahmen, dessen die Kirchen und Religionsgemeinschaften bedürfen, um ihren Auftrag ihrem Verständnis nach sachgerecht erfüllen zu können, dem Schutz der Verfassung unterstellt[3)]. Der Staat erkennt auch auf diese Weise an, daß es sich bei den Kirchen und Religions- bzw. Weltanschauungsgemeinschaften um Institutionen handelt, die mit eigener, nicht vom Staat abgeleiteter Rechtsmacht ausgestattet sind. Diese Freiheit gilt allerdings nicht schrankenlos. Im Rahmen seiner Verantwortung für das Gemeinwohl hat der Staat darüber zu wachen, daß zwingendes staatliches Recht durch innerkirchliche Regelungen nicht mißachtet wird. Dazu dient der Vorbehalt des »für alle geltenden Gesetzes«. Sinn dieses Schrankenvorbehaltes ist es, staatliche und kirchliche Rechtsordnung in einen sinnvollen Ausgleich zu bringen, damit einerseits die notwendige kirchliche Eigenständigkeit gewahrt bleibt, andererseits aber der Einheit der staatlichen Rechts- und Verfassungsordnung Rechnung getragen wird[4)].

RS 100/ RS 101

1) Vgl. hierzu o. § 5, 4 (Fn. 16,17) u. § 6, 8 (S. 68 u. 93).
2) BVerfGE 53, 366; vgl. auch u. § 13 II 8 (S. 163).
3) Zu dieser Besonderheit der deutschen Rechtsordnung, der zweifachen *verfassungsrechtlichen* Garantie, einmal in Form der Religionsfreiheit (GG Art. 4) und zum anderen in Form der Kirchenfreiheit (Selbstbestimmungsrecht, GG Art. 140 i. V. m. Art. 137 Abs. 3 WRV) und weiterer damit verbundener institutioneller Garantien vgl. bereits o. § 5, 6 (S. 74).
4) Vgl. näher u. 4.

2. Das Selbstbestimmungsrecht steht **allen** Religions- und Weltanschauungsgemeinschaften zu (»**jede** Religionsgesellschaft ...«; Gleichstellung der Weltanschauungsgemeinschaften in Art. 137 Abs. 7) und gewährt ihnen – frei von staatlicher Einflußnahme – das Recht der eigenen **Rechtsetzung, Verwaltung** und **Rechtsprechung.** *Wie* dieses Recht dann ausgeübt wird, ob in den Formen des Privatrechts (z. B. als Verein) oder denjenigen des öffentlichen Rechts (als Körperschaft des öffentlichen Rechts, GG Art. 140 i. V. m. Art. 137 Abs. 5 WRV[5]), ist wiederum den Kirchen und Religions- bzw. Weltanschauungsgemeinschaften selbst überlassen. So haben beispielsweise nur Gemeinschaften mit Körperschaftsstatus das Recht, öffentlich-rechtliche Dienstverhältnisse zu begründen, während andere Gemeinschaften allein auf privatrechtliche Arbeitsverhältnisse angewiesen sind.

3. **a)** Zu den **eigenen Angelegenheiten** zählt alles, was durch den »kirchlichen Auftrag umschrieben und für den Vollzug dieses Dienstes nach dem Selbstverständnis der jeweiligen Religionsgemeinschaft unentbehrlich ist«[6]. Wegen der weltanschaulichen Neutralität des Staates darf dieser den Inhalt dieser Freiheit nicht bestimmen, sondern ist auf das Selbstverständnis der Religionsgemeinschaften angewiesen. In der Definition dessen, was »eigene Angelegenheit« ist, kommt es daher maßgeblich auf den Standpunkt der einzelnen Religionsgemeinschaft an[7], wobei für diese nur das hierfür zuständige Organ sich verbindlich äußern kann[8]. In Wechselwirkung hierzu kann der Staat natürlich nicht jede kirchliche Selbstdefinition der »eigenen Angelegenheiten« mit der Folge hinnehmen, daß dann allein kirchliches Recht gilt, da dadurch andere, vom Staat zu schützende Rechtsgüter betroffen sein könnten. Diese Schrankenziehung erfolgt durch das »für alle geltende Gesetz«.

5) Dazu u. § 9.

6) *v. Campenhausen,* Staatskirchenrecht, S. 81; *v. Mangoldt/Klein/v. Campenhausen,* GG, Art. 140/Art. 137 WRV Rdnr. 32.

7) *Hesse,* Selbstbestimmungsrecht, HdbStKirchR I, S. 428; *Hollerbach,* Grundlagen des Staatskirchenrechts, HdbStR VI § 138 Rdnr. 116 (S. 535); *v. Campenhausen,* Staatskirchenrecht, S. 81; *v. Mangoldt/Klein/v.Campenhausen,* GG, Art. 140/Art. 137 WRV Rdnr. 30. Das Bundesverfassungsgericht hat für die Frage, ob eine kirchliche Maßnahme dem innerkirchlichen oder dem staatlichen Bereich zuzurechnen ist, als entscheidend festgehalten, was »materiell, der Natur der Sache oder Zweckbeziehung nach als eigene Angelegenheit der Kirche« anzusehen ist (BVerfGE 18, 385/387; 42, 312/334). Zur Problematik der Entscheidung nach der »Natur der Sache« vgl. jedoch *Hesse* u. *v. Campenhausen* a.a.O.

8) *Hollerbach* a.a.O.; vgl. auch BVerfGE 70, 138, u. § 13 IV 14a (2) (S. 166 f.).

b) Unter die **eigenen Angelegenheiten** fallen **insbesondere**[9)]

- Lehre und Kultus (also Fragen der Lehre und Verkündigung, Gottesdienstgestaltung, Sakramentsverwaltung und Seelsorge)[10)].

- Kirchenverfassung und Organisation (also organisatorische Gliederung, Aufbau und Leitung der betreffenden Religionsgemeinschaft, einschließlich der Errichtung von Gemeinden sowie von Ämtern und Einrichtungen[11)]), freie Ämterverleihung[12)] einschließlich der Versetzung und Entlassung von Amtsinhabern (also mit Disziplinar- und Lehrordnungsrecht).

- Kirchliches Amtsrecht (Verständnis und Gestaltung des geistlichen Amtes) und das damit verbundene Dienst- und Versorgungsrecht der Geistlichen sowie das Dienst- und Arbeitsrecht der übrigen kirchlichen Mitarbeiter (einschließlich der Festlegung der hierfür geltenden Maßstäbe)[13)]; ferner die Ausbildung der Geistlichen (einschließlich des Rechts, eigene Ausbildungsstätten, auch mit Hochschulcharakter, zu errichten und zu unterhalten).

- Mitgliedschaftliche Rechte und Pflichten[14)].

- Kirchliche Vermögensverwaltung[15)].

- Karitative Tätigkeit.

c) Von den »eigenen Angelegenheiten« **zu unterscheiden** sind die **»gemeinsamen Angelegenheiten«,** die eine Zweckbeziehung sowohl zur Kirche als auch zum Staat haben und daher im Rahmen dieser

9) Vgl. zum folgenden: *v. Campenhausen,* Staatskirchenrecht, S. 82 ff.; *v. Mangoldt/Klein/v. Campenhausen,* GG, Art. 140/Art. 137 WRV Rdnr. 33 ff.
Zur Bedeutung des Wortes »insbesondere« s. u. § 28,1 unter »Beachte« (S. 291).

10) Diese Bereiche werden im wesentlichen auch durch die insoweit nicht der Schranke des für alle geltenden Gesetzes unterliegende Religions- und Religionsausübungsfreiheit (GG Art. 4) geschützt. Zu den möglichen Schranken dieses Grundrechts vgl. o. § 6, 5 (S. 86 ff.).

11) Vgl. etwa KVerf Art. 2 u. 38.

12) In WRV Art. 137 Abs. 3 Satz 2 noch einmal ausdrücklich erwähnt. Dem stehen nicht die sog. Politischen Klauseln in Kirchenverträgen entgegen, nach denen bei Bischofswahlen bei den Landesregierungen angefragt wird, ob gegen die in Betracht kommenden Kandidaten »Erinnerungen politischer Natur obwalten« (vgl. Staatsvertrag – RS 110 – Art. 29). Hier liegt eine vertragliche kirchliche Selbstbindung vor, die historisch bedingt ist, der aber außer der vorherigen Kandidatenanzeige keine weitere Bedeutung zukommt. Insbesondere könnte die Bayerische Staatsregierung die Wahl eines bestimmten Kandidaten oder einer bestimmten Kandidatin nicht verhindern.

13) Vgl. insbesondere BVerfGE 42, 312 (Amtsrecht) und BVerfGE 70, 138 (kirchliches Arbeitsrecht); hierzu auch u. § 13 IV 13 u. 14 (S. 165 f.).

14) Hierzu näher u. § 14, 15.

15) Hierzu näher u. §§ 49 u. 62.

Zweckbeziehung jeweils kirchliche[16] bzw. staatliche Angelegenheiten mit jeweils eigener Zuständigkeit sind[17].

Nicht zu den eigenen Angelegenheiten zählen dagegen solche Bereiche, die die Rechtsstellung der Kirchen und Religionsgemeinschaften und ihrer Mitglieder im weltlich-staatlichen Bereich betreffen, so z. B. die Bestimmungen über die Rechtsfähigkeit von Religionsgemeinschaften nach staatlichem Recht, die Verleihung der Körperschaftsrechte, die Auswirkungen der Mitgliedschaft im staatlichen Bereich, die religiöse Kindererziehung (Wer entscheidet?, Bis zu welchem Alter?) u. a. m. Trotz unmittelbarer Betroffenheit handelt es sich hier nicht um kirchliche, sondern allein um **staatliche** Angelegenheiten[18].

4. Das kirchliche **Selbstbestimmungsrecht** wird **begrenzt durch das »für alle geltende Gesetz«.**

a) Die nähere Umschreibung dieser Schrankenformel wurde lange Zeit beherrscht durch die von *Johannes Heckel* in den 30er Jahren entwickelte Definition eines »Gesetz(es), das trotz grundsätzlicher Bejahung der kirchlichen Autonomie vom Standpunkt der gesamten Nation als notwendige Schranke der kirchlichen Freiheit anerkannt werden muß, mit anderen Worten jedes für die gesamte Nation als politische Kultur- und Rechtsgemeinschaft unentbehrliche Gesetz«[19].

Das Bundesverfassungsgericht hat in seiner bekannten Bremer Mandatsentscheidung[20] die – nicht unumstrittene – »**Jedermannformel**« entwickelt, wonach ein für alle geltendes Gesetz im Sinn dieser Vorschrift dann vorliegt, wenn es für die Kirche dieselbe Bedeutung hat wie für den Jedermann, sie also in ihrer Besonderheit als Kirche nicht härter trifft als andere. Trifft ein Gesetz dagegen die Kirche nicht wie den Jedermann, sondern in ihrer Besonderheit als Kirche härter, ihr Selbstverständnis, insbesondere ihren geistig-religiösen Auftrag beschränkend, dann bilde es insoweit keine Schranke, könne also kein

16) In dieser Beziehung also: Zwar *auch* »eigene Angelegenheiten«, aber nicht nur eigene Angelegenheiten.

17) Hierzu u. § 11. Beispiele sind: Religionsunterricht, Kirchensteuer, Theologische Fakultäten, Anstaltseelsorge, Friedhofswesen (soweit es sich um kommunale Friedhöfe handelt).

18) *v. Mangoldt/Klein/v. Campenhausen,* GG, Art. 140/Art. 137 Rdnr. 31.

19) *J. Heckel,* Das für alle geltende Gesetz, Verwaltungsarchiv 37 (1932), S. 280/284 (= *ders.,* Das blinde undeutliche Wort »Kirche«. Gesammelte Aufsätze, hrsg. v. *S. Grundmann,* Köln, Graz 1964, S. 590/593).

20) Zu Unvereinbarkeit von kirchlichem Amt und politischem Mandat, BVerfGE 42, 312 (s. u. § 13 III 10 a. E., S. 164), vgl. hierzu auch die Dokumentation von *D. Dahrmann,* Kirchliches Amt und politisches Mandat, Hannover 1977.

»für alle geltendes Gesetz« sein[21]. Doch mit dieser Formel können nicht alle auftauchenden Problemfälle gelöst werden. In einer nachfolgenden Entscheidung hat das Bundesverfassungsgericht daher einen Gedanken wieder aufgegriffen, der auch sonst im Verfassungsrecht geläufig ist, den der **Rechtsgüterabwägung.** Wie auch sonst bei der Kollision verschiedener verfassungsmäßig geschützter Rechtsgüter hat eine Abwägung zu erfolgen[22]: Der Wechselwirkung zwischen Kirchenfreiheit und dem Zweck dieser Schranke in Art. 137 Abs. 3, nämlich dem Schutz anderer für das Gemeinwesen bedeutsamer Rechtsgüter, »ist durch Güterabwägung Rechnung zu tragen. Dabei ist jedoch dem Eigenverständnis der Kirchen ... ein besonderes Gewicht beizumessen«[23].

b) Es liegt auf der Hand, daß diese Abwägung jeweils nur im **Einzelfall** erfolgen kann. Verschiedentlich hat der staatliche Gesetzgeber bei **Erlaß von Gesetzen** selbst schon die Kirchen und Religionsgemeinschaften von der Geltung des betreffenden Gesetzes **ausgenommen** bzw. **Ausnahmetatbestände** geschaffen und so zu erkennen gegeben, daß ein »für alle geltendes Gesetz« gerade nicht gegeben sein soll[24]. Insoweit wurde bereits vor Erlaß des Gesetzes das kirchliche

21) A.a.O. S. 334.
Beispiele (nach *W. Geiger,* Rechtsprechung des Bundesverfassungsgerichts, ZevKR 26 (1981) S. 156/166): Baurechtliche Vorschriften, die der statischen Sicherheit eines Bauwerkes dienen, gelten selbstverständlich auch für Kirchengebäude (gleiche Bedeutung wie für »den Jedermann«). Vorschriften dagegen, die für Neubauten von Kirchengebäuden ein Verbot von Kirchtürmen enthalten würden, träfen die Kirche anders als den Jedermann und könnten daher keine Schranke im Sinn von Art. 137 Abs. 3 bilden. Gesetze, die die Ausbildung von Krankenhauspersonal regeln, gelten selbstverständlich auch für das Personal in kirchlichen Krankenhäusern. Auch berührt eine staatliche Krankenhausbedarfsplanung die Kirche nicht in ihrem besonderen Auftrag. Wird dagegen gesetzlich festgelegt, daß in *allen* Krankenhäusern Abtreibungen, soweit diese staatlichem Recht nicht zuwiderlaufen, vorgenommen werden müssen oder werden öffentliche Zuschüsse hiervon abhängig gemacht oder bewirkt die staatliche Bedarfsplanung eine wesentliche Einschränkung kirchlicher Einrichtungen, dann läge eine unzulässige Beschränkung des Rechts der Kirche vor, ihre Angelegenheiten selbständig zu ordnen und zu verwalten.

22) Vgl. bereits o. § 6, 3b (Abwägung bei Kollision zwischen positiver und negativer Religionsfreiheit) und § 6, 5a u. b (Kollision zwischen Religionsfreiheit und anderen Grundrechten, S. 84 u. 86 f.).

23) BVerfGE 53, 366/401 (vgl. u. § 13 II 8, S. 163); ferner BVerfGE 66, 1/22.

24) Beispiele: § 118 Abs. 2 Betriebsverfassungsgesetz, § 112 Bundespersonalvertretungsgesetz, § 92 Bayer. Personalvertretungsgesetz, § 1 Abs. 4 Satz 2 Mitbestimmungsgesetz, wonach die Kirchen und Religionsgemeinschaften **nicht** den dort geregelten Formen einer **bestimmten betrieblichen Mitbestimmung unterliegen** (Betriebsrat, Personalrat), sondern ihnen insoweit eine »**selbständige Ordnung**« **überlassen** bleibt.
Beachte dabei, daß **Kirchen und Religionsgemeinschaften nicht**, wie häufig zu lesen und zu hören ist, **zu den »Tendenzunternehmen«** etwa des § 118 Abs. 1 Betriebsverfassungsgesetz **zählen**, für die dieses Gesetz in eingeschränkter Weise gilt. Aufgrund des nur ihnen zustehenden und verfassungsrechtlich garantierten

Selbstbestimmungsrecht berücksichtigt und ihm ein stärkeres Gewicht beigemessen als der mit dem Gesetz zu regelnden Materie und dem durch das Gesetz zu schützenden Rechtsgut. In allen **anderen Fällen** bedarf es der **Einzelabwägung**, wobei jeweils die Nähe der zu regelnden Materie zum kirchlichen Auftrag zu berücksichtigen ist: Je mehr der kirchliche Auftrag berührt wird, desto eher wird das Selbstbestimmungsrecht der Kirche Vorrang haben, in den Randzonen dagegen die staatliche Regelung als »für alle geltendes Gesetz«[25]. Das Bundesverfassungsgericht erkennt dabei sogar einen bestimmten innerkirchlichen Bereich an, der einer staatlichen Schrankenziehung in Form des »für alle geltenden Gesetzes« überhaupt nicht zugänglich ist[26]. Die Bestimmung darüber, *was* zu den »eigenen Angelegenheiten« zählt, muß auf jeden Fall dem Selbstverständnis der betreffenden Kirche oder Religionsgemeinschaft vorbehalten bleiben und kann nicht durch eine Güterabwägung entschieden werden. Letztere betrifft also nur die Frage, ob die betreffende staatliche gesetzliche Regelung eine Schranke im Sinne eines »für alle geltenden Gesetzes« bilden kann.

c) Generell unterstehen die Kirchen und Religionsgemeinschaften selbstverständlich grundsätzlich[27] dem staatlichen Recht. Dies gilt uneingeschränkt für die Teilnahme am allgemeinen Rechtsverkehr: Verträge, Grundstücksgeschäfte, Vereinsgründungen, Bauvorhaben etc. können nur in den vom staatlichen Recht hierfür vorgesehenen Formen und Maßgaben vorgenommen werden. Dort jedoch, wo staatliche Gesetze das kirchliche Selbstverständnis tangieren, finden sie auch als »für alle geltendes Gesetz« ihre Grenze, wenn es um die Verfassung der Kirche und die Erfüllung ihres Auftrages geht[28]. Inso-

Selbstbestimmungsrechts sind Kirchen und Religionsgemeinschaften vom Geltungsbereich dieser Gesetze **gänzlich ausgenommen**. (Hierzu BVerfGE 46, 73/74 Ls. 2 u. S. 94; vgl. auch u. § 13 IV 14 b (1), S. 168).
Weitere Ausnahmeregelungen (meist beschränkt auf Kirchen und Religionsgemeinschaften mit dem Status einer Körperschaft des öffentlichen Rechts) sind z. B. enthalten im Beamtenrecht (§ 135 Beamtenrechtsrahmengesetz: Keine Geltung für öffentlich-rechtliche Religionsgemeinschaften), im Bundesbaugesetz (Freistellung von bestimmten Genehmigungen), im Stiftungsrecht (vgl. Art. 36 ff. Bayer. Stiftungsgesetz – RS 460), im Denkmalschutzrecht (vgl. Art. 26 Bayer. Denkmalschutzgesetz – RS 405: Berücksichtigung kirchlicher Belange) u. a. m.

25) *v. Mangoldt/Klein/v. Campenhausen,* GG, Art. 140/Art. 137 WRV Rdnr. 133 m. w. N.

26) Als rein »innere kirchliche Angelegenheiten«, d. h. als elementare Teile der kirchlichen Ordnung, für die der Staat nicht imstande ist, Schranken in Gestalt von allgemeinen Gesetzen aufzurichten.
Z. B. bei Teilung einer Kirchengemeinde (BVerfGE 18, 385), ferner im kirchlichen Amtsrecht (BVerfGE 42, 312), vgl. u. § 13 III 9 u. 10, sowie die in § 13 IV 13 erwähnten Entscheidungen (S. 165 f.).

27) Zur Bedeutung des Wortes »grundsätzlich« s. u. § 16, 3 a unter »Beachte« (S. 203).

28) *R. Richardi,* Arbeitsrecht in der Kirche, 2. Aufl. München 1992, S. 24. Mit Recht wird als »für alle geltendes Gesetz« daher nur dasjenige angesehen, »das zwingenden

weit bedarf es dann der Abwägung: Weil nämlich das kirchliche Selbstbestimmungsrecht ebenfalls unter dem Schutz der Verfassung steht, können andere, vom Staat in gleicher Weise zu schützende Rechtsgüter nicht einfach auf Kosten des Selbstbestimmungsrechts realisiert werden[29]. In derartigen Kollisionsfällen gilt es vielmehr, einen **Ausgleich beider Rechtsgüter** vorzunehmen, die beide zu optimaler Wirkung kommen läßt. Dies bildet die Basis für eine **Konkordanz** von kirchlichem und staatlichem Recht, »die es gestattet, auf beiden Seiten davon auszugehen, daß staatliche Gesetze nicht die den Kirchen wesentlichen eigenen Ordnungen beeinträchtigen, und daß kirchliche Gesetze nicht die für den Staat unabdingbare Ordnung kränken werden«[30].

5. Das in GG Art. 140 i. V. m. Art. 137 Abs. 3 WRV garantierte Selbstbestimmungsrecht gilt nicht allein für die »verfaßte Kirche«, sondern auch für alle dieser (verfaßten) Kirche in einer bestimmten Weise zugeordneten **Einrichtungen**. Auch diese haben teil an dieser Garantie, wenn sie – ohne Rücksicht auf ihre Rechtsform – »nach kirchlichem Selbstverständnis, ihrem Zweck oder ihrer Aufgabe entsprechend berufen sind, ein Stück des Auftrages der Kirche wahrzunehmen und zu erfüllen«[31]. So hat etwa auch das rechtlich selbständige, privatrechtlich (als Verein) organisierte Diakonische Werk teil an dieser Garantie des kirchlichen Selbstbestimmungs- und Selbstverwaltungsrechts[32].

6. Das **kirchliche Selbstbestimmungsrecht** ist somit z. B. die **Grundlage** dafür, daß die Kirche mit dem sog. **Dritten Weg**[33] ein eigenständiges Modell zur Regelung der arbeitsvertraglichen Bedingungen ihrer privatrechtlich angestellten Mitarbeiter entwickelt hat und daß sie ihren gesamten dienst- und arbeitsrechtlichen Regelungen den Gedanken der »**Dienstgemeinschaft**« zugrunde legt, woraus sich gewisse Loya-

Erfordernissen des friedlichen Zusammenlebens von Staat und Kirche in einem religiös und weltanschaulich neutralem politischen Gemeinwesen entspricht« (*Hollerbach* (Fn. 7) Rdnr. 118 (S. 536); *v. Campenhausen*, Staatskirchenrecht, S. 93; *v. Mangoldt/Klein/v. Campenhausen,* GG, Art. 140/Art. 137 Rdnr. 132; vgl. auch BVerfGE 53, 366/401 (u. § 13 II 8, S. 163).

29) *v. Mangoldt/Klein/v. Campenhausen* a.a.O.

30) BVerfGE 42, 312/340 (u. § 13 II 8); BVerfGE 46, 73; 53, 366.

31) BVerfGE 46, 73 (u. § 13 IV 12, S. 164); ferner BVerfGE 57, 220/242.

32) Hierzu u. §§ 58, 59. Wichtig in diesem Zusammenhang ist KVerf Art. 38, der eine gewisse Anbindung dieser Arbeitsbereiche an die verfaßte Kirche enthält (»Schutz und Fürsorge«, »Leitungsorganen verantwortlich«).

33) Regelung und Festlegung der arbeitsvertraglichen Bedingungen durch eine paritätisch besetzte Arbeitsrechtliche Kommission – im Gegensatz zum »Ersten Weg« (Regelung durch Kirchengesetz) und »Zweiten Weg« (Regelung durch Tarifvertrag). Hierzu näher u. § 33.

litätsanforderungen ergeben können[34]. Auch das eigene Mitarbeitervertretungsrecht[35] hat hier seine Grundlage. Aus dem Selbstbestimmungsrecht folgt ferner, daß die Kirchen und Religionsgemeinschaften entsprechend ihrem Amtsverständnis die Dienstverhältnisse ihrer Pfarrer und Kirchenbeamten regeln können und ihnen dabei besondere Auflagen[36] oder Beschränkungen[37] auferlegen können. Andererseits liegt im kirchlichen Selbstbestimmungsrecht auch die Entwicklung und Erprobung von Gestaltungsformen begründet, die vom staatlichen Arbeits- oder (in bestimmtem Rahmen) auch vom sonstigen öffentlichen Dienstrecht abweichen können[38].

7. Der **Freiraum**, der hier den Kirchen und Religionsgemeinschaften gewährt ist, und der zwingend daraus resultiert, daß Kirchen und Religionsgemeinschaften ihre Gewalt nicht vom Staat herleiten und einem »für die Staatsgewalt unantastbaren Freiheitsbereich« entstammen[39], ist für diese aber auch eine **Verpflichtung.** Sie haben darauf zu achten, daß in den Bereichen, in denen ihr Wirken unverzichtbar ist, sie ihre eigene Ordnung gemäß ihrem Selbstverständnis schaffen[40]. Dabei gilt es, den vom Bundesverfassungsgericht entwickelten Gedanken der **Konkordanz** zwischen staatlichem und kirchlichem Recht zu beachten.

Zu dieser Verpflichtung, den von der Verfassung gewährten Freiraum in rechter Weise zu füllen, gehört auch, daß kirchlicherseits dieses Recht selbst geachtet und bejaht wird. Die Kirche gründet sich auf ihren Auftrag und steht auf dem Boden eines Bekenntnisses. Dies unterscheidet sie grundlegend vom neutralen Staat und auch von anderen Institutionen. Der Staat gewährt ihr den Freiraum, sich diejenige Organisation zu geben, die ihrem Selbstverständnis am besten entspricht. Dieser Freiraum wäre allerdings dann nicht mehr verdient, wenn die Kirche selbst sich als »Jedermann« und nicht mehr als besondere, ihrem spezifischen Auftrag verpflichtete Gemeinschaft ansähe[41].

34) Hierzu näher u. § 16 mit Literaturnachweisen.
35) Mitarbeitervertretungen im Gegensatz zu Betriebs- oder Personalräten im nichtkirchlichen Bereich. Hierzu u. § 17.
36) Vgl. z. B. PfG – RS 500 – § 44, Art. 44a (Religionsunterricht).
37) Vgl. PfG §§ 56 ff. (Nebentätigkeit, politische Betätigung); hierzu auch KBG – RS 600 – §§ 43, 47; KBErgG – RS 601 – § 16.
38) Hierzu *G. Grethlein*, Die Autonomie der Kirche. Freiraum und Grenzen bei der Gestaltung der Dienst- und Arbeitsverhältnisse im Blick auf die Personalplanung, ZevKR 24 (1979) S. 270 ff. Zum Erprobungsgesetz näher u. § 30.
39) BVerfGE 42, 312/332 (u. § 13 II 5, S. 162).
40) *Geiger*, Rechtsprechung des Bundesverfassungsgerichts (Fn. 21), S. 174.
41) Z. B. wenn – wie es verschiedentlich geschieht – in der kirchlichen Mitarbeiterschaft das Erfordernis gewisser Loyalitätspflichten angezweifelt wird, die aber für andere »Gesinnungsverbände« für selbstverständlich gehalten und dort auch ohne weiteres

Literatur

A. v. Campenhausen, Staatskirchenrecht, 2. Aufl. München 1983, S. 77 ff.; *W. Geiger,* Die Rechtsprechung des Bundesverfassungsgerichts zum kirchlichen Selbstbestimmungsrecht, ZevKR 26 (1981) S. 156 ff.; *K. Hesse,* Das Selbstbestimmungsrecht der Kirchen und Religionsgemeinschaften, HdbStKirchR I S. 409 ff.; *A. Hollerbach,* Grundlagen des Staatskirchenrechts, in: *J. Isensee/P. Kirchhof,* HdbStR Bd. 6: Freiheitsrechte, Heidelberg 1989, § 138 (S. 471 ff.), insb. Rdnr. 114 ff. (S. 534 ff.); *O. Voll,* HdbBayStKirchR S. 42 ff.

Ferner die Kommentierungen zu WRV Art. 137 Abs. 3 in: *H. v. Mangoldt/F. Klein,* Das Bonner Grundgesetz, 3. Aufl., Bd. 14, bearb. v. *A. v. Campenhausen,* München 1991 (zit. *v. Mangoldt/Klein/v. Campenhausen*) und *Th. Maunz/G. Dürig/R. Herzog/R. Scholz,* Kommentar zum Grundgesetz, München 1993 (*Maunz,* Stand 1973), sowie die allgemein zu § 5 angeführte Literatur.

hingenommen und befolgt werden; wenn ferner für kirchliche Mitarbeiter und Mitarbeiterinnen das grundsätzliche Erfordernis einer Zugehörigkeit zu einer christlichen Kirche in Frage gestellt wird u. a. m. Hierzu eindringlich: *A. v. Campenhausen*, Erosion des Staatskirchenrechts? Aktuelle Probleme der Volkskirche heute, LM 1984, S. 368 ff.

§ 9
Körperschaftsstatus

1. Auf den ersten Blick muß es befremden, daß den Kirchen und
RS 100/ Religionsgemeinschaften in GG Art. 140 i. V. m. Art. 137 Abs. 5 WRV
RS 101 der Status einer Körperschaft des öffentlichen Rechts verfassungsrechtlich zuerkannt ist. Körperschaften des öffentlichen Rechts sind nämlich **Personenverbände** (also **mitgliedschaftlich organisierte Vereinigungen**), die **mit eigener Rechtsfähigkeit** ausgestattet sind und **unter staatlicher Aufsicht staatliche Aufgaben** wahrnehmen[1]. Dieser Definition entsprechen die **Kirchen und Religionsgemeinschaften** gerade **nicht**. Weder nehmen sie staatliche Aufgaben wahr, noch stehen sie unter staatlicher Aufsicht. Nur historisch ist erklärbar, daß Kirchen und Religionsgemeinschaften diesen Status haben. Früher waren sie in der Tat ein Teil des Staates und nahmen damit staatliche Aufgaben wahr. Die früheren Landeskirchen zur Zeit des landesherrlichen Kirchenregiments waren es auch, für die dieser Begriff der öffentlichen Korporation zunächst entwickelt worden ist[2]. Heute dagegen paßt dieser Begriff in der beschriebenen Bedeutung für die Kirchen und Religionsgemeinschaften nicht mehr. Sie sind **Körperschaften des öffentlichen Rechts eigener Art**[3]. Dasselbe gilt für Weltanschauungsgemeinschaften, die gemäß WRV Art. 137 Abs. 7 den Religionsgemeinschaften gleichgestellt sind.

2. Sinn der Regelung in Art. 137 Abs. 5 war, die den Kirchen bis zum Inkrafttreten der WRV zustehende **öffentliche Rechtsposition** und die damit verbundenen Vorteile auch weiterhin zu erhalten[4]. Wegen der nunmehr geltenden religiösen und weltanschaulichen Neutralität des Staates und dem Gebot der Parität wurde dieser Status einer öffentlich-rechtlichen Körperschaft durch Art. 137 Abs. 5 jetzt aber **allen** Kirchen und Religionsgemeinschaften angeboten[5]. Voraussetzung

1) *v. Campenhausen,* Staatskirchenrecht, S. 96 m. w. N.; vgl. auch *H. Weber,* Religionsgemeinschaften als Körperschaften des öffentlichen Rechts, S. 50 ff.; ferner o. § 4,3 »Beachte« (S. 48).
Beispiele öffentlich-rechtlicher Körperschaften sind der Staat, die Kommunen, sonstige Gebietskörperschaften (Landkreise, Regierungsbezirke), Universitäten, Industrie- und Handelskammern, Rechtsanwalts-, Ärztekammern u. ä.
2) *Weber* (Fn.1), S. 52.
3) *v. Mangoldt/Klein/v. Campenhausen,* GG, Art. 140/Art. 137 WRV Rdnr. 149; E. *Friesenhahn,* Kirchen und Religionsgemeinschaften als Körperschaften des öffentlichen Rechts, HdbStKirchR I, S. 549 ff.
4) BVerfGE 19, 129/134; vgl. auch *Friesenhahn* a.a.O.
5) Vgl. Wortlaut: »Die Religionsgesellschaften *bleiben* Körperschaften des öffentlichen Rechts, soweit sie solche bisher *waren.* Anderen Religionsgesellschaften *sind* auf ihren Antrag gleiche Rechte zu gewähren ...«.
In Bayern hatten bis zum Inkrafttreten der WRV die drei großen Konfessionen

zung ist lediglich die Erfüllung gewisser Mindestbedingungen: Sie müssen durch ihre Verfassung und die Zahl ihrer Mitglieder die Gewähr der Dauer bieten. Es muß danach eine gewisse rechtliche Organisation bestehen, eine gesicherte Finanzausstattung und eine bestimmte Zeit der Existenz[6]. Hinsichtlich der Mitgliederzahlen besteht keine starre Grenze[7], insbesondere kann dabei auch der Mitgliederbestand in anderen Bundesländern oder anderen Staaten eine Rolle spielen[8].

Selbstverständlich steht es im **Ermessen** der einzelnen Religionsgemeinschaften, ob sie – wie WRV Art. 137 Abs. 4 dies allgemein vorsieht – ihre Rechtsfähigkeit »nach den Vorschriften des bürgerlichen Rechts« besitzen wollen, sich also in der Form des rechtsfähigen Vereins organisieren[9], oder ob sie dagegen die Rechtsstellung einer Körperschaft des öffentlichen Rechts erwerben wollen[10]. Die Art und Freiheit der **Religionsausübung** (GG Art. 4), die **Unabhängigkeit vom Staat** (WRV Art. 137 Abs. 1) und die **Garantie des Selbstbestimmungsrechts** (WRV Art. 137 Abs. 3) bleiben davon **unberührt**. Sie gelten für **alle** Kirchen und Religionsgemeinschaften, gleich wel-

(Katholiken, Lutheraner, Reformierte) die Stellung einer »öffentlichen Kirchengesellschaft« und damit einer öffentlichen Korporation. Andere Konfessionen dagegen waren bloße »Privat-Kirchengesellschaften« und hatten z. B. nicht das Recht, *öffentliche* Gottesdienste abzuhalten oder Glocken zu gebrauchen (vgl. o. § 6 Fn. 28).

Die Zuständigkeit für die Verleihung der Rechte einer Körperschaft des öffentlichen Rechts an Religionsgemeinschaften und Weltanschauungsgemeinschaften liegt bei den einzelnen Bundesländern. In Bayern erfolgt dies durch einen Verwaltungsakt des Staatsministeriums für Unterricht, Kultus, Wissenschaft und Kunst (hierzu *O. Voll,* HdbBayStKirchR S. 73). Die in Bayern den Status einer Körperschaft des öffentlichen Rechts besitzenden Religions- und Weltanschauungsgemeinschaften sind in der Bekanntmachung des Bayerischen Staatsministeriums für Unterricht, Kultus, Wissenschaft und Kunst vom 25.2.1991 aufgeführt (KWMBl I S. 1031, – RS 108). Vgl. auch Bek. desselben Ministeriums vom 6.8.1992, KWMBl I S. 462, – RS 431/1.

6) *v. Mangoldt/Klein/v. Campenhausen,* GG, Art. 140/Art. 137 WRV Rdnr. 150; *H. Weber,* Verleihung der Körperschaftsrechte, ZevKR 34 (1989) S. 350 ff. Als Mindestbestandszeit ist in der Regel von 30 Jahren auszugehen (*Weber* a.a.O. S. 352; *Voll* (Fn. 5) S. 76).

7) In der Praxis gilt zwar die Regel von einem Tausendstel der Bevölkerung des betreffenden Bundeslandes. Dies wären in Bayern mindestens 10.000 Mitglieder. Ähnlich wie bei der Mindestbestandszeit sind aber im Einzelfall Abweichungen nach unten möglich.

8) *Weber* (Fn. 6) a.a.O.; VG München, ZevKR 29 (1984), S. 628 m. Anm. *Störle* (zur Anerkennung der Baptisten als Körperschaft des öffentlichen Rechts in Bayern).
Die – grundsätzlich mögliche – Anerkennung des **Islam** als Körperschaft des öffentlichen Rechts scheiterte bis jetzt regelmäßig an einem zu geringen Maß an rechtlicher Organisation und Struktur. Zur rechtlichen Stellung des Islam in Deutschland grundlegend: *H. Marré/J. Stüting,* (Hrsg.), Essener Gespräche zum Thema Staat und Kirche, Bd. 20: Der Islam in der Bundesrepublik Deutschland, Münster 1986, mit Beiträgen von *B. Johansen, A. Albrecht* und *W. Loschelder.*

9) Zur Bedeutung von WRV Art. 137 Abs. 4 im Hinblick auf die Eintragung im Vereinsregister: *v. Mangoldt/Klein/v. Campenhausen,* GG, Art. 140/Art. 137 WRV Rdnr. 139 ff. m. w. N.; vgl. ferner BVerfGE 83, 341 (o. § 6 Fn. 27).

10) BVerfGE 19, 129/134; 70, 138/164.

cher Organisationsform. Die Beibehaltung des Korporationsstatus für die Kirchen bzw. die Möglichkeit der Zuerkennung dieses Status für andere Religions- und Weltanschauungsgemeinschaften enthält zum einen die Absage an eine radikal-laizistische Trennung von Staat und Kirche. Zum anderen bedeutet sie die Entscheidung für den Fortbestand gewisser Beziehungen zwischen Staat und Kirche und damit auch für die Zusammenarbeit beider Institutionen in einem bestimmten Rahmen[11]. Durch Art. 137 Abs. 5 werden die Bedeutung der Kirchen und der Religionsgemeinschaften sowie nach Art. 137 Abs. 7 auch der Weltanschauungsgemeinschaften für die öffentliche Gesamtordnung und das Gemeinschaftswesen anerkannt. Als nach wie vor gesellschaftlich und politisch relevante Vereinigungen werden ihnen die Gestaltungsmöglichkeiten des **öffentlichen Rechts** zugestanden, weil dies für ihr Wirken angemessener erscheint als die Form eines privatrechtlichen Vereins[12]. Die Zuerkennung der Korporationsqualität bedeutet dabei aber keine Gleichstellung mit anderen Körperschaften des öffentlichen Rechts und auch keine organische Eingliederung in den Staat: »Durch die Zuerkennung dieses öffentlich-rechtlichen Status wird die Kirche anderen öffentlich-rechtlichen Körperschaften nicht gleichgestellt. Dieser Status soll die Eigenständigkeit und Unabhängigkeit der Kirche vom Staat sowie ihre originäre Kirchengewalt bekräftigen. Durch sie wird die Kirche weder in den Staat organisch eingegliedert, noch einer besonderen Kirchenhoheit unterworfen«[13].

3. Die mit dem Status einer Körperschaft des öffentlichen Rechts verbundenen **Rechtsfolgen** sind[14]:

- **Dienstherrenfähigkeit**, d. h. z. B. die Befugnis, Beamte zu haben, also Dienstverhältnisse öffentlich-rechtlicher Natur zu begründen[15], die nicht dem Arbeits- und Sozialversicherungsrecht[16] unterliegen. Damit einher geht die **Disziplinargewalt** (das Recht, im Rahmen der

11) *v. Mangoldt/Klein/v. Campenhausen,* GG, Art. 140/Art. 137 WRV, Rdnr. 148; *v. Campenhausen,* Staatskirchenrecht, S. 97; *A. Hollerbach,* Grundlagen des Staatskirchenrechts, HdbStR VI, § 138, Rdnr. 128 (S. 540); vgl. auch BVerfGE 42, 312/332, u. § 13 II 5 (S. 162).

12) *v. Mangoldt/Klein/v. Campenhausen,* GG, Art. 140/Art. 137 WRV, Rdnr. 149; *v. Campenhausen,* Staatskirchenrecht a.a.O.; *Hollerbach* a.a.O.

13) BVerfGE 30, 415/428; 18, 385/386 ff.

14) Hierzu näher *v. Mangoldt/Klein/v. Campenhausen,* GG, Art. 140/Art. 137 WRV, Rdnr. 154 ff.; *v. Campenhausen,* Staatskirchenrecht, S. 129 ff.; *Weber* (Fn. 1) S. 108 ff.; *Voll,* HdbBayStKirchR S. 71; *Hollerbach* (Fn. 11) § 138, Rdnr. 133 ff. (S. 542 ff.) und § 139 (Der verfassungsrechtliche Schutz kirchlicher Organisationen) Rdnr. 13 ff. (S. 564 ff.), jew. m. w. N.

15) Hierzu u. § 18.

16) Zu der von der Regelung beim Staat und den meisten anderen Kirchen abweichenden Einbeziehung der gesetzlichen Rentenversicherung in die Versorgung innerhalb der ELKiB vgl. u. § 28, 3 (S. 293 f.).

öffentlich-rechtlichen Dienstverhältnisse disziplinarische Maßnahmen auch mit Wirkung im staatlichen Rechtskreis zu verhängen[17]), einschließlich eines in diesem Zusammenhang möglichen Vereidigungsrechtes[18].

- **Organisationsgewalt**, d. h. die Möglichkeit zur Untergliederung in öffentlich-rechtliche Körperschaften[19] oder zur Schaffung sonstiger öffentlich-rechtlicher Rechtssubjekte[20].
- **Parochialrecht**, d. h. die automatische Zugehörigkeit zu der Gemeinde der betreffenden Religionsgemeinschaft, in der der einzelne seinen Wohnsitz nimmt. Wer in eine Gemeinde zuzieht, braucht daher nicht seinen förmlichen Beitritt zu erklären. Dies gilt entsprechend auch für übergeordnete Gliederungen, also die entsprechenden Landeskirchen[21]. Auch nach staatlichem Recht wird der Zuziehende als Glied dieser Kirchengemeinde bzw. Religionsgemeinschaft angesehen und z. B. zur Kirchensteuer herangezogen.
- **Autonomie**, d. h. die Befugnis, die vorgenannten Bereiche mit öffentlich-rechtlicher Wirkung regeln zu können. Die Kirchen und Religionsgemeinschaften haben kraft eigenen Rechts eine Rechtsetzungsgewalt. Diese ist durch WRV Art. 137 Abs. 3 auch anerkannt. Sie ist aber zunächst auf den internen Kirchenbereich beschränkt. Erst durch die aus Art. 137 Abs. 5 folgende Autonomie (Ermächtigung zur Rechtsetzung auf öffentlich-rechtlichem Gebiet) genießt das kirchliche Recht auch Anerkennung und Geltung im

17) Zur Ausgestaltung dieses Verfahrens vgl. AVerG (DiszG) – RS 960. Die disziplinarischen Maßnahmen reichen vom Verweis bis zur Entfernung aus dem Dienst (AVerG § 78) und können als Maßnahmen des rein innerkirchlichen Bereichs von staatlichen Gerichten nicht nachgeprüft werden (BVerfG NJW 1983, S. 2569; vgl. auch Europäische Kommission für Menschenrechte, NJW 1987, S. 1131).

18) AVerG § 69 Abs. 1 Satz 2. Das bayerische AVerErgG – RS 961 – hat von dieser Möglichkeit keinen Gebrauch gemacht.

19) Wie Kirchengemeinden, Gesamtkirchengemeinden, Dekanatsbezirke; vgl. hierzu u. § 37.

20) Z. B. selbständige Stiftungen, wie Kirchen- und Pfründestiftungen, oder als sonstige Körperschaft der Pfründestiftungsverband, vgl. hierzu auch o. § 4, 3 unter »Beachte« (S. 48). Vgl. ferner u. §§ 55–57. Zur **eigenen Rechtsfähigkeit nach staatlichem Recht** bedürfen neuerrichtete kirchliche Rechtspersönlichkeiten der **Mitwirkung staatlicher Stellen**. So wird neuerrichteten Kirchengemeinden die Eigenschaft einer Körperschaft des öffentlichen Rechts eigens verliehen (vgl. KVerf Art. 8 Abs. 2; KGO § 4), die damit verbundene Neuerrichtung einer Pfründestiftung muß staatlicherseits genehmigt werden (StG – RS 460 – Art. 37).

21) Einzelheiten u. § 14.
Diese automatische Zugehörigkeit zur Wohnsitz-Kirchengemeinde (vgl. KVerf Art. 9 Abs. 2 und KGO § 5 Abs. 1) trifft allerdings nur einen Teilinhalt des Begriffs »Parochialrecht«. Daneben bedeutet er auch die Zuordnung von Pfarrer und Gemeinde, die parochialrechtliche Zuständigkeit des Ortspfarrers (PfG §§ 31 ff., hierzu u. § 20, 2).

staatlichen Bereich, mit der Wirkung, daß etwa staatliche Gerichte gegebenenfalls auch Bestimmungen des Pfarrer- oder Kirchenbeamtengesetzes anzuwenden haben und daran gebunden sind[22].

- **Besteuerungsrecht**, d. h. die Befugnis, Kirchensteuern zu erheben. Dies ist in Art. 137 Abs. 6 noch einmal ausdrücklich festgehalten. Das Recht der Kirchen und Religionsgemeinschaften, von ihren Mitgliedern Beiträge bzw. Abgaben zu erheben, steht ihnen kraft eigenen Rechts zu. Im staatlichen Bereich wären diese Beiträge nur durch Klagen vor den ordentlichen Gerichten beitreibbar. Zur »Steuer« werden diese Beiträge dadurch, daß sie aufgrund der staatlichen Steuerlisten veranlagt und mit staatlicher Hilfe **hoheitlich** beigetrieben werden können, also ohne die Notwendigkeit einer vorhergehenden Klage vor dem ordentlichen Gericht. Insoweit enthält Art. 137 Abs. 6 eine staatliche Verleihung zur Steuererhebung durch die Kirchen und Religionsgemeinschaften[23].

- **res sacrae** und kirchliche öffentliche Sachen.

Die dem Kultus dienenden Gegenstände (res sacrae, z. B. Kirchengebäude, Glocken, vasa sacra, Friedhöfe) sowie das Verwaltungsvermögen der Kirchen und Religionsgemeinschaften (Pfarrhäuser, Gemeindehäuser, kirchliche Verwaltungsgebäude u. ä.) unterliegen dem öffentlichen Sachenrecht. Die Eigenschaft als res sacra wird begründet durch die Widmung zum kirchlichen Gebrauch. Ein etwa bestehendes fremdes Eigentumsrecht wird dadurch überlagert und die Verwendung auf den Widmungszweck beschränkt[24]. Bei den eigentlichen res sacrae gilt dies wohl zugunsten aller Religionsgemeinschaften, beim sonstigen kirchlichen Verwaltungsvermögen wohl nur zugunsten der korporierten Religionsgemeinschaften[25].

»Privilegienbündel«

Hierunter fällt ein Bündel von in zahlreichen Gesetzen enthaltenen

22) Vgl. hierzu – wenn auch in wesentlich eingeschränkterem Maße – im privatrechtlichen Bereich die Vereinsautonomie.
23) Einzelheiten u. § 63.
24) So kann z. B. der Eigentümer einer Schloßkapelle, die mit seiner Zustimmung dem evangelischen Kultus gewidmet worden ist, nicht mehr ohne weiteres frei über deren Verwendung verfügen. Will er sie für widmungsfremde Zwecke, z. B. für anderskonfessionelle Trauungen oder für Konzerte zur Verfügung stellen, so geht dies nur mit Zustimmung des betreffenden Kirchenvorstandes. Vgl. zur Beschränkung der Verfügungsbefugnis des Eigentümers durch die res sacra-Eigenschaft einer Kirche vor allem BayObLGZ 1967, 93 und 1980, 381 (= BayVBl 1981, S. 438).
25) *v. Mangoldt/Klein/v. Campenhausen,* GG, Art. 140/Art. 137 WRV, Rdnr. 168; *Weber* (Fn. 1) S. 124. Als Folge hiervon wird z. B. vom Bundesverwaltungsgericht bei Klagen im Zusammenhang mit dem Gebrauch von res sacrae oder kirchlichen öffentlichen Sachen der Rechtsweg zu den Verwaltungsgerichten als gegeben angesehen, z. B. bei Klagen gegen kirchliches Glockengeläut (BVerwGE 68,62).

Einzelvergünstigungen[26], die meist allgemein allen Körperschaften des öffentlichen Rechts und damit auch den korporierten Religionsgemeinschaften zukommen. Hierzu zählen etwa Vergünstigungen und Befreiungen im Bereich des Steuerrechts (Befreiung u. a. von Körperschaftssteuer, Vermögenssteuer, Grundsteuer und Erbschaftssteuer), des Kosten- und Gebührenrechts, des Konkursrechts[27], ferner im Bauplanungsrecht[28], die Anerkennung als Träger freier Jugendhilfe[29] oder eigener Aufgaben in der Sozialhilfe[30], sowie das Recht, amtliche Beglaubigungen vorzunehmen[31]. Soweit es um Mitwirkung und Repräsentation gesellschaftlich relevanter Kräfte in staatlichen oder öffentlichen Gremien geht, wird hinsichtlich der Kirchen und Religionsgemeinschaften ebenfalls regelmäßig an den Körperschaftsstatus angeknüpft, z. B. bei der Vertretung im Rundfunkrat, im Medienrat, im Bayerischen Senat u. a.

4. Der Körperschaftstatus kommt nach dem Wortlaut von Art. 137 Abs. 5 auch dem Zusammenschluß von mehreren körperschaftlich organisierten Religionsgemeinschaften zu (Art. 137 Abs. 5 S. 3). So haben nicht nur die einzelnen Landeskirchen und deren Untergliederungen diesen Status, sondern etwa auch die VELKD oder die EKD.

5. Unabhängig vom Korporationsstatus bestehen noch folgende institutionelle Garantien, auf die hier wenigstens kurz hingewiesen werden soll:

a) Die **Kirchengutsgarantie** des Art. 138 Abs. 2, wonach »das Eigentum und andere Rechte« der Religionsgemeinschaften und religiösen Vereine gewährleistet werden, kommt allen Religionsgemeinschaften, unabhängig von ihrer Rechtsform zu. »Eigentum und andere Rechte« umfaßt dabei das gesamte Religions- und Kirchengut einschließlich bestehender Nutzungsrechte an Gebäuden und Grundstücken, die sich im Eigentum Dritter befinden[32].

b) Grundsätzlich unabhängig vom Rechtsstatus sind auch die »auf Gesetz, Vertrag oder besonderen Rechtstiteln« beruhenden **Staats-**

26) Neueste Zusammenstellung bei *v. Mangoldt/Klein/v. Campenhausen,* GG, Art. 140/ Art. 137 WRV, Rdnr. 178–181.
27) Vgl. BVerfGE 66,1: Konkursunfähigkeit korporierter Religionsgemeinschaften.
28) § 1 Abs. 5 Nr. 6 Baugesetzbuch: Berücksichtigung der Erfordernisse für Gottesdienst und Seelsorge bei der Aufstellung von Bauleitplänen.
29) Sozialgesetzbuch (SGB) Achtes Buch (VIII): Kinder- und Jugendhilfe § 75 Abs. 3.
30) § 10 Abs. 1 des Bundessozialhilfegesetzes.
31) Hierzu *A. v. Campenhausen/J.E. Christoph,* Amtliche Beglaubigungen der öffentlichrechtlichen korporierten Kirchen im weltlichen Recht, DVBl 1987, S. 984 ff.
32) BVerwG ZevKR 36 (1991) S. 56 m. Anm. v. *Mainusch.* Vgl. etwa auch Art. 18 des Kirchenvertrages; RS 110.

leistungen an die Religionsgemeinschaften, die nach Art. 138 Abs. 1 abgelöst werden sollen. Tatsächlich handelt es sich aber bei den Empfängern dieser Staatsleistungen im wesentlichen um altkorporierte Religionsgemeinschaften, also die Großkirchen, weil diese es waren, die die Opfer früherer Säkularisationen erbracht haben, für die diese historisch gewachsenen Staatsleistungen einen gewissen Ausgleich darstellen sollten[33]. Diese historischen Staatsleistungen, die nur als Ausgleich für die frühere Wegnahme von Kirchengut und aus der früheren Verflechtung von Staat und Kirche erklärbar sind, unterliegen einem Ablösungsgebot. Bis zur Aufstellung der dafür erforderlichen Grundsätze durch das »Reich« – jetzt den Bund – genießen diese Leistungen verfassungsrechtlichen Bestandsschutz, können also nicht einseitig aufgehoben werden[34]. Im beiderseitigen Einvernehmen können einzelne derartige Leistungen abgelöst, also gegen entsprechenden Wertausgleich aufgehoben werden. Dies geschieht zunehmend.

Zu den von Art. 138 Abs. 1 erfaßten Staatsleistungen gehören vor allem sog. Dotationen (Leistungen an kirchenleitende Behörden und ihre Amtsträger, Zuschüsse zur Besoldung und Altersversorgung), Reichnisse[35] und nicht zuletzt Ansprüche aus Kirchenbaulasten[36]. Einzelheiten über diese Leistungen sind meist in Konkordaten und Kirchenverträgen oder Verwaltungsvereinbarungen festgehalten[37]. Nach neuerer, zutreffender Ansicht werden zu den Leistungen in Art. 138 Abs. 1 auch die Leistungen politischer Gemeinden gerechnet[38].

33) Aber auch andere, kleinere Religionsgemeinschaften erhalten zum Teil derartige Leistungen, vgl. *v. Campenhausen,* Staatskirchenrecht, S. 193.

34) Von staatlicher Seite sind Anläufe zu einer generellen Ablösung – wohl wegen der damit verbundenen enormen Summen – bis jetzt nicht unternommen worden. In diesem Zusammenhang wäre auch Art. 18 des Reichskonkordats vom 20.7.1933 zu beachten (abgedruckt bei *J. Listl,* Die Konkordate und Kirchenverträge in der Bundesrepublik Deutschland, Bd. 1, Berlin 1987, S. 34/44), wonach vor Ausarbeitung entsprechender Ablösungsgrundsätze zwischen dem »Heiligen Stuhl und dem Reich ein freundschaftliches Einvernehmen herbeigeführt« werden soll. Aus Paritätsgründen gilt dies auch für die evangelischen Landeskirchen, vgl. *v. Campenhausen,* Staatskirchenrecht S. 195; *W. Hofmann,* Ablösung oder Anpassung der Kultusbaulast des Staates?, ZevKR 10 (1963/64) S. 369/370; *W. Weber,* Die Ablösung der Staatsleistungen an die Religionsgesellschaften, Stuttgart 1948, S. 35.

35) Hierzu u. § 49 Fn. 4 (S. 442).

36) Hierzu u. § 49,4 (S. 451 ff.).

37) Vgl. Art. 21 ff. des Kirchenvertrages – RS 110, und die Staatsleistungsvereinbarung in RS 115. Hierzu u. § 10.
Zu Art. 138 Abs. 1 und 2 WRV allgemein vgl. v. a. *v. Campenhausen,* Staatskirchenrecht, S. 185 ff.; *v. Mangoldt/Klein/v. Campenhausen,* GG, Art. 140/Art. 138 WRV Rdnr. 1–37; *J. Isensee,* Staatsleistungen an die Kirchen und Religionsgemeinschaften, HdbStKirchR II S. 51 ff., jew. m. w. N.

38) *Isensee* a.a.O. S. 70 m. w. N.; ihm folgend *v. Mangoldt/Klein/v. Campenhausen* a.a.O. Rdnr. 5. Auf jeden Fall wären die Leistungen der politischen Gemeinden über Art. 138 Abs. 2 (Kirchengutsgarantie) verfassungsrechtlich gewährleistet. Vgl. hierzu auch BV Art. 145 Abs. 1.

c) Durch den **Sonn- und Feiertagsschutz**, wie er in WRV Art. 139 dem Grunde nach festgehalten und in den Feiertagsgesetzen der Länder näher ausgestaltet ist, werden kirchliche Feiertage als öffentliche Feiertage im Sinne von gesetzlichen Feiertagen umfassend geschützt oder unterliegen als kirchliche Feiertage einem eingeschränkten Schutz in Form des Schutzes der Gottesdienstfeier mit der Möglichkeit des Gottesdienstbesuches auch während der Arbeitszeit. Wegen des Paritätsgrundsatzes und des allgemeinen Gleichheitsgrundsatzes in GG Art. 3 Abs. 3 müssen »kirchliche Feiertage« im Sinne der letzteren Regelung in gleicher Weise für christliche wie für nichtchristliche Religionsgemeinschaften gelten, unabhängig von ihrer Organisationsform. Für Angehörige religiöser Minderheiten können gleichwohl insoweit gewisse Härten entstehen, als ihre besonderen Feiertage in den Feiertagsgesetzen der Länder nicht extra erwähnt sind. In diesen Fällen ist aber die allgemeine Religionsfreiheit zu beachten, aus der sich gewisse Berücksichtigungsgebote ableiten lassen, z. B. daß nicht bestimmte Handlungen verlangt werden, die diesen Personen aufgrund ihres Glaubens an ihren Feiertagen vorzunehmen verboten sind[39].

39) Z. B. die Sabbatheiligung für Juden und Sieben-Tags-Adventisten, mit der Möglichkeit der Befreiung vom Schulbesuch an Samstagen. Unabhängig von der Organisationsform steht dieses Recht allen religiösen Gemeinschaften zu, die sich zum biblischen Gebot der Sabbatheiligung bekennen (BVerwGE 42, 128). Zulässige Ablehnung eines Arbeitsangebotes aus wichtigem Grund, wenn entgegen der religiösen Überzeugung ein Zwang zur Arbeit am Sabbat bestünde (BSGE 51, 70).
Vgl. bereits o. § 6, 2c mit Fn. 15–18 (S. 80) und die dort angeführte Literatur; vgl. ferner *v. Mangoldt/Klein/v. Campenhausen,* GG, Art. 140/Art. 139 WRV, Rdnr. 1–38 m. w. N.

Literatur

A. v. Campenhausen, Staatskirchenrecht, 2. Aufl. München 1983, S. 95 ff.; *H. v. Mangoldt/F.Klein,* Das Bonner Grundgesetz, 3. Aufl. Bd. 14, bearb. v. *A. v. Campenhausen,* München 1991, v. a. Art. 140/Art. 137 WRV Rdnr. 145 ff. (zit.: *v. Mangoldt/Klein/v. Campenhausen*); *E. Friesenhahn,* Die Kirchen und Religionsgemeinschaften als Körperschaften des öffentlichen Rechts, HdbStKirchR I S. 545 ff.; *A. Hollerbach,* Grundlagen des Staatskirchenrechts, in: *J. Isensee/P. Kirchhof* (Hrsg.), HdbStR Bd. 6: Freiheitsrechte, Heidelberg 1989, § 138, Rdnr. 124 ff. (S. 538 ff.); *O. Voll,* HdbBaySt-KirchR S. 59 ff.; *H. Weber,* Die Religionsgemeinschaften als Körperschaften des öffentlichen Rechts im System des Grundgesetzes. Schriften zum öffentlichen Recht Bd. 32, Berlin 1966; *ders.,* Die Verleihung der Körperschaftsrechte an Religionsgemeinschaften, ZevKR 34 (1989) S. 337 ff.

Zur Entstehung von Art. 137 Abs. 5: *A. Endrös,* Entstehung und Entwicklung des Begriffs Körperschaft des öffentlichen Rechts, Wien 1985; *ders.,* Finis rerum sacrarum 11.8.1919? Zur Entstehungsgeschichte der Art. 137 V und 138 II der Weimarer Reichsverfassung, ZevKR 33 (1988) S. 285 ff.

RECHTSQUELLEN DES STAATSKIRCHENRECHTS

Einseitig vom Staat gesetztes Recht

Verfassungsrecht:

	GRUNDGESETZ	BAY. VERFASSUNG
Religionsfreiheit:	Art. 4 GG und Art. 140 GG i.V.m. Art. 136 WRV	Art. 107 BV
Religionsunterricht:	Art. 7 GG	Art. 136, 137 BV
Verhältnis Staat – Kirche:	Art. 140 GG i.V.m. Art. 137 – 141 WRV	Art. 142 – 150 BV

Gesetze, Verordnungen, Bekanntmachungen:

Beispiele:
Bayerisches Kirchensteuergesetz (RS 430)
AV zum Bayerischen Kirchensteuergesetz (RS 431)
Bek. über Kirchen, Religions- und weltanschauliche Gemeinschaften mit der Eigenschaft einer Körperschaft des öffentlichen Rechts (RS 108)

Vertragsstaatskirchenrecht

Bayerischer Staatskirchenvertrag vom 15.11.1924 einschl. der späteren Notenwechsel (RS 110)

Vereinbarungen RS 113 – 116

Militärseelsorgevertrag zwischen BRD und EKD vom 22.02.1957 (RS 192)

§ 10
Vertragsstaatskirchenrecht

1. Staatskirchenverträge sind eine seit der Weimarer Zeit und vor allem nach dem Zweiten Weltkrieg weit verbreitete Rechtsquelle des Staatskirchenrechts geworden. Dies hängt mit dem gewandelten Verhältnis von Staat und Kirche zusammen: Voneinander geschieden und in je ihren eigenen Bereichen unabhängig, haben sie wegen der sich zum Teil überlappenden Aufgabenbereiche vielfache Berührungspunkte, die eine vertrauensvolle Zusammenarbeit erfordern. Dieser dienen Regelungen in Verträgen, die zum Teil das bereits in einzelnen Verfassungsbestimmungen angelegte Zusammenwirken[1)] näher entfalten oder auch darüber hinausgehende Bestimmungen von beiderseitigem Interesse enthalten. Dabei stehen sich Staat und Kirche beim Abschluß derartiger Verträge als gleichberechtigte Vertragspartner gegenüber. Zwar könnte der Staat als Herr der staatlichen Rechtsordnung hier auch in Form des Erlasses eines entsprechenden Gesetzes einseitig hoheitlich tätig werden. Gerade als säkularer und freiheitlich demokratischer Staat wird er aber dem Gebot der Achtung der Eigenständigkeit der Religionsgemeinschaften und dem Verbot der Einmischung in geistliche Angelegenheiten am besten dadurch gerecht, daß er eine vertragliche Regelung mit den Kirchen und Religionsgemeinschaften vorzieht[2)].

Staatskirchenverträge entsprechen somit dem zeitgemäßen **Modell einer kooperativen Trennung von Staat und Kirche**[3)]. Sie unterstreichen zugleich die Eigenständigkeit und Unabhängigkeit der Kirchen und Religionsgemeinschaften. »Das Vertragsverhältnis zwischen einem freien Staat und einer freien Kirche kann die notwendige Nähe bei ebenso notwendiger Distanz so gestalten, daß Spannungen zwar nicht vermieden, aber fruchtbar aufgearbeitet werden können[4)].«

1) Z. B. GG Art. 7 Abs. 2–5: Garantie des Religionsunterrichts und des freien Schulwesens, das auch offen für konfessionelle Ausprägungen ist; GG Art. 140 i. V. m. Art. 137 Abs. 6 WRV (Garantie der Kirchensteuererhebung), Art. 138 WRV (Kirchengutsgarantie und Gewährleistung kirchlichen Eigentums) und Art. 141 WRV (Garantie der Militär- und Anstaltseelsorge); ferner die in den Länderverfassungen enthaltene Garantie des Bestands von theologischen Fakultäten an den staatlichen Universitäten, z. B. BV Art. 150.

2) *A. Hollerbach,* Staatskirchenverträge, StL V, Sp. 187; *ders.,* Grundlagen des Staatskirchenrechts, HdbStR VI, § 138 Rdnr. 64 (S. 506); *ders.,* Vertragsrechtliche Grundlagen, HdbStKirchR I, S. 281.

3) Bezeichnenderweise wurde zur Neuordnung der Staat-Kirche-Beziehungen in Italien und Spanien ebenfalls der Weg vertraglicher Regelungen gewählt. Auch in den neuen Bundesländern finden derzeit Verhandlungen über den Abschluß von Kirchenverträgen statt (s. auch u. Fn. 7a).

4) *H. Maser,* Evangelische Kirche im demokratischen Staat, S. 240.

Beide Seiten werden zu besonderer Vertragstreue verpflichtet. Der Staat **könnte** zwar im Rahmen seiner Gesetzgebungshoheit ein den Vertragsinhalt abänderndes Gesetz erlassen. Dieses wäre auch rechtswirksam, soweit er im Rahmen seiner Kompetenz handelt und die verfassungsrechtliche Stellung der Kirchen und Religionsgemeinschaften beachtet. Er **dürfte** es aber **nicht**, da er dadurch **vertragsbrüchig** würde[5]. Der Vertrag ist somit einer einseitigen Aufhebung entzogen.

2. Terminologisch unterscheidet man unter dem Oberbegriff **Staatskirchenvertrag** einmal das zwischen einem Staat und dem Heiligen Stuhl abgeschlossene **Konkordat** und zum anderen den zwischen einem Staat und evangelischer Kirche oder anderen auf seinem Gebiet tätigen Religionsgemeinschaften abgeschlossenen **Kirchenvertrag**[6]. Beide haben innerstaatlich gleiche Verbindlichkeit, dem Konkordat kommt darüber hinaus die Qualität eines völkerrechtlichen Vertrages zu. Während Konkordate auf eine lange Tradition zurückblicken (grundlegend: Wormser Konkordat von 1122), sind evangelische Kirchenverträge erst seit dem Inkrafttreten der WRV bekannt. Zunächst aus paritätischen Gründen im Zusammenhang mit dem Abschluß von Konkordaten vereinbart (Bayerischer und Pfälzischer Kirchenvertrag 1924; Preußischer Kirchenvertrag 1931; Badischer Kirchenvertrag 1932) erlangten sie nach dem Zweiten Weltkrieg eine eigenständige Bedeutung. Wegweisend war hier der zwischen dem Land Niedersachsen und den dortigen evangelischen Kirchen abgeschlossene Loccumer Vertrag von 1955[7], dem Verträge in anderen Bundesländern folgten. Eine besondere, derzeit ganz aktuelle Bedeutung hat der zwischen der EKD und der Bundesrepublik Deutschland abgeschlossene Militärseelsorgevertrag von 1957 erlangt (RS 192, vgl. auch RS 194, 196).

Von ebenso aktueller und die Beziehung von Staat und Kirche als gleichberechtigte Verhandlungspartner unterstreichender Bedeutung sind die

5) *v. Campenhausen,* Staatskirchenrecht, S. 111; *v. Mangoldt/Klein/v. Campenhausen,* GG, Art. 140 Rdnr. 58; *Hollerbach* (Fn. 2), StL V Sp. 187; *D. Pirson,* Evangelische Kirchenverträge, StL II Sp. 498. Immerhin ist der parlamentarische Gesetzgeber ja auch bei dem Abschluß des Vertrages beteiligt gewesen (Zustimmung in Form eines Gesetzes; vgl. auch u. zu Fn. 9).

6) *v. Mangoldt/Klein/v. Campenhausen,* GG, Art. 140 Rdnr. 46; *Hollerbach* (Fn. 2), HdbStR VI Rdnr. 48 (S. 497); *ders.,* HdbStKirchR I S. 268; *ders.,* StL V, Sp. 185; *J. Listl,* Konkordate und Kirchenverträge, Bd. 1, S. 5.

7) Vgl. insbesondere dessen Präambel, die von einer »gemeinsamen Verantwortung für den evangelischen Teil der niedersächsischen Bevölkerung« und der »Übereinstimmung über den Öffentlichkeitsauftrag der Kirchen und ihre Eigenständigkeit« spricht. Abdruck bei *Listl* (Fn. 6) Bd. 2, S. 109.

bereits abgeschlossenen oder derzeit kurz vor dem Abschluß stehenden Kirchenverträge in den Neuen Bundesländern[7a].

Soweit es sich nicht um bloße Verwaltungsabkommen oder -vereinbarungen handelt[8], bedarf der Abschluß von Staatskirchenverträgen der parlamentarischen bzw. synodalen Zustimmung[9].

3. Gegenstand derartiger Verträge sind einmal die Wiederholung verfassungsrechtlicher Gewährleistungen, wie die Religionsfreiheit, die Eigenständigkeit und das Selbstbestimmungsrecht der Kirchen, der Schutz kirchlichen Eigentums, der Religionsunterricht, die Kirchensteuererhebung oder die Anstaltseelsorge. Damit sind diese Garantien **auch vertragsrechtlich abgesichert**, somit einer einseitigen Verfassungsänderung entzogen. Zum anderen enthalten diese Verträge nähere Konkretisierungen des Zusammenwirkens von Staat und Kirche, etwa im Bereich des Religionsunterrichts, der theologischen Fakultäten oder theologischer bzw. religionspädagogischer Lehrstühle. Ein weiterer Regelungsgegenstand sind die Gewährleistungen finanzieller Art als Konkretisierung der verfassungsrechtlich garantierten Staatsleistungen (GG Art. 140 i. V. m. Art. 138 Abs. 1)[10]. In neueren Verträgen sind häufig die Anerkennung eines Öffentlichkeitsauftrages der Kirchen[11], die Beteiligung der Kirchen an Sendezeiten des Rund-
RS 110 funks und Fernsehens und die Möglichkeiten der Erwachsenenbildung geregelt.

7a) Vgl. z. B. den »Wittenberger Vertrag«, ABl. EKD 1994, S. 24 (Vertrag des Landes Sachsen-Anhalt mit den Evangelischen Landeskirchen in Sachsen-Anhalt v. 15. 9. 1993); ferner die Verträge des Landes Mecklenburg-Vorpommern, des Freistaates Sachsen und des Freistaates Thüringen mit den jew. evang. Kirchen, ABl. EKD 1994, S. 265, 270, 280.

8) Z. B. die Vereinbarung über die Erfüllung der staatlichen Baupflicht an Pfarrgebäuden mit den Baupflichtrichtlinien, RS 400.

9) *Hollerbach* (Fn. 2) HdbStR VI, § 138 Rdnr. 76 (S. 513); *v. Mangoldt/Klein/v. Campenhausen* Art. 140 Rdnr. 54.

10) Vgl. o. § 9, 5b (S. 115 f.).

11) Vgl. o. Fn. 7 und näher u. § 12.

12) Der »Vertrag zwischen dem Bayerischen Staate und der Evangelisch-Lutherischen Kirche in Bayern« wurde am 15.11.1924 unterzeichnet und trat am 27.1.1925 in Kraft (Verkündung im KABl, vgl. *Maser* (Fn. 4), S. 128). Zeitgleich traten aufgrund des Gesetzes vom 15.1.1925 in Kraft: Das Konkordat mit der katholischen Kirche vom 29.3.1924 (ratifiziert am 24.1.1925) und der Vertrag mit der »Vereinigten Protestantischen-Evangelisch-Christlichen Kirche der Pfalz«. Auch inhaltlich stimmten alle drei Verträge im wesentlichen überein. Zur Entstehung unseres Kirchenvertrages – zusammen mit dem Pfälzer Kirchenvertrag der erste evangelische Kirchenvertrag überhaupt – und dessen weiterer Wirkungsgeschichte vgl. das eingehende Werk von *Maser* (Fn. 4). Die Bayerische Verfassung garantiert in Art. 182 die Weitergeltung dieser Verträge. Der Pfälzer Kirchenvertrag wurde bei der Ausgliederung der Pfalz aus Bayern 1946 vom Land Rheinland-Pfalz übernommen und 1962 durch den Rheinland-Pfälzischen Kirchenvertrag formell zwar nur »fortgebildet«, inhaltlich durch diesen neuen Vertrag aber praktisch abgelöst.

4. Die Regelungsmaterien unseres **Kirchenvertrages vom 15.11. 1924**[12] mit seinen Änderungsverträgen von 1968, 1974, 1978 und 1984[13] entsprechen dieser Übersicht: Wiederholt und damit auch vertraglich abgesichert, zum Teil in der näheren Ausgestaltung konkretisiert, werden die verfassungsrechtlichen Garantien der Religionsfreiheit, der kirchlichen Eigenständigkeit und des Selbstbestimmungsrechts (Art. 1), des Bestands der theologischen Fakultäten[14] (Art. 2), des Religionsunterrichts als ordentliches Lehrfach (grundlegend Art. 10), der Staatsleistungen und deren Ablösung (Art. 15), der Anstaltsseelsorge (Art. 17), der Schutz kirchlichen Eigentums (Art. 19) und der Kirchensteuererhebung (Art. 20). Im Hinblick auf Lehramtsstudenten mit dem Fach Evangelische Religion garantiert der Staat außerhalb der theologischen Fakultäten in Erlangen-Nürnberg und München ein bestimmtes theologisches Lehrangebot an den Universitäten Augsburg, Bayreuth, Bamberg, Regensburg, Würzburg und Passau (Art. 3 und 4). Berufungen für das Lehrpersonal an den theologischen Fakultäten und den theologischen Lehrstühlen der anderen Universitäten werden dabei erst nach »gutachtlicher Einvernahme« des Landeskirchenrats vorgenommen[15] (Art. 2 Abs. 2 S 2; Art. 3 Abs. 1; Art. 4 Abs. 2; zu den Erfordernissen des Lehrangebots vgl. Art. 5; zur Berücksichtigung der Bedürfnisse der Theologiestudenten im Hinblick auf die Vertretung des evangelischen Kirchenrechts[16] an den juristischen Fakultäten Erlangen-Nürnberg und München vgl. Art. 2 Abs. 3). Ein-

13) Die Änderungen waren vor allem erforderlich aufgrund der Neuordnung des Volksschulwesens (Gemeinschaftsschule statt Bekenntnisschule) und der Lehrerbildung sowie der endgültigen Festlegung des theologischen Lehrangebotes außerhalb der beiden bayerischen evangelisch-theologischen Fakultäten. Zu den Ergänzungen und Änderungen im einzelnen *Maser* (Fn. 4), S. 159 ff., 180 ff. Eine Gegenüberstellung des Wortlauts von 1924 und der Änderungsverträge von 1968, 1974 und 1978 findet sich als Anlage V bei *Maser* S. 296 ff.

14) BV Art. 150 Abs. 2. Der anläßlich der Errichtung der Evangelisch-Theologischen Fakultät in München 1967 abgeschlossene Vertrag, nach dem die für die Erlanger Fakultät geltenden Bestimmungen entsprechende Anwendung finden sollten, wurde in den zweiten Ergänzungsvertrag 1974 eingearbeitet, vgl. *Maser* (Fn. 4), S. 179.

15) Dies im Gegensatz zur Regelung im Konkordat Art. 3 § 2, wonach eine Berufung oder Erteilung eines Lehrauftrages erst dann erfolgt, wenn vom zuständigen Diözesanbischof »keine Erinnerung« erhoben worden ist. Die Formulierung »gutachtlich einvernommen« in Art. 2 Abs. 2 des Kirchenvertrags ist gemeinprotestantisches Traditionsgut. Sie war bereits in § 13 des Protestanten-Edikts von 1818 (zum Protestanten-Edikt o. § 3, 3) enthalten, ebenso in preußischen Regelungen. Sachlich besteht jedoch kein Unterschied, da der Staat sich aus verfassungsrechtlichen Gründen nicht über ein Votum des Landeskirchenrates hinweg setzen kann (*A. v. Campenhausen,* Theologische Fakultät und Landeskirche, in: »Wägen und Wahren«, FS W. Hofmann, München 1981, S. 169; *v. Mangoldt/Klein/v. Campenhausen,* GG, Art. 140/Art. 137 WRV Rdnr. 122; *M. Heckel,* Die theologischen Faktultäten im weltlichen Verfassungsstaat, Jus. Eccl. Bd. 31, Tübingen 1986, S. 94 ff.; vgl. ferner die Regelung bei der Zulassung staatlicher Religionslehrer in Art. 6 Abs. 1 S. 2).

16) Belegung ist Zulassungsvoraussetzung für die Theologische Aufnahmeprüfung (§ 5 Abs. 1 Nr. 1 Buchst. l TheolAufnPO – RS 525).

zelheiten des Religionsunterrichts, der Erteilung durch staatliche und kirchliche Lehrkräfte, der Möglichkeit konfessioneller Klassenbildungen sowie der Aufsicht über den Inhalt des Religionsunterrichts regeln die Art. 6 bis 12. Im Rahmen der allgemeinen Privatschulförderung verbürgt sich der Staat auch für die Förderung evangelisch-lutherischer Privatschulen (Art. 13). Art. 15 garantiert die Einhaltung der auf »Gesetz, Vertrag oder besonderen Rechtstiteln beruhenden vermögensrechtlichen Verpflichtungen« seitens des Staates. Hierunter fallen vor allem Baulasten, aber auch andere Verpflichtungen (z. B. Dotationen), die durch die frühere Einziehung von Kirchengut im Gefolge der Reformation bzw. aufgrund des Reichsdeputationshauptschlusses von 1803 oder sonst im Wege der Rechtsnachfolge auf den Staat übergegangen sind. Diese Garantie ist auch in GG Art. 140 i. V. m. Art. 138 WRV bzw. BV Art. 145 enthalten[17]. Eine Ergänzung zu Art. 15 bilden Art. 18 (Überlassung staatlicher Gebäude und Grundstücke für kirchliche Zwecke)[18], Art. 19 (Schutz des kirchlichen Eigentums) und Art. 23 (Überlassung und weitere Unterhaltung der Dienstgebäude früherer Konsistorialbehörden)[19]. Art. 17 enthält Einzelheiten zur Gewährleistung der Anstaltsseelsorge[20] und wird im Hinblick auf die Seelsorge in Justizvollzugsanstalten ergänzt durch die Verwaltungsvereinbarung vom 12.2.1982 (RS 113). Art. 21 bis 25 enthalten Einzelheiten über die Zuschüsse des Staates zur Bestreitung der Perso-

17) Vgl. bereits o. § 9, 5a und b (S. 115 f.). Zu den Staatsleistungen vgl. *J. Isensee,* Staatsleistungen an die Kirchen und Religionsgemeinschaften, HdbStKirchR II, S. 51 ff.; *W. Hofmann,* Staatsleistungen, EvStL Sp. 3434 ff.; *H. Marré/D. Schümmelfeder* (Hrsg.), Essener Gespräche zum Thema Staat und Kirche, Bd. 28: Die staatliche Förderung von Gesellschaft und Kirche, Münster 1994 (m. Beiträgen von *H. H. Rupp, W. Clement, D. Pirson*). Zur Baulast: Überblick bei *H. Böttcher,* Baulast, EvStL Sp. 163 ff.; zu Kommunalbaulasten: *ders.,* Art und Rechtsgrund kommunaler Kirchenbaulasten, in: Rechtsstaat, Kirche, Sinnverantwortung, FS K. Obermayer, hrsg. v. *R. Bartlsperger, D. Ehlers, W. Hofmann, D. Pirson,* München 1986, S. 155 ff. Vgl. im übrigen auch u. § 49, 4. Auf dem Gesetz beruhende Verpflichtungen sind in diesem Zusammenhang z. B. Baulastansprüche nach der Markgräflich-Brandenburgischen Konsistorialordnung von 1594 oder nach dem Preußischen Allgemeinen Landrecht von 1794. Wegen der in Art. 132 des Einführungsgesetzbuches zum Bürgerlichen Gesetzbuch für das Kultusbaulastrecht festgelegten Fortgeltung früheren Landesrechts handelt es sich in diesem Bereich um heute noch gültiges und anzuwendendes Recht. Beide Gesetze sind die wesentlichsten Rechtsgrundlagen für die staatliche Baupflicht an zahlreichen evangelischen Kirchen und Pfarrhäusern in Mittel- und Oberfranken. »Besondere Rechtstitel« sind rechtskräftige Gerichtsentscheidungen, unvordenkliche Verjährung, Herkommen (langjährige Übung, die als solche ein dauerndes Rechtsverhältnis zwischen zwei beteiligten Parteien regelt und in dieser beständigen Übung eine vertragsmäßige Abmachung ersetzt), erwerbende Verjährung u. a.

18) Soweit Kirchengebäude im staatlichen Eigentum stehen, sind sie als res sacrae ohnehin der Verfügungsgewalt des Eigentümers entzogen, vgl. o. § 9, 3 (S. 114).

19) Z. B. das jetzige Dienstgebäude der Landeskirchenstelle in Ansbach.

20) Vgl. bereits die allgemeinen Gewährleistungen in GG Art. 140 i. V. m. Art. 141 WRV und BV Art. 148; hierzu u. § 11,2 (S. 128).

nalkosten und des Sachaufwandes des Landeskirchenrates, einschließlich der Versorgung, sowie zur Besoldung und Versorgung der Geistlichen, zu den Kosten der Landessynode, des Landessynodalausschusses und der Predigerseminare. Zum Teil handelt es sich hier um Pflichtleistungen[21)], zum Teil um freiwillige Zuschüsse. Ergänzt und näher konkretisiert werden diese Artikel durch die Staatsleistungsvereinbarung vom 7.3./27.4.1964 (RS 115).

Art. 26 bis 28 regeln als vertragliche Pflichten für die Kirche die Voraussetzungen für die Verwendung von Geistlichen, Religionslehrern und Kirchenbeamten. Die dort genannten Bestimmungen über den Besitz der deutschen Staatsangehörigkeit und des Studiums an einer deutschen Hochschule sind zwischenzeitlich durch EU-Recht überlagert[22)]. Ausnahmen waren im gegenseitigen Einvernehmen auch bisher möglich (Art. 26 Abs. 2) und üblich.

Eine leicht zu Mißverständnissen führende Regelung enthält Art. 29. Nach dieser sog. Politischen Klausel wird vor der Wahl des Landesbischofs – oder der Landesbischöfin – das Präsidium der Landessynode mit der Staatsregierung »in Verbindung treten, um sich zu versichern, daß gegen die für die Wahl in Betracht kommenden Kandidaten« – oder Kandidatinnen – »Erinnerungen politischer Natur nicht obwalten«. Diese Mitteilung ist eine aus der Tradition des Miteinander von Staat und Kirche erklärbare vertragliche Selbstbindung seitens der Kirche, der eine sachliche Bedeutung jedoch nicht zukommt. Ein staatliches Vetorecht besteht nicht. Es wäre auch mit GG Art. 140 i. V. m. Art. 137 Abs. 3 S. 2 WRV unvereinbar[23)].

21) Z. B. bei den Zuschüssen für Kosten des LKR. Sie entsprechen den finanziellen Zuwendungen zu den Bezügen der Erzbischöfe und Mitglieder der Domkapitel gemäß Art. 10 des Bayer. Konkordates. Vgl. im einzelnen: Gesetz über die Bezüge der Erzbischöfe, Bischöfe und Mitglieder der Domkapitel sowie über die Zuschüsse zum Personalaufwand des Landeskirchenrates, BayRS 2220 – 3 – K und die VOen in BayRS 2220 – 3 – 1 – K und 2220 – 3 – 2 – K. Grund für diese Leistungen ist die Fortführung auch schon früher bestehender Verpflichtungen. Einzelheiten hierzu in der Regierungsbegründung zum Gesetz vom 15.1.1925, zum Konkordat und zu den Kirchenverträgen, in: *Listl* (Fn. 6) Bd. 1, S. 308 und 317.

22) Art. 48 EG-Vertrag; Richtlinie über die Anerkennung von Hochschuldiplomen, RL 49/48, ABl. EG 1989, Nr. L 19/16 ff.; vgl. auch ABl. EG 1989, L 263/1 ff. Hierzu auch *G. Robbers,* Die Fortentwicklung des Europarechts und seine Auswirkungen auf die Beziehungen zwischen Staat und Kirche in der Bundesrepublik Deutschland, in: *H. Heinemann/H. Marré* (Hrsg.), Essener Gespräche zum Thema Staat und Kirche, Bd. 27: Die Einigung Europas und die Staat-Kirche-Ordnung, Münster 1993, S. 81/89.

23) Gleiches gilt für die identische Formel im Bayer. Konkordat Art. 14 § 1. Zur Bedeutung des für katholische Bischöfe gemäß Art. 16 des Reichskonkordats von 1933 vorgeschriebenen staatlichen Treueids vgl. *A. Hollerbach,* Zur Problematik des staatlichen Treueids der Bischöfe, in: Rechtsstaat, Kirche, Sinnverantwortung, FS K. Obermayer (Fn. 17), S. 193 ff.

Art. 31 enthält eine Freundschaftsklausel, nach der Auslegungsschwierigkeiten in gegenseitigem Benehmen behoben werden sollen[24].

Literatur

A. v. Campenhausen, Staatskirchenrecht, 2. Aufl. München 1983, S. 105 ff.; *ders.,* Fünfzig Jahre Bayerischer Kirchenvertrag, Nachrichten der ELKiB 1974, S. 421 ff.; *H. v. Mangoldt/F. Klein,* Das Bonner Grundgesetz, 3. Aufl. Bd. 14, bearb. v. *A. v. Campenhausen,* München 1991, Art. 140 Rdnr. 45 ff.; *A. Hollerbach,* Die vertragsrechtlichen Grundlagen des Staatskirchenrechts, HdbStKirchR I S. 267 ff.; *ders.,* Grundlagen des Staatskirchenrechts, in: *J. Isensee/P. Kirchhof,* HdbStR, Bd. 6: Freiheitsrechte, Heidelberg 1989, § 138 Rdnr. 48 ff. (S. 497 ff.); *ders.,* Konkordat, StL III Sp. 620 ff.; *ders.,* Staatskirchenverträge, StL V Sp. 186 ff.; *J. Listl,* Die Konkordate und Kirchenverträge in der Bundesrepublik Deutschland, 2 Bände, Berlin 1987 (vollständige Sammlung aller Verträge und Verwaltungsabkommen zwischen Staat und Kirchen auf dem Gebiet der alten Bundesrepublik, mit einer Einleitung über Konkordate und Kirchenverträge, ebd., S. 3 ff.); *H. Maser,* Evangelische Kirche im demokratischen Staat. Der bayerische Kirchenvertrag von 1924 als Modell für das Verhältnis zwischen Staat und Kirche, München 1983; *D. Pirson,* Vertragsstaatskirchenrecht, EvStL, Sp. 3814 ff.; *ders.,* Evangelische Kirchenverträge, StL II Sp. 494 ff.

24) Zu den Begriffen »Einvernehmen« und »Benehmen« s. u. § 18,5 a. E. unter »Beachte« (S. 224).

§ 11
Gemeinsame Angelegenheiten von Staat und Kirche, insbesondere der Religionsunterricht

1. Allgemeines

Neben den Angelegenheiten, die nur der staatlichen Zuständigkeit unterliegen, und den Angelegenheiten, die jede Religionsgemeinschaft im Rahmen ihres Selbstbestimmungsrechts selbständig regelt (»eigene Angelegenheiten« i. S. von GG Art. 140 i. V. m. Art. 137 *RS 100,* Abs. 3 WRV), gibt es Sachbereiche, in denen beide, Staat und Kirche, *RS 101* eine Zuständigkeit beanspruchen. Bei diesen **gemeinsamen Angelegenheiten** handelt es sich um Sachbereiche, die sowohl zum Staat als auch zur Kirche in einer selbständigen Zweckbeziehung stehen[1]. Zwar sind sie jeweils **sowohl staatliche als auch kirchliche Angelegenheiten**, zählen aber **weder** zu den **ausschließlich staatlichen noch** zu den **ausschließlich eigenen kirchlichen Angelegenheiten** i. S. von WRV Art. 137 Abs. 3. Vielmehr sind sie durch ein »Sowohl als Auch« charakterisiert[2]. Diese Überschneidung staatlicher und kirchlicher Aufgaben bedingt zwangsläufig ein Zusammenwirken. Freilich reicht ein beiderseitiges bloßes Interesse an einer Angelegenheit nicht aus, um diese zu einer gemeinsamen zu machen, denn es gibt kaum eine kirchliche Maßnahme, die nicht auch Auswirkungen im Bereich des Gesellschaftlichen – und damit im Ordnungsbereich des Staates – hat (BVerfGE 42, 334), wie auch umgekehrt. Auch ein gemeinschaftliches Tätigwerden (im Sinne eines Nebeneinander) in einem bestimmten Bereich, z. B. der Wohlfahrtspflege, macht diesen Bereich noch nicht zu einer gemeinsamen Angelegenheit. So nehmen die Kirchen und Religionsgemeinschaften in ihrer diakonisch-karitativen Tätigkeit genuin kirchliche, also eigene Aufgaben wahr[3]. Ebenso nimmt der moderne Wohlfahrtsstaat in diesem Bereich eigene Aufgaben wahr. Staat und Kirche können hier – abgesehen von einer staatlicherseits selbst auferlegten Subsidiarität[4] – unabhängig nebeneinander tätig werden. Ein Zusammenwirken ist nicht zwingend gebo-

1) So die klassische Definition von *G. J. Ebers,* Staat und Kirche im neuen Deutschland, München 1930, S. 261; vgl. auch *v. Mangoldt/Klein/v. Campenhausen,* Art. 140 GG/ Art. 137 WRV Rdnr. 115; *v. Campenhausen,* Staatskirchenrecht, S. 113.
2) *F.-G. v. Busse,* Gemeinsame Angelegenheiten von Staat und Kirche, S. 12.
3) Vgl. hierzu unten § 59 1 b (S. 502).
4) Z. B. Sozialgesetzbuch (SGB) Achtes Buch (VIII) – Kinder- und Jugendhilfe i.d.F. der Bek. v. 3.5.1993, BGBl. I S. 368, § 4 Abs. 2; Bayer. Kinder- und Jugendhilfegesetz v. 18.6.1993, BayRS 2162-1-A (GVBl. S. 392), Art. 2; Bundessozialhilfegesetz §§ 8 Abs. 2 S. 4, 10 Abs. 4, 93 Abs. 1.

ten, was freilich eine gegenseitige Berücksichtigung der Belange der jeweils anderen Seite nicht ausschließt[5].

Gemeinsame Angelegenheiten liegen nur dort vor, wo ein **Zusammenwirken von Staat und Kirche rechtlich notwendige Voraussetzung** für die Wahrnehmung der betreffenden Angelegenheit ist, weil wegen ihres gleichzeitigen und untrennbaren religiösen **und** staatlichen Bezuges weder der Staat noch die Kirchen oder Religionsgemeinschaften allein tätig werden können[6]. Hierzu zählen namentlich die Anstalts- und Militärseelsorge, der Religionsunterricht, die Theologischen Fakultäten, kommunale Friedhöfe und die Kirchensteuer[7]. Gerade diese gemeinsamen Angelegenheiten sind ein sinnfälliges Beispiel dafür, daß der Grundsatz des Art. 137 Abs. 1 WRV keine strikte und absolute Trennung zwischen Staat und Kirche darstellt, sondern eine partielle und begrenzte Verbindung bzw. Zusammenarbeit bei gegenseitiger Unabhängigkeit durchaus zuläßt, ja wegen des Einmischungsverbotes in religiöse Dinge sogar gebietet.

2. Anstaltsseelsorge

Aus GG Art. 4 folgt, daß der einzelne ein Recht auf Verwirklichung seiner Religionsfreiheit, also ein Recht auf Religionsausübung hat. Nur nützt Schülern, Soldaten, Gefängnisinsassen oder Patienten in Kranken- oder Pflegeanstalten die »allgemeine Proklamierung« dieses Grundrechts wenig. Da der Staat verpflichtet ist, dafür zu sorgen, daß seine Bürger auch innerhalb öffentlicher Anstalten ihre Grundrechte ausüben können[8], hat er positive Vorkehrungen zu treffen, damit das Grundrecht der Religionsfreiheit auch unter den besonderen, zum Teil

5) Vgl. *v. Busse* (Fn. 2), S. 16.

6) So *v. Busse* a.a.O. S. 17/18; ebenso *D. Ehlers,* Die gemeinsamen Angelegenheiten von Staat und Kirche, ZevKR 32 (1987) S. 173.

7) Zu Zeiten des landesherrlichen Kirchenregiments wurde der Kreis der – nach damaliger Terminologie – »gemischten« Angelegenheiten, der res mixtae, wesentlich weitergefaßt, vgl. hierzu etwa den Katalog in § 76 des Religionsedikts von 1818, wo noch die Festsetzung von Ort, Zeit und Zahl von Gottesdiensten, Prozessionen, Pfarrsprengeleinteilungen u. a. der Mitwirkung der »weltlichen Obrigkeit« bedurften. Neben den im Text genannten Bereichen muß heute wohl auch zumindest teilweise die Denkmalpflege an kirchlichen Baudenkmälern zu den gemeinsamen Angelegenheiten gezählt werden. Die »kirchlichen Belange«, die bei Entscheidungen über Denkmäler, die unmittelbar gottesdienstlichen Zwecken dienen, zu berücksichtigen sind, können nämlich nur von den Kirchen selbst festgestellt werden. Vgl. Bayer. Denkmalschutzgesetz (RS 405) Art. 26. Grundlegend hierzu: *M. Heckel,* Staat – Kirche – Kunst. Rechtsfragen kirchlicher Kulturdenkmäler, Tübingen 1968.

8) *v. Mangoldt/Klein/v. Campenhausen,* Art. 140 GG/ Art. 141 WRV, Rdnr. 2 unter Hinweis auf *Albrecht* HdbStKirchR II. S. 701 u. *Seiler* ebd. S. 685; *v. Campenhausen,* Staatskirchenrecht, S. 114.

freiheitsbeschränkenden Bedingungen des Anstaltsverhältnisses tatsächlich verwirklicht werden kann[9].

Zu den »gemeinsamen Angelegenheiten« zählt die Anstaltsseelsorge deshalb, weil Angelegenheit des Staates bzw. des öffentlichen Anstaltsträgers hier die Leitung der betreffenden Anstalt und die Verantwortung für sie ist, Sache der Kirche dagegen die dort geübte Seelsorge und das Feiern von Gottesdiensten[10]. Dies bedingt ein notwendiges Zusammenwirken. In GG Art. 140 i. V .m. Art. 141 WRV ist daher festgehalten, daß die Religionsgemeinschaften zur Vornahme religiöser Handlungen zuzulassen sind, »soweit das Bedürfnis nach Gottesdienst und Seelsorge im Heer, in Krankenhäusern, Strafanstalten oder sonstigen öffentlichen Anstalten besteht«, wobei – das folgt bereits aus der positiven wie negativen Religionsfreiheit – jeder Zwang fernzuhalten ist. Dem Grundrecht der einzelnen Anstaltsinsassen aus GG Art. 4 korrespondiert somit ein **Recht der Religionsgemeinschaften auf Zutritt** zu den genannten öffentlichen Anstalten[11].

Ein Bedürfnis im Sinn von WRV Art. 141 ist immer schon dann anzunehmen, wenn sich Angehörige der betreffenden Konfession in der jeweiligen Anstalt befinden und eine religiöse Betreuung nicht ausdrücklich abgelehnt haben[12].

So kann z. B. die Leitung eines Krankenhauses die Seelsorge in dieser Anstalt nicht davon abhängig machen, daß von den Patienten ausdrücklich danach verlangt wird. Bereits die Angabe der Konfessionszugehörigkeit bei Aufnahme kann seitens der Patienten ein Indiz für ein derartiges Bedürfnis sein. Selbst bei Verweigerung der Konfessionsangabe[13] ist immer noch das (ebenfalls auf GG Art. 4 beruhende) Bedürfnis der betreffenden Religionsgemeinschaft auf Betreuung der eigenen Konfessionsangehörigen zu beachten.

Die in WRV Art. 141 gewährleistete Anstaltsseelsorge[14] ist als **institutionelle Garantie** eine wichtige Ergänzung zur Religionsfreiheit

9) *v. Mangoldt/Klein/v. Campenhausen* a.a.O. Rdnr. 3; *v. Campenhausen,* Staatskirchenrecht a.a.O.
10) *v. Mangoldt/Klein/v. Campenhausen* a.a.O. Rdnr. 5; *v. Campenhausen*, Staatskirchenrecht a.a.O.
11) *v. Mangoldt/Klein/v. Campenhausen* a.a.O. m.w.N.
12) *v. Mangoldt/Klein/v. Campenhausen* a.a.O., Rdnr. 8.
13) Vgl. GG Art. 140 i.V.m. Art. 136 Abs. 3 WRV; hierzu BVerfGE 46, 266.
14) Zu den einzelnen Bereichen der Anstaltsseelsorge (z. B. in Krankenanstalten oder Strafanstalten) vgl. *v. Mangoldt/Klein/v. Campenhausen,* Art. 140 GG/Art. 141 WRV, Rdnrn. 6 f., 19 ff.; *v. Campenhausen,* Staatskirchenrecht, S. 114 f.; *K. Albrecht,* Anstaltsseelsorge, HdbStKirchR II, S. 701 ff.; *R. Seiler,* Seelsorge in Bundeswehr und Bundesgrenzschutz, HdbStKirchR II, S. 685 ff.; ferner *H. Marré/J. Stüting* (Hrsg.), »Seelsorge in staatlichen Einrichtungen«, Essener Gespräche, Bd. 23, Münster 1989

des Art. 4 GG. Dies schließt nicht aus, daß gewisse Beschränkungen in der Religionsausübung bestehen können, z. B. als Folge der nach GG Art. 104 zulässigen Einschränkung der persönlichen Freiheit, so etwa in der Straf- oder Untersuchungshaft[15].

Die Einzelheiten der **Ausübung der Anstaltsseelsorge** sind häufig **Gegenstand von Vereinbarungen** von Staat und Kirche[16].

3. Militärseelsorge

Entgegen dem Wortlaut »Heer« in WRV Art. 141 gewährt diese Vorschrift die Zulassung und die Vornahme religiöser Handlungen in der gesamten Bundeswehr[17] und stellt damit eine **Konkretisierung der Religionsausübung der Soldaten** in der Bundeswehr dar[18]. Die Einzelheiten sind in dem zwischen der EKD und der Bundesrepublik Deutschland 1957 abgeschlossenen Militärseelsorgevertrag und den entsprechenden Kirchengesetzen der EKD (RS 194) und der ELKiB (RS 196) geregelt[19]. Danach ist die Militärseelsorge ein Teil der den Gliedkirchen obliegenden Seelsorge (§ 1 MilSeelsG) und wird im Auftrag und unter Aufsicht der Kirche ausgeübt (§ 1 MilSeelsG, Art. 2 Abs. 1 MilSeelsVertr). Für den organisatorischen Aufbau sorgt der Staat. Er trägt auch die Kosten (Art. 2 Abs. 2 MilSeelsVertr). Im Zuge der Vereinigung der deutschen evangelischen Kirchen ist die Militärseelsorge in der bisherigen Form verstärkt in Frage gestellt worden. Besonders die beamtenrechtliche Stellung der Militärgeistlichen[20], das Evangelische Kirchenamt für die Bundeswehr als dem Bundesminister für Verteidigung unmittelbar nachgeordnete Behörde und die Erteilung

mit Beiträgen von *D. Pirson, B. Gareis* und *E. Niermann*; neuerdings *S. Eick-Wildgans,* Anstaltsseelsorge. Möglichkeiten und Grenzen des Zusammenwirkens von Staat und Kirche im Strafvollzug, Berlin 1993.

15) Jedoch nur als modale Beschränkung, z. B. Ort und Zeit von gemeinschaftlichen religiösen Veranstaltungen betreffend.

16) S. Art. 17 Kirchenvertrag; zur Seelsorge in Justizvollzugsanstalten vgl. die Verwaltungsvereinbarung vom 12.2.1982 (RS 113). Hierzu näher *Eick-Wildgans,* Anstaltsseelsorge (Fn. 14) mit eingehender Darstellung der Vereinbarungen in den einzelnen Ländern und dem Entwurf einer Mustervereinbarung.

17) *v. Mangoldt/Klein/v. Campenhausen,* Art. 140 GG/Art. 141 WRV Rdnr. 12 m.w.N.

18) Vgl. hierzu die Präambel des Militärseelsorgevertrages (RS 192): »In dem Bestreben, die freie religiöse Betätigung und die Ausübung der Seelsorge in der Bundeswehr zu gewährleisten, in dem Bewußtsein für die gemeinsame Verantwortung für diese Aufgabe...«.

19) Für den katholischen Bereich enthält bereits das Reichskonkordat von 1933 in Art. 27 eine entsprechende Regelung. (Text bei *J. Listl,* Konkordate und Kirchenverträge (o. § 10) Bd. 1, S. 49 f. Dort (S. 66 f.) auch die Statuten für die katholische Militärseelsorge in der Deutschen Bundeswehr vom 31.7.1965.).

20) Gem. Art. 2 des (staatlichen) Gesetzes über die Militärseelsorge vom 26.7.1957 (BGBl II, S. 701, Text auch bei *Listl* a.a.O., Bd. 1 S. 94).

des Lebenskundlichen Unterrichts durch die Militärpfarrer werden problematisiert. Für eine Übergangszeit ist vereinbart, die evangelische Militärseelsorge in den neuen Gliedkirchen der EKD abweichend von der im großen und ganzen bewährten Regelung des Militärseelsorgevertrages auszuüben. Da auf Dauer eine unterschiedliche Handhabung jedoch nicht möglich ist, hat die EKD-Synode auf ihrer Herbsttagung 1991 beschlossen, eine Arbeitsgruppe einzurichten, die unter Einbeziehung der Erfahrungen in den neuen Bundesländern Vorschläge zu einer einheitlichen Regelung unterbreiten sollte[21)]. Die von dieser Arbeitsgruppe inzwischen zur Diskussion gestellten zwei Lösungsmodelle (gemäßigte Fortentwicklung des bisherigen Vertrages oder stärkere kircheneigene Organisation und Verwaltung, insbesondere durch die EKD) wurden inzwischen allen Gliedkirchen zur Stellungnahme zugeleitet. Vermutlich auf ihrer Herbsttagung 1994 wird die EKD-Synode endgültig über die zukünftige Gestaltung der Militärseelsorge entscheiden. Dabei wird auch zu beachten sein, daß katholische und evangelische Militärseelsorge nicht zu weit auseinanderklaffen.

Besondere Seelsorgedienste mit ähnlicher Organisationsstruktur gibt es auch beim Bundesgrenzschutz und bei der Polizei. Sie sind in Einzelvereinbarungen geregelt[22)].

4. Theologische Fakultäten

Da nach dem GG dem Bund keine Zuständigkeit auf dem Gebiet des Hochschulwesens zukommt, ist im GG selbst – anders als noch in WRV Art. 149 Abs. 3 – keine Garantie der Theologischen Fakultäten enthalten. Dagegen sind sie in Länderverfassungen (BV Art. 150 *RS 105*
Abs. 2) und Kirchenverträgen institutionell garantiert (Art. 3 § 1 Bayer. *RS 110*
Konkordat, Art. 2 Abs. 1 Kirchenvertrag).

Als Teil der staatlichen Universitäten sind die Theologischen Fakultäten **staatliche Einrichtungen,** die der Staat im Rahmen seiner umfassenden Kulturverantwortung und seines Auftrages zum Schutz und zur Pflege der Wissenschaften unterhält. Gleichzeitig erfüllen sie

21) Hierzu neuerdings epd-Dokumentationen 24 a/91, 25/92, 4/93 und 50/93. Zur Militärseelsorge allgemein: EvStL Sp. 2136 f. (mit Beiträgen von *H. G. Jung, H. Wollschläger* und *S. Grundmann*) und die dort zitierte Literatur; ferner *Blaschke/Oberhem,* Militärseelsorge. Grundlagen – Aufgaben – Probleme, Regensburg 1985.

22) Vgl. Vereinbarung über die katholische bzw. evangelische Seelsorge im Bundesgrenzschutz aus dem Jahr 1965, Texte bei *Listl* a.a.O., Bd. 1, S. 85 ff. bzw. 120 ff. Hinsichtlich der Polizeiseelsorge bestehen Ländervereinbarungen. Zu Bayern vgl. *Voll,* HdbBayStKirchR, S. 305 f.; allgemein: *Seiler,* Seelsorge in Bundeswehr und Bundesgrenzschutz (Fn. 14).

auch kirchliche Aufgaben, nämlich die wissenschaftliche Ausbildung des Nachwuchses der Pfarrerschaft. Dies begründet die kirchlichen Mitwirkungsrechte bei der Ernennung der Professoren und Dozenten[23], aber auch gewisse Beanstandungsrechte hinsichtlich Lehre und Lebenswandel, wie sie in den Konkordaten ausdrücklich enthalten sind[24], aber auch den evangelischen Kirchen zukommen, obwohl eine diesbezügliche Bestimmung in den evangelischen Kirchenverträgen regelmäßig nicht enthalten ist[25]. Die Professoren und Dozenten sind somit staatliche Beamte, unterliegen der staatlichen Dienstaufsicht, werden vom Staat ernannt, üben aber wegen der bestehenden kirchlichen Mitwirkungsrechte ein **konfessionell gebundenes Staatsamt** aus. Dies hat zur Folge, daß bei Beanstandungen – oder auch Kirchenaustritten bzw. Konfessionswechsel – der Betreffende aus der Fakultät ausscheidet, ohne jedoch seinen Beamtenstatus zu verlieren, und in der Regel einer anderen Fakultät angegliedert wird[26]. Ferner hat der Staat für entsprechenden Ersatz zu sorgen, bei katholischen Theologischen Fakultäten aufgrund entsprechender Konkordatsbestimmungen (z. B. Bayer. Konkordat Art. 3 § 3), bei evangelischen Theologischen Fakultäten mangels vertraglicher Bestimmungen jedoch nur dann, wenn sonst der ordnungsgemäße Lehrbetrieb und die Forschung, namentlich in den Kernfächern, nicht mehr gewährleistet wären[27].

5. Kommunale Friedhöfe

Kommunale Friedhöfe zählen zu den »sonstigen öffentlichen Anstalten« im Sinn von WRV Art. 141, zu denen die Religionsgemeinschaften zu religiösen Handlungen zuzulassen sind. Sie sind »gemeinsame Angelegenheiten«, weil sie einerseits Anstalten der Kommunen sind, zudem das gesamte Leichenwesen eine staatliche (gesundheitspolizeiliche) Angelegenheit ist, andererseits aber Bestattungen auch zu den herkömmlichen religiösen Aufgaben der Kirchen und Religionsgemeinschaften gehören. Kirchliche Friedhöfe zählen dagegen zu den eigenen Angelegenheiten der Kirchen und Religionsgemeinschaften.

23) Vgl. Art. 2–5 Kirchenvertrag, hierzu oben § 10.
24) Vgl. Bayer. Konkordat, Art. 3 § 3.
25) *M. Heckel,* Die theologischen Fakultäten im weltlichen Verfassungsstaat, Jus Eccl. 31, Tübingen 1986, S. 99 ff.; *v. Mangoldt/Klein/v. Campenhausen* Art. 140 GG/Art. 137 WRV, Rdnr. 122; *v. Campenhausen,* Staatskirchenrecht, S. 124 f.
Zum Beanstandungsrecht gegenüber staatlichen Religionslehrern s. Art. 6 Abs. 2 Kirchenvertrag.
26) Exemplarisch: *U. Scheuner,* Rechtsfolgen der konkordatsrechtlichen Beanstandung eines katholischen Theologen, Berlin 1980.
27) *M. Heckel* (Fn. 25), S. 102.

Sie sind dabei allerdings im Rahmen des Schrankenvorbehalts in WRV Art. 137 Abs. 3 an staatliche Regelungen und Genehmigungen, z. B. gesundheitspolizeilicher, planerischer oder anderer Art gebunden.

Ist der kirchliche Friedhof der einzige am Ort, hat er also Monopolcharakter, besteht ein allgemeiner Benutzungsanspruch. Wegen des allgemeinen Bestattungszwangs auf Friedhöfen (BestG – RS 413 – Art. 1 Abs. 1 i. V. m. Art. 12) ist daher auf diesen Friedhöfen auch die Beisetzung Andersgläubiger unter den für sie üblichen Formen und ohne räumliche Absonderung zu gestatten (BestG Art. 8 Abs. 4; vgl. bereits BV Art. 149 Abs. 2). Monopolfriedhöfe unterliegen auch sonst stärkeren Beschränkungen, z. B. bei der Möglichkeit, die Grabmalgestaltung vorzuschreiben, wobei aber sowohl bei Bestattungs- und Totengedenkfeiern als auch bei der Gestaltung der Grabstätten das religiöse Empfinden der betreffenden Kirche oder Religionsgemeinschaft nicht verletzt werden darf (BestG Art. 8 Abs. 4 Satz 1)[28].

6. Religionsunterricht[29]

a) Religionsunterricht im verfassungsrechtlichen Zusammenhang
Die Zuordnung des Religionsunterrichts zu den gemeinsamen Angelegenheiten ergibt sich bereits aus dem Wortlaut von GG Art. 7 *RS 100* Abs. 3. Zum einen unterliegt der Religionsunterricht als **ordentliches Lehrfach** staatlichem Aufsichtsrecht, zum anderen wird er **in Übereinstimmung mit den Grundsätzen der Religionsgemeinschaften** erteilt. Er ist also einerseits eingebettet in das öffentliche Schulsystem und die staatliche Schulaufsicht, für die inhaltliche Ausrichtung sind dagegen die Grundsätze der jeweiligen Religionsgemeinschaften bestimmend. Staat und Kirche haben also je eigene Zuständigkeiten, die streng voneinander geschieden sind (BVerfGE 74, 244/251; vgl. u. § 13 VI,18, S. 170). Erst im Zusammenwirken beider – unter Achtung der jeweiligen Zuständigkeit – kommt dann diese verfassungsrechtliche Garantie zum Tragen.

Der Religionsunterricht ist Ausfluß und Konkretion von GG Art. 4, indem – im Sinn der dort gewährleisteten **positiven Religionsfreiheit**

28) Vgl. im einzelnen *v. Campenhausen,* Staatskirchenrecht, S. 125 f.; *v. Busse* (Fn. 2), S. 255 ff.; *Voll,* HdbBayStKirchR, S. 323 ff.; ferner *J. E. Christoph,* Amelungsborner Kolloquium über die Rechtslage kirchlicher Friedhöfe, ZevKR 32 (1987) S. 83 ff.; *J. Gaedke,* Handbuch des Friedhofs- und Bestattungsrechts, 6. Aufl. Köln u. a. 1992; *H. Engelhardt,* Bestattungswesen – Friedhofsrecht, HdbStKirchR II, S. 779 ff.; *E. Sperling,* Neue Akzente im Recht der kirchlichen Friedhöfe, ZevKR 33 (1988) S. 35 ff.

29) Wegen der besonderen Praxisbedeutung für einen großen Teil des Leserkreises wird der Religionsunterricht im Gegensatz zu den anderen Sachbereichen der gemeinsamen Angelegenheiten ausführlicher dargestellt.

– Glaube und Weltanschauung als Werte aus dem staatlichen Unterrichtssystem nicht ausgeblendet werden und der Anspruch auf religiöse Erziehung auch in diesem Bereich anerkannt wird. Andererseits wird der **negativen Religionsfreiheit** dadurch Rechnung getragen, daß Schüler sich von diesem Unterricht abmelden können (GG Art. 7
RS 105/ Abs. 2, BV Art. 137 Abs. 1 i. V. m. Art. 25 Abs. 3 BayEUG) und keine
125 Lehrkraft gezwungen werden kann, Religionsunterricht zu erteilen (GG Art. 7 Abs. 3 S. 3, BV Art. 137 Abs. 3, BayEUG Art. 25 Abs. 2 S. 2). Gleichzeitig steht der Religionsunterricht damit in einem Funktionszusammenhang mit dem Erziehungsauftrag öffentlicher Schulen, zu deren Bildungszielen auch eine Vermittlung gewisser religiöser Werte gehört (BV Art. 131 Abs. 2), dem Erziehungsrecht der Eltern (GG Art. 6 Abs. 2, BV Art. 126 Abs. 1), das auch die religiöse Erziehung umfaßt
RS 240 (RKEG § 1) und dabei nicht auf den privaten Bereich beschränkt ist, und der Religionsfreiheit der einzelnen Schüler bzw. Schülerinnen oder deren Eltern wie auch der betreffenden Religionsgemeinschaften (vgl. auch BV Art. 127)[30].

b) Rechtsgrundlagen

Wichtigste Rechtsgrundlagen für den Religionsunterricht sind einmal die verfassungsrechtlichen Bestimmungen in GG Art. 7 Abs. 3 und BV
RS 110 Art. 136 Abs. 2. Vertragsrechtlich ist Art. 10 des Kirchenvertrags grundlegend. Wiederholt und teilweise näher konkretisiert wird die verfassungsrechtliche Garantie des Religionsunterrichts in BayEUG Art. 25 – also im Rang eines Gesetzes –, sowie – im Verordnungsrang – in den einzelnen Schulordnungen für die betreffenden Schularten[31].
RS 151 Aus dem kirchlichen Recht ist lediglich die RUVertV einschlägig. Sie regelt im Rahmen der kirchlichen Zuständigkeit die Verteilung des Religionsunterrichts auf die einzelnen Lehrkräfte. Im Hinblick auf die Gemeindepfarrer, zu deren ordentlichen Dienstaufgaben die Erteilung des Religionsunterrichts gehört (PfG § 44 Abs.1, Art. 44a), enthält sie nähere Bestimmungen über den Umfang dieser sie treffenden Verpflichtung (Regelstundenmaß mit Minderungs- und Anrechnungsmöglichkeiten, Sammelkontingent; hierzu auch u. § 20,6 Fn. 18, S. 251).

c) Art der Garantie

Durch die Bestimmungen in GG Art. 7 Abs. 3 und BV Art. 136 Abs. 2 ist der Religionsunterricht einerseits verfassungsrechtlich als Einrich-

30) Hierzu auch *J. Winter,* Zur Anwendung des Art. 7 III GG in den neuen Ländern der Bundesrepublik Deutschland, NVwZ 1991, S. 753/754 f.; *ders.,* Privileg der Kirche? Balance zwischen Religionsfreiheit und Elternrecht, EvKomm 1992, S. 358 f.

31) Vgl. die in RS 127 abgedruckten Auszüge aus den einzelnen Schulordnungen.

tung garantiert **(institutionelle Garantie)**. Zugleich gewährt er den Schülern und Schülerinnen, deren Eltern und auch den Religionsgemeinschaften ein **Grundrecht** auf Erteilung von Religionsunterricht in dem von GG Art. 7 Abs. 3 vorgesehenen Rahmen[32].

Eine Einschränkung hierzu enthält jedoch GG Art. 141. Danach findet Art. 7 Abs. 3 S. 1 keine Anwendung in einem Bundesland, in dem am 1.1.1949 eine andere landesrechtliche Regelung bestand. Diese sog. »Bremer Klausel« hat Bedeutung für die Bundesländer Bremen und Berlin, da in ihnen zum genannten Zeitpunkt andere landesrechtliche Regelungen bestanden, nämlich in Bremen ein »bekenntnismäßig nicht gebundener Unterricht in Biblischer Geschichte auf allgemein christlicher Grundlage« und in Berlin ein Religionsunterricht, der nicht als staatlicher, sondern als **kirchlicher** Unterricht erteilt wurde, zwar in den Räumen der Schule, aber auf freiwilliger Grundlage. In beiden Bundesländern sind diese Rechtsgrundlagen auch heute noch maßgebend.

Die Bremer Klausel in GG Art. 141 hat auch im Zuge der deutschen Vereinigung eine Rolle gespielt. In den damaligen Ländern der DDR bestand zum 1.1.1949 zum Teil eine ähnliche Regelung wie im Bundesland Berlin. Insoweit glaubte man auch dort einen Anwendungsfall von GG Art. 141 annehmen zu können. Da aber die Länder der ehemaligen DDR durch die 1952 erfolgte Neustrukturierung (Einteilung in Bezirke) untergegangen und erst 1990 neu konstituiert worden sind, wird man zutreffend davon ausgehen müssen, daß die Ausnahmeregelung des GG Art. 141 für diese neuen Bundesländer nicht gilt[33].

d) Inhalt der Garantie – staatliche und kirchliche Zuständigkeiten

Wie bei den anderen Sachbereichen der gemeinsamen Angelegenheiten müssen Staat und Kirche auch beim Religionsunterricht unter Wahrung ihrer jeweiligen Zuständigkeit (vgl. bereits oben a)) notwen-

32) *Maunz* in: *Maunz/Dürig/Herzog/Scholz,* Kommentar zum GG, Art. 7 Rdnr. 47.

33) *v. Mangoldt/Klein/v. Campenhausen,* Art. 141 GG Rdnrn. 7,8; *R. Scholz,* Der Auftrag der Kirchen im Prozeß der deutschen Einheit, in: *J. Krautscheidt/H. Marré* (Hrsg.), Essener Gespräche zum Thema Staat und Kirche Bd. 26, Münster 1992 (»Die Einigung Deutschlands und das deutsche Staat-Kirche-System«), S. 14 ff., 41, 44 f.; *Winter,* (Fn. 30), NVwZ 1991, S. 753. A.A. *B. Schlink,* Religionsunterricht in den neuen Ländern, NJW 1992, S. 1008. Zur derzeitigen Situation des Religionsunterrichts in den neuen Bundesländern vgl. vor allem die Themenhefte Theologia practica Nr. 1/91 und Der evangelische Erzieher 1/91; ferner »Religion im Unterricht«, EvKomm. 1992, S. 349–359 mit Beiträgen von *Mohrosch, Reiher, Doyé, Roth, Winter* und *Baldermann;* epd-Dokumentation 6/92. Weitere Literaturnachweise bei *B. Pieroth,* Die verfassungsrechtliche Zulässigkeit einer Öffnung des Religionsunterrichts, ZevKR 38 (1993) S. 189 Anm. 2.

digerweise zusammenwirken. So gehört der gesamte schulorganisatorische Bereich in die Regelungszuständigkeit des Staates, die inhaltliche Gestaltung dagegen in diejenige der Kirche. Im einzelnen bedeutet dies:

Der Religionsunterricht ist **ordentliches Lehrfach** (Pflichtfach, vgl. auch BayEUG Art. 25 Abs. 1). Dabei berührt die Möglichkeit der Abmeldung (s. u.) nicht diesen Charakter als Pflichtfach, macht den Religionsunterricht also nicht zu einem Wahlfach oder Wahlpflichtfach (BVerfGE 74, 244/251, vgl. u. § 13 VI,17 ff., S. 169 ff.).

Der Religionsunterricht ist staatliches Unterrichtsfach, nicht kirchlicher Unterricht[34]. Die Erteilung des Religionsunterrichts ist also eine staatliche Aufgabe und Angelegenheit. Er unterliegt staatlichem Schulrecht und staatlicher Schulaufsicht.

Träger des Religionsunterrichts ist somit der Staat. Dieser hat für seine Einrichtung zu sorgen. Ihm obliegt die Bereitstellung der Lehrkräfte[35]. Er hat ferner für die Kosten des Religionsunterrichts (sachliche[36] und personelle[37]) aufzukommen. Ordentliches Lehrfach bedeutet weiter:

- Obligatorisches Lehrfach.
  Die Einrichtung des Religionsunterrichts steht also nicht im Belieben des Staates. Der Staat muß gewährleisten, daß der Religionsunterricht ein Unterrichtsfach mit derselben Stellung und Behandlung wie andere ordentliche Lehrfächer ist.

  Ausnahmen bestehen nur bei zu geringer Schülerzahl, wenn dadurch ein geordneter Unterrichtsbetrieb nicht möglich ist. Die bayerischen Schulordnungen sehen eine Mindestteilnehmerzahl von 5

34) Ausnahme: Berlin (vgl. o.).

35) Dies schließt die entsprechende Ausbildung (vgl. Art. 5 Kirchenvertrag) und Fortbildung mit ein.

36) Aufwendungen für Unterhalt, Heizung, Beleuchtung und Reinigung der Klassenräume (vgl. Art. 3 BaySchFG) sowie Kosten der Lernmittel (nach Maßgabe der Lernmittelfreiheit gemäß Art. 20 ff. BaySchFG, RS 117).

37) Vergütungen für die Lehrkräfte. Soweit der Religionsunterricht durch kirchliche Lehrkräfte erteilt wird (z. B. hauptberuflich durch Pfarrer in Schulpfarrstellen, Religionspädagogen und Katecheten, nebenberuflich durch Gemeindepfarrer) leistet der Staat hierfür einen Vergütungsersatz (Art. 9 Abs. 7 S. 3 Kirchenvertrag). Zu Einzelheiten vgl. Art. 7 BaySchFG und die Vereinbarung über die Pauschalvergütung für die Erteilung des Religionsunterrichts (RS 116). Dieser Vergütungsersatz durch den Staat ist Äquivalent dafür, daß die Kirche den Staat von der Bereitstellung eigener Lehrkräfte entlastet. Gerade bei der Vergütung von nebenberuflich erteiltem Religionsunterricht deckt der Ersatz durch den Staat den tatsächlichen Aufwand nur teilweise. Andererseits hat auch die Kirche ein Interesse an der Erteilung des Religionsunterrichts durch eigene Lehrkräfte, insbes. durch die jeweiligen Gemeindepfarrer.

Schülern bzw. Schülerinnen vor[38]. Um diese Zahl zu erreichen, kann der Religionsunterricht auch jahrgangsübergreifend oder für mehrere benachbarte Schulen zusammen eingerichtet werden. Ein Absinken der Schülerzahl während des Schuljahres unter dieses Quorum, z. B. durch Abmeldungen, entbindet nicht von der Verpflichtung der Einrichtung und Erteilung des Religionsunterrichts[39].

- Prinzipielle Gleichstellung mit anderen ordentlichen Lehrfächern. Daraus folgt: Der Religionsunterricht ist eine selbständige Lehrveranstaltung. Er ist mit einer angemessenen Stundenzahl zu berücksichtigen (dies wird einvernehmlich von Staat und Kirche je nach Klassenstufe festgelegt, vgl. Art. 10 Abs. 1 S. 3 Kirchenvertrag) und kann nicht grundsätzlich[40] nur den jeweils ersten und letzten Stunden (Eckstunden) zugewiesen werden[41].

- Benotungspflicht, und zwar die Pflicht zur leistungsgerechten Benotung im Rahmen der üblichen Notenstufen. Benotet werden nicht Glaubensüberzeugungen, sondern das in diesem Unterrichtsfach vermittelte Wissen[42]. Ob die Religionsnote versetzungserheblich ist, entscheidet sich nach jeweiligem Landesrecht, wobei hier nach Schularten differenziert werden kann[43].

- Religionslehrkräfte haben Sitz und Stimme in der Lehrerkonferenz, und zwar auch dann, wenn der Religionsunterricht nicht durch staatliche, sondern durch kirchliche Lehrkräfte erteilt wird[44].

38) Vgl. GSO § 21 Abs. 6, BSO § 12 Abs. 3, SBSO § 17 Abs. 3, BASO § 12 Abs. 3, BFSO Musik § 10 Abs. 2; WSO § 20 Abs. 5; FOSO § 9 Abs. 4, BOSO § 8 Abs. 4 u. a. (alle RS 127).
39) *v. Busse* (Fn. 2), S. 142
40) Zur Bedeutung von »grundsätzlich« s. § 16,3a unter »Beachte« (S. 203).
41) Vgl. *v. Busse* (Fn. 2), S. 48; *Link,* HdbStKirchR II, S. 514 m.w.N.
42) Zur Benotung und (etwaigen) Versetzungserheblichkeit vgl. grundlegend BVerwGE 42, 346.
43) Versetzungserheblich: RSO § 44 Abs. 1; GSO § 52 Abs. 1 i.V.m. § 20 Abs. 1 und § 21 Abs. 2; WSO § 41 Abs. 1 i.V.m. § 20 Abs. 2; FOSO § 29 Abs. 1 i.V.m. § 9 Abs. 1; nicht versetzungserheblich: VSO § 27.
44) BayEUG Art. 37 Abs. 2: »Mitglieder der Lehrerkonferenz sind alle an der Schule hauptamtlich, hauptberuflich, nebenamtlich oder nebenberuflich tätigen Lehrer ...«. Eine Teilnahmepflicht an Fachsitzungen und Klassenkonferenzen besteht für nebenamtliche oder nebenberufliche Lehrkräfte (z. B. Gemeindepfarrer oder auch Religionspädagogen, die an mehreren Schulen zugleich eingesetzt sind) aber nur in dem Umfang, als ein unmittelbarer Zusammenhang mit dem von ihnen erteilten Religionsunterricht besteht (LDO § 1 Abs. 2 S. 3). Für Religionspädagogen, die nur im Schuldienst eingesetzt sind und zwar nur an einer Schule, gilt diese Beschränkung auf den Zusammenhang mit dem von ihnen erteilten Unterricht nicht. Im übrigen gelten die allgemeinen Pflichten von Lehrkräften nach der LDO auch für kirchliche Lehrkräfte (vgl. hierzu insbes. LDO § 1 Abs. 2 S. 4). Ausschließlich an einer Schule mit der vollen Unterrichtsverpflichtung eingesetzte kirchliche Lehrkräfte können also uneinge-

Die Erteilung des Religionsunterrichts »in Übereinstimmung mit den Grundsätzen der Religionsgemeinschaft« bedeutet:

- Der Religionsunterricht ist bekenntnisbezogen, es handelt sich also um einen **konfessionell gebundenen** Unterricht. Ein allgemeiner Religions- oder Konfessionskundeunterricht wäre damit nicht vereinbar (BVerfGE 74, 244 ff.; vgl. unten § 13 VI 18b, S. 170), wohl aber religionspädagogische Konzepte, die den Veränderungen der Lebenswirklichkeit Rechnung tragen und für vergleichende Hinweise auf andere Konfessionsinhalte offen bleiben, so lange dadurch nicht die »besondere Prägung als konfessionell gebundene Veranstaltung« verloren geht (BVerfGE a.a.O.)[45].
- Für den **Inhalt** des Religionsunterrichts ist die betreffende Religionsgemeinschaft verantwortlich. Daraus folgt, daß die Lehrkräfte, die

schränkt zu Pausenaufsichten (LDO § 5 Abs. 1), Teilnahme an Wandertagen, Studienfahrten u. a. (LDO § 4 Abs. 1) herangezogen werden. Für Gemeindepfarrer gilt dies wiederum nur, soweit sich dies mit ihren Verpflichtungen der Gemeinde gegenüber vereinbaren läßt (LDO § 1 Abs. 2 S. 2). Gleiches gilt für Religionspädagogen, die an mehreren Schulen eingesetzt sind. Hinzuweisen ist in diesem Zusammenhang auch v. a. auf die Verpflichtung gemäß LDO § 11 (unverzügliche Anzeige des Fernbleibens vom Dienst aus zwingenden Gründen). Fallen Religionsstunden wegen anderweitiger Inanspruchnahme von Pfarrern in der Gemeinde (oder auch von Religionspädagogen, die zugleich in einer Gemeinde eingesetzt sind) o. ä. aus, so erfolgt ein entsprechender Abzug der vom Staat geleisteten Vergütung. Vgl. hierzu näher »Merkblatt über die rechtlichen Grundlagen für den Einsatz hauptamtlicher kirchlicher Lehrkräfte im nebenberuflichen evangelischen Religionsunterricht an weiterführenden Schulen« vom 14.6.1985, KABl S 221; abgedruckt auch unter RS 151.
Aus der prinzipiellen Gleichstellung kirchlicher und staatlicher Lehrkräfte folgt etwa ferner, daß auch kirchliche Lehrkräfte, die an öffentlichen Schulen Religionsunterricht erteilen, entsprechende Erklärungen zur Verfassungstreue abzugeben haben (vgl. auch u. § 20,6, S. 251). Denn aus der Organisationshoheit des Staates für seine Schulen folgt auch, daß der Staat darüber befinden kann, unter welchen Voraussetzungen von der Kirche bevollmächtigte Lehrkräfte zur Erteilung von Religionsunterricht **nicht** zugelassen werden. Vgl. Einzelheiten hierzu im Rundschreiben des LKA an alle Dekane und Schulbeauftragten vom 12.1.1993, Az. 35/13-0-20. Dagegen kann bei Religionslehrkräften, bei denen die Erteilung des Religionsunterrichts aus ihrer ordentlichen kirchlichen Dienstaufgabe abzuleiten ist (z. B. bei Pfarrern oder Religionspädagogen) von der für die im öffentlichen Dienst Beschäftigten erforderlichen Vereidigung auf die Verfassung nach BV Art. 187 abgesehen werden (Bek über nebenamtlichen und nebenberuflichen Unterricht ... im Bereich des Bayerischen Staatsministeriums für Unterricht, Kultus, Wissenschaft und Kunst vom 16.7.1992, KWMBl I S. 418, abgedruckt auch unter RS 151, Nr. 4.1.8 Abs. 4; vgl. ferner die Nachweise in Anm. 4 zu BV Art. 187, RS 105).

45) Zu einzelnen Aspekten dieser Bekenntnisgebundenheit und den Möglichkeiten einer Öffnung des Religionsunterrichts unter bestimmten Voraussetzungen hin zu einem interkonfessionellen Unterricht: *J. Listl* (Hrsg.), Religionsunterricht als bekenntnisgebundenes Lehrfach (vgl. Literaturübersicht); *G. Rees,* Der Religionsunterricht und die katechetische Unterweisung in der kirchlichen und staatlichen Rechtsordnung, S. 283 ff.; vgl. auch *Winter,* EvKomm. 1992, S. 358 gegen *Otto* EvKomm. 1992, S. 31. Für eine Auslegung der »Grundsätze« der betreffenden Religionsgemeinschaft i. S. einer sehr weitgehenden Öffnung des Religionsunterrichts neuerdings *Pieroth* a.a.O. (Fn. 33), S. 194 f.

Religionsunterricht erteilen, der Bevollmächtigung ihrer Religionsgemeinschaft bedürfen (katholisch: missio canonica, evangelisch: vocatio; vgl. KVerf Art. 18 Satz 3, BV Art. 136 Abs. 4, Art. 6 Abs. 1 Kirchenvertrag, BayEUG Art. 25 Abs. 2 S. 1)[46]. Daraus folgt weiter das Erfordernis der Zustimmung der Religionsgemeinschaft zum verwendeten Unterrichtsmaterial (Genehmigung der Lehrbücher) und die einvernehmliche Festlegung von Lehrplänen und Lernzielen[47].

Zur Überprüfung, ob der Religionsunterricht in Übereinstimmung mit ihren Grundsätzen erteilt wird, haben die Religionsgemeinschaften das Recht der Einsichtnahme in den Unterricht, der Visitation (Art. 12 Kirchenvertrag, VoSchG Art. 16 Abs. 1 S. 3). Bei Beanstandungen *RS 136*
sind allerdings die verschiedenen Zuständigkeiten zu beachten: Soweit es sich um Lehrkräfte handelt, die nicht im kirchlichen Dienstverhältnis stehen, besteht kein (dienstrechtliches) Weisungsrecht seitens der Religionsgemeinschaften. Deren Beauftragte können sich mit den einzelnen Lehrkräften nur gesprächsweise ins Benehmen setzen, aber keine Weisungen erteilen. Beanstandungen mit der Bitte um Abstellung können nur an die Schulaufsichtsbehörden herangetragen werden (VoSchG Art. 16 Abs. 2; Aufgaben und Zuständigkeit der Schulaufsichtsbehörden: VoSchG Art. 17 ff., BayEUG Art. 89). Bei beharrlicher Weigerung der einzelnen Lehrkraft bliebe seitens der betreffenden Religionsgemeinschaft als letztes Mittel nur der Widerruf der Bevollmächtigung. Bei eigenen Lehrkräften besteht dagegen ein direktes, aus dem Dienstverhältnis folgendes Weisungsrecht der jeweiligen Religionsgemeinschaft. Umgekehrt hat der Schulleiter gegenüber kirchlichen Lehrkräften nur im Rahmen seiner Zuständigkeit, also den äußeren Unterrichtsablauf und die Schulorganisation betreffend, ein Weisungs- oder Beanstandungsrecht (Einhaltung der Disziplin im Unterricht, rechtzeitiges Anzeigen bei Fernbleiben, Teilnahme an Lehrer- und Klassenkonferenzen sowie Teilhabe an schulischen Aufgaben außerhalb der eigentlichen Unterrichtsverpflichtung wie Pausenaufsicht oder Wandertage, soweit dies mit den anderweitigen Verpflichtungen vereinbar ist)[48]. Zu irgendwelchen disziplinarischen Maßnahmen gegenüber kirchlichen Lehrkräften ist der Schulleiter dagegen nicht befugt.

46) Einschließlich eines Beanstandungsrechts, Art. 6 Abs. 2 Kirchenvertrag.

47) Dem Staat obliegt dabei die Prüfung der Vereinbarkeit mit der Verfassung und den dort genannten Bildungszielen, den Religionsgemeinschaften die inhaltliche Überprüfung, gemessen an ihren »Grundsätzen«, d. h. an ihren Glaubenswahrheiten. Inkraftgesetzt werden die Lehrpläne durch den Staat.

48) Vgl. hierzu o. Fn. 44.

- Zu der allein in der Zuständigkeit der einzelnen Religionsgemeinschaften liegenden inneren Gestaltung des Religionsunterrichts gehört auch die Bestimmung über den Teilnehmerkreis, insbesondere die Zulassung von Schülern bzw. Schülerinnen fremder Konfession bzw. von Konfessionslosen. Diese Entscheidung liegt allein bei der für den Unterricht verantwortlichen Religionsgemeinschaft (BVerfGE 74, 244/253; hierzu näher unter g)).

e) Verpflichtete Schularten

Zu den Schulen, in denen Religionsunterricht zu erteilen ist, gehören nach GG Art. 7 Abs. 3 alle öffentlichen Schulen mit Ausnahme der bekenntnisfreien Schulen. Öffentliche Schulen sind staatliche oder kommunale Schulen (BayEUG Art. 3 Abs. 1 S. 1), aber auch staatlich anerkannte Ersatzschulen, denen ein öffentlicher Charakter verliehen worden ist (BayEUG Art. 79). Bekenntnisfreie Schulen sind weltliche oder weltanschauliche Gemeinschaftsschulen. Sie dürfen von den einzelnen Ländern nicht zur Regelschule gemacht werden, sonst liefe die Garantie des Art. 7 Abs. 3 ins Leere. Öffentliche bekenntnisfreie Schulen gibt es in der Bundesrepublik nicht.

Weitergehend als GG Art. 7 Abs. 3 ist nach BV Art. 136 Abs. 2 Religionsunterricht ordentliches Lehrfach »**aller** Volksschulen, Berufsschulen, mittleren und höheren Lehranstalten« (Realschulen und Gymnasien). Damit sind auch Privatschulen erfaßt. Diese über GG Art. 7 Abs. 3 (Verpflichtung nur für **öffentliche Schulen**) hinausgehende Regelung ist zulässig (GG Art. 141). Wegen GG Art. 31 (Vorrang des Bundesrechts) und im Hinblick auf die grundsätzliche Privatschulfreiheit gemäß GG Art. 7 Abs. 4 und 5 sind aber diejenigen Privatschulen von der Verpflichtung, Religionsunterricht zu erteilen, ausgenommen, deren pädagogisches Konzept auf einer bekenntnisfreien oder einer durch eine besondere Weltanschauung geprägten Erziehung gründet. Daraus folgt auch, daß etwa konfessionell ausgerichtete Privatschulen nicht verpflichtet sind, Religionsunterricht anderer Konfessionen anzubieten, wenn dies in der Praxis auch meist der Fall ist.

f) Berechtigte Religionsgemeinschaften

Weder im Grundgesetz noch in der Bayerischen Verfassung ist der Kreis der Religions- (oder wegen der Gleichstellungsklausel in GG Art. 140 i. V. m. Art. 137 Abs. 7 WRV auch: Weltanschauungs-) gemeinschaften festgelegt, die zur Erteilung schulischen Religionsunterrichts berechtigt sind. Diese Garantien sind daher weder auf die großen Kirchen noch auf diejenigen Religionsgemeinschaften beschränkt, die den Status einer Körperschaft des öffentlichen Rechts haben[49]. Berechtigt sind demnach grundsätzlich alle Religions- oder Weltanschauungsgemeinschaften, sofern sie zumindest die bürgerliche Rechtsfähigkeit (GG Art. 140 i. V. m. Art. 137 Abs. 4 WRV) besitzen[50]. Aus schulorganisatorischen Gründen kann aber eine bestimmte Mindestteilnehmerzahl verlangt werden (nach den bayerischen Schulordnungen: 5)[51]. Teilweise kann der Religionsunterricht – z. B. bei Nichterreichen der Mindestteilnehmerzahl – auch als außerschulischer Unterricht in den Räumen der betreffenden Religionsgemeinschaft erteilt werden (in Bayern z. B. generell bei israelitischen, altkatholischen, russisch-orthodoxen und griechisch-orthodoxen Schülern und Schülerinnen[52]). Dieser gilt als normaler Religionsunterricht mit allen Folgen eines ordentlichen Lehrfachs (Benotung, Kostentragung durch den Staat u. a.). Ferner können kleinere Religionsgemeinschaften erklären, daß die Lehrpläne des als ordentliches Lehrfach anerkannten Religionsunterrichts einer anderen Religionsgemeinschaft mit den Grundsätzen des eigenen Bekenntnisses übereinstimmen. Soweit dies erklärt worden ist, verzichten diese kleineren Religionsgemeinschaften auf einen eigenen Religionsunterricht. Die Schüler und Schülerinnen dieses Bekenntnisses haben dann den Religionsunterricht der anderen Religionsgemeinschaft zu besuchen (mit allen schulrechtlichen Konsequenzen, freilich auch mit Abmeldemöglichkeit). Aufgrund derartiger Erklärungen besuchen Angehörige des Bundes Evangelisch-Freikirchlicher Gemeinden, der Evangelisch-Methodistischen Kirche in Bayern, der Evangelisch-Reformierten Kirche und des Bundes Freier evangelischer Gemeinden den evangelisch-lutherischen Religionsunterricht[53].

g) Teilnahme am Religionsunterricht

(1) Teilnahmepflicht Konfessionsangehöriger und Abmeldemöglichkeit

Teilnahmepflichtig sind alle Schüler und Schülerinnen des betreffenden Bekenntnisses (BayEUG Art. 25 Abs. 1 S. 1). Dies folgt bereits aus der Eigenschaft als konfessionell gebundenes Unterrichtspflichtfach. Aufgrund von GG Art. 4 (hier: **negative** Religionsfreiheit) besteht jedoch die Möglichkeit der Abmeldung. Dabei ist diese Abmeldung unabhängig von einer weiterhin bestehenden Bekenntniszugehörig-

49) *Link* HdbStKirchR II, S. 541; *v. Busse* (Fn. 2), S. 141 m.w.N.
50) *Link* a.a.O.
51) Vgl. Nachweise o. Fn. 38.
52) Vgl. EthikUBek (RS 150), Buchst. b).
53) Vgl. KMS vom 14.10.1982, Bek. vom 16.12.1982, RS 127.

keit. Art. 4 gewährleistet die Möglichkeit, sich wegen glaubensbedingter Überzeugungen vom schulischen Religionsunterricht auch dann abzumelden, wenn dadurch die Bekenntniszugehörigkeit bewußt nicht in Frage gestellt werden soll. Bei Abmeldung vom Religionsunterricht besteht die Pflicht zur Teilnahme am Ethikunterricht (BV Art. 137 Abs. 2, BayEUG Art. 26 Abs. 1). Diese Verpflichtung trifft auch diejenigen Schüler und Schülerinnen, die keiner Konfession angehören, oder für deren Konfession kein eigener Religionsunterricht eingerichtet ist. Der Ethikunterricht ist somit in gleicher Weise Pflichtfach wie der Religionsunterricht. Nach den einzelnen Schulordnungen ist für die Einrichtung des Ethikunterrichts – ebenso wie für den Religionsunterricht – eine Mindestzahl von 5 Schülern oder Schülerinnen vorgesehen[54]. Unter Umständen kann der Ethikunterricht auch jahrgangsübergreifend erteilt werden.

Ist ein Religionsunterricht für eine bestimmte Konfession eingerichtet, so dürfen Schüler und Schülerinnen dieser Konfession, wenn ihr Religionsunterricht z. B. wegen Lehrermangels ausfällt, nicht zur Teilnahme am Ethikunterricht verpflichtet werden[55].

(2) Teilnahme Konfessionsfremder und Konfessionsloser

Aus der konfessionellen Gebundenheit des Religionsunterrichts folgt – wenigstens dem Grundsatz nach – die konfessionelle Homogenität dieses Unterrichts, d. h. eine Homogenität hinsichtlich des Unterrichtsfachs, der diesen Unterricht erteilenden Lehrkräfte und der diesen Unterricht besuchenden Schüler und Schülerinnen. Mit anderen Worten: **evangelischer** Religionsunterricht wird durch **evangelische Lehrkräfte** für **evangelische Schüler und Schülerinnen** erteilt. Dies gilt entsprechend für andere Konfessionen. GG Art. 7 Abs. 3 läßt aber unter dem Einfluß neuerer religionspädagogischer Ansätze auch Informationen über andere Bekenntnisse im Rahmen des schulischen Bildungsauftrages – und insoweit eine beweglichere Form in der Darbietung dieses Unterrichts – zu. Eine geordnete Teilnahme von Schülern und Schülerinnen einer anderen Konfession ist vom Grundsatz des GG Art. 7 Abs. 3 jedenfalls dann unbedenklich, solange der Unterricht nicht seine besondere Prägung als konfessionell gebundene Veranstaltung verliert (BVerfGE 74, 244/254). Die Entscheidung über die Zulassung solcher Schüler und Schülerinnen steht allerdings – als Ausfluß ihrer Zuständigkeit für die innere Gestaltung dieses

54) S. im übrigen EthikUBek – RS 150.

55) *D. Falckenberg/W. Schiedermair/H. Amberg,* Bayerisches Gesetz über das Erziehungs- und Unterrichtswesen, 2. Aufl. 1989, Art. 26 Anm. 4.

Unterrichts – allein der betreffenden Religionsgemeinschaft zu. Gegen ihren Willen dürfen ihr keine Angehörigen anderer Konfessionen aufgedrängt werden (BVerfGE a.a.O.), zumal ja die Zusammensetzung des Teilnehmerkreises unmittelbare Rückwirkungen auf die Gestaltung des Unterrichts hat.

Ein generelles Einverständnis der Religionsgemeinschaften für eine gewisse Öffnung ihres Religionsunterrichts ist gegeben. Unter gewissen Voraussetzungen ist daher auch eine Teilnahme von konfessionslosen oder anderskonfessionellen Schülern und Schülerinnen am Religionsunterricht möglich. Dies in zweifacher Weise: Besuch als Pflichtfach[56)] (unter Wegfall der Verpflichtung zur Teilnahme am Ethikunterricht) oder Besuch zur bloßen Information (bei weiterhin bestehender Verpflichtung zur Teilnahme am Ethikunterricht oder – falls eingerichtet – am Religionsunterricht der eigenen Konfession). Die Einzelheiten sind wegen der auch schulorganisatorischen Auswirkungen in einer staatlichen Regelung enthalten, der KMBek. vom 19.8.1983 (RS 127)[57)]. Für den Besuch als **Pflichtfach** sind somit erforderlich:

- Schriftlicher Antrag der Erziehungsberechtigten (vgl. GG Art. 7 Abs. 2, und zwar **beider,** RKEG § 2 Abs. 2) an den Schulleiter; volljährige Schüler bzw. Schülerinnen stellen diesen Antrag selbst.
- Schriftliches Einverständnis der Religionsgemeinschaft, der die betreffenden Schüler und Schülerinnen angehören.
- Kein Entgegenstehen zwingender schulorganisatorischer Gründe (z. B. Stundenüberschneidungen, Klassengröße).
- Zustimmung der Religionsgemeinschaft, für deren Bekenntnis der betreffende Religionsunterricht eingerichtet ist, dessen Teilnahme begehrt wird. Auf evangelischer Seite wird die Zustimmung durch

56) Ein Besuch als Pflichtfach ist anderskonfessionellen Schülern und Schülerinnen allerdings nur dann möglich, wenn für diese Religionsgemeinschaft ein Religionsunterricht als ordentliches Lehrfach in der betreffenden Schulart an öffentlichen Schulen in Bayern nicht eingerichtet ist. Religionsunterricht als ordentliches Lehrfach besteht an **allen** Schularten in Bayern für das röm.-kath. und das evang.-luth. Bekenntnis (letzteres zugleich für verschiedene kleinere evangelische Bekenntnisse vgl. o.), sowie für die 1. bis 5. Jahrgangsstufe an **Volksschulen** für türkische Kinder muslimischen Glaubens (KMBek vom 4.2.1988, KWMBl I, 122), ferner als **außerschulischer Unterricht** für altkatholische, israelitische, russisch-orthodoxe und griechisch-orthodoxe Kinder (vgl. EthikUBek – RS 150 – unter Buchst. b).

57) Vgl. ferner die einzelnen Schulordnungen, z. B. VSO § 13 Abs. 3; RSO § 22 Abs. 3; GSO § 21 Abs. 3, SVSO § 22 Abs. 3; BSO § 12 Abs. 2; SBSO § 17 Abs. 2; BASO § 12 Abs. 2; WSO § 20 Abs. 3; FOSO § 9 Abs. 2; BOSO § 8 Abs. 2 (alle RS 127).

den örtlich zuständigen Dekan ausgesprochen, der zuvor u. a. eine Äußerung der betroffenen Religionslehrkraft einholt.

Liegen diese Voraussetzungen vor, spricht der Schulleiter die Zulassung zur Teilnahme aus.

Für den Besuch zur **Information** sind erforderlich:

- Schriftlicher Antrag der Erziehungsberechtigten oder der volljährigen Schüler bzw. Schülerinnen an den Schulleiter.
- Zustimmung der den betreffenden Religionsunterricht erteilenden Lehrkraft.
- Kein Entgegenstehen schulorganisatorischer Gründe.

Bei Vorliegen dieser Voraussetzungen spricht der Schulleiter die Zulassung zur Teilnahme aus.

Während beim Besuch des Religionsunterrichts als Pflichtfach eine ganz normale Benotung erfolgt, ist dies beim bloßen Besuch zur Information nicht der Fall. Nur auf Antrag erfolgt hier eine Bestätigung der Teilnahme im Zeugnis, ebenfalls auf Antrag mit einem wertenden Zusatz.

Die gelegentlich anzutreffende Zuweisung von Kindern, für die ein eigener Religionsunterricht nicht eingerichtet ist, oder von konfessionslosen Kindern, für die mangels genügender Teilnehmerzahl ein Ethikunterricht nicht besteht, zu Zwecken der **Aufsicht,** ist ohne Einwilligung der betreffenden Religionslehrkraft und der Kinder bzw. ihrer Eltern nicht möglich. Einmal gehört die Bestimmung über den Teilnehmerkreis allein in die Zuständigkeit der betreffenden Religionsgemeinschaft (vgl. o.), zum anderen liegt die unmittelbare pädagogische Verantwortung für den Unterricht bei der einzelnen Lehrkraft
RS 130 (LDO § 2). Eine Teilnahme von Kindern nur zu Aufsichtszwecken hätte aber Auswirkungen auf die pädagogische Gestaltung des Unterrichts. Letztlich wären auch Rechte der Kinder berührt. Durch GG Art. 4 werden sie nämlich davor geschützt, ohne ihr bzw. ihrer Eltern Einverständnis in einen für sie fremden Religionsunterricht geschickt zu werden.

(3) Abmeldung

Nach den Schulordnungen hat die Abmeldung vom Religionsunterricht bei den meisten Schularten innerhalb der ersten Woche nach Unterrichtsbeginn zu erfolgen[58]. Spätere Abmeldungen sind danach nur aus wichtigem Grund zulässig. Da die Abmeldemöglichkeit Ausfluß der grundrechtlich garantierten Religionsfreiheit (hier: negative Religionsfreiheit) ist, begegnet eine derartige zeitliche Beschränkung erheblichen verfassungsrechtlichen Bedenken[59]. Der Anlaß für eine zu einer Abmeldung führenden Gewissensentscheidung kann jederzeit eintreten, ohne daß staatlicherseits diese Form der Grundrechtsausübung behindert oder verwehrt werden dürfte – z. B. unter Berufung auf schulorganisatorische Gründe – oder einzelne Schüler bzw. Schülerinnen gegen ihren Willen weiter zur Teilnahme am Religionsunterricht verpflichtet wären[60]. Da es bei der Abmeldung um eine religiös oder weltanschaulich motivierte Entscheidung geht, mangelt es dem Staat zudem an einer entsprechenden Prüfungskompetenz, inwieweit ein derartiger »wichtiger Grund« gegeben ist. Die Berufung auf GG Art. 4 wäre im übrigen immer ein »wichtiger Grund« i. S. dieser Bestimmungen. Mangels Prüfungskompetenz des Staates müssen die einzelnen Motive für die Abmeldung nicht näher dargelegt werden[61]. Ein Hinweis, daß die Abmeldung aus Glaubens- und Gewissensgründen erfolgt, muß daher als ausreichend angesehen werden[62].

Die Abmeldung hat schriftlich zu erfolgen. Sie ist von beiden Erziehungsberechtigten (RKEG § 2!), bei Volljährigkeit von den Schülern und Schülerinnen selbst vorzunehmen. Zumindest ist dies die in Bayern einhellig geübte Verwaltungspraxis, die sich in diesem Punkt an BV Art. 137 Abs. 1 ausrichtet.

Die Frage, ab welcher **Altersgrenze** sich ein Kind selbständig vom Religionsunterricht abmelden kann, stellt im Geltungsgebiet bayerischen Rechts ein seit langem in der Literatur uneinheitlich beurteiltes Problem dar. Dies hängt mit der Diskrepanz zwischen RKEG § 5 und BV Art. 137 Abs. 1 zusammen.

Allgemein obliegt nach GG Art. 7 Abs. 2 die Bestimmung über die Teilnahme am Religionsunterricht den Erziehungsberechtigten. Damit ist zunächst nur das (Außen-)Verhältnis Schule – Erziehungsberechtigte angesprochen. Das Verhältnis zwischen elterlichem Erziehungsrecht (GG Art. 6) und persönlichen Freiheitsrechten des betreffenden Kindes, also das Innenverhältnis Eltern – Kind, ist im Hinblick auf die religiöse Erziehung im RKEG geregelt, welches nach Inkrafttreten des GG als Bundesrecht fortgilt. Gemäß RKEG § 5 steht dem Kind nach Vollendung des 14. Le-

58) Lediglich für Berufsschulen und Sonderberufsschulen gilt eine Frist von drei Wochen, für Berufsaufbauschulen und Berufsfachschulen für Hauswirtschaft und Kinderpflege von zwei Wochen (BSO § 12 Abs. 1; SBSO § 17 Abs. 1; BASO § 12 Abs. 1; BFSO HwKi § 10 Abs. 1 – alle RS 127).

59) *v. Busse* (Fn. 2), S. 125; *Link* HdbStKirchR II, S. 528.

60) So *v. Busse* a.a.O.

61) *Link* a.a.O; *v. Busse* S. 128.

62) *v. Busse* a.a.O.; *Rees* (Fn. 45), S. 267.

bensjahres die Entscheidung darüber zu, »zu welchem Bekenntnis es sich halten will«. Nach zutreffender Auffassung ist damit auch die Bestimmung über die Teilnahme am Religionsunterricht umfaßt[63]. Demnach bestimmen zunächst die Eltern über die Teilnahme am Religionsunterricht (GG Art. 7 Abs. 2, RKEG § 1). Nach Vollendung des 12. Lebensjahres darf ein Kind nicht gegen seinen Willen in einem anderen Bekenntnis als bisher erzogen, also auch nicht gegen seinen Willen vom Religionsunterricht ab- oder in denjenigen eines anderen Bekenntnisses umgemeldet werden (RKEG § 5 S. 2). Vom 14. Lebensjahr an ist das Kind religionsmündig und entscheidet – legt man allein RKEG § 5 S. 1 zugrunde – selbst über seine Teilnahme am Religionsunterricht. Es ist somit für diesen Bereich sein eigener Erziehungsberechtigter i. S. von GG Art. 7 Abs. 2[64]. Dies schließt nicht aus, daß das elterliche Erziehungsrecht auf religiösem Gebiet noch in gewisser Weise fortwirkt und das Kind auch nach Vollendung des 14. Lebensjahres nicht jeder Einflußnahme der Eltern entzogen ist. So kann das aus GG Art. 6 Abs. 2 S. 1 folgende Recht auf Pflege und Erziehung der Kinder trotz einer Reduzierung durch RKEG § 5 den Eltern noch immer die Befugnis gewähren, ihr über 14 Jahre altes Kind in seinen religiösen Bemühungen zu unterstützen und Rechte, die dem Kind auf diesem Gebiet zustehen, auch im eigenen Namen gerichtlich geltend zu machen[65]. Freilich kann dies aufgrund der Regelung in RKEG § 5 nicht mehr anstelle ihres Kindes oder gegen seinen Willen erfolgen.

Hinsichtlich der Abmeldung vom Religionsunterricht enthält nun aber BV Art. 137 Abs. 1 eine gegenüber RKEG § 5 abweichende Altersgrenze: BV Art. 137 Abs. 1 weist Schülern und Schülerinnen erst ab vollendetem 18. Lebensjahr, also mit Volljährigkeit, die selbständige Entscheidung über die Abmeldung vom Religionsunterricht zu (so übrigens auch Art. 35 Abs. 1 der rheinland-pfälzischen und Art. 29 Abs. 2 der saarländischen Verfassung).

Nach einer weit verbreiteten und vor allem die Verwaltungspraxis bestimmenden Meinung ist für Bayern hinsichtlich der Abmeldung vom Religionsunterricht allein von der Altersgrenze in BV Art. 137 Abs. 1 auszugehen (18 Jahre), während die allgemeine Religionsmündigkeit nach RKEG § 5 – wie auch sonst – dagegen bei 14 Jahren liegt[66]. Dies wird damit begründet, daß die Länder in der Zeit zwischen dem 8.5.1945 und dem Inkrafttreten des Grundgesetzes altes Reichsrecht wirksam abändern konnten, mit der Folge, daß diese Änderung partielles (partikulares) Bun-

63) h. M., vgl. *Link* S. 526, *v. Busse* S. 133, *Rees* a.a.O. jew. m.w.N.; zweifelnd *W. Hofmann,* EvStL Sp. 2958/2961; vgl. ferner RKEG § 2 Abs. 2 als Indiz dafür, daß die Regelungen des RKEG sich auch auf die Teilnahme am Religionsunterricht beziehen.

64) Vgl. die Nachweise bei *Link* a.a.O. Anm. 124; ferner *Maunz* in: *Maunz/Dürig/Herzog/Scholz,* Kommentar zum GG, Art. 7 Rdnr. 32.

65) BVerwGE 68, 16/19 = JZ 1985, S. 36/37 m. zust. Anm. v. *Link;* vgl. bereits BVerwGE 15, 134/138. Die Entscheidung über die Verfassungsbeschwerde gegen das Urteil des BVerwGE (BVerfGE 74, 244) läßt diese Fragen offen.

66) *Hollerbach* HdbStKirchR I, S. 250; *ders.* HdbStR VI § 138, Rdnr. 36 (S. 492); *Voll* HdbBayStKirchR, S. 103; *Rees* (Anm. 45), S. 269 m.w.N.; *H. Heckel/H. Avenarius,* Schulrechtskunde, 6. Aufl., Neuwied-Darmstadt 1986, S. 361.

desrecht, also räumlich auf das Gebiet von Bayern beschränktes Bundesrecht geworden ist (GG Art. 125 Nr. 2)[67]. Dies führt aber zu dem etwas sonderbaren Ergebnis, daß eine selbständige Abmeldung vom Religionsunterricht erst mit 18 Jahren möglich ist, ein Kirchenaustritt, der die Verpflichtung zum Besuch des Religionsunterrichts entfallen läßt, dagegen bereits mit 14 Jahren[68]. Zudem wären die Eltern im Innenverhältnis an die Entscheidung des Kindes gebunden und könnten daher nach außen auch keine von der Willensentscheidung des über 14jährigen Kindes abweichende Erklärung abgeben[69].

Als verfassungsrechtlich garantierte Freiheit der Entscheidung über die Teilnahme am Religionsunterricht darf die Abmeldung nicht zu irgendwelchen rechtlichen oder tatsächlichen Nachteilen für die einzelnen Schüler und Schülerinnen führen. Daraus folgt aber nicht etwa ein Anspruch darauf, daß der Ersatzunterricht (Ethik) immer zur selben Zeit wie der Religionsunterricht stattfinden müsse. In besonderen Fällen, insbesondere bei jahrgangsübergreifendem Unterricht (vgl.

67) Die Weitergeltung nach GG Art. 125 setzt Recht auf dem Gebiet der **konkurrierenden** Gesetzgebung voraus. Das Recht der Erziehung, auch der religiösen Erziehung, ist Teil des **bürgerlichen** Rechts und daher gem. GG Art. 74 Nr. 1 Gegenstand der konkurrierenden Gesetzgebung.

68) Zum Teil wird deswegen auch angenommen, daß in Bayern die Religionsmündigkeit allgemein erst mit 18 Jahren eintritt (Abänderung der Altersgrenze in RKEG § 5 durch BV Art. 137 Abs. 1 nicht nur im Hinblick auf die Abmeldung vom Religionsunterricht), so *S. Grundmann* BayVBl 1962, S. 33/38; *ders.*, Abhandlungen zum Kirchenrecht, 1969, S. 411/426; *v. Busse* (Fn. 2), S. 136; *v. Campenhausen* HdbStKirchR I, S. 647 und S. 661 Anm. 8; *ders.*, Staatskirchenrecht S. 147 Anm. 20; *Th. Meder,* Die Verfassung des Freistaates Bayern, 4. Aufl. 1992, Art. 137 Rdnr. 2 und Art. 107 Rdnr. 5. Allerdings ist die **Praxis** eine andere, vgl. etwa die KWMBek vom 6.8.1992 über den Austritt aus einer Kirche, Religions- oder weltanschaulichen Gemeinschaft, die Körperschaft des öffentlichen Rechts ist (RS 431/1), wo durchgehend von einer Religionsmündigkeit mit 14 Jahren die Rede ist.

69) Nach anderer, wohl zutreffenderer Meinung ist RKEG § 5 nicht wirksam abgeändert worden. BV Art. 137 Abs. 1 habe RKEG § 5 nicht in seinem Wortlaut geändert, es fehle daher an einer **formellen** Änderung. Insoweit gehe das RKEG als Bundesrecht dem bayerischen Landesrecht vor (GG Art. 31). Danach wäre sowohl für die allgemeine Religionsmündigkeit als auch für die selbständige Abmeldung vom Religionsunterricht einheitlich die Altersgrenze von 14 Jahren maßgeblich (*Link,* HdbStKirchR II, S. 527; *ders.* JZ 1985, S. 38; *R. Schmoeckel,* Der Religionsunterricht, Berlin 1964, S. 109; *E. Friesenhahn,* Religionsunterricht und Verfassung, in: Essener Gespräche zum Thema Staat und Kirche, hrsg. von *J. Krautscheidt* und *H. Marré*, Bd. 5, Münster 1971, S. 86, 112; *E. Stein,* HdbStKirchR II, S. 474).
Eine andere Frage ist allerdings, ob die Altersgrenze der allgemeinen Religionsmündigkeit mit 14 Jahren nicht zu niedrig angesetzt ist. Hierzu *Th. Würtenberger,* Religionsmündigkeit, in: Rechtsstaat, Kirche, Sinnverantwortung; FS K. Obermayer, hrsg. v. *R. Bartlsperger, D. Ehlers, W. Hofmann, D. Pirson,* München 1986, S. 116–122; vgl. auch *Hofmann* EvStL Sp. 2958/2961.
Die weiteren mit diesem Problem zusammenhängenden Erörterungen – Abmeldung vom Religionsunterricht als rein **schulrechtliche** Regelung begriffen und daher gemäß GG Art. 70 Abs. 1 allein der landesrechtlichen Gesetzgebungskompetenz unterliegend *(Falkenberg/Schiedermair/Amberg* (Anm. 55), Art. 25 Rdnr. 14) oder die Auseinandersetzung darüber, ob BV Art. 137 Abs. 1, wenn er denn partielles Bundes-

RS 127 hierzu VSO § 8), kann der Ethikunterricht trotz des Grundsatzes in VSO § 14 Abs. 1 (Unterricht in Pflichtfächern in der Regel am Vormittag) auch nachmittags stattfinden, wenn dies aus organisatorischen, insbesondere stundenplangestalterischen Gründen nicht anders möglich ist und sich daraus keine unzumutbare, für Eltern und Schüler bzw. Schülerinnen nicht mehr hinnehmbare Beeinträchtigung ergibt[70)].

In gleicher Weise darf auch die den Lehrkräften verfassungsrechtlich verbürgte Entscheidungsfreiheit, Religionsunterricht zu erteilen (GG Art. 7 Abs. 3 Satz 3, BV 136 Abs. 3) – wie die Abmeldemöglichkeit letztlich eine Konkretisierung der allgemeinen Religionsfreiheit (GG Art. 4) und des Benachteiligungsverbots aus religiösen Gründen (GG Art. 3 Abs. 3, Art. 33 Abs. 3) –, nicht zu irgendwelchen Nachteilen bei Ablehnung der Erteilung von Religionsunterricht führen. Entlassungen, Versetzungen, geringere Beförderungschancen sind daher wegen einer derartigen Weigerung grundsätzlich nicht möglich. Ausnahmen ergeben sich allenfalls aus organisatorischen Zwangsläufigkeiten. So kann eine Versetzung dann möglich sein, wenn aus organisatorischen Gründen der Religionsunterricht nicht auf die anderen Lehrkräfte verteilt werden kann, und die den Religionsunterricht abgebende Lehrkraft ihr Stundendeputat nicht aus anderen von ihr erteilten Lehrfächern auffüllen kann. Wenn diese Lehrkraft sonst in keinem anderen Fach Unterricht erteilt, andere Verwendungsmöglichkeiten im Schuldienst also nicht bestehen, ist bei Lehrkräften im Angestelltenverhält-

recht ist, etwa im Rahmen der Rechtsbereinigung von Bundesrecht außer Kraft getreten ist – sollen hier nicht weiter vertieft werden (hierzu *Renck* BayVBl 1988, S. 683; *Blankenagel,* BayVBl 1989, S. 298; *v. Campenhausen,* BayVBl 1989, S. 300; *Gallwas* BayVBl 1989, S. 363; *Münch* BayVBl 1989, S. 745).
Mit den unterschiedlichen Altersgrenzen in BV Art. 137 Abs. 1 und RKEG § 5 hatte sich vor einiger Zeit auch der Petitionsausschuß des Bayerischen Landtages zu beschäftigen. Mit der herrschenden Meinung gingen die seinerzeitigen Verhandlungen und Stellungnahmen davon aus, daß für die Abmeldung vom Religionsunterricht gemäß BV Art. 137 Abs. 1, BayEUG Art. 25 Abs. 3 die maßgebliche Altersgrenze das 18. Lebensjahr, für die allgemeine Religionsmündigkeit dagegen das 14. Lebensjahr entscheidend ist. Diese Diskrepanz – Kirchenaustritt mit 14, Abmeldung vom Religionsunterricht erst mit 18 Jahren möglich – wurde für tragbar gehalten, zumal die Eltern im Innenverhältnis ja an die Willensentscheidung ihres Kindes gebunden sind (vgl. KMS vom 3.10.1988, Nr. V/7 – K 5020/5-2/53 087).
Dieses für Bayern praktizierte Ergebnis einer unterschiedlichen Altersgrenze für die allgemeine Religionsmündigkeit und für die Abmeldung vom Religionsunterricht ist unschön und bedauerlich. Es beruht auf der überwiegenden, wenn auch umstrittenen Literaturmeinung und vor allem auf der ihr folgenden Verwaltungspraxis. Gerichtliche Entscheidungen hierzu sind bisher nicht ergangen. (Für die entsprechende Bestimmung des Art. 35 Abs. 1 der rheinland-pfälzischen Verfassung ist das BVerwG inzident davon ausgegangen, daß ein über 14jähriges Kind selbst über die Teilnahme am Religionsunterricht bestimmen kann. Den Eltern steht in diesem Fall jedoch noch ein Recht aus GG Art. 6 Abs. 2 zu, ihr Kind in seinen religiösen Bemühungen zu unterstützen und notfalls auch selbst gerichtliche Klage zu erheben.)

70) BayVGH BayVBl 1990, S. 244.

nis eine Kündigung aus wichtigem Grund möglich (Unmöglichkeit der Weiterbeschäftigung), bei Lehrkräften im Beamtenverhältnis auf Zeit oder auf Probe die Entlassung. Lebenszeitbeamte, die aus Gewissensgründen die weitere Erteilung von Religionsunterricht verweigern und anderweitig nicht verwendet werden können, sind in den Ruhestand zu versetzen, da ihnen insoweit kein Vorwurf gemacht werden kann, durch die Berufung auf ein Grundrecht ihre Dienstunfähigkeit herbeigeführt zu haben[71)].

Gegenüber dem **kirchlichen Dienstherrn gilt GG Art. 7 Abs. 3 S. 3 nicht**. Kein Pfarrer oder Religionspädagoge kann sich daher unter Berufung auf diese Vorschrift dem Religionsunterricht entziehen. **Grundrechte** sind in erster Linie **Abwehrrechte gegen den Staat. Grundrechtsverpflichtet** nach GG Art. 7 Abs. 3 S. 3 sind daher die **Träger öffentlicher Schulen**. Soweit z. B. PfG § 44 Abs. 1, Art. 44a für Pfarrer und Pfarrerinnen die Verpflichtung zur Erteilung von Religionsunterricht vorschreiben, folgt diese Befugnis aus dem kirchlichen Selbstbestimmungsrecht gemäß GG Art. 140 i. V. m. Art. 137 Abs. 3 WRV. Danach können die Kirchen regeln, daß ihr Verständnis vom geistlichen Amt auch die Erteilung von Religionsunterricht durch die Träger eben dieses Amtes umfaßt.

h) Rechtfertigung des Religionsunterrichts

Durch die Regelung in GG Art.7 Abs. 3 ist der Religionsunterricht in Fortführung der Bestimmungen der WRV (Art. 149 Abs. 1) ein integrierender Bestandteil der staatlichen Schulorganisation und Unterrichtsarbeit (BVerfGE 74, 244/251; BVerwGE 42, 346/348). Er ist damit – zumindest auch – staatliche Aufgabe (BVerwGE a.a.O.). Hierin liegt kein Verstoß gegen die weltanschaulich-religiöse Neutralität des Staates. Diese Neutralität besagt ja nur, daß der Staat selbst keine weltanschaulich-religiöse Position einnehmen oder sich mit einer solchen identifizieren darf. Als den Grundrechten und der Freiheit seiner Staatsbürger verpflichteter Staat hat er aber die weltanschaulich-religiösen Positionen seiner Bürger ernstzunehmen. Er darf sie nicht so behandeln, als hätten sie keine Religion und kann nicht jegliche Religion aus der Erziehung ausblenden, gleichzeitig aber eine Schulpflicht verordnen[72)]. Der Religionsunterricht wurzelt letztlich in der Sphäre der Grundrechte[73)]. Die Neutralität des Staates bleibt dadurch

71) Einzelheiten bei *v. Busse* (Fn. 2), S. 115 ff.; *Link,* HdbStKirchR II, S. 522/523; *Rees* (Fn. 45), S. 273/274.
72) *Hollerbach,* HdbStR VI § 140 Rdnr. 42 (S. 618).
73) *Hollerbach* a.a.O.; vgl. bereits o. S. 133 f.

gewahrt, daß unter Beachtung gewisser schulorganisatorischer Notwendigkeiten (Mindestzahl) der Religionsunterricht grundsätzlich allen Religionsgemeinschaften offen steht. Auch die Bindung an die Grundsätze der jeweiligen Religionsgemeinschaft, also die inhaltliche Gestaltung des Religionsunterrichts durch die jeweilige Religionsgemeinschaft, entspricht dieser staatlichen religiös-weltanschaulichen Neutralität. Würde diese Bindung nämlich gelöst, müßte der Staat selbst die Grundsätze aufstellen, nach denen der Religionsunterricht zu erteilen wäre. Gerade dies ist ihm aufgrund seiner Neutralität verwehrt.

Ein wesentliches Ziel des Religionsunterrichts ist die Erziehung zur sittlichen Verantwortlichkeit. Gerade in einer Zeit, in der über den Verlust der Werte geklagt wird, vermag er seinen Teil zu einer wertorientierten Erziehung, die ja erklärtes schulisches Bildungsziel ist (vgl. BV Art. 131), zur Sinnfindung und zur ethischen Basis des einzelnen beizutragen. Dieser Sinn des Religionsunterrichts wird gerade darin deutlich, daß der Ersatzunterricht für diejenigen, denen an der Vermittlung religiöser bzw. konfessionell gebundener Werte nicht gelegen ist, als Ethikunterricht die »allgemein anerkannten Grundsätze der Sittlichkeit« (BV Art. 137 Abs. 2) vermitteln soll. In beiden Fächern soll somit ein Wertebewußtsein ausgebildet werden, das erst den »mündigen Staatsbürger« auszeichnet[74]. Der Religionsunterricht ist keine »Wohltat« für Kirche und Religionsgemeinschaften, sondern unverzichtbarer Bestandteil des staatlichen Erziehungsauftrags. Er ist der Ort einer religiös-sittlichen Erziehung, wo Schüler und Schülerinnen »auf dem Boden einer Konfession mit den religiösen und areligiösen Lebensantworten konfrontiert« werden[75].

74) *Link*, HdbStKirchR II, S. 546.
75) *v. Campenhausen*, Staatskirchenrecht, S. 121.

Literatur

a) (Allgemein): *F. G. v. Busse,* Gemeinsame Angelegenheiten von Staat und Kirche. Religionsunterricht – Kirchensteuer – Anstaltsseelsorge – Friedhofswesen – Theologische Fakultäten/Fachbereiche nach der Bayerischen Verfassung, München 1978; *A. v. Campenhausen,* Staatskirchenrecht, 2. Aufl., München 1983, S. 113–128; *v. Mangoldt/Klein,* Das Bonner Grundgesetz, 3. Aufl. Bd. 14 bearb. v. *A. v. Campenhausen,* München 1991 (Zit.: *v. Mangoldt/Klein/v. Campenhausen*), Art. 140 GG/Art. 137 WRV Rdnrn. 115–122; Art. 140 GG/Art. 141 WRV Rdnrn. 1–24; *D. Ehlers,* Die gemeinsamen Angelegenheiten von Staat und Kirche, ZevKR 32 (1987) S. 158–185; *A. Hollerbach,* Freiheit kirchlichen Wirkens, HdbStR VI, § 140, S. 595–633.

b) (Anstaltsseelsorge): *K. Albrecht,* Anstaltsseelsorge, HdbStKirchR II, S. 709–719; »Essener Gespräche zum Thema Staat und Kirche«, hrsg. v. *H. Marré/J. Stüting* Bd. 23, Münster 1989: »Seelsorge in staatlichen Einrichtungen«, mit Beiträgen von *D. Pirson* (Die Seelsorge in staatlichen Einrichtungen als Gegenstand des Staatskirchenrechts), *B. Gareis,* (Seelsorge in Justizvollzugsanstalten. Begründung – Situation – Zukunftsperspektiven), *E. Niermann,* (Zur Lage der katholischen Militärseelsorge); *S. Eick-Wildgans,* Anstaltsseelsorge. Möglichkeiten und Grenzen des Zusammenwirkens von Staat und Kirche im Strafvollzug, Staatskirchenrechtliche Abhandlungen Bd. 23, Berlin 1993.

c) (Militärseelsorge): vgl. die in Fn. 21 zitierte Literatur.

d) (Theologische Fakultäten): *A. v. Campenhausen,* Theologische Fakultät und Landeskirche, in: Wägen und Wahren, FS W. Hofmann, München 1980, S. 164–173; *ders.,* Kirchliches Selbstbestimmungsrecht und theologische Fakultäten, in: ZevKR 30 (1985) S. 71–76; *M. Heckel,* Die theologischen Fakultäten im weltlichen Verfassungsstaat, Jus Eccl. Bd. 31, Tübingen 1986; *J. Kriewitz,* Die Errichtung theologischer Hochschuleinrichtungen durch den Staat, Jus Eccl. Bd. 42, Tübingen 1992; *E. L. Solte,* Theologie an der Universität. Staats- und kirchenrechtliche Probleme der theologischen Fakultäten, Jus Eccl. Bd. 13, München 1971; *W. Weber,* Theologische Fakultäten, staatliche Pädagogische und Philosophisch-Theologische Hochschulen, HdbStKirchR II, S. 569–596.

e) (Friedhofswesen): vgl. die in Fn. 28 zitierte Literatur.

f) (Religionsunterricht): *G. Biemer/M. Baldus,* Religionsunterricht, StL IV, Sp. 840–845; *Chr. Link,* Religionsunterricht, HdbStKirchR II, S. 503–546; *J. Listl* (Hrsg.), Der Religionsunterricht als bekenntnisgebundenes Lehrfach (Sechs Rechtsgutachten v. *Chr. Link* und *A. Pahlke, J. Listl, U. Scheuner, A. Hollerbach* zur Frage der Möglichkeit der Teilnahme von Schülern am Religionsunterricht einer anderen Konfession), Staatskirchenrechtliche Abhandlungen Bd. 15, Berlin 1983; *B. Pieroth,* Religionsunterricht, EvStL Sp. 2982–2986; *ders.,* Die verfassungsrechtliche Zulässigkeit einer Öffnung des Religionsunterrichts, ZevKR 38 (1993) S. 189–202; *G. Rees,* Der Religionsunterricht und die katechetische Unterweisung in der kirchlichen und staatlichen Rechtsordnung, Regensburg 1986; *R. Schmoeckel,* Der Religionsunterricht. Die rechtliche Regelung nach Grundgesetz und Landesgesetzgebung, Berlin 1964; *O. Voll,* Der Religionsunterricht als ordentliches Unterrichtsfach (Pflichtfach) an öffentlichen Schulen, HdbBayStKirchR, S. 101–117; vgl. ferner: Vom erzieherischen Auftrag der Kirche – Der Religionsunterricht –, LS Neuendettelsau 1986 (Sonderdruck mit Referaten von LB *J. Hanselmann, F. Böbel* u. *K. Foitzik*) sowie die in Fn. 33 zitierten Themenhefte.

Zum Religionsunterricht in Europa: *H. Spinder,* Religionsunterricht in Europa (Dokumentation), in: *J. Ohlemacher,* Religion und Bildung in Europa, Göttingen 1991; Sekretariat der Deutschen Bischofskonferenz (Hrsg.), Religionsunterricht an den öffentlichen Schulen in Europa (Arbeitshilfe 91, 1991); Themenheft: Der evangelische Erzieher 1/1992.
Vgl. ferner die in § 20,6 Fn. 18 (S. 251) zitierte Literatur.

§ 12
Der Öffentlichkeitsauftrag der Kirchen

1. Zum Wesen der Kirche gehört Öffentlichkeit: das Wirken in ihr und die Verlautbarung an sie. »Mir ist gegeben alle Gewalt im Himmel und auf Erden. Darum gehet hin und machet zu Jüngern alle Völker und taufet sie auf den Namen des Vaters, des Sohnes und des Heiligen Geistes, und lehret sie halten alles, was ich euch befohlen habe. Und siehe, ich bin bei euch alle Tage bis an der Welt Ende.« heißt es im Missionsbefehl (Matth. 28,18 ff.). Dieser umfassende Verkündigungsauftrag und das universale Heilsangebot bedeuten einen **Anspruch des Evangeliums auf öffentliche und universale Geltung**. Aus diesem Öffentlichkeits**anspruch** des Evangeliums leitet sich der Öffentlichkeits**auftrag** der Kirche ab, nämlich als Anspruch auf öffentliche Wirksamkeit zur Erfüllung des dem Evangelium innewohnenden Gebotes und Auftrages[1].

Die Verkündigung der Heilsbotschaft muß notwendigerweise öffentlichkeitsbezogen sein: Eine Verkündigung, die der gesamten Welt gelten soll, »kann nicht in zulänglicher Weise durch private Mitteilung an zufällig erreichbare Personen geschehen«[2]. Sie muß vielmehr für jedermann vernehmbar sein, verbal oder in öffentlich sichtbarer Weise, z. B. durch karitatives, diakonisches Handeln[3].

Christliche Verkündigung hat ferner deutlich zu machen, daß das Evangelium in die Wirklichkeit der Welt hinein verkündigt wird. Denn sie »bliebe inhaltlich unvollkommen, wenn sie davon absähe, zu den Verhältnissen und Vorgängen in der Welt Stellung zu beziehen«[4].

Hieraus leitet sich die Legitimation der Kirche ab, sich auch zu politischen und gesellschaftlichen Fragen zu äußern. Dabei kann es allerdings nicht um eine einfache Ableitung politischer Entscheidungen aus der Bibel gehen[5]. Die Kirche kann zwar klare, schriftgemäße und -gebotene Positionen in bestimmten Grundfragen beziehen, vielleicht auch den Rahmen einer Lösung skizzieren oder überhaupt zur Lösung einer Aufgabe ermutigen. Sie muß aber auch erkennen, daß es Sache des Staates ist, politische Entscheidungen zu treffen, und daß zur Verwirklichung gewisser Ziele auch aus der Sicht des Glaubens unter-

1) Zur Terminologie: *W. Huber,* Kirche und Öffentlichkeit, S. 620; *Schlaich,* Öffentlichkeitsauftrag, S. 231 Anm. 3 m. w. N.
2) *Pirson* EvStL Sp. 2278.
3) *Pirson* a.a.O.
4) *Pirson* a.a.O.
5) *Schlaich,* Öffentlichkeitsauftrag, S. 245.

schiedliche politische Entscheidungen möglich sind. In bestimmten Situationen dagegen wird sie unter dem Gesichtspunkt des **politischen Wächteramtes** (Jer. 6,17; Jes. 62,6; Hes. 33,1 ff.) ein entschiedenes eindeutiges »Nein« zu sagen haben, nämlich dann, wenn die Billigung von Lehren oder Handlungen der Verleugnung des christlichen Glaubens gleichkäme (status confessionis)[6].

2. Ausgangspunkt für den Begriff Öffentlichkeitsauftrag im heutigen Verständnis war der Kirchenkampf: Dem Totalitätsanspruch des NS-Staates wurde in der Barmer Theologischen Erklärung »Gottes kräftiger Anspruch auf unser ganzes Leben« entgegengehalten (These 2) und der »Auftrag der Kirche ..., an Christi Statt ... durch Predigt und Sakrament die Botschaft von der freien Gnade Gottes auszurichten an alles Volk« (These 6; vgl. auch These 5)[7]. In der Nachkriegszeit wurde in den neueren evangelischen Kirchenverträgen nach dem Muster der Präambel des Loccumer Vertrages von 1955[8] dieser Öffentlichkeitsauftrag auch staatlicherseits anerkannt[9].

Aber nicht nur durch vertragliches Recht, also durch gegenseitige Vereinbarung, sondern auch im staatlichen Verfassungsrecht ist die-
RS 100 ser Öffentlichkeitsauftrag garantiert: Die Religionsfreiheit in GG Art. 4 und die Meinungsfreiheit in GG Art. 5 gewährleisten der Kirche, in der Öffentlichkeit zu wirken, sich zu Fragen des öffentlichen Lebens zu äußern und auf die Öffentlichkeit bzw. öffentliche Meinung einzuwir-
RS 100/101 ken. Diese Rechte lassen sich ferner auch aus GG Art. 140 i. V. m. Art. 137 Abs. 1, 3 und 5 WRV ableiten[10].

Christentum und Kirche werden, wie auch andere Glaubensgemeinschaften, nach dem Grundgesetz also nicht aus der Öffentlichkeit verdrängt. Religion wird nicht auf die private Sphäre beschränkt, vielmehr ist der freie Zugang zur Öffentlichkeit möglich und rechtlich garantiert.

6) *Schlaich,* Öffentlichkeitsauftrag, S. 251; Denkschrift der EKD »Aufgaben und Grenzen kirchlicher Äußerungen zu gesellschaftlichen Fragen« (»Denkschriften – Denkschrift«), RdNr. 11, in: Die Denkschriften der Evangelischen Kirche in Deutschland, hrsg. v. d. Kirchenkanzlei der EKD, Bd. 1/1: »Frieden, Versöhnung und Menschenrechte«, 1978, S. 50; vgl. ferner »Leitlinien zu politischen Stellungnahmen aus dem kirchlichen Bereich« abgedruckt im Anschluß an das PfG, RS 500. Zu diesen Leitlinien vgl. u. im Text S. 157.
7) *Schlaich,* Öffentlichkeitsauftrag, S. 232 f.; *Pirson* a.a.O. Sp. 2279; *Huber,* Kirche und Öffentlichkeit, S. 551 ff.
8) Vertrag des Landes Niedersachsen mit den Evangelischen Landeskirchen in Niedersachsen v. 19.03.1955, abgedruckt in *J. Listl,* Die Konkordate und Kirchenverträge der Bundesrepublik Deutschland, 1987, Bd. 2, S. 109 ff.: »... in Übereinstimmung über den Öffentlichkeitsauftrag der Kirchen und ihre Eigenständigkeit ...« (a.a.O. S. 110).
9) Nähere Hinweise bei *Schlaich,* Öffentlichkeitsauftrag, S. 234 ff.
10) vgl. im einzelnen *Schlaich,* Öffentlichkeitsauftrag, S. 258 ff.

Auch anderen gesellschaftlichen Gruppen steht diese Möglichkeit offen. Eine pluralistische Gesellschaft und ein auf Partizipation abstellender Staat lebt davon, daß Interessenverbände, Parteien und andere gesellschaftliche Gruppierungen auf den Prozeß der öffentlichen Meinungsbildung einwirken. Sie können sich hierzu auf das Recht der freien Meinungsäußerung berufen (GG Art. 5). Nicht nur, daß die Kirchen und Religionsgemeinschaften sich bei ihren öffentlichen Äußerungen neben diesem allgemeinen Grundrecht des Art. 5 auch und vor allem auf das spezielle Grundrecht der Religionsfreiheit und die institutionellen Garantien der Kirchenartikel berufen können, noch ein weiteres unterscheidet sie von diesen anderen Gruppen und läßt sie nicht als bloßen »Verband unter Verbänden« erscheinen: Sie handeln aus einem ihnen vor- und aufgegebenen Auftrag und vertreten nicht nur partielle Interessen wie andere gesellschaftliche Verbände oder Großgruppen[11]. Wenn auch die Kirchen und Religionsgemeinschaften in der **Begründung** ihres Öffentlichkeitsauftrages somit eine besondere Berechtigung in Anspruch nehmen können, so sind sie aber bei dessen **Ausübung** und der Möglichkeit der Einwirkung auf den weltlich-politischen Bereich anderen Gruppen gleichgestellt[12]. Der Staat ist in seinem Bereich in der Entscheidungsfindung frei. Ein Primat der Befolgung, nur weil es sich um eine kirchliche Äußerung handelt, besteht nicht.

3. Wahrgenommen wird der kirchliche Öffentlichkeitsauftrag naturgemäß zunächst einmal im Kernstück der Verkündigung, der Predigt. Dies folgt aus der Ableitung dieses Öffentlichkeitsauftrages aus dem Öffentlichkeitsanspruch des Evangeliums und dem umfassenden Verkündigungs- und Sendungsauftrag. Öffentliche Vorgänge können mit Rat, Kritik oder Warnung ferner begleitet werden durch Worte und Erklärungen von Bischöfen, Kirchenleitungen, Synoden, durch Kundgebungen[13] und Denkschriften, Kirchentage oder Akademien u. ä. m.[14]. Im Gesamtbereich der EKD sind die von einzelnen Kammern erarbeiteten und vom Rat der EKD verantworteten Denkschriften oder auch Worte des Rates der EKD – zum Teil gemeinsam mit der

11) *v. Campenhausen,* Staatskirchenrecht, S. 239; vgl. auch BVerfGE 42, 312/333, u. § 13 II 5 (S. 162).

12) *K. Meyer-Teschendorf,* Staat und Kirche im pluralistischen Gemeinwesen. Verfassungstheoretische Vorverständnisse von Staat, Kirche, Gesellschaft in der staatskirchenrechtlichen Diskussion der Gegenwart, Jus Eccl. 26, 1979, S. 145 ff.; *ders.,* Der Körperschaftsstatus der Kirchen – Zur Systemadäquanz des Art. 137 V WRV im pluralistischen Gemeinwesen des Grundgesetzes, in: AöR 103 (1978) S. 289–333.

13) Vgl. etwa KVerf Art. 42 Abs. 1 S. 3; 59 Abs. 2 S. 2; EKDGO Art. 20 Abs. 1; 23 Abs. 2; 29 Abs. 1 S. 4; VELKDVerf Art. 9 Abs. 2; 15 Abs. 1 S. 3.

14) *Schlaich,* Öffentlichkeitsauftrag, S. 243.

Deutschen Bischofskonferenz – ein besonderes Beispiel für die Wahrnehmung des Öffentlichkeitsauftrages[15].

Wenn auch kirchliches Handeln im Rahmen des Öffentlichkeitsauftrages vornehmlich durch Amtsträger oder kirchliche Organe geschieht, so hat doch auch das einzelne Kirchenglied teil an der Erfüllung des
RS 1 kirchlichen Auftrages der Evangeliumsverkündigung (vgl. KVerf Art.1 Abs. 2) und nimmt damit in seinem Bereich ebenfalls teil am Öffentlichkeitsauftrag der Kirche[16].

Das Nebeneinander der vielen, die berufen sind – oder sich berufen fühlen –, für die Kirche zu reden, bringt das Problem mit sich, daß zu viel, manchmal auch zu viel Widersprüchliches, gesagt und dadurch oft nicht mehr gehört wird. Unklar bleibt in diesen Fällen ferner, inwieweit solche Stellungnahmen als kirchliche Stellungnahmen zu betrachten sind und welche Verbindlichkeit ihnen zukommt. Vielfach wird auch ein nicht geringer Teil der Kirchenglieder den Inhalt kirchlicher Stellungnahmen nicht zu billigen vermögen[17].

Äußert sich die Kirche allgemein als »Verband unter Verbänden«, als Körperschaft unter Körperschaften, so ist für die Verbindlichkeit der Äußerungen entscheidend, daß sie von den verfassungsrechtlich dafür zuständigen Organen verantwortet werden. Ihre innere Berechti-

15) Hierzu bes. *L. Raiser,* Die Denkschriften der Evangelischen Kirche in Deutschland als Wahrnehmung des Öffentlichkeitsauftrages der Kirche in: Die Denkschriften der EKD (o. Fn. 6) Bd. 1/1, S. 9–39. Weithin beachtete Denkschriften waren etwa: »Eigentumsbildung in sozialer Verantwortung« (1962, Die Denkschriften der Evang. Kirche in Deutschland (Fn. 6), Bd. 2: »Soziale Ordnung«, S. 19–32), die Ost- oder Vertriebenendenkschrift »Die Lage der Vertriebenen und das Verhältnis des deutschen Volkes zu seinen östlichen Nachbarn« (1965, Denkschriften der Evang. Kirche in Deutschland, Bd. 1/1, S. 77–126), die »Denkschriften-Denkschrift« (1970, Fn. 6), die sich eingehend mit dem Thema kirchlicher Äußerungen zu gesellschaftlichen Fragen auseinandersetzt; die »Demokratie-Denkschrift« »Evang. Kirche und freiheitliche Demokratie. Der Staat des Grundgesetzes als Angebot und Aufgabe« (Gütersloh 1985), die neben einer grundsätzlichen Ortsbestimmung der evang. Kirche im Verhältnis zur Demokratie und zum demokratischen Staat auch die Mitverantwortung des einzelnen Christen und der Kirche anspricht und dabei Rahmen und Grenzen politischer Äußerungen kirchlicher Amtsträger aufzeigt. Aus den letzten Jahren seien beispielhaft erwähnt: »Strafe: Tor zur Versöhnung« (Gütersloh 1990); »Einverständnis mit der Schöpfung. Ein Beitrag zur ethischen Urteilsbildung auf die Gentechnik« (Gütersloh 1991; nicht als Denkschrift publiziert); »Gemeinwohl und Eigennutz. Wirtschaftliches Handeln in Verantwortung für die Zukunft« (Gütersloh 1991) und »Verantwortung für ein soziales Europa. Herausforderungen einer verantwortlichen sozialen Ordnung im Horizont des europäischen Einigungsprozesses« (Gütersloh 1991).

16) *Pirson,* EvStL Sp. 2280.

17) Erinnert sei an die Diskussion über die Rosenheimer Erklärung (Rosenheimer Erklärung der Landessynode zum Schutz des ungeborenen Lebens und zu Fragen des Schwangerschaftsabbruchs), Verhandlungen des LS der ELKiB, Synodalperiode 1990/1996, 3. ordentliche Tagung (86.) Rosenheim vom 14.–19.4.1991, S. 180–182.

gung und ihre Grenzen finden sie darin, daß sie ihrerseits der Erfüllung des eigentlichen Verkündigungs- und Sendungsauftrages dienen[18].

Äußerungen im Rahmen des Verkündigungs- und Sendungsauftrages als Ratschlag zu politischen und gesellschaftlichen Fragen können dagegen nicht allein auf kirchenamtliche Organe beschränkt sein, da die ganze Kirche mit all ihren Ämtern und ihren Gliedern unter diesem Auftrag steht. Verbindlichkeit und Autorität solcher Äußerungen bestimmen sich allein danach, ob die Äußerung schrift- und sachgemäß und darin überzeugend ist[19].

4. Bei der Mitwirkung am kirchlichen Öffentlichkeitsauftrag bedarf es bei allen Amtsträgern und allen Kirchengliedern eines gewissen Maßes an innerkirchlicher Loyalität[20] und des Bewußtseins der Mitverantwortung für das Ganze[21].

In bewußter Anknüpfung an die Denkschriften-Denkschrift der EKD »Aufgaben und Grenzen kirchlicher Äußerungen zu gesellschaftlichen Fragen«, unter Aufnahme der Gedanken der Demokratie-Denkschrift »Evangelische Kirche und freiheitliche Demokratie« und in Weiterführung dieser Überlegungen haben LKR und LSA die »Leitlinien zu politischen Stellungnahmen aus dem kirchlichen Bereich« gemeinsam erarbeitet und verabschiedet[22]. Diese Leitlinien wollen – ohne rechtliche Verbindlichkeit – eine Handreichung sein für den Umgang mit dem Problem kirchlicher Äußerungen in der Öffentlichkeit und den Blick schärfen für die Verantwortlichkeit kirchlichen Redens, für das Bemühen um Klarheit und Gemeinsamkeit des Redens, und damit auch für die Mitverantwortlichkeit für das Ganze. Diese Leitlinien machen auch deutlich, daß es Aufgabe der Kirche ist, gerade bei unterschiedlichen Positionen Gemeinschaft zu ermöglichen.

Kirchliche Äußerungen zu politischen und gesellschaftlichen Fragen entsprechen dem Öffentlichkeitsanspruch des Evangeliums. Sie müssen daher die Verbindung und den Zusammenhang der jeweiligen Stellungnahme mit der kirchlichen Verkündigung deutlich machen.

18) EKD-Denkschrift »Aufgaben und Grenzen kirchlicher Äußerungen zu gesellschaftlichen Fragen«, Nr. 30, a.a.O. (oben Fn. 6) S. 58.
19) EKD-Denkschrift »Aufgaben und Grenzen kirchlicher Äußerungen zu gesellschaftlichen Fragen«, Nr. 33, a.a.O. S. 58/59; Leitlinien zu politischen Stellungnahmen aus dem kirchlichen Bereich I.7.
20) *Pirson,* EvStL Sp. 2280.
21) Leitlinien I.3. Zu den besonderen Problemen der politischen Betätigung von Amtsträgern vgl. u. § 20, 8e (S. 254).
22) Verabschiedet 26.10.1987; abgedruckt in RS 500, in unmittelbarem Anschluß an das PfG.

Andernfalls unterscheidet sich die Kirche mit ihrer Äußerung nicht von Äußerungen anderer gesellschaftlicher Großgruppen. Die Kirche muß darin überzeugen, daß es ihr auch beim politischen Reden jeweils um die Verkündigung, um die Weitergabe des Evangeliums geht.

Literatur

G. Grethlein, Verkündigung und Handlungsanweisung, Nachrichten der ELKiB 1989, S. 450 ff.; *W. Huber,* Kirche und Öffentlichkeit. Forschungen und Berichte der Ev. Studiengemeinschaft, Bd. 28, Stuttgart 1973; *P. Mikat,* Öffentlichkeitsauftrag der Kirchen, StL IV, Sp. 142–145; *D. Pirson,* Öffentlichkeitsanspruch der Kirche, EvStL Sp. 2278–2284; *ders.,* Kirchenrechtliche Bewertung politischer Aktivitäten in der Kirche, in: Rechtsstaat – Kirche – Sinnverantwortung, FS für K. Obermayer, hrsg. v. *R. Bartlsperger, D. Ehlers, W. Hofmann, D. Pirson,* München 1986, S. 295–304; *K. Schlaich,* Der Öffentlichkeitsauftrag der Kirchen, in HdbStKirchR II (1975) S. 231–272.

§ 13
So urteilt das Bundesverfassungsgericht[1)]

I. Über Staat, Menschenwürde und Glaubensfreiheit (u. 1. bis 4.)

II. Über die Stellung der Kirchen im Staat des Grundgesetzes und deren »eigene Angelegenheiten« (u. 5. bis 8.)

III. Über das Selbstbestimmungsrecht der Kirchen (u. 9. und 10.)

IV. Über die Auswirkungen dieses Selbstbestimmungsrechts allgemein (u. 11.), im Organisationsrecht (u. 12.), im Dienstrecht (u. 13.), im Arbeitsrecht (u. 14.)

V. Zum Kirchensteuerrecht (u. 15. u. 16.)

VI. Zum Schulrecht (u. 17. bis 20.)

VII. Zu Äußerungen im öffentlichen Meinungsstreit (u. 21.)

I. Über Staat, Menschenwürde und Glaubensfreiheit:

1. »Für die Bestimmung des Verhältnisses von Staat und Religionsgesellschaften nach dem geltenden Verfassungsrecht ist grundlegend, daß das **Grundgesetz – unter anderem um der Würde und Freiheit des Menschen willen – der staatlichen Gewalt prinzipielle Grenzen setzt.** ... Das Grundgesetz hat nicht eine virtuell allumfassende Staatsgewalt verfaßt, sondern den Zweck des Staates materialiter auf die Wahrung des Gemeinwohls beschränkt, in dessen Mitte Freiheit und soziale Gerechtigkeit stehen. ... Art. 4 GG ... verwehrt dem Staat den bestimmenden Zugriff auf die religiöse oder weltanschauliche Dimension des Menschen.« 42, 312/331 f.

1) Wo nichts anderes bemerkt ist, beziehen sich die angegebenen **Fundstellen** auf die amtliche Entscheidungssammlung des Bundesverfassungsgerichts. Die **Hervorhebungen** im zitierten Text stammen von den Verfassern.
Die besondere Bedeutung der Urteile des BVerfG liegt **einmal** darin, daß sie, auch bezüglich der die Entscheidung tragenden Gründe, alle Verfassungsorgane, alle Gerichte und alle Behörden der Bundesrepublik Deutschland **binden** (§ 31 Abs. 1 des Gesetzes über das Bundesverfassungsgericht). **Zum anderen** haben die Entscheidungen dieses höchsten Gerichts in dem für das Staatskirchenrecht wichtigen Bereich der Verfassungsbeschwerden **»Gesetzeskraft«** (§ 31 Abs. 2 a.a.O.); das heißt, einer Entscheidung, die feststellt, daß ein Gesetz mit dem Grundgesetz vereinbar oder nicht vereinbar ist oder daß es nichtig ist, kommt das gleiche Gewicht zu wie sonst der Bestimmung eines Bundesgesetzes.
Letzlich gilt – nach einem bekannten Wort *Smends* (Das Bundesverfassungsgericht, in: *R. Smend,* Staatsrechtliche Abhandlungen und Aufsätze, 2. Aufl. Berlin 1968 S. 581 f.) – das **Grundgesetz** immer so, **wie es** das **Bundesverfassungsgericht auslegt**.

2. **a)** »In einem Staat, in dem die menschliche Würde oberster Wert ist, ..., **gewährt die Glaubensfreiheit dem einzelnen einen** vom staatlichen Eingriff **freien Rechtsraum**, in dem er sich die Lebensform zu geben vermag, die seiner Überzeugung entspricht. ... Sie umfaßt daher nicht nur die (innere) Freiheit zu glauben oder nicht zu glauben, sondern auch die äußere Freiheit, den Glauben zu manifestieren, zu bekennen und zu verbreiten ... .« 32, 98/106.

»Hierzu gehört ... auch das Recht des einzelnen, **sein gesamtes Verhalten an den Lehren seines Glaubens auszurichten** und seiner Glaubensüberzeugung gemäß zu handeln. ... Aus dem für den Staat verbindlichen Gebot weltanschaulich-religiöser Neutralität ... und dem Grundsatz der Parität der Kirchen und Bekenntnisse ... folgt, daß die zahlenmäßige Stärke oder soziale Relevanz einer bestimmten Glaubenshaltung keine Rolle spielen kann. Als spezifischer Ausdruck der in Art. 1 Abs. 1 GG garantierten Menschenwürde schützt Art. 4 Abs. 1 GG gerade auch die vereinzelt auftretende Glaubensüberzeugung, die von den Lehren der Kirchen und Religionsgemeinschaften abweicht. **Dem Staat ist es verwehrt**, bestimmte Bekenntnisse zu privilegieren ... oder den **Glauben oder Unglauben** seiner Bürger **zu bewerten** ...« 33,23/28 f.

b) »Zu diesen religiösen Freiheitsrechten gehörten« (schon immer und gehören) »die Glaubens- und Gewissensfreiheit einschließlich der Bekenntnisfreiheit, die Freiheit der privaten und öffentlichen Religionsausübung (Kultusfreiheit) und die religiöse Vereinigungsfreiheit« (83, 341/354) »einschließlich der Teilnahme am allgemeinen Rechtsverkehr« (a.a.O. S. 355). Diese »umfaßt die Freiheit, aus gemeinsamem Glauben sich zu einer Religionsgemeinschaft zusammenzuschließen und zu organisieren. ...; gewährleistet ist die Möglichkeit einer irgendwie gearteten rechtlichen Existenz einschließlich der Teilnahme am allgemeinen Rechtsverkehr« (a.a.O. Ls. 2.b)).

»Die religiöse Vereinigungsfreiheit gebietet allerdings, das Eigenverständnis der Religionsgesellschaft« (im Rahmen des Art. 4 Abs. 1 u. 2 GG) »bei der Auslegung und Handhabung des einschlägigen Rechts, ..., besonders zu berücksichtigen (...). Das bedeutet nicht nur, daß die Religionsgesellschaft Gestaltungsspielräume, die das dispositive Recht eröffnet, voll ausschöpfen darf. Auch bei der Handhabung zwingender Vorschriften sind Auslegungsspielräume, soweit erforderlich, zu Gunsten der Religionsgesellschaft zu nutzen; dies darf allerdings nicht dazu führen, unabweisbare Rücksichten auf die Sicherheit des Rechtsverkehrs und auf die Rechte anderer zu vernachlässigen.« (a.a.O. S. 356)[2)]

Der Grundsatz der Vereinsautonomie (S. 358 f.) ermöglicht es, »die Eigenart religiöser Vereine, die sich als Teilgliederung einer Religionsgesellschaft glaubensgebunden hierarchisch organisieren«, anzuerkennen (a.a.O. S. 361).

3. **a)** »**Die Glaubensfreiheit ist nicht schrankenlos** gewährleistet. ... Die Freiheitsverbürgung des Art. 4 Abs.1 GG geht wie alle Grundrechte vom Menschenbild des Grundgesetzes aus, d. h. vom Menschen als eigenverantwortlicher Persönlichkeit, die sich innerhalb der sozialen Gemeinschaft frei entfaltet. Diese vom Grundgesetz anerkannte Gemeinschaftsbindung des Individuums macht auch Grundrechte, die vorbehaltlos gewährleistet sind, gewissen äußeren Grenzziehungen zugänglich. Jedoch dürfen die Grenzen der Glaubensfreiheit – wie die der Kunstfreiheit ... – nur von der Verfassung selbst bestimmt werden. ... Als Teil des grundrechtlichen Wertsystems ist die Glaubensfreiheit dem Gebot der Toleranz zugeordnet, insbesondere **auf die** in Art. 1 Abs. 1 GG garantierte **Würde des Menschen bezogen, die als oberster Wert das ganze grundrechtliche Wertsystem beherrscht** ... .« 32, 98/107 f.

b) »Zwar können nicht allein die Behauptung und das Selbstverständnis, eine Gemeinschaft bekenne sich zu einer Religion und sei eine Religionsgemeinschaft, für diese und ihre Mitglieder die Berufung auf die Freiheitsgewährleistung des Art. 4 Abs 1 und 2 GG rechtfertigen; vielmehr muß es sich auch tatsächlich, nach geistigem Gehalt und äußerem Erscheinungsbild, um eine Religionsgemeinschaft handeln. Dies im Streitfall zu prüfen und zu entscheiden, obliegt – als Anwendung einer Regelung der staatlichen Rechtsordnung – den staatlichen Organen, letztlich den Gerichten, die dabei freilich keine freie Bestimmungsmacht ausüben, sondern den von der Verfassung gemeinten oder vorausgesetzten, dem Sinn und Zweck der grundrechtlichen Verbürgung entsprechenden Begriff der Religion zu Grund zu legen haben.« 83, 341, 353[3)]

4. **a)** »Art. 4 Abs. 2 GG gewährleistet auch das Recht, **Sammlungen** für kirchliche oder religiöse Zwecke **zu veranstalten**. Das gleiche gilt für eine im Rahmen des üblichen religiösen Lebens liegende Unterstützungshandlung wie die Werbung von der Kanzel.« 24, 236 Ls. 2.

2) Bei der Entscheidung ging es um die angemessene Auslegung des Begriffs »Vereinsautonomie«, der selbst nicht ausdrücklich im Vereinsrecht des BGB festgelegt ist (a.a.O. S. 354 f.).

3) Daß die Bahá'i-Gemeinschaft eine Religionsgemeinschaft ist, sei, so das BVerfG a.a.O. S. 353, »nach aktueller Lebenswirklichkeit, Kulturtradition und allgemeinem wie auch religionswissenschaftlichem Verständnis offenkundig.«

b) »Das **Schulgebet** ist grundsätzlich auch dann verfassungsrechtlich unbedenklich, wenn ein Schüler oder dessen Eltern der Abhaltung des Gebets widersprechen; deren Grundrecht auf negative Bekenntnisfreiheit wird nicht verletzt, wenn sie frei und ohne Zwänge über die Teilnahme am Gebet entscheiden können. Die bei der Beachtung des Toleranzgebotes regelmäßig vorauszusetzende Freiwilligkeit ist ausnahmsweise nicht gesichert, wenn der Schüler nach den Umständen des Einzelfalls der Teilnahme nicht in zumutbarer Weise ausweichen kann.« 52, 223 Ls. 2 u. 3.

c) Wegen der Anbringung eines Kruzifixes in Unterrichtsräumen öffentlicher Schulen vgl. BayVGH, NVwZ 1991, S. 1099, BayVBl. 1991, S. 751 ff.: zulässig (in dieser Frage ist beim Bundesverfassungsgericht eine Verfassungsbeschwerde anhängig – mit der Entscheidung ist noch 1994 zu rechnen; vgl. bereits o. S. 86 Fn. 47).

II. Über die Stellung der Kirchen im Staat des Grundgesetzes:

5. »**Religionsgesellschaften ... entstammen einem für die Staatsgewalt unantastbaren Freiheitsbereich und leiten ihre Gewalt nicht vom Staat her**. ... Die Kirchen« besitzen »zum Staat ein qualitativ anderes Verhältnis ... als irgendeine andere gesellschaftliche Großgruppe (Verband, Institution); das folgt ... insbesondere auch aus dem Spezifikum des geistig-religiösen Auftrages der Kirchen.« 42, 312/332 f.

6. »**Kirchen** und ihre Organisationen **sind**, soweit sie als Körperschaften des öffentlichen Rechts anerkannt sind, **von** der Pflicht zur Zahlung der Umlage für das **Konkurs**ausfallgeld **ausgenommen**. Ihre Konkursunfähigkeit folgt unmittelbar aus dem Grundgesetz.« 66,1 Ls. 1.

7. »**Religionsgesellschaften** ... können **Träger des Grundrechts aus Art. 4 GG** sein.« 19, 129 Ls. 2 (vgl. auch 21, 362/368: »Nach Art. 19 Abs. 3 GG gelten die Grundrechte auch für inländische juristische Personen, soweit sie ihrem Wesen nach auf diese anwendbar sind.«).

»Das Grundrecht aus Art. 4 Abs. 1 und 2 GG steht **nicht nur Kirchen**, Religions- und Weltanschauungsgemeinschaften zu, sondern auch Vereinigungen, die sich nicht die allseitige, sondern nur die partielle Pflege des religiösen oder weltanschaulichen Lebens ihrer Mitglieder zum Ziel gesetzt haben.« 24, 236 Ls. 1.

8. **a)** »**Für Staat und Kirche**, die sich für dieselben Menschen, für dieselbe Gesellschaft verantwortlich fühlen, entsteht damit die **Notwendigkeit verständiger Kooperation**.« 42, 312/331. Diese »Konkordanz ... gestattet« es, »auf beiden Seiten davon auszugehen, daß staatliche Gesetze nicht die den Kirchen wesentlichen eigenen Ordnungen beeinträchtigen und daß kirchliche Gesetze nicht die für den Staat unabdingbare Ordnung kränken werden.« 42, 312/340.

b) »Art. 137 Abs. 3 S. 1 WRV gewährleistet in Rücksicht auf das zwingende Erfordernis friedlichen Zusammenlebens von Staat und Kirche ... sowohl das selbständige Ordnen und Verwalten der **eigenen Angelegenheiten** durch die Kirchen als auch den staatlichen **Schutz anderer für das Gemeinwesen bedeutsamer Rechtsgüter**. Dieser **Wechselwirkung** ist durch entsprechende Güterabwägung Rechnung zu tragen. Dabei ist jedoch dem Eigenverständnis der Kirchen, soweit es in den Bereich der durch Art. 4 Abs.1 GG als unverletzlich gewährleisteten Glaubens- und Bekenntnisfreiheit wurzelt und sich in der durch Art. 4 Abs. 2 GG geschützten Religionsausübung verwirklicht ..., ein besonderes Gewicht beizumessen. **Die Garantie freier Ordnung und Verwaltung der eigenen Angelegenheiten** (Art. 137 Abs. 3 WRV) erweist sich als **notwendige**, wenngleich **rechtlich selbständige Gewährleistung**, die der Freiheit des religiösen Lebens und Wirkens der Kirchen und Religionsgemeinschaften die zur Wahrnehmung dieser Aufgaben unerläßliche Freiheit der Bestimmung über Organisation, Normsetzung und Verwaltung hinzufügt.« 53, 366 f. Ls. 2 u. 3.

III. Über das Selbstbestimmungsrecht der Kirche:

9. »Es gibt ... **elementare Teile der kirchlichen Ordnung**, für die der Staat **nicht** imstande ist, **Schranken** in Gestalt von allgemeinen Gesetzen aufzurichten. ... Gerade die etwa für die christlichen Kirchen nach ihrem Selbstverständnis wesentlichen Dinge, insbesondere ihr von Christus stammender Auftrag (Lehre, Predigt und Sakramentsspendung; Heilsdienst an die Welt) und ihre Struktur, bedürfen der rechtlichen Ordnung. Und diese hat natürlich ihre Wirkungen, ihre Berührung mit der staatlichen Ordnung und kann dennoch gerade nicht durch die staatliche Ordnung begrenzt werden, es sei denn um den Preis der Abhängigkeit der kirchlichen Ordnung von der staatlichen Ordnung.« 42, 312/334 f.

»Eine Regelung, die keine unmittelbaren Rechtswirkungen in den staatlichen Zuständigkeitsbereich hat, bleibt eine **›innere kirchliche Angelegenheit‹** auch dann, wenn sie dorthin mittelbare Auswirkungen hat.« 42, 312/334[4].

10. »Die von der Verfassung anerkannte Eigenständigkeit und Unabhängigkeit der kirchlichen Gewalt würde geschmälert werden, wenn der Staat seinen **Gerichten** das Recht einräumen würde, innerkirchliche Maßnahmen, die im staatlichen Zuständigkeitsbereich keine unmittelbaren Rechtswirkungen entfalten, auf ihre Vereinbarkeit mit dem Grundgesetz zu prüfen. Deshalb sind insoweit die Kirchen im Rahmen ihrer Selbstbestimmung an ›das für alle geltende Gesetz‹ im Sinn des Art. 140 GG i. V. m. Art. 137 Abs. 3 WRV nicht gebunden.« 18, 385/387 f.

»Es kommt nicht darauf an, ob diese Unvereinbarkeit von kirchlichem[5] und weltlichem Amt objektiv in jedem Fall ... besteht oder nicht; es kommt vor allem nicht darauf an, ob es dem Gericht einleuchtet, daß die Kirche um ihrer Glaubwürdigkeit und der Glaubwürdigkeit ihrer Diener willen die gleichzeitige Wahrnehmung vom Pfarr- und Abgeordnetenmandat ausschließt; es **kommt nur darauf an, daß die Kirche diese Regelung als von ihrem Selbstverständnis gefordert für nötig hält.**« 42, 312/336 f.

IV. Über die Auswirkungen des Selbstbestimmungsrechts

11. **allgemein:**

»Die Verfassungsgarantie des kirchlichen Selbstbestimmungsrechts gewährleistet den **Kirchen**, darüber **zu befinden, welche Dienste** es in ihren Einrichtungen geben soll und **in welcher Rechtsform** sie wahrzunehmen sind.« 70, 138 Ls. 1 S. 1.

12. **im Organisationsrecht:**

»Nach Art. 140 GG i. V. m. Art. 137 Abs. 3 WRV sind nicht nur die organisierte Kirche und die rechtlich selbständigen Teile dieser Organisation, sondern **alle der Kirche in bestimmter Weise zugeordne-**

4) Diese das Amtsrecht betreffende Entscheidung hat u. E. allgemeine Bedeutung: es kommt stets entscheidend auf das Selbstverständnis der Kirche an. Denn dem weltanschaulich neutralen Staat ist es verwehrt, über innere Angelegenheiten der Kirche zu befinden (siehe o. 1., 2., 5. und 9.).

5) Nichts anderes gilt für Kirchenbeamte.

ten Einrichtungen ohne Rücksicht auf ihre Rechtsform Objekte, bei deren Ordnung und Verwaltung die Kirche grundsätzlich frei ist, wenn sie nach kirchlichem Selbstverständnis ihrem Zweck oder ihrer Aufgabe entsprechend berufen sind, ein Stück Auftrag der Kirche in dieser Welt wahrzunehmen und zu erfüllen.« 46, 73 Ls. 1; 57, 220/242.

»Dieses Selbstverwaltungs- und Selbstbestimmungsrecht **umfaßt alle Maßnahmen**, die in Verfolgung der vom kirchlichen Grundauftrag her bestimmten caritativ-diakonischen Aufgaben zu treffen sind, zum Beispiel **Vorgaben struktureller Art**, aber auch die **Personalauswahl** und die mit all diesen Entscheidungen untrennbar verbundene **Vorsorge zur Sicherstellung der ›religiösen Dimension‹** des Wirkens im Sinne kirchlichen Selbstverständnisses. Die Garantie freier Ordnung und Verwaltung der eigenen Angelegenheiten erweist sich auch hier als notwendige, rechtlich selbständige Gewährleistung, die der Freiheit des religiösen Lebens und Wirkens der Kirche die zur Wahrnehmung ihrer Aufgaben unerläßliche Freiheit der Bestimmung über Organisation, Normsetzung und Verwaltung hinzufügt.« 70, 138/164.

13. **im Dienstrecht:**

a) »Maßnahmen, die den **amts- und dienstrechtlichen Status** eines Geistlichen[5)] betreffen, sind **ausschließlich Sache der Kirchen** und berühren insoweit nicht den staatlichen Zuständigkeitsbereich; ...« Vorprüfungsausschuß 12.2.1981, NJW 1983, S. 2570.

b) »In den Bereich der eigenen Angelegenheiten der Kirche fallen jedenfalls nicht nur das kirchliche Amtsrecht einschließlich der **Ämterhoheit** ..., sondern auch das mit dem **Amtsrecht** untrennbar verbundene **Dienst- und Versorgungsrecht** der Geistlichen[5)]. Denn diese dienst- und versorgungsrechtlichen Regelungen, die als rechtliche Grundlage und rechtliche Umhegung die äußeren Voraussetzungen für die ungestörte Ausübung des geistlichen Amtes schaffen, sind nach Auffassung der Kirchen jeweils vom geistlichen Amt ›gefordert‹. ... Daß das BVerwG[6)] daher staatliche Gerichte als nicht berufen angesehen hat, die vom Bf.« (= Beschwerdeführer) »beanstandete Neuregelung des Versorgungsrechts auf ihre Vereinbarkeit mit innerkirchlichem

6) Dieses Gericht stellt in seiner Entscheidung jedoch ausdrücklich fest: »Die **Neuregelung der Versorgung** von Kirchenbeamten durch eine Rentenversicherung bei der BfA anstelle unmittelbarer beamtenrechtlicher Versorgungsanwartschaften verstößt nicht gegen staatliche Rechtssätze.« (Nichtamtlicher Leitsatz) BVerwG 25.11 1982, DVBl.1983, S. 507.
Vgl. auch: »Der Dienstherr kann sich von der ihm nach Art. 33 Abs. 5 GG*) obliegenden Alimentationspflicht dadurch entlasten, daß er den Versorgungsberechtigten auf Einkünfte aus einer anderen öffentlichen Kasse verweist, sofern diese ebenfalls der

Recht nachzuprüfen, begegnet nach alldem keinen verfassungsrechtlichen Bedenken.« Vorprüfungsausschuß 5.7.1983 NJW 1983, S. 2569 f. = ZevKR 28 (1983) S. 426. (Ähnlich Vorprüfungsausschuß 1.6.1983, NJW 1983, S. 2569 für das Dienst- (= Statusrecht).

c) »Der hiermit umschriebene Bereich umfaßt jedoch nicht nur das Dienstverhältnis des Pfarrers[5] als solches, sondern **auch das Verfahren** der Abwicklung von Konflikten zwischen Pfarrer[5] und Kirche, von dem sich die Frage seiner Vertretung vor kirchlichen Behörden und Gerichten und damit auch die **Frage eines etwaigen Vertretungsrechts des** Bf.« (= Beschwerdeführers) »vor diesen Gerichten nicht trennen läßt. Für den vorliegenden Fall bedeutet dies, daß es im Rahmen des Rechtes der Kirche zur Ausgestaltung ihrer inneren Angelegenheiten bleibt, wenn sie ihre Pfarrer[5] auf Beistände verweist, die den spezifischen Belangen innerkirchlicher Auseinandersetzungen zumindest insoweit Rechnung tragen, als sie der jeweiligen Kirche angehören.« Vorprüfungsausschuß 12.2.1981, NJW 1983, S. 2570.

14. **im individuellen und im kollektiven Arbeitsrecht:**

a) *(1)* »Die Kirchen können sich dabei auch der Privatautonomie bedienen, um ein **Arbeitsverhältnis** zu begründen und zu regeln. Auf diese **findet das staatliche Arbeitsrecht Anwendung; hierbei bleibt das kirchliche Selbstbestimmungsrecht wesentlich**. Das ermöglicht den Kirchen, in den Schranken des für alle geltenden Gesetzes den kirchlichen Dienst nach ihrem Selbstverständnis zu regeln und die spezifischen Obliegenheiten kirchlicher Arbeitnehmer verbindlich zu machen.« 70, 138 f. Ls. 1 S. 2.

»Die Einbeziehung der **kirchlichen Arbeitsverhältnisse** in das staatliche Arbeitsrecht hebt indessen deren Zugehörigkeit zu den **eigenen Angelegenheiten der Kirche** nicht auf. ... Auch im Wege des Vertragsschlusses können daher einem kirchlichen Arbeitnehmer **besondere Obliegenheiten** einer kirchlichen Lebensführung auferlegt werden. Werden solche **Loyalitätspflichten** in einem Arbeitsvertrag festgelegt, nimmt der kirchliche Arbeitgeber nicht nur die **allgemeine**

Existenzsicherung des Versorgungsberechtigten und seiner Familie zu dienen bestimmt sind. Unter dem Blickwinkel des Alimentationsprinzips handelt es sich bei den **Renten** ... um **auf die Versorgungsbezüge anrechenbare** Leistungen aus einer öffentlichen Kasse.« BVerfGE 76, 256 f., Ls. 2 u. 3.

*) Zwar gilt Art. 33 Abs. 5 GG nicht für die Kirchen, weil er – nach BVerfG – allein der Effizienz der staatlichen Verwaltung dient (s. u. § 18,4, S. 222 mit Fn. 5). Doch gilt das zur Alimentation Gesagte auch für die Kirchen, da für jedes öffentlich-rechtliche Dienstverhältnis der Alimentationsgedanke wesentliche Bedeutung hat (s. u. § 18,2 u. 4, S. 219 u. 221).

Vertragsfreiheit für sich in Anspruch; er macht **zugleich** von seinem verfassungskräftigen **Selbstbestimmungsrecht** Gebrauch ... . Das schließt ein, daß die Kirchen bei der Gestaltung des kirchlichen Dienstes auch dann, wenn sie ihn auf der Grundlage von Arbeitsverträgen regeln, das besondere Leitbild einer **christlichen Dienstgemeinschaft** aller ihrer Mitarbeiter zugrunde legen können ... .« 70, 138/165.

(2) »Welche **kirchlichen Grundverpflichtungen** als Gegenstand des Arbeitsverhältnisses bedeutsam sein können, richtet sich nach den von der verfaßten Kirche anerkannten Maßstäben. Dagegen kommt es weder auf die Auffassung der einzelnen betroffenen kirchlichen Einrichtungen, bei denen die Meinungsbildung von verschiedensten Motiven beeinflußt sein kann, noch auf diejenige breiter Kreise unter den Kirchenmitgliedern oder gar einzelner bestimmten Tendenzen verbundener Mitarbeiter an. Im Streitfall haben die Arbeitsgerichte die vorgegebenen kirchlichen Maßstäbe für die Bewertung vertraglicher Loyalitätspflichten zugrunde zu legen, soweit die Verfassung das Recht der Kirchen anerkennt, hierüber selbst zu befinden. Es bleibt danach grundsätzlich den **verfaßten Kirchen** überlassen, verbindlich zu **bestimmen, was** ›die **Glaubwürdigkeit** der Kirche und ihrer Verkündigung erfordert‹, was ›spezifisch **kirchliche Aufgaben**‹ sind, was ›**Nähe**‹ zu ihnen bedeutet, welches die ›**wesentlichen Grundsätze der Glaubens- und Sittenlehre**‹ sind und was als – gegebenenfalls schwerer – **Verstoß** gegen diese anzusehen ist. Auch die Entscheidung darüber, ob und wie innerhalb der im kirchlichen Dienst tätigen Mitarbeiter eine ›**Abstufung**‹ **der Loyalitätspflichen** eingreifen soll, ist grundsätzlich eine dem kirchlichen Selbstbestimmungsrecht unterliegende Angelegenheit.« 70, 138 f. Ls. 2–4.

(3) »Der soziale **Schutzgedanke des Kündigungsschutzrechts** ... ist allerdings in der **staatlichen Rechtsordnung** ein sehr hoch anzusetzender Wert. ... Wollten die Beschwerdeführerinnen demgegenüber etwa im Interesse ihrer haushaltsmäßigen Beweglichkeit den Kündigungsschutz ihrer Arbeitnehmer einschränken, so könnten sie dafür ihr verfassungsmäßiges Selbstbestimmungsrecht nicht in Anspruch nehmen. In zahlreichen Fallgestaltungen werden sich deshalb die unbestimmten Rechtsbegriffe ›sozial ungerechtfertigt‹ (§ 1 KSchG) und ›wichtiger Grund‹ (§ 626 BGB) im kirchlichen Raum nicht anders darstellen als in weltlichen Diensten. ... Der Kirchenaustritt gehört nach kirchlichem Recht (CIC can. 2314) zu den schwersten Vergehen gegen den Glauben und die Einheit der Kirche. ... **Der Kirchenaustritt verträgt sich** aus der Sicht der Kirche **weder mit ihrer Glaubwürdig-**

keit noch mit der von ihr geforderten **vertrauensvollen Zusammenarbeit** zwischen den Vertragsparteien.« 70, 138/170–172.

Deshalb kann die Kirche auch (im Vergleich zur gewerblichen Wirtschaft) »erhöhte Anforderungen an ein harmonisches Zusammenarbeiten ihrer Mitarbeiter stellen.« ... Da »die Kirche von ihrer Zielsetzung her in spezifischer Weise auf Glaubwürdigkeit angewiesen« ist, darf sie dem Eindruck heilloser Zerstrittenheit durch die Auflösung des Arbeitsverhältnisses entgegentreten. Vorprüfungsausschuß 9.2.1990, ZevKR 37 (1992) S. 64 = NJW 1990, S. 2053.

b) *(1)* »Das **Betriebsverfassungsgesetz** selbst erweist sich, indem es zugunsten der Religionsgemeinschaften und ihrer caritativen und erzieherischen Einrichtungen unbeschadet deren Rechtsform in § 118 Abs. 2 einen ausdrücklichen Vorbehalt macht, **nicht als ein für alle geltendes Gesetz. Es nimmt** vielmehr mit diesem Vorbehalt **auf das verfassungsrechtlich Gebotene Rücksicht.**« 46, 73/74 Ls. 2. »Ob und in welcher Weise die Arbeitnehmer und ihre Vertretungsorgane in Angelegenheiten des Betriebs, die ihre Interessen berühren, mitwirken und mitbestimmen« ist eine Angelegenheit der Kirchen i. S. des Art.140 GG i. V. m. Art. 137 Abs. 3 WRV. 46, 73/94.

(2) »... die sinnvolle Ordnung und Befriedung des Arbeitslebens, um die es **Art. 9 Abs. 3 GG** geht« kann »auf verschiedenen Wegen angestrebt werden: **Nicht nur durch Gestaltungen, die, wie das Tarifsystem**, durch die Grundelemente der Gegensätzlichkeit der Interessen, des Konflikts und des Kampfes bestimmt sind, sondern auch durch solche, die Einigung und Zusammenwirken in den Vordergrund rücken, wenngleich sie Konflikte und deren Austragung nicht ausschließen.« 50, 290/371 (zur Montan-Mitbestimmung).

(3) »Der durch das verfassungsrechtliche Selbstbestimmungsrecht der **Kirchen** und der ihnen zugeordneten Einrichtungen gewährleistete **Freiraum** wirkt sich **auch auf** die Gestaltung des Rechtsverhältnisses zwischen der Beschwerdeführerin in ihrer Eigenschaft als kirchliche Einrichtung und der **Gewerkschaft ÖTV** aus.« 57, 220/244.

V. Zum Kirchensteuerrecht:

15. **a)** »Das **Besteuerungsrecht** nach Art. 137 Abs. 6 WRV ist eine hoheitliche **Befugnis des Staates** gegenüber den Bürgern, die dieser in dem gesetzlich bestimmten Umfang den Religionsgesellschaften verleiht.« 19, 206/207 Ls. 4 S. 2.

b) »Die Kirchensteuererhebung gehört zu den gemeinsamen Angelegenheiten von Staat und Kirche, weil der Staat den Religionsgesellschaften zur Beitreibung den Verwaltungszwang zur Verfügung stellt. Für die Kirchensteuer ist die staatliche Normierung konstitutiv (BVerfGE 19, 206/217 f).« 73, 388/399 (weshalb auch die Erhebung von Kirchgeld verfassungsrechtlich unbedenklich ist).

c) »Dem Grundsatz der Tatbestandsmäßigung der Besteuerung ... wird durch entsprechend detaillierte kirchliche Regelungen Genüge getan (BVerfGE 19, 253/267).« 73, 388/400.

16. **a)** »Das Grundgesetz **verbietet** dem Staat, einer Religionsgesellschaft hoheitliche **Befugnis gegenüber Personen zu verleihen, die keiner Religionsgesellschaft angehören**.« 19, 206 Ls. 3. »Ein Arbeitnehmer, der keiner steuerberechtigten Kirche angehört, darf durch staatliches Gesetz nicht verpflichtet werden, Kirchensteuern nur deshalb zu zahlen, weil sein Ehegatte einer Kirche angehört.« 19, 226 Ls.

b) »Eine gesetzliche Frist **(›Überlegungsfrist‹)**, aufgrund deren ein Kirchenaustritt erst einen Monat nach Eingang der Austrittserklärung bei der zuständigen Behörde rechtlich wirksam wird, ist mit dem Grundgesetz **unvereinbar. Ebenso** ist es mit dem Grundgesetz unvereinbar, einen aus der Kirche Ausgetretenen noch bis zum Ende des laufenden Steuerjahres zur Kirchensteuer heranzuziehen **(›Nachbesteuerung‹)**. 44, 37 f. Ls. 1 u. 2.

VI. Zum Schulrecht: 74, 244 ff.

17. »Art. 7 Abs. 2 und 3 GG haben den **Religionsunterricht** in Fortführung der Regelungen der Weimarer Reichsfassung zu einem Bestandteil der Unterrichtsarbeit im Rahmen der **staatlichen Schulorganisation** erhoben (vgl. BVerwGE 42, 346/347 f.). Gleichzeitig verweisen sie ihn in den **Verantwortungsbereich der Kirchen**, wenn sie seine inhaltliche Übereinstimmung mit den Grundsätzen der Religionsgemeinschaften gebieten. Der Religionsunterricht gehört daher

zu den sogenannten **gemeinsamen Angelegenheiten** von Staat und Kirche, ...« a.a.O. S. 51.

18. »Ungeachtet der sich daraus ergebenden **Pflicht zur Kooperation** und gegenseitigen Rücksichtnahme müssen die **jeweiligen Zuständigkeiten** streng voneinander geschieden werden.« a.a.O. S. 251.

a) »Die Erklärung des Religionsunterrichts zum **ordentlichen Lehrfach** in Art. 7 Abs. 3 Satz 1 GG stellt klar, daß seine Erteilung **staatliche Aufgabe und Angelegenheit** ist; er ist staatlichem Schulrecht und staatlicher Schulaufsicht unterworfen. Seine Einrichtung als **Pflichtfach** ist für den Schulträger obligatorisch; der Staat muß gewährleisten, daß er ein Unterrichtsfach mit derselben Stellung und Behandlung wie andere ordentliche Lehrfächer ist.« a.a.O. S. 251.

b) *(1)* »Seine Sonderstellung gegenüber anderen Fächern gewinnt der Religionsunterricht aus dem Übereinstimmungsgebot des Art. 7 Abs. 3 Satz 2 GG. Dieses ist so zu verstehen, daß er **in ›konfessioneller Positivität und Gebundenheit‹** zu erteilen ist (...). Er ist keine überkonfessionelle vergleichende Betrachtung religiöser Lehren, nicht bloße Morallehre, Sittenunterricht, historisierende und relativierende Religionskunde, Religions- oder Bibelgeschichte. Sein Gegenstand ist vielmehr der **Bekenntnisinhalt**, nämlich die Glaubenssätze der jeweiligen Religionsgemeinschaft. Diese als bestehende Wahrheiten zu vermitteln ist seine Aufgabe (...).« a.a.O. S. 252.

(2) »... eine Gestaltung des Unterrichts als allgemeine Konfessionskunde« wäre »vom Begriff des Religionsunterrichts nicht mehr gedeckt und fiele daher auch nicht unter die institutionelle Garantie des Art. 7 Abs. 3 Satz 1 GG. Andererseits kann das Verlangen, der Unterricht müsse ein ›dogmatischer‹ sein, zumindest heute nicht mehr so verstanden werden, daß er ausschließlich der Verkündigung und Glaubensunterweisung diene. Er wird vielmehr auch als ein auf Wissensvermittlung gerichtetes, an den höheren Schulen sogar wissenschaftliches Fach angesehen, **das in die Lehre eines Bekenntnisses einführt, vergleichenden Hinweisen offenbleibt und zugleich Gelegenheit bietet, mit dem Schüler grundsätzliche Lebensfragen zu erörtern** (...).« a.a.O. S. 253.

19. **a)** »Die Zulassung von **Schülern fremder Konfession** gehört zu der inneren Gestaltung des Religionsunterrichts, die den Grundsätzen der jeweiligen Religionsgemeinschaft folgt. ... Zu diesen gehört auch, daß unter dem Einfluß neuerer religionspädagogischer Ansätze die Information auch über andere Bekenntnisse als Bestandteil des schu-

lischen Bildungsauftrages betrachtet und eine diesem Ziel entsprechende beweglichere Form der Darbietung des Religionsunterrichts befürwortet wird. Die geordnete Teilnahme von Schülern einer anderen Konfession am Religionsunterricht ist daher verfassungsrechtlich unbedenklich, solange der Unterricht dadurch nicht seine besondere Prägung als konfessionell gebundene Veranstaltung verliert. Die **Entscheidung über die Zulassung** solcher Schüler steht jedoch den **Religionsgemeinschaften** zu.« a.a.O. S. 254.

b) »Dem religiös-weltanschaulich neutralen **Staat** steht **keine Entscheidung** darüber zu, ob diese Grundsätze **›angemessen‹** sind (...).« a.a.O. S. 255.

20. Wegen der Anbringung des Kruzifixes in Schulräumen s. o. I.4.c), S. 162.

VII. Zu Äußerungen im öffentlichen Meinungsstreit:

Vorprüfungsausschuß v. 13.7.1993, 1 BvR 960/93,
ABl. EKD 1994 H. 3 S. 131 f.

21 **a)** »Die Religionsgesellschaften, die nach Art. 140 GG in Verbindung mit Art. 137 Abs. 5 Weimarer Reichsverfassung Körperschaften des öffentlichen Rechts sind, **bedürfen** für öffentliche Äußerungen zu konkurrierenden Religionsgemeinschaften **keiner gesetzlichen Ermächtigungsgrundlage**. Es handelt sich dabei ebensowenig um Ausübung staatlicher Gewalt wie bei ihren sonstigen Stellungnahmen zu die Öffentlichkeit berührenden Fragen. Auf Äußerungen zu ›christlichen Lehrinhalten› sind sie durch das Grundgesetz nicht beschränkt.«

b) »Das Grundrecht der ungestörten Religionsausübung gibt weder den Religionsgesellschaften noch deren Mitgliedern einen Anspruch darauf, daß der Staat durch seine Gerichte eine – auch scharfe – **öffentliche Kritik an ihrer Tätigkeit** unterbindet. Dies gilt zumal für Beiträge zum geistigen Meinungskampf in einer die Öffentlichkeit wesentlich berührenden Frage.«

TEIL B
DIE EVANGELISCH-LUTHERISCHE KIRCHE IN BAYERN

Kapitel I: Die Kirchen(mit)gliedschaft

§ 14
Erwerb und Ende der Kirchen(mit)gliedschaft

1. Einführung

Im Mitgliedschaftsrecht greifen theologische und rechtliche Elemente in der Einheit geglaubter und sichtbarer Kirche in besonderer Weise ineinander: Geistliche Gliedschaft in der Kirche Jesu Christi und rechtliche Mitgliedschaft in einer bestimmten Partikularkirche sind aufeinander bezogen und voneinander nicht trennbar[1].

Die **geistliche Gliedschaft**, die Zugehörigkeit zum Leibe Christi, wird durch die **Taufe** vermittelt.

Diese Begründung in der Taufe als sakramentalem Band, als heilsnotwendigem Gnadenangebot (CA IX), und in der bekennenden Antwort im Glauben setzt einem Vergleich mit der Mitgliedschaft in weltlichen Vereinen oder Verbänden von vornherein Grenzen. Kirche gründet sich nicht auf einen willentlichen Zusammenschluß von Mitgliedern.

Um den einzelnen Christen einer bestimmten Partikularkirche[2] auch rechtlich zuordnen zu können, bedarf es für diese **(rechtliche) Mitgliedschaft** in einer bestimmten Kirche neben der Taufe noch weiterer Kriterien: Nach herkömmlichem evangelischen Kirchenrecht sind dies das Bekenntnis und der Wohnsitz. **Taufe**, **Bekenntnis** und **Wohnsitz** sind somit die **konstitutiven Merkmale der Kirchenmitgliedschaft**[3]. Die **geistliche Gliedschaft** gründet sich auf die **Taufe**. Für die rechtliche Zugehörigkeit (**Mitgliedschaft**)[4] in einer evangelischen Landes-

1) *Mehlhausen*, EvStL Sp. 1592; *Link*, EvStL Sp. 1596; *v. Campenhausen*, Die Kirchenmitgliedschaft in der evangelischen Kirche, HdbStKirchR I, S. 638.

2) Im Gegensatz zur römisch-katholischen Kirche verstehen sich die reformatorischen Kirchen als organisierte Teilverbände – ecclesiae particulares – der einen ecclesia universalis.

3) Diese drei Merkmale haben sich historisch seit der Reformation entwickelt durch den Bruch der bis dahin bestehenden Einheit der (sichtbaren) Kirche und die dann einsetzende territoriale und konfessionelle Abgrenzung evangelischer Landeskirchentümer (lutherisch, reformiert, uniert). Hierzu *v. Campenhausen,* Kirchenmitgliedschaft (Fn. 1), S. 636 f. Auch wegen der Auswirkungen im staatlichen Bereich (z. B. Kirchensteuer, Religionsunterricht, Anstaltsseelsorge) bedarf es zur Anknüpfung von Rechtsfolgen an den Tatbestand der Kirchenmitgliedschaft klarer Abgrenzungskriterien.

4) Zu der unterschiedlichen Terminologie Gliedschaft-Mitgliedschaft vgl. o. § 4,4a (S. 52).

kirche müssen das **evangelische Bekenntnis** und der **Wohnsitz im Gebiet einer Landeskirche** hinzukommen.

2. Begründung der Kirchenmitgliedschaft

a) Taufe

Die Unterscheidung zwischen geistlicher Gliedschaft in der Kirche Jesu Christi und rechtlicher Mitgliedschaft in der ecclesia particularis – hier die rechtlich verfaßte ELKiB – wird in KVerf Art. 9 Abs. 1 und 2 aufgenommen. Die Taufe begründet die geistliche Gliedschaft (Abs. 1). Gleichzeitig ist sie unabdingbare Voraussetzung für die rechtliche Mitgliedschaft in der ELKiB (Abs. 2). Dabei muß die Taufe nicht in der evangelisch-lutherischen Kirche vollzogen sein, da die christlichen Kirchen die trinitarisch gespendeten Taufen gegenseitig als gültig anerkennen[5]. Weitere Voraussetzungen für die Mitgliedschaft in der ELKiB sind das evangelische Bekenntnis und der Wohnsitz oder gewöhnliche Aufenthalt[6] im Gebiet der ELKiB.

Die in Art. 9 Abs. 2 noch genannten Bedingungen, daß Kirchenmitglied nur ist, wer weder seine Kirchenmitgliedschaft nach dem geltenden Recht aufgegeben hat noch Mitglied einer anderen Kirche oder Religionsgemeinschaft ist, sind im eigentlichen Unterfälle der Beendigung der Kirchenmitgliedschaft (vgl. hierzu u. 3.). Festzuhalten bleibt jedoch schon hier, daß eine **Doppelmitgliedschaft** nach dem Recht der ELKiB – wie auch nach dem Recht anderer Landeskirchen – **nicht möglich ist**.

b) Bekenntnis

Die Frage des evangelischen Bekenntnisses hat in der Vergangenheit gelegentlich zu erheblichen Zuordnungsschwierigkeiten geführt, insbesondere bei Umzügen in Landeskirchen mit anderem Bekenntnisstand (sog. »Möbelwagenkonversion«, z. B. Umzug aus lutherischer in unierte oder reformierte Kirche). Diese sind heute durch die mit Wirkung vom 1.2.1970 in Kraft getretene Vereinbarung zwischen den
RS 230/ RS 235 Gliedkirchen der EKD über die Kirchenmitgliedschaft – RS 235 – und das diese Vereinbarung ersetzende EKD-Kirchenmitgliedschaftsgesetz aus dem Jahr 1978 – RS 230 – weitgehend gelöst worden. Als »evangelisch« ist jedes in einer Gliedkirche der EKD geltende Be-

5) Nachweise bei *v. Campenhausen*, Kirchenmitgliedschaft (Fn. 1), S. 639. Zum Taufverständnis vgl. auch »Taufe, Eucharistie und Amt«. Konvergenzerklärungen der Kommission für Glauben und Kirchenverfassung des ÖRK (Lima-Dokument) 1982, in: *H. Meyer/D. Papandreou/H. J. Urban/L. Vischer (Hrsg.)*, Dokumente wachsender Übereinstimmung, 2. Aufl, Paderborn-Frankfurt/M. 1991, S. 545 ff. (T 1 ff.) und hierzu die Stellungnahme der ELKiB, KABl 1985, S. 242 ff.

6) Hierzu u. § 45,2a (2) (S. 415).
Vgl. ferner die erläuternden Ausführungen in VollzBekKGliedG – RS 237 – Nr. 1.

kenntnis zu verstehen (vgl. auch VollzBekKGliedG Nr. 3 – RS 237). Darüber hinaus können auch weitere Fälle von Bekenntnisidentität oder -verwandtschaft hierzu gezählt werden[7].

c) Wohnsitz – Mitgliedschaft in ELKiB und Kirchengemeinde

Das Kriterium des Wohnsitzes bzw. gewöhnlichen Aufenthaltes vermittelt neben der Mitgliedschaft in der ELKiB gleichzeitig die Mitgliedschaft in einer bestimmten Ortskirchengemeinde. Es gibt nur eine **einheitliche Mitgliedschaft**. Die Mitgliedschaft in einer Landeskirche bedeutet **zugleich**[8] die Mitgliedschaft in einer örtlichen Kirchengemeinde dieser Landeskirche (KVerf Art. 9 Abs. 2 Satz 2; EKDKMitgliedG § 1 Abs. 2; KGliedG § 1 Abs. 4 Satz 1), nämlich der Kirchengemeinde des Wohnsitzes oder gewöhnlichen Aufenthaltes (KGO § 5)[9]. *RS 236*
Gleichzeitig ist damit eine Zugehörigkeit zu gliedkirchlichen Zusammenschlüssen, z. B. der EKD, verbunden (EKDGO Art. 1 Abs. 4; EKDKMitgliedG § 2 Abs. 2)[10].
Wer in das Gebiet einer Kirchengemeinde seines Bekenntnisses zuzieht, braucht dieser nicht extra beizutreten, sondern wird automatisch deren Mitglied (**Parochialrecht**). Dies wird auch im Bereich des staatlichen Rechts anerkannt und ist eine Folge des Körperschaftsstatus der betreffenden Kirche oder Religionsgemeinschaft (vgl. o. § 9).

d) Kirchengliedschaftsgesetz und EKD-Kirchenmitgliedschaftsgesetz

Die Grundaussage über die Kirchenmitgliedschaft in KVerf Art. 9 wird näher entfaltet im KGliedG. Hier finden sich neben dem Grundfall – *RS 236* Taufe innerhalb der ELKiB und Wohnsitz bzw. gewöhnlicher Aufenthalt in einer ihrer Kirchengemeinden (KGliedG § 2 Nr. 1) – eingehende Bestimmungen über die Begründung der Mitgliedschaft bei Zuzug (§ 2 Nr. 2 und 3)[11], durch Zuführung religionsunmündiger Kinder zur Erzie-

7) Z. B. Zuzug aus dem Ausland vor Inkrafttreten des EKDKMitgliedG, Zuzug aus evangelischen Freikirchen. Zu letzterem eingehend *R. Rausch*, Die mitgliedschaftliche Erfassung Zuziehender, ZevKR 36 (1991) S. 337 ff., bes. S. 358 ff., S. 365 ff.; vgl. auch u. 5c.

8) Beide Mitgliedschaften sind daher nicht voneinander isoliert, sondern aufeinander bezogen. Damit ist auch die alte Streitfrage weitgehend behoben, ob die Mitgliedschaft in der Kirchengemeinde (so die traditionelle reformierte Sicht) oder in der Landeskirche (so die traditionelle lutherische Sicht) im Vordergrund steht.

9) Ausnahme: KGO § 5 Abs. 2, § 6 Abs. 1; hierzu u. 5b und § 45,2a (2) (S. 415).

10) Beachte den Unterschied »Mitgliedschaft« (in der ELKiB) und »Zugehörigkeit«, da das geltende Recht eine unmittelbare persönliche Mitgliedschaft in der EKD oder konfessionellen Zusammenschlüssen wie der VELKD nicht kennt. Immerhin gelten aber nach EKDKMitgliedG § 2 Abs. 3 die sich aus der Kirchenmitgliedschaft ergebenden Rechte und Pflichten im Gesamtbereich der EKD.

11) Vgl. Einzelfälle u. 5c.

hung im evangelisch-lutherischen Bekenntnis, wenn diese Kinder außerhalb der evangelisch-lutherischen Kirche getauft sind (§ 2 Nr. 4)[12], durch Aufnahme Ungetaufter (§ 2 Nr. 1 i. V. m. § 3) oder in einem anderen christlichen Bekenntnis Getaufter (§ 2 Nr. 5 i. V. m. § 4), ferner durch Wiederaufnahme Ausgetretener (§ 2 Nr. 6 i. V. m. § 8). Aufnahme und Wiederaufnahme erfolgen auf Antrag beim zuständigen Pfarrer[13] (§ 5 Abs. 1 S. 1, § 8 Abs. 2; vgl. auch OKL – RS 200 – Abschn. XI Unterabschn. (UA) 3 und 4). In allen Fällen ist der Kirchenvorstand zu hören (§ 5 Abs. 1 S. 3; § 8 Abs. 3 S. 3). Die Aufnahme setzt eine bestimmte Unterweisung voraus (§ 3, § 4 Abs. 2, OKL a.a.O.). Der Wiederaufnahme, die Reue voraussetzt, soll eine längere Wartezeit vorausgehen (§ 8 Abs. 3 S. 1; OKL Abschn. XI UA 7). Aufnahme und Wiederaufnahme werden nach Agende III der ELKiB vollzogen (§ 5 Abs. 2, § 8 Abs. 4)[14]. Werden Aufnahme und Wiederaufnahme abgelehnt, so muß dies durch schriftlichen Bescheid erfolgen. Hiergegen ist Beschwerde zum Landeskirchenrat möglich (§ 9 Abs. 1 und 2).

Wegen des character indelebilis[14a] der Taufe und der gegenseitigen Anerkennung der trinitarisch gespendeten Taufe erfolgt bei Aufnahme oder Wiederaufnahme keine neue Taufe. Wegen des Verbots der Doppelmitgliedschaft (KVerf Art. 9 Abs. 2) muß bei vorheriger Zugehörigkeit zu einer anderen Kirche oder Religionsgemeinschaft der Austritt aus dieser nachgewiesen werden (§ 5 Abs. 1 S. 2, § 8 Abs. 2 S. 2).

Aufnahme und Wiederaufnahme sind in die entsprechenden Kirchenbücher einzutragen und ferner dem Einwohnermeldeamt, dem zuständigen Kirchensteueramt und dem Standesamt zur Eintragung in den Personenstandsbüchern mitzuteilen (VollzBekKGliedG Nr. 16).

RS 237

12) Vgl. auch u. 5d.

13) Der Kirchengemeinde, der der Aufzunehmende künftig angehört, i. d. R. also der Wohnsitzkirchengemeinde (KGO § 5 Abs. 1 S. 1).

14) Bei diesen festgelegten Förmlichkeiten, insbesondere im Hinblick auf die Wiederaufnahme, handelt es sich regelmäßig um bloße Ordnungsvorschriften, so daß auch andere Verhaltensweisen, die auf eine bestimmte Kirchenzugehörigkeit schließen lassen, mitgliedschaftsbegründend wirken können, vgl. hierzu *H. Engelhardt*, Der Austritt aus der Kirche, S. 31; *Chr. Meyer*, ZevKR 23 (1978) S. 276 (Anm. zu BFH vom 18.11.1977, ebd. S. 274); *ders.*, Bemerkungen zum Kirchenmitgliedschaftsrecht, ZevKR 27 (1982) S. 225/246 ff.; *v. Campenhausen*, Staatskirchenrecht, S. 152 Fn. 53. Beispiel: Ein Ausgetretener gibt bei Umzug in eine andere Gemeinde bei der Meldebehörde eine Konfessionszugehörigkeit an, besucht Gottesdienste, nimmt kirchliche Amtshandlungen in Anspruch, zahlt seine Kirchensteuern usw. Zur Aufnahme und Wiederaufnahme aus liturgischer Sicht vgl. *F. Kalb*, Grundriß der Liturgik, 3. Aufl. München 1985, S. 302 ff.

14a) Die Taufe hat »unverlierbaren Charakter«. Das »Siegel des Getauftseins« (*Kalb* a.a.O. [Fn. 14], S. 230) wird auch nicht durch eine Trennung von der Kirche (Austritt) aufgehoben. Die Taufe wird nur einmal gespendet. Ist sie gültig vollzogen (trinitarische Taufformel, Begießung mit Wasser), darf sie nicht wiederholt werden.

Das KGliedG wird wegen des Vorrangs gesamtkirchlichen Rechts (EKDGO Art. 2 Abs. 2) durch das EKDKMitgliedG modifiziert. Dies gilt insbesondere für die Fälle der Begründung der Mitgliedschaft durch Zuzug[15]. Hier hat das EKDKMitgliedG in §§ 8 und 9 Regelungen aufgestellt, neben denen KGliedG § 2 Nr. 2 und 3 nur subsidiär gelten oder nur dann zur Anwendung kommen, wenn das EKDKMitgliedG einen konkreten Sachverhalt nicht regelt[16]. *RS 230*
Aus der Kirchenmitgliedschaft folgen eine Reihe von Rechten und Pflichten, deren Ausübung allerdings zum Teil vom Erreichen bestimmter Altersstufen abhängig ist (vgl. u. § 15).

3. Ende der Mitgliedschaft

Die Kirchenmitgliedschaft endet mit dem Tod, dem Wegzug aus dem Kirchengebiet (KGliedG § 6 Abs. 1, EKDKMitgliedG § 10 Nr. 1), dem Austritt (KGliedG § 7 Abs. 1; KVerf Art. 9 Abs. 2; EKDKMitgliedG § 10 Nr. 3) oder Übertritt zu einer anderen Kirche oder Religionsgemeinschaft (KVerf Art. 9 Abs. 2, EKDKMitgliedG § 10 Nr. 2).

a) Umzug und Fortsetzung der Mitgliedschaft

Beim **Umzug innerhalb der ELKiB** ändert sich lediglich die Mitgliedschaft in den betreffenden Kirchengemeinden: Ende der Mitgliedschaft in der alten Kirchengemeinde und automatische Begründung der Mitgliedschaft in der neuen Kirchengemeinde (Sonderfälle u. 5b). Die Mitgliedschaft zur ELKiB bleibt unberührt.

Beim **Wegzug aus dem Gebiet der ELKiB** endet zwar die Mitgliedschaft in der ELKiB und der örtlichen Kirchengemeinde (KGliedG § 6 Abs. 1)[17]. Entgegen dem Wortlaut dieser Vorschrift liegt aber keine eigentliche Beendigung der Kirchenmitgliedschaft vor, wenn der neue Wohnort innerhalb des Bereichs der EKD liegt. Wegen der gesamtkirchlichen Basis der Mitgliedschaft (EKDGO Art. 1 Abs. 4; EKDKMitgliedG § 2 Abs. 1 und 3) setzt sich die Kirchenmitgliedschaft vielmehr in der Landeskirche des neuen Wohnortes fort (EKDKMitgliedG § 8: »Fortgesetzte Mitgliedschaft«). Insoweit liegt also keine »Beendigung« der Kirchenmitgliedschaft in der bisherigen und entsprechende »Neubegründung« in der neuen Landeskirche vor. Die aus der Kir-

15) Die Begründung durch Aufnahme wird ganz dem gliedkirchlichen Recht überlassen (EKDKMitgliedG § 7).
16) Vgl. näher u. 5c.
17) Die Möglichkeit nach § 6 Abs. 2 (Verbleiben im seelsorgerlichen Verband der bisherigen Kirchengemeinde) bedeutet nicht das Fortbestehen der Mitgliedschaft in der betreffenden Kirchengemeinde.

chenmitgliedschaft folgenden Rechte und Pflichten bleiben bestehen und werden nunmehr in der neuen Landeskirche wahrgenommen.

Diese Fortsetzung der Mitgliedschaft in der neuen Landeskirche wurde in der Vereinbarung über die Kirchenmitgliedschaft mit Wirkung vom 1.2.1970 – RS 235 – erstmals eingehender geregelt (vgl. MitgliedschVbg III) und dann in das EKDKMitgliedG übernommen. Sie geht aber auf eine schon vorher geübte Praxis zurück[18]. Die einzelnen Gliedkirchen der EKD haben hierdurch ihr ausdrückliches Einverständnis erklärt, daß die Mitgliedschaft der aus ihrem Gebiet wegziehenden Kirchenmitglieder sich in der neuen Gliedkirche fortsetzt.

b) Votum negativum

Dem umziehenden Kirchenmitglied bleibt aber insoweit eine eigene Entscheidung erhalten, als es nicht gezwungen werden kann, einer Kirche mit einem anderen evangelischen Bekenntnisstand anzugehören. Durch ein **votum negativum** kann es sich einer anderen evangelischen Kirche im Bereich der Gliedkirche seines neuen Wohnsitzes anschließen[19]. Wenn es dies innerhalb eines Jahres der zuständigen Stelle der neuen Landeskirche nachweist, gilt die bisherige Mitgliedschaft zu der alten Landeskirche nicht in der neuen fortgesetzt, sondern endet rückwirkend zum Zeitpunkt des Zuzugs (EKDKMitgliedG § 8)[20].

c) Kirchenaustritt

RS 430

Der **Kirchenaustritt** ist vor einer **staatlichen Behörde (Standesamt** des Wohnsitzes, KirchStG Art. 2 Abs. 2 – RS 430)[21] **zu erklären**.

Obwohl das Mitgliedschaftsrecht zu den »eigenen Angelegenheiten« der Kirchen und Religionsgemeinschaften i. S. von GG Art. 140 i. V. m. Art. 137 Abs. 3 WRV zählt, die diese gemäß ihrem Selbstverständnis selbständig

18) Vgl. näher *G. Wendt*, Bemerkungen zur gliedkirchlichen Vereinbarung über das Mitgliedschaftsrecht in der EKD, ZevKR 16 (1971) S. 23 ff.; *v. Campenhausen*, Kirchenmitgliedschaft (Fn. 1), S. 642 Fn. 27.

19) Beispiel: Ein aus dem Bereich der ELKiB nach Baden verzogener überzeugter Lutheraner vermag der in der dortigen Landeskirche bestehenden Konsensus-(Bekenntnis-)Union nicht viel abzugewinnen und schließt sich daher der Evang.-Luth. Kirche in Baden (Freikirche) an.

20) Die automatische Erfassung von zuziehenden Bekenntnisgenossen durch die Landeskirchen wurzelt letztlich im Territorialprinzip des früheren reichsrechtlichen Grundsatzes »cuius regio eius religio«, aus dem sich auch heute noch eine »gebietskörperschaftsähnliche« Stellung der Landeskirchen herleitet (*Link*, EvStL Sp. 1597). Mit dem votum negativum wird dieses Territorialprinzip aber durch Elemente eines Personalprinzips ergänzt (*Link* a.a.O.). Letztlich hat das votum negativum die Wirkung eines innerkirchlich geregelten Kirchenübertritts ohne vorherigen Kirchenaustritt nach staatlichem Recht, *v. Campenhausen*, Kirchenmitgliedschaft (Fn. 1), S. 643.

21) So auch in Baden-Württemberg, Hamburg, Niedersachsen, Mecklenburg-Vorpommern. In anderen Bundesländern sind die Amtsgerichte zuständig, in Bremen kirchliche Stellen.

regeln[22], hat der Staat als Hüter der – positiven wie negativen – Religionsfreiheit darüber zu wachen, daß die Kirchen und Religionsgemeinschaften sich niemanden gegen dessen Willen eingliedern[23]. Er muß daher gewährleisten, daß jemand aus einer Kirche oder Religionsgemeinschaft auch wieder austreten und damit den in den weltlich-staatlichen Bereich hineinwirkenden Mitgliedschaftspflichten entgehen kann (z. B. der Beitragsleistungs- bzw. Kirchensteuerpflicht). Dies gilt unbeschadet dessen, ob das innerkirchliche Recht überhaupt Austrittsmöglichkeiten vorsieht[24]. Für den Austritt aus Kirchen und Religionsgemeinschaften, soweit sie Körperschaften des öffentlichen Rechts sind, gibt es daher eigene Kirchenaustrittsgesetze[25]. In Bayern ist dies – wegen der signifikantesten Auswirkung im staatlich-weltlichen Bereich (Wegfall der Kirchensteuerpflicht) – im KirchStG selbst geregelt. Die Begründung von Mitgliedschaftspflichten, also die Regelung des Eintritts oder Aufnahme in eine Kirche oder Religionsgemeinschaft des öffentlichen Rechts, überläßt der Staat dagegen ganz dem Selbstbestimmungsrecht dieser Gemeinschaften. Lediglich für die privatrechtlich organisierten Gemeinschaften gelten für Eintritt und Austritt staatliche Bestimmungen, nämlich die vereinsrechtlichen Vorschriften des BGB.

Der Austritt ist mündlich oder schriftlich in notariell beglaubigter Form gegenüber dem Standesbeamten des Wohnsitzes zu erklären. Die Erklärung muß inhaltlich bestimmt sein und darf keine Bedingungen oder Vorbehalte enthalten. Erklärungen, in denen vom Austritt »als Steuerverband« gesprochen wird, oder zum Ausdruck kommt, man wolle nur aus der Kirche als Körperschaft des öffentlichen Rechts austreten, ihr als Glaubensgemeinschaft dagegen weiter angehören, sind unwirksam[26]. Auch hierin wird der untrennbare Bezug von äußerer Gestalt und Glaubensgemeinschaft deutlich[26a].

Die Wirkung des Kirchenaustritts tritt auf zwei Ebenen ein, der staatlichen und der kirchlichen: Der Staat darf den Ausgetretenen nicht mehr als Kirchenmitglied behandeln, etwa durch seine Finanzämter weiter-

22) Hierzu o. § 8,3 (S. 103).

23) BVerfGE 19,206/217; 30,415/423.
Insoweit liegt eine Schranke i. S. »des für alle geltenden Gesetzes« (vgl. Art. 137 Abs. 3 WRV) vor.

24) So kennt das katholische Kirchenrecht überhaupt keine Austrittsmöglichkeit. Der Grundsatz »semel catholicus, semper catholicus« ist durch CIC/1983 lediglich im Eherecht etwas abgeschwächt worden (vgl. c. 1117, Wegfall der Formpflicht für diejenigen, die von der katholischen Kirche durch einen formalen Akt abgefallen sind).

25) So in den meisten Bundesländern.

26) Vgl. im einzelnen AVKirchStG § 2; Bek. über den Austritt aus einer Kirche, Religionsgemeinschaft oder weltanschaulichen Gemeinschaft, die Körperschaft des öffentlichen Rechts ist, vom 6.8.1992 – RS 431/1 –, insbes. Nr. 5. Hierzu auch BVerwG NJW 1979, S. 2322 = ZevKR 25 (1980) S. 71; *v. Campenhausen,* Staatskirchenrecht, S. 156 ff.

26a) Vgl. Barmen III u. These 3 der Erklärung zur Rechtslage der Bekenntnissynode der Deutschen Evangelischen Kirche; hierzu bereits o. § 2 zu Fn. 3.

hin die Kirchensteuer einziehen lassen oder sonstige Folgen an die frühere Kirchenmitgliedschaft knüpfen (z. B. hinsichtlich der Teilnahme am Religionsunterricht, in der Anstaltsseelsorge o.ä.). Das kirchliche Recht bestimmt, wie der nach staatlichem Recht erklärte Austritt innerkirchlich zu werten ist: EKDKMitgliedG § 10 Nr. 3 und KGliedG § 7 (vgl. bereits KVerf Art. 9 Abs. 2) gehen auch innerkirchlich von einer Beendigung der Kirchenmitgliedschaft aus. Dies kann sich natürlich nur auf das rechtliche Band der Mitgliedschaft und der daraus folgenden Rechte und Pflichten beziehen (vgl. § 7 Abs. 3). Denn durch den character indelebilis der Taufe bleibt der Ausgetretene auch weiterhin Glied der geistlichen Kirche[27]. Dagegen beendet der Ausgetretene die rechtliche Mitgliedschaft auf allen Ebenen: Er verliert die Mitgliedschaft in seiner örtlichen Kirchengemeinde ebenso wie die Mitgliedschaft in der ELKiB und die Zugehörigkeit zur EKD.

Die kirchlichen Stellen erfahren von dem Austritt durch eine entsprechende Mitteilung vom Standesamt. Nach Nr. 18 der Bek. über den Kirchenaustritt – RS 431/1 – ist neben dem zuständigen Finanzamt, der zuständigen Meldebehörde und dem für die Fortführung des Familienbuches zuständigen Standesamt auch das zuständige Kirchensteueramt zu benachrichtigen. Dieses leitet eine Durchschrift der Mitteilung an das zuständige Pfarramt weiter.

d) Kirchenübertritt

Der Übertritt ist rechtlich als Austritt aus einer Kirche oder Religionsgemeinschaft und Eintritt in eine andere derartige Gemeinschaft zu werten. Er bietet somit keine besonderen rechtlichen Probleme.

Eine nur vermeintliche Besonderheit des Verlustes der Kirchenmitgliedschaft regelt KGliedG § 7 Abs. 2. Danach kann der Kirchenvorstand in dem Fall, daß ein Kirchenmitglied sich einer anderen Kirche oder Religionsgemeinschaft ohne förmlichen Austritt aus der ELKiB angeschlossen hat, feststellen, daß dieses Kirchenmitglied sich von der ELKiB getrennt hat und nicht mehr ihr Kirchenglied ist. Bereits aus KVerf Art. 9 Abs. 2 und EKDKMitgliedG § 10 Nr. 2 ergibt sich das Verbot der Doppelmitgliedschaft. KVerf Art. 9 Abs. 2 konstituiert ausdrücklich,

27) *v. Campenhausen*, Kirchenmitgliedschaft (Fn. 1), S. 644; *Link*, EvStL Sp. 1599. Vgl. auch o. Fn. 14a. Insoweit formuliert KGliedG § 7 Abs. 1 mißverständlich »... und ist nicht mehr ihr Kirchenglied«. Diese Formulierung ist nur dadurch zu erklären, daß das KGliedG vor der KVerf (vgl. deren Wortlaut in Art. 9 Abs. 1 und 2) und dem EKDKMitgliedG mit ihrer terminologischen Unterscheidung erlassen worden ist (vgl. bereits o. § 4,4a, S. 52).
S. ferner OKL Abschn. XI UA 5 Abs. 2, wonach Ausgetretene als Getaufte unter dem Ruf des Wortes Gottes bleiben, und die Teilnahme an Predigtgottesdiensten und an Gemeindeveranstaltungen ihnen jederzeit offensteht.

daß eine Mitgliedschaft in der ELKiB nur gegeben ist, wenn keine Mitgliedschaft in einer anderen Kirche oder Religionsgemeinschaft besteht. Der Anschluß an eine andere derartige Gemeinschaft bedeutet somit automatisch den Verlust der Mitgliedschaft der ELKiB[28] und damit – wegen der einheitlichen Mitgliedschaft – auch in der betreffenden Kirchengemeinde. Ein etwaiger Beschluß des Kirchenvorstands nach KGliedG § 7 Abs. 2 (»kann«)[29] hat daher allenfalls deklaratorische Bedeutung[30]. Gegen einen entsprechenden Bescheid ist Beschwerde zum Landeskirchenrat (§ 9 Abs. 1 und 2) möglich (z. B. mit der Begründung, es liege kein Eintritt in eine andere Gemeinschaft vor). Selbstverständlich ist das betreffende Kirchenmitglied vor einem entsprechenden Bescheid des Kirchenvorstands zu hören (VollzBekKGliedG Nr. 10)[31].

Ein Verlust der Kirchenmitgliedschaft aufgrund Übertritts ohne förmlichen Austritt nach KVerf Art. 9, KGliedG § 7 Abs. 2 hat allerdings zunächst nur innerkirchliche Wirkung. Zwar entfallen die kirchlichen Rechte und Pflichten (§ 7 Abs. 3; z. B. auch die Beitragspflicht), Wirkung im staatlichen Bereich (z. B. Wegfall des Einzugs der – von der ELKiB wegen § 7 Abs. 3 nicht mehr beanspruchbaren – Kirchenlohnsteuer durch das staatliche Finanzamt) tritt aber erst mit dem förmlichen Kirchenaustritt vor dem Standesamt ein. Hierauf ist kirchlicherseits in dem zu erteilenden Bescheid hinzuweisen (VollzBekKGliedG Nr. 10 i. V. m. Nr. 14).

Selbstverständliche Folge der Beendigung der Kirchenmitgliedschaft ist der Wegfall der kirchlichen Rechte und Pflichten (§ 7 Abs. 3).

4. Kirchenmitgliedschaft und Religionsmündigkeit

KGliedG § 10 verweist auf die Bestimmungen des RKEG – RS 240 – und läßt diese ausdrücklich unberührt. Dies bedeutet, daß die verschiedenen Altersstufen der Religionsmündigkeit auch im Hinblick auf die Kirchenmitgliedschaft zu beachten sind. *RS 240*

Nach RKEG §§ 1, 2 bestimmen beide Eltern, soweit ihnen das Sorge-

28) KVerf Art. 9 Abs. 2 enthält allerdings keine Bestimmung darüber, wer dies feststellt.
29) Zur Bedeutung von »kann« vgl. u. § 22, 1b unter »Beachte« (S. 266 u. 272).
30) *v. Ammon/Rusam*, Verfassung der ELKiB, Erl. 6 und 7 zu Art. 9.
In der Regel verlangen auch andere Kirchen und Religionsgemeinschaften vor Aufnahme den Nachweis des Austritts aus einer anderen Gemeinschaft. Insoweit wird der Verlust der Mitgliedschaft in der ELKiB aufgrund Mitgliedschaft in einer anderen religiösen Gemeinschaft ohne förmlichen Kirchenaustritt nur eine begrenzte Bedeutung haben, ist aber denkbar bei Anschluß an kleinere Gemeinschaften oder Sekten, die eine Doppelmitgliedschaft zulassen.
31) Zur Bedeutung von »anhören« vgl. u. § 18,5 a. E. unter »Beachte« (S. 224). Eine Entscheidung durch das Vormundschaftsgericht ist verfassungsrechtlich nicht unproblematisch. In der Praxis spielen derartige Verfahren auch kaum eine Rolle.

recht zusteht[32], über die religiöse Erziehung des Kindes. Das heißt, auch die Taufanmeldung muß vom Willen beider Eltern getragen sein. Ein Wechsel im Bekenntnis des Kindes oder eine Abmeldung vom Religionsunterricht bedarf ebenso der Zustimmung **beider** Eltern (RKEG § 1, § 2 Abs. 2).

Wird die Zustimmung von einem Elternteil nicht erteilt, so kann erforderlichenfalls die Vermittlung oder Entscheidung des Vormundschaftsgerichtes beantragt werden. Ist das Kind bereits **10 Jahre** alt, ist es in jedem Fall zu **hören**[31].

Ab dem 12. Lebensjahr bedürfen die Eltern der **Zustimmung des Kindes**. Dies bedeutet, daß ein Kirchenaustritt oder eine Aufnahme nach KGliedG §§ 3 und 4 nur mit ausdrücklicher Zustimmung des Kindes erfolgen darf[33]. Auch wäre z. B. eine Anmeldung zur Konfirmation gegen den Willen des Kindes nicht möglich.

Ab dem 14. Lebensjahr entscheidet das Kind allein. Mit diesem Zeitpunkt ist volle **Religionsmündigkeit** eingetreten. Austritt oder den Antrag auf Aufnahme müßte das Kind daher allein erklären[34].

5. Einzelfragen

a) Säuglingstaufe

Täuflinge im Säuglings- oder Kindesalter werden – wie auch in anderen Bereichen (vgl. allgemein GG Art. 6 Abs. 2; BGB §§ 1629, 1631) – durch ihre sorgeberechtigten Eltern vertreten. Das RKEG weist diesen in besonderem Maße das Recht der religiösen Erziehung zu. Dazu gehört auch das Begehren der Taufe. Grundrechte des Kindes werden dadurch nicht verletzt, da zum einen Kinder in diesem Alter noch keine wertende religiöse Meinung bilden und daher ihr Grundrecht der Religionsfreiheit nicht selbständig ausüben können. Zum anderen haben sie ab dem 14. Lebensjahr (RKEG § 5) die Möglichkeit, das mitgliedschaftliche Band zur Kirche wieder zu lösen. Das alleinige Bestimmungsrecht der Eltern gilt somit auch in den Fällen, in denen das Kind bereits Einkünfte bezieht und mit der Mitgliedschaft zugleich finanzielle Verpflichtungen (z. B. Kircheneinkommensteuer) übernimmt[35].

32) Bei geschiedener Ehe entscheidet der sorgeberechtigte Elternteil allein (§ 2 Abs. 1). Bei nichtehelichen Kindern entscheidet allein die Mutter, da ihr die Personensorge zusteht (BGB § 1705).

33) Zum Kirchenaustritt vgl. Bek. über den Kirchenaustritt – RS 431/1 – Nr. 10 ff.

34) Zum Verhältnis zur Altersgrenze in BV Art. 137 Abs. 1 (Abmeldung vom Religionsunterricht mit 18 Jahren) vgl. o. § 11,6 (3) und Fn. 66-69 (S. 146 f.).

35) Insoweit entfällt eine vormundschaftsgerichtliche Genehmigung gem. BGB § 1643

b) Ausnahmen von der Zugehörigkeit zur Wohnsitzkirchengemeinde

Aus dem Parochialrecht folgt die automatische Zugehörigkeit zur Kirchengemeinde des Wohnsitzes oder gewöhnlichen Aufenthaltes (KVerf Art. 9 Abs. 2 S. 2, KGliedG § 1 Abs. 4 i. V. m. KGO § 5 Abs. 1). Bei mehrfachem Wohnsitz hat das betreffende Kirchenmitglied ein Wahlrecht, ansonsten entscheidet der überwiegende Aufenthalt (KGO § 5 Abs. 1)[36].

Aus wichtigen Gründen kann auf Antrag eine Umgemeindung in eine andere Kirchengemeinde erfolgen (KGO § 6)[37]. Die zum Dienst an einer Kirchengemeinde berufenen Geistlichen und die hauptamtlichen Mitarbeiter einer Kirchengemeinde sind – unabhängig von ihrem Wohnsitz – immer Mitglieder der Kirchengemeinde ihres Amtssitzes (KGO § 5 Abs. 2). Wegen der für Pfarrer geltenden Residenzpflicht (PfG § 45 Abs. 1; vgl. u. § 20,7) betrifft dies in erster Linie die hauptamtlichen Mitarbeiter einer Kirchengemeinde.

c) Mitgliedschaft bei Zuzug

Aus dem Parochialrecht folgt ferner, daß grundsätzlich[38] auch zuziehende Evangelische automatisch Mitglieder der ELKiB und ihrer neuen Wohnsitzkirchengemeinde werden. Für evangelisch-lutherische Christen (Zuzug aus einer lutherischen Kirche) folgt dies aus KGliedG § 2 i. V. m. § 8 EKDKMitgliedG, für andere evangelische Christen aus KGliedG § 2 Nr. 3 i. V. m. § 8 EKDKMitgliedG. Letztere haben jedoch die Möglichkeit des *votum negativum* (vgl. o. 3b).

Zieht dagegen jemand innerhalb derselben Kirche um, ändert sich an seiner Mitgliedschaft nichts. Ein reformiertes Kirchenmitglied, das aus Nordwestdeutschland in das Gebiet der ELKiB umzieht, bleibt reformiert, weil es innerhalb der gleichen Kirche umzieht, nämlich der Evangelisch-

Abs. 1 i. V. m. § 1822 Nr. 5. (Schließen Eltern oder Vormünder für ihre Kinder oder Mündel Rechtsgeschäfte ab, bedürfen sie hierzu einer vormundschaftsgerichtlichen Genehmigung, wenn die Kinder oder Mündel zu wiederkehrenden Leistungen länger als ein Jahr nach Eintritt der Volljährigkeit verpflichtet werden sollen. Hierauf war u. a. in einem Verfahren hingewiesen worden, in dem gerügt wurde, die Säuglingstaufe verletze Rechte des Kindes.). Vgl. BVerfGE 30,415 und eingehend *v. Campenhausen*, Staatskirchenrechtliche Probleme der Kirchenmitgliedschaft, in HdbStKirchR I, S. 645 ff.

36) Vgl. auch u. § 45,2a (2) (S. 415). Dort auch Hinweis auf KGO § 5 Abs. 4 und § 6 Abs. 3: Kirchgeldberechtigt ist immer die Wohnsitzkirchengemeinde bzw. diejenige des vorwiegenden Aufenthaltes (KirchStG Art. 21 Abs. 1 und 2).

37) Näher hierzu u. § 45,2a (2); z. B. bei Umzug innerhalb einer Großstadt oder sonst in benachbarte Kirchengemeinde mit besonderer Verwurzelung in früherer Kirchengemeinde. Aber auch andere Gründe sind denkbar für eine Mitgliedschaft in einer anderen als der Wohnsitzkirchengemeinde.

38) Zur Bedeutung von »grundsätzlich« vgl. u. § 16,3a unter »Beachte« (S. 203).

Reformierten Kirche (Synode evangelisch-reformierter Kirchen in Bayern und Nordwestdeutschland)[39]. Für den Zuzug aus einer anderen reformierten Gliedkirche gilt EKDKMitgliedG § 12 Abs. 1.

Soweit das KGliedG und EKDKMitgliedG die gleiche Materie regeln, geht das gesamtkirchliche Recht der gliedkirchlichen Regelung vor. (EKDGO Art. 2 Abs. 2 , Art. 10b[40]). Das KGliedG gilt dann nur subsidiär.

Das KGliedG gilt jedoch primär, wenn es sich um Umzüge vor dem Inkrafttreten der EKD-MitgliedschVbg (1.2.1970) bzw. des EKDKMitgliedG (1.1.1978) handelt, wenn ferner eine ausdrückliche (gliedkirchliche) Regelungsbefugnis im EKDKMitgliedG bestimmt ist[41] oder es sich um Ergänzungsbestimmungen i. S. von EKDKMitgliedG § 20 Abs. 1 für solche Fälle handelt, die im EKDKMitgliedG nicht geregelt sind.

Demnach gilt – soweit nicht zwischenkirchliche Sondervereinbarungen bestehen (EKDKMitgliedG § 9 Abs. 2) – für alle Zuzugsfälle nach dem 1.1.1978 aus dem Bereich einer EKD-Gliedkirche primär EKDKMitgliedG § 8 (Fortsetzung der Mitgliedschaft mit Möglichkeit des votum negativum innerhalb eines Jahres) und ab dem gleichen Datum für alle Zuzüge Evangelischer aus dem Ausland primär EKDKMitgliedG § 9[42] (Erklärung gegenüber der kirchlich zuständigen Stelle, wobei die Angaben gegenüber der staatlichen Meldebehörde als derartige Erklärung gelten[43], § 9 Abs. 1 Buchst. b und Abs. 3. Die Möglichkeit des votum negativum gilt entsprechend, § 9 Abs. 4).

Für andere Zuzüge Evangelischer aus dem Inland, insbesondere von Angehörigen evangelischer Freikirchen, geht die bayerische Praxis mit Billigung der Rechtsprechung[44] von einer primären Anwendbarkeit

39) Vor dem Zusammenschluß dieser beiden Kirchen (1.2.1989) war dies anders. Da die Evangelisch-reformierte Kirche in Bayern – anders als die Evangelisch-Reformierte Kirche in Nordwestdeutschland – nicht Gliedkirche der EKD war, wurde mit dem Umzug eine Mitgliedschaft in der ELKiB begründet, die aber durch das votum negativum und den Anschluß an die Evangelisch-reformierte Kirche in Bayern wieder rückwirkend beseitigt werden konnte.

40) Das EKDKMitgliedG ist mit Einverständnis aller (damaligen) Gliedkirchen ergangen.

41) Z. B. EKDKMitgliedG § 7: Erwerb der Kirchenmitgliedschaft durch Aufnahme, vgl. hierzu §§ 3 ff. KGliedG.

42) *Rausch*, Mitgliedschaftliche Erfassung Zuziehender (Fn. 7), S. 367.

43) Gegen diese Bedeutung der Konfessionsangabe bei der Meldebehörde: *K. Obermayer*, Der automatische Erwerb der Kirchenmitgliedschaft nach evangelischem Kirchenrecht, NVwZ 1985, S. 77/80 f. Gegen *Obermayer* vor allem: *Chr. Meyer*, Zuziehende Evangelische, ZevKR 33 (1988) S. 313/318 ff. und *Rausch*, Mitgliedschaftliche Erfassung Zuziehender (Fn. 7), S. 382 ff.

44) FG München, ZevKR 31 (1986) S. 475, S. 477; ZevKR 33 (1988) S. 330.

von KGliedG § 2 Nr. 2 bzw. Nr. 3 aus. Begründet wird dies damit, daß – da im EKDKMitgliedG nicht geregelt[45] – eine ergänzende Regelungsbefugnis gem. EKDKMitgliedG § 20 Abs. 1 gegeben sei[46]. Durch Bekenntnisvergleich wird so ermittelt, ob eine Bekenntnisidentität (dann Mitgliedschaft nach § 2 Nr. 2) oder Bekenntnisverwandtschaft (dann Mitgliedschaft nach § 2 Nr. 3) besteht[47].

d) Mitgliedschaft aufgrund Zuführung zur Erziehung im evangelisch-lutherischen Bekenntnis

Nach KGliedG § 2 Nr. 4 werden religionsunmündige Kinder, die außerhalb der evangelisch-lutherischen Kirche getauft sind, Mitglieder der ELKiB, wenn sie von ihren Erziehungsberechtigten[48] der Erziehung im evangelisch-lutherischen Bekenntnis zugeführt werden. Zu beachten ist dabei, daß dies – wie auch EKDKMitgliedG § 6 Abs.2[49] – nur innerkirchliche Wirkung hat, die im staatlichen Bereich nicht bindend sein muß.

Wenn z. B. ein in der römisch-katholischen Kirche getauftes Kind von seiner sorgeberechtigten evangelisch-lutherischen Mutter nach Scheidung vom römisch-katholischen Ehemann und Vater des Kindes im evangelisch-lutherischen Glauben erzogen und stets zu den entsprechenden Gottesdiensten mitgenommen worden ist oder selbst entsprechende Kindergottesdienste besucht hat, dann liegt zweifellos eine »Zuführung« i. S. von § 2 Nr. 4 vor. Nach evangelischem Recht ist das Kind damit evangelisch-lutherisch. Nach katholischem Kirchenrecht war und ist es dagegen nach wie vor römisch-katholisch. Für den Staat gilt der noch bestehende Konfessionseintrag in den Personenstandsbüchern (römisch-katholisch). Damit die Mitgliedschaft in der ELKiB auch im staatlichen Bereich Wirkung

45) EKDKMitgliedG § 8 ist nicht einschlägig, da dieser nur den Zuzug aus einer Gliedkirche der EKD regelt. § 9 Abs. 1 Buchst. a betrifft den Sonderfall, daß ein ehemaliges Kirchenmitglied nach einem früheren Wegzug von seinem votum negativum Gebrauch gemacht hat und jetzt bei erneutem Umzug in das Gebiet einer Gliedkirche der EKD zurückkehrt. (Beispiel: Das nach Freiburg verzogene ehemalige Kirchenmitglied der ELKiB wollte nicht der (konsensus-)unierten badischen Landeskirche angehören und schloß sich durch votum negativum der Evangelisch-Lutherischen Kirche in Baden (Freikirche) an. Bei nunmehriger Rückkehr in das Gebiet der ELKiB gilt § 9 Abs. 1 Buchst. a. Vgl. auch KGliedG § 2 Nr. 2).

46) *Rausch*, Mitgliedschaftiche Erfassung Zuziehender (Fn. 7), S. 367 ff. Bedenken gegen diese Praxis im Hinblick auf VollzBekKGliedG Nr. 3 und vor allem auf gesamtkirchliches Recht: *Meyer*, Zuziehende Evangelische (Fn. 43) S. 313 ff.

47) Einzelheiten bei *Rausch*, Mitgliedschaftliche Erfassung Zuziehender (Fn. 7), S. 368 ff. Für einen Zuzug aus dem Ausland (vor Inkrafttreten des EKDKMitgliedG) vgl. auch BVerwG NVwZ 1992, S. 66. Kritisch hierzu *H. Engelhardt*, Kirchensteuer bei Zuzug aus dem Ausland, NVwZ 1992, S. 239.

48) Maßgebend sind die Bestimmungen des RKEG, vgl. VollzBekKGliedG Nr. 4.

49) Dessen Regelungsmaterie jedoch nicht unbedingt mit der von KGliedG § 2 Nr. 4 übereinstimmt.

entfalten kann (z. B. Besuch des evangelischen Religionsunterrichts), bedarf es erst des förmlichen Austritts aus der römisch-katholischen Kirche gemäß KirchStG Art. 2 Abs. 3. Eine Aufnahme nach KGliedG § 2 Nr. 5 i. V. m. § 4 entfällt hier aber, da bereits eine Mitgliedschaft nach § 2 Nr. 4 begründet ist.

Literatur

Vgl. die Literaturübersicht zu § 15.

§ 15
Rechte und Pflichten der Kirchenmitglieder, Ordnung des kirchlichen Lebens

1. Rechte und Pflichten

Aus der Kirchenmitgliedschaft folgt eine Reihe von Rechten und Pflichten. Nähere Regelungen hierzu sind in KVerf Art. 10, KGliedG § 1 Abs. 2 und 3 und EKDKMitgliedG §§ 3 bis 5 enthalten. Auch PfG §§ 31, 32 und 35 Abs. 1 gehören in diesen Zusammenhang: Den dort normierten Pflichten eines Pfarrers korrespondieren entsprechende Rechte der Gemeindemitglieder. *RS 1* *RS 230, 236* *RS 500*

a) Grundlegend ist das Recht auf **Teilhabe am gottesdienstlichen und sakramentalen Geschehen** der Kirche (EKDKMitgliedG § 3)[1]. Dies schließt das Recht auf **umfassende seelsorgerliche Betreuung**, auf **Inanspruchnahme des Verkündigungs- und des diakonischen Dienstes** ebenso ein wie den **Zugang zum Abendmahl**[2] in der eigenen und jeder mit ihr in Abendmahlsgemeinschaft stehenden anderen Kirche, ferner das **Recht auf Taufe** der Kinder[2] **und** auf **Vornahme weiterer kirchlicher Amtshandlungen**, wie Konfirmation, Beichte mit Absolution, Trauung und Begräbnis[2].

Alle Kirchenmitglieder haben teil an der **Erfüllung des kirchlichen Auftrags** und der **Verantwortung für die rechte Lehre** (KVerf Art. 1 Abs. 2). Aus diesem Priestertum aller Gläubigen folgt das Recht, an der Gestaltung des kirchlichen Lebens teilzunehmen (EKDKMitgliedG § 3 Abs. 2), das Recht auf Teilhabe am Verkündigungsdienst (Besuchsdienst, Lektoren- und Prädikantendienst[3], sonstige Dienste bei der Feier von Gottesdiensten)[4], allgemein das Recht, Dienste und Ämter zu übernehmen (KVerf Art. 10 Abs. 2)[5], das Recht, in Notfällen auch zu taufen[6] oder – allgemein – die Beichte zu hören und Verge-

1) Vgl. auch *Link*, EvStL Sp. 1600.
2) Diese Rechte stehen unter dem Vorbehalt der »kirchlichen Ordnungen« (EKDKMitgliedG § 3 Abs. 1; KGliedG § 1 Abs. 3). Unter gewissen Voraussetzungen sind daher Einschränkungen möglich, hierzu u. 2.
3) Vgl. näher Prädikantengesetz mit Ausführungsbestimmungen – RS 545, 546 –, Prädikantendienstordnung – RS 547 – und Lektorendienstordnung – RS 548.
4) Vgl. OKL Abschn. IV Unterabschn. (UA) 4.
5) Hauptamtliche, nebenamtliche oder auch ehrenamtliche Dienste (KVerf Art. 14 Abs. 1 S. 1). Zu den ehrenamtlichen Diensten vgl. u. § 36, insbes. auch die Leitlinien für den Dienst, die Begleitung und die Fortbildung Ehrenamtlicher in der ELKiB, KABl 1993, S. 93.
Ein besonderes Ehrenamt ist das Patenamt (vgl. hierzu OKL Abschn. I UA 6).
6) Vgl. OKL Abschn. I UA 9.

bung zuzusprechen[7]. Das Recht, an der Gestaltung des kirchlichen Lebens mitzuwirken, schließt **kirchliche Wahlbefugnisse** ein, d. h. aktives und passives Wahlrecht zu kirchlichen Organen (EKDKMitgliedG § 3 Abs. 2; KGliedG § 1 Abs. 3), z. B. Kirchenvorstand, Dekanatssynode, Landessynode[8].

Aus dem Hinweis »im Rahmen der kirchlichen Ordnungen« in EKDKMitgliedG § 3 Abs. 2 und KGliedG § 1 Abs. 3 ergibt sich, daß diese Ordnungen Einschränkungen der Wahlberechtigung und Wählbarkeit vorsehen können, indem sie z. B. an die Konfirmation oder die Zulassung zum Abendmahl, an das Erreichen einer bestimmten Altersstufe oder etwa das Innehaben des Amtes als Kirchenvorsteher oder Kirchenvorsteherin anknüpfen[9]. Dies folgt letztlich auch daraus, daß jede persönliche mitgliedschaftliche Rechtsposition durch Auftrag und Dienst der Kirche gebunden ist[10].

Alle Getauften haben ferner nach reformatorischem Verständnis einen

7) Vgl. OKL Abschn. V UA 5 Abs. 4. Wegen der Wahrung des Seelsorge- und Beichtgeheimnisses s. u. § 20, 5 (S. 249).

8) Kirchenvorstand: KVWG – RS 305 – § 6 (aktives Wahlrecht) und § 8 (passives Wahlrecht); hierzu u. § 47, 1 b (S. 430); Dekanatssynode: DVDBO – RS 311 – § 4; hierzu u. § 54, 2 a (S. 479); Landessynode: LSWG – RS 10 – § 4; hierzu u. § 38, 2 (S. 351).

9) Vgl. KVWG §§ 6, 8; DBO § 3, DVDBO § 4 (aktives und passives Wahlrecht für Dekanatssynode nur als Kirchenvorsteher bzw. Kirchenvorsteherin); LSWG § 4 (aktives Wahlrecht nur als Kirchenvorsteher bzw. Kirchenvorsteherin).

10) *Link,* EvStL Sp. 1600.
Dies macht es auch schwierig, von bestimmten Mitgliedschaftsrechten als **Grundrechten** in der Kirche zu sprechen. Hier ist schnell die Parallele zu den staatlichen Grundrechten als einklagbare subjektive Rechte und Abwehrrechte gegenüber dem Staat im Blick (zur Frage der Bindung an staatliche Grundrechte: s. u. § 16, 4). Durch die Gebundenheit an die gesamten kirchlichen Ordnungen kann es aber kein subjektiv einklagbares Recht auf Taufe, auf Trauung oder Begräbnis geben. Aus bestimmten, geistlich gebotenen Gründen muß hier eine Versagung möglich sein (u. 2). Soweit in der Literatur »Grundrechte in der Kirche« gefordert oder bezeichnet werden, sind damit Rechtspositionen gemeint, die im eigentlichen recht verstandene (und ernst genommene!) normale Mitgliedschaftsrechte sind. Vgl. zur Diskussion: *W. Stolz*, Menschenrechte und Grundrechte im evangelischen Kirchenrecht, ZevKR 34 (1989) S. 238 ff. = Recht nach Gottes Wort. Menschenrechte und Grundrechte in Gesellschaft und Kirche, im Auftrag der Synode der Evangelisch-reformierten Kirchen in Nordwestdeutschland hrsgg. v. Landeskirchenvorstand, Neukirchen-Vluyn 1989, S. 100 ff.; *H. Ehnes*, Die Bedeutung des Grundgesetzes für die Kirche, insbes. Grundrechte in der Kirche, ZevKR 34 (1989) S. 382/388 ff.; *K. Obermayer*, Aufgabe einer evangelischen Kirchenverfassung in dieser Zeit, ZevKR 32 (1987) S. 599/604 ff.; *D. Pirson*, Grundrechte in der Kirche, ZevKR 17 (1972) S. 358 ff.; *W. Huber/ E. Tödt,* Menschenrechte, 3. Aufl. München 1988, S. 198 ff.; *W. Huber,* Menschenrechte – Christenrechte, in: Recht nach Gottes Wort (vgl. o.), S. 82 ff.; *M. Heckel,* Die Menschenrechte im Spiegel der reformatorischen Theologie, Heidelberg 1987. Vgl. in Anlehnung an die Ausführungen von *Stolz* (vgl. o.) auch § 2 der Verfassung der Evangelisch-reformierten Kirche (Synode evangelisch-reformierter Kirchen in Bayern und Nordwestdeutschland) vom 9.6.1988, Abl. EKD 1989, S. 78. Zu dieser Problematik auch u. § 16, 4 mit Fn. 8 (S. 205).

Anspruch auf **Zugang zur Schrift** und ein dementsprechendes **Recht auf kirchliche Unterweisung**[11].

b) Diesen Rechten aus der Mitgliedschaft stehen andererseits auch entsprechende **Pflichten** gegenüber. Das Recht auf Teilhabe an der Erfüllung des kirchlichen Auftrags korrespondiert mit einer entsprechenden Pflicht in der **Verantwortung für die rechte Lehre und** die zeit- und sachgemäße **Erfüllung des Auftrages** (KVerf Art. 1 Abs. 2), in der **Beteiligung am kirchlichen Leben** (EKDKMitgliedG § 4 Abs. 1) und in der **Lebensführung in der Verantwortung vor Gott** (KVerf Art. 10 Abs. 1; KGliedG § 1 Abs. 2 S. 1). Aus der Kirchenmitgliedschaft folgt die Pflicht, »sich zur Kirche, d. h. zu Wort und Sakrament zu halten und nach Kräften und Fähigkeiten zur Erfüllung der Dienste in der Kirche beizutragen«[12]. Dies schließt die **Bereitschaft** mit ein, »nach dem Maß ihrer Kräfte« (KGliedG § 1 Abs. 2) **Ämter und Dienste zu übernehmen** und – ebenfalls »nach dem Maß ihrer Kräfte«, also soweit zumutbar – zu **Spenden und Gaben** (KVerf Art. 10 Abs. 2; EKDKMitgliedG § 4 Abs. 1; KGliedG § 1 Abs. 2). Die Kirchenmitglieder sind ferner verpflichtet, »den Dienst der Kirche durch **Leistung gesetzlich geordneter kirchlicher Abgaben** mitzutragen und zu fördern« (EKDKMitgliedG § 4 Abs. 2; vgl. auch KVerf Art. 10 Abs. 2; KGliedG § 1 Abs. 3 S. 2). Damit ist die Zahlung der kirchlichen Abgaben (Kirchensteuern) innerkirchlich verbindlich gemacht.

EKDKMitgliedG § 5 verpflichtet die Kirchenmitglieder weiter, die für die Wahrnehmung des Auftrages der Kirche in Verkündigung, Seelsorge und Diakonie erforderlichen **Daten und Angaben mitzuteilen und** den staatlichen oder kommunalen Meldebehörden die **Bekenntniszugehörigkeit anzugeben.** Dem entspricht eine entsprechende **Duldung der Datennutzung**[13].

2. Ordnung des kirchlichen Lebens

Die OKL – RS 200 – ist als Richtlinie gedacht, die vermitteln und anschaulich machen will, was christliches Leben in Kirche und Gemeinde ist, wie es Gestalt gewinnen kann und soll (vgl. RS vor 200). Sie ist selbst weder Kirchengesetz noch Verordnung. Verbindlichen *RS 200*

11) *Link,* EvStL Sp. 1600.

12) *Link,* a.a.O. Wegen der sich daraus ergebenden Problematik für das kirchliche Wahlrecht s. u. § 47, 1b (S. 430).

13) Die Übermittlung der von den Meldebehörden erhobenen konfessionsbezogenen Daten an die Kirchen ist zulässig, erfolgt zur Erfüllung kirchlicher Aufgaben und beruht auf der in der Kirchenmitgliedschaft begründeten Pflicht (vgl. o.). Eine Verletzung des

Charakter erhalten ihre Bestimmungen jedoch im Zusammenhang mit dem Kirchengesetz zur Anwendung der Ordnung des kirchlichen Lebens – OKLAnwG, RS 210. In diesem Gesetz sind einzelne Tatbestände geregelt, die Anlaß für eine geschwisterliche Zucht in der Gemeinde geben können. Liegen derartige Tatbestände (vgl. die beispielhafte Aufzählung in § 1 Abs. 2 i. V. m. den entsprechenden Abschnitten in der OKL) vor, so **können**[14] kirchliche Rechte zeitlich entzogen werden, so die Befähigung zum Patenamt und/oder das aktive und passive Wahlrecht (§ 3)[15]. Unter gewissen, in der OKL näher geregelten Voraussetzungen, besteht die Möglichkeit der Versagung von Amtshandlungen: So **kann** eine Zurückstellung von der Konfirmation (§ 4 i. V. m. OKL Abschn. II UA 3 Abs. 8) erfolgen oder **ist** die kirchliche Trauung (§ 5 i. V. m. OKL Abschn. VII UA 3 Abs. 8) oder das kirchliche Begräbnis (§ 6 i. V. m. OKL Abschn. VIII UA 6) zu versagen, von der Heiligen Taufe zurückzustellen (§ 7 i. V. m. OKL

RS 210

Persönlichkeitsrechts liegt daher nicht vor. Die Datenübermittlung setzt allerdings voraus, daß auf kirchlicher Seite ein entsprechender **Datenschutz** gewährleistet ist. Vgl. hierzu MeldeG – RS 228 – Art. 32, VollzBekMeldeG – RS 228 – Nr. 32; *O. Voll*, HdbBayStKirchR, S. 380 ff.; *D. Lorenz*, Personenstands- und Meldewesen, HdbStKirchR II, S. 732/731 ff.; zum kirchlichen Datenschutz u. § 51 und die dort angeführte Lit.
Hinsichtlich der Angabe der konfessionellen Daten sind wiederum die Ebenen kirchlichen und staatlichen Rechts zu unterscheiden: EKDKMitgliedG § 5 enthält eine innerkirchliche Verpflichtung. Nach staatlichem Recht (GG Art. 140 i. V. m. Art. 136 Abs. 3 WRV) besteht nur insoweit eine Verpflichtung, als davon Rechte und Pflichten abhängen oder eine gesetzlich angeordnete statistische Erhebung dies erfordert (z. B. Volkszählung). Demgemäß kann im Hinblick auf die Kirchensteuerpflicht nach staatlichem Recht nicht die Ausstellung einer Lohnsteuerkarte ohne Angabe der Konfessionszugehörigkeit begehrt werden (BVerfGE 49, 375). Andererseits kann die Angabe der Konfessionszugehörigkeit bei Aufnahme in ein Krankenhaus verweigert werden (BVerfGE 46, 266. Das Krankenhaus darf aber fragen, wenn die Freiwilligkeit der Beantwortung gewährleistet ist.). Nach kirchlichem Recht bestünde in letzterem Fall im Hinblick auf EKDKMitgliedG § 5 (Erfüllung des kirchlichen Auftrags, hier: Krankenhausseelsorge) eine Verpflichtung zur Angabe der Konfessionszugehörigkeit. Freilich läßt sich diese innerkirchliche Pflicht praktisch nicht durchsetzen.

14) Zur Bedeutung von »können« s. u. § 22, 1 a u. 8 unter »Beachte« (S. 264 u. 272).

15) Der Entzug dieser kirchlichen Rechte kann längstens für 6 Jahre (mit der Möglichkeit der Wiederholung, vgl. § 3 Abs. 3) und nur für die **Zukunft** ausgesprochen werden. In der Praxis kommen häufiger Bitten vor, jemanden nachträglich als Paten zu streichen, z. B. weil er sich um seine Patenpflichten gar nicht kümmert oder wegen Bruchs familiärer Bindungen nicht mehr kümmern kann, ein »gottloses Leben führt« oder aus der Kirche ausgetreten ist. Eine nachträgliche Streichung ist nicht möglich. Das Patenamt hat eine doppelte Ausrichtung: Einmal sind Paten Zeugen des Taufgeschehens, geben als Vertreter der christlichen Gemeinde ein eigenes Taufversprechen ab und werden dadurch zum Mitbürgen des elterlichen Taufversprechens. Zum anderen haben sie in Erfüllung ihres Versprechens den Eltern bei der künftigen christlichen Erziehung zu helfen oder ggf. selbst dafür zu sorgen und seelsorgerlichen Zuspruch zu geben. Die Zeugenschaft am Taufgeschehen, die damals übernommene Verpflichtung und die damals bestehende Befähigung zum Patenamt können nicht nachträglich beseitigt werden. Wegen des engen Zusammenhangs mit dem Taufgeschehen ist auch eine Nachbenennung von Paten problematisch.

Abschn. I UA 10) oder die Abendmahlsgemeinschaft zu unterbrechen (§ 8 i. V. m. OKL Abschn. VI UA 6). In allen Fällen hat ein seelsorgerliches Gespräch vorauszugehen. Erst wenn diese seelsorgerlichen Bemühungen erfolglos geblieben sind, dürfen die beschriebenen Maßnahmen ergriffen werden (§ 2). Ist der Anlaß beseitigt, sind ausgesprochene Maßnahmen unverzüglich aufzuheben (§ 9).

In allen Fällen ist die Präambel des OKLAnwG zu beachten. Die OKL ist eine geistliche Ordnung, die seelsorgerlich gehandhabt werden muß (vgl. auch OKL Abschn. XII). Dieses seelsorgerliche Bemühen muß oberstes Auslegungskriterium auch für das OKLAnwG sein[16].

Über Maßnahmen nach § 4 und §§ 6 bis 8 entscheidet der Pfarrer (§ 10 Abs. 2 bis 5), der den Kirchenvorstand zu beteiligen hat (Anhörung[17], verpflichtend bei Zurückstellung von der Heiligen Taufe, während bei der Versagung des kirchlichen Begräbnisses und der Unterbrechung der Abendmahlsgemeinschaft in Ausnahmefällen davon abgesehen werden kann – »Soll«-Vorschrift[18]). Die Zurückstellung von der Konfirmation erfolgt im Benehmen[17] mit dem Kirchenvorstand. Die Erziehungsberechtigten **sind** vorher zu hören (§ 10 Abs. 2)[19].

Die Mitwirkung des Kirchenvorstands ergibt sich aus dessen Zuständigkeit nach KGO § 21 Nr. 4 und 5. Da es sich um eine seelsorgerliche Entscheidung handelt, obliegt das Letztentscheidungsrecht dem Pfarrer. Für den Entzug der kirchlichen Rechte nach § 3 ist allein der Kirchenvorstand zuständig (§ 10 Abs. 1), wobei das betreffende Gemeindeglied vorher gehört werden muß. Über die Versagung der kirchlichen Trauung entscheidet der Pfarrer, der Kirchenvorsteher anhören kann (§ 11 Abs. 1). Seine

16) OKLAnwG §§ 5 bis 7 sind zwar sog. »Muß«-Vorschriften (vgl. hierzu u. § 22, 1 a unter »Beachte«, S. 264). Wegen des in der Präambel enthaltenen Hinweises auf die besondere seelsorgerliche Handhabung der OKL wird man in begründeten Ausnahmefällen aber Abweichungen verantworten können, z. B. ein kirchliches Begräbnis eines aus der Kirche Ausgetretenen auch dann gewähren können, wenn dieser nicht »nur durch den Tod an seinem Wiedereintritt in die Kirche verhindert wurde« (OKL Abschn. VIII UA 6 Abs. 2), also bereits auf dem Weg der Rückkehr war. Es bedarf hier aber sehr sorgfältiger Abwägung im Hinblick auf die seelsorgerlichen Bemühungen um die Angehörigen und den Willen des Verstorbenen, der nicht nachräglich vergewaltigt werden darf (vgl. auch OKL a.a.O. Abs. 3). Das Begräbnis ist nicht allein Handeln an den Leidtragenden! Es gibt auch andere Formen der Begleitung am Grab als das kirchliche Begräbnis in gottesdienstlicher Form. Auf jeden Fall wären im Hinblick auf eine gleichförmige und transparente kirchliche Amtshandlungspraxis kollegiale Absprachen unter der Pfarrerschaft ratsam, wobei allerdings die seelsorgerliche Verschwiegenheit gewahrt bleiben muß.
Gegen eine zu lasche Handhabung der OKL-Bestimmungen v. a. *v. Tiling*, Erfahrungen mit der Lebensordnung in den lutherischen Kirchen, ZevKR 30 (1985) S. 345/350 ff. Verantwortliche Seelsorge darf nicht zu einem schwächlichen laissez faire verkommen.

17) Vgl. hierzu u. § 18, 5 a. E. unter »Beachte« (S. 224).

18) Zur Bedeutung von »Soll«: § 22, 1 a u. »Beachte« (S. 264).

19) Was in der Praxis häufig übersehen wird.

Entscheidung hat der Pfarrer mit dem Dekan abzustimmen (§ 11 Abs. 3 und 4). In Ablehnungsfällen oder wenn Pfarrer und Dekan unterschiedlicher Meinung sind, liegt die Entscheidung beim Landeskirchenrat (§ 11 Abs. 5 und 6).

Müssen begehrte Amtshandlungen versagt werden, so ist dies in einem Gespräch den Betroffenen mitzuteilen (§ 12). Die Betroffenen können eine Überprüfung der Entscheidung zunächst durch Pfarrer bzw. Kirchenvorstand beantragen. Halten Pfarrer und Kirchenvorstand an ihrer Entscheidung fest, so sind für die Überprüfung Dekanatsausschuß bzw. Dekan bzw. Landeskirchenrat zuständig (Einzelheiten in § 13).

Außer im Fall der Versagung des kirchlichen Begräbnisses kann eine weitere Überprüfung von Entscheidungen des Dekanatsausschusses beim Landeskirchenrat, von Entscheidungen des Dekans beim Kreisdekan beantragt werden (§ 14). Auch soweit in Fällen der Versagung der kirchlichen Trauung der Landeskirchenrat bereits entschieden hat, hat er auf Antrag seine Entscheidung nochmals selbst zu überprüfen (§ 14 Abs. 3). Eine weitere Überprüfung ist dann aber nicht mehr möglich. Die Überprüfungsentscheidungen des § 14 sind endgültig (§ 14 Abs. 4). Insbesondere können sie wegen ihres seelsorgerlichen Gehalts nicht vor dem kirchlichen Verwaltungsgericht angefochten werden (KVGG § 12 Abs. 1).

Literatur

Mitgliedschaftsrecht:
v. Ammon/Rusam, Verfassung der Evangelisch-Lutherischen Kirche in Bayern, 2. Aufl., Erl. zu Art. 9 und 10.; *A. v. Campenhausen*, Staatskirchenrecht, S. 142 ff.; *ders.*, Die staatskirchenrechtliche Bedeutung der Kirchenmitgliedschaft, HdbStKirchR I, S. 609 ff.; *ders.*, Die Kirchenmitgliedschaft nach dem Recht der evangelischen Kirche, ebd. S. 635 ff.; *ders.*, Staatskirchenrechtliche Probleme der Kirchenmitgliedschaft, ebd. S. 645 ff.; *ders.*, Der Austritt aus den Kirchen und Religionsgemeinschaften, ebd. S. 657 ff.; *H. Engelhardt*, Die Kirchensteuer in der Bundesrepublik Deutschland, Bad Homburg v.d.H. – Berlin – Zürich 1968, S. 59 ff.; *ders.*, Der Austritt aus der Kirche, Frankfurt/M. 1972; *Chr. Lienemann-Perrin* (Hrsg.), Taufe und Kirchenzugehörigkeit, Studien zur Bedeutung der Taufe für Verkündigung, Gestalt und Ordnung der Kirche. Forschungen und Berichte der Evangelischen Studiengemeinschaft Bd. 39, München 1983; *Chr. Link*, Kirchengliedschaft I. Evangelisch B. Juristisch, EvStL Sp. 1596 ff.; *J. Mehlhausen*, Kirchengliedschaft I. Evangelisch A. Theologisch, EvStL Sp. 1592 ff.; *P. Meinhold* (Hrsg.), Das Problem der Kirchenmitgliedschaft heute, Darmstadt 1979; *Chr. Meyer*, Bemerkungen zum Kirchenmitgliedschaftsrecht, ZevKR 27 (1982) S. 225 ff.; *ders.*, »Zuziehende Evangelische«. Kirchenmitgliedschaft nach dem Recht der EKD, ZevKR 33 (1988) S. 313 ff.; *K. Obermayer,* Der automatische Erwerb der Kirchenmitgliedschaft nach evangelischem Kirchenrecht, NVwZ 1985, S. 77 ff.; *D. Pirson*, Die Mitgliedschaft in den evangelischen Landeskirchen, ZevKR 13 (1967/68) S. 337 ff.; *R. Rausch,* Die mitgliedschaftliche Erfassung Zuziehender, ZevKR 36 (1991) S. 337 ff.; *A. Stein*, Evangelisches Kirchenrecht, 3. Aufl. Neuwied-Kriftel/Ts. – Berlin 1992, S. 82 ff.; *G. Wendt*, Bemerkungen zur gliedkirchlichen Vereinbarung über das Mitgliedschaftsrecht in der EKD, ZevKR 16 (1971) S. 23 ff.

Ordnung des kirchlichen Lebens:
A. Burgsmüller, Eine neue Generation von Lebensordnungen? ZevKR 30 (1985) S. 354 ff.; *H. Niemann*, Lebensordnungen, EKL, Bd. 3, 3. Aufl. Göttingen 1992, Sp. 54 ff.; *M. Plathow*, Lehre und Ordnung im Leben der Kirche heute, Göttingen 1982 (dazu die Bespr. v. *G. Wendt* in ZevKR 30 (1985) S. 243 ff.); *ders.*, Rechtliche Rahmenbedingungen kirchlicher Lebensordnung, ZevKR 30 (1985) S. 331 ff.; *P. v. Tiling*, Erfahrungen mit der Lebensordnung in den lutherischen Kirchen, ZevKR 30 (1985) S. 345 ff.; *G. Wendt,* Zur kirchenrechtlichen Problematik der Ordnung des kirchlichen Lebens, ZevKR 10 (1963/64) S. 101 ff.

Kapitel II:
Die Mitarbeiter der Kirche

1. Abschnitt: Allgemeines

§ 16
Die Grundlagen des kirchlichen Dienstes

Der Auftrag der Kirche und die christliche Dienstgemeinschaft

1. »Die ELKiB steht mit der ganzen **Christenheit** unter dem **Auftrag**, Gottes Heil in Jesus Christus in der Welt zu bezeugen.« (KVerf
RS 1 Grundart. Abs. 3 S. 1). Die Kirchenglieder »haben das Recht und die Pflicht, durch Übernahme von Ämtern und Diensten und durch Gaben und Beiträge den Dienst der Kirche mitzutragen« (KVerf Art. 10 Abs. 2). Damit bringt die Kirchenverfassung in der Sprache des Rechts zum Ausdruck, was geistlich für die Kirche insgesamt und für jedes ihrer Glieder gilt: Sie haben den ihnen von ihrem Herrn vorgegebenen Auftrag zu erfüllen (*Matth.* 28,19 f.; *Joh.* 20/21). Über diesen (allen vorgegebenen) Auftrag kann kein Mensch verfügen, er bedarf aber zu seiner Erfüllung der Menschen, die in der Kirche mitarbeiten: Zur Erfüllung ihres Gesamtauftrags muß die Kirche dafür sorgen, daß viele einzelne Aufgaben angepackt und erledigt werden; dafür werden einzelne Menschen, Mitarbeiter in der Kirche, benötigt.

Der gesamte kirchliche Dienst »ist durch den Auftrag der Verkündigung des Evangeliums in Wort und Tat bestimmt« (MVG Präambel S. 1,
RS 800 ARRG § 1 S. 1). **Jeder Dienst in der Kirche** ist deshalb »Teilhabe am Heilswerk Christi« (*Richardi*, Das Selbstbestimmungsrecht der Kirchen
RS 770 im Arbeitsrecht, Beilage 1/86 zu NZA 1986, S. 9), ist ein »Dienst, der bestimmt und begrenzt ist durch den Auftrag, den die Kirche von ihrem
RS 500 Herrn hat« (PfG § 2 Abs. 1). Denn: »Alle ... wirken an der Erfüllung dieses Auftrages mit« (MVG Präambel S. 2). Das Handeln der Kirche und ihrer Mitarbeiter hat **ausschließlich** der **Erfüllung des Auftrags** zu dienen; darüber hinaus haben sie weder Auftrag noch Aufgaben, es gibt nichts Zusätzliches neben diesem Auftrag zu tun; kein Mitarbeiter, kein Dienst in der Kirche ist ohne Zusammenhang mit »dem Auftrag, Gottes Heil in Jesus Christus in der Welt zu bezeugen« (KVerf Grundart. Abs. 3 S. 1). So leben alle mit in der Zeugnisexistenz der Kirche[1].

Deshalb spielt das **Verhalten der kirchlichen Mitarbeiter** (vgl. Zeugnisexistenz) für die Erfüllung des Auftrags der Kirche eine wichtige Rolle. Denn »die Glaubwürdigkeit der Kirche und ihre Verkündigung wird auch nach dem Verhalten ihrer Mitarbeiter beurteilt. Der Mitarbeiter muß daher durch sein Verhalten die Grundsätze der evangelisch-lutherischen Kirche und ihre Ordnungen anerkennen und sich im Dienst und außerhalb des Dienstes entsprechend verhalten, ...« (ARRG § 1 S. 2 u. 3). Dies gilt natürlich in besonderem Maße für die Pfarrer, die (wie kirchensoziologische Untersuchungen[2] übereinstimmend ergeben haben) nach allgemeinem Verständnis als die Gewährsleute der Kirche, als ihre Bürgen gelten. Hier wird deutlich, daß es eine vom dienstlichen Bereich klar abgegrenzte »Privatsphäre« nicht geben kann. Deshalb stellt das Pfarrergesetz z. B. in § 51 fest: »Der Pfarrer ist auch in seiner Lebensführung in Ehe und Familie seinem Auftrag verpflichtet«, schließt also eine vom Dienst getrennte Privatsphäre aus. (Über Abstufungen in der Verpflichtung aus dem Dienst in der Kirche vgl. u. 2. b) (1) a. E.)

Jeder kirchliche Mitarbeiter trägt so seinen Teil Verantwortung für die Erfüllung des Auftrags der Kirche. Die **gemeinsame Verantwortung** für den Dienst der Kirche und ihrer Diakonie verbindet Dienststellenleitungen und Mitarbeiter und Mitarbeiterinnen zu einer Dienstgemeinschaft (Präambel zum MVG S. 3). »Die Erfüllung des Auftrags der Kirche erfordert eine vertrauensvolle, partnerschaftliche Zusammenarbeit ..., die auch in der Gestaltung des kirchlichen« (Dienst- und) »Arbeitsrechtes ihren Ausdruck findet« (ARRG § 1 S. 4). Denn dem Auftrag der Kirche »haben auch ihr Recht und ihre Ordnungen zu dienen« (KVerf Grundart. Abs. 3 S. 2).

2. **a)** Es geht um die »**christliche Dienstgemeinschaft**«. Diese Dienstgemeinschaft hat ihre Grundlage in dem eben geschilderten Auftrag. Aus diesem ergibt sich auch eine **besondere Art des Umgangs** miteinander. Denn die Zusammenarbeit in der Kirche unterliegt – wie alles in der Kirche – nicht der freien menschlichen Verfügung; sie ist gebunden an das, was die Bibel dazu sagt. Alle Christen sind Glieder am Leibe ihres Herrn. Sie haben zwar recht unterschiedliche Gaben und Fähigkeiten und entsprechend unterschiedliche Funktio-

1) *Josuttis,* Theologisches Gutachten, in: *Josuttis* (Hrsg.), Pfarrer in der DKP?, in: Theologische Existenz heute Nr. 197, München 1977, S. 9, 12 – 16.

2) *Hild* (Hrsg.), Wie stabil ist die Kirche? Bestand und Erneuerung, Gelnhausen, Berlin 1974; *Hanselmann/Hild/Lohse* (Hrsg.), Was wird aus der Kirche? Ergebnisse der zweiten EKD-Umfrage über die Kirchenmitgliedschaft, Gütersloh 1984; Fremde Heimat Kirche. Ansichten ihrer Mitglieder. Dritte EKD-Umfrage über Kirchenmitgliedschaft, Studien- und Planungsgruppe der EKD, Hannover 1993.

nen; für das »Funktionieren« des Leibes, des Ganzen der Kirche, sind jedoch alle (gleich) wichtig (*Röm.* 12/4-8; *1. Kor.* 12/12-30; *Eph.* 4/15 f.). Damit ist auch die in der Welt übliche Herrschaft der Mächtigen in der Kirche nicht statthaft (*Matth.* 20/25-28; *Mark.* 10/42-45; *Luk.* 22/24-27; auch *Joh.* 13/12-17; vgl. *Röm.* 12/2). Vielmehr gilt: »Die brüderliche Liebe untereinander sei herzlich. Einer komme dem andern mit Ehrerbietung zuvor« (*Röm.* 12/10). »In Demut achte einer den anderen höher als sich selbst und ein jeder sehe nicht auf das Seine, sondern auch auf das, was dem andern dient« (*Phil.* 2/3 f.; ähnlich *1. Kor.* 10/24). Das ist die Grundlage für das Miteinander, damit auch für die »Mitbestimmung« (sachlich richtiger: Mitentscheidung) in der Kirche (*Evang. Erwachsenenkatechismus*, 5. Aufl., S. 704; *H. Schulze*, Mitbestimmung in kirchlicher Sicht, EvStL Sp. 2169 – 2173).

Dieser (andere) Umgang der Mitarbeiter untereinander wird erleichtert, weil es in der Kirche die in der Wirtschaft bestehenden **gegensätzlichen Interessen von Kapital und Arbeit nicht** gibt. Den Mitarbeitern stehen in den Vertretern der Dienststellenleitungen oder der Kirchenleitungen Menschen gegenüber, die dem Auftrag der Kirche in gleicher Weise verpflichtet sind. Sie sollen aus den Mitarbeitern nicht möglichst viel herausholen, um einen möglichst großen Profit zu machen. Im Gegenteil: Würden sie so handeln, würden sie der Kirche schaden, sie unglaubwürdig machen. Denn zum Zeugnis der Kirche gehört, daß »ein Arbeiter ... seines Lohnes wert« ist (*Luk.* 10/7 S. 1 HS. 2; *5. Mos.* 24/14 f., 25/4; *Jer.* 22/13 b; *Matth.* 10/10 b; *1. Kor.* 9/4-18; *1. Tim.* 5/17 f.), was auch für die menschlich-faire Behandlung der in der Kirche Tätigen gilt (um die es in allen angeführten Stellen aus dem Neuen Testament geht). Der **Grundsatz der Lohngerechtigkeit** gehört zu den Grundprinzipien der modernen kirchlichen Soziallehre (*Richardi*, a.a.O., o. 1., Abs. 2, NZA, S. 10). Doch ist dieser Grundsatz keine Meßlatte für Mark und Pfennige. Die großen Kirchen in der Bundesrepublik gehen davon aus, daß dieser Grundsatz durch eine angemessene (also sich im Rahmen des in dieser Zeit und in diesem Lande Üblichen haltende) Besoldung/Vergütung zu verwirklichen ist. Die Frage des Angemessenen ist aber eine Frage des Vergleichbaren. Dem am allgemeinen Wohl und Heil orientierten Dienst in der Kirche entspricht am ehesten der öffentliche, am Gemeinwohl orientierte Dienst beim Staat und bei den politischen Gemeinden. Deshalb übernehmen die Kirchen grundsätzlich[3)] die (1) Besoldung und (2) Vergü-

3) Zur Bedeutung des Wortes »grundsätzlich« s.u. § 16,3.a) S. 203 unter »Beachte«. – Wegen Abweichungen s.u. § 18, 2., 4. u. 5. S. 219 ff. sowie u. § 28, 5. S. 297 und § 34, 1. u. 3. S. 317, 319.

tung, wie sie beim Staat durch (1) Gesetz und (2) Tarifvertrag festgelegt sind.

Natürlich gibt es **auch in der Kirche Störungen**; es »menschelt« auch hier. Was *Paulus* vom Christsein allgemein sagt (»Nicht, daß ich's schon ergriffen habe oder schon vollkommen sei; ich jage ihm aber nach, ob ich's wohl ergreifen könnte, weil ich von Christus Jesus ergriffen bin«, *Phil.* 3/12), gilt auch für die christliche Dienstgemeinschaft. Wegen menschlicher Defizite, aber auch, »weil es jedoch in diesem Leben viele falsche Christen und Heuchler gibt« (*CA* Art. 8), muß es auch in der Kirche Ordnungen, legitime Macht und auch Zwang geben (näher dazu *Grundmann*, EvStL, 2. Aufl., Sp. 1223; verkürzt *ders.,* a.a.O., 3. Aufl., Sp. 1673). So bedeutet kirchliche Dienstgemeinschaft eine ständige Herausforderung an alle kirchlichen Mitarbeiter, vor allem an die »Vorgesetzten«, alles zu tun, um diese christliche Dienstgemeinschaft so gut wie möglich zu erfüllen. Die ständige Arbeit an der Verwirklichung der christlichen Dienstgemeinschaft ist Kernpunkt des kirchlichen Dienst- und Arbeitsrechts.

Kennzeichen und Ausprägung dieser Dienstgemeinschaft sind Partnerschaft, Parität, Lohngerechtigkeit, verantwortliche faire Konfliktlösung, Wahrung des kirchlichen Selbstverständnisses und Schutz vor einseitiger Aufhebung, wie es die *EKD* im März 1978 in ihrer Informationsschrift »Der Dritte Weg – Arbeitsrechtsregelung in der Evangelischen Kirche« niedergelegt[4)] hat. Doch bleibt die kirchliche Dienstgemeinschaft eine Gemeinschaft von Sündern, die alle aus der Gnade und Vergebung leben.

Das *Bundesverfassungsgericht* (E 70, 138/165 im Anschluß an E 53, 366/403 f.) hat ausdrücklich bestätigt, »daß die Kirchen der Gestaltung des kirchlichen Dienstes auch dann, wenn sie ihn auf der Grundlage von Arbeitsverträgen regeln, das besondere Leitbild einer christlichen Dienstgemeinschaft aller ihrer Mitarbeiter zugrunde legen können«.
»›Ordnen‹ und ›verwalten‹ im Sinne von Art. 140 GG/Art. 137 Abs. 3 *RS 100,*
S. 1 WRV meint das Recht der Kirchen, alle eigenen Angelegenheiten *101*
gemäß den spezifisch kirchlichen Ordnungsgesichtspunkten, d.h. auf der Grundlage des kirchlichen Selbstverständnisses, rechtlich gestalten zu können. Darunter fällt auch die rechtliche Vorsorge für die Wahrnehmung kirchlicher Dienste durch den Abschluß entsprechender Arbeitsverträge.« Es stellt damit klar, daß das gesamte Arbeits-

4) *epd-Dokumentation* 13/1978, S. 14 f.; übereinstimmend für die katholische Kirche: Sekretariat der *Deutschen Bischofskonferenz* (Hrsg.), Arbeitsvertragsrecht in der Kirche ..., Bonn 1980.

und Dienstrecht der Kirche zu den »**eigenen Angelegenheiten**« (s.o. § 8, 3., S. 102) gehört, nicht nur die besonderen Dienstverhältnisse der Pfarrer, Kirchenbeamten und Diakone. Denn, so meint das Gericht a.a.O., »auch im Wege des Vertragsschlusses können daher einem kirchlichen Arbeitnehmer besondere Obliegenheiten einer kirchlichen Lebensführung auferlegt werden. Werden solche Loyalitätspflichten in einem Arbeitsvertrag festgelegt, nimmt der kirchliche Arbeitgeber nicht nur die allgemeine Vertragsfreiheit für sich in Anspruch; er macht zugleich von seinem verfassungskräftigen Selbstbestimmungsrecht Gebrauch.«

Beachte: Es entspricht weder der Sachlage noch dem geltenden Verfassungsrecht, wenn behauptet wird (so etwa der frühere DGB-Vorsitzende *Vetter* am 7.11.1976 im Fernsehen des Hessischen Rundfunks (H 3), daß die Kirche dann ihren Auftrag am besten erfüllen könne, wenn sie ihre Arbeitsverhältnisse ausschließlich als Arbeitsverhältnisse regele und nicht geistlich »befrachte«. Dies nämlich wäre die »**Irrlehre einer zweigeteilten Ekklesiologie**« *(Bonhoeffer)*, die in der *Barmer Erklärung* mit den Worten abgelehnt wurde: »In der Kirche ist eine Scheidung der äußeren Ordnung vom Bekenntnis nicht möglich, ... weil ihre äußere Ordnung sich immer vor dem Bekenntnis zu rechtfertigen hat«[5] (vgl. auch KVerf Grundart. Abs. 3). Deshalb beinhalten Dienst- und Arbeitsverhältnisse in der Kirche neben und in dem formalen Rechtsverhältnis zugleich die Mitarbeit in der geistlichen Gemeinschaft Kirche. Deshalb muß die Ordnung dieser Dienst- und Arbeitsverhältnisse auch dem geistlichen Auftrag entsprechen – so wie Kirche immer zugleich Gemeinschaft der Heiligen und Organisation in dieser Welt ist, wie Christus wahrer Mensch und wahrer Gott ist. (Das sind zwar Aussagen des Glaubens und nicht jedermann zugänglich; aber für die Kirche als Gemeinschaft der Glaubenden gelten sie und niemand hat das Recht, die Kirche zu hindern, ihre Ordnungen entsprechend zu gestalten. Für den Staat hat dies das BVerfGE 42, 312/332 f. mit den Worten anerkannt: Die Kirchen »entstammen einem für die Staatsgewalt unantastbaren Freiheitsbereich und leiten ihre Gewalt nicht vom Staat her«. »Die Kirchen« besitzen »zum Staat ein qualitativ anderes Verhältnis ... als irgendeine andere gesellschaftliche Großgruppe ...; das folgt ... insbesondere aus dem Spezifikum des geistig-religiösen Auftrags der Kirchen«.)

b) *(1)* Wie sich aus den Ausführungen des Bundesverfassungsgerichts ergibt, führt die Anerkennung einer »christlichen Dienstgemein-

5) »Erklärung zur Rechtslage der Deutschen Evangelischen Kirche« (im Anschluß an die »Theologische Erklärung zur gegenwärtigen Lage der Deutschen Evangelischen Kirche«) der Bekenntnissynode der Deutschen Evangelischen Kirche in Wuppertal-Barmen vom 29. bis 31. Mai 1934 *(»Barmer Erklärung«* vom 31.5.1934), bei *K. D. Schmidt,* Die Bekenntnisse und grundsätzlichen Äußerungen zur Kirchenfrage, Bd. II, Das Jahr 1934, S. 95 als Punkt 4, Göttingen 1935, vgl. bereits o. § 1, 4 u. § 2,1 (S. 6 u. 19).

schaft« **nicht** zu einem **einheitlichen Rechtssystem für alle Mitarbeiter**. Vielmehr steht es den Kirchen frei, die für die unterschiedlichen Tätigkeiten jeweils zweckmäßigen unterschiedlichen Rechtsformen zu gebrauchen. »Das der Kirche von Jesus Christus anvertraute Amt gliedert sich in verschiedene Dienste« (KVerf Art. 11 S. 1). Dabei trägt z.B. der Pfarrer »im besonderen die Verantwortung für die Einheit der Gemeinde und der Kirche in Lehre und Leben und fördert den Zusammenhalt und die Zusammenarbeit der Kirchenglieder und kirchlichen Dienste« (KVerf Art. 15). »Weitere kirchliche Mitarbeiter haben im Gottesdienst, in Diakonie und Mission, bei der christlichen Unterweisung, in der sonstigen Gemeindearbeit und in der kirchlichen Verwaltung teil an den Aufgaben des Amtes der Kirche« (KVerf Art. 13). »Die in diese Dienste Berufenen arbeiten in der Erfüllung des kirchlichen Auftrags zusammen« (KVerf Art. 11 S. 2).

Die Notwendigkeit der (geistlich zulässigen) rechtlichen Unterscheidung zwischen den in verschiedener Rechtsform in der Kirche Tätigen wird besonders deutlich im Blick auf die in der Kirche in großer Zahl mitarbeitenden **ehrenamtlichen Mitarbeiter**, deren Dienst für die Erfüllung des Auftrags der Kirche von nicht zu unterschätzender Bedeutung ist. Nicht alle in der Kirche notwendigen Dienste können (und sollen!; vgl. *1. Kor.* 9/12 b, 15 u. 18) ja vergütet werden (vgl. u. § 36).

Bezahlte Dienste sind in der Kirche insbesondere dort erforderlich, wo eine entsprechende fachliche Qualifikation notwendig ist **und** eine sich über längere Zeit erstreckende Beständigkeit und Verläßlichkeit des Dienstes in nicht unerheblichem Umfang gewährleistet sein muß. Dabei gilt es zu unterscheiden zwischen den **nebenamtlichen Diensten** und den **Diensten im Hauptberuf**.

Auch bei den bezahlten Diensten in der Kirche gibt es nicht unerhebliche Unterschiede. Es gibt Mitarbeiter, die von vornherein ihre ganze Arbeitskraft für die Dauer ihres Lebens in den Dienst der Kirche stellen wollen, sich dazu oft einer auf die besonderen Erfordernisse des kirchlichen Dienstes abgestellten Ausbildung unterziehen und entsprechende auf Dauer angelegte Tätigkeiten übernehmen (Pfarrer, Kirchenbeamte, Diakone). In anderen Fällen ist die Mitarbeit in der Kirche nur für kürzere Zeit gedacht oder es bleibt offen, ob ein Wechsel stattfindet o.ä. Je nachdem wird dann auch bei den hauptberuflichen Diensten ein **öffentlich-rechtliches Dienstverhältnis** eingegangen oder ein **privatrechtliches Arbeitsverhältnis** abgeschlossen (dazu näher u. § 18, 3. u. 4. S. 220 ff.).

Entsprechend gibt es auch eine **Abstufung in der Verantwortung**. Zwar nicht in dem Sinn, daß bestimmte Gruppen von Mitarbeitern dem Auftrag der Kirche näher stehen als andere; alle – Ordinierte und Nichtordinierte, im öffentlich-rechtlichen Dienstverhältnis wie im privatrechtlichen Arbeitsverhältnis Beschäftigte – sind dem Auftrag vielmehr in gleicher Weise (durch ihre Taufe) verpflichtet (vgl. bes. *Schlaich*, JZ 1980, S. 209, 212). Doch gibt es eine Abstufung in dem Sinn, daß etwa das Fehlverhalten eines Pfarrers eine andere Wirkung auf die Öffentlichkeit und damit eine andere Wirkung für die Glaubwürdigkeit der Verkündigung der Kirche hat als das eines Heizers im kirchlichen Krankenhaus. Das hat dann auch zur Folge, daß entsprechend die dienst- oder arbeitsrechtlichen Verstöße unterschiedlich zu beurteilen sind (*Richardi*, Arbeitsrecht, S. 45) und unterschiedliche Folgen haben. Bei dieser Differenzierung handelt es sich jedoch um einen innerkirchlichen Vorgang: Nur die Kirche kann beurteilen, ob ein Verstoß gegen die Loyalitätspflicht vorliegt, wie schwer dieser insbesondere in seiner Wirkung auf die Glaubwürdigkeit der Kirche wiegt und welche Folgen angemessen sind, nicht jedoch der Staat, auch nicht in Form der staatlichen Arbeitsgerichte (BVerfGE 70, 138/168).

(2) Nicht in Widerspruch zur christlichen Dienstgemeinschaft steht auch die *Dienstaufsicht*, die dazu dient, den Mitarbeiter »bei der Erfüllung der ihm obliegenden Aufgaben zu beraten, ihn anzuleiten, zu mahnen und notfalls zu rügen« (PfG § 62). Sie ist den Gutwilligen eine Hilfe und verhindert oder vermindert Schaden, den Böswillige oder auch nur uneinsichtige Eigenbrötler anrichten. Um den Auftrag der Kirche möglichst gut zu erfüllen, haben erfahrene, gut ausgebildete und besonders qualifizierte Mitarbeiter den Auftrag der Dienstaufsicht als Dienstvorgesetzte. Die brüderliche Ermahnung und Zurechtweisung, die auch in der Kirche aus Konfliktscheu, Nachlässigkeit oder falsch verstandener Geschwisterlichkeit nur zu oft unterbleibt, wird in Form der als Dienstpflicht statuierten Dienstaufsicht zur besonderen Aufgabe im Rahmen der christlichen Dienstgemeinschaft. Daß dieser oft schwere und belastende, aber in dieser Welt und damit in unserer Partikularkirche notwendige (vgl. CA Art. 8) Auftrag nicht immer gern und oft genug auch nicht treu ausgeübt wird, beeinträchtigt die Glaubwürdigkeit der Kirche und damit die Erfüllung ihres Auftrags oft mehr als andere Versäumnisse. Das gilt nicht zuletzt auch hinsichtlich der Durchführung des Mitarbeitervertretungsgesetzes, das einzelne Dienststellenleiter, meist unbeanstandet, unverantwortlich »großzügig« handhaben (= nicht genügend beachten).

3. **a)** Ein besonderes Problem bildet die **Kirchenzugehörigkeit** der kirchlichen Mitarbeiter. Sie ist für Pfarrer, Kirchenbeamte und Diakone (also für die in einem öffentlich-rechtlichen Dienstverhältnis Stehenden) selbstverständlich und gesetzlich vorgeschrieben (PfG § 11 Abs. 1 Nr. 3, KBG § 7 Abs. 1 Nr. 1, DiakG § 3). Grundsätzlich ist sie auch für alle anderen Mitarbeiter in einer evangelisch-lutherischen Kirche notwendig, jedenfalls sehr erwünscht. *RS 500* *RS 600* *RS 640*

> **Beachte: »Grundsätzlich«** bedeutet in der Rechtssprache so viel wie »in der Regel«; es gibt also Ausnahmen.

Doch ist in der kirchlichen Dienstvertragsordnung nur vorgeschrieben, daß der Mitarbeiter »durch sein Verhalten die Grundsätze der evangelisch-lutherischen Kirche und ihre Ordnungen anerkennen und sich im Dienst und außerhalb des Dienstes entsprechend verhalten« muß (§ 1 Abs. 2 S. 2; ebenso ARRG § 1 S. 3). Daraus ist zu schließen, daß die Zugehörigkeit zur ELKiB nicht zwingend Voraussetzung für die Begründung eines privatrechtlichen Dienst- (= Arbeits-)verhältnisses ist. Dies ist auch theologisch nicht zu beanstanden, weil die (geistliche) Zugehörigkeit zum Leib Christi und damit zu der Kirche des Dritten Glaubensartikels nicht auf die Zugehörigkeit zu einer bestimmten Partikularkirche beschränkt ist (vgl. CA Art. 7). An der Erfüllung des (auch) der ELKiB gegebenen Auftrags kann also z.B. (auch) ein Katholik mitwirken, solange der konkrete Dienst nicht auf die Verkündigung der Lehre (und damit notwendig auch auf die Abgrenzung gegenüber anderen Konfessionen) abzielt. Der Angehörige einer anderen (Territorial- oder Partikular-)Kirche muß nur der ELKiB loyal gegenüberstehen, ihre Grundsätze und Ordnungen anerkennen und sich entsprechend verhalten.

Allerdings hat im Fall konkurrierender Bewerber der Angehörige der ELKiB den Vorrang, weil er das verfassungsmäßige Recht, in seiner Kirche Ämter und Dienste zu übernehmen (KVerf Art. 10 Abs. 2), auf seiner Seite hat. Doch geht das nicht so weit, daß dadurch bei einem nicht unmittelbar auf das Bekenntnis bezogenen Dienst eine (deutlich) schlechtere Qualifikation aufgewogen werden könnte, wenn also von dem Mitglied einer anderen Kirche in der ELKiB ein (wesentlich) besserer Dienst zur Erfüllung des Auftrags des Herrn der (ganzen) Kirche erwartet werden kann.

Dagegen kann nicht angestellt werden, »wer keiner christlichen Konfession angehört«, weil er nicht teilhaben kann am Auftrag der Kirche, die auch im sozialen (= diakonischen) Bereich nicht nur soziale Dienste erbringt, sondern mit ihren Diensten Zeugnis von ihrem Herrn und seiner guten Botschaft gibt. Näher dazu Bek. zur Einstellung kirchlicher Mitarbeiter und Mitarbeiterinnen, RS 840 unter 2. Für die Praxis bedeutet dies, daß der Bewerber Mitglied in einer der Arbeitsgemeinschaft christlicher Kirchen zugehörigen Glaubensgemeinschaft (vgl. RS 937 Fn. 1) sein muß (»AcK-Klausel«).

Ausnahmen (etwa bei einem Bewerber, der »auf dem Weg« zum Glauben ist, oder weil sonst der notwendige Dienst nicht getan werden könnte), sollten um der Glaubwürdigkeit des kirchlichen Dienstes und um der christlichen Dienstgemeinschaft willen möglichst selten gemacht werden.

b) Ein kirchlicher Mitarbeiter im öffentlich-rechtlichen Dienstverhältnis, der **aus der Kirche austritt,** scheidet kraft Gesetzes aus seinem Dienstverhältnis aus (PfG § 115 Abs. 1 Nr. 1, KBG § 33 Abs. 1 Nr. 4, DiakG § 25 Abs. 1 i.V.m. § 17 Abs. 1). Gleiches gilt auch für einen
RS 300 Kirchenvorsteher, also einen ehrenamtlichen Mitarbeiter (KGO § 33 Abs. 1 Nr. 3). Das Dienstverhältnis eines privatrechtlich beschäftigten Mitarbeiters kann bei einem Kirchenaustritt in jedem Fall gekündigt werden, weil dieses die einschneidenste Weise ist, sich von der Kirche zu distanzieren[6)]. Wer sich so von der Kirche abwendet (auch im Fall des Übertritts zu einer anderen christlichen Kirche) und sich damit auch weigert, durch seine Kirchensteuer ihre Lasten mitzutragen, kann grundsätzlich[7)] nicht weiter an der Erfüllung ihres Auftrags mitwirken, in welcher Weise auch immer er bisher als Mitarbeiter tätig war. Die Glaubwürdigkeit der Kirche nähme sonst Schaden[6)].

4. Wie Kirchenzugehörigkeit als Ein- und Anstellungsvoraussetzung und als Voraussetzung für die Fortsetzung des jeweiligen Dienstverhältnisses zeigt, gilt das **Grundrecht** der Glaubensfreiheit (GG Art. 4 Abs. 1) zwar **auch für kirchliche Mitarbeiter**, schützt jedoch nicht vor Konsequenzen, die die Kirche in Ausübung ihres in Art. 140 i.V.m. Art. 137 WRV gewährleisteten Selbstbestimmungsrechts, insbesondere hinsichtlich der Besetzung ihrer Ämter, zieht. Auch die Gleichheit vor dem Gesetz (GG Art. 3) ist relativiert: Die Kirche »benachteiligt« Ungläubige und »bevorzugt« ihre Kirchenangehörigen bei der Vergabe ihrer Ämter; entsprechend ist die freie Berufswahl (GG Art. 12) eingeschränkt, indem die Kirche die Zulassungsvoraussetzungen für

6) BVerfGE 70, 138/172; *G. Grethlein,* Kirchenaustritt als Kündigungsgrund? Staatliche Rechtsprechung und die Autonomie der Kirche, Nachrichten 1984 H. 17 S. 321 – 325; *Richardi,* Arbeitsrecht, S. 61; *Spengler,* Die Rechtsprechung zum Arbeitsrecht in kirchlichen Angelegenheiten – insbes. zur Loyalitätspflicht der kirchlichen Mitarbeiter, NZA 1987, S. 833.

7) Zur Bedeutung des Wortes »grundsätzlich« s.o. 3. a) S. 203 unter »Beachte«.

die Verleihung ihrer Ämter festsetzt: Ein Atheist kann nicht das Evangelium verkündigen. Auch auf die Ausübung des Rechtes der freien Meinungsäußerung (GG Art. 5) wie des Rechtes der Vereinigungsfreiheit (GG Art. 9) können sich kirchliche Mitarbeiter insofern nicht berufen, als öffentliche Äußerungen gegen Kirche und Religion und die Zugehörigkeit zu kirchenfeindlichen Vereinigungen dienst- und arbeitsrechtliche Folgen haben können.

Rechtlich gilt, daß »die Grundrechte ... Gesetzgebung, vollziehende Gewalt und Rechtsprechung« des Staates binden, »aber nicht Privatpersonen und nichtstaatliche Vereinigungen«. Letzteres »gilt grundsätzlich[7] auch für die Kirchen« (*A. v. Campenhausen,* DPfBl. 1989 H. 8 S. 322). So stellt auch das *VuVG der VELKD* (14.3.1988, RVG 2/87, in RSprB. 1989, S. 8) fest:

»Demgegenüber ist jedoch der kirchlichen Rechtsprechung und Literatur die allgemein geteilte Auffassung zu entnehmen, daß staatlich normierte Grundrechte nicht ohne weiteres in die kirchlichen Ordnungen einwirken, vielmehr im kirchlichen Bereich ausgeschlossen oder beschränkt werden können (...). Der Ausschluß einer Einwirkung des Art. 12 GG auf die kirchliche Ordnung folgt aus dem verfassungsrechtlich gesicherten Selbstbestimmungsrecht der Kirchen (Art. 140 GG i.V.m. Art. 137 Abs. 3 WRV). Die dort normierte Ämterautonomie der Kirchen erstreckt sich auch auf die eigenverantwortliche Regelung des Vorbereitungsdienstes der Pfarrer (..., *v. Campenhausen/Christoph*, DVBl. 1986, S. 711 ff. m.w.N.)«[8] – trotz des Ausbildungsmonopols! s.a. BVerfG o. § 13 unter III. 10. Abs. 1., S. 164.

Die kirchlichen Mitarbeiter sind dadurch nicht Staatsbürger minderen Rechts; sie können aber ihren Dienst in der Kirche nur dann glaubwürdig leisten, wenn sie sich nicht gleichzeitig gegen den Glauben und die Grundsätze der Kirche wenden, in der sie zur Verwirklichung des Auftrags der Kirche tätig sind (wie sich auch kein Staatsbeamter gegen

8) Zur Geltung der Grundrechte des Staates für die Kirchen allgemein vgl. *Ehnes*, Die Bedeutung des Grundgesetzes für die Kirche, insbesondere Grundrechte in der Kirche, ZevKR 34 (1989) S. 382 – 405; *v. Tiling*, Zur Dienstherrnfähigkeit der Kirche, ZevKR 36 (1991) S. 277, 284; auch *Stolz*, Menschenrechte und Grundrechte im evangelischen Kirchenrecht, ZevKR 34 (1989) S. 238 – 259. Vgl. auch *Huber/Tödt*, Menschenrechte. Perspektiven einer menschlichen Welt, 3. Aufl. München 1988 (Kaiser Taschenbuch 22) sowie Recht nach Gottes Wort, hrsg. v. Landeskirchenvorstand der *Evang.-reformierten Kirchen in Nordwestdeutschland*, Neukirchen 1989 (besprochen von *Starck*, Von den Schwierigkeiten, klar über Menschenrechte zu sprechen, ZevKR Bd. 35 (1990) S. 237 – 249). Mit gutem Grund warnt *M. Heckel* (Die Menschenrechte im Spiegel der reformatorischen Theologie, Heidelberg 1989, Fn. 208) vor einer unkritischen Übertragung dieser – zur Förderung der weltlichen äußeren Gerechtigkeit säkular in Recht und Staat entwickelten – Menschenrechte in das Kirchenrecht, weil »die Thematik der Freiheitsrechte im Kirchenrecht aus ganz anderen Positionen der Ekklesiologie, Bekenntnisgeltung und Rechtstheologie zu entwikkeln« ist. Vgl. auch *Kästner*, Individuelle Gewissensbindung und normative Ordnung, ZevKR 37 (1992) S. 127 sowie *v. Tiling* a.a.O. S. 113/123 u. o. § 15 Fn. 10, S. 190.

den Staat, kein in einem wirtschaftlichen Betrieb Tätiger sich gegen Produkte seines Betriebs ohne rechtliche Folgen für sein Dienst-/Arbeitsverhältnis wenden kann).

Literatur zur kirchlichen Dienstgemeinschaft: *A. v. Campenhausen,* Die Verantwortung der Kirchen und des Staates für die Regelung von Arbeitsverhältnissen im kirchlichen Bereich, Essener Gespräche zum Thema Staat und Kirche (18), S. 9 (21 – 29), Münster 1984; *G. Grethlein,* Mitentscheidung in der Kirche, Nachrichten 1987 H. 15/16 S. 287 – 293; *ders.,* Autonomie der Kirche. Freiraum und Grenzen bei der Gestaltung der Dienst- und Arbeitsverhältnisse ..., ZevKR 24 (1979) S. 270 – 315 (Auszug in Nachrichten 1979 H. 14 S. 269 f.); *J. Jurina,* Die Dienstgemeinschaft der Mitarbeiter des kirchlichen Dienstes, ZevKR 29 (1984) S. 171 – 188; *A. Pahlke,* Kirche und Koalitionsrecht, Jus Eccl. Bd. 29, S. 39 – 42, Tübingen 1983; *R. Richardi,* Arbeitsrecht, S. 38 – 50. – Von der (katholischen) Theologie her weithin zutreffend gesehen: *Th. Herr,* Arbeitgeber Kirche – Dienst in der Kirche, biblische und theologische Grundlagen, Paderborn 1985 (besprochen v. *G. Grethlein,* Nachrichten 1986 H. 18 S. 353). – S. a. *T. Winkler,* Mitbestimmung in der besonderen kirchlichen Dienstgemeinschaft, EvStL Sp. 2173 f.
Sehr beachtenswert auch im Raum der evangelischen Kirchen ist die Erklärung der deutschen (kath.) Bischöfe zum kirchlichen Dienst: Grundordnung des kirchlichen Dienstes im Rahmen kirchlicher Arbeitsverhältnisse vom 23.9.1993, Hrsg.: Sekretariat der Deutschen Bischofskonferenz, Bonn.

Literatur zum Amt und zum Dienstrecht der Kirche allg.: *B. Brons,* Grundtypen des lutherischen Amtsverständnisses, Nachrichten 1983 H. 13 S. 249; *H. Brunotte,* Amt (in der Kirche) Evang.-Luth., EvStL, 2. Aufl., Sp. 33 – 35; *R. Dreier,* Das kirchliche Amt, Jus Eccl. Bd. 15, München 1972; *J. Frank,* Das Dienstrecht der Kirchen und der Religionsgemeinschaften, HdbStKirchR, Bd. I S. 669; *U. Kühn,* Amt der Kirche, Evangelisch, EvStL Sp. 39 – 46. – Das geistliche Amt in den Kirchen, Dokumentation der *gemeinsamen röm.-kath./evang.-luth. Kommission,* Nachrichten 1981 H. 23/24 S. 463. – Vgl. auch bei »Ordination«, § 19, 2.a) sowie zu Pfarr- und Bischofsamt, § 19, 1.a).

§ 17
Das Mitarbeitervertretungsrecht als kirchliche Form der Beteiligung der Mitarbeiter an innerbetrieblichen Entscheidungen

1. Für alle kirchlichen Mitarbeiter, die in einem (bezahlten) neben- oder hauptberuflichen Dienst- oder Arbeitsverhältnis zur Kirche oder ihrer Diakonie und ihren Einrichtungen stehen, gilt das Mitarbeitervertretungsgesetz (MVG § 1)[1]. Es regelt die »**innerkirchliche Mitbestimmung**«[2], also die Beteiligung an den Entscheidungen der jeweiligen kirchlichen und diakonischen[3] Dienststelle. Es ist vergleichbar dem Betriebsverfassungsgesetz für die Wirtschaft und den Personalvertretungsgesetzen beim Staat; diese Gesetze gelten nach ihrem klaren Wortlaut nicht für kirchliche Mitarbeiter (§ 118 Abs. 2 Betriebsverfassungsgesetz, z.B. § 92 Bay. Personalvertretungsgesetz); dies folgt schon aus der Stellung der Kirchen und ihrer Diakonie (s.o. § 13 unter III. 14. b) (1) u. 12., S. 168, 164 f.). *RS 800*

Das MVG ist ein **Niederschlag der christlichen Dienstgemeinschaft** (s.o. § 16 unter 2. a), S. 197 ff.) in rechtlicher Form, keine Übernahme gewerkschaftlicher Forderungen (so sehr diese auch in der Kirche beachtenswert sind, wenn sie die Konkretisierung der sich aus der Menschenwürde ergebenden Konsequenzen sind). Das MVG ist Kirchenrecht, das »eigene Angelegenheiten« der Kirche regelt; es ist also auch nicht von der staatlichen Rechtsetzungsbefugnis abgeleitet[4].

1) Das MVG der ELKiB beruhte bis zum 31.12.1993 auf den **Richtlinien** des Rates der EKD, die jedoch eine recht unterschiedliche Entwicklung in den einzelnen Gliedkirchen nicht verhindern konnten. Das war nicht gut und wurde allgemein beklagt. Deshalb hat die EKD am 6.11.1992 ein Mitarbeitervertretungs**gesetz** erlassen (ABl. EKD 1992 H. 12 S. 445), das gem. § 64 Abs. 1 seit 1.1.1993 für den Bereich der EKD in Kraft getreten ist. Für die einzelnen Gliedkirchen gilt es erst nach Übernahme. Die ELKiB hat es gemäß Art. 3 Abs. 1 ihres Übernahme- und Ergänzungsgesetzes zum MVG vom 4.12.1993, KABl S. 339 ff., zum 1.1.1994 übernommen. Der Text des neuen MVG mit den Bayerischen Ergänzungsbestimmungen ist in KABl 1993 S. 347 ff. abgedruckt. Dieser Gesetzestext liegt den folgenden Erläuterungen zugrunde.

2) Wegen anderer Formen der Mitbestimmung vgl. u. 9.a) u. b), S. 217.

3) Auch die Einrichtungen der Diakonie müssen einen Zusammenhang mit der Kirche und ihrem Auftrag haben. Das ist z.B. bei einem evang. *Presseverband* (einschließlich Buchhandel und Verlag) der Fall, wenn durch die Satzung sichergestellt ist, daß die Kirchenleitung ausreichend Einfluß hat (BAG 24.7.1991 – 7 ABR 34/90, MDR 1991, S. 1177, unter Bezug auf BVerfGE 46, 73 ff. und 53, 366 ff. sowie *Stammler*, EvStL Sp. 2623, 2624 bez. der Pressearbeit als kirchlicher Arbeit, und *Ehlers*, ZevKR 32 (1987) S. 158, 160 wegen der Zuordnungskriterien und ihrer Nachprüfbarkeit). Dagegen kann dies nicht gelten für eine Klosterbrauerei (VG München, Der Personalrat, 1989, S. 235).

4) BVerfGE 46, 73/95; *Christoph,* Rechtsnatur und Geltungsbereich des kirchlichen Mitarbeitervertretungsrechts, ZevKR 32 (1987) S. 47, 52 – 56; *Richardi*, Arbeitsrecht, S. 183 – 189. – Kirchliche Mitarbeiter sind auch die Mitarbeiter in den diakonischen Einrichtungen der Kirche.

In den §§ 2 bis 4 des MVG wird zunächst festgelegt, wer **Mitarbeiter**, was **Dienststelle** und wer **Dienststellenleitung**[5] im Sinn dieses Gesetzes sind. Gemäß § 1 gilt das MVG in allen Dienststellen der (verfaßten) Kirche und in allen Dienststellen der Rechtsträger, die dem Diakonischen Werk der ELKiB angeschlossen sind. Auch andere kirchliche und freikirchliche Einrichtungen, Werke und Dienste können dieses Gesetz (dann aber ohne Einschränkung)[6] auch für ihre Dienststellen »aufgrund von Beschlüssen ihrer zuständigen Gremien anwenden« (§ 1 Abs. 3).

Ein besonderes Problem stellen die ganz unterschiedlichen Organisationsformen in der Kirche dar (unterschiedliche Gemeindegrößen, Flächendekanatsbezirke und Großstadtdekanatsbezirke, verschiedenste Träger der diakonischen Arbeit u.ä.). Das Gesetz sorgt in den §§ 5 bis 7 dafür, daß für möglichst alle kirchlichen Mitarbeiter (i.S.d. § 2) in Kirche und Diakonie eine **wirksame Mitarbeitervertretung** besteht, notfalls dadurch, daß kleine Dienststellen, die keine eigene Mitarbeitervertretung bilden (können oder wollen; vgl. § 5 Abs. 2), im Bereich eines Dekanatsbezirkes mit anderen zu einer gemeinsamen Mitarbeitervertretung zusammengeschlossen werden (§ 5 a Abs. 2, aus dem bay. Übernahme- u. Ergänzungsgesetz) und daß insgesamt entsprechend besonderen örtlichen Gegebenheiten auch Zusammenschlüsse mehrerer verschiedener Dienststellen zur Bildung einer Mitarbeitervertretung möglich sind (§ 5 Abs. 2). In Gesamtkirchengemeinden wird für alle (Einzel-)Gemeinden eine (gemeinsame) Mitarbeitervertretung gebildet (§ 5 a Abs. 1).

2. **Die Mitarbeitervertretung besteht** – je nach der Größe der Dienststelle – aus einem (bei bis zu 15 wahlberechtigten Mitarbeitern) bis zu 15 Mitgliedern (bei 1501 bis 2000 wahlberechtigten Mitarbeitern) (§ 8 Abs. 1 S. 1) und mehr (vgl. § 8 Abs. 1 S. 2). Sie wird von allen Mitarbeitern (ohne Rücksicht auf ihre Kirchenzugehörigkeit) gewählt, die am Wahltag das 18. Lebensjahr vollendet haben und seit mindestens 3 Monaten der Dienststelle angehören (»Wahlberechtigte«, § 9 Abs. 1); nicht wählen dürfen aber Mitarbeiter, die für längere Zeit an andere Dienststellen abgeordnet (näher § 9 Abs. 2) oder länger beurlaubt oder Mitglieder der Dienststellenleitung (näher § 9 Abs. 3) sind.

Die **Wahlen** sind – wie üblich – geheim und unmittelbar und werden

5) Wer zur Dienststellenleitung gehört, ergibt sich aus KVerf, Gesetz oder Satzung; eine Bestimmung im Dienstvertrag genügt nicht: *KGericht der Nordelbischen ELK*, 29.5. 1985 – KG-NELK/FK 1/85 – RSprB. 1990, S. 19.

6) So amtliche Begründung des MVG der EKD, S. 6 (Az. EKD: 2705/9.122-10).

von einem Wahlausschuß geleitet, dem (nur) Wahlberechtigte Wahlvorschläge machen können (MVG § 10 Abs. 1 u. 2, Wahlordnung § 6). Briefwahl ist zulässig (Wahlordnung § 10). **Wählbar** sind die Wahlberechtigten, die der Dienststelle seit mindestens 6 Monaten angehören und Glieder einer Religionsgemeinschaft sind, die der Arbeitsgemeinschaft christlicher Kirchen in Deutschland angeschlossen ist (§ 10 Abs. 1). Dienststellenleiter und ihre Vertreter sowie Mitarbeiter mit Anordnungsbefugnis in Personalangelegenheiten[7)] (Näheres s. § 4 Abs. 2 u. Fn. 5) können, da sie schon nicht wahlberechtigt sind, natürlich nicht in die Mitarbeitervertretung gewählt werden; gleiches gilt für länger beurlaubte Mitarbeiter und für zu ihrer Berufsausbildung beschäftigte (näher § 10 Abs. 2) Mitarbeiter. Dagegen gibt es nach dem MVG keine starre Aufteilung der Sitze in der Mitarbeitervertretung nach Gruppen (Beamte, Angestellte, Arbeiter – wie im staatlichen Personalvertretungsrecht – oder Pfarrer); das MVG begnügt sich aus guten Gründen mit einer bloßen »Soll«-Vorschrift (§ 12)[8)]. Die Wahl kann (schriftlich) **angefochten** werden, wenn gegen wesentliche Bestimmungen über die Wahlberechtigung, die Wählbarkeit oder das Wahlverfahren verstoßen und der Verstoß nicht behoben wurde. Auch eine begründete Wahlanfechtung führt nur dann zur Wiederholung der Wahl, wenn der Verstoß das Wahlergebnis beeinflußt haben kann (§ 14).

Vorsitzender und Stellvertreter werden von der Mitarbeitervertretung gewählt (§ 23 Abs. 1 u. 2).

> **Beachte** die Abstufung: *(1)* Wählen kann jeder Mitarbeiter ohne Rücksicht auf die **Konfession**; *(2)* gewählt werden kann nur, wer Mitglied einer christlichen Kirche ist; *(3)* Vorsitzender und Stellvertreter sollten nach früherem bayerischen Recht evangelisch sein. – *(1)* Wer in der Kirche Dienst tut, gehört dieser Dienstgemeinschaft an und kann deshalb auch wählen (auch wenn er in Widerspruch zu den Grundsätzen über die persönlichen Voraussetzungen für den Dienst in der Kirche (s.o. § 16, 3. a), S. 203 f.) **»eingestellt«** (= öffentlich-rechtlich) oder **»angestellt«** (= privatrechtlich) wurde). *(2)* Im Hinblick *(a)* auf die besondere Verantwortung der Mitarbeitervertretung auch für die Aufgaben der Dienststelle, *(b)* auf ihre (Mit-)Verantwortung, das Verständnis für den Auftrag der Kirche zu stärken (§ 35 Abs. 1 S. 2), und *(c)* auf ihre gewichtige Mitwirkung in Personalangelegenheiten (§§ 39, 41 – 44) hat die Mitarbeitervertretung auch kirchenleitende Funktionen (so

7) In der Kirchengemeinde kann also z.B. nicht gewählt werden der Inhaber der 1. Pfarrstelle und der Dienstälteste der übrigen Pfarrer (VollzVPfG – RS 502 – § 10), im Landeskirchenrat nicht z.B. die Oberkirchenräte.

8) Zur Bedeutung des Wortes »soll« in der Gesetzessprache allgemein vgl. u. § 22, 1.a) u. d) unter »Beachte«, S. 264 u. S. 268. – Hier jedoch drückt es – wie immer bei Wahlen, auf die der Gesetzgeber ja keinen Einfluß hat – nur einen »frommen Wunsch« aus, ist also rechtlich ohne Bedeutung.

zu Recht *Christoph*, ZevKR 32 (1987) S. 47, 65); diese können die Mitarbeitervertreter nur sachgerecht ausüben, wenn sie Verständnis für Wesen und Auftrag der Kirche haben (vgl. das kunstvolle Glaskirchenfenster, dessen leuchtende Farben man nur von innen sehen kann). *(3)* Nach altem Recht »sollte«[9] der Vorsitzende und sein Vertreter evangelisch sein. Darauf verzichtet das neue MVG der EKD aus guten Gründen, da diese »Soll«-Vorschrift praktisch keine Bedeutung hatte[8].
U. E. wäre es am besten, wenn alle Mitarbeitervertreter auch Glieder der Kirche wären, in der sie Dienst tun.

3. Die **Amtszeit** beträgt vier Jahre (Näheres §§ 15 bis 18). Die Mitglieder der Mitarbeitervertretung führen ihr **Amt** unentgeltlich; sie sind von ihrem eigentlichen Dienst für die Tätigkeit in der Mitarbeitervertretung in dem gebotenen[10] Umfang freizustellen, auch für notwendige Fortbildungsveranstaltungen[11]; sie dürfen in der Ausübung ihrer Befugnisse nicht behindert oder wegen ihrer Tätigkeit weder benachteiligt noch begünstigt werden. Sie dürfen grundsätzlich[12] nicht versetzt oder abgeordnet werden und haben einen besonderen Kündigungsschutz (wie auch schon die Mitglieder des Wahlausschusses, die Wahlbewerber und frühere Mitarbeitervertreter im 1. Jahr nach Ablauf ihrer Amtszeit) (§§ 19 – 21). Sie unterliegen einer besonderen Schweigepflicht, da vieles in ihrem Aufgabenbereich vertraulich behandelt werden muß (besonders Personalangelegenheiten) und eine vertrauensvolle Zusammenarbeit zwischen Dienststellenleitung und Mitarbeitervertretung auf Dauer nur möglich ist, wenn sichergestellt ist, daß Vertrauliches auch vertraulich bleibt (§ 22).

Geschäftsführung, **Sitzungen**, Teilnahme an den Sitzungen, Beschlußfassung, Beschlußfähigkeit und Ausschließung von der Mitwirkung im Einzelfall, Sitzungsniederschriften, Sachbedarf und Ge-

9) Da dem nicht sonderlich gewichtige Argumente zugrunde lagen, war die Norm nur als »Soll«-Vorschrift (s. dazu u. § 22, 1.a) und d)) ausgestaltet.

10) Dafür gibt es allgemeine Standards (vgl. *Schlichtungsausschuß der Ev. Landeskirche in Baden*, 29.8.1988, 4/88, RSprB. ABl. EKD 1989, S. 21), denen die Zahlen in MVG § 20 Abs. 2 annähernd entsprechen. – Wegen der Besonderheiten bei Mitarbeitervertretern, die im Schichtdienst arbeiten, vgl. *Schlichtungsausschuß Westfalen* 5.5.1988 – SchlA IX/87 –, RSprB. zu ABl. EKD 1990. Auch besteht kein Anspruch auf (bezahlten) Freizeitausgleich für außerhalb der Dienstzeit stattfindende Schulungs- und Bildungsveranstaltungen (BAG, Betriebsberater 1990, S. 1413).

11) Stehen dienstliche Notwendigkeiten der Teilnahme nicht entgegen und ist die Veranstaltung jedenfalls nicht ungeeignet, kann die Teilnahme nicht mit dem Hinweis abgelehnt werden, es seien keine Haushaltsmittel dafür vorhanden (*Schlichtungsausschuß Pfalz* v. 11.11.1987, RSprB. 1990 Nr. 15). – Zu den notwendigen Fortbildungsveranstaltungen gehören jedoch nicht Arbeitsgemeinschaften oder Fachgespräche mit anderen Mitarbeitervertretungen oder deren Vorsitzenden (*Schlichtungsausschuß Westfalen* 5.5.1988 – SchlA IX/87 –, RSprB. 1990 S. 22 ff.; vgl. auch KG der Nordelbischen ELK v. 28.1.1993 – KG NELK/FK 3/92 – RSprB. 1994 S. 29).

12) Zur Bedeutung des Wortes »grundsätzlich« vgl. § 16, 3. a) unter »Beachte« S. 203.

schäftsordnung sind in den §§ 24 bis 30 im einzelnen geregelt. – Zur Durchführung ihrer Aufgaben muß die Dienststellenleitung der Mitarbeitervertretung die erforderlichen Unterlagen und Akten überlassen (§ 34 Abs. 2–4). – Größere Mitarbeitervertretungen können »beschließende Ausschüsse« einsetzen (näher s. § 23 Abs. 3).

4. **a)** Die §§ 33 bis 48 enthalten den Kern des MVG. Sie legen die **Aufgaben und Befugnisse** der Mitarbeitervertretung fest. »Die Mitarbeitervertretung hat die beruflichen und sozialen Belange der Mitarbeiter und Mitarbeiterinnen zu fördern. Sie hat in ihrer Mitverantwortung für die Aufgaben der Dienststelle das Verständnis für den Auftrag der Kirche zu stärken und für eine gute Zusammenarbeit einzutreten.« (§ 35 Abs. 1). Sie »soll insbesondere Maßnahmen anregen, die der Arbeit der Dienststelle und ihren Mitarbeitern und Mitarbeiterinnen dienen.« Sie soll sich der persönlichen Anliegen annehmen und sie bei der Dienststellenleitung vertreten, sofern »sie diese für berechtigt hält« (§ 35 Abs. 2). »Mitarbeitervertretung und Dienststellenleitung ... arbeiten vertrauensvoll und partnerschaftlich zusammen«; sie »sind verpflichtet, sich gegenseitig bei der Erfüllung ihrer Aufgaben zu unterstützen«. »Sie informieren sich gegenseitig über Angelegenheiten, die die Dienstgemeinschaft betreffen« (§ 33 Abs. 1 S. 2)[13]. Dabei achten sie »darauf, daß alle Mitarbeiter nach Recht und Billigkeit behandelt werden, daß die Vereinigungsfreiheit der Mitarbeiter nicht beeinträchtigt wird und daß jede Betätigung in der Dienststelle unterbleibt, die der Aufgabe, der Dienstgemeinschaft oder dem Arbeitsfrieden abträglich ist« (§ 33 Abs. 1 S. 3).

Um dieses vertrauensvolle Miteinander zu erreichen, müssen Dienststellenleitung und Mitarbeitervertretung auch ohne und neben den jeweils konkret zu entscheidenden Fällen allgemein im Gespräch sein und bleiben. Dem dient mindestens eine **Besprechung** zwischen Dienststellenleitung und Mitarbeitervertretung im Jahr über »allgemeine Fragen des Dienstbetriebes und der Dienstgemeinschaft«, bei der auch Vorschläge und Anregungen ausgetauscht werden sollen (§ 33 Abs. 2). »In strittigen Fragen ist« stets »eine Einigung durch Aussprache anzustreben« (näher s. § 33 Abs. 3).

13) Das gilt nicht nur für den innerkirchlichen Bereich, sondern auch dort, wo es sich um die Beziehungen von Staat und Kirche handelt, etwa wenn ein kirchlicher Stellenplan entscheidend durch staatliche Zuschüsse beeinflußt wird (*KGericht der Nordelbischen ELK,* 6.2.1985 – KG – NELK/FK 3/83, RSprB. 1990, S. 21).
Über Schwierigkeiten im alltäglichen Umgang vgl. die Kontroverse *Rusam : Brehm,* KorrBl. 1992 H. 3, S. 40 und H. 7, S. 107.
Über den Umfang der notwendigen Information bei Kündigungen vgl. Rundschreiben LKA v. 21.10.1991 – 26/8 – 0 – 16.

Aus diesen Grundaufgaben ergeben sich eine Reihe von **allgemeinen Aufgaben**, die in § 35 MVG aufgeführt sind. – Besonders erwähnt ist die Möglichkeit, **Dienstvereinbarungen** abzuschließen, die jedoch nicht in rechtlich verbindliche Regelungen eingreifen dürfen (näher s. § 36 Abs. 1); bewährt haben sich solche Vereinbarungen etwa bei der Ausschreibung von Dienstposten und Arbeitsplätzen, bei der Einführung grundlegend neuer Arbeitsmethoden u.ä.

b) Im konkreten Einzelvollzug kennt das MVG gem. § 37 Abs. 1 drei Formen der Beteiligung der Mitarbeitervertretung an Entscheidungen der Dienststellenleitung, nämlich

die »Mitbestimmung« (§ 38),
die »eingeschränkte Mitbestimmung« (§ 41) und
die »Mitberatung« (§ 45).

(1) **(a)** Die stärkste Form ist die **Mitbestimmung**. (Sie entspricht der Mitbestimmung im Betriebsverfassungsgesetz und in den Personalvertretungsgesetzen.) »Soweit eine Maßnahme der Mitbestimmung der Mitarbeitervertretung unterliegt« (Fälle s. §§ 39 ff.), »darf sie erst vollzogen werden, wenn die Zustimmung der Mitarbeitervertretung vorliegt oder durch die Schlichtungsstelle ersetzt ist. Eine der Mitbestimmung unterliegende Maßnahme ist unwirksam, wenn die Mitarbeitervertretung nicht beteiligt worden ist« (§ 38 Abs. 1). Das Verfahren ist in § 38 Abs. 2 – 4 geregelt. Danach teilt hier (wie auch bei der eingeschränkten Mitbestimmung und der Mitberatung; s.u. (b) u. (2)) die Dienststellenleitung der Mitarbeitervertretung die »**beabsichtigte Maßnahme«** mit (die Maßnahme darf also noch nicht beschlossen sein; doch müssen umgekehrt die Vorüberlegungen der Dienststellenleitung schon Gestalt gewonnen haben). Zur Mitteilungspflicht der Dienststelle bei Kündigungen vgl. Rundschreiben LKR v. 21.10.1991, 26/8-0-16. – In Eilfällen kann die Dienststellenleitung »vorläufige Regelungen« treffen (§ 38 Abs. 5).

(b) Es gibt auch eine **abgeschwächte Form** der Mitbestimmung, die »**eingeschränkte Mitbestimmung**« (Fälle s. § 42 f.). Das Verfahren ist das gleiche wie bei der (uneingeschränkten) Mitbestimmung (§ 41 Abs. 3). In diesen Fällen kann die Mitarbeitervertretung ihre Zustimmung jedoch nur verweigern, wenn die im Gesetz jeweils konkret umschriebenen Voraussetzungen für die Verweigerung der Zustimmung vorliegen (§ 41 Abs. 1 u. 2). – Diese Einschränkung hat ihre Ursache darin, daß die Mitarbeitervertretung zwar auch Mitverantwortung für die Dienststelle hat, aber doch in erster Linie zur Wahrung der Belange der Mitarbeiter berufen ist, während die Dienststellenleitung auch kirchenpolitisch die Gesamtverantwortung trägt. So entscheidet z.B. der von allen Gemeindegliedern gewählte Kirchenvorstand bei der Anstellung eines Jugendleiters auch darüber, ob in der Gemeinde künftig eine mehr offene oder eine mehr bibelorientierte Jugendarbeit betrieben werden soll; je nachdem wird er bei sonst gleicher Eignung A oder B anstellen. Die nur von den bezahlten Mitarbeitern gewählte Mitarbeitervertretung kann eine so weitgehende Kompetenz nicht haben; sie kann deshalb in diesen Fällen die Zustimmung nur bei Gesetzesverstößen, bei Gefahr der unbegründeten Benachteiligung von Mitarbeitern oder bei Gefährdung des Friedens in der Dienststelle verweigern. – Trotz einer ähnlichen Einschränkung im Falle der Kündigung nach Ablauf der Probezeit (§ 42 Buchst. b) ist die Stellung der Mitarbeitervertretung hier besonders stark, weil sie die Zustimmung bei jedem Verstoß gegen eine Kündigungsschutzbestimmung oder gegen soziale Gesichtspunkte bei der Auswahl der zu Kündigenden oder bei Möglichkeit der Weiterbeschäftigung – als Verstoß gegen ein Gesetz – verweigern kann und weil eine Kündigung ohne Zustimmung der Mitarbeitervertretung (oder Ersetzung durch die Schlichtungsstelle) rechtsunwirksam ist (§ 41; s.u. § 34, 5. mit Fn. 8, S. 320).

Beachte: Rechtsfehlerhafte Anordnungen sind in aller Regel nur **anfechtbar**, d.h. sie sind gültig (man kann sich auf ihre Gültigkeit verlassen), wenn sie nicht – meist in bestimmten Fristen – angefochten und dann durch eine (meist richterliche) Entscheidung aufgehoben werden. Das erfordert die Rechtsklarheit und Rechtssicherheit. Nur in ganz seltenen Fällen zieht der Gesetzgeber die »Notbremse« und erklärt einen Rechtsverstoß gegen grundlegende Vorschriften für **nichtig** (d.h. in jedem Fall – auch ohne besondere Aufhebung – für unwirksam und unbeachtlich). S.a. u. § 19, 2. unter »Beachte«, S. 230.

Zu *(a)* u. *(b)*: In den Fällen der (vollen) und der eingeschränkten Mitbestimmung ist die Mitarbeitervertretung in Personalangelegenheiten aber dann nicht beteiligt, wenn es um Mitglieder der Dienststellenleitung (im weiten Sinn des § 4), um im pfarramtlichen Dienst Stehende (einschl. Ausbildung und Vorbereitung dafür) und um Lehrende an kirchlichen Hochschulen oder Fachhochschulen geht (§ 44).

Verweigert die Mitarbeitervertretung bei (voller) oder (eingeschränkter) Mitbestimmung ihre Zustimmung, kann die Dienststellenleitung die **Schlichtungsstelle** anrufen (§§ 38 Abs. 4 u. 41 Abs. 3 sowie § 60 Abs. 1 Buchst. p u. q), die gegebenenfalls im Fall der (vollen) Mitbestimmung die Zustimmung ersetzt (§ 60 Abs. 5) oder im Fall der eingeschränkten Mitbestimmung »lediglich« (!) prüft und feststellt, »ob ... ein Grund für die Verweigerung der Zustimmung nach § 41 vorliegt« (§ 60 Abs. 4)

(2) In einer Reihe von Fällen hat die Mitarbeitervertretung das Recht der **Mitberatung** (näher s. § 46). Kommt es in dem in § 45 Abs. 1 S. 1 – 6 geregelten Verfahren zu keiner Einigung zwischen Dienststellenleitung und Mitarbeitervertretung, so wird »die Erörterung für beendet« erklärt. Die Dienststellenleitung hat dann »eine abweichende Entscheidung ... schriftlich zu begründen« (§ 45 Abs. 1 S. 7 u. 8). Eine Anrufung der Schlichtungsstelle (§ 45 Abs. 2 S. 2) ist in diesen Fällen nur mit der Begründung möglich, die im MVG festgelegte Beteiligung sei unterblieben (§ 60 Abs. 1 Buchst. r). Entsprechend kann dieser nur prüfen und gegebenenfalls feststellen, »ob die Beteiligung der Mitarbeitervertretung erfolgt ist« (§ 60 Abs. 3). Ist die Beteiligung unterblieben, ist die Maßnahme unwirksam (§ 45 Abs. 2 S. 1).

(3) Im Rahmen ihrer Zuständigkeit (»in den Fällen der §§ 39, 40, 42, 43 und 46«; bitte nachlesen!) hat die Mitarbeitervertretung auch das **Initiativrecht** (»kann ... Maßnahmen schriftlich vorschlagen«: § 47 Abs. 1 S. 1). Die Dienststellenleitung muß innerhalb eines Monats dazu Stellung nehmen; (nur) eine Ablehnung ist schriftlich zu begründen (§ 47 Abs. 1 S. 2 u. 3; vgl. aber § 47 Abs. 2 S. 2 u. u. den letzten Satz dieses Abs. *(3)*). Wenn in Fällen der vollen oder eingeschränkten Mitbestimmung »auch nach Erörterung« (die Sache muß also mündlich besprochen werden) »eine Einigung nicht zustande«-gekommen ist, kann die Mitarbeitervertretung die Schlichtungsstelle anrufen, die dann im Rahmen der oben (*(1)* zu *(a)* u. *(b)*) angegebenen Zuständigkeit entscheidet[14)]. – Eine Anrufung der Schlichtungsstelle ist auch dann möglich, wenn die Dienststellenleitung sich nicht innerhalb eines Monats zu einem Vorschlag schriftlich geäußert hat (§ 47 Abs. 2).

(4) Um nachlässige Dienststellenleitungen zur Einhaltung der Vorschriften des MVG nachhaltig zu veranlassen, sieht § 48 ein **Beschwerderecht** bei der vorgesetzten Dienststelle (vgl. den Gesetzestext) und – für die ELKiB – sogar die **Ersatzvornahme** (§ 60 a)[15)] d.h. die Möglichkeit vor, daß »das zuständige Aufsichtsorgan auf Antrag« eine »unanfechtbar gewordene Entscheidung der Schlichtungsstelle« umsetzt, also selbst anordnet.

14) Für das Initiativrecht bez. Ein- und Höhergruppierung (§ 47 i.V.m. §§ 42 Buchst. c, 60 Abs. 1 Buchst. q, Abs. 6) enthält die Entscheidung des Rechtshofs der Konföderation ev. Kirchen in Niedersachsen zum MVG der Konföderation beachtenswerte Gedanken – 6.3.1992 – KonfR 3/91, ZevKR Bd. 38 (1993) S. 215 – 218 m. eingehender Anm. *Radtke*, S. 218 – 225.

15) Auch hier zeigt der Buchstabe a hinter der Nr. des § an, daß es sich um eine Sonderregelung der ELKiB handelt, hier aufgrund von Ermächtigungen im MVG der EKD gem. § 60 Abs. 7 S. 2; solche Ermächtigungen gibt es auch an anderer Stelle, z.B. in § 63 Abs. 2 S. 2.

5. Mindestens einmal im Jahr findet eine **Mitarbeiterversammlung** statt, die vom Vorsitzenden der Mitarbeitervertretung einberufen und geleitet wird (§ 31 Abs. 1 u. 2). Sie dient in erster Linie der Unterrichtung der Mitarbeiter (§ 32 Abs. 1 S. 1). Zwar kann diese Versammlung auch mit Mehrheit der Anwesenden Anträge an die Mitarbeitervertretung stellen und zu Beschlüssen der Mitarbeitervertretung Stellung nehmen (a.a.O. S. 2); doch ist diese nicht daran gebunden (a.a.O. S. 3). Nur bei der Wahl des Wahlausschusses hat die Mitarbeiterversammlung Entscheidungskompetenz (§ 32 Abs. 2).

Die Mitarbeiterversammlung ist nicht öffentlich; doch können »zu einzelnen Tagesordnungspunkten sachkundige Personen zur Beratung« zugezogen werden (§ 31 Abs. 1 S. 2 HS. 2 u. Abs. 3)[16]. – Näheres über die Mitarbeiterversammlung nach dem MVG[17] s. § 31 f.

6. Besonders geregelt sind **Jugendvertretung** (auch für Auszubildende und zu ihrer Berufsausbildung Beschäftigte zuständig), die Vertrauensperson der **Schwerbehinderten** und der Vertrauensmann der **Zivildienstleistenden** (§§ 49 – 53). Eine Gesamtmitarbeitervertretung (»Gesamtausschuß der Mitarbeitervertretungen«) ist im Raum der ELKiB nicht mehr vorgesehen (vgl. § 54 Abs. 1: »Die Gliedkirchen können ... vorsehen«).

7. Eingehend ist der **Rechtsweg** geregelt (§§ 57 – 63 mit 58 a, 60 a und 63 a[15]). Vorgesehen ist eine **Schlichtungsstelle**; sie entscheidet in richterlicher Unabhängigkeit und verbindlich. Wegen Einzelheiten vgl. die o.g. §§. – Eine Zuständigkeit staatlicher Gerichte in diesem Bereich ist »zumindest dann nicht gegeben, wenn über solche Streitigkeiten eine Schlichtungsstelle entscheidet, die den Mindestanforderungen an ein Gericht entspricht«[18]; anders würde ja die kirchliche Autonomie beeinträchtigt (vgl. BVerfGE 46, 73/94).

In bestimmten Fällen kann gegen Beschlüsse der Schlichtungsstelle das kirchliche **Verwaltungsgericht** für mitarbeitervertretungsrechtliche Streitigkeiten der EKD angerufen werden (§§ 63, 63 a[15]). Von der Möglichkeit, ein Vermittlungsgespräch vorzusehen (§ 56), wird in der ELKiB wohl kein Gebrauch mehr gemacht.

16) Daß diese »Berater« nicht einer Kirche angehören müssen, ist problematisch: Wie kann jemand Regelungen, Maßnahmen u.ä. in einer kirchlichen Dienststelle mitberaten, der nicht weiß, worum es in der Kirche geht? Vgl. insgesamt die Ausführungen zu § 16 und die Literatur zum Dritten Weg der Kirchen a.E. von u. § 33, S. 316.

17) Auch die Dienststellenleitung kann die Mitarbeiter der Dienststelle zu einer Versammlung einberufen. Dann ist es aber keine Mitarbeiterversammlung i.S. des MVG, sondern eine dienstlich angeordnete Veranstaltung im Rahmen des Dienstbetriebs.

18) BAG 25.4.1989 – 1 ABR 88/87 –, ZevKR 34 (1989) S. 456 = NJW 1989, S. 2284 (gestützt auf BVerfGE 46, 73/94).

8. Das MVG kennt **keine Beteiligung von Verbänden**[19], in denen sich kirchliche Mitarbeiter nach GG Art. 9 Abs. 3[20] organisiert haben, und deren Funktionären, weder im Rahmen der Mitarbeitervertretung noch bei der Mitarbeiterversammlung. Es besteht auch **kein Zutrittsrecht**[21] für Vertreter solcher Verbände zu kirchlichen oder diakonischen Dienststellen, weder dann, wenn Mitglieder solcher Verbände unter den Mitarbeitern der Dienststelle sind (BVerfGE 57, 220/245 – 247) noch in anderen Fällen (*Richardi,* Arbeitsrecht S. 106, 114). Handelt es sich doch in diesem Bereich der innerbetrieblichen Mitbestimmung um eine innere Angelegenheit der Kirche (s.o. 1. Abs. 2, S. 207), in deren Rahmen Außenstehende nicht mitreden können. Die sich aus GG Art. 9 Abs. 3 ergebenden Rechte können von den organisierten Angehörigen in der Dienststelle wahrgenommen werden; sind solche nicht vorhanden, bestehen auch keine entsprechenden Rechte, weil sich die Rechte der Organisationen nur aus den Rechten der im Betrieb

19) **Zusammenschlüsse kirchlicher Mitarbeiter** sind:
a) der *Verband kirchlicher Mitarbeiter in Bayern*; der VkM Deutschland (vgl. »25 Jahre Hauptverband von Verbänden kirchlicher Mitarbeiter im Bereich der EKD«, FS Hannover-Mühlheim/Ruhr 1977, sowie die »Grundaussagen des VkM D im H. 4 S. 15 des Informationsblattes des Verbandes 1989) wurde am 31.12.1992 aufgelöst. Der bayer. VkM ist nun – zusammen mit den Verbänden in Baden, Hessen-Nassau, Lippe, Rheinland und Westfalen – in der *» Vereinigung kirchlicher Mitarbeiterverbände in Deutschland«*. Andere Verbände (vor allem Berlin und aus den Gliedkirchen des ehemaligen Bundes ... der DDR) bilden den *» VkM – Gewerkschaft Kirche und Diakonie«*.
Über die Verbände kirchlicher Mitarbeiter in den Kirchen des ehemaligen Bundes ... in der DDR vgl. Mitteilungsblatt des VkM Bayern Sept. 1990, S. 17.
b) der *Pfarrer- und Pfarrerinnenverein in der ELKiB e.V.* (vgl. die FS »100 Jahre Pfarrer- und Pfarrerinnenverein in Bayern«, Ansbach 1991), der seinerseits dem *Verband der evang. Pfarrervereine in Deutschland e.V.* angehört (vgl. *Taatz,* »In necessariis unitas, in omnibus caritas. Zur hundertjährigen Geschichte des Verbandes der Pfarrervereine in Deutschland, Pfarramtskalender 1992, hrsg. v. Verband ..., Neustadt/Aisch). – Es gibt auch eine *»Konferenz Europäischer Pfarrervereine«* (DPfBl. 1990, H. 1 S. 4). Zur Aufgabe der Pfarrervereine: *Weber,* Pfarrersgewerkschaft – oder mehr?, Nachrichten 1991, H. 17 S. 338.
Zu a) und b): Daneben steht es den Mitarbeitern in Kirche und Diakonie selbstverständlich auch frei, allgemeinen Arbeitnehmer-Organisationen wie *Gewerkschaften, Beamtenbund* beizutreten.

20) Die **Bedeutung der Koalitionen** liegt auch **in der Kirche** einmal in der Beratung der Mitarbeiter in allgemeinen und speziellen Fragen des Dienst- und Arbeitsrechts, vor allem aber auch in der Möglichkeit, an der Gestaltung der dienst- und arbeitsrechtlichen Regelungen mitzuwirken (s.u. für Pfarrer § 29, S. 300 f.; für Kirchenbeamte § 31, S. 306 f.; für Diakone § 32, S. 308 f.; für Angestellte und Arbeiter § 33, S. 311 ff.). Dazu *G. Grethlein,* Der Rechtsstatus der Koalitionen (§ 6 Art. 9 Abs. 3) in den Kirchen, ZevKR 33 (1988) S. 257.

21) »Zutrittsrecht« ist in diesem Zusammenhang die Befugnis betriebsfremder Gewerkschaftsbeauftragter, in eine Dienststelle, einen Betrieb zu kommen, um die Mitarbeiter (im Sinn ihrer Organisation) zu informieren und (für ihre Organisation) zu werben. Beides ist natürlich möglich, wenn die Dienststellenleitung zustimmt; aus den im Text genannten Gründen ist dabei aber Zurückhaltung üblich und angezeigt. – S.a. *Mayer-Maly,* Gewerkschaftliche Zutrittsrechte. Allgemeine Probleme und Sonderfragen bei kirchlichen Einrichtungen, Betriebsberater 1979 Beil. 4 zu H. 9.

beschäftigten Mitarbeiter ableiten (*Richardi,* Arbeitsrecht S. 104). – Dagegen können Anschläge solcher Verbände durch ihre Mitglieder an geeigneten Stellen in der Dienststelle nicht abgelehnt werden (*Richardi,* Arbeitsrecht S. 122). Allerdings müssen hier – wie auch sonst – die Organisationen die besondere Stellung der Kirche achten. So dürfen sie weder die christliche Dienstgemeinschaft in Frage stellen noch die besondere Form der Regelung der Arbeitsbeziehungen der kirchlichen Mitarbeiter im Dritten Weg[22].

9. **a)** **Die Pfarrervertretung** nach dem Pfarrervertretungsgesetz (RS 598) und die **Vertretungen der Kirchenbeamten und Diakone** (KBG § 63, RS 600; KBErgG §§ 23 f., RS 601; – DiakG § 25 Abs. 2, RS 640) haben mit einer Mitarbeitervertretung i.S. des MVG nichts zu tun. Das MVG regelt ausschließlich die innerbetriebliche Mitbestimmung[23]. Die eben genannten Gesetze[24] befassen sich dagegen mit der Beteiligung der in einem öffentlich-rechtlichen Dienstverhältnis stehenden Mitarbeiter an den sie betreffenden allgemeinen Regelungen ihres Dienstverhältnisses (näher dazu u. § 29, S. 300 f.). Diese Art der Beteiligung betrifft die **Gestaltung der Arbeitsbedingungen**[23] (wie sie im Arbeitsrecht allgemein durch Tarifverträge, in der ELKiB aber nach dem ARRG (dazu s.u. § 33, S. 311 ff.) erfolgt).

b) Die dritte Form der **Mitbestimmung**, die **an der Unternehmensleitung** (»Montan-Mitbestimmung«)[23], gibt es im Hinblick auf die demokratische Struktur auch beim Staat **nicht**. Die gleichen Gründe gelten für die evangelischen Kirchen: Die evang. Kirchenleitungen sind von den Kirchen(mit)gliedern, der »Basis«, unmittelbar oder mittelbar gewählt. Jede Einschränkung ihrer Leitungsbefugnisse durch eine Beteiligung der in der Kirche gegen Entgelt Beschäftigten käme äußerlich einer Ent-Demokratisierung, geistlich aber einem durch nichts gerechtfertigten Vorrang dieser »Profis« vor den »Ehrenamtlichen« und allen Gemeindegliedern gleich. Hier kommt zusätzlich der vorgegebene Auftrag dazu, über den niemand verfügen darf, der sich also einer Mitbestimmung entzieht.

22) BAGE 30, 122/134; *G. Grethlein,* ZevKR 33 (1988) S. 257; *Richardi,* Arbeitsrecht, S. 118; vgl. insgesamt BVerfGE 28, 295/304 – 310.

23) Zu den Formen der Mitbestimmung s. näher *Evang. Erwachsenenkatechismus,* 5. Aufl., S. 697 – 699; dort wird noch eine 4. Form, die Mitbestimmung am Arbeitsplatz, genannt; u.E. ist diese jedoch ein Teil der innerbetrieblichen Mitbestimmung.

24) Ausnahme: der Pfarrerausschuß nach dem Pfarrervertretungsgesetz (weil die Mitarbeitervertretung häufig die Belange des einzelnen Pfarrers – der in der Gemeinde z.B. immer über den Kirchenvorstand an der Dienststellenleitung beteiligt ist – nicht wahrnehmen kann).

Literatur

Vor allem *R. Richardi*, Arbeitsrecht, S. 95 – 126, 157 – 194 und 234 – 245; *ders.* (zum Fall »Goch«, BVerfGE 46, 73 s.o. § 13 unter IV. 12. Abs. 1 u. 14 b) (1), S. 164, 168) ZevKR 23 (1978) S. 367 – 413; *ders.* über das 18. Essener Gespräch zum Thema Staat und Kirche – hier Arbeitsrecht – ZevKR 32 (1987) S 628 – 641; *ders.* zur »Mitbestimmung« allg.: EvStL Sp. 2161 – 2169. – Weiter *R. Bietmann*, Betriebliche Mitbestimmung und kirchlicher Dienst (Bd. 18 der Schriften zum Wirtschafts-, Arbeits- und Sozialrecht, Hrsg. B. Rüthers), Königstein/Taunus 1982; *J. E. Christoph*, Rechtsnatur und Geltungsbereich des kirchlichen Mitarbeitervertretungsrechts, ZevKR 32 (1987) S. 47 – 67; *ders.* zum Rechtsstatus kirchlicher Mitarbeitervereinigungen ZevKR 31 (1986) S. 216 – 227; *J. Duhnenkamp*, Das Mitarbeitervertretungsrecht im Bereich der Evangelischen Kirche in Deutschland, Bremen 1986 (mit krit. Besprechung *P. Fündeling*, ZevKR 35 (1990) S. 109 – 115: es gehe »D. letztlich um die Stärkung gewerkschaftlicher Positionen«); *G. Grethlein*, Mitentscheidung in der Kirche, Nachrichten 1987 H. 15/16 S. 287 – 293; *ders.* Der Rechtsstatus der Koalitionen (Art. 9 Abs. 3 GG) in den Kirchen, ZevKR 33 (1988) S. 257; *F. Ruland*, Die Sonderstellung der Religionsgemeinschaften ... in den staatlichen Mitbestimmungsordnungen, NJW 1980, S. 89 ff. (mit umfassender Literaturübersicht); *Th. Scheffer*, Das Mitarbeitervertretungsrecht der Evangelischen Kirche und ihrer Diakonie, Kommentar, bearbeitet von *P. Leser*, Stuttgart, 1983; *H. Schulze*, Mitbestimmung in kirchlicher Sicht, EvStL Sp. 2169 – 2173; *vkm* – Verband kirchlicher Mitarbeiter *Bayern* e.V. (Hrsg.), Erläuterungen zum Mitarbeitervertretungsgesetz, Stand 1. August 1990, Nürnberg 1990; *T. Winkler*, Mitbestimmung in der Kirche, EvStL Sp. 2173 – 2176 (zum MVG Sp. 2174 f.).

Grundlegend zum neuen Mitarbeitervertretungsgesetz der EKD vom 6.11. 1992 (vgl. o. Fn. 1) *D. Fey/O. Rehren* (Hrsg.), Kirchengesetz über Mitarbeitervertretungen in der EKD (Praxiskommentar), Stuttgart 1994.

Vgl. auch *H.-G. Frey/B. Bahles*, Dienst- und Arbeitsrecht in der katholischen Kirche (Textsammlung), Neuwied 1989.

Zur Rechtsprechung des Bundesverfassungsgerichts s.o. § 13 unter IV, 12. Abs. 1 u. 14. b) (1), S. 164, 168.

2. Abschnitt: Öffentlich-rechtliche Dienstverhältnisse

§ 18 Das öffentlich-rechtliche Dienstverhältnis allgemein

1. In der deutschen **staatlichen Entwicklung** genügte das Lehensrecht auf die Dauer nicht für eine einheitliche Staatsverwaltung. Im Mittelalter entwickelten sich die Ministerialen, die zum Landesherrn in einer besonderen Verbindung standen und seinen Willen in den einzelnen Territorien zur Geltung brachten. Schon damals bestanden die Grundzüge eines gegenseitigen Dienst- und Treueverhältnisses mit der Bereitschaft des dauernden vollen Einsatzes auf der einen und mit der Garantie der Lebensexistenz auf der anderen Seite. Besondere Bedeutung, aber auch eine andere Färbung, erhielt das Beamtentum mit der Einführung der Teilung der Staatsgewalt im modernen Staat in Gesetzgebung, Verwaltung (im Sinn von Exekutive) und Rechtsprechung[1]. Es wurde ein loyaler Beamtenstand notwendig, der getreu und ohne Ansehen der Person (auch Partei) den vom Parlament erlassenen Gesetzen in sachgerechter Anwendung zur Geltung verhilft.

2. Deshalb bestimmt Art. 33 Abs. 4 und 5 des Grundgesetzes, daß die Ausübung hoheitlicher Befugnisse als ständige Aufgabe in der Regel Angehörigen des öffentlichen Dienstes zu übertragen ist, die in einem öffentlich-rechtlichen Dienst- und Treueverhältnis stehen, und daß das Recht des öffentlichen Dienstes unter Berücksichtigung der hergebrachten Grundsätze des Berufsbeamtentums zu regeln ist. Diese Bestimmung schützt einen »**Kernbestand von Strukturprinzipien**«, »welche die Institution des Berufsbeamtentums tragen und von jeher anerkannt sind«; sie sind »zu beachten und gemäß ihrer Bedeutung zu wahren« (BVerfGE 8, 1 ff.; 11, 203 ff.; neuerdings 76, 256/295). Dazu gehört insbesondere die gegenseitige Treuepflicht, die den Beamten verpflichtet, dem Staat sein Leben lang loyal »mit seiner ganzen Persönlichkeit und unter Einsatz seiner vollen Arbeitskraft« zu dienen, und die umgekehrt den Dienstherrn veranlaßt, den Beamten zu »alimentieren«. Dieser Grundsatz soll den Beamten befähigen, seine volle Kraft in den Dienst seines Amtes zu stellen und unabhängig zu entscheiden, indem der Dienstherr (a) in Wahrung des Leistungsprinzips unter Würdigung der Ausbildung und der Beanspruchung des Amtsinhabers (b) entsprechend der mit dem Amt verbundenen Verantwortung und der Bedeutung des Amtes (c) unter Beachtung der Entwicklung der allgemeinen Verhältnisse in wirtschaftlicher und finanzieller Hinsicht (d) nach Maßgabe der Bedeutung des Berufsbeamtentums (auch mit Rücksicht darauf, daß das Beamtenverhältnis für qualifizierte RS 100

1) Nach *Montesquieu,* Esprit des lois, 1784. Der zunehmende Zugriff der Parteien auf alle Lebensbereiche widerspricht der Intention dieser Lehre ebenso wie der »Parteibuch-Beamte«.

Kräfte anziehend sein muß) den angemessenen Lebensunterhalt auf Lebenszeit für den Beamten (einschließlich der Familie) und für die Hinterbliebenen leistet (BVerfGE 8, 1 ff.; 11, 203 ff.; 21, 329 ff.; neuerdings 76, 256/298, 310, 316 u. 319 f.). Dieses Dienstverhältnis ist nach den hergebrachten Grundsätzen durch Gesetz zu regeln und wird durch einen Verwaltungsakt begründet, nachdem der Betroffene sich zur Übernahme eines solchen Dienstes bereit erklärt hat. **Bei der Ausgestaltung und Veränderung** des Beamtendienstverhältnisses hat der Gesetzgeber bei aller Bindung an die hergebrachten Grundsätze doch einen **weiten Ermessensspielraum**, um die erforderlichen Anpassungen an die Notwendigkeiten des freiheitlich-demokratischen Staates und seiner fortschrittlichen Entwicklung vorzunehmen (BVerfG a.a.O., bes. E 76, 256/295). Der Betroffene muß sich also in eine ohne sein Zutun zustandegekommene Ordnung einfügen und auch bereit sein, künftige, vom Gesetzgeber beschlossene Veränderungen zu akzeptieren (einschließlich der Kürzung von Bezügen; vgl. BVerfGE 76, 256/310 u.u. § 28, 5., S. 298), soweit diese sich im Rahmen der hergebrachten Grundsätze halten. Nicht zu Unrecht sprach man früher von einer »Unterwerfung«.

3. Damit **unterscheidet sich** das öffentlich-rechtliche Dienstverhältnis, dem Beamte, Richter und Soldaten nach den jeweils einschlägigen besonderen Gesetzen unterliegen, (theoretisch sehr deutlich) **von einem Arbeitsverhältnis:** Das Arbeitsverhältnis beruht auf dem Vertragsrecht; die zu erbringende Leistung wird ebenso wie das dafür zu zahlende Entgelt und die Nebenbedingungen (theoretisch) frei vereinbart; Leistung und Gegenleistung bedingen einander. Folge der gegenseitigen Abhängigkeit der beiderseitigen Leistungen ist vor allem, daß ein Entgelt nach Ablauf der Lohnfortzahlungsfristen bei Krankheit entfällt und daß nach dem Tod wie nach dem Ausscheiden aus Altersgründen keinerlei Ansprüche an den Arbeitgeber mehr bestehen. (Der Rentenanspruch richtet sich gegen die Versicherung, nicht gegen den bisherigen Arbeitgeber!) Auch ist das Arbeitsverhältnis – im Gegensatz zum Beamtenverhältnis – grundsätzlich[2)] kündbar.

Dieser in der Theorie grundlegende Unterschied ist in der Praxis immer mehr verwischt worden. Das Arbeitsverhältnis steht unter staatlichem Kündigungsschutz und anderen sozialen Schutzvorschriften (Mutterschutz, Schwerbehindertenrecht, Jugendarbeitsschutz) und ist im Bereich des öffentlichen Dienstes nach § 53 Abs. 3 i.V.m. § 55 des Bundesangestelltentarifvertrages (BAT, *RS 655*) nach einer Beschäftigungszeit von mindestens 15 Jahren und einem Lebensalter von mindestens 40 Jahren grundsätzlich[2)] unkündbar, wie auch der BAT die Einzelheiten des Arbeitsverhältnisses in seinem Bereich nahezu ebenso abschließend regelt wie das Gesetz das Beamtenrecht. Umgekehrt besteht auch bei einem Beamten auf Lebenszeit, der erst eine Dienstzeit von 5 Jahren und weniger hat,

2) Zum Begriff »grundsätzlich« s. § 16, 3. a) unter »Beachte«, S. 203.

im Falle der Dienstunfähigkeit grundsätzlich[2] kein Versorgungsanspruch (vgl. PfG §§ 114, 104). Auch die Altersversorgung ist für Angestellte im öffentlichen Dienst etwa gleich hoch wie die vergleichbarer Beamter, seit bei den Angestellten (wie bei den Arbeitern) im Bereich des öffentlichen Dienstes zu der Rente aus der gesetzlichen Rentenversicherung noch eine Zusatzversorgung aus eigenen Kassen geleistet wird (vgl. RS 780, 781). Neuerdings gibt es auch bei Beamten eine Mehrarbeitsvergütung u.ä. (vgl. dazu näher *G. Grethlein*, ZevKR 30 (1985) S. 129, 131). – Auch die Vertragsfreiheit des Angestellten besteht im öffentlichen Dienst nur scheinbar, weil die öffentliche Verwaltung nur Arbeitsverträge auf der Grundlage des BAT (bei Arbeitern: des MTL) abschließen darf, der zwar von den Tarifvertragsparteien frei vereinbart ist und von ihnen (auch verbindlich für den einzelnen) abgeändert werden kann (ob auch zum Nachteil, ist zweifelhaft), aber für den einzelnen doch ein fast ebenso starres Rechtssystem darstellt wie für den Beamten das Beamtenrecht (das seinerseits im Benehmen mit den Verbänden, in denen die Beamten organisiert sind, gestaltet wird und nur nach deren Anhörung geändert werden kann). – Der Treuepflicht des Beamten entspricht, wenn auch (vor allem zeitlich) abgeschwächt, die besondere Loyalitätspflicht des Angestellten und Arbeiters im öffentlichen Dienst.

Beachte: Öffentlich-rechtliches Dienstverhältnis ist das Dienstverhältnis der Beamten (auch der Richter u.ä.). **Im öffentlichen Dienst** (bei Staat, Gemeinden, auch bei der Kirche)[3] stehen neben den Beamten auch die dort beschäftigten Arbeiter und Angestellten.

4. Die **Kirchen** hatten bis zum Ende der Monarchie Anteil an diesen (staatlichen) Dienstverhältnissen, weil ihre Pfarrer und andere Bedienstete der Kirchen der Staatsverwaltung unterstanden (so war in Bayern der König der summus episcopus, der Bischof der protestantischen Kirche in Bayern), wenn auch die Pfarrer in einer besonderen, durch den geistlichen Auftrag geprägten Form[4] (weshalb z.B. Pfarrer seit je unabsetzbar waren und sie – in Gestalt der »Pfründe« – auch eine besondere Art der Alimentation erhielten). Die Weimarer Reichsverfassung hat die Trennung von Staat und Kirche gebracht, zugleich aber für die Kirchen den Status von Körperschaften öffentlichen Rechts beibehalten und ihnen das Recht gegeben, im Rahmen ihrer Ämterautonomie öffentlich-rechtliche Dienstverhältnisse zu begründen. § 135 des Beamtenrechtsrahmengesetzes (BGBl I 1977, S. 21) stellt

3) Der Staat erkennt den kirchlichen Dienst in seinem Dienstrecht nur beschränkt als öffentlichen Dienst an (vgl. *v. Campenhausen*, Staatskirchenrecht, S. 132 f.). So ist nach BGHSt 37, 191 ein Kirchenbeamter »kein Amtsträger im strafrechtlichen Sinn«, weil die Kirchen dem Staat nicht nachgeordnet sind und keine Aufgaben der öffentlichen Verwaltung wahrnehmen, auch wenn sie in ihrem Dienstrecht das staatliche Beamtenrecht weitgehend übernehmen (auch in ZevKR 36 (1991) S. 299 – 312 = NVwZ 1991, S. 205).

4) Vgl. *Richter/Dove/Kahl*, Lehrbuch des katholischen und evangelischen Kirchenrechts, 8. Aufl., Leipzig 1886, S. 497 – 511.

dazu klar, daß dieses staatliche Gesetz nicht für die öffentlich-rechtlichen Religionsgesellschaften und ihre Verbände gilt, überläßt es diesen aber zugleich, die Rechtsverhältnisse ihrer Beamten und Seelsorger diesem Gesetz entsprechend zu regeln und die staatliche Gerichtsbarkeit dafür in Anspruch zu nehmen. Dabei stehen die Kirchen nicht vor der Wahl, ob sie das staatliche Recht des öffentlichen Dienstes ganz oder gar nicht übernehmen; sie können auch einzelne Teile übernehmen, andere nicht – andernfalls wäre die Autonomie sinnlos (BVerwGE 28, 345 ff.); überdies sind sie auch nicht an die in GG Art. 33 Abs. 5 verankerten »hergebrachten Grundsätze des Berufsbeamtentums« gebunden, weil diese Bestimmungen – so die ständige Rechtsprechung des BVerfG – allein die Effizienz der staatlichen Verwaltung im Auge hat und deshalb auf die Kirchen nicht anwendbar ist[5)]. So ist u.E. der für das öffentlich-rechtliche Dienstverhältnis beim Staat geltende Grundsatz, daß der Beamte auf Gehalt weder ganz noch teilweise verzichten kann, für das öffentlich-rechtliche Dienstverhältnis bei der Kirche nicht angebracht, da *Paulus* mit Nachdruck auf die Möglichkeit des Verzichts auf Entgelt für Dienste in der Kirche besteht (*1. Kor.* 9,4–18; vgl. entsprechend PfBesG § 78 und KBBesG § 18; leider fehlt in der DiVO eine entsprechende Bestimmung[6)]). Nicht von der Schrift her geboten, aber sachgemäß war die Abweichung vom öffentlichen Dienstrecht des Staates bei der Regelung der Versorgung der Pfarrer, Kirchenbeamten und Diakone der ELKiB (Näheres dazu s. § 28, 3. b), S. 293 f.).

Allerdings muß der soziale Rechtsstaat darauf bestehen, daß die wesentlichen Grundsätze des öffentlichen Dienstrechts mit einer angemessenen Besoldung und Versorgung und der Sicherung auf Lebenszeit (Ausnahme nur Entlassung bei schwerwiegenden Dienstvergehen) gewahrt sind. Dieses ist aber schon dadurch gewährleistet, daß die Kirchen nur dann wirklich öffentlich-rechtliche Dienstverhältnisse begründen, wenn sie »sich im Rahmen halten« (s.o. 2.). Dabei von einem »Typenzwang« zu sprechen, geht wohl zu weit und verleitet auch zu unzutreffenden Ergebnissen[7)].

5) BVerfG Vorprüfungsausschuß v. 28.11.1978 – BvR 316/78 –, NStZ 1983, S. 509 – DVBl. 1983, S. 507; *v. Tiling*, Zur Dienstherrnfähigkeit der Kirchen, ZevKR 36 (1991) S. 277, 286.

6) Auch die inzwischen aufgehobene Bekanntmachung über den Vergütungsverzicht (RS 783) ermöglichte diesen nur »zur Vermeidung des Eintritts der Sozialversicherungspflicht«.

7) *G. Grethlein*, ZevKR 24 (1979) S. 273, 293, gegen *v. Campenhausen*, Staatskirchenrecht, S. 133 f., im Anschluß an ZevKR 18 (1973) S. 236, 244; vgl. auch *Ehnes*, Die Bedeutung des Grundgesetzes für die Kirchen, ZevKR 34 (1989) S. 382, 401 – 405, sowie *v. Tiling*, a.a.O. (Fn. 5), S. 289 f. Wenn *v. Tiling* in ZevKR 37 (1992) S. 124

5. Die ELKiB hat – wie die anderen Gliedkirchen der EKD – am (öffentlich-rechtlichen) Pfarrer- und Kirchenbeamtendienstrecht festgehalten und – im Gegensatz zu den anderen Gliedkirchen – auch für die Diakone der Rummelsberger Brüderschaft ein solches öffentlich-rechtliches Dienstverhältnis eingeführt. Dies erscheint sachgerecht. Die drei genannten Berufsgruppen sind für wichtige Dienste in der Kirche vorgesehen, haben als Pfarrer und Diakone eine besondere Ausbildung für diesen lebenslangen Dienst erhalten (bei den Kirchenbeamten in der Regel austauschbar gegenüber Staat und anderen Körperschaften des öffentlichen Rechts) und müssen ihren Dienst auch in einer durch den Auftrag der Kirche vorgegebenen Unabhängigkeit (auch dem Staat gegenüber) leisten können. All dies ist im Rahmen des öffentlich-rechtlichen Dienstverhältnisses in besonderer Weise möglich und gewährleistet. Die Kirche hat mit den öffentlich-rechtlichen Dienstverhältnissen nicht etwas Überkommenes gedankenlos beibehalten, sondern für wichtige Dienste in ihr den angemessenen rechtlichen Rahmen gewählt mit den auf Lebenszeit angelegten Dienst- und Treueverhältnissen der Pfarrer, Kirchenbeamten und Diakone. Für das Pfarrerdienstverhältnis hat dies *H. Weber* (ZevKR 28 (1983) S. 60) als Ergebnis einer umfassenden Überlegung zur »Rechtsstellung des Pfarrers ...« zutreffend formuliert: »An der ausdrücklichen Verankerung der Struktur des Pfarrerdienstverhältnisses als eines öffentlich-rechtlichen Dienst- und Treueverhältnisses in der Kirchenverfassung sollte festgehalten werden.« Denn dies ist die Rechtsfigur für das Dienstverhältnis, die dem geistlichen Anliegen der Ordination entspricht. Um ihre ganze Kraft unbehindert in den Dienst der Kirche zur Erfüllung des Auftrags ihres Herrn stellen zu können, werden die Pfarrer durch die Gemeinschaft der Gläubigen von der an sich für alle Menschen bestehenden Notwendigkeit, das zum Lebensunterhalt für sich selber und die Familie Erforderliche durch Lohnarbeit zu erwerben, freigestellt, indem ihnen der Lebensunterhalt, vor allem in Form von Gehalt und Versorgung, zur Verfügung gestellt wird (»Alimentation«)[8]. Daneben gewährleistet das öffentlich-rechtliche Dienstverhältnis in der Kirche dieser ein hohes Maß von Unabhängigkeit gegenüber dem Staat (zur Rechtsprechung des Bundesverfassungsgerichts s.o. § 13 unter Nr. IV. Nr. 13, S. 165).

schreibt: »Typenzwang aber meint nicht eine vollständige Bindung an die Grundsätze des staatlichen Dienstrechts, sondern nur im großen und ganzen eine Orientierung an denselben«, so hat er in der Sache recht, belegt aber zugleich, wie irreführend der Begriff »Typen*zwang*« ist.

8) *Slenczka,* Theologisches Gutachten ... bei *Josuttis* (Hrsg.), Pfarrer in der DKP? in Theologische Existenz heute, Bd. 197, S. 95, 108, München 1977.

Zu den Grundsätzen des öffentlich-rechtlichen Dienstverhältnisses gehört **die (einseitige)** Festsetzung der **Regelungen** über das Dienstverhältnis durch den Gesetzgeber, in der Kirche also **durch die Synode.** Eng gesehen entspricht das weder dem Gedanken des geschwisterlichen Miteinander in der Kirche noch wird es (aus gesellschaftlicher Sicht) dem Bild des mündigen Bürgers gerecht. Deshalb ist (wie auch im staatlichen Recht) in den einschlägigen Kirchengesetzen verankert, daß die **Vertreter** der Pfarrer, Kirchenbeamten und Diakone vor dem Erlaß von Rechtsvorschriften **gehört** werden müssen (s.o. § 17, 9., S. 217 und u. § 29, S. 300 f.). Dabei ist natürlich der für die ganze Kirche verantwortliche Gesetzgeber Synode nicht an das Votum dieser Standesvertretungen gebunden, wohl aber sind Regelungen getroffen, die sicherstellen, daß die Äußerungen dieser Berufsvertretungen vor der Entscheidung in angemessener Weise zur Kenntnis und der geistlichen Verpflichtung entsprechend ernst genommen werden. Die jedem in der Kirche Tätigen aufgetragene christliche Dienstgemeinschaft (s.o. § 16, 2., S. 197 ff.) führt hier also dazu, daß die Betroffenen und ihre Vertreter mit ihren Anliegen und Stellungnahmen in einem besonderen Maße beachtet werden, also ihren gerechtfertigten Anliegen im Rahmen des Möglichen Rechnung getragen wird.

Beachte: Anhörung bedeutet, daß den Betroffenen vor einer Entscheidung Gelegenheit gegeben wird, sich dazu zu äußern, **und** das Ernstnehmen der vorgetragenen Argumente und Gesichtspunkte. **Benehmen** herstellen bedeutet eine insofern qualifizierte Anhörung, als der Anhörende die Meinung des Anzuhörenden weitestmöglich in seine Überlegungen aufnehmen soll. **Einvernehmen** bedeutet, daß die Beteiligten nur handeln können, wenn beide Seiten zustimmen (vgl. Mitentscheidung beim MVG, o. § 17, 4. b) (1) S. 212).

Literatur

J. Frank, Geschichte und neuere Entwicklung des Rechts der kirchlichen Beamten, ZevKR 10 (1963/64) S. 264 – 302; *ders.*, Das Dienstrecht der Kirchen und Religionsgesellschaften. Dienst- und Arbeitsrecht, in HdbStKirchR, 1. Aufl. 1974 Bd. I S. 667 – 725; *W. Thieme*, Beamtentum, EvStL Sp. 180 – 184; *ders.,* Beamtenrecht, EvStL Sp. 172 – 177. Literatur zum Pfarrerrecht s.u. bei § 19 S. 239.

Unterabschnitt 1:
Das Dienstverhältnis der Pfarrer

§ 19
Grundlagen, Voraussetzungen, Begründung

1. **a)** »Der **Dienst des Pfarrers ist bestimmt und begrenzt** durch den Auftrag, den die Kirche von ihrem Herrn erhalten hat« (PfG § 2 S. 1). »Der Ordinierte ist durch die Ordination verpflichtet, das anvertraute Amt in Gehorsam gegen Gott in Treue zu führen, das Evange-
RS 500 lium von Jesus Christus, wie es in der Heiligen Schrift gegeben ist und im Bekenntnis der evangelisch-lutherischen Kirche bezeugt ist, rein zu lehren, die Sakramente ihrer Einsetzung gemäß zu verwalten und sich in seiner Amts- und Lebensführung so zu verhalten, wie es dem Auftrag entspricht« (§ 4 Abs. 2). »Der Pfarrer trägt im besonderen die **Verantwortung für die Einheit** der Gemeinde und der Kirche in Lehre und Leben und fördert den Zusammenhalt und die Zusammenarbeit der
RS 1 Kirchenglieder und kirchlichen Dienste« (KVerf Art. 15). Deshalb (s.o. § 18, 5., S. 223 f.) steht der Pfarrer der ELKiB »in einem Dienst- und Treueverhältnis auf Lebenszeit zur ELKiB« (KVerf Art. 16 Abs. 1, vgl. PfG § 3 Abs. 1 i.V.m. § 1 Abs. 1 S. 2 u. § 23).

In Art. 1 a ist noch geregelt, daß der LKR die »Entscheidungen, Anordnungen oder Maßnahmen« nach dem PfG trifft, soweit nicht ausdrücklich etwas anderes bestimmt ist.

RS 506 Die **theologische Grundlegung** ist im Teil A der »Ordnung des geistlichen Amtes« niedergelegt mit ihren Abschnitten »Das Amt als Wortverkündigung«, »Das Amt als Gemeindeleitung«, »Das Amt als Kirchenregiment« und »Von der Person des Amtsträgers«. Diese im Jahre 1939 erlassene Ordnung ist nach wie vor gültig und unverändert lesens- und bedenkenswert.

Beachte die interessante Gegenüberstellung bei *Voll*, Führung und Bruderschaft. Überlegungen zur Korrelation von Gruppendynamik und kirchlichem Amt, in *Voll*, Denn das erste ist vergangen ..., Neuendettelsau (Pastoralkolleg) 1989, S. 82 – 95:

Aspekt des Amtes	Christologischer Bezug	Führungsstil	Phase im Gruppenprozeß
Hirte	Joel 10,12	Einweisen	Orientierungs-*)
Priester	Jes. 53	Aushalten	Konflikts-*)
Diakon	Luk. 22,27	Zubringen	Kooperations-*)
Bruder	Hebr. 2,15	Mitspielen	Kreative*)
Seelsorger	Anwalt der Vergänglichkeit und Bürge des Kommenden	Freigeben	Trauerarbeits-*)
			*)-Phase

Die **rechtlichen Regelungen** im einzelnen sind im Pfarrergesetz, in der Pfarrstellenbesetzungsordnung, im Vorbereitungsdienstgesetz (früher Kandidatengesetz), im Pfarrbesoldungsgesetz, in einer Reihe von anderen Kirchengesetzen, in Verordnungen, Prüfungsordnungen und anderem enthalten (*RS 500 – 599, 760 – 768, 800 – 836, 960 – 981;* zur »Hierarchie« der Rechtsregeln vgl. § 42, S. 389).

b) Die wichtigsten Regelungen enhält das **Pfarrergesetz.** Dieses Gesetz ist ein **Kirchengesetz der VELKD** (VELKD-Verf Art. 24), das für alle Gliedkirchen verbindlich ist (a.a.O. Art. 6 Abs. 1). In einzelnen *RS 550* Bestimmungen werden die Gliedkirchen ermächtigt, ergänzende oder abweichende Regelungen zu treffen. Ob Gliedkirchen ohne eine solche Ermächtigung im VELKD-Gesetz zu Regelungen in diesem Bereich berechtigt sind, ist umstritten. Das *Kirchenrechtliche Institut der EKD* hat ihnen nämlich in einem Gutachten (vom 14.06.1982 – unveröffentlicht – zum Entwurf eines Pastorenvertretungsgesetzes der Nordelbischen Evangelisch-Lutherischen Kirche S. 4 – 10/10) u.E. im konkreten Fall zu Recht, in der Verallgemeinerung aber zu Unrecht das Recht abgesprochen, Gesetzeslücken zu füllen. – Soweit die ELKiB von solchen Ermächtigungen Gebrauch gemacht hat, sind die entsprechenden Vorschriften nicht – wie üblich – in einem Ergänzungs- oder Ausführungsgesetz enthalten, sondern in das Pfarrergesetz eingearbeitet. Sie sind dadurch kenntlich, daß sie »Art.« bezeichnet werden (während das VELKD-Pfarrergesetz Paragraphen kennt).

Nach den »**Grundlegenden Vorschriften**« (§§ 1 bis 3, o. § 19, 1. a) werden im Pfarrergesetz **geregelt**

– die Ordination (§§ 4 bis 10) und

- das Dienstverhältnis in »Allgemeinen Vorschriften«, also
  1. die »Voraussetzungen für die Berufung zum Pfarrer« (§ 11),
  2. die »Bewerbungsfähigkeit« (§§ 12 f.) und
  3. »der Probedienst« (§§ 14 bis 22),

hier in § 19 unter 2. und 3., S. 229 ff. behandelt,

- die »Begründung des Dienstverhältnisses als Pfarrer« (§§ 23 – 30)

hier in § 19 unter 4., S. 238 behandelt,

- der Dienst des Pfarrers
  1. »in der Gemeinde« (§§ 31 bis 36),
  2. »in einer allgemeinkirchlichen Aufgabe« (§ 37) und
  3. »in einem kirchenleitenden Amt« (§ 38),

hier in § 20, 1. bis 3., S. 242 ff. behandelt,

- das Verhalten des Pfarrers
  1. »in der Gemeinschaft der Ordinierten« (§ 39),
  2. »in Gemeinde und Kirche« (§§ 40 bis 50),
  3. »in Ehe und Familie« (§§ 51 bis 55) und
  4. »in der Öffentlichkeit« (§§ 56 bis 60),

hier in § 20, 4. bis 8., S. 247 ff. behandelt,

- Visitation und Dienstaufsicht (§§ 61 bis 65), die Verletzung der Lehr- und Amtspflicht (§§ 66 bis 68), sowie Schutz und Fürsorge einschließlich der Beteiligung der Pfarrer (§§ 69 bis 79)

hier in § 21, S. 259 ff. behandelt,

- die Veränderung des Dienstverhältnisses als Pfarrer durch
  1. Übertragung einer anderen Pfarrstelle oder allgemeinkirchlichen Aufgabe (§§ 80 bis 89), Abordnung, Beurlaubung, Freistellung vom Dienst aus familiären Gründen (§§ 90 bis Art. 94 a), Übernahme und Umwandlung eines Dienstverhältnisses (§§ 95 bis 96) und
  2. Wartestand und Ruhestand (§§ 97 bis Art. 108 a),

hier in § 22, S. 263 ff. behandelt,

- die Beendigung des Dienstverhältnisses als Pfarrer durch Entlassung, Ausscheiden und Entfernung aus dem Dienst (§§ 101 bis 117),

hier in § 23, S. 276 ff. behandelt.

Anschließend werden im Pfarrergesetz das nicht öffentlich-rechtliche Dienstverhältnis (§ 118, Art. 118 a, hier in § 30, S. 303 behandelt) und das öffentlich-rechtliche Dienstverhältnis mit eingeschränkter Aufgabe (§ 119, Art. 119 a, hier auch in § 30, S. 303 behandelt) geregelt, sowie noch einige abschließende und ergänzende Bestimmungen (§§ 120 bis Art. 133 a) getroffen; sie werden ergänzt durch einen Hinweis auf die Anfechtungsmöglichkeit, hier in § 24, S. 279 ff. behandelt.

Beachte zur **Ermächtigung, Gesetze** in der nach einer Novellierung geltenden Fassung »mit neuer Paragraphenfolge **bekanntzumachen,** dabei die Inhaltsübersicht anzupassen und Unstimmigkeiten des Wortlauts zu beseitigen«: Die VELKD-Generalsynode hat das Kirchengesetz zur Änderung des Pfarrergesetzes der VELKD vom 4. November 1988 beschlossen und dabei die oben zitierte Ermächtigung ausgesprochen (ABl. VELKD 1989 Bd. VI S. 58). Das Lutherische Kirchenamt hat die Neufassung des Pfarrergesetzes am 4. April 1989 bekanntgegeben (ABl. VELKD Bd. VI S. 82). Doch ist der Text des § 28 Abs. 1 nicht korrekt wiedergegeben. Die Generalsynode hat nämlich den entsprechenden § 20 des bisherigen PfG nicht geändert. Er lautet an der hier wichtigen Stelle des Abs. 1: »Die Berufung ist nichtig ..., wenn der Berufene im Zeitpunkt der Berufung nach § 5 oder § 14 nicht ... berufen werden durfte ...«. § 5 lautete: »In das Dienstverhältnis als Pfarrer können Männer und Frauen berufen werden, die die Anstellungsfähigkeit erworben haben und ordiniert sind.« § 14 lautete: »Wer das Recht zur öffentlichen Wortverkündigung und Sakramentsverwaltung verloren hat, kann nicht in ein Dienstverhältnis als Pfarrer berufen werden.«
In der neuen Fassung des von der Generalsynode nicht geänderten Textes dieses Paragraphen wird jedoch auf alle in § 11 Abs. 1 genannten Voraussetzungen verwiesen. Diese pauschale Verweisung ist durch die Ermächtigung nicht gedeckt und damit rechtsunwirksam. § 28 Abs. 1 gilt deshalb nur in dem Umfang, den die Generalsynode beschlossen hat. Er lautet, abweichend von dem vom Kirchenamt veröffentlichten Text, in den hier wichtigen Satzteilen: »Die Berufung zum Pfarrer ist nichtig, ... wenn der Berufene im Zeitpunkt der Berufung nach § 11 Abs. 1 Nr. 2 oder 7 oder § 8 nicht in das Dienstverhältnis als Pfarrer berufen werden durfte ...«
Daß die Bekanntmachung des Lutherischen Kirchenamtes an dieser Stelle nicht richtig sein kann, ergibt sich schon daraus, daß nach § 11 Abs. 2 und 3 von den Bestimmungen des § 11 Abs. 1 Nr. 3, 4, 6 und 8 abgewichen werden kann. Wie kann aber eine Berufung zum Pfarrer nichtig sein, wenn sie – infolge einer zulässig getroffenen Ausnahmeregelung – rechtlich einwandfrei ergangen ist? Nach bisherigem Recht konnte es und, da die Synode dieses an dieser Stelle nicht geändert hat, kann es auch nach geltendem Recht nur zur Nichtigkeit der Berufung führen, wenn der Pfarrer nicht ordiniert ist oder nicht die Bewerbungsfähigkeit erworben hat (oder wenn die Berufung von einer dafür nicht zuständigen Stelle ausgesprochen wurde oder wenn der Pfarrer entmündigt war – s.u.).

2. **Für die Berufung zum Pfarrer** auf Lebenszeit gibt es zwei unabdingbare **Voraussetzungen:** Die Ordination (§§ 4 – Art. 10 a; s.u. a), S. 230 ff.) und die Bewerbungsfähigkeit (§§ 12 f.; s.u. b), S. 233 ff.). Liegt nur eine oder keine dieser Voraussetzungen vor, oder ist die Berufung von einer unzuständigen Stelle ausgesprochen worden, oder war der Betreffende entmündigt, ist die Berufung nichtig (§ 28 Abs. 1). *RS 550*

Dagegen ist die Berufung zum Pfarrer nicht nichtig, wenn andere Voraussetzungen (§ 11 Abs. 1 Nr. 1, 3 – 6, 8 i.V.m. Abs. 2 u. 3, s.u. c), S. 235) fehlen; in diesen Fällen kann die Berufung nur dann zurückgenommen werden, wenn sie durch Täuschung oder auf andere unredliche Weise herbeigeführt wurde; die Rücknahme ist aber nur innerhalb einer Frist von 6 Monaten nach Bekanntwerden des Rücknahmegrundes möglich (§ 29 Abs. 1, 2) und kann selbstverständlich gerichtlich überprüft werden (§ 77).

Beachte: Nichtigkeit ist die »Notbremse« des Gesetzgebers, um etwas zu verhindern, was unter keinen Umständen sein darf. Im allgemeinen sind Entscheidungen nur aufhebbar und anfechtbar; wird eine solche Entscheidung weder von der erlassenden Stelle noch – nach Anfechtung – von der Gerichtsinstanz aufgehoben, ist und bleibt die getroffene Maßnahme wirksam (auch wenn sie gegen eine gesetzliche Vorschrift verstößt). Dagegen ist eine Entscheidung »automatisch« ohne Rechtswirkung, wenn ein Sachverhalt gegeben ist, für den im Gesetz die Nichtigkeit vorgesehen ist. – S.o. § 17, 4. b) (1) unter »Beachte«, S. 213.

In beiden Fällen bleiben die bis zur Feststellung der Nichtigkeit oder der Rücknahme der Berufung vorgenommenen dienstlichen Handlungen des Berufenen wirksam (§ 30 Abs. 2); das gilt z.B. auch für Trauungen, sogar für die Sakramente (vgl. CA Art. 8). Das ist notwendig, um die Rechtssicherheit zu gewährleisten, geistlich aber Kirchenglieder vor Zweifel und Anfechtung zu bewahren. Ob die gezahlten Dienstbezüge belassen oder zurückgefordert werden, entscheidet der Landeskirchenrat (§ 28 Abs. 2 S. 2, § 29 Abs. 4 S. 2).

a) Die **Ordination** ist ein geistlicher Akt mit auch rechtlicher Wirkung[1)], durch den die Kirche den Ordinanden auf seinen Antrag (Art. 5 a) hin und nach entsprechenden klärenden Gesprächen (§ 5 Abs. 2) und einer schriftlichen Verpflichtung (§ 6 Abs. 1 i.V.m. Art. 6 a) in den Dienst nimmt, indem sie dem Ordinierten Auftrag und Recht zur öffentlichen Wortverkündigung und zur Sakramentsverwaltung überträgt. (§ 4 Abs. 1 HS. 1; eine Bestimmung, daß der Ordinand eine persönliche schriftliche Äußerung zu Schrift und Bekenntnis abzugeben hat, enthält das bayer. Ergänzungsgesetz in Art. 5 a). Die Ordination ist Voraussetzung sowie prägendes Element und maßgebliche Substanz des Pfarrerdienstverhältnisses (§§ 11 Abs. 1 Nr. 2, 4 Abs. 1 u. 2), die Pflichten und die Rechte aus der Ordination bilden den

1) *H. Maurer*, Die Pflichten des Pfarrers aus Ordination und Dienstverhältnis, ZevKR 32 (1987) S. 571; wegen der Pflichten, insbesondere des vollen Einsatzes, in Ehe und bei politischer Betätigung: *S. Lüttke,* Pflichten des Pfarrers aus Ordination und Dienstverhältnis, ZevKR 33 (1988) S. 1; vgl. auch Fn. 2 und Text dazu.

wesentlichen Inhalt des Pfarrerdienstverhältnisses (§ 4 Abs. 3; vgl. §§ 2 und 4 Abs. 2). Durch die Einbeziehung der Ordination in das Dienstverhältnis sind die Pflichten aus der Ordination zugleich Dienstpflichten[1]. Diese sind umfassend: Da der Pfarrer in seinem Dienst die »grundlegende Geltung« des Evangeliums in Wort und Sakrament auch für die eigene Person und damit auch für seine Familie zu bezeugen hat, kann z.B. nicht ordiniert werden, wer mit einem Partner verheiratet ist (oder einen solchen heiraten will), der keiner christlichen Kirche angehört[2]. Auftrag und Recht sind umfassend und gelten grundsätzlich[3] (§ 4 Abs. 1 HS. 2) auf Lebenszeit. Es gibt also keine Ordination »pro loco oder pro tempore«, keine Beschränkung auf ein bestimmtes Gebiet oder für eine bestimmte Zeit.

Auftrag und Recht zur öffentlichen Wortverkündigung und Sakramentsverwaltung gehen kraft Gesetzes (= ipso iure, also automatisch) nach § 7 Abs. 1 **verloren,**

- durch schriftlichen (§ 7 Abs. 5) Verzicht des Ordinierten,
- durch Beendigung des Dienstverhältnisses (§§ 111 Abs. 2, 112 Abs. 4, 114 S. 2, 115 Abs. 2; vgl. § 5 Abs. 1),
- durch Spruch in einem Verfahren nach Lehrbeanstandung (§ 116) und
- durch Aberkennung in einem Verfahren wegen Amtspflichtverletzung (§ 117, AVerG § 88; vgl. auch AVerG § 79 Buchst. d, RS 960).

In diesen vier Fällen handelt es sich um Vorgänge, die eindeutig sind und durch schriftliche Unterlagen festliegen, so daß es einer besonderen Feststellung nicht bedarf. Die Situation wird durch die Rückgabe der Ordinationsurkunde (§ 7 Abs. 6) eindeutig (wobei zweifelhaft ist, ob eine Möglichkeit besteht, diese Urkunde zwangsweise zurückzuholen); sie kann auch für ungültig erklärt werden (§ 7 Abs. 6 S. 2 u. 3).

Nach Beendigung des Dienstverhältnisses können[4] jedoch Auftrag und Recht aus der Ordination belassen werden (§ 7 Abs. 1 Nr. 2, vgl.

2) So für einen jüdischen Partner u.E. überzeugend *LKR* der ELKiB in Nachrichten 1993 H. 15/16 S. 303; a.A. wohl *badischer LKR* nach Änderung des bad. PfG, DPfBl. 1993 H. 8 S. 402. Vgl. auch das Leitende Geistliche Amt der EKHN lt. DPfBl. 1993 H. 8 S. 402, wonach die »sexuelle Orientierung« eines Pfarrers kein Kriterium bei der Einstellung sei, und *H. Maurer*, Bestehen für die Lebensführung von Pfarrern und Kirchenbeamten besondere rechtliche Anforderungen?, ZevKR 38 (1993), S. 397 ff.

3) Zur Bedeutung des Wortes »grundsätzlich« s.o. § 16, 3. a) unter »Beachte«, S. 203.

4) Die Entscheidung liegt im (normalen) pflichtgemäßen Ermessen; dabei kann also z.B. berücksichtigt werden, ob der Pfarrer verbindlich in den Dienst einer (anderen) Landeskirche hineingenommen wird, er also seinen Dienst in der üblichen Begleitung und Aufsicht einer Kirche ausüben wird (vgl. VGH der EKU 11.5.1990 – VGH 7/88 – RSprB. 1991 Nr. 9).

§ 112 Abs. 1 bis 3), etwa wenn ein neuer Dienstauftrag im Sinn des § 5 Abs. 1 schon besteht oder in Kürze zu erwarten ist.

In allen anderen Fällen sollen Auftrag und Recht zur öffentlichen Wortverkündigung und zur Sakramentsverwaltung in einem besonders geregelten Verfahren entzogen werden, wenn (1) ein »geordneter kirchlicher Dienst i.S.d. § 5 Abs. 1« nicht mehr wahrgenommen wird **und** (2) »ein kirchliches Interesse an der Belassung von Auftrag und Dienst nicht besteht« (§ 7 Abs. 2 S. 1, Abs. 3 u. 4) oder »wenn die Wahrnehmung der Lehraufsicht und der Aufsicht über die Amts- und Lebensführung unmöglich geworden oder erheblich erschwert ist« (§ 7 Abs. 2 S. 2).

»Auftrag und Recht zur öffentlichen Wortverkündigung und zur Sakramentsverwaltung können auf Antrag **wieder übertragen** werden« (§ 9 Abs. 1 S. 1 HS. 1); Näheres vgl. § 9. Ein übergetretener katholischer Priester muß ordiniert werden, um Pfarrer in der ELKiB werden zu können, da seine Priesterweihe, nach katholischer Lehre ein Sakrament, etwas anderes ist als die Ordination. Dagegen wird bei Ordinierten aus anderen Kirchen der Reformation, die bei ihrer Ordination nicht auf das evangelisch-lutherische Bekenntnis verpflichtet worden sind, (nur) diese Verpflichtung nachgeholt (§ 11 Abs. 4).

Die Ordination ist also keine Weihe mit einem *character indelebilis* (wie ihn die Weihe des katholischen Priesters hat, die weder zurückgenommen werden noch sonst verloren gehen kann).

Auch wenn die Ordination »in der Regel«[5] voraussetzt, daß »ein Dienstverhältnis als Pfarrer begründet werden soll« (so § 11 Abs. 1 des bis zum 31.12.1989 geltenden Rechtes ausdrücklich), gibt es neuerdings doch auch die Ordination zum Ehrenamt (§ 118: »Für Ausnahmefälle oder zur Erprobung«; Art. 10 a; s.u. § 36 1. b), S. 325) oder zu einem Dienst im Angestelltendienstverhältnis (§ 118: »Für Ausnahmefälle oder zur Erprobung«; Art. 10 a; ErproG § 23, RS 501; Dienstordnung für Pfarrer im privatrechtlichen Dienstverhältnis; Verordnung über das Dienstverhältnis der Theologinnen auf Dienstvertrag, bes. § 1 Abs. 2, RS 504, 505). Dagegen ist eine »ordinatio in nihil« ausgeschlossen: Ordiniert werden kann immer nur, wer in einen konkreten Dienst berufen werden soll, für den die Ordination notwendig ist (§ 5 Abs. 1).

5) »In der Regel« (ähnlich »regelmäßig«) besagt etwa das gleiche wie »grundsätzlich« (s.o. Fn. 3); es gibt also Ausnahmen von der Regel.

Die Entscheidung über die Ordination liegt beim LKR (KVerf Art. 65 Abs. 2 Nr. 3 HS. 2). Das Recht zu ordinieren haben der Landesbischof (KVerf Art. 60 Abs. 2) und die Kreisdekane jeweils für ihren Kirchenkreis (KVerf Art. 63 Abs. 4), in deren Vertretung auch der Dekan, der im Kirchenkreis vertritt (KVerf Art. 64; anders die – auch theologisch nicht unbedenkliche – Praxis des LKR).

Zur Überbrückung der Zeit zwischen Amtsantritt als Pfarrer z. A. und einem späteren Vollzug der Ordination ist aus pragmatischen Gründen eine vorläufige Beauftragung mit Wortverkündigung und Sakramentsverwaltung durch den Kreisdekan vorgesehen (Art. 15 a Abs. 2)[6].

Beachte: Auch andere befähigte Gemeindeglieder können in den Dienst der öffentlichen Wortverkündigung und Sakramentsverwaltung berufen werden (vgl. Prädikantengesetz, s.u. § 36, 1. c), S. 326 f.). Bei Gefahr des Todes darf jeder Christ taufen (»Nottaufe«; s. Ordnung des kirchlichen Lebens, I, 9 – RS 200; eine entsprechende Bestimmung gibt es für die Spendung des Heiligen Abendmahls nicht; vgl. a.a.O. VI).

b) Die **Bewerbungsfähigkeit** wird nach Bewährung im Probedienst (s.u. 3.) verliehen (§ 12). Sie wird von der VELKD und ihren Gliedkirchen gegenseitig anerkannt (§ 13 Abs. 1). Sie gibt aber kein Recht auf die Berufung zum Pfarrer[7] (§ 13 Abs. 2).

Beachte: Weder die Ordination noch die Bewerbungsfähigkeit geben ein (einklagbares) Recht auf Begründung eines Dienstverhältnisses als Pfarrer (§ 5 Abs. 1, § 13 Abs. 2; vor allem aber § 11 Abs. 1: »zum Pfarrer **kann**[8] berufen werden«).

Es gibt auch **keinen Rechtsanspruch, ordiniert zu werden oder die Bewerbungsfähigkeit zu erhalten.**

Für die **Ordination** bestimmt § 5 Abs. 5 HS. 1: »eine kirchengerichtliche Nachprüfung der Versagung der Ordination findet nicht statt«. Die Entscheidung über die Ordination ist eine geistlich-kirchenleitende Entscheidung und entzieht sich deshalb einer rechtlichen Nachprüfung (kein Kirchengericht kann hier anstelle des zuständigen kirchenleitenden Organs treten). Im Hinblick auf die rechte Verkündigung in der Kirche sollte (schon) dann nicht ordiniert werden, wenn begründete Zweifel an der Eignung des Bewerbers bestehen. – **Verfahrensmängel** können jedoch auch bei der Ordination geltend gemacht werden (§ 5 Abs. 5 HS. 2).

6) Zur Frage: Sakramentsverwaltung vor der Ordination? Vgl. die Dokumentation in KorrBl. 1988 S. 129, 153 u. 167.

7) Vgl. *KGericht der Nordelbischen ELK*, 18.4.1977 – KG NELK 1/77 –, ZevKR 23 (1978) S. 283 – 289.

8) Zur Bedeutung des Wortes »kann« s.u. § 22, 8., S. 272 unter »Beachte«.

Für die **Bewerbungsfähigkeit** folgt das Fehlen eines Rechtsanspruches schon daraus, daß § 12 Abs. 1 die Worte »in der Regel«[5] enthält (zweifelhaft). Entscheidend ist jedoch, daß die Feststellung der Eignung für den Dienst eines Pfarrers (als Voraussetzung der Verleihung der Bewerbungsfähigkeit) in einem der gerichtlichen Nachprüfung nicht zugänglichen Ermessensspielraum erfolgt; doch ist auch hier eine Nachprüfung durch ein Kirchengericht insoweit möglich, als der LKR weder mißbräuchlich handeln noch im Einzelfall gegen eine ständige Übung verstoßen darf. – Näher dazu u. 3. a E., S. 237 f.

Eine Ablehnung muß (selbstverständlich!) begründet werden. Ob das auch juristisch geboten ist, damit nachgeprüft werden kann, ob die Grundsätze der Verhältnismäßigkeit und der Fürsorge bei der Entscheidung berücksichtigt worden sind[9], erscheint zweifelhaft.

Zur Problematik eingehend und überzeugend *v. Tiling*, a.a.O. (Fn. 9), unter Hervorhebung der Unterschiede zum staatlichen Recht S. 123 ff. und in sorgsamer Auswertung der Rechtsprechung. Zutreffend auch *VG EK Berlin-Brandenburg* v. 9.11.90, VG 13/90 in ZevKR 37 (1992) S. 186 – 193 = RSprB. 1993 H. 8 S. 385 f., Nr. 4.

c) *(1)* Die **Voraussetzungen für die Berufung zum Pfarrer** sind in § 11 Abs. 1 abschließend aufgeführt. Sie gelten für die Berufung sowohl zum Pfarrer auf Probe (ausgenommen § 11 Abs. 1 Nr. 2 u. 7; § 15 Abs. 1 S. 1; s.o. a) u. b) als auch zum Pfarrer auf Lebenszeit (§ 23 Abs. 1 i.V.m. § 1 Abs. 1 S. 3).

(a) **Unverzichtbar** ist, daß der Bewerber gem. § 11 Abs. 1 Nr. 1, 2, 5 u. 7)[10]

- evangelisch-lutherischen Bekenntnisses ist,
- ordiniert ist (s.o. a), S. 230 ff.[10]),
- erwarten läßt, daß er den Anforderungen gewachsen ist, die das Pfarrergesetz an ihn stellt und
- die Bewerbungsfähigkeit erworben hat (s.o. b)[10]).

Beachte: Wenn das Gesetz voraussetzt, daß ein Bewerber **erwarten läßt,** daß er den Anforderungen, die an einen Pfarrer zu stellen sind, genügen wird, statuiert es eine (positive) Erwartung. Das bedeutet, daß dann, wenn **Bedenken bestehen,** die nicht ausgeräumt sind,

9) So *Rechtshof der Konförderation* evang. Kirchen in Niedersachsen v. 17.5.1991 – Konf.R 1/89 – RSprB. 1991 Nr. 2. – Bedenken hat auch *v. Tiling,* Zum Beurteilungsspielraum bei Entscheidungen über die Eignung zum Pfarramt, ZevKR 37 (1992) S. 113 – 127).

10) Ordination und Bewerbungsfähigkeit sind Voraussetzung für die Berufung zum Pfarrer auf Lebenszeit, nicht jedoch für die Berufung zum Pfarrer auf Probe (§ 15 Abs. 1 S. 1).

diese Voraussetzungen nicht gegeben, also eine **Berufung zum Pfarrer ausgeschlossen** ist. S.u. unter »Beachte« vor 3. S. 236 und u. den letzten Abs. v. 3., S. 237!

(b) Von der Anforderung, daß der Bewerber (gem. § 11 Abs. 1 Nr. 3, 6 u. 8)

- einer Gliedkirche der EKD angehört,
- frei von Krankheiten und Gebrechen ist, die die Ausübung des Dienstes wesentlich hindern, und
- das 40. Lebensjahr noch nicht überschritten hat,

kann in **besonderen Ausnahmefällen** abgesehen werden (§ 11 Abs. 2).

Beachte: Daß das Gesetz nicht von »**Ausnahmefällen**«, sondern von »**besonderen Ausnahmefällen**« spricht (§ 11 Abs. 2) zeigt, daß es Ausnahmen nur bei Vorliegen ganz besonderer Umstände und Gründe zulassen will.

Beachte: Es ist also möglich, kranke Bewerber in den Dienst der Kirche zu nehmen. Das geht ohne weiteres, wenn das Leiden die Ausübung des Dienstes nur behindert (vgl. § 11 Abs. 1 Nr. 5: »**wesentlich** hindern«). Selbst bei einer wesentlichen Behinderung ist die Berufung in besonderen Ausnahmefällen möglich. Der Apostel Paulus könnte also Pfarrer der ELKiB werden.

(c) **Weitere Voraussetzung** für die Berufung zum Pfarrer ist, daß der Bewerber

- wissenschaftlich und praktisch entsprechend ausgebildet ist, insbesondere die entsprechenden Prüfungen abgelegt hat oder sonst gleichwertig qualifiziert ist (§ 11 Abs. 1 Nr. 4, Abs. 3).

(2) »Die Berufung zum Pfarrer ist **nichtig**, wenn sie von einer unzuständigen Stelle vorgenommen ist oder wenn« der Bewerber nicht ordiniert ist oder die Bewerbungsfähigkeit nicht besitzt oder wenn er entmündigt ist (§ 28 Abs. 1 ist irreführend formuliert; vgl. o. § 19 1. b) a.E. unter »Beachte«, S. 229).

In allen anderen Fällen ist die Berufung rechtswirksam; sie kann aber zurückgenommen werden, wenn sie »durch Täuschung oder auf andere unredliche Weise herbeigeführt wurde« (§ 29 Abs. 1 S. 1). Diese Rücknahme der Berufung kann gerichtlich nachgeprüft werden (§ 77 Abs. 1).

Beachte: Nach § 11 darf nur berufen werden, wer evangelisch-lutherischen Bekenntnisses ist (darauf wurde er ja ordiniert!) und erwarten läßt, daß er den Anforderungen nach dem Pfarrergesetz genügen wird (was einer rechtlichen Nachprüfung kaum zugänglich ist). Wird ein Bewerber, der diese Voraussetzungen nicht erfüllt, dennoch zum Pfarrer ernannt, ohne daß er sich unredlich verhalten hat, ist und bleibt die Berufung rechtswirksam.

RS 500 3. **Nach bestandener Anstellungsprüfung** (§ 11 Abs. 1 Nr. 4 oder in einem Fall des § 11 Abs. 3; s.u. § 27, 5. S. 290) kann[8] (!; vgl. § 19, 2., a) u. b), S. 233) der Bewerber in ein öffentlich-rechtliches Dienst- und Treueverhältnis **auf Probe**« aufgenommen werden (§ 14 Abs. 1), wenn auch die sonstigen Voraussetzungen erfüllt sind (§ 15 Abs. 1 i.V.m. § 11 Abs. 1 Nr. 1, 3, 5, 6 u. 8, Abs. 2; s.o. 2. c), S. 234 f.; beachte jedoch § 15 Abs. 2 u. Abs. 3 S. 3). Der Probedienst ist ein öffentlich-rechtliches Dienstverhältnis mit dem Ziel, »dem Pfarramtskandidaten die Gelegenheit zu geben, sich im Dienst eines Pfarrers in eigener Verantwortung zu erproben, Begabungen und Fähigkeiten sowie deren Grenzen deutlicher zu erkennen« und »seine Kenntnisse und Fähigkeiten (zu) vertiefen und aus(zu)weiten« (wie es früher – auch heute noch zutreffend – in § 17 Abs. 1 des damaligen Kandidatengesetzes geheißen hat); das Nähere zur Fort- und Weiterbildung in den ersten Amtsjahren[11] ist in einer entsprechenden Ordnung niedergelegt (RS 522).

Der »**Pfarrer z. A.** (zur Anstellung)« (§ 17 Abs. 3) soll[12] (aufgrund der Bewährung im Vorbereitungsdienst) auf Antrag zu Beginn des Probedienstes ordiniert werden (§ 15 Abs. 3 S. 1; Art. 15 a Abs. 1); ist dies »aus unabweisbaren Gründen erst später« möglich, erhält der Pfarrer z. A. »eine vorläufige Beauftragung« zur öffentlichen Wortverkündigung und Sakramentsverwaltung durch den Kreisdekan (Art. 15 a Abs. 2 aufgrund § 15 Abs. 3 S. 2). – Grundsätzlich[3] gelten die Vorschriften des Pfarrergesetzes auch für die Pfarrer z. A. (§ 14 Abs. 3), jedoch mit Sonderbestimmungen für Fort- und Weiterbildung; es gilt insbesondere die FortbildungsO in den ersten Amtsjahren (Art. 16 c Abs. 1, RS 522) und deren weitergeltende Besonderheiten. Der Pfarrer z. A. wird wie ein Pfarrer (auf Lebenszeit) eingesetzt (§ 17 Abs. 1; näher Art. 17 a und 17 b); er kann jedoch versetzt werden (§ 17 Abs. 1 S. 2). Unmittelbarer Dienstvorgesetzter ist der Dekan/Leiter der Dienststelle (Art. 17 c Abs. 2), der auch vor der möglichen Verleihung der Bewerbungs-

11) Vgl. *Gräßmann*, Den »Praxisschock« ausbremsen, 10 Jahre Fortbildung in den ersten Amtsjahren (FEA), Nachrichten 1992 H. 13 S. 245 (vgl. auch *ders.*, Nachrichten 1989 H. 2 S. 13).

12) Zur Bedeutung des Wortes »soll« s.u. § 22, 1. d) u. 8., je unter »Beachte«, S. 268 u. S. 272.

fähigkeit eine Beurteilung abgibt (Art. 16 c Abs. 3). – Eingehend sind **Entlassung** und **Ausscheiden** aus dem Dienst geregelt (§§ 18 Abs. 2, 19 – 22). – Bei einer Verletzung der Amtspflichten kommt es beim Pfarrer z. A. nie zu einem förmlichen Entlassungs-Verfahren. War die Verfehlung so schwerwiegend, daß eine Amtszuchtverfügung nicht ausreichend wäre, werden Pfarrer z. A. – nach gründlicher Aufklärung durch eine förmliche Untersuchung – im Verwaltungsweg entlassen (AVerG § 2).

Nach **Verleihung der Bewerbungsfähigkeit** (s.o. 2. b), S. 233 ff.) kann das Dienstverhältnis des Pfarrers z. A. nur unter den Voraussetzungen beendet werden, die für einen Pfarrer auf Lebenszeit gelten (Art. 13 a Abs. 5). Mit der ihm übertragenen Aufgabe soll[12] er i.d.R.[13] 5, höchstens 7 Jahre beauftragt bleiben (Art. 18 a Abs. 2). Dem Pfarrer z. A. mit Bewerbungsfähigkeit kann die erste Pfarrstelle übertragen werden, ohne daß er sich darum beworben hat (Art. 18 a Abs. 3); vorher erhält er Gelegenheit, sich zu äußern (§ 18 Abs. 4 S. 1), »auf seine persönlichen Verhältnisse« ist »Rücksicht zu nehmen«, jedoch nur »im Rahmen der dienstlichen Erfordernisse« (§ 18 Abs. 4 S. 2); letztere haben also (wie stets im öffentlich-rechtlichen Dienstverhältnis) Vorrang.

Der Probedienst dient dazu, »die Eignung für den pfarramtlichen (!) Dienst unter den besonderen Bedingungen der praktischen Verantwortung für eine übertragene Aufgabe« festzustellen (§ 16 Abs. 1) und dauert 3 Jahre (§ 16 Abs. 2 HS. 1. Wegen der Anrechnungen bestimmter Zeiten vgl. Art. 16 a, gem. § 16 Abs. 2 S. 2). »Ergeben sich während des Probedienstes Zweifel an der Eignung«, wird das dem Pfarrer z. A. »alsbald« mitgeteilt; er wird dazu gehört (§ 16 Abs. 3). Wird die »Nichteignung festgestellt« oder wird ihm binnen 5 Jahren »die Bewerbungsfähigkeit nicht verliehen«, ist der Pfarrer z. A. zu entlassen (§ 18 Abs. 2 Nr. 1 u. 2). Die **Bewerbungsfähigkeit** ist zu verleihen, wenn im Probedienst »keine Tatsachen bekannt geworden« sind, »die die Eignung ausschließen« (§ 16 Abs. 4, über die Zurücknahme: § 16 Abs. 5); die Beurteilung ist in beiden Fällen eine wesentliche Entscheidungsgrundlage (Art. 16 c Abs. 2, 3).

»Bei der Feststellung, ob begründete Bedenken gegen die Eignung ... als Pfarrer bestehen (...), steht dem Dienstherrn – ... – ein gerichtlich nicht überprüfbarer **Beurteilungsspielraum** zu. Die Entscheidung ... kann ... nur daraufhin überprüft werden,

13) »In der Regel« entspricht etwa dem »grundsätzlich« (s.o. Fn. 3, läßt also Ausnahmen in begründeten Fällen zu.

– ob der Begriff der begründeten Bedenken gegen die Eignung und die gesetzlichen Grenzen des Beurteilungsspielraums verkannt worden sind,

– ob der Beurteilung ein unrichtiger Sachverhalt zugrunde liegt und

– ob allgemeine Wertmaßstäbe nicht beachtet oder sachwidrige Erwägungen angestellt worden sind[14].«

4. **a)** Die **Berufung zum Pfarrer auf Lebenszeit** erfolgt stets zugleich als Berufung zu einem konkreten Dienst durch »Übertragung einer Pfarrstelle« oder durch »Übertragung einer allgemein-kirchlichen Aufgabe« (§ 23; über Pfarrer mit allgemein-kirchlichen Aufgaben vgl. § 37 – Art. 38 a, § 88, Art. 88 a, Art. 125 a – 128 a). Der Übertragung einer Pfarrstelle geht dabei stets ein besonderes Besetzungsverfahren voraus (vgl. Pfarrstellenbesetzungsordnung, s.u. § 26, S. 283 ff.), das gliedkirchlicher Regelung vorbehalten ist (§ 13 Abs. 3).

Der berufene Pfarrer wird in einem Gottesdienst in sein Amt eingeführt (§ 24, die Berufung wird aber erst mit der Aushändigung der Berufungsurkunde zu dem in ihr bezeichneten Tag wirksam (§ 25 Abs. 1 S. 1). Dagegen wird der Pfarrer z. A. in einem Gottesdienst vorgestellt (§ 17 Abs. 2).

Die Amtsbezeichnung für das ganze Leben des Pfarrers ist in § 26 genannt, für Pfarrer z. A. in § 17 Abs. 3[15].

Eine Verpflichtung (mit Niederschrift) »auf die gewissenhafte Einhaltung der kirchlichen Ordnungen und der Erfüllung seiner Obliegenheiten« erfolgt »bei Begründung des Dienstverhältnisses« (§ 27 Abs. 1, also bei der ersten Übertragung einer Stelle gem. § 23). Doch besteht die in § 27 Abs. 2 erwähnte »Verantwortlichkeit des Pfarrers für die Ausübung des Dienstes und für sein Verhalten« unabhängig davon (§ 27 Abs. 2). Eine gelegentliche Erinnerung an diese selbst eingegangene Verpflichtung wäre manchmal notwendig, oft gut, nie schädlich.

b) Die im PfG an dieser Stelle folgenden §§ 28 – 30 regeln die Rechtsfolgen einer **nichtigen** oder auf unredliche Weise herbeigeführten Berufung zum Pfarrer. Sie wurden schon oben (2. vor a) und 2. c) (2), S. 229 f. u. S. 235) im Zusammenhang behandelt.

14) *VuVG der Evang. Kirche in Hessen u. Nassau*, 12.05.1989 – II 1/89, RSprB. zu ABl. EKD 1990, S. 8/10 unter Bezug auf BVerwGE 15, 39/40 f. – Vgl. o. 2. b) unter »Beachte« u. dort die in den Fn. 7 u. 9 genannten Entscheidungen, S. 233.

15) Vgl. *H. Wulf*, Titel oder Dienstbezeichnung? DPfBl. 1993 H. 1 S. 545 f.

Literatur: Pfarrerrecht allgemein: *St. Aldag,* Das eine Amt und der episkopale Dienst in der lutherischen Kirche, ZevKR 34 (1989) S. 49 – 58; *J. Dierken*, Amtsverständnis und Berufsbild des Pfarrers. Thesen zur Integration theologischer und soziologischer Perspektiven, DPfBl. 1990 H. 7 S. 284; *Funke*, Der Pfarrer als Rektor geistlicher Dienste, Monatsschrift für Pastoraltheologie Bd. 48 S. 449 – 458, Göttingen 1959; *G. Grethlein*, Das Pfarrer-Dienst-Recht in Bayern (1809 – 1989) in FS 100 Jahre Pfarrer- und Pfarrerinnenverein in Bayern, Ansbach 1991; *ders.,* Deutsches Pfarrerdienstrecht in der Europäischen Union, DPfBl. 1993 H. 4 S. 176 – 178; *M. Josuttis*, Der Pfarrer ist anders. Aspekte einer zeitgenössischen Pastoraltheologie, München 3. Aufl. 1987, mit (kritischer) Besprechung v. *H. Breit*, Nachrichten 1982 H. 13 S. 254; *ders.*, Der Traum des Theologen. Aspekte einer zeitgenössischen Pastoraltheologie 2, München 1988, mit (positiver) Besprechung v. *H. Willberg,* Nachrichten 1990 H. 5 S. 97; *G. Linnenbrink,* Zur Frage der Lebensführung kirchlicher Mitarbeiter, insbesondere der Pfarrerschaft, ZevKR 38 (1993) S. 381 ff.; *H. Lohse*, Kleine evangelische Pastoralethik, Göttingen 1985; *H. Maurer*, Bestehen für die Lebensführung von Pfarrern und Kirchenbeamten besondere rechtliche Anforderungen?, ZevKR 38 (1993) S. 397 ff.; *W. Maurer;* Pfarrerrecht und Bekenntnis, Berlin 1957; *H. Meinzolt*, Kirchengesetz über das Dienstverhältnis der Pfarrer, erläutert, München 1939; *R. Schröder*, Die Gemeinschaft der Pfarrerinnen und Pfarrer in Bewegung und Bewährung, in DPfBl. 1993 H. 1, S. 4 – 9*; Sievers,* Im geistlichen Amt, Hannover 1989; *P. v. Tiling,* Pfarramt, EvStL Sp. 2492 – 2497; *H. Weber,* Die Rechtsstellung der Pfarrer, insbesondere der Gemeindepfarrer ..., ZevKR 28 (1983) S. 1 – 61; vgl. auch *G. Tröger*, Bischofsamt, evangelisch, EvStL Sp. 274 – 280; *ders.,* Das Bischofsamt in der evang.-luth. Kirche, Jus Eccl. Bd. 2, München 1966; *G. Wendt*, Entwicklung in den Ordnungen des Pfarramtes und im Pfarrerdienstrecht in der ELK in Baden, S. 105 – 119 der FS »Die ersten hundert Jahre 1892 – 1992 Evang. Pfarrerverein in Baden e.V., hrsg. v. Wunderer, Karlsruhe 1992.

Beachtenswert ist auch die Schrift: Der Beruf des Pfarrers/der Pfarrerin heute. Ein Diskussionspapier zur VI. Würzburger Konsultation zur Personalplanung in der EKD, aufgrund des Ergebnisses der EKD-Arbeitsgruppe »Pfarrerprofil« formuliert von *H. Birkhölzer, R. Roessler* und *R. Schloz*, hrsg. v. Kirchenamt der EKD, Hannover 1989; dazu wichtig, weil kritisch und weiterführend, *S. Sunnus*, DPfBl. 1990 H. 5 S. 203 f., 209.

Plädoyer für eine **Reform des Pfarramts** – ein seelsorgerliches Wort von Seelsorgern an Seelsorger –, von *Lanzenberger/Schulz/Schumacher* in Bad. Pfarramtsblättern 1994 H. 1 S. 2–14; vgl. auch *Busch,* Chancen für Entwicklung, KorrBl. 1994 S. 41–44, *G. Grethlein,* Nur sonntags immer ...?, Nachrichten 1994 H. 11 S. 201–203 und – in: Dem Evangelium Raum geben, Hrsg. *Jaspert,* Hofgeismar 1994 – *W. Leich* S. 14 u. *W. Dettmar* S. 303 je zum »ministerium ...«.

Kürzere Aufsätze *(1)* **zum Dienst des Pfarrers:** *Glaser,* KorrBl. 1982, S. 73; *Hanselmann,* Nachrichten 1984 H. 7 S. 121; *Herntrich,* Lutherische Monatshefte 1990 H. 6 S. 254; *Josuttis,* KorrBl. 1983, S. 15; *Merz,* (überarbeitet durch *Kantzenbach*) Nachrichten 1987 H. 23/24 S. 456; *Noack,* Nachrichten 1986 H. 18 S. 345; *Odin*, Frankfurter Allgemeine Zeitung 1989 N. 82, 8.4.89, S. 45; *Risto,* DPfBl. 1990 H. 9 S. 369; *R. Scheffbuch,* DPfBl. 1987 S. 502; *W. Schwartz,*, Pfälzisches Pfarrerblatt 1990 H. 6 (Auszüge mit Thesen in DPfBl. 1990 S. 9 S. 392); *Wrede,* DPfBl. 1990 H. 9 S. 372; *Wulf,* Das, was mir leid tut, DPfBl. 1992 H. 4 S. 153 – Zum Wechsel zwischen Pfarramt und Sonderdiensten und umgekehrt: *Koch, Wunderlich* und *Förster*, Nachrichten 1990 H. 3 S. 46, 47 u. 48 sowie *H. Breit* und *M. Göpfert,* Nachrichten 1994 H. 1 S. 27 u. 29.

(2) **Zum Berufsbild des Pfarrers in DPfBl.** *Barié,* 1993 H. 10 S. 488; *Dettmar*, 1974 S. 114; *Dienst,* 1972 S. 115; *Dierken*, 1990 H. 7 S. 284; *Frör/Voll/Riess/Kugler*, 1974 S. 194; *Grüner*, 1987 S. 57; *Haarbeck*, 1989 S. 14; *Hanselmann*, 1984 S. 484; *Kammer,* 1987 S. 60; *Lötsch,* 1988 H. 3 S. 14; *Mumm,* 1983 S. 433; *Stollberg*, 1986 S. 376; *Wintzer,* 1975 S. 106; *Wulf,* 1985 S. 14; – **in KorrBl.:** *Arendt,* 1988 S. 33; mit Erwiderung *Sondermann*, 1988 S. 102; *Berger/Kressel/Seiler/Schattenmann,* 1981 S. 63, 77; *Dietzfelbinger,* 1977 S. 26; *Lins,* 1988 S. 3; *Maser,* 1981 S. 109; *Oechslen,* 1985 S. 38; *Ost,* 1986 S. 27; *Wittmann,* 1983 S. 64; – **in Nachrichten:** *Busch,* 1991 S. 255; *Gräb,* 1991 S. 139; *Gräßmann,* 1986 S. 146; *Vorländer,* 1987 S. 208.

Vgl. auch *Ziegler,* in DPfBl. 1990 H. 5 S. 214 zu der Tagung in Hofgeismar: Das Berufsbild des Pfarrers heute; und *Schlumberger,* Jenseits der Monopole; Pfarrersein in den neunziger Jahren, Nachrichten 1993 H. 4 S. 61 – 63; Beachte: *Raßmann,* Wir **DDR-Pastoren**, DPfBl. 1992 H. 2 S. 53; und *H. Lindner*, Das Pfarramt als Instrument der Gemeindeentwicklung, eine Studie im Auftrag des bayerischen Pfarrer- und Pfarrerinnenvereins, DPfBl. 1993 H. 10 S. 490 – 492; *R. Henkys,* Was haben wir gelernt? Zur öffentlichen Verantwortung des Pfarramts, in DPfBl. 1994 H. 5 S. 208.

(3) **Sonstiges:**

(a) **Zur Belastung:** *Lindner,* Wie groß ist die Last?, KorrBl. 1990 H. 7 S. 97; *ders.*, Zeitfallen und Zeitfresser, KorrBl. 1990, S. 113; *Geuthner,* »Evang. Pfarrer sterben früher«, Strategien gegen das Leiden am Beruf, Nachrichten 1993 H. 4 S. 63 – 65; *Hauschild,* »Der Pfarrer ist immer im Dienst«, Abschied von einer unprofessionellen Arbeitszeithandhabung, DPfBl. 1993 H. 6 S. 275 – 279; *Herntrich,* Was tut der Pastor eigentlich? Lutherische Monatshefte 1990 H. 6 S. 256; *Schneider,* Was man nicht beherrscht, muß zur Last werden, KorrBl. 1990 H. 4 S. 70; *Steck,* Arbeitszeit und Freizeit des Pfarrers, Nachrichten 1990 H. 15/16 S. 289;

(b) **Zu Ehe und Familie:** *Behringer,* DPfBl. 1993 H. 10 S. 484 – 487; *Glaser,* Nachrichten 1991 H. 5 S. 81 – 86; Hanselmann, KorrBl. 1981 S. 121;

(c) **Zum geistlichen Leben:** *Egg,* KorrBl. 1986, S. 36 und 53;

(d) **Zur Kirchenleitung:** *Scharbau,* DPfBl. 1985, S. 455;

(e) **Zum Kirchenvorstand:** *Lück,* DPfBl. 1985, S. 467;

(f) **Zu den Mitarbeitern:** *Kirchhoff* (bez. der Religionslehrer(innen)), DPfBl. 1990, S. 384; *Klemm,* Klärungsbedarf Pfarrer/innen und Ehrenamtliche, KorrBl. 1990, S. 155; *Lindner,* DPfBl. 1990, S. 472; *Schäfer,* DPfBl. 1972, S. 43;

(g) **Zu anderen Pfarrern:** *Kögel,* DPfBl. 1972, S. 81;

(h) **Zur »Pfarrfrau«:** *Jendreieck/Dietzfelbinger/Michold/Ehnis/Butz-Will,* KorrBl. 1986 S. 132 – 135; *Pajunk,* DPfBl. 1990 H. 8 S. 351 f. (Tagungsbericht);

(i) **Zum Pfarrhaus:** Haus in der Zeit. Das evangelische Pfarrhaus heute, hrsg. v. *Riess,* München 1979; Pfarrerskinder, Autobiographisches zu einem protestantischen Thema, hrsg. v. *Greiffenhagen,* Stuttgart 1982; *ders.,* Das evangelische Pfarrhaus. Eine Kultur- und Sozialgeschichte, Stuttgart 1991; vgl. die im *Wartburg-Verlag Jena* erscheinenden Beiträge zum Seminar »Das evangelische Pfarrhaus in der Neuzeit« (s. DPfBl. 1990 H. 7 S. 299);

(k) **Zur religiösen Kompetenz:** *Schall,* DPfBl. 1993 H. 6 S. 271 – 275.

Vgl. auch bei den Einzelthemen: Amtspflichtverletzung § 21, 2.; Beicht- und Seelsorgegeheimnis: § 20, 5.; Besoldung: § 28, 2.; Erprobungsgesetz (Teildienst, Beurlaubung, im Angestelltenverhältnis): § 30; Lehrbeanstandung: § 21, 2.; Ordination: § 19, 2.a); Politische Betätigung: § 20, 8. e); Versetzung: § 22, 1.b); Versorgung: § 28, 3.; Visitation: § 21, 1.

Literatur insbesondere zur Ordination: Amt und Ordination, Stellungnahme des Theologischen Ausschusses der VELKD 1970 und 1976, KorrBl. 1984, S. 53 u. 76; Empfehlungen zur Ordination, *Arnoldshainer Konferenz,* ABl. EKD 1987 H. 1 S. 4; *Honecker,* Zur Frage der Ordination von Theologen in Sonderdiensten auf Zeit, ZevKR 30 (1985) S. 63; *Lüttke* a.a.O., o. Fn. 1; *H. Maurer,* a.a.O., o. Fn. 1; *W. Müller,* Ordinierendes Handeln der Kirche. Kontaktgespräche zwischen Landeskirchenrat u. Hauptvorstand des Pfarrervereins, KorrBl. 1984, S. 53; *Scharbau,* Zustimmung ist (fast) sichergestellt. Die Leuenberger Konkordie hat sich weithin durchgesetzt, Lutherische Monatshefte 1987 H. 7 S. 320; *Volker,* Ordination und Sorgfaltspflicht der Kirchen, DPfBl. 1985, S. 521.

§ 20
Dienstpflichten des Pfarrers

1. Zu den Dienstpflichten des Pfarrers gehört in erster Linie die
RS 500 **öffentliche Wortverkündigung und Sakramentsverwaltung** in seinem konkreten Aufgabenbereich (§§ 31, 37 Abs. 1, 38 Abs. 1)[1]. Daraus folgt für den Gemeindepfarrer unmittelbar die Pflicht zur Leitung des Gottesdienstes (vgl. *Disziplinarhof der EKD*, unierter Senat, 25.11.1975, RSprB 1987 S. 17), zur Vornahme der Amtshandlungen, zur christlichen Unterweisung und zur Seelsorge, und zwar auch über die eigene Gemeinde hinaus im Rahmen der geordneten **Zusammenarbeit** mit anderen Gemeinden (§ 32 Abs. 1 S. 2, Art. 32 a; vgl. »Dekanatsbezirk als Aktionseinheit«). Durch diese (pfarramtlichen) Tätigkeiten geschieht Gemeindeleitung[2] (weshalb § 31 auch vom »Hirten« spricht). Der Pfarrer ist so der »Rektor der geistlichen Dienste« in der Gemeinde (vgl. die Ordnung des geistlichen Amtes[2], *RS 506*). – Zur Förderung des **Gemeindeaufbaus** gehört auch das Bemühen, vorhandene Gaben zu finden, Gemeindeglieder zur Mitarbeit zu gewinnen und zuzurüsten (»daß in der Gemeinde der missionarische Wille und die ökumenische Verantwortung geweckt und daß die Liebestätigkeit und christliche Haushalterschaft sowie die kirchlichen Werke gefördert werden«; § 32 Abs. 2 u. 3). Es bleibt (leider nur) zu hoffen, daß die lapidare Feststellung des § 32 Abs. 4 »die rechte Ausübung des Hirtenamtes schließt ungeistliches Handeln aus«, allgemein ihren Niederschlag im Umgang der Pfarrer mit den Gemeindegliedern finden wird; besondere Defizite sind hier immer wieder beim Vollzug des Mitarbeitervertretungsgesetzes festzustellen; die Pfarr-»Herren« sterben nicht aus.

Neben diesen geistlichen Aufgaben sind auch die Aufgaben des Pfarrers in der **Verwaltung,** der pfarramtlichen Geschäftsführung[3], der Kirchenbuchführung und in Vermögens- und Geldangelegenheiten (§ 33) nicht nur von untergeordneter und vordergründiger Bedeutung; ihm sind mit der Aufsicht über die kirchlichen Bauten, mit den alten und neuen Kunstwerken, mit den Abendmahlsgeräten u.a. oft erhebliche Werte anvertraut. Schlamperei, falsche Großzügigkeit u.ä. sind auch im Hinblick auf die Rolle, die die getreue Haushalterschaft – selbst im

1) Zum Verhältnis von Dienstpflichten zu Pflichten aus der Ordination s.o. § 19, 2. a) mit Literatur in Fn. 1, S. 230.
2) Über das geistliche Amt und seine theologische Grundlegung s.o. § 19 1. a), S. 226; über die Zusammenarbeit mit dem Kirchenvorstand s.u. 4. b), S. 248, 257 f.
3) Dazu: *Hanselmann*, Keine Angst vor der Pfarramtsführung, München 1971, sowie allg. *Perels*, Wie führe ich eine Kirchengemeinde? Möglichkeiten des Managements, Gütersloh 1990 (besprochen v. *Lindner*, Nachrichten 1990 H. 15/16 S. 318).

geringsten! – in der Bibel spielt (*Luk.* 16/10,11 f.; 19/17; *1. Kor.* 4/2), durchaus geeignet, das Ansehen des Pfarrers zu vermindern und damit seine Wirkungsmöglichkeiten zu erschweren und die Glaubwürdigkeit seiner Verkündigung und der Kirche zu beeinträchtigen[4)].

Selbstverständlich sind die kirchlichen Ordnungen, also die Agende, die kirchlichen Gesetze und die sonstigen kirchlichen Ordnungen für den Pfarrer verbindlich (§ 3 Abs. 4 S. 1): Der Pfarrer ist kein »Einzelkämpfer« (s.u. 4. mit Fn. 9, S. 247), sondern Glied der Kirche – und lebt damit in dieser Gemeinschaft der Gläubigen und nach deren Regeln.

2. **a)** »Dem Pfarrer ist der Dienst an allen Gliedern seiner Gemeinde aufgegeben« (§ 35 Abs. 1); das hat Auswirkungen bis hin zur politischen Betätigung (s.u. 8. e), S. 254 f.). Der Pfarrer ist für die in einem bestimmten Gebiet lebenden Glieder der Kirche parochialrechtlich verantwortlich und zuständig **(Parochialprinzip)**. Deshalb darf er Amtshandlungen an Gliedern anderer Gemeinden nur vornehmen, wenn der an sich zuständige Pfarrer damit einverstanden ist (das Gesetz verlangt sogar einen Abmelde- bzw. Entlassungsschein, der bei der Amtshandlung vorliegen muß[5)] = **Dimissoriale**: Der Ortspfarrer entläßt »sein« Gemeindeglied in eine andere Gemeinde, § 35 Abs. 2; die Praxis begnügt sich auch mit fernmündlichen Zustimmungen, sogar mit generellen Zustimmungen in bestimmten Bereichen). In einer anderen Gemeinde darf der Pfarrer nur Gottesdienst halten und Amtshandlungen vornehmen, wenn der dortige Pfarrer vorher[5)] zugestimmt hat (**Zession:** Der Ortspfarrer weicht in »seiner« Gemeinde einem anderen Pfarrer, § 35 Abs. 3). Für Ordinierte aus Kirchen, die nicht der Arbeitsgemeinschaft christlicher Kirchen angehören, muß sogar die Erlaubnis des LKR vorher eingeholt werden (Art. 35 d). – Etwas anderes gilt selbstverständlich in **Notfällen**, insbesondere bei Todesgefahr: Hier ist jeder Pfarrer unmittelbar berechtigt und verpflichtet (§ 35 Abs. 4).

b) »Bestehen **in einer Gemeinde mehrere Pfarrstellen**, so sind die Pfarrer in der öffentlichen Wortverkündigung und der Sakramentsverwaltung einander gleichgestellt« (§ 34 Abs. 1; es gibt also keine »ersten Pfarrer«, sondern nur Inhaber der ersten, zweiten usw. Pfarrstelle). »An den Gottesdiensten in der Gemeinde beteiligen sich die

4) Vgl. *Disziplinarkammer der Evang. Landeskirche Württemberg,* 11.10.1978, RSprB. 1987 S. 14; *Senat für Amtszucht der VELKD 06.10.1981 – 2/80* – RSprB 1990 S. 13; *Disziplinarhof der EKD* – reformierter Senat – 03.09.1988, RSprB 1990 S. 15 u. ZevKR 34 (1989) S. 287 m. Anm. *Stein* S. 289.

5) Dadurch soll verhindert werden, daß für die Amtshandlung wichtige Tatsachen, die nur der Ortspfarrer kennt – bis hin zum Kirchenaustritt –, unbeachtet bleiben.

PAROCHIALRECHT
(Grundsatz s. § 35 Abs. 1 PfG)

1. Dimissoriale = § 35 Abs. 2 PfG
Bei Pfarrer B einzuholen, wenn Pfarrer A an Gemeindeglied B aus der Pfarrei B in seiner Pfarrei A eine Amtshandlung vornimmt.

2. Zession = § 35 Abs. 3 PfG
Bei Pfarrer A einzuholen, wenn Pfarrer B eine Amtshandlung in der Gemeinde A vornimmt oder dort einen Gottesdienst hält.

Gemeindepfarrer in regelmäßigem Wechsel und in der Weise, daß auch die Gottesdienste an den besonderen Fest- und Feiertagen gleichmäßig unter sie verteilt sind.« (»Verordnung zum Vollzug des § 26 und des Art. 26 a des Pfarrergesetzes« (RS 502), nunmehr zu § 34 u. Art. 34 a, § 3 Abs. 1 S. 1). Doch können die (alle!) Pfarrer einer Gemeinde vereinbaren, daß der beste und beliebteste Prediger die besonders gut besuchten Gottesdienste übernimmt. Die Verteilung der übrigen Aufgaben in der Gemeinde wird durch Dienstordnung geregelt, die aus dem Dienstplan und einer Sprengelordnung besteht (§ 34 Abs. 2 S. 2, Art. 34 a Abs. 1): Die (verwaltungsmäßige) Führung des Pfarramts ist grundsätzlich[6] mit der ersten Pfarrstelle verbunden (Art. 34 a Abs. 2; näher geregelt in den §§ 10 ff. der »Verordnung zum Vollzug des § 26 und des Art. 26 a des Pfarrergesetzes« – nunmehr: § 34, Art. 34 a).

c) Auch innerhalb der **Sprengel** gilt die parochiale Zuständigkeit entsprechend (Art. 35 a Abs. 1). Verweigert ein Pfarrer seine Zustimmung zu einem Dimissoriale oder einer Zession, kann sie durch den Dekan, auf weitere **Beschwerde** durch den Landeskirchenrat ersetzt werden (Art. 35 a Abs. 2).

> **Beachte:** Diese Bestimmung gilt nach ihrer Stellung im Gesetz und der nur beschränkten Ermächtigung für die Gliedkirchen in § 35 Abs. 5 (vgl. § 19, 1. b), S. 229) an sich nur für die Pfarrer innerhalb einer Gemeinde. Doch bringt diese Vorschrift einen **allgemeinen Rechtsgedanken** zum Ausdruck, wie er auch in den §§ 13 und 14 des Kirchengesetzes zur Anwendung der Ordnung kirchlichen Lebens, RS 210, zum Ausdruck kommt: Das einzelne Gemeindeglied kann nicht der – ja möglicherweise willkürlichen – Anwendung des Parochialrechts durch den zuständigen Pfarrer ohne Nachprüfung ausgesetzt sein, zumal es aus wichtigen Gründen sogar Glied in einer anderen Kirchengemeinde werden kann (KGO § 6). Deshalb ist die **entsprechende Anwendung** des Art. 35 a Abs. 2 auch im Verhältnis der Pfarrer mehrerer Gemeinden angezeigt.

d) Ohne vorherige Zustimmung des an sich zuständigen Gemeindepfarrers, also ohne Zession oder ohne Dimissoriale (s.o. 2. a), S. 243), darf der Gemeindepfarrer der Eltern deren Kind auch in der Gemeinde des Geburtsortes taufen (wie natürlich auch der Pfarrer der Gemeinde am Geburtsort); verstorbene Gemeindeglieder darf er auch in einer auswärtigen Gemeinde beerdigen oder feuerbestatten (natürlich auch der Pfarrer der Gemeinde am Beerdigungsort); bei Trauungen ist ebenfalls eine großzügige Regelung getroffen (Art. 35 b HS. 1).

6) Zur Bedeutung von »grundsätzlich« s.o. § 16, 3. a) unter »Beachte«, S. 203.

Doch soll[7] der Pfarrer vor der Ausführung der Amtshandlung mit dem für den Wohnsitz zuständigen Pfarramt Verbindung aufnehmen[5] und dieses nach der Amtshandlung unterrichten (Art. 35 b S. 2 u. 3).

Beachte: Zuständig (im Sinn einer rechtlichen Verpflichtung) bleibt immer der Ortspfarrer, in dessen Gemeindebezirk die Amtshandlung vorgenommen wird, also bei Feuerbestattung z.B. der Pfarrer am Ort des **Krematoriums**. Der Gemeindepfarrer ist rechtlich nicht verpflichtet, an den Gliedern seiner Gemeinde Amtshandlungen außerhalb seines Dienstbereiches vorzunehmen (dazu kommt, daß ein Verstorbener keiner irdischen Kirchengemeinde mehr angehört und daß ein ungetauftes Kind noch zu keiner Kirchengemeinde gehört). Art. 35 b erweitert also nur die Rechte auswärtiger Pfarrer, im Bereich fremder Gemeinden Amtshandlungen vorzunehmen. Das gilt auch für **Kliniktaufen**, die zwar unerwünscht (OKL Abschn. I Nr. 8 Abs. 1 S. 4, RS 200), aber vom Gesetz nicht ausgeschlossen sind (Art. 35 b S. 1 Nr. 1).

3. **a)** Ein **besonderes »Kanzelrecht«** haben der Leitende Bischof der VELKD, der Landesbischof und die Kreisdekane je in ihrem Amtsbereich (§ 36, Art. 36 a Abs. 2; VELKD Verf – RS 60 – Art. 12 Abs. 1 S. 2; KVerf Art. 59 Abs. 2 S. 1, 63 Abs. 2). Zusätzlich hat der Landesbischof auch das Recht, sich an die Gemeinden mit »**Kundgebungen**« zu wenden und anzuordnen, daß diese im öffentlichen Gottesdienst verlesen werden (KVerf Art. 59 Abs. 2 S. 2; vgl. dagegen KVerf Art. 42 Abs. 1 S. 3: Die Synode hat zwar das Recht zu »Kundgebungen«[8]; sie kann aber ihre Verlesung im Gottesdienst nicht anordnen); der Leitende Bischof der VELKD kann »Hirtenbriefe« erlassen (VELKD Verf Art. 12 Abs. 1 S. 3).

Ordnet der Landesbischof die Verlesung im Gottesdienst an, ist jeder Gemeindepfarrer zur Verlesung verpflichtet, auch wenn er meint, gewichtige Bedenken gegen den Inhalt zu haben. Er ist jedoch nicht gehindert, seiner Gemeinde auch die eigenen Bedenken gegen diese Kundgebung mitzuteilen.

Pfarrer mit Sonderaufträgen sind im Rahmen ihres Auftrags von den sich aus dem Parochialrecht ergebenden Beschränkungen frei (Art. 36 a Abs. 2).

b) Für **Pfarrer mit einer allgemeinkirchlichen Aufgabe** gilt praktisch dasselbe wie für Gemeindepfarrer (uneingeschränkt hinsichtlich ihrer Rechte und Pflichten aus der Ordination und der Pflicht zu einer

7) Zur Bedeutung von »soll« s.u. § 22, 1. a) a. E u. § 22, 1.d) je unter »Beachte«, S. 264 u. S. 268.
8) Wegen Kundgebungen der EKD s.u. § 69, 2. b), S. 593.

ordnungsgemäßen Verwaltung, nicht natürlich hinsichtlich der besonderen Regelungen mit parochialem Bezug; § 37, Art. 37 a).

c) **Ordinierte Inhaber eines kirchenleitenden Amtes** (§ 38 Abs. 1) sind der Landesbischof (KVerf Art. 59 Abs. 1), damit auch sein ständiger Vertreter in dieser Eigenschaft (KVerf Art. 62) und die Kreisdekane jeweils für ihren Bereich (KVerf Art. 63 Abs. 1). Die Genannten sind zugleich »**ordinierte Mitglieder eines kirchenleitenden Organs**« (§ 38 Abs. 2), des LKR – wie die weiteren Oberkirchenräte, die Pfarrer sind (KVerf Art. 65 Abs. 1). (Art. 38 a zeigt, daß mit dieser Formulierung nicht die Pfarrer gemeint sein können, die Mitglieder der Landessynode sind, obwohl auch sie »ordinierte Mitglieder eines kirchenleitenden Organs« sind.)

Beachte: Ein »**ständiger Vertreter**« ist mehr als ein »**Vertreter**« allgemein. Dieser ist zu Handlungen »i. V.« nur befugt, wenn der Amtsinhaber die Amtshandlung selbst nicht vornehmen kann (etwa weil er krank oder im Urlaub ist). Der ständige Vertreter nimmt aufgrund einer allgemeinen Absprache mit dem Amtsinhaber für diesen auch dann Aufgaben wahr, wenn dieser anwesend ist (so unterschreibt z.B. der ständige Vertreter des Landesbischofs in der ELKiB für diesen regelmäßig die Verordnungen zur Veröffentlichung im Amtsblatt).

4. **a)** Der **Pfarrer** ist nach geltendem Recht (trotz des überkommenen Parochialrechts; vgl. aber schon dazu § 32 Abs. 1 S. 2 u. Art. 32 a) kein »Einzelkämpfer«, sondern jeweils **in die Gemeinschaft** eingebunden[9]. Er »steht in der Gemeinschaft derer, denen durch die Ordination das Amt der Kirche anvertraut ist« (§ 39 Abs. 1). Es ginge in der Kirche manches besser, würden alle Pfarrer § 39 Abs. 2 – 4 beachten, mehr die Gemeinschaft mit den Amtsbrüdern pflegen, im Dienst und Leben öfter bereit sein, brüderlich Rat und Ermahnung zu geben und anzunehmen, sich zur Fortbildung[10] zusammenzufinden

9) Eine handschriftliche Notiz *D. Bonhoeffers* zu einer Kanzelabkündigung nach einem Umsturz, wohl Ende 1942 entworfen, aufbewahrt im Pfarrhausarchiv in Eisenach, verdient auch heute noch beachtet zu werden:
»Wir rufen Euch zu einer neuen Ordnung Eures Lebens: Lange genug haben wir daran gelitten, daß jeder seinen eigenen Weg gehen wollte und sich vom Bruder schied. Das war nicht der Geist Jesu Christi, sondern der des Eigenwillens, der Bequemlichkeit und des Trotzes. Er hat weithin unserer Verkündigung schweren Schaden getan. Kein Pfarrer kann heute sein Amt allein ausrichten. Er braucht die Brüder ...«.

10) Vgl. dazu die Leitlinien für die Fortbildung von Pfarrern und das Rahmenkonzept für Aus- und Fortbildung in Seelsorge für die ELKiB, *RS 523* f.; sowie *Gräßmann*, Fortbildung in den ersten Amtsjahren (FEA), Nachrichten 1989 H. 2 S. 30; *ders.*, Den Praxisschock ausbremsen, 10 Jahre FEA, Nachrichten 1992 H. 13 S. 245. – Zur Fortbildung in Pfarrkonferenzen s. *Hofmann,* Pfarrkonferenzen, DPfBl. 1991 H. 4 S. 144; *Marquard*, Dekanatskonferenz – Ziele, Inhalte und Formen, DPfBl. 1991 H. 4 S. 147. – Zur Frage, ob Aus- und Fortbildung auch in Personalführung geboten ist, s. die Thesen v. *G. Grethlein*, DPfBl. 1991 H. 4 S. 149, und den Bericht über die Diskussion darüber von *W. Müller*, KorrBl. 1991 S. 101.

und einander Achtung und Ehre zu erweisen. Eine Verletzung dieser Verpflichtung kann schon darin liegen, daß ein Pfarrer sich weigert, an einem Gespräch teilzunehmen, weil dieses im Beisein eines Amtsbruders (Dekans) geführt werden soll[11].

Deshalb ist auch Zusammenarbeit mit benachbarten und nahegelegenen Gemeinden geboten (Art. 32 Abs. 1). Das Gesetz setzt dabei auf geschwisterliche Zusammenarbeit. Nur wenn sich Pfarrer nicht einigen können oder ein Kirchenvorstand widerspricht, entscheidet der Dekan, selbstverständlich nach Anhörung der betroffenen Pfarrer und Kirchenvorstände. Dagegen kann man sich beim Kreisdekan beschweren (Art. 32 a Abs. 2; wegen Urlaub und Vertretung s.u. § 21, 3. letzter Abs. u. 4.), S. 260 f.).

b) Der Gemeindepfarrer **wirkt mit den Kirchenvorstehern** bei der Leitung der Kirchengemeinde **zusammen** (KGO § 19 S. 1; vgl. die sich
RS 300 überschneidenden Aufgaben[11a] in KGO §§ 21 f. und PfG § 32 Abs. 1 S. 1, Abs. 2, 3, § 25)[12]. Sie sind sich auch darüber hinaus gegenseitige Hilfe schuldig[9] (KGO a.a.O.), weshalb der Pfarrer z. B. auch Angelegenheiten des geistlichen Amtes mit den Kirchenvorstehern im Rahmen des Notwendigen und Möglichen besprechen soll (KGO § 19 S. 2). Weigert sich ein Pfarrer, mit dem Vertrauensmann des Kirchenvorstandes zu sprechen, wenn dieser um ein Gespräch bittet, um Meinungsverschiedenheiten auszuräumen, verletzt er dadurch seine Amtspflicht[13]? »Der Pfarrer ist auf die Fürbitte, den Rat und die Hilfe der Gemeinde angewiesen« (§ 40). Auch diesen Rat, diese Hilfe anzunehmen, sollte der Pfarrer stets bereit sein.

c) Im Landeskirchenrat sind alle Mitglieder einander gleichgestellt und handeln in gemeinsamer Verantwortung (KVerf Art. 65 Abs. 1 S. 2).

11) Rechtshof der Konföderation ev. Kirchen in Niedersachsen v. 17.5.1990 – Konf.R 6/89 – (rechtskräftig), RSprB. 1991 Nr. 5.

11a) Vgl. die Gegenüberstellung S. 257 f.

12) Das ist eine Folge unseres Bekenntnisses, das eine Über- oder Unterordnung im Verhältnis Amt : Gemeinde nicht kennt (vgl. *Hofmann,* Kirchengemeinde, evang., 5., EvStL Sp. 1047), vielmehr beide einander zuordnet und aneinander weist (KVerf Art. 4 Abs. 1, also auch kein »Gegenüber«). Das ist schon im Neuen Testament in den zueinander in deutlicher Spannung stehenden Bildern vom Hirten und seiner Herde *(Joh. 10)* einerseits und von den unterschiedlichen Gliedern am Leib Christi *(Röm.,* 12, 1; *1. Kor.* 12*)* andererseits angelegt. Daraus ergibt sich, daß entstehende Konflikte in geschwisterlichem Geist ertragen und ausgetragen werden müssen; wo dies auf Dauer nicht möglich ist, kommt es zu nicht gedeihlichem Wirken; darüber s.u. § 22 1. b) S. 264 ff. Vgl. *G. Grethlein,* Wer trägt Verantwortung in der Kirche?, Nachrichten 1989 H. 21 S. 403/405 f.

13) A.a.O. (Fn. 11) für den Fall, daß der (Laien-)Vorsitzende des Kirchenvorstands um ein Gespräch bittet.

5. **a)** Besonders eng mit der Ordination ist das **Beicht- und Seelsorgegeheimnis** verbunden (§ 41; vgl. Art. 69 a Abs. 1). Die Seelsorge leidet Schaden, wenn die Verschwiegenheit nicht garantiert ist. Dabei ist das Beichtgeheimnis ein Teil des Seelsorgegeheimnisses; es beginnt, wo das seelsorgerliche Gespräch »zur Beichte und zum Begehren der Absolution« geführt hat. Das Beichtgeheimnis ist »gegen jedermann unverbrüchlich«[14] zu wahren (also nicht nur in gerichtlichen Verfahren oder gegenüber der Polizei); auch eine Entbindung von der Verschwiegenheit durch das Beichtkind führt nicht dazu, daß der Pfarrer darüber etwas sagen darf. Anders beim Seelsorgegeheimnis: Hier führt die Entbindung von der Verschwiegenheit zur Möglichkeit (jedoch nicht zur Pflicht!) auszusagen. Wo ein Seelsorgegespräch mit mehreren Seelsorgekindern geführt wurde, ist eine Aussage nur möglich, wenn alle von der Verschwiegenheit entbunden haben. – Der Pfarrer ist insoweit weitgehend geschützt, weil der Staat dieses Seelsorgegeheimnis umfassend (vgl. BVerfGE 42, 312, 335) respektiert; ähnliches gilt wohl auch für Prädikanten (PrädG § 6 Abs. 2, RS 545; vgl. BVerfGE 33, 383 f.), nicht aber für andere Gemeindeglieder, »zu denen einer in seiner Not« kommt und die »an Stelle des Pfarrers[15] als des berufenen Beichtvaters« »Beichte hören und dem, der seine Sünden bereut, die Vergebung zusprechen«. Doch müssen auch diese das Beichtgeheimnis in jedem Fall wahren, obwohl der Staat ihnen einen entsprechenden Schutz nicht zuerkennt. Jeder, der eine Beichte abgenommen hat, muß »schweigen, auch wenn er deshalb zu leiden hat« (Ordnung des kirchlichen Lebens V Abschn. 5 Abs. 4, RS 200).

Für die Beurteilung der Frage, ob jemandem etwas in seiner »Eigenschaft als Seelsorger anvertraut oder bekannt geworden ist«, hat die Auffassung des Seelsorgers wesentliche Bedeutung. Es kommt nicht darauf an, daß ihm etwas formell anvertraut wurde, daß der Partner die Geheimhaltung wollte; doch genügt es auch nicht, daß der Seelsorger etwas nur bei Gelegenheit der Seelsorge erfahren hat, aber nicht in seiner Eigenschaft als Seelsorger (BGHSt E 37, 138 = ZevKR 36 (1991) S. 418 – 421 = NJW 1990, S. 3283). Das kann ein Außenstehender, das Gericht kaum richtig würdigen. Deshalb kommt der Würdigung des Seelsorgers entscheidendes Gewicht zu.

Zum Problem der Speicherung von Personaldaten auf Personalcomputern/Datenträgern vgl. Planungsgruppe Meldewesen bei der kirchlichen

14) Zur Frage, ob in besonderen Fällen nicht doch Ausnahmen unter besonderen Kautelen möglich sind, s. *G. Grethlein*, KorrBl. 1981 S. 25 ff.; 42 f.

15) Handelt der Laie (= Angehöriger des Volkes Gottes) hier wirklich »anstelle« des Pfarrers, nicht aus eigenem Recht und eigener Pflicht?

Gemeinschaftsstelle für Datenverarbeitung in DPfBl. 1990 H. 4 S. 174 – 176.

b) Daneben gibt es für den Pfarrer weiter den Bereich der Dienstverschwiegenheit »über alle Angelegenheiten, die dem Pfarrer **sonst in Ausübung seines Dienstes bekanntgeworden** und die ihrer Natur nach oder infolge besonderer Anordnung **vertraulich** sind« (§ 42). In diesem Bereich[16)] kann und muß er aussagen, wenn der LKR ihn von seiner Dienstverschwiegenheit in einer konkreten Angelegenheit entbunden hat[17)]. Dies steht deutlich im Gegensatz zum Beicht- und Seelsorgegeheimnis, wo beim Beichtgeheimnis überhaupt keine Entbindung möglich ist und die Entbindung vom Seelsorgegeheimnis durch das Seelsorgekind dem Pfarrer nur eine Aussage ermöglicht, ihn aber dazu nicht verpflichtet. Seelsorge (mit Beichte) ist höchstpersönlich, auf den einen Seelsorger abgestellt; im Bereich des sonstigen Dienstes gibt es auch in der Kirche eine »hierarchische« Ordnung.

Beachte: Es handelt sich nie um Beicht-, Seelsorge- oder Dienstgeheimnis, wenn der Pfarrer zu einem Vorgang ausdrücklich als Zeuge gerufen wurde oder wenn er zufällig, wie jeder andere Passant auch, einen Vorgang miterlebt hat. Auch Tatsachen, die ihm zwar seelsorgerlich oder dienstlich anvertraut worden sind, die er aber auch von anderer Seite erfahren hat, unterliegen insoweit nicht seiner Schweigepflicht.

6. »Der Pfarrer hat den **dienstlichen Anweisungen** nachzukommen, die die zur Leitung oder Aufsicht in der Kirche Berufenen im Rahmen ihres Auftrags erteilen« (§ 43). Das gilt nicht für den geistlichen Bereich seines Auftrags, seine Predigt, seine Entscheidung über die Zulassung zum Sakrament, seine Seelsorge. Dagegen können Statistiken angeordnet werden, bisher unterbliebener Besuchsdienst, Teilnahme an Fortbildungsveranstaltungen u.ä. Solche Anordnungen kann der Dekan als Dienstvorgesetzter, keinesfalls aber der Kirchenvorstand treffen. – In diesen Rahmen fällt auch die Pflicht des Pfarrers, besondere Aufgaben zu übernehmen, die seiner Vorbildung oder seinem Auftrag entsprechen, also etwa ein Referat bei der Pfarrkonferenz, einen speziellen Auftrag im Rahmen des Kapitels u.ä. (§ 44 Abs. 1). Auch die Pflicht zur Vertretung gehört hierher (§ 44 Abs. 2; näher dazu u.

16) Ein besonderes Problem ergibt sich im Bereich des Religionsunterrichts, den der Pfarrer in Erfüllung seines Dienstes als Pfarrer (Art. 44 a), aber auch – im Nebenamt als Lehrer – im Auftrag des Staates (GG Art. 7 Abs. 1, 3 S. 1) erteilt. In diesem Bereich darf er erst aussagen, wenn Kirche und Staat die Aussage genehmigt haben.

17) *Th. Barth*, Zum Erfordernis einer Aussagegenehmigung nach §§ 376 ZPO, 54 StPO für kirchliche Mitarbeiter, ZevKR 37 (1992) S. 263 – 271.

§ 21, 4.; s.a. 3., S. 261, 247, in Zusammenhang mit dem Urlaub), ebenso wie die Erteilung von Religionsunterricht (Art. 44 a)[18].

Voraussetzung für die Erteilung von Religionsunterricht (gleichgültig, ob hauptamtlich oder im Nebenamt) ist die Verpflichtung auf die freiheitlich-demokratische Grundordnung gegenüber dem Staat (LKR, Merkblatt RS 151 S. 24 u. Bek. RS 151 S. 3, nun ausdrücklich im Dekanatsrundschreiben vom 12.1.1993, Az. 35/13-0-20). Denn der Religionsunterricht wird organisatorisch vom Staat »veranstaltet«; nur sein Inhalt ist Sache der Kirche (vgl. o. § 11, 6., S. 136).

7. Der Pfarrer unterliegt einer »**Residenzpflicht**« (§ 45 Abs. 1)[19] und einer »**Präsenzpflicht**« (§ 46, Art. 46 a). Die letztgenannte Vorschrift ist leider sehr kasuistisch; in der Sache geht es darum, daß jedes Gemeindeglied in einer besonderen Notsituation einen Pfarrer rasch erreichen können sollte. Ein besseres Verständnis von der Bedeutung des Dienstes und des Amtes, mehr kollegiale Zusammenarbeit und ein sinnvoller Einsatz technischer Möglichkeiten könnten hier viel bewirken; doch könnte schon die Beachtung des dem geltenden Recht zugrunde liegenden Anliegens manchen Mißstand beseitigen. – Die Alimentation, die Zahlung des pauschalierten Lebensunterhaltes ohne

18) Nach der VO über die Verteilung des Religionsunterrichts, vom 14.3.1994, KABl S. 115, RS 151, hat jeder Pfarrer im Gemeindedienst ein Regelstundenmaß (dazu *Schulte*, Angst vor den Regelstunden, KorrBl. 1993 H. 5 S. 69 – 72) von (immer noch) grundsätzlich (Fn. 6) 10 Wochenstunden zu erfüllen, doch mit vielen Ausnahmeregelungen (§ 3 Abs. 1 S. 1, §§ 4 – 7 a.a.O.), notfalls sogar darüber hinaus (§ 2 Abs. 1 S. 2 a.a.O.) gegen Vergütung gem. PfBesG § 31. Die Verteilung des Unterrichts erfolgt durch den Dekan (§ 1 a.a.O.). In den Schuljahren 1994/95 und 1995/96 sollen in einzelnen Dekanatsbezirken neue Modelle zur Verteilung des Regelstundenmaßes erprobt werden; vgl. VO §§ 10 ff. und *Schwager,* Pastorale Kompetenz gefragt, Nachrichten 1994 H. 10 S. 181 ff. – Zum Religionsunterricht allg. vgl. *B. Hermann,* VpfBl. 1993 H. 9 S. 429–431; *Lachmann,* Entwicklungshelfer mit Begeisterungsauftrag, Nachrichten 1994 H. 10 S 183 ff.; *Lämmermann,* Nachrichten 1993 H. 17 S. 343 ff.; *Rauh,* »Das Exotische ist seine Stärke« – Religionsunterricht als Schulfach, Nachrichten 1994 H. 10 S. 186 ff.; *Ritter,* DpfBl. 1993 H. 3 S. 125–127; *ders.,* Nachrichten 1994 H. 1 S. 8–11 (empirisch); *Scholl,* Zum Religionsunterricht 2000. Welche Zukunft hat der Religionsunterricht?, Zürich 1993 (vgl. Nachrichten 1994 H. 1 S. 17); *Schwager* und *Ritter,* Nachrichten 1992 H. 2 S. 21 – 24 und 25 – 27; sowie *Kohl* und *Ritter,* Nachrichten 1992 H. 17 S. 324 – 326 u. 327–329; ferner die Bde. 6 u. 7 »Gemeindepädagogik«, Gütersloh 1990 u. 1992): *Kaufmann,* Nachbarschaft von Schule und Gemeinde; *Großmann-Beicker,* Schulgottesdienst. Vgl. auch *Heinel,* Vielfalt als Chance, Religionsunterricht in Europa, in Bayer. Schule (BLLV) 1993 H. 4, Beilage Nr. 96, Begegnung und Gespräch.

19) Danach ist der Pfarrer (auch in bezug auf seine Familie) verpflichtet, eine bereitgestellte Dienstwohnung zu beziehen und (!) zu bewohnen, wenn diese angemessen und zumutbar ist (VGH der EKU 01.12.1987, VGH 5/87, RSprB 1989 S. 14). Die Entscheidung ist zwar auf eine Formulierung des § 17 Abs. 1 S. 2 PfG der EKU gestützt, gilt aber wegen der Fürsorgepflicht des Dienstherrn auch sonst. Fragen der Zweckmäßigkeit können die Regelung nicht in Frage stellen; eine Befreiung von der

Rücksicht auf die Dienstleistung (vgl. o. § 18 2., S. 219 f.), wird nicht dadurch angetastet, daß ein Pfarrer für die Dauer seiner Abwesenheit den Anspruch auf Dienstbezüge verliert, wenn er ohne Urlaub schuldhaft seinen Dienst verläßt (§ 47).

Amtliche Schriftstücke und andere Gegenstände wie die ihm anvertrauten Vermögenswerte »gehören« nicht dem Pfarrer; er »besitzt« sie nur als derzeitiger Stelleninhaber. Deshalb muß er, wenn er die Stelle wechselt, dies alles übergeben und Rechenschaft ablegen (§ 48).

Beachte: Eigentum gehört einer Person. Hat diese z.B. ihr Auto einem Freund zu einer Fahrt geliehen, ist der Freund bei der Fahrt unmittelbarer **Besitzer**, der Verleiher aber bleibt Eigentümer (und hat als solcher Anspruch auf Rückgabe des Autos).

8. **a)** Amt und Auftrag leiden Schaden, wenn ein Pfarrer so **auftritt**, daß dies nach Meinung von Gemeindegliedern der Würde des Amtes nicht entspricht; das gilt auch für die Kleidung. Es kommt nicht auf die Meinung des Pfarrers, sondern auf die Meinung in der Gemeinde an. Daß der Pfarrer ordnungsgemäß berufen im Sinne des Bekenntnisses ist (CA Art. 14), daß er also nicht als Privatmann, sondern als Amtsträger für die Kirche spricht, kommt durch das Tragen der vorgeschriebenen **Amtskleidung**[20] bei Gottesdiensten und Amtshandlungen zum Ausdruck. Dieser Ausdruck der Einheit der Kirche wird auch beeinträchtigt durch eigenmächtiges Hinzutun oder Weglassen (§ 49); diese Fragen betreffen auch den Kirchenvorstand (KGO § 21 Nr. 1).

Pflicht, die Pfarrerdienstwohnung zu bewohnen, kommt nur dann in Betracht, wenn im persönlichen oder dienstlichen Bereich Umstände eintreten, die ein Verlassen der Dienstwohnung **gebieten**; dabei rechtfertigen persönliche Gründe eine Ausnahme »in aller Regel« nur dann, wenn andernfalls eine menschliche Härte entstünde und diese Lage ohne Zutun des Pfarrers entstanden ist (*Rechtshof* d. Konföderation ev. K. in Niedersachsen v. 6.9.1990 – ZevKR 37 (1992) S. 279 – 282 = RSprB. 1993 H. 8 S. 385 Nr. 1). – Insgesamt: *Sperling*, ZevKR 37 (1992) S. 272 – 278. Vgl. auch Rechtshof der Konföderation ev. K. in Niedersachsen, 10.6.1993 – KonfR 14/92 –, RSprB. 1994 S. 28.

20) Vgl. Beilage zu KABl Nr. 15 v. 12.08.1969 und Rundschreiben des *LKR* v. 5.4.1972, Az. 20/21-3; neuerdings: Liturgische Kleidung im Gottesdienst, hrsg. v. der *Lutherischen Liturgischen Konferenz,* Hannover 1991 (EKD-Kirchenamt) mit Stellungnahme *Poscharsky*, Schwarz oder Weiß oder?, Nachrichten 1992 H. 6 S. 108. Doch spricht viel dafür, daß diese – weithin nicht mehr beachteten – Vorschriften endlich dem »Wandel des theologischen Selbstverständnisses unserer Kirche im ökumenischen Kontext« angepaßt werden (überzeugend *Stollberg,* Stola statt Beffchen, DPfBl. 1990 S. 45, 47; weitgehend übereinstimmend *Wenz,* DPfBl. 1991 H. 3 S. 101; vgl. auch *Ch. Grethlein*, Abriß der Liturgik, Gütersloh 1989, S. 252: »Von daher erscheint es mir auf die Dauer unerläßlich, wieder eine der lichten, hellen Botschaft von der Auferstehung adäquatere Kleidung zu schaffen.«); vgl. auch *Schüler-Petkewitz,* Talare: der Stoff, in dem sie Pfarrer sind, velkd-Informationen Nr. 66 v. 6.11.1990 S. 19 (Auszug aus: Evangelisch, PR-Blatt der EK im Rheinland 1990 Nr. 1 S. 14). – Das ermächtigt jedoch nicht zu eigenmächtiger Amtstracht!

b) Die Unabhängigkeit des Pfarrers und das Ansehen des Amtes werden auch beeinträchtigt, wenn er **Geschenke** über den in § 50 gesetzten Rahmen hinaus annimmt (die Annahme von Geldgeschenken ist immer untersagt; doch kann der LKR auch hier Ausnahmen zulassen). Wenn solche Geschenke an Familienangehörige gehen, muß der Pfarrer alles tun, um deren Annahme zu verhindern; denn »Adressat« solcher Gefälligkeiten ist praktisch immer der Pfarrer selbst. Als Geschenk zählt auch ein Vermächtnis oder eine Erbschaft (vgl. Bek. über die Annahme von Schenkungen, Vermächtnissen und Erbschaften, *RS 817*).

c) Aus der Ordination leitet sich die Pflicht zu einer dem Auftrag entsprechenden **Lebensführung (§ 4 Abs. 2) auch in Ehe und Familie** ab (§ 51). Scheidung und Getrenntleben können sich nachteilig auf den Dienst auswirken. Deshalb kann in diesem Zusammenhang auch die Ausübung des Dienstes vorläufig ganz oder teilweise untersagt werden; der Pfarrer kann vom Tage der Rechtskraft des Scheidungsurteils an in den Wartestand versetzt werden (§§ 51 – Art. 55 a). – Ein Pfarrer, der seine Ehe bricht, ist grundsätzlich[21)] in seinem Amt nicht tragbar[22)], ebenso der in einer homosexuellen Partnerschaft lebende Pfarrer[23)]. Auch durch ein Verhalten, das anstößig ist, weil es den bösen Anschein ehebrecherischer oder ehewidriger Beziehungen erweckt, verletzt der Pfarrer seine Amtspflicht, weil er dadurch begründeten Anlaß für ein Ärgernis in der Gemeinde gibt und damit die Glaubwürdigkeit der Verkündigung beeinträchtigt[24)].

d) Der Pfarrer ist **zu vollem Einsatz** in seinem Amt verpflichtet; dazu gehört auch die Übernahme besonderer Aufgaben (§ 44 Abs. 1). Solche Aufgaben sollen als ordentliche Dienstaufgaben übertragen werden; jede andere Tätigkeit innerhalb und außerhalb des kirchlichen Dienstes ist **Nebentätigkeit** (Pfarrernebentätigkeitsverordnung, RS

21) Zur Bedeutung des Wortes »grundsätzlich« s.o. § 16, 3. a) unter »Beachte«, S. 203 und die Entscheidungen Fn. 22–24.

22) *Senat für Amtszucht der VELKD* v. 22.5.1990 – Az. 1/90 – RSprB. 1991 Nr. 11. – Vgl. zur Beurteilung des Ehebruchs eines Pfarrers auch *Disziplinarhof der EKD*, luth. Senat v. 4.7.1986, RSprB. 1987 S. 16; *Disziplinarkammer der Evang. Landeskirche Württemberg* v. 10.10.1983, RSprB. 1987 S. 15; *Josuttis*, Ehe-Bruch im Pfarrhaus. Zur Seelsorge in einer alltäglichen Lebenskrise, München 1990 (Kaiser-Taschenbücher); *Riedel*, Ehebruch und Amtszucht ..., KorrBl. 1992 H. 3 S. 37.

23) *Senat für Amtszucht der VELKD* v. 8.11.1990 – Az. 2/90 – RSprB. 1991 Nr. 12 = ZevKR 36 (1991) S. 211, zustimmend *H. M. Müller* (wenn auch kritisch gegenüber »aufweichenden« Tendenzen im Blick auf die zukünftige Entwicklung) in ZevKR 36 (1991) S. 199 – 204. Vgl. auch *G. Linnenbrink*, Zur Frage der Lebensführung kirchlicher Mitarbeiter – insbesondere der Pfarrerschaft, ZevKR 38 (1993) S. 382 (386 ff.).

24) Disziplinarhof der EKU v. 11.11.1988 – Dh 1/1987 – RSprB. 1991 Nr. 10.

556, § 1). Die Übernahme einer solchen Tätigkeit, auch im Ehrenamt, ist nur zulässig, falls sie mit dem Auftrag und der gewissenhaften Erfüllung der Dienstpflichten vereinbar ist. Sie bedarf grundsätzlich[6] der Genehmigung (§ 56 Abs. 1 u. 2). Keiner Genehmigung bedarf eine schriftstellerische, wissenschaftliche, künstlerische oder Vortragstätigkeit sowie die Übernahme von Ehrenämtern in Vereinigungen, deren Bestrebungen kirchlichen, wohltätigen, künstlerischen, wissenschaftlichen, kulturellen, sportlichen oder beruflichen Zwecken dienen; auch eine solche Tätigkeit ist jedoch anzuzeigen (ausgenommen nur gelegentliche schriftstellerische, wissenschaftliche, künstlerische oder Vortragstätigkeit). Auch eine nicht genehmigungspflichtige Tätigkeit kann ganz oder teilweise untersagt werden, wenn sie mit den Dienstpflichten des Pfarrers nicht vereinbar ist (§ 56 Abs. 3, 4). Vgl. insgesamt die Pfarrernebentätigkeitsverordnung, *RS 556*.

Zu c) und d): Der »volle Einsatz« im Amt (o. d)) kann zu einer Gefährdung der Pfarrersehe (o. c)) führen, wenn nicht beachtet wird, daß auch in der Ehe »voller Einsatz« (mit der dafür benötigten Zeit für Partner und Kinder) angezeigt ist und auch das zu den Pflichten aus Amt und Ordination gehört. Beachtenswerte Vorschläge gegen die »Arbeitssucht« mancher Pfarrer macht *Erika Gente* (Luth. Monatshefte 1989 S. 521): Ein (wirklich!) arbeitsfreier Tag sowie drei arbeitsfreie Abende pro Woche und den sinnvollen Einsatz eines Anrufbeantworters. Ergänzend sei noch darauf hingewiesen, daß auch der Urlaub der Familie gehört.

e) Von besonderer Bedeutung ist die **politische Betätigung** des Pfarrers. Sie ist nicht untersagt (mit dem Verkündigungsauftrag ist ja stets eine politische Dimension verbunden) – ausgenommen die Unterstützung einer Körperschaft oder einer Vereinigung, »wenn er dadurch in Widerspruch zu seinem Auftrag tritt oder wenn er durch die Unterstützung in der Ausübung seines Dienstes wesentlich behindert wird« (§ 57). Grenzen, die sich für Art und Maß des politischen Handelns aus der Tatsache ergeben, daß der Pfarrer seinen Dienst allen Gemeindegliedern, ohne Ansehen ihrer politischen Einstellung, schuldig ist (§ 58 Abs. 1), sind regelmäßig dort erreicht, wo es sich um parteipolitische Betätigung handelt, also um das Eintreten für bestimmte politische Gruppierungen mit Frontstellung gegen andere. In der Zeit der zunehmenden Polarisierung, des Verfalls der politischen Kultur mit den üblicher werdenden ehrverletzenden persönlichen Angriffen auf den politischen Gegner bis hin zu seiner Verteufelung, wird der Einsatz für eine Seite leicht als Gegnerschaft zur anderen Seite gewertet, auch wenn der Pfarrer es nicht so will. – Bei einer Kandidatur für politische Ämter wird der Pfarrer beurlaubt; während des Wahlkampfes ruht das Recht zur öffentlichen Wortverkündigung und zur Sakramentsverwaltung bei Weiterzahlung der Bezüge. Nach Annahme der Wahl tritt der Pfarrer in den Wartestand, ohne Anspruch auf Wartegeld (§ 58 Abs. 2, 3, Art. 58 a, 58 b).

Literatur zum Beicht- und Seelsorgegeheimnis (mit den dort angegebenen weiteren Fundstellen): *A. v. Campenhausen*, Münchner Gutachten, Jus Eccl. Bd. 30, Tübingen 1983, S. 133 – 141, 142 – 148 u. 148 – 154; *G. Grethlein,* Seelsorge und Beichtgeheimnis in evangelischer Sicht, KorrBl. 1981 S. 25 – 28 u. 42 f.; *ders.,* Zum Beicht- und Seelsorgegeheimnis, DPfBl. 1990 H. 10 S. 422 (mit Korrektur v. *A. Stein*, DPfBl. 1991 H. 1 S. 22); *K. Obermayer*, Beichtgeheimnis, EvStL Sp. 186 – 188.

Literatur zur Lebensführung von Pfarrern: *Linnenbrink,* Zur Frage der Lebensführung kirchlicher Mitarbeiter, insbesondere der Pfarrerschaft, u. *H. Maurer,* Bestehen für die Lebensführung von Pfarrern und Kirchenbeamten besondere rechtliche Anforderungen, je in ZevKR 39 (1994) S. 381–396 u. 397–412.

Literatur zur politischen Betätigung von Pfarrern:
W. Allgaier, Parteipolitische Betätigung der Pfarrer – ein Streitfall?, Nachrichten 1990 H. 3 S. 49; *A. Bach*, Die politische Betätigung geistlicher Amtsträger nach evang. und kath. Kirchenrecht in der Bundesrepublik Deutschland, Regensburg 1987 (v. *H. Maurer* besprochen in ZevKR 35 (1990) S. 348 – 351); *J. Beckmann*, Freiheit und Bindung der kirchlichen Amtsträger im Blick auf die politische Betätigung, ZevKR 19 (1974) S. 10 – 30; *Dahrmann* (Hrsg.), Kirchliches Amt und politisches Mandat. Dokumentation zum Bremer Verfassungsstreit, Hannover 1977; *G. Flor*, Politische Aktionen, Kirche und Recht. Eine Hilfe für das Verhalten bei politischen Aktionen, Berlin 1987 (besprochen von *Zuther* in Nachrichten 1987 S. 474); *Grötzinger*, Politische Predigt – Hermeneutische und homiletische Überlegungen, DPfBl. 1988 H. 3 S. 93 – 95 u. H. 7 S. 260; *M. Josuttis* (Hrsg.), *J. Müller/Vollbehr/R. Slenczka/A. Stein,* Pfarrer in der DKP? Theologische und kirchenrechtliche Gutachten, in: Theologische Existenz heute H. 197, München 1977 (besprochen von *G. Grethlein* in Nachrichten 1978 S. 94); *T. Koch*, Politik und Kirchen, Lutherische Monatshefte 1987 H. 2 S. 72; *W. Marhold*, Sind unsere Pfarrer zu politisch?, DPfBl. 1983 S. 9; *H. Maurer*, Freiheit und Bindung der kirchlichen Amtsträger. Zur politischen Betätigung der kirchlichen Amtsträger, insbesondere der Pfarrer, ZevKR 19 (1974) S. 30 – 72; *J. Weiß*, Das Recht der Pfarrer zur politischen Betätigung in § 23 Pfarrergesetz der Evangelischen Kirche in Hessen und Nassau, Frankfurt 1989 (Inhalt allgemein: Pfarrer und Politik; vgl. die Besprechung von *H. Maurer,* ZevKR 28 (1983) S. 437 – 439); *E. Wilkens*, Pfarrer in der DKP?, Besprechung zu *Josuttis,* ZevKR 29 (1984) S. 448 – 458.

Vergleiche **vor allem** auch die grundlegende Entscheidung des BVerfGE 42, 312 (auch in ZevKR 22 (1977) S. 173) und die (von *Landeskirchenrat und Landessynodalausschuß* nach allgemeiner Anhörung beschlossenen) Leitlinien zu politischen Stellungnahmen aus dem kirchlichen Bereich (*RS 500* S. 45 ff., abgedruckt auch in Nachrichten 1987 S. 431 – 433 u. KorrBl. 1987 S. 169 f. mit Erläuterungen von *W. Hofmann* und *T. Rendtorff,* KorrBl. 1987 S. 103 u. 83).

Die Aufgaben der Kirchengemeinde
sind dem **Kirchenvorstand** (dem auch der Pfarrer angehört) **und dem Pfarrer** als Träger des besonderen Amtes je in ähnlicher Weise **übertragen**. Dabei ist die Terminologie der Gesetze (bes. PfG u. KGO) nicht einheitlich, es wird begrifflich nicht klar unterschieden. Mit den Fußnoten wird versucht, wenigstens einen Anhalt für die Gewichtung der jeweiligen Zuweisung zu geben (vgl. [1] = entscheiden; [14] = erörtern, [a)–e)] sind speziellen Begriffen des PfG vorbehalten).

Der Auftrag der Kirchengemeinde ist in KVerf Art. 19 und KGO §§ 1–3 umschrieben; **die Zusammenarbeit** in der Gemeinde in KVerf Art. 20, KGO §§ 18–20, auch 11, PfG 32 und OKL IX 3. (bes. letzte 3 Abs.) festgelegt. *RS 1, 300 500, 200*

Aufgabe	**Kirchenvorstand**	**Pfarrer** (ist auch Mitglied des KVorstandes, s. dort)
1. **Leitung der Gemeinde**	KVerf Art. 20 Abs. 1 HS 2[4], KGO §§ 19 Abs. 1 S. 1[4], 21 Nr. 12[14]	KVerf Art. 20 Abs. 1 HS 2[4], KGO § 19 Abs. 1[4]
Wortverkündigung	KGO § 19 Abs. 1 S. 1 u. 2[4),7]	KVerf Art. 12 Abs. 1[a], PfG § 31[b]
Sakramentsverwaltung	KGO § 19 Abs. 1 S. 1 u. 2[4),7]	KVerf Art. 12 Abs. 1[a], PfG § 31[b]
Amtshandlungen	KGO § 19 Abs. 1 S. 1 u. 2[4),7], OKLAnwG § 10 Abs. 2[6], Abs. 3–5[9]	PfG § 32 Abs. 1 S. 1[c] OKLAnwG § 10 Abs. 2–5[1]
Ordnung des Gottesdienstes	KGO § 21 Nr. 1[2),3]	PfG § 32 Abs. 1 S. 1[c] (»Leitung«)
Christl./Kirchl. Unterweisung	KGO § 21 Nr. 2[7),2]	PfG § 32 Abs. 1 S. 1[c]
Gebrauch kirchl. Gebäude	KGO § 21 Nr. 3[1]	(PfG § 33)[d]
2. **Lehre Ordnung Leben** Sitte Feiertage	KGO § 21 Nr. 4[5]	PfG § 4 Abs. 2, 3[c]
Vollzug der OKL	KGO § 21 Nr. 5[5], OKLAnwG § 10 Abs. 1[2) *]	OKLAnwG § 10 Abs. 2–5[1]

	Einheit in Lehre u. Leben	KGO § 1 i. V. m. § 18 Abs. 2	KVerf Art. 15[e], (PfG § 32 Abs. 2)
	Beilegung v. Zwistigkeiten	KGO § 21 Nr. 9[12]	(PfG § 32 Abs. 1 S. 1)
	Zusammenarbeit mit anderen Gemeinden	KGO § 2 Abs. 3 S. 1[5]	KVerf Art. 15[a] PfG § 32 Abs. 1 S. 2[a]
	Ökumene	KGO §§ 2 Abs. 3 S. 2, 21 Nr. 8[11]	PfG § 32 Abs. 3[12]
3.	**Durchführung des Auftrags**	(KVerf § 21 Nr. 12)[14]	KVerf Art. 15, PfG § 4 Abs. 2[c]
	Seelsorge	OKL IX 3. Abs. 3[12]	OKL IX 3. Abs. 3, PfG § 32 Abs. 1 S. 1[c] (vgl. »Hirte«, KGO §§ 31, 32 Abs. 4)
	Mission	KGO § 21 Nr. 8[11]	PfG § 32 Abs. 3[10]
	Diakonie, Liebestätigkeit	KGO § 21 Nr. 8[11]	PfG § 32 Abs. 3[10]
	Volksmission	KGO § 21 Nr. 8[11]	PfG § 32 Abs. 3[10]
	neue Einrichtungen	KGO § 21 Nr. 12[14]	
4.	**Gewinnung und Zurüstung v. Mitarbeitern** in Gemeinde u. Kirche	KGO § 21 Nr. 10[10]	PfG § 32 Abs. 2[11]
	Besetzung d. Pfarrstellen	KGO §§ 21 Nr. 6, 23[5]	PfG § 34 Abs. 2,
	Sprengelordnung	KGO § 21 Nr. 7[8]	VO dazu § 5[7,2]
5.	**Verwaltung** allgemein	KGO § 18 Abs. 2[1–3]	PfG § 33[d]
	Vermögensverwaltung	KGO § 22[2,3,7]	PfG § 33[d]
	Gaben, freiw. Dienstleistungen	KGO § 21 Nr. 11[13]	PfG § 32 Abs. 3[12]

*) s. auch o. bei 1. unter »Amtshandlungen«.

1) entscheiden	8) mitberaten	a) Auftrag
2) beschließen	9) vorher hören	b) Recht
3) festsetzen	10) gewinnen	c) Recht und Pflicht
4) zusammenwirken	11) fördern	d) Aufgabe
5) mitwirken	12) sorgen	e) Verantwortung
6) im Benehmen	13) bemühen	
7) beraten	14) erörtern	

§ 21
Visitation – Dienstaufsicht – Schutz und Fürsorge – Vertretung

1. Die **Visitation** dient der Gemeinde ebenso wie dem Pfarrer (Näheres dazu § 61 PfG und die Visitationsordnung, RS 37). Sie ist eine Begegnung der Einzel-Gemeinde mit der Gesamt-Kirche. *RS 500*

2. a) Die **Dienstaufsicht** gehört zum brüderlichen Dienst, den Pfarrer in Leitungsämtern den ihnen unterstellten Pfarrern zu erbringen haben (über die Bedeutung der Dienstaufsicht in der Kirche allg. s.o. § 16, 2. b) (2), S. 202). Sie besteht im Beraten, Anleiten, Mahnen und notfalls auch im Rügen (§ 62, Art. 62 a Abs. 1 u. 2). Dazu gehört auch die dienstliche Beurteilung (Pfarrerbeurteilungsrichtlinien gem. Art. 62 a Abs. 3, RS 515). Mangelhafte Amtsführung kann zu kostenpflichtiger Ersatzvornahme (§ 63), zur Suspendierung vom Dienst (§ 64) und zur Verpflichtung führen, entstandenen Schaden zu ersetzen (§ 65; vgl. Art. 65 a).

b) Verletzt der Pfarrer seine **Pflicht**, so kann dies ein Verstoß gegen die Lehrverpflichtung (§ 66 Abs. 1) oder ein Verstoß gegen die Amtspflicht (§ 66 Abs. 2) sein. Im ersten Fall braucht die Pflichtverletzung nicht schuldhaft zu sein; sie kann auch aus Gewissensgründen geschehen. Dagegen setzt eine Amtspflichtverletzung in jedem Fall schuldhaftes Verhalten voraus. Näheres über das Verfahren ist in der Lehrordnung, RS 970 – 972, und im Amtspflichtverletzungsgesetz, RS 960, geregelt (§ 67). Eine Verletzung der Lehrverpflichtung kann »als solche« nicht im Verfahren wegen Verletzung der Amtspflichten verfolgt werden. Doch kann eine Verletzung der Lehrverpflichtung auch darin bestehen, daß der Pfarrer zugleich in »verletzender oder sonst seinem Auftrag nicht angemessener Weise« handelt; wegen solcher (begleitender) Verstöße bei der Verletzung der Lehrverpflichtung ist natürlich auch ein Verfahren wegen Amtspflichtverletzung möglich (§ 68). Wegen Verletzung seiner Amtspflichten kann der Pfarrer sein Amt nur aufgrund einer richterlichen Entscheidung verlieren (§§ 116, 117; Ausnahme: § 115; vgl. auch §§ 109 – 111).

3. Aus der gegenseitigen Treuepflicht heraus (vgl. § 3, bes. Abs. 2) hat der Dienstherr den Pfarrer gegen Behinderung seines Dienstes und gegen ungerechtfertigte Angriffe auf seine Person in **Schutz** zu nehmen (§ 69). Der Pfarrer hat Anspruch auf angemessenen **Unterhalt** für sich und seine Familie und auf Auslagenersatz sowie auf **Ersatz** bei Sachschäden, die bei Ausübung des Dienstes entstanden sind (§§ 70, 73; näher dazu u. § 28, S. 291 ff.). **Mutterschutz** und **Erziehungs-**

urlaub sind nach dem Recht der VELKD durch Verweisung auf das Kirchenbeamtengesetz geregelt (§§ 71, 72 Abs. 1); hier darauf näher einzugehen ist nicht möglich; es sei nur darauf hingewiesen, daß nach § 72 Abs. 2 die Inanspruchnahme von Erziehungsurlaub, der über die Dauer von 18 Monaten hinausgeht, den Verlust der Pfarrstelle zur Folge hat.

Einen besonderen Vertrauensschutz genießen die **Personalakten**[1] (§ 75, Art. 75 a Pfarrerpersonalaktenbekanntmachung, *RS 517*). Der **Rechtsschutz** ist umfassend und eingehend geregelt in den §§ 76 bis 78 und den dazu ergangenen Verfahrensordnungen, RS 955 f. (näher dazu u. § 44, S. 395 ff.), ebenso die **Pfarrervertretung** in § 79 und dem Pfarrervertretungsgesetz, RS 598 (näher dazu u. § 29, S. 300 f.). – Eine besondere Rolle im Zusammenhang mit Schutz und Fürsorge spielt auch der **Senior** als der gewählte Vertrauensmann eines Pfarrkapitels (KVerf Art. 33, 27 Abs. 1 Buchst. a, 30 Abs. 1 Buchst. c, DBO §§ 34 f., 3 Abs. 1 Nr. 1, 23 Abs. 1 S. 1), dessen Anhörung (neben der Anhörung des Pfarrerausschusses) vom Pfarrergesetz häufig vorgeschrieben ist (§§ 82 Abs. 4, 105 Abs. 2, Art. 86 b, 105 a) und der bei Beurteilungen, Entscheidungen über die Trauung Geschiedener und bei Dekanatsübergabe mitwirkt (*RS 515* Nr. II, RS 210, § 11 Abs. 9, *RS 512* Nr. 11). – Vgl. dazu *H. Maser*, Das Seniorenamt im Wandel der Zeit, Nachrichten 1986 H. 1 S. 3.

RS 508 Der in § 74 festgelegte **Urlaubsanspruch** des Pfarrers ist eingehend in der Pfarrerurlaubsverordnung geregelt, die sich vor allem deshalb vom staatlichen Urlaubsrecht der Beamten unterscheidet, weil der Dienst der Pfarrer nicht auf fünf Arbeitstage beschränkt ist, sondern grundsätzlich die ganze Woche umfaßt (woraus sich zwangsläufig eine höhere Zahl von Urlaubstagen ergibt). Da der Dienst des Pfarrers im Regelfall keinen »Sonntag« kennt, bringt § 21 PfUrlV eine besondere

1) Sie sollen »ein möglichst umfassendes Bild der Entstehung und der Entwicklung des Dienstverhältnisses geben«. Deshalb hat z.B. ein Pfarrer, in dessen Personalakten ungünstige Tatsachen eingetragen werden, ohne daß er sich dazu äußern konnte (also Eintragungen gegen klare Rechtsvorschriften), nur einen Anspruch auf Berichtigung, nicht aber auf Entfernung der Vorgänge aus den Akten. Nur solche Vorgänge, die weder zu den notwendigen noch zu den möglichen Bestandteilen der Personalakten gehören, müssen auf Antrag entfernt werden; *VGH EKU* v. 11.5.1990 – VGH 1/89, – RSprB. 1991 Nr. 4.
Die Entscheidung des leitenden Geistlichen (in Bayern ist das der Landesbischof), der Vermerk eines Dekans sei zu seinen Unterlagen zu nehmen, nicht zu den Personalakten, weil er ausschließlich seelsorgerlichen Inhalts sei, unterliegt nicht der kirchengerichtlichen Nachprüfung: *Verwaltungskammer Westfalen* v. 18.5.1979 – VK 4/1978 – (rechtskräftig), RSprB. 1991 Nr. 3.
Vgl. näher die Richtlinien der EKD zur Regelung des Personalrechts, ABl. EKD 1994 S. 1–5.

Regelung für dienstfreie Tage. Die §§ 13 – 15 PfUrlV unterscheiden zwischen einer **Befreiung vom Dienst am Ort** (wenn z.B. Gemeindepfarrer nicht in ihrer Parochie Dienst tun, sondern den ihnen aufgetragenen Dienst als Pfarrer an einem anderen Ort leisten, sei es mit Gliedern der eigenen Gemeinde, sei es mit Gliedern anderer Gemeinden) und der allgemeinen **Dienstbefreiung**; in beiden Fällen ist eine besondere Genehmigung erforderlich, wenn eine bestimmte Anzahl von Tagen im Jahr überschritten wird.

4. Im Zusammenhang mit dem Urlaub, den dienstfreien Tagen und den Befreiungen vom Dienst am Ort oder vom Dienst allgemein ist die **Vertretungsregelung** besonders wichtig. Das Recht geht davon aus, daß – in Notfällen – ein Pfarrer zu jeder Zeit erreicht werden kann und muß (vgl. Präsenz- und Residenzpflicht, §§ 46, 45; s.o. § 20, 7., S. 251).

Der Pfarrer kann deshalb nur vom Dienst wegbleiben, wenn die Vertretung sichergestellt ist (PfUrlV §§ 3 Abs. 1, 15 Abs. 2, 21 Abs. 2 S. 2). »Die im gemeindlichen Dienst verwendeten Pfarrer vereinbaren die Urlaubsvertretung untereinander. Kommt eine Vereinbarung über die Vertretung nicht zustande, so trifft der Dekan, gegebenenfalls im Benehmen mit den beteiligten Pfarrern, die erforderlichen Anordnungen. In den übrigen Fällen regelt der nächste Dienstvorgesetzte die Urlaubsvertretung, soweit die Vertretung nicht durch Kirchengesetz geregelt ist« (PfUrlV § 3 Abs. 2). Eine solche gesetzliche Regelung besteht z.B. für den Pfarramtsvorstand (und Vorsitzenden des Kirchenvorstandes): In dieser Funktion wird der Inhaber der ersten Pfarrstelle immer durch den dienstältesten (der übrigen) Pfarrer vertreten (»VO zum Vollzug des § 26 und des Art. 26 a des Pfarrergesetzes« – nunmehr zu § 34 u. Art. 34 a, § 10 Abs. 2, *RS 502*; KGO § 35 Abs. 1); der Dekan wird in seiner Funktion als Dekan vom Senior vertreten (KVerf Art. 33 Abs. 3, DBO § 35 Abs. 2 S. 2). Dienstlicher Vertreter eines Pfarrers kann auch ein Pfarramtskandidat (= Pfarrer z. A., Art. 17 b) oder ein Pfarrverwalter (Pfarrverwaltergesetz § 12 Abs. 2 u. 3, RS 540) sein, nicht jedoch ein Predigtamtskandidat (= Vikar, VorbDG § 9, *RS* 520).

Literatur zur Visitation: *G. Keil*, Gedanken zur Visitation, ZevKR 30 (1985) S. 317; *F. Krause*, Gemeindevisitation als Element des Gemeindeaufbaus, DPfBl. 1991 H. 4 S. 140; *ders.*, Visitation als Chance für den Gemeindeaufbau, Göttingen 1991; *Ch. Link*, Kirchenvisitation, EvStL Sp. 1777 – 1782; *H. Maser*, Das Wünschbare und das Mögliche, Zur neuen Visitationsordnung, Nachrichten 1977 H. 18 S. 341 – 345.

Literatur zur Lehrbeanstandung: *W. Härle*, Lehre und Lehrbeanstandung, ZevKR 30 (1985) S. 283; *W. Härle/H. Leipold* (Hrsg.), Lehrfreiheit und Lehrbeanstandung, Kirchenrechtliche Dokumente, 2 Bde., Gütersloh 1985; *G. Hoffmann*, Lehramt – Freiheit – Zucht, EvStL Sp. 1992 – 1996; *Ch. Malch*, Zwischen Lehrzwang und Lehrwillkür. Das Thema Lehrbeanstandung, DPfBl. 1977 S. 129; *F. Merkel*, Zehn Thesen zum Thema Lehrbeanstandung, ZevKR 30 (1985) S. 277; *R. Pahud de Mortanges*, a.a.O. bei Lit. zur Amtspflichtverletzung; *A. Schirmer*, Verführung oder Erkenntnis. Überlegungen zum Problem der Lehrzuchtverfahren, DPfBl. 1977 S. 131; *A. Schwalfenberg*, Ist evangelische Lehre justiziabel? Diss. Marburg 1988; besprochen v. *H. M. Müller* in ZevKR 37 (1992) S. 431 – 435; *A. Stein*, Lehrbeanstandungsverfahren, EvStL Sp. 1998 – 2001.

Literatur zur Amtspflichtverletzung: *H. G. Jung*, Gesichtspunkte zur Problematik der kirchlichen Disziplinargerichtsbarkeit in theologischer Sicht und kirchenleitender Verantwortung, ZevKR 28 (1981) S. 140 – 155; *Pahud de Mortanges*, Zwischen Vergebung und Vergeltung. Eine Analyse des kirchlichen Straf- und Disziplinarrechts, Baden-Baden 1992 (Bd. 23 der Rechtsvergleichenden Untersuchungen zur gesamten Strafrechtswissenschaft, hrsg. v. Max-Planck-Institut für ausländ. und internat. Strafrecht), besprochen v. *G. Grethlein*, DPfBl. 1993 H. 5 S. 225 – 227; *W. Strietzel*, Das Disziplinarrecht der deutschen evangelischen Landeskirchen und ihre Zusammenschlüsse, Jus Eccl. Bd. 34, Tübingen 1988.

§ 22
Veränderung des Pfarrerdienstverhältnisses

Das Dienstverhältnis eines Pfarrers, das auf Lebenszeit (§ 1 Abs. 1 S. 2) angelegt ist, kann verändert (ausnahmsweise auch beendet – s.u. § 23, S. 276 ff.) werden. Sowohl bei der Veränderung als auch bei der Beendigung des Dienstverhältnisses besteht (für amtliche Sachen) eine Herausgabe – und eine Rechnungslegungspflicht (§ 48; s.o. § 20, 7., S. 252). – Von »**Veränderung des Dienstverhältnisses**« spricht man, wenn das Dienstverhältnis als solches fortbesteht, der Dienst aber an einer anderen Stelle fortgesetzt oder vorübergehend oder auf Dauer (z. B. beim Ruhestand) beendet wird (vgl. die Übersicht u. S. 275). Solche Veränderungen werden regelmäßig vom Landeskirchenrat (Art. 1 a), gelegentlich vorübergehend auch von Dekan oder Kreisdekan (Art. 64 a) angeordnet; sie können auch im Verfahren wegen Amtspflichtverletzung (AVerG § 78, *RS 960*) verhängt werden. *RS 500*

1. Die häufigste Art der Veränderung ist die **Übertragung einer anderen Stelle oder Aufgabe.** Da der »Inhaber einer Pfarrstelle« »grundsätzlich unversetzbar« ist (§ 80 Abs. 1 S. 1; – im Gegensatz zum Pfarrer, dem eine allgemeinkirchliche Aufgabe übertragen ist, s. § 80 Abs. 3, § 88), kann er in der Regel nur auf eine andere Stelle kommen, wenn er sich darum bewirbt oder wenn er der Übertragung zustimmt (§ 80 Abs. 1 S. 2 Nr. 1 u. 2; Ausnahme: § 80 Abs. 1 S. 2 Nr. 3 i.V.m. § 82).

> **Beachte:** Die **Unversetzbarkeit** des Pfarrers ist – ebenso wie die des Richters – kein Privileg dieser Amtsträger, sondern sie dient – über die Sicherung durch die Alimentation hinaus – der Sicherung der Unabhängigkeit, die bei der Verkündigung des Evangeliums – wie bei der Rechtsfindung – um des besonderen Dienstes willen im Interesse aller geboten ist. Allerdings muß dieser Grundsatz – wie alles in dieser Welt – auch Grenzen haben (vgl. das Wort »**grundsätzlich**«[1] im Gesetzestext; wegen der Ausnahmen s. bes. u. b), S. 264, u. e), S. 269, im Zusammenhang mit dem nichtgedeihlichen Wirken und der 10-Jahresfrist).

a) Ohne Bewerbung und ohne Zustimmung kann der Inhaber einer Pfarrstelle **versetzt** werden (§ 82 Abs. 1 Nr. 2 – 6 i.V.m. § 53 Abs. 2 S. 1),
- »wenn die Wahrnehmung eines mit der Pfarrstelle verbundenen Aufsichtsamtes endet,
- wenn die Pfarrstelle aufgehoben wird oder unbesetzt sein soll,
- wenn die Ehe des Pfarrers rechtskräftig geschieden worden ist oder die

1) Zur Bedeutung des Wortes »grundsätzlich« s.o. § 16, 3. a) unter »Beachte«, S. 203.

Eheleute getrennt leben und aus den Umständen zu schließen ist, daß seine Ehegattin nicht beabsichtigt, zu ihrem Ehegatten zurückzukehren,
- wenn der Pfarrer wegen seines Gesundheitszustandes in der Ausübung seines Dienstes erheblich behindert ist«,
- wenn gegen die Eheschließung des Pfarrers Bedenken erhoben wurden, ein Einvernehmen nicht zustande kommt und zu erwarten ist, daß die Eheschließung dem Pfarrer die Ausübung des Dienstes unmöglich machen oder erheblich erschweren wird.

Vor einer Versetzung soll der Pfarrer Gelegenheit haben, sich um eine andere Stelle zu bewerben (§ 83 Abs. 1 u. 2). Statt der Versetzung auf eine andere Stelle ist unter besonderen Umständen auch die Versetzung in den Warte- oder Ruhestand möglich (§ 83 Abs. 3 u. 4 S. 2). Auch kann, wenn die Voraussetzung vorliegt, gegen den Pfarrer ein Amtszuchtverfahren eingeleitet werden (§ 83 Abs. 4 S. 2).

Beachte: In § 83 Abs. 1 heißt es zwar: »Eine Versetzung nach § 82 **soll** nur durchgeführt werden, wenn ...«. Doch bedeutet das »Soll« in der Gesetzessprache in der Regel soviel wie ein »Muß«. Im Unterschied zum »Muß« (oder »ist/sind zu ...«) läßt jedoch das »Soll« Ausnahmen zu, wenn dafür besondere Gründe vorliegen. Vgl. weiter dazu u. in diesem § 22, 1 d) a. A. unter »Beachte«, S. 268.

b) Weiter kann der Pfarrer ohne seine Zustimmung versetzt werden,
- »wenn ein **gedeihliches Wirken** auf der bisherigen Pfarrstelle oder in einem mit der Pfarrstelle verbundenen Aufsichtsamt **nicht mehr gewährleistet** ist, wobei der Grund nicht in dem Verhalten des Pfarrers zu liegen braucht« (§ 85 Abs. 1; vgl. auch § 89 für allgemeinkirchliche Aufgaben)[2].

Ob diese Voraussetzung vorliegt, wird in einem förmlichen Verfahren mit bestimmten, vorgeschriebenen Anhörungen ermittelt (§ 86, Art. 86 a, 86 b); auch eine ärztliche Untersuchung zur Überprüfung der Dienstfähigkeit nach § 103 Abs. 3 kann angeordnet werden. Dem Pfarrer kann – nach seiner Anhörung – schon während des Verfahrens die Ausübung des Dienstes ganz oder teilweise untersagt werden, »wenn dies dringend erscheint«; ihm kann während dieser Zeit ein angemessener anderer Auftrag erteilt werden (§ 86 Abs. 2).

Die Feststellung des nichtgedeihlichen Wirkens hat zunächst zur Folge, daß die Übertragung der Pfarrstelle oder der allgemeinkirchlichen Aufgabe aufgehoben (§§ 85 Abs. 1, 89 S. 1) und der Pfarrer in den Wartestand versetzt wird (§ 86 Abs. 3). Doch kann die Stelle einem anderen Pfarrer erst übertragen werden, »wenn die Aufhebung der

2) Vgl. dazu VuVG der VELKD im Text zu Fn. 4.

Übertragung bestandskräftig geworden ist« (§ 86 Abs. 4), also Rechtsmittel in der gesetzlichen Frist nicht eingelegt wurden oder der Rechtsmittelzug erschöpft ist. Der Pfarrer kann sich um eine andere Stelle bewerben; nur wenn der Pfarrer sich nicht bewirbt oder seine Bewerbungen nicht zum Ziele führen, wird er auf eine andere Stelle oder – wo das nicht möglich ist – in den Ruhestand versetzt (§ 87 Abs. 1 – 3).

In der Praxis liegt **nichtgedeihliches Wirken meist** dann vor, wenn Pfarrer und Kirchenvorstand so zerstritten sind, daß Vermittlungsversuche wiederholt gescheitert sind und auch für die Zukunft praktisch keine Hoffnung auf ein Ende der Streitigkeiten besteht. Da der Kirchenvorstand ein eigenständiges, gewichtiges Organ in der Kirchengemeinde neben dem und unabhängig vom Pfarrer ist, genügt eine nicht behebbare erhebliche Störung, um eine ordnungsgemäße Erfüllung der Aufgaben der Kirchengemeinde unmöglich zu machen[3]. In aller Regel wird hier nur die Versetzung des Pfarrers helfen, »unabhängig davon ..., auf wen die Unmöglichkeit gedeihlicher Zusammenarbeit zurückgeht; das ist die Folge des »Dienstcharakters des Pfarrers ... Nur dann, wenn die Weigerung von Kirchenvorstand und Amtsbrüdern, mit dem Pfarrer zusammenarbeiten, völlig unverständlich und logisch nicht nachvollziehbar wäre, könnte sie ausnahmsweise als rechtsmißbräuchlich angesehen werden.«[4] – Eine Zerrüttung liegt auch

3) VuVG der VELKD 12.11.1969, RVG 3/69, RSprB. zu ABl. VELKD Bd. III St. 9 Nr. 8 = ZevKR 15 (1970) S. 407 – 411 mit kritischer Anm. *H. Weber,* a.a.O. S. 411 – 415; etwas zurückhaltender Schiedsgerichtshof der EKD 23.10.1982, RSprB. 1983 S. 3; vgl. auch VuVG VELKD 20.7.1984, RSprB. 1988, S. 16 = ZevKR 30 (1985) S. 217: Die Gemeindeleitung ist ernsthaft gefährdet, wenn die Zusammenarbeit zwischen Pfarrer und Kirchenvorstand aufgehört hat; Zerrüttung genügt jedenfalls dann, wenn sie in die Gemeinde hineinwirkt (etwa bei den Kirchenvorsteherwahlen oder wenn eine beachtliche Zahl von Stimmen sich gegen den Pfarrer in einer Gemeindeversammlung erhebt). Offengelassen wurde in dieser Entscheidung, ob allein Zerrüttung zwischen Pfarrer und Kirchenvorstand ohne Wirkung auf die Gemeinde genügt (was schwer vorstellbar ist; s. nächsten Abs.).
Überzeugend VuVG EKHN 9.8.1991 – II. 13/90, RSprB. 1993 H. 8 S. 386 Nr. 5 = ZevKR 37 (1992) S. 193 – 201: Die Bedeutung des Kirchenvorstandes schließt auch aus, »daß die Auswirkungen eines gravierenden Konflikts zwischen Pfarrer und KV ohne Auswirkungen auf das Gemeindeleben bleiben« (ZevKR a.a.O. S. 198), weil »ohne ein vertrauensvolles Zusammenwirken von Pfarrer und KV ... ein geordnetes Gemeindeleben nicht« denkbar ist (a.a.O. S. 197); vgl. auch VGH der EKU 27.11.1993 – VGH 4/92 – RSprB. 1994 S. 13). – Zu Recht wird dabei (a.a.O. S 198) festgestellt, daß es dann unerheblich ist, ob alle erhobenen Vorwürfe zutreffen.
Entscheidend bei einem Konflikt zwischen Pfarrer und KV ist: »Wenn der KV aus nachvollziehbaren und einsichtigen Gründen das für ein gedeihliches Wirken in der Gemeinde erforderliche Vertrauensverhältnis zwischen KV und dem Pfarrer nicht mehr für gegeben erachtet, so ist damit dem Pfarrer angesichts der umfassenden Kompetenzen des KV ... für das gesamte Gemeindeleben ein fruchtbares Wirken verwehrt, sofern das Zerwürfnis vom KV nicht treuwidrig herbeigeführt oder festgestellt worden ist« (LS 3, a.a.O. S. 193). Ein entsprechender Beschluß des KV ist zwar »kein notwendiges, wohl aber regelmäßig ein hinreichendes Merkmal«, die Nichtgedeihlichkeit des Wirkens des Pfarrers festzustellen (a.a.O. S. 197).
Bloße »Schwierigkeiten in der Zusammenarbeit« genügen aber nicht: Verwaltungskammer Westfalen v. 6.3.1989 – VK 2/1988 – (rechtskräftig), RSprB. 1991, Nr. 7.

4) VuVG VELKD 14.3.1988, RVG 4/87, RSprB. zu 1989 S. 10.

vor, wenn Teile der Gemeinde der Ansicht sind, der Pfarrer habe seine Pflichten als Seelsorger gröblich verletzt und sei daher ungeeignet, das Wort Gottes in rechter Weise zu verkünden; der Pfarrer sei streitsüchtig, man vermisse bei ihm die Bereitschaft, Frieden zu stiften; er mache keine Krankenbesuche, er sei nie zu Hause und behaupte immer, keine Zeit zu haben; seine Bereitschaft, Gemeindegliedern Trost und seelsorgerlichen Zuspruch zu gewähren, sei gering; seine Dienstauffassung als Pfarrer sei zu bemängeln, weil er schon öfters Amtshandlungen vergessen habe; weite Teile der Gemeinde würden ihn als Seelsorger gänzlich ablehnen und Gottesdienste in benachbarten Gemeinden besuchen und auch von den Pfarrern der Nachbargemeinden Amtshandlungen erbitten[5]. – Bei der Prüfung der Frage, ob gedeihliches Wirken nicht mehr gewährleistet ist, ist grundsätzlich[6] vom Kreis der Aufgaben auszugehen, die einem Gemeindepfarrer[7] obliegen[8]. Doch können dabei auch Gesichtspunkte eine Rolle spielen, die über den Bereich einer Kirchengemeinde hinausgehen und übergreifenden, grundsätzlichen Charakter haben. So ist das gedeihliche Wirken eines Pfarrers grundsätzlich[6] nicht gewährleistet, wenn er in einer nichtehelichen Lebensgemeinschaft lebt und nicht die Absicht erkennen läßt zu heiraten[9] – Eine Pflichtverletzung des Pfarrers liegt auch vor, wenn er z. B. bei der Kirchenvorsteherwahl Partei nimmt[4]; dann kann gegen ihn auch ein Amtszuchtverfahren eingeleitet werden (s.o.).

Im Hinblick darauf, daß der Pfarrer in der Gemeinschaft der Ordinierten wirkt (§ 39), wird ein nichtgedeihliches Wirken auch anzunehmen sein, wenn er sich mit den Kollegen im Pfarrkapitel überworfen hat und es mit dem Dekan ständig Schwierigkeiten gibt.

Beachte: § 85 Abs. 1 spricht in seiner neuen Fassung davon, daß die Übertragung der Pfarrstelle aufzuheben **ist** (entsprechend § 86 Abs. 3: »So wird die Übertragung der Pfarrstelle aufgehoben und der Pfarrer in den Wartestand versetzt«; oder § 87 Abs. 2 S. 1 HS. 1: »ist ... zu versetzen«), »wenn ein gedeihliches Wirken ... nicht mehr gewährleistet ist«. Das bedeutet, daß der zur Entscheidung berufene LKR im Fall eines nichtgedeihlichen Wirkens zu einer Versetzung schreiten **muß**. – Im Gegensatz dazu sprach das PfG in dem bis zum 31.12.1989 geltenden § 73 Abs. 1 davon, daß der Pfarrer versetzt werden **kann** (vgl. § 22, u. 8. unter »Beachte«, S. 272). Dieses der Kirchenleitung eingeräumte Ermessen ist also nun ausgeschlossen. Doch dürften die praktischen Folgen gering sein. Ist z. B. die Zerrüttung auch überwiegend Schuld verschiedener Kirchenvorsteher, so ist zunächst an

5) Rechtshof der Evang.-Luth. Landeskirchen in Hannover, Braunschweig und Schaumburg-Lippe, RSprB. zu ABl. VELKD Bd. III St. 9 Nr. 7; ähnlich Verwaltungskammer Westfalen a.a.O. (Fn. 3), wenn die Gemeinde »in gegnerische Gruppen zerfallen ist, deren eine sich außerstande sieht, den Dienst des Pfarrers anzunehmen, und sich seinem Wirken entzieht«.
6) Zur Bedeutung des Wortes »grundsätzlich« s.o. § 16, 3. a) unter »Beachte«, S. 203.
7) Wegen eines Pfarrers an einer kirchlichen Bildungseinrichtung vgl. Verwaltungskammer Rheinland v. 5.2.1990 – VK 11/1989 – RSprB. 1991 Nr. 6.
8) Verwaltungskammer Westfalen a.a.O. (Fn. 3, letzter Abs.).
9) Rechtshof Mecklenburg, v. 14.2.1989, RSprB. 1991 Nr. 8.

deren Abberufung zu denken (KGO § 109); auch könnte eine kurz bevorstehende Neuwahl des Kirchenvorstandes abgewartet werden. Denn solange nicht auszuschließen ist, daß die Zerrüttung nur auf Kirchenvorsteher zurückzuführen ist und die Zusammenarbeit nach dem Austausch der – belasteten – Kirchenvorsteher wieder möglich ist, kann wohl nicht abschließend festgestellt werden, »daß ein gedeihliches Wirken ... nicht mehr möglich ist«. Insoweit bleibt also auch nach dem neuen Recht Raum für ein verantwortliches Handeln der Kirchenleitung nach pflichtgemäßem Ermessen. Auch in diesem Zusammenhang ist die »Selbstbindung der Verwaltung«[10)] zu beachten.

Ob der »unbestimmte Rechtsbegriff« des gedeihlichen Wirkens von den Gerichten voll nachzuprüfen ist[11)], erscheint zweifelhaft, da es sich insoweit um eine geistliche Entscheidung eines kirchenleitenden Organs handelt[12)].

Art und Verhalten des Pfarrers können auch (ohne sein Verschulden) so schwerwiegend sein, daß er auch an einer anderen Stelle keinen gedeihlichen Dienst wird tun können. Dann »ist« der Pfarrer in den Ruhestand zu versetzen (§ 87 Abs. 3).

Da in diesen Verfahren ein Verschulden des Pfarrers nicht festgestellt wird, erhält er, solange er keine neue Stelle hat oder in den Ruhestand versetzt ist, sechs Monate lang ab »Bestandskraft« der Entscheidung seine bisherigen Bezüge weiter (§ 86 Abs. 5); erst danach werden die Bezüge entsprechend den allgemeinen Regeln für den Wartestand gekürzt. »Damit soll bewußt ein Ansporn gegeben sein, sich bald um eine neue Stelle zu bemühen. In jedem Fall aber, ob der Pfarrer auf seine Bewerbung hin eine neue Stelle erhalten hat oder ob er auf eine andere Stelle oder in den Warte- oder Ruhestand versetzt worden ist, werden ihm die Umzugskosten erstattet (§ 87 Abs. 5). Auch kann gegen ihn – zusätzlich oder anstelle dieses Verfahrens wegen nichtgedeihlichen Wirkens – ein Amtspflichtverletzungsverfahren (*RS 960*) eingeleitet werden, wenn die Voraussetzungen dafür vorliegen (PfG § 86 Abs. 1 S. 3 i.V.m. AVerG §§ 3 u. 5).

c) Ein **Pfarrer**, dem eine **allgemeinkirchliche Aufgabe** übertragen ist, kann **versetzt** werden, »wenn dafür ein kirchliches Interesse besteht« (§ 88 Abs. 1). Ein solches Interesse liegt schon dann vor, wenn nach der allgemeinen Planung diese Sonderaufgabe nur für einen bestimmten Zeitraum (6 – 10 Jahre z.B.) übertragen wird.

10) Zur Bedeutung der »Selbstbindung der Verwaltung« s.u. § 22, 8. unter »Beachte«, S. 272.
11) So aber – bei sonst zutreffendem Ergebnis – VuVG EHKN v. 9.9.1991, a.a.O. o. Fn. 3.
12) Eingehend und zutreffend dazu *P. v. Tiling,* a.a.O. o. § 19, 2. b) unter »Beachte«, S. 234.

d) Vor jeder Versetzung wird der Pfarrer (bei Gemeindepfarrern auch der Kirchenvorstand und Visitator, im Fall des nichtgedeihlichen Wirkens auch eine Vertretung der Pfarrerschaft) **gehört** (§§ 82 Abs. 4, 86 Abs. 3 S. 2, 88 Abs. 1 S. 2); die persönlichen Verhältnisse des Pfarrers »sollen im Rahmen der dienstlichen Möglichkeiten« berücksichtigt werden (§§ 82 Abs. 5, 87 Abs. 2 S. 2, 88 Abs. 3).

Beachte: »Sollen« bedeutet ein »grundsätzliches« Müssen. Die anordnende Stelle ist hier also verpflichtet, die persönlichen Verhältnisse zu berücksichtigen. Davon kann nur aus gewichtigen Gründen abgewichen werden, etwa, wenn gemeindliche oder kirchliche Belange deutlich überwiegen (im öffentlich-rechtlichen Dienstverhältnis haben dienstliche Interessen Vorrang vor persönlichen!); vgl. dazu weiter o. in diesem § 22, 1. a) unter »Beachte«, S. 264). Der Zusatz in dem seit 1.1.1990 geltenden Gesetz »im Rahmen der dienstlichen Möglichkeiten« ist demnach an sich überflüssig; er dient jedoch der Klarstellung. Ein noch stärkerer Vorrang der dienstlichen vor den persönlichen Interessen wird dadurch u.E. nicht begründet, zumal dies im Hinblick auf die gegenseitige Treue- und Fürsorgepflicht des Dienstherrn nicht unproblematisch wäre.

Beachte: Zur Bedeutung des Wortes »hören« s.o. § 18, 5. unter »Beachte«, S. 224.

Über jede Versetzung gegen den Willen des Pfarrers muß ein schriftlicher, mit Gründen versehener **Bescheid** erteilt werden (§§ 84 Abs. 1, 87 Abs. 4, 88 Abs. 3). Dieser Bescheid dient nicht nur der Information des Betroffenen, sondern bildet auch eine wichtige Grundlage in einem möglichen **gerichtlichen Verfahren**, in dem sich der Pfarrer gegen die Versetzung wendet. Diese Möglichkeit hat er gem. § 77 i.V.m. dem Kirchengesetz über die Verwaltungsgerichtsbarkeit in der ELKiB (KVGG, RS 955). Die Anrufung des Gerichtes hat grundsätzlich[13)] aufschiebende Wirkung (KVGG § 21; vgl. § 86 Abs. 4: »wenn die Aufhebung der Übertragung bestandskräftig geworden ist«). Da bei nichtgedeihlichem Wirken eine Versetzung ausgesprochen werden muß (vgl. o. 1. b) unter »Beachte«, S. 264), handelt es sich nicht mehr primär um eine geistlich-kirchenleitende Entscheidung, wenn die Aufhebung der Übertragung der Stelle bei Vorliegen des nichtgedeihlichen Wirkens ausgesprochen wird. Es geht damit nicht mehr um ein gerichtlich nicht nachprüfbares Ermessen der Kirchenleitung, sondern um die Überprüfung, ob der Tatbestand eines nichtgedeihlichen Wirkens vorliegt. (Dabei sollte sich ein auf die juristische Beurteilung beschränktes Gericht aber hüten, zu sehr in die ja doch letztlich geistliche Frage

13) Zur Bedeutung von »grundsätzlich« s.o. § 16, 3. a) unter »Beachte«, S. 203.

einzugreifen, wann und ob ein gedeihliches Wirken noch gewährleistet ist)[14].

Selbstverständlich werden die Umzugskosten – nach der Verordnung über die Umzugskosten der Geistlichen (RS 580) – in jedem Fall der Versetzung, bei nichtgedeihlichem Wirken auch in den Warte- und Ruhestand (§ 87 Abs. 5)[15] ersetzt (§§ 82 Abs. 6, 87 Abs. 5, 89).

Der Neuanfang erfolgt bei jeder Versetzung durch Einführung in einem Gottesdienst (außer bei Wechsel der Pfarrstelle in derselben Gemeinde); die Rechtswirkung ist – wie bei der ersten Ernennung – an die Urkunde gebunden (§§ 81, 84 Abs. 2, 87 Abs. 4, 88 Abs. 3).

e) Das VELKD-Pfarrergesetz kennt in § 82 Abs. 1 Nr. 1 i.V.m. Abs. 2 u. 3 auch eine **Versetzung, wenn** der Pfarrer **mindestens 10 Jahre in derselben Gemeinde** Inhaber einer Pfarrstelle war und das 55. Lebensjahr noch nicht vollendet hat. Das Verfahren kann von Amts wegen oder auf Antrag des Kirchenvorstands oder des Visitators eingeleitet werden; das muß jeweils innerhalb einer 3-Monats-Frist geschehen (damit der Pfarrer mit seiner Familie nicht zu lange im Ungewissen bleibt). Dieser Tatbestand wurde geschaffen, weil es immer wieder Fälle gibt, in denen sich die Arbeit eines Pfarrers in einer bestimmten Gemeinde nach einer gewissen Zeit totgelaufen hat und beiden ein Neuanfang zu wünschen ist. In der ELKiB ist dieser Tatbestand gem. § 82 Abs. 3, Art. 82 a Abs. 1 ausgeschlossen und durch das »**10-Jahres-Gespräch**« ersetzt (Art. 82 a Abs. 2 – 5). Diese bayerische Besonderheit geht – ungeachtet des dem Art. 8 S. 2 der CA zugrunde liegenden realistischen Denkens – davon aus, daß alle Pfarrer aufgrund eines solchen Gespräches zu einer Versetzung bereit sind, wenn diese notwendig ist. Mit dieser Regelung ist jedoch das Wesen des Rechts (und des Menschen) gründlich verkannt: Nur die Gutwilligen und Einsichtigen räumen die Stelle, die Uneinsichtigen und Böswilligen, deren Versetzung besonders notwendig wäre, bleiben. Bei ihnen bleibt dann nur das mühsame Verfahren wegen nichtgedeihlichen Wirkens, das alle Beteiligten, besonders den Pfarrer und die Gemeinde, ganz erheblich belastet und schädigt[16].

14) VUVG VELKD (14.3.1988, RVG 4/87, RSprB. 1989 S. 10) hat wie VUVG VELKD (20.7.1984, RVG 4/83, RSprB. 1988, S. 16) diese Frage ausdrücklich offengelassen; vgl. auch die zurückhaltende Entscheidung des Schiedsgerichtshofs der EKD a.a.O. o. Fn. 3, S. 217/219. Dagegen meint die *Verwaltungskammer Westfalen* (6.3.1989 – VK 2/1988 – (rechtskräftig), RSprB. 1991 Nr. 7), daß die Anwendung des »unbestimmten Rechtsbegriffs« der Unmöglichkeit gedeihlichen Wirkens »in vollem Umfang der gerichtlichen Nachprüfung« unterliege. Die formal-juristische Begründung läßt jedoch den u.E. entscheidenden geistlichen Aspekt unberücksichtigt. Ähnlich VuVG EKHN a.a.O. Fn. 3. – Wie hier *v. Tiling* a.a.O. § 19 Fn. 8.

15) Das folgt aus der Fassung des § 87 Abs. 5 mit seinem ausdrücklichen Hinweis auf § 86 und § 87 Abs. 3. Ein solcher Hinweis auf § 82 Abs. 6 fehlt bei § 83 Abs. 3 u. 4. Eine entsprechende (ausdehnende) Auslegung auch auf die beiden anderen genannten Vorschriften dürfte nicht angezeigt sein, vielmehr gilt hier wohl die allg. Regelung des § 3 Abs. 1 Ziff. 5 UmzKostV (RS 580), mit der dort getroffenen Einschränkung.

16) Vgl. aber andererseits *K. Diegritz*, Das Märlein von der Immobilität, KorrBl. 1987 S. 173.

2. Leider gibt es **keine Versetzung** (außer beim Pfarrer mit allgemeinkirchlichen Aufgaben) **aus positiven Gründen**, nämlich wenn ein Pfarrer mit seinen besonderen Fähigkeiten ganz dringend an einer anderen Stelle benötigt würde. In diesem Fall kann nur eine »vorübergehende Beschäftigung« im Wege der **Abordnung** erreicht werden, die gegen den Willen des Pfarrers bis zu insgesamt höchstens einem Jahr ausgesprochen und verlängert werden kann (§ 90). Der Pfarrer bleibt hier Inhaber seiner Stelle an dem bisherigen Dienstort, die also nicht anderweitig besetzt werden kann, sondern vertreten werden muß. So müssen in der Praxis – gegen den Sinn des Probedienstes (§ 16 Abs. 1) – oft unerfahrene Pfarrer auf Probe (= Pfarrer z. A., § 17 Abs. 3) in schwierige, sie überfordernde Gemeindesituationen entsandt werden, weil allein sie (auch) aus positiven Gründen versetzt werden können (§ 17 Abs. 1 S. 2).

3. Ein Pfarrer kann herkömmlich nur auf seinen Antrag oder mit seiner Zustimmung »zur Wahrnehmung eines anderen kirchlichen Dienstes sowie zur Übernahme von Aufgaben, die im kirchlichen Interesse liegen«, beurlaubt werden (§ 91), weil das öffentlich-rechtliche Dienst- und Treueverhältnis einen ständigen Einsatz seiner Kraft im Dienst fordert (§ 18, S. 219) – was ja auch aus der Ordination folgt. Eine **Beurlaubung** tritt aus dienstlichen Gründen kraft Gesetzes auch ein, wenn ein Pfarrer sich um ein politisches Wahlamt bewirbt (§ 58 Abs. 3 i.V.m. Art. 58 a Abs. 1, Art. 58 b Abs. 1). – Im Zug der neueren Entwicklung ist eine Beurlaubung auch aus wichtigen familiären Gründen mit zeitlicher Begrenzung möglich (§§ 92, 94, Art. 94 a). Eine weitergehende Möglichkeit zur Beurlaubung besteht nach dem Erprobungsgesetz (s. dort § 30, S. 303).

4. Aus den gleichen familiären Gründen kann das volle Dienstverhältnis auf Antrag oder mit Zustimmung des Pfarrers – ebenfalls zeitlich befristet – in ein **Dienstverhältnis mit eingeschränktem Auftrag** umgewandelt werden, »wenn dafür ein kirchliches Bedürfnis besteht«. Dieser eingeschränkte Auftrag muß mindestens die Hälfte eines vollen Dienstauftrages umfassen und darf nur erteilt werden, wenn es sich um arbeitsmäßig abgrenzbare Teilbereiche aus der Tätigkeit eines Pfarrstelleninhabers oder eines Pfarrers mit allgemeinkirchlichen Aufgaben handelt (§§ 93, 94, Art. 94 a). Erweiterte Teildienstmöglichkeiten bietet das Erprobungsgesetz (s. dort § 30, S. 303).

5. Die Veränderung des Dienstes dergestalt, daß der Dienst in einer anderen Gliedkirche der VELKD fortgesetzt wird, ist in § 95 als **»Übernahme«** geregelt. Weiter sieht die VELKD die Umwandlung des Dienstverhältnisses als Pfarrer in ein Kirchenbeamtenverhältnis vor (§ 96).

6. Eine Veränderung des Dienstverhältnisses ist auch die **Untersagung der Ausübung des Dienstes**, wie sie in besonderen Fällen (§§ 54 Abs. 5, 64 Abs. 1, 86 Abs. 2, 105 Abs. 4, auch AVerG § 125, RS 960) vorgesehen sind.

7. **Wartestand**, eine weitere Veränderung des Dienstverhältnisses, kann nur angeordnet werden, wo das im Gesetz ausdrücklich vorgesehen ist (§ 97), nämlich:
- bei unbehebbaren Bedenken gegen eine Eheschließung: § 53 Abs. 2 S. 2
- nach einer Scheidung: § 54 Abs. 3
- nach Wahl in ein Parlament u.ä.: § 58 Abs. 3 i.V.m. Art. 58 a Abs. 2
- bei nichtgedeihlichem Wirken: § 86 Abs. 3
- bei Änderung der kirchlichen Organisation: Art. 97 a
- in einem Verfahren wegen Verletzung der Amtspflichten: AVerG § 78 Abs. 1 Buchst. e i.V.m. § 86 Abs. 1 u. 3.

»Das Dienstverhältnis des Pfarrers wird durch die Versetzung in den Wartestand nicht beendet. Der Pfarrer verliert jedoch mit dem Beginn des Wartestandes die von ihm bekleidete Pfarrstelle oder die ihm übertragene allgemeinkirchliche Aufgabe und, soweit nicht anders bestimmt wird, die ihm sonst übertragenen Aufgaben und Funktionen« (§ 99 Abs. 1). Er erhält – außer in der ersten Zeit nach nichtgedeihlichem Wirken (§ 86 Abs. 5) – verminderte Bezüge in Höhe des Wartegeldes (§ 99 Abs. 2, PfBesG § 73, RS 550). »Dem Pfarrer im Wartestand kann[17] gestattet werden, sich um eine freie Pfarrstelle zu bewerben«; er »ist verpflichtet, zeitlich begrenzt Aufgaben, die ihm zuzumuten sind, zu übernehmen« (§ 100 Abs. 1, 2 S. 1) und »an Fortbildungsveranstaltungen ... teilzunehmen« (§ 99 Abs. 4). Der Pfarrer im Wartestand kann[17] mit seiner Zustimmung oder nach einer Pflichtverletzung gem. § 100 Abs. 3 S. 1 i.V.m. Abs. 2 jederzeit, nach dreijähriger Wartestandszeit auch gegen seinen Willen, in den Ruhestand versetzt werden (§ 106 Abs. 2); natürlich gelten auch hier die allgemeinen Bestimmungen über den Eintritt und die Versetzung in den Ruhestand (§ 106 Abs. 1, §§ 102 – 104).

8. Auch der **Ruhestand** bewirkt nur eine Veränderung des Dienstverhältnisses, keine Beendigung: »Mit dem Beginn des Ruhestandes ist der Pfarrer unter Aufrechterhaltung seines Dienstverhältnisses der Pflicht zur Dienstleistung enthoben«; er untersteht weiter der Lehrverpflichtung und der Amtspflicht und damit der Lehraufsicht und Amtszucht; auch gelten die Bestimmungen über die Nebentätigkeit weiter; er erhält Versorgungsbezüge (§ 107). Auch die Versetzung in den

17) Zur Bedeutung des Wortes »kann« s. unter »Beachte«, S. 272.

Ruhestand ist nur in den gesetzlich vorgesehenen Fällen möglich (§ 97):

- Nach Vollendung des 63. Lebensjahres kann der Pfarrer **auf Antrag** in den dauernden Ruhestand versetzt werden, wenn (im Hinblick auf PfBesG § 37 Abs. 3; vgl. dazu u. § 28, 3. b), S. 293 f.) die Voraussetzungen für das vorgezogene Altersruhegeld in der gesetzlichen Rentenversicherung erfüllt sind. Diese Möglichkeit besteht für Pfarrerinnen und schwerbehinderte Pfarrer schon ab Vollendung des 60. Lebensjahres (Art. 102 a i.V.m. § 102 Abs. 4 u. Abs. 2).

  Beachte: Es handelt sich zwar auch hier um eine »**Kann**«-Vorschrift, d. h. die entscheidende Stelle kann unter Abwägung der Umstände nach ihrem Ermessen entscheiden; allein Willkür und Ermessensmißbrauch sind ausgeschlossen (s. dazu auch § 22, 1. b) unter »Beachte«, S. 266). Doch entspricht es ständiger Verwaltungspraxis, daß solchen Anträgen stattgegeben wird. Der Landeskirchenrat **muß** bei gleichbleibenden Verhältnissen auch künftig solchen Anträgen stattgeben, da sonst der Gleichheitssatz verletzt würde (Grundsatz der **Selbstbindung der Verwaltung**).

  Wer jedoch von dieser Möglichkeit nach dem 1.1.2002 Gebrauch macht, muß einen Abschlag von 3,6 % des Ruhegehalts (nicht des Ruhegehaltssatzes) für jedes Jahr hinnehmen, das er vor Vollendung des 65. Lebensjahres in den Ruhestand versetzt worden ist (PfBesG § 39 Abs. 4; näher vgl. Rundschreiben des LKA vom 1.7.1992 – 23/0 – 1 – 28 und 26/11 – 18). Das gilt natürlich nicht bei Dienstunfähigkeit oder bei Pfarrern, die als Schwerbehinderte anerkannt sind (vgl. u. den 4. Spiegelstrich).

- **Kraft Gesetzes** (»automatisch«), also ohne Antrag und ohne Entscheidung des Landeskirchenrats, tritt der Pfarrer mit dem Ende des Monats, in dem er das 65. Lebensjahr vollendet, in den Ruhestand (§ 102 Abs. 1). (Bei früherem Ruhestandsbeginn wird er »in den Ruhestand versetzt«.)

- Mit Zustimmung des Pfarrers kann der Landeskirchenrat den Eintritt in den Ruhestand bis zur Vollendung des 68. Lebensjahres **hinausschieben** (§ 102 Abs. 3).

- Wenn der Pfarrer »infolge körperlicher Gebrechen oder wegen Schwäche seiner körperlichen oder geistlichen Kräfte zur Erfüllung seiner Amtspflichten **dauernd unfähig** (= dienstunfähig) geworden ist«, muß er auf seinen Antrag oder von Amts wegen vorzeitig in den Ruhestand versetzt werden (§ 103 Abs. 1; vgl. »ist ... zu versetzen«). Da es um die volle »Erfüllung seiner Amtspflichten« geht, ist die Versetzung in den Ruhestand auch bei verminderter Dienstfähigkeit geboten (in diesen Fällen ist jedoch auch eine Versetzung auf eine andere – kleinere – Stelle möglich, § 82 Abs. 1 Nr. 5). Besteht Aussicht, daß die Dienstunfähigkeit wieder entfallen könnte, ist auch eine Versetzung in den **zeitlichen Ruhestand** möglich (höchstens für drei Jahre; Art. 103 a).

Doch kann[18] auch dem Pfarrer im Ruhestand vor Vollendung des 62. Lebensjahres (bei Schwerbehinderten: 60. Lebensjahr) »jederzeit eine Pfarrstelle oder eine Stelle mit allgemeinkirchlichen Aufgaben wieder übertragen werden«, wenn er (wieder) dienstfähig ist; dem muß er Folge leisten (§ 108).

- In besonderen Fällen, nämlich
  (a) beim Pfarrer im Wartestand (§§ 100 Abs. 3, 106 Abs. 2),
  (b) bei Weigerung, einer Versetzung Folge zu leisten (§ 83 Abs. 4), und
  (c) beim nichtgedeihlichen Wirken (§ 87 Abs. 3)[19]
  kann[17] die Versetzung in den Ruhestand ausgesprochen werden.

»Der Pfarrer im Ruhestand kann auf Ansuchen auch mit der Vertretung einer Pfarrstelle betraut werden« (Art. 108 a), natürlich auch mit anderen kleineren Aufgaben, jedoch stets nur mit seiner Zustimmung (er ist ja gem. § 107 Abs. 1 S. 1 der Pflicht zur Dienstleistung enthoben).

Zu 7. u. 8. Über die Versetzung in den Warte- oder Ruhestand wird eine **Urkunde** ausgestellt, in der auch der Zeitpunkt anzugeben ist, zu dem die Veränderung des Dienstverhältnisses wirksam wird (§ 98 Abs. 1; Näheres über den Beginn: Art. 98 a). Der Pfarrer im Warte- oder Ruhestand führt seine bisherige Amtsbezeichnung weiter, jedoch mit dem Zusatz »i.W.« bzw. »i. R.« (§ 26 Abs. 2). Auch »persönliche Titel« dürfen weitergeführt werden (Art. 98 a Abs. 3, z. B. früher »Kirchenrat«). – Einem »Pfarrer im Warte- oder Ruhestand können **Beschränkungen** in der Ausübung des Rechts zur öffentlichen Wortverkündigung und zur Sakramentsverwaltung, zur Führung der Amtsbezeichnung und etwaiger kirchlicher Titel und zum Tragen der Amtskleidung auferlegt werden, wenn die Rücksicht auf Amt und Gemeinde dies gebietet« (§ 82 Abs. 2). Natürlich kann auch eine solche Entscheidung richterlich überprüft werden (§ 77).

18) Hier liegt der Unterschied zum Pfarrer im zeitlichen Ruhestand: Dieser muß nach Ablauf der Zeit wieder in den Dienst genommen, ihm muß also wieder eine Stelle verliehen werden, wenn er wieder dienstfähig geworden ist; darauf hat er einen einklagbaren Rechtsanspruch. – Der Pfarrer im (unbefristeten) Ruhestand braucht, auch wenn er wieder dienstfähig ist, nicht wieder in den Dienst genommen zu werden, wenn der LKR dafür gute Gründe hat (also das »kann« im Rahmen pflichtgemäßen Ermessens auslegt u. anwendet; s.o. § 22, 1. b) unter »Beachte«, S. 266).

19) Diese Vorschrift kann auch dann noch angewendet werden, wenn dem Pfarrer zunächst Gelegenheit gegeben wurde, sich auf eine andere Pfarrstelle zu bewerben, die Bewerbungen aber erfolglos geblieben sind: VuVG VELKD 14.3.1988, RVG 3/87, RSprB. 1989 S. 11.

Literatur: *H. Weber*, Auslegung und Rechtsgültigkeit der Versetzungsbefugnis nach § 71 I c des Pfarrergesetzes der VELKD, ZevKR 15 (1970) S. 20 – 59; vgl. auch die *Rechtsprechung* in Fn. 3 – 9!

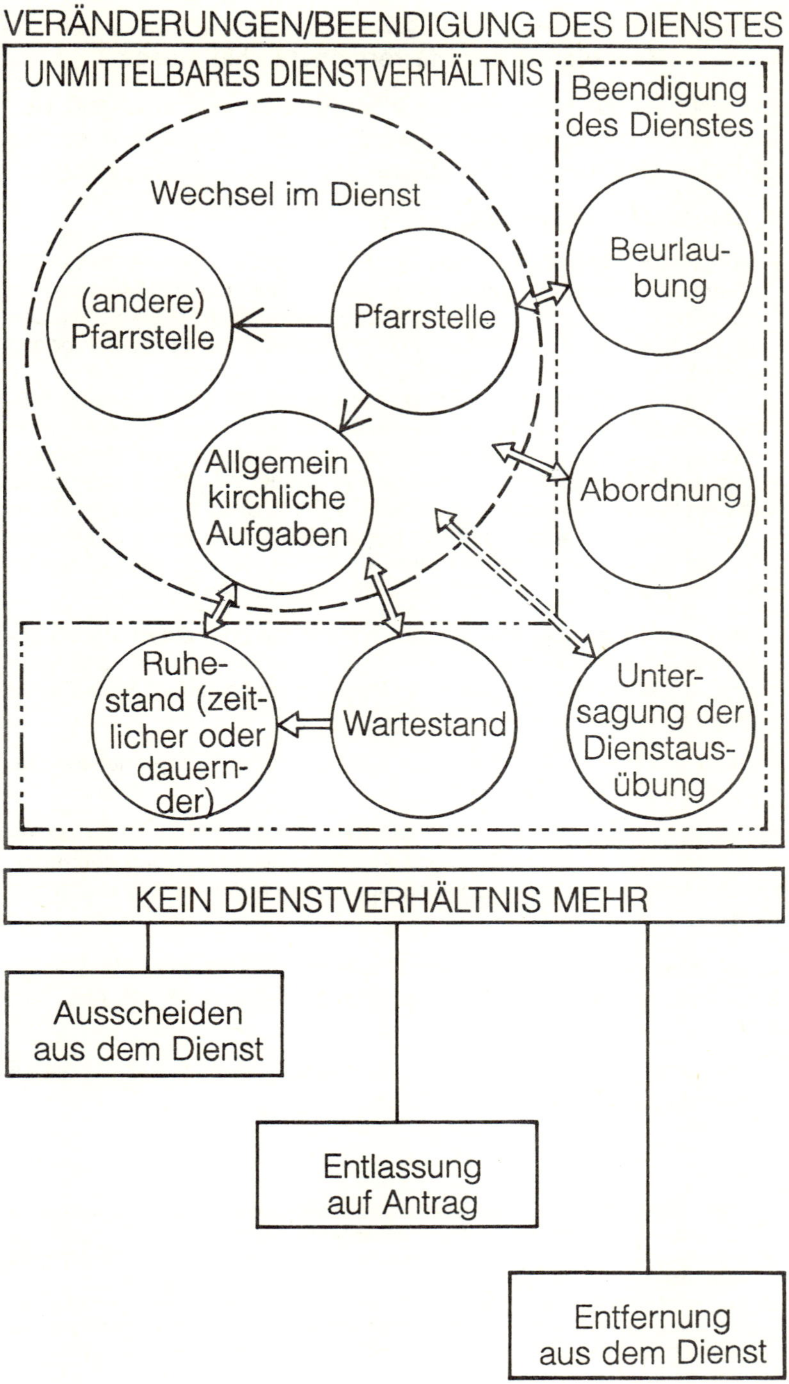
VERÄNDERUNGEN/BEENDIGUNG DES DIENSTES
UNMITTELBARES DIENSTVERHÄLTNIS
Beendigung des Dienstes
Wechsel im Dienst
(andere) Pfarrstelle
Pfarrstelle
Beurlaubung
Allgemein kirchliche Aufgaben
Abordnung
Ruhestand (zeitlicher oder dauernder)
Wartestand
Untersagung der Dienstausübung
KEIN DIENSTVERHÄLTNIS MEHR
Ausscheiden aus dem Dienst
Entlassung auf Antrag
Entfernung aus dem Dienst

§ 23
Beendigung des Pfarrerdienstverhältnisses

Obwohl das Dienstverhältnis des Pfarrers auf Lebenszeit angelegt ist, kann es doch **vorzeitig beendet** werden durch Entlassung, Ausscheiden oder Entfernung aus dem Dienst (vgl. die Übersicht u. S. 275).

1. **Eine Entlassung erfolgt,**

RS 500

- wenn der Pfarrer sie beantragt (§ 110)[1]. Mit der Entlassung verliert der Pfarrer alle Rechte, insbesondere auch Besoldung und Versorgung; allerdings kann ein Unterhaltsbeitrag widerruflich gewährt werden (§ 111 Abs. 1 S. 2). Auch Auftrag und Recht aus der Ordination gehen verloren, wenn nicht der Pfarrer einen Dienst übernimmt, der ihn nicht von seinen Pflichten aus der Ordination trennt (§§ 111 f.); das ist z. B. bei einem Pfarrer der Fall, der seinen Dienst rechtlich als Staatsbeamter leistet (Religionslehrer, Strafanstaltspfarrer, Professor der Theologie), oder bei einer Pfarrerin, die auf ihren Antrag im Angestelltenverhältnis mit kirchlichen Aufgaben betraut wird (vgl. *RS 503/2*). In diesen Fällen kann gestattet werden, daß die bisherige Amtsbezeichnung mit dem Zusatz »a. D.« weitergeführt wird (§ 112 Abs. 1 S. 2); auch kann ihm ein »Rückkehrrecht« eingeräumt werden (§ 113, Art. 113 a).
- wenn der Pfarrer die Altersgrenze erreicht hat oder dienstunfähig geworden ist und Ruhestand nicht in Betracht kommt (§ 114). Das kann gem. § 104 der Fall sein, wenn der Pfarrer noch keine fünf Jahre Dienst getan hat.
- wenn ein Pfarrer die Wahl zum Landrat, (Ober-)Bürgermeister o.ä. annimmt (Art. 58 b Abs. 2).

Im letztgenannten Fall gilt er kraft Gesetzes (»automatisch«) »als entlassen«, während in den beiden anderen Fällen die Entlassung durch den LKR mit Urkunde ausdrücklich ausgesprochen werden muß (§ 110 Abs. 2 bis 4).

2. **Der Pfarrer scheidet aus dem Dienst kraft Gesetzes** unter Verlust aller Rechte (wie bei der Entlassung) **aus**[2], wenn er (§ 115 Abs. 1 u. 2).

- aus der Kirche austritt (oder zu einer anderen Religionsgemeinschaft übertritt)

1) Wegen der großen Bedeutung dieses Schrittes sieht das Gesetz eine Überlegungsfrist vor: Der Pfarrer kann seinen Antrag jederzeit (auch ohne Angabe von Gründen) und ohne Rechtsfolgen zurücknehmen, »solange ihm die Entlassungsurkunde noch nicht zugegangen ist« (§ 110 Abs. 4).

2) Zur Problematik des »automatischen« Ausscheidens in Fällen, in denen der Sachverhalt nicht ganz eindeutig ist, vgl. Verwaltungskammer der Evang. Kirche im Rheinland in ZevKR 28 (1983) S. 411 mit zustimmender Anm. *G. Grethlein*, a.a.O. S. 418.

– wenn er auf die Rechte aus der Ordination verzichtet

– wenn er seinen Dienst endgültig aufgibt

– in besonderen Fällen nach Ablauf der Beurlaubung (vgl. § 92 Abs. 2 S. 3 und § 93 a Abs. 2 S. 3)

– grundsätzlich[3)] bei Übernahme eines anderen öffentlich-rechtlichen Dienstverhältnisses. (In aller Regel geschieht jedoch der Übertritt in einen solchen Dienst dadurch, daß der Pfarrer seine Entlassung aus dem Pfarrerdienstverhältnis beantragt und ihm die Rechte aus der Ordination belassen werden; s.o. 1.).

»Das Ausscheiden ist mit einem schriftlichen, mit Gründen versehenen Bescheid festzustellen« (unter Angabe des Zeitpunktes und der Rechtsfolge). »Der Bescheid ist zuzustellen« (§ 115 Abs. 3).

Der Pfarrer scheidet auch aus dem Dienst aus,

– wenn er in einem »Verfahren bei Lehrbeanstandung (Lehrverfahren)« die ihm aus der Ordination und aus seinem kirchlichen Amt oder seinem Auftrag zustehenden Rechte verliert (§ 116; LehrO § 19 Abs. 1, *RS 970*). In diesem Fall soll[4)] »eine widerrufliche Unterhaltsbeihilfe in Höhe der ... erworbenen Versorgungsbezüge gezahlt werden«, die »nur bei schwerwiegenden Gründen« widerrufen werden soll. Eine Anrechnung eigenen Einkommens erfolgt in einem sehr großen Rahmen (LehrO § 19 Abs. 2). Dadurch wird die Gewissensentscheidung respektiert.

3. Das Dienstverhältnis endet auch bei **Entfernung aus dem Dienst** im Rahmen eines Verfahrens wegen Amtspflichtverletzung, *RS 960*; auch hier kann[5)] unter besonderen Umständen ein Unterhaltsbeitrag gewährt werden (PfG § 117, AVerG §§ 88 f.).

3) Zur Bedeutung des Wortes »grundsätzlich« s.o. § 16, 3. a) unter »Beachte«, S. 203.
4) Zur Bedeutung des Wortes »soll« s.o. § 22, 1. a) u. d) je unter »Beachte«, S. 264, 268.
5) Zur Bedeutung des Wortes »kann« s.o. § 22, 8 unter »Beachte«, S. 272.

Literatur

F. Anders, Entfernung aus dem Dienst. Die Rechtsprechung der Kammer für Amtszucht der ELKiB, Nachrichten 1985 H. 15/16, S. 284; sowie allg. o. § 21, S. 262.

§ 24
Entscheidungskompetenz, Anfechtung – Mittelbares Dienstverhältnis

1. **a)** Für alle **Entscheidungen** nach dem Pfarrergesetz ist der **Landeskirchenrat** zuständig, soweit sich nicht ausnahmsweise aus *RS 500* der Kirchenverfassung oder anderen Gesetzen etwas Abweichendes ergibt (Art. 1 a). So beruft und versetzt grundsätzlich[1] der LKR die Pfarrer gem. §§ 23 ff., 81. Doch wird der Landesbischof durch die Landessynode zunächst mit Zweidrittelmehrheit aller Synodalen gewählt (KVerf Art. 61; vgl. näher BischofsG, *RS 35*); die geistlichen Mitglieder des Landeskirchenrates einschließlich der Kreisdekane (bei diesen sind vorher die Synodalen des Kirchenkreises »zu hören«[2]) werden durch den Berufungsausschuß ernannt (KVerf Art. 66 Abs. 1). (Gleiches gilt für die nicht im Zusammenhang mit dem Pfarrergesetz zu behandelnden »weltlichen« Oberkirchenräte.) Der Rektor der Augustana-Hochschule wird auf Vorschlag der Professoren vom Hochschulrat aus dem Kreis der Professoren der Hochschule für 2 Jahre gewählt; seine Wahl wird aber erst mit der Bestätigung durch den Landeskirchenrat rechtswirksam (KG über die Augustana-Hochschule, § 6, *RS 880*).

Alle anderen Pfarrer mit allgemeinkirchlichen Aufgaben und im Gemeindedienst werden vom Landeskirchenrat ernannt, die Professoren der Augustana-Hochschule stets auf Vorschlag dieser Hochschule (a.a.O. § 5), die Dekane im Einvernehmen mit dem Dekanatsausschuß (KVerf Art. 31 Abs. 1, DBO § 29 Abs. 1). Die letztgenannte ist eine recht ungewöhnliche Bestimmung:

Einmal kann kein Dekanatsausschuß die Personalkenntnis der Pfarrer der ganzen Landeskirche haben, um wirklich verantwortlich mitentscheiden zu können; zum anderen entscheiden Pfarrer mit (vgl. DBO § 23 Abs. 1), wer *RS 310* ihr künftiger Dienstvorgesetzter (vgl. DBO § 29 Abs. 2) sein soll, was allen allgemeinen Grundsätzen der Personalauswahl widerspricht (vgl. z. B. MVG § 44). *RS 800*

Wegen der Besonderheit der Einführung, Veränderung und Beendigung des Dienstverhältnisses sowie des Warte- und Ruhestands bei Pfarrern mit allgemeinkirchlichen Aufgaben vgl. PfG Art. 125 a – 128 a und Bischofsgesetz §§ 14, 15, 18, *RS 35*.

1) Zur Bedeutung des Wortes »grundsätzlich« s.o. § 16, 3. a) unter »Beachte«, S. 203.
2) Zur Bedeutung des »Hörens« s. § 18, 4. a. E., S. 224. Die Verantwortung bleibt also allein beim Berufungsausschuß. Ist er anderer Meinung als die zu hörenden Synodalen, muß er gegen deren Votum entscheiden. Das führt leicht zu Verstimmungen, zum Konflikt. Das Vorprogrammieren eines Konflikts aber kann nicht Sinn einer – doch dem Frieden dienenden – Rechtsbestimmung sein.

b) Alle Entscheidungen, die die dienstrechtliche Stellung des Pfarrers oder vermögensrechtliche Ansprüche aus seinem Dienstverhältnis betreffen, kann der Pfarrer **gerichtlich nachprüfen lassen.** (§§ 77 f.). Er kann sich dabei der Hilfe des Pfarrerausschusses bedienen (Pfarrervertretungsgesetz §§ 8 – 11, *RS 598*).

2. Eine Besonderheit der ELKiB ist das **mittelbare Dienstverhältnis**. In das mittelbare Dienstverhältnis kann berufen werden, wer die Voraussetzungen für die Begründung eines Dienstverhältnisses als Pfarrer erfüllt (Bewerbungsfähigkeit und Ordination), einen entsprechenden Antrag stellt und in keinem unmittelbaren Dienstverhältnis zur ELKiB steht. Er muß bei einer mit der ELKiB in Beziehung stehenden, kirchlichen Zwecken dienenden Einrichtung im Dienst stehen oder ein anderes vom Landeskirchenrat gebilligtes Dienstverhältnis haben (darf also z. B. nicht freiberuflich tätig sein). Die häufigsten Beispiele sind Pfarrer, die als Staatsbeamte an staatlichen Schulen Religionsunterricht erteilen oder als Professoren der Theologie an staatlichen Universitäten tätig sind. Bei Änderung des Dienstes ist die Zustimmung des Landeskirchenrats zur Fortsetzung des mittelbaren Dienstverhältnisses notwendig. Entlassung von Amts wegen und auf Antrag ist jederzeit möglich (Art. 129 a – 132 a). – Der Pfarrer im mittelbaren Dienstverhältnis untersteht der Lehraufsicht und Amtszucht. Seine Verpflichtungen aus der Ordination sind auch Amtspflichten. Er ist an Agende, kirchliche Gesetze und Ordnungen gebunden, zur Gemeinschaft mit den Amtsbrüdern, zur Beicht-, Seelsorge- und Amtsverschwiegenheit, zum Gehorsam gegenüber rechtmäßigen Anordnungen, zu würdigem Auftreten, zur rechten Führung der Ehe, zur Zurückhaltung bei der politischen Betätigung u.a. verpflichtet (Art. 133 a). Die Nichtbefolgung von Pflichten hat hier kein förmliches Verfahren zur Folge, sondern führt zur Entlassung aus dem mittelbaren Dienst (Art. 132 a Abs. 2). Da mit der Entlassung nicht der Verlust der Rechte aus der Ordination verbunden ist[3)], kann ein Verfahren wegen Verletzung der Amtspflicht (AVerG §§ 1 Buchst. b, 128 f., *RS 960*) oder ein Lehrverfahren (LehrO § 1 Abs. 1, *RS 970*) notwendig werden, soweit nicht Auftrag und Recht aus der Ordination gem. § 7 Abs. 2 S. 1 entzogen werden.

Das mittelbare Dienstverhältnis begründet keine Besoldungs- und Versorgungsansprüche (Art. 115 a Abs. 3); Pfarrer im mittelbaren Dienstverhältnis können sich jedoch um ausgeschriebene Pfarrstellen bewerben, »soweit sie sich nicht der kirchlichen Beurteilung entzogen haben« (PfStBO § 6 Abs. 1 S. 3, *RS 510*; vgl. PfBeurteilungsrichtlinien Nr. V, bes. Abs. 2 u. 7, *RS 515*).

3) Vgl. PfG Art. 132 a Abs. 3: »Mit der Entlassung erlöschen die mit der Aufnahme in den mittelbaren Dienst verbundenen Rechtswirkungen ...«, also nicht die vorher mit der Ordination erworbenen. § 7 Abs. 1 Nr. 2 tritt hinter dieser Spezialvorschrift zurück; es kommt § 7 Abs. 2 in Betracht.

§ 25
Besondere Pfarrerdienstverhältnisse: Seminaristen- und Pfarrverwaltergesetz

Neben dem (»normalen«) Dienstverhältnis des Pfarrers gibt es noch Sonderregelungen für Mitarbeiter im Pfarrdienst, die eine andere Ausbildung haben (PfG § 11 Abs. 3 S. 2); dafür bedarf es einer *RS 500* gesetzlichen Regelung, wenn dafür ein besonderer Ausbildungsgang der Kirche vorgesehen ist (auch wenn dies im PfG seit 1.1.1990 nicht mehr ausdrücklich vorgeschrieben ist; anders bis zum 31.12.1989 gem. § 6 Abs. 2 S. 2).

1. Solche Regelungen finden sich im **Seminaristengesetz** für die *RS 535* bisher am Missions- und Diasporaseminar ausgebildeten Theologen (§ 1 Abs. 1). Dabei regeln die §§ 2 – 11 die Dienstverhältnisse für die Zeit vom 1.4.1977 bis zur Schließung des Seminars; die §§ 12 – 14 schaffen Übergangsregelungen (1) für Theologen nach dem früheren Seminaristengesetz (§ 12), (2) für Theologen nach dem bisherigen Missionarsgesetz (§ 13) und (3) für Theologen nach dem bisherigen Brasilienpfarrergesetz (§ 14).

Auch nach Schließung des (Missions- und Diaspora-)Seminars[1] hat das Gesetz in Zukunft noch Bedeutung, da es in § 1 Abs. 2 vorsieht: »Dieses Kirchengesetz kann auf andere Theologen, wenn ihre Ausbildung gleichwertig ist, entsprechend angewendet werden. Über die Gleichwertigkeit entscheidet der Landeskirchenrat, gegebenenfalls aufgrund eines Kolloquiums.« Sind alle Voraussetzungen erfüllt und ist die Berufung zum Pfarrer ausgesprochen, gilt das Pfarrergesetz uneingeschränkt (§ 11 Abs. 3 S. 3).

2. Auch das **Pfarrverwaltergesetz** hat nach Schließung des Pfarrver- *RS 540* walterseminars weiter Bedeutung. Einmal können die zum Pfarrverwalter Ernannten künftig in den Dienst als Pfarrer übernommen werden (PfVwG § 14) mit der Wirkung, daß für sie das Pfarrergesetz gilt, zum anderen ist auch künftig die Zulassung »zur Ausbildung als Pfarrverwalter« möglich (§ 2), wobei die Ausbildung »in der Regel an der Augustana-Hochschule der ELKiB« erfolgt (§ 3 Abs. 1 S. 1). »Das Schwergewicht der Ausbildung liegt in der theologischen und praktischen Zurüstung zum Dienst in der Gemeinde« (§ 3 Abs. 1 S. 2). Es war ein wesentliches Anliegen insbesondere der Landessynode, daß auf diese Weise weiterhin gut begabte, zum Dienst des Pfarrers

1) *W. Henke*, Missions- und Diaspora-Seminar 1946 – 1985, Festvortrag in: Concordia, 70. Jahrgang, H. 3, Neuendettelsau 1985.

berufene Menschen auch ohne Abitur und akademisches Regelstudium in den Pfarrerdienst kommen können. Dies geschieht praktisch aber nur durch Bewerber, die »eine missionarische, volksmissionarische, diakonische oder ähnliche gleichwertige theologische Ausbildung« erfolgreich abgeschlossen und sich in mindestens zehnjähriger entsprechender Tätigkeit bewährt haben (§ 9); die für den Fall einer eigenen/besonderen »Spätberufenen«-Ausbildung in § 3 zu Recht so hoch gesetzte Hürde gilt bei Vorliegen der Voraussetzungen des § 9 nicht, weil hier der Grund für die Berufung zum Pfarrer in der langjährigen Bewährung in einem qualifizierten Dienst liegt.

§ 26
Besetzung der Pfarrstellen*

Die Besetzung der (Gemeinde-)Pfarrstellen

(also nicht der Stellen für Pfarrer mit allgemeinkirchlichen Aufgaben, wohl aber der Funktionspfarrstellen, also der (Gemeinde-)Pfarrstellen, die mit einer besonderen Funktion verbunden sind, § 1 Abs. 1 S. 1, s.u. 1. a. E.)

ist in KVerf Art. 25 grundsätzlich und in der Pfarrstellenbesetzungsordnung eingehend geregelt. *RS 1/ RS 510*

1. Danach sind vor der Besetzung **Erhebungen** und Stellenbesetzungsbesprechungen mit (a) den Kirchenvorstehern und (b) den geistlichen Mitgliedern des Kirchenvorstands durch den Kreisdekan notwendig (KVerf Art. 25 Abs. 1, PfStBO § 2), wobei sich der Kreisdekan von einem Dekan/Prodekan vertreten lassen kann (§ 2 Abs. 3 S. 2 u. 3). Besonders geregelt sind die Besprechungen vor der Besetzung von Funktionspfarrstellen (hauptberufliche Studentenseelsorge, hauptamtliche Dekanatsjugendpfarrer, Leitung einer Bildungseinrichtung, hauptamtliche Krankenhausseelsorge: § 3).

2. In aller Regel sind die Stellen im Amtsblatt **auszuschreiben** (KVerf Art. 25 Abs. 2, PfStBO § 4; ob und wann eine zweite Ausschreibung notwendig ist, ist in § 5 Abs. 1 erschöpfend und abschließend geregelt; s. dort). Ausnahmen sind vorgesehen in § 4 Abs. 6:

- wenn dem Inhaber der Stelle die Funktion eines Dekans/Prodekans übertragen werden soll,
- wenn besondere Verhältnisse der Stelle (nicht aber die Verhältnisse irgendwelcher unterzubringender Personen!) es erfordern (wie bei Sonderstellen, z.B. hauptamtliche Jugend-, Studenten- und Krankenhauspfarrer sowie Leiter einer Bildungseinrichtung),
- wenn ein Pfarrer ohne Bewerbung auf eine andere Pfarrstelle versetzt oder ihm ohne Bewerbung eine Pfarrstelle verliehen werden soll oder
- wenn ein Bewerber nach Ablauf einer Beurlaubung einen Rechtsanspruch auf Verleihung einer Stelle hat.

Nicht ausgeschrieben werden auch Pfarrstellen, die bis auf weiteres nicht besetzt werden sollen (§ 4 Abs. 2). Es geht auch dann ohne

* Eine Änderung der PfStBO ist vorgesehen; die Entwürfe lassen jedoch erkennen, daß abgesehen vom Verfahren bei der Besetzung von Dekansstellen grundlegende Änderungen nicht beabsichtigt sind. Der Leser möge jedoch in diesem Bereich auf künftige Änderungen des Gesetzestextes u. ä. achten.

Ausschreibung, wenn der Landeskirchenrat feststellt, daß das allgemeinkirchliche Interesse den Verzicht auf die Ausschreibung erfordert und der Kirchenvorstand dem zustimmt (z.B. wenn die Stelle durch einen Pfarrer z. A. vertreten werden soll; § 4 Abs. 7); doch soll der LKR bei »normalen« Pfarrstellen (also nicht bei Dekans- und anderen Pfarrstellen mit besonderen Funktionen) grundsätzlich nur dann von der Ausschreibung absehen, wenn er selbst das Besetzungsrecht hat (§ 4 Abs. 8; möglichst nachlesen!).

3. Um eine ausgeschriebene Stelle kann sich **bewerben**, wer »Pfarrer[1] oder Pfarramtskandidat (mit Bewerbungsfähigkeit) der ELKiB« ist. Bewerbungen anderer Ordinierter können zugelassen werden (§ 6; zu Form und Verfahren vgl. §§ 7 f.). Doch kann der Landeskirchenrat das **Recht, sich** um eine bestimmte Stelle **zu bewerben**, auf Pfarrer, Pfarrerinnen, Pfarrverwalter, Pfarrverwalter im Probedienst, Pfarramtskandidaten oder Pfarramtskandidatinnen **beschränken** (§ 4 Abs. 3). Diese Entscheidung liegt im freien Ermessen des Landeskirchenrats. Dagegen muß er die Ausschreibung auf Pfarrer, Pfarrverwalter oder Pfarramtskandidaten beschränken, wenn bei der Stellenbesetzungsbesprechung ein zum Dienst in der betreffenden Kirchengemeinde berufener Pfarrer oder Pfarrverwalter es verlangt[2], der vor dem 1.7.1989 zum Dienst in der ELKiB ordiniert wurde (Ausnahme: der bisherige Inhaber der Stelle war schon eine Pfarrerin, § 4 Abs. 4 S. 3).

4. »Bei der **Auswahl** unter den Bewerbern sind zu berücksichtigen« (**müssen** also stets durch LKR, KV und Patron berücksichtigt werden)

- »1. die Bedürfnisse der Gemeinde,
- 2. besondere allgemeinkirchliche Erfordernisse,
- 3. die dienstliche Beurteilung der Bewerber,
- 4. die Wünsche der Gemeinde, die sich aus den Erhebungen nach § 2[3] ergeben und
- 5. besondere gesundheitliche oder familiäre Verhältnisse des Bewerbers.

1) Auch im mittelbaren Dienstverhältnis (s.o. § 24, 2., S. 280), § 4 Abs. 1 S. 3.

2) Diese Einschränkung ist sicher nicht in jeder Hinsicht befriedigend. Sie kann und muß wohl als vergängliche Übergangsvorschrift hingenommen werden. Sie war um der Glaubwürdigkeit der Kirche willen unumgänglich. Dieser »Gewissensschutz« wurde zugesagt und aufgrund dieser Zusage Gesetz, als auch die ELKiB gegen den Widerstand ihres früheren Bischofs die Frauenordination einführte. Wer also theologische Bedenken gegen die Frauenordination hatte, konnte sich dennoch in dieser Kirche gerade auch im Hinblick auf die bestehenden Zusagen aller kirchenleitenden Organe ordinieren lassen. Daran hält sich die ELKiB mit Recht gebunden.

3) Der in *RS 510* bei § 9 Abs. 1 Nr. 4 gegebene Verweis auf § 1 ist unrichtig; es müßte § 2 heißen.

Daneben **können** auch das Dienstalter, langjähriges gedeihliches Wirken im Dienst unter erschwerten Umständen und sonstige persönliche Verhältnisse des Bewerbers berücksichtigt werden« (§ 9). Jeder Bewerber hat Anspruch auf eine rechtsfehlerfreie Auswahlentscheidung[3a].

5. Im Regelfall gilt für Gemeindepfarrstellen das **alternierende Besetzungsverfahren:** »Das eine Mal wird der Pfarrer von der Kirchengemeinde ausgewählt und vom LKR berufen, das andere Mal besetzt der LKR die Pfarrstelle ... Hat die Kirchengemeinde auszuwählen, schlägt ihr der LKR möglichst drei, mindestens aber zwei geeignete Bewerber vor. Liegt keine oder nur eine geeignete Bewerbung vor, so besetzt der LKR die Pfarrstelle nach Anhörung des Kirchenvorstandes. Die Kirchengemeinde kann im Einzelfall auf das Auswahlrecht verzichten. In diesem Fall besetzt der LKR die Pfarrstelle« (KVerf Art. 25 Abs. 3 – 5). Letzteres gilt auch, wenn die Pfarrstelle nicht ausgeschrieben wurde (KVerf Art. 25 Abs. 3 S. 2). Näheres zum Auswahlrecht des Kirchenvorstandes s. §§ 10 – 14 u. die vom *LKA* herausgegebene Schrift »Eine Pfarrstelle wird besetzt«, 1984. Zu beachten ist die besondere Zusammensetzung des Kirchenvorstandes (§ 12 Abs. 2) unter dem Vorsitz des Dekans (§ 12 Abs. 1)[4] und die erforderliche qualifizierte Mehrheit (§ 14 Abs. 2).

Beachte: In den ersten drei **Wahlgängen** wird immer von den »Stimmen aller stimmberechtigten Mitglieder« ausgegangen. Bei der Berechnung der Zweidrittel-**Mehrheit** im ersten Wahlgang und der (absoluten) Mehrheit im zweiten und dritten Wahlgang werden deshalb auch die abwesenden Stimmberechtigten und die Stimmenthaltungen berücksichtigt. Wenn also bei 14 Stimmberechtigten zwei fehlen und drei sich der Stimme enthalten, kommt es immer zu einem zweiten Wahlgang. Wenn bei diesen 14 Stimmberechtigten und zwei Abwesenden auch im dritten Wahlgang sieben für Pfarrer A, drei für Pfarrer B und zwei für Pfarrer C stimmen, kommt es zum vierten Wahlgang. Hier kandidieren dann nur noch A und B. Behält im vierten Wahlgang A seine 7 Stimmen, ist er gewählt, weil jetzt nur noch von der Zahl der anwesenden stimmberechtigten Mitglieder ausgegangen wird. – Wird auch bei der Stichwahl (und ihrer Wiederholung) keine Mehrheit erreicht, entscheidet der Landeskirchenrat (KVerf Art. 25 Abs. 4 u. 5 in entspr. Anwendung).

Beachte weiter: Die in KGO § 40 Abs. 3 eingeräumte Möglichkeit, **andere Personen** »zur Beratung **ohne Stimmrecht** zuzuziehen« ..., ist hier **nicht** gegeben, weil PfStBO § 12 Abs. 2 abschließend bestimmt: »An den Sitzungen nehmen teil: ...« Das gilt nach dem klaren

3a) Eingehend kirchliches Verfassungs- u. Verwaltungsgericht der EKHN 18.6.1993 – II 2/1993 –, RSprB. 1994 S. 10.

4) Die Einberufung zu den Sitzungen obliegt auch dabei dem Pfarrer, der Vorsitzender des Kirchenvorstandes ist (§ 38 KGO gilt, da nicht ausgeschlossen, auch hier).

Wortlaut auch für die (vorbereitenden) Sitzungen zur Vorstellung der Bewerber und zur Vorbereitung des Auswahlrechts (vgl. § 12 Abs. 1 S. 1: »Die Kirchenvorstandssitzungen, bei denen sich Bewerber vorstellen oder die der Vorbereitung oder der Ausübung des Auswahlrechts der Kirchengemeinde dienen. ...« und Abs. 2: »An den Sitzungen nehmen teil: ...«). Aus dem gleichen Grund dürfen (im Hinblick auf § 10 Abs. 2 S. 2 Nr. 4) die **Ehegatten der Bewerber** an diesen Sitzungen **nicht** teilnehmen (vgl. auch § 11 Abs. 1 S. 2).

6. Soweit nach altem Recht noch **Privatpatronate** bestehen, präsentiert der Privatpatron (§ 15; vgl. KG zur Einführung der KVerf Art. 15).

Beachte den **Unterschied** zwischen der Wahl des Kirchenvorstands und der **Präsentation** des Privatpatrons: Dem Kirchenvorstand schlägt der Landeskirchenrat nur »geeignete Bewerber« vor, der Patron erhält jede Bewerbung (§ 10 Abs. 1, 15 Abs. 1). Dafür muß der Landeskirchenrat dem vom Kirchenvorstand Gewählten auch die Stelle übertragen, »falls nicht gewichtige Gründe vorliegen, die dem Landeskirchenrat nicht bekannt waren«. Dagegen wird dem vom Patron präsentierten Bewerber die Stelle nicht übertragen, wenn »dieser Bewerber für die zu besetzende Stelle nicht geeignet ist« (§ 16 Abs. 2 u. Abs. 3). – Der Unterschied kommt daher, daß das überkommene Patronatsrecht dazu zwingt, dem Patron alle Bewerbungen vorzulegen, der LKR aber nicht gezwungen werden kann, einen ungeeigneten Bewerber zu ernennen.

7. »Die Pfarrstelle oder die Verwaltung der Pfarrstelle« (bei einem Pfarrverwalter gem. PfVwG § 12 Abs. 2, *RS 540*) »wird in allen Fällen **vom LKR übertragen**« (§ 16 Abs. 1). – Wegen eines späteren – immer recht unangenehmen – Rücktritts des Ernannten vgl. § 18.

§ 27
Das Vorbereitungsdienstgesetz (mit den Prüfungsordnungen)

1. **a)** Voraussetzung für die Berufung zum Pfarrer ist grundsätzlich[1] (vgl. PfG § 11 Abs. 3) u.a., daß der Bewerber »die vorgeschriebene wissenschaftliche und praktische Ausbildung für den Dienst des Pfarrers erhalten und die erste und zweite theologische Prüfung, letztere in einer Gliedkirche der Evangelischen Kirche in Deutschland, bestanden« hat (PfG § 11 Abs. 1 Nr. 4). Dieser Ausbildungsgang mit den *RS 520* Prüfungen ist im **Vorbereitungsdienstgesetz** und in den **Prüfungsordnungen** für die theologische Aufnahme- und Anstellungsprüfung *(RS 525, 530)* geregelt. In der »Präambel« zum Vorbereitungsdienstgesetz ist auf das Verständnis vom Amt der Kirche, wie es in Teil A der Ordnung des geistlichen Amtes *(RS 506)* aus Schrift und Bekenntnis dargelegt ist (siehe o. § 19, 1. a), S. 226), hingewiesen und die Erwartung der Kirche ausgesprochen, daß »alle, die sich auf dieses Amt vorbereiten«, »ihr Leben unter dem Wort Gottes in lebendiger Verbindung mit der Gemeinde führen«. Ziel der Ausbildung ist das Amt eines Pfarrers (vgl. »Vorbereitungsdienst zum Amt eines Pfarrers in der ELKiB«, VorbDGes. § 1).

b) *(1)* Bevor es zu einem Dienstverhältnis (zunächst als Vikar) kommt, muß grundsätzlich[1] »ein einjähriges«, von einem Studienleiter begleitetes »Praktikum« (u. 2.) abgeleistet sein, »auf das Wehr- und Zivildienst angerechnet werden« (mit Übergangsregelungen), »ein mindestens vierjähriges philosophisch-theologisches Studium an einer wissenschaftlichen Hochschule« (u. 3) absolviert sein und »die theologische Aufnahmeprüfung« (u. 3) bestanden sein.

(2) Nach dem »Vorbereitungsdienst (Lehrvikariat)« (u. 4) ist »die theologische Anstellungsprüfung« (u. 5) abzulegen (§ 2 Abs. 1). Nach erfolgreichem Abschluß kann die Übernahme zum »Pfarrer z. A. (= zur Anstellung)« (PfG § 17 Abs. 3) im Probedienst erfolgen (PfG § 15 Abs. 1 i.V.m. § 11 Abs. 1 Nr. 4; o. § 19, 3., S. 236); nach Bewährung wird die Bewerbungsfähigkeit verliehen (PfG § 12 Abs. 1; vgl. auch Abs. 2; o. § 19, 2., b), S. 233), der Pfarrer z. A. kann sich um eine Pfarrstelle bewerben (PfStBO § 6 Abs. 1 S. 1).

2. Näheres zum **Praktikum**[2] s. Verordnung zur Durchführung des

1) Zur Bedeutung des Wortes »grundsätzlich« s.o. § 16, 3. a) unter »Beachte«, S. 203.
2) *G. Peschke,* Briefträger zwischen Himmel und Erde. Eindrücke aus dem Praxisjahr für Theologiestudierende, Nachrichten 1993 H. 10 S. 187 f.

Vorbereitungsdienstgesetzes (*RS 521*); dort sind in §§ 4 und 7 insbesondere die Ausnahmen angegeben.

3. Da auch das **Studium** zum Dienst des Pfarrers vorbereiten soll, sollen sich die Studierenden möglichst bald in die Liste für die Anwärter für das geistliche Amt eintragen lassen, um Kontakt auch zur Landeskirche zu schaffen, ohne daß dadurch Rechte begründet werden (§ 3). Die theologische **Aufnahmeprüfung** nach dem Studium ist zugleich Abschlußprüfung für die vorgeschriebene Hochschulausbildung[3] und Zulassungsprüfung für den kirchlichen Vorbereitungsdienst (§ 4 Abs. 1 S. 2). Die Prüfungsordnung für die theologische Aufnahmeprüfung (*RS 525*) nimmt durch zahlreiche Zulassungserfordernisse (Scheine und andere Nachweise; § 5) und die Festlegung der Prüfungsfächer und ihrer Bewertung (§§ 9 u. 13) Einfluß auf den Studiengang und die zu belegenden Fächer und Übungen. Sie regelt auch den Prüfungsvorgang selbst bis ins einzelne (§§ 6 – 8, 10 – 12, 14 – 19). Durch die Möglichkeit, das kirchliche Verwaltungsgericht[4] anzurufen, ist der Rechtsschutz der Prüflinge gewährleistet (§§ 20 – 24), auch wenn Prüfungsergebnisse – wie allgemein üblich und praktisch allein möglich – nur daraufhin überprüft werden können, »ob verfahrensrechtliche Vorschriften verletzt wurden oder der Beurteilung der Prüfungsleistungen rechtsirrige oder sachfremde Erwägungen zugrunde lagen« (VorbDG § 4 Abs. 4 S. 2)[5].

Grundsätzlich[1] soll die theologische **Aufnahmeprüfung** in Bayern abgelegt werden (§ 5 Abs. 2). Der erfolgreiche Abschluß gibt keinen Rechtsanspruch auf **Übernahme als Predigtamtskandidat** (= Vikar

3) Auch nach staatlichem Recht; vgl. Art. 69 Abs. 1 S. 1 des Bayer. Hochschulgesetzes (Bay. RS 2210 – 1 – 1 – WK), zuletzt geändert durch das Gesetz vom 25.7.1988 (GVBl. S. 213): »Das Studium wird in der Regel durch eine Hochschulprüfung, eine staatliche oder eine kirchliche Prüfung abgeschlossen.« Ob damit schon die (ganze) Ausbildung abgeschlossen ist (so *A. v. Campenhausen/J. E. Christoph*, Ausbildungsrechte und Pflichten der Kirche für Absolventen des Theologiestudiums, DVBl. 1986 S. 711; zust. v. Tiling, ZevKR 37 (1992) S. 114 u. 115), ist zweifelhaft, wenn man das Ziel der Ausbildung (zum Pfarrer!) vor Augen hat. – A.a.O. ist auch überzeugend dargetan, daß es eine kirchliche Entscheidung ist, ob sie einen Absolventen des Theologiestudiums in ihren (Vorbereitungs-)Dienst nimmt. »Sie verleiht ihre Ämter ohne Mitwirkung des Staates ...« Art. 140 i.V.m. Art. 137 Abs. 3 S. 2 WRV).

4) Früher: Schlichtungsstelle nach dem Pfarrergesetz.

5) Vgl. *VGH der EKU* v. 29.05.1987, RSprB. 1988 S. 11: Die gerichtliche Kontrolle von Prüfungsentscheidungen beschränkt sich auch im kirchlichen Bereich auf die Überprüfung, ob die allgemeinen Bewertungsgrundsätze beachtet worden und ob keine sachwidrigen Erwägungen in die Prüfungsentscheidung eingeflossen sind. Der Vorwurf der Willkür läßt sich nur mit eindeutigen Hinweisen darauf begründen, daß und wie der Prüfling aus sachfremden Gründen bewußt benachteiligt worden ist.

6) Zur Bedeutung des Wortes »**können**«/»kann« s.o. § 22, 1. b und 8. unter »Beachte«, S. 266 u. S. 272; vgl. in diesem Zusammenhang auch o. § 19, 2. nach b) unter »Beachte«, S. 236.

§ 7) (vgl. »können[6] auf Antrag vom Landeskirchenrat ... aufgenommen werden« – also nicht: müssen). Dabei wird geprüft, ob »die entsprechenden persönlichen Voraussetzungen für den kirchlichen Dienst« vorliegen und ob der Bewerber »frei von solchen körperlichen und psychischen Schäden« ist, die ihn »an der Ausübung des Dienstes wesentlich hindern«. Auch eine Altersgrenze besteht (§ 5 Abs. 1).

Beachte: Nebensätze (», die«, », wenn«, », solange« u.ä.) und **Beiworte** schränken (nicht nur) in der Rechtssprache den Hauptsatz/das Hauptwort ein. Hier z. B. stehen körperliche oder psychische Schäden als solche einer Übernahme nicht entgegen, sondern nur, wenn sie das im Nebensatz umschriebene Ausmaß angenommen haben.

4. Der **Vorbereitungsdienst** wird in einem öffentlich-rechtlichen Dienstverhältnis (wie beim Staat) abgeleistet und »soll den Predigtamtskandidaten in die Praxis des kirchlichen Dienstes einführen und ihn zur verantwortlichen Wahrnehmung der Aufgaben seines zukünftigen Berufes befähigen« (§ 6 Abs. 1). Zum Vorbereitungsdienst gehört auch die theologische Anstellungsprüfung (§ 6 Abs. 3 S. 1; vgl.: »schließt ein«). Der Vorbereitungsdienst endet mit Zeitablauf (§ 6 Abs. 2). Nach Bestehen der Prüfung kann die Übernahme in den Probedienst erfolgen (§ 15; Näheres s.o. § 19, 3., S. 236), bei Nichtbestehen kann der Kandidat noch einmal für ein Jahr in den Vorbereitungsdienst aufgenommen werden (§ 6 Abs. 3 S. 2). Während des Vorbereitungsdienstes wird der Vikar (§ 7) im Predigerseminar und in der Gemeinde ausgebildet, wo er einem Lehrpfarrer zugewiesen wird (§ 6 Abs. 4, 6). Unmittelbarer Dienstvorgesetzter ist der Rektor des Predigerseminars, der die Ausbildung plant und koordiniert (§ 11 Abs. 1 S. 2, § 6 Abs. 5). Der Kandidat wird auf Schrift und Bekenntnis verpflichtet (§ 8) und wirkt »unter Anleitung und Verantwortung des Lehrpfarrers oder des Rektors« »beim Verkündigungsdienst, bei Taufe und Abendmahl, beim Unterricht, bei Amtshandlungen, bei der Seelsorge und bei anderen Aufgaben der Gemeindearbeit« mit (§ 9). Das geltende Recht kennt keine – im Hinblick auf Art. 14 der CA (EKG S. 706, 710) wohl erforderliche – förmliche Beauftragung zur öffentlichen Wortverkündigung und Sakramentsverwaltung, so daß der Vikar »an sich« (die Praxis ist hier oft sehr »großzügig) nur in Anwesenheit seines Lehr-

Dem steht auch Art. 12 GG nicht entgegen (s. § 16, 4. mit Fn. 8, S. 204 f.); vgl. auch *Verwaltungskammer der EvK. im Rheinland* v. 10.04.1984, RSprB.1987 S. 7: Kein Rechtsanspruch auf Einstellung in den Vorbereitungsdienst; sowie *VG der Ev. Landeskirche in Baden* v. 2.6.1986, RSprB.1987 S. 9: Kein Anspruch auf Übernahme, nur Anspruch auf ermessensfreie Entscheidung nach 2. theologischem Examen. Vgl. auch *A. v. Campenhausen/J. E. Christoph,* a.a.O Fn. 3.

pfarrers oder Rektors (mindestens eines von ihm beauftragten Pfarrers) »amtieren« darf. – Die Pflichten und Rechte sind in den §§ 10 und 12 niedergelegt und weithin (durch Verweisung) dem Pfarrergesetz entnommen. Der Kandidat wird auf seinen Antrag entlassen; er kann aus einem wichtigen Grund entlassen werden oder aus dem Dienstverhältnis kraft Gesetzes ausscheiden, was beides durch das Verwaltungsgericht der ELKiB (RS 955) überprüft werden kann (§ 13).

5. Die **Anstellungsprüfung** ist ebenfalls in einer Prüfungsordnung (*RS 530*) geregelt (§ 14). Sie ist eine auf die Praxis ausgerichtete Prüfung, durch die der Kandidat den Nachweis zu erbringen hat, »daß er die Kenntnisse und Fähigkeiten zum Dienst eines Pfarrers erworben hat und kirchliches Handeln nach Schrift und Bekenntnis theologisch verantworten kann« (§ 15); deshalb ist auch in der Anstellungsprüfung nochmals eine biblische und eine systematische Klausur vorgesehen (§ 10 Abs. 1 u. 2). Auch hier ist der Prüfungsvorgang eingehend geregelt und entsprechender Rechtsschutz eingeräumt (Prüfungsordnung §§ 9 – 16, 17 – 20; VorbDG § 14 Abs. 4 i.V.m. § 4 Abs. 4).

6. Hat der Vikar die Anstellungsprüfung bestanden, kann er in ein Probedienstverhältnis übernommen werden. Das **Dienstverhältnis als Vikar** geht also **zu Ende**, das Dienstverhältnis als Pfarrer z. A. wird neu begründet. Zum Probedienstverhältnis s.o. § 19, 3., S. 236.

Literatur: Grundsätze für die Ausbildung und Fortbildung der Pfarrer und Pfarrerinnen der Gliedkirchen der EKD, Dokumente und Erträge von 1988–1993 (hrsg. im Auftrag der Gemischten Kommission für die Reform des Theologiestudiums von *E. Herms/W. Hassiepen*), Stuttgart 1993; kritisch dazu *B. Maurer* in DPfBl. 1994 H. 5 S. 219. *H. M. Müller*, Herausforderungen für die Pfarrerausbildung, und *D. Stollberg*, Zur gegenwärtigen Situation der Ausbildung von Pfarrerinnen und Pfarrern, DPfBl. 1993 H. 5 S. 215 – 217 u. 217 – 221; *H. M. Müller,* Werden und Wandel evangelischer Pfarrerausbildung, ZevKR 39 (1994) S. 19 ff.; *G. Hennig,* Der Vorbereitungsdienst (Vikariat) – Ziele, Gestalt und Probleme, ZevKR 39 (1994), S. 29 ff.; vgl. auch die a.a.O. S. 215 kurz erwähnten Thesen von *M. Josuttis;* kritisch dazu *Wiegand,* DPfBl. 1993 H. 8 S. 399.

§ 28
Besoldung und Versorgung der Pfarrer, Anwärterbezüge der Vikare

1. »Der Pfarrer hat **Anspruch auf** angemessenen **Unterhalt** für sich und seine Familie insbesondere durch Gewährung von Besoldung und Versorgung« (PfG § 70 Abs. 1). Das Wort »insbesondere« weist darauf hin, daß die »Alimentation« noch weitere Ansprüche umfaßt, so Krankheits- und Notstandsbeihilfen, Auslagenersatz, Umzugskosten- und Reisekostenvergütung und Schadensersatz bei Dienstunfällen (PfG §§ 70 Abs. 3, 73 c). *RS 500*

> **Beachte:** Das Wort **»insbesondere«** leitet immer eine nicht abschließende Aufzählung ein, entspricht also mehr einem »vor allem« als einem »zum Beispiel«.

Es würde zu weit führen, auf alle dazu ergangenen Bestimmungen, die weithin mit staatlichem Beamtenrecht übereinstimmen, näher einzugehen. Nur das **Pfarrerbesoldungsgesetz** soll in seinen Grundzügen dargestellt werden. *RS 550* Denn für das Pfarrerdienstverhältnis und seine Ausgestaltung als öffentlich-rechtliches Dienstverhältnis sind Besoldung und Versorgung von ganz wesentlicher Bedeutung (vgl. o. § 18, 2., S. 219). – Für Beamte hat das *Bundesverfassungsgericht* (E 21, 329 ff.) zu Recht darauf hingewiesen, daß **Besoldung und Versorgung die Grundlagen für die Unabhängigkeit** des Beamten und für eine stabile, gesetzestreue Verwaltung sind, die ihre Aufgabe nur erfüllen kann, wenn die Beamten rechtlich und wirtschaftlich gesichert sind (BVerfGE 8, 1 ff.). Deshalb werden Besoldung und Versorgung entsprechend den »hergebrachten Grundsätzen« des staatlichen Beamtenrechts auch in der Kirche durch Kirchengesetz geregelt (PfG § 70 Abs. 2 – wegen der Höhe vgl. o. § 18, 2., S. 220); wegen eines Verzichts vgl. o. § 18, 4., S. 222). Dennoch bleibt die Pfarrbesoldung eine kirchliche Angelegenheit, über die staatliche Gerichte nicht zu entscheiden haben[1)], wenn nicht die Kirche selbst auf die staatliche Gerichtsbarkeit verweist (wie z.B. in PfG § 78 Abs. 1).

2. **a) Besoldung** umfaßt alle auf die Alimentation bezogenen Leistungen eines öffentlich-rechtlichen Dienstherrn für seine im aktiven Dienst stehenden Bediensteten. Unter diesen Begriff fallen also auch die Anwärterbezüge (§§ 14, 10 Abs. 1) samt dem Mietzuschuß (§ 27),

1) Vgl. neuerdings *OVG Bremen* zu den vermögensrechtlichen Folgen der Dienstpflichtverletzung eines Pfarrers, 4.5.1988, ZBA 43/86 (rechtskräftig), ZevKR 34 (1989) S. 59, gestützt auf BVerwGE 66, 241/247 u. BVerfG, Vorprüfungsausschuß, 1.6.1983, NJW 1983, S. 2569.

die jährliche Sonderzuwendung (§ 28), vermögenswirksame Leistungen (§ 29) und das jährliche Urlaubsgeld (§ 29 a). Vor allem aber gehören zur Besoldung die **Dienstbezüge**; sie bestehen aus dem Grundgehalt, der Dienstwohnung oder einem Wohnungsgeld, dem Rentenversicherungszuschlag und den Zulagen (zu der begrifflichen Unterscheidung von Besoldung und Dienstbezügen s. § 2 Abs. 1 u. 2). Über diese Leistungen hinaus dürfen grundsätzlich[2] keine finanziellen Leistungen an den Besoldungsempfänger erbracht werden (§§ 30, 82 a; Ausnahme: Vertretungsvergütung, Honorierung für zusätzlichen Religionsunterricht und Aufwandsentschädigung: §§ 31, 33 – 35). Zusätzlich sind (wie im staatlichen Recht) – ruhegehaltfähige – Zulagen als Teil der Dienstbezüge vorgesehen, die sich – soweit sie der Besitzstandswahrung dienen (dazu näher u. 5.) – bei allgemeinen Besoldungserhöhungen verringern (§§ 83, 84 Abs. 2). – Einnahmen aus **Nebentätigkeit** werden, soweit sie ein gewisses Maß überschreiten, grundsätzlich zur Hälfte angerechnet (§ 33; näher Pfarrernebentätigkeitsverordnung, *RS 556*).

Hier kann nur auf die Dienstbezüge als dem Kernbestand der Besoldung eingegangen werden.

b) Der wesentliche Teil der Dienstbezüge ist das **Grundgehalt**, das unabhängig von der sozialen Situation des Besoldungsempfängers gezahlt wird, also unabhängig auch davon, ob er verheiratet ist, für Kinder zu sorgen hat o.ä. (wegen der früheren Ausnahme bei Pfarramtskandidaten s. letzten Abs. v. b)). Das Grundgehalt bestimmt sich nach den Besoldungsgruppen; wie beim höheren Dienst des Staates sind es auch in der Kirche die Besoldungsgruppen A 13 bis A 16 und die Gruppen der Besoldungsordnung B (§§ 5 f., 12). Dazu kommt noch – wegen der unterschiedlichen Laufbahn – eine Besoldungsgruppe P für Pfarrverwalter (§§ 15, 16 Abs. 1).

Für alle Besoldungsgruppen der Besoldungsordnung A und P gibt es bis zum Endgrundgehalt laufende Steigerungen, weil alle zwei Jahre eine **Dienstalterszulage** die Besoldung erhöht; dazu kommt noch ein automatisches Aufrücken von der Besoldungsgruppe A 13 bzw. P 1 in die Besoldungsgruppe A 14 bzw. P 2 (§§ 4 f., 15). Auf diese Weise werden ganz pauschal einmal die mit längerer Berufserfahrung sich verbessernden Dienstleistungen, andererseits aber auch die höheren Lebenshaltungskosten einer Familie mit heranwachsenden Kindern berücksichtigt. Besondere Stellen, insbesondere die Pfarrstellen mit Dekansfunktion, sind in eine höhere Besoldungsgruppe (meist A 15,

2) Zur Bedeutung des Wortes »grundsätzlich« s.o. § 16, 3. a), S. 203.

einige A 14 a) eingereiht (§§ 6 – 8, 12). Wegen einer Besitzstandswahrung s.u. 5. a. E., S. 297. Das **Besoldungsdienstalter** (nach dem sich die jeweilige Dienstaltersstufe richtet) wird gem. § 17 grundsätzlich[2)] bei der Übernahme in den Probedienst festgesetzt.

Zeiten des Dienstes eines Pfarrers im Ausland, zu dem er von seiner Kirche entsandt ist, werden als kirchliche Dienstzeiten auch im staatlichen Beamtenrecht gem. § 29 Abs. 3 Nr. 4 BBesG angerechnet[3)].

Insgesamt nimmt das dem staatlichen Recht nachgebildete PfBesG zu wenig Rücksicht auf den Familienstand. Eine etwas familiengerechtere Besoldung der Pfarrer z. A. trat, obwohl sie sich als praktikabel erwiesen hatte, am 01.01.1990 außer Kraft. Dabei wäre eine entsprechende Regelung für die gesamte Pfarrerschaft mindestens erwägenswert (vgl. *G. Grethlein*, DPfBl. 1993 S. 229 f.).

c) Pfarrer im Gemeindedienst erhalten als weiteren wichtigen Teil ihrer Dienstbezüge eine **Dienstwohnung**[3a)] (§§ 23, 25 f.; Näheres ist in den Instandsetzungsrichtlinien festgelegt, *RS 395;* wegen der Pflicht, eine Dienstwohnung auch zu beziehen, s. § 20 Fn. 19, S. 251). Andere Pfarrer erhalten ein **Wohnungsgeld** (§§ 24 u. 26), das dem Ortszuschlag der Beamten entspricht.

d) Eine Besonderheit ergibt sich aus der Einbeziehung der gesetzlichen Rentenversicherung in das Versorgungssystem (vgl. dazu u. 3. b)): Zu den Dienstbezügen gehört auch ein **Rentenversicherungszuschlag** mit Steuerabgeltungszuschlag (Art. 1 Abs. 3 VNG).

3. **a)** **Versorgung** ist der Oberbegriff für alle Bezüge aus dem Dienstverhältnis, die nicht – wie die Dienstbezüge – mit einer in etwa zeitgleichen Dienstleistung korrespondieren. Zu ihnen gehören gem. § 37 Abs. 2 die Versorgungsbezüge (§ 38 Abs. 1), die Hinterbliebenenversorgung (§ 45), aber auch Unterhaltsbeiträge (§§ 58 – 61), Verschollenheitsbezüge (§ 62) und Unfallfürsorge (§ 63; hieraus können Leistungen auch an Pfarrer im aktiven Dienst erfolgen), ferner die jährliche Sonderzuwendung (§ 28).

b) Im Gegensatz zum Staat und zu den meisten Kirchen wird in der ELKiB die Versorgung in der Regel nicht ausschließlich und unmittelbar vom Dienstherrn Kirche erbracht, sondern zu einem gewichtigen *RS 760*

3) VGH Baden-Württemberg, 8.1.1988 – 4 S. 519/86, ZevKR 34 (1989) S. 69; vgl. das Gutachten des Kirchenrechtlichen Instituts der EKD, Jus Eccl. Bd. 48 S. 254 f., Tübingen 1994.

3a) Zur Rechtsnatur des Dienstwohnungsverhältnisses und den Folgerungen daraus: VGH der EKK 25.9.1992 – VGH 6/92 –, RSprB. 1994 S. 22.

Teil auch durch die gesetzliche Rentenversicherung abgedeckt. Der andere Teil ist wiederum zu einem beachtlichen Teil durch den Versorgungsfonds (*RS 763*) finanziell abgesichert, so daß die Versorgung der Mitarbeiter der ELKiB im öffentlich-rechtlichen Dienstverhältnis weitgehend haushaltsneutral geleistet wird (also die Kirche in Zukunft nicht wesentlich belastet).

Diese **Einbeziehung der gesetzlichen Rentenversicherung in die Versorgung** besteht darin, daß die ELKiB für ihre Mitarbeiter im aktiven Dienst die normalen Beiträge zur gesetzlichen Rentenversicherung zahlt (VNG § 1 Abs. 3) und dafür die Renten, die der Versorgungsberechtigte tatsächlich (!) erhält (das Risiko liegt also bei der ELKiB; andernfalls wäre die Alimentationspflicht verletzt), auf die Versorgungsleistungen anrechnet (PfBesG § 37 Abs. 3 – 6). Dieses wurde dadurch möglich, daß der Freistaat Bayern aufgrund eines Antrags der ELKiB die für die Rentenversicherung bestehenden »Gewährleistungsbescheide« aufgehoben hat, wodurch die Befreiung der Pfarrer, Kirchenbeamten und Diakone der ELKiB von der allgemeinen Versicherungspflicht in der gesetzlichen Rentenversicherung entfallen ist (gem. dem staatlichen Sozialgesetzbuch VI § 5 Abs. 1 S. 1 Nr. 2 i.V.m. S. 2). Kraft staatlichen Rechts muß nun die ELKiB den Arbeitgeberanteil, jeder Pfarrer den Arbeitnehmeranteil an die gesetzliche Rentenversicherung zahlen. Dadurch würden die Pfarrer der ELKiB gegenüber den Pfarrern anderer Landeskirchen und gegenüber vergleichbaren Staatsbeamten zusätzlich belastet, weil sie den Arbeitnehmeranteil aufbringen müßten. Um diese durch nichts gerechtfertigte finanzielle Mehrbelastung zu vermeiden, wird den im aktiven Dienst Stehenden – wie schon erwähnt – ein Rentenversicherungszuschlag zuzüglich eines Steuerabgeltungszuschlages gezahlt (VNG § 1 Abs. 3).

Umgekehrt würden die Versorgungsempfänger finanziell gegenüber den Pfarrern anderer Landeskirchen und vergleichbaren Staatsbeamten dadurch besser gestellt, daß für Renten eine geringere Steuer gezahlt werden muß, weil nach dem staatlichen Einkommensteuergesetz (§ 22 Nr. 1 a) nur der »Ertragsanteil« der Rente versteuert wird. Um eine solche nicht gerechtfertigte Besserstellung zu vermeiden, werden von den Versorgungsbezügen bis zu 10 % einbehalten, höchstens jedoch der ersparte Steuerbetrag (PfBesG § 37 a). – Die Möglichkeit, Renten auf Versorgungsbezüge anzurechnen, ohne damit gegen hergebrachte Grundsätze des Beamtenrechts zu verstoßen, ist vom Bundesverfassungsgericht anerkannt[4].

c) Das Ruhegehalt, das der Pfarrer nach Eintritt in den Ruhestand aufgrund seiner Versorgungsberechtigung erhält (§ 37 Abs. 1) und das

4) BVerfGE E 44, 249/269; 55, 207/238 f.; Vorprüfungsausschuß v. 28.11.1978 in NVwZ 1982, S. 429 – neuerdings bestätigt durch BVerfGE 76, 256 f., LS 2 u. 3/298 – 329. Speziell für die kirchliche Versorgungsneuregelung ist das ausgesprochen in BVerwGE 66, 241 (= NJW 1983, S. 2580 ff. = DVBl. 1983 S. 507) u. BVerfG Vorprüfungsausschuß v. 5.7.83, NJW 1983, S. 2569 f. (beide auch in ZevKR 28 (1983) S. 421 – 426 u. S. 426 – 428).

bis zum Tod oder bis zur Reaktivierung oder bis zum Ende des Dienstverhältnisses gezahlt wird (§ 38 Abs. 3), »wird auf der Grundlage der ruhegehaltfähigen Dienstbezüge (§§ 41 – 43) und der ruhegehaltfähigen Dienstzeit (§ 44) berechnet« (§ 39 Abs. 1). Ruhegehaltfähige Dienstbezüge sind Grundgehalt, Wohnungsgeld und »sonstige Dienstbezüge, die im Besoldungsrecht als ruhegehaltfähig bezeichnet sind«, die der Berechtigte zuletzt erhalten hat (§§ 41 – 43). Von diesen Bezügen wird jedoch nur ein Prozentsatz gezahlt, der zwischen 35 % und 75 % liegt[5]. Die normale ruhegehaltfähige Dienstzeit erhöht sich aus sozialen Gründen bei vorzeitiger Dienstunfähigkeit um die Zurechnungszeit (§ 44 Abs. 5)[6]. – Aufgrund der Versorgungsneuregelung werden die sich aus der günstigeren Rentenbesteuerung ergebenden Vorteile bis zu 10 % von den Versorgungsbezügen einbehalten (s.o. S. 294).

d) Zur **Hinterbliebenenversorgung** (§ 45) zählen die Bezüge für den Sterbemonat, das Sterbegeld und die Weiterbenutzung der Dienstwohnung (§§ 46 – 48) sowie die Witwenabfindung (§ 56). Vor allem geht es dabei jedoch um das Witwen- und das Waisengeld (§§ 49 – 55). »Das Witwengeld beträgt sechzig vom Hundert des Ruhegehaltes, das der Verstorbene erhalten hat oder hätte erhalten können, wenn er am Todestag wegen Dienstunfähigkeit in den Ruhestand getreten wäre« (§ 50 Abs. 1 S. 1). »Das Waisengeld beträgt für die Halbwaise zwölf vom Hundert und für die Vollwaise zwanzig vom Hundert des Ruhegehaltes, das der Verstorbene erhalten hat oder hätte erhalten können, wenn er ... (s.o.)« (§ 52 Abs. 1 S. 1). Doch dürfen Witwen- und Waisengeld weder einzeln noch zusammen den Betrag des Ruhegehaltes übersteigen, »das ihrer Berechnung zugrundezulegen wäre, wenn der Verstorbene zuletzt Dienstbezüge aus dem Endgrundgehalt bezogen hätte« (§ 53 Abs. 1 S. 1). Witwen- und Waisengeld wird entweder bis zum Tod des Berechtigten, bis zur

5) Nach **bisherigem Recht,** das für die Geburtsjahrgänge bis 1936 gilt, erhöhen sich die 35 % für jedes ruhegehaltfähige Dienstjahr (§ 44) nach Vollendung des 27. Lebensjahres 15 Jahre lang um 2 % jährlich, dann 10 Jahre lang um 1 % (§ 39 Abs. 2).
Nach **neuem Recht,** das für alle nach dem 31.12.1991 in den Dienst Getretenen gilt, erhöht sich der (theoretische) Sockelsatz von 18,75 % mit jedem nach Vollendung des 27. Lebensjahres zurückgelegten ruhegehaltfähigen Dienstjahr (§ 44) um 1,875 %. Dazu gibt es eine komplizierte **Übergangsregelung;** vgl. insgesamt §§ 88 f.; näher s. Rundschreiben des LKA vom 1.7.1992, Az. 23/0 – 1 – 28 und 26/11 – 18.
Kindererziehungszeiten (§ 44 Abs. 5) wurden bis zum 31.12.1991 bei der Ermittlung des Ruhegehaltssatzes systemgerecht berücksichtigt. Für nach dem 31.12.1991 geborene Kinder erfolgt ein pauschaler Ausgleich entspr. dem Rentenrecht (§ 44 Abs. 1; näher s. LKA a.a.O. III 3.).

6) Die Zurechnungszeit (§ 44 Abs. 5) wurde zur Vermeidung sozialer Härten verbessert; näher s. LKA a.a.O. Fn. 4.

Wiederverheiratung der Witwe und bei Waisen – in der Regel – bis zum Ende der Berechtigung des Kindes nach dem Bundeskindergeldgesetz gezahlt (§ 55 i.V.m. § 51 Abs. 3).

Beachte: 1. Der **Pfarrer** im Ruhestand (gleich, ob verheiratet, verwitwet, geschieden oder ledig) erhält **volle Versorgungsbezüge**; die **Witwe dagegen** erhält nach dem Tod des Pfarrers **nur 60 %** der Versorgungsbezüge. (M. E. ist das bei der »Pfarrfrau«, die mit ihrem Mann gearbeitet und auf eigenes Einkommen verzichtet hat, damit also auch keine Rentenansprüche hat, sehr problematisch. Gerechter wäre in diesen Fällen wohl, wenn der jeweils Überlebende ca. 80 % der vollen Versorgungsbezüge erhalten würde. Eine solche allgemein sinnvolle, vor allem aber den kirchlichen Besonderheiten entsprechende Abweichung vom staatlichen Versorgungs- und Rentenrecht (*G. Grethlein,* DPfBl. 1993 S. 229 f.) wird zur Zeit überlegt.

2. **Tritt der Pfarrer** i. R. **aus der Kirche aus,** erlöschen seine Versorgungsansprüche gegen die Kirche (PfG § 99 Abs. 1 Buchst. a, PfBesG § 38 Abs. 3 Buchst. b). Das gilt nicht, wenn eine **Witwe oder** eine **Waise** mit Anspruch auf Hinterbliebenenversorgung aus der Kirche austritt (vgl. PfBesG § 55 im Unterschied zu § 38 Abs. 3).

Die unterschiedliche Regelung hat ihren Grund darin, daß der Pfarrer in dem besonderen Dienst- und Treueverhältnis zur Kirche steht, nicht jedoch seine Ehefrau und seine Kinder. Allerdings: Tritt der Pfarrer aus der Kirche aus, hat auch seine Frau nach seinem Tod keinen Anspruch auf Hinterbliebenenversorgung gegen die Kirche, weil sie nicht »Witwe eines Versorgungsberechtigten« (§ 49 Abs. 1) ist; ähnliches gilt für Waisen (§ 51 Abs. 1). Hier kann nur mit einem Unterhaltsbeitrag (§ 59 Abs. 3) geholfen werden.

Berechnungsbeispiele (mit runden Zahlen) bei einem normalen Verlauf des Dienstverhältnisses (Eintritt in den Ruhestand mit 65 Jahren):

a) Der Pfarrer erhält Ruhestandsbezüge aus seinen ruhegehaltfähigen Dienstbezügen (5.000,– DM Grundgehalt und – da verheiratet, ein kindergeldberechtigtes Kind – rd. 1.000,– DM Wohngeld = 6.000,– DM); davon 75 % = 4.500,– DM Versorgungsbezüge.

b) Stirbt er, erhält seine Witwe 60 % und das Kind 12 % aus diesen 4.500,– DM = 2.700,– DM und 540,– DM.

c) Stirbt nach dem Tod des Pfarrers auch noch die Witwe, erhält die Waise 20 % aus 4.500,– DM = 900,– DM.

d) Stirbt die Frau und fallen auch Kinder weg, erhält der Pfarrer seine Ruhestandsbezüge in voller Höhe von 4.500,– DM weiter.

e) Hat ein Pfarrer beim Eintritt in den Ruhestand neben seiner Ehefrau noch vier unterhaltsberechtigte Kinder, beträgt sein Ruhegehalt 4.800,– DM (= 75 % aus 5.000,– DM Gehalt und aus 1.400,– DM Wohngeld). Nach dem Tod des Pfarrers i. R. beträgt in diesem Fall (e) das Witwen-

und Waisengeld insgesamt auch 4.800,– DM (und nicht 1 x 60 % und 3 x 12 % aus 4.800,– DM = 2.880,– + 576,– DM = insgesamt 5.260,– DM).

e) Um zu garantieren, daß eine (bescheidene) Existenzgrundlage gesichert ist, auch wenn die genannten Berechnungen zu niedereren Beträgen führen, ist dem Pfarrer ein **Mindestruhegehalt** nach den entsprechenden Vorschriften für die Beamten des Freistaates Bayern garantiert, der Witwe ein Mindestwitwengeld nach den entsprechenden Vorschriften für die Beamten des Freistaates Bayern mit einem Zuschlag von 25 %, für Waisen ein Mindestwaisengeld nach den entsprechenden Vorschriften des Freistaates Bayern, das bei Halbwaisen um 50 %, bei Vollwaisen um 100 % erhöht wird (§§ 39 Abs. 3, 50 Abs. 2 S. 1, 52 Abs. 3 S. 1; wenn bei einem Zusammentreffen bestimmte Höchstgrenzen überschritten werden, wird auch hier gekürzt, § 52 Abs. 3 S. 2). Aus u. E. beachtlichen sozialen Gründen geht die ELKiB hier von dem allgemeinen Grundsatz ab, daß Pfarrer nicht mehr (aber auch nicht weniger) bekommen sollen als (vergleichbare) Beamte des höheren Dienstes.

f) Um eine »Überversorgung« zu verhindern, kennt das Gesetz eine Reihe von **Ruhensvorschriften**, wenn Versorgungsbezüge mit Diensteinkommen aus einer (noch andauernden) Beschäftigung im kirchlichen oder sonstigen öffentlichen Dienst zusammentreffen, wenn mehrere Versorgungsbezüge zusammentreffen oder wenn Versorgungsbezüge mit Renten zusammentreffen (§§ 66 – 69 b). Ähnlich werden auf die Besoldung Versorgungsbezüge und Übergangsgeld aus Mitgliedschaft in Parlament oder Übergangsgeld nach dem Ausscheiden aus einem öffentlich-rechtlichen Dienstverhältnis angerechnet (§§ 35 a f.).

Entsprechend kennt die Pfarrernebentätigkeitsverordnung (*RS 556*) in § 5 eine Abführungspflicht für die Hälfte des Betrages, wenn der Nettoerlös aus der Nebentätigkeit 3.000,– DM überschreitet. Für Empfänger von Ruhestandsbezügen gilt die günstigere Regelung des § 6.

4. **Wartestandsbezüge** sind in §§ 72 – 75 geregelt; doch gilt nach nichtgedeihlichem Wirken die Sonderregelung **PfG § 75 Abs. 1 S. 2.**

5. **a)** Eine besondere Bedeutung kommt heute im allgemeinen Bewußtsein der Wahrung des **Besitzstandes** zu. Dafür gibt es jedoch keinen allgemeinen Grundsatz. Vielmehr folgt aus dem gegenseitigen Dienst- und Treueverhältnis, daß in einer besonderen Situation Bezüge auch (allgemein) gekürzt werden können (vgl. § 82 Abs. 3; so von BVerfG erneut bestätigt: E 76, 256/310 – natürlich unter Wahrung der Alimentation, a.a.O. S. 319 – 322). Eine einstweilige Kürzung ist sogar durch Verordnung möglich, »wenn die Finanzlage der ELKiB es gebietet« (§ 82 Abs. 4). Die Kirche kann also in Notzeiten Besoldung und

Versorgung kürzen. Doch ist dafür große Zurückhaltung geboten, weil die Alimentation Kernstück des öffentlich-rechtlichen Dienstverhältnisses ist und der »Arbeiter seines Lohnes wert« ist, auch und gerade in der Kirche (s.o. § 18, 4., S. 222).

Bei der EKD liegen hierzu beachtenswerte Arbeiten vor: Zur Frage von »Einsparungen im Bereich der Personalkosten« hat die Arbeitsrechtliche Kommission des Rates der EKD unter dem 28.8.1975 eine Vorlage erstellt, die sie im Auftrag des Rates unter dem 19.3.1976 zu einem Papier »Sparmaßnahmen im Bereich der Personalkosten« ausgearbeitet hat (beides EKD, Az. 2704/3.02). Die Kirchenkonferenz der EKD hat am 24.6.1976 die Tendenz des Papiers bejaht und den Empfehlungen mit einer kleinen Abänderung zugestimmt. Auf der gleichen Linie liegen »Überlegungen zur Frage der Selbstbindung der Kirche an das öffentliche Dienstrecht (Besoldungsrecht)« des Kirchenamts der EKD vom 27.2.1984 (Az. 2710.1.20).

b) Doch kennt das Gesetz in konkreten Fällen dann eine Besitzstandswahrung, wenn eine besonders hervorgehobene Pfarrstelle zurückgestuft wird, wenn ein Pfarrer auf eine geringer besoldete Stelle unter besonderen Umständen geht oder bei Rückkehr aus einem anderen in das kirchliche Dienstverhältnis (§§ 9 – 11), und gewährleistet damit die auch von BVerfG a.a.O. S. 345 ff. bestätigte notwendige Verläßlichkeit.

Literatur zur Pfarrbesoldung: *W. Dettmar,* Pfarrerbesoldung und Nachwuchs, DPfBl. 1977 S. 546; *G. Grethlein,* Beamtenrechtliche Alimentation – für Pfarrerinnen und Pfarrer noch zeitgemäß?, DPfBl. 1993 H. 5 S. 229 f.; *ders.,* Gedanken eines Juristen zur Pfarrerbesoldung, DPfBl. 1992 H. 10 S. 440 – 443; *K. Kreßel,* Leistung oder Dienst? Versuch einiger theologischer Denkanstöße zur Pfarrbesoldung, KorrBl. 1977 S. 6; *H. Niens,* vom Pfründeeinkommen zur Pfarrerbesoldung, in FS: Die ersten hundert Jahre, 1892 – 1992 Evang. Pfarrerverein Baden e.V., hrsg. v. Wunderer, Karlsruhe 1992; *T. M. Schall,* Strittige Frage – Pfarrersgehalt, familiengerechter?, DPfBl. 1989 S. 186; *H. Wulf,* Überlegungen zum Pfarrersgehalt, DPfBl. 1984 S. 174.

Sehr problematisch sind die Äußerungen von *Schulze,* Kursänderung. Die Berliner »Initiative PfarrerInnengehalt/ökumenisches Teilen« und *Duchrow,* Mehr Gerechtigkeit und ökumenisches Teilen durch einheitliches Dienstrecht, beide in Mitteilungen (... der Evang. Landeskirche in Baden) 1989 H. 7/8, S. 17 ff., S. 20 ff.).

Literatur zu diesen besonderen Versorgungsregelungen und ihrer Zulässigkeit: z.B. *G. Grethlein,* Versorgung der Pfarrer – und Kirchenbeamten. Das bayerische Modell, DPfBl. 1973 S. 481 – 488; *ders.* auch in KorrBl. 1972 S. 126 u. in Nachrichten 1972 H. 12 S. 221 u. H. 14 S. 261, 1973 S. 183 sowie in ZevKR 27 (1982) S. 368; ferner *mit E. Spengler,* Öffentlich-rechtliches Dienstverhältnis und Pflichtversicherung in der gesetzlichen Rentenversicherung?, DÖV 1975 S. 554 – 561; umfassend *H.-P. Hübner,* Pfarrer in der Sozialversicherung (Jus Eccl. Bd. 43), Tübingen 1992; *H. Niens,* Neue Versorgungssysteme für Pfarrer und Kirchenbeamte, ZevKR 29 (1984) S. 189 – 233; vgl. auch die jeweils a.a.O. angegebene Literatur und die Entscheidungen in *Fn. 4*), die alle früher vorgebrachten Bedenken zur Frage dieser kirchlichen Versorgungsneuregelung widerlegen.

§ 29
Das Pfarrervertretungsgesetz

Daß das Pfarrerdienstverhältnis als öffentlich-rechtliches Dienstverhältnis durch Kirchengesetz zu regeln ist (PfG § 62 Abs. 2), besagt noch nicht, daß die erforderlichen Regelungen einseitig von oben her erfolgen. Das widerspräche ebenso dem modernen Verständnis des gegenseitigen Treueverhältnisses wie vor allem auch der Vorstellung einer christlichen Dienstgemeinschaft (s. o. § 16, 2., S. 197 ff.). Deshalb sieht das **Pfarrervertretungsgesetz** vor, daß eine »Pfarrerkommission« mitwirkt »bei der Vorbereitung allgemeiner Regelungen, die das Dienstverhältnis, die Besoldung und Versorgung, die Aus- und Fortbildung sowie die Wahrung der sozialen Belange der Pfarrer betreffen« (§ 2). Diese Mitwirkung wird vom Gesetz dadurch erreicht, daß zum einen regelmäßige Besprechungen (mindestens zweimal im Jahr) zwischen dieser Kommission und den zuständigen Abteilungsleitern im Landeskirchenamt (= Oberkirchenräten) vorgesehen sind mit dem Ziel, »eine sachgerechte Einigung« zu erreichen (»unbeschadet der Rechtsetzungsbefugnisse der kirchenleitenden Organe«) (§ 6). Zum andern sind alle Entwürfe zu Kirchengesetzen und Verordnungen, die allgemeine Regelungen im oben dargestellten Sinn des § 2 enthalten, der Pfarrerkommission zur Stellungnahme zuzuleiten; auf Wunsch der Pfarrerkommission sind diese Entwürfe in einem Gespräch nach § 6 zu erörtern; hat ein Vorschlag der Kommission in einem Entwurf keine Berücksichtigung gefunden, muß dieser Vorschlag dann mit einer Begründung der Pfarrerkommission und einer Stellungnahme des Landeskirchenrates vorgelegt werden und zwar bei Verordnungen dem Landessynodalausschuß, bei Kirchengesetzen der Landessynode (§ 7).

RS 598

»Die **Pfarrerkommission** besteht aus sieben ständigen Mitgliedern«, die – wie deren Vertreter – »von den zuständigen Berufsvereinigungen entsandt« werden. (Das ist zur Zeit allein der Pfarrerverein, weil er die einzige Berufsvertretung von Pfarrern im Raum der ELKiB ist, in der »mindestens ein Siebtel aller Pfarrer der ELKiB zusammengeschlossen ist«.) (§ 3) Die sieben Mitglieder wählen einen Sprecher, der die Kommission auch nach außen vertritt. Bei vertraulichen Angelegenheiten unterliegen die Mitglieder der Pfarrerkommission der Schweigepflicht, die jedoch nicht dem Vorstand der entsendenden Vereinigung gegenüber gilt (§ 4).

Daneben gibt es einen **Pfarrerausschuß**, der sich für im Einzelfall betroffene Pfarrer einsetzt (§§ 8 – 10). Damit erhalten die Pfarrer einen ähnlichen Schutz, wie ihn die anderen Mitarbeiter in der Regel nach dem Mitarbeitervertretungsgesetz haben, auf dessen Schutz aber die meisten Pfarrer wegen ihrer Funktion als Vorgesetzte gemäß MVG § 44 verzichten müssen. So hat der Pfarrerausschuß auch die Möglichkeit, die Schlichtungsstelle nach dem MVG einzuschalten, wenn seine Bemühungen ohne Erfolg geblieben sind (§ 11).

Literatur

K. Diegritz, Zehn Jahre Pfarrervertretung: Nicht mit dem großen Hammer, KorrBl. 1987 S. 167 f.; *F.-O. Scharbau,* Pfarrerverein und Pfarrerausschüsse, ZevKR 30 (1985) S. 167 – 182; *G. Tröger,* Zehn Jahre Pfarrervertretung: Ein gelungener Interessenausgleich, KorrBl. 1987 S. 164 – 167.

§ 30
Das Erprobungsgesetz

1. Eine Ergänzung des Pfarrergesetzes (§ 2 Abs. 1 S. 1), aber auch des Kirchenbeamten- und des Diakonengesetzes (§ 2 Abs. 1 S. 2 Abs. 2), jedoch auch eine Möglichkeit, von diesen Vorschriften abzuweichen, ist das **Erprobungsgesetz**, das seine Rechtsgrundlage in entsprechenden Kirchengesetzen der Vereinigten Kirche vom 18.11.1982 (ABl. VELKD Bd. V S. 65, 269) und vom 10.11.1984 (ABl. VELKD Bd. V S. 325) hatte[1)]. »**Zweck** dieses Kirchengesetzes ist es, im Bereich des kirchlichen Dienstrechts die Voraussetzungen für die Ausgestaltung neuer Dienstverhältnisse für Pfarrer, Diakone und Kirchenbeamte zu schaffen ... Bei dem Bestreben, möglichst viele geeignete Bewerber aufzunehmen, steht der Auftrag der Kirche im Mittelpunkt« (Präambel). »Zur Erprobung der Durchführbarkeit, Zweckmäßigkeit und Auswirkung von Rechtsänderungen kann der Landeskirchenrat« im Rahmen dieses Kirchengesetzes und des Landesstellenplanes »auf Antrag des Betroffenen im Einzelfall von der Anwendung entgegenstehender kirchlicher Rechtsvorschriften auf dem Gebiet des Dienstrechts ... absehen, soweit nicht gewichtige kirchliche Interessen entgegenstehen.« (§ 1) Solche **neuen Möglichkeiten** sind (1) **Beurlaubung** über die Fälle des Pfarrergesetzes hinaus (§§ 3 – 5, 19 – 21), (2) **Teilbeschäftigung** (zumindestens 50 %) in einem öffentlich-rechtlichen Dienstverhältnis auf Lebenszeit (§§ 6 – 12, 17 – 21) und die (3) Beschäftigung eines **Theologenehepaares auf einer Stelle** (§§ 13 – 21). Daneben kann auch ein öffentlich-rechtliches (4) **Dienstverhältnis auf Zeit** begründet werden, »wenn zu erwarten ist, daß seine Beendigung nach Ablauf der Zeit keine Auswirkungen auf den angemessenen Lebensunterhalt des Pfarrers und der ihm gegenüber Unterhaltsberechtigten hat« (§ 22). Auch die Beschäftigung von (5) **Pfarrern im Angestelltenverhältnis** ist »in Ausnahmefällen« möglich, »wenn besondere Gründe vorliegen« (§ 23 f.)[2)]. *RS 500/1*

1) Nun PfG §§ 118 f. und Art. II des Kirchengesetzes vom 4.11.1989, ABl. VELKD 1989 Bd. VI S. 58. Nicht aufgenommen ist gegenüber dem bisherigen Recht eine Regelung, die auch eine Beurlaubung über das im allgemeinen Recht vorgesehene Maß hinaus zuläßt. Damit entfiele die Möglichkeit einer Beurlaubung, die ihre Begründung weder mit dienstlichen Aufgaben (PfG § 91) oder in familiären Gründen (PfrG §§ 92 – 94) hat. Offensichtlich liegt hier ein Redaktionsversehen vor, da nicht anzunehmen ist, daß in Zeiten des immer noch bestehenden Stellenmangels eine Beurlaubung aus rein persönlichen Gründen ausgeschlossen sein sollte. So dürfte die entsprechende Regelung im Erprobungsgesetz auch ohne ausdrückliche Ermächtigung weiterhin rechtens sein, zumal sie ja aufgrund der früher auch insoweit bestehenden Ermächtigung geschaffen wurde – vgl. für Kirchenbeamte KBG § 55 a.

2) Vgl. dazu die »Dienstordnung für Pfarrer im privatrechtlichen Dienstverhältnis« *(RS 504)*; zur Problematik des Rechtsschutzes in diesen Fällen: *Wölbing,* ZevKR 28 (1983) S. 62 – 83, und *Schilberg,* ZevKR 36 (1991) S. 42 – 52.

Schwerwiegende Gründe des kirchlichen Interesses können, wenn die persönlichen Verhältnisse dies zulassen, sowohl eine **vorzeitige Beendigung** der Beurlaubung als auch die **vorzeitige Umwandlung** eines Teildienstverhältnisses in ein volles Dienstverhältnis bewirken (§ 4 Abs. 3 S. 2, § 7 Abs. 5 S. 3).

2. Entscheidender Beweggrund für das Gesetz ist, möglichst viele geeignete Bewerber, vor allem alle geeigneten Theologen in den Dienst der Kirche nehmen zu können, obwohl die bisher vorhandenen Planstellen und die dienstrechtlichen Regelungen dies nicht zugelassen hätten. Deshalb wird auch bestimmt: »In Zeiten des Stellenmangels[3)] werden **keine zwei vollen Dienstverhältnisse mit einem Ehepaar**[4)] begründet« (§ 17 Abs. 2 S. 1). Dieser auf sozialen Erwägungen beruhende (und damit leistungsfeindliche, weil die besondere Qualifikation unberücksichtigt lassende) Grundsatz muß auch für die Ermessensentscheidung bei der An- und Einstellung von Angehörigen anderer Berufsgruppen in der Kirche gelten. So stellt sich das Erprobungsgesetz insgesamt als ein Gesetz zur Überbrückung des Stellenmangels dar. Bei entsprechend positiven Erfahrungen läßt sich aber auch nicht ausschließen, daß **neue Erkenntnisse** über die Dienstmöglichkeiten des Pfarrers zutage treten, die auch in der schwierigen Frage der erhöhten beruflichen und familiären Belastung eines Ehepaares, dessen beide Partner ihrem Beruf nachgehen wollen, weiterführen[5)].

3. In eingehenden Untersuchungen hat die Dienstrechtliche Kommission des Rates der EKD festgestellt, daß sich die neuen Formen der Gestaltung befristeter dienstrechtlicher Regelungen bewährt haben, und Vorschläge für die weitere Entwicklung gemacht. Dementsprechend haben der Rat der EKD am 25./26.1.1990 und die Kirchenkonferenz der EKD am 29.3.1990 die Gliedkirchen der EKD gebeten, die Vorschläge der Dienstrechtlichen Kommission in ihr Pfarrerrecht zu übernehmen, also die unterschiedlichen Regelungen der gliedkirchlichen Erprobungsgesetze **als EKD-einheitliche Dauerregelung umzugestalten**. Näher: Vereinheitlichung befristeter dienstrechtlicher Gestaltungsformen in den Gliedkirchen der EKD, hrsg. v. *Kirchenamt der EKD,* Hannover 1990.

3) Also: Nur in solchen Zeiten.

4) Diese Einschränkung der freien Stellenvergabe (allein) nach dem Leistungsprinzip unter Benachteiligung der Ehepaare gegenüber allen Unverheirateten widerspricht hergebrachten Grundsätzen des öffentlichen Dienstrechts (dazu und zur Geltung in der Kirche s.o. § 18, 2. u. 4., S. 219, 221 f.), wie das *Bundesverwaltungsgericht* in einer Entscheidung am 6.7.1989 (BVerwG 2 C 52/87) dargelegt hat. Die Kirche hat aber aufgrund ihres Selbstbestimmungsrechts die Möglichkeit, aus den besonderen Gründen im Hinblick auf den Stellenmangel davon abzuweichen.

5) Vgl. *J. Hanselmann*, Bischofsbericht vor der Landessynode Nov. 1990 in Rummelsberg unter 6.3.1: »Veränderte Einstellungen von Frauen und Männern in bezug auf Berufstätigkeit, Kindererziehung und sich wandelnde Lebensperspektiven erfordern

Literatur

Stellenteilung und Pfarrerdienstrecht, Stellungnahme der Vorsitzenden der *Pfarrervertretungen und Pfarrervereine* am 17.2.1989 in Fulda, DPfBl. 1989 S. 1984 f. – *R. Busch,* Zu viele Pfarrer?, KorrBl. 1990 H. 12 S. 161 – 165; *G. Grethlein*, Teildienstverhältnis für Pfarrer?, ZevKR 30 (1985) S. 129 – 156; *ders.*, Nachrichten 1980 H. 14 S. 265; *J. Höcht-Stöhr* u. *W. Stöhr,* Teildienstverhältnis im Pfarramt, DPfBl. 1984 S. 388; *W. Kohl,* Chancen und Probleme des neuen Erprobungsgesetzes, Nachrichten 1986 H. 19 S. 369; *R. Lindemann,* Teilzeitarbeit für Pastoren, DPfBl. 1983 S. 380; *D. Michaelis,* Freiwillige Teilung einer Pfarrstelle, abschließender Erfahrungsbericht, DPfBl. 1994 H. 2 S. 62 f.; *ders.* und *A. Hagedorn,* Erfahrungsbericht über die Teilung einer Pfarrstelle (in EKHN), DPfBl. 1988 S. 405; *H. M. Müller*, Das unteilbare Pfarramt, ZevKR 30 (1985) S. 156 – 166; *E. u. K. Raschzok*, Stellenteilung nach dem ErprobG, Nachrichten 1988 H. 8 S. 151; *W. Wölbing,* Pfarrer im Angestelltenverhältnis und die Problematik ihres Rechtsschutzes, ZevKR 28 (1983) S. 62 – 83. – Vgl. auch kürzere Beiträge in KorrBl. v. *Becker,* 1984 S. 14 u. 27; *Brändlein*, 1983 S. 82; *Hell,* 1983 S. 58; *Klemm*, 1988 S. 165 (Tagungsbericht); *Lindner*, 1983 S. 111; *Probst,* 1987 S. 105; *Sperl,* 1986 S. 171; *Thumm,* 1986 S. 63; *D. u. F. Zölls,* 1983 S. 25.

Vgl. auch die »Hilfen für den praktischen Vollzug« des Erprobungsgesetzes von *Th. Queißer*, LKA München, 1989 (verteilt an alle Dekanate und Dienststellen der ELKiB).

angemessene rechtliche Regelungen. In den Regelungen der Teilzeitverhältnisse verlangen die Anforderungen des kirchlichen Dienstes allgemein und die Anforderungen der Gemeinden stärkere Berücksichtigung.«

Unterabschnitt: 2
Die beiden anderen öffentlich-rechtlichen Dienstverhältnisse

§ 31
Das Dienstverhältnis der Kirchenbeamten

RS 600 Auch die Kirchenbeamten stehen in einem öffentlich-rechtlichen Dienst- und Treueverhältnis zur Kirche, das zwar nicht durch die Ordination, wohl aber »durch den Auftrag bestimmt ist, den die Kirche vom Herrn erhalten hat« und das deshalb voraussetzt, daß der Kirchenbeamte entweder »evangelisch-lutherischen Bekenntnisses oder Mitglied einer Gliedkirche der Evangelischen Kirche in Deutschland ist« (KBG § 4 Abs. 1, § 7 Abs. 1 Nr. 1, vgl. § 33 Abs. 1 Nr. 4); Ausnahmen sind zwar möglich, doch muß der Bewerber in jedem Fall »einer lutherischen, reformierten oder unierten Kirche« angehören (§ 7 Abs. 2 Nr. 1). Das **Kirchenbeamtengesetz** ist ein Gesetz der **VELKD** und weithin an das staatliche Beamtenrecht angelehnt, gestaltet es aber, wie aus den schon erwähnten Vorschriften zu sehen ist, entsprechend den kirchlichen Besonderheiten. Wie der Pfarrer hat auch der Kirchenbeamte »bei politischer Betätigung die Mäßigung und Zurückhaltung zu üben, welche die Rücksicht auf sein kirchliches Amt gebietet« (§ 43 S. 1). Die Beteiligung der Kirchenbeamten an der Gestaltung ihres Rechtes ist in § 63 geregelt.

Besondere Bestimmungen für die bayerische Landeskirche trifft das **Kirchenbeamtenergänzungsgesetz** *(RS 601)*, das – wie bei Pfarrern der ELKiB – ein mittelbares Dienstverhältnis eröffnet (§ 4), den zeitlichen Ruhestand kennt (§ 12) und die Vertretung der Kirchenbeamten ausführlich regelt (§ 23 f.; § 24 entspricht weithin den §§ 2, 6 und 7 des PfVertrG). Es geht von der grundsätzlichen Anwendung des Rechts des Freistaates Bayern aus, wenn und soweit keine eigenen kirchlichen Regelungen bestehen (§ 29), und fordert deshalb – hier abweichend vom Pfarrerrecht – nur einmal jährlich ein Gespräch der Kirchenbeamtenvertreter mit Vertretern des Landeskirchenamtes. – Eine besondere Kirchenbeamtenbeurteilungsverordnung regelt das Beurteilungswesen unter Beachtung der kirchlichen Besonderheiten in enger Anlehnung an das staatliche Laufbahnrecht (§ 1 Abs. 2, *RS 604*). Sonderregelungen sind für die Lehrer an kirchlichen Schulen getroffen (§ 2 a der Lehrerbeurteilungsrichtlinien, *RS 604/1*) und für die Religionspädagogen[1)] (§ 1 Abs. 4 der Religionspädagogenbeurtei-

1) Näher § 34, 2. vorl. Abs. mit Fn. 4, S. 318.

lungsVO, *RS 627*). – Das Erprobungsgesetz gilt auch für Kirchenbeamte (ErprobG § 2 Abs. 1 S. 2, Abs. 2, *RS 500/1*).

Das **Kirchenbeamtenbesoldungsgesetz** ist ein Gesetz der ELKiB. *RS 605*
Es enthält die Versorgungsregelung durch Einbeziehung der gesetzlichen Rentenversicherung in das beamtenrechtliche Versorgungssystem (§§ 3, 5 f.) wie bei Pfarrern (o. § 28, 3. b), S. 293 f.). Wie das Pfarrerbesoldungsgesetz (§ 82 Abs. 4) kennt es eine einstweilige Kürzung der Bezüge durch Verordnung, »wenn die Finanzlage der Evang.-Luth. Kirche in Bayern es gebietet« (§ 17; vgl. dazu o. § 28, 5. a. E., S. 297 f.). Weiter enthält es wie das Pfarrerbesoldungsgesetz (§§ 66 – 69 b) besondere Ruhensregelungen bei Zusammentreffen mit anderen Bezügen (§§ 9 – 14). Im Gegensatz zu den Pfarrern ist für die Kirchenbeamten eine Jubiläumszuwendung (wie für staatliche Beamte) vorgesehen sowie – wenn auch in engen Grenzen – eine Mehrarbeitsvergütung, beides »an sich« systemwidrige Leistungen in einem öffentlich-rechtlichen Dienstverhältnis, das vom vollen Einsatz auf Lebenszeit ausgeht (vgl. o. § 18, 2. u. 3., S. 219 ff.).

Literatur

J. Frank, a.a.O., o. § 18 unter Literatur S. 225; *v. Harling*, Kirchliches Beamtenrecht im sozialen Rechtsstaat, ZevKR 10 (1963/64) S. 302 ff., *D. Pirson*, Kirchenbeamtenrecht, EvStL Sp. 177 – 180; vgl. weiter (je in ZevKR): *W. Kalisch*, 2 (1952/53) S. 24 – 63; *H. Weber*, 15 (1970) S. 20 – 59; *M. Papst*, 17 (1972) S. 116 – 127; *A. v. Campenhausen*, 17 (1972) S. 127 – 149.

§ 32
Das Dienstverhältnis der Diakone

»Diakone, die von der Diakonenanstalt Rummelsberg für das Amt des Diakons ausgebildet und von der Rummelsberger Brüderschaft entsandt werden, werden ... in den Dienst der ELKiB genommen. Sie stehen in einem öffentlich-rechtlichen Dienst- und Treueverhältnis auf Lebenszeit zur ELKiB« (Diakonengesetz § 1 Abs. 1). Diese Regelung ist begründet in der besonderen Stellung, die die Rummelsberger Brüderschaft in dieser Kirche hat: »Die Rummelsberger Brüderschaft ist eine Lebens-, Dienst- und Sendungsgemeinschaft, die sich dem diakonischen Auftrag der Kirche verpflichtet weiß« (§ 2 Abs. 1; eingehend Ordnung der Brüderschaft Abschn. I und II). Die Ausbildung erfolgt – nach entsprechender Auswahl der Geeigneten – durch die Rummelsberger Brüderschaft (§ 3). Diakon im Sinne dieses Gesetzes wird, wer in die Rummelsberger Brüderschaft aufgenommen ist, zum Amt des Diakons (vom Rektor der Brüderschaft, § 5) eingesegnet ist und die vorgeschriebene Anstellungsprüfung (oder eine als gleichwertig anerkannte Prüfung) bestanden hat (§ 4). Die Berufung in das Dienstverhältnis erfolgt durch den Landeskirchenrat auf Antrag des Rektors der Rummelsberger Brüderschaft (§ 6). Der Diakon leistet seinen Dienst »in der Regel« (Ausnahmen sind also zulässig!) in der ELKiB und ihrem Diakonischen Werk (§ 7).

RS 640

Das Diakonengesetz enthält einige **Sonderregelungen** (die mit der besonderen **brüderschaftlichen Ordnung** zu tun haben) über Sendung (§ 8), Dienstherr (§ 9), Rektor und Brüdersenior (§ 10), Versetzung (§ 13), Abordnung (§ 14), Beurlaubung (§ 15) und Gestellungsverträge (§ 16) sowie Amtszucht (§ 18). Die besonders enge Bindung des (landeskirchlichen) Amtes des Diakons an die Brüderschaft kommt auch darin zum Ausdruck, daß der Diakon aus dem öffentlich-rechtlichen Dienstverhältnis auch dann ausscheidet, wenn er aus der Brüderschaft (aufgrund eigenen Antrags oder durch Entlassung) ausscheidet (näher § 17). Auch im **Besoldungs- und Versorgungsrecht** gelten einige Besonderheiten (§§ 19 – 24 und DiakonenbesoldungsVO, *RS 642*). Danach sind Beförderungen und Höherstufungen auch von der Beurteilung (vgl. DiakonenbeurteilungsVO) abhängig. Auch die eigene Diakonenausbildungs- und Prüfungsordnung (*RS 644, 645*) stellt auf die Besonderheiten der Brüderschaft ab. – Soweit keine Sonderregelungen getroffen sind, gelten die für die Kirchenbeamten geltenden Bestimmungen (DiakG §§ 19, 25). Für Diakone gilt auch das Erprobungsgesetz (*RS 500/1*) entsprechend (s. dort § 2 Abs. 1 S. 2, Abs. 2).

RS 644

Mit den **Diakonenvertretern** finden Besprechungen wie mit den Kirchenbeamtenvertretern statt (vgl. § 25 Abs. 2).

Wegen der **Diakoninnen** s.u. § 34, 2. a. E., S. 319. – Eine besondere Regelung gilt für Ehefrauen der Rummelsberger Diakone, die als **Hausmütter** neben ihrem Ehemann in einem Heim tätig sind (s. *RS 654).*

Literatur

G. Grethlein, Der Diakon in der ELKiB, (Rummelsberger) Brüderblatt 1977 S. 65 – 78; *ders.,* Seelsorger ohne Zeugnisverweigerungsrecht?, a.a.O. Beilage zum Mai-H. 1993; *J. Zink,* Der evangelische Diakon. Das Diakonenamt in der evangelischen Kirche, a.a.O. 1991 H. 1/2 S. 3 – 5 u. H. 3 S. 8 – 10; vgl. allg. auch *H. Frost,* Das Diakonenamt im evang. Kirchenrecht, ZevKR 32 (1987) S. 348 – 359; sowie *Rummelsberger Anstalten* (Hrsg.), Der Diakon. – Zur geschichtlichen Entwicklung vgl. näher *G. Wehr,* u. § 59 a. E. bei den Angaben zur Literatur unter (1) a. E.

3. Abschnitt:
Privatrechtliche Arbeitsverhältnisse in der Kirche

§ 33
Das Arbeitsrechtsregelungsgesetz und seine Grundlage

Wie schon im Gesamtzusammenhang dargestellt, wird auch das **Arbeitsrecht** der Kirche vom kirchlichen Auftrag und damit von der christlichen Dienstgemeinschaft geprägt (o. § 16, bes. 2. a), S. 197 ff.).

1. Wesentliche Folge für das von der **christlichen Dienstgemeinschaft** geprägte Arbeitsverhältnis in der Kirche ist, daß es keinen Arbeitskampf geben kann. Einmal ist der vorgegebene Auftrag der Verfügung des einzelnen entzogen, er kann also nicht zur Durchsetzung seiner eigenen Interessen die Erfüllung des Auftrages verweigern; zum anderen kann eine Kirche, die die Versöhnung mit Gott und den Menschen predigt, nicht zugleich eine Ordnung in ihrem Inneren zulassen, die auf Druck und Gegendruck bis hin zum Arbeitskampf
RS 770 aufbaut (vgl. ARRG § 1, insbes. S. 4)[1]. Überdies wäre in der Kirche mit einem Streik nicht der »Arbeitgeber« getroffen, sondern all die Hilfe-, Pflege- und Ratsuchenden, die in ihrer Not – auch nur kurzfristig – alleinzulassen nicht mit dem Auftrag der Kirche vereinbar wäre.

Es ist deshalb in der Bundesrepublik gemeinsame Überzeugung aller Kirchen und absolut herrschende Rechtsmeinung, daß Streik in der Kirche weder möglich noch rechtlich zulässig ist. Dies steht nicht in Widerspruch zur Koalitionsfreiheit (GG Art. 9 Abs. 3). Aus dieser Bestimmung kann nämlich nicht abgeleitet werden, daß das sozialstaatlich Gebotene an Mitbestimmung und Mitwirkung allein im Gegeneinander des Tarifvertragssystems (oder in der dualistischen Gestaltung des Betriebsverfassungsrechtes) verwirklicht werden kann; es gibt vielmehr auch Möglichkeiten einer Gestaltung, »die Einigung und Zusammenwirken in den Vordergrund rücken« (BVerfGE 50, 290/371)[2].

1) Vgl. z.B. *Lohse*, Versöhnung als Chance und Aufgabe im Spannungsfeld politischer Gegensätze, in: Wägen und Wahren, ..., OKR Dr. W. Hofmann zum 50. Geburtstag, München 1981, S. 128 – 144/S. 131: »Vielmehr will das Wort von der Versöhnung im umfassenden Sinne begriffen werden und alle Bereiche des Lebens umschließen.« – Neuerdings gegen Streik in der Kirche: LKR der ELKiB lt. Nachrichten 1993 H. 11 S. 215.

2) Vgl. *G. Grethlein*, Probleme des Dritten Weges der Kirchen, NZA 1986, Beil. Nr. 1, S. 18 ff.; *Richardi*, Arbeitsrecht, S. 115 ff. mit Nachweisen in Fn. 29, u. S. 152 – 155.

Wenn aber ein Streik in der Kirche nicht möglich und nicht zulässig ist, wären die Mitarbeiter bei der Durchsetzung ihrer Forderungen im Rahmen des in der Bundesrepublik geltenden Tarifvertragsrechts praktisch wehrlos. Sie wären auf ein »kollektives Betteln« angewiesen, wie es das *Bundesarbeitsgericht* zutreffend formuliert hat (E 33, 140/150 f.). Ohne Streik ist das Tarifvertragssystem nicht funktionstüchtig. (Der Ausweg über eine vereinbarte verbindliche Schlichtung durch Neutrale ist nicht möglich[3], da die ÖTV dies ablehnt[4].

Um ihren Mitarbeitern zu ihrem Recht zu verhelfen, mußte sich die Kirche also eine andere Lösungsmöglichkeit einfallen lassen. Sie hat die Lösung darin gefunden, daß die Arbeitsrechtsregelungen von einer paritätisch besetzten Kommission erarbeitet werden. Die in ihr vertretenen Gruppen können sowohl gegen erzielte Ergebnisse der Kommission als auch dann, wenn die Kommission eine beantragte Entscheidung ablehnt, den in richterlicher Unabhängigkeit entscheidenden Schlichtungsausschuß anrufen. Dieser entscheidet endgültig und verbindlich. Anstelle des Arbeitskampfes tritt also bei den Kirchen eine verbindliche Schlichtung; entsprechend tritt anstelle des Gegeneinander der Tarifverhandlungen das Miteinander in einer gemeinsamen Kommission.

2. Die näheren Regelungen sind im **Arbeitsrechtsregelungsgesetz** getroffen.

a) »Für die Ordnung und Fortentwicklung der Arbeitsbedingungen der Angestellten und Arbeiter im Haupt- und Nebenberuf sowie der nichtbeamteten Mitarbeiter in der Ausbildung wird ... eine **Arbeitsrechtliche Kommission** gebildet.« Sie »hat die **Aufgabe**, Regelungen zu erarbeiten, die den Abschluß und den Inhalt von Arbeitsverträgen betreffen«. Sie »wirkt darüber hinaus bei sonstigen Regelungen von arbeitsrechtlicher Bedeutung mit« (§ 2). Die von der Kommission (oder – im Konfliktsfall – vom Schlichtungsausschuß) getroffenen Regelungen sind für alle Mitarbeiter verbindlich (und zwar nach wohl herrschender Meinung auch dann, wenn eine entsprechende Verweisung im Einzelvertrag nicht besteht[5], soweit sie »den Abschluß und

3) Vgl. *G. Grethlein*, Arbeitsrechtsregelung in der Kirche ohne Gewerkschaften?, in FS Obermayer, München 1986.

4) Beschlüsse des 11. Gewerkschaftstags der ÖTV, 18. – 24.6.1988 in Hamburg. Dort wurden die Anträge der Bezirkskonferenz Berlin (Nr. 330, für Tarifverträge mit Streikrecht ohne wirklich verbindliche Schlichtung) und der Bezirkskonferenz Nordrhein-Westfalen II (Nr. 149, gegen das kirchliche Selbstbestimmungsrecht im Bereich des Arbeitsrechts) angenommen.

5) Das gilt zugunsten des Mitarbeiters uneingeschränkt. Dagegen sind Regelungen des Einzel-Arbeitsvertrags, die den Mitarbeiter besser stellen als im allgemeinen kirchli-

den Inhalt von Arbeitsverträgen betreffen«; alle Körperschaften der Kirche »dürfen nur solche Arbeitsverträge ... abschließen, die den auf diesen Beschlüssen und Entscheidungen beruhenden Regelungen entsprechen« (§ 3). Dies gilt auch für die Diakonie (§ 4) aufgrund eines Beschlusses der Diakonischen Konferenz[6]. – Die Arbeitsrechtliche Kommission hat das bis zu ihrer Einsetzung geschaffene Rechtssystem übernommen, als Ganzes fortbestehen lassen und nur einzelne Änderungen vorgenommen. Soweit sie die einzelnen Vorschriften nicht verändert hat, gilt das alte Recht weiter, das durch das Nicht-Tätig-Werden der Arbeitsrechtlichen Kommission von ihr gebilligt und legitimiert wurde.

Das Arbeitsrechtsregelungsgesetz hat somit eine wesentliche kirchenleitende Funktion den in der Kirchenverfassung angeführten kirchenleitenden Organen entzogen und damit als verfassungsdurchbrechendes Gesetz, das mit der entsprechenden Mehrheit der Synode beschlossen wurde, die Kirchenverfassung geändert[7]. Auch die Rechtsetzung der Arbeitsrechtlichen Kommission kann die Mitarbeiter auf das Recht und das Bekenntnis der Kirche, auf den Auftrag des Herrn der Kirche im dienstlichen Handeln und zu einer Bindung der Lebensführung (also bezüglich des außerdienstlichen Verhaltens) verpflichten[8].

b) *(1)* Diese Arbeitsrechtliche Kommission besteht aus 16 (§ 5 Abs. 1) **unabhängigen**, an Weisungen nicht gebundenen **Mitgliedern**, die »in Bindung an das Bekenntnis der ELKiB und im Rahmen des in dieser Kirche geltenden Rechts« handeln (§ 9 Abs. 1 S. 1 u. 2). Die Unabhängigkeit ist wie bei den Mitgliedern der Mitarbeitervertretung gesichert (§ 9 Abs. 2; s. o. § 17, 3., S. 210). Insgesamt setzt sich die Arbeitsrechtliche Kommission aus je vier Vertretern

– der Mitarbeiter im kirchlichen Dienst,

– der Mitarbeiter im diakonischen Dienst,

– der kirchlichen Körperschaften und

– von Trägern diakonischer Einrichtungen zusammen (§ 5 Abs. 1).

chen Recht vorgesehen, rechtswirksam; doch würde der Dienststellenleiter, der einen solchen Vertrag abschließt, damit seine Dienstpflicht verletzen, ggf. schadensersatzpflichtig werden.

6) vom 18.7.1977, Mitteilungsbl. des DW Bay. 1977 Nr. 3, Ordnungs-Nr. 1.010-31.

7) *v. Ammon/Rusam,* S. 26; vgl. o. § 4, 5 (S. 60).

8) VuVG VELKD v. 14.3.1988, RVG 1/88, ZevKR 33 (1988) S. 456 – 461 mit zust. Anm. H. Ph. Meyer a.a.O. S. 461 – 464 (Bestätigung des Rechtshofs der Konföderation ev. Kirchen in Niedersachsen v. 3.10.1985, KonfR 13/84, ZevKR 31 (1986) S. 353).

Alle müssen zu kirchlichen Ämtern der ELKiB nach § 8 des Kirchenvorsteherwahlgesetzes (*RS 305*) wählbar sein (§ 5 Abs. 3).

(2) Die **acht Vertreter der Mitarbeiter** im kirchlichen und diakonischen Dienst werden durch die Vereinigungen (Koalitionen i.S.d. GG Art. 9 Abs. 3; ARRG § 6 Abs. 4)[9] entsandt, in denen mindestens 500 kirchliche/diakonische Mitarbeiter zusammengeschlossen sind; bemühen sich verschiedene Vereinigungen um Sitze in der Kommission, richtet sich die Zahl der Vertreter, die jede Organisation entsenden kann, nach dem Verhältnis der Mitgliederzahlen der Organisationen (§ 6 Abs. 1; vgl. Abs. 3). Die Organisationen können auch hauptberufliche Funktionäre entsenden (wenn diese zu kirchlichen Ämtern wählbar sind, s.o.); jedoch müssen mindestens zwei Drittel der von jeder Vereinigung zu entsendenden Vertreter mindestens drei Jahre hauptberuflich im kirchlichen oder diakonischen Dienst tätig sein (§ 6 Abs. 2). – Die **weiteren acht Vertreter** entsenden der Landeskirchenrat mit Zustimmung des Landessynodalausschusses und der Diakonische Rat je zur Hälfte (§ 7).

(3) Die **Amtsdauer** beträgt vier Jahre (§ 8 Abs. 1). **Vorsitzender** und stellvertretender Vorsitzender sind im jährlichen Wechsel aus den Vertretern der Mitarbeiter und der Dienststellenleitungen zu wählen (§ 10 Abs. 2). Jedes Mitglied hat das Recht, Punkte für die Tagesordnung der Sitzung vorzuschlagen (§ 10 Abs. 4). Die Arbeitsrechtliche Kommission **entscheidet** in dem Bereich, in dem sonst Tarifverträge abgeschlossen werden, mit Zweidrittelmehrheit (§ 10 Abs. 6 S. 2).

(4) **Gegen Beschlüsse** kann jede der vier in der arbeitsrechtlichen Kommission vertretenen Gruppen **Einwendungen** erheben. Der Schriftsatz, durch den die Einwendungen erhoben werden, muß von mindestens drei (der vier) Mitgliedern der Gruppe unterzeichnet sein. Darauf findet eine neue Sitzung statt. Werden auch nach erneuter Beratung und Beschlußfassung Einwendungen erhoben, liegt die Entscheidung beim Schlichtungsausschuß (§ 12 Abs. 2, 3). Der Schlichtungsausschuß kann auch angerufen werden, wenn kein (eindeutiger) Beschluß zustande kommt (§ 12 Abs. 5; vgl. *Schlichtungsausschuß Evang. Landeskirche Württemberg*, 5.11.1982, RSprB. 1990 S. 16).

c) *(1)* Jede in der Arbeitsrechtlichen Kommission vertretene Gruppe benennt für den **Schlichtungsausschuß** einen Beisitzer (auf diese Weise ist sichergestellt, daß alle Argumente in der Beratung zum

9) Zur Bedeutung der Koalitionen in der Kirche s.o. § 17 Fn. 19, S. 216.

Tragen kommen). Je ein weiterer unparteilicher (s. übernächsten Satz) Beisitzer wird von der Landessynode und von der Diakonischen Konferenz benannt (§ 13 Abs. 2). Der unparteiliche (s. nächsten Satz) Vorsitzende des Schlichtungsausschusses wird von der Arbeitsrechtlichen Kommission mit Dreiviertelmehrheit der Zahl ihrer Mitglieder bestimmt (§ 13 Abs. 3). Der Vorsitzende und die von Landessynode und von diakonischer Konferenz zu benennenden Beisitzer müssen die Befähigung zum Richteramt oder zum höheren Verwaltungsdienst haben und dürfen weder haupt- noch nebenberuflich im kirchlichen oder diakonischen Dienst stehen noch einem kirchenleitenden Organ noch einem Leitungsorgan des Diakonischen Werkes der EKD noch einem solchen Organ einer ihrer Gliedkirchen angehören (§ 13 Abs. 4; sie sollen also absolut neutral sein; daß die Mitgliedschaft in einer Arbeitgeber- oder Arbeitnehmerorganisation nicht ausgeschlossen ist, steht dem nicht entgegen). Während die Gruppenvertreter für den Einzelfall benannt werden, sind Vorsitzender und die beiden neutralen Beisitzer für vier Jahre bestellt (§ 13 Abs. 5).

(2) Alle Mitglieder des Schlichtungsausschusses sind unabhängig und an Weisungen nicht gebunden; auch sie handeln in Bindung an das Bekenntnis der ELKiB und im Rahmen des in dieser Kirche geltenden Rechtes. Der Vorsitzende und die neutralen Beisitzer werden vom Landesbischof, die von den Gruppen benannten Beisitzer vom Vorsitzenden des Schlichtungsausschusses durch Handschlag zur gewissenhaften Amtsführung verpflichtet (§ 13 Abs. 6). Der Schlichtungsausschuß hat die allgemeinen Grundsätze des gerichtlichen Verfahrens zu beachten (§ 13 Abs. 7). Er ist beschlußfähig, wenn mindestens sechs Mitglieder anwesend sind, und beschließt nach Anhörung der Beteiligten mit Stimmenmehrheit der Mitglieder in geheimer Beratung (§ 13 Abs. 8).

d) Die Entscheidungen des Schlichtungsausschusses werden ebenso wie die nicht mehr anfechtbaren Beschlüsse der Arbeitsrechtlichen Kommission in der üblichen Weise (wie Kirchengesetze) vom Landeskirchenamt und von der Geschäftsstelle des Diakonischen Werkes **veröffentlicht** (§ 13 Abs. 9, § 12 Abs. 3 S. 4). Ihre Rechtswirkung nach außen ist umstritten[10]. Doch müssen sie im staatlichen Bereich wohl

10) Das *Landesarbeitsgericht Düsseldorf* sieht diese Frage – nach Auseinandersetzung mit dem Schrifttum und der Rechtsprechung – »noch nicht als abschließend geklärt« an (Urteil v. 24.1.1989 – 16 Sa 1323/88, LAGE Bd. 34 S. 1 ff.). – Das *Bundesarbeitsgericht* hat es für einen besonderen Fall der Beschwerde gegen die Nichtzulassung der Revision abgelehnt, Beschlüsse nach dem Arbeitsrechtsregelungsgesetz Tarifverträgen gleichzusetzen (Beschluß v. 5.1.1989 – 4 AZN 629/88, E 60,344 = Zeitschrift für Tarifrecht 1989 S. 313 u. NZA 1989, S. 769).

die gleichen Wirkungen haben wie Tarifverträge, weil andernfalls die Kirche (und ihre Mitarbeiter!) um ihres »Kirche-Seins-Willens« gegenüber allen anderen Institutionen und Arbeitnehmern benachteiligt würde: Während diese die Möglichkeit haben, Tarifverträge abzuschließen, haben die Kirche und ihre Mitarbeiter diese Möglichkeit nicht (s.o. 1.). Die Abänderung des tarifdispositiven staatlichen Rechts z.B. kann aber der Kirche und ihren Mitarbeitern nicht verweigert werden.

Vgl. dazu aus der Rechtsprechung: »Nach ständiger Rechtsprechung des BAT sind die Richtlinien für Arbeitsverträge in den Einrichtungen des Deutschen Caritas-Verbandes keine Tarifverträge und damit keine Rechtsnormen i.S.d. Art. 2 EGBGB oder des § 72 a ArbGG (...). Eine ganz andere Frage ist, ob die AVR bei tarifdispositivem Gesetzesrecht den Tarifverträgen gleichzustellen sind (vgl. ArbG Berlin, Urteil vom 28. Oktober 1983 – 16 Ca 164/83 –, EzA Nr. 21 zu § 13 BUrlG mit Anm. von *Dütz;* LAG Berlin, Urteil vom 3. Mai 1984 – 7 SA 8/84 –, AP Nr. 19 zu Art. 140 GG mit Anm. Pahlke, s. dazu BAG, Urteil vom 25. März 1987 – 5 AZR 414/84 – DB 1987, 1594« (= E 54,308 = ZevKR 34 (1989) S. 62 ff.); »in diesem Zusammenhang sind die gesetzlichen Neuregelungen der jüngsten Zeit zu nennen: Nach § 21 a JArbSchG und § 6 III BeschFG können die Kirchen in ihren Regelungen von bestimmten gesetzlichen Vorschriften ebenso abweichen wie Tarifverträge; § 2 I Nr. 1 VRG nennt als Voraussetzung für den Zuschußanspruch des Arbeitgebers nach den Tarifverträgen auch die Regelung der Kirchen).« BAG v. 28.10.1987 – 5 AZR 518/85, ZevKR 34 (1989), 65/66 f. = NZA 1988, S. 425. – In der Begründung des Entwurfs eines Arbeitszeitrechtsgesetzes des Bundesministeriums für Arbeit und Sozialordnung vom 5.7.1993, III b 3-37108, heißt es auf Seite 27 zu § 7 Abs. 4: »In Absatz 4 wird wegen des den Kirchen und den öffentlich-rechtlichen Religionsgemeinschaften verfassungsmäßig garantierten Selbstbestimmungsrechts gemäß Artikel 140 des Grundgesetzes in Verbindung mit Artikel 137 Abs. 3 der Weimarer Verfassung sowie der hierzu ergangenen Rechtsprechung des Bundesverfassungsgerichts und des Bundesarbeitsgerichts klargestellt, daß sie die in Abs. 1 und 2 genannten Abweichungen in ihren Regelungen vorsehen können. Zu den Kirchen gehören ... auch deren caritative und erzieherische Einrichtungen. Den Religionsgesellschaften sind ... Vereinigungen gleichgestellt, die sich die gemeinschaftliche Pflege einer Weltanschauung zur Aufgabe machen.« – »Solche rechtlichen Regelungen stehen einer tarifvertraglichen Regelung aber nicht gleich und sind auch nicht etwa nur arbeitsvertraglich übernommene, sonst geltende tarifvertragliche Regelungen, sondern besondere, spezielle Vorschriften des Kirchenrechts. ... Tarifverträge sind aber nur solche Regelungen, die von § 1 TVG umfaßt werden. Wenn der Gesetzgeber die kirchenrechtlichen Regelungen diesen gleichstellen will, wird dies besonders ausgeführt (vgl. § 6 III BeschFG v. 26. April 1985). Dies ist in § 72 a I Nr. 2 ArbGG nicht geschehen.« BAG 7.9.1988 – 4 AZN 436/88, ZevKR 34 (1989) S. 68 f.
Die vom BAG nicht erörterte, in diesem Zusammenhang aber wohl entscheidende Frage ist, ob nicht die neueren Gesetze der Verfassungsrechtslage bezüglich der Kirchen Rechnung tragen, damit Ausdruck eines allgemein geltenden Rechts – s.o. § 20, 2. c) unter »Beachte«, S. 245) sind, so daß sie auch in anderen Bereichen, in denen die verfassungsrechtlichen Überlegungen noch nicht in die Gesetzgebung Eingang gefunden haben, anzuwenden sind.

Literatur zum Arbeitsrecht der Kirchen allgemein: *H.-G. Frey/E. Bahles*, Dienst- und Arbeitsrecht in der katholischen Kirche (Textsammlung), Neuwied 1989; *W. Herschel,* Arbeitsrecht für den Dienst in den Kirchen, Sozialer Fortschritt 1980 S. 49–52; *J. Jurina*, Das Dienst- und Arbeitsrecht im Bereich der Kirchen in der Bundesrepublik Deutschland, Berlin 1979; *Th. Mayer-Maly*, Die arbeitsrechtliche Tragweite des kirchlichen Selbstbestimmungsrechts, Betriebsberater, Beilage 3 zu H. 24/1977; *O. v. Nell-Breuning*, Kirchen als Arbeitgeber, ÖTV-Magazin 1980 H. 3 S. 33–35; *R. Richardi*, Arbeitsrecht in der Kirche, 2. Aufl. München 1992; *A. Schneider*, Arbeitsrecht in den Kirchen, EvStL Sp. 94–101; *E. Spengler,* Die Rechtsprechung zum Arbeitsrecht in kirchlichen Angelegenheiten – insbes. zur Loyalitätspflicht kirchlicher Mitarbeiter, NZA 1987, S. 833; *P. v. Tiling,* Zur Rechtstellung der privatrechtlich angestellten Mitarbeiter in der Kirche, ZevKR 22 (1977) S. 322–345. – *Sekretariat der Deutschen Bischofskonferenz* (Hrsg.), Grundordnung des kirchlichen Dienstes im Rahmen kirchlicher Arbeitsverhältnisse, Erklärung der deutschen (katholischen) Bischöfe zum kirchlichen Dienst v. 22.9.1993, Bonn 1993. Vgl. auch die *Sonderhefte zum kirchlichen Arbeitsrecht* in: (1) Arbeit und Recht, Sonderheft Kirche und Arbeitsrecht, 1979 (mit Beiträgen von *Birk/Dütz/Löwisch/Naendrup/Rothländer/Schwendtner/Schwerdt-Schobel/Simitis/Weiß);*(2) Recht der Arbeit 1979 H. 2 (mit Beiträgen von *Dietz/Frank/Kuper/G. Müller/Pirson/Rothländer/v. Tiling)*; (3) Neue Zeitschrift für Arbeits- und Sozialrecht, Beilage 1 zu H. 3/1986 (mit Beiträgen von *Dütz/Grethlein/Jurina/Richardi/Sander/H. Weber)*. – (1) u. (2) wurden besprochen von *Hanau*, ZevKR 25 (1980) S. 61–70. – **Literatur zum Dritten Weg** der Kirchen/den Arbeitsrechtsregelungsgesetzen: *K. Briza*, »Tarifvertrag« und »Dritter Weg«. Arbeitsrechtsregelungsverfahren der Kirchen, Diss. Regensburg, Straubing 1987; *A. v. Campenhausen*, Kirche und Tarifvertrag, in Münchner Gutachten, Jus Eccl. Bd. 30, Tübingen 1983, S. 93–113; *G. Grethlein*, Probleme des Dritten Weges der Kirchen, NZA, Beilage 1 zu H. 3/1986, S. 18–23; *ders.* auch in Nachrichten 1979 H. 15/16, S. 281–283; *ders.* u. *E. Spengler*, Der Dritte Weg der Kirchen, Betriebs-Berater, Beilage 10 zu H. 30/1980; *ders.* in Besprechung der genannten Dissertationen von *Briza* u. *Hartung,* ZevKR 34 (1989) S. 88–99; ders., Entstehungsgeschichte des Dritten Weges, ZevKR 37 (1992) S. 1–27; *K. Hartung*, Überbetriebliche Mitwirkung im kirchlichen Arbeitsverhältnis, Diss. Hannover 1987; *W. Herschel*, Kirche und Koalitionsrecht. Ein Rechtsgutachten, erstellt für die Gewerkschaft ÖTV, Stuttgart 1978; *H. Otto*, Die verfassungsrechtliche Gewährleistung der koalitionsspezifischen Beteiligung. Ein Gutachten, erstattet für die Gewerkschaft ÖTV, Stuttgart 1982; *H. Pahlke*, Kirche und Koalitionsrecht. Zur Problematik des kirchlichen Arbeitsrechtsregelungsverfahrens, insbes. der Dritte Weg der Kirchen, Jus Eccl. Bd. 29, Tübingen 1983 (besprochen von *W. Dütz*, ZevKR 30/1985 S. 77–86); *A. Rauscher*, Die Eigenart des kirchlichen Dienstes. Zur Entscheidung der katholischen Kirche für den »Dritten Weg«, Würzburg 1983; *K. Schlaich*, Der »Dritte Weg« – eine kirchliche Alternative zum Tarifvertragssystem?, JZ 1980, S. 209–218; *J. Winter/Adamek,* Arbeitsrechtliche Regelungen im Bereich der Diakonie, ZevKR 33 (1988) S. 441–446; *H.-O. Wölber*, Tarifverträge am Maßstab von Theologie und Kirche, Nachrichten 1979 H. 15/16 S. 283 f.

§ 34
Die kirchliche Dienstvertragsordnung
(mit Hinweisen auf das Recht der Arbeiter und der Auszubildenden)

1. Wesentliche sachliche Grundlage des Arbeitsrechts in der ELKiB ist die **kirchliche Dienstvertragsordnung** (DiVO), die nach dem Arbeitsrechtsregelungsgesetz allein der Kompetenz der Arbeitsrechtlichen Kommission (und des Schlichtungsausschusses) unterliegt (s.o. § 33, 2. a), S. 311). Nach Bestimmungen über die Grundlage und den Gegenstand wird zunächst festgestellt, daß spezielle kirchliche Vorschriften für die einzelnen Gruppen kirchlicher Mitarbeiter vorgehen (§§ 1 – 3); dann wird bestimmt, daß auf das Dienstverhältnis der nicht nur geringfügig oder nebenberuflich[1)] beschäftigten Mitarbeiter die Bestimmungen des Bundesangestelltentarifvertrages (BAT, RS 655) in der für die Länder jeweils geltenden Fassung entsprechende Anwendung findet (§ 4 Abs. 1 S. 1); Entsprechendes gilt für die Arbeiter im Kirchendienst (s.u. 6., S. 321). – Der Ausschluß der kürzer Beschäftigten ist problematisch und auch im staatlichen Bereich umstritten. *RS 650*

> **Beachte:** Es »gilt« also nicht der BAT (unmittelbar). Vielmehr übernimmt das kirchliche Recht seine Bestimmungen (z.T. in abgewandelter Form), macht also durch **»Transformation«** das im weltlichen Bereich geltende Recht insoweit zu Kirchenrecht.

In der Sache realisiert das den Grundsatz, daß kirchliche Mitarbeiter so behandelt werden sollen, wie es den allgemeinen Standards in der Arbeitswelt, besonders bei Staat und Kommunen, entspricht (s.o. § 16, 2. a), S. 197 ff.). Die Bestimmungen der Tarifverträge werden danach – auch soweit sie Vergütungserhöhungen betreffen – automatisch für die Angestellten in der ELKiB und ihrer Diakonie übernommen, falls nicht die Arbeitsrechtliche Kommission (mit Zweidrittelmehrheit gem. § 10 Abs. 6 S. 2 ARRG) etwas anderes beschließt (DiVO § 4 Abs. 1 S. 2). In den Dienstverträgen muß vereinbart werden, »daß auf das Dienstverhältnis die Bestimmungen des BAT und ergänzende tarifvertragliche Regelungen nach Maßgabe der kirchlichen Dienstvertragsordnung entsprechende Anwendung finden« (§ 5). – Ob die Befristung der kirchlichen Arbeitsverhältnisse auf die Vollendung des 65. Lebensjahres gem. DiVO § 4 Abs. 1 i.V.m. BAT § 60 Abs. 1 im Hinblick auf § 41 Abs. 4 S. 3 Sozialgesetzbuch VI rechtswirksam ist, ist umstritten (vgl. *LAG Düsseldorf*, Urteil v. 13.8.1992, 18 Sa 728/92; gegen Urteil dess. Gerichts vom 25.1.1993, 10 Sa 1486/93, welches durch BAG v.

1) S. dazu im einzelnen BAT § 3 n und die Definition zur Nebenberuflichkeit in der Protokollnotiz zu Buchstabe n.

20.10.1993, 7 ARZ 135/93, BB 1993 S. 2235 bestätigt wurde). U. E. führt § 35 DiVO zur Beendigung kirchlicher Arbeitsverhältnisse mit der Vollendung des 65. Lebensjahres, falls nicht nach Abs. 2 a.a.O. etwas anderes schriftlich vereinbart ist; denn dies ist gem. § 5 DiVO ja im Einzelvertrag vereinbart.

2. Im übrigen enthält die DiVO kirchliches Sonderrecht für **spezifisch kirchliche Mitarbeitergruppen:**

Mitarbeiter in Übersee (§ 4 b, Anl. 3), Kirchner (§ 4 c, Anl. 4), Lehrkräfte der Evang. Schulstiftung in Bayern an Gymnasien und Realschulen (§ 4 e, Anl. 5), pädagogische Mitarbeiter in Internaten (§ 4 f., Anl. 6) sowie – bezüglich der Eingruppierung gem. § 13 Abs. 1 S. 1 jeweils in Anl. 1 – für Katecheten, Religionspädagogen, Kirchenmusiker; Angestellte in der Jugend- und/oder Gemeindearbeit, im Seelsorgedienst, in der Haus- und Familienpflege und im Hausdienst; Kirchner, Hausmeister und Hausverwalter, Angestellte im Veranlagungsdienst (der Kirchensteuerämter), Pfarramts- und Dekanatssekretäre/innen sowie Jugendbildungsreferenten(innen), Sozialsekretäre(innen), Angestellte in der stationären Altenpflege und in der Gemeindekrankenpflege, Gemeindeschwestern, Mitarbeiterinnen in Kindergärten[2)], Angestellte im Wirtschafts- und Küchen- sowie im Friedhofsdienst und Lehrkräfte (*RS 652*).

Wegen der Ausbildung und des Dienstes der hauptberuflichen Jugendreferenten s. Bek. v. 28.4.1993, KABl S. 123, *RS 687*; zur Anerkennung kirchlicher Ausbildungsstätten für die kirchliche Jugend- und Gemeindearbeit s. Bek. a.a.O. (zu Anl. 1 Abschn. 4 der DiVO).

Daneben gibt es noch eine besondere Eingruppierungsbekanntmachung (Abschn. 10 der Anl. 1 zu DiVO) für Jugendleiter, Jugendbildungsreferenten, Sozialsekretäre, Altenpflegerinnen, Gemeindeschwestern, Mitarbeiterinnen in Kindergärten[2)], Angestellte im Wirtschafts- und Küchendienst und im Friedhofsdienst, Leiter von Altenheimen und Lehrkräfte; ferner (in Eingruppierungsbekanntmachung, *RS 602*, Abschn. II), Dorfhelferinnen, Mitarbeiterinnen in Kindergärten[2)], Verwaltungsangestellte, Angestellte im Schreibdienst, technische Angestellte, Angestellte im Lochkartenwesen und Programmierer und Angestellte im höheren Dienst.

Für Religionspädagogen[3)] (die im öffentlich-rechtlichen Dienstverhältnis als Kirchenbeamte oder im privatrechtlichen Arbeitsverhältnis als Angestellte beschäftigt werden können) gibt es ein eigenes Kirchengesetz mit weiteren Verordnungen und Bekanntmachungen und Regelungen speziell für Katecheten im Nebenamt (*RS 620; 621 – 637*). – Weitere besondere Regelungen gibt es für Kirchenmusiker[4)] im Nebenamt (*RS 730 – 748*) (vgl.

2) Diese Mitarbeitergruppe kommt sowohl in Anl. 1 zu § 13 DiVO wie in Abschn. II der Eingruppierungsbekanntmachung vor.
3) Zu ihrem Arbeitsfeld vgl. *Foitzik*, Engführung vermeiden, Nachrichten 1992 H. 15/16 S. 243.
4) Zum Dienst der Kirchenmusiker allg. *Lochner*, Gefragt ist Vielseitigkeit, Nachrichten 1992 H. 15/16 S. 284; s. auch u. § 61 Fn. 3, S. 514.

§ 4 c DiVO i.V.m. *RS 731*), die heute stets als Angestellte beschäftigt werden, und für die Arbeit an Bildschirmgeräten (§ 4 Abs. 5 DiVO i.V.m. *RS 788*).

Die Regelungen für Diakoninnen (Bek. 15.01.1990 KABl S. 53 f., *RS 640* S. 8 f.) sind inhaltlich stark an das Dienstrecht der Diakone (dazu s.o. § 32, S. 308 f.) angeglichen, auch wenn das öffentlich-rechtliche Dienstverhältnis (noch) den Diakonen vorbehalten ist.

3. Viele Bestimmungen der DiVO bringen **kirchliche Besonderheiten** zur Geltung. Wichtig ist, daß auch in **Notzeiten** der Kirche **Vergütungen** der Mitarbeiter allein durch Beschluß der Arbeitsrechtlichen Kommission (mit Zweidrittelmehrheit!) und nur dann gekürzt werden können, wenn entsprechend auch eine allgemeine Kürzung der Dienstbezüge der Pfarrer und Kirchenbeamten (vgl. dazu o. § 28, 5. a. E., S. 297) vorgenommen wurde (§ 16). – § 18 garantiert den kirchlichen Mitarbeitern eine **zusätzliche Alters- und Hinterbliebenenversorgung** bei der Kirchlichen Zusatzversorgungskasse[5] (KZVK, die der staatlichen Zusatzversorgung entspricht und den staatlichen Kassen gegenüber überleitbar ist; vgl. KZVK-Satzung § 68 mit Anhang 2, *RS 775 – 781*). – In DiVO § 21 Abs. 2 wird festgestellt, daß »ein wichtiger Grund zur fristlosen Kündigung« gegeben ist, »wenn der Mitarbeiter aus der **Kirche austritt** oder durch sein Verhalten die evangelische Kirche, ihre Lehre oder ihre Ordnung in gröblicher Weise mißachtet« (vgl. o. § 16, 3. b), S. 204).

Vgl. auch die in DiVO § 25 aufgeführten allg. Pflichten der Mitarbeiter. Zur Schweigepflicht (a.a.O. Abs. 3) und einer etwaigen Aussagegenehmigung vgl. *Th. Barth*, o. § 20 Fn. 17 b, S. 250.

4. Sonderbestimmungen gelten für Mitarbeiter, die zu einer vom BAT nicht erfaßten Gruppe[6] gehören, also zu den geringfügig Beschäftigten oder zu Studierenden (i.S.d. Sozialgesetzbuchs: IV § 8 und V § 6 Abs. 2 Nr. 3) sowie zu den nur nebenberuflich Tätigen (§§ 23 – 36).

5) Zu den Rechtsverhältnissen im Rahmen der Kirchlichen Zusatzversorgungskassen vgl. Gutachten des Kirchenrechtlichen Instituts der EKD vom 1.2.1983, Jus Eccl. Bd. 48 S. 89 f., Tübingen 1984. – Vgl. auch das Gutachten dieses Instituts vom 26.3.1984, a.a.O. S. 66, in dem Fragen der Gleichbehandlung im Arbeitsrecht erörtert werden und es für unzulässig erklärt wird, daß die Teilnahme an der Zusatzversorgung bei bestimmten Mitarbeitern nicht gewährt wird.

6) Der BAT galt nach seinem § 3 q nicht für Beschäftigungsverhältnisse mit einer Arbeitszeit von weniger als 18 Stunden in der Woche. Diese Bestimmung ist nun durch § 3 n ersetzt, der darauf abstellt, ob eine sozialversicherungspflichtige Tätigkeit vorliegt. Die Änderung wurde durch die Rechtsprechung des *Europäischen Gerichtshofes* (v. 7.2.91 – C 184/89, NVwZ 1991, S. 461 = EuZW 1991, S. 287) notwendig, der in der bisherigen Regelung eine Diskriminierung der Frauen gesehen hat.

Auch diese Mitarbeiter sind also im kirchlichen Dienst rechtlich abgesichert.

5. Von wesentlicher Bedeutung für Mitarbeiter, die aufgrund eines (ja grundsätzlich kündbaren) Arbeitsvertrages beschäftigt sind, ist der **Kündigungsschutz**. Ein sicherer Arbeitsplatz ist ein sehr hohes Gut.

Auch im kirchlichen Arbeitsverhältnis gilt zunächst das staatliche Kündigungsschutzgesetz (*RS 789*) als ein für »alle geltendes Gesetz«[7] (natürlich mit den dort vorgesehenen Einschränkungen, z.B. für sehr kleine Betriebe/Dienststellen). Dessen umfassender Schutz ist im kirchlichen Arbeitsrecht noch dadurch erweitert, daß die Mitarbeitervertretungen vor Kündigungen einzuschalten sind (MVG §§ 37 Abs. 1, 42 Buchst. b; § 41 Abs. 2) und daß eine Kündigung ohne Einschaltung der Mitarbeitervertretung unwirksam ist (MVG § 41 Abs. 3, § 38 Abs. 1 S. 2). An diese – zusätzlichen – kirchlichen Schutzbestimmungen ist auch das staatliche Arbeitsgericht im Kündigungsschutzprozeß gebunden; es muß also bei einer Kündigung, die vor oder ohne Einschaltung der Mitarbeitervertretung ausgesprochen ist, im Streitfall feststellen, daß diese Kündigung unwirksam war[8].

Weiter gelten gem. DiVO § 4 die Vorschriften des BAT zur Kündigung (§§ 53 – 55, 57) mit den die Mitarbeiter begünstigenden zusätzlichen Vorschriften der DiVO (§ 21 Abs. 3 u. 4). Dem Schutz der Mitarbeiter dient auch, daß jede kirchliche Dienststelle das LKA einschalten soll, wenn sie einem Mitarbeiter kündigen will (*Bek.* v. 21.8.1972, KABl S. 216).

Natürlich gilt auch für das kirchliche Arbeitsverhältnis, daß eine verhaltensbedingte Kündigung grundsätzlich[9] nur ausgesprochen werden kann, wenn vorher **abgemahnt** wurde, d.h., daß die kirchliche Dienststelle bei einem früheren Vorfall gleicher Art dem Mitarbeiter zunächst Gelegenheit gegeben hat, sich zu dem belastenden Vorgang zu äußern, dann aber – nach Prüfung seines Vorbringens – ihm unmißverständlich mitgeteilt haben muß, daß sie sein Verhalten mißbilligt und bei einer Wiederholung[10] nicht gewillt ist, das Arbeitsverhältnis fortzusetzen[11]. (Da der Kündigende nachweisen muß, daß er rechts-

7) BVerfGE 70, 138/160 f.; vgl. auch a.a.O. S. 170; *Richardi*, Arbeitsrecht, S. 64. – Unbestritten.

8) *Richardi*, Arbeitsrecht S. 235, 293 f.; *ders.*, Das Selbstbestimmungsrecht der Kirchen im Arbeitsrecht, NZA 1986 Beil. 1 zu H. 3, S. 1 ff./10; *G. Grethlein*, Mitentscheidung in der Kirche, Nachrichten 1987 H. 15/16 S. 287 ff./291. – Ausführlich zur Mitwirkung der Mitarbeitervertretung s. Rundschreiben des *LKA* vom 21.10.1991 – 26/8-0-16.

9) Wegen der Bedeutung des Wortes »grundsätzlich« s.o. § 16, 3. a) unter »Beachte«, S. 203.

wirksam abgemahnt hat, ist es üblich, schriftlich abzumahnen, und einen Zugangsnachweis zu schaffen, am besten durch Boten, der den Einwurf des Schreibens in den Briefkasten schriftlich bestätigt). Ohne Abmahnung kann nur bei ganz schwerwiegenden Verstößen eine »außerordentliche Kündigung« ausgesprochen werden, wenn das Fehlverhalten des Mitarbeiters so schwerwiegend war, daß eine weitere Zusammenarbeit nicht einmal mehr bis zum Ablauf der normalen Kündigungsfrist zumutbar ist. Das gilt insbesondere beim Kirchenaustritt, aber auch ganz allgemein im sog. Vertrauensbereich. Der Tatbestand des Kirchenaustritts ist in einer Sondervorschrift der DiVO (§ 21 Abs. 2) niedergelegt und entspricht der allgemeinen Loyalitätspflicht, die bei jedem Arbeitsverhältis besteht[12)], in ihrer besonderen Ausprägung in dem besonderen Dienst der Kirche[13)], ohne deren Einhaltung die Glaubwürdigkeit der Kirche gefährdet wäre (s.o. § 16, 3. b), u. § 13, IV. 14. a) S. 204 u. S. 166). »Deshalb kann die Kirche auch« (im Vergleich zur gewerblichen Wirtschaft) »erhöhte Anforderungen an ein harmonisches Zusammenarbeiten ihrer Mitarbeiter stellen. Der Eindruck heilloser Zerstrittenheit des Gemeindepersonals z.B. würde die Kirche unglaubwürdig machen, weil ein solcher Zustand deutlich von der von ihr verkündigten Lehre abwiche. ... Da aber die Kirche von ihrer Zielsetzung her in besonderer Weise auf Glaubwürdigkeit angewiesen ist, darf sie einem solchen Zustand durch die Auflösung von Arbeitsverhältnissen entgegentreten«[14)].

Das LKA hat ein *Merkblatt* für Kündigungen ausgearbeitet, in dem alle zu beachtenden Gesichtspunkte niedergelegt sind. Es kann beim LKA bezogen werden[15)].

6. **a)** Die Rechtsverhältnisse der **Arbeiter** im Kirchendienst sind durch eine eigene Arbeitsrechtsregelung vom 11.5.1992 (*RS 750*) entsprechend geregelt. Es gilt grundsätzlich[9)] der Manteltarifvertrag für

10) Dagegen ist nach Abmahnung eine Kündigung wegen des gleichen Vorfalles ausgeschlossen. Die Gründe, auf die die Abmahnung gestützt ist, können bei einer späteren Kündigung jedoch zur Untermauerung herangezogen werden (*BAG* 10.11.1988 – 2 AZR 215/88).

11) *Schaub,* Arbeitsrechtshandbuch, 7. Aufl. München 1992, § 130 I Nr. 5, S. 1042 f.

12) Zur allgemeinen Loyalitätspflicht im öffentlichen Dienst *vgl.* BAG, NJW 1985, S. 507, § 16, 2. b) (1) letzt. Abs., S. 202.

13) Zu den Besonderheiten des kirchlichen Dienstes: *Krüger,* Kirchenautonomie und gesetzlicher Kündigungsschutz, Zeitschrift für Tarifrecht 1991, S. 11 – 16; *Mummenhoff,* Loyalität im kirchlichen Arbeitsverhältnis, NZA 1990, S. 585; *Richardi,* Arbeitsrecht S. 56 ff.; *Rüthers,* Wie kirchentreu müssen kirchliche Arbeitnehmer sein?, NJW 1986, S. 356 ff., 357.

14) BVerfG Vorprüfungsausschuß v. 9.2.1990, 1 BvR 717/87, ZevKR 37 (1992) S. 64 = NJW 1990, S. 2053 = RSprB. 1993 H. 8 S. 385 Nr. 2; vgl. dazu auch *BAG* in MDR 1991, S. 1177.

15) Vgl. auch Rundschreiben v. 21.10.1991 – 26/8 – 0 – 16.

Arbeiter der Länder vom 27.2.1964 (MTL) in der für das Land Bayern jeweils geltenden Fassung mit ähnlichen Abweichungen für den kirchlichen Bereich, wie sie für die kirchlichen Angestellten oben beschrieben sind.

b) Die Rechtsverhältnisse der in der Kirche **Auszubildenden** sind in einer von der Arbeitsrechtlichen Kommission beschlossenen Ordnung (*RS 651/2*) geregelt.

4. Abschnitt:

§ 35
Die kirchlichen Anstellungsträger

1. **Pfarrer** stehen ausschließlich im Dienst der ELKiB und werden durch den Landeskirchenrat berufen (PfG § 2 Abs. 2, Art. 105 a, *RS 500*). (Ausnahmen: Landesbischof durch die Landessynode, ständiger Vertreter des Landesbischofs durch Landessynodalausschuß auf Vorschlag des Landesbischofs, Oberkirchenräte durch den Berufungsausschuß: KVerf Art. 61, 62 und 66).

Kirchenbeamte können von der Landeskirche, aber auch von anderen kirchlichen Körperschaften des öffentlichen Rechts, die unter der Aufsicht der Landeskirche stehen, angestellt werden (KBG § 2 i.V.m. § 1, *RS 600*). Sie werden entweder vom Landeskirchenrat (Ausnahme: Oberkirchenräte durch den Berufungsausschuß: KBErgG § 7, *RS 601*), sonst durch die vertretungsberechtigten Organe der jeweiligen kirchlichen Körperschaft ernannt.

Diakone werden grundsätzlich[1] durch den Landeskirchenrat auf Vorschlag des Rektors von der ELKiB berufen (DiakG § 1 Abs. 1, § 6, *RS 640*), zu der sie auch im Dienstverhältnis stehen; ausnahmsweise können sie auch im Dienst eines Dekanatsbezirks, einer Kirchengemeinde oder einer kirchlichen Stiftung stehen (§ 9 Abs. 1 S. 2).

2. **Angestellte und Arbeiter** stehen im Dienst der ELKiB, eines Dekanatsbezirks, einer (Gesamt-)Kirchengemeinde oder einer kirchlichen Stiftung (DiVO § 2, *RS 750*). Im **Bereich der Diakonie** können die Rechtsträger Angestellte und Arbeiter beschäftigen (dagegen bleiben Pfarrer, Kirchenbeamte und Diakone, die im Bereich der Diakonie tätig sind, in der Regel in dem öffentlich-rechtlichen Dienstverhältnis zu ihrem Dienstherren, o. 1.; sie werden nur zu dem diakonischen Rechtsträger beurlaubt).

3. **Religionspädagogen** stehen im Dienstverhältnis zur ELKiB und können als Kirchenbeamte oder Angestellte beschäftigt werden; sie unterstehen der Dienstaufsicht des Dekans (RelPädG § 1 Abs. 1, §§ 5 f., 7 Abs. 1, *RS 620*). **Katecheten** im Nebenamt werden in den Dekanatsbezirken eingesetzt (Arbeitsrechtsregelung über den Dienst der Katecheten im Nebenamt § 2 Abs. 1, *RS 634*). **Kirchenmusiker**

1) Zur Bedeutung des Wortes »grundsätzlich« s.o. § 16, 3. a) unter »Beachte«, S. 203.

werden regelmäßig von Gesamtkirchenverwaltungen mit Zustimmung des Landeskirchenrats als Angestellte beschäftigt; ausnahmsweise können sie als Kirchenbeamte mit Genehmigung des Landeskirchenrates übernommen werden (Kirchenmusikergesetz §§ 6 f., 5 Abs. 3, *RS 730*). Sonst sollen sie in der Regel vom Dekanatsbezirk angestellt werden. Dasselbe gilt für **Gemeindehelfer** und **Jugendleiter** sowie für Religionspädagogen und Diakone, die ausnahmsweise nicht im Dienst der Landeskirche stehen (*Bekanntmachung* zur Anstellung kirchlicher Mitarbeiter und Mitarbeiterinnen v. 28.4.1993, KABl S. 125, Nr. 3, *RS 840*).

Zu 1. bis 3.) Weitere Einstellungsvoraussetzung ist, wie in der Bekanntmachung zur Anstellung kirchlicher Mitarbeiter und Mitarbeiterinnen vom 28.4.1993, KABl S. 125, ausgeführt wird, daß neben der fachlichen Eignung nach entspr. Ausbildung eine entsprechende **Planstelle in der Landesstellenplanung**[2)] vorgesehen und freigeworden ist. Wegen der Kirchen-Zugehörigkeit s. o. § 16, 3., S. 203. Freie Stellen in der Landesstellenplanung dürfen aber nur dann besetzt werden, wenn die dort vorgesehenen Gesamtpersonalmittel im Dekanatsbezirk noch nicht anderweitig ausgeschöpft sind. Es geht hierbei also um die Berücksichtigung der Finanzplanung, die ja auch im Interesse der Sicherung der Arbeitsplätze geboten ist.

2) Dazu *Mickeluhn*, Chancen der Personalplanung, und *Lachhammer*, Ein Betrieb namens Kirche, Nachrichten 1988 H. 21 S. 409 u. 410.

5. Abschnitt:

§ 36
Ehrenamtliche Mitarbeiter (mit Prädikanten und Lektoren); Angehörige von christlichen Lebensgemeinschaften

1. Von ganz besonderer Bedeutung sind für die Kirche die **ehrenamtlichen Mitarbeiter**. Zum einen würden die Finanzen der Kirche auch nicht annähernd ausreichen, müßte jede Arbeit in der Kirche bezahlt werden, zum andern folgt die Mitarbeit in der Kirche aus der Entscheidung für den Glauben (*1. Kor.* 9,15 ff.; vgl. auch KVerf Art. 10 Abs. 2). Vor allem aber hat das Zeugnis der ehrenamtlichen Mitarbeiter durch ihren Verzicht auf Entgelt ein ganz besonderes Gewicht gegenüber Außenstehenden.

a) Ehrenamtlicher Dienst hat einen weiten Rahmen. Er kann von der einmaligen Mithilfe bei einem bestimmten Projekt bis zur Übernahme bestimmter Aufgaben in der Gemeinde auf Dauer reichen. Wichtig ist dabei, daß der Ehrenamtliche in seinen Rechten und Befugnissen nicht schlechter gestellt wird als der, der aufgrund eines Dienstvertrages oder eines Dienstverhältnisses Ansprüche geltend machen kann. Das bedeutet, daß auch an Ehrenamtliche **Aufgaben** wirklich delegiert werden sollten (mit der Befugnis, eigenverantwortlich zu handeln). Deshalb erscheint es auch zweckmäßig, wenn regelmäßige, für die Gemeinde bedeutsame Dienste von Ehrenamtlichen der **Aufsicht des Kirchenvorstands** und nicht dem freien Ermessen des Pfarrers unterliegen. Um klare Kompetenzen zu schaffen, empfiehlt es sich, Rechte und Pflichten vertraglich festzulegen. Es ist ein Irrtum zu meinen, **vertragliche Regelungen** seien nur möglich, wenn ein Dienst- oder Arbeitsverhältnis besteht. Auch im Ehrenamt – d.h. ja letztlich nur: bei Verzicht auf Entgelt – können klare vertragliche Regelungen über Umfang und Befugnisse des Ehrenamtlichen getroffen werden. Selbstverständlich sollte es sein, Ehrenamtlichen ebenso **Auslagenersatz** zu gewähren, wie hauptberuflichen Mitarbeitern (Fahrtkostenersatz, Portovergütung, Telefonvergütung u.ä.). Vgl. insgesamt die **Leitlinien** für den Dienst, die Begleitung und Fortbildung Ehrenamtlicher in der ELKiB (KABl 1993 S. 93 – 96, ABl. EKD 1993 S. 257 – 260), wo insbesondere die Zurüstung und Begleitung eingehend geregelt sind.

b) Für einen Dienst, der die Rechte aus der Ordination erfordert, kann auch ein **ehrenamtlicher Mitarbeiter ordiniert** werden (vgl. PfG § 10).

Das ist von der VELKD ausdrücklich anerkannt. Allerdings setzt die Ordination die Bereitschaft zu einem solchen Dienst auch auf Dauer voraus (vgl. näher PfG Art. 10 a und »Grundsätze für den ehrenamtlichen Dienst von Theologen im Verkündigungsdienst«, ABl. *VELKD* Bd. VI St. 1 Nr. 1 v. 15.5.1985). Das Kirchengesetz der VELKD vom 4. November 1988 (ABl. VELKD 1989 Bd. VI S. 58) ermächtigt in Art. II die Gliedkirchen, »durch Kirchengesetze Regelungen für die ehrenamtliche Mitarbeit von Theologen im Verkündigungsdienst zu treffen.«

c) Auch wo die Voraussetzungen für eine Ordination nicht bestehen (vor allem, wenn keine volle theologische Ausbildung nach PfG § 11 Abs. 1 Nr. 4, Abs. 3 vorliegt), können Glieder der ELKiB nach dem **Prädikantengesetz** (*RS 545)* **berufen** und zum Predigtdienst und zur Sakramentsverwaltung eingesetzt werden. »Dieser Dienst geschieht grundsätzlich ehrenamtlich« (§ 1 Abs. 1 S. 2). Zum Prädikanten können haupt-, neben- und ehrenamtliche Mitarbeiter berufen werden, die sich im Dienst der Kirche Jesu Christi bewährt und zur Übernahme der Aufgabe eines Prädikanten bereiterklärt haben. Sie müssen zu dieser Aufgabe befähigt sein und die Voraussetzungen für die Wahl zum Kirchenvorsteher erfüllen« (§ 2), sie müssen für ihren Dienst zugerüstet sein (§ 3 Abs. 3). »Die Berufung bezieht sich auf einen räumlich oder nach Personen umschriebenen Dienstbereich« (§ 1 Abs. 2). Über sie »entscheidet der Landeskirchenrat« (§ 1 Abs. 3 S. 2) nach entsprechenden Anträgen des Kirchenvorstandes, des Dekanatsausschusses oder einer anderen Einrichtung, in deren Bereich der Prädikant tätig sein soll, und nach Überprüfung durch den Kreisdekan (§ 5 Abs. 1 u. 5). – Näheres zu Verfahren u.a. s. Prädikantengesetz (*RS 545*), das in § 5 a auch eine Sonderregelung für Prediger Landeskirchlicher Gemeinschaften enthält.

Ehrenamtlich werden auch die **Lektoren**[1] tätig. Sie leiten den Gottesdienst, verantworten aber die Predigt nicht selbst, sondern verwenden eine »Lesepredigt«, gegebenenfalls mit unwesentlichen Abänderungen (vgl. die Lektorenordnung, *RS 548*).

Als Lektoren werden auch Mitarbeiter bezeichnet, die in einem von einem Pfarrer geleiteten Gottesdienst die Schriftlesung und/oder die Fürbitten übernehmen (amtl. Fn. 1 zu *RS 548*).

2. Weder in einem Arbeits- noch in einem Dienstverhältnis zur Kirche oder zu der jeweiligen Gemeinschaft stehen die **Ordensangehörigen**, im evangelischen Bereich meist ausgeprägt in den Lebensgemein-

1) *Neunzig*, »Nur der Lektor ...?«. Lektorendienst als gottesdienstliche Bereicherung, KorrBl. 1991 H. 1 S. 1 – 13.

schaften der Diakonissen. Diese stehen in einem besonderen Verhältnis zur Kirche, um in der Nachfolge Christi zu leben. Soweit die Kirche für diesen Personenkreis eine besondere Lebensordnung schafft (oder zuläßt), in der der Dienst **ausschließlich** vom religiösen Bekenntnis geprägt ist, findet darauf staatliches Recht überhaupt keine Anwendung (BAGE 30/122, 131 u. 247, 253). Diese Herausnahme aus dem staatlichen Arbeitsrecht ergibt sich aus dem Grundrecht der Glaubensfreiheit in GG Art. 4 Abs. 1 und 2. Diese Freiheit garantiert das Recht, die Lebensführung allein nach den Geboten einer religiösen Gemeinschaft auszurichten. (Übrigens findet das Arbeitsrecht nach allgemeinen Grundsätzen auch deshalb keine Anwendung, weil die Arbeit aufgrund einer verbandsrechtlichen Beziehung geleistet wird; vgl. insgesamt *Richardi*, Arbeitsrecht in der Kirche, S. 29 mit Fundstellen).

Natürlich kann auch mit diesem Personenkreis ein Arbeitsverhältnis begründet werden, wenn z.B. eine Diakonisse im Einvernehmen mit ihrem Mutterhaus eine Beschäftigung mit einem weltlichen Rechtsträger eingeht. Allerdings ist die gleiche Tätigkeit rechtlich auch in der Form möglich, daß der weltliche Rechtsträger mit dem Mutterhaus einen Gestellungsvertrag abschließt; dadurch wird die im Arbeitsrecht übliche Unterstellung ausgeschlossen (*Richardi* a.a.O., S. 30).

Ein besonderes Problem ist die **soziale Absicherung** dieses Personenkreises. Die Konkordanz zwischen staatlicher und kirchlicher Ordnung (vgl. dazu o. § 13 Nr. 8 a) a.E., S. 163) würde die Kirche im sozialen Rechtsstaat dazu zwingen, alles zu tun, um eine angemessene soziale Absicherung für alle Ordensangehörigen sicherzustellen, wenn sie das nicht schon – entsprechend ihren Grundsätzen (vgl. o. § 16, 2. a), S. 198) – von sich aus täte. Das ist in den Lebens- und Dienstgemeinschaften der ELKiB durch Einbeziehung in das Sozialversicherungssystem mit teilweise nicht unerheblichen finanziellen Aufwendungen der Kirche erfolgt.

Literatur: Orientierungshilfe des *Amtes für Gemeindedienst:* unbezahlt und freiwillig = ehrenamtlich, Nürnberg 1991; *Hanselmann*, Bericht vor der Landessynode in Günzburg im Frühjahr 1993, Verhandlungen der Landessynode Bd. 90, S. 25 – 31, u.a. auch in Synode aktuell Nr. 10, April 1993 S. II, München 1993; *Hoyer*, Viel »Amt« und wenig Ehr?, Nachrichten 1993 H. 5 S. 87; *Klemm*, Klärungsbedarf. PfarrerInnen und Ehrenamtliche, KorrBl. 1990 S. 155; *Knoll*, »Ehrenamt« – Testfall für die Kirche. 20 Sätze zu einem heißen Thema, KorrBl. 1993 H. 1 S. 4 – 8. Zu den im Text genannten »Leitlinien ...« vgl. auch EKD-Entwurf: Möglichkeiten und Grenzen sozialer Sicherung ehrenamtlicher Tätigkeit, Az. 2700/1.122, v. 14.10.1992 sowie die epd-Dokumentation Nr. 22/94 v. 16. Mai 1994 »Ehrenamtliche Mitarbeit in der Kirche – Ausgewählte Beiträge zur Diskussion über die Rahmenbedingungen«.

Kapitel III: Aufbau und Organisation der Landeskirche

1. Abschnitt: Körperschaftlicher Aufbau und verwaltungsmäßige Gliederung

§ 37 Kirchengemeinden, Gesamtkirchengemeinden – Dekanatsbezirke – Kirchenkreise

1. Überblick

Nach der Kirchenverfassung der ELKiB haben die (Gesamt-)Kirchengemeinden und die Dekanatsbezirke jeweils für die ihnen zugewiesenen Aufgaben das Recht der Selbstverwaltung. Sie sind selbständige kirchliche Körperschaften (KVerf Art. 8 Abs. 1 Nr. 1). Damit ist die Evangelisch-Lutherische Kirche in Bayern **körperschaftlich dreistufig** aufgebaut. Im Gegensatz dazu kennt der Freistaat Bayern einen vierstufigen Aufbau, weil neben ihm nicht nur die politischen Gemeinden und die Landkreise, sondern zusätzlich auch noch die Regierungsbezirke selbständige (Gebiets-)Körperschaften sind, während dies bei den Kirchenkreisen (s. u. 2.) nicht der Fall ist. *RS 1*

Für die Belange der kirchlichen Verwaltung ist die Landeskirche in Kirchenkreise eingeteilt. Die Kirchenkreise bestehen ihrerseits aus einer Anzahl von Dekanats- und Prodekanatsbezirken. Diese wiederum sind unterteilt in Pfarreien als räumliche Bereiche für die Gemeindeleitung und die damit verbundenen Verwaltungsgeschäfte. **Verwaltungsmäßig** hat also die Kirche wie der Staat einen **vierstufigen Aufbau**.

Die Bildung und Abgrenzung dieser verwaltungsmäßigen Untergliederungen der ELKiB ist als Maßnahme auf dem Gebiet des Organisationsrechts eine innerkirchliche Angelegenheit im Sinne von GG Art. 140 i. V. m. Art. 137 Abs. 3 WRV (vgl. KVerf Art. 8 Abs. 2 S. 1).

2. Kirchenkreise

An der Spitze der Kirchenkreise steht ein Kreisdekan, der Mitglied des Landeskirchenrates ist und die Amtsbezeichnung »Oberkirchenrat«

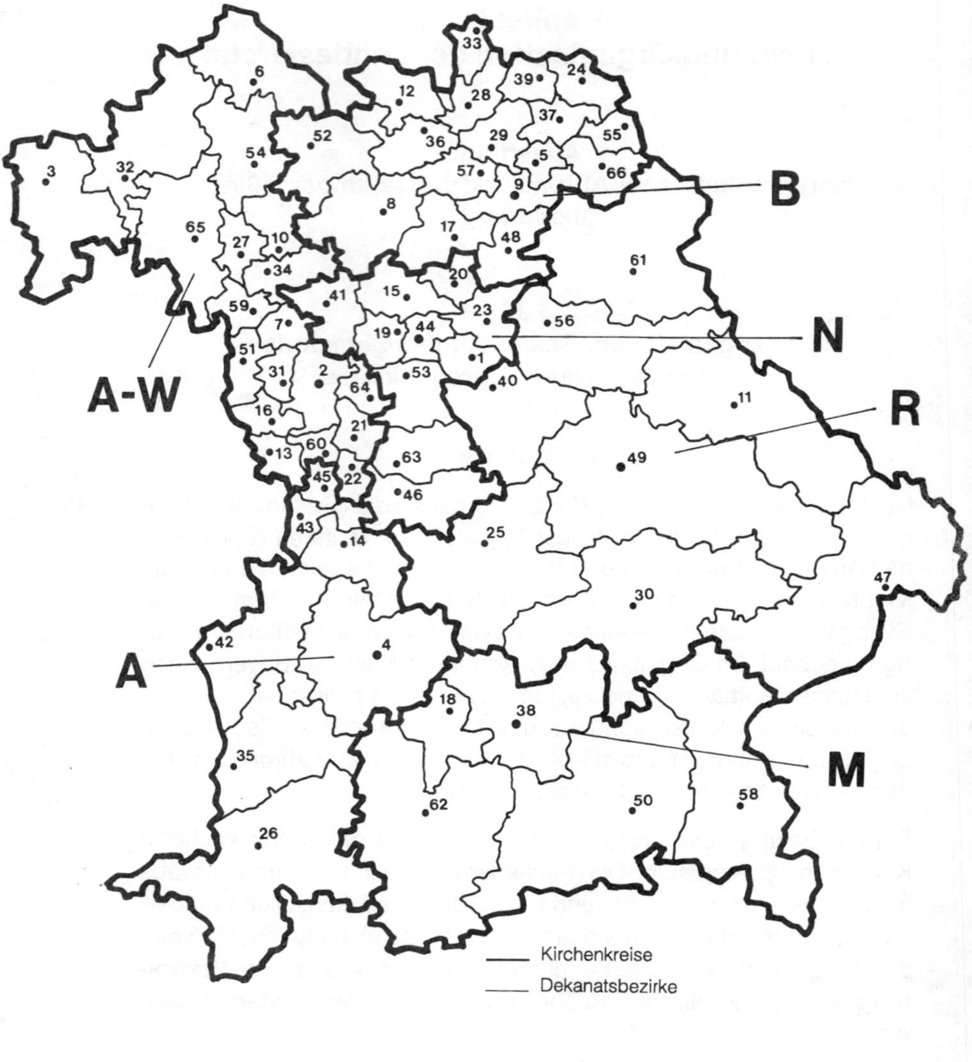
3
32
6
54
52
65
27
10
34
59
7
51
31
2
16
13
60
45
22
43
14
21
64
12
33
28
39
24
37
55
36
29
5
66
57
9
8
17
48
61
20
41
15
23
44
19
1
56
53
40
63
46
11
49
25
47
30
42
4
18
38
35
62
50
58
26
B
N
R
A-W
A
M
Kirchenkreise
Dekanatsbezirke

Die Kirchenkreise und Dekanatsbezirke der Evang.-Luth. Kirche in Bayern

KIRCHENKREISE

A	Augsburg
A-W	Ansbach-Würzburg
B	Bayreuth
M	München
N	Nürnberg
R	Regensburg

DEKANATSBEZIRKE

1 Altdorf
2 Ansbach
3 Aschaffenburg
4 Augsburg
5 Bad Berneck
6 Bad Neustadt/Saale
7 Bad Windsheim
8 Bamberg
9 Bayreuth
10 Castell
11 Cham
12 Coburg
13 Dinkelsbühl
14 Donauwörth
15 Erlangen
16 Feuchtwangen
17 Forchheim (Sitz Muggendorf)
18 Fürstenfeldbruck
19 Fürth
20 Gräfenberg
21 Gunzenhausen
22 Heidenheim
23 Hersbruck
24 Hof
25 Ingolstadt
26 Kempten
27 Kitzingen
28 Kronach
29 Kulmbach
30 Landshut
31 Leutershausen
32 Lohr a. Main
33 Ludwigsstadt
34 Markt Einersheim
35 Memmingen
36 Michelau
37 Münchberg
38 München
39 Naila
40 Neumarkt
41 Neustadt a. d. Aisch
42 Neu-Ulm
43 Nördlingen
44 Nürnberg
45 Oettingen
46 Pappenheim
47 Passau
48 Pegnitz
49 Regensburg
50 Rosenheim
51 Rothenburg o. d. T.
52 Rügheim
53 Schwabach
54 Schweinfurt
55 Selb
56 Sulzbach-Rosenberg
57 Thurnau
58 Traunstein
59 Uffenheim
60 Wassertrüdingen
61 Weiden
62 Weilheim
63 Weißenburg
64 Windsbach
65 Würzburg
66 Wunsiedel

führt (KVerf Art. 63 Abs. 1). Dem Kreisdekan obliegen im Kirchenkreis im wesentlichen bischöfliche Aufgaben (vgl. KVerf Art. 63 Abs. 3 bis 5 mit Art. 60)[1].

Die Kirchenkreise sind im Grunde genommen reine **Visitationsbezirke**. Rechtspersönlichkeit und eigene Organe besitzen sie nicht.

Die Zahl der Kirchenkreise ist in der Kirchenverfassung nicht festgelegt. Nach dem Kirchengesetz über die Einteilung des Gebietes der Evangelisch-Lutherischen Kirche in Bayern in Kirchenkreise vom 7.4.1987 *(RS 327)* bestehen z. Zt. sechs Kirchenkreise[2].

Eine besondere Regelung dafür, was zur Bildung eines Kirchenkreises erforderlich ist, fehlt. Jedenfalls bedarf es aber nach KVerf Art. 79 Abs. 2 zur Bildung, Aufhebung oder Änderung eines Kirchenkreises eines Kirchengesetzes, da in einem solchen Fall ein bereits bestehendes Kirchengesetz, nämlich das erwähnte Gesetz vom 7.4.1987, geändert oder aufgehoben werden müßte.

Die Sitze der Kreisdekane der derzeit bestehenden Kirchenkreise sind Ansbach, Augsburg, Bayreuth, München, Nürnberg und Regensburg.

Es umfassen der Kirchenkreis **Ansbach-Würzburg** 19 Dekanatsbezirke mit 385 Pfarreien, 457 Kirchengemeinden, 427 Pfarrstellen und rund 403 000 Gemeindegliedern,

der Kirchenkreis **Augsburg** 7 Dekanatsbezirke mit 143 Pfarreien, 153 Kirchengemeinden, 183 Pfarrstellen und rund 270 000 Gemeindegliedern,

der Kirchenkreis **Bayreuth** 17 Dekanatsbezirke mit 288 Pfarreien, 338 Kirchengemeinden, 348 Pfarrstellen und rund 548 000 Gemeindegliedern,

der Kirchenkreis **München** 5 Dekanatsbezirke und 4 Prodekanatsbezirke mit 133 Pfarreien, 135 Kirchengemeinden, 222 Pfarrstellen und rund 530 000 Gemeindegliedern,

der Kirchenkreis **Nürnberg** 10 Dekanatsbezirke und 3 Prodekanatsbezirke mit 245 Pfarreien, 280 Kirchengemeinden, 345 Pfarrstellen und rund 630 000 Gemeindegliedern,

1) Zur Rechtsstellung und zu den Aufgaben der Kreisdekane im einzelnen s. u. § 40.

2) Zum Zeitpunkt des Inkrafttretens der Kirchenverfassung von 1920 gab es nur die Kirchenkreise Ansbach, Bayreuth und München. 1934 wurde der Kirchenkreis Nürnberg, 1951 der Kirchenkreis Regensburg und 1971 der Kirchenkreis Augsburg gebildet. Durch das Kirchengesetz vom 7.4.1987 wurde der »Kirchenkreis Ansbach« in »Kirchenkreis Ansbach-Würzburg« umbenannt; mit dieser Änderung, die im Zusammenhang mit der vorerst beendeten Diskussion über die Errichtung eines eigenen Kirchenkreises Würzburg steht, soll auch in der Bezeichnung des Kirchenkreises deutlich gemacht werden, daß der größte Teil des Bereichs Unterfranken ebenfalls zu diesem Kirchenkreis gehört. (Vgl. Verhandlungen der Landessynode der ELKiB vom 29 . März bis 3. April 1987 – Band 78, S. 122.)

der Kirchenkreis **Regensburg** 8 Dekanatsbezirke mit 146 Pfarreien, 160 Kirchengemeinden, 177 Pfarrstellen und rund 250 000 Gemeindegliedern[3].

3. Der Dekanatsbezirk

a) Dem Dekanatsbezirk kommt eine doppelte Bedeutung zu.

Einerseits ist der Dekanatsbezirk ein **Zusammenschluß von Kirchengemeinden**, welcher der Zusammenarbeit aller kirchlichen Kräfte in seinem Bereich und der Erfüllung besonderer, übergemeindlicher Aufgaben dient (KVerf Art. 26 Abs. 1 und Dekanatsbezirksordnung § 2 Abs. 1 Satz 1 – DBO, RS 310). In dieser Eigenschaft besitzt er Rechtspersönlichkeit nach kirchlichem Recht, und ist nach GG Art. 140 i. V. m. Art. 137 Abs. 5 WRV Körperschaft des öffentlichen Rechts (vgl. KVerf Art. 8 u. DBO § 1 Abs. 2). **Organe** des Dekanatsbezirks sind die Dekanatssynode, der Dekanatsausschuß und der Dekan (vgl. KVerf Art. 26 Abs. 3 und DBO § 1 Abs. 3). *RS 1, 310*

Zum andern ist der Dekanatsbezirk auch **Aufsichts- und Verwaltungsbezirk** (vgl. KVerf Art. 26 Abs. 2). Insoweit hat er keine eigene Rechtspersönlichkeit. Im kirchlichen Sprachgebrauch wird der Dekanatsbezirk in diesem Sinne auch als Dekanat bezeichnet, wobei freilich mit dem Begriff »Dekanat« im Einzelfall auch die Behörde des Dekans gemeint sein kann.

b) Die ELKiB zählt zur Zeit 66 Dekanatsbezirke.

Die Dekanatsbezirke München und Nürnberg weisen dabei die Besonderheit auf, daß sie in vier bzw. drei **Prodekanatsbezirke** gegliedert sind. Organe des Prodekanatsbezirks sind der Prodekan, die Prodekanatssynode und der Prodekanatsausschuß, welche grundsätzlich in ihrem Bereich die Aufgaben wahrnehmen, die sonst den entsprechenden Organen der Dekanatsbezirke obliegen (vgl. DBO §§ 53, 54).
Die Aufgabe der Dekanatsbezirke in München und Nürnberg besteht in der Koordination der Tätigkeit der Prodekanatsbezirke und in der Erfüllung von Aufgaben, die in den Prodekanatsbezirken gemeinsam sind oder den Arbeitsbereich eines der Prodekanatsbezirke überschreiten (vgl. DBO § 46 Abs. 2). Außerdem nehmen sie die Aufgaben der Gesamtkirchengemeinden wahr.

3) Vgl. Personalstand der Evangelisch-Lutherischen Kirche in Bayern, 46. Ausgabe 1994.

c) Der **Dekan** ist nicht Träger eines im Verhältnis zum Amt der Wortverkündigung und Sakramentsverwaltung besonderen Amtes, sondern Inhaber einer besonderen kirchlichen Funktion. Die Dekansfunktion wird durch den Landeskirchenrat im Einvernehmen mit dem Dekanatsausschuß übertragen (KVerf Art. 31 Abs. 1 S. 2, DBO § 30 Abs. 1). Nach KVerf Art. 31 Abs. 1 ist der Dekan immer auch Inhaber einer Pfarrstelle, wobei in diesem Falle der Landeskirchenrat von der Ausschreibung der Pfarrstelle absehen kann (vgl. Pfarrstellenbesetzungsordnung § 4 Abs. 6 Buchst. a – RS 510)[4]. Weil bei den Dekanen der Dienst des Pfarrers mit einer übergreifenden, aber überschaubaren Verwaltungsaufgabe und dem wichtigen Dienst der Leitung in einem Kreis von Amtsbrüdern verbunden sei, hat der frühere Landesbischof der ELKiB *Hermann Dietzfelbinger* das Amt des Dekans unter allen kirchlichen Leitungsämtern als das am besten konstruierte bezeichnet[5].

Aus der doppelten Bedeutung des Dekanatsbezirks folgt, daß auch die Dekansfunktion eine doppelte ist. Einerseits leitet der Dekan im Zusammenwirken mit der Dekanatssynode und dem Dekanatsausschuß den Dekanatsbezirk, andererseits sind ihm Aufsichtsaufgaben im Dekanatsbezirk übertragen (vgl. KVerf Art. 31 Abs. 2 und 3). Die Aufsichtstätigkeit des Dekans ergänzt und unterstützt die Aufsicht durch den Landeskirchenrat (Art. 65 Abs. 2 Nr. 6) und durch die Landeskirchenstelle[6].

d) Die zum Dienst in den Kirchengemeinden des Dekanats berufenen Pfarrer, Pfarrverwalter und Pfarramtskandidaten (Pfarrer z. A.) bilden das **Pfarrkapitel** (vgl. KVerf Art. 32 und DBO §§ 31 f.). Nach DBO § 31 Abs. 2 gehören dem erweiterten Pfarrkapitel ferner an die im Dekanatsbezirk tätigen ordinierten Religionslehrer, die Pfarrer an Justizvollzugsanstalten, die Militärpfarrer und die Pfarrer im Bundesgrenzschutz, sowie die Pfarrer in Einrichtungen und Diensten, die bei ihrer Arbeit auf den Dekanatsbezirk bezogen sind. Das Pfarrkapitel ist keine Dienststelle, sondern eine Personengemeinschaft; soweit die Pfarrkapitel aus früherer Zeit stammen, können sie eine eigene Rechtspersönlichkeit (Körperschaft des öffentlichen Rechts) besitzen.

Das Pfarrkapitel wählt auf 6 Jahre einen Senior und einen stellvertre-

4) Vgl. o. § 26.
5) Vgl. Verhandlungen der Landessynode der Evangelisch-Lutherischen Kirche in Bayern vom April 1975, S. 21.
6) Vgl. KVerf Art. 69 i. V. m. Kirchengesetz zur Einführung der Art. 11 der Verfassung der Evangelisch-Lutherischen Kirche in Bayern vom 20.11.1971, KABl S. 298 – RS 2; KGO § 103).

tenden Senior. Der **Senior** ist Vertrauensmann des Pfarrkapitels und zugleich der Stellvertreter des Dekans (vgl. KVerf Art. 33 Abs. 2 und 3 und DBO § 35 Abs. 2). In den Dekanatsbezirken München und Nürnberg wird der Dekan vom dienstältesten Prodekan vertreten; ein Senior wird dort – im Gegensatz zu den Prodekanatsbezirken – nicht gewählt (vgl. DBO § 55). Die Zusammenkünfte des Pfarrkapitels (Pfarr- oder Kapitelskonferenzen, Pfarrkonvente) »dienen der brüderlichen Aussprache, der Weiterbildung und der Besprechung dienstlicher Angelegenheiten« (vgl. KVerf § 32 Abs. 1 und DBO § 33 Abs. 1)[7].

4. Kirchengemeinde und Pfarrei

a) Die derzeit 1523 **Kirchengemeinden** bilden die Basis im Verwaltungsaufbau der Evangelisch-Lutherischen Kirche in Bayern. Die Kirchengemeinde wird definiert als die »örtlich bestimmte Gemeinschaft von Kirchengliedern, die sich regelmäßig um Wort und Sakrament versammelt und in der das Amt der Kirche ausgeübt wird« (vgl. KVerf Art. 19 Abs. 2 und KGO § 1 Abs. 2). *RS 1, 300*

Über das Verhältnis zwischen Kirchengemeinde und Landeskirche bestehen unterschiedliche Auffassungen: Unter Hinweis darauf, daß sich das gottesdienstliche Geschehen von Wortverkündigung und Sakramentsverwaltung jeweils in der versammelten einzelnen Gemeinde ereignet, die deshalb »Kirche« im Vollsinn wird und ist (vgl. CA Art. 7), sind die Vertreter des sog. **»Gemeindeprinzips«** der Ansicht, daß die eigentliche kirchliche Rechtshoheit allein der Einzelkirchengemeinde zustehe und der Zusammenschluß mehrerer Kirchengemeinden nur einen lockeren Zweckverband ohne geistliche Leitungs- und Aufsichtsfunktionen darstelle. Demgegenüber betrachten die Vertreter des sog. **»Kirchenprinzips«** die Einzelgemeinden nur als Verwaltungsbezirke der Landeskirche[8]. Dieser Meinungsstreit hat allerdings dadurch seine Bedeutung weitgehend verloren, daß das Verhältnis von Kirchengemeinde und Landeskirche in den neueren Kirchenverfassungen nicht nach einem festen Prinzip, sondern dynamisch gesehen wird[9].

Dieses Verständnis vom Verhältnis von Kirchengemeinden und Landeskirche liegt auch KVerf Art. 2 zugrunde. Danach bilden die Evangelisch-Lutherische Kirche in Bayern und ihre Gliederungen zum einen eine innere und äußere Einheit, zum anderen ist ihnen in dieser Einheit die zur Erfüllung ihrer besonderen Aufgaben notwendige Eigenverantwortung und Freiheit zuerkannt.

7) Siehe auch *v. Ammon/Rusam*, Verfassung der Evangelisch-Lutherischen Kirche in Bayern, Anmerkung 3 zu Art. 33.
8) Vgl. *H. Frost*, Strukturprobleme S. 33 f. mit Nachweisen zu den beiden Auffassungen sowie o. § 14 Fn. 8.
9) Vgl. *H. Frost*, Strukturprobleme S. 34 f.; *W. Hofmann*, Gemeinde Sp. 1046.

Der Rechtsform nach ist jede Kirchengemeinde Körperschaft des öffentlichen Rechts (vgl. KVerf Art. 8 und KGO § 4). Organ der Kirchengemeinde ist der Kirchenvorstand, in welchem Pfarrer und Kirchenvorsteher bei der Leitung der Kirchengemeinde zusammenwirken (vgl. KVerf Art. 20 und KGO §§ 18, 19). Vorsitzender des Kirchenvorstands ist der mit der pfarramtlichen Geschäftsführung Beauftragte (vgl. KVerf Art. 22 Abs. 1 Satz 1 und KGO § 35 Abs. 1 Satz 1)[10].

b) Von der Kirchengemeinde zu unterscheiden ist die **Pfarrei.** Darunter ist der örtlich abgegrenzte Seelsorge- und Verwaltungsbereich zu verstehen, in dem ein oder mehrere Pfarrer tätig sind. Jedem zum Dienst in der Pfarrei berufenen Pfarrer ist ein Sprengel zugewiesen **(Pfarrsprengel)**, in welchem ihm die eigenverantwortliche seelsorgerliche Betreuung der Gemeindeglieder zugewiesen ist[11]. Die Pfarrei ist in der Regel mit dem Gebiet einer Kirchengemeinde identisch, kann jedoch auch mehrere Kirchengemeinden umfassen. Besteht eine Pfarrei aus mehreren Kirchengemeinden, so hat jede Kirchengemeinde einen eigenen Kirchenvorstand; den Vorsitz im Kirchenvorstand führt der Pfarrer, bei Bestehen mehrerer Pfarrstellen derjenige Pfarrer, zu dessen Sprengel die jeweilige Kirchengemeinde gehört. Wenn zwei rechtlich selbständige Pfarreien in Personalunion durch den gleichen Pfarrer betreut werden, spricht man von einer **kombinierten Pfarrei**.

Die Erledigung der mit einer Pfarrei verbundenen Verwaltungsaufgaben obliegt dem Gemeindepfarrer in seiner Eigenschaft als Pfarramtsführer. In Pfarreien mit mehreren Pfarrstellen ist grundsätzlich der Inhaber der ersten Pfarrstelle Pfarramtsführer, er wird durch den dienstältesten Pfarrer der Pfarrei vertreten (vgl . PfG Art. 34 a Abs. 2 und Vollzugsverordnung zum PfG § 10 – RS 502)[12].

c) Ohne daß dadurch die Verantwortung der einzelnen Kirchengemeinden für ihr eigenes Gemeindeleben aufgehoben wird, können sich benachbarte Kirchengemeinden eines Dekanatsbezirks zu einer **Gesamtkirchengemeinde** zusammenschließen, um besondere ortskirchliche Aufgaben zu erfüllen, die ihnen gemeinsam sind oder zweckmäßig in Gemeinschaft wahrgenommen werden (vgl. KVerf Art. 23

10) Vgl. o. § 46. 3 c, S. 325.
11) Zu den Ausnahmen vom Parochialrecht (Dimissoriale, Zession) vgl. o. § 20. 2 d, S. 245 f.
12) Anstelle von Pfarreien sind früher vereinzelt, vor allem in Diaporagebieten, **exponierte Vikariate** errichtet worden. Inhaber eines exponierten Vikariats war ein Pfarramtskandidat, der hinsichtlich der Seelsorgeverantwortung einem Sprengelinhaber, hinsichtlich der Verwaltung einem Pfarramtsführer gleichgestellt war. Mittlerweile sind alle exponierten Vikariate in Pfarreien umgewandelt worden.

Abs. 2 und KGO §§ 86 bis 97). Im Bereich der ELKiB existieren zur Zeit 21 Gesamtkirchengemeinden; diese besitzen wie die Kirchengemeinden Rechtspersönlichkeit nach kirchlichem und staatlichem Recht (vgl. KVerf Art. 8)[13].

Zur Durchführung bestimmter Aufgaben kann die Gesamtkirchengemeinde mit Genehmigung des Landeskirchenrates ein **Kirchengemeindeamt** errichten (KGO § 97). Von den Kirchengemeindeämtern sind die kirchlichen **Verwaltungsstellen** zu unterscheiden. Diese beruhen auf einem freiwilligen, durch Satzung bestimmten Zusammenschluß von Kirchengemeinden und dienen der gemeinsamen Erledigung von Aufgaben des Haushalts-, Kassen- und Rechnungswesens (vgl. KGO § 75 und § 53 Abs. 3).

Literatur

W. v. Ammon/R. Rusam, Verfassung der Evangelisch-Lutherischen Kirche in Bayern, 2. Auflage, München 1985; *H. Frost,* Strukturprobleme evangelischer Kirchenverfassung, Göttingen 1972; *W. Hofmann,* Art. Gemeinde II in: EvStL, 3. Auflage, Stuttgart 1987; *G.-A. Vischer,* Aufbau, Organisation und Recht der Evang.-Luth. Kirche in Bayern, Band I, München 1953; *R. Weeber,* Welche allgemeinen Fragen und speziellen Probleme stellen sich bei der Ausarbeitung einer Kirchengemeindeordnung?, ZevKR 7 (1959/60) S. 389 ff.

13) Im einzelnen zur Gesamtkirchengemeinde s. u. § 53, S. 474 ff.

2. Abschnitt: Die kirchenleitenden Organe und ihre Aufgaben

Vorbemerkungen

1. Kirchenleitung nach evangelischem Verständnis

Nach KVerf Art. 5 ist in der Evangelisch-Lutherischen Kirche in Bayern »Leitung der Kirche zugleich geistlicher und rechtlicher Dienst«. Damit ist zweierlei gesagt:

a) Die **Kirche** ist **kein Herrschaftsverband** weltlicher Art, sondern »Christokratie«[1]. In der Kirche, d. h. im Verhältnis der Kirchenglieder zueinander, gibt es weder ein »Oben« noch ein »Unten«. Vielmehr stehen alle Kirchenglieder als Teilhaber am Priestertum aller Gläubigen (sacerdotium) dienend unter dem Auftrag Jesu Christi, seine Frohbotschaft in der Welt zu bezeugen.

b) In der Kirche hat jede leitende Handlung, ob sie auf der Ebene der Kirchengemeinden, der Dekanatsbezirke oder der Landeskirche selbst erfolgt, **zugleich eine geistliche und eine rechtliche Dimension**. So geschieht die öffentliche Verkündigung von Gottes Wort schon insofern in einem rechtlichen Rahmen, als es nach CA XIV einer ordnungsgemäßen Berufung bedarf, die kirchenrechtlich zu ordnen ist. Umgekehrt darf keine der kirchenrechtlichen Bestimmungen und keine Vollzugshandlung im Bereich der Kirche »wider das Evangelium« sein (CA XXVIII). Vor dem Hintergrund der Erfahrungen des Kirchenkampfes im »Dritten Reich« ist in der auf der Barmer Bekenntnissynode des Jahres 1934 verabschiedeten »Erklärung zur Rechtslage« formuliert, daß »in der Kirche eine Scheidung der äußeren Ordnung vom Bekenntnis nicht möglich« ist. Gleichwohl ist es, um die nach evangelischem Verständnis unterschiedliche rechtstheologische Legitimation der einzelnen Funktionen kirchenleitenden Handelns erfassen zu können, hilfreich, zwischen »geistlicher« und »äußerer« Kirchenleitung zu differenzieren[2].

Dabei gehören zur »geistlichen Kirchenleitung« die dem Amt der

1) Vgl. *O. Friedrich,* Einführung in das Kirchenrecht, Göttingen 1961, S. 307.

2) Vgl. *v. Ammon/Rusam,* Verfassung, Art. 5 Anm. 1. Grundlegend hierzu *Grundmann,* Der Lutherische Weltbund, Köln-Graz 1957, S. 91 ff.; ders., Verfassungsrecht in der Kirche des Evangeliums ZevKR 11 (1964/65) S. 9 ff. (51 ff.); *= ders.,* Abhandlungen S. 68 ff. (S.112 ff.); *ders.,* Die Gestaltung einer neuen Kirchenverfassung für die Evangelisch-Lutherische Kirche in Bayern in: Abhandlungen S. 127 (145 f.).

öffentlichen Wortverkündigung und Sakramentsverwaltung (ministerium verbi divini) zugeordneten, in CA XXVIII aufgezählten Funktionen der Predigt, der Sakramentsverwaltung, der Absolution und der Beurteilung der Lehre. Ausschließlich diese sind gemeint, wenn von den Reformatoren oder in den Bekenntnisschriften (z. B. in CA XIV) der Begriff **»Kirchenregiment«** gebraucht wird. Das Kirchenregiment beruht nur insoweit auf göttlichem Recht, als es um die Ausübung des öffentlichen Predigtamtes geht. »Soweit nun die Bischöfe sonst noch Macht oder Rechtsprechung in *anderen Angelegenheiten* ausüben, tun sie dies *kraft menschlichen Rechts*« (CA XXVIII)[3].

Geistliche Kirchenleitung ist nicht in dem Sinne zu verstehen, daß jede Art von Kirchenleitung, die durch Träger des öffentlichen Predigtamtes ausgeübt wird, darunter fiele; die Begriffe »geistlicher Stand« und »geistliche Kirchenleitung« sind keineswegs identisch[4].

Zur »geistlichen Kirchenleitung« tritt vielmehr der weitere Bereich der **»äußeren Kirchenleitung«** hinzu. Hierunter ist der Bereich der Kirchenleitung zu verstehen, der dazu dient, den göttlichen Auftrag der Kirche zur Wortverkündigung und Sakramentsverwaltung zu ermöglichen, zu erleichtern und zu fördern. Deshalb hat sie alles zu unterlassen, was der Verwirklichung des göttlichen Auftrags entgegensteht oder ihn hindern könnte[5]. Für die äußere Kirchenleitung bestehen keine Vorgaben nach göttlichem Recht. Dieser Bereich ist vielmehr ganz der menschlichen Rechtsetzung anheimgegeben; entscheidend ist nur, ob die getroffenen Regelungen ihrem Sinn und Zweck entsprechen, nämlich der Verwirklichung des Auftrags der Kirche, in der Welt zu dienen.

Die Angelegenheiten der »äußeren Kirchenleitung« sind freilich in unterschiedlicher Intensität auf die »geistliche Kirchenleitung« bezogen. Bei den klassischen bischöflichen Funktionen der Inspektion, der Visitation und der Ordination, bei der Gestaltung von Gottesdienstordnungen oder bei der Pfarrstellenbesetzung ist dieser Bezug ganz erheblich stärker ausgeprägt als etwa beim kirchlichen Finanz- oder Bauwesen. Entsprechend dem Grad ihrer Nähe zum Auftrag der Kirche werden deshalb Angelegenheiten im Bereich der »äußeren Kirchenleitung« auf Theologen und Angehörige anderer Berufe übertragen[6].

3) Vgl. *Tempel,* Bischofsamt S. 28; *Grethlein,* Arbeitsteilige Kirchenleitung S. 70 f.
4) Vgl. *Grundmann,* Gestaltung einer neuen Kirchenverfassung, Abh. S. 145.
5) Vgl. *Grethlein,* Arbeitsteilige Kirchenleitung S. 71.
6) Vgl. *Grundmann,* Gestaltung einer neuen Kirchenverfassung, S. 146.

2. Kirchenleitung in arbeitsteiliger Gemeinschaft und gegenseitiger Verantwortung

Nach KVerf Art. 40 geschieht die Leitung der ELKiB in »arbeitsteiliger Gemeinschaft und gegenseitiger Verantwortung« von Landessynode, Landessynodalausschuß, Landesbischof und Landeskirchenrat. Ein oberstes Leitungsorgan besteht somit nicht. Vielmehr wirken alle vier Organe gleichberechtigt in der Leitung zusammen, wobei sie jedoch je ihren besonderen Funktionskreis entsprechend der in der Kirchenverfassung vorgenommenen Aufgabenzuweisung wahrnehmen[7]. In der Begründung zum Entwurf der Kirchenverfassung wird dies so beschrieben:

»Leitung der Landeskirche muß danach gesehen werden als ein brüderliches Zusammenarbeiten verschiedener, in ihren verschiedenen Funktionen voneinander abgegrenzter Organe, deren keines den anderen vor- oder nachgeordnet sein und deren keines in das Aufgabengebiet eines anderen hineinzuregieren haben soll. Leitung der Landeskirche ist so nicht mehr in einem bestimmten Spitzengremium (oder Spitzenamt) allumfassend verankert, sondern nurmehr als ein kooperativ-arbeitsteiliges Geschehen zwischen gleichrangigen Organen zu definieren. ... Das ›Gegenüber‹ der synodalen Organe auf der einen und des episkopalen und des konsistorialen Organes auf der anderen Seite ist damit spannungsvoller geworden, aber es ist so angelegt, daß es sich nicht in einem Nebeneinander, sondern in einem Miteinander konkretisieren wird«[8].

Dieses in der geltenden Kirchenverfassung zum Ausdruck kommende Verständnis vom kirchenleitenden Geschehen macht einige Unterschiede gegenüber der Kirchenverfassung von 1920 zugrundeliegenden Konzeption deutlich: Damals stellte der Landeskirchenrat unter dem Vorsitz des Kirchenpräsidenten bzw. des Landesbischofs die »oberste Behörde für die Verwaltung der Landeskirche« (Art. 49 Abs. 1 KVerf 1920) dar. Die Landessynode erschien im Gegenüber dazu gemäß Art. 20 KVerf 1920 als die »Vertretung der gesamten evangelisch-lutherischen Gemeinden in Bayern.« Diese Organstruktur blieb auch mit der Änderung der Kirchenverfassung im Jahre 1933 bzw. 1948 (»Landesbischof« statt Kirchenpräsident)[9] im positiven Verfassungsrecht unverändert erhalten. Allerdings kam es in der Praxis insbesondere in den Jahren nach 1945 bereits zu einer entscheidenden Verschiebung der Verfassungswirklichkeit: Mehr und mehr ge-

7) Vgl. oben § 4, 4 f., S. 56 f.

8) Vgl. Verhandlungen der Landessynode der Evangelisch-Lutherischen Kirche in Bayern vom Oktober 1970 (Bd. 44), S. 155 (161).

9) Vgl. Kirchengesetze über die Bestellung eines Landesbischofs vom 8. Mai 1933 (KABl S. 53) und vom 22. Juli 1946 (KABl S. 90) sowie das Kirchengesetz zur Änderung der Kirchenverfassung vom 30. September 1948 (KABl S. 104).

wann das synodale Element innerhalb der vielfältigen Vollzüge dessen, was als »Leitung der Kirche« bezeichnet werden kann, an Gewicht[10].

Insbesondere hatte sich der Landessynodalausschuß als die ständige Vertretung der Landessynode gegenüber dem, was im positiven Verfassungsrecht angelegt war, profiliert[11].

Von der Schaffung eines übergeordneten Leitungsorgans mit Koordinierungs- und Richtlinienkompetenz für die anderen kirchenleitenden Organe, wie es die Kirchenverfassungen anderer Landeskirchen vorsehen[12], ist bewußt Abstand genommen worden[13]. Allerdings kommt dem Landesbischof unter den kirchenleitenden Organen schon deshalb besondere Bedeutung zu, weil er gleichzeitig einerseits den Vorsitz im Landeskirchenrat innehat (KVerf Art. 60 Abs. 1 Nr. 6) und andererseits die ELKiB in der Öffentlichkeit vertritt (KVerf Art. 60 Abs. 1 Nr. 5)[14].

Die Reihenfolge, in der Landessynode, Landessynodalausschuß, Landesbischof und Landeskirchenrat in der Kirchenverfassung erscheinen, bringt keine Rangfolge zum Ausdruck, sondern ergibt sich lediglich aus der Zweckmäßigkeit der rechtssystematischen Darstellung[15].

Aufgaben von kirchenleitendem Stellenwert werden darüber hinaus teilweise zum einen von der **Arbeitsrechtlichen Kommission**, welcher anstelle der Landessynode als dem gesetzgebenden Organ der ELKiB die Ordnung und Fortentwicklung der Arbeitsbedingungen der Angestellten und Arbeiter im kirchlichen Dienst obliegt (ARRG § 2

10) Vgl. Begründung zum Entwurf der Kirchenverfassung (1971) a.a.O. S.161.

11) Diese Entwicklung ist wesentlich darauf zurückzuführen, daß der Landessynodalausschuß in den Jahren zwischen 1939 und 1946 stellvertretend die Funktionen der Landessynode wahrnahm, da die Amtszeit der 1933 letztmalig gewählten Landessynode am 8.9.1939 abgelaufen war und von einer Neuwahl aus verschiedenen Gründen abgesehen werden mußte (s. hierzu *H. Baier,* Kirche in Not – Die bayerische Landeskirche im 2. Weltkrieg, Neustadt/Aisch 1979, S. 60.

12) Solche übergeordneten Leitungsorgane sind z.B. der Kirchensenat in der Evang.-Luth. Landeskirche Hannovers (Art. 100 KVerf.), die Kirchenleitung in der Evang. Kirche in Berlin-Brandenburg (Kirchengesetz über die Synode, die Kirchenleitung und das Konsistorium vom 9.12.1990) oder das Moderamen in der Evang.-Reformierten Kirche in Bayern und Nordwestdeutschland.

13) Vgl. *G.-A. Vischer,* Erläuterungen in: *H. Riedel* (Hrsg.), Kirchenverfassung – Vorentwurf Evang.-Luth. Kirche in Bayern, München 1970, S. 59; *v. Ammon/Rusam,* Verfassung Art. 40 Anm. 1. Vgl. Begründung Kirchenverfassung in: Verhandlungen der Landessynode der Evangelisch-Lutherischen Kirche in Bayern vom Oktober 1970 (Bd. 44), S. 155 (161).

14) Vgl. *Grethlein,* Arbeitsteilige Kirchenleitung S. 83f., 87.

15) Vgl. Begründung KVerf in: Verhandlungen der Landessynode der ELKiB vom Oktober 1970 (Bd. 44), S. 155 (161). Daß dieser Gleichrang evangelischem Kirchenverständnis entspricht, hat *Grethlein,* Theologie der Synode S. 239 f., dargelegt.

Abs.1)[16], und zum anderen vom **Berufungsausschuß**, der – mit Ausnahme des Landesbischofs – die Mitglieder des Landeskirchenrats ernennt (KVerf Art. 66), wahrgenommen.

3. Kirchenleitung nach römisch-katholischer Lehre

Das evangelische Verständnis von Kirchenleitung **unterscheidet sich grundlegend** von den Prinzipien römisch-katholischen Kirchenrechts. Dem Modell arbeitsteiliger Kirchenleitung in der evangelischen Kirche steht dort das System einer kraft göttlichen Rechts monokratisch verfaßten Kirche gegenüber. Diese wird regiert durch die Kirchengewalt *(sacra potestas)*, worunter die Summe von Machtbefugnissen zu verstehen ist, die Jesus Christus Petrus und den übrigen Aposteln und ihren Nachfolgern zur Leitung der Kirche gegeben hat[17]. Da die Kirchengewalt somit auf der Apostolischen Sukzession beruht, kann sie originär nur vom Papst und vom Bischof (monarchischer Episkopat) ausgeübt werden; die Kirchengewalt der Gemeindepfarrer ist lediglich abgeleitet[18].

Die Kirchengewalt besteht aus der **Weihegewalt** (potestas ordinis) und der **Hirten- oder Leitungsgewalt** (potestas regimimis/potestas iurisdictionis). Jene bezeichnet die Befähigung zum Vollzug von sakramentalen Handlungen; diese ist ihrem Wesen nach rechtliche Gewalt und entfaltet sich in allen drei Funktionen der Rechtshoheit, nämlich in Gesetzgebung, Gerichtsbarkeit und Verwaltung (Can. 135 § 1 C.I.C. 1983).

Nicht nur die Weihe-, sondern auch die Hirtengewalt beruht auf **göttlicher Einsetzung** (Can. 129 § 1 C.I.C. 1983). Die Hirtengewalt entspringt damit nicht nur dem Bedürfnis der Menschen nach Ordnung in der Gemeinschaft, sondern ist als ein »Teilaspekt jener Vollmacht« zu verstehen, »die vom Herrn selbst über die Apostel vermittelt worden ist.«[19]. Weihe- und Hirtengewalt sind untrennbar miteinander verbunden *(Einheit der Kirchengewalt)*. Dies folgt aus Can. 129 § 1 C.I.C. 1983, wonach zur Übernahme von Hirtengewalt (nur) diejenigen befähigt sind, die die heilige Weihe empfangen haben. Laien können damit nicht Träger der Hirtengewalt sein. Dies bedeutet aber nicht, daß sie

16) Allgemein zur Verlagerung von Kompetenzen im Bereich der Kirche vgl. *Pirson,* Dekonzentration im Bereich der Kirchenleitung, ZevKR 33 (1988) S. 129 ff.
17) Vgl *O. Friedrich,* Einführung in das Kirchenrecht S. 38.
18) Vgl. *E. Wolf,* Ordnung der Kirche S. 60 f.
19) Vgl. *Aymans/Mörsdorf,* Kanonisches Recht Bd. I, S. 399, 407.

ganz von der Hirtengewalt ausgeschlossen seien; nach Can.129 § 2 können sie vielmehr an der Vorbereitung, der Begleitung und Ausführung von Akten der Hirtengewalt beteiligt sein[20].

Während in demokratischen Staatsverfassungen nach der Gewaltenteilungslehre *Montesquieus* die Legislative, Exekutive und Judikative unterschiedlichen Organen anzuvertrauen sind, liegen diese Funktionen sämtlich in der Hand des Papstes bzw. des Diözesanbischofs. Allerdings können die Inhaber der Kirchengewalt die Verwaltung an einen Generalvikar oder die Rechtsprechung an einen Offizial delegieren, ohne sich dadurch ihrer Gewalt zu begeben[21]. Die Gesetzgebung als höchster Ausdruck der oberhirtlichen Gewalt muß allerdings vom Bischof persönlich ausgeübt werden (Can. § 135 § 2 C.I.C. 1983)[22]. Der Diözesansynode als solcher kommt nur beratende Funktion zu, da Can. 466 bestimmt: »Einziger Gesetzgeber in der Diözesansynode ist der Diözesanbischof, während die anderen Teilnehmer der Synode nur beratendes Stimmrecht haben.« Entsprechendes gilt auch für die Arbeitsrechtliche Kommission in der katholischen Kirche[23].

20) Vgl. *Aymans/Mörsdorf,* Kanonisches Recht Bd. I, S. 400.

21) Vgl. *Aymans/Mörsdorf,* Kanonisches Recht Bd. I, S. 423 ff.; s. auch *E. Wolf,* Ordnung der Kirche, S. 61; *Tempel,* Bischofsamt, S. 19.

22) Vgl. *Aymans/Mörsdorf,* Kanonisches Recht Bd. I, S. 422.

23) Grundordnung des kirchlichen Dienstes im Rahmen kirchlicher Dienstverhältnisse, in: »Die deutschen Bischöfe«, hrsg. vom Sekretariat der Deutschen Bischofskonferenz, H. 51, Bonn 1993, S. 20 (33 f.).

Literatur

W. v. Ammon/R. Rusam, Verfassung der Evangelisch-Lutherischen Kirche in Bayern, 2. Aufl. München 1983, insbes. Anm. zu Art. 5 und 40; *W. Aymans/K. Mörsdorf,* Kanonisches Recht, Lehrbuch aufgrund des Codex Iuris Canonici, begr. von Eduard Eichmann, Band I, Paderborn-München-Wien-Zürich 1991, insbes. S. 385–444; *A. v. Campenhausen,* Kirchenleitung, ZevKR 29 (1984) S. 11 ff.; *O. Friedrich,* Einführung in das Kirchenrecht, Göttingen 1961; *G. Grethlein,* Arbeitsteilige Kirchenleitung in einer lutherischen Kirche, in: »Wägen und Wahren«, Festschrift für Werner Hofmann zum 50. Geburtstag, München 1981, S. 67 ff.; *ders.,* Theologie der Synode, in: *R. Ziegert* (Hrsg.), Vielfalt in der Einheit – 175 Jahre Evangelische Kirche in der Pfalz, Speyer 1993, S. 229 ff.; *S. Grundmann,* Die Gestaltung einer neuen Kirchenverfassung für die Evangelisch-Lutherische Kirche , in: Grundlagen einer neuen Kirchenverfassung der Evang.-Luth. Kirche in Bayern, Sonderdruck der Landessynode (1966), S. 29 ff., = *ders.,* Abhandlungen zum Kirchenrecht, Köln-Wien 1969, S. 127 ff.; *ders.,* Der Lutherische Weltbund, Köln-Graz 1957, insbes. S. 91-96; *ders.,* Verfassungsrecht in der Kirche des Evangeliums, ZevKR 11 (1964/65) S. 9 ff., = *ders.,* Abhandlungen zum Kirchenrecht, Köln-Wien 1969, S. 68 ff.; *I. Tempel,* Bischofsamt und Kirchenleitung in den lutherischen, reformierten und unierten deutschen Landeskirchen, Jus Eccl. Bd. 4, München 1966, insbes. S. 17–37; *G. Tröger,* Das Bischofsamt in der Evangelisch-Lutherischen Kirche, Jus Eccl. Bd. 2, München 1966, insbes. S. 112–118; *Erik Wolf,* Ordnung der Kirche, Göttingen 1961, insbes. S. 645–660.

§ 38
Die Landessynode*

1. Der Ort der Landessynode im Verfassungsaufbau

Auf allen drei körperschaftlichen Ebenen der ELKiB bestehen kollegiale Organe, in denen Pfarrer und Gemeindeglieder gemeinsam kirchenleitende Aufgaben wahrnehmen: Dies ist auf der Ebene der Kirchengemeinden der Kirchenvorstand, auf der Ebene der Dekanatsbezirke die Dekanatssynode und auf der Ebene der Evangelisch-Lutherischen Kirche selbst die Landessynode.

Diese presbyterial-synodale Verfassungsstruktur geht im wesentlichen auf das 19. Jahrhundert zurück[1]. Mit den Synoden früherer Zeiten können die Synoden, wie sie in den geltenden Kirchenverfassungen der deutschen evangelischen Landeskirchen beschrieben werden, nur sehr bedingt verglichen werden.

a) Exkurs: *Die Synode in der Kirchengeschichte*

Die Synode der **Alten Kirche** hat sich aus der Gemeindeversammlung entwickelt, und ist genau wie jede andere Gemeindeversammlung auch zunächst eine gottesdienstliche Versammlung. Die Synode gehört damit ursprünglich in den Bereich des Kultus und kann deswegen nicht aus der Analogie zu einer weltlich-rechtlichen Organisation verstanden werden[2]. Die Besonderheit der Synoden gegenüber einer sonstigen Gemeindeversammlung besteht darin, daß an ihr Presbyter oder Bischöfe anderer Gemeinden teilnehmen. Diese sollen zur Schlichtung von Streitfragen des Glaubens und der kirchlichen Ordnung beitragen; ab dem 3. Jahrhundert ist die Teilnahme von Nachbarbischöfen für die Bischofswahl zwingend erforderlich (»unus episcopus nullus episcopus«)[3].

Entsprechend der Herkunft der Synoden aus den Gemeindeversammlungen war zunächst zu einer wirksamen synodalen Beschlußfassung nicht nur die bloße Anwesenheit der Gemeinde, sondern vielmehr auch ihre Zustimmung erforderlich. Eine Abstimmung im demokratischen Sinne hat es jedoch nicht gegeben. Vielmehr trat die Gemeinde im Verhältnis zu den auswärtigen Amtsträgern als Einheit in Erscheinung. Im Gegensatz zu diesen hatten die einzelnen Gemeindeglieder kein persönliches Stimm-

*) Die nachfolgenden Ausführungen beruhen im wesentlichen auf einem Referat, das der Verfasser (Hübner) im Wintersemester 1989/90 am Hans-Liermann-Institut für Kirchenrecht der Universität Erlangen-Nürnberg gehalten hat.

1) Zur Verfassungsentwicklung in der Evangelisch-Lutherischen Kirche in Bayern s. o. § 3. Zur Geschichte der Synode insgesamt s. neuerdings *G. Grethlein,* Theologie der Synode S. 230–236.

2) Vgl. *W. Maurer,* Geschichte der Synode S. 78; *Närger,* Synodalwahlsystem, S. 11.

3) Vgl. *W. Maurer,* Geschichte der Synode, S. 80; *Sohm,* Kirchenrecht Bd. 1, S. 274, 289 f.

recht, sondern nur eine Gesamtstimme, weswegen auch die Zahl der anwesenden Gemeindeglieder nicht festgestellt wurde. Die Stimme der Gemeinde bedeutet letztlich nur eine Bestätigung des von den Amtsträgern abgelegten Zeugnisses, daß sich der Geist Gottes auf der Synode offenbart hat. Die Gemeinde akzeptiert und bezeugt in Form einer feierlichen Akklamation und Proklamation den Beschluß des Heiligen Geistes. So kennzeichnet die klassische Formulierung aus Apostelgeschichte 15,28 »es gefällt dem Heiligen Geist und uns« jede echte Synodalentscheidung[4)]. Die weitere Entwicklung der Synoden in der Alten Kirche ist dadurch gekennzeichnet, daß die Zustimmung der Gemeinde zunehmend zu einer bloßen Formsache wurde. Bis zum 4. Jahrhundert verwandelte sich die synodale Gemeindeversammlung in eine reine Geistlichkeitsversammlung; schließlich verlor auch der nichtbischöfliche Klerus sein Mitwirkungsrecht, so daß bis zum 15. Jahrhundert die Synode sich zu einer bloßen Bischofsversammlung entwickelte[5)].

Mit der konstantinischen Wende geriet das Synodalwesen nicht unerheblich unter den Einfluß des staatlichen Rechts: Der Kaiser beruft die Reichssynoden ein. Die Rechtsgültigkeit der Entscheidungen ist abhängig von der kaiserlichen Genehmigung; durch sie gewinnen die Beschlüsse den Charakter von Reichsgesetzen.

Der kaiserliche Einfluß auf Einberufung und Verlauf der Synoden ist im Abendland bis zur Zeit Karls des Großen erhalten geblieben. Endgültig gelang es jedoch erst dem durch die cluniazensische Bewegung erneuerten Papsttum, sich von weltlicher Bevormundung zu befreien. Vor allem die großen Lateransynoden des 12. Jahrhunderts, die als Höhepunkte päpstlichen Wirkens auf politischem, kirchenrechtlichem und dogmatischem Gebiet gelten, festigten die führende Stellung des Papsttums.

In der Ära der Reformkonzile gelangte der Repräsentationsgedanke zum Durchbruch. Danach beruhte alle Gewalt der Kirche auf dem ursprünglichen, unveräußerlichen Recht der Gesamtheit, welche durch Wahl kirchliche Organe mit der Wahrnehmung ihrer Rechte beauftragt. Die Synoden waren damit zu Abgeordnetenversammlungen geworden; der Repräsentationsgedanke gibt auch den heutigen evangelischen Synoden sein Gepräge[6)].

Gegenüber dem Synodalwesen waren **Luther** und **Melanchthon** weitgehend ablehnend eingestellt. Bereits auf der Leipziger Disputation von 1519 hatte Luther die konziliaristische Grundthese von der Irrtumslosigkeit des allgemeinen Konzils widerlegt. Während Luther sich in den Jahren 1518 und 1520 noch auf ein »freies, christliches Konzil« berief, verlor er zunehmend die Hoffnung, daß auf einem Konzil die wahre Kirche ihrem Wesen nach zur Geltung kommen könnte[7)]. In seiner Disputation »De potestate

4) Vgl. *W. Maurer,* Geschichte der Synode, S. 79; *Närger,* Synodalwahlsystem, S. 12.
5) Vgl. *Sohm,* Kirchenrecht Bd. 1, S. 306 ff.
6) *W. Maurer,* Geschichte der Synode, S. 89.
7) *W. Maurer,* ebenda.

concilii«[8] bestritt er schließlich, daß die Autorität der Bischofssynode auf dem Heiligen Geist beruhe, den die Bischöfe nach katholischer Lehre kraft apostolischer Sukzession empfangen und über den sie bei ihren Beschlüssen verfügen. Dadurch, daß Luther den Bischöfen einen besonderen Amtsgeist absprach und vielmehr allen Getauften denselben Geist zuerkannte, hat er die Basis wieder hergestellt, von der einst die synodale Entwicklung ausgegangen war[9]. In bezug auf die Konzilien der Alten Kirche hebt Luther positiv hervor, daß sie keine neue Lehre aufgebracht, sondern die alte der Schrift vielmehr bestätigt haben. Damit bestreitet er aber zugleich die unbedingte Notwendigkeit ihrer Existenz. Nach der Auffassung Luthers kann die Kirche ohne Synoden gut leben, wenn sie nur die Wahrheit der Schrift hat und daran festhält[10].

Das, was Luther über die Möglichkeiten und die Aufgaben einer »evangelischen« Synode gesagt, ist relativ spärlich geblieben. Ansätze zu einem evangelischen Verständnis von Synode finden sich in der Schrift »Daß eine christliche Versammlung oder Gemeine Recht und Macht habe, alle Lehre zu beurteilen und Lehrer zu berufen, ein- und abzusetzen. Grund und Ursache aus der Schrift«[11] und zwar insofern als dort der christlichen Gemeinde die geistliche Kompetenz der Lehrentscheidung zugewiesen wird. Weitere Funktionen einer Synode werden nicht abgelehnt, zumal, abgesehen vom Amt der Wortverkündigung und Sakramentsverwaltung, welches auf göttlichem Recht beruht, alle Fragen der Gemeinde- und Kirchenverfassung menschlichen Zweckmäßigkeitsüberlegungen anheimgestellt sind. Die auf der sog. »Homburger Synode« (21. bis 23.10.1526) vorgeschlagene Synodalverfassung, welche für die Hessische Landeskirche eine Synode mit Predigern und von der Gemeinde gewählten Abgeordneten vorsah, ist von Luther nicht etwa verworfen, sondern nur für verfrüht erklärt worden[12]. Immerhin ist dort vor den Augen der Wittenberger Reformatoren die lutherische Kirche ein halbes Jahrhundert lang (1531 bis 1581) »synodal« geleitet worden. Allerdings handelte es sich dabei um Superintendentensynoden, die der Landesherr nach dem Vorbild der altkirchlichen Reichssynoden einberief[13]. Auch anderswo wurden lutherische Synoden gebräuchlich. Diese waren jedoch reine Pfarrersynoden, die nur eine andere Form der Visitation darstellten: Nicht die visitierenden Superintendenten suchten die Pfarrer auf, sondern umgekehrt diese die Visitatoren[14].

Ein eigenständiges ausgearbeitetes Synodalwesen entstand im **reformierten Bereich** auf der Grundlage der Ämterlehre Calvins in Frankreich, in Schottland und in den Niederlanden und kam von dort an den Nieder-

8) WA 39, 181 bis 197.
9) Vgl. *W. Maurer,* Geschichte der Synode, S. 91.
10) Vgl. *W. Maurer,* Geschichte der Synode, S. 90.
11) WA 11, 408 bis 415.
12) Vgl. *Göbell,* Geschichte des synodalen Prinzips, S. 83.
13) Vgl. *W. Maurer,* Geschichte der Synode, S. 92; *Närger,* Synodalwahlsystem, S. 33.
14) Vgl. *Göbell,* Geschichte des synodalen Prinzips, S. 82; *Liermann,* Kirchenrecht, S. 155.

rhein (Emdener Synode von 1571)[15]. Danach bildeten auf der Ebene der Kirchengemeinde die Prediger, die Lehrer, die Presbyter und die Diakone die Gemeindeleitung (Konsistorium, Presbyterium), die wiederum aus ihren Reihen Vertreter zu den Provinzial- und Generalsynoden entsandten. Die Gemeindeleitung ergänzte sich jeweils durch nachträgliche Hinzuwahl (Kooptation); eine unmittelbare Wahl der kirchlichen Amtsträger durch die Gemeinde ist von den Synoden von Orléans (1562) und Paris (1565) abgelehnt worden[16]. Die altreformierten Synoden sind damit Amtsträgersynoden, nicht aber Gemeindevertretungen[17].

In Deutschland blieb der Wirkungskreis des reformierten Synodalwesens allerdings sehr klein. Auch dort, wo Obrigkeiten von sich aus die evangelische Lehre in Gestalt des reformierten Bekenntnisses annahmen, war es im Zeitalter des absolutistischen landesherrlichen Kirchenregiments gänzlich ausgeschlossen, daß man Synoden ausschlaggebend mitreden ließ[18].

Dem **19. Jahrhundert** blieb es vorbehalten, in sämtlichen deutschen evangelischen Landeskirchen presbyteriale und synodale Verfassungsstrukturen hervorzubringen. In **Bayern** geschah dies aufgrund des **»Protestantenedikts«**[19] 1818 .

Die Synoden des 19. Jahrhunderts beruhen aber keineswegs auf einer Wiederbelebung reformierten Gedankenguts; sie sind vielmehr »überhaupt nicht auf theologischer Grundlage erwachsen«[20],sondern auf der Grundlage der politischen Leitgedanken dieser Zeit. So führte die naturrechtliche Vorstellung von der Kirche als einer freien Gesellschaft, einem Verein, der von dem Willen der mit ihm verbundenen Mitglieder getragen und mit dem Recht zur Regelung der eigenen Angelegenheiten ausgestattet ist (Kollegialismus), zu der Forderung des Kirchenvolks auf Teilhabe an der Kirchenregierung[21]. Insbesondere bedurfte es eines Gegenüber zum Monarchen – eine Aufgabe, die das (Ober-)Konsistorium als Staatsbehörde nicht leisten konnte. Der mit Beginn des 19. Jahrhunderts im staatlichen Bereich maßgeblich gewordene Grundsatz der Gewaltenteilung löste im kirchlichen Bereich das Bestreben aus, die kirchliche Legislative von der Kirchenverwaltung zu trennen. Schließlich gewann der Konstitutionalismus, der eine Garantie staatsbürgerlicher und allgemeiner Menschenrechte durch eine mit Gesetzeskraft wirksame Verfassung verlangte, Einfluß auf das kirchenpolitische Denken[22].

Dementsprechend wurden die Synoden des 19. Jahrhunderts zu »Kirchenparlamenten nach weltlichem Muster«[23] – und zwar sowohl von ihrer

15) Vgl. *Schlaich,* Synode, Sp. 3573.
16) Vgl. *Närger,* Synodalwahlsystem, S. 37.
17) Vgl. *W. Maurer,* Geschichte der Synode, S. 95; *Schlaich,* Synode, Sp. 3574.
18) Vgl. *Liermann,* Kirchenrecht, S. 157.
19) Vgl. dazu o. § 3, S. 30.
20) Vgl. *E. Wolf,* Ordnung der Kirche, S. 400; *Tempel,* Bischofsamt, S. 57.
21) Vgl. *E. Wolf,* Ordnung der Kirche, S. 396 f.; *Tempel,* Bischofsamt, S. 42 f.
22) Vgl. insbesondere für Bayern *Ris,* Konstitutionalismus, S. 184 f., 194 ff.
23) Vgl. *Smend,* Wissenschafts- und Gestaltungsprobleme, S. 239.

äußeren Ordnung als auch von ihren Aufgaben her. Denn zunächst war ihnen das Recht vorenthalten, in eigener Vollmacht geistliche Entscheidungen zu treffen. Erst allmählich wurden sie vom Landesherrn an der Ausübung des Kirchenregiments beteiligt. In Bayern geschah dies aufgrund der königlichen Entschließung vom 1.8.1881. Diese bestimmte, daß nunmehr alle allgemeinen und neuen organischen kirchlichen Einrichtungen und Verordnungen, die sich auf Lehre, Liturgie, Kirchenordnung und Kirchenverfassung bezogen, der Vernehmung und der Zustimmung der Generalsynoden bedurften[24].

Die Übernahme demokratischer Grundsätze und parlamentarischer Strukturen in die Kirchenverfassung ist ohne Zweifel insgesamt positiv zu bewerten. Wie verhängnisvoll es aber für die Kirche ist, wenn weltliche Vorbilder lediglich nachgeahmt werden, die reflektierte Zuordnung zum Bekenntnis der Kirche aber unterbleibt, ist in der Zeit des Nationalsozialismus deutlich geworden. Damals waren die Synoden in der Mehrzahl der evangelischen Landeskirchen infolge ihrer Überfremdung durch die »Kirchenpartei« der »Deutschen Christen« zu einem »Tummelplatz gewaltsamer Willkür« geworden[25].

Der bayerischen Landeskirche ist freilich ein Marsch der NS-Ideologie durch die Institution Synode erspart geblieben. Dies ist vor allem dem Gesetz über die Ermächtigung des Landesbischofs zum Erlaß von Kirchengesetzen vom 8. Mai 1933 (KABl S. 54) und seiner verantwortungsvollen Handhabung durch Landesbischof *Hans Meiser* zu verdanken[26].

b) Das Wesen der Synode:

Im Luthertum bestand lange Zeit die Neigung, die Synode von einer aktiven Mitwirkung im geistlichen Kernbereich der Kirche fernzuhalten und ihre Zuständigkeit auf die äußere Kirchenleitung zu beschränken. Diese Auffassung hatte ihren Ursprung in grundsätzlichen Vorbehalten gegenüber einer im Calvinismus entstandenen Einrichtung und in der Sorge vor einem Eindringen des Parlamentarismus in die Kirche[27]. In diesem Sinne ist die Synode als die Vertretung der Hörer- und Sakramentsgemeinde gesehen worden, deren Aufgabe darin besteht, die Öffentlichkeit für die Ausübung der Kirchenleitung im engeren Sinn (Wortverkündigung und Sakramentsverwaltung) zu bilden. Die Synode soll danach »Forum« und »Resonanzboden« für die Ausübung der Kirchenleitung im engeren Sinn sein, indem sie dieser »Anliegen nahe bringt, Fragen vorlegt, Bitten und Beschwerden

24) Vgl. *v. Ammon/Rusam,* Verfassung, S. 11.
25) Vgl. *W. Maurer,* Bischofsamt, S. 42, 44.
26) Vgl. hierzu *Närger,* Synodalwahlsystem, S. 145–150. In bezug auf die Gesetzgebung begnügte sich *Landesbischof Meiser* übrigens nicht mit einer bloßen Anhörung des Landessynodalausschusses, wie es das Ermächtigungsgesetz vorsah; vielmehr versicherte er sich immer auch der ausdrücklichen Zustimmung des Landessynodalausschusses. Vgl. *Meiser,* Durch Kampf zu neuem Leben – Bericht auf der Landessynode in Ansbach am 10.7.1946, in: *ders.,* Kirche, Kampf und Christusglaube, München 1983 ff. (189), und *Baier,* Kirche in Not, S. 61.
27) Vgl. *Grundmann,* Grundlagen einer neuen Kirchenverfassung, Abhandlungen, S. 139.

vorträgt, Anregungen gibt usw. und daß sie deren Entscheidungen in bezug auf die Amtsausübung in den Gemeinden ›akklamiert‹, sie bestätigt und aufnimmt«[28]. An dieser Funktionsbeschreibung ist richtig, daß die Synode wie jede kirchliche Versammlung der geistlichen Weisung und Ermahnung bedarf; insoweit kommt auch dem Bischof in der Synode eine besondere Rolle zu[29]. Die Synode hat aber insoweit Anteil an der geistlichen Kirchenleitung, als sie die Ausübung der öffentlichen Wortverkündigung und Sakramentsverwaltung überwacht und dazu beiträgt, daß dieses Amt recht wahrgenommen wird. Die Synode ist auch einer der möglichen Orte in der Kirche, an dem sich im Zusammenwirken mit den anderen kirchenleitenden Organen der in der Kirche vorhandene, zur Fortbildung des Bekenntnisses erforderliche *magnus consensus* feststellen läßt[30]. Diese Teilhabe an der geistlichen Leitung erscheint im Hinblick auf das allgemeine Priestertum aller Gläubigen als unabdingbar. Im übrigen ist wohl die Gefahr einer Verweltlichung der Synode um so größer, je mehr man ihren Kompetenzbereich auf Angelegenheiten beschränkt, die nur einen ganz peripheren Bezug zum Verkündigungsauftrag der Kirche haben.

Nach *Siegfried Grundmann* ist die Synode »ein Aktionszentrum der Kirche, in dem sich die beiden Ströme begegnen, die von der Gesamtkirche über die größeren Partikularkirchen, die Landeskirchen zu den Kirchengemeinden hin – und von diesen als den begrenzten Verwirklichungen der geistlichen Kirche zur ökumenischen Universalität zurückfließen«[31]. Einerseits ist die Synode die Vertretung der Gemeinden und Gemeindeglieder gegenüber der Landeskirche, andererseits aber das landeskirchliche Organ, »das die Kirchengemeinden samt ihren Gliedern als ecclesiae particulares innerhalb der Landeskirche als ecclesia universalis festhält und sie in diesem Rahmen unablässig neu einbindet«, wobei die beiden Komponenten dieser Doppelfunktion der Synode nicht voneinander getrennt, sondern als eigenes Ganzes gesehen werden müssen[32]. Das Verständnis von Synode unter dem Aspekt der ecclesia universalis bewahrt die Kirchengemeinden vor einem Abgleiten in ein vereinsmäßiges Verständnis ihres eigenen Wesens, das nicht auf einem menschlich eigenmächtigen Zusammenschluß beruht, sondern in der communio sanctorum als Gemeinschaft Christi mit den Seinen und dieser untereinander besteht, radiziert auf eine örtliche Lebensgemeinschaft[33].

28) Vgl. *Kinder,* Die Synode als kirchenleitendes Organ, S. 110.
29) Vgl. *Schlaich,* Synode, Sp. 3575.
30) Vgl. *Schlaich,* ebenda.
31) Vgl. *Grundmann,* Grundlagen einer neuen Kirchenverfassung, Abhandlungen, S. 140.
32) Vgl. *Grundmann,* Verfassungsrecht, Abhandlungen, S. 107.
33) Vgl. *Grundmann,* ebenda.

2. Wahl und Zusammensetzung der Landessynode

a) Der Landessynode gehören nach KVerf Art. 43 86 gewählte, *RS 1* 13 berufene und drei von den Theologischen Fakultäten in Erlangen und München und von der Augustana-Hochschule Neuendettelsau entsandte, insgesamt also 102 Synodale an[33a]. Von den 86 gewählten Synodalen sind 58 Laien (zwei Drittel) und 28 Geistliche (ein Drittel)[34]. Die Landessynode wird für sechs Jahre gebildet (KVerf Art. 45 Abs. 1 Satz 1).

b) Die **Wahl** der 86 Synodalen erfolgt nicht unmittelbar durch die *RS 10* Kirchenglieder selbst[35], sondern mittelbar durch die stimmberechtigten Mitglieder der Kirchenvorstände der Kirchengemeinden (LSWG § 4 Abs. 1 i. V. m. KGO § 27 Abs. 1 Buchst. a)[36]; durch die stufenweise Wahl soll gewährleistet werden, daß besonders sachkundige und erfahrene Kirchenglieder in die Landessynode gelangen[37].

Die *Wählbarkeit* ist an die Vollendung des 23. Lebensjahres geknüpft. Als geistlicher Synodaler kann nur gewählt werden, wer ordiniert ist; die Wählbarkeit zum weltlichen Synodalen setzt die Wählbarkeit zum Kirchenvorsteher nach KVWG § 8 Abs. 1 Buchst. a (RS 305) voraus (LSWG § 4 Abs. 2). Wer als geistlicher Synodaler wählbar ist, kann nicht als weltlicher Synodaler gewählt werden (LSWG § 4 Abs. 4 S. 1).

Zur Durchführung der Wahl ist das Gebiet der Landeskirche in 13 Wahlkreise eingeteilt, die meistens mehrere Dekanatsbezirke umfassen[38]. In jedem Wahlkreis werden mindestens zwei geistliche Syn-

33a) Im Interesse einer besseren Repräsentanz der südbayerischen Dekanatsbezirke ist die Anzahl der Synodalen mit Wirkung für die Synodalperiode 1996/2002 von 102 auf 105 (89 gewählte Synodale, davon 60 Laien) erhöht worden (KG zur Änderung der KVerf und des LSWG vom 4.12.1993, KABl S. 341).

34) An dem Quorum der geistlichen Synodalen zeigt sich ein ganz wesentlicher Unterschied zu staatlichen Parlamenten; vgl. hierzu unten 6 f.

35) Eine unmittelbare Wahl der Mitglieder der Landessynode durch die Kirchenglieder (Urwahl) findet nur in der Evang.-Luth. Landeskirche in Württemberg statt. Ausführlich dazu *Närger,* Synodalwahlsystem, S. 218–252, und *Daur,* Probleme des synodalen Wahlrechts in Württemberg, ZevKR 21 (1976) S. 1 ff.

36) Nicht wahlberechtigt sind damit z. B. die Lehrvikare, die dem Kirchenvorstand nur mit beratender Stimme angehören. Wenn eine Gemeindepfarrstelle mit zwei Pfarrern im Teildienst besetzt ist, ist nur der Pfarrer wahlberechtigt, der nach § 10 Abs. 2 ErprobG (RS 500/1) das Stimmrecht ausübt; durch diese Regelung soll eine Schwächung des Stimmgewichts der »Laien« verhindert werden.

37) *v. Tiling,* Das Konsensusprinzip bei der Synode, S. 112. *A. A. Obermayer,* Kirchenführung, S. 29, der im Hinblick auf das Priestertum aller Gläubigen und aus Gründen einer besseren Legitimation der Landessynode eine unmittelbare Wahl durch das »Kirchenvolk« gefordert hat.

38) Vgl. LSWG § 3 Abs. 1 m. d. Anlage.

odale, davon ein Dekan oder Prodekan und mindestens drei weltliche Synodale gewählt (LSWG § 3 Abs. 2). Dadurch ist sichergestellt, daß unter den zu wählenden 28 geistlichen Synodalen die wichtige Gruppe der Dekane mit 13 Vertretern repräsentiert ist. Innerhalb der Wahlkreise bildet in der Regel jede Kirchengemeinde einen Stimmbezirk (LSWG § 3 Abs. 4).

Geistliche, die mehreren Kirchenvorständen angehören, dürfen nur einmal wählen (LSWG § 4 Abs. 1 Satz 2).

Die Einzelheiten über die Vorbereitung und Durchführung der Wahl zur Landessynode sind in LSWG §§ 2, 5 bis 13 geregelt.

Bis zum Zeitpunkt der Wahlhandlung kann der Landeskirchenrat aufsichtlich tätig werden, wenn ihm bekannt wird, daß Verstöße gegen zwingende Vorschriften über das Wahlverfahren nicht beachtet wurden (LSWG § 16 a). Nach der Wahl überprüft ein von der Landessynode gewählter Wahlprüfungsausschuß die Gültigkeit der Wahl, wenn der Landeskirchenrat festgestellt hat, daß nach seiner Auffassung gesetzliche Vorschriften verletzt worden sind und dadurch das Wahlergebnis beeinflußt sein könnte (LSWG § 18 Abs. 2 i. V. m. Abs. 1). Von den Wahlberechtigten kann das Wahlergebnis innerhalb einer Frist von zwei Wochen nach dessen Veröffentlichung angefochten werden, wenn geltend gemacht wird, daß gesetzliche Vorschriften verletzt worden sind und dadurch das Wahlergebnis beeinflußt sein könnte (LSWG § 17).

c) Die **Berufung** der 13 zu berufenden Synodalen wird vom Landeskirchenrat und vom Landessynodalausschuß nach LSWG § 16 Abs. 1 gemeinschaftlich, also aufgrund übereinstimmender Beschlüsse, vorgenommen, wobei keine Vorschrift darüber besteht, wie viele Geistliche und wie viele Laien zu berufen sind.

3. Aufgaben der Landessynode

Die Aufgaben der Landessynode sind in KVerf Art. 42 aufgezählt:

a) Die Generalklausel des Art. 42 Abs. 1 KVerf weist der Landessynode einen sehr umfassenden Wirkungskreis zu: Sie kann über alle kirchlichen Angelegenheiten verhandeln und beschließen, die sich aus dem Auftrag der Kirche ergeben. Ihre Beschlüsse sind aber selbstverständlich nur im Rahmen ihrer Zuständigkeit verbindlich. In der synodalen Praxis gewinnt das Kundgebungsrecht der Landessynode zunehmend an Bedeutung[39]. Dieses unterscheidet sich vom Kundgebungsrecht des Landesbischofs insofern, als sie im Gegensatz zu diesem (KVerf § 59 Abs. 2 Satz 2) nicht die Verlesung ihrer Kundgebungen im Gottesdienst anordnen kann.

b) Der Landessynode obliegt das Recht zur kirchlichen Gesetzgebung (KVerf Art. 42 Abs. 2 Nr. 1) einschließlich der Beschlußfassung über den Haushaltsplan (KVerf Art. 42 Abs. 2 Nr. 6) und dem damit in Zusammenhang stehenden Stellenplan (KVerf Art. 42 Abs. 2 Nr. 5). Für einen außerordentlich bedeutsamen Bereich, nämlich für das Dienst- und Arbeitsrecht der privat-rechtlich beschäftigten kirchlichen Mitarbeiter und Mitarbeiterinnen, hat die Landessynode ihr Gesetzgebungsrecht durch das Arbeitsrechtsregelungsgesetz (RS 770) auf die **Arbeitsrechtliche Kommission** übertragen[40].

Vom Gesetzgebungsrecht ausgenommen ist das Bekenntnis der Landeskirche (KVerf Art. 72). Insoweit sind demokratischen Mehrheitsentscheidungen aus dem Auftrag der Kirche Grenzen gesetzt. Die Feststellung dessen, was als Bekenntnis der Kirche anzusehen ist, setzt vielmehr voraus, daß in der Geschichte der Kirche der *magnus consensus ecclesiae* im Sinne von CA I erkennbar geworden ist.

c) In die Zuständigkeit der Landessynode fällt ferner die Beschlußfassung über die **Ordnung des kirchlichen Lebens**, über die Agende, das **Gesangbuch** und den **Katechismus** (KVerf Art. 42 Abs. 2 Nr. 3 und 4).

d) Die Landessynode hat über **Eingaben** zu beschließen (KVerf Art. 42 Abs. 2 Nr. 7). Unter Eingaben, die von den **Anträgen** von Synodalen zu unterscheiden sind, versteht man Bitten, Gesuche, Beschwerden und Anfragen von einzelnen, nicht der Synode angehörenden Personen, Gruppen oder Organisationen an die Synode[41].

e) Die Landessynode nimmt wichtige **Wahlen** vor.

An erster Stelle ist die Wahl des Landesbischofs zu nennen (KVerf Art. 42 Abs. 2 Nr. d 2).

Die Landessynode wählt zwölf der insgesamt fünfzehn Mitglieder des Landessynodalausschusses – der Präsident und die beiden Vizepräsidenten der Landessynode gehören dem Landessynodalausschuß kraft Amtes an (KVerf Art. 55 Abs. 1 S. 2) – sowie diejenigen Mitglieder

39) Zur grundsätzlichen Problematik von Kundgebungen kirchenleitender Organe vgl. *Slenczka,* Verbindlichkeit, S. 409 ff.; *Robbers,* Verbindlichkeit, S. 1 ff.

40) Vgl. hierzu o. § 33, S. 311.

41) Vgl. *Hägele,* Geschäftsordnungsrecht, S. 100.

des Landessynodalausschusses, die dem Berufungsausschuß angehören sollen (KVerf Art. 67 Abs. 2).

Im Rahmen der Selbstorganisation obliegt der Landessynode die Wahl des Präsidiums (KVerf Art. 47 Abs. 1) und die Entsendung von Synodalen in die Ausschüsse (KVerf Art. 48 Abs. 3).

Schließlich hat die Landessynode auch die Vertreter der ELKiB in der Generalsynode der VELKD (Verfassung VELKD Art. 11 a) und in der Synode der EKD (Grundordnung EKD Art. 24) zu bestimmen.

4. Arbeitsweise, Beschlußfassung, Ausschüsse

a) Tagungen der Landessynode:

Nach KVerf Art. 48 Abs. 1 soll die Landessynode mindestens einmal im Jahr zu einer ordentlichen Tagung zusammentreten.

Tatsächlich fanden in den letzten Jahrzehnten jährlich zwei ordentliche Tagungen statt[42]. Außerordentliche Tagungen müssen stattfinden, wenn es ein Drittel der Synodalen, der Landessynodalausschuß, der Landesbischof oder der Landeskirchenrat verlangt (KVerf Art. 48 Abs. 1 S. 2)[43].

Die Verhandlungen der Landessynode sind grundsätzlich öffentlich (KVerf Art. 49); in Ausnahmefällen kann die Öffentlichkeit ausgeschlossen werden. Über einen Antrag auf vertrauliche Behandlung wird unter Ausschluß der Öffentlichkeit verhandelt und mit Mehrheit aller Synodalen beschlossen (Geschäftsordnung Landessynode § 24 – RS 20)[44].

Zu ihrer ersten Tagung wird die Landessynode durch den Landesbischof einberufen; der Landesbischof eröffnet die Tagung mit einem Gottesdienst und verpflichtet dabei die Synodalen nach der Agende (KVerf Art. 46)[45]. Die erste Sitzung der Landessynode wird durch den

42) Angesichts der Tatsache, daß nicht wenige engagierte Gemeindeglieder aus Zeitgründen nicht für die Landessynode kandidieren können, stellt sich die Frage, ob die Landessynode nicht zu dem in der Kirchenverfassung vorgesehenen Minimum an Tagungen zurückkehren und die synodale Arbeit nicht stärker auf die Ausschüsse verlagern sollte.

43) Früher tagte die Landessynode ausschließlich in den beiden alten Konsistorialstädten Ansbach und Bayreuth; seit etwa zwei Jahrzehnten wechselt die Synode ihre Tagungsorte von Tagung zu Tagung.

44) Bemerkenswert ist, daß die in der Kirchenverfassung von 1920 enthaltene Beschränkung, wonach nur Mitglieder evangelischer Kirchen Zutritt zur Landessynode hatten, in der Kirchenverfassung von 1971 nicht mehr beibehalten worden ist.

45) Zur Verpflichtung siehe Agende für die Evangelisch-Lutherischen Kirchen und Gemeinden, 4. Band, Ordinations-, Einsegnungs-, Einführungs- und Einweihungshand-

an Lebensjahren ältesten Synodalen eröffnet (GeschOLS § 2 Abs. 1 – RS 20). Vor der Wahl des Präsidiums, das aus dem Präsidenten, zwei Vizepräsidenten und zwei Schriftführern besteht (KVerf Art. 47), wird der Vertrauensausschuß gewählt (GeschOLS § 4), der für die Wahl des Präsidiums entsprechende Vorschläge unterbreitet. Ein aus drei durch Los bestimmten Synodalen bestehender Wahlausschuß überwacht die Durchführung der Wahl des Präsidiums und stellt deren Ergebnisse fest (GeschOLS § 5).

b) Beschlußfähigkeit:

Die Landessynode ist beschlußfähig, wenn mindestens zwei Drittel aller Synodalen anwesend sind (KVerf Art. 50 Abs. 1). Grundsätzlich faßt die Landessynode ihre Beschlüsse mit einfacher Mehrheit, wobei bei Stimmengleichheit ein Antrag als abgelehnt gilt (KVerf Art. 50 Abs. 2). Die Zustimmung von zwei Dritteln aller, also nicht nur der anwesenden Synodalen ist gemäß KVerf Art. 50 Abs. 3 erforderlich

- zur Änderung der Kirchenverfassung,
- zur Änderung des Wortlauts der Lehrverpflichtung,
- zum Erlaß eines Kirchengesetzes, durch das die Erteilung eines Auftrags an kirchliche Mitarbeiter zum Predigtdienst und zur Sakramentsverwaltung näher geregelt wird[46],
- zur Änderung des Kirchengebiets,
- zu einem Beschluß über die Zugehörigkeit zu gesamtkirchlichen Zusammenschlüssen und
- zu einem Beschluß über ihre Selbstauflösung (KVerf Art. 45 Abs. 2 S. 1).

Eine Zweidrittel-Mehrheit ist ferner notwendig im Falle der Abberufung von Mitgliedern des Präsidiums der Landessynode (KVerf Art. 47 Abs. 2). Auch zur Wahl des Landesbischofs nach KVerf Art. 61 Abs. 1 S. 1 bedarf es einer Mehrheit von zwei Dritteln aller Mitglieder der Synode; erst wenn eine solche Mehrheit in zwei Wahlgängen nicht zustandekommt, genügt in einem dritten Wahlgang die Mehrheit aller Synodalen (KVerf Art. 61 Abs. 1 S. 2).

c) Geschäftsordnung: *RS 1, 20*

Der Geschäftsgang der Landessynode ist durch eine Geschäftsordnung geregelt (KVerf Art. 48 Abs. 4 i. V. m. Geschäftsordnung der Landessynode)[47].

lungen, herausgegeben von der Kirchenleitung der VELKD, kleine Ausgabe 1951, II. Einführungsverhandlungen Nr. 12, Verpflichtung der Synodalen, S. 96 ff.

46) Vgl. Kirchengesetz über die Berufung zum Prädikanten (Prädikantengesetz) – RS 545.

47) Der Rechtsnatur nach ist die Geschäftsordnung der Landessynode eine autonome

d) Ausschüsse der Landessynode:

Die Landessynode kann die Vielzahl ihrer Aufgaben nur bei gründlicher Vorbereitung und effektiver Durchführung ihrer Tagungen bewältigen[48]. In KVerf Art. 48 Abs. 3 ist deshalb vorgesehen, daß die Landessynode zur Vorbereitung ihrer Entscheidungen Ausschüsse bildet und ihnen bestimmte Angelegenheiten zur weiteren Beratung auch zwischen den Tagungen zuweisen kann. Nach § 46 der Geschäftsordnung der Landessynode (RS 20) bestehen zur Zeit folgende Ausschüsse:

(1) Dem **Vertrauensausschuß** obliegt nach KVerf Art. 42 Abs. 2 Nr. 3, 50 Abs. 2 S. 2 i. V. m. GeschOLS § 58 die Vorbereitung aller von der Landessynode vorzunehmenden Wahlen; dieser setzt sich nach GeschOLS § 47 zusammen aus je einem ordinierten und einem nichtordinierten Synodalen aus jedem Wahlkreis sowie je zwei ordinierten und nichtordinierten Synodalen aus der Mitte der berufenen Synodalen und der Fakultätsvertreter.

(2) Zur Beratung des Haushalts und anderer finanzieller Fragen wird nach GeschOLS § 48 ein **Finanzausschuß** bestellt, dem insgesamt 18 Synodale angehören. Dabei wählen die Synodalen eines Wahlkreises je einen Vertreter, die berufenen Synodalen gemeinsam mit den Fakultätsvertretern zwei Vertreter; drei weitere Mitglieder werden von der Landessynode gewählt.

(3) Dem **Organisationsausschuß** obliegt vor allem die Vorbereitung der in Zusammenhang mit der Errichtung von Pfarrstellen oder der Errichtung von Ämtern und Einrichtungen der Landessynode zugewiesenen Aufgaben (KVerf Art. 42 Abs. 2, 5). Dem Organisationsausschuß gehören 17 Synodale an. Dabei wählen die Synodalen jedes Kirchenkreises sowie die Berufenen gemeinsam mit den Vertretern der Fakultäten je zwei Vertreter; drei Mitglieder werden von der Landessynode gewählt (GeschOLS § 49).

(4) Weitere Ausschüsse sind der **Ausschuß für Grundfragen des kirchlichen Lebens**, der **Rechts- und Verfassungsausschuß**, der **Ausschuß für Gesellschaft und Diakonie**, der **Ausschuß für Bil-**

Satzung, die nicht Ausfluß des Gesetzgebungsrechts, sondern des Selbstorganisationsrechts der Synode ist. Dies hat zur Folge, daß Abweichungen von der Geschäftsordnung ohne Auswirkungen auf die von den Synoden gefaßten Beschlüsse sind, sofern kein Synodaler der Abweichung widerspricht und nicht gleichzeitig gegen Verfassungsbestimmungen verstoßen wurde (vgl. *Hägele,* Geschäftsordnungsrecht der Synoden, S. 40, 48 f.).

48) Vgl. *Hägele,* Geschäftsordnungsrecht der Synoden, S. 198.

dung, Erziehung und Jugend, der **Ausschuß für Weltmission und Ökumene**; diese bestehen aus je mindestens 12 Synodalen (GeschOLS § 50). Angesichts der gesetzgeberischen Aufgaben der Landessynode kommt dem **Rechts- und Verfassungsausschuß** eine Schlüsselposition zu.

Der *Landessynodalausschuß* ist als kirchenleitendes Organ (KVerf Art. 40, 54) kein Ausschuß im Sinne von KVerf Art. 48 Abs. 3[49].

e) »Gemischte Ausschüsse«:

Außerdem besteht die Praxis, daß der Landeskirchenrat Ausschüsse einsetzt, in welche die Landessynode Mitglieder entsendet (sog. »gemischte Ausschüsse«)[50]. Die Gemischten Ausschüsse verdeutlichen in ganz besonderer Weise das Prinzip der Ausübung der Kirchenleitung in arbeitsteiliger Gemeinschaft und gegenseitiger Verantwortung nach KVerf Art. 40. In der geltenden Kirchenverfassung sind die Gemischten Ausschüsse als solche zwar nicht erwähnt, sie sind jedoch durch das Zusammenspiel der Vorschriften von KVerf Art. 40 und GeschOLS § 57 legitimiert. Die »Gemischten Ausschüsse« können keine Entscheidungen treffen.

f) Berufungsausschuß:

Besondere Bedeutung hat der Berufungsausschuß (KVerf Art. 66 und 67), weil er die Oberkirchenräte ernennt und damit entscheidenden Einfluß auf die Zusammensetzung des kirchenleitenden Organs Landeskirchenrat nimmt. Mit Recht ist der Berufungsausschuß als das »von der Sache her fünfte kirchenleitende Organ« bezeichnet worden[51]. Weitere Kompetenzen hat der Berufungsausschuß nicht.

Nach KVerf Art. 67 gehören dem Berufungsausschuß an, der Präsident der Landessynode, fünf weitere Mitglieder des Landessynodalausschusses, der Landesbischof und drei Mitglieder des Landeskirchenrates (darunter ein Kreisdekan, ein weiterer Pfarrer und ein Kirchenbeamter). Den Vorsitz führt der Präsident der Landessynode. Aufgrund seiner Zusammensetzung ist der Berufungsausschuß im Grunde ein von der Kirchenverfassung vorgesehener Gemischter Ausschuß besonderer Art.

Das Berufungsverfahren ist im einzelnen in der Geschäftsordnung für den Berufungsausschuß vom 26.10.1973 (RS 30) geregelt.

49) Im einzelnen zum Landessynodalausschuß s. u. § 39, S. 366 f.
50) *Hägele,* Geschäftsordnungsrecht der Synoden, S. 190 Fn 1.
51) Vgl. *Grethlein,* Arbeitsteilige Kirchenleitung, S. 82.

5. Verhältnis der Landessynode zu den anderen kirchenleitenden Organen

Zwischen der Landessynode und dem Landessynodalausschuß als den synodalen kirchenleitenden Organen einerseits und dem konsistorialen (Landeskirchenrat) und dem episkopalen (Landesbischof) Organ in der Kirchenleitung der Evangelisch-Lutherischen Kirche in Bayern besteht eine strikte Trennung. Diese kommt in dem in KVerf Art. 44 niedergelegten **Grundsatz der Inkompatibilität** zum Ausdruck. Der Landesbischof und die Mitglieder des Landeskirchenrates sowie die Pfarrer und Kirchenbeamten des Landeskirchenamtes können nicht der Landessynode und folglich nicht dem Landessynodalausschuß angehören[52]. Dieses **Trennungsprinzip** hat seinen historischen Ursprung in der rechtlichen Begrenzung des landesherrlichen Kirchenregiments durch synodale Organe im 19. Jahrhundert[53]. Heute liefert es die Grundlage für ein System kirchlicher Gewaltenteilung[54].

Das Trennungssystem bedingt im Interesse eines geordneten Miteinanders zu den unterschiedlich strukturierten Leitungsorganen eine »funktionale Dienstgemeinschaft«[55].

Da die kirchenleitenden Organe in der bayerischen Landeskirche einander gleichgestellt sind und somit ein übergeordnetes Organ nicht vorhanden ist, sind diese grundsätzlich gezwungen, in den Bereichen, in denen sie gemeinsam an der Entscheidungsfindung beteiligt sind, sich mit- und untereinander zu einigen[56].

52) Auch wenn das Verbot der KVerf Art. 44 seinem Wortlaut nach nicht auch für die Angestellten des Landeskirchenamtes sowie für die Mitarbeiter der Landeskirchenstelle gilt, dürfte sich auch für sie nach dem Sinn der Vorschrift die Wahl oder die Berufung in die Landessynode nicht empfehlen (vgl. *v. Ammon/Rusam,* Verfassung, S. 138).

53) *Närger,* Synodalwahlsystem, S. 260.

54) In den Landeskirchen des Rheinlands und Westfalens ist hingegen das **Einheitsprinzip** verwirklicht. Vgl. Art. 168 Abs. 1 Rheinische Kirchenordnung: »Die Evangelische Kirche im Rheinland wird von der Landessynode geleitet« (ähnlich Art. 113 Westfälische Kirchenordnung). Das Einheitsprinzip, das typisch ist für den reformiert geprägten Verfassungsaufbau, führt zu einer wesentlich stärkeren rechtlichen Stellung des Präses, als sie der Landesbischof der Evangelisch-Lutherischen Kirche in Bayern hat; denn der Präses leitet nicht nur die Landessynode, sondern auch das mit der Kirchenleitung beauftragte Präsidium sowie das Landeskirchenamt (Art. 180 Abs. 1, 200 Abs. 1, 203 Kirchenordnung Rheinland; Art. 148 Abs. 1 Kirchenordnung Westfalen). Vgl. *Grundmann,* Verfassungsrecht, Abhandlungen, S. 111 f.; *W. Maurer,* Synodales Bischofsamt, S. 47 ff.; *Närger,* Synodalwahlsystem, S. 261; *Schlaich,* Synode, Sp. 3575. Zur rechtlichen Problematik *Grethlein,* Theologie der Synode, S. 240 m. Fn. 104; vgl. auch § 20 Fn. 13.

55) Vgl. *Närger,* Synodalwahlsystem, S. 160.

56) Vgl. *v. Tiling,* Das Konsensusprinzip bei der Synode, S. 100.

Konfliktfälle sind denkbar im Verhältnis der Landessynode zum Landeskirchenrat einerseits und zum Landesbischof andererseits[57]:

Zwar obliegt dem Landeskirchenrat das Organisationsrecht und damit die Errichtung von Pfarrstellen (KVerf Art. 75 Abs. 2 Nr. 5 und 9), jedoch bedarf er hierzu der Zustimmung der Landessynode (KVerf § 42 Abs. 2 Nr. 5). Wenn diese ihre Zustimmung verweigert, kann die Pfarrstelle nicht errichtet werden.

Zu einem Konflikt zwischen Landesbischof und Landessynode kann es dann kommen, wenn die Landessynode ein Kirchengesetz beschließt, der Landesbischof sich aber weigert, dieses auszufertigen und zu verkünden, weil es nach seiner Auffassung das Bekenntnis der Kirche verletzt. Zunächst kann der Bischof gegen jeden Beschluß der Landessynode einen aufschiebenden Einspruch erheben (KVerf Art. 52); in diesem Fall ist über den Verhandlungsgegenstand bei der nächsten Tagung der Landessynode erneut zu beschließen; ein erneuter Einspruch ist unzulässig. Wenn nach der Überzeugung des Landesbischofs die Beschlüsse der Landessynode das evangelisch-lutherische Bekenntnis in wesentlichen Punkten verletzen, hat er das Recht, die Landessynode aufzulösen[58], was umgehend zu Neuwahlen führt (KVerf Art. 53). Beschließt die neue Landessynode wie die aufgelöste, besteht kein Recht zur neuen Auflösung. Dem Landesbischof bleibt dann nur noch der Rücktritt, falls er sich mit dem Beschluß nicht abfinden kann.

Das Zusammenwirken des konsistorialen und des episkopalen Organs mit den synodalen Organen kommt darin zum Ausdruck, daß der Landesbischof und die Mitglieder des Landeskirchenrates berechtigt sind, an den Verhandlungen der Landessynode und ihrer Ausschüsse teilzunehmen, und auf ihr Verlangen in der Landessynode jederzeit gehört werden müssen (KVerf Art. 51, Abs. 1, Abs. 3 S. 1). Umgekehrt sind der Landesbischof und die Mitglieder des Landeskirchenrates der Landessynode zur Auskunft verpflichtet (KVerf Art. 51 Abs. 2). Die Landessynode hat auch das Recht, Anfragen an den Landeskirchenrat und an den Landesbischof zu richten; verbindliche Aufträge kann sie jedoch nicht erteilen.

57) Vgl. hierzu insgesamt *v. Ammon/Rusam,* Verfassung, S. 131 f.; *Grethlein,* Arbeitsteilige Kirchenleitung, S.76 f.; *Schwab,* Landessynode, S. 317.

58) Vgl. hierzu allgemein *Smend,* Auflösung einer Landessynode, ZevKR 6 (1957/58) S. 295–299.

6. Unterschiede zwischen politischem Parlament und Synode

Aus den vorstehenden Abschnitten ist deutlich geworden, daß zwischen politischen Parlamenten und einer Synode vor allem in bezug auf Geschäftsgang und Organisation, teilweise auch in bezug auf ihre Aufgaben manche Parallelen bestehen, die sich soziologisch aus dem Wesen organisierter Personenmehrheiten erklären lassen[59)]. Durch die in den Medien, gerade auch in der kirchlichen Presse bedauerlicherweise weitgehend üblich gewordene Redeweise von der Synode als einem »Kirchenparlament« wird das Wesen einer Synode nach evangelischem Verständnis aber nur sehr verkürzt wiedergegeben. Denn zwischen Synoden und politischen Parlamenten bestehen in Wirklichkeit fundamentale Unterschiede[60)]:

a) Dies zeigt sich schon in der völlig unterschiedlichen Legitimation von Parlament und Synode. Während im Parlament demokratischer Prägung vorausgesetzt wird, daß alle Gewalt vom Volke als dem obersten Souverän ausgeht, »versammelt sich in der Synode« nach den Worten des früheren bayerischen Landesbischofs und Ratsvorsitzenden der EKD *Hermann Dietzfelbinger* »das Volk, dessen Vollmacht darin besteht, daß wir nichts aus uns selber sind, sondern das Eigentumsvolk Gottes, und daß es nichts größeres gibt, als zu reden und zu handeln für alle, die hören auf die Stimme des guten Hirten. Dieser Unterschied« – daß also nicht das Volk, sondern der Herr der Kirche Souverän einer Synode ist – »macht zugleich die Würde, die unvergleichliche Würde einer Synode aus«[61)].

b) Ein Abgeordneter eines Parlaments nimmt für sich völlige innere Unabhängigkeit in Anspruch; er ist nur seinem Gewissen unterworfen (vgl. GG Art. 38 Abs. 1 S. 2). Demgegenüber kann eine solche Unabhängigkeit bei einem Synodalen nicht angenommen werden, da er sich verstehen muß als Inhaber eines Amtes, eines Ältestenamtes, und insoweit an den Auftrag der Kirche, an die biblischen und bekenntnismäßigen Grundlagen gebunden ist, auf welche er verpflichtet worden ist (KVerf Art. 46 Abs. 2)[62)].

c) Im politischen Leben bedeutet Mehrheit die Basis, die Ausübung von Macht und die dafür notwendige Legitimation zum Handeln. Im kirchlichen Bereich kann Mehrheit hingegen nicht alles sein, zumal

59) Vgl. *Frost,* Strukturprobleme, S. 175.
60) Vgl. *Schwab,* Landessynode, S. 320; *Liermann,* Kirchenrecht, S. 207; *ders.,* Grundlagen des kirchlichen Verfassungsrechts, S. 17.
61) Vgl. *Dietzfelbinger,* Geistliches Amt und Synode, S. 20.
62) Vgl. *v. Tiling,* Das Konsensusprinzip bei der Synode, S. 111.

Luthers Erkenntnis, daß Konzile und Synoden irren können, zu beachten ist. Mit Luther ist zu bedenken:

> »Christus ist die Autorität und sein Wort, nicht eine Mehrheit oder Minderheit. Man muß deshalb sehr sorgfältig unterscheiden, ob Christus gesprochen hat oder nicht. Wenn er gesprochen hat, muß man die Entscheidung annehmen, wenn aber nicht, dann ist sie zurückzuweisen[63].«

Hieraus folgt, daß Mehrheitsentscheidungen, anders als in Parlamenten auf Synoden nur eingeschränkte Bedeutung haben können. Mehrheitsentscheidungen haben ihren Sinn und ihre Notwendigkeit etwa bei Wahlen, werden aber um so problematischer, »je mehr sie die Lehre, den ökumenischen Horizont und das Gewissen betreffen.« In Sachen des Glaubens und der Lehre kann deshalb eine Mehrheitsentscheidung nicht ausreichend sein. Vielmehr ist ein viel umfassenderer Konsens, ein **magnus consensus**, erforderlich[64].

In der richtigen Einschätzung der Brauchbarkeit des Mehrheitsprinzips und im rechten Umgang mit Mehr- und Minderheiten in der synodalen Praxis zeigt sich auch, ob in einer Synode ein wirklich christlicher Geist herrscht. *Gustav Heinemann,* von 1949 bis 1955 Präses der EKD-Synode und von 1969 bis 1974 Bundespräsident, hat auf der 400-Jahr-Feier der *Emdener Synode* 1971 hierzu gesagt:

> »Nicht ein Kampf um Überwältigung des einen Teils durch den anderen darf in ihr stattfinden, nicht um Macht der einen über die anderen darf es in ihr gehen, vielmehr sollen sich ihre Mitglieder in brüderlicher Beratung um Einmütigkeit der Entscheidungen bemühen. ... Das Überstimmen von Minderheiten kann darum auf einer Synode nur ultima ratio sein[65].«

d) Kennzeichnend für die parlamentarische Demokratie ist die Verantwortlichkeit der Regierung gegenüber dem Parlament. In der Kirche hingegen wäre es nicht sachgemäß, die Synode in die Rolle eines übergeordneten Leitungsorgans einzuweisen. Eine allgemeine Kontrollfunktion der Synode besteht nicht[66]. Eine Ausnahme ist jedoch insofern gegeben, als der Landessynode die Prüfung der Allgemeinen Kirchenkasse obliegt (KVerf Art. 83 Abs. 2).

Eine Verantwortlichkeit insbesondere des Landesbischofs gegenüber

63) »De potestate concilii« WA 39, I, S. 194 .
64) Vgl. *Dietzfelbinger,* Geistliches Amt und Synode, S. 24 f.
65) Vgl. *Heinemann,* Das Verhältnis von Synode und Parlament, S. 291 f. Zum Mehrheitsprinzip bei kirchlichen Entscheidungen s. insgesamt *Slenczka,* Synode zwischen Wahrheit und Mehrheit, S. 94 f.
66) Vgl. *Grethlein,* Arbeitsteilige Kirchenleitung, S. 97 Fn. 70.

der Landessynode läßt sich auch nicht aus KVerf Art. 61 Abs. 2 S. 3 ableiten, wonach der Landesbischof bei Vorliegen besonderer Gründe mit einer Mehrheit von zwei Dritteln aller Synodalen aus seinem Amt abberufen werden kann. Diese Regelung ist nicht mit dem konstruktiven Mißtrauensvotums nach GG Art. 67 Abs. 1 vergleichbar; die Abberufung nach KVerf Art. 62 Abs. 2 S. 3 hat demgegenüber vielmehr (pfarrer-)dienstrechtlichen Charakter[67].

e) Parlamentarismus westlichen Verständnisses wird geprägt durch die Existenz miteinander konkurrierender Parteien bzw. Fraktionen und das Spannungsverhältnis zwischen Regierung und Opposition. In der Synode ist dieser Gegensatz aufgehoben. Zwar gibt es in der bayerischen Landessynode Arbeitsgruppen (vgl. GeschOLS § 19), nämlich eine mehr »fortschrittlich liberale« Gruppe (»Offene Kirche«) und eine mehr »konservative« Gruppe (»Arbeitskreis Synode«), welche das Recht haben, der Landessynode über den Präsidenten Mitteilungen, Anträge und Stellungnahmen zuzuleiten. Diese Arbeitsgruppen lassen sich aber nicht mit politischen Parteien vergleichen: Feste Mitglieder haben sie nicht; insbesondere ist jeder Synodale berechtigt, bei den Besprechungen jeder der beiden Gruppen anwesend zu sein und dort mitzustimmen. Es läßt sich deshalb auch nicht feststellen, wie viele Synodale der einen oder der anderen Gruppe angehören[68].

f) Parlamente werden »in allgemeiner, unmittelbarer, freier, gleicher und geheimer Wahl gewählt« (GG Art. 38 Abs. 1 S. 1). Demgegenüber werden die evangelischen Synoden unserer Zeit – mit Ausnahme der Synode der Württembergischen Kirche – in mittelbarer Wahl gewählt, wobei mehr Geistliche in der Synode vertreten sind, als ihnen nach ihrem Proporz an der Zahl der Kirchenmitglieder zukommt, und zudem ein nicht unbeträchtlicher Teil der Synoden nicht gewählt, sondern berufen wird. Ein so zusammengesetztes Parlament müßte wegen schwerster Verstöße gegen elementare Grundsätze demokratischen Wahlrechts unverzüglich aufgelöst werden. Die Unterschiede in der Zusammensetzung bringen aber nicht ein in der Kirche unvollkommen entwickeltes Demokratieverständnis zum Ausdruck; vielmehr ist es in der Synode um der Sache willen erforderlich, daß ihr eine bestimmte Anzahl von Trägern des geistlichen Amtes sowie berufene Mitglieder angehören[69].

67) Vgl. *Schwab,* Landessynode, S. 321.
68) Vgl. *Schwab,* Landessynode, S. 321 f.
69) Vgl. *v. Tiling,* Das Konsensusprinzip bei der Synode, S. 113.

g) Wenn immer wieder die Forderung erhoben wird, die Synoden müßten in ihrer Zusammensetzung ein getreues Spiegelbild der Gesamtheit der Kirchenglieder – im Hinblick auf bestimmte Berufs- oder Altersgruppen, Männer oder Frauen – sein, so erscheint dies bedenklich, da auf diese Weise ein sehr säkulares Verständnis von Repräsentation in der Kirche Raum gewönne. Der Dienst am vorgegebe- nen Auftrag der Kirche kann nur gelingen, wenn sich die Mitglieder der Synode in erster Linie als Glieder des einen Leibes Jesu Christi (1. Kor. 12–25) verstehen und nicht als Vertreter säkularer Teilinteressen. Andernfalls besteht die Gefahr, daß in der Synode gesellschaftliche Stellvertreterkämpfe ausgefochten werden und infolgedessen die sich aus dem Verkündigungsauftrag ergebenden, zugleich rechtlichen und geistlichen Aufgaben der Synode zwangsläufig mehr und mehr aus dem Blick geraten. Repräsentation im Hinblick auf die Synode meint »Verkörperung der Einheit und Mannigfaltigkeit der Gemeinden, Werke und Dienste« (KVerf Art. 41) durch ihre Mitglieder bzw. Mitarbeiter, wobei diese als Angehörige der communio sanctorum und nicht als Lobbyisten gesellschaftlicher Gruppierungen in Erscheinung treten. Die »ecclesia repraesentativa« darf nicht in eine »societas repraesentativa« abgleiten[70]. So kann sich eine Synode niemals damit begnügen, Spiegelbild der Gesellschaft zu sein; vielmehr hat sie, wenn sie ihren Aufgaben gerecht werden will, auch Gegenüber zur Gesellschaft zu sein.

70) Vgl. *Slenczka,* Synode zwischen Wahrheit und Mehrheit, S. 90.

Literatur

W. v. Ammon/R. Rusam, Verfassung der Evangelisch-Lutherischen Kirche in Bayern, 2. Auflage, München 1985, insbes. Anmerkungen zu Art. 41–53; *M. Daur,* Probleme des synodalen Wahlrechts in Württemberg, ZevKR 21 (1976) S. 1 ff.; *H. Dietzfelbinger,* Geistliches Amt und Synode, in: Veröffentlichungen der Luther-Akademie Ratzeburg, Bd. 5, Erlangen 1983, S. 15 ff.; *H. Frost,* Strukturprobleme evangelischer Kirchenverfassung, Göttingen 1972; *W. Göbell,* Geschichte des synodalen Prinzips, in: Veröffentlichungen der Luther-Akademie Ratzeburg, Bd. 5, Erlangen 1983, S. 77 ff.; *G. Grethlein,* Arbeitsteilige Kirchenleitung in einer lutherischen Kirche, in: »Wägen und Wahren«, Festschrift für Werner Hofmann zum 50. Geburtstag, München 1981, S. 67 ff.; *ders.,* Theologie der Synode, in: *R. Ziegert* (Hrsg.), Vielfalt in der Einheit – 175 Jahre Evangelische Kirche in der Pfalz, Speyer 1993, S. 229 ff.; *S. Grundmann,* Die Gestaltung einer neuen Kirchenverfassung für die Evang.-Luth. Kirche in Bayern, aus: Grundlagen einer neuen Kirchenverfassung der Evang.-Luth. Kirche in Bayern, Sonderdruck der Landessynode 1966, S. 29 ff., = *ders.,* Abhandlungen zum Kirchenrecht, Köln-Wien 1969, S. 127 ff.; *ders.,* Der Lutherische Weltbund, Köln-Graz 1957, insbes. S. 102–106; *ders.,* Verfassungsrecht in der Kirche des Evangeliums, ZevKR 11 (1964/65) S. 9 ff., = *ders.,* Abhandlungen zum Kirchenrecht, Köln-Wien 1969, S. 68 ff.; *J. Hägele,* Das Geschäftsordnungsrecht der Synoden der evangelischen Landeskirchen und gesamtkirchlichen Zusammenschlüsse, Jus Eccl. Bd. 18, München 1973; *G. Heinemann,* Das Verhältnis von Synode und Parlament in: Emdener Synode 1571–1971, Beiträge zur Geschichte und zum 400jährigen Jubiläum; *E. Kinder,* Die Synode als kirchenleitendes Organ, in: Fuldaer Hefte, Schriften des Theol. Konvents Augsburg. Bekenntnisses, Heft 9, 1955; *H. Liermann,* Deutsches Evangelisches Kirchenrecht, Stuttgart 1933; *ders.,* Grundlagen des kirchlichen Verfassungsrechts nach lutherischer Auffassung, Berlin 1954; *Ch. Link,* Die Entwicklung des Verhältnisses von Staat und Kirche, in: Deutsche Verwaltungsgeschichte, hrsg. von *Jeserich* u. a., Bd. 3, Berlin 1985, S. 527–559; *W. Maurer,* Das synodale evangelische Bischofsamt seit 1918 in: Fuldaer Hefte, Schriften des Theol. Konvents Augsburg. Bekenntnisses, Heft 9, 1955, = *ders.,* Die Kirche und ihr Recht, Jus Eccl., Bd. 23, S. 76 ff.; *N. Närger,* Das Synodalwahlsystem in den deutschen evangelischen Landeskirchen im 19. und 20. Jahrhundert, Jus Eccl., Bd. 36 (1988), Tübingen 1988; *K. Obermayer,* Kirchenführung in dieser Zeit, in: »Wägen und Wahren«, Festschrift für Werner Hofmann, München 1981; *G. Ris,* Der kirchliche Konstitutionalismus, Jus Eccl., Bd. 33, Tübingen 1986; *G. Robbers,* Zur Verbindlichkeit von Beschlüssen kirchenleitender Organe in der evangelischen Kirche, ZevKR 34 (1989) S. 1 ff.; *K. Schlaich,* Art. »Synode«, in: EvStL Sp. 3571 ff.; *K.-H. Schwab,* Geschichte, Rechtsstellung und Aufgaben der Landessynode der Evang.-Luth. Kirche in Bayern, in: »Rechtsstaat, Kirche, Sinnverantwortung«, Festschrift für Klaus Obermayer, München 1986; *R. Slenczka,* Kirchliche Entscheidung in theologischer Verantwortung, Göttingen 1991, insbes. S. 195–199; *ders.,* Synode zwischen Wahrheit und Mehrheit – Dogmatische Überlegungen zur synodalen Praxis, Kerygma und Dogma 1983, S. 66 ff., = Jahrbuch des Martin-Luther-Bundes, Bd. 31 (1984), S. 87 ff.; *ders.,* Theologische Erwägungen zur Verbindlichkeit von Beschlüssen kirchenleitender Organe in der Evangelischen Kirche in Deutschland, ZevKR Bd. 33 (1988) S. 409 ff.; *R. Smend,* Zur neueren Bedeutungsgeschichte der evangelischen Synode, ZevKR 10 (1963/64) S. 248 ff.; *ders.,* Das Recht der Kirchenleitung zur Auflösung der Landessynode, ZevKR 6 (1957/58), S. 295 ff.; *P.v.Tiling,* Das Konsensusprinzip bei der Synode, in: Veröffentlichungen der Luther-Akademie Ratzeburg, Bd. 5, Erlangen 1983, S. 99 ff.; *G. Wendt,* Kirchenleitung und Synode, ZevKR 11 (1964/65) S. 65 ff.

§ 39
Der Landessynodalausschuß

1. Unter den Ausschüssen der Landessynode nimmt der Landessynodalausschuß eine Sonderstellung ein. Wie diese wird er zwar von der Landessynode gewählt (KVerf Art. 55) und ist dieser gegenüber ver-
RS 1 antwortlich (KVerf Art. 54 Abs. 1 S. 2); im Gegensatz zu den sonstigen Synodalausschüssen, die als Arbeitsausschüsse grundsätzlich keine selbständige Entscheidungsbefugnis haben, sondern lediglich Entscheidungen des Plenums vorbereiten, ist der Landessynodalausschuß jedoch eigenständiges Verfassungsorgan und nicht bloßes Organ der Synode[1].

2. Der Landessynodalausschuß ist einerseits die ständige Vertretung der Landessynode und wird in dieser Eigenschaft zwischen den Tagungen der Landessynode tätig. Dementsprechend bereitet er die Tagungen der Landessynode vor (Art. 54 Abs. 2 Nr. 3 KVerf) und behandelt die an die Landessynode gerichteten Anträge, Eingaben und Gesetzesentwürfe vor (KVerf Art. 54 Abs. 2 Nr. 3 und 5). Außerdem hat er darauf zu achten, daß die Beschlüsse der Landessynode ausgeführt werden (KVerf Art. 54 Abs. 2 Nr. 4). In diesem Zusammenhang stehen auch die Informationspflicht des Landessynodalausschusses und die Entgegennahme und Beratung der Berichte des Landesbischofs (KVerf Art. 54 Abs. 2 Nr. 1 und 2). Diese Aufgaben bilden die Vorraussetzung dafür, daß die Landessynode sinnvoll von ihrer Möglichkeit Gebrauch machen kann, über alle kirchlichen Angelegenheiten zu verhandeln (KVerf Art. 42 Abs. 1 S. 1)[2]. Bei jeder ordentlichen Tagung einer Landessynode gibt der Landessynodalausschuß der Landessynode einen Rechenschaftsbericht (KVerf Art. 54 Abs. 3 S. 2).

Andererseits hat der Landessynodalausschuß eigenständige Leitungsaufgaben. Hierzu gehört die Mitwirkung beim Erlaß von Verordnungen (KVerf Art. 54 Abs. 2 Nr. 5, 75) und die Vornahme ihm vorbehaltener Wahlen. An weiteren Aufgaben im Sinne von KVerf Art. 54 Abs. 3 ist dem Landessynodalausschuß übertragen die Zustimmung zu Veränderungen von Dekanatsbezirken (KVerf Art. 34), die Einberufung zu Tagungen der Landessynode (KVerf Art. 48 Abs. 2), die Berufung eines Planungsbeirats (Art. 70 KVerf), die Abgabe von Äußerungen zu Entwürfen zu Kirchengesetzen der VELKD und der EKD sowie zu Staatsverträgen und Vorträgen mit anderen Kirchen

1) Vgl. *Hägele,* Das Geschäftsordnungsrecht der Synoden, S. 192.
2) Vgl. *Grethlein,* Arbeitsteilige Kirchenleitung, S. 78 f.

(KVerf Art. 76), die Mitwirkung bei der Aufstellung des Haushaltsplans (KVerf Art. 82 Abs. 1), die Berufung des ständigen Vertreters des Landesbischofs (KVerf Art. 62) und die Berufung der Mitglieder des Verwaltungsgerichts der Evangelisch-Lutherischen Kirche in Bayern (KVGG § 4 Abs. 1).

Die Stellung des Landessynodalausschusses als kirchenleitendes Organ ist jedoch dadurch nicht unerheblich relativiert, daß er grundsätzlich nicht allein handeln kann: Bei der Berufung des ständigen Vertreters des Landesbischofs ist er an den Vorschlag des Landesbischofs gebunden. Ansonsten nimmt er seine Aufgaben im Zusammenwirken mit dem Landeskirchenrat wahr. Dem Landessynodalausschuß ist es dabei untersagt, eigene Kirchenpolitik zu betreiben, die im Widerspruch zur Landessynode steht[3)]. Die Landessynode hat die Möglichkeit, sich über Beschlüsse des Landessynodalausschusses hinwegzusetzen. Dies gilt selbst in bezug auf seine Befugnis zur Rechtssetzung, da die Landessynode jede Verordnung durch ein Kirchengesetz aufheben kann.

Ein Weisungsrecht der Landessynode gegenüber dem Landessynodalausschuß besteht jedoch nicht. Allerdings können die Mitglieder des Landessynodalausschusses von der Landessynode mit einer Mehrheit von zwei Dritteln aller Synodalen abberufen werden (KVerf Art. 55 Abs. 3).

3. Der Landessynodalausschuß besteht aus 15 Synodalen, davon neun Laien. Der Präsident und die beiden Vizepräsidenten der Landessynode gehören dem Landessynodalausschuß kraft Amtes an; die übrigen zwölf Mitglieder werden von der Landessynode innerhalb eines Jahres nach ihrem erstmaligen Zusammentreffen gewählt (KVerf Art. 55 Abs. 1). Den Vorsitz hat der Präsident der Landessynode inne (KVerf Art. 56)[4)].

3) Vgl. *v. Ammon/Rusam,* Verfassung Art. 54 Anm. 2 und 4; *Grethlein,* Arbeitsteilige Kirchenleitung, S. 80.

4) Siehe auch Geschäftsordnung des Landessynodalausschusses (GeschOLSA) vom 29. 6. 1973 (KABl. S. 193) – RS 25.

Literatur

G. Grethlein, Arbeitsteilige Kirchenleitung in einer lutherischen Kirche, in »Wägen und Wahren« Festschrift für Werner Hofmann, München 1981, S. 67 ff.; *J. Hägele,* Das Geschäftsordnungsrecht der Synoden der evangelischen Landeskirchen und gesamtkirchlichen Zusammenschlüsse, Jus Eccl., Bd. 18, München 1972.

§ 40
Der Landesbischof

1. Das Bischofsamt nach evangelisch-lutherischem Verständnis – geschichtliche Entwicklung in der Evangelisch-Lutherischen Kirche in Bayern

a) Das Bischofsamt nach **evangelisch-lutherischem Verständnis:**

Die grundlegende Aussage über das Bischofsamt in der Evangelisch-Lutherischen Kirche in Bayern ist in KVerf Art. 59 Abs. 1 getroffen. *RS 1* Danach ist der Landesbischof ein Pfarrer, der in das kirchenleitende Amt für die Evangelisch-Lutherische Kirche in Bayern berufen ist.

Der Feststellung, daß der Landesbischof ein Pfarrer ist, liegt die evangelisch-lutherische Überzeugung zugrunde, daß nach göttlichem Recht zwischen Bischofsamt und Pfarramt kein wesensmäßiger Unterschied besteht. Anders ausgedrückt ist dem Bischof im Bereich der geistlichen Kirchenleitung »kein Mehr an geistlicher Vollmacht« übertragen als jedem Pfarrer[1]. Ein evangelisch-lutherischer Bischof ist somit kein »Oberhirte«. Dies folgt daraus, daß es nach evangelisch-lutherischem Verständnis nur ein einziges von Christus eingesetztes und damit auf göttlichem Recht beruhendes Amt gibt, nämlich das Predigtamt, das nicht zuletzt auch in KVerf Art. 12 genauer als Amt der öffentlichen Wortverkündigung und Sakramentsverwaltung *(ministerium verbi divini)* bezeichnet wird. Nach CA Art. 28 sind Funktionen dieses einen Amtes der Kirche: »Das Evangelium predigen, Sünde vergeben, Lehre urteilen und die Lehre, so dem evangelio entgegen, verwerfen und die Gottlosen, dero gottlos Wesen offenbar ist, aus christlicher Gemein ausschließen, ohne menschlicher Gewalt, allein durch Gottes Wort.«

In bezug auf die Ausübung des Predigtamtes besteht zwischen dem Bischof und dem Gemeindepfarrer nur insoweit ein Unterschied, als jener nicht notwendigerweise einen besonderen Seelsorgensprengel inne hat, sondern das Predigtamt für die gesamte Landeskirche ausübt; dies wiederum ist aber keine Besonderheit des Bischofsamtes, sondern kennzeichnend für jeden nicht im Gemeindedienst eingesetzten Pfarrer, der den Auftrag zur öffentlichen Wortverkündigung und Sakramentsverwaltung im Rahmen seiner besonderen allgemeinkirchlichen Aufgaben wahrnimmt (vgl. §§ 37, 38 PfG).

1) Vgl. *Grundmann,* Lutherischer Weltbund S. 97; *Liermann,* Bischofsamt S. 34; *Tempel,* Bischofsamt S. 30; *Wenz,* Er wirkt allein durchs Wort S. 121.

Ein vom Pfarramt unterschiedenes Bischofsamt kann es nur als Institution menschlichen Rechts geben[2]. Zum Bischof wird ein Pfarrer dadurch, daß ihm bestimmte gesamtkirchliche Leitungsbefugnisse aus dem Aufgabenbereich der »äußeren Kirchenleitung« übertragen werden. Das sind vor allem solche Befugnisse, die in besonderer Weise mit der Ordnung des Predigtamtes als Institution und mit der Ordnung der Gemeinde nach der geistlichen Seite hin im Zusammenhang stehen[3]. Die lutherischen Reformatoren hatten schon bald die Notwendigkeit erkannt, daß es in der Kirche zur Wahrung der reinen Lehre eines besonderen Wächteramtes bedarf, das darin besteht, die Einsetzung der zum Predigtamt Berufenen zu vollziehen *(ordinatio)*, die einzelnen Gemeinden zu besuchen *(visitatio)* und die Inhaber des Predigtamtes in ihrer Amtsführung zu überwachen und durch seelsorgerliche Gespräche in ihrem Dienst zu stärken *(inspectio)*[4]. Dabei war es allerdings nicht zwingend geboten, diese Aufgaben einem Bischof zu übertragen. Der Rückgriff auf das Bischofsamt lag aber deshalb nahe, weil es sich dabei um eine überkommene Institution handelte, die sich im Laufe der Zeit als zweckmäßig erwiesen hatte[5]. Jedenfalls haben *Luther* und *Melanchthon* das Bischofsamt keineswegs abgelehnt, sondern vielmehr eine reformatorische Umgestaltung dieses schon in der Alten Kirche vorhandenen, von den Vätern mit guter und praktischer Einsicht geschaffenen Amtes (Apologia Confessio Augustana Art. 14) für erstrebenswert gehalten[6].

Zu diesem Kernbereich bischöflicher Aufgaben können weitere Rechte hinzukommen, wie zum Beispiel die Einweihung von Kirchen und gottesdienstlichen Gebäuden, der Erlaß von Ansprachen und Kundgebungen, die Seelsorge an den Geistlichen (»pastor pastorum«) oder Rechte aus der Mitgliedschaft in anderen kirchenleitenden Organen[7].

Außerdem ist dem Bischofsamt auch im evangelischen Bereich in besonderer Weise die Aufgabe der Repräsentation seiner Kirche in der Öffentlichkeit zugewachsen[8]. Der Bischof ist deshalb als die »repräsentative Spitze seiner Partikularkirche«[9], ja sogar – vergleich-

2) Vgl. *Grundmann,* Lutherischer Weltbund S. 99; *Tempel,* Bischofsamt S. 31.
3) Vgl. *Grundmann,* Lutherischer Weltbund S. 99.
4) Vgl. *Tröger,* Bischof III, TRE S. 691. So trifft es zu, wenn *Werner Elert* das evangelische Bischofsamt aus der Superintendentur-Verfassung der Reformationszeit ableitet; *ders.,* Der bischöfliche Charakter der Superintendentur-Verfassung S. 353 ff.
5) Vgl. *Tempel,* Bischofsamt III, S. 31.
6) Vgl. Tröger, Bischof III, TRE S. 690.
7) Vgl. *Grundmann,* Grundlagen einer neuen Kirchenverfassung, Abhandlungen S. 149; *ders.* Verfassungsrecht, Abhandlungen S. 119.
8) Vgl. *Grethlein,* Arbeitsteilige Kirchenleitung S. 76; *Grundmann,* Lutherischer Weltbund S. 100.
9) Vgl. *Grundmann,* Lutherischer Weltbund S. 100.

bar etwa dem Bundespräsidenten in seiner Eigenschaft als Staatsoberhaupt – als »Kirchenoberhaupt«[10] bezeichnet worden, »wobei es von seiner Person abhängt, welches Maß an Ansehen und Autorität das von ihm bekleidete Amt in und außerhalb der Kirche gewinnt«[11].

Zum **katholischen Bischofsamt** bestehen somit grundlegende Unterschiede. Die katholische Kirchenverfassung ist gekennzeichnet durch die Unterscheidung zwischen Klerikern und Laien einerseits und durch eine strenge hierarchische Ordnung innerhalb des Klerus mit unterschiedlichen Weihestufen andererseits. Die Bischöfe stehen dabei in der Hierarchie an erster Stelle über den Priestern und anderen Klerikern, weil sie nach katholischer Auffassung als Nachfolger der Apostel gelten, die durch Jesus Christus selbst berufen wurden *(apostolische Sukzession).* Der Bischof ist somit sämtlichen Klerikern seiner Diözese kraft göttlicher Anordnung vorgeordnet, und zwar nicht nur im Bereich der äußeren Kirchenleitung (Hirten- oder Leitungsgewalt), sondern auch in allen geistlichen Fragen (Weihegewalt)[12]. Der Gemeindepfarrer hat zwar eine ordentliche und eigenberechtigte Gewalt für seine Pfarrei, diese ist jedoch inhaltlich begrenzt und reicht nur soweit, als sie nicht mit der bischöflichen Gewalt kollidiert[13]. So sind bestimmte Rechte der Weihegewalt, z. B. die Spendung der Firmung, dem Bischof als dem Inhaber der vollen Weihegewalt vorbehalten. Der Bischof ist »Universalpfarrer seines Bistums und die einzelnen Pfarrer walten unter der Autorität ihres Oberhirten ihres Amtes«[14].

Nach den Verfassungen der evangelischen Landeskirchen liegt die gesamte Leitungsverantwortung für den Bereich einer Landeskirche nicht allein beim Bischof; vielmehr sind die Leitungsaufgaben zwischen diesem und anderen kirchenleitenden Organen aufgeteilt[15]. Demgegenüber umfaßt das katholische Bischofsamt grundsätzlich alle Funktionen der Kirchengewalt und ist somit »nach dem Gesichtspunkte einer Gewaltenvereinigung potenziertester Art konstruiert«[16].

Im Gegensatz zum katholischen Bischofsamt steht das evangelische Bischofsamt ferner durch seine Abhängigkeit und Zuordnung zur Synode, da der evangelische Bischof von der Synode gewählt wird und bei Vorliegen bestimmter Voraussetzungen von dieser auch ab-

10) Vgl. *Liermann,* Bischofsamt S. 21.
11) Vgl. *Grundmann,* Lutherischer Weltbund S. 102.
12) Vgl. *Grundmann,* Grundlagen einer neuen Kirchenverfassung, Abhandlungen S. 147.
13) Vgl. *Grundmann,* Verfassungsrecht S. 121.
14) Vgl. *Grundmann,* Grundlagen einer neuen Kirchenverfassung, S. 147; *ders.,* Verfassungsrecht S. 121.
15) Vgl. oben Vorbemerkungen zu § 38.
16) Vgl. *Holstein,* Evangelisches Kirchenrecht S. 329.

berufen werden kann. In der Literatur wird das evangelische Bischofsamt deshalb auch als *»synodales Bischofsamt«* bezeichnet[17].

b) Die **geschichtliche Entwicklung** des Bischofsamtes in der Evangelischen Kirche in Bayern:

Das evangelische Bischofsamt ist in Deutschland das Ergebnis eines kirchenverfassungsrechtlichen Prozesses, der durch den politischen Umbruch des Jahres 1918 und durch den dadurch bedingten Wegfall des landesherrlichen Kirchenregimes ausgelöst wurde[18].

Für die Entwicklung des Bischofsamtes in der bayerischen Landeskirche ist dabei die Besonderheit von nicht unerheblichem Einfluß gewesen, daß im Königreich Bayern der katholische König summus episcopus der »Protestantischen Kirche rechts des Rheins« war. Denn in dieser kirchenpolitischen Situation ergab sich für die Protestanten notwendigerweise das Bedürfnis nach einer kraftvollen persönlichen Repräsentation und Wahrnehmung ihrer Belange in der Öffentlichkeit, insbesondere auch gegenüber dem katholischen Landesherrn. Diese Aufgabe kam dem Präsidenten des Protestantischen Oberkonsistoriums zu, der damit in Wirklichkeit von Anfang an keineswegs nur Vorstand einer Abteilung des Kultusministeriums war. Für das liberale Regiment der Könige ist es bezeichnend, daß sie vor allem seit 1848 die Präsidenten des Protestantischen Oberkonsistoriums in relativ großer Selbständigkeit kirchenleitende Befugnisse ausüben ließen[19]. Bedeutende Präsidentengestalten wie vor allem *Adolf von Harleß, Adolf Stählin* und *Hermann Bezzel* haben durch ihr verdienstvolles Wirken jene Freiheit noch verstärkt und diesem Amt ein auch bischöfliches Gepräge gegeben.

Von dieser Ausgangslage her ist es zu verstehen, daß, so sehr bei den Beratungen für die Kirchenverfassung von 1920 die Frage im Mittelpunkt stand, ob die Leitung der Landeskirche künftig rein kollegial

17) Vgl. zum Beispiel *Maurer,* Synodales Bischofsamt; *Tröger,* Bischof IV, TRE S. 694. Der Begriff »synodales Bischofsamt« ist von dem Neutestamentler *Adolf Deißmann* bei den Verfassungsberatungen der altpreußischen Generalsynode des Jahres 1922 geprägt worden.

18) Vgl. *Tröger,* Bischof IV, TRE S. 695; grundlegend zum synodalen Bischofsamt allgemein *Schoen.* Der deutsche evangelische Bischof, S. 403 ff. und *W. Maurer,* Synodales Bischofsamt S. 8 ff. Zu den evangelischen Bischöfen der Reformationszeit vgl. *Tröger,* Bischofsamt S. 27 f.; *ders.* Bischofsamt TRE III. S. 690 f.; *Tempel,* Bischofsamt S. 38 ff. Zu den Bemühungen der preußischen Könige Friedrich Wilhelm III und Friedrich Wilhelm IV, ein evangelisches Bischofsamt zu schaffen, vgl. *Tröger,* Bischofsamt S. 30; *ders.,* Bischof III, TRE S. 694; *Tempel,* Bischofsamt S. 43 ff.; *Maurer,* Synodales Bischofsamt S. 8 ff.; ausführlich *Benz,* Bischofsamt S. 107 ff.

19) Vgl. *Maurer,* Synodales Bischofsamt S. 18 (= S. 101), *Knopp,* Landesherrliches Kirchenregiment S. 463.

entsprechend der alten Konsistorialverfassung oder mehr persönlich, »bischöflich« auszugestalten sei[20], die Entscheidung mit großer Mehrheit im Sinne der zweiten Alternative ausfiel[21]. Das Amt des Kirchenpräsidenten welches durch die Art. 46 bis 48 der Kirchenverfassung vom 20.9.1920 als gegenüber dem Kollegialorgan Landeskirchenrat selbständiges kirchenleitendes Organ beschrieben wurde, beruht somit nicht auf einem rechtsschöpferischen Akt der verfassungsgebenden Generalsynode; vielmehr hat diese nur anerkannt, was auch schon vor 1918 de facto vorhanden war[22].

Auch wenn der Titel eines Bischofs von der Generalsynode abgelehnt worden war[23], wurde das **Amt des Kirchenpräsidenten** nach der Kirchenverfassung von 1920 als das »kraftvollste und inhaltsreichste deutsche evangelische Bischofsamt« bezeichnet[24].

Aufgrund der politischen Situation des Jahres 1933 wurde es für erforderlich gehalten, der Kirchenleitung eine »weitgehende Freiheit und Beweglichkeit des Handelns einzuräumen.« Da das Schwergewicht der unter Umständen rasch zu treffenden Entscheidungen auf dem Gebiet der »oberhirtlichen« Tätigkeit des Kirchenpräsidenten lag, erschien es angezeigt, den Kirchenpräsidenten auch zum Erlaß von Kirchengesetzen zu ermächtigen und diese »Ermächtigung in der Stellung und unter Amtsbezeichnung eines Landesbischofs zu gewähren«[24a]. Auf ihrer außerordentlichen Tagung in Bayreuth vom 3. bis 5.5.1933 hat deshalb die Landessynode durch verfassungsänderndes Gesetz beschlossen, daß die in der Kirchenverfassung vorgesehenen Rechte und Pflichten des Kirchenpräsidenten durch einen Landesbi-

20) Vgl. ausführlich dazu *Knopp,* Landesherrliches Kirchenregiment S. 291 ff. und S. 455 ff.

21) Vgl. *Tempel,* Bischofsamt S. 20 f.

22) Vgl. *W. Maurer,* S. 19.

23) Die Gründe welche gegen die Einführung des Bischofstitels geltend gemacht wurden, hatte schon 1919 der damalige Erlanger Ordinarius für Staats- und Kirchenrecht *Karl Rieker* in den »Erlanger Leitsätzen zur Neugestaltung der Protestantischen Kirchenverfassung in Bayern« dargelegt (vgl. *Rieker,* Zur Neugestaltung der Protestantischen Kirchenverfassung in Deutschland, Erlangen 1919, S. 51 ff.). *Rieker* lehnte einen Landesbischof an der Spitze der Landeskirche ab, weil diese Einrichtung im protestantischen Deutschland seiner Auffassung nach keinen geschichtlichen Boden habe, ein protestantischer Bischof lediglich auf ein »sehr modernes jus humanum« gestützt werden könne und damit immer im Nachteil gegenüber einem katholischen Bischof sei, mit dem er ständig verglichen wird. Vgl. auch *Friedberg* Art. »Bischof« in Protestantische Realenzyklopädie Leipzig 1897.

24) Vgl. *Schoen,* Bischof, S. 406; *Knopp,* Landesherrliches Kirchenregiment, S. 461; *Tempel,* Bischofsamt S. 22; *Oeschey,* Verfassung S. LV. Zu den Befugnissen des Kirchenpräsidenten im einzelnen vgl. Art. 46,48,25 Abs. 1, 37 KVerf 1920.

24a) Vgl. Amtliche Begründung in Verhandlungen der Landessynode der Evangelisch-Lutherischen Kirche in Bayern, Synodalperiode 1930 bis 1936, Außerordentliche Tagung in Bayreuth 3. bis 5.5.1933, S. 8.

schof wahrgenommen werden sollten[25]. Kraft Gesetzes wurde der »gegenwärtige Kirchenpräsident« als Landesbischof bestellt. Erster Landesbischof wurde Oberkirchenrat D. *Hans Meiser,* der auf dieser Synodaltagung einstimmig zum Kirchenpräsidenten gewählt worden war, nachdem der 72jährige Kirchenpräsident *Friedrich Veit* ebenfalls auf derselben Tagung seinen Rücktritt erklärt hatte[26]. Die bekenntnisbewußte Haltung von Landesbischof Meiser hat nicht nur maßgeblich dazu beigetragen daß die bayerische Landeskirche während des »Dritten Reiches« intakt blieb[27], sondern auch dem evangelischen Bischofsamt als solchem Ansehen und Anerkennung verschafft[28].

Eine echte Neuschöpfung der Kirchenverfassung von 1921 war das **Amt des Kreisdekans**, welches sein Vorbild in den »Generalsuperintendenten« hatte, wie es sie bereits zur Zeit des landesherrlichen Kirchenregiments in anderen Landeskirchen gegeben hatte[29]. Die Kreisdekane hatten in ihren Kirchenkreisen eigenständige geistlich-seelsorgerliche Aufgaben und waren zugleich Mitglieder des Landeskirchenrates (Art. 54)[30].

25) Vgl. Gesetz über die Bestellung eines Landesbischofs vom 8. Mai 1933 (KABl S. 53) und Gesetz über die Ermächtigung des Landesbischofs zum Erlaß von Kirchengesetzen vom 8. Mai 1933 (KABl S. 54).

26) Ausführlich dazu vgl. *Ernst Henn,* Führungswechsel, Ermächtigungsgesetz und das Ringen um eine neue Synode im bayerischen Kirchenkampf, in ZbKG 43 (1974), S. 325 ff., und *Maser,* Weimarer Republik S. 36 ff.
Das Gesetz vom 8.5.1933 über die Bestellung des Landesbischofs hat genau genommen noch nicht das Amt des Landesbischofs als kirchenleitendes Organ geschaffen. Es sollten nur die Rechte und Pflichten des Kirchenpräsidenten durch einen Landesbischof wahrgenommen werden. Eine Verfassungsänderung blieb erklärtermaßen ruhigeren Zeiten vorbehalten. Es handelte sich zunächst um eine Bestellung ad personam. Das Gesetz war zunächst befristet, wurde später verlängert, zuletzt 1946 bis auf weiteres. 1948 wurde es zwar formell aufgehoben; gleichzeitig wurde aber in der Kirchenverfassung sowie in den sonstigen kirchlichen Gesetzen, Verordnungen und Bekanntmachungen allgemein die Bezeichnung »Kirchenpräsident« und »Präsident« durch die Bezeichnung »Landesbischof« ersetzt (KABl S. 104).

27) Vgl. *Roepke,* Protestanten in Bayern, S. 394 ff.; *H. Baier,* Kirche in Not; *H. Dietzfelbinger,* Landesbischof D.Hans Meiser, Kirchenleitende Verantwortung 1933 bis 1955, in : ZbKG 50 1981), S. 96 bis 107.

28) Vgl. *Liermann,* Das evangelische Bischofsamt, ZevKR 3 (1953/1954), S. 9, 28 ff.; *W. Maurer,* Synodales Bischofsamt, S. 42; *Tempel,* Bischofsamt, S.49; *Tröger,* Bischof IV, TRE S. 695.
Die Nachfolger D. Hans Meisers im Amt des Landesbischofs sind: *D. Hermann Dietzfelbinger* (1955–1975), *Dr. Johannes Hanselmann* (1975–1994), *Hermann v. Loewenich* (seit 1. 7. 1994).

29) Vgl. *Knopp,* Landesherrliches Regiment S. 469 ff.

30) Vgl. *Oeschey,* Verfassung S. LV.

2. Rechtsstellung und Aufgaben des Landesbischofs und der Kreisdekane

a) Bischöfliche Funktionen nehmen in der ELKiB neben dem Landesbischof auch die Kreisdekane wahr. Deshalb werden in der Kirchenverfassung die Kreisdekane, obwohl sie Mitglieder des Landeskirchenrates sind und die Amtsbezeichnung Oberkirchenräte führen (KVerf Art. 63 Abs. 1 Satz 2 und 3), nicht in dem Unterabschnitt »Der Landeskirchenrat«, sondern zusammen mit dem Landesbischof in dem Unterabschnitt »Der Landesbischof und die Kreisdekane« behandelt. *RS 1*

Die Regelungen über die Rechtsstellung und die Aufgaben von Landesbischof (KVerf Art. 59, 60) und von Kreisdekanen (KVerf Art. 63) entsprechen einander weitgehend:

Der Landesbischof und die Kreisdekane sind Pfarrer im Sinne des Pfarrergesetzes (RS 500). Sie gehören zu der Gruppe von Pfarrern, denen allgemeinkirchliche Aufgaben übertragen sind (PfG Art. 118 a) *RS 500* und sind ordinierte Inhaber eines kirchenleitenden Amtes im Sinne von PfG § 37 in Verbindung mit Art. 125 a. Gemäß PfG § 30 Abs. 1 hat der ordinierte Inhaber des kirchenleitenden Amtes den Auftrag zur öffentlichen Wortverkündigung und zur Sakramentsverwaltung im Rahmen seiner besonderen Aufgabe. Ihm obliegt die Sorge dafür, daß das Wort Gottes schrift- und bekenntnismäßig verkündigt wird und die Sakramente recht verwaltet werden. Er hat über Ausbildung und Fortbildung, Amtsführung und Lebenswandel der Diener im Amt der Kirche zu wachen und die Gemeinden mit ihren Gliedern zu rechtem kirchlichen Leben anzuhalten. Er hat die Einheit, das Recht und das Ansehen der Kirche zu wahren und zu festigen. Im Unterschied zu Pfarrstelleninhabern, die nach PfG § 31 den Auftrag zur öffentlichen Wortverkündigung und Sakramentsverwaltung nur in der Gemeinde haben, als deren Hirten sie berufen sind, sind die Kreisdekane in allen Gemeinden ihres Kirchenkreises, der Landesbischof in allen Gemeinden der Landeskirche zur öffentlichen Wortverkündigung und Sakramentsverwaltung berechtigt (KVerf 63 Abs. 2; 59 Abs. 2 S. 1). Die klassischen bischöflichen Aufgaben der Visitation, der Ordination und der Vornahme von Einweihungen sind dem Landesbischof und den Kreisdekanen ebenfalls gemeinsam übertragen, diesen jeweils für ihren Kirchenkreis »unbeschadet des Rechts des Landesbischofs« (KVerf Art. 60 Abs. 2, 63 Abs. 4). Ferner obliegt dem Landesbischof und den Kreisdekanen, jeweils für ihren Wirkungsbereich die wichtige Aufgabe der Vertretung der ELKiB in der Öffentlichkeit (KVerf Art. 60 Abs. 1 Nr. 5, Art. 63 Abs. 3 Nr. 4).

In Anbetracht der Fülle der Aufgaben, die Landesbischof und Kreisdekane in gleicher Weise aufgetragen sind, tauscht der Landesbischof mit den Kreisdekanen Erfahrungen aus und berät mit ihnen über gemeinsame Aufgaben (KVerf Art. 60 Abs. 1 Nr. 7).

Wegen der wesensmäßigen Bindung des öffentlichen Predigtamtes an die Gemeinde halten es manche für wünschenswert, wenn Landesbischof und Kreisdekane eine eigene Gemeinde hätten. Doch wäre eine solche Konzeption des Amtes des Landesbischofs und der Kreisdekane wenig sinnvoll, da realistischerweise davon auszugehen ist, daß Landesbischof und Kreisdekane aufgrund ihrer Inanspruchnahme durch übergemeindliche Aufgaben sehr wenig Raum bliebe für den pfarrerlichen Dienst in der Ortsgemeinde; dies ist übrigens eine Einsicht, die zunehmend auch den Dekanen zu schaffen macht, weil nicht selten die gewissenhafte Wahrnehmung der vielfältigen Dekanspflichten zwangsläufig zu Lasten einer kontinuierlichen Arbeit in ihrem Pfarrsprengel geht. Da die Verbindung des Bischofsamtes mit einer Gemeinde durch das jus divinum nicht geboten ist[31)], ist deshalb zu Recht in der Kirchenverfassung davon abgesehen worden, dem Landesbischof und den Kreisdekanen jeweils einen eigenen Seelsorgesprengel zu übertragen. Allerdings haben Landesbischof und Kreisdekane jeweils eine feste Predigtstätte (KVerf Art. 60 Abs. 3, Art. 63 Abs. 5)[32)].

b) Abgesehen von dem Umstand, daß die Befugnisse des Kreisdekans räumlich beschränkt sind (KVerf Art. 63 Abs. 1 S. 1), dem Landesbischof diese Aufgaben aber für den Bereich der ganzen Landeskirche übertragen sind (KVerf Art. 59 Abs. 1), besteht ein Unterschied zwischen dem Amt des Landesbischofs und dem der Kreisdekane insoweit, als der Landesbischof Vorsitzender (KVerf Art. 60 Abs. 1 Nr. 6), die Kreisdekane Mitglieder (KVerf Art. 63 Abs. 1 S. 2) des Landeskirchenrates sind. Als Vorsitzender des Landeskirchenrates ist der Landesbischof nur primus inter pares; eine Richtlinienkompetenz ist ihm wie in der Begründung zum Entwurf der Kirchenverfassung ausgeführt ist, im Hinblick auf KVerf Art. 40 nicht eingeräumt

31) Vgl. *Grundmann,* Verfassungsrecht, S. 59 = Abhandlungen S. 120; *ders.,* Gestaltung einer neuen Kirchenverfassung S. 45 f. = Abhandlungen S. 149 f.

32) Für den Landesbischof ist dies die St. Matthäus-Kirche in München, die festen Predigtstätten der Kreisdekane sind: Ansbach-St. Gumbertus sowie Würzburg-Deutschhauskirche für den Kreisdekan von Ansbach-Würzburg; Augsburg-St. Ulrich für den Kreisdekan des Kirchenkreises Augsburg; Bayreuth-Stadtkirche für den Kreisdekan des Kirchenkreises Bayreuth; München-St. Lukas für den Kreisdekan des Kirchenkreises München; Nürnberg-St. Lorenz für den Kreisdekan des Kirchenkreises Nürnberg; Regensburg-Dreieinigkeitskirche für den Kreisdekan des Kirchenkreises Regensburg.

worden[33]. Seine besondere Rechtsstellung kommt, wie nach der Kirchenverfassung von 1920, darin zum Ausdruck, daß der Landesbischof die kirchlichen Gesetze und Verordnungen ausfertigt und sie verkündet sowie die Ernennung der Pfarrer und Kirchenbeamten der Evangelisch-Lutherischen Kirche in Bayern vollzieht; schließlich bemüht er sich, die Verbindung mit anderen Kirchen zu pflegen und zu vertiefen (KVerf Art. 60 Abs 1 Nr. 4, 8 und 9). Weitere wichtige Aufgaben ergeben sich für den Landesbischof aus seiner Mitgliedschaft in der Bischofskonferenz der VELKD (Verfassung VELKD Art. 10).

Bemerkenswert an den Aufgabenbeschreibungen des Landesbischofs und der Kreisdekane ist, daß der mißverständliche und dem Wesen des evangelischen Bischofsamtes nicht entsprechende Begriff der »oberhirtlichen Tätigkeit«[34], wie er der Kirchenverfassung 1920 zugrunde lag, nicht in die neue Kirchenverfassung übernommen worden ist.

c) Verhältnis zwischen Landesbischof und Kreisdekanen

Angesichts der Fülle der vom Landesbischof zu leistenden Aufgaben, zumal in einer so großen Landeskirche wie der ELKiB, liegt es auf der Hand, daß der Landesbischof auch nicht annähernd alle ihm übertragenen Aufgaben erfüllen kann. Um so problematischer erscheint es deshalb, daß die Kirchenverfassung eine Aufgabenteilung zwischen Landesbischof und Kreisdekanen nicht vorsieht. Eine klare Teilung der Aufgaben wäre sicherlich sachgerecht und zweckmäßig. Diese könnte in der Weise erfolgen, daß der Landesbischof grundsätzlich nur die Aufgaben des bischöflichen Amtes erfüllt, die über den Bereich eines Kirchenkreises hinausgehen – unter Einschluß der Werke und Dienste, die für die ganze Kirche eine besondere Bedeutung haben –, während die Vertretung der Kirche in den Kirchenkreisen noch stärker als bisher von den Kreisdekanen wahrgenommen werden sollte[35]. In diesem Zusammenhang stellt sich auch die unerledigte Frage, ob nicht die Kreisdekane auch die Amtsbezeichnung Bischöfe erhalten sollten[36].

33) Vgl. Verhandlungen der Landessynode der ELKiB vom Oktober 1970, Band 44 S. 163; *von Ammon/Rusam,* S. 156.

34) Siehe dazu *Grundmann,* Gestaltung einer neuen Kirchenverfassung S. 44 = Abhandlung 148.

35) In diesem Sinne bereits *Grundmann,* Gestaltung einer neuen Kirchenverfassung, S. 47 = Abhandlung S. 151; *G. Grethlein,* Arbeitsteilige Kirchenleitung S. 87 f.

36) Die Amtsbezeichnung der Kreisdekane ist in den Ausschußberatungen für die Kirchenverfassung 1971 ausführlich diskutiert worden; vgl. *G.-A. Vischer,* Erläuterungen in: Verfassung S. 59 f.; *Hofmann,* Kirchenverfassung S. 293.

3. Wahl und Amtszeit des Landesbischofs; Ernennung des Kreisdekans

a) Wahl und Amtszeit des Landesbischofs

Der Charakter des evangelischen Bischofamtes als einem synodalen Bischofsamt kommt besonders darin zum Ausdruck, daß der Landesbischof von der Landessynode gewählt wird und auch von ihr »bei Vorliegen besonderer Gründe« aus seinem Amt abberufen werden kann (KVerf Art. 42 Abs. 2 Nr. 2, 61 Abs. 1 und Abs. 2 S. 3)[37]. Ergänzende Bestimmungen über die Wahl des Landesbischofs und die Möglichkeit seiner Abberufung sind gemäß KVerf Art. 61 Abs. 3 im

RS 35 Kirchengesetz über die Rechtsstellung des Landesbischofs in der ELKiB (Bischofsgesetz) vom 19.12.1973 (KABl 1974 S. 8) getroffen:

Die Wahl wird von einem Wahlvorbereitungsausschuß vorbereitet, dem unter dem Vorsitz des Präsidenten der Landessynode die Mitglieder des Landessynodalausschusses, der Landesbischof und die Mitglieder des Landeskirchenrates, die auch Mitglieder des Berufungsausschusses sind, angehören (Bischofsgesetz § 1 Abs. 2 und § 2 Nr. 2). Die wesentliche Aufgabe des Wahlvorbereitungsausschusses besteht darin, einen Wahlvorschlag aufzustellen, für welchen Kirchenvorstände, Pfarrkapitel, Dekanatsausschüsse, kirchliche Verbände und einzelne synodale Anregungen geben können (Bischofsgesetz § 5 Abs. 1 und 2).

Vor der Wahl des Landesbischofs durch die Landessynode tritt deren Präsident gemäß Art. 29 des Vertrages zwischen dem Bayerischen Staat und der ELKiB vom 15.11.1924 in der Fassung des Änderungsvertrages vom 10.7.1978 (Staatskirchenvertrag) mit der Bayerischen Staatsregierung in Verbindung, um sich zu versichern, daß gegen die für die Wahl in Betracht kommenden Kandidaten Vorbehalte politischer Art nicht bestehen (Bischofsgesetz § 5 Abs. 6). Rechtliche Bedeutung kommt der Auffassung der Bayerischen Staatsregierung nicht zu; insbesondere ergibt sich für sie aus dem Staatskirchenvertrag nicht das Recht, gegen die Wahl eines ihr politisch nicht zusagenden Kandidaten ein Veto einzulegen. Die Fühlungsnahme mit der Bayerischen Staatsregierung ist lediglich Ausdruck des Bemühens um vertrauensvolle Zusammenarbeit zwischen Staat und Kirche bei prinzipieller (institutioneller) Trennung (GG Art. 140 i. V. m. WRV Art. 137 Abs. 1)[38]. Außerdem werden vor der Wahl die VELKD (Verfassung

37) Zum Verhältnis des Landesbischofs zur Landessynode im übrigen s. o. bei § 38, 5.

38) Allgemein zur sog. »politischen Klausel« in den Staatskirchenverträgen und Konkordaten vgl. *J. Frank,* Dienst- und Arbeitsrecht, in HdbStKirchR I, Berlin 1974, S. 669 (703 f.).

VELKD Art. 4 Abs. 4) und der Rat der EKD (Grundordnung der EKD Art. 11) über die Kandidaten informiert.

Aufgrund der Kirchengesetze über die Berufung der Theologin zum Dienst des Pfarrers und zur Eingliederung der Theologinnen in das Pfarrer- und Kandidatenrecht vom 04.12.1978 (KABl S. 326, 327) ist die Möglichkeit, eine Frau in das Amt des Landesbischofs zu wählen, selbstverständlich gegeben.

Gewählt ist, wer im 1. oder 2. Wahlgang eine Mehrheit von zwei Dritteln der Stimmen aller Synodalen, mithin von mindestens 68 Synodalen erhalten hat. Im 3. und in erforderlichen weiteren Wahlgängen genügt die Mehrheit aller Synodalen, also die Wahl durch mindestens 52 Synodale (KVerf Art. 61 Abs 1, Bischofsgesetz § 9).

Der Landesbischof wird auf unbestimmte Zeit gewählt, allerdings gilt für ihn – abweichend von der Rechtslage bis zum Inkrafttreten der Kirchenverfassung von 1971 – wie für die sonstigen Pfarrer eine Altersgrenze, welche derzeit im Gegensatz zu der für Pfarrer geltenden Altersgrenze gemäß Bischofsgesetz § 15 Abs. 1 S. 1 an die Vollendung des 68. Lebensjahres gebunden ist; durch Beschluß der Mehrheit aller Synodalen kann seine Amtszeit mit Zustimmung des Landesbischofs zudem befristet verlängert werden[39]. In entsprechender Anwendung der für die übrigen Pfarrer geltenden Vorschriften (PfG § 102 Art. 102 a) ist der Landesbischof schon nach Vollendung des 63. Lebensjahres, im Falle einer Schwerbehinderung nach Vollendung des 60. Lebensjahres oder bei Eintritt vorzeitiger Dienstunfähigkeit in den Ruhestand zu versetzen, wenn er es beantragt. Im letzteren Fall kann er auch von der Landessynode gemäß Bischofsgesetz § 18 Abs. 1 Nr. 1 von seinem Amt abberufen werden. Abgesehen davon kommt eine Abberufung vom Amt des Landesbischofs in Betracht, wenn der Landesbischof sich einer Amtspflichtverletzung schuldig gemacht hat, die bei einem Pfarrer nach den Bestimmungen des Amtspflichtverletzungsgesetzes zur Amtsenthebung oder Entfernung aus dem Dienst führen würde oder wenn seine Amtsführung unvereinbar mit dem Bekenntnis der ELKiB ist (Bischofsgesetz § 18 Abs. 1 Nr 2 und Nr. 3); darüber, ob diese Voraussetzungen gegeben sind, entscheidet ein Ausschuß, der aus den Mitgliedern des Berufungsausschusses – mit

39) Die Vollendung des 68. Lebensjahres als gesetzliche Altersgrenze für den Landesbischof hat ihren Grund darin, daß bis zur Neuregelung der Ruhestandsgrenzen im Jahre 1983 die gesetzliche Altersgrenze für Pfarrer allgemein die Vollendung des 68. Lebensjahres war (vgl. Kirchengesetz vom 17.5.1983, KABl S. 133), daß diese Neuregelung im Bischofsgesetz aber, ohne daß ein sachlicher Grund ersichtlich wäre, nicht nachvollzogen worden ist.

Ausnahme des Landesbischofs – besteht (Bischofsgesetz § 18 Abs. 2).

Zum ständigen Vertreter des Landesbischofs wird auf dessen Vorschlag vom Landessynodalausschuß ein ordiniertes Mitglied des Landeskirchenrates berufen (KVerf Art. 62 in Verbindung mit Bischofsgesetz §§ 22, 23).

b) Die Kreisdekane werden wie die übrigen Oberkirchenräte auf unbestimmte Zeit vom Berufungsausschuß ernannt. Im Gegensatz zu diesen sind von der Berufung der Kreisdekane die im Kirchenkreis wohnhaften Mitglieder der Landessynode zu hören; ihre Zustimmung ist nicht erforderlich (KVerf Art. 66 Abs.1 Satz 2; Geschäftsordnung für den Berufungsausschuß § 12).

Der Kreisdekan wird hinsichtlich seiner Aufgaben im Kirchenkreis durch einen Dekan vertreten, welcher hierzu jeweils für die Dauer von sechs Jahren aus dem Kreis und auf Vorschlag der Dekane des Kirchenkreises vom Landeskirchenrat beauftragt wird (KVerf Art. 64). Es wäre also nicht zulässig, wenn im Vertretungsfalle ein anderer Kreisdekan tätig würde. Bezüglich der Zugehörigkeit zum Landeskirchenrat ist für den Kreisdekan eine Stellvertretung nicht vorgesehen.

Literatur

W. v. Ammon/R. Rusam, Verfassung der Evangelisch-Lutherischen Kirche in Bayern, 2. Auflage München 1985, Anmerkungen zu Art. 59 bis 64; *E. Benz,* Bischofsamt und apostolische Sukzession, Stuttgart 1953; *W. Elert,* Der bischöfliche Charakter der Superintendentur-Verfassung, Luthertum 1935 H. 12 S. 353 ff.; = *ders.,* Ein Lehrer der Kirche (hrsg. von *Max Keller-Hüschemeyer*), Berlin-Hamburg 1967, S. 128 ff.; *G. Grethlein,* Arbeitsteilige Kirchenleitung in einer lutherischen Kirche, in: »Wägen und Wahren«, Festschrift für Werner Hofmann zum 50. Geburtstag, München1981; *Grundmann,* a.a.O., vergleiche bei § 38; *W. Hofmann,* Hat sich die Kirchenverfassung der Evangelisch-Lutherischen Kirche in Bayern vom 20. November 1971 bewährt?, in: Festschrift für Klaus Obermayer, München 1986, S. 287 ff.; *G. Holstein,* Kirchenrecht 1932; *Liermann,* Das evangelische Bischofsamt in Deutschland seit 1933, ZevKR Bd. 3 (1953/54) S. 1 ff.; *W. Maurer,* Das Synodale Bischofsamt seit 1918, Schriftenreihe des Konvents Augsburgischen Bekenntnisses, Fuldaer Hefte 10, Berlin 1955, S. 5 ff. = *ders.,* Die Kirche und ihr Recht, Jus Eccl. Bd. 23, Tübingen 1976, S. 388 ff.; *R. Oeschey,* Verfassung der Evangelisch-Lutherischen Kirche in Bayern rechts des Rheins vom 16. September 1920, München 1921; *B. Tebbe,* Das Bischofsamt in den Lutherischen Landeskirchen Deutschlands, Dissertation Marburg 1957; *Knopp,* Das Ende des landesherrlichen Kirchenregiments in Bayern und die Verfassung der Evangelisch-Lutherischen Landeskirche in Bayern rechts des Rheins vom 10.9.1920, Dissertation München 1976; *I. Tempel,* Bischofsamt und Kirchenleitung in den lutherisch reformierten und unierten deutschen Landeskirchen, Jus. Eccl. Bd. 4, München 1966; *G. Tröger,* Das Bischofsamt in der Evangelisch-Lutherischen Kirche, Jus. Eccl. Bd. 2, München 1966; *ders.,* Art. »Bischof« III und IV, in: TRE Bd. 6, S. 690 ff.; *G. Wenz,* Er wirkt allein durchs Wort – Vom Amt eines evangelischen Bischofs, Nachrichten 1994 H. 7 S. 121 ff.

§ 41
Der Landeskirchenrat

1. Zusammensetzung und Arbeitsweise

RS 1 Der Landeskirchenrat steht als **kollegiales Organ** (KVerf Art. 65 Abs. 1 i. V. m. Vorläufige Geschäftsordnung Landeskirchenrat § 2 – RS 40) in der Rechtstradition der früheren Konsistorien[1]. Der Sitz des Landeskirchenrats ist München (EG KVerf Art. 8 Abs. 2 – RS 2).

Nach KVerf Art. 65 Abs. 1 Satz 1 gehören dem Landeskirchenrat an der Landesbischof, die Kreisdekane und weitere Oberkirchenräte, die entweder Pfarrer oder Kirchenbeamte sind. Die Zahl der Kreisdekane und der weiteren Oberkirchenräte ist nicht durch die Kirchenverfassung festgelegt. Wie oben (§ 37) dargelegt, bestehen zur Zeit sechs Kirchenkreise mit ebenso vielen Kreisdekanen. Die weiteren Oberkirchenräte sind herkömmlicherweise zugleich Leiter der Abteilungen des Landeskirchenamtes (KVerf Art. 68)[2].

An weiteren Oberkirchenräten gibt es derzeit fünf, die Pfarrer sind, und vier, die Kirchenbeamte sind. In bezug auf die Oberkirchenräte im Kirchenbeamtenverhältnis ist offengelassen, welche Fachausbildung sie besitzen. Traditionellerweise sind sie überwiegend Juristen.

Die Oberkirchenräte werden vom *Berufungsausschuß* ernannt, wobei vor der Berufung eines Kreisdekans die im Kirchenkreis wohnhaften Mitglieder der Landessynode zu hören sind (KVerf Art. 66)[3]. Ihre Rechtsverhältnisse bestimmen sich grundsätzlich nach den Vorschrif-

1) Das erste Konsistorium überhaupt ist 1539 in Wittenberg entstanden; diesem oblag zunächst anstelle des katholischen Bischofs die Ehegerichtsbarkeit; schon bald (1542) übernahm es auch die Zuständigkeit für die Prüfung der Ordinanden. In der Folgezeit wuchsen den Konsistorien weitere kirchliche Verwaltungsfunktionen zu, insbesondere die Anstellung und Aufsicht (einschließlich der Disziplinargewalt) über die Geistlichen und Lehrer sowie die Wahrnehmung von Vermögens- und Patronatsangelegenheiten. Im 19. Jahrhundert traten die Konsistorien im Zuge des Prozesses der Verselbständigung der Kirche vom Staat aus dem Schatten von Behörden des landeskirchlichen Kirchenregiments heraus und nahmen mehr und mehr den Charakter von kirchlichen Leitungsorganen an (vgl. *Martin Brecht,* Martin Luther, Bd. 3, Stuttgart 1987, S. 276 ff.; *S. Grundmann,* Art. »Kirchenverfassung« VI, RGG 3. Aufl., Sp. 1576 f.; *G. Grethlein,* Arbeitsteilige Kirchenleitung, S. 73; *A. v. Campenhausen,* Kirchenleitung, S. 21 f.)

2) **Beachte:** Es ist in der Kirchenverfassung nicht festgelegt, daß jeder Oberkirchenrat, der nicht Kreisdekan ist, Abteilungsleiter im Landeskirchenamt sein müßte. Vielmehr wäre es auch denkbar, daß ein Oberkirchenrat besonders verantwortungsvolle Aufgaben wahrnimmt, ohne in das Landeskirchenamt eingebunden zu sein, oder zwar eine Tätigkeit im Landeskirchenamt ausübt, jedoch nicht Abteilungsleiter ist; vgl. *G. Grethlein,* Arbeitsteilige Kirchenleitung, S. 80, Fn. 81.

3) Vgl. o. § 38. Zum Begriff »hören« vgl. »Beachte« unter § 18,5 S. 224. Das bedeutet, daß die Verantwortung allein beim Berufungsausschuß liegt, der das Votum der

ten des Pfarrergesetzes bzw. des Kirchenbeamtengesetzes und des Kirchenbeamtenergänzungsgesetzes.

Die Mitglieder des Landeskirchenrates sind **einander gleichgestellt**. Der Landesbischof ist als Vorsitzender nur *primus inter pares*. Eine Richtlinienkompetenz, vergleichbar etwa dem Bundeskanzler im Verhältnis zu den übrigen Mitgliedern der Bundesregierung, hat er nicht. Dem *Kollegialprinzip* entsprechend, handeln die Mitglieder des Landeskirchenrates in gemeinsamer Verantwortung (KVerf Art. 65 Abs. 1 S. 2; Vorläufige Geschäftsordnung Landeskirchenrat § 1). Gegenüber dem im staatlichen Bereich und im Bereich der Wirtschaft geltenden *monokratischen Prinzip*, nach welchem die letzte Entscheidung bei einem einzelnen liegt, hat das *Kollegialprinzip* sicherlich den Nachteil, daß ein so großes Gremium wie der Landeskirchenrat notwendigerweise langsamer arbeitet und entscheidet als einzelne oder kleine Gruppen. Es kommt hinzu, daß von den Betroffenen die Entscheidungen eines Kollegiums oft als wenig transparent und als unpersönlich empfunden werden. Diesen Nachteilen steht allerdings die Tatsache gegenüber, daß mehrere Personen ein größeres Maß an Wissen und Erfahrung in den Prozeß der Entscheidungsfindung als eine Einzelperson einbringen können. Im kirchlichen Bereich folgt die Notwendigkeit dazu, am *Kollegialprinzip* festzuhalten, vor allem aber aus dem Verständnis von Kirchenleitung als zugleich geistlichem und rechtlichem Dienst (KVerf Art. 5)[4]. Infolgedessen ist es zwar zweckmäßig, die Bearbeitung der einzelnen Sachgebiete je nach dem Grad ihrer Nähe zum geistlichen Zentrum der Kirche, dem Amt der Wortverkündigung und Sakramentsverwaltung, im einzelnen auf theologische und nichttheologische Mitglieder einer Kirchenleitung zu verteilen. Weil dabei aber »die Grenzen flüssig« sind und »die Dinge ineinander« übergehen, »ist es für eine Kirchenleitung das Gegebene, sie nicht monokratisch, sondern nach dem Kollegialprinzip zu organisieren«[5]. Das Kollegium sollte aber nur mit Angelegenheiten von grundsätzlicher Bedeutung befaßt werden.

Der Landeskirchenrat verhandelt grundsätzlich in **Vollsitzungen**, die in regelmäßigen Zeitabständen stattfinden (Vorläufige Geschäftsordnung Landeskirchenrat § 4). Die Vollsitzung ist beschlußfähig, wenn *RS 40* mindestens sieben Kollegialmitglieder, darunter mindestens ein Kreis-

Synodalen ernstnehmen muß, aber daran nicht gebunden ist. Damit wird u. E. aber das ganze Anhörungsverfahren der Synodalen problematisch.

4) Vgl. *v. Ammon/Rusam,* Verfassung, S. 166; *Grethlein,* Arbeitsteilige Kirchenleitung, S. 88 (+ Fn. 98); s. a. o. Vorbemerkungen vor § 38.

5) Vgl. *Grundmann,* Verfassungsrecht S. 55 = Abhandlungen S. 117.

dekan und ein Mitglied, welches Kirchenbeamter ist, anwesend sind (Vorläufige Geschäftsordnung Landeskirchenrat § 5). In Ausnahmefällen – und neuerdings zur Vorbereitung der Vollsitzungen – finden sog. »dringliche Sitzungen« statt (Vorläufige Geschäftsordnung Landeskirchenrat § 10). Bei einer dringlichen Sitzung ist der Landeskirchenrat beschlußfähig, wenn mindestens vier seiner Mitglieder, darunter ein Kreisdekan sowie ein Abteilungsleiter des Landeskirchenamtes, welcher Pfarrer ist, und ein Abteilungsleiter, welcher Kirchenbeamter ist, anwesend sind (Vorläufige Geschäftsordnung Landeskirchenrat § 10 Abs. 4). Die Verhandlungsergebnisse der dringlichen Sitzung sind dem LKR bei der nächsten Sitzung vorzulegen.

Zur Fassung von Beschlüssen ist die Zustimmung der Mehrheit der anwesenden Kollegialmitglieder erforderlich, d. h. die Anzahl der Ja-Stimmen muß höher sein als die Anzahl der Nein-Stimmen und der Enthaltungen; bei Stimmengleichheit ist der Beschluß nicht zustande gekommen (Vorläufige Geschäftsordnung Landeskirchenrat § 8).

2. Aufgaben des Landeskirchenrates

Die umfangreichen Aufgaben des Landeskirchenrates sind vor allem in KVerf Art. 65 Abs. 2 aufgeführt. Aus der Formulierung »insbesondere«[6] folgt, daß diese Aufzählung nicht als abschließende zu verstehen ist. Weitere Aufgaben des Landeskirchenrates ergeben sich aus anderen Bestimmungen der Kirchenverfassung, z. B. aus Art. 25, 73, 75.

Der Landeskirchenrat ist mit Recht als »Motor der Landeskirche im Sinne einer äußeren Kirchenleitung« bezeichnet worden[7]. Diese Funktion kommt vor allem darin zum Ausdruck, daß der Landeskirchenrat das kirchliche und öffentliche Leben beobachtet, Informationen auswertet und weitergibt (KVerf Art. 65 Abs. 2 Nr. 1); Programme für die kirchliche Arbeit entwickelt und Modelle anregt (KVerf Art. 65 Abs. 2 Nr. 2).

Um der Einheit der Kirche willen obliegt es ihm, darauf hinzuwirken, daß die kirchlichen Kräfte in allen Bereichen zusammenarbeiten; außerdem hat er sich um zweckdienliche Organisationsformen in der ganzen ELKiB zu bemühen (Art. 65 Abs. 2 Nr. 4).

6) Zur Bedeutung des Wortes »insbesondere« vgl. o. § 28,1 unter »Beachte« S. 291.
7) Vgl. *Grethlein,* Arbeitsteilige Kirchenleitung, S. 80.

Zusammen mit dem Landesbischof (KVerf Art. 60 Abs. 1 Nr. 4) ist er für die Zusammenarbeit der ELKiB mit anderen Kirchen verantwortlich (KVerf Art. 65 Abs. 2 Nr. 7).

Des weiteren fällt in den Zuständigkeitsbereich des Landeskirchenrates die Gewinnung, Ausbildung, Fortbildung und der sachgemäße Einsatz der kirchlichen Mitarbeiter sowie im Zusammenwirken mit dem Kreisdekan (PfG Art. 15 a) die Prüfung der Voraussetzungen für die Ordination.

Mit Hilfe des Landeskirchenamtes und der Landeskirchenstelle obliegt ihm die Verwaltung der Evangelisch-Lutherischen Kirche in Bayern (KVerf Art. 65 Abs. 2 Nr. 5); in diesem Rahmen übt er die Aufsicht über die Kirchengemeinden, die Dekanatsbezirke und die anderen kirchlichen Rechtsträger aus, indem er ihnen hilft, ihre Aufgaben zu erfüllen (Art. 65 Abs. 2 Nr. 6). Der Landeskirchenrat vertritt die ELKiB gerichtlich und außergerichtlich, wobei die Außenvertretung dem Landesbischof oder einem von diesem Bevollmächtigten obliegt (KVerf Art. 65 Abs. 2 Nr. 8)[8].

Dem Landeskirchenrat obliegt ferner die Besetzung der Pfarrstellen und der Übertragung der Dekansfunktion (KVerf Art. 25, 31).

Schließlich ist der Landeskirchenrat durch sein Initiativrecht bei Kirchengesetzen und sein Anhörungsrecht vor Erlaß eines Kirchengesetzes in das Gesetzgebungsverfahren eingebunden (KVerf Art. 73). Gemeinsam mit dem Landessynodalausschuß erläßt er Verordnungen (KVerf Art. 75).

Unter den kirchenleitenden Organen hat der Landeskirchenrat die Vermutung der Zuständigkeit für sich (»**Kompetenz-Kompetenz**«) und nimmt deshalb alle Aufgaben der Kirchenleitung wahr, die nicht anderen kirchenleitenden Organen ausdrücklich vorbehalten sind (KVerf Art. 65 Abs. 2 Nr. 9).

3. Landeskirchenamt und Landeskirchenstelle

a) Das Landeskirchenamt:

Zur Führung seiner Geschäfte ist dem Landeskirchenrat das Landeskirchenamt zugeordnet (KVerf Art. 68). Die geltende Kirchenverfassung unterscheidet damit klar zwischen dem kirchenleitenden Organ

8) Vgl. hierzu *v. Ammon/Rusam*, Verfassung, S. 168.

Landeskirchenrat und dem Landeskirchenamt als seiner geschäftsführenden Behörde[9].

Im Landeskirchenamt bestehen derzeit neun Abteilungen, von denen fünf Abteilungen von Pfarrern, die aber nicht Kreisdekane sind, und vier Abteilungen von Kirchenbeamten geleitet werden. Die neun Abteilungen sind dabei in drei Hauptabteilungen (nämlich für Personal, für innere Angelegenheiten der ELKiB sowie für ihre Beziehungen nach außen) zusammengefaßt worden.

An der Spitze des Landeskirchenamtes steht ein Oberkirchenrat, welcher Kirchenbeamter ist (KVerf Art. 68 Abs. 1). Dem Leiter des Landeskirchenamtes obliegen insbesondere die Dienstaufsicht über alle Mitarbeiter mit Ausnahme der Oberkirchenräte, der Personaleinsatz im Rahmen des Geschäftsverteilungsplans sowie die Aufsicht über den gesamten Dienstablauf und die dafür erforderlichen Einrichtungen (LKAV §§ 5, 6)[10]. Die Aufsicht über das Landeskirchenamt hat der Landeskirchenrat (LKAV § 7 S. 1), der diese auf den **Kollegialausschuß** gemäß LKAV § 7 S. 2 übertragen hat. Der Kollegialausschuß besteht aus den geschäftsführenden Abteilungsleitern des Landeskirchenamtes. Den Vorsitz hat der Leiter des Landeskirchenamtes inne. Der Kollegialausschuß ist zuständig für den Erlaß allgemeiner Regelungen des Dienstbetriebs und von Beförderungsrichtlinien, Beschwerden gegen Beurteilungen von Kirchenbeamten, Beförderungen von Kirchenbeamten des höheren Dienstes (ausgenommen Oberkirchenräte), die Höhergruppierung von Angestellten ab VergGr. II a und für Entscheidungen nach DIVO § 13 Abs. 2, DiakG § 21 Abs. 3 und DiakBesV §§ 4, 5 (RS 650, 640, 642).

b) Die Landeskirchenstelle:

KVerf Art. 69 sieht die Errichtung nachgeordneter kirchlicher Verwaltungsämter vor. Tatsächlich besteht nur ein einziges Verwaltungsamt, nämlich die Evangelisch-Lutherische Landeskirchenstelle in Ansbach (EG KVerf Art. 11), die bereits mit dem 1.4.1930 durch Verordnung vom 15.3.1930 (KABl S. 19) errichtet worden ist[11].

9) Im Gegensatz dazu wurde unter der Geltung der Kirchenverfassung von 1920 sowohl das kirchenleitende konsistoriale Organ als auch die geschäftsführende Behörde als Landeskirchenrat bezeichnet (vgl. Art. 49 ff. Kirchenverfassung 1920).

10) Vor der Bestellung des Leiters des Landeskirchenamtes durch den LKR hat gemäß Verf. VELKD Art. 4 eine Fühlungnahme mit der VELKD stattzufinden.

11) Vgl. *v. Ammon,* Die Evangelisch-Lutherische Landeskirchenstelle in Ansbach, ihre Entstehung und Entwicklung, Nachrichten der ELKiB 1962, S. 194; *v. Ammon/Rusam,* Verfassung, S.173 f.

Die Evangelisch-Lutherische Landeskirchenstelle ist eine dem Landeskirchenrat unterstellte Behörde, der nach KGO § 103 die Aufsicht über alle Kirchengemeinden und Kirchenstiftungen, die keiner Gesamtkirchengemeinde angehören, obliegt (LKStV Nr. 3). Die Landeskirchenstelle erledigt die ihr zugewiesenen Aufgaben in eigener Verantwortung. Gegen ihre Entscheidungen kann innerhalb eines Monats Beschwerde beim Landeskirchenrat erhoben werden (KGO § 112 Abs. 1 Nr. 2).

3. Abschnitt:
Rechtsetzung – Rechtsschutz

§ 42
Kirchengesetze – Verordnungen – Bekanntmachungen

1. Grundsätzliches

RS 100, 101 **a)** Die aus ihrem eigenen Recht folgende Befugnis der Kirche, im Rahmen ihrer Zuständigkeit Regelungen und Anordnungen zu treffen, die ihre Mitglieder binden, ist staatlicherseits durch GG Art. 140 i. V. m. WRV Art. 137 Abs. 3 bzw. – für den Erlaß von Kirchengesetzen – Abs. 5 anerkannt. Dem Staat ist jegliche Einflußnahme auf die kirchliche Rechtsetzung versagt. Dies wird im *Vertrag zwischen dem bayerischen Staat und der Evangelisch-Lutherischen Kirche in Bayern* vom 15.11.1924 in Art. 1 Abs. 2 (RS 110) nochmals ausdrücklich bestätigt. Dort jedoch, wo die kirchliche Rechtsetzung für den weltlichen Rechtsbereich unmittelbare Wirkungen entfaltet, z. B. bei der Regelung der vermögensrechtlichen Seite der öffentlich-rechtlichen Dienstverhältnisse von Pfarrern und Kirchenbeamten (autonomes Recht)[1], sind besonders die Grunderfordernisse des Rechts- und Sozialstaatsprinzips (GG Art. 20 Abs. 1 und 3) als »für alle geltendes Gesetz« zu beachten. Dementsprechend verbieten sich grundsätzlich rückwirkende und für die Betroffenen nachteilige Änderungen; dies wird in KVerf Art. 74 Abs. 2 S. 3 ausdrücklich festgestellt.

Beachte:
Ein generelles Rückwirkungsverbot besteht allerdings nicht. Vielmehr ist zu unterscheiden zwischen *echter* und *unechter Rückwirkung. Echte Rückwirkung,* die immer dann vorliegt, wenn ein Gesetz bei objektiver Betrachtung nachträglich ändernd in abgewickelte, der Vergangenheit angehörende Tatbestände eingreift, ist grundsätzlich[2] wegen des aus dem Rechtsstaatsprinzip folgenden Gebotes der Rechtssicherheit verboten. Demgegenüber unterliegt der Gesetzgeber bei der *unechten Rückwirkung,* bei der auf noch nicht abgewickelte Sachverhalte und Rechtsbeziehungen für die Zukunft eingewirkt wird (Schutz des Vertrauens für die Zukunft) weniger strengen Bindungen; vielmehr ist dort abzuwägen zwischen dem Vertrauen des einzelnen auf den Fortbestand einer bestehenden Regelung und der Bedeutung

1) *v. Campenhausen,* Staatskirchenrecht, S. 80.
2) Wegen der Bedeutung des Wortes »grundsätzlich« vgl. o. § 16, 3a) unter »Beachte« S. 203. Eine zulässige Ausnahme sind z. B. rückwirkende Regelungen, die uns begünstigen (z. B. Besoldungserhöhungen).

des gesetzgeberischen Anliegens für das Wohl der Allgemeinheit. Nur wenn die Abwägung ergibt, daß das Vertrauen des einzelnen den Vorrang verdient, ist auch die *unechte Rückwirkung* unzulässig[3].

b) Auch für die Arten der kirchlichen Rechtsnormen gilt, daß sie über eine unterschiedliche Wertigkeit – man spricht deshalb von einer Normenhierarchie oder einer **Normenpyramide** – und über einen unterschiedlichen Abstraktionsgrad verfügen.

An der Spitze der Normenpyramide im Recht der ELKiB steht die **Kirchenverfassung**; aus diesem Grunde bedarf eine Änderung des kirchlichen Verfassungsrechts, sei es im Wege einer Änderung des Verfassungstextes selbst oder sei es im Wege einer Verfassungsänderung durch »Verfassungsdurchbrechung«[4] einer gegenüber sonstigen (einfachen) Gesetzgebungsvorhaben qualifizierten Mehrheit (KVerf Art. 50 Abs. 3 Nr. 1).

In der Rangfolge unter dem einfachen **Gesetzesrecht** steht das **Verordnungsrecht** (s. unter 2.).

Über die niedrigste Wertigkeit verfügen die **Bekanntmachungen** (s. unter 3.).

Je höher eine Rechtsnorm in der Normenpyramide angesiedelt ist, desto höher ist auch ihr Abstraktionsgrad. So trifft die Kirchenverfassung nur die wesentlichen Grundaussagen, während ihre Konkretisierung im einzelnen den entsprechenden Kirchengesetzen und Verordnungen vorbehalten bleibt[5].

c) In bezug auf das **Recht der gesamtkirchlichen Zusammenschlüsse** ist festzustellen, daß das Recht der VELKD, das diese mit Wirkung für ihre Gliedkirchen setzt, dem Recht der ELKiB vorgeht (vgl. VELKD Verf. Art. 6 Abs. 1); gesetzliche Bestimmungen der EKD gelten für die Gliedkirchen dann, wenn es sich um Sachgebiete handelt, die im Bereich der Evangelischen Kirche in Deutschland bereits einheitlich geregelt waren, oder wenn die beteiligten Gliedkirchen damit einverstanden sind (EKD GO Art. 10).

2. Kirchengesetze und Verordnungen

a) Im staatlichen Bereich ist der Gesetzgeber verpflichtet, bei der

3) Vgl. *Seifert/Hömig,* Grundgesetz für die Bundesrepublik Deutschland, 3. Aufl. Baden-Baden 1988, Vorbemerkung 7 vor Art. 70.
4) Vgl. oben § 4, 1, S. 41.
5) Vgl. o. § 2, S. 22.

Ordnung eines Lebensbereichs, insbesondere wenn Grundrechte betroffen sind, alle wesentlichen Entscheidungen selbst zu treffen (»Wesentlichkeitstheorie«). Auch KVerf Art. 71 Abs. 1 bestimmt, daß bestimmte **grundlegende oder besonders wichtige Fragen** der Regelung durch **Kirchengesetz** bedürfen. Hierzu gehören der Erlaß und die Änderung der Kirchenverfassung, die grundlegende rechtliche Ordnung der kirchlichen Rechtsträger (insbesondere der Kirchengemeinden und der Dekanatsbezirke), die Regelung der Kirchenmitgliedschaft, die Ordnung der grundlegenden dienstrechtlichen Verhältnisse der Pfarrer und der anderen kirchlichen Mitarbeiter, die Regelung des kirchlichen Steuer- und Beitragsrechts – vorbehaltlich der staatlichen Regelungen –, die Feststellung des Haushaltsplans der Evangelisch-Lutherischen Kirche in Bayern und die Regelung des innerkirchlichen Finanzausgleichs, die Ausführung und Ergänzung von Kirchengesetzen der Vereinigten Evangelisch-Lutherischen Kirche Deutschlands (z. B. Pfarrergesetz, Kirchenbeamten- bzw. Kirchenbeamtenergänzungsgesetz) und der Evangelischen Kirche in Deutschland (z. B. EKD-Kirchenmitgliedschaftsgesetz), die Zustimmung zu Verträgen mit anderen Kirchen und mit gesamtkirchlichen Zusammenschlüssen, (z. B. Vereinbarung mit der Evang.-Luth. Kirche Mecklenburgs über den befristeten Dienst von Pfarrern und Pfarrerinnen vom 8. 4. 1991 KABl S. 153) und die Zustimmung zu Staatsverträgen.

Ein Kirchengesetz ist nach KVerf Art. 71 Abs. 2 ferner dann erforderlich, wenn bereits bestehende Kirchengesetze geändert oder aufgehoben werden sollen, und wenn eine andere kirchliche Angelegenheit nach übereinstimmender Auffassung von Landeskirchenrat und Landessynodalausschuß oder aufgrund eines Beschlusses der Landessynode kirchengesetzlich geregelt werden soll.

Die Kirchengesetze werden von der Landessynode beraten und beschlossen (KVerf Art. 42 Abs. 2 Nr. 1).

b) Während im staatlichen Verfassungsrecht ausdrücklich bestimmt ist, daß der Erlaß einer Verordnung das Vorhandensein einer nach Inhalt, Zweck und Ausmaß hinreichend bestimmten gesetzlichen Ermächtigungsgrundlage zur Voraussetzung hat (vgl. GG Art. 80 Abs. 1), fehlt in der geltenden Kirchenverfassung eine entsprechende Regelung. Verordnungen können deshalb auch ohne kirchengesetzliche Ermächtigungsgrundlage erlassen werden; der Erlaß einer Verordnung scheidet allerdings immer dann aus, wenn einer der in KVerf Art. 71 geregelten Fälle vorliegt. Auch im Recht der ELKiB dient die

Verordnung regelmäßig dazu, Einzelheiten zu regeln, nachdem ein Kirchengesetz gleichsam den Rahmen einer Materie abgesteckt hat.

Gemäß KVerf Art. 75 Abs. 1 werden Verordnungen vom Landeskirchenrat mit Zustimmung des Landessynodalausschusses erlassen.

In dringenden Fällen, wenn die alsbaldige Einberufung der Landessynode nicht möglich ist, können Verordnungen ausnahmsweise sogar über Gegenstände erlassen werden, die nach KVerf Art. 71 der kirchengesetzlichen Regelung vorbehalten sind. Dies gilt jedoch nicht für Änderungen der Kirchenverfassung und in bezug auf Gegenstände, die von der Landessynode abgelehnt worden sind oder bereits als Gesetzesvorlage in die Landessynode eingebracht sind. Solche **»gesetzesvertretenden« Verordnungen** über Gegenstände, die an sich der kirchengesetzlichen Regelung bedürfen, bleiben jedoch nur bis zur nächsten Tagung der Landessynode in Kraft; die Landessynode hat dann über diese Gegenstände selbst zu entscheiden (KVerf Art. 75 Abs. 2).

3. Bekanntmachungen

Bekanntmachungen sind nicht rechtsetzender Natur, haben also im Gegensatz zu Kirchengesetzen und Verordnungen keinen eigenständigen Regelungsgehalt. Bekanntmachungen stellen vielmehr **für die** kirchliche **Verwaltung verbindliche** Richtlinien und Weisungen allgemeiner Art dar, die der Landeskirchenrat im Rahmen und im Vollzug des materiellen Kirchenrechts (Kirchengesetze, Verordnungen) als oberste Verwaltungsbehörde der Landeskirche erläßt.

§ 43
Das Gesetzgebungsverfahren

RS 1, 20 Der Ablauf des Gesetzgebungsverfahrens ist in KVerf Art. 73 und 74 geregelt. Das Nähere ergibt sich aus der Geschäftsordnung der Landessynode §§ 39 bis 43 (RS 20). Es sind folgende Verfahrensabschnitte zu unterscheiden: Gesetzesinitiative – Benehmen mit einem weiteren kirchenleitenden Organ – Beschlußfassung durch die Landessynode – Ausfertigung – Verkündung.

1. Gesetzesinitiative

Das Recht der *Gesetzesinitiative*, d. h. das Recht, einen Gesetzesentwurf in das Gesetzgebungsverfahren einzubringen, haben der Landeskirchenrat, der Landessynodalausschuß und die Landessynode, wobei die aus der Mitte der Landessynode kommenden Entwürfe von mindestens 25 Synodalen unterschrieben sein müssen (KVerf Art. 73 Abs. 1 und 3). In der Regel werden Gesetzesentwürfe vom Landeskirchenrat eingebracht.

2. Behandlung der Gesetzesentwürfe

Entwürfe des Landeskirchenrates werden dem Landessynodalausschuß, Entwürfe des Landessynodalausschusses dem Landeskirchenrat zur Stellungnahme zugeleitet; nach KVerf Art. 53 Abs. 3 können der Landeskirchenrat und der Landessynodalausschuß auch zu einer gemeinsamen Sitzung zusammentreten. Wenn sich Landeskirchenrat und Landessynodalausschuß nicht auf einen Entwurf einigen können, so kann jedes Organ der Landessynode einen eigenen Entwurf vorlegen oder dem Entwurf des anderen seine eigene Stellungnahme beifügen (KVerf Art. 73 Abs. 2).

Entwürfe, die aus der Mitte der Landessynode eingebracht werden, sind vor der Beratung in der Landessynode dem Landeskirchenrat zur Stellung zuzuleiten (KVerf Art. 73 Abs. 3).

3. Beratung und Beschlußfassung durch die Landessynode (KVerf Art. 74 Abs. 1)

In der Landessynode wird die Gesetzesvorlage in zwei Lesungen behandelt (KVerf Art. 74 Abs. 1 i. V. m. Geschäftsordnung Landessynode § 39, 41, 42). Die Behandlung eines Gesetzentwurfs wird durch die allgemeine Aussprache eröffnet, an deren Beginn der Bericht desjenigen steht, der den Gesetzesentwurf eingebracht hat (Geschäftsordnung Landessynode § 40 Abs. 1). Nach Abschluß der Aussprache wird der Entwurf aufgrund Beschlusses der Landessynode regelmäßig an einen oder mehrere Ausschüsse überwiesen (Geschäftsordnung Landessynode § 40 Abs. 2). Nach den Ausschuß-Beratungen wird in der ersten Lesung grundsätzlich[1)], sofern die Landessynode nichts anderes beschließt, jeder einzelne Paragraph oder Absatz des Entwurfs der Reihenfolge nach aufgerufen, Gelegenheit zur Aussprache gegeben und danach abgestimmt (Geschäftsordnung Landessynode § 41 Abs. 1).

Die zweite Lesung eines Gesetzesentwurfs soll nicht am Tag der ersten Lesung stattfinden; die Landessynode kann jedoch Ausnahmen beschließen (Geschäftsordnung Landessynode § 42 Abs. 1). Nach Abschuß der zweiten Lesung wird über den gesamten Gesetzentwurf abgestimmt (Geschäftsordnung Landessynode § 42 Abs. 3).

KVerf Art. 74 Abs. 1 stellt klar, daß auch für die Beschlußfassung über Gesetzesentwürfe die allgemeinen Bestimmungen über die Beschlußfähigkeit der Landessynode (KVerf Art. 50 Abs. 1) und über die jeweils erforderliche Mehrheit (KVerf Art. 50 Abs. 2 und 3) gelten[2)].

Die auf diese Weise angenommenen Kirchengesetze werden in KVerf Art. 74 Abs. 2 als »verfassungsmäßig zustande gekommen« bezeichnet; zu ihrer Wirksamkeit bedürfen sie jedoch noch der Ausfertigung und der Verkündung (KVerf Art. 74 Abs. 2). Der Landesbischof ist grundsätzlich zur Ausfertigung und Verkündung von gemäß KVerf Art. 74 Abs. 2 verfassungsmäßig zustande gekommenen Kirchengesetzen verpflichtet. Bedenken gegen Gesetzesbeschlüsse der Landessynode kann er nur im Wege eines aufschiebenden Einspruchs (KVerf Art. 52) oder der Auflösung der Landessynode (KVerf. Art. 53) geltend machen[3)].

4. Ausfertigung

Unter der Ausfertigung ist die Unterzeichnung des von der Landessynode angenommenen Gesetzesentwurfs durch den Landesbischof zu verstehen.

1) Wegen der Bedeutung des Wortes »grundsätzlich« vgl. o. § 16,3a) unter »Beachte« S. 203.
2) Vgl. auch o. § 38,4 b. Zur Möglichkeit der Verfassungsänderung im Wege der Verfassungsdurchbrechung vgl. o. § 4,1 (»Beachte«) und § 4,5, S. 41.
3) Vgl. hierzu § 38,5, S. 359.

5. Verkündung

Die Verkündung von Kirchengesetzen geschieht im Amtsblatt der ELKiB. Der Gesetzesentwurf wird durch die Verkündung Gesetz. Das Gesetz tritt üblicherweise an dem von ihm selbst bestimmten Tag in Kraft; falls eine solche Bestimmung fehlt, tritt es am 14. Tag nach der Verkündung, d. h. nach der Herausgabe der betreffenden Nummer des Amtsblattes, in Kraft.

§ 44
Rechtsschutz

1. Kirchlicher Rechtsschutz in der kirchlichen und in der staatlichen Rechtsordnung

a) Rechtstheologische Grundlegung und geschichtliche Entwicklung des kirchlichen Rechtsschutzes

Das Recht, zumal das evangelische Kirchenrecht, dessen Aufgabe darin besteht, dem Auftrag der Kirche situationsgerecht zu dienen, ist nicht für alle Zeiten statisch festgelegt, sondern ist offen für die in Wirklichkeit und Geschichtlichkeit ablaufenden Prozesse[1]. Dadurch werden immer wieder Zweifel und Meinungsverschiedenheiten über die richtige Anwendung und Auslegung des Rechts ausgelöst. Auch in der Kirche ist es nicht zu vermeiden, daß Entscheidungen von kirchenleitenden Organen oder kirchlichen Dienststellen von den Betroffenen als »nicht richtig«, als »ungerecht« empfunden werden und auch verwaltungsinterne Möglichkeiten zur Prüfung einer solchen Entscheidung (sog. »formlose Rechtsbehelfe«)[2] im Einzelfall nicht zu einer Befriedung führen. »Um der Liebe und um des Friedens willen« (CA Art. 28) bedarf es deshalb unabhängiger und objektiver Instanzen, die, vom Vertrauen aller Beteiligten getragen, eine Klärung der streitigen Angelegenheit herbeizuführen versuchen, gegebenenfalls verbindlich entscheiden.

Die Notwendigkeit zur Schaffung streitschlichtender Organe in der christlichen Gemeinde hat bekanntlich schon der Apostel Paulus anerkannt. Im 6. Kapitel seines 1. Briefes an die Korinther, welches als »Magna Charta« aller kirchlichen Gerichtsbarkeit[3] gilt, tadelt er die Gemeinde sehr heftig deshalb, weil ihre Mitglieder Streitigkeiten vor heidnischen Gerichten ausfechten, und vermahnt dazu, statt dessen folgendermaßen vorzugehen: (1) der »Königsweg«[4] bestehe darin, Unrecht hinzunehmen und darauf zu hoffen, daß letztlich Gott Recht schaffen werde (Matth. 5,38–41). (2) Wer zu einem Rechtsverzicht jedoch nicht bereit sei, solle wenigstens von der christlichen Gemeinde zu bestellende Gerichte anrufen, da es angesichts der hohen Berufung

1) Vgl. *H. Maurer,* Kirchliche Gerichtsbarkeit, S. 85.

2) Vgl. z. B. das Recht des Pfarrers, gegen die Entscheidung einer übergeordneten Stelle bei dieser Gegenvorstellung zu erheben, nach PfG § 76 und das Antrags- und Beschwerderecht des Kirchenbeamten nach KBG § 60.

3) Vgl. *Stein,* Staatlicher und kirchlicher Rechtsweg, S. 28.

4) Vgl. *Stein,* a.a.O. S. 29.

des Gottesvolkes, in der Endzeit an Gottes Gericht über die Welt teilzuhaben, erst recht Aufgabe der Weisen in der Gemeinde sei, alltägliche Rechtssachen zu entscheiden[5].

Wenn im evangelischen Bereich im modernen Sinne von kirchlicher Gerichtsbarkeit die Rede ist, ist vor allem an Verfahren in Disziplinarangelegenheiten (Amtspflichtverletzungsverfahren) und an den Rechtsschutz gegen kirchliche Verwaltungsentscheidungen zu denken. Für Disziplinarsachen sind bereits gegen Ende des 19. Jahrhunderts in mehreren Landeskirchen nach dem Vorbild des für unmittelbare Staatsbeamte geltenden Disziplinarrechts kirchliche richterliche Behörden eingerichtet worden[6].

Nach 1919 sind – in neun der damals 28 Landeskirchen – die ersten kirchlichen Verwaltungsgerichte in dem Bestreben entstanden, die nach dem Wegfall des landeskirchlichen Kirchenregiments neugewonnene Freiheit nicht nur im Bereich der Gesetzgebung und der Verwaltung, sondern auch in der Rechtsprechung zu realisieren. Heute bestehen in fast allen evangelischen Kirchen der Bundesrepublik Verwaltungsgerichte[7], zum Teil kombinierte Verfassungs- und Verwaltungsgerichte (z. B. Rechtshof der Konföderation evangelischer Kirchen in Niedersachsen und Kirchengerichte der Nordelbischen Kirche). 1949 errichtete die EKD einen Schiedsgerichtshof, der bei Streitigkeiten zwischen Gliedkirchen zu entscheiden hat und auf Wunsch der einzelnen Gliedkirchen als Verwaltungsgericht für innerkirchliche Streitigkeiten zur Verfügung steht[8]. Die VELKD ließ 1950 ein Kirchengesetz über die Errichtung eines Verfassungs- und Verwaltungsgerichts, das den Gliedkirchen und damit auch der ELKiB nicht zuletzt als Revisionsinstanz zur Verfügung steht[9]. Seit dem 1. 7. 1993 verfügt

5) Vgl. *Starck,* Recht, Gerichte und der Geist der Liebe, S. 30 ff.

6) Zur gegenwärtigen Ausgestaltung des Verfahrens bei Amtspflichtverletzungen im Bereich der ELKiB und der VELKD vgl. unten 2 c.

7) In der Evangelisch-Lutherischen Landeskirche Sachsens entscheidet über letztinstanzliche Entscheidungen auf dem Gebiet des Pfarrer- und Kirchenbeamtenrechts eine *Schlichtungsstelle.* In der Evangelischen Landeskirche in Württemberg gibt es anstelle des Rechtswegs zu einer verwaltungsgerichtlichen Instanz die Möglichkeit der Beschwerde beim *Landeskirchenausschuß,* einem synodalen Organ, das aus dem Landesbischof, dem Präsidenten der Landessynode und drei weiteren von der Landessynode aus ihrer Mitte gewählten Mitgliedern besteht.

8) Kirchengesetz über die Bildung eines (vorläufigen) Schiedsgerichtshofs der EKD vom 13. 1. 1949 (ABl. EKD, S. 25) i. d. F. vom 13. 3. 1963 (ABl. EKD, S. 174).

9) Kirchengesetz über die Errichtung eines Verfassungs- und Verwaltungsgerichts der VELKD i. d. F. der Bekanntmachung vom 1. 11. 1978 (ABl. VELKD Bd.5, S. 141); Verfahrensordnung vom 14. 2. 1977 (ABl. VELKD Bd. 5, S. 23). Grundlegend zur historischen Entwicklung und zu den Einzelheiten der verschiedenen Gerichtsordnungen vgl. *H. Maurer,* Die Verwaltungsgerichtsbarkeit der evangelischen Kirche; *ders.,* Grundprobleme der kirchlichen Gerichtsbarkeit, S. 48 f.; *E. Ruppel,* Die Verwaltungsgerichtsbarkeit in der evangelischen Kirche, S. 50 ff.

auch die ELKiB über ein Verwaltungsgericht, welches die Zuständigkeiten der bis dahin eingerichteten *Schlichtungsstelle für Pfarrer, Kirchenbeamte und Diakone* und des *Schiedsausschusses nach der Kirchengemeinde- bzw. Dekanatsbezirksordnung* übernommen hat[10)].

Weitere Rechts-Instanzen wurden gleichzeitig mit der kirchengesetzlichen Ausgestaltung der rechtlichen Beteiligung der Mitarbeiter an der Gestaltung ihres Dienstes und ihrer Dienstverhältnisse durch MVG (RS 800) und ARRG (RS 770) geschaffen.

b) Die staatskirchenrechtliche Problematik des kirchlichen Rechtsschutzes

Aus dem in Grundgesetz Art. 140 i. V. m. Weimarer Reichsverfassung Art. 137 Abs. 3 verbürgten Selbstbestimmungsrecht der Kirche folgt ihre Befugnis, in ihren eigenen Angelegenheiten eigene Rechtspflegeeinrichtungen zu schaffen. Die Kirche kann deshalb selbst über Zweckmäßigkeit und Angemessenheit eines Rechtswegs befinden und die zuständigen Organe und ihr Verfahren bestimmen. Bemerkenswert ist, daß eine rechtliche Verpflichtung zur Unterhaltung von Organen, die dem Charakter einer Gerichtsbarkeit aus der Sicht des freiheitlich-demokratischen Rechtsstaats entsprechen, nicht besteht. Allerdings verlangt es die Glaubwürdigkeit der Kirche, die aufgrund ihres Öffentlichkeitsanspruchs für eine gerechte Ordnung im staatlichen Bereich eintritt, daß sie auch in ihrem Bereich rechtsstaatliche Prinzipien verwirklicht.

Eine von der Frage nach der Qualität kirchlicher Rechtspflegeeinrichtungen zu unterscheidende Frage ist, in welchem Verhältnis kirchliche Rechtsschutzmöglichkeiten zum Rechtsschutz durch staatliche Gerichte stehen. Dabei gehört zu den »am meisten umstrittenen und noch immer ungelösten Problemen des deutschen Staatskirchenrechts«[11)] der Rechtsschutz von kirchlichen Amtsträgern in öffentlich-rechtlichen Dienstverhältnissen:

Das Bundesverfassungsgericht und das Bundesverwaltungsgericht zollen auch hier der kirchlichen Eigenständigkeit hohen Respekt. Denn beide oberste Gerichte haben die Zuständigkeit staatlicher Gerichte in sog. *Statusangelegenheiten* von Pfarrern und Kirchenbeamten (z. B.

10) Zum »Kirchengesetz über die Verwaltungsgerichtsbarkeit in der Evangelisch-Lutherischen Kirche in Bayern« vom 9. 12. 1992 (KABl. S. 372) vgl. die Einführung von *Hübner,* »Daß sie richten mit gerechtem Gericht!«. Im einzelnen zum Rechtsschutz in Verwaltungsangelegenheiten vgl. unten 2 b.

11) Vgl. *v. Campenhausen,* Staatlicher Rechtsschutz, S. 625.

Anstellung, Versetzung, Entlassung, Ruhestandsversetzung usw.) generell ausgeschlossen[12]. In *vermögensrechtlichen Streitigkeiten* auf dem Gebiet des kirchlichen Besoldungs- und Versorgungsrechts hängt nach ständiger höchstrichterlicher Rechtsprechung die Entscheidungszuständigkeit staatlicher Verwaltungsgerichte davon ab, ob das kirchliche Recht eine Rechtswegzuweisung an die staatlichen Verwaltungsgerichte ausspricht. Die Frage, ob die staatlichen Gerichte damit von der Rechtsschutzgewährung in vermögensrechtlichen Fragen ausgeschlossen sind, wenn eine Rechtswegzuweisung an diese fehlt, ist bisher sowohl vom Bundesverwaltungsgericht als auch vom Bundesverfassungsgericht offen gelassen worden[13]. Diese Rechtsprechung ist in der staatskirchenrechtlichen Literatur unter Hinweis auf die aus dem Rechtsstaatsprinzip (Grundgesetz Art. 20) folgende umfassende Justizgewährleistungspflicht des Staates, welche als »für alle geltendes Gesetz« dem Selbstbestimmungsrecht der Kirche Schranken setze, überwiegend auf Ablehnung gestoßen. Von der ganz herrschenden Meinung in der Literatur wird deshalb die Zuständigkeit staatlicher Gerichte zumindest für vermögensrechtliche Klagen, teilweise auch für Statusklagen kirchlicher Amtsträger, unabhängig von einer kirchenrechtlichen Rechtswegzuweisung, bejaht[14].

Ohne daß es darauf ankommt, welche der verschiedenen Meinungen über den Rechtsschutz kirchlicher Amtsträger in öffentlich-rechtlichen Dienstverhältnissen theoretisch richtig(er) ist, wird die Praxis sich nach der Rechtsprechung richten, zumal der des BVerfG insoweit Gesetzesrang zukommt (Bundesverfassungsgerichtsgesetz § 31; vgl. auch o. § 13 Fn. 1). Nach dem Recht der ELKiB ist in *vermögensrechtlichen Streitigkeiten* schon von jeher der Rechtsweg zu den staatlichen Verwaltungsgerichten eröffnet (PfG Art. 78, KBG § 71)[15]. Die ELKiB

12) Vgl. etwa BVerfGE 18, 385 (387 f.); BVerfG NJW 1983, 2569; NVwZ 1985, 105. BVerwGE 25, 226 (230 f.); 66, 241 ff.

13) Vgl. BVerwGE 66, 241 ff.; BVerfG NJW 1983, 2569.

14) Vgl. hierzu die knappe Übersicht bei *Hübner,* Pfarrer in der Sozialversicherung, S. 39–42; umfassend *Kästner,* Staatliche Justizhoheit a.a.O. m. d. Besprechung von *Hesse* in ZevKR 38 (1993) S. 113 ff.

15) Während Pfarrer jedoch in vermögensrechtlichen Angelegenheiten bis zum 1. 7. 1993 ein Wahlrecht hatten, entweder die Schlichtungsstelle für Pfarrer, Kirchenbeamte und Diakone oder das staatliche Verwaltungsgericht anzurufen, wobei mit der Wahl der einen Rechtsschutzmöglichkeit die jeweils andere ausgeschlossen war (PfG § 78 Abs. 3 i. V. m. Art. 78 Abs. 1 S. 2 a.F.), sieht das Kirchliche Verwaltungsgerichtsgesetz (RS 955) in vermögensrechtlichen Angelegenheiten eine ausschließliche Zuständigkeit der staatlichen Verwaltungsgerichte vor (KVGG § 10). Diese Wahlmöglichkeit ist im übrigen erst durch das Kirchengesetz vom 4. 5. 1983 (KABl. S. 113) eingeführt worden (s. dazu Verhandlungen der Landessynode April 1983, S. 99 zu Art. 1 Nr. 3); vorher war die Schlichtungsstelle in vermögensrechtlichen Angelegenheiten nur subsidiär zuständig, wenn der Rechtsweg zu den staatlichen Gerichten nicht möglich war.

hat damit von sich aus der herrschenden Ansicht in der staatskirchenrechtlichen Literatur Rechnung getragen, wonach in bezug auf die äußere oder weltliche Seite des kirchlichen Dienstverhältnisses der Justizhoheit des Staates der Vorrang vor dem kirchlichen Selbstbestimmungsrecht gebührt. Dies ist schon wegen der weitgehenden Übereinstimmung des kirchlichen Besoldungs- und Versorgungsrechts mit den entsprechenden staatlichen Bestimmungen sachgerecht. Für den staatlichen Rechtsweg bei vermögensrechtlichen Streitigkeiten spricht ferner, daß kirchengerichtliche Urteile, die etwa auf die Rückzahlung zuviel geleisteter Bezüge, die Herausgabe bestimmter amtlicher Gegenstände oder die Räumung einer Dienstwohnung gerichtet sind, also solche nicht vollstreckt werden könnten[16].

Demgegenüber wird in statusrechtlichen Angelegenheiten von kirchlichen Amtsträgern und sonstigen rein innerkirchlichen Angelegenheiten auch künftig an der ausschließlichen Zuständigkeit der kirchlichen Gerichtsbarkeit festgehalten. Hierfür ist nicht zuletzt die Überlegung maßgeblich, daß das kirchliche Recht insoweit gegenüber dem staatlichen Recht nicht unerhebliche, teilweise durch das kirchliche Bekenntnis bestimmte Besonderheiten aufweist, deren Kenntnis von staatlichen Richtern angesichts der sehr zu bedauernden untergeordneten Bedeutung des Kirchenrechts in der juristischen Ausbildungs- und Prüfungspraxis und der dadurch bedingten fortschreitenden Säkularisierung von Recht- und Justizwirklichkeit immer weniger erwartet werden kann. Die Unterhaltung eigener sachkundiger Rechtsinstanzen ist damit schon aus Gründen der Fürsorgepflicht der Kirche für ihre Mitglieder und Dienstnehmer geboten[17].

Weil aber jegliche Gerichtsbarkeit ihre friedensstiftende Funktion nur dann erfüllen kann, wenn sie von den am Verfahren Beteiligten und von der Rechtsgemeinschaft akzeptiert wird, ist es deshalb auch für kirchliche Rechtspflegeeinrichtungen von entscheidender Bedeutung, daß ihre Organisation und das Verfahren so gestaltet sind, daß das Vertrauen in die Objektivität und die Unabhängigkeit ihrer Rechtsprechung begründet ist[18]. Wer ausschließlich auf kirchliche Rechtspflegeeinrichtungen angewiesen ist, darf jedenfalls keinen Anlaß haben, sich gegenüber denjenigen, denen staatliche Gerichte zur Verfügung stehen, in seinem Rechtsschutz benachteiligt zu fühlen. Hieraus folgt

16) Vgl. zu diesem Problem das Urteil des Landgerichts Berlin vom 21. 10. 1986, veröffentlicht in: ZevKR 33 (1988) S. 69 ff., mit Anmerkung von *v. Tiling.*

17) In diesem Sinne auch *Stein,* Staatlicher und kirchlicher Rechtsweg, S. 33; *H. Maurer,* Kirchliche Gerichtsbarkeit, S. 71.

18) Vgl. *H. Maurer,* ebda. S. 86.

die Verpflichtung der Kirche, in ihren Gerichtsordnungen Regelungen zu treffen, die den modernen rechtsstaatlichen Standards, wie sie die staatlichen Verfahrensordnungen formulieren, gleichwertig sind.

Beachte:
Im Unterschied zum Rechtsschutz kirchlicher Amtsträger in öffentlich-rechtlichen Dienstverhältnissen ist die **Zuständigkeit staatlicher Gerichte** selbstverständlich dann eröffnet, wenn die Kirchen – wie andere Rechtssubjekte auch – am allgemeinen Rechtsverkehr, etwa als Käufer oder Verkäufer, teilnehmen. Insbesondere sind die staatlichen **Arbeitsgerichte** zur Entscheidung von Streitigkeiten berufen, soweit die Kirchen nicht von ihrer Dienstherrenfähigkeit Gebrauch machen und privatrechtliche Arbeitsverhältnisse begründen, für die grundsätzlich das staatliche Arbeitsrecht gilt[19].
Die staatlichen Gerichte sind ferner zur Entscheidung berufen, wenn die Kirchen in Erfüllung von ihnen vom Staat übertragenen oder zur Erledigung überlassenen Aufgaben hoheitlich tätig werden. Dies ist im Kirchensteuerrecht und im Friedhofs- und Bestattungswesen (»gemeinsame Angelegenheiten«) der Fall. Dementsprechend sind in Kirchensteuerangelegenheiten entweder die Verwaltungsgerichte oder – wie z. B. in Bayern – die **Finanzgerichte** (vgl. Staatliche Finanzgerichtsordnung, § 33 Abs. Nr. 4 i. V. m. Bayerisches Kirchensteuergesetz Art. 8 Abs. 5,6) zuständig. Nach heutiger Auffassung nehmen die Kirchen, wenn sie eigene Friedhöfe unterhalten, staatliche Aufgaben wahr; Streitigkeiten über die Verwaltung kirchlicher Friedhöfe – nicht aber solche, die etwa die liturgische Ausgestaltung eines Begräbnisses betreffen (eigene Angelegenheit!) – gehören mithin als »öffentlich-rechtliche Streitigkeiten« zur Zuständigkeit der staatlichen **Verwaltungsgerichte** (Staatliche Verwaltungsgerichtsordnung § 40).

2. Ausgestaltung des Rechtsschutzes im Bereich der Evangelisch-Lutherischen Kirche in Bayern[20]

a) Verfassungsstreitsachen (KVerf Art. 77 Abs. 1 Nr. 1):

Unter Verfassungsstreitsachen im Sinne von KVerf Art. 77 Abs. 1 Nr. 1 sind Streitigkeiten über die Auslegung der Verfassung der ELKiB, insbesondere zwischen kirchenleitenden Organen über den Umfang ihrer verfassungsrechtlichen Kompetenzen, zu verstehen[21].

19) Durch die Geltung des staatlichen Arbeitsrechts wird allerdings die gleichwohl gegebene Zugehörigkeit zu den eigenen Angelegenheiten der Kirche im Sinne von GG Art. 140/Weimarer Reichsverfassung Art. 137 Abs. 3 nicht aufgehoben; die staatlichen Arbeitsgerichte haben deshalb die besonderen Loyalitätspflichten kirchlicher Arbeitnehmer zu beachten (BVerfGE, 70, 138). Näher s. o. § 13, IV. 14, S. 166 ff.
20) Vgl. a. die Übersicht oben § 4, 4 h, S. 58.
21) Vgl. v. *Ammon/Rusam,* Verfassung, Art. 77 Erl. 1.

In der Terminologie des staatlichen Verfassungsrechts werden solche Konfliktfälle als *Organstreitigkeiten* bezeichnet (vgl. Grundgesetz Art. 93 Abs. 1 Nr. 1). Im Unterschied zum Zuständigkeitskatalog des Bundesverfassungsgerichts nach dem Grundgesetz sind nach der Verfassung der ELKiB weder *Verfassungsbeschwerden* (GG Art. 93 Abs. 1 Nr. 4 a) noch *Normenkontrollverfahren* über die Vereinbarkeit einfacher Rechtsvorschriften mit dem Verfassungsrecht (GG Art. 93 Abs. 1 Nr. 2, 100) vorgesehen. Ersteres erklärt sich daraus, daß die Verfassung der ELKiB Grundrechte im klassischen Sinn, also als »Abwehrrechte«, nicht kennt, weil die Stellung eines Kirchenglieds zur Kirche bzw. zur Kirchenleitung doch eine ganz andere ist als die des Bürgers zum Staat. KVerf Art. 10 Abs. 2 stellt zwar das Recht jedes Kirchenglieds fest, durch Übernahme von Ämtern und Diensten und durch Gaben und Beiträge den Dienst der Kirche mitzutragen; ob dieser die Qualität eines Grundrechts im Sinne eines allgemeinen Teilhaberechts zukommt, erscheint jedoch als zweifelhaft, weil KVerf Art. 10 Abs. 2 nicht vorrangig dem Individualrechtsschutz dient, sondern, wie sich auch aus Abs. 1 ergibt, die Gemeinschaft unter Jesus Christus in der Kirche beschreiben möchte[22]. Auf kirchliche Norm- und Kontrollverfahren kann unseres Erachtens verzichtet werden, weil die Möglichkeiten zur Feststellung der Unvereinbarkeit von einfachem Kirchenrecht mit Kirchenverfassungsrecht in einem (kirchen-)verwaltungsgerichtlichen Verfahren als ausreichend erscheinen.

Gemäß dem Einführungsgesetz zur Kirchenverfassung Art. 14 i. V. m. VELKD-Gerichtsgesetz § 2 Abs. 1 Nr. 1 b entscheidet über Verfassungsstreitigkeiten das Verfassungs- und Verwaltungsgericht der VELKD[23]. *RS 950, 951*

b) Verwaltungsangelegenheiten (KVerf Art. 77 Abs. Nr. 4 und Abs. 2)

(1) Grundlegendes:

Rechtsschutz in Verwaltungsangelegenheiten dient der Überprüfung der Verwaltungstätigkeit von Landeskirchenrat und kirchlichen Dienst- *RS 955*

22) Zum Stand der Diskussion über die Notwendigkeit »kirchlicher Grundrechte« vgl. *Smend,* Glaubensfreiheit als innerkirchliches Grundrecht, ZevKR 3 (1953/54), S. 113 ff. (125); *Obermayer,* Aufgabe einer evangelischen Kirchenverfassung in dieser Zeit, ZevKR 32 (1987) S. 599 ff. (610, 607), der engagiert die Festschreibung von kirchlichen Grundrechten der einzelnen Kirchenglieder in der Kirchenverfassung fordert; *Ehnes,* Die Bedeutung des Grundgesetzes für die Kirche, insbesondere Grundrechte in der Kirche, ZevKR 34 (1989) S. 382 ff. Vgl. auch o. § 15 Fn. 10 und § 16, 4, S. 190 u. 204.

23) Im Zusammenhang mit der Errichtung des Verwaltungsgerichts der ELKiB ist überlegt worden, diesem auch die Zuständigkeit für Verfassungsangelegenheiten zu übertragen. Angesichts der Tatsache, daß sich bisher erfreulicherweise noch keine Verfassungsstreitigkeiten ergeben haben, wurde jedoch der mit der Einrichtung eines eigenen Senats für Verfassungsstreitigkeiten verbundene organisatorische Aufwand als unverhältnismäßig angesehen, so daß es auch künftig bei der Zuständigkeit des Verfassungs- und Verwaltungsgerichts der VELKD bleiben wird.

stellen. Zuständig ist seit dem 1. 7. 1993 das Verwaltungsgericht der ELKiB. Dieses ist an die Stelle der bisherigen *Schlichtungsstelle für Pfarrer, Kirchenbeamte und Diakone* (PfG § 77, KBErgG § 26 Abs. 2 i. V. m. Ordnung für die Schlichtungsstelle und Verordnung über die Schlichtungsstelle für Pfarrer, Kirchenbeamte und Diakone der Rummelsberger Brüderschaft) einerseits und des bisherigen *Schiedsausschusses* (KGO § 113 a. F. und DBO § 57 a. F. i. V. m. Verordnung über den Schiedsausschuß vom 16.10.1964 (KABl S. 191) getreten[24].

Bis zur Errichtung des Verwaltungsgerichts der ELKiB durch das »Kirchengesetz über die Verwaltungsgerichtsbarkeit in der Evangelisch-Lutherischen Kirche in Bayern« vom 9. 12. 1992 (KABl S. 372) war es ein langer Weg.
Denn bereits 1930 lag der Landessynode – zusammen mit dem Entwurf einer kirchlichen Gemeindeordnung – der Entwurf eines Kirchengesetzes über die Errichtung eines Kirchengerichtshofs vor. Dabei stand eindeutig der Rechtsschutz der kirchlichen Selbstverwaltungskörperschaften im Vordergrund; aus der Begründung der Vorlage ergibt sich, daß die vorgesehene Gerichtsbarkeit »den Vollzug der kirchlichen Gemeindeordnung sichern und zum Schutz der Gemeinden wie der Kirchenbehörden dazu dienen sollte, die Einheitlichkeit und Gleichmäßigkeit kirchlicher Verwaltungspraxis zu wahren«[25]. Nachdem der Entwurf der kirchlichen Gemeindeordnung bei der Landessynode auf erhebliche Schwierigkeiten gestoßen war, zog der Landeskirchenrat beide Vorlagen zurück, so daß die Einführung einer kirchlichen Gerichtsbarkeit vorerst unterblieb.

Für Pfarrer wurde die Frage nach einer Verbesserung des Rechtsschutzes bei den Beratungen über ein einheitliches Pfarrergesetz der VELKD in den 60er Jahren diskutiert. In der bayerischen Landeskirche beschränkte sich bis dahin der Rechtsschutz der Pfarrer darauf, den durch Art. 57 der Kirchenverfassung von 1920 vorgesehenen Beschwerdeauschuß anzuru-

24) Während der **Schlichtungsstelle** die Nachprüfung von letztinstanzlichen Entscheidungen, welche die dienstrechtliche Stellung der Pfarrer, Kirchenbeamten und Rummelsberger Diakone betrafen, aber auch die Klärung vermögensrechtlicher Ansprüche aus dem Pfarrerdienstverhältnis sowie die Entscheidung in weiteren ihr durch kirchenrechtliche Bestimmungen zugewiesenen Angelegenheiten (z. B. Entscheidungen in Prüfungsangelegenheiten nach Theologische Aufnahmeprüfungsordnung § 23, Theologische Anstellungsprüfungsordnung § 19, Pfarrverwalteraufnahmeprüfungsordnung § 19, Pfarrverwalteranstellungsprüfungsordnung § 19, Religionspädagogenanstellungsprüfungsordnung § 19, Streitigkeiten aus dem Pfarrervertretungsrecht PfVG § 11 oder aus einem privatrechtlichen Pfarrerdienstverhältnis nach PfDO § 40) oblag, bestand die Zuständigkeit des **Schiedsausschusses** nach der KGO vor allem in der Nachprüfung von Entscheidungen des Landeskirchenrates, welche im Rahmen der kirchlichen Aufsicht über kirchliche Rechtsträger ergangen waren. Zu beachten ist, daß nach KVGG § 72 Abs. 4 bis zum 30. 6. 1993 bei der Schlichtungsstelle für Pfarrer, Kirchenbeamte und Diakone und bei dem Schiedsausschuß anhängig gemachte Verfahren nach dem bis zu diesem Zeitpunkt geltenden Recht zu Ende geführt werden.

25) Vgl. Verhandlungen über die Tagung der Landessynode vom 14. 8. – 2. 9. 1930, S. 483, 585, 693 ff., 698 f.

fen, welcher aus dem Landesbischof, einem Mitglied der Landessynode und einem weiteren, von der Landessynode zu wählenden Glied der Landeskirche, das nicht Mitglied der Synode zu sein brauchte, bestand. Die Vertreter der Gliedkirchen, in denen bereits eine kirchliche Verwaltungsgerichtsbarkeit bestand, drängten nun darauf, diese im Pfarrergesetz für alle Gliedkirchen zur Pflicht zu machen. Vertreter anderer Gliedkirchen (Bayern, Hamburg, Mecklenburg, Sachsen und Thüringen) widersprachen dem mit dem Hinweis, daß ein Verfahren gefunden werden müßte, das nicht an der staatlichen Verwaltungsgerichtsordnung, sondern genuin kirchlich orientiert sei. Etwa zur gleichen Zeit wurde auch in der bayerischen Landessynode die Frage einer angemessenen kirchlichen Gerichtsbarkeit aufgeworfen.
Angesichts der von den genannten Gliedkirchen gegen eine kirchliche Gerichtsbarkeit erhobenen Bedenken wurde vom Rechtsausschuß der VELKD ein besonderes Verfahren entwickelt: das Verfahren der Nachprüfung von letztinstanzlichen Entscheidungen in der kirchlichen Verwaltung durch eine »Schlichtungsstelle« (vgl. § 77 Pfarrergesetz – RS 500), welches (nur) mit den notwendigsten Rechtsgarantien (richterliche Unabhängigkeit der Mitglieder der Schlichtungsstelle, Grundsatz des rechtlichen Gehörs, Grundsatz der Mündlichkeit des Verfahrens) ausgestattet war, es im übrigen aber der Schlichtungsstelle selbst überließ, »das Verfahren in Verantwortung für einen geordneten Ablauf und den geistlichen Charakter des Verfahrens zu gestalten« (§ 4 Abs. 4 Ordnung für die Schlichtungsstelle – RS 980). Schon die Bezeichnung Schlichtungsstelle sollte den schiedsgerichtlichen Charakter dieser Einrichtung und der dort stattfindenden Verfahren hervorheben. Aus der amtlichen Begründung zum Pfarrergesetz wird deutlich, daß mit der Schlichtungsstelle eine Alternative zur staatlichen und kirchlichen Verwaltungsgerichtsbarkeit geschaffen werden sollte, deren Zweck darin besteht, »in spezifisch kirchlicher Form die Meinungsverschiedenheit klären und entscheiden«[26] zu lassen. Es sollte vermieden werden, daß kirchliche Mitarbeiter und die kirchliche Verwaltungsbehörde als Kläger und Beklagte vor Gericht erscheinen. Dem entsprachen auch die Bestimmungen über die Besetzung und das Verfahren vor der Schlichtungsstelle. So bestand die Schlichtungsstelle in der bayerischen Landeskirche aus einem vom Landessynodalausschuß bestellten Obmann, der die Befähigung zum Richteramt oder höheren Verwaltungsdienst haben sollte, einem vom Landeskirchenrat bestellten und einem von der jeweiligen Standesvertretung bestellten Beisitzer (Ordnung für die Schlichtungsstelle § 2 i. V. m. Verordnung über die Schlichtungsstelle für Pfarrer, Kirchenbeamte und Diakone der Rummelsberger Brüderschaft § 4). Die Anliegen der kirchlichen Amtsträger und der kirchlichen Verwaltungsbehörde sollten gleichsam in der Schlichtungsstelle selbst vertreten sein; diese Konzeption erinnert in gewisser Weise an die Arbeitsgerichte, deren Kammern bekanntlich jeweils mit einem Vorsitzenden und je einem ehrenamtlichen Richter aus Kreisen der Arbeitnehmer und der Arbeitgeber besetzt sind.

26) Vgl. Verhandlungen der Lutherischen Generalsynode 1961, Bericht S. 440 f.

Gleichzeitig mit der Einführung des Pfarrergesetzes in Bayern verabschiedete die Landessynode im März 1964 die neue Kirchengemeindeordnung. Dort wurde im IX. Abschnitt »Rechtsmittel und Schiedsausschuß« für den Bereich der Kirchengemeindeordnung ein ähnliches Verfahren übernommen wie für Pfarrer. Bei der grundlegenden Änderung des Kirchenbeamtenrechts des Jahres 1968 wurde auch für die bayerischen Kirchenbeamten das Rechtsschutzverfahren nach dem Pfarrerrecht übernommen[27)].

Im Zusammenhang mit den Beratungen der Kirchenverfassung von 1971 ist die Einführung einer kirchlichen Gerichtsbarkeit erneut thematisiert worden. Die damals bei nicht wenigen Synodalen vorhandene Zurückhaltung gegenüber einer als »katholisch« empfundenen kirchlichen Gerichtsbarkeit hat ihren Niederschlag in dem in Art. 78 Kirchenverfassung verwendeten neutralen Begriff »Rechtspflegeeinrichtungen« gefunden.

Bei ihrer Tagung im November 1979 sprach sich die Landessynode ausdrücklich gegen die Errichtung eines »Rechthofs« aus, wobei der Rechts- und Verfassungsausschuß allerdings eine Reihe von Anregungen zur Änderung der kirchlichen Ordnungen über die Schlichtungsstelle und den Schiedsausschuß gab[28)]. Die wichtigsten dieser Änderungsvorschläge (Einführung der Beschwerde gegen die Nichtzulassung der Revision zum Verfassungs- und Verwaltungsgericht der VELKD und der aufschiebenden Wirkung des Antrags auf Nachprüfung letztinstanzlicher Entscheidungen) sind in die Ordnung über die Schlichtungsstelle übernommen worden, nachdem auch das Kirchenrechtliche Institut der EKD in einem Gutachten entsprechende Empfehlungen gegeben hatte[29)].

Die Trendwende in Richtung auf ein kirchliches Verwaltungsgericht ist durch Beschluß des Landessynodalausschusses vom 29./30.10.1981 eingeleitet worden. Wenn die Umsetzung dieses Beschlusses über ein Jahrzehnt auf sich warten ließ, so ist dies vor allem darauf zurückzuführen, daß trotz mancher Unzulänglichkeit in den Verfahrensordnungen in der Praxis keine größeren Probleme auftraten, weil die Mitglieder der Schlichtungsstelle und des Schiedsausschusses ihren sehr weiten Spielraum zur Gestaltung des Verfahrens sehr verantwortungsvoll wahrgenommen, und, sofern dies erforderlich war, zulässigerweise Lücken im kirchlichen Verfahren durch die analoge Anwendung von Bestimmungen aus staatlichen Gerichtsgesetzen geschlossen haben.

27) Der Rechtscharakter solcher Schlichtungsstellen bzw. Schiedssausschüsse ist umstritten.
Während das Verfassungs- und Verwaltungsgericht der VELKD zu recht betont, daß die Besonderheiten dieser Rechtspflegeeinrichtungen nicht hinderten, sie als Gerichte im rechtsstaatlichen Sinne anzusehen (vgl. Rechtsprechungbeilage zum Amtsblatt VELKD Bd. III St. 4 (1969), Nr. 5), bestreitet *H. Weber* ihren Gerichtscharakter (vgl. *H. Weber,* Versetzungsbefugnis, S. 20, 32 f., 38 f.). Vermittelnde Ansichten vertreten *H.-U. Evers,* Verhältnis der kirchlichen zur staatlichen Gerichtsbarkeit, S. 329; *H. Maurer,* Kirchliche Gerichtsbarkeit, S. 81; *Seiler,* Verwaltungsgerichtsbarkeit, S. 90 ff.; *Ruppel,* Verwaltungsgerichtsbarkeit, S. 56 f.

28) Vgl. Verhandlungen der Landessynode der ELKiB vom 25. bis 30. November 1979, S. 91 f.

29) Vgl. Gutachtliche Stellungnahme des Kirchenrechtlichen Instituts der EKD zu Fragen der Änderung kirchlichen Rechts (Anträge von Mitgliedern der Ev.-Luth. Gemeinde Friedenskirche Dachau) vom 18. 3. 1980 (unveröff.), S. 50 ff.

(2) **Zuständigkeit des Verwaltungsgerichts:**

Das Verwaltungsgericht entscheidet nach Art einer **Generalklausel** über die Rechtmäßigkeit des Erlasses, der Ablehnung oder der Unterlassung kirchlicher Verwaltungsakte (KVGG § 9 Abs. 1 Buchst. a und b). Kirchliche Verwaltungsakte sind dabei alle Verfügungen, Anordnungen, Entscheidungen oder sonstige Maßnahmen, die vom Landeskirchenrat oder einer kirchlichen Dienststelle auf dem Gebiet des kirchlichen Verwaltungsrechts erlassen werden. Dem Verwaltungsgericht obliegt ferner die Klärung streitiger Rechtsverhältnisse, wie z. B. die Feststellung der Genehmigungsbedürftigkeit eines Kirchenvorstandsbeschlusses oder des Umfangs von Beteiligungsrechten der Standesvertretungen nach PfVG § 7, KBErgG § 24, DiakG § 25 Abs. 2 (KVGG § 9, Abs. 1 Buchst. c).

Weil die Funktion der Gerichte darauf beschränkt ist, *Recht zu sprechen,* fällt die selbständige Klärung von Bekenntnisfragen nicht in den Zuständigkeitsbereich des Verwaltungsgerichts. Wenn die Entscheidung eines konkreten Falls nach der Überzeugung des Gerichts von Fragen des Verständnisses von Schrift und Bekenntnis abhängt, wird das Gericht deshalb als Entscheidungshilfe eine Stellungnahme des Landeskirchenrats, ggf. ein theologisches Fachgutachten, einholen[30)].

Weil ein Gerichtsverfahren den eigentlich geistlich-seelsorgerlichen Kern geistlicher Amtshandlungen (Sakramentsverwaltung, Kasualien) nicht erfassen kann, sind diese der verwaltungsgerichtlichen Nachprüfung entzogen (KVG § 12 Abs. 1)[31)]. Auch bei der Versagung der Ordination findet eine kirchengerichtliche Nachprüfung nicht statt; gegen die Versagung der Ordination steht lediglich der Beschwerdeweg zum Landeskirchenrat offen, aber nur insoweit, als Verfahrensmängel geltend gemacht werden (PfG § 5 Abs. 5; vgl. o. § 19, 2a).

Von der Zuständigkeit des Verwaltungsgerichts sind **ferner ausgenommen:**

– Streitigkeiten in Kirchensteuerangelegenheiten und Streitigkeiten über Gebühren und Abgaben (KVGG § 10). Kirchensteuerangelegen-

30) Vgl. *H. Maurer,* Kirchliche Gerichtsbarkeit, S. 63.

31) In den Fällen der Zurückstellung von der heiligen Taufe oder von der Konfirmation, der Versagung der kirchlichen Trauung oder des kirchlichen Begräbnisses und der Unterbrechung der Abendmahlsgemeinschaft überprüft der Dekan die Entscheidung des Gemeindepfarrers. Anwendungsgesetz OKL § 4, 5 Abs. 1, 6–8, 10 Abs. 2–5, 13 Abs. 3 Buchst. b – RS 210). Die Entscheidung des Dekans kann auf Antrag, ausgenommen die Versagung des kirchlichen Begräbnisses, noch einmal durch den Kreisdekan überprüft werden (Anwendungsgesetz OKL §§ 13 Abs. 4, 14 Abs. 2 Buchst. b).

heiten gehören in Bayern zum Zuständigkeitsbereich der staatlichen Finanzgerichte (vgl. KirchStErhebG Art. 9 Nr. 2 und Bayer. KirchStG Art. 18 i. V. m. Art. 5 Satz 1 Nr. 3 AG zur FGO und FGO § 33 Abs. 1 Nr. 4). Streitigkeiten über kirchliche Gebühren werden vom Landeskirchenrat entschieden (GebO § 17 – RS 451).

– Vermögensrechtliche Ansprüche aus dem Dienstverhältnis von Pfarrern, Kirchenbeamten und Diakonen sind den staatlichen Verwaltungsgerichten zugewiesen (KVGG § 11). Vor der Anrufung der staatlichen Verwaltungsgerichte ist jedoch eine Entscheidung des Landeskirchenrates einzuholen (PfG § 78 Abs. 2, KBErgG § 26 Abs. 3).

– Die Rechtswegausschlüsse von KVGG § 12 Abs. 2 haben ihre Berechtigung darin, daß entweder bereits Rechtsschutzverfahren zur Verfügung stehen, die dem jeweiligen Sachverhalt angemessener sind als ein gerichtliches Verfahren, oder daß eine gerichtliche Nachprüfung aus anderen Gründen als wenig sinnvoll erscheint.

Ersteres gilt für Abs. 2 Ziffern 1–5:

- Stehen die Wahlen zu Organen kirchlicher Körperschaften in Frage (KVGG § 12 Abs. 2 Nr. 1), so ist die Möglichkeit der Wahlanfechtung gemäß KVWG § 20 und LSWG § 17 eröffnet.
- Gegen Entscheidungen eines Kirchenvorstandes, welche die Aufnahme in eine andere als die Wohnsitzgemeinde betreffen (KVGG § 12 Abs. 2 Nr. 2), kann der Dekan angerufen werden (KGO § 4, 6 Abs. 4).
- Bei Nichterteilung eines Dimissoriale oder einer Zession (KVGG § 12 Abs. 2 Nr. 3 und 4) ist Beschwerde zum Dekan bzw. zum Landeskirchenrat möglich (PfG Art. 35 a Abs. 2).
- Nicht zuletzt deshalb, weil bei Fragen der Arbeitsteilung zwischen den Sprengelpfarrern in einer Kirchengemeinde (KVGG § 12 Abs. 2 Nr. 5) die Belange der Kirchengemeinde im Vordergrund stehen, erscheinen die im Pfarrergesetz § 34, Art. 34 a enthaltenen Regelungen als ausreichend.
- Einwendungen einer Kirchengemeinde gegen die beabsichtige Übertragung einer Pfarrstelle (KVGG § 12 Abs. 2 Nr. 6) können schon deshalb nicht justitiabel sein, weil sonst jegliche Personalplanung und -steuerung unmöglich gemacht würde; im übrigen garantiert die alternierende Pfarrerwahl durch den Kirchenvorstand nach KVerf Art. 25 Abs. 3 i. V. m. PfStBO §§ 8 ff. hinreichende Beteiligungsrechte der Kirchengemeinden.

- Der Ausschluß der gerichtlichen Nachprüfung im Falle der Einleitung eines Versetzungsverfahrens (KVGG § 12 Abs. 2 Nr. 7) folgt daraus, daß es sich insoweit lediglich um eine die Sachentscheidung vorbereitende Maßnahme handelt und ausreichender Rechtsschutz gegen die Sachentscheidung (kirchlicher Verwaltungsakt!) gegeben ist. (vgl. auch KVGG § 14).

(3) **Verfahrensregelungen:**

Die vor dem Verwaltungsgericht der ELKiB geltenden Verfahrensregelungen entsprechen im wesentlichen den Bestimmungen der staatlichen Verwaltungsgerichtsordnung.

Zulässigkeitsvoraussetzung für ein Verfahren vor dem Verwaltungsgericht ist, daß der Kläger geltend macht, durch den kirchlichen Verwaltungsakt oder seine Ablehnung oder Unterlassung in seinen Rechten verletzt zu sein (KVGG § 9 Abs. 2), bzw. daß der Kläger ein berechtigtes Interesse an der baldigen Feststellung des Bestehens oder Nichtbestehens eines kirchlichen Rechtsverhältnisses oder der Nichtigkeit des kirchlichen Verwaltungsaktes hat (KVGG § 9 Abs. 3).

Beim Verwaltungsgericht kann eine Klage, mit der die Aufhebung (Anfechtungsklage) oder der Erlaß eines abgelehnten kirchlichen Verwaltungsakts (Verpflichtungsklage) oder die Aufhebung einer sonstigen kirchenaufsichtlichen Maßnahme begehrt wird, erst erhoben werden, wenn vorher ein verwaltungsinternes Rechtsbehelfsverfahren durchgeführt wurde. Das Rechtsbehelfsverfahren dient der nochmaligen Überprüfung der Angelegenheit durch die Kirchenverwaltung unter dem Gesichtspunkt der Rechtmäßigkeit und Zweckmäßigkeit und ist für eine kirchliche Verwaltungsgerichtsbarkeit schon deshalb besonders angemessen, weil gerade in der Kirche eine gerichtliche Auseinandersetzung das letzte Mittel sein sollte, um strittige Sachverhalte zu klären.

Ein wesentlicher Unterschied gegenüber dem Verfahren vor der Schlichtungsstelle und dem Schiedsausschuß besteht darin, daß das Verwaltungsgericht grundsätzlich[32)] öffentlich verhandelt (KVGG § 42). Dem Grundsatz der Öffentlichkeit kommt in einem rechtsstaatlich geordneten Verfahren besondere Bedeutung zu, welche auch in einem kirchlichen Gerichtsgesetz beachtet werden sollte. Die Öffentlichkeit kann jedoch ausnahmsweise ausgeschlossen werden, wenn andernfalls wichtige Interessen der Kirche gefährdet oder am Verfahren Beteiligte unzumutbar bloßgestellt werden könnten.

32) Wegen der Bedeutung des Wortes »grundsätzlich« vgl. o. § 16, 3a) unter »Beachte« S. 203.

(4) **Zusammensetzung des Verwaltungsgerichts:**

Nach dem kirchlichen Verwaltungsgerichtsgesetz ist im Sinne des Gewaltenteilungsgrundsatzes eine strikte Trennung von Verwaltung und Rechtsprechung (Inkompatibilität) vorgesehen. Im Gegensatz zur Schlichtungsstelle und zum Schiedsausschuß können dem Verwaltungsgericht deshalb Mitglieder kirchenleitender Organe der ELKiB, Mitarbeiter des Landeskirchenamtes und der Landeskirchenstelle sowie Mitglieder von Organen der EKD, der VELKD sowie von deren übrigen Gliedkirchen nicht angehören (KVGG § 4 Abs. 4 Buchst. b).

Das Gericht entscheidet in einer Besetzung mit einem Vorsitzenden und zwei Beisitzern, wobei der Vorsitzende und der erste Beisitzer Juristen sein müssen und der zweite Beisitzer ordiniert sein soll (KVGG § 3 Abs. 1). Das ordinierte Mitglied im Verwaltungsgericht repräsentiert nicht, wie in den Verfahren vor der Schlichtungsstelle, den Berufsstand der Pfarrer und Pfarrerinnen; seine Zugehörigkeit zum Verwaltungsgericht begründet sich vielmehr aus der Verpflichtung des Gerichts zu schrift- und bekenntnisgerechter Entscheidungsfindung. Der Gesetzeswortlaut läßt es zu, daß anstelle des theologischen Beisitzers ein Diakon oder ein Kirchenbeamter/eine Kirchenbeamtin, die nicht Juristen sind, zum Mitglied des Verwaltungsgerichts berufen wird. Die Mitglieder und die jeweils zwei stellvertretenden Mitglieder des Verwaltungsgerichts werden auf Vorschlag des Landeskirchenrates vom Landessynodalausschuß auf die Dauer von sechs Jahren gewählt und vom Landesbischof ernannt.

(5) **Rechtsmittel:**

Gegen Entscheidungen des Verwaltungsgerichts der ELKiB, die in der Hauptsache ergangen sind, ist die Revision zum Verfassungs- und Verwaltungsgericht der VELKD nach Maßgabe von KVGG §§ 57 – 67 gegeben.

c) Lehrbeanstandungs- und Amtspflichtverletzungsverfahren:

RS 970–972

(1) Lehrbeanstandungsverfahren:

Weil die Gerichtsbarkeit dort an die Grenzen ihrer Möglichkeiten kommt, wo es um die Klärung von Bekenntnisfragen geht, geschieht die Feststellung von Lehrpflichtverletzungen (PfG § 66 Abs. 1) in einem eigengearteten Verfahren nach Maßgabe der *Lehrordnung der VELKD,* des *Kirchengesetzes* der VELKD *über das Verfahren bei Lehrbeanstandungen* und des *Kirchengesetzes über das Lehrverfahren gegen Amtsträger der ELKiB.* Die Durchführung des Feststellungsverfahrens obliegt einem Spruchkollegium[33].

In diesem Verfahren wird nicht festgestellt, ob eine Lehre richtig oder falsch ist, sondern nur, daß sie von der Lehrmeinung der Kirche, die ja auch einmal irren kann, abweicht.

(2) Amtspflichtverletzungsverfahren:

In Entsprechung zum Disziplinarverfahren nach dem staatlichen Beamtenrecht ist das kirchliche Verfahren bei Amtspflichtverletzungen von Pfarrern, Kirchenbeamten und Diakonen ausgestaltet (vgl. PfG §§ 66 Abs. 2, 67 Abs. 2, KBeamtG § 51, DiakG § 18 i. V. m. VELKD-AVerG und AVerErgG der ELKiB)[34]. *RS 960, 961*

Das Amtspflichtverletzungsverfahren, welches nur durchgeführt werden soll[35], wenn seelsorgerliche Bemühungen und Maßnahmen der Dienstaufsicht unzureichend erscheinen (AVerG § 5), gliedert sich in verschiedene Abschnitte. Am Anfang steht das *Ermittlungsverfahren,* das dann eingeleitet wird, wenn Tatsachen bekannt werden, die die Annahme begründen, daß eine Amtspflichtverletzung vorliegt (AVerG § 11 Abs. 1). Wird durch Ermittlungen die Annahme, daß eine Amtspflicht verletzt wurde, bestätigt und erscheint eine Amtszuchtverfügung (AVerG § 16) nicht als ausreichend, hat die beim Landeskirchenrat gebildete *einleitende Stelle* (AVerG §§ 10, 13 Abs. 1; AVerErgG § 2 Abs. 1) zu entscheiden, ob das *Spruchverfahren* (AVerG § 17) oder das *förmliche Verfahren* (AVerG § 37) eingeleitet wird.

Ziel des Spruchverfahrens ist es, »in brüderlicher und vertrauensvoller Aussprache« mit dem Betroffenen »alle diesem zur Last gelegten Umstände zu klären« und, wenn eine Verletzung der Amtspflicht festgestellt ist, dem Betroffenen »zur Einsicht zu verhelfen und in ihm den Willen zu wecken, einen ihm erteilten Rat in freier Entscheidung anzunehmen« (AVerG § 17 Abs. 2). Die Durchführung des Spruchverfahrens wird von einem Spruchausschuß durchgeführt (AVerfG § 17 Abs. 1)[36].

Ist davon auszugehen, daß die Durchführung eines Spruchverfahrens der Schwere der Amtspflichtverletzung nicht gerecht wird oder keinen Erfolg verspricht, oder stellt der Spruchausschuß fest, daß das Spruchverfahren zur Bereinigung des Falles nicht ausreicht, wird die einlei-

33) Vgl. oben § 21 Nr. 2 b, S. 259.
34) Nach dem Kirchengesetz der VELKD zur Änderung des Amtspflichtverletzungsgesetzes vom 6. November 1993 (ABL VELKD Bd. VI S. 206, = KABl 1994 S. 51) trägt das AVerG vom 1.1.1995 an die Bezeichnung »Disziplinargesetz«. Vgl. auch die Neubekanntmachung ABl VELKD Bd. VI S. 222.
35) Wegen des Wortes »soll« vgl. o. § 21, 1c) unter »Beachte«, S. 268.
36) Das Spruchverfahren ist im Bereich der ELKiB bisher nur in zwei Fällen zur Anwendung gekommen.

tende Stelle die Durchführung des *förmlichen Verfahrens* einleiten. Das förmliche Verfahren besteht grundsätzlich aus dem *Untersuchungsverfahren* nach AVerG §§ 44 ff. und dem Verfahren vor der *Kammer für Amtszucht* (AVerG §§ 51 ff.). Gegen das Urteil der Kammer für Amtszucht (AVerG §§ 75–79) ist die Berufung zum bei der VELKD gebildeten *Senat für Amtszucht* zulässig (AVG §§ 90, 92, 95)[37].

d) Streitigkeiten aus dem Mitarbeitervertretungsrecht

Bei Streitigkeiten aus der Anwendung und der Auslegung des Mitarbeitervertretungsgesetzes (RS 800) entscheidet die *Schlichtungsstelle* nach MVG § 60. Die Schlichtungsstelle ist auch dann zur Entscheidung berufen, wenn sich in einer einen Pfarrer betreffenden Angelegenheit der Pfarrerausschuß und der Landeskirchenrat nicht einigen können (PfVertrG § 11). Gegen Entscheidungen der Schlichtungsstelle kann das bei der EKD gebildete Verwaltungsgericht für *mitarbeitervertretungsrechtliche Streitigkeiten* angerufen werden (MVG §§ 63, 63a)[38].

e) Streitigkeiten aus dem Kirchlichen Arbeitsrecht

(1) Streitigkeiten aus dem Arbeitsverhältnis (KVerf Art. 77 Abs. 1 Nr. 4):

Während – wie o. 1. b) dargelegt – strittig ist, ob und inwieweit Pfarrern und Kirchenbeamten der Rechtsweg zu den staatlichen Gerichten offensteht, ist allgemein anerkannt, daß in privatrechtlichen Arbeitsverhältnissen beschäftigte kirchliche Mitarbeiter Rechtsschutz vor den staatlichen Arbeitsgerichten beanspruchen können.

Ohne daß dadurch die Zuständigkeit der staatlichen Arbeitgerichtsbarkeit berührt wird, können Mitarbeiter im Haupt- oder Nebenamt, die als Angestellte oder Arbeiter im Dienst der ELKiB, eines Dekanatsbezirkes einer (Gesamt-)Kirchengemeinde, einer kirchlichen Stiftung oder des Diakonischen Werks der ELKiB stehen, zur Beilegung von Streitigkeiten aus dem Dienstverhältnis die beim Landeskirchenrat eingerichtete
RS 985 *Schlichtungsstelle für kirchliche Mitarbeiter*[39] anrufen (Verordnung über das Schlichtungsverfahren für kirchliche Mitarbeiter § 1). Der Mitarbeiter ist hierzu aber nicht verpflichtet; vielmehr kann er sich auch unmittelbar an das Arbeitsgericht wenden. Weil ein völliger Ausschluß der Prüfungskompetenz staatlicher (Arbeits-)Gerichte weder gewollt

37) Vgl. *Strietzel,* Disziplinarrecht, S. 4 ff. und o. § 21, 2 b, S. 259.

38) Ausführlich zu den Schlichtungsausschüssen nach dem Mitarbeitervertretungsrecht *Schilberg,* Rechtsschutz, S. 111 ff.; s. a. o. § 17, 7, S. 215.

39) Zum Rechtscharakter der Schlichtungsstelle für kirchliche Mitarbeiter vgl. die Ausführungen zur Schlichtungsstelle für Pfarrer, Kirchenbeamte und Diakone (o. 2 b); das dort Festgestellte gilt hier entsprechend.

noch zulässig ist[40], besteht die Aufgabe der Schlichtungsstelle im Grunde nur darin, auf den Abschluß eines Vergleichs hinzuwirken. Darüber hinaus sieht § 9 Abs. 2 der Verordnung über das Schlichtungsverfahren für kirchliche Mitarbeiter vor, daß die Schlichtungsstelle, wenn unter den Beteiligten eine Einigung nicht zustande kommt, ein *Ratsames Gutachten* erstellt[41].

(2) Streitigkeiten beim Verfahren innerhalb des »Dritten Weges«:

Zur Entscheidung von Streitigkeiten aus dem Arbeitsrechtsregelungsgesetz (RS 770) ist gemäß ARRG § 13 ein *Schlichtungsausschuß* bestellt[42].

40) Vgl. *Schilberg,* Rechtsschutz, S. 97; *v. Campenhausen,* Staatlicher Rechtsschutz, S. 644 f.
41) Ausführlich hierzu *Schilberg,* Rechtsschutz, S. 100 f.
42) Vgl. hierzu o. § 33, 2 c und d, S. 313 ff.; ausführlich hierzu *Pahlke,* Koalitionsrecht, S. 256 ff., und *Schilberg,* Rechtsschutz, S. 183 ff.

Literatur

A. v. Campenhausen, Staatskirchenrecht, 2. Aufl. München 1983, § 24 m. w. N.; *ders.,* Der staatliche Rechtsschutz im kirchlichen Bereich, AöR 112 (1987), S. 623 ff.; *D. Ehlers,* Staatlicher Rechtsschutz gegenüber den Religionsgemeinschaften in amts- und dienstrechtlichen Angelegenheiten, ZevKR 27 (1982) S. 269; *H. U. Evers,* Das Verhältnis der kirchlichen zur staatlichen Gerichtsbarkeit, in: FS für E. Ruppel, Hannover 1968, S. 329 ff.; *H.-P. Hübner,* »Daß sie richten mit gerechtem Gericht«, Nachrichten aus der ELKiB 1993, Heft 12, S. 226; *ders.,* Pfarrer in der Sozialversicherung, Jus Eccl. Bd 43, Tübingen 1992, S. 39 ff.; *K.-H. Kästner,* Staatliche Justizhoheit und religiöse Freiheit, Jus Eccl. Bd. 41, Tübingen 1991; *H. Maurer,* Die Verwaltungsgerichtsbarkeit der evangelischen Kirche, Göttingen 1958; *ders.,* Grundprobleme der kirchlichen Gerichtsbarkeit, ZevKR Bd. 17 (1972) S. 48 ff.; *ders.,* Kirchenrechtliche Streitigkeiten vor den allgemeinen Verwaltungsgerichten, in: FS für C.-F. Menger, Köln – Berlin – Bonn – München 1985, S. 285 ff.; *R. Pahud de Mortanges,* Zwischen Vergebung und Vergeltung, Baden-Baden 1992; *A. Pahlke,* Kirche und Koalitionsrecht, Jus Eccl. Bd. 29, Tübingen 1983; *ders.,* Die Aufgabe disziplinarischen Handelns in der Kirche, NVwZ 1993, S. 609 ff.; *E. Ruppel,* Die Verwaltungsgerichtsbarkeit in der evangelischen Kirche, in: Essener Gespräche zum Verhältnis von Staat und Kirche Bd. 7 (1972), S. 53 ff.; *A. Schilberg,* Rechtsschutz und Arbeitsrecht in der evangelischen Kirche, Frankfurt a. M. – Berlin – Bern – New York – Paris – Wien 1992; *ders.,* Rechtsschutz bei Pfarrern im Angestelltenverhältnis, ZevKR 36 (1991) S. 42 ff.; *G. Seidler,* Fragen aus der kirchlichen Verwaltungsgerichtsbarkeit, ZevKR 17 (1972) S. 87 ff.; *C. Starck,* Recht, Gerichte und der Geist der Liebe, Evangelische Kommentare 1991, S. 30 ff.; *A. Stein,* Auswirkungen von staatlichem und kirchlichem Rechtsweg, Vortrag auf der 4. Tagung für Richter an kirchlichen Verfassungs- und Verwaltungsgerichten vom 21. bis. 23. 9. 1990, S. 26 ff.; *U. Steiner,* Staatliche und kirchliche Gerichtsbarkeit, NVwZ 1989, S. 410 ff.; *W. Strietzel,* Das Disziplinarrecht der deutschen evangelischen Landeskirchen und ihrer Zusammenschlüsse, Jus Eccl. Bd. 34, Tübingen 1988; *H. Weber,* Auslegung und Rechtsgültigkeit der Versetzungsbefugnis nach § 71 I c Pfarrergesetz der VELKD, ZevKR 15 (1970) S. 20 ff.; *ders.,* Staatliche und kirchliche Gerichtsbarkeit, NJW 1989, S. 2217 ff.

Kapitel IV: Die (sonstigen) kirchlichen Rechtsträger

1. Abschnitt: Die Kirchengemeinde

§ 45
Wesen christlicher Gemeinden: Ortsgemeinde – sonstige Kirchengemeinden – Para-Gemeinden

1. **Die älteste,** zugleich die selbstverständlichste, geradezu vorgegebene Organisationsform der Kirche ist die **Ortsgemeinde** (vgl. im Neuen Testament die »Briefe an die ...«). Christlicher Glaube drängt nach Gemeinschaft. Wo könnte sich dieser selbstverständlicher entfalten als im örtlichen Bereich? Hier versammeln sich die ansässigen Christen, hören die Frohe Botschaft, empfangen die Sakramente, sprechen über ihren allen geltenden Auftrag und organisieren ihre Sendung in die Welt, indem sie die Aufgaben je nach den vorhandenen Gaben verteilen und Kontakte zu anderen Gemeinden aufnehmen.

Erst mit der Reformation kam als weiteres konstitutives Element neben der Örtlichkeit das **Bekenntnis** hinzu: Anhänger des alten und des neuen Glaubens trafen sich zwar am gleichen Ort, aber in verschiedenen Gemeinden, mit anderen Pfarrern – bis das staatskirchliche »cuius regio, eius religio« wieder die Einheit des Glaubens und der Gemeinde am Ort herbeizwang. Doch die Entwicklung, vor allem im 19. Jahrhundert, das »Jeder soll nach seiner Façon selig werden« der Aufklärung, führte wieder zur Aufspaltung in mehrere christliche Gemeinden unterschiedlichen Bekenntnisses an einem Ort.

Einen ebenso gewichtigen Eingriff in die alte Parochialstruktur stellt u. E. heute die **Mobilität** unserer Gesellschaft dar. Während bis vor wenigen Jahrzehnten sich das Leben der meisten Menschen in einem Umkreis von wenigen Kilometern, meist schon um den Geburtsort, jedenfalls um den Wohnort abspielte, bedeutet heute für viele Menschen eine Entfernung selbst von mehreren hundert Kilometern kein Hindernis, sich auch regelmäßig zu treffen. Dazu kommt die zunehmende **Spezialisierung** – bis dahin, daß verschiedene Berufe und Schichten eine sehr unterschiedliche Sprache sprechen. So ist für viele der Wohnort keineswegs mehr der Mittelpunkt aller Lebensverhältnisse, schon gar nicht das Zentrum ihrer christlichen Existenz. Heute sind deshalb christliche Gemeinden auch auf überörtlicher Basis möglich. Gemeinde Jesu, die Gemeinschaft von Christen, die sich als Gemeinde Jesu Christi regelmäßig um Wort und Sakrament versammeln, ist also nicht mehr nur auf den Wohnort beschränkt (vgl. *Hanselmann,* Bischofsbericht in Verhandlungen der Landessynode der ELKiB, Band 85 (1990 H. 2) S. 14 unter 3.1). Näher zu den Folgerungen siehe unter 3., auch 4., und unter §§ 58–61.

2. **a)** »In der **Kirchengemeinde** verwirklicht sich Gemeinde Jesu Christi im örtlichen Bereich« (Art. 19 KVerf[1)]). »Die Kirchengemeinde
RS 1 ist eine örtlich bestimmte Gemeinschaft von Kirchengliedern, die sich regelmäßig um Wort und Sakrament versammelt, und in der das Amt der Kirche ausgeübt wird« (Art. 19 Abs. 2 KVerf[2)]).

Die Kirchengemeinde ist also

(1) örtlich begrenzt (so KVerf a.a.O.),

(2) eine Gemeinschaft von Kirchengliedern der ELKiB (so KVerf a.a.O.), die sich

(3) regelmäßig um Wort und Sakrament versammelt (so KVerf a.a.O. und in der

(4) das Amt der Kirche – sowie die sonstigen Dienste – nach dem Bekenntnis und den kirchlichen Ordnungen ausgeübt wird (so KVerf a.a.O.).

(1) **Die örtlichen Grenzen** ergeben sich aus dem Herkommen oder einer Entscheidung des Landeskirchenrats (Art. 23 Abs. 1 HS 1 KVerf,
RS 300 § 12 KGO). Praktisch gibt es in unserer Kirche keine »exterritorialen Gebiete«, jedes Stück Land im Gebiet der ELKiB gehört zum Gebiet einer Kirchengemeinde.

Doch sind Veränderungen »zur besseren Entfaltung des Gemeindelebens« (Art. 23 Abs. 1 HS 2 KVerf) möglich: Teile können in angrenzende Kirchengemeinden eingegliedert oder aus ihnen neue Kirchengemeinden gebildet werden (§ 14); Kirchengemeinden können ganz aufgehoben oder vereinigt werden (§ 16). Die Entscheidung liegt beim LKR, der auf Antrag oder von Amts wegen handelt; immer muß er die betroffenen Kirchenge-

1) Ebenso § 1 Abs. 1 S. 1 *KGO,* der allerdings nicht nur von »Gemeinde« spricht, sondern von »der Gemeinde…«).
In jedem Fall macht die Zufügung »im örtlichen Bereich« deutlich, daß es außer der (ortsbezogenen) »Kirchengemeinde« noch andere Formen der Gemeinde Jesu Christi gibt.

2) Vgl. den ausführlicheren, doch inhaltsgleichen § 1 Abs. 2 *KGO.*

meinden vorher anhören[3] (§ 15). Der LKR regelt dabei auch, wer jeweils die Aufgaben des Kirchenvorstandes bis zur Neuwahl übernimmt (§ 24); eine Vermögensauseinandersetzung wird notwendig (§ 17). Näheres siehe GebietsänderungsVO *(RS 309).*

Das Gebiet der Kirchengemeinde ändert sich nicht dadurch, daß einem Pfarrer der Dienst in mehreren (kleinen) Kirchengemeinden übertragen wird (»kombinierte Pfarrei«). In solchen Fällen, aber auch ganz allgemein, können »die Kirchenvorstände benachbarter Kirchengemeinden ... gemeinsame Angelegenheiten oder wichtige kirchliche Fragen ... gemeinsam beraten« (§ 26). Soweit Beschlüsse gefaßt werden, muß jeder Kirchenvorstand nach den geltenden Bestimmungen, also für sich und getrennt von den anderen, abstimmen.

»Aus benachbarten Kirchengemeinden kann zur Erfüllung gemeinsamer Aufgaben eine **Gesamtkirchengemeinde** gebildet werden« (Art. 23 Abs. 2 KVerf), nach § 86 Abs. 1 jedoch nur innerhalb eines Dekanatsbezirkes. Die Errichtung erfolgt durch den LKR auf Antrag oder von Amts wegen nach Anhörung[3] der Betroffenen (§§ 86–88). Dabei wird eine Gesamtkirchenverwaltung, grundsätzlich[4] mit dem Dekan als Vorsitzendem, gebildet (§ 89 f.), bei Bedarf auch ein Kirchengemeindeamt (§ 97). Eine Satzung ist notwendig, in der die Aufgaben der Gesamtkirchengemeinde und etwaiger beschließender Ausschüsse festgelegt werden (§§ 91 f.). – Näher zur Gesamtkirchenverwaltung (= GKV) s. u. § 52; wegen der Finanzen, der Haushaltspläne und der Rechnungslegung der GKV vgl. §§ 94–96.

(2) »Die Glieder der ELKiB sind zugleich **Glieder in der Kirchengemeinde**, in der sie ihren **Wohnsitz**[5] oder gewöhnlichen Aufenthalt haben.« (§ 5 Abs. 1 S. 1). Wegen der Kirchengliedschaft, die sich auf die heilige Taufe gründet (Art. 9 Abs. 1 KV) s. o. §§ 14 f. – Pfarrer gehören immer zu der Kirchengemeinde, in deren Dienst sie berufen sind, ebenso die anderen hauptamtlichen Gemeindemitarbeiter (§ 5 Abs. 2).

Hat ein Gemeindeglied mehrere Wohnsitze, kann es wählen; gibt es keine Erklärung ab, gehört es zu der Kirchengemeinde, in deren Gebiet es sich überwiegend aufhält (§ 5 Abs. 1 S. 2). Mit dem Umzug in das Gebiet einer anderen Kirchengemeinde ändert sich auch die Gemeindezugehörigkeit (wie sich die Kirchenzugehörigkeit bei einem Umzug in das Gebiet einer anderen Landeskirche oder ins Ausland ändert; s. o. §§ 14 f.). Ziehen

3) Wegen der Bedeutung des Wortes »Anhören« s. o. § 18, 5. a. E. unter »Beachte«, S. 224.
4) Wegen der Bedeutung des Wortes »grundsätzlich« s. o. § 16, 3. a) unter »Beachte«, S. 203.
5) Wohnsitz wird juristisch als Mittelpunkt der Lebensverhältnisse definiert; er befindet sich dort, wo man regelmäßig schläft, wohin die Post kommt u. ä.

Glieder einer anderen evangelischen Konfession nach Bayern, werden sie Mitglieder der (evangelisch-lutherischen) Kirchengemeinde an ihrem neuen Wohnsitz, »solange sie sich nicht einer anderen evangelischen Kirche anschließen«, natürlich mit vollen Rechten (§ 5 Abs. 3; s. o. §§ 14 f.).

In jedem Fall bleiben die Bestimmungen des Kirchensteuergesetzes unberührt (§ 5 Abs. 4, § 6 Abs. 3); die Kirchensteuer bleibt also der an sich zuständigen Kirchengemeinde.

Aus wichtigen Gründen[6] können Kirchenglieder auf ihren Antrag hin auch Glieder einer anderen Kirchengemeinde werden. Über den Antrag entscheidet der Kirchenvorstand, zu dessen Gemeinde der Antragsteller bisher gehört, im Einvernehmen mit dem Kirchenvorstand der Gemeinde, zu der der Antragsteller gehören will; kommt keine Einigung zustande, entscheidet der Dekan endgültig (§ 6).

Nach § 10 wird in jeder Kirchengemeinde ein »Verzeichnis der Gemeindeglieder« geführt; Näheres über die in das Gemeindegliederverzeichnis aufzunehmenden Daten siehe die VO, *RS 231.*

(3) Christliche Kirche ist »die **Versammlung aller Gläubigen,** bei denen das Evangelium rein gepredigt und die heiligen Sakramente dem Evangelium gemäß dargereicht werden«. Das genügt zur Einheit der Kirche, der Gemeinde; auf die »Zeremonien« kommt es nicht an (Art. 7 CA); doch hat das Folgen (siehe unter 4.; wegen des Wahlrechts vgl. unter § 47, 1. b), S. 430 f.).

Wo das nicht **»regelmäßig«** geschieht, ist nicht Kirche, besteht keine Kirchengemeinde, auch keine Gemeinde.

(4) Konsequenz daraus, daß sich hier Glieder einer Kirche als solche versammeln, ist, daß das **Amt** ausgeübt, aber auch die **Dienste getan** werden, die der christlichen Gemeinde aufgetragen sind – und zwar nach dem Bekenntnis und den kirchlichen Ordnungen (siehe unter § 46, 1., S. 420).

b) *(1)* Zur Rechtsform bestimmt die Kirche in ihrem Recht, daß die Kirchengemeinde **Rechtspersönlichkeit** nach kirchlichem Recht be-

6) Zum Beispiel Umzug in der Großstadt in eine Nachbarstraße, die aber schon zu einer anderen Kirchengemeinde gehört, aber auch weiter weg, wenn eine besondere Verbindung zur bisherigen Kirchengemeinde besteht und die Umstände eine Beibehaltung des bisherigen Kontakts ermöglichen; unter Umständen auch Umzug ins Nachbardorf.
Ein Kirchenvorsteher, der in eine Nachbargemeinde oder innerhalb einer Gesamtkirchengemeinde umzieht, kann bis zur nächsten Wahl in seinem Amt bleiben, wenn der Kirchenvorstand das beschließt (§ 33); doch wird er Glied der neuen Gemeinde (vgl. die abschließende Regelung für hauptamtliche Mitarbeiter in § 5 Abs. 2), wenn er nicht von der Möglichkeit des § 5 Gebrauch macht.

sitzt. Zugleich stellt sie fest, daß die Kirchengemeinde die »Eigenschaft einer Körperschaft des öffentlichen Rechts« nach den geltenden staatskirchenrechtlichen Bestimmungen (Art. 4 des staatlichen Kirchensteuergesetzes, *RS 430)* erhält (§ 4). Es greifen also kirchliches und staatliches Recht ineinander. – Die erforderlichen Verhandlungen mit dem Staat führt der LKR (§ 10 GebietsveränderungsVO, *RS 309).*

(2) Jede Kirchengemeinde der ELKiB führt den **Namen** »Evangelisch-Lutherische Kirchengemeinde ...« unter Zufügung des Ortsnamens; *RS 300*
bei mehreren Gemeinden an einem Ort kommt in der Regel zur Unterscheidung der Name der Kirche dazu (§ 13 Abs. 1; wegen des Sitzes siehe Abs. 2).

3. In Ausfüllung des Art. 23 Abs. 3 KVerf sehen §§ 7–9 KGO »Anstaltsgemeinden«, »Anstaltskirchengemeinden« und »Personale Seelsorgebereiche« vor.

a) Anstaltsgemeinden (§ 7) sind kraft Tradition auch Gemeinden Jesu Christi im örtlichen Bereich (einer Anstalt), aber ohne eigene Rechtspersönlichkeit. Es sind also gerade keine »Kirchengemeinden« im Sinne der KGO[7].

b) Anstaltskirchengemeinden (§ 8) sind »echte, rechtsfähige Kirchengemeinde«(n) (*v. Ammon/Rusam,* a.a.O. Fn. 3). Die Voraussetzungen, »daß sich bei einer ausreichenden Zahl von Gemeindegliedern stetiges kirchliches Gemeindeleben entwickelt hat, ... ein gottesdienstlicher Raum vorhanden ist und ständig ein anstellungsfähiger ordinierter Geistlicher im Hauptamt tätig ist« (§ 8 Abs. 2), sind bei vielen Gemeinschaften unserer Kirche erfüllt. Dennoch wurde noch keine Anstaltskirchengemeinde errichtet.

c) Personale Seelsorgebereiche (§ 9) gibt es nur innerhalb einer Kirchengemeinde »für besondere Personengruppen«, »wenn in ihnen der Dienst des geistlichen Amtes nach dem Bekenntnis ... und den kirchlichen Ordnungen regelmäßig wahrgenommen wird«. Beispiele sind die Studentengemeinden und die personalen Seelsorgebereiche der Militärseelsorge (dazu Art. 8 Militärseelsorgevertrag, §§ 4 ff. Militärseelsorgegesetz, *RS 192 und 194).*

Zu a–c) In jedem Fall ist **stetiges kirchliches Gemeindeleben und der regelmäßige Dienst** eines dem lutherischen Bekenntnis verpflichteten **Pfarrers an einem bestimmten Personenkreis** erforderlich. Solche Gemeinschaften von Christen sind auch dann Gemeinde Jesu Christi, wenn sie sich nicht der von KVerf und KGO vorgesehenen Rechtsformen bedienen.

7) Weshalb der Verweis auf § 1 Abs. 1 von *v. Ammon/Rusam,* Anmerkung 3 zu Art. 23 KVerf zu Recht als »nicht sehr glücklich« bezeichnet wird.

4. **a)** Dadurch, daß sie auf Dauer angelegt sind, und durch die daraus resultierende Verbindlichkeit der »Gemeinde« unterscheiden sich Ortsgemeinden und die unter 3. b) behandelten Gemeinden von den **Para-Gemeinden**. Auch in ihnen versammeln sich Christen, oft mit einem Pfarrer, in Jesu Namen, etwa bestimmte Gruppen der Jugend-, Frauen-, Männer-, Sozial- oder Senioren-Arbeit. Zum Teil handelt es sich um Gruppen der Ortsgemeinde, zum Teil um überörtliche Zusammenschlüsse. Nur wo sie feste Gestalt annehmen (Regelmäßigkeit, Dauer) und wo sie mit einem Pfarrer der Kirche unter Wort und Sakrament zur Erfüllung des Auftrags Jesu zusammenkommen, sind sie (im geistlichen) Sinn Gemeinden, ohne daß es dazu einer Rechtsform und einer kirchenrechtlichen Anerkennung bedürfte.

b) Die von Vertretern der »Geistlichen Gemeindeerneuerung« u. a. erhobene Forderung, für sie auch rechtlich geordnete **»Richtungsgemeinden«**[8)] zu schaffen, stößt mit Recht auf Bedenken (vgl. Bischofsbericht, a.a.O. o. 1. a. E.). Grund dieser Forderung ist letztlich die Überzeugung, in »normalen« Kirchengemeinden ihre Art der Frömmigkeit nicht entsprechend praktizieren zu können. Das aber ist eine Eigenständigkeit aus theologischen, letztlich die Kirchengemeinschaft trennenden Gründen. Gerade die Weite des lutherischen Bekenntnisses gibt aber die Gewähr, daß in der ELKiB jede bekenntnisgemäße Form des Glaubens gelebt werden kann. Juristisch selbständiger »Richtungsgemeinden« bedarf es dort nicht, wo die Zugehörigkeit zu der ELKiB bejaht wird.

8) Zum Problem: Charismatische Bewegung – Geistliche Gemeindeerneuerung – Richtungsgemeinden; beachte den Bericht über die Gespräche beim Kreisdekan Nürnberg über die geistliche Gemeindeerneuerung in Nachrichten 1993 H. 18 S. 353 f. sowie als Anlage beim Bischofsbericht vor der LS im November 1993 im Sonderdruck S. 118 f.; vgl. auch *Peetz, Schilke-Deter* und *Schramek* in KorrBl. 1993 H. 3 S. 33–35; H. 2 S. 21–25 u. 20.

Literatur

W. Hofmann, Gemeinde (in der Kirche), Kirchenrechtlich, evangelisch, EvStL Sp. 1045–1050; *R. Weeber,* Welche allgemeinen Fragen und speziellen Probleme stellen sich bei der Ausarbeitung einer Kirchengemeindeordnung, ZevKR 7 (1959/60) S. 389 ff.; *F. Wintzer,* Gemeinde (in der Kirche), Evangelisch-theologisch, EvStL Sp. 1041–1045.
Vgl. auch die Literaturangaben bei § 46.

§ 46
Auftrag und Aufgabe, Leitung und Mitarbeiter der Kirchengemeinde, Amt und Gemeinde

1. **a)** Die Kirchengemeinde »hat für die Verkündigung des Evangeliums in Wort und Sakrament zu sorgen, den Dienst der christlichen Liebe zu üben und die kirchliche Unterweisung zu fördern; sie hat den missionarischen **Auftrag** in der Welt mitzuerfüllen« (Art. 19 Abs. 3 S. 2 KVerf). Sie hat »die **Aufgabe**, das Gemeindeleben in ihrem Bereich zu gestalten« (KVerf a.a.O. S. 1). Ihr Wirkungskreis ist damit bestimmt (und wohl auch begrenzt; vgl. § 2 PfG) »durch den Auftrag, den die Gemeinde Jesu Christi von ihrem Herrn erhalten hat.« (§ 2 Abs. 1
RS 300 KGO). Über das in der KVerf Gesagte hinaus spricht die KGO in diesem Zusammenhang ausdrücklich von der »rechte(n) Ordnung in der Verkündigung des Wortes und in der Verwaltung der Sakramente«, von der Unterstützung des »Dienstes der christlichen Liebe« und von der Pflicht, »für kirchliche Zucht einzutreten«. Weiter soll sich auch die Kirchengemeinde am Ort für die weltweiten Aufgaben der Kirche und für die kirchlichen Zusammenschlüsse einsetzen und sich »in der Gemeinschaft aller Kirchengemeinden an den Aufgaben und Lasten der ELKiB« beteiligen (§ 2 Abs. 2 u. 3).

Die sich daraus ergebenden **konkreten Aufgaben** sind sicher verschieden; nicht jede Kirchengemeinde kann alles tun, in jeder sind Menschen mit anderen Gaben, aus denen sich die Aufgaben ergeben (wie bei den einzelnen Christen oder den Kirchen auch). So ergänzen sich die verschiedenen Kirchengemeinden und bedürfen ebenso alle der Ergänzung durch andere Gemeinden und durch die ELKiB, die kirchlichen Zusammenschlüsse (s. u. §§ 68–70) und die Sonderdienste (s. u. §§ 58–61).

Einen Katalog dessen, was jeder Kirchengemeinde in der Regel zu tun obliegt, enthält die KGO in der Auflistung der Aufgaben des Kirchenvorstandes (dazu unter 2.); daneben stehen die Aufgaben, die sich aus dem Amt des Pfarrers ergeben (s. o. § 20; s. u. 3.c) und 4.a)).

b) Die **Rechte der Kirchengemeinde**, die in § 3 Abs. 1 aufgezählt werden, nehmen sich demgegenüber recht spärlich aus: »Alles Recht ... ergibt sich aus der gehorsamen Erfüllung ihres Auftrags.« Nur »in diesem Gehorsam ordnet und verwaltet sie ihre Angelegenheiten in eigener Verantwortung selbständig«, doch auch nur »im Rahmen der Kirchengesetze«. Von dem von *Stein* (Evang. Kirchenrecht, S. 80) postulierten Vorrang der Gemeinde (»im Zweifel für die Gemeinde«)

ist jedenfalls in dieser Formulierung der KGO wenig zu spüren. Doch enthält dieser Rechtssatz etwas von *Löhes* theologischer Erkenntnis: »Mein Lohn ist, daß ich dienen darf.«

2. **a)** Die recht grundsätzlichen Feststellungen über den Auftrag der Kirchengemeinde in der KVerf werden in der KGO konkretisiert bei der Beschreibung der **Aufgaben des Kirchenvorstands** (KV), den jede Kirchengemeinde haben muß (Art. 20 Abs. 1 HS 1 KVerf, § 18 Abs. 1 KGO) und der die Kirchengemeinde vertritt (Art. 19 Abs. 3 KVerf, § 18 Abs. 2 HS 1 KGO), also für sie handelt.

Der Grad der Mitwirkung des KV ist in den einzelnen Fällen von sehr unterschiedlichem Gewicht:

(1) Er hat zu **entscheiden** gemäß § 21 Nr. 1–3 und § 22: über die Gestaltung der Gottesdienste (einschließlich Liturgie, Einführung neuer Gottesdienste und die Festsetzung der Gottesdienstzeiten);
über Maßnahmen zur Sicherung und Förderung der kirchlichen Unterweisung i. w. S.;
über den Gebrauch der kirchlichen Gebäude und
über alle vermögensrechtlichen Angelegenheiten.

(2) Er **wirkt mit** gemäß § 21 Nr. 4–7,
daß die rechte Lehre sowie die kirchliche Ordnung und die christliche Sitte gewahrt, das kirchliche Leben nachhaltig gefördert und der Sonntag geheiligt werden;
bei der Ordnung des kirchlichen Lebens;
bei der Besetzung der Pfarrstellen (§ 23, wobei er hier in jedem zweiten Besetzungsfall ein Auswahl- und damit Entscheidungsrecht hat; siehe oben § 26);
weiter **berät** er über die Sprengelordnung (vgl. § 9 der VO ... *RS 502*) **mit**.

(3) gemäß § 21 Nr. 10, 11 und 8
gewinnt er **Mitarbeiter,**
bemüht sich um **Gaben** und freiwillige Dienstleistungen in der Gemeinde,
unterstützt kirchliche **Arbeitskreise**, Werke und Anstalten und
fördert die verschiedensten kirchlichen **Arbeitsbereiche**.

(4) Er **sorgt** gemäß § 21 Nr. 9 und 8 dafür,
daß Zwistigkeiten beigelegt werden, und für
die Vertiefung der diakonischen und missionarischen Erkenntnis in der Gemeinde.

(5) Er **erörtert** gemäß § 21 Nr. 12 wichtige kirchliche Fragen (ohne jede weitere inhaltliche Begrenzung!), wobei er besonders den Vollzug allgemeiner kirchlicher Anordnungen und die Schaffung und Förderung neuer kirchlicher Einrichtungen **berät**.

> **Beachte:** Die verschiedenen im Gesetz verwendeten Tätigkeitswörter zeigen deutlich, wie stark der KV im Einzelfall mitwirkt: *(a)* vom Beschließen über ..., Festlegen und Entscheiden – *(b)* über bloßes Mitwirken, Mitberaten, Fördern – *(c)* bis hin zum Sorgen und Beraten. Der wiederholte Gebrauch der Worte »insbesondere«[1] (Nr. 8 und 12), »usw.« (Nr. 2) und »vor allem«[2] (Nr. 3) zeigt deutlich, daß es sich nicht um abschließende Aufzählungen, sondern um Beispiele handelt. Was eine Kirchengemeinde und damit der Kirchenvorstand zu tun hat, läßt sich nur von Fall zu Fall entscheiden, nicht katalogisieren.
> Über die (fehlende klare) Kompetenz-Abgrenzung zwischen Pfarrer(n) und Kirchenvorstand siehe die Übersicht »Die Aufgaben der Kirchengemeinde ...« (o. S. 257 f.).

b) Insgesamt ist der KV »dafür verantwortlich, daß die Kirchengemeinde ihre Aufgaben erfüllt. Er sorgt dafür, daß die Kirchengemeinde ihren Verpflichtungen nachkommt und ihre Rechte wahrt« (Art. 20 Abs. 2 KVerf, § 18 Abs. 2 HS 2 KGO). Der KV trägt die **Verantwortung für das Gemeindeleben** in jeder Hinsicht und für die Einbindung der Kirchengemeinde in die Kirche. Kirche Jesu Christi muß am Ort erfahrbar sein – aber auch sichtbar in ihrer Einbindung in die Landeskirche und die gesamte Christenheit auf Erden.

c) Eheleute sowie Eltern und Kinder können nicht gleichzeitig dem KV angehören (§ 27 Abs. 2); die Kirchengemeinde ist kein »Familienbetrieb«. Deshalb wird auch die Bewerbung eines Pfarrers, dessen Ehegatte Inhaber einer Pfarrstelle der gleichen Gemeinde ist, bei der Pfarrstellenbesetzung nicht berücksichtigt (§ 6 Abs. 1 S. 4 PfStBO; dies muß entsprechend[3] auch für Eltern und Kinder gelten). Wegen der Ausnahmen nach dem Erprobungsgesetz *(RS 500/1)* siehe dort §§ 10 Abs. 2 und 3, § 15 Abs. 2.

Zur Zusammensetzung des KV und den Vorsitz siehe unter 3.c) (1) und (2).

RS 300 3. Den Auftrag, diese Aufgaben hat aber der **Kirchenvorstand** auch an seinem Ort **nicht allein**.

1) Zur Bedeutung des Wortes »insbesondere« siehe oben § 28, 1 unter »Beachte«, S. 291.
2) Die Bedeutung des Wortes »vor allem« entspricht etwa dem Wort »insbesondere« siehe dazu oben Fn. 1.
3) Zur Frage der entsprechenden Anwendung von Rechtsvorschriften siehe oben § 20, 2.c) unter »Beachte«, S. 245.

a) Gibt es doch kein Kirchenglied, kein Glied der Kirchengemeinde, das nicht ganz persönlich Verantwortung für den Auftrag »seiner« Kirche wie »seiner« Kirchengemeinde trüge (§ 3 Abs. 2 S. 1 KGO und Art. 10 KVerf): Ein Christ kann nicht über die Kirche, über seine Gemeinde als etwas Drittem reden, kritisieren; er ist als Glied dieses Leibes immer selber dabei, trägt Verantwortung; **alle haben** »nach ihren Gaben« **mitzuarbeiten** und die zur Erfüllung des Auftrags »erforderlichen Mittel« aufzubringen (§ 3 Abs. 2 S. 2).

b) *(1)* Die §§ 55–62 handeln von den Mitarbeitern in der Kirchengemeinde, die besondere Aufgaben (siehe § 55 Abs. 3) haben. Zu Recht wird die große Bedeutung betont, die den **Ehrenamtlichen** in einer lebendigen Gemeinde zukommt (§§ 55 Abs. 1, 58; vgl. o. § 36).

Von den **haupt- und nebenberuflichen Mitarbeitern** auf Dienstvertrag handeln die §§ 55 Abs. 2, 59–61; von ihnen wurde schon oben in §§ 33 f. gesprochen, von den Kirchenbeamten (§ 62) oben in § 31.

Nicht erwähnt als Mitarbeiter in der Kirchengemeinde sind die Pfarrer und die Diakone, die wie Kirchenbeamte und Pfarrer in einem öffentlich-rechtlichen Dienstverhältnis stehen (s. o. § 32). Die Pfarrer gehören schon formal nicht hierher, da sie in einem Dienstverhältnis zur ELKiB stehen; überdies steht das »Amt« der Gemeinde gegenüber, ist also nicht in die Gemeinde eingegliedert (siehe unter 5.). Die Diakone sind wohl deshalb nicht angeführt, weil das Gesetz über ihre besondere Rechtsstellung erst nach der KGO erlassen wurde; auch sie gehören zu den Mitarbeitern der Kirchengemeinde.

(2) Alle Mitarbeiter sind zur Verschwiegenheit verpflichtet. Für die Kirchenvorsteher ist das in § 29 Abs. 3, für die Ehrenamtlichen in § 58 festgelegt. Für die neben- und hauptberuflichen Mitarbeiter, auch für die in der Kirchengemeinde tätigen Pfarrer und Diakone ergibt sich das aus ihrem Arbeits- und Dienstverhältnis; dort ist auch die Möglichkeit geregelt, von der Schweigepflicht entbunden zu werden. Bei Kirchenvorstehern erfolgt die Entbindung durch den KV, notfalls auch im Beschwerdeweg (§ 29 Abs. 3 S. 2 und 3); dies gilt auch für die Ehrenamtlichen (in entsprechender[3)] Anwendung zur Ausfüllung einer Gesetzeslücke).

Von den erforderlichen Planstellen, der Verpflichtung und Einführung handeln die §§ 56 f. Dienstbehörde für die Mitarbeiter ist der KV, der Pfarramtsvorstand (in der Regel der Vorsitzende des KV, siehe unter c)) ist der Dienstvorgesetzte, der die Dienstaufsicht teilweise delegieren kann; die Fachaufsicht liegt beim LKR oder von ihm Beauftragten (§ 60).

Alle aufgrund eines Dienstvertrags gegen Entgelt beschäftigten Mitarbeiter genießen gerichtlichen Rechtsschutz (s. o. § 44), bei Angestellten und Arbeitern gibt es noch zusätzlich eine Schlichtungsstelle (§ 61). Das gilt nicht für ehrenamtliche Mitarbeiter, die mangels eines Arbeits**rechts**verhältnisses keinen **Rechts**schutz haben können, auch nicht brauchen, da ihre Dienste freiwillig (also von ihnen stets widerrufbar), ohne **Rechts**verpflichtung geleistet werden.

(3) Alle Mitarbeiter der Kirchengemeinde sollen mindestens einmal im Jahr zusammenkommen, »um die geordnete Zusammenarbeit ... zu fördern«; dazu sind auch die Mitglieder des Kirchenvorstands[4] einzuladen (§ 55 Abs. 4).

c) Eine besondere Stellung haben die **Pfarrer** in der Kirchengemeinde.

(1) Schon die Zusammensetzung des KV zeigt die besondere Bedeutung dieser Gruppe kirchlicher Mitarbeiter: »In ihm **wirken Pfarrer und Kirchenvorsteher** bei der Leitung der Gemeinde **zusammen**« (Art. 20 Abs. 1 HS 2 KVerf.). Zum Kirchenvorstand gehören neben den gewählten und berufenen Kirchenvorstehern (dazu s. u. § 47) auch alle zum Dienst an der Gemeinde berufenen Pfarrer, Pfarrverwalter und Pfarrvikarinnen, sowie die Pfarrer und Pfarrverwalter im Probedienst. Geistliche im Vorbereitungsdienst gehören dem KV auch an, jedoch nur mit beratender Stimme (§ 27 Abs. 1).

(2) Im KV hat einer der Pfarrer, in der Regel[5] der Inhaber der 1. Pfarrstelle (Art. 22 Abs. 1 S. 1 und 2 KVerf, § 35 Abs. 1 S. 1 und 2 i. V. m. Abs. 2 und §§ 10–16 der VO dazu, *RS 502*), den **Vorsitz**. Sein Vertreter ist auch ein Pfarrer (§ 35 Abs. 3); nur bei einzelnen Beschlüssen kann auch die Vertrauensfrau/der Vertrauensmann den Vorsitz übernehmen, wenn kein (Pfarrer als) Vertreter bestellt ist (§ 35 Abs. 4) – aber mit der Folge, daß unter deren Vorsitz gefaßte Beschlüsse dem Dekan vorgelegt werden müssen (§ 45). Der Vorsitzende des KV, auch sein Vertreter gehören auch dem Vertrauensausschuß (s. u. § 47, 2.) kraft ihres Amtes an (§ 9 Abs. 2 und 3 KVWG).

Der Pfarrer, der Vorsitzender des KV ist, wirkt mit der Vertrauensfrau/dem Vertrauensmann zusammen (Art. 22 Abs. 1 S. 3 KVerf, § 35 Abs. 1 S. 3 KGO; näher dazu s. u. § 47,5. letzter Abs. und § 48, 1). Mit der Vertrauensfrau/dem Vertrauensmann zusammen ist der Vorsitzende

4) Warum letztere besonders erwähnt werden, ist nicht recht klar; sind doch die Pfarrer und die Kirchenvorsteher auch Mitarbeiter, die in die Gesamtarbeit der Kirchengemeinde einbezogen sind.

5) Die Bedeutung der Worte »in der Regel« entspricht der des Wortes »grundsätzlich«; dazu siehe oben § 16.3.a) unter »Beachte«, S. 203.

vor allem auch dafür verantwortlich, daß der KV mit den ihm obliegenden Aufgaben betraut wird (§ 37 Abs. 1). Allein der Vorsitzende aber ist nach der KGO dafür verantwortlich, daß alle kirchlichen Vorschriften und Weisungen beachtet werden (§ 37 Abs. 2 S. 2); er »trägt im besonderen die Verantwortung für die Einheit der Gemeinde und der Kirche in Lehre und Leben« (Art. 15 HS 1 KVerf, § 37 Abs. 2 S. 1 und 3 KGO).

Der Pfarrer als Vorsitzender **leitet die Geschäfte des KV** und **vollzieht dessen Beschlüsse** (§ 37 Abs. 2 S. 1 und 3); er kann aus besonderen Gründen den Vollzug von Beschlüssen aussetzen und sie durch den LKR nachprüfen lassen (§ 51; näher s. u. § 48, 2.e)). Er **vertritt** den KV nach außen (§ 49) und führt den ganzen **Geschäftsverkehr** (50). Er ist der Vorgesetzte der gemeindlichen Mitarbeiter (§ 60 Abs. 2) und hat die Aufsicht über das Kassen- und Rechnungswesen der Kirchengemeinde, einschließlich der jährlichen Prüfung (§ 37 Abs. 4). – Einfache Geschäfte der **laufenden Verwaltung** (s. u. § 48, 4.) erledigt er in eigener Zuständigkeit (§§ 37, 49 f.).

Die starke Stellung des Pfarrers im KV ist eine Besonderheit der ELKiB. In anderen Kirchen besteht zum Beispiel die Möglichkeit, auch einen Kirchenvorsteher zum Vorsitzenden zu wählen. Diese Besonderheit ist in der Tradition des besonderen Amtsverständnisses in der ELKiB begründet. Für sie sprechen aber auch Gründe der Zweckmäßigkeit, zum Beispiel, daß der hauptberuflich tätige Pfarrer diese Aufgaben leichter erfüllen kann, das Pfarramtsbüro zur Seite hat und ähnliches. Doch gibt es auch Pfarrer, deren Stärke weder die Verhandlungsführung noch die Verwaltung ist[6)]. Das Kirchengemeinde-Erprobungsgesetz vom 4.12.1993 (KABl S. 342) ermöglicht es, daß in der neuen Kirchenvorstandswahlperiode anstelle des Pfarrers ein Kirchenvorsteher den Vorsitz im Kirchenvorstand übernimmt, sofern dies der Kirchenvorstand mit der Mehrheit von drei Dritteln seiner stimmberechtigten Mitglieder beschließt und der Landeskirchenrat einem entsprechenden Antrag des Kirchenvorstands zustimmt[6a)].

(3) Vor allem aber hat der **Pfarrer** in der Kirchengemeinde auch eigenständige **Aufgaben**, für deren Erfüllung er auf Grund seines Dienstverhältnisses zur ELKiB verantwortlich ist (zum Beispiel Predigt, Sakramentsverwaltung, Seelsorge, Religionsunterricht). Die Aufga-

6) Zu diesem Problem insgesamt vgl. *v. Ammon/Rusam,* Anm. 2 zu Art. 22 KVerf und eingehend *W. Hofmann* in Verhandlungen der Landessynode der ELKiB ..., Günzburg März 1993, S. 99. – Vgl. auch *Busch,* Chancen für Entwicklungen, KorrBl. 1994 S. 41f.; *G. Grethlein,* Nur sonntags immer ...?, Nachrichten 1994 H. 11 S. 201–203.

6a) Vgl. auch Nachrichten 1994 H. 4 S. 72.

ben des Pfarrers aus seinem Dienstverhältnis und die Aufgaben des Kirchenvorstandes überschneiden sich vielfältig. Dazu näher die Aufstellung »Aufgaben der Kirchengemeinde ...« o. S. 257 f., mit einer Gegenüberstellung der Aufgaben nach KGO und PfG.

RS 300 4. **a)** KV und Pfarrer sind die wichtigsten Amtsträger (Organe) einer Kirchengemeinde. Aus diesen Gründen statuiert § 19: »**Pfarrer und Kirchenvorsteher wirken** bei der Leitung der Kirchengemeinde zusammen; sie stehen in Verantwortung füreinander im Dienst an der Gemeinde und sind sich darin gegenseitige Hilfe schuldig. Deshalb soll der Pfarrer auch Angelegenheiten des geistlichen Amtes« (also seine ureigenen Aufgaben; siehe oben 3.c) (3)), »die für die Gemeinde wichtig sind, mit den Kirchenvorstehern besprechen, soweit dies mit seinem Amt vereinbar ist« (gemeint ist damit vor allem das Seelsorge- und das Amtsgeheimnis als Grenze).

Gefordert ist also das Miteinander der Glieder am Leibe Christi. Nachfolge und Einzelkämpfertum schließen sich aus; der Heilige Geist ist der Gemeinde als ganzer zugesagt. Die Frage, ob die derzeitige Ausbildung der Theologen an den Universitäten und kirchlichen Hochschulen dem genügt, muß hier offen bleiben. Aus zum Teil ungenügender Team-Fähigkeit entstehen derzeit wohl fast alle Konflikte zwischen Pfarrern und Kirchenvorständen, auch wenn der Streit scheinbar um Geistliches geführt wird (siehe oben § 20, 4.b) mit Fn. 13 S. 248).

b) Auch amtieren KV und Pfarrer zusammen, nicht isoliert. So soll der KV **Wünsche und Anregungen** aus der Gemeinde, die das kirchliche Leben betreffen (in § 20 heißt es u. E. zu eng: »fördern«), aufnehmen, »prüfen und soweit als möglich berücksichtigen«. Dem dient auch die Gemeindeversammlung (§ 11); näher siehe unter § 52.

Der Pfarrer ist in die Gemeinschaft seiner Amtsbrüder eingebunden (siehe oben § 20, 4.a), S. 247 f.).

Die Beschlüsse des KV unterliegen in verschiedener Hinsicht der Genehmigung durch Dekan, Landeskirchenrat, Landeskirchenstelle und Landeskirchenamt (siehe unter § 50).

RS 300 5. Bei der Frage des Verhältnisses KV : Pfarrer geht es um die Frage, wie **Amt**[7] **und Gemeinde** einander zugeordnet sind. Hier liegt ein wesentlicher Unterschied zwischen den Konfessionen. Während die katholische Kirche das hierarchisch gegliederte Amt kennt – bis hin zu der lapidaren Feststel-

7) Wegen des »Amtes der Kirche« und der verschiedenen Dienste vgl. unter § 47, 1.a), S. 429 und die Fn. dort, sowie oben § 20, 4.b), besonders Fn. 13, S. 248 und die Aufstellung gemäß Fn. 11 a a.a.O., S. 257 f.

lung: ubi episcopus, ibi ecclesia[8] mit der Folge, daß eben das Amt bestimmt, was gilt und was getan wird, neigen die reformierten Kirchen zu einer Überbetonung der Gemeinde – bis dahin, daß es in der Kirchenordnung der Evangelischen Kirche im Rheinland heißt: »Die Evangelische Kirche[9] im Rheinland wird von der Landessynode[9] geleitet« (Art. 168 Abs. 1) mit der Folge einer »amtstypischen Überordnungsfreudigkeit« einiger Synoden[9], »die ihnen rechtstheologisch nicht zukäme«[10].

In der Mitte liegt die lutherische Lehre, nach der bei der Erfüllung gemeindlicher Aufgaben die »Kirchengemeinde und der Pfarrer als Träger des Amtes zusammen(wirken)«. Die Gemeinde ist dem Amt nicht vorgeordnet; der Amtsträger ist kein Angestellter der Gemeinde. Andererseits ist die Gemeinde dem Träger des Amtes auch nicht untergeordnet. Hauptaufgabe des Pfarrers ist die Wahrnehmung seiner geistlichen Funktionen. Dazu gehören neben dem Gottesdienst die Kasualien und die Einzelseelsorge. In der Wahrnehmung dieser Aufgaben ist der Pfarrer grundsätzlich[11] »selbständig und an Weisungen der gemeindlichen Vertretungsorgane nicht gebunden. ... Im übrigen obliegt die Gemeindeleitung den dafür eingesetzten kollegialen Gemeindeorganen. Der Pfarrer ist Mitglied des kollegialen Gemeindeorgans, damit sichergestellt ist, daß die geistlichen Leitungsfunktionen und das sonstige Leitungshandeln in der Gemeinde aufeinander bezogen sind«[12]. In der ELKiB ist gemäß KVerf Art. 5 »Leitung ... zugleich geistlicher und rechtlicher Dienst«.

Beachte:
Die Formulierung im geltenden Recht der ELKiB: »In ihr (der Kirchengemeinde) sind die Gemeinde, die sich aus Wort und Sakrament aufbaut, und das Amt mit dem Auftrag der öffentlichen Wortverkündigung und Sakramentsverwaltung unter ihrem Haupt Jesus Christus als dem Herrn der Kirche einander zugeordnet« (§ 1 Abs. 1 S. 2 KGO); »in ihm (dem KV) wirken Pfarrer und Kirchenvorsteher bei der Leitung der Gemeinde zusammen« (Art. 20 Abs. 1 HS 2 KVerf, § 19 S. 1 KGO). Die Trennung der Aufgaben ist so eindeutig nicht, wie es erscheinen könnte (beachte das Wort »grundsätzlich«[11]), da geistliche und äußere Gemeindeleitung einander bedingen (so die Erkenntnis der Bekenntnissynode von Barmen). Selbst die scheinbar größte Äußerlichkeit muß in der Kirche auf ihren Bezug zum Auftrag der Kirche geprüft, mindestens muß bedacht werden, wie weit sie dem geistlichen Auftrag adäquat ist. Nach Barmen muß auch die äußere Ordnung der Kirche

8) »Wo ein Bischof, da ist Kirche.« – Vgl. auch o. § 40, 1.a) a. E., S. 371 f.
9) Gleiches gilt für Gemeinde und KV.
10) *E. Wolf,* EvStL Sp. 1754.
11) Wegen der Bedeutung des Wortes »grundsätzlich« siehe oben § 16, 3.a) unter »Beachte«, S. 203.
12) *W. Hofmann,* a.a.O., EvStL Sp. 1047.

Zeugnis von ihrem Herrn und seinem Auftrag ablegen. Wegen der (fehlenden klaren) Kompetenz-Abgrenzung zwischen Pfarrer und KV s. o. die Aufstellung »Die Aufgaben in der Kirchengemeinde«, o. § 20, 4.b) S. 257 f.; über die Folgen bei ständigem Konflikt siehe oben § 20 Fn. 12, S. 248.

Literatur

Siehe oben bei § 45. *W. v. Ammon/R. Rusam* a.a.O. Vorb. vor Art. 11 und Anm. 2 zu Art. 4 u. Anm. 4 zu Art. 11; *Ch. Bäumler,* Kommunikative Gemeindepraxis, München 1984; *Foitzik/Großmann,* Gemeinde leben, Gütersloh 1986 (besprochen von *M. Bartholomäus* in KorrBl. 1990 H. 1 S. 14; *Hochhuth,* Kennzeichen D. Gemeindediakonie als Herzstück kirchlichen Handelns, DPfBl. 1992 H. 6 S. 234; *U. Kühn,* Amt in der Kirche, evangelisch, EvStL Sp. 39–46; *W. Lück,* Praxis: Kirchengemeinde, Stuttgart, 1978; *Ch. Möller,* Ortsgemeinde und übergemeindliche Dienste. Überlegungen zu einem gestörten Verhältnis (unter Betonung der bleibenden Bedeutung der Ortsgemeinde), DPfBl. 1992 H. 1 S. 3–8 mit anschl. Diskussion in DPfBl. 1992 S. 165 f. (zum Verhältnis Kirchengemeinde und andere Dienste s. auch u. § 58, 1., auch § 61 Fn. 29); *Schall,* Mitarbeiterführung in der Kirche und Kirchengemeinde, Würzburg 1991; *E. Schweizer,* Gemeinde und Gemeindeordnung im NT, Zürich 1959; *O. Weber,* Versammelte Gemeinde, Neukirchen, 1975; *E. Wolf,* Ordnung der Kirche, Frankfurt/Main, 1961.

§ 47
Amt des Kirchenvorstehers; Wahl; Stellung der Vertrauensfrau/des Vertrauensmannes

1. **a)** Das **Amt**[1] **des Kirchenvorstehers** ist ein »Ehrenamt« (§ 29 Abs. 4 KGO), in das man gewählt (u. 3.a)) oder berufen (u. 3.b)) wird oder in das man nachrückt (u. 4.) Um Kirchenvorsteher werden zu können (um also **wählbar** zu sein), muß das Gemeindeglied (gem. §§ 8, 21 Abs. 3 und 24 Abs. 2 KVWG) *RS 300*

»der Gemeinde durch einen christlichen Lebenswandel und durch die Teilnahme am kirchlichen Leben Vorbild« und

bereit sein, »die rechte Führung« des Amtes vor der Gemeinde ... zu geloben,

am Wahltag das 16. Lebensjahr vollendet haben und

nicht dem Kirchenvorstand kraft »seines Amtes« (als Pfarrer o. ä., vgl. o. § 46, 3.c) (1) S. 424) »angehören«;

auch darf die Wählbarkeit nicht nach § 34 Abs. 4 KGO oder nach § 3 des Anwendungsgesetzes zur OKL (*RS 210*) entzogen sein (§ 8).

Dieses **Vorbild**-Sein gehört ebenso zu den **Amtspflichten** eines Kirchenvorstehers wie seine Bereitschaft, »nach seinen Kräften und Fähigkeiten für die Gemeinde tätig zu sein«, und wie die Bindung an Schrift und Bekenntnis sowie an die kirchlichen Ordnungen bei der Amtsführung (§ 29 Abs. 1 u. 2 KGO).

> **Beachte:** den Unterschied in der Formulierung in § 29 Abs. 1: »**gebunden an** die Heilige Schrift und das Bekenntnis der evangelisch-lutherischen Kirche« und »**nach** den kirchlichen Ordnungen«. Im einen Fall geht es um Gott, im anderen um »Menschensatzungen«.
> Die Vorbild-Funktion und die Teilnahme am kirchlichen Leben wird zur Zeit etwas locker gehandhabt; vgl. die Ausführungsbestimmungen zum KVWG »zu § 8«, *RS 306:* »wird unter Berücksichtigung der jeweiligen Gemeindestruktur auszulegen sein«. – Dennoch gibt es Grenzen des Möglichen, etwa wo ein Kirchenvorsteher oder ein Kandidat es ablehnt, in seiner Gemeinde am heiligen Abendmahl teilzunehmen (weil er sich dadurch aus dieser geistlichen Gemeinschaft Kirchengemeinde selber ausschließt).

1) Herkömmlich spricht man vom »Amt« des Pfarrers, das der Gemeinde gegenübersteht (s. o. § 46, 5.). Da Amt im Sprachgebrauch der Reformatoren aber Dienst bedeutet (nicht, wie im heutigen Sprachgebrauch, Behörde), ist das Amt der Kirche umfassend zu verstehen, auch wenn der Dienst des Pfarrers mit Wortverkündigung und Sakramentsverwaltung der für eine Kirche konstitutive, unverzichtbare Dienst ist (CA Art. 7). So wird auch von der KVerf. (Art. 11) der Begriff Amt gebraucht; sie vermeidet diesen Begriff geflissentlich, wenn vom Dienst der Pfarrer die Rede ist (Art. 12, 15 f.), verwendet ihn dafür aber bei den übrigen Diensten (Art. 13: »haben ... teil an den Aufgaben des Amtes der Kirche«).

Entsteht der Kirchengemeinde dadurch (finanzieller) **Schaden**, daß Mitglieder des KV vorsätzlich oder grob fahrlässig ihre Obliegenheiten verletzen, sind sie zum Ersatz des Schadens verpflichtet (§ 52).

> **Beachte:** Kirchenvorsteher haften also nicht für Irrtümer und Fehler schlechthin, sondern nur dann, wenn sie der Kirchengemeinde bewußt und gewollt oder leichtfertig Schaden zufügen.

Die **Zahl** der zu wählenden und zu berufenden Kirchenvorsteher hängt von der Größe der Gemeinde ab. Näheres ergibt sich aus § 28 KGO und § 2 KVWG. Auszugehen ist jeweils von den letzten amtlichen Zahlen (näher »zu § 2« in den Ausführungsbestimmungen zum KVWG, *RS 306*).

> **Beachte:** Bei Zweifeln über Auslegung und Handhabe der Bestimmungen über die Kirchenvorsteherwahl empfiehlt sich immer ein Blick in die Ausführungsbestimmungen, *RS 306,* die zwar nicht Gesetzeskraft haben, aber viel praktische Erfahrung bündeln.

RS 305 **b)** »Wahl und Berufung der Kirchenvorsteher sind Dienst an der Gemeinde, der im Gehorsam gegen Gottes Wort und in der Mitverantwortung für das Bekenntnis und den Auftrag der evangelisch-lutherischen Kirche zu erfüllen ist« (§ 1 KVWG). Dennoch – wohl in Überschätzung des demokratischen Gedankens in der Kirche, s. u. unter »Beachte« – sind praktisch alle Gemeindeglieder, die 16 Jahre alt sind und der Kirchengemeinde seit mindestens zwei Monaten angehören, **wahlberechtigt**, wenn (1) ihnen das Wahlrecht nicht in einem Akt der kirchlichen Zucht entzogen ist oder (2) für sie »zur Besorgung aller ... Angelegeheiten ein Betreuer bzw. eine Betreuerin nicht nur durch einstweilige Anordnung bestellt ist« (§ 6).

> **Beachte:** Demgegenüber macht *Joachim Beckmann,* Der Kampf der Kirche im Rheinland um die Kirchenordnung, ZevKR Bd. 1 (1951) S. 135–162 u. 261–299, erhebliche Bedenken geltend gegen »das unterschiedslose Wahlrecht für alle Gemeindeglieder, das bedenkenlos aus dem Verfassungsbild des politischen Liberalismus gestaltet« ist, und beruft sich dabei auf die Beschlüsse der Bekennenden Kirche, durch die z. B. am 29. April 1934 der »Ersatz des demokratisch-parlamentarisch gearteten Wahlrechts« (der »Deutschen Christen«) »durch ein kirchliches Wahlrecht« gefordert wurde, weil eine Gemeindewahl nur »unter dem Gesichtspunkt der kirchlichen Bewährung und des Gehorsams unter dem Wort« denkbar sei. So hat die *Bekenntnissynode* im Rheinland am 15.6.1937 in einem Brief zur Lage festgestellt: »Es ist ihr unmöglich, sich an einer unkirchlichen Massenwahl zu beteiligen.«
> Entsprechend diesen Erfahrungen aus dem Kirchenkampf wurde 1946 im *Rheinland und in Westfalen* das Wahlrecht der Gemeindeglieder davon abhängig gemacht, daß jedes einzelne das Versprechen ab-

gab: »Ich will nur solche Kirchenglieder zu Presbytern wählen, die ihre Treue zur Kirche im Bekenntnis unseres Glaubens bewährt haben.« Demgegenüber begnügt sich die *ELKiB* heute damit, daß in den Ausführungsbestimmungen zu § 6 KVWG Abs. 4 S. 2 u. 3 steht: »Jeder Wahlberechtigte hat jedoch § 1« KVWG (s. o. b) S. 1), den er in aller Regel gar nicht kennt, »zu bedenken. Wer nicht in der Lage ist, sein Wahlrecht im Sinne des § 1 auszuüben, kann sich an der Wahl nicht beteiligen.«
Welche Grenze setzt das »Kirche-Sein« der Volkskirche?

2. Die **Wahl** wird vom Vertrauensausschuß **vorbereitet und geleitet** (§ 9 Abs. 1). Als in der Regel[2] allgemeine Wahl der ELKiB wird sie grundsätzlich[3] für alle Kirchengemeinden vom LKR angeordnet (§ 3; zu Wahlen »in besonderen Fällen« vgl. dort [oder § 3] S. 4). *RS 305*

Grundlage ist in jedem Fall ein **Wählerverzeichnis**, das in der Regel[2] von Amts wegen angelegt wird; der Kirchenvorstand/die Gesamtkirchenverwaltung kann aber auch beschließen, daß die Eintragung nur auf Grund einer Anmeldung erfolgt (§ 7; wegen besonderer Listen, wenn mehrere Stimmbezirke gem. § 5 Abs. 2 gebildet sind, vgl. § 7 Abs. 3). Für das Wählerverzeichnis ist der Vertrauensausschuß verantwortlich. Näheres dazu: §§ 11 f. Dem **Vertrauensausschuß** gehören der Vorsitzende des KV, bei Gemeinden mit mehreren Pfarrstellen auch sein Stellvertreter, die Vertrauensfrau/der Vertrauensmann sowie ein oder zwei weitere Kirchenvorsteher und zwei oder drei andere wählbare Gemeindeglieder an, die vom KV gewählt sind (§ 9 Abs. 2). Näheres dazu: § 9.

Der Vertrauensausschuß stellt den **Wahlvorschlag** auf und berücksichtigt dabei eingegangene Anregungen (ohne daran gebunden zu sein); nur wenn eine große Anzahl »wahlberechtigte(r) Gemeindeglieder« gemeinsam ein **»wählbares«** (s. o. 1.a)) »Gemeindeglied benennen«, ist es in den Wahlvorschlag aufzunehmen (Rechtsmittel gegen Nichtaufnahme: § 11 Abs. 3 S. 1 und S. 5 zwh.; sicher aber Wahlanfechtung gem. § 20; s. u. 3.a) letzter Textabs.). Näheres dazu: § 10.

Die **Gemeinde wird** jeweils entsprechend **unterrichtet**, meist im Gottesdienst (vgl. §§ 10 Abs. 1; 11 Abs. 2 S. 3; 12 Abs. 2 u. Abs. 4 S. 3).

3. **a)** Die **Wahl** wird an einem Sonntag (nur) auf den vom Vertrauensausschuß ausgegebenen Stimmzetteln **geheim nach** den Grund-

2) Zur Bedeutung der Worte »in der Regel« s. o. § 46 Fn. 5, S. 424 (Verweisung auf »grundsätzlich«; s. dazu Fn. 3).
3) Zur Bedeutung des Wortes »grundsätzlich« s. o. § 16, 3.a) unter »Beachte«, S. 203.

sätzen der **Mehrheitswahl** durchgeführt (§§ 13, 15 mit Einzelheiten). Auch Briefwahl ist möglich (näher § 14).

Nach § 16 ist

(1) der (ganze) **Stimmzettel** ungültig,
wenn er nicht vom Vertrauensausschuß stammt oder
auf ihm keine oder mehr Namen gekennzeichnet sind als Kirchenvorsteher zu wählen sind;

(2) die (für eine bestimmte Person abgegebene) **Stimme** ungültig, wenn
nicht deutlich zu erkennen ist, wer gewählt werden sollte oder
Personen genannt sind, die nicht auf dem Stimmzettel stehen.

Die Feststellung über die **Gültigkeit** obliegt dem Vertrauensausschuß. Er stellt auch das Wahlergebnis fest, wobei bei Stimmengleichheit das Los entscheidet. Ersatzleute gibt es nur in der gleichen Zahl wie zu wählende Kirchenvorsteher (§ 17, wo auch Näheres für den Fall geregelt ist, daß mehrere Stimmbezirke gebildet wurden). Kann ein gewählter Kirchenvorsteher nicht verpflichtet werden, rückt nach, wer unter den Ersatzleuten die meisten Stimmen erhalten hat; ebenso rückt zu den Ersatzleuten nach, wer nach diesen die meisten Stimmen erhalten hat (§ 18).

Die Gewählten werden der Gemeinde bekanntgegeben (§ 19); doch soll die Stimmenzahl nicht genannt werden (vgl. die Ausführungsbestimmungen, *RS 306*).

Beachte: Es liegt insoweit kein gesetzliches Verbot vor. Die Ausführungsbestimmungen des LKR geben nur einen (guten?) Rat, der – unverbindlich – Beachtung erheischt.

Die Wahl kann von jedem Gemeindeglied, das im Wählerverzeichnis eingetragen ist, **angefochten** werden mit der Begründung, es seien gesetzliche Vorschriften verletzt worden, wodurch das Wahlergebnis beeinflußt worden sei[4]; auf angebliche Fehler im Wählerverzeichnis (also z. B. auf »zu Unrecht vorgenommen(e) oder abgelehnt(e)« Eintragung) kann die Anfechtung nicht gestützt werden (§ 20, wo Näheres geregelt ist), wohl aber auf eine zu Unrecht erfolgte Ablehnung des Antrags gem. § 10 Abs. 2 S. 3 u. 4, ein Gemeindeglied in den Wahlvorschlag aufzunehmen.

4) Vgl. Gericht der Nordelb. Kirche v. 7.4.86 – KG-NELK 3,4,5/85, RSprB. 1988 Nr. 4.2 S. 5; Landeswahlausschuß ELK Baden v. 9. 10. 87, RSprB. 1991 Nr. 1 S. 3.

Beachte: Noch so gravierende Verfahrensfehler rechtfertigen allein noch nicht die Wahlanfechtung. Es muß dazukommen, daß durch einen solchen Fehler das Wahlergebnis beeinflußt worden ist (»**und dadurch**«), also andere als gewählt gelten als es richtig wäre.

b) Die zum KV gehörenden Geistlichen und die Gewählten berufen in besonderen Wahlgängen und in geheimer Abstimmung die weiteren Kirchenvorsteher. Die **Berufung** dient einer sinnvollen Ergänzung der *RS 305* Wahl; bei ihr können bedeutende Ortsteile ebenso wie wichtige Gruppen aus der Gemeinde noch zum Zuge kommen. Erfolgen die Berufungen nicht fristgemäß, rücken Ersatzleute in entsprechender Zahl nach (näher § 21 mit den Ausführungsbestimmungen, *RS 306*).

Beachte: Berufungen in den Landtag oder in einen Gemeinderat wären im staatlichen Bereich ebenso unmöglich wie die garantierten Sitze für staatliche oder kommunale Amtsträger (wie es bei den Berufungen und bei Pfarrern im KV oder in der Synode der Fall ist). Beides zeigt deutlich, daß Wahlen in der Kirche etwas ganz anderes sind: Beim Staat, in der Kommune wählt der »Souverän« Volk seine Vertreter autonom. In der Kirche gibt es nur den einen Souverän Jesus Christus. Ihm und seinem Auftrag ist alles untergeordnet, auch die Bildung kirchlicher und gemeindlicher Organe. Vgl. o. 1.b) unter »Beachte«, S. 430.

c) Über die Verhandlungen zu Wahl und Berufung sind **Niederschriften** zu erstellen, auf Grund deren der Dekan von Amts wegen nachprüft, ob keine »schwerwiegenden Verstöße« vorliegen (§§ 25, 23).

4. Die (gewählten und die berufenen) Kirchenvorsteher werden im Hauptgottesdienst in ihr Amt **eingeführt und** »durch Gelöbnis und Handschlag« **verpflichtet**, »ihr Amt recht zu führen«. Der Wortlaut des Gelöbnisses ist agendarisch festgelegt (näher *RS 300, Fn. 2* zu § 31); eine entsprechende Verpflichtung der Ersatzleute kann ebenfalls im Hauptgottesdienst, aber auch in einer Sitzung des KV erfolgen (§ 31 KGO, §§ 22 KVWG).

Beachte: Der Wortlaut der Verpflichtung ist nur agendarisch, nicht im Kirchengesetz festgelegt. Das bedeutet, daß ein anderer Wortlaut als vorgesehen nicht zur Unwirksamkeit der Verpflichtung führt, wenn nur die Verpflichtung eingegangen wurde, das »Amt recht zu führen«.

Die **Amtszeit** beträgt sechs Jahre (näher § 30 KGO). Sie endet früher, wenn ein Kirchenvorsteher frühzeitig ausgeschieden ist. An Stelle eines Berufenen wird ein anderer berufen, an Stelle eines Gewählten rückt der Ersatzmann mit der nächst hohen Stimmenzahl nach. Sind

Ersatzleute nicht mehr vorhanden, wählt der Kirchenvorstand den Nachrückenden (§ 24 KVWG).

Das Gesetz sieht drei Möglichkeiten **vorzeitigen Ausscheidens** vor:

RS 300 *(1)* Auf seinen Antrag hin kann ein Kirchenvorsteher durch den KV (auf Beschwerde hin vom Dekanatsausschuß) **entlassen** werden, wenn er gewichtige Gründe dafür hat (§ 32).

(2) Von Amts wegen **scheidet** ein Kirchenvorsteher **aus**, wenn er aus der Kirche austritt oder sonst nicht mehr Glied der Kirchengemeinde ist, wenn ihm die Wählbarkeit nach der OKL aberkannt ist oder wenn er entmündigt[5], unter vorläufige Vormundschaft[5] oder wegen geistiger Gebrechen unter Pflegschaft[5] gestellt ist (§ 33; Abs. 3 sieht Ausnahmen bei Umzügen in nahegelegene Gemeinden vor).

(3) Durch KV-Beschluß (oder gem. § 109 Abs. 1 durch den LKR) kann ein Kirchenvorsteher nach vorausgegangenen vergeblichen seelsorgerlichen Bemühungen **ausgeschlossen** werden, wenn er sich bekenntniswidrig verhält, der Gemeinde Ärgernis gibt oder wenn er die Pflichten seines Amtes schuldhaft und erheblich verletzt. Gegen diese Entscheidung gibt es die Beschwerde beim Dekanatsausschuß (§ 34).

Der LKR kann sogar einen **KV vorzeitig auflösen**, wenn von ihm ein gedeihliches Wirken nicht mehr zu erwarten[6] ist, weil »sämtliche Kirchenvorsteher oder ein größerer Teil von ihnen die Pflichten ihres Amtes gröblich oder trotz Mahnung dauernd verletzen« (§ 109 Abs. 2; dagegen kann das Verwaltungsgericht der ELKiB gem. § 113 Abs. 1 Nr. 6 angerufen werden).

Beachte den Wortlaut! Eine massive Pflichtverletzung genügt. Dagegen können weniger gewichtige Pflichtverletzungen nur dann zu einer Auflösung des Kirchenvorstandes führen, wenn sie sich häufig wiederholen (»dauernd«) und wenn sie auch nach Abmahnung sich wiederholen.

5. Der KV (als ganzer) wählt »in geheimer Wahl aus der Mitte der Kirchenvorsteher eine **Vertrauensfrau oder** einen **Vertrauensmann**
RS 300 sowie deren Stellvertreter« mit »Mehrheit der Mitglieder des KV«; im dritten Wahlgang genügt einfache Mehrheit (§ 36 Abs. 1; vgl. Art. 21 Abs. 3 KVerf).

5) Nach dem inzwischen in Kraft getretenen (staatlichen) Betreuungsgesetz tritt an Stelle der im Text (entspr. § 33 KGO) genannten Rechtsinstitute die Tatsache, daß ein Betreuer bzw. eine Betreuerin bestellt ist (vgl. § 6 KVWG, o. im Text 1.b)).

6) Zum Begriff des »Nicht-gedeihlichen-Wirkens« s. o. § 22, 1.b) Abs. 4, S. 264, für Pfarrer.

Beachte: Besteht ein Kirchenvorstand aus 12 Mitgliedern, sind im 1. und 2. Wahlgang jeweils 7 Stimmen erforderlich. Daß einfache Mehrheit ab dem 3. Wahlgang genügt, kann zu folgendem Ergebnis führen: Von den 12 Mitgliedern erscheinen trotz ordnungsgemäßer Ladung nur 7; der Kirchenvorstand ist also beschlußfähig (§ 41). Enthalten sich 6 der Stimme, genügt zur Wahl 1 Stimme (vgl. § 42 Abs. 1 S. 1 und Fn. 2 dazu in *RS 300*).

Rücktritt ist jederzeit möglich, Abwahl nur, wenn zwei Drittel des KV es verlangen (§ 36 Abs. 2 S. 1).

Die Vertrauensfrau oder der Vertrauensmann sind neben dem Vorsitzenden des KV dafür verantwortlich, daß dieser mit den ihm obliegenden Aufgaben befaßt wird (§ 37 Abs. 1); deshalb legen sie zusammen die Tagesordnung fest und bereiten die Sitzungen gemeinsam vor. Näher s. u. § 48,1. In besonderen Fällen leitet die Vertrauensfrau/der Vertrauensmann auch einmal die Sitzung des KV zu einzelnen Punkten der Tagesordnung (Näher o. § 46, 3.c) (2), S. 424 f.).

§ 48
Die Kirchenvorstandssitzung

1. Die **Vorbereitung** der Sitzungen obliegt dem Vorsitzenden in Zu-
RS 300 sammenarbeit mit der Vertrauensfrau/dem Vertrauensmann. Beide sind verantwortlich, »daß der KV mit den ihm obliegenden Aufgaben befaßt wird« (§ 37 Abs. 1). Deshalb bereiten sie die Sitzungen gemeinsam vor und legen zusammen die Tagesordnung fest (§ 39 Abs. 1 S. 1). Können sie sich nicht einigen, liegt die Entscheidung zunächst beim Vorsitzenden, der den KV zu der Sitzung im Benehmen[1)] mit der Vertrauensfrau/dem Vertrauensmann einberuft (§ 38 Abs. 1); doch liegt die letzte Entscheidung beim KV in der Sitzung (s. u. 2.c)).

Sitzungen finden **mindestens einmal im Vierteljahr** statt, **bei Bedarf** auch öfter (§ 38 Abs. 1). Wann ein solcher Bedarf besteht, bestimmt der Vorsitzende oder die Vertrauensfrau/der Vertrauensmann oder ein Drittel der Mitglieder; der Vorsitzende braucht keine Gründe zu nennen, die anderen müssen die Sitzung schriftlich unter Angabe des Verhandlungsgegenstandes beim Vorsitzenden beantragen. In diesen Fällen, aber auch, wenn es die Aufsichtsbehörde verlangt, beruft der Vorsitzende unverzüglich im Benehmen[1)] mit der Vertrauensfrau/dem Vertrauensmann die Sitzung ein (§ 38 Abs. 2 i. V. m. Abs. 1).

Beachte: Unverzüglich bedeutet: ohne schuldhaftes Zögern, also so schnell es geht.
Benehmen[1)] bedeutet, daß der Vorsitzende mit der Vertrauensfrau/dem Vertrauensmann spricht, Argumente austauscht und unter Berücksichtigung des Gehörten eigenverantwortlich entscheidet.

Die **Einladung** muß »rechtzeitig« erfolgen, nach § 38 Abs. 3 »in der Regel schriftlich und mindestens drei Tage vorher unter Angabe der Tagesordnung«.

Beachte: »In der Regel«[2)] bedeutet, daß Ausnahmen möglich sind, also zum Beispiel auch telefonisch eingeladen werden kann. Hier aber muß sichergestellt sein, daß der Empfänger die Einladung wirklich erhalten hat, während sonst der Einwurf in den Briefkasten genügt. Auch die Einhaltung der Drei-Tages-Frist und die Beifügung der Tagesordnung sind nicht zwingend. Denn das »in der Regel« bezieht sich auf den ganzen nachfolgenden Halbsatz, wie sowohl die Verbindung durch »und« als auch der Sinn ergeben: Warum sollte eine sehr dringende Sitzung nicht noch am gleichen Tag zulässig sein, wenn alle Mitglieder des KV verständigt und erschienen sind? Alle Verstöße

1) Zur Bedeutung des Wortes »Benehmen« s. o. § 18.5 a. E. unter »Beachte«, S. 224.
2) Zur Bedeutung der Worte »in der Regel« s. o. § 46 Fn. 5, S. 424 (Verweisung auf »grundsätzlich«; dazu s. o. § 16, 3.a) unter »Beachte«, S. 203).

gegen Formvorschriften sind »geheilt«, wenn alle Mitglieder des KV an der Sitzung teilnehmen.

2. **a)** *(1)* Die Sitzungen sind **nicht öffentlich,** solange der KV nicht das Gegenteil beschließt[3]. Die Öffentlichkeit kann nicht für Tagesordnungspunkte zugelassen werden, bei denen Personalangelegenheiten oder vertraulich zu behandelnde Angelegenheiten besprochen werden (§ 40 Abs. 1).

Auch **andere Personen** können an Sitzungen des Kirchenvorstands **teilnehmen** (s. u. (2)), **Kirchenvorstandsmitglieder** aber bei einzelnen Punkten **ausgeschlossen** sein (s. u. (3)). Der Landesbischof, der zuständige Kreisdekan, Beauftragte des Landeskirchenrates »haben das Recht, an den Sitzungen des Kirchenvorstands mit beratender Stimme teilzunehmen und in besonderen Fällen dabei den Vorsitz zu übernehmen« (KVerf Art. 22 Abs. 2, KGO § 100 Abs. 5); das gleiche Recht hat der zuständige Dekan (KVerf Art. 31 Abs. 3 S. 4 DBO § 29 Abs. 3).

Beachte den Unterschied: Der Dekan kann (nur) »in besonderen Fällen an den Sitzungen ... teilnehmen und (dabei) den Vorsitz übernehmen«; die anderen können immer teilnehmen, aber nur in besonderen Fällen den Vorsitz übernehmen. – Warum wohl der Unterschied? Es soll verhindert werden, daß ein übereifriger Dekan zu oft die Leitung der Sitzung eines KV übernimmt, dem er nicht angehört.

(2) Bei der Beratung von Punkten, die den Aufgabenbereich des Kirchenpflegers berühren, nimmt dieser auch dann teil, wenn er nicht Mitglied des KV ist, dann jedoch nur beratend, ohne Stimmrecht (§ 40 Abs. 2).

Ohne Stimmrecht können gem. § 40 Abs. 3 auch andere Personen an den Beratungen teilnehmen (also nicht nur zuhören, wie die bei einer öffentlichen Sitzung Anwesenden), wenn der KV das beschließt, nämlich

Mitarbeiter der Kirchengemeinde in Angelegenheiten ihres Aufgabenbereichs

Personen, die anzuhören sachdienlich erscheint, und

die Ersatzleute bei besonderen Anlässen.

(3) Nicht nur an der Beschlußfassung, sondern schon an den Beratungen dürfen KV-Mitglieder gem. § 42 nicht teilnehmen, wenn »der

3) Bei den Beratungen der KGO war umstritten, ob die Sitzungen grundsätzlich öffentlich sein sollten. Das geltende Recht ist ein Kompromiß, der es dem einzelnen Kirchenvorstand ermöglicht, nach den örtlichen Bedürfnissen zu entscheiden. U. E. hat die Erfahrung ergeben, daß ein Bedürfnis, immer öffentlich zu verhandeln, nicht besteht.

Beschluß ihnen selbst oder ihren nächsten Angehörigen (Eltern, Ehegatten, Geschwister und Kinder)« oder Vereinigungen, die sie vertreten, »einen unmittelbaren Vorteil oder Nachteil bringen kann oder sie persönlich berührt«. Ob dies der Fall ist, entscheidet der Kirchenvorstand »in Abwesenheit des betreffenden Mitglieds« (§ 42).

Beachte: Es gibt also bloße Zuhörer bei öffentlichen Sitzungen; sie dürfen sich nicht äußern.
Es gibt Mitglieder des KV, die bei einzelnen Punkten (auch in einer öffentlichen Sitzung) nicht anwesend sein dürfen, weil sie selbst betroffen sind.
Es gibt Sachkundige, die auch in nichtöffentlichen Sitzungen anwesend sein und mitreden dürfen, vor allem kirchengemeindliche Mitarbeiter, wenn ihr Arbeitsbereich betroffen ist. Doch muß der KV das ausdrücklich beschließen (nur der Kirchenpfleger darf schon auf Grund des Gesetzes anwesend sein).
Auch die Ersatzleute dürfen teilnehmen, wenn der KV das beschließt, aber nur »bei besonderen Anlässen«. Die Übung, Ersatzleute zu allen Sitzungen einzuladen, widerspricht der KGO. Man kann sich bei dem eindeutigen Gesetzeswortlaut u. E. auch nicht auf Gewohnheitsrecht berufen. Doch läßt der Begriff »besonderer Anlaß« eine weite Auslegung zu (etwa wenn Fragen der geistlichen Gemeindeleitung und des Gemeindeaufbaus beraten werden, besonders in großstädtischen Gemeinden mit reger Fluktuation der Gemeindeglieder). – Einen »erweiterten Kirchenvorstand« (der aus den geborenen, den gewählten und den berufenen Mitgliedern des KV **und** den Ersatzleuten bestehen würde), kennt das Recht der ELKiB nicht.

b) Die Sitzung beginnt mit einer Andacht und schließt mit einem **Gebet** (§ 39 Abs. 2 S. 1)[4]. KV-Sitzungen sind letztlich gottesdienstliche Versammlungen, nämlich Zusammenkünfte von Christen im Dienst ihres Herrn. Deshalb kann auch während einer Sitzung, etwa wenn es schwierig wird, gemeinsam gebetet werden.

Alle müssen bestrebt sein, zu einer »einmütigen Willensbildung« zu kommen (§ 39 Abs. 2 S. 2), wenn dies auch unter fehlsamen Menschen nicht immer gelingt. Einmütigkeit kann – und soll! – nicht erzwungen werden, sie ist ein Geschenk. Doch kann man sich die zum Aufeinander-Hören nötige Zeit nehmen, die Argumente anderer ernst nehmen, auch wenn sie einem nicht gleich einleuchten, ja gegen den Strich gehen. Das macht Kirche aus; das will § 39 Abs. 2 S. 2 erreichen.

Zu Beginn wird festgestellt, ob die Mitglieder ordnungsgemäß eingeladen sind und ob mehr als die Hälfte anwesend ist. Nur dann kann

4) Vgl. *W. Luck,* Sitzungen werden mit Gebet eröffnet, Beobachtungen und Überlegungen zur spirituellen Kultur in Kirche und Erwachsenenbildung, DPfBl. 1993 H. 4 S. 173–176.

verhandelt werden, nur dann ist der Kirchenvorstand »**beschlußfähig**«, können also verbindliche Beschlüsse rechtsgültig gefaßt werden (§ 41).

Die Beschlußfähigkeit muß bei jedem Punkt gesondert überprüft werden, bei dem Mitglieder von der Teilnahme und Beschlußfassung gemäß § 42 ausgeschlossen sind (s. o. 2.a)(3); wegen der Folgen vgl. u. d) unter »Beachte«). Ist auf diese Weise oder aus anderen Gründen der Kirchenvorstand nicht nur vorübergehend, wenn auch nur in einem Punkt, nicht beschlußfähig, hat der LKR gemäß § 44 für Abhilfe zu sorgen.

c) Die mit der Einladung zur Sitzung verteilte **Tagesordnung** ist für den KV nicht verbindlich. Sie kann nicht nur ergänzt werden (§ 39 Abs. 1 S. 2), auch die Entscheidung, ob alle Punkte der Tagesordnung beraten und ob über sie in dieser Sitzung abschließend entschieden wird, obliegt dem KV. Er allein ist das Entscheidungsorgan; er bestimmt das Ende der Sitzung, wenn auch der Vorsitzende formal den Schlußpunkt setzt.

d) Immer werden Beschlüsse mit **Stimmenmehrheit** gefaßt; Stimmenthaltungen werden nicht gezählt (vgl. dazu o. § 47, 5. unter »Beachte«). Die Meinung von nicht anwesenden Mitgliedern des KV ist für die Abstimmung unbeachtlich. Gezählt werden nur die Ja- und Nein-Stimmen der anwesenden Mitglieder des KV. Stimmengleichheit führt zur Ablehnung des Antrags (§ 43 Abs. 1).

Der KV kann auch geheime Abstimmung beschließen; solange kein solcher Beschluß gefaßt ist, wird offen abgestimmt (§ 43 Abs. 2).

Der von einem beschlußfähigen KV gefaßte Beschluß ist wirksam. War aber ein von der Beratung und Abstimmung nach § 42 ausgeschlossenes Mitglied des Kirchenvorstandes anwesend, ist der Beschluß unwirksam, wenn nicht die Anwesenheit offensichtlich keinen Einfluß auf das Ergebnis der Abstimmung hatte (§ 43 Abs. 3).

Beachte: Es ist also sehr gefährlich, wenn ein ausgeschlossenes Mitglied im Sitzungssaal bleibt. Dann wird nämlich praktisch vermutet, daß das Einfluß auf die Abstimmung hatte. So gefaßte Beschlüsse sind unwirksam, wenn sich nicht eindeutig ergibt (vgl. »offensichtlich«), daß dies ohne Einfluß war.

Dies gilt auch für persönlich Betroffene, die nach § 40 Abs. 2 und 3 beigezogen wurden (§ 42 Abs. 2), aber nicht für die Zuhörer einer öffentlichen Sitzung.

e) Ein formal wirksamer KV-Beschluß wird vom LKR **aufgehoben**, wenn er
dem Bekenntnis der Kirche oder
den Rechten und Befugnissen des geistlichen Amtes oder
den kirchlichen Gesetzen und Anordnungen widerstreitet
oder das kirchliche Leben ernstlich gefährdet (§ 111).
Damit der LKR diese Fragen prüfen und entscheiden kann, ist der Vorsitzende des KV in solchen Fällen verpflichtet, den Vollzug auszusetzen und den Beschluß dem LKR auf dem Dienstweg vorzulegen (§ 51). Damit diese Prüfung immer von einem Pfarrer vorgenommen wird, müssen Vertrauensfrauen und Vertrauensmänner alle unter ihrem Vorsitz gefaßten Beschlüsse dem Dekan zur Prüfung vorlegen (§ 45).

f) Der KV kann auch allgemein oder für bestimmte Angelegenheiten **vorberatende Ausschüsse** einsetzen (näher § 46), die nur Vorschläge machen, nicht aber in der Sache beschließen können[5)] (anders bei der Gesamtkirchenverwaltung: § 92). Auch kann der Kirchenvorstand Mitglieder **mit besonderen Aufgaben betrauen** (§ 47), ihnen also Sachgebiete zuweisen; auch sie können nicht selber entscheiden. Eine besondere Stellung hat der **Kirchenpfleger**; er soll grundsätzlich[6)] Mitglied des KV sein, doch sind Ausnahmen möglich. Er ist der »Referent« des KV für das Haushalts-, Kassen- und Rechnungswesen und hat für diesen Bereich ein Recht, bei den Beratungen und Beschlüssen des KV anwesend zu sein (§ 40 Abs. 2); zudem können aber auch aus diesem Bereich einzelne Aufgaben anderen geeigneten Personen übertragen werden (näher: §§ 53 f.).

g) Über alle KV-Sitzungen muß eine **Niederschrift** gefertigt werden; sie muß in der nächsten Sitzung genehmigt werden (§ 48). Es genügt ein Beschlußprotokoll; der Gang der Diskussion muß nicht protokolliert werden, doch wird empfohlen, auch den wesentlichen Gang der Beratungen festzuhalten (Näheres über die Niederschrift: *RS 302* Nr. 2).

3. Wirksam gefaßte Beschlüsse, deren **Vollzug** nicht ausgesetzt ist,
RS 300 werden vom Vorsitzenden durchgeführt (§ 37 Abs. 2 S. 2), der den **Geschäftsverkehr** des KV führt (§ 50). Der **Vorsitzende vertritt** den KV im Rechtsverkehr; selbstverständlich ist er dabei an das gebunden,

5) Inwieweit das Kirchengemeinde-Erprobungsgesetz vom 4.12.1993 (KABl S. 342) hierin eine Änderung bringen wird, bleibt abzuwarten. Der Wortlaut dieses KG, das an sich zur Frage des Vorsitzes im KV erlassen worden ist (vgl. Begründung in Verh. der LS der ELKiB vom 21.–26.11.1993 (Bd. 91), S. 195 f.), läßt diese Möglichkeit offen.
6) Wegen der Bedeutung des Wortes »grundsätzlich« s. o. § 16, 3.a) unter »Beachte«, S. 203.

was der KV beschlossen hat. Beschlüsse des KV, die eine rechtlich bedeutsame Willenserklärung für die von ihm vertretene juristische Person »Kirchengemeinde« zum Inhalt haben, werden vom Vorsitzenden unterschrieben und mit dem Amtssiegel versehen (§ 49; s. auch *RS 302* Nr. 3).

4. Der KV muß – und kann! – sich nicht mit jeder Kleinigkeit abgeben. Die **einfachen Geschäfte der laufenden Verwaltung** erledigt der Vorsitzende »in eigener Zuständigkeit« (§ 37 Abs. 3). Das ist eine nicht präzise Vorschrift.

Klar ist, daß es sich
jeweils um ein einfaches – also inhaltlich unproblematisches – Geschäft
und
um ein Geschäft der laufenden Verwaltung handeln muß, also um ein Geschäft, wie es immer wieder routinemäßig zu erledigen ist, sich also nicht auf den geistlichen Auftrag bezieht.

Unklar ist aber, was das »in eigener Zuständigkeit« bedeutet. Gibt das dem Vorsitzenden auch das Recht, sich über den erklärten Willen des KV hinwegzusetzen, muß er ihm keine Auskunft über solche Geschäfte geben? Diese Fragen sind u. E. zu verneinen, da der KV das oberste Organ für die Verwaltung der Kirchengemeinde ist und § 37 Abs. 3 nur seiner Entlastung, nicht seiner Entmachtung dient. An Beschlüsse des KV, die dieser im Rahmen seiner (recht umfassenden) Zuständigkeit faßt, ist der Vorsitzende gebunden (§ 37 Abs. 2), unbeschadet seines Rechts, den Vollzug gem. § 51 auszusetzen.

§ 49
Vermögensverwaltung und Haushaltswesen – Bauwesen (mit Baulast und Denkmalschutz)

1. Vermögensverwaltung

a) Zum **Ortskirchenvermögen** gehört das Vermögen der Kirchengemeinde **(Kirchengemeindevermögen)** und – falls noch ortskirchliche Stiftungen[1] vorhanden sind – auch das Vermögen dieser ortskirch-
RS 300 lichen Stiftungen **(ortskirchliches Stiftungsvermögen)**, KGO § 63 Abs. 1. Nicht zum Ortskirchenvermögen zählt das Vermögen der – in jeder Kirchengemeinde bestehenden[2] – Pfründestiftung. Diese hat ausschließlich zur Besoldung des Inhabers der mit ihr verbundenen Pfarrstelle beizutragen. Das Pfründerecht ist daher in das landeskirchliche Besoldungsrecht einbezogen[3].

Das Ortskirchenvermögen besteht aus dem Grundstockvermögen, welches grundsätzlich zu erhalten ist (KGO § 66), und dem Verbrauchsvermögen, welches dem Verbrauch zur Erfüllung der ortskirchlichen Aufgaben dient. Zu ersterem zählen vor allem Grundeigentum, grundstücksgleiche Rechte, Kapitalvermögen, geldwerte Rechte (z. B. Reichnisse[4], Baulastforderungen[5] u. a.). Unter das Verbrauchsvermögen fallen die zum Verbrauch bestimmten Sachen (Verbrauchsgüter), Kassenbestände und Kassenreste, im weiteren Sinn auch die laufenden Einnahmen wie Kirchgelder, landeskirchliche Zuweisungen, Gebühren u. ä. Beim Ortskirchenvermögen läßt sich weiter unterschei-

1) Kirchenstiftungen und besondere Kultusstiftungen, hierzu unten § 56.2 (S. 492).
2) Mit jeder Pfarrstelle ist auch eine Pfründestiftung verbunden, so daß in einer Kirchengemeinde mit mehreren Pfarrstellen auch mehrere Pfründestiftungen bestehen. Dieser alte Grundsatz der Verbindung von Pfarrstelle und Pfründestiftung ist gemäß der Fortgeltung des Pfründerechts nach EGBGB § 80 Abs. 2 weiterhin in Kraft.
3) *F. Witzmann,* Gliederung und Verwaltung des örtlichen Kirchenvermögens der ELKiB, ZevKR 21 (1976) S. 197. Hierzu näher unten § 56.3 (S. 494).
4) Reichnisse sind auf altem Recht beruhende Pflichtzahlungen (Geldreichnis) oder Naturalleistungen (Naturalreichnis), die insbesondere zugunsten von Geistlichen oder weltlichen Kirchendienern an Kirchen- oder auch Pfründestiftungen zu zahlen sind. Hierzu StG – RS 416 – Art. 41 ff. und ABestKirchlStG – RS 463 – Nr. 20. Soweit in wenigen Fällen Reichnisse (z. B. als »Läutgarben«, »Kirchentrachten«, »Kirchweihbrote«, »Öl- und Wachsgilt«, »Singgeld« u. ä.) noch bestehen, werden diese zunehmend abgelöst, da in der heutigen Zeit das Verständnis für derartige nur historisch erklärbare Leistungen mehr und mehr abnimmt. Zu Reichnissen allgemein: *S. Zängl,* Reichnisse zugunsten kirchlicher Stiftungen, BayVBl 1983, S. 609 ff. (mit verfassungsrechtlichen Bedenken gegen dessen Annahme eines Erlöschens von auf dem Pfarr- und Kirchenverband beruhenden Reichnissen aufgrund völlig veränderter Verhältnisse). Aus der Rspr. zuletzt: VG Augsburg, KirchE 20, S. 102 = BayVBl 1983, S. 632.
5) Vgl. hierzu unten 4.

den zwischen unrentierlichem Vermögen (z. B. Kirche, Pfarrhaus[6]), Gemeindehaus, Friedhof u. ä.) und rentierlichem Vermögen (»Renten«, d. h. Erträgnisse bringend, z. B. sonstiges Grund- oder Waldeigentum, festverzinsliche Wertpapiere, Reichnisse u. ä.). Die Erträgnisse des Ortskirchenvermögens sind für den Finanzbedarf der Kirchengemeinde zu verwenden, sind aber neben den sonstigen Deckungsmitteln (KGO § 80 Abs. 1) regelmäßig von ganz geringer Bedeutung.

b) Die Verwaltung des Ortskirchenvermögens obliegt dem Kirchenvorstand (KGO § 22 Abs. 2 Nr. 1)[7]. Sie hat gewissenhaft, pfleglich und wirtschaftlich zu geschehen (KGO § 65 Abs. 1; vgl. bereits KVerf Art. 79 Abs. 1 S. 2).

Zur wirtschaftlichen Verwaltung gehört z. B., daß bei Überlassung von Gemeinderäumen an andere grundsätzlich[8] ein Entgelt zu fordern ist, zumindest aber die anfallenden Unkosten für Strom, Reinigung, Heizung u. a. zu erstatten sind[9].

Ortskirchliches Stiftungsvermögen ist von anderem Vermögen getrennt zu halten[10]. Etwaige zum Verbrauch bestimmte Zuwendungen dürfen nur entsprechend dem Stiftungszweck verwendet werden (KGO § 65 Abs. 2, vgl. auch KVerf Art. 79 Abs. 2). Werden Bestandteile des rentierlichen Vermögens veräußert, so sind sie durch Erwerb anderer Vermögenswerte, die dauernden Ertrag bringen, zu ersetzen. Für veräußerte Grundstücke sind wieder Grundstücke zu beschaffen (KGO § 66 Abs. 1). Ausnahmen bedürfen der kirchenaufsichtlichen Genehmigung (KGO § 66 Abs. 2 i. V. m. § 105 Abs. 1 Nr. 10)[11].

Es sind dies Regelungen, die durch das staatliche Stiftungsrecht bereits allgemein für Stiftungen, auch für kirchliche Stiftungen, zwingend vorgeschrieben sind (StG – RS 460 – Art. 37 Abs. 3 i. V. m. Art.

6) Soweit nicht im Eigentum der Pfründestiftung.
7) Der KV führt in dieser Hinsicht die Aufgaben der früher bestehenden Kirchenverwaltung fort.
8) Zur Bedeutung von »grundsätzlich« vgl. oben § 16.3a unter »Beachte« (S. 203).
9) Vgl. hierzu insbesondere noch KGO § 67 Abs. 4 (kirchliche Gebäude und Einrichtungen **sollen** – zur Bedeutung von »soll« o. § 22.1a und d unter »Beachte« – nur zweckbestimmt gebraucht werden) und § 102 Abs. 1 Nr. 2 (Genehmigungspflicht durch den Dekan).
10) Soweit wegen bestehender Staatsbaulasten Kirchenstiftungen aufrecht erhalten bleiben, entfällt für die Geltungsdauer der Vereinbarung über die staatliche Baupflicht an Kultusgebäuden (RS 403) die Aufstellung getrennter Haushaltspläne und Rechnungen für Kirchenstiftung und Kirchengemeinde, vgl. u. 4. und § 56.2 (S. 492).
11) Beachte daneben auch die sonstigen Genehmigungserfordernisse, etwa bei der Veräußerung und Ersatzbeschaffung von Grundstücken gemäß KGO § 105 Abs. 1 Nr. 1 oder nach § 105 Abs. 1 Nr. 2. Zur kirchenaufsichtlichen Genehmigung allgemein u. § 50.

10 und 12). KGO §§ 65, 66 wiederholen diese Grundsätze und machen sie zur Grundlage der Verwaltung des gesamten Ortskirchenvermögens, also auch des Kirchengemeindevermögens.

Die Benutzung von Ortskirchenvermögen, von ortskirchlichen Anstalten und Einrichtungen kann im einzelnen durch ortskirchliche Satzung geregelt werden (KGO § 70 Abs. 1). Diese Satzungen (z. B. Friedhofsordnung, § 68 Abs. 2, Satzung für kirchengemeindliche Kindergärten, für Benutzung der Gemeinderäume usw.), in denen auch die Erhebung von Gebühren geregelt wird (§ 82 Abs. 2 u. 3), bedürfen der kirchenaufsichtlichen Genehmigung (§ 70 Abs. 2 i. V. m. § 105 Abs. 1 Nr. 11).

2. Haushaltswesen

a) Haushaltsplan und Rechnung

Jede Kirchengemeinde hat im Haushalt die Mittel zur Erfüllung der ortskirchlichen Aufgaben (§§ 77, 78) zur Verfügung zu stellen, soweit hierzu nicht andere Rechtsträger[12] verpflichtet sind (§ 76). Der Haushalt ist für jedes Rechnungsjahr auf der Grundlage eines **Haushaltsplanes** *(Voranschlag)* zu führen. Rechnungsjahr ist das Kalenderjahr (§ 71 Abs. 1; Grundsätze der *»Vorherigkeit«* und der *Jährlichkeit*). Kirchengemeinden, die jährlich im wesentlichen gleichbleibende Einnahmen und Ausgaben haben, kann von der Aufsichtsbehörde gestattet werden, den Haushaltsplan auch für mehrere Jahre aufzustellen (§ 71 Abs. 2).

Der Haushaltsplan muß sämtliche voraussehbaren Einnahmen und Ausgaben enthalten und abgeglichen sein (§ 71 Abs. 3; Grundsätze der *Vollständigkeit* und *Ausgeglichenheit*). Dabei sind Einnahmen und Ausgaben getrennt voneinander und in voller Höhe zu veranschlagen (also keine Saldierung; *Bruttogrundsatz,* vgl. die Ausführungsbestimmungen zur KGO und zur DBO über das Haushalts-, Kassen- und Rechnungswesen,
RS 350 ABestHKR – RS 350 – § 6 Abs. 1), wobei die Einnahmen grundsätzlich zur Deckung für die gesamten Ausgaben dienen *(Gesamtdeckungsgrundsatz),* falls nicht einzelne Einnahmen ihrer Bestimmung nach in der Verwendung gebunden sind (ABestHKR § 6 Abs. 2). Dem Grundsatz der *Haushaltsklarheit* entspricht die Erstellung nach einem Gliederungsplan und das Verbot, Ausgaben für den gleichen Zweck an verschiedenen Stellen des Haushaltsplanes zu veranschlagen (ABestHKR § 5 Abs. 3, § 6 Abs. 3). Der Grundsatz der *Haushaltswahrheit* gebietet, daß die Einnahmen und Ausgaben den tatsächlichen Beträgen möglichst nahe kommen, also soweit sie nicht errechnet werden können, zumindest sorgfältig zu schätzen sind (ABestHKR § 6 Abs. 4).[13]

12) Z. B. noch aufrechterhaltene Kirchenstiftungen (vgl. u. § 56.2), Baulastverpflichtungen Dritter.

Stellt sich im Laufe eines Rechnungsjahres heraus, daß der Ausgleich des Haushalts gefährdet ist und nur durch eine Einnahmenerhöhung bewirkt werden kann, ist ein **Nachtragshaushaltsplan** aufzustellen (KGO § 71 Abs. 5, ABestHKR § 10).

Wenn für besondere Maßnahmen, z. B. Bauvorhaben, ordentliche Deckungsmittel (KGO § 80 Abs. 1) nicht in ausreichendem Maß zur Verfügung stehen und außerordentliche Deckungsmittel (§ 80 Abs. 2) in Anspruch genommen werden müssen, ist ein **außerordentlicher Haushaltsplan** zu erstellen (KGO § 71 Abs. 4, ABestHKR § 4 Abs. 4, Einzelheiten in ABestHKR § 9).

Der Haushaltsplan ist vom Kirchenvorstand, bei Gesamtkirchengemeinden von der Gesamtkirchenverwaltung zu beschließen und spätestens einen Monat vor Beginn des Rechnungsjahres – also spätestens zum 1. Dezember jeden Jahres – zusammen mit dem Beschluß über die Erhebung des Kirchgeldes der kirchlichen Aufsichtsbehörde[14] zur Überprüfung vorzulegen (KGO § 72, ABestHKR § 12 Abs. 4).

Zum Verfahren bei der Aufstellung von Haushaltsplänen (ordentliche und außerordentliche, Nachtragshaushaltspläne sowie Wirtschaftspläne für die nach betriebswirtschaftlichen Grundsätzen zu führenden Einrichtungen) enthält ABestHKR § 12 eingehende Vorschriften, ferner werden jedes Jahr im Juli im Kirchlichen Amtsblatt ausführliche Hinweise zum Erstellen der Haushaltspläne der Kirchengemeinden und der Dekanatsbezirke, einschließlich der Kirchenstiftungen und sonstigen ortskirchlichen Stiftungen gegeben[15].

Dem Grundsatz der *Öffentlichkeit* des Haushaltsplanes entspricht es, daß nach Beschlußfassung über den Haushaltsplan dieser nach ortsüblicher Bekanntgabe eine Woche zur Einsichtnahme für die Kirchengemeindeglieder aufzulegen ist und die Kirchengemeindeglieder Einwendungen erheben können, über die der Kirchenvorstand bzw. die Gesamtkirchenverwaltung zu beschließen hat (KGO § 72 Abs. 1, ABestHKR § 12 Abs. 3). Die in einer Gesamtkirchengemeinde zusammengeschlossenen Kirchengemeinden legen ihren Haushaltsplan zunächst der Gesamtkirchenverwaltung vor, bevor sie ihn öffentlich auflegen (KGO § 96 Abs. 1, ABestHKR § 12 Abs. 5).

13) Vgl. zum ganzen auch *K. Blaschke,* Kirchliches Finanz- und Haushaltsrecht, ZevKR 27 (1982) S. 58 f.

14) Zuständig für die Überprüfung von Haushaltsplänen der Kirchengemeinden und Kirchenstiftungen ist die Landeskirchenstelle, für Haushaltspläne der Gesamtkirchengemeinden und der in ihnen zusammengeschlossenen Kirchengemeinden und deren ortskirchlichen Stiftungen der Landeskirchenrat (Landeskirchenamt), LKStV – RS 50 – Nr. 3.

15) Vgl. zuletzt KABl 1993, S. 198 ff.

Unbeschadet der allgemeinen Verantwortung des Pfarramtsvorstands und der anderen Mitglieder des Kirchenvorstands ist für den Vollzug und die Einhaltung des Haushaltsplanes der (ehrenamtliche) **Kirchenpfleger** in besonderer Weise verantwortlich (KGO § 54 Abs. 1 S. 3 i. V. m. § 53 Abs. 2). Dieser wird vom Kirchenvorstand regelmäßig aus der Mitte der Kirchenvorsteher bestimmt. Ausnahmsweise kann hierzu auch ein anderes zum Amt des Kirchenvorstehers wählbares Gemeindeglied bestimmt werden (KGO § 53 Abs. 1 Satz 1 u. 2), welches mit dem Pfarramtsvorstand nicht verheiratet oder sonst i. S. von KGO § 87 Abs. 2 mit ihm verwandt sein darf (§ 54 Abs. 4 Satz 1). Auch haupt- oder nebenamtlich in der Kirchengemeinde Mitarbeitende dürfen damit nicht betraut werden, da insoweit gegenüber dem Pfarramtsvorstand eine Weisungsgebundenheit bestünde[16]. Dem Pfarramtsvorstand obliegt zwar die Aufsicht über das Kassen- und Rechnungswesen (KGO § 37 Abs. 3, § 54 Abs. 1 S. 2), weisungsberechtigt ist jedoch allein der Kirchenvorstand (§ 54 Abs. 1 S. 1). Auch besteht eine **strikte Trennung von Kassenanordnung und dem Vollzug dieser Anordnung**. Dem Anordnungsbefugten (in der Regel der Pfarramtsvorstand als Vorsitzender des Kirchenvorstands, ABestHKR § 18 Abs. 2) ist es untersagt, Kassengeschäfte für eine seiner Aufsicht unterstehenden Kasse vorzunehmen und über kirchengemeindliche Konten zu verfügen (ABestHKR § 22 Abs. 2 u. 3). Auch hiergegen würde verstoßen, wenn ein haupt- oder nebenamtlicher Mitarbeiter die Kasse führen würde, da er an Weisungen des Anordnungsbefugten gebunden wäre. Die einzige Kasse, die der Pfarrer zu führen berechtigt und in der Regel auch verpflichtet ist (Ausnahme: GabenR – RS 416 – Nr. 10 Abs. 1), ist die **Gabenkasse** (KGO § 53 Abs. 4 S. 3, GabenR Nr. 1, Nr. 9).

Für die Kassenführung, die Geldverwaltung, den Zahlungsverkehr und die Buchführung enthalten ABestHKR §§ 22 ff. eingehende Vorschriften.

Nach Ablauf des Rechnungsjahres ist die **Jahresrechnung** zu erstellen und vom Kirchenpfleger zu unterschreiben. Sie ist vom Kirchenvorstand vorzuprüfen, beschlußmäßig festzustellen und wiederum eine Woche lang zur Einsichtnahme durch die Kirchengemeindeglieder aufzulegen. Über Einwendungen hat der Kirchenvorstand zu beschließen (KGO § 73, ABestHKR §§ 45 – 47). Innerhalb von sechs Monaten nach Abschluß des Rechnungsjahres ist die Rechnung mit allen

16) Vgl. LKA-Rundschreiben an alle Pfarrämter vom 8.1.1990, Az. 51/80.

Belegen der kirchlichen Aufsichtsbehörde[17] zur Überprüfung vorzulegen (KGO § 74, ABestHKR § 49). Die in einer Gesamtkirchengemeinde zusammengeschlossenen Kirchengemeinden legen ihre Rechnungen über die Gesamtkirchenverwaltung vor, die eine Vorprüfung vorzunehmen hat (KGO § 96 Abs. 2, ABestHKR § 49 Abs. 2). Auch die Jahresrechnung ist – wie der Haushaltsplan – vor der Überprüfung durch die Aufsichtsbehörde öffentlich aufzulegen (KGO § 73 Abs. 2, ABestHKR § 47). Der Jahresrechnung ist eine Übersicht über den Vermögens- und Schuldenstand als Anlage beizufügen (§ 15 der Ordnung über den Nachweis des Vermögens und der Schulden – RS 353).

b) Finanzbedarf und Deckungsmittel

Soweit **Kirchenstiftungen** noch aufrechterhalten werden, haben sie im Rahmen ihres Stiftungszweckes für den Finanzbedarf zur Erfüllung der ortskirchlichen Pflichtaufgaben (Ortskirchenbedürfnisse) aufzukommen (KGO § 77 Abs. 1). Diese sind in § 77 Abs. 2 im einzelnen beschrieben[18]. Soweit Kirchenstiftungen nicht vorhanden sind oder deren Mittel nicht ausreichen und auch keine Verpflichtungen Dritter (z. B. Baulastverpflichtungen) bestehen, hat die **Kirchengemeinde** für die Ortskirchenbedürfnisse aufzukommen. Weitere Aufgaben ergeben sich aus § 78 Abs. 2 und 3 (Erfüllung von kirchengesetzlich zugewiesenen oder auf Herkommen oder besonderen Rechtsverpflichtungen beruhenden Verbindlichkeiten, Umlage für Finanzbedarf des Dekanatsbezirks). Im Rahmen ihrer verfügbaren Mittel soll die Kirchengemeinde zur Förderung der Gemeindearbeit die erforderlichen Einrichtungen schaffen, Gebäude und Räume herstellen und unterhalten und gegebenenfalls Mitarbeiter in Dienst nehmen (§ 78 Abs. 4). Darüber hinaus kann sie weitere Aufgaben im Rahmen ihres Wirkungskreises übernehmen, wenn die Erfüllung der ortskirchlichen Aufgaben (§ 78) sichergestellt ist und außerordentliche Deckungsmittel hierfür nicht in Anspruch genommen werden müssen (§ 79 Abs. 1).

17) Die Überprüfung der Rechnungen der Gesamtkirchengemeinden und der in ihnen zusammengeschlossenen Kirchengemeinden erfolgt durch das Rechnungsprüfungsamt (ABestHKR § 49, Rechnungsprüfungsamtsgesetz (RPrAG) – RS 55 – § 4 Abs. 3 Nr. 2), der übrigen Kirchengemeinden durch die Landeskirchenstelle (ABestHKR § 49 Abs. 1).
Dem RPrA der ELKiB obliegt die Überwachung der gesamten Haushalts-, Kassen-, Rechnungs- und Wirtschaftsführung sowie der Vermögensverwaltung der ELKiB. Es ist bei der Durchführung seiner Aufgaben unabhängig und unterliegt keinerlei Weisungen hinsichtlich Umfang, Art und Weise oder Ergebnis seiner Prüfungen. Vgl. im einzelnen RPrAG.

18) Vgl. u. § 56.2 (S. 492).

An Mitteln zur Deckung ihres Finanzbedarfs stehen der Kirchengemeinde **ordentliche** und **außerordentliche** Deckungsmittel zur Verfügung. Zu den ordentlichen Deckungsmitteln zählen nach § 80 Abs. 1 vor allem: die Erträgnisse des Kirchengemeindevermögens, der Kirchenbeitrag[19], Schlüsselzuweisungen[20], Kirchengemeindegebühren[21], Gottesdiensteinlagen und sonstige freiwillige Gaben, soweit sie der Kirchengemeinde zustehen[22], freiwillige oder auf rechtlicher Verpflichtung beruhende Leistungen Dritter[23] und gegebenenfalls Zuweisungen der Gesamtkirchengemeinde[24].

Außerordentliche Deckungsmittel sind nach § 80 Abs. 2 eine außerordentliche Inanspruchnahme des Vermögens[25], zweckgebundene Rücklagen, Bedarfszuweisungen[20], Aufnahme von Darlehen[26], ferner Zuschüsse und Zuwendungen, die nicht ordentliche Einnahmen sind.

Die wesentlichsten Einnahmen der Kirchengemeinden sind die Schlüssel- und Bedarfszuweisungen im Rahmen des innerkirchlichen Finanzausgleichs (siehe hierzu u. § 67).

19) Die Formulierung in KGO § 81 Abs. 2 ist etwas mißverständlich. Das Kirchgeld ist eine Kirchen*steuer,* die der Orts- bzw. der Gesamtkirchengemeinde zusteht. Näher hierzu u. § 64. Danach ist das Kirchgeld also ein Kirchenbeitrag, der in der Form einer Steuer erhoben wird.

20) Hierzu näher u. § 67.

21) Vor allem für die Benutzung von Einrichtungen und Anstalten des Ortskirchenvermögens. Für Amtshandlungen werden nicht in allen Gemeinden Gebühren erhoben. Die Gebühren nach dem Gebührengesetz – RS 450 – und der Gebührenverordnung – RS 451 (z. B. für Kirchenbuchauszüge und Beglaubigungen, GebührenV § 9 Abs. 2, § 14 Abs. 2) fallen kaum ins Gewicht. Vgl. im übrigen KGO § 82.

22) Hierzu näher KGO § 83. Jede Kirchengemeinde ist verpflichtet, für Ortskirchenbedürfnisse im Gottesdienst zu sammeln (§ 83 Abs. 1 S. 1). Der Ertrag dieser Sammlungen und der ortskirchlichen Kollekten sind Einnahmen der Kirchengemeinde (falls Kirchenstiftungen aufrechterhalten sind: Einnahmen der Kirchenstiftung). Es ist klar zu trennen zwischen der Sammlung für Ortskirchenbedürfnisse (z. B. *Klingelbeutel*) und einer landeskirchlich angeordneten Kollekte (z. B. *Opferstock*), vgl. insbesondere KollektBek – RS 415 – Nr. 5. In welcher Form die Kollekten eingesammelt werden, unterliegt der Beschlußfassung des Kirchenvorstands (§ 83 Abs 2 S. 3). Nur wenn landeskirchlich keine Kollekte angeordnet ist, kann – neben dem Klingelbeutel – noch eine Kollekte für ortskirchliche Bedürfnisse erhoben werden. Vgl. zur Erhebung, Verbuchung und weiteren Verwendung der Kollekten und Gaben die sehr eingehenden, in der Praxis jedoch z. T. zu wenig beachteten Bestimmungen der KollektBek und GabenR – RS 415, 416.

23) Z. B. Schenkungen, Vermächtnisse oder auch Reichnisse (zu letzteren o. Anm. 4).

24) Vgl. KGO § 94 Abs. 1 Nr. 3. Dafür entfallen Einnahmen nach § 80 Abs. 1 Nr. 2 (Kirchenbeitrag) und Nr. 3 (Schlüsselzuweisung), da diese im Falle der Bildung einer Gesamtkirchengemeinde letzterer zustehen. Zum Finanzausgleich zwischen Kirchengemeinde und Gesamtkirchengemeinde u. § 53.3 und § 67.

25) Wenn also rentierendes Vermögen nicht gemäß KGO § 66 in entsprechender Weise ersetzt wird, Genehmigungspflicht: § 105 Abs. 1 Nr. 10.

26) Vgl. hierzu KGO § 84. Davon zu unterscheiden sind Kassenkredite nach § 85. Genehmigungspflicht: § 105 Abs. 1 Nr. 3.

Für die Wahrnehmung von Aufgaben des Haushalts-, Kassen- und Rechnungswesens sind als »gemeinsame Einrichtungen« im Sinn von KGO § 75 zur Unterstützung der einzelnen Kirchengemeinden bzw. Pfarrämter die Verwaltungsstellen geschaffen worden (vgl. o. § 37.4). Einer Verwaltungsstelle können auch Kirchengemeinden mehrerer Dekanatsbezirke angeschlossen sein. Zur Zeit bestehen im Bereich der ELKiB 34 Verwaltungsstellen, die im Hinblick auf die genannten Aufgaben, vor allem auch bei der Durchführung von Baumaßnahmen, für die einzelnen Kirchengemeinden eine ganz erhebliche Entlastung sind.

3. Bauwesen

Dem Grundsatz der Erhaltung des Ortskirchenvermögens (KGO § 66) entspricht es, daß Gebäude in gutem baulichem Zustand zu erhalten und regelmäßig zu überprüfen sind. Hierzu beauftragt der Kirchenvorstand einen eigenen Ausschuß, dem auch Gemeindeglieder angehören können, die nicht Kirchenvorsteher sind. Dieser *Bauüberwachungsausschuß* hat regelmäßig einmal jährlich vor der Aufstellung des Haushaltsplanes sämtliche Gebäude zu begehen und festzustellen, ob Bauschäden vorhanden sind[27)].

Bei der Planung, Errichtung und Unterhaltung ihrer Bauten werden die Kirchengemeinden durch die kirchlichen Aufsichtsbehörden – Landeskirchenstelle und Landeskirchenrat (Landeskirchenamt) – beraten und unterstützt. Hierzu sind verschiedene Bekanntmachungen ergangen, von denen vor allem die Bek. über die Grundsätze für die Gestaltung des gottesdienstlichen Raumes der evangelischen Kirchen – RS 355, die Bek. über ortskirchliche Bauführungen (BauBek – RS 365), die Pfarrhausneubaurichtlinien – RS 390, die Instandsetzungsrichtlinien – RS 395 – und die Bek. über das Orgel- und Glockenwesen – RS 408 – hervorzuheben sind[28)].

Diejenigen Baumaßnahmen, die einer kirchenaufsichtlichen Genehmigung bedürfen[29)], sind im einzelnen in KGO § 106 Abs. 2 Nr. 1 bis 6 aufgeführt. Außer den dort genannten Maßnahmen bedarf es nach § 106 Abs. 2 Nr. 7 für sonstige Bau- und Instandsetzungsmaßnahmen einer kirchenaufsichtlichen Genehmigung, wenn gewisse Freigrenzen überschritten werden. Diese liegen derzeit bei DM 20 000,–, für Gesamtkirchengemeinden bei DM 100 000,– und für Gesamtkirchengemeinden mit eigenem bautechnischem Personal bei DM 200 000,–

27) Nähere Einzelheiten in der Bauüberwachungsbek. – RS 366.

28) Vgl. daneben RS 360, RS 370, RS 371, RS 375, RS 377, RS 383. Zu Besonderheiten bei Baulastverpflichtungen Dritter u. 4.

29) Vgl. hierzu auch u. § 50.

(§ 1 der VO über Freigrenzen und Anzeigepflichten bei Baumaßnahmen der Kirchengemeinden – RS 387 (i. d. F. der ÄnderungsVO v. 9.3.1994, KABl S. 113) – und BauBek I Nr. 4 a Ziff. 7)[30].

Genehmigungsfreie, also unter der Freigrenze liegende Bau- und Instandsetzungsmaßnahmen sind der kirchlichen Aufsichtsbehörde *anzuzeigen,* wenn ihre Finanzierung nicht aus dem ordentlichen Haushalt sichergestellt werden kann, sondern außerordentliche Deckungsmittel (KGO § 80 Abs. 2) benötigt werden (KGO § 106 Abs. 5, § 3 der VO über Freigrenzen und Anzeigepflichten, BauBek I Nr. 4 c)[31]. Gleiches gilt für Gebäude, an denen eine Baupflicht Dritter besteht.

Die kirchenaufsichtliche Genehmigung bei Bau- und Instandsetzungsmaßnahmen erstreckt sich auf das Raumprogramm, den Bauplan und die Finanzierung (KGO § 106 Abs. 3). Unabhängig von dieser Genehmigung ist die baurechtliche Genehmigung durch die zuständige Bauaufsichtsbehörde nach der Bayer. Bauordnung. Diese kann erst beantragt werden, wenn feststeht, daß gegen die Planung seitens der kirchlichen Aufsichtsbehörde keine Bedenken bestehen (BauBek I Nr. 6).

RS 405

Bauliche Maßnahmen an Baudenkmälern oder im Bereich denkmalgeschützter Ensembles haben die Bestimmungen des **Denkmalschutzgesetzes** (DSchG – RS 405) zu beachten. Jegliche Veränderung von Baudenkmälern oder geschützter Ausstattungsstücke bedarf der Erlaubnis nach DSchG Art. 6. Bei derartigen Maßnahmen ist immer das Landesamt für Denkmalpflege einzuschalten. Soweit bei Denkmälern unmittelbar gottesdienstliche Zwecke betroffen werden, müssen die Denkmalschutzbehörden die von den kirchlichen Oberbehörden festgestellten kirchlichen Belange berücksichtigen. So können z. B. liturgische Gesichtspunkte einer von der Denkmalpflege geforderten anderen Gestühlsanordnung, Kanzel- oder Orgelverleguung o. ä. entgegenstehen[32].

30) Beachte jedoch auch § 2 der VO über Freigrenzen und Anzeigepflichten und BauBek. Nr. 4 a Abs. 2: Bei wesentlichen Änderungen von Gebäuden mit besonderem geschichtlichem oder künstlerischem Wert ist unabhängig von der Höhe der Kostensumme die kirchenaufsichtliche Genehmigung nach KGO § 105 Abs. 1 Nr. 2 einzuholen. Bei Gebäuden, die im Eigentum der Kirchenstiftung stehen, bedarf es ferner der stiftungsaufsichtlichen Genehmigung (staatlich wie kirchlich, vgl. BauBek. Nr. 4 a Abs. 2, hierzu auch u. § 55 Anm. 8). Handelt es sich um ein denkmalgeschütztes Gebäude, bedarf es zusätzlich der Erlaubnis nach Art. 6 des Denkmalschutzgesetzes – RS 405.

31) In diesem Fall bedarf es für den Verbrauch des Ortskirchenvermögens oder für eine Darlehensaufnahme der kirchenaufsichtlichen Genehmigung nach KGO § 105 Abs. 1 Nr. 3 und Nr. 10. Die Baumaßnahme als solche ist also genehmigungsfrei, aber anzeigepflichtig, der Einsatz bestimmter außerordentlicher Deckungsmittel wiederum genehmigungspflichtig.

4. Baulast

Unter Baulast an Kultusgebäuden versteht man die rechtliche Verpflichtung zum Bau und zur baulichen Unterhaltung kirchlicher Gebäude einschließlich der Abänderung, Erweiterung, des Neubaus oder etwa erforderlichen Wiederaufbaus. Darunter fallen die dem Gottesdienst gewidmeten Gebäude, also die Kirchen, und die Wohnhäuser derjenigen kirchlichen Bediensteten, die in einem Bezug zur Feier des Gottesdienstes stehen, wie Pfarrhäuser, Mesnerhäuser, eventuell noch Kantoratshäuser einschließlich der für den Wohnbedarf notwendigen Nebengebäude (Garagen, Holzschuppen u. ä.).

Primär obliegt diese Baulast regelmäßig den Kirchenstiftungen (KGO § 77 Abs. 2; vgl. u. § 56.2, **primäre Baulast**). Aber auch Dritten (Staat, einzelnen Kommunen, Stiftungen, in wenigen Fällen noch Patronen) kann aufgrund allgemeiner oder besonderer Rechtstitel eine primäre Baulast auferlegt sein. Ist die Kirchenstiftung primär baupflichtig – wie dies der Regelfall ist –, beschränkt sich ihre Verpflichtung auf die Einnahmen, die ihr nach Deckung der übrigen ortskirchlichen Bedürfnisse verbleiben. Soweit das Kirchenstiftungsvermögen nicht ausreicht, also bei *Leistungsunfähigkeit (Insuffizienz)* der Kirchenstiftung, ist der Träger der **subsidiären Baulast** heranzuziehen. Dies ist nach kirchlichem Recht die Kirchengemeinde, falls nicht wiederum aufgrund allgemeiner oder besonderer Rechtstitel die genannten Dritten als Baulastträger vorrangig einzustehen haben. Sowohl nach innerkirchlichem Recht (vgl. KGO § 78 Abs. 1) als auch nach überkommenem allgemeinen Baulastrecht[33] ist die Kirchengemeinde nämlich nur dann zur Unterhaltung der kirchlichen Gebäude verpfichtet, wenn und soweit die Mittel der Kirchenstiftung nicht ausreichen und keine Baulastverpflichtungen Dritter bestehen. Subsidiäre Baulastverpflichtungen Dritter sind daher vorrangig gegenüber Leistungen der Kirchengemeinde.

Diese Vorrangigkeit gilt auch im Verhältnis zu etwaigen Zuschüssen oder Darlehen, die der Kirchengemeinde von anderen außerkirchlichen (z. B Landkreis, Regierungsbezirk) oder kirchlichen Rechtsträgern (Landeskirche) zur Verfügung gestellt werden. Die Vorrangigkeit gilt ferner im Hinblick auf Kirchensteuermittel (z. B. das Kirchgeld als der örtlichen Kirchengemeinde zufließende Kirchensteuer), da diese der Kirchen**gemeinde**, nicht der Kirchen**stiftung** zufließen. Die subsidiäre Baupflicht erstreckt sich daher auf alle diejenigen Kosten, die nicht aus Mitteln der Kirchenstiftung

32) Grundlegend zu Fragen kirchlicher Denkmäler: *M. Heckel,* Staat – Kirche – Kunst. Rechtsfragen kirchlicher Kulturdenkmäler, Tübingen 1968; ferner *A. Albrecht,* Kirchliche Denkmalpflege, HdbStKirchR II S. 205 ff.

33) Vgl. nur *Chr. Meurer,* Rechtsfähigkeit und Baulast, S. 408 ff.

gedeckt werden können. Voraussetzung ist jedoch, daß es sich tatsächlich um *notwendige Instandsetzungsmaßnahmen* handelt und nicht allein um wünschenswerte Verbesserungen außerhalb der Baulastverpflichtung. Da die Kirchenstiftungen heute regelmäßig insuffizient sind[34], kommt in den meisten Fällen eine subsidiäre Baupflicht Dritter faktisch einer primären gleich.

Die Baulastverpflichtung Dritter **nach** der Kirchenstiftung, aber **vor** der Kirchengemeinde[35] ist der Grund, warum Kirchenstiftungen in den Fällen, in denen eine Drittbaulast besteht, noch aufrechterhalten werden. Soweit der Freistaat Bayern als Dritter subsidiär baupflichtig ist, gilt zur Verwaltungsvereinfachung die Vereinbarung über die staatliche Baupflicht an Kultusgebäuden (RS 403; vgl. auch u. § 56.2; Pauschalabgeltung der Leistungsunfähigkeit primär verpflichteter Kirchenstiftungen). In diesen Fällen entfällt für die Laufzeit dieser Vereinbarung die Aufstellung getrennter Haushaltspläne und Rechnungen für die Kirchenstiftungen und Kirchengemeinden.

Die Baulastverpflichtung Dritter beruht auf sehr alten Rechtstiteln, die wegen der Fortgeltungsvorschrift in EGBGB Art. 132 heute noch in Kraft sind. Im Bereich der ELKiB sind dies für den Bereich der Staatsbaulasten die *Markgräflich Brandenburgische (sog. Kulmbacher) Konsistorialordnung von 1594* (subsidiäre Baulast des Staates in den Fällen, in denen die Markgrafen früher Patrone waren) und das *Preußische Allgemeine Landrecht von 1794* (subsidiäre Baulast des Staates als früherer Patron *neben* der Kirchengemeinde zu einem Drittel bzw. zwei Drittel, je nachdem, ob es sich um eine Stadt- oder Landkirche handelt), daneben *Gemeines Recht,* teilweise auch das *Bayerische Landrecht von 1756.* Auf den heutigen Freistaat sind diese Verpflichtungen im Wege der Rechtsnachfolge übergegangen. Die hauptsächlichsten allgemeinen Rechtstitel für Kommunalbaulasten sind die *Würzburger Diözesanobservanz* (primäre kommunale Baulast an Kirchtürmen), die *Würzburger VO von 1687* (subsidiäre kommunale Baulast an Kultusgebäuden) sowie altes *Sachsen-Coburgisches Recht*[36]. Daneben bestehen besondere Rechtstitel wie erwerbende Verjährung (mehrmalige Übernahme von Baupflichtleistungen innerhalb eines bestimmten Zeitraumes), Herkommen (langjährige Übung zwischen zwei Rechtssubjekten, welche eine vertragliche Abmachung ersetzt bzw. nach bayerischer Rechtsprechung gleichbedeutend mit unvordenklicher Verjährung ist), gerichtliche Entscheidungen, Verträge, Anerkenntnisse u. ä.

34) Vgl. u. § 56.2 (S. 492).
35) Im Bereich des Preuß. Allgemeinen Landrechts besteht eine Baulast Dritter anteilig *neben* der Kirchengemeinde.
36) Hierzu näher *H. Böttcher,* Kommunale Kirchenbaulasten, S. 160 ff.

Rechtsgrund für die Baulasten des *Staates* ist letztlich regelmäßig die Rechtsnachfolge in Kirchengut, welches von den Landesherren im Verlauf der Reformation eingezogen oder in Vollzug des Reichsdeputationshauptschlusses 1803 säkularisiert wurde. Als Gegenleistung oblag den Landesherren sowohl nach dem Augsburger Religionsfrieden von 1555 als auch nach dem Reichsdeputationshauptschluß die Verpflichtung, die Lasten der eingezogenen Güter zu erfüllen, also auch die Baulasten[37]. Grundgedanke ist also Entschädigung, Wiedergutmachung. In vielen Fällen standen den Landesherren auch Patronate zu, aus denen sich diese Verpflichtung ergab.

Die Verpflichtung der *Kommunen* leitet sich regelmäßig aus der Fürsorge der mittelalterlichen Stadt für das Kirchenwesen ab. Vielfach strebten Städte auch nach dem Erwerb oder der Begründung von Patronaten oder patronatsähnlichen Rechten, aus denen sich wiederum eine Verpflichtung zur baulichen Unterhaltung der Kirchengebäude ableitete. Der Bau einer eigenen Kirche diente oft auch dazu, aus dem Verband eines Klosters oder Stifts herauszukommen. Bei Dörfern war im Spätmittelalter das Streben nach einer eigenen Pfarrkirche weit verbreitet, um im eigenen Dorf zur Messe gehen zu können und auch die Taufen und Beerdigungen in der eigenen Kirche und im eigenen Friedhof vornehmen zu lassen und nicht auf die manchmal weit entfernte Mutterpfarrkirche angewiesen zu sein. Dies zog dann entsprechende Bauunterhaltsverpflichtungen nach sich. Hier liegen die Wurzeln der meisten Kommunalbaulasten. Durch die oft jahrhundertelange Übung haben sich andere Rechtstitel, wie Herkommen, Anerkenntnisse u. ä. über diesen eigentlichen Rechtsgrund geschoben.

Baulasten sind von nicht unerheblicher wirtschaftlicher Bedeutung. Im Bereich der ELKiB bestehen Staatsbaulasten an rund 320 Kirchengebäuden und rund 300 Pfarrhäusern, vor allem im fränkischen Bereich. Kommunalbaulasten bestehen in rund 100 Orten, vor allem in Unterfranken und Teilen Oberfrankens, teilweise nur an Kirchen (zum Teil auch nur an Kirchtürmen), teilweise nur an Pfarrhäusern und teilweise sowohl an Kirchen als auch Pfarrhäusern. Diese Baulasten bereiten aber in der Praxis häufig erhebliche Schwierigkeiten, da oft langwierige Auseinandersetzungen über den Umfang der Baulast im einzelnen zu führen sind.

Einzelheiten des Baulastrechts können hier nicht dargestellt werden[38]. Für staatliche Baulasten an Pfarrhäusern gelten die mit dem Staat vereinbarten Baupflichtrichtlinien (RS 400) und die hierzu ergangene *RS 400*
Vollzugsbekanntmachung (RS 401). Soweit an Gegenständen der *RS 401*

37) Einen Anstoß hierzu gab bereits *Martin Luther,* der in seinen Tischgesprächen und dem Briefwechsel mit Markgraf Georg von Brandenburg-Ansbach/Kulmbach die Einziehung der geistlichen Güter stark kritisierte (WA, Tischreden Bd. 2 Nr. 1947, Bd. 4 Nr. 4978, Bd. 5 Nr. 5375; Briefwechsel Bd. 5 Nr. 1435).

38) Vgl. hierzu die Literaturübersicht.

Inneneinrichtung von Kirchen im Zusammenhang mit Instandsetzungen im Rahmen der Baulast auch denkmalpflegerische Maßnahmen durchgeführt werden, ist aus Gründen der Verwaltungsvereinfachung eine besondere Regelung über die Kostentragung dieser denkmalpflegerischen Mehraufwendungen getroffen worden (vgl. im einzelnen RS 403/1)[39].

Bei allen Bau- und Instandsetzungsmaßnahmen im Rahmen staatlicher Baulast ist das zuständige Landbauamt einzuschalten, das die Bauplanung und Baudurchführung wahrnimmt. Bei Kommunalbaulasten empfiehlt sich, obwohl gerade Kommunalbaulasten eine bloße Kostendeckungspflicht darstellen[40], vor Beginn der Maßnahme ein Einvernehmen über die Durchführung im einzelnen und die Finanzierung herzustellen. Führen aber kirchliche Rechtsträger auf ihre Kosten notwendige Instandsetzungsmaßnahmen durch, die in Wirklichkeit von den baupflichtigen Kommunen durchzuführen wären, so steht nach der einhelligen obergerichtlichen Rechtsprechung den kirchlichen Rechtsträgern ein Erstattungsanspruch gegen die Kommune zu. Zutreffend wird dabei davon ausgegangen, daß die Erfüllung kommunaler Kultusbaupflichten gleichberechtigt neben der Erfüllung anderer gemeindlicher Aufgaben steht[41].

Die Ansprüche aus Baulasten gegen Dritte sind verfassungsrechtlich geschützt (**Kirchengutsgarantie** GG Art. 140 i. V. m. Art. 138 WRV, BV Art. 145), der Bestand der Staatsbaulasten ist ferner in Art. 15 Kirchenvertrag abgesichert. Eine einseitige Lösung ist daher nicht möglich. Nur im gegenseitigen Einvernehmen können Baulasten abgelöst werden. Dies geschieht nach dem sog. Baulastwert, der sich aus den Kosten einer etwa notwendigen gegenwärtigen Instandsetzung und dem Kapitalvermögen zusammensetzt, das jetzt angelegt werden muß, um aus den Erträgnissen für die verbleibende Reststehdauer des Gebäudes den laufenden Bauunterhalt zahlen und nach Ablauf der Reststehdauer einen entsprechenden Ersatzbau errichten zu können. Eine generelle Ablösung seiner ihm obliegenden Baulasten hat der Freistaat wegen der damit verbundenen zu hohen Belastung

39) Zu den im dort zitierten WKMS vom 11. 1. 1990 (jetzt Gem. Bek. vom 3. 5. 1990, KWMBl I, S. 13; BayRS 222 WK) erwähnten Einrichtungsgegenständen, die unter diese Regelung fallen, zählt jetzt auch der *Orgelprospekt* bzw. das *Orgelgehäuse* (vgl. KMS vom 30. 8. 1990, Az. V/10-K 5029/6-2 – 89394).

40) D. h. nachträgliche Kostenerstattung der durchgeführten notwendigen Maßnahmen, vgl. *Meurer,* Rechtsfähigkeit und Baulast, S. 586; *Wiesenberger,* Kirchenbaulasten politischer Gemeinden, S. 33; *Böttcher,* Kommunale Kirchenbaulasten, S. 158 Anm. 9.

41) HessVGH KirchE 13, S. 259; OVG Nordrhein-Westfalen, ZevKR 23 (1978) S. 301. Weit. Nachw. bei *Böttcher* a.a.O.

abgelehnt. Bei Kommunalbaulasten besteht wegen der immer wieder auftauchenden Schwierigkeiten in der Praxis und wegen es schwindenden Verständnisses für derartige historische Rechtstitel die Tendenz zu einer Ablösung (Genehmigungspflicht: KGO § 105 Abs. 1 Nr. 6).

Werden Baulasten Dritter nicht in Anspruch genommen, obwohl die Voraussetzungen hierfür gegeben wären (z. B. Insuffizienz der Kirchenstiftung), können diese – wenn dies mehrmals geschieht – nach einem gewissen Zeitraum auch ganz untergehen (erlöschende Verjährung). Um hier keine Rechtsnachteile zu erleiden, ist bei Bau- und Instandsetzungsmaßnahmen, bei denen Baulasten Dritter berührt werden, daher immer die kirchliche Aufsichtsbehörde einzuschalten (vgl. KGO § 106 Abs. 5; BauBek Nr. 5).

Literatur zur Vermögensverwaltung und zum Haushaltswesen:

K. Blaschke, Kirchliches Finanz- und Haushaltsrecht, ZevKR 27 (1982) S. 45 ff.; *H.-G. Nordmann,* Kirchliches Finanz- und Haushaltsrecht, ebd. S. 155 ff.; *F. Witzmann,* Gliederung und Verwaltung des örtlichen Kirchenvermögens der Evang.-Luth. Kirche in Bayern, ZevKR 21 (1976) S. 197 ff.; vgl. auch *W. v. Ammon/R. Rusam,* Verfassung der Evangelisch-Lutherischen Kirche in Bayern, 2. Aufl., Erl. zu Art. 79–83 KVerf; *G.-A. Vischer,* Aufbau, Organisation und Dienstrecht der Evang.-Luth. Kirche in Bayern, München 1967, S. 62 ff.

Literatur zur Baulast:

H. Böttcher, »Baulast«, EvStL Sp. 163 ff.; *ders.,* »Patronat«, EvStL Sp. 2453 ff.; *ders.,* Art und Rechtsgrund kommunaler Baulasten, in: Rechtsstaat, Kirche, Sinnverantwortung, FS K. Obermayer, hrsg. v. *R. Bartlsperger/D. Ehlers/W. Hofmann/D. Pirson,* München 1986, S. 155 ff.; *ders.,* Baulast an Kirchengebäuden, HdbStKirchR II, 2. Aufl. (hrsg. v. *J. Listl* u. *D. Pirson*) § 39 (im Druck); *W. Hofmann,* Ablösung oder Anpassung der Kultusbaulast des Staates?, ZevKR 10 (1963/64) S. 369 ff.; *Chr. Meurer,* Bayerisches Kirchenvermögensrecht, Bd. 3: Die Rechtsfähigkeit und Baulast auf dem Gebiet der Kirche in Bayern, Stuttgart 1919; *E. Sperl,* Die Grundlagen der Kultusbaulast im Bereich des Brandenburg-Ansbacher Rechts. Einzelarbeiten der Kirchengeschichte Bayerns, Bd. 36, Nürnberg 1962; *O. Voll,* HdbBayStKirchR S. 172 ff.; *N. Wiesenberger,* Kirchenbaulasten politischer Gemeinden und Gewohnheitsrecht. Staatskirchenrechtliche Abhandlungen, Bd. 14, Berlin 1981; *S. Zängl,* Staatliche Baulast an Kultusgebäuden im Rechtskreis des gemeinen Rechts, BayVBl 1988, S. 609 ff. und 649 ff. (zum Teil mit von der h. M. abweichender Meinung zum genauen Umfang der Baulast).

§ 50
Genehmigungen, Aufsicht, Rechtsschutz

1. Allgemeines

Im Bereich der **kirchlichen Aufsicht** aktualisiert sich das dynamische Verhältnis von Kirchengemeinden und Landeskirche als dem umfassenden kirchlichen Verband, wie es aus KVerf Art. 2 folgt[1]. Kirchen- *RS 1* gemeinden und Landeskirche stehen als je selbständige Körperschaften nicht in einem Verhältnis der Unter- und Überordnung zueinander. Vielmehr bilden auch sie eine *Dienstgemeinschaft* zur Erfüllung des kirchlichen Verkündigungsauftrages, deren Wesen in der dazu notwendigen gegenseitigen Ergänzung besteht. In Anbetracht dessen dient kirchliche Aufsicht vor allem dazu, die wechselseitige Bezogenheit der unterschiedlichen kirchlichen Aufgabenträger in diesem Dienst zu ordnen und zu sichern. Dabei ist Aufsicht als »das helfende Mithandeln des Ganzen für die einzelne Gemeinde und ihre Organe« und nicht als Reglementierungsinstrument zu verstehen[2]. In KGO *RS 300* § 100 Abs. 1 wird deshalb alle Aufsicht als »Dienst an der Gemeinde« definiert, die der Kirchengemeinde dazu verhelfen soll, »ihre Aufgaben in Bindung an die kirchlichen Ordnungen zu erfüllen, sie vor Schaden zu bewahren und ihre Verbundenheit mit der ganzen Kirche zu fördern«.

Aufsichtsführende Stellen sind der Dekan, der Kreisdekan, der Landesbischof, der Landeskirchenrat sowie die Landeskirchenstelle (KGO § 100).

Dem Wesen kirchlicher Aufsicht entsprechend, geschieht diese vor allem durch Beratung, Empfehlung und Ermahnung (KGO § 100 Abs. 2). Aufsichtlichen Charakter hat auch das Informationsrecht der aufsichtsführenden Stellen nach KGO § 100 Abs. 4 und das Recht von Landesbischof, Kreisdekan und Beauftragten des Landeskirchenrates, an den Sitzungen des Kirchenvorstandes mit beratender Stimme teilzunehmen und dabei in besonderen Fällen den Vorsitz zu übernehmen (KGO § 100 Abs. 5). Weitergehende Aufsichtsmittel sind vor allem die Beanstandung (KGO § 108 Abs. 1), die Aufhebung von Beschlüssen (KGO § 111) und die Ersatzvornahme (§§ 108 Abs. 2, 109 Abs. 1 Satz 2), wobei im Hinblick auf die grundsätzliche Eigenständigkeit und

1) Vgl. o. § 37, 4, S. 335.
2) Vgl. *H. Frost,* Strukturprobleme, evangelischer Kirchenverfassung, Göttingen 1972, S. 207.

-verantwortlichkeit der Kirchengemeinde jede Aufsichtsmaßnahme unter dem Grundsatz des möglichst geringen Eingriffs steht *(Grundsatz der Verhältnismäßigkeit).* Keine aufsichtlichen Maßnahmen sind die **Genehmigungsvorbehalte** nach KGO §§ 100, 105, 106; diese **begründen** vielmehr **Mitwirkungsrechte** und **Mitwirkungspflichten** der aufsichtsführenden Stellen.

Die Bestimmungen der Kirchengemeindeordnung unterscheiden zwischen der – hier so bezeichneten – *geistlichen Aufsicht* (KGO § 102) und der *Verwaltungsaufsicht* (KGO § 103).

2. Geistliche Aufsicht

Die geistliche Aufsicht ist auf die Sicherung des geordneten Verkündigungsdienstes in der Kirchengemeinde gerichtet. Sie umfaßt die Sorge für die Beachtung verbindlicher agendarischer und liturgischer Vorschriften, die Abhaltung regelmäßiger Gottesdienste und des kirchlichen Unterrichts, die Wahrnehmung von Kasualhandlungen und die Förderung der kirchengemeindlichen Gruppenarbeit[3)]. Ihren besonderen Ausdruck findet die geistliche Aufsicht in der *Visitation* (KGO § 99)[4)].

Die Ausübung geistlicher Aufsicht ist eine bischöfliche Tätigkeit, die das Gespräch – und wohl nur selten die schriftliche Verwaltungsanweisung – erforderlich macht. Es ist deshalb sachgerecht, daß dieser Aufgabenbereich wegen seines weitgehend personalen Charakters vor allem dem Dekan und dem Kreisdekan zugeordnet ist. So bedürfen Beschlüsse des Kirchenvorstandes, die

- eine wesentliche Änderung des gottesdienstlichen Lebens und der kirchlichen Unterweisung[5)],
- die Überlassung von Kirchen- und Gemeinderäumen zu kirchenfremden Zwecken vorsehen,

der Genehmigung des Dekans, gegen dessen Entscheidung der Kreisdekan angerufen werden kann (KGO § 102 Abs. 1). Die Genehmigung des Kreisdekans ist für Beschlüsse des Kirchenvorstandes erforderlich, wenn sie Gottesdienste oder Evangelisationen durch Geistliche aus anderen als VELKD-Kirchen oder durch Laien zum Gegenstand haben (KGO § 102 Abs. 2).

3) Vgl. *Frost,* ebenda, S. 208.
4) Vgl. auch o. § 21, S. 259.
5) Eine wesentliche Änderung der kirchlichen Unterweisung ist z. B. die Einführung von Präparandenunterricht oder die Verlängerung des Konfirmandenunterrichts.

3. Verwaltungsaufsicht

Die Verwaltungsaufsicht (KGO § 103) soll eine geordnete Durchführung der jeweils erforderlichen einzelnen Verwaltungsmaßnahmen gewährleisten. Ihre Wahrnehmung obliegt kirchlichen Aufsichtsbehörden, nämlich dem Landeskirchenrat und der Landeskirchenstelle, wobei die Kreisdekane in allen Angelegenheiten, die für das gemeindliche Leben von erheblicher Bedeutung sind, zu beteiligen sind; die Dekane sollen die Verwaltungsaufsicht ergänzen und unterstützen.

a) Genehmigungsvorbehalte:

Eine Anzahl von Beschlüssen des Kirchenvorstands, die über den Bereich der Kirchengemeinde hinaus von Bedeutung sind oder finanziell besonders gewichtige Maßnahmen zum Inhalt haben, bedürfen der kirchenaufsichtlichen Genehmigung (Genehmigungsvorbehalte). Solche Beschlüsse werden erst rechtswirksam, wenn die Genehmigung erteilt ist (KGO § 104). Dies gilt nicht nur für den innerkirchlichen Bereich, sondern vor allem auch im Außenverhältnis. Dementsprechend sind etwa genehmigungsbedürftige Verträge nach KGO § 105 bis zur Entscheidung durch die Aufsichtsbehörde schwebend unwirksam[6]. Im Hinblick auf die grundsätzliche Eigenständigkeit und Eigenverantwortlichkeit der Kirchengemeinden besteht eine Genehmigungspflicht nur dann, wenn diese ausdrücklich kirchengesetzlich bestimmt ist (KGO § 105 Abs. 3).

Nach der Kirchengemeindeordnung bestehen Genehmigungsvorbehalte für folgende Fallgruppen:

(1) Genehmigung von Rechtsgeschäften, die von grundsätzlicher Bedeutung sind und erhebliche Verpflichtungen begründen (KGO § 105 Abs. 1 Nr. 1 bis 10):

In § 105 Abs. 2 wird klargestellt, daß sich der Genehmigungsvorbehalt nicht nur auf die Veräußerung oder sonstige Verfügung bezieht, sondern auch auf das dieser vorausgehende Verpflichtungsgeschäft.

Beachte:
Diese Regelung trägt einem der grundlegenden Prinzipien des deut-

6) »Schwebend unwirksam« ist ein rechtstechnischer Ausdruck: Er besagt, daß ein solches Rechtsgeschäft durch die Genehmigung von Anfang an wirksam wird; wird die Genehmigung versagt, ist das Rechtsgeschäft von Anfang an unwirksam. Vgl. hierzu *W. Knüllig,* Kirchliche Genehmigungsvorbehalte und Veräußerungsverbote, ZevKR 12 (1966/67), S. 116 ff. (125 ff.); *J. Dittrich,* Die kirchenaufsichtliche Genehmigung in Vermögens- und Personalangelegenheiten, ZevKR 12 (1966/67), S. 100 ff. (104 ff.).

schen Privatrechts, nämlich dem *Abstraktionsgrundsatz*, Rechnung. Nach dem Abstraktionsgrundsatz, der auf das römische Recht zurückgeht, wird beispielsweise der Kauf einer Sache nicht als einheitlicher Vorgang gesehen. Vielmehr sind im Kaufvorgang drei Rechtsgeschäfte enthalten: Der Kaufvertrag, in dem sich der Verkäufer gegenüber dem Käufer zur Übergabe und zur Eigentumsverschaffung an der Sache und der Käufer zur Zahlung des Kaufpreises und zur Abnahme der Kaufsache verpflichtet (Kausal- oder Verpflichtungsgeschäft). Der Kaufvertrag ist Rechtsgrund (causa) für das Rechtsgeschäft der Übereignung der Kaufsache einerseits und das Rechtsgeschäft der Übereignung des Geldes andererseits (Verfügungsgeschäfte).

Nach KGO § 105 Abs. 1 Nr. 5 ist insbesondere eine Genehmigung der kirchlichen Aufsichtsbehörde erforderlich für die Anstellung und Höherstufung – nicht jedoch für die Kündigung – von hauptberuflichen Mitarbeitern auf Dienstvertrag. Ausnahmen von der Genehmigungspflicht ergeben sich aus KGO § 105 Abs. 4 i. V. m. der Verordnung über Ausnahmen von der Genehmigungspflicht (RS 301) für die Anstellung und Höhergruppierung von Mitarbeitern in Gesamtkirchengemeinden, in Dekanatsbezirken, sofern eine Gesamtkirchenverwaltung die dienstrechtlichen Belange der Mitarbeiter wahrnimmt, und in Gemeinden, die einer Verwaltungsstelle mit Personalverwaltung angeschlossen sind. Diese Ausnahmeregelung gilt jedoch nicht für Diakone, Kirchenmusiker, Lehrkräfte und Pfarramtsekretärinnen ab einer bestimmten Vergütungsgruppe (s. im einzelnen VO RS 301).

(2) Genehmigung organisationsrechtlicher Maßnahmen: In diesen Zusammenhang gehören neben den in KGO § 105 Abs. 1 Nr. 11 bis 14 genannten Fällen Beschlüsse über die Erhebung eines gestaffelten Kirchgelds (KirchStErhebG § 11 Abs. 2).

In bezug auf die Genehmigung ortskirchlicher Satzungen (KGO § 105 Abs. 1 Nr. 11) ist vor allem an Friedhofsordnungen zu denken, die gemäß KGO § 68 Abs. 2 für jeden kirchlichen Friedhof zu erlassen sind.

(3) Genehmigung von Maßnahmen im Bereich des Bau-, Orgel- und Glockenwesens (KGO § 106 Abs. 2 bis 5; Bekanntmachung über das Orgel- und Glockenwesen – RS 408):

Baumaßnahmen, die nicht unter KGO § 106 Abs. 2 Nr. 1 bis 6 fallen und eine bestimmte Freigrenze nicht überschreiten (vgl. dazu Verordnung über Freigrenzen und Anzeigepflichten bei Baumaßnahmen der Kirchengemeinden – RS 387), sind nicht genehmigungspflichtig. Sofern jedoch zu ihrer Finanzierung außerordentliche Deckungsmittel benötigt werden oder ein Gebäude betroffen ist, an dem Dritte baupflichtig sind, besteht eine Anzeigepflicht bei der kirchlichen Aufsichtsbehörde (KGO § 106 Abs. 5)[7].

b) Anzeigepflichten:

Abgesehen von Baumaßnahmen i. S. von KGO § 106 Abs. 5 sind der kirchlichen Aufsichtsbehörde mitzuteilen Rechtsstreitigkeiten und Bewirtschaftungspläne für Waldungen, wobei die Anzeige mit den erforderlichen Unterlagen so frühzeitig zu erstatten ist, daß Anregungen der Aufsichtsbehörde vor einer endgültigen Beschlußfassung berücksichtigt werden können (KGO § 107).

c) Aufsichtliche Maßnahmen gegenüber Kirchengemeinden, ortskirchlichen Stiftungen und Kirchenvorstehern:

Neben dem Informationsrecht nach KGO § 100 Abs. 4 stehen den kirchlichen Aufsichtsbehörden folgende Aufsichtsmittel (»Ordnungsmaßnahmen«) zur Verfügung:

(1) Die *Beanstandung* ist für den Fall vorgesehen, daß es ein Kirchenvorstand unterläßt, die ihm auf vermögensrechtlichem Gebiet obliegenden Aufgaben in Übereinstimmung mit der kirchlichen Rechtsordnung zu erfüllen (KGO § 108 Abs. 1). Wenn gegen einen Kirchenvorsteher Tatsachen vorliegen, die den Ausschluß vom Amt nach KGO § 34 begründen, kann der Landeskirchenrat den Kirchenvorstand *auffordern*, den Ausschluß vom Amt zu beschließen (KGO § 109 Abs. 1 S. 1).

(2) Kommt der Kirchenvorstand innerhalb einer angemessenen Frist der Aufforderung der kirchlichen Aufsichtsbehörde nach KGO §§ 108 Abs. 1, 109 Abs. 1 S. 1 nicht nach, so kann die kirchliche Aufsichtsbehörde nach KGO §§ 108 Abs. 2, 109 Abs. 1 S. 2 an Stelle des Kirchenvorstandes handeln (*Ersatzvornahme).* Die Ersatzvornahme ist auch für den Fall vorgesehen, daß die Geltendmachung vermögensrechtlicher Ansprüche der Kirchengemeinde oder der ortskirchlichen Stiftung nicht binnen angemessener Frist durch den Kirchenvorstand selbst geschieht.

(3) Unter den Voraussetzungen von KGO § 111 kann der Landeskirchenrat Kirchenvorstandsbeschlüsse aufheben.

(4) Nach KGO §§ 108 Abs. 3, 111 Abs. 1 S. 2 kann die jeweils zuständige Stelle in dringenden Fällen einstweilige Anordnungen treffen.

7) Vgl. o. § 49.3 Fn. 31, S. 450.

(5) Wenn ein gedeihliches Wirken des Kirchenvorstandes nicht mehr zu erwarten ist und wenn andere Maßnahmen nicht ausreichen, kann der Landeskirchenrat nach Maßgabe von KGO § 109 Abs. 2 den Kirchenvorstand auflösen und für den Rest der Amtszeit Neuwahlen anordnen.

d) Zuständigkeit:

Die aufsichtlichen Zuständigkeiten von Landeskirchenrat und Landeskirchenstelle sind folgendermaßen verteilt:

Der LKR (LKA) ist kirchliche Aufsichtsbehörde in all den Fällen, in denen sich dies unmittelbar aus der Kirchengemeindeordnung ergibt (z. B. KGO §§ 110 und 111), und gegenüber allen Gesamtkirchengemeinden und den in ihnen zusammengefaßten Kirchengemeinden und
RS 50 deren ortskirchlichen Stiftungen (LKStV Nr. 3 a). Darüber hinaus ist der Landeskirchenrat zuständig in den Fällen von KGO §§ 105 Abs. 1 Nr. 2 und 9, 106 Abs. 2 Nr. 2; der Landeskirchenrat erteilt die jeweils erforderliche Genehmigung ferner bei der Errichtung oder Veränderung von Stellen für Kirchenbeamte und hauptamtliche Mitarbeiter auf Dienstvertrag, bei der Ernennung und Beförderung von Kirchengemeindebeamten, bei der Anstellung und Höherstufung von Diakonen und Kirchenmusikern im Hauptamt auf Dienstvertrag sowie bei der Anstellung und Höherstufung von sonstigen hauptamtlichen Mitarbeitern auf Dienstvertrag in Vergütungsgruppen V b bis I a BAT. In den übrigen Fällen von KGO §§ 105 Abs. 1 und 106 Abs. 2 ist der Landeskirchenrat dann Aufsichtsbehörde, wenn der Wert des Gegenstandes, auf den sich die kirchenaufsichtliche Genehmigung bezieht, mehr als 100 000,– DM beträgt (LKStV Nr. 3 d).

Die Evang.-Luth. Landeskirchenstelle in Ansbach übt die kirchliche Aufsicht aus über die Kirchengemeinden und ortskirchlichen Stiftungen, die nicht in einer Gesamtkirchengemeinde zusammengefaßt sind:
- Sie erteilt insbesondere die kirchenaufsichtliche Genehmigung gemäß KGO §§ 105 und 106, soweit keiner der Fälle vorliegt, in denen der Landeskirchenrat zuständig ist.
- Sie prüft die Haushaltspläne und die Jahresrechnungen.
- Sie genehmigt die Beschlüsse der Kirchenvorstände über die Erhebung eines gestaffelten Kirchgeldes (LKStV Nr. 3 c Nr. 2).
- Sie genehmigt die Anstellung der Kirchenmusiker im Nebenamt (LKStV Nr. 3 c Nr. 3).

Wenn grundsätzliche Fragen zu entscheiden sind, holt die Landeskirchenstelle die Stellungnahme des Landeskirchenrates ein.

4. Rechtsschutz

Gegen Entscheidungen des Dekanatsausschusses, die dieser aufgrund von Entscheidungen des Kirchenvorstands über die Entbindung von Kirchenvorstehern von der Verschwiegenheitspflicht (KGO § 29 Abs. 3) und über den Ausschluß von Kirchenvorstehern vom Amt (KGO § 34 Abs. 2) getroffen hat, und gegen Entscheidungen der Landeskirchenstelle ist nach Maßgabe von KGO § 112 die Beschwerde zum Landeskirchenrat gegeben.

In den Fällen von KGO § 113 kann das kirchliche Verwaltungsgericht angerufen werden[8].

8) S. ausführlich o. § 44, S. 401 f., 405 ff.

§ 51
Besonderheiten in der Gemeindearbeit: Datenschutz – Versicherungsschutz – GEMA

1. Datenschutz

a) Datenschutz im staatlichen Bereich:

Im Rahmen des durch GG Art. 1 und 2 Abs. 1 verfassungsrechtlich verbürgten allgemeinen Persönlichkeitsrechts ist das **»Recht auf informationelle Selbstbestimmung«** gewährleistet. Dieses beinhaltet die Befugnis des einzelnen, grundsätzlich[1] selbst über die Preisgabe und Verwendung von persönlichen Daten zu bestimmen. Einschränkungen dieses Rechts, die aufgrund der wachsenden Informationsbedürfnisse im Sozialstaat und in der modernen Gesellschaft unvermeidlich geworden sind, sind nach der Rechtsprechung des Bundesverfassungsgerichts nur dann zulässig, wenn sie auf gesetzlicher Grundlage beruhen und mit ausreichenden organisatorischen und verfahrensrechtlichen Vorkehrungen gegen die Gefahren von Grundrechtsverletzungen versehen sind. Die Zulässigkeit von Einschränkungen des Rechts auf informationelle Selbstbestimmung hängt insbesondere davon ab, zu welchem Zweck Angaben verlangt werden und welche Verknüpfungs- und Verwendungsmöglichkeiten bestehen[2].

Aufgabe des staatlichen Datenschutzrechts ist es deshalb, gespeicherte personenbezogene Daten vor Mißbrauch durch Einsichtnahme, Veränderung oder Verwertung zu sichern und damit den Bürger vor den nachteiligen Folgen der technischen Möglichkeiten zur automatischen Datenverarbeitung, also vor der Vernetzung vielfältiger Daten, welche ihn zum »gläsernen Menschen« machen würde, zu bewahren.

b) Kirchliches Datenschutzrecht:

(1) Notwendigkeit kirchlicher Regelung:
Da die Tätigkeit der Kirchen vielfach Kenntnisse über Personen, die Ziel oder im kirchlichen Dienst- und Arbeitsrecht Mittel ihres Wirkens sind, voraussetzt, ergibt sich auch hier die Notwendigkeit zum Schutz des einzelnen hinsichtlich der ihn betreffenden Informationen[3]. Die in der EKD zusammengeschlossenen evangelischen Kirchen haben wie die katholische Kirche dem Anliegen des Datenschutzes durch Erlaß

1) Zur Bedeutung des Wortes »grundsätzlich« vgl. o. § 16.3a (»Beachte«, S. 203).
2) BVerfGE 65,41.
3) Vgl. *Lorenz,* Datenschutz im kirchlichen Bereich, S. 85.

eigener kirchlicher Rechtsvorschriften Rechnung getragen, die sich eng an die staatlichen Datenschutzgesetze anlehnen.

Die Erforderlichkeit des Erlasses kirchlicher Datenschutzregelungen folgt aus doppeltem Grund:

Zum einen können schon aus verfassungsrechtlichen Gründen weder das Bundesdatenschutzgesetz noch die landesrechtlichen Datenschutzbestimmungen im kirchlichen Bereich Anwendung finden. Andernfalls wäre nämlich das kirchliche Selbstbestimmungsrecht (GG Art. 140 i. V. m. Art. 137 Abs. 3 WRV), welches die eigenständige Regelungsbefugnis in Organisations- und Verfahrensfragen einschließt, berührt, da das staatliche Datenschutzrecht seine Adressaten einem bestimmten staatlich verordneten Organisationsmodell und einer staatlichen Aufsicht im Datenschutz unterstellt[4)]. Die Ausklammerung der Kirchen aus dem Geltungsbereich der staatlichen Datenschutzbestimmungen bezieht sich auch auf Einrichtungen, Werke und Vereine der Kirche, die eine kirchliche Zielsetzung haben und von der kirchlichen Rechtsordnung getragen werden, im staatlichen Rechtsverkehr aber als privatrechtliche Rechtspersonen (zum Beispiel Diakonisches Werk der Evang.-Luth. Kirche in Bayern e.V.) auftreten[5)].

Andererseits ergibt sich für die Kirchen aus der Verankerung des Datenschutzes in der Garantie der Menschenwürde (GG Art. 1 Abs. 1), welche als ein »für alle geltendes Gesetz« im Sinne von GG Art. 140/WRV 137 Abs. 3 anzusehen ist, die Verpflichtung, die Grundprinzipien des Datenschutzes zu beachten; die Frage nach der Notwendigkeit eigener Datenschutzregelungen ist von den Kirchen freilich auch im Hinblick darauf bejaht worden, daß der Schutz der Würde der Person von ihrer Aufgabe und Bestimmung her zu ihren ureigenen Anliegen gehört[6)].

Die staatlichen Gesetze (Bundesdatenschutzgesetz § 15 Abs. 3 und Bayer. Datenschutzgesetz Art. 25 Abs. 1) lassen im übrigen die Datenübermittlung von staatlichen Stellen an öffentlich-rechtliche Religionsgesellschaften nur zu, wenn die Kirchen selbst ausreichenden Datenschutz zur Verfügung stellen[7)].

4) Vgl. *Lorenz,* Datenschutz im kirchlichen Bereich, S. 100 ff.; *Schatzschneider,* Kirchliches Datenschutzrecht, S. 363 ff.; *Voll,* Datenschutz, S. 375 f.

5) Vgl. *Schatzschneider,* Kirchliches Datenschutzrecht, S. 366, mit Hinweis auf BVerfGE 46,73. s. zu dieser in der Literatur sehr umstrittenen Frage auch *Lorenz,* Datenschutz im kirchlichen Bereich, S. 104 ff.; *ders.,* Aktuelle Probleme, S. 431 ff.; *Ordemann-Schomerus,* Bundesdatenschutzgesetz, Anm. 2.2 zu § 10; *Voll,* Datenschutz, S. 377 ff.

6) Vgl. *Voll,* Datenschutz, S. 380.

7) Vgl. auch Bayer. Meldegesetz Art. 32 – RS 228.

(2) Rechtsquellen:
Die grundlegenden Bestimmungen über den Datenschutz im Bereich der Evangelisch-Lutherischen Kirche in Bayern sind im EKD-Kirchen-
RS 220 gesetz über den Datenschutz (DSG-EKD) und in der Verordnung zum
RS 221 Kirchengesetz über den Datenschutz (VODSG-EKD) enthalten. Ausführungs- und Ergänzungsbestimmungen vor allem zur Organisation des Datenschutzes sind im Kirchlichen Datenschutzdurchführungsge-
RS 225, 226 setz (KDSDG) und in der entsprechenden Durchführungsverordnung (VEDDSG) getroffen.

Diese Bestimmungen gelten auch für das Diakonische Werk der ELKiB und für die ihm angeschlossenen Mitgliedseinrichtungen.

(3) Datenverarbeitung und Datennutzung im Bereich der Kirchengemeinde:
Nach DSG-EKD § 3 Abs. 1 S. 1 und VODSG-EKD § 4 dürfen geschützte personenbezogene Daten nur zur Erfüllung kirchlicher Aufgaben verarbeitet, genutzt und weitergegeben werden. Dies ist im Einzelfall stets sorgfältig zu prüfen. So ist beispielsweise die Veröffentlichung der Adressen von Geburtstagsjubilaren oder Konfirmanden der Gemeinde im Gemeindebrief ohne weiteres zulässig, weil auf diese Weise die Verbundenheit innerhalb der Kirchengemeinde gefördert werden kann. Unzulässig ist jedoch die Weitergabe der Adressen von Gemeindegliedern an Banken, Versicherungen oder andere Unternehmen.

Problematisch ist die Bekanntgabe von Kirchenaustritten auf der Kanzel oder im Gemeindebrief. Unter dem Gesichtspunkt des kirchlichen Datenschutzes bestehen hiergegen jedenfalls dann keine Bedenken, wenn die Mitteilung dazu dienen soll, die Ausgetretenen der Fürbitte der Gemeinde anzuempfehlen. Nach Vollzugsbekanntmachung KGliedG Nr. 17 – RS 237 – ist gleichwohl von der Bekanntgabe eines Kirchenaustritts von der Kanzel abzusehen; entsprechendes dürfte in bezug auf den Gemeindebrief gelten.

(4) Datenschutzkontrolle:
Im Bereich der ELKiB obliegt dem Landeskirchenrat die Aufsicht über die Einhaltung der Vorschriften über den Datenschutz (DSG-EKD § 1 Abs. 1 i. V. m. KDSDG Art. 4 Abs. 1); für den Bereich des Diakonischen Werks und seiner Mitgliedseinrichtungen nimmt das Diakonische Werk die Aufsicht wahr, wobei der Landeskirchenrat befugt ist, beim Diakonischen Werk Auskünfte einzuholen.

Wie im staatlichen Datenschutzrecht ist auch im kirchlichen Recht als Kontrollorgan die Einrichtung des Datenschutzbeauftragten (DSG-

EKD §§ 7 ff.) vorgesehen. Im Bereich der Evangelisch-Lutherischen Kirche in Bayern gibt es zwei Datenschutzbeauftragte: Einen Beauftragten für die verfaßte Kirche und einen Beauftragten für den Bereich der Diakonie (KDSDG Art. 1 Abs. 1), deren Amtszeit vier Jahre beträgt (KDSDG Art. 2 Abs. 2) und die bei ihrer Aufgabenerfüllung gleichberechtigt sind (KDSDG Art. 5 Abs. 1).

Für die kirchlichen Werke und Einrichtungen mit eigener Rechtspersönlichkeit besteht die Verpflichtung, einen Betriebsbeauftragten für den Datenschutz zu bestellen (DSG-EKD § 7 Abs. 7).

2. Versicherungsschutz

»Daß in den Kirchen gepredigt wird, macht deswegen den Blitzableiter auf ihnen nicht unnötig.« Diese Sentenz *Georg Christoph Lichtenbergs* bezeichnet treffend die Notwendigkeit und das Bedürfnis, auch im Raum der Kirche Versicherungen abzuschließen[8)].

Der Versicherungsschutz, wie er für den Bereich der ELKiB gegeben ist, wird in einem **Merkblatt des Landeskirchenamtes,** das mit Rundschreiben vom 2.4.1990 (Az.: 50/10 – 0 – 2) veröffentlicht und in RS 489 abgedruckt ist, ausführlich beschrieben. Deshalb erscheinen hier einige wenige systematische Erläuterungen als ausreichend.

Es ist zunächst zu unterscheiden zwischen dem gesetzlichen Versicherungsschutz und dem Versicherungsschutz aufgrund von Versicherungsverträgen mit Privatversicherungen.

a) Gesetzlicher Versicherungsschutz:

Nach der Reichsversicherungsordnung sind neben den haupt- und nebenberuflich tätigen Mitarbeitern der Kirche, denen keine Unfallfürsorge nach Beamten- oder Pfarrerrecht gewährleistet ist, auch die ehrenamtlich tätigen Mitarbeiter der Kirche (RVO § 539 Abs. 1 Nr. 13) gesetzlich gegen Unfall versichert. In den gesetzlichen **Unfallversicherungsschutz** sind ferner auch alle Kinder in Kindergärten sowie unentgeltlich arbeitnehmerähnlich Tätige, z. B. ehrenamtliche Helfer bei kirchlichen Bauvorhaben und Kirchenchormitglieder, einbezogen. Der Versicherungsschutz erstreckt sich auf Unfälle, die der Versicherte im ursächlichen Zusammenhang mit seiner kirchlichen Tätigkeit erleidet, aber auch auf solche Unfälle, die bei Zurücklegung des Weges

8) Vgl. *Sperling,* Grundprobleme des kirchlichen Versicherungswesens (ZevKR 30 (1985), S. 47 ff. (50).

nach und von dem Ort der versicherungsrechtlich geschützten Tätigkeit eintreten (Wegeunfälle); Unterbrechungen und Umwege sowie eigenwirtschaftliche Maßnahmen heben den Versicherungsschutz allerdings im Regelfall auf.

b) Privatversicherungen:

Die für den Bereich der ELKiB abgeschlossenen Versicherungsverträge lassen sich wie folgt typisieren:

(1) **Sachversicherungen**:
Sachversicherungen dienen dem Schutz von Sachen im weitesten Sinne. In diesem Zusammenhang ist an den Schutz kirchlicher Gebäude gegen das Feuer-, Leitungswasser- und Sturmrisiko zu denken, das durch die Sammelvereinbarung für die Gebäude-, Brand-, Leitungswasser-, Sturm- und Hagel-Versicherung (RS 484) abgedeckt ist.

In bezug auf das Inventar ist Versicherungsschutz für Feuer-, Einbruchdiebstahl- und Leitungswasserschäden sowie für Schäden aus einfachem Diebstahl durch einen Sammelfahrnisversicherungsvertrag (RS 486) gewährleistet.

In den Bereich der Sachversicherungen fällt auch die Waldbrandversicherung, durch die kirchliche Rechtsträger kirchliche Wälder gegen das Waldbrandrisiko versichern können (RS 483).

(2) **Unfall-, Haftpflicht- und Gewässerschadenhaftpflicht-Versicherungen** (Interessenversicherungen):
Risiken, die sich aus dem kirchlichen Betrieb und aus einzelnen kirchlichen Veranstaltungen ergeben, werden durch den Unfall-, Haftpflicht- und Gewässerschadenhaftpflicht-Sammelversicherungsvertrag (RS 482) abgesichert.

Aufgabe der Haftpflichtversicherung ist es, Schäden, die Dritten durch fahrlässiges Verhalten der für die Kirche tätigen Mitarbeiter entstanden sind, zu decken; durch den Sammelhaftpflichtvertrag ist auch die persönliche gesetzliche Haftpflicht der gesetzlichen und satzungsmäßigen Vertreter der versicherten kirchlichen Körperschaften und Einrichtungen in dieser Eigenschaft mitversichert. Durch den Unfallversicherungsvertrag sind alle Personen gegen Unfälle, das Wegeunfallrisiko eingeschlossen, versichert, die aus kirchlichem Anlaß kirchliche Grundstücke betreten oder an kirchlichen Veranstaltungen teilnehmen, soweit kein anderweitiger Versicherungsschutz etwa aufgrund der Reichsversicherungsordnung besteht. Der Gewässerschadenhaftpflicht-Sammelvertrag dient vor allem dazu, die Risiken abzusichern, die sich aus dem Betrieb ölbefeuerter Heizungsanlagen und der Lagerung von Mineralölen ergeben.

(3) Vermögensschadenhaftpflicht:
Die **Vermögensschaden-Haftpflichtversicherung** (RS 480) hat zum Ziel, solche Schäden abzudecken, die weder Personen- noch Sachschäden sind und der ELKiB, ihren Dekanatsbezirken und Kirchengemeinden oder Dritten durch das Verhalten kirchlicher Mitarbeiter in Ausübung ihrer Verwaltungstätigkeit zugefügt werden (z. B. unrichtige Auskunfterteilung und Beratung, Verjährenlassen von Ansprüchen, falsche Gehalts- und Sozialversicherungsbeitragsberechnungen oder -abführungen usw.).

In allen Versicherungsfragen (a und b) steht den kirchlichen Körperschaften zur Beratung, Hilfe und Auskunftserteilung die ECCLESIA-Versicherungsdienst GmbH zur Verfügung[9]. Die ECCLESIA-Versicherungsdienst GmbH ist eine von der Kirche und Diakonie getragene Zentralstelle für das kirchliche Versicherungswesen, die beratende und vermittelnde Aufgaben wahrnimmt und mit allen kirchlichen und diakonischen Stellen aufs engste mit dem Ziel zusammenarbeitet, im gesamten kirchlich-karitativen Bereich für einen optimalen Versicherungsschutz, eine gerechte Prämie und eine gute Schadensregulierung zu sorgen.

3. GEMA

Im Hinblick auf die an die GEMA (Gesellschaft für musikalische Aufführungs- und mechanische Vervielfältigungsrechte) zu leistenden Gebühren ist zwischen verschiedenen Arten kirchlicher Veranstaltungen zu unterscheiden:

a) Musikdarbietungen (auch mittels Tonträger) bei Gottesdiensten, Kirchenkonzerten und Gemeindeveranstaltungen sind, soweit es sich um urheberrechtlich geschützte Werke handelt, gebührenmäßig durch die zwischen der GEMA und der EKD geschlossenen Pauschalverträge abgegolten (RS 490, 491).

b) Gemeindeveranstaltungen, die überwiegend mit Tanz verbunden sind, oder zu denen Eintrittsgeld oder ein Unkostenbeitrag erhoben wird, sind hingegen nicht vom Geltungsbereich der Pauschalverträge erfaßt. Solche Veranstaltungen sind bei der zuständigen Bezirksdirek-

9) Geschäftsstelle München, Fürstenrieder Straße 281, 81377 München, Telefon: 0 89 / 7 41 15 40.

tion der GEMA anzumelden. Bei rechtzeitiger Anmeldung gelten für derartige Veranstaltungen Vorzugssätze.

Einzelheiten hierzu sind den GEMA-Verträgen selbst und dem Merkblatt zu den Pauschalverträgen (RS 495) zu entnehmen.

Literatur zum Datenschutzrecht:

U. Dammann, Die Anwendung des neuen Datenschutzgesetzes auf die öffentlich-rechtlichen Religionsgesellschaften, NVwZ 1992, S. 1147 ff.; *Th. Hoeren,* Die Kirchen und das neue Bundesdatenschutzgesetz, NVwZ 1993, S. 650 ff.; *D. Lorenz,* Datenschutz im kirchlichen Bereich, in: *J. Krautscheidt/H. Marré* (Hrsg.), Essener Gespräche zum Thema Staat und Kirche, Band 15, Münster 1981, S. 84 ff.; *ders.,* Aktuelle Probleme des Datenschutzes, ZevKR 29 (1984), S. 422 ff.; *ders.,* Die Stellung der Kirchen nach dem Bundesdatenschutzgesetz 1990, ZevKR 37 (1990), S. 27; *W. Schatzschneider,* Staatliche Aufsicht und kirchliches Datenschutzrecht, BayVBl. 1980, S. 362 ff.; *O. Voll,* Staatlicher Datenschutz in seinem Verhältnis zur Kirche und kirchlicher Datenschutz, in: HdbBayStKirchR, München 1985, S. 371 ff.

§ 52
Die Gemeindeversammlung

1. Wesen und Aufgaben der Gemeindeversammlung

Die Verwirklichung des Auftrags der Kirche und die Gestaltung des kirchlichen Lebens auf der Ebene der Kirchengemeinden ist nicht Aufgabe der Pfarrer und der Kirchenvorsteher allein. Vielmehr haben hieran, wie insbesondere KVerf Art. 19 Abs. 3 und KGO § 2 Abs. 2 S. 1 zeigen, alle Glieder der Kirchengemeinde Anteil (vgl. auch KVerf Art. 1 Abs. 2 u. Art. 10). Dies folgt aus dem *Priestertum aller Gläubigen.* Einer Kirchengemeindeordnung ist es deshalb sehr angemessen, wenn diese die Einberufung von *Gemeindeversammlungen* vorsieht *RS 300* (KGO § 11). Darin kommt das gesetzgeberische Anliegen zum Ausdruck, den Kontakt zwischen der Leitung der Kirchengemeinde und der »Basis« zu stärken und die Gemeinschaft innerhalb der Kirchengemeinde zu aktivieren. Im weltlichen Gemeinderecht findet dies seine Entsprechung in der Einrichtung der *Bürgerversammlung.*

Die Gemeindeversammlung dient gemäß KGO § 11 Abs. 1 dazu, wichtige Gemeindeangelegenheiten und Fragen des kirchlichen Lebens zu besprechen. Die möglichen Beratungsgegenstände sind in der Gemeindeversammlungsverordnung (GemVersV – RS 303) kon- *RS 303* kretisiert. Insbesondere können bei einer Gemeindeversammlung Themen erörtert werden, die Aufgaben der Kirchengemeinde und des Kirchenvorstandes betreffen. Dabei können auch in der Gemeinde bestehende Konflikte ein Thema sein. Auf die Tagesordnung einer Gemeindeversammlung können ferner gemeindeübergreifende Angelegenheiten und Fragen, die die Gesamtlage der Kirche betreffen, gesetzt werden. Für Angelegenheiten, die keinen Bezug zur Kirchengemeinde oder zum Auftrag der Kirche haben, ist ein Mandat der Gemeindeversammlung nicht gegeben.

Aus den Tätigkeitsworten »besprechen«, »erörtern« und »berichten« (KGO § 11 Abs. 1 i. V. m. GemVersV § 1) und aus GemVersV § 5 Abs. 1 S. 1 folgt, daß die Gemeindeversammlung **kein Entscheidungsorgan** ist, sondern nur ein Beratungs- und Vorschlagsrecht hat. Auf der Ebene der Kirchengemeinde ist Entscheidungsgremium allein der Kirchenvorstand. Er ist das gewählte Leitungs- und Repräsentationsorgan der Kirchengemeinde (KVerf Art. 20 Abs. 1, KGO §§ 18,19). Der Gemeindeversammlung stärkere Befugnisse zu verleihen, bedeutete in dem austarierten Spannungsverhältnis zwischen Gemeinde und Amt (KVerf Art. 4 Abs. 1, KGO § 1 Abs. 1; vgl. auch o. § 46.5, S. 426) eine Verschiebung zugunsten der Gemeinde. Zudem bliebe fraglich, inwieweit eine Gemeindeversammlung tatsächlich den Willen der Kirchengemeinde wiederzugeben vermag, da die Teilnahme keineswegs immer repräsentativ für die gesamte Kirchengemeinde ist. Der Kirchenvorstand ist daher an das Ergebnis der Beratungen einer Gemeindeversammlung nicht gebunden, sollte sich im Hinblick auf KGO §§ 18 Abs. 2, 19, 20 aber auch nicht leichtfertig und ohne gewichtige Gründe darüber hinwegsetzen. Wünsche und Anregungen der Gemeindeversammlung hat der Kirchenvorstand vordringlich zu behandeln, wobei die Gemeinde in geeigneter Weise über die insoweit ergangenen Beschlüsse des Kirchenvorstandes zu unterrichten ist (KGO § 11 Abs. 2 i. V. m. GemVersV § 5 Abs. 2).

2. Einberufung und Teilnahmeberechtigung

Die Einberufung einer Gemeindeversammlung steht nach KGO § 11 Abs. 1 im Ermessen des Kirchenvorstandes (»kann ... zusammenrufen«). In besonderen Fällen kann der Dekan oder der Kreisdekan die Einberufung verlangen. Die Gemeindeversammlung ist rechtzeitig, in der Regel zwei Wochen vorher, unter Angabe der Themen, die besprochen werden sollen, einzuberufen; Ort und Zeit der Gemeindeversammlung sind ortsüblich bekanntzumachen (GemVersV § 2 Abs. 2 u. 3); z. B. durch Abkündigung im Hauptgottesdienst, Hinweis im Gemeindebrief oder in der Tagespresse, Aushang o. ä.

Beachte:
Die Gemeindeversammlungen nach KGO § 11 sind zu unterscheiden von den notwendigerweise abzuhaltenden Versammlungen der Gemeindeglieder, die im Zusammenhang mit Änderungen im Bestand und im Gebiet von Kirchengemeinden stehen (KGO §§ 14–16 i. V. m. GebietsÄndV – RS 309 – § 6; vgl. auch GemVersV § 6 Abs. 1).

Die Gemeindeversammlung wird vom Vorsitzenden des Kirchenvorstandes geleitet, sofern nicht der Kirchenvorstand mit Zustimmung des Vorsitzenden beschließt, die Leitung einer anderen vom Kirchenvorstand zu beauftragenden Person zu übertragen. Wenn die Einberufung der Gemeindeversammlung vom Dekan oder vom Kreisdekan verlangt wird, kann der Dekan oder der Kreisdekan diese Versammlung leiten (GemVersV § 4).

Teilnahmeberechtigt sind alle über sechzehn Jahre alten Kirchengemeindemitglieder, die zum Abendmahl zugelassen sind und der Kirchengemeinde mindestens zwei Monate angehören (GemVersV § 3), m. a. W.: alle aktiv wahlberechtigten Kirchengemeindeglieder.

Personen, welche diese Voraussetzungen nicht erfüllen, zum Beispiel Vertreter der Presse, können vom Leiter der Gemeindeversammlung zur Teilnahme zugelassen werden. Das Recht, Anträge auf Ergänzung der Tagesordnung zu stellen, haben jedoch nur die zur Teilnahme berechtigten Gemeindemitglieder (GemVersV § 5 Abs. 1 S. 1 i. V. m. § 3).

§ 53
Die Gesamtkirchengemeinde

1. Errichtung

Die Gesamtkirchengemeinde ist ein Zusammenschluß von benachbarten Kirchengemeinden innerhalb eines Dekanatsbezirks zum Zwecke der Erfüllung gemeinsamer ortskirchlicher oder zweckmäßigerweise in Gemeinschaft wahrzunehmender Aufgaben (KVerf Art. 23 Abs. 2; KGO § 86 Abs. 1). Sie tritt den eigenständig bleibenden Kirchengemeinden zur Seite und unterstützt diese bei der Durchführung ihrer verwaltungsmäßigen Aufgaben, insbesondere in Angelegenheiten der haupt- und nebenamtlichen Mitarbeiter, der Vermögensverwaltung, des Haushalts-, Kassen- und Rechnungswesens sowie des Bauwesens. Die Gesamtkirchengemeinde steht im körperschaftlichen Aufbau der ELKiB somit nicht *über* den Kirchengemeinden, wie etwa der Dekanatsbezirk, sondern *neben* diesen. Durch den Anschluß an eine Gesamtkirchengemeinde wird die Verantwortung der einzelnen Kirchengemeinde für ihr eigenes Gemeindeleben nicht aufgehoben (KGO § 86 Abs. 1 S. 2)[1].

RS 1
RS 300

Die Errichtung von Gesamtkirchengemeinden erfolgt durch den Landeskirchenrat entweder auf Antrag der Kirchengemeinden selbst oder von Amts wegen (KGO §§ 86 Abs. 3, 87 Abs. 1). In letzterem Fall sind die betroffenen Kirchengemeinden zu hören. Einigen sie sich nicht, so kann der Landeskirchenrat dennoch mit Zustimmung des Landessynodalausschusses eine Gesamtkirchengemeinde errichten, wenn wichtige ortskirchliche Aufgaben nicht sachgemäß oder zu wenig einheitlich erfüllt werden (KGO § 87 Abs. 2). Hiergegen steht den Kirchengemeinden die Anrufung des kirchlichen Verwaltungsgerichts offen.

Die Aufgaben der Gesamtkirchengemeinde und die Rechtsbeziehungen zwischen der Gesamtkirchengemeinde und den einzelnen Kirchengemeinden werden in einer Satzung festgelegt, die in der Regel im Einvernehmen[2] mit den Kirchenvorständen von der Gesamtkirchenverwaltung beschlossen wird. Kommt ein Beschluß nicht zustande, gilt die vom Landeskirchenrat mit Zustimmung des Landessynodalausschusses erlassene Mustersatzung (KGO § 91 Abs. 1 u. 3)[3].

1) Vgl. hierzu bereits oben § 37.4 (S. 336). Derzeit bestehen im Gebiet der ELKiB 21 Gesamtkirchengemeinden.
2) Zum Begriff »Einvernehmen« s. o. § 18.4 unter »Beachte« (S. 224).
3) Vgl. Bekanntmachung über die Mustersatzung für Gesamtkirchengemeinden vom 4.2.1965 (KABl S. 29).

Wegen der grundsätzlichen Eigenverantwortlichkeit der Kirchengemeinden ist in der Satzung sicherzustellen, daß Maßnahmen, die für das Leben der einzelnen Gemeinde von grundlegender Bedeutung sind, im Einvernehmen mit ihr getroffen werden (KGO § 91 Abs. 2).

2. Organe der Gesamtkirchengemeinde

a) Wie die einzelne Kirchengemeinde, besitzt auch die Gesamtkirchengemeinde Rechtspersönlichkeit nach kirchlichem und staatlichem Recht (KVerf Art. 8). Sie ist Körperschaft des öffentlichen Rechts. Rechtlich wird sie, insbesondere als gemeindlicher Steuerverband[4] durch die *Gesamtkirchenverwaltung* vertreten (KGO § 89 Abs. 1).

Der Gesamtkirchenverwaltung gehören Pfarrer und Kirchenvorsteher an, wobei auf je drei Kirchenvorsteher ein Pfarrer kommt. Jede Kirchengemeinde ist durch mindestens einen Kirchenvorsteher vertreten; in Gesamtkirchengemeinden mit mehr als 24 Kirchengemeinden kann die Satzung bestimmen, daß jede Kirchengemeinde durch mindestens einen Pfarrer oder Kirchenvorsteher vertreten wird (KGO § 89 Abs. 2 S. 1 bis 3). Die in die Gesamtkirchenverwaltung zu entsendenden Pfarrer werden von den Inhabern der Pfarrstellen im Bereich der Gesamtkirchengemeinde gewählt; die Wahl der Kirchenvorsteher erfolgt aus der Mitte der Kirchenvorstände der einzelnen Kirchengemeinden (KGO § 89 Abs. 3 S. 2 u. 3). Die Wahlen sind geheim, einfache Mehrheit entscheidet (KGO § 89 Abs. 3 S. 4 u. 5). Die Gesamtkirchenverwaltung kann darüber hinaus bis zu drei Kirchenvorsteher als stimmberechtigte Miglieder berufen, wenn dies die Satzung vorsieht (KGO § 89 Abs. 2 S. 4).

In Gesamtkirchengemeinden mit Dekanatssitz ist der Dekan Vorsitzender der Gesamtkirchenverwaltung; in Gesamtkirchengemeinden ohne Dekanatssitz wählt die Gesamtkirchenverwaltung in geheimer Wahl einen Pfarrer als Vorsitzenden, wobei der Dekan die Wahlhandlung leitet (KGO § 90 Abs. 1).

b) Wie der Kirchenvorstand kann die Gesamtkirchenverwaltung vorberatende Ausschüsse bilden (KGO § 92 Abs. 1 S. 1 i. V. m. § 46). Im Unterschied zum Kirchenvorstand kann die Gesamtkirchenverwaltung jedoch auch *beschließende Ausschüsse* einsetzen, welche die Gesamtkirchengemeinde innerhalb ihrer Zuständigkeit vertreten. Welche Aufgaben der Gesamtkirchenverwaltung und welche Aufgaben den

4) Zum Begriff des gemeindlichen Steuerverbandes vgl. KirchStG Art. 4 Abs. 2 und AVKirchStErhebG – RS 433 – § 4; hierzu näher u. § 64.

beschließenden Ausschüssen zustehen, ist in der Satzung der Gesamtkirchengemeinde festzulegen. Besonders bedeutsame, in KGO § 92 Abs. 2 S. 2 im einzelnen genannte Angelegenheiten, sind jedoch der Gesamtkirchenverwaltung zur Beschlußfassung vorbehalten.

c) Zur Erledigung der anfallenden Verwaltungsangelegenheiten kann die Gesamtkirchengemeinde mit Genehmigung des Landeskirchenrates ein *Kirchengemeindeamt* errichten (KGO § 97).

3. Finanzbedarf, Haushaltspläne und Rechnungslegung

a) Die Gesamtkirchengemeinde trägt den Finanzbedarf für den eigenen Aufwand, für die in der Satzung festgelegten Aufgaben, für die Erfüllung der ortskirchlichen Pflichtaufgaben der Kirchengemeinden, soweit dieser nicht aus ihren eigenen Mitteln gedeckt werden kann, und für sonstige Aufgaben der Kirchengemeinden, deren Finanzierung von der Gesamtkirchengemeinde freiwillig übernommen wird, wobei letzteres von Fall zu Fall beschlossen werden muß (KGO § 94 Abs. 1). Zwischen den Kirchengemeinden der Gesamtkirchengemeinde wird also ein *Finanzausgleich* durchgeführt. Lehnt die Gesamtkirchenverwaltung den Antrag einer Kirchengemeinde ab, ihren Finanzbedarf zu decken, so entscheidet auf Antrag der Landeskirchenrat (KGO § 94 Abs. 3).

b) Die zu einer Gesamtkirchengemeinde gehörenden Kirchengemeinden haben ihre Haushaltspläne, bevor sie öffentlich ausgelegt werden, der Gesamtkirchenverwaltung vorzulegen. Die Gesamtkirchenverwaltung kann Haushaltspläne beanstanden und ihre Abänderung verlangen, wenn die erforderlichen Deckungsmittel nicht zur Verfügung stehen (KGO § 95 Abs. 1).

Die Rechnungen der Gesamtkirchengemeinden und der ihnen angehörenden Kirchengemeinden sind innerhalb von sechs Monaten nach Ablauf des Rechnungsjahres mit einer Vermögensübersicht dem Rechnungsprüfungsamt vorzulegen, wobei in bezug auf die Rechnungen der Kirchengemeinden eine Vorprüfung durch die Gesamtkirchenverwaltung erfolgen soll (KGO § 96 Abs. 2).

c) Für Gesamtkirchengemeinden und die in ihnen zusammengefaßten Kirchengemeinden gelten besondere Bestimmungen für die kirchenaufsichtliche Genehmigung. So sind sie unter bestimmten Voraussetzungen bei der Anstellung und Höhergruppierung von Mitarbeitern auf Dienstvertrag von der kirchenaufsichtlichen Genehmigung nach KGO § 105 Abs. 1 Nr. 5 und DBO § 42 Abs. 1 Nr. 6 befreit (vgl. Einzelheiten in der VO über Ausnahmen von der Genehmigungspflicht – RS 301). Auch gelten für sie bei Baumaßnahmen höhere Freigrenzen (derzeit DM 100 000,– statt DM 20 000,–; in Gesamtkirchengemeinden mit eigenem bautechnischen Personal DM 200 000,–, vgl. Bek. über ortskirchliche Bauführungen – RS 365 – I Nr. 4 a Ziff. 7; VO über Freigrenzen und Anzeigepflichten bei Baumaßnahmen der Kirchengemeinden – RS 387 – § 1 Abs. 2; vgl. o. § 49.3, S. 449).

2. Abschnitt: Der Dekanatsbezirk

§ 54
Aufgaben und Leitung

1. Aufgaben des Dekanatsbezirks

Der Dekanatsbezirk ist einerseits *Aufsichts- und Verwaltungsbezirk*
RS 1 (KVerf Art. 26 Abs. 2). In dieser Eigenschaft besitzt er keine eigene Rechtspersönlichkeit[1]. Eigene Rechtspersönlichkeit kommt ihm dagegen in seiner zweiten Eigenschaft zu, dem *Zusammenschluß von Kirchengemeinden* in seinem Bereich. Insoweit ist er innerhalb des körperschaftlichen Aufbaus der ELKiB eigene kirchliche Körperschaft und damit nach den staatlichen Bestimmungen zugleich Körperschaft
RS 310 des öffentlichen Rechts (KVerf Art. 8 Abs. 1 u. 2, DBO § 1 Abs. 2). Der Dekanatsbezirk ist dabei aber mehr als eine bloße Addierung der in seinem Bereich zusammengeschlossenen Kirchengemeinden. Als mittlere körperschaftliche Ebene und als Schnittpunkt regionaler und funktionaler Dienste kommt ihm vielmehr eine eigenständige Bedeutung und Aufgabenstellung zu[2]. Diese besteht einerseits in der Förderung der Zusammenarbeit zwischen den Kirchengemeinden sowie zwischen den Kirchengemeinden und den kirchlichen Werken und Diensten, in der Unterstützung der Kirchengemeinden und in der Wahrnehmung übergemeindlicher Aufgaben, insbesondere auf den Gebieten der Verkündigung, des Erziehungs- und Bildungswesens, der Diakonie und Mission sowie der ökumenischen Arbeit und der Öffentlichkeitsarbeit (KVerf Art. 26 Abs. 1 i. V. m. DBO § 2 Abs. 1 S. 1, Abs. 2 Buchst. a, b, c, e). Andererseits stellt der Dekanatsbezirk gleichsam ein Informationsforum zwischen der ELKiB und den Kirchengemeinden dar (DBO § 2 Abs. 1 S. 2, Abs. 2 Buchst. d).

1) Hierzu bereits oben § 37.3 (S. 333). Vgl. ferner *v. Ammon/Rusam,* Verfassung der Evang.-Luth. Kirche in Bayern, Vorbem. zu Art. 26 und Anm. 2 zu Art. 26. Noch in der KVerf von 1920 waren die Bezeichnungen getrennt: *Dekanatsbezirk* als Verwaltungs- und Aufsichtsbezirk, ohne eigene Rechtspersönlichkeit, und *Kirchenbezirk* (Bezirkskirchenverband), mit eigener Rechtspersönlichkeit, als Selbstverwaltungskörperschaft (Körperschaft des öffentlichen Rechts).
2) Vgl. Verhandlungen der Landessynode der ELKiB März 1969, S. 157.

2. Die Organe des Dekanatsbezirks

Organe des Dekanatsbezirks als kirchliche Körperschaft[3] sind die Dekanatssynode, der Dekanatsausschuß und der Dekan (KVerf Art. 26 Abs. 3 i. V. m. DBO § 1 Abs. 3).

a) Dekanatssynode

(1) Bildung und Zusammensetzung

Die Dekanatssynode wird jeweils im Anschluß an die allgemeinen Kirchenvorstandswahlen innerhalb von fünf Monaten neu gebildet (DBO § 9 Abs. 1 i. V. m. DVDBO § 1). Die Größe der neu zu bildenden Dekanatssynode wird dabei noch von dem jeweils amtierenden Dekanatsausschuß bestimmt (DVDBO § 2 Abs. 1). Die Zahl von hundert Mitgliedern soll nur dann überschritten werden, wenn andernfalls wegen der großen Zahl von Mitgliedern des Pfarrkapitels und von Kirchengemeinden eines Dekanatsbezirkes eine ausreichende Vertretung des Pfarrkapitels nach DBO § 31 Abs. 1 und der Kirchengemeinden in der Dekanatssynode nicht mehr möglich wäre (DBO § 3 Abs. 2 Satz 2 i. V. m. DVDBO § 2 Abs. 2 S. 2). *RS 311*

Die Dekanatssynode besteht aus einer bestimmten Anzahl von Mitgliedern des Pfarrkapitels (DBO § 31 Abs. 1), mindestens doppelt so vielen Kirchenvorstehern, sowie besonders berufenen Mitgliedern, deren Zahl nicht mehr als ein Fünftel der Kirchenvorsteher betragen darf (DBO §§ 3 Abs. 1, 4 Abs. 1). Der Dekan, der Senior und die im Dekanatsbezirk wohnhaften Mitglieder der Landessynode gehören der Dekanatssynode kraft Amtes an[4]. Die Mitglieder aus dem Pfarrkapitel werden von diesem, die Kirchenvorsteher von den jeweiligen Kirchenvorständen nach Maßgabe von DVDBO §§ 3 und 4 gewählt. Im Anschluß an diese Wahlen erfolgt durch den Dekanatsausschuß die Berufung der weiteren Mitglieder der Dekanatssynode (DBO § 4 i. V. m. DVDBO § 5). Voraussetzung für die Berufung in die Dekanatssynode ist die Zugehörigkeit zum Pfarrkapitel oder die Wählbarkeit zum Kirchenvorstand (DBO § 4 Abs. 2).

3) Mangels eigener Rechtspersönlichkeit besitzt der Dekanatsbezirk als *Verwaltungs- und Aufsichtsbezirk* keine Organe. Zu den aufsichtlichen Befugnissen des Dekans in diesem Bereich s. u. c.

4) Bei Verhinderung von Mitgliedern der Landessynode haben deren Vertreter Sitz und Stimme in der Dekanatssynode, sofern auch sie ihren Wohnsitz im Dekanatsbezirk haben. Dies folgt zwar nicht unmittelbar aus dem Wortlaut von KVerf Art. 27 Abs. 1 Buchst. d i. V. m. DBO § 3 Abs. 1 Nr. 4, jedoch aus der Aufgabe des Dekanatsbezirks, dem Informationsaustausch zwischen ELKiB und Kirchengemeinden zu dienen (DBO § 2 Abs. 2 Buchst. d), und damit aus der Funktion der Mitgliedschaft von Landessynodalen in der Dekanatssynode.

Der Landesbischof, der Präsident der Landessynode, der Kreisdekan und Beauftragte des Landeskirchenrates können an den Tagungen der Dekanatssynode mit beratender Stimme teilnehmen (DBO § 5 Abs. 1). Synodale der EKD und der VELKD mit Wohnsitz im Dekanatsbezirk sind zu den Tagungen der Dekanatssynode einzuladen (DBO § 5 Abs. 2). Außerdem kann der Dekanatsausschuß zu den Tagungen der Dekanatssynode auch die weiteren Mitglieder der Kirchenvorstände mit beratender Stimme zulassen (DBO § 5 Abs. 3).

(2) Die *Aufgaben* der Dekanatssynode werden in KVerf Art. 29 und im einzelnen in DBO §§ 7 und 8 beschrieben. Besonders hervorzuheben ist die Beschlußfassung über die Höhe der Umlagenanteile der Kirchengemeinden am Haushalt des Dekanatsbezirks nach DBO § 7 Abs. 3. Diese Aufgabe ergibt sich daraus, daß der Dekanatsbezirk im Gegensatz zu den Kirchengemeinden und Gesamtkirchengemeinden kein Steuerverband ist und deshalb im wesentlichen auf Zuschüsse nicht zuletzt der Kirchengemeinden angewiesen ist. Insbesondere wählt die Dekanatssynode innerhalb eines Jahres nach ihrem ersten Zusammentreten den Dekanatsausschuß (DBO § 8).

(3) Die Dekanatssynode wird von einem Präsidium geleitet, dem außer dem Dekan zwei von der Dekanatssynode gewählte Mitglieder angehören, welche Laien sein müssen. Die Mitglieder des Präsidiums sind gleichberechtigt und wechseln sich im Vorsitz ab (DBO § 10). Die Dekanatssynode hat jährlich mindestens einmal zu tagen (DBO § 9 Abs. 3). Sie wird mit einem Gottesdienst oder einer Andacht eingeleitet und geschlossen (DBO § 17 Abs. 1). Im Unterschied zu den Sitzungen des Kirchenvorstands sind die Verhandlungen der Dekanatssynode grundsätzlich öffentlich (DBO § 17 Abs. 2). Die Dekanatssynode kann beratende, nicht beschließende Ausschüsse bilden, die auch zwischen den Tagungen zusammentreten können (DBO § 12 Abs. 1).

b) Dekanatsausschuß

(1) Der Dekanatsausschuß ist die ständige Vertretung der Dekanatssynode und vertritt den Dekanatsbezirk gerichtlich und außergerichtlich (DBO § 26 Abs. 1). Dem Dekanatsausschuß gehören an der Dekan als Vorsitzender, die beiden gewählten Mitglieder des Präsidiums, der Senior sowie fünf bis elf von der Dekanatssynode aus ihrer Mitte gewählte Mitglieder. Der Dekanatsausschuß kann außerdem, vor allem aus den kirchlichen Werken und Diensten, bis zu drei Mitglieder mit Stimmrecht berufen. Die Zahl der geistlichen Mitglieder darf die Hälfte nicht überschreiten (DBO § 23 Abs. 1). Über die Anzahl der Mitglieder und Ersatzleute des Dekanatsausschusses beschließt die

Dekanatssynode vor dessen Wahl (DBO § 23 Abs. 2). Der Dekanatsausschuß bleibt jeweils in seiner bisherigen Zusammensetzung so lange tätig, bis die neue Dekanatssynode einen neuen Dekanatsausschuß wählt (DBO § 25).

(2) Neben den in DBO § 26 genannten sind ihm eine Anzahl weiterer Aufgaben übertragen (KVerf Art. 30 Abs. 2). So hängt die Übertragung der Dekansfunktion vom Einvernehmen des Dekanatsausschusses ab (KVerf Art. 31 Abs. 1, DBO § 30 Abs. 1). Er ist Beschwerdeinstanz gegen Entscheidungen des Kirchenvorstandes, wenn es um die Entbindung von Kirchenvorstehern von der Pflicht zur Amtsverschwiegenheit oder die Entlassung eines Kirchenvorstehers und den Ausschluß eines solchen vom Amt geht (KGO §§ 29 Abs. 3, 32 Abs. 3, 34 Abs. 3)[5]. *RS 300*
Der Dekanatsausschuß bestimmt die Vertrauensleute des Dekanatsbezirks bei der Wahl der Landessynode (LSWG § 5 Abs. 3) und entscheidet endgültig über Einsprüche im Rahmen des Verfahrens für die Wahl der Kirchenvorsteher (KVWG § 20 Abs. 3).

c) Dekan

Aufgabe des Dekans in seiner Eigenschaft als Leitungsorgan der *kirchlichen Körperschaft Dekanatsbezirk* ist es, auf die Ausführung der Beschlüsse der Dekanatssynode und des Dekanatsausschusses zu achten und darüber zu berichten. Er vertritt als Vorsitzender des Dekanatsausschusses diesen nach außen. Als Repräsentant des Dekanatsbezirks berät er die kirchenleitenden Organe in Angelegenheiten des Dekanatsbezirks (KVerf Art. 31 Abs. 2 i. V. m. DBO § 29 Abs. 1 und Abs. 4).

Die aufsichtlichen Befugnisse des Dekans für den *Dekanatsbezirk als Verwaltungsbezirk* ergeben sich aus KVerf Art. 31 Abs. 3 i. V. m. DBO § 29 Abs. 2 und 3. Dazu gehören die Ergänzung und Unterstützung der den kirchlichen Aufsichtsbehörden (Landeskirchenrat und Landeskirchenstelle) obliegenden Verwaltungsaufsicht (KGO § 103 Abs. 1 Satz 2), die Visitation und Beratung der Pfarrer und Kirchengemeinden (PfG § 61, KGO § 98, VisO – RS 37-), die Einführung der Pfarrstelleninhaber und die Ausübung der Dienstaufsicht über diese. Außerdem kann der Dekan in besonderen Fällen an den Sitzungen der Kirchenvorstände mit beratender Stimme teilnehmen und den Vorsitz übernehmen[6] sowie in den Kirchengemeinden des Dekanatsbezirks aus besonderem Anlaß Gottesdienste halten (DBO § 29 Abs. 3).

5) Über die weitere Beschwerde entscheidet im ersteren und letzteren Falle der Landeskirchenrat (KGO § 112).

6) Vgl. o. § 48.2 (S. 437). Ein Sonderfall ist PfStBO § 12. Dort obliegt dem Dekan/Pro-

3. Die Versammlung der Kirchenvorstandsmitglieder im Dekanatsbezirk

In Dekanatsbezirken, in denen nicht alle Mitglieder der Kirchenvorstände der Dekanatssynode angehören, kann der Dekanatsausschuß die Mitglieder der Kirchenvorstände zu einer Versammlung zusammenrufen, um wichtige Angelegenheiten des Dekanatsbezirks und Fragen des kirchlichen Lebens zu besprechen (DBO § 22 Abs. 1 i. V. m. DVDBO § 9 Abs. 1)[7]. In besonderen Fällen kann der Kreisdekan die Einberufung verlangen (DBO § 22 Abs. 1 S. 2).

Die Versammlung der Kirchenvorstandsmitglieder entspricht in ihrer Funktion und ihren Befugnissen der Gemeindeversammlung nach KGO § 11. Wie diese kann sie nur Wünsche und Anregungen äußern, die zwar von den zuständigen Organen des Dekanatsbezirks vordringlich behandelt werden müssen, jedoch für deren Entscheidungen nicht bindend sind (DBO § 22 Abs. 2).

Im Gegensatz zur Gemeindeversammlung, bei der außer auf Verlangen des Kreisdekans oder des Dekans keine Pflicht zur Einberufung besteht, *muß* die Versammlung der Kirchenvorstandsmitglieder einberufen werden, wenn mindestens die Hälfte der Mitglieder des Dekanatsausschusses oder mindestens die Hälfte der Kirchenvorstandsmitglieder des Dekanatsbezirks es verlangen (DVDBO § 9 Abs. 3 S. 2). Verlangt der Kreisdekan die Einberufung, hat diese unverzüglich[8] zu erfolgen (DVDBO § 9 Abs. 3 S. 3).

dekan, soweit er nicht selbst bei der Pfarrstellenbesetzung mitstimmen darf, kraft Gesetzes der Vorsitz; hierzu o. § 26.5 (S. 285).

7) Nach DBO § 22 kann der *Dekanatsausschuß* zu dieser Versammlung zusammenrufen. Nach DVDBO § 9 Abs. 3 wird die Versammlung vom *Dekan* einberufen und geleitet. Der Dekan handelt insoweit als Vorsitzender und namens des Dekanatsausschusses.

8) Zum Begriff »unverzüglich« vgl. o. § 48.1 unter »Beachte« (S. 436).

3. Abschnitt: Kirchliche Stiftungen

§ 55
Übersicht

1. Begriff und Arten

Unter einer Stiftung versteht man eine mit eigener Rechtspersönlichkeit *(juristische Person)*[1] ausgestattete Vermögensmasse, die vom Stifter (natürliche oder juristische Person) zur dauernden Förderung eines bestimmten (Stiftungs-)Zweckes errichtet (= gewidmet) worden ist (Stiftungsgeschäft bzw. Stiftungsakt).

Wesentliche Elemente sind demnach der *Stiftungszweck,* der im Stiftungsgeschäft festgesetzt wird und auf Dauer angelegt sein muß, ferner das *Stiftungsvermögen* und die *Stiftungsorganisation:* Eine Stiftung ist nicht verbandsmäßig strukturiert, hat also – anders als Körperschaften – keine Mitglieder. Am Rechtsverkehr nimmt sie durch ihren Vorstand teil. Dieser ist an den in der Stiftungssatzung festgelegten Stifterwillen gebunden.

Das (staatliche) Gesetz (Bayerisches Stiftungsgesetz – RS 460) unterscheidet zwischen *RS 460*
- Stiftungen des *bürgerlichen* und des *öffentlichen Rechts,*
- *öffentlichen* und *privaten* Stiftungen,
- *allgemeinen, kommunalen* und *kirchlichen* Stiftungen.

a) Stiftungen des *bürgerlichen Rechts* beruhen auf einem privaten Rechtsgeschäft (Rechtsgeschäft unter Lebenden oder Verfügung von Todes wegen, also in Form eines Testamentes oder Erbvertrages). Für sie gelten die §§ 80–88 BGB und daneben die Bestimmungen des Stiftungsgesetzes. Zur wirksamen Entstehung bedürfen sie der staatlichen Genehmigung (BGB § 80, StG Art. 3 Abs. 1, AVStG § 8).

Stiftungen des *öffentlichen Rechts* beruhen regelmäßig auf einem öffentlichen Rechtsakt (Gesetz oder Verwaltungsakt)[2] und bedürfen ebenfalls staatlicher Genehmigung (StG Art. 4, BGB § 80 analog). Nach StG Art. 1 Abs. 2 ist für den Charakter als Stiftung des öffentlichen Rechts bestimmend, daß diese Stiftungen ausschließlich *öffentliche* *RS 460, 461*

1) Vgl. zum Begriff der juristischen Person o. § 4.3 unter »Beachte« (S. 48).
2) Beachte den Unterschied in StG Art. 3 »Stiftungs*geschäft*« und StG Art. 4 »Stiftungs*akt*«.

Zwecke verfolgen und mit dem Staat, einer politischen Gemeinde, einem Gemeindeverband oder einer sonstigen Körperschaft oder Anstalt des öffentlichen Rechts, also auch einer Religionsgemeinschaft mit dem Status einer Körperschaft des öffentlichen Rechts[3)], in einem organischen Zusammenhang stehen, der die Stiftung selbst zu einer öffentlichen Einrichtung macht (vgl. auch AVStG § 5). Wichtige Indizien sind demnach die organisatorische Ein- oder Angliederung an eine juristische Person des öffentlichen Rechts und die Verfolgung öffentlicher Zwecke[4)]. *Öffentliche Zwecke* sind dabei »die der Religion, der Wissenschaft, der Forschung, der Bildung, dem Unterricht, der Erziehung, der Kunst, der Denkmalpflege, dem Heimatschutz, dem Sport, der Wohltätigkeit oder sonst dem Gemeinwohl dienenden Zwecke« (StG Art. 1 Abs. 3, vgl. auch AVStG § 5).

b) *Öffentliche Stiftungen* sind die rechtsfähigen Stiftungen des bürgerlichen Rechts, die nicht ausschließlich Privatzwecke verfolgen, und die rechtsfähigen Stiftungen des öffentlichen Rechts (StG Art. 1 Abs. 3, AVStG § 4). Letztere sind also, da sie per definitionem öffentliche Zwecke verfolgen (vgl. o. a)), immer auch öffentliche Stiftungen. Zu den öffentlichen Stiftungen zählen aber auch Stiftungen des bürgerlichen Rechts, wenn sie entweder nur gemeinnützigen oder zumindest auch gemeinnützigen Zwecken dienen. *Nicht öffentliche (private) Stiftungen* sind solche Stiftungen, die ausschließlich private Zwecke verfolgen, z. B. Familienstiftungen (AVStG §§ 4, 68). Nur die öffentlichen Stiftungen unterliegen der Aufsicht des Staates nach dem (staatlichen) Stiftungsgesetz (StG Art. 34 i. V. m. Art. 21 Abs. 1).

c) Als *allgemeine Stiftungen* werden solche Stiftungen bezeichnet, die weder kommunale noch kirchliche Stiftungen sind.

Kommunale Stiftungen auf der Ebene der politischen Gemeinde, des Landkreises oder des politischen Bezirks sind solche, deren Zweck im Rahmen der kommunalen Aufgaben liegt und nicht wesentlich über den räumlichen Umkreis der betreffenden Gebietskörperschaft hinausreicht, insbesondere Stiftungen, die dem sozialen und kulturellen Wohl (Gesundheit, Fürsorge, Erziehung, Unterricht und Bildung) dienen (StG Art. 35). Zu den bereits bestehenden örtlichen kommunalen Stiftungen gehören zahlreiche noch heute bedeutsame Stiftungen in ehemals freien Reichsstädten, die z. B. als Wohltätigkeits- und Hospi-

3) Hierzu o. § 9
4) Zu den Abgrenzungsschwierigkeiten von privatrechtlicher und öffentlich-rechtlicher Stiftung vgl. auch *Reuter* in: Münchener Kommentar zum BGB, 3. Aufl. 1993, Vorbem. vor § 80 Rdnrn. 30 u. 31.

talstiftungen nach dem Stifterwillen zum Teil bekenntnismäßig gebunden sind[5].

Als *kirchliche Stiftungen* (des bürgerlichen oder des öffentlichen Rechts) werden nach dem Stiftungsgesetz solche Stiftungen definiert, die »überwiegend religiösen Zwecken der katholischen, der Evangelisch-Lutherischen und der Evangelisch-Reformierten Kirche gewidmet sind, sofern sie nicht satzungsgemäß von einer Behörde des Staates, einer politischen Gemeinde oder eines politischen Gemeindeverbands zu verwalten sind« (StG Art. 36 S. 1)[6].

Wie die weltlichen Stiftungen bedürfen auch kirchliche Stiftungen zu ihrer Entstehung der staatlichen Genehmigung. Die Genehmigung ist auf Antrag der betreffenden Kirche zu erteilen, wenn die nachhaltige Verwirklichung des Stiftungszwecks aus dem Ertrag des Stiftungsvermögens gesichert erscheint oder von der betreffenden Kirche gewährleistet wird (StG Art. 37 Abs. 1). Im Bereich der ELKiB wird der Antrag auf Genehmigung durch den Landeskirchenrat gestellt (ABest-KirchlStG – RS 463 – Nr. 3 Abs. 1; KirchlStG § 2 – RS 462). Der Aufsicht *RS 462, 463* des Staates unterliegen kirchliche Stiftungen jedoch nicht; vielmehr sind sie grundsätzlich allein der kirchlichen Obhut unterstellt (StG Art. 38 Abs. 1). Dies folgt daraus, daß sich das Selbstbestimmungsrecht der Kirchen (GG Art. 140 i. V. m. Art. 137 Abs. 3, S. 1 WRV; BV Art. 142 Abs. 3 S. 2) nicht nur auf die organisierte Kirche und die rechtlich selbständigenTeile dieser Organisation bezieht, sondern auf alle der Kirche in bestimmter Weise zugeordneten Einrichtungen ohne Rücksicht auf ihre Rechtsform, wenn sie nach kirchlichem Selbstverständnis, ihrem Zweck oder ihrer Aufgabe entsprechend berufen sind, ein Stück Auftrag der Kirche wahrzunehmen und zu erfüllen[7]. Dem Selbstbestimmungsrecht der Kirchen sind in bezug auf ihre Stiftungen jedoch insoweit, insbesondere durch das Denkmalschutzgesetz als »für alle geltendes Gesetz« Schranken gesetzt, als die Veräußerung oder wesentliche Veränderung von kirchlichen Stiftungen zugehörigen Sachen, die einen besonderen, wissenschaftlichen, geschichtlichen oder künstlerischen Wert haben, der Genehmigung der staatlichen Stif-

5) Vgl. z. B. *K. Dumrath,* Die Heiliggeist- und die Elisabeth-Spitalstiftung zu Nürnberg, Zeitschrift für bayerische Kirchengeschichte, 1955, S. 48 ff.; *J. Dolhofer,* Evangelische Wohltätigkeitsstiftung Regensburg, in: *Rüth/Hauer/von Pölnitz-Egloffstein* (Hrsg.), Lebensbilder deutscher Stiftungen, Bd. 3, Tübingen 1974, S. 97 ff.; *H. Gürsching,* Evangelische Hospitäler. Studien zur Rechtsgeschichte der »Vereinigten Wohltätigkeitsstiftungen« Memmingen, Memmingen 1930.

6) Die Verwaltung religiösen Zwecken gewidmeter Stiftungen durch staatliche oder kommunale Behörden ist im Hinblick auf das kirchliche Selbstbestimmungsrecht verfassungsrechtlich äußerst problematisch.

7) Vgl. BVerfGE 46, 73/74 u. 85; 70, 138/162 m.w.N.; BayVerfGH BayVBl 1985 S. 332 ff.

tungsaufsichtsbehörde bedürfen (StG Art. 38 Abs. 1 i. V. m. Art. 31 Abs. 1 Ziff. 4)[8].

Bei den kirchlichen Stiftungen ist zu unterscheiden zwischen

- ortskirchlichen Stiftungen, die sich wiederum unterteilen in
  - Kirchenstiftungen und
  - besondere Kultusstiftungen,
- Pfründestiftungen und
- sonstige kirchliche Stiftungen, zu denen insbesondere kirchliche Erziehungs- und Unterrichtsstiftungen sowie Wohltätigkeitsstiftungen zu rechnen sind (KirchlStG § 1 i. V. m. ABestKirchlStG Nr. 1).

Die ortskirchlichen Stiftungen fallen unter die KGO, die Pfründestiftungen und die sonstigen kirchlichen Stiftungen unter das KirchlStG. Für die Pfründestiftungen ist außerdem das PfründeStVG (RS 470) maßgeblich.

2. Kirchliche Stiftungen und staatliche Rechtsordnung

Vom staatlichen Recht werden Stiftungen als *kirchliche Stiftungen* anerkannt, wenn sie »überwiegend religiösen Zwecken« dienen (StG Art. 36 Satz 1). Für die ortskirchlichen Stiftungen und die Pfründestiftungen mit den ihnen aufgegebenen Stiftungszwecken (vgl. u. § 56) ist dies bereits durch das staatliche Gesetz selbst anerkannt (»Kirchliche Stiftungen sind insbesondere die ortskirchlichen Stiftungen und die Pfründestiftungen« – StG Art. 36 S. 2)[9]. Für die Erziehungs-, Unterrichts- und Wohltätigkeitsstiftungen war dies bei enger Auslegung des Begriffs »religiöse Zwecke« lange Zeit umstritten[10]. Eine enge Auslegung, beschränkt auf das rein geistlich-kultische Handeln der Kirche, wird aber den verfassungsrechtlichen Bestimmungen nicht gerecht: Die in GG Art. 140 i. V. m. Art. 138 Abs. 2 WRV ausgespro-

8) Daneben besteht das Genehmigungserfordernis der kirchlichen Aufsichtsbehörde (in diesem Fall: Landeskirchenrat), vgl. KirchlStG – RS 462 – § 4, ABestKirchlStG – RS 463 – Nr. 6, KGO § 105 Abs. 1 Nr. 2 i. V. m. Nr. 3 Buchst. d Ziff. 1 LKStV – RS 50. Bei Veräußerung oder wesentlicher Veränderung derartiger Sachen, die nicht im Eigentum einer kirchlichen *Stiftung,* sondern der *Kirchengemeinde* stehen, bedarf es nur der kirchenaufsichtlichen Genehmigung nach KGO § 105 Abs. 1 Nr. 2.

9) Gleiches gilt gemäß StG Art. 46 Abs. 3, KirchlStG § 1 Buchst. d für Stiftungen, die nach Art. 5 Abs. 4 der (staatlichen) KGO aus dem Jahre 1912 bisher durch kirchliche Organe verwaltet worden sind. Art. 5 Abs. 4 der KGO von 1912 betraf andere als Kultuszwecken dienende Stiftungen, z. B. Unterrichts- und Wohltätigkeitsstiftungen. Soweit eine Verwaltung durch die Kirchenverwaltung oder eine »besondere Verwaltung ortskirchlichen Charakters« stattfand, galten die Vorschriften über die Verwaltung des ortskirchlichen Stiftungsvermögens entsprechend.

10) Hierzu *W. Hofmann,* Die Rechtsstellung der kirchlichen Stiftungen, S. 321; *H. Liermann,* Die kirchliche Stiftung, S. 277; *O. Voll,* HdbBayStKirchR, S. 199 ff.

chene Gewährleistung von Eigentum und anderen Rechten der Religionsgemeinschaften an ihren für Kultus-, Unterrichts- und Wohltätigkeitszwecke bestimmten Anstalten, Stiftungen und sonstigen Vermögen läßt es in Verbindung mit dem kirchlichen Selbstbestimmungsrecht nicht zu, daß kirchliche Erziehungs-, Unterrichts- und Wohltätigkeitsstiftungen anders als die Kultusstiftungen behandelt werden[11]. Unter Berufung auf eine Entscheidung des Bundesverfassungsgerichts (E 46,73/74 u. 85, o. § 13.12) hat daher der Bayerische Verfassungsgerichtshof einer weiten Auslegung von StG Art. 36 Rechnung getragen und ausgeführt: »... darf der Begriff der religiösen Zwecke nicht auf den Kultusbereich eingeengt werden. Auch Unterrichts- und Wohltätigkeitsstiftungen können nach kirchlichem Selbstverständnis ihrem Zweck und ihrer Aufgabe entsprechend berufen sein, ein Stück Auftrag der Kirche in dieser Welt wahrzunehmen und zu erfüllen. Da auch solche Stiftungen kirchliche Einrichtungen sind, ist es verfassungsrechtlich geboten, den Begriff der religiösen Zwecke in Art. 36 Satz 1 StG als kirchliche Zwecke zu verstehen[12].« Bei der Auslegung des Begriffs kirchlicher Zweck spielt das Selbstverständnis der Kirchen eine wesentliche Rolle.

Weil jedoch Erziehung, Unterricht und Wohlfahrtspflege auch außerhalb der Kirche von Staat, Kommunen und Privaten wahrgenommen werden, kann gerade bei solchen Stiftungen die Zweckbestimmung allein als ein Unterscheidungskriterium für die kirchlichen Stiftungen nicht genügen. Nicht jede Erziehungs-, Unterrichts- oder Wohltätigkeitsstiftung, die einen bestimmten konfessionellen Personenkreis begünstigt, muß von vornherein eine kirchliche Stiftung sein. Entscheidend ist letztlich immer der Stifterwille. Da jede Stiftung in das historisch-gesellschaftliche Milieu eingebunden ist, innerhalb dessen sie entstanden ist, ist auch der Stifterwille aus dem für die betreffende Zeit herrschenden Zeitgeist auszulegen (BVerfGE 46, 73/85)[13].

Für die Beurteilung der Rechtsnatur einer Stiftung, deren Aufgaben kirchlich und weltlich gesehen werden können, kommt es deshalb regelmäßig entscheidend auch auf die organisatorischen Verflechtun-

11) *Liermann* a.a.O. S. 278.

12) BayVerfGH vom 28.12.1984, BayVBl 1985, S. 332/335.

13) Bei alten Stiftungen ist es in der Praxis freilich oft sehr schwierig, den Stifterwillen zu ergründen, da aufgrund des Reichsdeputationshauptschlusses von 1803 Wohltätigkeitsstiftungen unter landesherrliche Aufsicht und Leitung geraten waren (§ 65) und die Folgen der Säkularisation in der Folgezeit nur bedingt beseitigt werden konnten. Diese Problematik ist vor allem bei der von der Stadt Regensburg verwalteten *Evangelischen Wohltätigkeitsstiftung* in Regensburg deutlich geworden.
Bei Zweifeln über die Rechtsstellung oder die Art einer Stiftung entscheidet im übrigen die zuständige staatliche Genehmigungsbehörde (StG Art. 46 Abs. 2).

gen einer Stiftung mit der betreffenden Kirche an[14]. Um als kirchliche Stiftung anerkannt zu werden, bedarf es einer rechtlich geordneten Bindung an die Kirche. Dies ist insbesondere dann gegeben, wenn der Stifterwille die Verwaltung und Aufsicht kirchlichen Organen anvertraut hat. Dabei braucht das Verwaltungsorgan der Stiftung selbst kein kirchliches Organ zu sein, ausreichend ist vielmehr, wenn das Stiftungsorgan aus Vertretern kirchlicher Organe besteht oder die betreffende Kirche entscheidenden Einfluß auf die Zusammensetzung hat. Die Mitgliedschaft allein des Ortspfarrers im Verwaltungsorgan einer Stiftung reicht jedenfalls nicht für die Annahme einer kirchlichen Stiftung aus[15].

3. Kirchliche Stiftungsaufsicht

Die Aufsicht über die ortskirchlichen Stiftungen, die im Bereich einer Gesamtkirchengemeinde ihren Sitz haben, und für die Pfründestiftungen obliegt dem Landeskirchenrat, für die übrigen ortskirchlichen *RS 462, 463* Stiftungen der Landeskirchenstelle in Ansbach (KirchlStG § 5 i. V. m. ABestKirchlStG Nr. 7, KGO § 103 i. V. m. LKStV Nr. 3 Buchst. a), soweit *RS 300* nicht in bestimmten Fällen die Aufsicht dem Landeskirchenrat vorbe- *RS 50* halten ist (LKStV Nr. 3 Buchst. d). Die Befugnisse der kirchlichen Stiftungsaufsichtsbehörden ergeben sich aus KirchlStG § 6 i. V. m. StG Art. 22–29 und ABestKirchlStG Nr. 8–17). In Entsprechung zum Kirchengemeinderecht bedürfen kirchliche Stiftungen in den Fällen von KirchlStG § 7 i. V. m. ABestKirchlStG Nr. 18 der besonderen stiftungsaufsichtlichen Genehmigung.

14) Vgl. BVerfGE 46, 73/87 ff.; 53, 366/393; 57, 220/242 ff.; BayVerfGH a.a.O. S. 335.
15) *Hofmann* (Anm. 10), S. 318; *A.v. Campenhausen,* in: *Seifart,* Handbuch des Stiftungsrechts, München 1987, S. 329.

Literatur

W.-A. Achilles, Die Aufsicht über die kirchlichen Stiftungen der evangelischen Kirchen in der Bundesrepublik Deutschland, Jus Eccl. Bd. 32, Tübingen 1986; *ders.,* Zur Aufsicht über kirchliche Stiftungen, ZevKR 33 (1988) S. 184; *W. Hofmann,* Die Rechtsstellung der kirchlichen Stiftungen unter besonderer Berücksichtigung ihres Verhältnisses zu Staat und Kirche, ZevKR 12 (1966/67) S. 313; *H. Liermann,* Die kirchliche Stiftung – Rechtslage und Rechtsfragen, in: Der Jurist und die Kirche (Hrsg.: *M. Heckel, K. Obermayer, D. Pirson*), Jus Eccl. Bd. 17, München 1973; *ders.,* Handbuch des Stiftungsrechts, Bd. 1: Geschichte des Stiftungsrechts, Tübingen 1963; *Chr. Meyer, S. Marx,* Kirchenvermögens- und Stiftungsrecht, HdbStKirchR Bd. II, S. 91–160; *W. Seifart* (Hrsg.), Handbuch des Stiftungsrechts, München 1987; *H. Stolba,* Unterrichts- und Wohltätigkeitsstiftungen in kirchlicher Selbstverwaltung, BayVBl 1957, S. 180; *O. Voll,* HdbBayStKirchR, S. 198 ff.

§ 56
Ortskirchliche Stiftungen und Pfründestiftungen

1. Allgemeines

Historisch gesehen gehen die ortskirchlichen Stiftungen und die Pfründestiftungen zurück auf die von Papst Simplicius im Jahre 475 angeordnete und von Papst Gelasius I. im Jahre 494 bestätigte Vierteilung der Kircheneinkünfte: Je ein Viertel sollte für den Bischof (quarta episcopi), für die Kirchenerfordernisse wie Gottesdienst und Kirchenerhaltung (quarta fabricae), für die karitativen Aufgaben der Kirche (quarta pauperum) und für den Unterhalt des Klerus (quarta cleri) verwendet werden. Aus der Festlegung der Verwendungszwecke der Kircheneinkünfte entstanden in der Folgezeit eigene Stiftungspersönlichkeiten: Aus der quarta pauperum wurde die ortskirchliche Wohltätigkeitsstiftung, aus der quarta fabricae die Kirchenstiftung und aus der quarta cleri die Pfründestiftung[1]. Wurde früher eine Kirche gegründet, so bedurfte es zumindest der Stiftung zweier verschiedener Vermögensmassen (meist Stiftung von Grund und Boden): der Kirchenstiftung zum Bau und Unterhalt der kirchlichen Gebäude und der Pfründestiftung (beneficium) zum Unterhalt des Geistlichen. Daß sich das kanonisch-rechtliche System von ortskirchlichen und Pfründestiftungen auch im evangelischen Bereich erhalten hat, erklärt sich daraus, daß die Kirchen*gemeinde* bis zur Wende vom 18. zum 19. Jahrhundert als zwar räumlich abgegrenzte, aber rein geistliche Gemeinschaft galt, welche noch keine eigene Rechtspersönlichkeit hatte. Ihr fehlte also die Befugnis, Trägerin von Rechten, insbesondere von Vermögensrechten zu sein. Als Vermögenssubjekt wurde die Kirchengemeinde erstmalig durch das Allgemeine Preußische Landrecht von 1794 anerkannt. In Bayern erhielten die Kirchengemeinden die Eigenschaft von Vermögensrechtsträgern erst durch das Revidierte Gemeindeedikt von 1834, als für die Verwaltung des Kirchenvermögens[2] »jeder Confession und Parochie« eigene Kirchenverwaltungen gebildet wurden und damit die vorher eingeführte kommunale Verwaltung kirchlichen Vermögens aufgehoben und nunmehr eigenen kirchlichen Organen übertragen wurde.

Bis 1806 stand das Vermögen der Kirchenstiftungen (frühere Bezeichnungen: »Heiliger«, »Gotteshaus«, »Kirchenfabrik«) unter eigener kirchlicher Verwaltung, die von Laien wahrgenommen wurde (»Heiligenmeister«, »Gotteshauspfleger«, »Kirchen-«, »Stiftungs-«, oder »Fabrikpfleger«). 1806 wurde nach französischem Vorbild das gesamte Stiftungsvermögen (also auch das Kirchenvermögen) und das Vermögen der politischen Gemeinden einer zentralen staatlichen Stiftungsverwaltung unterstellt. 1817 wurde diese Verstaatlichung der Kommunal- und Stiftungsverwaltung aufgehoben. Die politischen Gemeinden durften ihr Vermögen wieder

1) *Meurer,* Pfründerecht S. 3; vgl. auch *H.-P. Hübner,* Pfarrer in der Sozialversicherung, Jus Eccl. Bd. 43, Tübingen 1992, S. 11.

2) Gemeint war damit in erster Linie das Kirchenstiftungsvermögen, nicht das Pfründegut, vgl. *Meurer,* Kirchenstiftungsrecht S. 19.

selbst verwalten, erhielten aber gleichzeitig die Verwaltung des örtlichen Kirchenvermögens und der weltlichen Ortsstiftungen übertragen. Ein gewisser Einfluß des Ortspfarrers bestand zwar, aber erst 1834 kam es wieder zu einer eigenen kirchlichen Verwaltung des Kirchenvermögens[3].

Die durch das Revidierte Gemeindeedikt 1834 gebildeten Kirchenverwaltungen, denen der Pfarrer, ein gemeindlicher Abgeordneter und mehrere gewählte Mitglieder der Kirchengemeinde angehörten, verwalteten nicht nur das Vermögen der Kirchen*stiftung* und der örtlichen Kultusstiftungen. Sie galten fortan auch als Vertretungsorgan der jetzt mit Selbstverwaltung ausgestatteten Kirchen*gemeinde,* selbst wenn diese die Eigenschaft einer eigenen Rechtspersönlichkeit förmlich erst sehr viel später erhalten sollte[4]. Die Kirchenverwaltung blieb auch nach der 1850 erfolgten Einführung von Kirchenvorständen Vertretungsorgan von Kirchenstiftung und Kirchengemeinde, da Kirchenvorstände nur für die rein kirchlich-geistlichen Angelegenheiten zuständig waren[5]. Erst nach dem Zusammenbruch des landesherrlichen Kirchenregiments wurden die Kirchenvorstände zu Vertretungsorganen der Kirchengemeinde sowohl in geistlicher als auch vermögensrechtlicher Hinsicht (Kirchliche Notverordnung vom 31.12.1921, KABl 1922, S. 3). Sie vertraten also auch die von den Kirchengemeinden rechtlich unverändert getrennten ortskirchlichen Stiftungen, fungierten insoweit aber bis zum Inkrafttreten der KGO von 1964 in der Eigenschaft als *RS 300* Kirchenverwaltungen. Erst mit dieser KGO wurde die Trennung von Kirchenverwaltung und Kirchenvorstand ganz aufgehoben (vgl. auch KGO § 127).

Durch die allmähliche Ausbildung der eigenen Rechtsfähigkeit der Kirchengemeinden und die Erschließung eigener kirchengemeindlicher Finanzierungsquellen sind daher im Bereich der Kirchengemeinden mehrere Vermögensmassen zu unterscheiden: Das Kirchengemeindevermögen, das ortskirchliche Stiftungsvermögen (Kirchenstiftung und besondere Kultusstiftungen) und das Pfründevermögen (Pfründestiftung). Das Kirchengemeindevermögen und das ortskirch-

3) Einzelheiten bei *Meurer,* Kirchenstiftungsrecht S. 12 ff.

4) Die Frage, inwieweit die Kirchengemeinde durch die Gesetzgebung von 1834 als eigenes Rechtssubjekt anerkannt worden ist, ist eine alte Streitfrage, vgl. hierzu z. B. *Meurer,* Kirchenstiftungsrecht S. 75 ff. einerseits und *M. v. Seydel,* Bayerisches Staatsrecht, 2. Aufl. Freiburg 1896, Bd. 3, S. 579 ff. und *Grundmann,* Die Kirchengemeinde und das kirchliche Vermögensrecht, in *ders.,* Ges. Abhandlungen, S. 177 ff., andererseits, jew. m. w. N. Zumindest in der Praxis – das zeigt eine Fülle von Archivstudien – sind die Kirchengemeinden nicht nur als Subjekt des Kirchenvermögens, sondern auch als selbständige Korporationen behandelt worden. 1869 regelte dann die neue Gemeindeordnung, daß die Kirchenverwaltungen die Kirchengemeinden »in allen rechtlichen Beziehungen vertreten«. In rechtsförmlich klarer Weise bestimmte allerdings erst die (staatliche) KGO von 1912, daß den Kirchengemeinden eigene Rechtsfähigkeit zukommt. Vgl. hierzu auch *G.-A. Vischer,* Aufbau, Organisation und Recht der ELKiB, Bd. 1, München 1953, S. 130.

5) Vgl. im katholischen Bereich heute noch die unterschiedlichen Zuständigkeiten von Kirchenverwaltung und Pfarrgemeinderat.

liche Stiftungsvermögen werden wegen der sich deckenden Zwecke (vgl. u. 2.) zum Ortskirchenvermögen zusammengefaßt (KGO § 63)[6].

2. Ortskirchliche Stiftungen

Stiftungszweck der ortskirchlichen Stiftungen, und damit vor allem der Kirchenstiftungen, da besondere Kultusstiftungen kaum bestehen, ist seit altersher[7] die Befriedigung der sog. Ortskirchenbedürfnisse. Zu den Ortskirchenbedürfnissen gehören die finanziellen Aufwendungen für den Gottesdienst, die Seelsorge und die Vermögensverwaltung. Im einzelnen sind hier u. a. zu zählen die Herstellung und Unterhaltung der Kirche sowie der Gebäude für die Geistlichen und, soweit dies bisher üblich war, für sonstige kirchliche Mitarbeiter, die Unterhaltung bestehender Friedhöfe, die Beschaffung und Erhaltung der inneren Einrichtung der Kirche, die Bereitstellung des sonstigen sächlichen Bedarfs für Zwecke des Gottesdienstes und der Seelsorge, die Aufbringung des Personalaufwands für den Kirchner- und Kirchenmusikerdienst sowie für die pfarramtliche Geschäftsführung (KGO § 77 Abs. 2)[8]. Besondere Verpflichtungen Dritter (z. B. des Staates, einer politischen Gemeinde oder eines Patrons) zur Erfüllung von ortskirchlichen Bedürfnissen bleiben unberührt (KGO § 77 Abs. 3).

Die gleiche Verpflichtung zur Befriedigung der ortskirchlichen Bedürfnisse, wie sie der Kirchenstiftung obliegt, trifft auch die Kirchengemeinde. Dies folgt daraus, daß heute die Kirchengemeinden im Gegensatz zu früher mit eigener Rechtspersönlichkeit ausgestattet sind (vgl. o. 1.) und daher rein rechtlich dieselben vermögensrechtlichen Aufgaben erfüllen können wie die Kirchenstiftungen. In den Fällen, in denen eine Kirchenstiftung neben der Kirchengemeinde noch besteht, sind die Ortskirchenbedürfnisse zuerst aus dem Ertrag des ortskirchlichen Stiftungsvermögens zu decken; die Kirchengemeinde hat mit ihren Mitteln nur subsidiär für diese Bedürfnisse aufzukommen, wenn und soweit der Ertrag des primär leistungspflichtigen ortskirchlichen Stiftungsvermögens nicht ausreicht und auch keine Verpflichtungen Dritter bestehen (KGO § 78 Abs. 1). Tatsächlich sind die Kirchenstiftungen, die ihr Vermögen einmal durch die nach der Revolution von 1848 erfolgte Ablösung von Grundlasten, Zehnten und weiteren Berechtigungen und zum anderen infolge der wirtschaftlichen Entwicklung

6) Zur Verwaltung o. § 49.
7) Vgl. o. 1. Wandlung der quarta fabricae zur Kirchenstiftung.
8) Vgl. auch *Vischer,* Aufbau, Organisation und Recht der ELKiB, Bd. 2, München 1956, S. 36.

nach dem 1. Weltkrieg weitgehend verloren haben, nicht mehr in der Lage, ihre Aufgaben entsprechend dem Stiftungszweck wahrzunehmen. Vor allem sind im Vergleich zu ihnen die Kirchengemeinden vermögensmäßig erheblich besser gestellt, da sie das Besteuerungsrecht (Kirchgeld) haben und über den landeskirchlichen Finanzausgleich am landeskirchlichen Steueraufkommen beteiligt sind. Für Kirchenstiftungen besteht daher angesichts dieser veränderten rechtlichen und gesellschaftlichen Bedingungen an sich kein Bedürfnis mehr. Weil die Kirche es sich nicht leisten kann, »Kirchenstiftungen nur aus archivalischen Gründen aufrechtzuerhalten«[9], ist in KGO § 64 Abs. 1 S. 1 der Programmsatz niedergelegt: »Die Kirchenstiftungen sind aufzuheben, neue Kirchenstiftungen werden nicht mehr errichtet.«

Von der Aufhebung einer Kirchenstiftung ist allerdings dann abzusehen, wenn Ansprüche gegen Dritte bestehen, die durch die Aufhebung gefährdet werden, insbesondere bei primärer und subsidiärer Baupflicht des Staates oder politischer Gemeinden (KGO § 64 Abs. 1 S. 2 i. V. m. § 1 der VO über die Aufhebung von Kirchenstiftungen)[10]. Diese Verpflichtungen bestehen nämlich regelmäßig ebenfalls subsidiär nach der primär verpflichteten Kirchenstiftung. Es kommt daher auf die Leistungsfähigkeit bzw. -unfähigkeit der Kirchen*stiftung,* nicht der Kirchen*gemeinde* an[11].

Wegen der einen erheblichen Verwaltungsaufwand verursachenden doppelten Rechnungsführung (Rechnung der Kirchenstiftung und der Kirchengemeinde) wurde für *Staatsbaulasten* eine Vereinbarung abgeschlossen, die die pauschale Abgeltung der den primär baupflichtigen Kirchenstiftungen im Rahmen ihrer Leistungsfähigkeit obliegenden Verpflichtungen regelt[12]. Während der Laufzeit dieser Vereinbarung entfällt die Aufstellung getrennter Haushaltspläne und Rechnungen für Kirchenstiftungen und Kirchengemeinden. Für *kommunale* Baulastverpflichtungen gilt diese Vereinbarung jedoch nicht, so daß in diesen Fällen die jeweilige Leistungsunfähigkeit der Kirchenstiftung nachzuweisen ist, es sei denn, es ist eine entsprechende Anwendung dieser Vereinbarung verabredet worden.

9) *W. Hofmann,* Die Rechtstellung der kirchlichen Stiftungen, S. 334.

10) Vgl. VO über die Aufhebung der Kirchenstiftungen vom 22.11.1965 (KABl S. 193; abgedruckt auch als Fn. 1 zu KGO § 64 in RS 300).
Die ELKiB hat im übrigen bereits seit 1940 davon Abstand genommen, neue Kirchenstiftungen zu errichten (*Vischer,* Aufbau, Organisation und Recht der ELKiB, Bd. 2, S. 35). Vgl. hierzu auch *Grundmann,* Die Kirchengemeinde und das kirchliche Vermögensrecht, Ges. Abhandlungen S. 182 f.; *Witzmann,* Gliederung und Verwaltung des örtlichen Kirchenvermögens der ELKiB, ZevKR 21 (1976) S. 197.

11) Hierzu näher o. § 49.4 (S. 451).

12) Vereinbarung über die staatliche Baupflicht an Kultusgebäuden vom 3.12.1984 (KABl S. 364, RS 403).

Für ortskirchliche Stiftungen gelten allein die Bestimmungen der KGO, nicht die des KirchlStG (KGO § 133 Abs. 2 Nr. 4). Soweit nicht besondere Stiftungsorgane bestehen, obliegt die Verwaltung und Vertretung des ortskirchlichen Stiftungsvermögens den Kirchenvorständen (KGO § 22 Abs. 4 i. V. m. § 63 Abs. 1 S. 2 und Abs. 2; vgl. ferner § 127).

3. Pfründestiftungen

Die Pfründestiftungen bildeten bis in das 19. Jahrhundert hinein die ausschließliche Grundlage der Pfarrbesoldung. Aus den gleichen Gründen wie bei der Kirchenstiftung verlor auch das Pfründewesen an Bedeutung[13]. Die so erheblich geschwächten Pfarrpfründen waren fortan nicht mehr in der Lage, den Pfarrern und ihren Familien eine einigermaßen sichere und ausreichende Existenzgrundlage zu verschaffen. Zunächst trat der Staat helfend ein, um diese Verluste auszugleichen. In den Fällen, in denen das Pfründeaufkommen das für die Geistlichen festgesetzte Mindesteinkommen (Congrua) nicht erreichte, übernahm er den Differenzbetrag.

Heute werden die Mittel für die Pfarrbesoldung ganz überwiegend aus den Kirchensteuereinkünften erbracht; der Anteil der Pfründen an der Pfarrbesoldung beträgt nur noch 2 Prozent. Gleichwohl ist das Pfründevermögen als ein Teil des Grundstockvermögens der Kirche nicht bedeutungslos. Weil die Pfründestiftung ein im Verhältnis zum ortskirchlichen Stiftungsvermögen und dem Kirchengemeindevermögen selbständiges Vermögen mit eigener Rechtspersönlichkeit ist, dessen Ertrag dem jeweiligen Inhaber eines bestimmten Kirchenamtes als Lebensunterhalt zu dienen bestimmt ist, stehen die Erträgnisse der einzelnen Pfründestiftungen ausschließlich für die Besoldung der Pfründeinhaber zur Verfügung und dürfen also nicht zur Befriedigung anderer Aufgaben verwendet werden. An dieser Rechtslage hat sich auch dadurch nichts geändert, daß die Landeskirche dem Pfarrstelleninhaber einheitliche Bezüge nach Maßgabe des Pfarrbesoldungsgesetzes (RS 550) gewährt. Das Pfründerecht ist allerdings in das landeskirchliche Besoldungsrecht einbezogen, so daß das Pfründevermögen funktionell nicht dem orts-, sondern dem landeskirchlichen Bereich zuzuordnen ist[14]. Aber auch unter dem geltenden Recht steht

13) Nach *M. Simon,* Evangelische Kirchengeschichte, 2. Aufl. Nürnberg 1952, S. 613 blieb nach der Zehnt- und Grundlastenablösegesetzgebung nach 1848 von den bisher aus einer Pfarrpfründe erzielbaren Einkünften nur mehr ein Achtel übrig. Vgl. auch *Hübner* a.a.O. (Fn. 1), S. 21 ff.

14) *Witzmann,* Gliederung und Verwaltung des örtlichen Kirchenvermögens der ELKiB, S. 197.

der Pfründeertrag unmittelbar dem Pfarrer zu und ist Bestandteil seiner Besoldung. Weil seine Dienstbezüge in Höhe der Pfründeerträgnisse als Vorschuß gelten, müssen deshalb die Erträgnisse des Pfründe- und Stelleneinkommens nach ihrem Anfall an die Landeskirche abgeführt werden (PfBesG § 36 i. V. m. ABestKirchlStG Nr. 19 Abs. 2). *RS 550* *RS 463*

Sämtliche Pfründestiftungen im Bereich der ELKiB bilden auf der Grundlage des Kirchengesetzes über die Bildung eines Pfründestiftungsverbandes vom 18.1.1935 (RS 470) einen Pfründestiftungsverband mit eigener Rechtspersönlichkeit (Körperschaft des öffentlichen Rechts). Das Vermögen der einzelnen Pfründestiftungen ist aber dadurch in seinem Sonderbestand nicht berührt worden. Der Pfründestiftungsverband steht unter der Aufsicht des Landeskirchenrates (PfründeStVG Art. 6 Abs. 1 S. 1). *RS 470*

Der Pfründestiftungsverband vertritt die angeschlossenen Pfründen in den Angelegenheiten des von ihm verwalteten Vermögens gerichtlich und außergerichtlich als deren gesetzlicher Vertreter (PfründeStVG Art. 4 Abs. 1). Örtlicher Vertreter der Pfründestiftung ist der Inhaber der Pfarrstelle (PfründeStVG Art. 1 Abs. 1 S. 2). Zusammen mit den übrigen Vertretern des Kirchenvorstands obliegt es ihm, für die Sicherung und gute Bewirtschaftung des Pfründevermögens besorgt zu sein und zu diesem Zweck den Pfründestiftungsverband zu beraten (KGO § 22 Abs. 2 Nr. 6). Im übrigen ist die Kirchengemeinde nur noch beschränkt zuständig für die Verwaltung der Pfründe, nämlich für die Verwaltung der Pfarrhäuser einschließlich der Hofräume, Nebengebäude und der beim Pfarranwesen gelegenen Pfarrhausgärten (PfründeStVG Art. 3 Abs. 2).

Literatur

S. Grundmann, Die Kirchengemeinde und das kirchliche Vermögensrecht, in: Staatsverfassung und Kirchenordnung, Festgabe für Rudolf Smend zum 80. Geb., Tübingen 1962, S. 309 ff. = *ders.,* Abhandlungen zum Kirchenrecht, Köln-Wien 1969 S. 177 ff.; *W. Hofmann,* Die Rechtsstellung der kirchlichen Stiftungen unter besonderer Berücksichtigung ihres Verhältnisses zu Staat und Kirche, ZevKR 12 (1966/67) S. 313 ff.; *Chr. Meurer,* Kirchliches Vermögensrecht, Bd. 1: Bayerisches Kirchenstiftungsrecht, Stuttgart 1899 und Bd. 2: Bayerisches Pfründerecht, Stuttgart 1901; *W. Müller,* Zur Rechtsstellung der selbständigen örtlichen Kirchen- und Pfarrvermögen unter besonderer Berücksichtigung der Kirchen- und Pfründestiftungen der ELKiB, ZevKR 8 (1961/62) S. 360 ff.; *F. Witzmann,* Gliederung und Verwaltung des örtlichen Kirchenvermögens der ELKiB, ZevKR 21 (1976) S. 197 ff.

§ 57
Sonstige kirchliche Stiftungen

Zu den sonstigen kirchlichen Stiftungen, die ebenfalls überwiegend religiösen Zwecken dienen müssen[1], gehören insbesondere Stiftungen von Einrichtungen und Werken der Inneren Mission, die ohne Änderung ihrer rechtlichen Selbständigkeit im Landesverband der Inneren Mission der ELKiB (Diakonisches Werk) zusammengeschlossen sind (KirchlStG § 1 Buchst. c i. V. m. ABestKirchlStG Nr. 1 Abs. 1 Buchst. c). *RS 462, 463*

Neben den schon erwähnten Wohltätigkeitsstiftungen gibt es vor allem auf dem Erziehungs- und Bildungssektor eine Anzahl kirchlicher Stiftungen. In diesem Zusammenhang seien genannt:
- die Anna-Barbara-von-Stettenschen-Stiftungen in Augsburg (Realschule und Gymnasium)[2]
- die Jakob-Ellrod-Stiftung in Gefrees (Ganztags-Realschule)[3]
- die Friedrich-Oberlin-Stiftung in München (Fachoberschule)[4]
- die Evangelische Erziehungsstiftung Ortenburg[5]
- die Evangelische Stiftung Marienberg in Schwarzenbach a. d. Saale (Sonderschule)[5]
- die Christian-von-Bomhard-Stiftung in Uffenheim (Realschule, Gymnasium und Fachoberschule)[6]
- die Evangelische Erziehungsstiftung in Nürnberg (Fachhochschule für Sozialarbeit und Sozialpädagogik)[7]

Erwähnenswert sind ferner die Evangelische Schulstiftung in Bayern mit Sitz in Nürnberg, die im Interesse der Sicherung des Fortbestandes des evangelischen Schulwesens die Zusammenarbeit zwischen den einzelnen Einrichtungen und Schulträgern fördern soll, kirchliche Stipendienstiftungen wie z. B. die Elisabeth Krauß'sche Stipendienstiftung in Nürnberg[8] und die Evang.-Luth. Missionsstiftung München.

1) Hierzu bereits o. § 55.2 (S. 486).
2) Vgl. *Fritsch,* Stettensche Stiftungen Augsburg, S. 122 f.
3) Vgl. *Krag,* Evangelische Erziehungsstiftungen Bd. 3, S. 183.
4) Vgl. *Krag,* Evangelische Erziehungsstiftungen Bd. 2, S. 202.
5) Vgl. *Krag,* Evangelische Erziehungsstiftungen Bd. 2, S. 200.
6) Vgl. *Krag,* Evangelische Erziehungsstiftungen Bd. 3, S. 180 f.
7) Vgl. *Krag,* Evangelische Erziehungsstiftungen Bd. 2, S. 201.
8) Vgl. *Endres,* Die Elisabeth Krauß'sche Studienstiftung in Nürnberg (1939–1923), in: Festschrift für Gerd Zimmermann, Berichte d. Hist. Vereins Bamberg 120, Bamberg 1984, S. 601 ff.

Literatur

J. Fritsch, Die Anna-Barbara-von-Stettenschen-Stiftungen in Augsburg, in: *F. Rüth/R. Hauer/W. von Pölnitz-Egloffstein* (Hrsg.), Lebensbilder Deutscher Stiftungen, Bd. 3, Tübingen 1974, S. 117 ff.; *H. Krag,* Evangelische Erziehungsstiftungen in Bayern, in: *Berndl/Weyher/von Pölnitz-Egloffstein* (Hrsg.), Lebensbilder Deutscher Stiftungen, Bd. 2, Tübingen 1971, S. 197 ff. und Bd. 3, Tübingen 1974, S. 179 ff.

4. Abschnitt:
Landeskirchliche Einrichtungen und Dienststellen (mit Diakonie, Mission, Ökumene)

§ 58
Überblick über Aufgaben, Rechtsformen und Integration in die Kirche

1. **Jede Kirchengemeinde** hat nicht nur »für die Verkündigung des Evangeliums in Wort und Sakrament zu sorgen ... und die kirchliche Unterweisung zu fördern«. Ihr gilt ebenso der diakonische und der missionarische Auftrag der Kirche (KVerf Art. 19 Abs. 3). Sie hat dazu »die Erkenntnis der diakonischen und missionarischen Aufgabe in der Gemeinde zu vertiefen, die Arbeitskreise, Werke und Anstalten zu unterstützen, insbesondere christliche Liebestätigkeit und Gemeindediakonie, Männer-, Frauen- und Jugendarbeit, Eltern- und Familiendienst, kirchliche Sozialarbeit, Kirchenmusik, Volksmission, Ökumene, Äußere Mission und Diasporafürsorge zu fördern« (KGO § 21 Nr. 8). Es liegt auf der Hand, daß nicht jede einzelne Kirchengemeinde diesem (und darüber hinaus dem) **umfassenden Aufgabenkatalog** (der §§ 21 f. KGO) in jeder Hinsicht gerecht werden kann. Deshalb treten neben die Kirchengemeinden, die Gesamtkirchengemeinden und die Dekanatsbezirke in der ELKiB »ihre sonstigen Körperschaften, ihre Anstalten und Stiftungen sowie ihre Ämter, Werke und Dienste«, die zusammen mit den Kirchengemeinden und Dekanatsbezirken »eine innere und äußere Einheit« – die ELKiB – bilden (KVerf Art. 2 S. 1). »In dieser Einheit haben sie die zur Erfüllung ihrer besonderen Aufgaben notwendige Eigenverantwortung und Freiheit, die durch die kirchlichen Ordnungen gesichert und begrenzt werden« (KVerf Art. 2 S. 2).

Einen Einblick in die Vielfalt der Dienste in der ELKiB gab *Hanselmann* in seinem Bischofsbericht auf der Landessynode in Schweinfurt im November 1992, unter anderem in Verhandlungen der ELKiB ... S. 14–34, 107–111.

Gerade in einer Zeit der Pluralität bedarf die **Arbeit der Kirchengemeinden** der **Ergänzung durch »besondere Arbeitsbereiche« und** *RS 1* **»besondere Arbeitsformen der Kirche«**, in denen sich auch die Gemeinde Jesu Christi verwirklicht (Art. 36). Zu diesen besonderen Arbeitsbereichen gehören insbesondere die Diakonie (siehe unter § 59, S. 502 ff.), die sich »vorbeugend, beratend und helfend« »in Wort und Tat menschlicher Not in zeitgemäßer Weise« annimmt, sowie die Weltmission und die ökumenische Arbeit (siehe unter § 60, S. 509 ff., Art. 37 Abs. 1 und 2). Daneben hat die Kirche Aufgaben »auch in Diensten an verschiedenen Gruppen der Gesellschaft und im Bereich der Erziehung, Bildung und Öffentlichkeitsarbeit« (Art. 37 Abs. 3; siehe unter § 61, S. 513 ff.). In der Verfassung sind nur das Diakonische Werk (Art. 38 Abs. 3), das Landeskirchenamt (Art. 68) und – unter der Sammelbezeichnung »nachgeordnete kirchliche Verwaltungsämter« – die Landeskirchenstelle (Art. 69) ausdrücklich erwähnt.

2. Die **rechtliche Form** dieser besonderen kirchlichen Arbeitsbereiche ist sehr unterschiedlich (vgl. KVerf Art. 38 Abs. 1: Es »bestehen besondere rechtlich selbständige oder nichtselbständige Ämter, Werke und Dienste«; vgl. auch die Satzung des DW § 1: »Vereine, Körperschaften, Stiftungen, Fachverbände und Arbeitsgemeinschaften«). Ein besonderes Maß an Selbständigkeit wird jedoch den missionarischen Werken und dem diakonischen Werk zugestanden, natürlich nur »im Rahmen der kirchlichen Ordnungen« (Art. 38 Abs. 3).

a) Rechtlich selbständig – also eigenständige juristische Personen (vergleiche dazu o. § 4, 3.b) unter »Beachte«, S. 48 f.) sind das »Diakonische Werk der ELKiB – Landesverband der Inneren Mission – e.V.« und die in ihm zusammengeschlossenen Rechtsträger (Satzung für das Diakonische Werk der ELKiB – ... – e.V., §1). Während das DW ein privatrechtlicher Verein ist, sind 544 der insgesamt ca. 1100–1200 angeschlossenen Rechtsträger Körperschaften des öffentlichen Rechts; 21 sind Stiftungen (von denen die Mehrzahl solche des öffentlichen Rechts sind).

b) Im übrigen werden Werke der ELKiB zum Teil als **Anstalten** (Missionswerk und Archiv), zum Teil als **Einrichtungen** (Augustana-Hochschule, Amt für Gemeindedienst und Gemeindeakademie, Kirchenmusik, Evangelische Akademie und Kirchensteuerämter) bezeichnet. Für andere ist in den entsprechenden Kirchengesetzen nur vermerkt, daß sie der **Aufsicht** des LKR **unterstehen** und ähnliches (zum Beispiel Amt für Jugendarbeit der ELKiB, Religionspädagogisches Zentrum, Pastoralkolleg). Das Rechnungsprüfungsamt ist eine »**Dienststelle** der ELKiB« (womit es im Rahmen des vom Gesetz gelassenen Freiraums dem Landeskirchenrat untersteht, Art. 65 Abs. 2 Nr. 9). Andere Dienststellen existieren nur aufgrund einer Bekanntmachung (Amt für Industrie- und Sozialarbeit) oder sind nur im Haushaltsplan erwähnt (Predigerseminare[1]; vergleiche aber Vorbereitungsdienstgesetz § 6 Abs. 4, § 11 Abs. 2 und 3 S. 2 HS 2). Das Landeskirchenamt schließlich ist dem Landeskirchenrat zur Führung der Geschäfte »zugeordnet« (KVerf Art. 68).

1) Nur das Predigerseminar Nürnberg wurde seinerzeit durch Kirchengesetz vom 18.8.1932 errichtet (KABl S. 219).

c) In jedem Fall muß die Landessynode »der **Errichtung** von Ämtern und Einrichtungen der ELKiB zustimmen« (Art. 42 Abs. 2 Nr. 5) – ebenso natürlich ihrer **Auflösung** (auch wenn das nicht ausdrücklich ausgesprochen ist).

3. Dieser kurze Überblick zeigt deutlich, daß der rechtlichen Gestaltung im Einzelfall offensichtlich keine einheitlichen Überlegungen zugrunde liegen. Alle aber stehen »unter dem Schutz und der Fürsorge der ELKiB« und sind »den Leitungsorganen verantwortlich« (Art. 38 Abs. 2). Nur durch diese Integration in den Bereich der »verfaßten« Kirche nehmen sie an der Autonomie der Kirche in ihrem Bereich, an dem Selbstverwaltungsrecht der Kirche teil, ohne daß es auf die Rechtsform, die rechtliche Ausgestaltung im einzelnen, ankäme (BVerfG E 70/138, 162-164 unter Bezugnahme auf die früheren Entscheidungen E 24, 236/247; 46, 73/85–87; 53, 366/391, 398 f.; 57, 220/242 f.).

Literatur

W. Thieme, Kirchliche Werke, EvStL Sp. 3966–3970.

Hinweise auf die einzelnen Rechtsträger und auf ihre einzelnen Arbeitsbereiche gibt übersichtlich der jährlich erscheinende Pfarramtskalender, Hrsg.: Verband der evangelischen Pfarrvereine in Deutschland, bearbeitet von *H. Medicus,* Verlagsdruckerei Schmidt GmbH, Neustadt/Aisch.

§ 59
Das Diakonische Werk

1. **a)** Das größte Maß an Selbständigkeit[1] haben das Diakonische Werk und (auch diesem gegenüber) die ihm angeschlossenen diakonischen Einrichtungen, Vereinigungen usw.[2]. Das hat nicht nur mit der Entstehungsgeschichte zu tun, weil im letzten Jahrhundert, unter dem »Summepiskopat« des bayerischen Königs, die Kirche auf den inneren Verkündigungsbereich beschränkt war und sich deshalb Christen außerhalb der (verfaßten) Kirche zusammenschließen mußten, um Notleidenden ihrem Glauben gemäß helfen zu können. Die **Selbständigkeit** ist auch heute **notwendig**, weil die Herausforderungen an das diakonische Handeln der Kirche sich wandeln, neue Anforderungen hinzukommen, andere Aufgaben vom Staat aufgegriffen und auch übernommen werden, weshalb die Diakonie »die Erfüllung ihrer Aufgaben notwendige Beweglichkeit und Freiheit in Aufbau und Verwaltung« haben muß (Kirchengesetz über die Innere Mission in Bayern Art. 2 – RS 860). Diese Freiheit bedeutet nicht eine Freiheit von der Kirche; denn die Innere Mission »ist eine **notwendige Lebensäußerung der Kirche**. Als ihr Werk ist sie darum an ihr Bekenntnis gebunden und ihrer Leitung verantwortlich« (Art. 1). Innere Mission und damit Diakonie ist also nicht einfach Sozialarbeit, sondern die **Tätigkeit im sozialen Bereich**, die ihren Grund in der Erfüllung des **Auftrags der Kirche** hat. Sie ist immer zugleich Verkündigung (wenn auch nicht notwendigerweise mit vielen Worten) und Mission (wenn auch ohne Bekehrung mit Zwang oder Druck).

Wegen der umfassenden **Aufgaben des Diakonischen Werks** vgl. § 4 Abs. 2 der Satzung für das DW der ELKiB – RS 864, vor allem das »insbesondere« in Abs. 2[3]. Entsprechende Verpflichtungen der Mitglieder sind dort in § 8 Abs. 2 festgelegt (wegen der Rechte siehe § 8 Abs. 1). Alle Werke und Einrichtungen der Inneren Mission unterstehen der **Aufsicht des Landeskirchenrates**, wenn diese auch in der Regel durch die Organe des Landesverbandes ausgeübt wird (DV zum IMG § 4 – RS 862).

b) Das DW ist **zugleich ein »Spitzenverband der Freien Wohlfahrtspflege«** und hat als solcher vielerlei Rechte und Pflichten dem Staat gegenüber. Man spricht deshalb oft von einer »Doppelfunktion« des DW, trifft damit aber nicht den Kern des diakonischen Dienstes

1) Ein besonderes Problem ist deshalb auch die »Kirchliche Rechtsetzung im diakonischen Bereich«; vgl. eingehend *Christoph,* ZevKR 34 (1989), S. 406 bis 435.
2) 1988 waren es 1132 Mitglieder.
3) Wegen der Bedeutung des Wortes »insbesondere« s. u. »Beachte« § 28, 1, S. 291.

der Kirche und verkennt auch die Funktion des Staates, die dieser nach dem Grundgesetz hat und die sich daraus ergebende Stellung der Kirchen in diesem Staat.

Das DW ist uneingeschränkt eine »Lebensäußerung der Kirche« (IMG Art. 1 S. 1 i. V. m. Erklärung der Landessynode vom 16.05.1947 – RS 861, besonders Abs. 2 S. 2, und Satzung DW § 2 Abs. 1); es erfüllt in seinem Bereich deren Auftrag (mit) (KVerf Art. 1 Abs. 1, 37 Abs. 2, 38 Abs. 3 S. 3). Der weltanschaulich neutrale Staat bedient sich (im Rahmen des Subsidiaritätsprinzips[4]) der sozialen Dienste des DW zur Erfüllung eigener Aufgaben, ohne dadurch Einfluß auf die religiöse Prägung der Arbeit des DW zu nehmen, ja nach dem GG nehmen zu können. Leider wird in Unkenntnis der vom BVerfG anerkannten besonderen Stellung von Kirche und Diakonie in unserem Staat[5] – immer wieder versucht, über Zuschußrichtlinien Einfluß auf die Arbeit des DW und die Stellung seiner Mitarbeiter zu nehmen[6]. Tatsächlich hat der Staat zwar das Recht, Zuschüsse auf ein von ihm festgesetztes Maß zu begrenzen. Er kann aber Zuschüsse nicht deshalb verweigern, weil die Kirche mehr Mitarbeiter oder Mitarbeiter unter besseren Bedingungen in einen bestimmten, ihr besonders wichtigen Bereich einsetzt, als es der Staat für erforderlich hält[7], oder ähnliche Leistungen auf dieser Rechtsgrundlage erbringt[8].

2. Das nähere über **Aufbau und Organisation** ist in einer Satzung geregelt (DiaKWerkSatzg i. d. F. vom 20.07.1993, KABl S. 290, RS 864).

a) »Ordentliche Mitglieder des Diakonischen Werkes können alle Vereine, Körperschaften, Stiftungen, Fachverbände und Arbeitsgemeinschaften mit diakonischer Zielsetzung werden, die die bekenntnismäßige Grundlage der Evangelisch-Lutherischen Kirche in Bayern teilen, wenn deren Satzungen sowie deren tatsächliche Geschäftsführung den Durchführungsbestimmungen zum Kirchengesetz für die Innere Mission vom 16. Mai 1947 in der jeweils gültigen Fassung *RS 864*

4) Vergleiche dazu *Herzog*, Subsidiaritätsprinzip, EvStL Sp. 3564 bis 3571.
5) Vergleiche BVerfG oben § 13 II Nr. 5 bis 8 und besonders III Nr. 12, S. 162 f. u. 164 f.
6) Vergleiche aus dem Wort der *Landessynode* zur Diakonie der Kirche in unserer Gesellschaft vom 20.04.1989, KABl S. 135 und Nachrichten 1989 H. 9, S. 179, besonders Ziffer 2.
7) Noch günstiger für die Wohlfahrtsverbände *OVG Rheinland-Pfalz* vom 29.9.1987 – 7 A 7/87 – (rechtskräftig) in ZevKR 35 (1990) S. 61: Nur ein erkennbarer Mißbrauch des Trägers rechtfertigt die Kürzung von Zuschüssen auf die beim Staat übliche Höhe.
8) OVG Rheinland-Pfalz vom 17.9.1985 – 7 A 6/85 – (rechtskräftig) in ZevKR 35 (1990) S. 461 sowie *VGH Baden-Württemberg* vom 12.9.1989 – 10 S. 1175/89 – (rechtskräftig) in ZevKR 36 (1991) S. 85 und NVwZ 1990, S. 90.

entsprechen« (§ 6 Abs. 1). Mitglieder, die nach Satzung oder tatsächlicher Geschäftsführung die Voraussetzungen für eine Mitgliedschaft nicht mehr erfüllen oder den Interessen des Diakonischen Werkes oder seinen Satzungsbestimmungen zuwider handeln oder deren Mitgliedschaftspflichten nicht nachkommen (wenn Erinnerung und Mahnung nicht ausreichen), können – wohl regelmäßig nach vorausgegangenem Ruhen der Mitgliedschaftsrechte und Androhung des Ausschlusses – durch die Mitgliederversammlung ausgeschlossen werden (§ 7 Abs. 3 Buchstabe d).

Organe des DW sind Mitgliederversammlung, der Diakonische Rat und der Vorstand, der aus dem Präsidenten, dem Syndikus und einem weiteren Vorstandsmitglied besteht. (§ 14 Abs. 1).

b) *(1)* Die wesentlichen Aufgaben der **Mitgliederversammlung** sind – neben Entgegennahme des Jahresberichts und der Jahresrechnung sowie Entlastungserteilung – die Wahl der zu wählenden Mitglieder des Diakonischen Rats und die Beschlußfassung über die Aufnahme oder den Ausschluß eines Mitglieds (§ 12 Abs. 4). Die Mitgliederversammlung tritt mindestens einmal im Jahr zusammen (§ 12 Abs. 1).

(2) Das eigentliche Leistungsgremium mit Vollzugs- und Aufsichtsaufgaben – insbesondere gegenüber dem Vorstand – ist der **Diakonische Rat**, der auch den Präsidenten und die beiden anderen Vorstandsmitglieder beruft (näher § 13). Ihm gehören 19 Mitglieder an, wobei *(a)* 12 von der Mitgliederversammlung gewählt, *(b)* je ein Vertreter vom Diakoniewerk Neuendettelsau, von den Rummelsberger Anstalten, von dem Diakoniewerk Martha-Maria Nürnberg, vom Landeskirchenrat und von der Synode der Evangelisch-Lutherischen Kirche in Bayern benannt bzw. berufen wird und *(c)* 2 Personen vom Diakonischen Rat benannt werden (§ 13 Abs. 1 S. 1).

(3) Der **Vorstand** besteht aus dem (hauptamtlichen) Präsidenten, der Pfarrer der ELKiB sein muß, als 1. Vorsitzenden und dem Syndikus als 2. Vorsitzenden; ein weiteres Vorstandsmitglied kann als 3. Vorsitzender berufen werden (§ 14 Abs. 1). Die Mitglieder des Vorstands vertreten je selbständig des Diakonische Werk gerichtlich und außergerichtlich; ihre Befugnisse sind nach außen nicht beschränkt (§ 14 Abs. 3 S. 2), doch sind sie intern an Beschlüsse der Mitgliederversammlung und des Diakonischen Rats gebunden (§ 14 Abs. 3 S. 3). Das bedeutet, daß Erklärungen, die einer von ihnen abgibt, Rechtsgeschäfte, die einer von ihnen abschließt, auch dann voll rechtswirksam sind, wenn der Erklärende bzw. Handelnde gegen eine interne Wei-

sung verstößt. In diesem Fall würden jedoch interne Folgen entstehen: Der Erklärende/Handelnde hätte sich wegen einer Amtspflichtverletzung zu verantworten und würde für einen entstandenen Schaden auch persönlich haften. Die Mitglieder des Vorstands werden vom Diakonischen Rat im Einvernehmen mit dem Landeskirchenrat der ELKiB berufen (§ 14 Abs. 2 S. 1). Dem Vorstand ist eine Geschäftsstelle zugeordnet, die in Abteilungen gegliedert ist und vom Präsidenten des Diakonischen Werks geleitet wird; dieser ist auch Dienstvorgesetzter der Mitarbeiter der Geschäftsstelle (§ 15 Abs. 1)[9].

(4) **Kein Organ** des DW ist der **Fachbeirat** (§ 16), der nach der Neufassung der Satzung vom 26.7.1993 an die Stelle der Diakonischen Konferenz getreten ist (diese hatte im Unterschied zum Fachbeirat Organqualität!). Der Fachbeirat, dem neben einem Vertreter des Diakonischen Rates eine Anzahl von Vertretern der verschiedensten kirchlichen Arbeitsbereiche angehören, »berät Grundsatzfragen der diakonischen Arbeit und legt die Arbeitsergebnisse seiner Beratungen dem Vorstand und dem Diakonischen Rat zur Beschlußfassung vor« (§ 16 Abs. 3).

9) Bis zur jetzt geltenden Neufassung der DiakWerkSatzg wurde die Geschäftsstelle vom Landespfarrer geleitet; dessen Funktion ist nun mit dem Aufgabenbereich des – bisher nebenamtlichen – Präsidenten des Diakoniewerks zusammengeführt worden.

Literatur

Wort der *Landessynode* zur Diakonie der Kirche in unserer Gesellschaft a.a.O (Fn. 6); vgl. auch die (leider nicht veröffentlichten) *theologischen Leitlinien* zur Personalplanung im Bereich der Diakonie, verabschiedet am 14.9.1988 vom Gemischten Ausschuß, Az. B 130.172. Noch immer sehr beachtenswert: *Althaus,* Der theologische Ort der Diakonie, Zeitschrift für Systematische Theologie, Band XXIII, Berlin 1954, S. 289–302.
Vgl. auch Worte der Synode der EKD vom 11.11.1993, ABl. EKD 1993 S. 539 u. 543.

Diakonie in Bayern 1980/1986, und Handbuch Diakonie in Bayern (Nachschlagewerk der Träger), 1985, beide hrsg. vom *Diakonischen Werk Nürnberg; Degen-Daiber,* Diakonie im Widerspruch zur Politik der Barmherzigkeit im Sozialstaat, München 1987; *Daiber,* Die Eigenständigkeit der Diakonie, Lutherische Monatshefte 1987 H. 1 S. 28; *Flierl,* Ein Jahrhundert Diakonie in Bayern. Werk der Kirche und Wohlfahrtsverband, München 1988; *ders.,* Freie und öffentliche Wohlfahrtspflege, 2. Auflage, München 1992; *ders.,* Diakonie vor neuen Herausforderungen. Rahmenbedingungen haben sich geändert, Nachrichten 1994 H. 3 S. 46–48; *Hochhuth,* Kennzeichen D. Gemeindediakonie als Herzstück kirchlichen Handelns, DPfBl. 1992, H. 6 S. 234; *Kaiser,* Sozialer Protestantismus im 20. Jahrhundert, Beiträge zur Geschichte der Inneren Mission 1914–1945, München 1989; *Leipziger,* Die Kirche und ihre Diakonie. Eine Standortbestimmung, Nachrichten 1986 H. 3 S. 43; *ders.* (Hrsg.), Helfen in Gottes Namen. Lebensbilder aus der Geschichte der bayerischen Diakonie, München 1986; *ders.,* Liebl, In der Diakonie Kirche sehen. Überlegungen zu einem spannungsvollen Verhältnis, Nachrichten 1993 H. 18 S. 341–343; *Neukamm,* Diakonie/Diakonisches Werk, EvStL Sp. 610–618; *ders.,* Diakonie – Mitarbeiter gesucht, Nachrichten 1988 H. 5 S. 81; *ders.,* Mancher steht alleine da (aus dem Bericht DW-EKD) Nachrichten 1987 H. 22 S. 430; *Rückert,* Diakonie und Ökonomie, Verantwortung – Finanzierung – Wirtschaftlichkeit, Gütersloh 1990; *Ruhfus,* Die Gesellschaft geht auf Distanz. Von Diakonie und missionarischem Gemeindeaufbau, Lutherische Monatshefte 1988 H. 1 S. 33–38; *Seibert,* Menschen-Dienst. Stellungnahmen und Gutachten für Diakonie und Kirche, Lindenfels 1992; *Th. Strohm,* Diakonie und Sozialethik (Beiträge zur sozialen Verantwortung der Kirche, hrsg. von *Schäfer* und *Müller,* H. 6 der Veröffentlichungen des Diakoniewissenschaftlichen Instituts) Heidelberg 1993; siehe auch die Aufsätze: *Hildmann,* Diakonie und Wettbewerb; *Peters,* Kirche und diakonische Gemeinschaft; *Schwendemann,* Gottes Reich und Diakonie – alle in DPfBl. 1993 H. 2 S. 63–67; 67–73 und 60–62. **Zu den Sozialstationen im besonderen:** *Eberle,* Sozialstation in kirchlicher Trägerschaft, (Diss) Freiburg 1988; besprochen von *Stolleis* in ZevKR 35 (1990) S. 235 f.

Literatur zu einzelnen Einrichtungen (in Auswahl):

(1) **Brüderschaften, Communitäten, Gemeinschaften, Mutterhäuser u. ä.:** Allgemein: *Daur,* Die Rechtsbeziehungen zwischen der evangeli-

schen Kirche und den Communitäten, Brüderschaften und Orden, ZevKR 36 (1991) S. 229

Collegium Augustinum, München: Auszüge aus der kleinen Chronik des Collegiums Augustinum, München 1989; Wer sind wir, Jahrbuch 1989, Hrsg. *Collegium Augustinum,* München 1989

Communität Casteller Ring auf dem Schwanberg: 25 Jahre., Hrsg. von *Pfister und Halkenhäuser,* Schwanberg 1982; vergleiche auch H. 8 und 15 der Schwanberger Reihe, Schwanberg 1978–1990

Christusbruderschaft Falkenstein (nur Handzettel und Rundbriefe)

Christus-Bruderschaft Selbitz: Ein Bericht vom Werden und Auftrag, Eigenverlag 1987

Diakonissen-Mutterhaus und Diakonie-Gemeinschaft Puschendorf: Diakonie und Gemeinschaft, FS für Siegfried Wild, Hrsg. *Bogner,* Puschendorf 1988; Gottes schöne Gaben, Hrsg. *Diakonie-Gemeinschaft Puschendorf*

Evangelische **Diakonissenanstalt Augsburg** 1855–1955, Blätter der Erinnerung ..., FS, hrsg. von der *Evangelischen Diakonissenanstalt Augsburg* 1985

Evangelisch-Lutherisches **Diakoniewerk Hohenbrunn**: Solingen 1988

Evangelisch-Lutherisches Diakoniewerk Neuendettelsau: Menschen nach seinem Bild. Streiflichter aus der Arbeit des Diakonischen Werkes Neuendettelsau, Hrsg. vom *Diakoniewerk* aus Anlaß des 125jährigen Bestehens 1979; *Enzingmüller,* Entstehung und Entwicklung der Verbandsschwesternschaft, dargestellt am Beispiel Neuendettelsau, Hrsg. von der Leitung der Verbandsschwesternschaft im Evangelisch-Lutherischen Diakoniewerk Neuendettelsau 1984; zum 140jährigen Bestehen: Nr. 2 der Neuendettelsauer Chronik, 1994, Selbstverlag

Gemeinschafts-Diakonissen-Mutterhaus Hensoltshöhe: *Pagel,* Nur der Glaubensweg ist sicher. ... Schwester Anna Kolitz, erste Hausmutter der Hensoltshöhe; Ich will der Gnade des Herrn gedenken. Kurze Geschichten..., hrsg. anläßlich des 50. Jubiläums 1959, Selbstverlag; Nun danket alle Gott, hrsg. im Selbstverlag 1984 anläßlich des 75. Jubiläums

Lehmgrubener Diakonissenmutterhaus Breslau-Marktheidenfeld: *Irler.* ..., Selbstverlag des Mutterhauses Marktheidenfeld 1989; Bilder aus der Geschichte in Breslau 1869–1927, Hrsg. *Jahnke,* 2. Auflage Düsseldorf (vergriffen)

Missionsdienst für Christus in der Evangelisch-Lutherischen Kirche in Bayern e.V. Stockdorf: Ausbildung mit Herz und Charakter, Evangelisches Sonntagsblatt aus Bayern (Rothenburg) 25.3.1990; Mission unterm hellen Morgenstern, Sonntagsblatt, Evangelische Wochenzeitung für Bayern, Gemeindeblatt für München und Oberbayern, 5.10.1986

Rummelsberger Anstalten der Inneren Mission: Von der Liebe Christi getragen. Rummelsberg in Geschichte und Gegenwart, Hrsg. von den *Rummelsberger Anstalten* der Inneren Mission e.V. 1980; Hilfe – Hoffnung – Heilung, Rummelsberger Anstalten der Inneren Mission e.V., hrsg. von diesen 1987; *von Loewenich,* Brüderschaft im zweiten Jahrtausend. Erwartungen aus der Landeskirche, Rummelsberger Brüderblatt 1990 H. 1, S. 3–6; *Wehr,* Gutes tun und nicht müde werden. Ein Jahrhundert Rummelsberger Diakonie, München 1989; *ders.:* Liebe macht kreativ. Einhundert Jahre Rummelsberger Diakonie, Nachrichten 1990 H. 10 S. 191

(2) **Stadtmissionen:**

100 Jahre **Innere Mission München**, FS zum 100jährigen Jubiläum der Inneren Mission München, hrsg. vom *Verein für Innere Mission in München* e.V. 1984; ders. Hrsg. 1983: Innere Mission München, Angebot, Hilfe Dienste (2. Auflage); zur besonderen Einrichung »**Herzogsägmühle**« vgl. den Jahresbericht 1993 »dankbar sein – 100 Jahre Herzogsägmühle« (Selbstverlag)

Suchet der Stadt Bestes ..., **Stadtmission Nürnberg** e.V. 100 Jahre jung, hrsg. im Selbstverlag

Rauter, Vom Waisenhaus zum Kinderheim. 400 Jahre evangelische **Heimerziehung in Augsburg** 1572–1972, hrsg. von der Stiftung Evangelisches Waisenhaus und Klauckehaus Augsburg 1972

§ 60
Das Missionswerk und der Landesausschuß für Weltmission und Ökumene

1. Wie die Diakonie war auch die Weltmission in der Zeit, als der bayerische König der »summus episcopus« (Bischof) der ELKiB war, kein Arbeitsbereich der verfaßten Kirche. Auch hier wurden die der Kirche auf dem Gebiet der **Mission** erwachsenden Aufgaben von **privaten Gesellschaften** getragen. Es war dies zum einen die »Gesellschaft für Innere und Äußere Mission im Sinn der lutherischen Kirche e.V.«[1] in Neuendettelsau, die allerdings erst um die Jahrhundertwende auch in Franken in größerem Umfang Fuß faßte und nur langsam über die Donau vordrang. Zum anderen, vor allem im letzten Jahrhundert (ab 1838), hatte die »Evang.-Luth. Mission (Leipziger Mission) e.V.«[2] in Bayern besondere Bedeutung. Im Zug der Entwicklung der Mission von der früheren »Einbahnstraße« zur Partnerschaft mit den jungen Kirchen in der Dritten Welt ließ sich das Nebeneinander von Kirche mit ihrem Engagement in Mission, Ökumene und privaten Missionsgesellschaften nicht länger rechtfertigen. Durch das Kirchengesetz über Weltmission und ökumenische Arbeit (MissionsG) vom 13.11.1971 wurde das **Missionswerk der ELKiB** gegründet und der *RS 850* Landesausschuß für Weltmission und ökumenische Arbeit eingesetzt.

2. Als **Aufgabe der Kirche** wird in § 1 statuiert: »Die ELKiB nimmt ihre Aufgaben in der Weltmission und Ökumene wahr in Predigt, Unterricht und Gemeindearbeit, mit Gebet und Opfer der Gemeinden. Sie ruft Menschen in den missionarischen und ökumenischen Dienst, bildet sie aus und sendet sie.« Zugleich wurde ausgesprochen, daß die Aufgaben in der Weltmission nur **in Zusammenarbeit** mit anderen kirchlichen Zusammenschlüssen und Arbeitsgemeinschaften, insbesondere mit der VELKD und dem LWB und durch Beteiligung an der Arbeit des Ökumenischen Rats der Kirchen angegangen werden können (§ 2–4) und die Bildung und Arbeit von Arbeitskreisen und Gruppen voraussetzt, »die das **Interesse** an der Weltmission und Ökumene **in den Gemeinden** wecken und Aufgaben übernehmen«

1) *Görner,* Seit 150 Jahren bayer. Sendboten in alle Welt. Neuendettelsauer Mission, in Blick in die Welt (zweimonatliche Beilage der »Nachrichten«) H. III 1992; *W. Ost,* Auftrag und Weg. 120 Jahre Gesellschaft für Innere und Äußere Mission ... e.V., 1849–1967, als Manuskript gedruckt; *H. Wagner,* 150 Jahre Sendboten aus Neuendettelsau, Blick in die Welt (s. o.), H. V 1992.

2) *Moritzen,* Werkzeug Gottes in der Welt. Leipziger Mission 1836–1936–1986, Erlangen (Verlag der Evang.-Luth. Mission) 1986; vgl. auch *Jahn,* Bibel und Brot teilen in einer geteilten Welt. Das neue *Leipziger Missionswerk,* Blick in die Welt (a.a.O. Fn. 1) 1993 H. 5.

(§ 5; s. auch Richtlinien zur Förderung der Weltmission in den Dekanatsbezirken und Kirchengemeinden, abgedruckt als Fn. 1 in RS 850 S. 2). – § 6 stellt dann klar, daß die ELKiB ihre missionarischen und ökumenischen Aufgaben insbesondere[2a] (!; also nicht ausschließlich) durch den Landesausschuß für Weltmission und ökumenische Arbeit und durch das Missionswerk wahrnimmt.

3. **a)** Der **Landesausschuß** dient vor allem der Koordinierung der Aktivitäten im Bereich der ELKiB und hat dafür die Richtlinienkompetenz; er informiert die kirchenleitenden Organe, gibt ihnen Anregung und berät sie; schließlich trägt er Mitverantwortung für die auf diesem Gebiet tätigen Werke u. ä. (§ 7). Die Mitglieder werden von den kirchenleitenden Organen und von den betreffenden Vereinen und Arbeitsgemeinschaften benannt (näher § 8). Der Ausschuß tritt mindestens zweimal im Jahr zusammen (§ 9 Abs. 3).

b) *(1)* Das »**Missionswerk** der ELKiB« ist »eine landeskirchliche Anstalt« und »hat seinen Sitz in Neuendettelsau« (§ 10). Das Missionswerk führt die missionarischen Dienste der ELKiB in Südtanzania und die Missionsaufgaben der beiden genannten Gesellschaften fort[3] (§ 11 S. 1). »Weitere missionarische **Aufgaben** können« (nur; so jedenfalls nach dem Gesetzeswortlaut) »mit Zustimmung der Landessynode übernommen werden« (§ 11 S. 2). Diese klare Aufgabenbegrenzung ist im Hinblick auf die Verflechtung der Missionsarbeit in der Welt wohl nicht lupenrein durchzuführen[4]. Dennoch wird durch diese eindeutige Bestimmung klargestellt, daß die übrigen Aufgaben auf dem Gebiet der Mission und Ökumene beim Landeskirchenrat liegen (KVerf Art. 65 Abs. 2 Nr. 9). – Das Missionswerk hat zwar »im Rahmen der Gesetze und seiner Satzung die zur Erfüllung seiner Aufgaben notwendige Beweglichkeit und Freiheit«, steht aber »unter der **Aufsicht** des Landeskirchenrates« (§ 12), der – als kirchenleitendes Organ – auch Weisungen im Einzelfall erteilen kann (KVerf Art. 65 Abs. 2 Nr. 6).

(2) Das Missionswerk wird – im Gegensatz zu den meisten landeskirchlichen Einrichtungen – nicht von seinem Direktor, sondern »**von einem Kollegium geleitet**«, dem neben dem Direktor als Vorsitzendem, die Referenten des Missionswerks angehören und »dem ein Kuratorium zur Seite steht« (§ 13 Abs. 1, Abs. 2 S. 1).

2a) Zur Bedeutung des Begriffes »insbesondere« s. o. § 21,1., S. 291.

3) Es ist historisch bedingt (weil überkommene »Gesellschafts«-Aufgabe), daß der Schwerpunkt der missionarischen Tätigkeit der ELKiB, nämlich Papua-Neuguinea, im Gesetz nicht genannt wird.

4) Die Landessynode stimmte der Ausweitung der Missionstätigkeit in einzelnen Bereichen über Tanzania hinaus ausdrücklich zu. Der Umfang der Arbeit in Südamerika ist dagegen (nach der Gesetzeslage) nicht so eindeutig (überkommen ist die Arbeit in Brasilien).

(3) Das Missionswerk führt nach seiner Satzung nicht nur die oben genannten missionarischen Dienste und Aufgaben fort, es hat **auch »die Aufgabe**, den **Gemeinden** bei der Wahrnehmung ihrer missionarischen Verantwortung zu dienen, sie an der Weltmission zu beteiligen und die **Öffentlichkeit** zu unterrichten« (a.a.O. § 2 Abs. 2 S. 1). »Dies geschieht durch Missionsveranstaltungen aller Art, die Herausgabe und Verbreitung von Missionsliteratur, durch Rundbriefe und Flugschriften, Pressearbeit, Rundfunksendungen und dergleichen« (a.a.O. § 2 Abs. 2 S. 2), aber auch dadurch, daß es die »Bildung und Tätigkeit von Arbeitskreisen und Gruppen« fördert und ihre Anregungen aufnimmt (a.a.O. § 2 Abs. 3), missionarische Mitarbeiter zu gewinnen versucht und sie ausbildet. Zu diesem Zweck ist »ein Studienkolleg« (Missionskolleg, a.a.O. § 2 Abs. 4) gebildet worden. Die **Aussendung** von Mitarbeitern wird »vom Landesbischof oder einem von ihm Beauftragten in einem Gottesdienst vollzogen« (a.a.O. § 2 Abs. 5). Die Zusammenarbeit Missionsgesellschaften und ähnlichen Rechtsträgern obliegt dem Missionswerk, die Vertretung der ELKiB in den Gremien kirchlicher Zusammenschlüsse und Arbeitsgemeinschaften wird aber vom Landeskirchenrat geregelt (a.a.O. § 2 Abs. 5). *RS 851*

(4) Der **Haushaltsplan des Missionswerkes** ist ein Teil des Haushaltsplans der Allgemeinen Kirchenkasse. »Das Kollegium erstellt den Entwurf des Haushaltsplanes und Stellenplanes im Einvernehmen mit dem Kuratorium und leitet ihn nach Zustimmung des Landesausschusses rechtzeitig dem Landeskirchenrat zu«. »Die Personal- und Verwaltungskosten des Missionswerkes werden von der Allgemeinen Kirchenkasse getragen. Für die unmittelbaren Missionsaufgaben stehen dem Missionswerk das Aufkommen an Kollekten und Sammlungen für Weltmission und Einzelgaben ... sowie Zuschüsse aus Mitteln der Allgemeinen Kirchenkasse zur Verfügung« (a.a.O. § 14). Jeder, der für »die Mission« spendet, kann also sicher sein, daß sein Geld der Mission unmittelbar zugute kommt.

c) Für das **Missionskolleg** gibt es eine eigene Ordnung vom 12.8.1982 (RS 852).

Literatur

H. Bürkle, Äußere Mission, in EvStL Sp. 2156–2159; *ders.,* Missionstheologie, Stuttgart 1979; vgl. auch die grundlegende und dennoch die Teilbereiche des Missionswerks gut erfassende Darstellung im (Bayr.) *Handbuch für Kirchenvorsteher,* München 1982, vgl. auch »Teilnahme an der Mission – ein bleibender Auftrag«, *Leitlinien* für den missionarischen Dienst des Missionswerkes Bayern, Blick in die Welt H. II, 1992 (zweimonatliche Beilage der Nachrichten); *Kimirei,* Partnerschatt, quo vadis? Blick in die Welt (a.a.O.) 1993 H. 4.
Zu Brasilien: *H. Roser,* Von Bayern bis Brasilien. Die Geschichte des Martin-Luther-Vereins in Bayern, Rothenburg 1985.
Zu den Missionsgesellschaften s. o. Fn. 1 u. 2. – Vgl. auch *Bäumler,* Dienst auf dem Missionsfeld – 150 Jahre Gossner Mission, Nachrichten 1992 H. 11 S. 213.

§ 61
Die weiteren Einrichtungen und Dienststellen im Überblick

Die landeskirchlichen Einrichtungen widmen sich vor allem der Ausbildung und Fortbildung (u. 1.), der evangelischen Erwachsenenbildung im weitesten Sinn (u. 2.) und besonders wichtigen, zentral wahrzunehmenden Aufgaben in der Gemeinde-, Jugend- und Sozialarbeit (u. 3.). Weiter gibt es zahlreiche Beauftragte (u. 4.), besonders im Bereich der Seelsorge. Für Presse und Medienarbeit ist vor allem der Evangelische Presseverband in Bayern gegründet (u. 5.). Endlich sind das Landeskirchliche Archiv (u. 6.) und verschiedene Einrichtungen und Dienststellen im Bereich der Verwaltung (u. 7.) zu nennen. Es folgen dann noch einige wichtige Zusammenschlüsse (u. 8.). In fast allen genannten Bereichen wirken auch freie Träger; soweit sie größere Bedeutung für die ELKiB haben, werden sie an der entsprechenden Stelle wenigstens erwähnt.

Insgesamt gibt es natürlich viele Überschneidungen. Um solche zu vermeiden und zur Koordinierung der Arbeit wurde die **Arbeitsgemeinschaft Werke und Dienste** gegründet, die jedoch keine verbindlichen Maßnahmen treffen, sondern nur – ohne rechtliche Kompetenz – zu koordinieren versuchen, also nur beschränkt wirksam werden kann; näher u. »zu 1. bis 8.«.

1. Einrichtungen zur Aus- und Fortbildung

a) »Die **Augustana-Hochschule**[1] ist eine Einrichtung der ELKiB mit dem Sitz in Neuendettelsau. Sie gliedert sich in eine theologische Hochschule[2] in Neuendettelsau und einen staatlich anerkannten Fachhochschulstudiengang für Religionspädagogik und kirchliche Bildungsarbeit in München« (Kirchengesetz über die Augustana-Hochschule der ELKiB – *RS 880* – § 2). Das Recht der Kirchen, »ihre Geistlichen auf eigenen kirchlichen Hochschulen auszubilden und

1) *Monninger* (Hrsg.), Eine Denkstätte der Kirche. Augustana-Hochschule 1947 – 1987, München 1987 (*ders.* auch in FS zum 30jährigen Jubiläum 1977; vergriffen); *Andersen/Angermeyer*, Kontinuität im Umbruch, FS zum 25. Jahrestag des Bestehens der Augustana-Hochschule, München 1972; allgemein zum Selbstverständnis und Anspruch kirchlicher Hochschulen: DPfBl. 1992 H. 4 S. 171.

2) Näher dazu Art. 87 i.V.m. Art. 91 Abs. 1, 94 Abs. 6 und 95 des Bayer. Hochschulgesetzes v. 25.7.1988, GVBl. S. 399; aus Art. 115 a Abs. 2 ergibt sich das Recht der Augustana-Hochschule zur Promotion und Habilitation. – Im Grundgesetz fehlt eine dem Art. 150 Abs. 1 der Bayer. Verfassung entsprechende Bestimmung; inhaltlich ergibt sich jedoch das gleiche aus Art. 140 GG i.V.m. Art. 137 Abs. 3 WRV, weil »die Erziehung und Ausbildung der Geistlichen zu den eigenen Angelegenheiten der Kirche gehören« (vgl. o. § 8, 3 b, S. 103, u. § 11, 4, S. 131).

fortzubilden«, ist in Art. 150 Abs. 1 der Bayerischen Verfassung ausdrücklich anerkannt. Die Kirche ihrerseits sorgt dafür daß die allgemeinen Standards einer Hochschule erfüllt werden: »Das Studium an der Theologischen Hochschule wird so ausgerichtet, daß es einem Studium an vergleichbaren staatlichen Hochschulen gleichwertig ist. Das Studium am Fachhochschulstudiengang wird so ausgerichtet, daß es den Bestimmungen des Bayerischen Hochschulgesetzes über das Fachhochschulstudium entspricht« (§ 2 Abs. 2). »Die Theologische Hochschule dient in Forschung und Lehre dem Studium der evangelischen Theologie und der Vorbereitung auf das geistliche Amt, insbesondere in der evangelisch-lutherischen Kirche.« »Der Fachhochschulstudiengang dient dem Studium der Religionspädagogik und der kirchlichen Bildungsarbeit[3] und führt zum Abschluß als Diplom-Religionspädagoge (FH)« (§ 3 Abs. 1 u. 2).

Die Augustana-Hochschule wird vom **Rektor** geleitet und vertreten. Dieser wird auf Vorschlag der Professoren vom Hochschulrat aus dem Kreis der Professoren der Theologischen Hochschule für zwei Jahre gewählt; die Wahl wird erst mit der Betätigung durch den Landeskirchenrat rechtswirksam (§ 4 Abs. 1, § 6). »Der Landeskirchenrat beruft auf Vorschlag der Hochschule die **Professoren** und ernennt auf Vorschlag der Hochschule die weiteren Dozenten« (§ 5).

Näheres über die Mitglieder der Hochschule (Professoren, Dozenten für klassische Philosophie und hebräische Sprache, Studentenpfarrer, theologische Assistenten, Lehrbeauftragte mit längerem Lehrauftrag, sonstige Mitarbeiter und Studenten), den Rektor, den Hochschulrat, das Dozentenkollegium, den Berufungsausschuß sowie über den Fachhochschulstudiengang (mit seinen Professoren, hauptberuflichen Lehrkräften für besondere Aufgaben, Lehrbeauftragten und Praxisanleitern, sonstigen Mitarbeitern und Studenten) sowie über den Fachbereichsleiter, den Fachhochschulrat und den Dozentenrat ist in der **Satzung** für die Augustana-Hochschule vom 3.12.1984 (mit Änderungen v. 7.9. u. 4.11.1992) – *RS 881* – niedergelegt, die vom LKR mit Zustimmung des LSA erlassen wurde (KG über die Augustana-Hochschule … § 7).

In dem durch das KG und die Satzung gesteckten Rahmen ist die Augustana bei der Durchführung ihrer Aufgaben frei. Doch haben ihre Professoren als Pfarrer (oder Kirchenbeamte) der ELKiB die Dienstpflichten eines Pfarrers (mit allgemeinkirchlichen Aufgaben) dieser Kirche und unterstehen damit der Dienst-, Amts- und Lehraufsicht des LKR (PfG §§ 54, 58, Art. 54 a, 107 a, 105 a).

3) *Aschenbrenner/Foitzik*, Plädoyer für theologisch-pädagogische Mitarbeiter in der Kirche, München 1981; vgl. auch *Foitzik*, Evang. Religionspädagoge/Evang. Religionspädagogin – Diplomreligionspädagoge/Diplomreligionspädagogin, Bd. 2 der Blätter zur Berufskunde, hrsg. v. der Bundesanstalt für Arbeit, Nürnberg 1987 (3. Aufl.), s.a. § 34 Fn. 3, S. 318.

b) Die Ausbildung zwischen theologischer Aufnahme- und theologischer Anstellungsprüfung tragen die (z. Zt. 4) **Predigerseminare**[4] (in Nürnberg, Bayreuth, München und Neuendettelsau) in Verbindung mit den Lehrpfarrern. (VorbDG § 6 Abs. 4 – 6, §§ 9 u. 11). Sie werden je von einem Rektor geleitet, dem ein Studieninspektor zur Seite steht.

c) Das **Pastoralkolleg**[5] in Neuendettelsau dient (nach Art. 2 des Kirchengesetzes vom 12.2.1946, *RS 925*) der »1. Fortbildung der Pfarrerschaft, 2. Ergänzung der Ausbildung der Bewerber um das geistliche Amt, 3. Heranbildung von Fachkräften für kirchliche Sonderaufgaben«; das sind Beispiele, weil das Gesetz von »insbesondere«[6] spricht. Das Hauptgewicht liegt derzeit bei der Fortbildung der Pfarrerschaft. »Der Leiter des Pastoralkollegs ist ein Geistlicher. Er untersteht unmittelbar der Dienstaufsicht des Landeskirchenrats und führt die Bezeichnung ›Rektor‹« (Art. 3).

d) Das **Religionspädagogische Zentrum** in Heilsbronn besteht aus dem Katechetischen Amt und dem Institut für Lehrerfortbildung (Kirchengesetz über das Religionspädagogische Zentrum – *RS 910* – § 1). »Das **Katechetische Amt** hat die Aufgabe der Förderung der Religionspädagogik in Schule und Gemeinde, soweit nicht ... das Institut für Lehrerfortbildung zuständig ist« (§ 2 Abs. 1). »Das **Institut für Lehrerfortbildung**[7] hat die Aufgabe der religionspädagogischen Fortbildung von Lehrern aller Schularten« (§ 2 Abs. 2). Das Religionspädagogische Zentrum untersteht der Aufsicht des Landeskirchenrates, wie auch die Leiter der beiden hier zusammengeschlossenen Ämter dem Landeskirchenrat unmittelbar unterstehen und (nur!) »im übrigen im Rahmen ihres Aufgabenbereiches selbständig« sind (§ 3 Abs. 1 u. 2).

»Zur **Koordinierung** der Aufgaben des Katechetischen Amtes und des Instituts für Lehrerfortbildung wird ein Ausschuß gebildet, der den Landeskirchenrat berät« (§ 3 Abs. 4 S. 1). Diese Fassung kann nicht darüber hinwegtäuschen, daß die Koordinierung Aufgabe des Landeskirchenrats ist: Der Ausschuß »berät«, aber er kann nicht selbst koordinieren. In der

4) *Birkhölzer*, Reflektierte Praxis, München 1984; *Daumiller* (Hrsg.), Das Predigerseminar in München, FS anläßlich seines hundertjährigen Bestehens (1834 – 1934), München 1934; *Peschke*, An Pensionierung nicht zu denken. 65 Jahre Predigerseminar Nürnberg, KorrBl. 1987 H. 12 S. 170; vgl. auch *Kuhr*, Deutschlands ältestes Predigerseminar, DPfBl. 1991 H. 1 S. 9.

5) *Voll* (Hrsg.), Damit auch Pfarrer zu sich kommen, Neuendettelsau 1982; *ders.*, Ohne kugelsichere Weste, Nachrichten 1980 H. 3 S. 50; Zur Geschichte: *W. Dietzfelbinger*, Tiefe Spuren, Georg Merz und das Pastoralkolleg, KorrBl. 1992 H. 6 S. 84.

6) Zur Bedeutung des Begriffs »insbesondere« s. § 28, S. 291.

7) Erziehung zum Glauben, Leben aus Glauben. FS 10 Jahre *Institut für Lehrerfortbildung*, hrsg. v. diesem Institut Heilsbronn 1984.

»Verordnung über den Koordinierungsausschuß für das religionspädagogische Zentrum« (*RS 911*) werden seine Aufgaben aber weiter gesteckt: Neben der Koordinierung hat der Ausschuß auch pädagogische Konzepte auf dem Gebiet des Religionsunterrichts einschließlich der kirchlichen Unterweisung zu erörtern, Erfahrungen auszutauschen und zu besonderen theologischen und pädagogischen Fragen, die ihm zur gutachtlichen Äußerung vorgelegt werden, Stellung zu nehmen (VO § 1) (aber nicht zu entscheiden!).

e) Die **Evang. Stiftungsfachhochschule für Sozialwesen** ist nur in der Bekanntmachung für die »Ausbildung hauptberuflicher Jugendleiter und Jugendleiterinnen« unter 1.2.3.1 erwähnt (*RS 687*).

f) Ähnliches gilt für die **Fachakademie für Sozialpädagogik** der Diakonenanstalt Rummelsberg (vgl. Ausbildungs- und Prüfungsordnung für Diakone § 3, *RS 645).*

g) Die **Fachakademie für evangelische Kirchenmusik** in der ELKiB[8] entstand mit Kirchengesetz vom 19.12.1973 (*RS 920*) durch Umwandlung der früheren Kirchenmusikschule in der ELKiB und hat nach wie vor ihren Sitz in Bayreuth (§ 1). Sie »dient insbesondere[6] der Ausbildung für den kirchenmusikalischen Dienst« (§ 2 Abs. 1). Sie wird von einem Fachakademiedirektor geleitet, der zusammen mit weiteren Lehrern das Lehrerkollegium bildet. Leiter und Lehrer werden vom Landeskirchenrat ernannt und unterstehen der Dienstaufsicht des Landeskirchenamtes (§ 3). Sie dient der Ausbildung von Kirchenmusikern im Haupt- und Nebenamt; ihr Abschluß ist staatlich anerkannt. Näheres enthält die Satzung der Kirchenmusikschule vom 22.12.1988 (KABl 1989 S. 48; *RS 921)*:

Angeschlossen ist das Institut für evangelische Kirchenmusik; es »dient der Abnahme der kirchenmusikalischen A-Prüfung« (§ 1 S. 2, § 2 Abs. 2 des Kirchengesetzes).

Für Fachakademie und Institut gemeinsam ist ein Beirat gebildet (§ 5).

Zu a) – g): Bei der Fortbildung wirken auch die Ämter für Gemeinde-, Jugend- und Sozialarbeit sowie die Gemeindeakademie (s.u. 3. a) bis d)) jeweils in ihrem Bereich mit.

h) Die zahlreichen Träger des evangelischen Schulwesens in Bayern (von Grund- und Hauptschule über Realschule und Gymnasium, Berufsfach- u. Berufsaufbauschule, Fachschule, Fachakademie und Fachoberschule bis hin zur Evang. Stiftungsfachhochschule für Sozial-

8) 30 Jahre Kirchenmusikschule der ELKiB, 1948 – 1953 Erlangen, 1953 – 1978 Bayreuth, Eigenverlag der *Fachakademie Bayreuth* 1978.

wesen) sind seit 1987 in der »**Evang. Schulstiftung in Bayern**«, einer kirchlichen Stiftung des öffentlichen Rechts mit Sitz in Nürnberg, zusammengefaßt.; sie kann auch öffentlich-rechtliche Dienstverhältnisse für Kirchenbeamte begründen (Satzung: *RS 885*). Stiftungszweck ist die Förderung des kirchlichen Bildungsauftrags. Die Bedeutung dieser Schulstiftung liegt nicht zuletzt darin, daß sie Anstellungsträger aller Mitarbeiter im Bereich des evang. Schulwesens in Bayern ist, aber auch übergreifend informiert und berät. Sie arbeitet in pädagogischen Fragen eng mit dem **Evang. Schulbund**, Fachverband des DW Bayern, zusammen.

2. Evangelische Erwachsenenbildung (i.w.S.)

a) »Die **Evangelische Akademie**[9] ist eine Einrichtung der ELKiB mit dem Sitz in Tutzing« (Akademiegesetz – *RS 930* – § 1). Sie »soll die Grundfragen des öffentlichen und persönlichen Lebens im reformatorischen Verständnis der Heiligen Schrift auf Tagungen in gemeinsamer Bemühung von Geistlichen und Laien neu durchdringen und klären« und »den einzelnen und den Gemeinden, den Berufen und Ständen dazu helfen, aus christlicher Verantwortung zu leben und zu handeln« (§ 2). Auch sie »steht unter der Aufsicht des Landeskirchenrates« wie auch ihr Leiter diesem unmittelbar untersteht (§ 3 Abs. 1 u. 2). Der Leiter »ist verantwortlich für die Erfüllung der Aufgaben der Evangelischen Akademie.« Er (nicht die Mehrheit der Studienleiter!) »erläßt eine Geschäftsordnung und verteilt in ihr die Aufgaben auf die Studienleiter und den Verwaltungsleiter.« Er »ist unmittelbar Dienstvorgesetzter des gesamten Personals« (Vollzugsbestimmungen § 3 Abs. 1 u. 2).

»Der Evangelischen Akademie steht zur Erfüllung ihrer Aufgaben ein **Kuratorium** beratend zur Seite. Die Mitglieder des Kuratoriums werden vom Landeskirchenrat im Benehmen[10] mit dem Landessynodalausschuß ernannt« (§ 4 S. 1 u. 2). »Das Kuratorium wird vom Landeskirchenrat in allen für die Evangelische Akademie wichtigen Angelegenheiten beteiligt«, insbesondere[6] bei der Bestellung des Leiters, des Stellvertreters, der hauptamtlichen Studienleiter und des Verwaltungsleiters, bei der Aufstellung des Haushaltsplans, an der Ausarbeitung eines Programmvorschlags und beim Erlaß von Vollzugsbestimmungen. Es »kann dem Landeskirchenrat Vorschläge für die Arbeit der Akademie machen« (Vollzugsbestimmungen – *RS 931* – § 5). Auch »der Leiter der Evangelischen Akademie unterrichtet den Vorsitzenden des Kuratoriums über alle wichtigen Ange-

9) *Bünz* (Hrsg.), 40 Jahre Evang. Akademie Tutzing, Sonder-Nr. 3/1987 (Jubiläumsausgabe) der Tutzinger Blätter; *Roepke*, Schloß und Akademie Tutzing, München 1986.
10) Zur Bedeutung des Begriffs »Benehmen« s. § 18, 4. a.E. unter »Beachte«, S. 224.

legenheiten, insbesondere über Vorschläge für das Programm, für die Aufstellung des Haushaltsplans und über die Verwendung leitender Mitarbeiter« (Vollzugsbestimmungen § 3 Abs. 3).

b) Die Evangelische Erwachsenenbildung im engeren Sinn wird insgesamt von einer Vielzahl von Trägern (in unterschiedlichsten Rechtsformen) betrieben. Der Koordinierung (nicht zuletzt auch der Verteilung der Mittel) dient die **Arbeitsgemeinschaft für Evang. Erwachsenenbildung** (AEEB)[11)] mit dem Sitz in Tutzing. In diesem Zusammenhang sind vor allem auch die **evangelischen Volkshochschulen** auf dem Hesselberg[12)], in Alexandersbad[13)] und in Pappenheim zu erwähnen, die wichtige Aufgaben der evangelisch-kirchlichen Volksbildung übernommen haben und auch Ausbildung betreiben (vgl. Dorfhelferinnen-Seminar auf dem Hesselberg[14)]. Sie sind eigenständig, untereinander aber zusammengeschlossen im Verein Evang.-Luth. Volkshochschulen in Bayern e.V.

Für **Freizeit und Erholung** ist ein eigener Arbeitskreis gebildet (Ordnung vom 12.12.1988, *RS 933*). Zur Kurseelsorge s. u. 4. a).

3. Ämter für Gemeinde-, Jugend- und Sozialarbeit

a) Dem **Amt für Gemeindedienst**[15)] obliegen u. a. »missionarische Dienste in den Gemeinden[16)], im Freizeit- und Erholungsbereich sowie an besonderen Gruppen, Aus- und Fortbildung von Lektoren und Prädikanten, Zurüstung von Kirchenvorstehern und anderen Mitarbeitern sowie Bereitstellung von Arbeits- und Werbematerial« (KG über

11) 20 Jahre AEEB. FS zum zwanzigjährigen Bestehen der *Arbeitsgemeinschaft für Evangelische Erwachsenenbildung* in Bayern e.V., hrsg. v. dieser Arbeitsgemeinschaft, Tutzing 1985; *H.-J. Petsch,* Reflexion und Spiritualität. Evangelische Erwachsenenbildung als Ort der Moderne in der Kirche, Würzburg 1993 (besprochen in Nachrichten 1994 H. 3 S. 58 f.); *ders.,* Reflexion und Spiritualität. Evangelische Erwachsenenbildung als Wegweiser, Nachrichten 1984 H. 3 S. 41 – 44. Vgl. auch *Hemminger, Küenzlen, Valentin,* Zu Auftrag und Praxis der kirchlichen Erwachsenenbildung, DPfBl. 1990 H. 8 S. 323 – 326.

12) Der Zeit weit voraus. 25 Jahre Hesselberg, Hrsg. *Evang.-Luth. Volkshochschule Hesselberg* u. Evang. Dekanat Wassertrüdingen 1974 (auch zum dreißigjährigen Bestehen gab die Evang.-Luth. Volkshochschule eine FS heraus; des 40-jährigen Jubiläums wird im Rundbrief Nr. 2 vom Mai 1991 gedacht (S. 15 – 26).

13) 25 Jahre Evang.-Luth. Volkshochschule Alexandersbad 1958 – 1983. *Alexandersbader Hefte Nr. 6.*

14) 30jähriges Jubliläum des Evang. Dorfhelferinnendienstes in Bayern. Rundbrief II/Mai 1988 der *Evang.-Luth. Volkshochschule auf dem Hesselberg.*

15) *v. Löhneysen,* 50 Jahre Amt für Gemeindedienst 1935 – 1985. Eine Chronik, hrsg. v. Amt für Gemeindedienst, Nürnberg 1987; vgl. auch *Schlee,* 25 Jahre Kirche unterwegs, Nachrichten 1988 H. 6 S. 106.

16) Das Amt für Gemeindedienst wurde 1935 als volksmissionarisches Amt gegründet (KG v. 24.6.1935, KABl S. 84).

das Amt für Gemeindedienst und die Gemeindeakademie in der ELKiB – *RS 890* – § 4 Abs. 2). Die **Männerarbeit** ist dadurch mit diesem Amt verbunden, daß der Landesmännerpfarrer einer der Pfarrer im Amt für Gemeindedienst ist. Mit dem Amt für Gemeindedienst ist auch die evangelische **Büchereiarbeit** (vgl. *RS 891*) verbunden.

Dagegen hat sich die **Frauenarbeit** weitgehend selbständig entwickelt. Sowohl der Deutsche Evangelische Frauenbund[17)] als auch der Bayerische Mütterdienst der ELK[18)] sind eingetragene Vereine, also rechtlich selbständig; sie sind dem Diakonischen Werk angeschlossen. Weitere Bereiche der Frauenarbeit sind beim Amt für Gemeindedienst (alleinstehende Frauen) und beim Amt für Industrie- und Sozialarbeit (berufstätige Frauen) angesiedelt. Um die besonderen Probleme der Pfarrfrauen kümmert sich das Team für Pfarrfrauenarbeit in Bayern[19)]. – »**Der Arbeitsbereich Frauen in der Kirche** hat das Ziel, vielfältige Schritte zur Förderung der Gemeinschaft von Frauen und Männern in der Kirche einzuleiten und zu gehen«; Näheres dazu ist in der Ordnung dieses Arbeitsbereiches vom 8.2.1989 (KABl S. 146) niedergelegt; für die Wahl der Dekanatsdelegierten gilt die Wahlordnung v. 18.2.1993 (KABl S. 195).

b) Die **Gemeindeakademie**[20)] sammelt im Rahmen ihres Auftrags, »kirchliche Mitarbeiter in den Fragen ihres Dienstes und des Gemeindeaufbaus zu beraten und sie fort- und weiterzubilden«, auch »Erfahrungen in der Zusammenarbeit mit Gemeinden, durch eigene Versuche und Studien sowie durch Austausch mit anderen Fortbildungseinrichtungen« (Kirchengesetz a.a.O. *RS 890,* § 4 Abs. 2).

Zu a) u. b): Die Aufgaben des Amtes für Gemeindedienst und der Gemeindeakademie sind nicht reinlich zu scheiden; deshalb sind besondere Vorschriften für die **Koordinierung**, auch durch einen Beirat, ergangen (§ 5). Auch zu anderen Einrichtungen gibt es Überschneidungen. Deshalb sieht das Gesetz ausdrücklich vor, daß Amt

17) *Peter/Koester*, Deutscher Evang. Frauenbund, Landesverband Bayern, Nachrichten 1987 H. 21 S. 406.

18) *Bidder*, Bayer. Mütterdienst der ELK, Nachrichten 1988 H. 15/16 S. 298; *Distel*, Antonie Nopitsch 1911 – 1975. Die Fürsprecherin der Frauen und Mütter, in: Helfen in Gottes Namen. Lebensbilder ..., Hrsg. Leipziger, München 1986, S. 257 – 312; *Frör/Grüneisen/Klemm*, Bayer. Mütterdienst der ELK e.V., in: Bildungspolitische Dokumentation der EKD (Bd. 4/1979, Institutionen III – Evang. Fortbildungsstätten, Fachbereich Erwachsenen- u. Familienbildung).
Vgl. auch *Borkenhagen*, Frauen in Müttergenesungsheimen, Lätare-Verlag 1978; *v. Guttenberg*, 40 Jahre Weltgebetstag der Frauen, Nachrichten 1989 H. 4 S. 68.

19) Vgl. *B. Dietzfelbinger* in Nachrichten 1988 H. 13 S. 249.

20) *Lindner*, Gemeinde u. Gemeindeakademie, in Theologia Praktica, 22. Jahrgang (1987) H. 3 S. 215.

für Gemeindedienst und Gemeindeakademie »grundsätzlich zur Zusammenarbeit mit anderen Einrichtungen in der ELKiB mit ähnlichen Aufgaben verpflichtet« sind. (Vgl. die Arbeitsgemeinschaft landeskirchliche Werke und Dienste, in diesem § 61 a. A. Abs. 2 u. a. E. »zu 1 – 8«.)

c) »Zur Förderung der Jugendarbeit im Bereich der ELKiB« wurde mit Kirchengesetz vom 26.4.1934 (*RS 900*) »das Amt eines Landesjugendpfarrers errichtet« (§ 1). Ausweitung der Aufgaben und zunehmende Gremienarbeit haben in der Ordnung (rechtlich eine VO) der Evangelischen Jugend in Bayern vom 30.11.1981 (*RS 901*) ihren Niederschlag gefunden. (Hinweis: Die Neuordnung vom Sommer 1994 war bei Drucklegung dieses Buches noch nicht erlassen.) Danach führt das Amt des Landesjugendpfarrers die Bezeichnung »**Amt für Jugendarbeit** der ELKiB«[21] (Nr. 25). Neben dem Landesjugendpfarrer und den Referenten im Amt für evangelische Jugendarbeit gibt es die Landesjugendkammer (Nr. 12 – 18), den Landesjugendkonvent (Nr. 19 – 22), die Landeskonferenz der hauptberuflichen Jugendleiter (Nr. 23) und die Jugendpfarrer (Nr. 24). Im Bereich der Dekanate gibt es die Dekanatsjugendkammer, den Dekanatsjugendkonvent (Nr. 6 f.) und den Dekanatsjugendpfarrer samt hauptberuflichen Jugendleitern (Nr. 8). In der Kirchengemeinde geschieht die Jugendarbeit »in ihren verschiedenen Arbeitsformen« (Nr. 2); sie soll durch einen Jugendausschuß gefördert und koordiniert werden (Nr. 2 Abs. 3).

Das **Studienzentrum für evang. Jugendarbeit** in Josefstal e.V.[22] spielt in der Fortbildung der Mitarbeiter in diesem Bereich eine wichtige Rolle.

d) Das **Amt für Industrie- und Sozialarbeit**[23] hat seinen Sitz in

21) Das Amt stellt sich vor. Eine aktuelle Übersicht über die Aufgaben des *Amtes für Jugendarbeit in der ELKiB*, Nürnberg (Eigenverlag) 1988; *Holzapfel* (Hrsg.), Auf weiten Raum gestellt, aej-Studienband 14, Stuttgart 1990; *Höppel/Stoll/Herbert/Schindler*, Was die Evang. Jugend bewegte; Amt für Jugendarbeit der ELKiB 1938 – 1984; Nürnberg (Eigenverlag des Amtes) 1984; *Riedel*, Kampf um die Jugend. Evangelische Jugendarbeit 1933 – 1945, München 1976; *U. Schwab*, Evang. Jugendarbeit in Bayern 1800 – 1933, München 1992; *ders.*, Aspekte kirchlicher Jugendarbeit in der Großstadt, Nachrichten 1992 H. 5 S. 89. – Beachtenswert in diesem Zusammenhang die »Rahmendienstanweisung für Referentinnen und Referenten in der Jugendarbeit« vom 26.1.1994, KABl S. 58.

22) S. dazu Evang. Fortbildungsstätten, hrsg. v. *Kirchenamt der EKD*, 2. Aufl. 1989 (Comenius-Institut, EKD-Reihe 4) Institution III, S. 75 ff.

23) *Truhel*, Zusammenarbeit mit der Industriearbeiterschaft. Ein Beitrag aus der Praxis zum Thema Bildung und Arbeiterschaft, hrsg. vom Amt für Industrie- und Sozialarbeit der ELKiB, 2. Aufl., Nürnberg 1980; vgl. auch *G. Klein*, Kirche und Arbeitswelt. Thesen, DPfBl. 1993 H. 12 S. 599 – 600.

Nürnberg und eine Außenstelle in München. In ihm bemühen sich Pfarrer und wissenschaftliche Mitarbeiter, vor allem aber die Sozialsekretäre, die in allen Kirchenkreisen einen Sitz haben (vgl. Bekanntmachung vom 5.5.1971, KABl S. 139), um die Menschen in der industriellen Arbeits- und Lebenswelt. In der Rechtssammlung ist dieses Amt nur in der Satzung des Diakonischen Werkes (*RS 864*) erwähnt, nach der der Leiter des Amtes der Diakonischen Konferenz angehört (§ 14).

4. **a) Landeskirchliche Beauftragte**[24] gibt es vor allem **für die Seelsorge**[25]. Für Gehörlose, Schwerhörige und Blinde, für Kriegsdienstverweigerer und Zivildienstleistende[26], für Kunst- und Künstlerseelsorge sowie für Schausteller sind sie hauptamtlich tätig. Nebenamtlich tätig sind die Beauftragten für ausländische Arbeitnehmer und für die kirchliche Vertriebenenarbeit, aber auch für die Bereiche von Kirche und Handwerk sowie der Gastronomie. Einen Beauftragten im Nebenamt gibt es für Gemeindeglieder, die aus der Kirche austreten wollen oder ausgetreten sind, und für Aids-Kranke und ihr Umfeld.

Für die Kur- und Urlauberseelsorge[27] gibt es eine eigene Ordnung (v. 15.12.1988, *RS 935*). Auf eine breite Basis sind die Militärseelsorge[28] (*RS*

24) Vgl. *Heun*, Die Beauftragten in der Kirche, ZevKR 35 (1990) S. 382 – 405.

25) Zum allg. Rahmenkonzept für die Aus- und Fortbildung in Seelsorge f.d. ELKiB s. *RS 524*.

26) *Langenbach*, Seelsorge an Kriegsdienstverweigerern und Zivildienstleistenden, Nachrichten 1988 H. 12 S. 228. – Vgl. auch Informationsblatt über kirchliche Arbeit mit Kriegsdienstverweigerern und Zivildienstleistenden sowie die Liste der beauftragten Berater und Beistände für Kriegsdienstverweigerer in der ELKiB, beide zu beziehen bei den *Beauftragten für Kriegsdienstverweigerer und Zivildienstleistende* in Nürnberg.

27) *Büngeroth*, Arbeitsfeld Kurseelsorge, DPfBl. 1991 H. 5 S. 195 – 198; *Krauß/Siemann*, Kirchliche Arbeit mit Familien im Urlaub, DPfBl. 1992 H. 6 S. 238 mit Literatur-Empfehlungen.

28) Vgl. zunächst Beschluß der EKD-Synode vom 11.11.1993, Zum Dienst der Kirche unter den Soldaten, ABl. H. 12 S. 532; »Wehrdienst oder Kriegsdienstverweigerung«, Anmerkungen (der *EKD-Kammer für öffentliche Verantwortung*) zur Situation des Christen im Atomzeitalter, Nachrichten 1989 H. 16 S. 304.
Bedleur, Kirche neben den Soldaten anstatt unter den Soldaten, DPfBl. 1991 H. 11 S. 468, 477 ff.; *Blaschke*, (Hrsg.), Zum Frieden berufen: Notizen aus der evang. Militärseelsorge, Hannover 1990; *Blaschke/Oberham*, Militärseelsorge – Grundlagen, Aufgaben, Probleme, Regensburg 1985; *Buchholz*, Seelsorge an Soldaten als institutionalisierter friedensethischer Dialog, DPfBl. 1992 H. 4 S. 150; *J. Diegritz*, Evang. Militärseelsorge, Nachrichten 1988 H. 12 S. 224; *Evang. Kirchenamt für die Bundeswehr* (Hrsg.), Domini sumus – wir sind des Herrn. 30 Jahre Militärseelsorge, Hannover 1987; *dass.*, Warten in Geduld, Arbeitsbuch für Militärgeistliche (besprochen v. *H. Wagner*, DPfBl. 1993 H. 1 S. 42); *Herold/Scheffler* (Hrsg.), Zwischen Kanzel und Birkenkreuz, evang. Militärpfarrer in Bayern, FS für J. Diegritz, Rothenburg o.T. 1988; *Hoffmann*, Auf Militärseelsorge verzichten?, Nachrichten 1988 H. 12 S. 226; *W. Hofmann*, Streitfall Militärseelsorge. Klarstellung eines vermeintlichen Dilemmas, Nachrichten 1992 H. 22 S. 421 – 424; *Martin*, Dienst in der Militärseelsorge (kritisch wegen des Beamteneides und der daraus folgenden Loyalitätspflichten), DPfBl. 1989 H. 8 S. 302; dagegen *Ottemeyer* u. *Graf zu Castell*, DPfBl. 1989 H. 11 S. 457 u. 458; vgl. das ähnliche Problem für die Schule: o. § 20, 6. a.E., S. 251); *Scheffler*, Kirche,

192 – 196), die Seelsorge für Angehörige des Bundesgrenzschutzes und die Seelsorge in Justizvollzugsanstalten (Verwaltungsvereinbarung darüber vom 12.2.1982, *RS 113*) gestellt, weil diese im staatlichen Bereich ausgeübt werden müssen und die Ausübung deshalb im Einvernehmen mit den staatlichen Stellen erfolgen muß. In diesem Zusammenhang ist auch der Beauftragte für Polizei- und Bundesgrenzschutzseelsorge[29)] zu nennen. Für Studentenseelsorge und Krankenhausseelsorge[30)] stehen eigene (Gemeinde-)Pfarrstellen zur Verfügung. Sehr verbreitet, vor allem in größeren Städten, ist die Telefonseelsorge[31)] mit zahlreichen, oft ehrenamtlichen Mitarbeitern. In diesem Zusammenhang sind auch die weit über das Land gestreuten, wenn auch nicht »flächendeckenden« evangelischen[32)] Beratungsstellen zu nennen.

Auch die Beauftragten für Sekten- und Weltanschauungsfragen[33)] und für religiöse und geistige Strömungen haben gewichtige und umfangreiche seelsorgerliche Aufgaben. Ähnliches gilt für die Arbeitsgemeinschaft für Diasporadienste e.V. (vgl. *RS 850*, § 7, *RS 822* Nr. 4.1) und für die

Erwachsenenbildung und militärische Erziehung. Drei Rezessionen zum lebenskundlichen Unterricht als evang. Erwachsenenbildung, ZevKR 31 (1986) S. 279; *ders.*, Der Militärseelsorgevertrag, DPfBl. 1990, H. 3 S. 90; vgl. auch *Schulze/Wegener*, »Krieg soll nach Gottes Willen nicht sein«. Anm. zu einer ökumenischen Formel, DPfBl. 1993 H. 7 S. 325 – 327.

29) Vgl. *Hapke*, Staatsloyal und bürgernah ... Ethische Brennpunkte polizeilichen Dienstes, Nachrichten 1992 H. 19 S. 364 – 366; *Möllers*, Ethik im Polizeiberuf. Theologische Orientierung, Stuttgart, München, Hannover 1991.

30) Die Satzung der Arbeitsgemeinschaft für evang. Krankenhausseelsorge ist nicht veröffentlicht; Az. LKA: 36/61-0-63 A.

31) *Habenicht*, »Wer ist die Bessere?«, Überlegungen zum Verhältnis Telefonseelsorge und Gemeinde, DPfBl. 1991 H. 5 S. 198 – 200 mit Literaturangaben zur Telefonseelsorge S. 200 u. 205.

32) *Strauß*, Aufgaben und Ziele kirchlicher Beratungsarbeit, Nachrichten 1988 H. 14 S. 268; vgl. auch *Ch. Grethlein*, Praktisch-theologische Anfragen an eine Konzeption der Arbeit evang. Beratungsstellen, Wege zum Menschen, 40. Jahrgang (1988), H. 4 S. 248 (für eine auf die biblischen Weisungen gegründete pastoraltheologische kirchliche Eheberatung, kritisch zu *Thilo*, Ehe ohne Norm, Göttingen 1978 S. 227 ff.).

33) *Bannach-Rommel* (Hrsg.), Religiöse Strömungen unserer Zeit, Stuttgart 1991; *Eggenberger*, Die Kirchen, Sondergruppen und religiöse Vereinigungen. Ein Handbuch, 5. Aufl. Zürich 1990 (hervorragend besprochen v. *Haack*, Nachrichten 1991 S. 207); *Gasper/Müller/Valentin* (Hrsg.), Lexikon der Sekten, Sondergruppen und Weltanschauungen. ..., Freiburg 1990; *Haack*, Findungshilfe Religion 2000. Apologetisches Lexikon, München 1990; *ders.*, Europas neue Religionen. Sekten – Gurus – Satanskult, München, Zürich 1991; *Hutten*, Die Glaubenswelt des Sektierers, Hamburg 1957; *ders.*, Seher – Grübler, Enthusiasten, 13. Aufl. Stuttgart 1984; *Minhoff/Lösch*, Neureligiöse Bewegungen, Strukturen, Ziele, hrsg. v. Bayer. Landeszentrale für politische Bildungsarbeit, München 1988; *Reller/Kießig* (Hrsg.), Handbuch »Religiöse Gemeinschaften«, 3. Aufl. 1985 (eine Arbeitshilfe der VELKD); *Schmid*, Im Dschungel der neuen Religiosität. Esoterik, östliche Mystik, Sekten, Islam, Fundamentalismus, Volkskirchen, Stuttgart 1992; *H. Vorländer*, Christentum u. Islam: Miteinander, nebeneinander oder gegeneinander, Blick in die Welt 1993 H. 5 (zweimonatliche Beilage zu den Nachrichten). Zur **Rechtslage** besonders *Badura*, Der Schutz von Religion und Weltanschauung durch das Grundgesetz. Verfassungsfragen zur Existenz und Tätigkeit der neuen Jugendreligionen, Tübingen 1989. Vgl. auch die zahlreichen Veröffentlichungen in der »*Münchner Reihe*« des Claudius-Verlages München, bes. v. Haack.

Beauftragte für Gemeindehelferinnen (vgl. *RS 720* III letzter Abs.). Die besonderen Probleme in Lateinamerika sind einem Referat im LKA anvertraut, ebenso der Arbeitsbereich Frauen in der Kirche.
Hauptamtlich tätige Beauftragte sind ferner diejenigen für Naturwissenschaft und Technik sowie für Umweltfragen[34].

Diesen Beauftragten ist gemeinsam, daß sie in besonders sensiblen Bereichen tätig sind, für die besondere Erfahrungen und Kenntnisse erforderlich sind, so daß die einzelne Kirchengemeinde mit der Begleitung und Betreuung überfordert wäre, und daß diese Beauftragten eines so hohen Maßes an persönlichem Vertrauen bedürfen, daß Schwierigkeiten zu erwarten wären, wenn diese Aufgabe einem Amt übertragen wäre.

b) Im Rahmen der Fort- und Weiterbildung ist der Beauftragte für **Homiletik und Fortbildung** tätig.

c) Auch für den Bereich der **Verwaltung** gibt es landeskirchliche Beauftragte, so für Datenschutz (vgl. *RS 220* §§ 7 – 10; *RS 225* Art. 1 – 3).

d) Wegen des hauptamtlichen Beauftragten für Hörfunk und Fernsehen s. u. 5.

Zu a) bis d): Die landeskirchlichen Beauftragten unterstehen dienstlich den zuständigen (theologischen und juristischen) Abteilungsleitern im LKA.

5. Der **Evangelische Presseverband** (EPV) für Bayern[35] ist ein eingetragener Verein und damit von der Organisation der (verfaßten) Kirche unabhängig. In seiner Satzung ist jedoch Gewähr dafür geboten, daß er seinen publizistischen Auftrag in Anbindung an die Kirche so erfüllt, daß es sich um einen kirchlichen Dienst im Rahmen der Rechtsprechung des Bundesverfassungsgerichts (s.o. § 13 unter IV Nr. 12, S. 164 f., u. § 58, 3. S. 501) handelt. Der EPV hat Aufgaben eines Verlags und einer Versandbuchhandlung, sorgt aber auch besonders über den **Evang. Pressedienst** (epd) für die Aufbereitung und Verbreitung von Nachrichten aus dem kirchlichen Raum. – Das **Presse-, Bild- und Tonarchiv** in München (vgl. *RS 942*, bes. Nr. 2) ist im wesentlichen auf den EPV übergegangen. – Die besonderen Dienste der Kirche im Medienbereich sind einem Beauftragten **für Hörfunk und Fernsehen** übertragen. – Die Evang. **Medienzentrale**

34) Zu den Aufgaben vgl. *Henning*, Umsonst ist nur der Müll. Glaubwürdiges Handeln der Kirche gefragt, Nachrichten 1992 H. 17 S. 330.

35) Publizistik als Aufgabe der Kirche. 50 Jahre *Evangelischer Presseverband für Bayern*, hrsg. v. diesem, München 1983; vgl. auch BAG o. § 17 Fn. 3 (Pressearbeit wird vom Auftrag der Kirche umfaßt) sowie die *EKD-Kundgebung:* Die Kirche in der Mediengesellschaft v. 6.11.1992, ABl. EKD S. 460 mit positiver Anm. Dettmar, DPfBl. 1993 H. 2 S. 54 f.

(Sitz: Nürnberg) leiht Filme, Dias u.a. an Gemeinden und Kreise zur Durchführung von Veranstaltungen aus[36].

6. Das **Landeskirchliche Archiv**[37] ist – wie das Missionswerk –, »eine Anstalt der ELKiB«; es untersteht der Leitung und Aufsicht des Landeskirchenrates (ArchivG – *RS 940* – § 2). Bei ihm ist die Landesstelle für landeskirchliches Schrifttum, zu ihm gehört das Kirchenbucharchiv in Regensburg (*RS 941*). Besondere Archivpflegerichtlinien (*RS 943*) und eine Ordnung für die Benutzung der kirchlichen Archivalien (*RS 944*; mit Ausführungsanweisung dazu, *RS 945*), Richtlinien zum Schutz des kirchlichen Archivguts (*RS 946*) legen im einzelnen die Art und Weise der Betätigung fest. Die Bedeutung liegt nicht nur in der Erfassung, Sammlung und Bewahrung wertvollen Schriftguts, sondern auch in der Erfassung und Erhaltung wertvollster Kunstgegenstände.

7. **a)** Das **Landeskirchenamt** ist dem Landeskirchenrat zur Führung seiner Geschäfte beigeordnet (KVerf Art. 68 u. Verordnung über das Landeskirchenamt vom 21.2.1972, *RS 45*). Dazu gehört auch die Kirchenaufsicht; diese übernimmt im Rahmen der Verordnung über die Evangelisch-Lutherische **Landeskirchenstelle** in Ansbach diese Stelle[38]. Im Rahmen des Landeskirchenamtes bestehen als besondere Referate die Landeskirchenkasse, das Landeskirchliche Rechenzentrum und der – mit eigener Rechtspersönlichkeit ausgestattete (vgl. *RS 470*) – **Pfründestiftungsverband**[39].

b) Das **Rechnungsprüfungsamt** ist nach dem Kirchengesetz über die Errichtung des Rechnungsprüfungsamtes der ELKiB vom 17.12.1974 (*RS 55*) »bei der Durchführung seiner Aufgaben unabhängig und nur den kirchlichen Gesetzen unterworfen«; ihm »dürfen keine Weisungen erteilt werden, die den Umfang, die Art und Weise oder das Ergebnis der Prüfung betreffen« (§ 2). Zur Sicherung der Unabhängigkeit werden der Leiter und sein Stellvertreter vom Landesbischof mit Zustimmung des Landessynodalausschusses bestellt und abberufen; dabei bedarf die Abberufung des Leiters der Zustimmung einer Mehrheit von zwei Drittel der Mitglieder des Landessynodalausschusses (§ 9 Abs. 3). Die Prüfer werden auf Vorschlag des Leiters des Rechnungsprüfungsamtes vom Landeskirchenrat bestellt und abberufen; die weiteren Mitarbeiter als Hilfskräfte werden auf Vorschlag des Leiters vom Landeskirchenamt angestellt. Dienstherr für alle Mitarbeiter ist die ELKiB (§ 9 Abs. 4 – 6).

36) Die Evangelische Medienzentrale in Bayern, Hummelsteiner Weg 100, 90459 Nürnberg, informiert laufend in den Nachrichten. Bei ihr kann der Verleih-Katalog um 25,– DM bezogen werden.

37) Vgl. bei *Dumrath/Eger*, Handbuch des kirchlichen Archivwesens, den Abschnitt: Das Landeskirchliche Archiv Nürnberg, Neustadt/Aisch 1986; *Maiwald*, 40 Jahre Landeskirchliches Archiv, Nachrichten 1970 H. 18 S. 353.

38) Näheres dazu vgl. oben § 41, 3.b), S. 386.

39) *Witzmann*, 50 Jahre Evang.-Luth. Pfründestiftungsverband in Bayern, München 1985.

c) Besondere »Einrichtungen der ELKiB« sind die **Kirchensteuerämter** nach § 4 des Kirchensteuererhebungsgesetzes vom 8.12.1954 (*RS 432*). Sie wurden während des »Dritten Reiches«, als der nationalsozialistische Staat die Erhebung der Kirchensteuern ablehnte, förmlich aus dem Boden gestampft, haben sich bewährt, und unterstreichen die Unabhängigkeit der Kirche vom Staat bei der Kirchensteuer[40]. Sie erheben die Kirchensteuern von den Gemeindegliedern aufgrund »der bürgerlichen Steuerlisten nach Maßgabe der landesrechtlichen Bestimmungen« (GG Art. 140 i.V.m. WRV Art. 137 Abs. 6, AVKirchStErhebG – *RS 433* – § 17) und stehen unter Aufsicht des Landeskirchenrates. Näheres zur Erhebung der Kirchensteuern und zur Zuständigkeit der Kirchensteuerämter s. §§ 63 – 66.

8. Sehr viele der **zahlreichen kirchlichen und diakonischen Zusammenschlüsse** können hier nicht einmal erwähnt werden. Die »Nachrichten« haben aber dankenswerterweise 1987 und 1988 Kurzbeiträge über einzelne Vereinigungen gebracht. Auf diese und auf Ergänzungen bes. im Korrespondenzblatt sei hier wenigstens hingewiesen, da diese Veröffentlichungen die Möglichkeit näherer Information bieten (nicht aufgeführt werden Vereinigungen, die in diesem Paragraphen schon in anderem Zusammenhang genannt wurden).

Aktionsgemeinschaft für Arbeitnehmerfragen (afa)	Nachrichten 1988 H. 11 S. 210
Arbeitsgemeinschaft alleinerziehender Mütter und Väter in der ELKiB	Nachrichten 1988 H. 14 S. 270
Arbeitsgemeinschaft Erprobungsgesetz	KorrBl. 1992 H. 2 S. 18
Arbeitsgemeinschaft Evangelische Erneuerung (AEE)	Nachrichten 1987 H. 15/16 S. 294
Arbeitsgemeinschaft Kirchliche Erneuerung (AKE)	Nachrichten 1988 H. 7 S. 133
Arbeitsgemeinschaft Lebendige Gemeinde	Nachrichten 1988 H. 3 S. 50
Arbeitsgemeinschaft Seelsorge in Feuerwehr und Rettungsdienst	Nachrichten 1992 H. 5 S. 92
Arbeitskreis evangelischer Vikare	KorrBl. 1992 H. 6 S. 94
Arbeitskreis für evang. Gemeindearbeit in der ELKiB	KorrBl. 1992 H. 2 S. 22

40) »50 Jahre Kirchensteuerämter in Bayern«, FS, Hrsg. *LKA* München 1992; *Weiß*, »50 Jahre Kirchensteuerämter in Bayern«, Nachrichten 1992 H. 14 S. 273. – Zur Entstehung: *Karg*, Erinnerungen eines Finanzreferenten im Landeskirchenrat, Zeitschrift für bayer. Kirchengeschichte Bd. 40 (1971) S. 246, 252; *ders.*, Kirchensteuerrecht in der ELKiB, 2. Aufl., München 1969.

Bayer. Pfarr-Gebetsbruderschaft	Nachrichten 1987 H. 19 S. 371
Bayer. Pfarrbruderschaft	Nachrichten 1987 H. 19 S. 371
Begegnung von Christen und Juden – Verein zur Förderung des christlich-jüdischen Gesprächs in der ELKiB e.V.	Nachrichten, Beilage Blick in die Welt 1992 H. 4 (zu H. 17)
(früher: Evangeliumsdienst unter Israel)	Nachrichten 1988 H. 5 S. 91
Evangelische Akademikerschaft in Bayern	Nachrichten 1988 H. 3 S. 48
Evangelische Michaelsbruderschaft (Anbetung und Dienst)	Nachrichten 1992 H. 17 S. 332
Geistliche Gemeindeerneuerung in Bayern[41)]	Nachrichten 1988 H. 12 S. 232
Johanniterorden, Bayer. Genossenschaft des –, 100 Jahre	Nachrichten 1991 H. 12 S. 241
Kirchliche Sammlung um Bibel und Bekenntnis	Nachrichten 1987 H. 17 S. 330
Lutherische Liturgische Konferenz in Bayern	Nachrichten 1987 H. 20 S. 392
Verein für bayer. Kirchengeschichte	Nachrichten 1987 H. 14 S. 268
Verein für christliche Kunst in der ELKiB	Nachrichten 1988 H. 2 S. 28
Vereinigung bayer. Vikarinnen u. Vikare, Pfarrerinnen u. Pfarrer z. A.	Nachrichten 1988 H. 6 S. 110
Zum kirchlichen Entwicklungsdienst vgl. Steen, Ein Beitrag für Frieden und weltweite Gerechtigkeit – 25 Jahre Entwicklungsdienst	DPfBl. 1993 H. 11 S. 536–539

Zu 1. – 8.: So sehr die moderne Entwicklung sicherlich die Spezialisierung zunehmend fördert, ja notwendig macht, so sehr bringt sie u.E. das Problem mit sich, daß Spezialisten dazu neigen, ihren Erfahrungsbereich zu überschätzen, andere Bereiche zu übersehen. Eine der schwierigsten Aufgaben des Landeskirchenrates ist es deshalb, durch Koordinierungsarbeiten **Überschneidungen und Doppelarbeit** zu

41) Vgl. Gottes Geist im Gespräch. Ergebnisse und Erfahrungen aus dem »Arbeitskreis zu Fragen der Geistlichen Gemeindeerneuerung« (AGGE) beim Oberkirchenrat des Kirchenkreises Nürnberg, Dokumentation, Nachrichten 1993 H. 18 S. 353 f.

vermeiden und eine **Integrierung dieser Spezialarbeiten in die normale Gemeindearbeit** herbeizuführen. Dabei kann der Gedanke des Dekanatsbezirks als Aktionseinheit wesentliche Bedeutung gewinnen. Auf Dauer gesehen werden die Sonderdienste nur kirchengemäß arbeiten und dem Aufbau der Gemeinde dienen können, wenn die Zusammenarbeit zwischen Gemeinden, Dekanatsbezirken und Einrichtungen im weitesten Sinn einschließlich der Diakonie verstärkt wird. Die Erfahrung zeigt, daß der freiwillige Zusammenschluß diese Einrichtungen zur »Arbeitsgemeinschaft der Werke und Dienste« (s. o. 2. Abs. dieses § 61) bei allem guten Willen nicht genügt, um vermeidbare Lücken wie unnötige Doppelarbeit zu verhindern. Auch daß KVerf Art. 15 »im besonderen die Verantwortung für die Einheit der Gemeinde und der Kirche in Lehre und Leben« und die Förderung des Zusammenhalts und der »Zusammenarbeit der Kirchenglieder und kirchlichen Dienste« in die Verantwortung der Pfarrer als der wesentlichen hauptberuflichen Mitarbeitergruppe der Kirche legt, genügt offensichtlich ebenso wenig, um ein Mindestmaß an gemeinsamem, einheitlichem Handeln der ELKiB zu erreichen. Dieses Nebeneinander, das immer wieder auch in Gegeneinander ausartet, widerspricht dem paulinischen Bild des einen Leibes mit den vielen Gliedern und läßt nach außen den Eindruck der Orientierungslosigkeit entstehen.

Kapitel V: Das kirchliche Finanzwesen – Kirchensteuerrecht

1. Abschnitt: Der landeskirchliche Haushalt

§ 62 Haushalt der ELKiB – Überblick über Einnahmequellen und Ausgaben

1. Haushaltsplan und Rechnungslegung

Grundlage für die Finanzverwaltung aller kirchlichen Rechtsträger ist
RS 1 der Haushaltsplan (KVerf Art. 81 S. 1). Ihm kommt als Grundlage der finanzwirtschaftlichen Planung, der Wirtschaftsführung, des Kassen- und Rechnungswesens und schließlich auch der Finanzkontrolle eine besondere Programmfunktion zu[1]. Dies gilt auch für den landeskirchlichen Haushalt. Der Haushaltsplan der ELKiB wird vom Landeskirchenrat aufgestellt und ist nach Anhörung des Landessynodalausschusses der Landessynode zur Feststellung vorzulegen (KVerf Art. 82 Abs. 1). Diese Feststellung bedarf – wie auch die damit verbundene Regelung des innerkirchlichen Finanzausgleichs – der Form eines **Kirchengesetzes** (KVerf Art. 71 Abs. 1 Nr. 6).

Der Haushaltsplan für das jeweils kommende Jahr wird regelmäßig bereits im Frühjahr vom Landeskirchenrat vorberaten, dann mit dem Finanzausschuß der Landessynode erörtert, schließlich im Landeskirchenrat abschließend beraten und nach Anhörung des Landessynodalausschusses der Landessynode zur Beschlußfassung zugeleitet. Wie jedes Kirchengesetz bedarf das »Kirchengesetz über den Haushaltsplan der Evangelisch-Lutherischen Kirche in Bayern für das Haushaltsjahr ...« einer zweimaligen Lesung und Beschlußfassung (KVerf Art. 74, Ges-
RS 20 chOLS §§ 39–42)[2]. Nach GeschOLS § 43 ist bei der Beratung vom zuständigen Mitglied des Landeskirchenrates (Finanzreferent) ein Bericht über die finanziellen Verhältnisse der Landeskirche zu erstatten und dabei auch auf die voraussichtliche Entwicklung der kirchlichen Finanzen in den kommenden Jahren einzugehen.

Üblicherweise stellt die Landessynode in der jeweiligen Herbsttagung

1) *K. Blaschke*, Kirchliches Finanz- und Haushaltsrecht, ZevKR 27 (1982) S. 57.
2) Zum Gesetzgebungsverfahren allgemein o. § 43.

den Haushalt für das kommende Rechnungsjahr fest. Sollte ausnahmsweise zu Beginn des Rechnungsjahres die Feststellung noch nicht erfolgt sein, so dürfen – abgesehen von der Möglichkeit nach KVerf Art. 82 Abs. 2 S. 2 – nur Ausgaben geleistet werden, für die eine rechtliche Verpflichtung besteht (Art. 82 Abs. 2 S. 1, z. B. auch Gehaltszahlungen). Für den Haushaltsplan gelten die üblichen Grundsätze (vgl. Art. 81)[3]. Kredite dürfen nur bei außerordentlichem Bedarf aufgenommen werden (Art. 82 Abs. 3).

Für die Einnahmen und Ausgaben der EKLiB besteht die Allgemeine Kirchenkasse, deren Verwaltung dem Landeskirchenrat obliegt (Art. 82 Abs. 4). Wie bei den anderen kirchlichen Rechtsträgern ist nach Ablauf des Rechnungsjahres über alle Einnahmen und Ausgaben sowie über das Kapitalvermögen und die Schulden Rechnung zu legen. Die Prüfung der Rechnung der Allgemeinen Kirchenkasse obliegt zunächst dem Rechnungsprüfungsamt[4] (RPrAG – RS 55 – § 4 Abs. 3 Nr. 1 und § 6). Der Prüfungsbericht des Rechnungsprüfungsamtes dient dem von der Landessynode bestellten Prüfungsausschuß, dem gemäß KVerf Art. 83 Abs. 2 die Prüfung der Rechnung der Allgemeinen Kirchenkasse obliegt, als Grundlage seiner Prüfung. Nach dieser Prüfung beschließt die Landessynode über die Entlastung des Landeskirchenrates in dessen Eigenschaft als Verwalter der Allgemeinen Kirchenkasse (Art. 83 Abs. 2 S. 2). Es findet also eine umfassende Prüfung über den Vollzug des Haushaltsplanes statt. Soweit Prüfungserinnerungen erhoben werden, gilt die Entlastung immer nur mit dem Vorbehalt der Erledigung dieser Erinnerungen.

Der Haushaltsplan folgt einem in den Gliedkirchen der EKD einheitlichen Gliederungsplan. Er ist aufgeteilt nach Aufgabenbereichen und in Einzelpläne gegliedert.

2. Einnahmen und Ausgaben

Der vielfältige Dienst der Kirche kostet seinen Preis. So wurden etwa im Haushaltsgesetz 1993 (KABl 1992, S. 370) die Einnahmen und Ausgaben auf 1 201 600 000,– DM festgesetzt.

Die Ansätze für die einzelnen Einnahmen und Ausgaben sind im Überblick in den Schaubildern S. 533 ff. dargestellt[5]. Sie beziehen sich

3) Hierzu bereits o. § 49,2a (S. 444); vgl. ferner die als Richtlinie nach Art. 9 EKDGO aufgestellte Ordnung für das kirchliche Haushalts-, Kassen- und Rechnungswesen vom 11.05.1974 (ABl. EKD S. 413).

4) Zu diesem vgl. o. § 49 Fn. 17 (S. 447) u. § 61, 7 b (S. 524).

5) Beachte bei den Ausgaben die verschiedene Systematisierung nach **Aufgabenbereichen** (gemäß Einzelplänen des Haushaltsplanes) und nach **Ausgabearten**!

zahlenmäßig auf das Jahr 1993, können aber hinsichtlich der Prozentangaben mit leichten Schwankungen nach unten oder oben als durchaus repräsentativ angesehen werden.

Naturgemäß nehmen bei den Einnahmen die **Kirchensteuern** mit rund 945 Mio. DM und damit fast 80 % den größten Posten ein. Innerhalb dieser Einnahmequelle überwiegt die Kirchenlohnsteuer ganz eindeutig (rund 83 % des gesamten Ansatzes für Kirchensteueraufkommen), der Anteil der Kircheneinkommensteuer beträgt rund 17 %, der Anteil der Kirchengrundsteuer liegt bei nicht einmal 0,1 %.

Bei den **Leistungen und Zuschüssen des Staates** handelt es sich zum einen um Pauschalleistungen zur Abgeltung des durch kirchliche Lehrkräfte (Pfarrer, Religionspädagogen, Katecheten, Diakone) erteilten Religionsunterrichts[6], zum anderen um Leistungen, die dem Staat nach dem Staatsvertrag (RS 110) und im Vollzug hierzu nach der Staatsleistungsvereinbarung (RS 115) obliegen. Überwiegend handelt es sich dabei um vertraglich übernommene Pflichtleistungen (z. B. Zuschüsse für Geistlichenbesoldung, für den Personal- und Sachaufwand des Landeskirchenrates, Aufwendungen für Seelsorge in Justizvollzugsanstalten), teilweise auch um echte freiwillige Leistungen (z. B. Zuschüsse zur Ruhestands- und Hinterbliebenenversorgung, für Landessynode und Landessynodalausschuß, die Predigerseminare, die Akademie Tutzing u. ä.)[7].

Die **Einnahmen aus der gesetzlichen Rentenversicherung und sonstige Zuschüsse** betreffen fast ausschießlich die Renten aus der gesetzlichen Rentenversicherung (VNG – RS 760 – Art. 1 Abs. 4) und Leistungen des Versorgungsfonds[8], zu einem geringen Teil auch Beteiligungen Dritter an den Versorgungsleistungen.

Zu den **Einnahmen aus Vermögen und Verwaltung** zählen u. a. Mieten und die Erträgnisse der Pfründestiftungen, die der Pfründestiftungsverband als Beitrag zur Pfarrbesoldung an die Allgemeine Kirchenkasse abliefert[9].

Bei den **Kollekten, Opfern und Einnahmen besonderer Art** sind nur diejenigen Kollekten und sonstigen Einnahmen gemeint, die der Allgemeinen Kirchenkasse für die im Haushalt genannten Aufgabenbereiche verbleiben. Durchlaufende Gelder, die gleich weiter an die jeweiligen Empfänger landeskirchlicher Kollekten gereicht werden, oder besondere Sammlungen wie »Brot für die Welt« oder ortskirchliche Kollekten und sonstige freiwilligen Gaben und Spenden sind hierunter nicht erfaßt. Das Gesamtspendenaufkommen der ELKiB liegt demgemäß wesentlich höher. Derzeit sind es etwas über 100 Mio. DM.

6) Die Verpflichtung des Staates ergibt sich aus dem Umstand, daß der Religionsunterricht ordentliches Lehrfach und der Staat daher Unternehmer und Kostenträger dieses Unterrichts ist, vgl. näher o. § 11,6 (S. 133).
7) Vgl. hierzu o. § 10.
8) Vgl. hierzu o. § 28,3 (S. 293).
9) Vgl. o. § 56,3 (S. 494).

Vermögenswirksame Einnahmen und Schulden beziehen sich auf Entnahme von Rücklagen und Darlehensaufnahmen.
Zur Erfüllung des kirchlichen Auftrags und der sich daraus ergebenden vielfältigen Aufgabenbereiche bedarf es vieler Mitarbeitender. Kirche ist daher eine personalintensive Dienstgemeinschaft. Es kann somit nicht verwundern, wenn ein Großteil der Ausgaben für Personalkosten aufzuwenden ist. In der Übersicht nach den Ausgabearten sind unter 1. Personalausgaben mit 503 141 600,– DM angesetzt, d. h. knapp 42 % der Ausgaben. Damit sind aber nur diejenigen Personalkosten erfaßt, die Dienst- und Arbeitsverhältnisse zur Landeskirche betreffen und zentral über die Landeskirchenkasse bezahlt werden (z. B. für den Pfarrdienst in den Gemeinden oder in allgemein kirchlichen Aufgaben, Kirchenbeamte, Religionspädagogen usw.). Daneben fallen aber weitere Personalausgaben in den Kirchengemeinden, Dekanatsbezirken und Verwaltungsstellen (v. a. Mitarbeitende in den Kirchengemeinden, in kirchengemeindlichen Kindergärten u. ä.) und im diakonischen Bereich an. Diese Personalaufwendungen betragen noch einmal 160 960 000,– DM (Kirchengemeinden u. a.) und 207 052 000,– DM (Diakonie, Mission u. a.), so daß von **Gesamtpersonalkosten** in Höhe von 871 153 600,– DM auszugehen ist. Das sind **72,5 % des gesamten Haushalts!**
Die weiteren Ausgaben, in der Gruppierung nach Ausgabearten und der Gliederung nach Aufgabenbereichen, können im einzelnen den Übersichten S. 529 f. entnommen werden und bedürfen im wesentlichen keiner weiteren Erläuterung. Zu beachten ist dabei noch, daß nicht nur im Einzelplan 3 Ausgaben für **sozialdiakonische Ausgaben** enthalten sind, sondern auch in den Einzelplänen 0, 1 und 9. Der Gesamtanteil der Ausgaben für sozialdiakonische Aufgaben (einschließlich der entsprechenden Personalkosten) liegt daher bei ca. **30 %**. Ein beachtlicher Teil der Ausgaben im Einzelplan 3 (gesamtkirchliche Aufgaben u. a.) fällt mit knapp 70 Mio. DM auf die Hilfen an die östlichen Gliedkirchen der EKD (Umlagen für Hilfspläne I und II[10]) und die dortige Partnerkirche der ELKiB, die Evangelisch-Lutherische Landeskirche Mecklenburgs. Es sind dies Ausgaben, die für eine Übergangszeit nach der Vereinigung noch weiter anfallen werden.
Der Einzelplan 9 umfaßt Ausgaben für die Kirchensteuerämter, die Vergütung an den Staat für die Verwaltung der Kirchenlohnsteuer durch die Finanzämter[11], die allgemeinen Umlagen an die EKD und die VELKD, die Aufwendungen für die kirchlichen Sammelversicherungen[12], die Leistungen für die Versorgungsaufwendungen, für die Personalkosten- und Haushaltsverstärkung und vor allem den innerkirchlichen Finanzausgleich, also die Zuweisungen an die Kirchengemeinden und Dekanatsbezirke[13].

10) Der Hilfsplan I der EKD führt frühere Hilfen, insbesondere auch das Bauhilfsprogramm fort. Der Hilfsplan II ist ein Personalkostenstützungsfonds, mit dem ein bestimmter Anteil (z. Zt. – 1993 – 61 %) des Personalaufwands für Löhne und Gehälter der kirchlichen Mitarbeitenden in den östlichen Gliedkirchen durch die westlichen Gliedkirchen der EKD aufgebracht wird.
11) Vgl. u. § 65,1 (S. 555).
12) Vgl. o. § 51,2 (S. 467).
13) Vgl. u. § 67,1 (S. 576).

3. Publizität des Haushalts

Die Kirche ist ihren Mitgliedern Rechenschaft über die Verwendung ihrer Gelder schuldig. Dem dienen zum einen die Beratung über den Haushalt in der Landessynode in öffentlicher Sitzung (KVerf Art. 49), mit entsprechender Berichterstattung in kirchlicher und allgemeiner Presse, ferner die Prüfung der Jahresrechnung durch das unabhängige Rechnungsprüfungsamt und den Prüfungsausschuß der Landessynode, der seinen Bericht in der Landessynode wiederum in öffentlicher Sitzung vorträgt. Auch das den Kirchensteuerbescheiden der Kirchensteuerämter alljährlich beigelegte Faltblatt über den landeskirchlichen Haushalt dient dieser Information. Ebenso wird in den Briefen der Pfarrämter bzw. Gesamtkirchenverwaltungen, mit denen um Zahlung des Kirchgeldes gebeten wird, regelmäßig über die Verwendung der Kirchgeldeinnahmen informiert. Daß hier manches an Informationen und die Informationspolitik allgemein noch durchaus verbessert werden könnten, dürfte nicht zu bestreiten sein.

Literatur

W. v. Ammon/R. Rusam, Verfassung der Evangelisch-Lutherischen Kirche in Bayern, 2. Aufl., Erl. zu Art. 79–83; *K. Blaschke*, Kirchliches Finanz- und Haushaltsrecht, ZevKR 27 (1982) S. 45 ff.; *H.-G. Nordmann*, Kirchliches Finanz- und Haushaltsrecht, ebd. S. 155 ff.

Einnahmen der Evang.-Luth. Kirche in Bayern Haushaltsjahr 1993

Gruppierung nach Einnahmearten
1993 = 1.201.600.000 DM = 100%

1: Kirchensteuern	DM 954.188.000 = 79,41%
2: Leistungen und Zuschüsse vom Staat	DM 59.276.000 = 4,93%
3: Leistungen aus der gesetzlichen Rentenversicherung, sonstige Zuschüsse	DM 57.799.850 = 4,81%
4: Einnahmen aus Vermögen und Verwaltung	DM 81.164.750 = 6,76%
5: Kollekten, Opfer und Einnahmen besonderer Art	DM 5.016.000 = 0,42%
6: Vermögenswirksame Einnahmen, Schulden	DM 44.155.400 = 3,67%

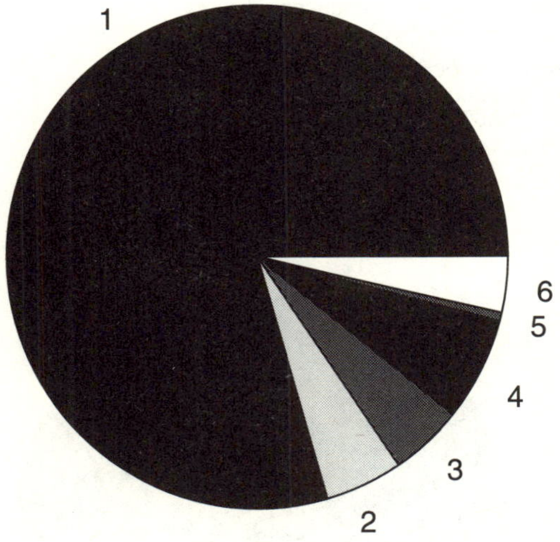

Ausgaben
der Evang.-Luth. Kirche in Bayern
Haushaltsjahr 1993

Gruppierung nach Ausgabearten
1993 = 1.201.600.00 DM = 100%

1: Personalausgaben*)	DM 503.141.600 = 41,87%
2: Zuweisungen, Umlagen und Zuschüsse an Kirchengemeinden, Dekanatsbezirke und Verwaltungsstellen	DM 314.966.000 = 26,21%
davon für Pers.-Aufwendungen DM 160.960.000	
davon für Investitionen DM 72.500.000	
davon für Schuldendienst DM 25.000.000	
3: Sachliche Verwaltungs- und Betriebsausgaben	DM 57.722.500 = 4,80%
4: Laufende Sachausgaben für Grundstücke, Gebäude und bewegliche Vermögen	DM 16.766.900 = 1,40%
5: Zuweisungen und Umlagen im gesamkirchlichen Bereich, Diakonie, EKD, VELKD, Mission, Sonstige	DM 258.814.686 = 21,54%
6: Investitionen der Landeskirche, der Diakonie und im sonstigen kirchlichen Bereich	DM 30.370.000 = 2,53%
7: Ausgaben besonderer Art, vermögenswirksame Leistungen, Schuldendienst	DM 19.818.314 = 1,65%

*) weitere Personalkosten enthalten in:
2 DM 160.960.000
5 DM 207.052.000
ges. DM 871.153.600 = 72,5%

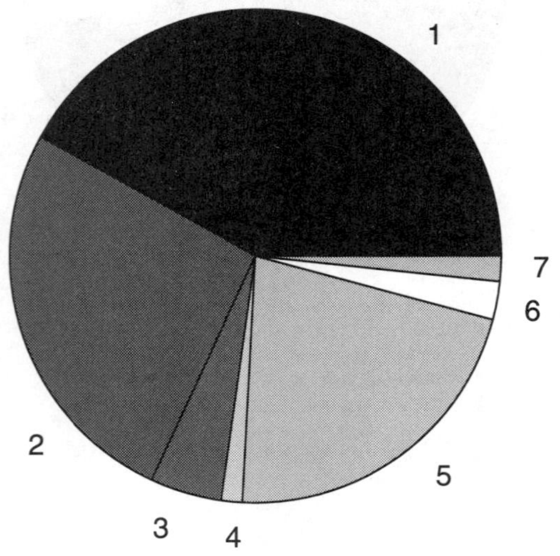

Ausgaben der Evang.-Luth. Kirche in Bayern
Gliederung nach Aufgabenbereichen

1993
1.201.600.000
= 100%

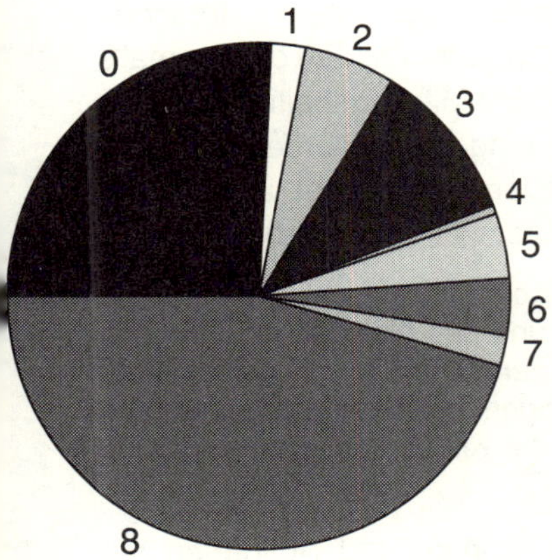

0 Allgemeine kirchliche Dienste, Gottesdienst, Kirchenmusik, Allgemeine Gemeindearbeit, Religionsunterricht, Pfarrdienst

DM 310.523.100 = 25,84%

1 Besondere kirchliche Dienste, Studentenbetreuung, Jugend-, Männer-, Frauenarbeit

DM 25.334.500 = 2,11%

2 Diakonie und kirchl. Sozialarbeit, Jugend-, Familien-, Altenhilfe, Gesundheitsdienst, Bahnhofsmission, Gefährdetenhilfe

DM 72.002.136 = 5,99%*)

3 Gesamtkirchl. Aufgaben, Ökumene, Weltmission, Gemeinkirchl. Aufgaben, Auslandsarbeit, Ökumenische Werke und Einrichtungen, Kirchlicher Entwicklungsdienst, Weltmission

DM 121.973.750 = 10,15%

4 Öffentlichkeitsarbeit, Presse, Schrifttum, Film, Funk, Fernsehen, Sonstige Öffentlichkeitsarbeit

DM 8.958.500 = 0,75%

5 Bildungswesen u. Wissenschaft, Schulen, Erwachsenenbildung, Bücherei, Archiv, Kunst- u. Denkmalpflege, Kirchbau, Theologische, Kirchenrechtliche u. Kirchengeschichtliche Wissenschaft, Gesellschaftswissenschaft

DM 47.289.700 = 3,94%

6 Rechtsetzung, Leitung u. Verwaltung, Rechtsschutz, Synodale Gremien, Leitende Organe, Beratende Gremien, Amtsstellen, Rechnungsprüfung

DM 43.977.400 = 3,66%

7 Verwaltung des Allgemeinen Finanzvermögens und der Sondervermögen, Wohn- und Dienstgrundstücke, Geldvermögen und Beteiligungen

DM 23.010.000 = 1,91%

8 Allgemeine Finanzwirtschaft, Innerkirchlicher Finanzausgleich

DM 548.530.914 = 45,65%

*) Weitere Ausgaben für sozialdiakonische Aufgaben sind in den Einzelplänen 0, 1 und 8 enthalten.
Anteil der sozialdiakonischen Aufgaben am Gesamthaushalt insges.: 30%.

2. Abschnitt:
Das Kirchensteuerrecht

§ 63
Rechtliche Grundlagen

1. Allgemeines

Kirchliche Finanzierung ist auf verschiedene Weise denkbar: Die Kirche kann sich einmal aus ihrem Vermögen finanzieren, also von den Erträgnissen ihres Vermögens leben. Dies setzt voraus, daß sie ein solches hat. Kirche kann weiter vom Staat finanziert werden, durch Staatsleistungen oder staatliche Subventionen. Dies birgt die Gefahr der Abhängigkeit vom Staat. Sie kann aber auch von ihren Mitgliedern finanziert werden: durch rein freiwillige Spenden und Kollekten, durch einen Kirchenbeitrag oder durch eine Kirchensteuer. Beim Kirchenbeitragssystem handelt es sich um durch innerkirchliches Recht verpflichtende Mitgliedsbeiträge, die bei Nichtleistung vor den staatlichen Gerichten eingeklagt werden können, vergleichbar der Nichtzahlung von normalen Vereinsbeiträgen. Von diesem Beitragssystem unterscheidet sich das Kirchensteuersystem lediglich dadurch, daß die ebenfalls durch innerkirchliches Recht verpflichtenden Mitgliedsbeiträge im Falle der Nichtleistung nicht vor Gericht eingeklagt werden müssen, sondern kraft staatlichen Rechts als Steuer ausgestaltet, also hoheitlich, d. h. mit Hilfe staatlichen Verwaltungszwangs beitreibbar sind.

Die Hilfe des Staates beim **Einzug** dieser Abgaben ist nicht wesentlich für den Begriff der Steuer. Sie hat sich bei uns aus historischen Gründen ergeben, geht auf ein staatliches Angebot zurück und wird in unterschiedlicher Weise von den Kirchen und Religionsgemeinschaften angenommen – wie im übrigen das staatliche Angebot der Kirchensteuerberechtigung überhaupt[1].

Der Überblick über die kirchlichen Einnahmen und Ausgaben hat gezeigt, daß für die besonders personalintensive Arbeit der Kirche, für notwendige Kosten im Hinblick auf die Unterhaltung von Einrichtungen, Anstalten und Gebäuden, für die Unterstützung anderer Kirchen u. a. eine verläßliche und ausreichend ergiebige Einnahmequelle unabweisbar ist. Da kirchliches Vermögen in einem Umfang, der es ermöglichte, mit den Erträgnissen die erforderlichen Ausgaben zu

1) Dazu u. 2. und 3. sowie §§ 65, 66.

decken, nicht (bzw. nicht mehr[2]) vorhanden ist, eine alleinige bzw. überwiegende Finanzierung durch den Staat[3] weder gewollt noch dem Trennungsgrundsatz gemäß GG Art. 140 i. V. m. Art. 137 Abs. 1 WRV entspräche, bleibt nur eine Finanzierung durch die Kirchenmitglieder. Ungeachtet der nach wie vor bestehenden großen Spendenbereitschaft wären aber für die gegebene Haushaltsstrukur freiwillige Gaben und Spenden als Finanzierungsquelle zu unsicher[4]. Die erforderlichen Einnahmen können daher nur aus – notfalls auch erzwingbaren – Abgaben der Kirchenmitglieder erzielt werden.

Dementsprechend bestimmen kirchengesetzliche Regelungen, daß Kirchengliedern auch die Pflicht zukommt, »durch Gaben und Beiträge den Dienst der Kirche mitzutragen« (KVerf Art. 10 Abs. 2), »durch Abgaben und Opfer dazu beizutragen, daß die Kirche ihren Auftrag erfüllen kann« (KGliedG § 1 Abs. 2 S. 2), »den Dienst der Kirche durch Leistung gesetzlich geordneter kirchlicher Abgaben mitzutragen und zu fördern« (EKDKMitgliedG § 4 Abs. 2). Es handelt sich somit um eine kirchengesetzlich verbindlich gemachte **mitgliedschaftliche Verpflichtung** der einzelnen Kirchenmitglieder. Hierin unterscheiden sich die Kirchen und Religionsgemeinschaften nicht von anderen Verbänden und Vereinigungen. Es ist selbstverständliches Recht aller Gemeinschaften, von ihren Mitgliedern (verbindliche) Beiträge zur Bestreitung der jeweiligen Aufgaben zu erheben. Für die Kirchen und Religionsgemeinschaften ist dieses Recht noch einmal im Selbstbestimmungsrecht und der Selbstverwaltungsgarantie des GG Art. 140 i. V. m. Art. 137 Abs. 3 WRV enthalten. Zur Kirchen**steuer** wird dieses Beitragserhebungsrecht dadurch, daß der Staat den Kirchen und Religionsgemeinschaften, soweit sie Körperschaften des öffentlichen Rechts sind, die Steuerberechtigung verleiht und damit die hoheitliche Beitreibung der innerkirchlich festgesetzten Abgaben garantiert (GG Art. 140 i. V. m. Art. 137 Abs. 6 WRV). Mit dieser Möglichkeit der Kirchensteuererhebung wird also nicht die Befugnis der Kirchen und Religionsgemeinschaften verliehen, Beiträge von ihren Mitgliedern zu erheben[5] – dies haben sie aus eigenem Recht –, sondern nur die Befugnis, diese Beiträge **als Steuern** zu erheben, indem der Staat sich bereit erklärt, die von den Kirchen und Religionsgemeinschaften festgesetzten Mitgliedsbeiträge notfalls durch seine Organe im Wege des

2) Durch frühere Säkularisationen wurde Kirchengut Staatseigentum, hierzu auch u. 3.
3) Wie dies in vielen Fällen, auch im näheren geographischen Umfeld noch anzutreffen ist, vgl. u. § 66,8 (S. 572).
4) Vgl. u. § 66,7 (S. 570).
5) *v. Campenhausen,* Staatskirchenrecht, S. 163.

Verwaltungszwangs beizutreiben[6]. Zum Wesen der Steuer gehört die einseitige Festsetzung und die hoheitliche Beitreibbarkeit im Wege des Verwaltungszwanges. Im Falle der Nichtzahlung ist es daher nicht notwendig – wie dies bei einem normalen **Beitrag** der Fall wäre – gerichtlich vorzugehen, d. h. zu klagen und das Urteil dann durch Vollstreckung durchzusetzen.

Damit sind Kirchensteuern echte Steuern. Sie sind Abgaben in Geld, die von Kirchen und Religionsgemeinschaften, soweit sie öffentlich-rechtliche Körperschaften sind, von ihren Mitgliedern aufgrund kirchengesetzlicher Regelung erhoben und erforderlichenfalls mit Hilfe des staatlichen Verwaltungszwangs beigetrieben werden können. Als Steuern sind sie nicht an irgendwelche Gegenleistungen gebunden, auch kann ihre Zahlung nicht an bestimmte Bedingungen geknüpft werden[7].

Von anderen Steuern unterscheiden sie sich dadurch, daß die Steuerhoheit einer Kirche oder Religionsgemeinschaft zusteht, und daß man sich ihnen durch Kirchenaustritt entziehen kann. Damit sind sie letztlich nichts anderes als **auf freiwilliger Mitgliedschaft beruhende Kirchenbeiträge**.

2. Rechtsgrundlagen

RS 100, 101 Rechtsgrundlage für die Erhebung von Kirchensteuern ist GG Art. 140 i. V. m. Art. 137 Abs. 6 WRV (gleichlautend BV Art. 143 Abs. 3). Der Staat räumt hier den Religionsgemeinschaften mit dem Status einer Körperschaft des öffentlichen Rechts das Recht ein, »auf Grund der bürgerlichen Steuerlisten nach Maßgabe der landesrechtlichen Bestimmungen Steuern zu erheben«. Es ist dies zunächst ein verfassungsrechtlich garantiertes **Angebot**[8], wobei die angesprochenen Kirchen und Religionsgemeinschaften selbst entscheiden, ob sie dieses Recht in Anspruch nehmen wollen und wenn ja, in welcher Weise (voll oder nur eingeschränkt).

So nehmen etwa in Bayern von den insgesamt 16 Religions- und weltan-

6) BVerfGE 19, 206/217; *v. Campenhausen* a.a.O. m. w. N.
7) Vgl. die Legaldefinition des Begriffs »Steuer« in § 3 Abs. 1 der Abgabenordnung (AO): »Steuern sind Geldleistungen, die nicht eine Gegenleistung für eine besondere Leistung darstellen und von einem öffentlich-rechtlichen Gemeinwesen zur Erzielung von Einnahmen allen auferlegt werden, bei denen der Tatbestand zutrifft, an den das Gesetz die Leistungspflicht knüpft; die Erzielung von Einnahmen kann Nebenzweck sein.« Gesetzlicher Anknüpfungstatbestand ist die Kirchenmitgliedschaft.
8) Zur geschichtlichen Begründung dieses Angebots u. 3.

schaulichen Gemeinschaften[9], die theoretisch kirchensteuerberechtigt wären, nur fünf dieses Recht tatsächlich in Anspruch, nämlich die römisch-katholischen Diözesen, die ELKiB, die Evangelisch-Reformierte Kirche[10], die Altkatholische Kirche in Bayern und der Landesverband der Israelitischen Kultusgemeinden in Bayern (AVKirchStG – RS 431 – § 16).

Näher entfaltet wird die verfassungsrechtliche Garantie im jeweiligen Landesrecht, in Bayern durch das »Gesetz über die Erhebung von Steuern durch Kirchen, Religions- und weltanschauliche Gemeinschaften« (Kirchensteuergesetz – RS 430). Dieses (staatliche) KirchStG legt fest, welche Arten von Kirchensteuern (Art. 1 Abs. 2), wie und bis zu welcher Höhe erhoben werden können, ferner in welcher Form der Staat seine Hilfe bei der Erhebung und Durchsetzung der kirchlichen Steuerforderungen zur Verfügung stellt. Es enthält im einzelnen Regelungen über die Voraussetzungen (Schuldner und Gläubiger der Kirchensteuern, vgl. Art. 2–6, 20 und 21) und die Art der Kirchensteuererhebung (Art. 7, 9–16), über die Verwaltung der Kirchensteuern einschließlich der Rechtsbehelfe und der Beitreibung (Art. 17–19, 23), sowie die Festsetzung von Höchstgrenzen der Steuersätze (Art. 8, 22). Weitere Ausführungsbestimmungen hierzu sind in der (staatlichen) AVKirchStG – RS 431 – enthalten.

RS 430

RS 431

Die Kirchen entscheiden dann in eigener Zuständigkeit, ob sie von diesem in der Verfassung allgemein enthaltenen und im Landesrecht näher entfalteten Angebot Gebrauch machen wollen. Für die ELKiB ist dies im Kirchengesetz über die Erhebung von Kirchensteuern (KirchStErhebG – RS 432) geschehen, in dem sie kirchengesetzlich regelte, welche Arten der im staatlichen KirchStG enthaltenen Kirchensteuern erhoben und wie diese im einzelnen verwaltet werden (hierzu näher auch die AVKirchStErhebG – RS 433, die Kirchengrundsteuerordnung – RS 436 – und die Vollzugsbekanntmachung über die Kirchgelderhe-

RS 432

RS 433–437

9) Vgl. KWMBek über Kirchen, religions- und weltanschauliche Gemeinschaften mit der Eigenschaft einer Körperschaft des öffentlichen Rechts vom 25.2.1991 – RS 108 – und Bek. über den Austritt aus einer Kirche, Religionsgemeinschaft oder weltanschaulichen Gemeinschaft, die Körperschaft des öffentlichen Rechts ist, vom 6.8.1992 – RS 431/1 – Nr. 2.
Eine Übersicht über steuerberechtigte und steuererhebende Kirchen und Religions- und Weltanschauungsgemeinschaften in der Bundesrepublik Deutschland (soweit sie den Länderfinanzbehörden die Verwaltung übertragen haben) bringen *Giloy/König*, Kirchensteuerrecht in der Praxis, Neuwied – Kriftel/Ts. – Berlin 1993, S. 16–20. Vgl. ferner u. § 66 Fn. 1 (S. 566).

10) Nach dem KG vom 14.8.1922 betr. das Abkommen zwischen der ELKiB und der reformierten Kirche in Bayern (KABl S. 205) hat die reformierte Kirche das ihr zustehende Recht der selbständigen Erhebung von Kirchensteuern für die Dauer des Vertrages auf die ELKiB übertragen. Sie erhält dafür einen Anteil von 0,5 % des Kirchensteuer-Nettoaufkommens der ELKiB.

bung – VollzBekKirchgeld – RS 437)[11]. Ferner wurde in dem Kirchengesetz über den Umfang und die Höhe der Kirchensteuern – RS 434 – festgelegt, in welcher Höhe die Kirchensteuern – im Rahmen des staatlich vorgegebenen Rahmens (vgl. KirchStG Art. 8) – festgesetzt werden[12].

Diese kirchengesetzlich getroffenen Regelungen bilden die unmittelbare Rechtsgrundlage für die Erhebung der Kirchensteuern. Sie sind notwendig, um die Anforderungen rechtsstaatlicher Steuererhebung zu erfüllen, damit für jedes Kirchenmitglied vorhersehbar ist, ob es Kirchensteuern schuldet und nach welchem Maßstab sie berechnet werden. Die kirchlichen Regelungen haben darüber hinaus Rückwirkungen für den staatlichen Bereich: Soweit die Landesfinanzbehörden für die Verwaltung der Kirchensteuer nach dem Maßstab der Lohnsteuer zuständig sind, wird durch diese auch die Hilfe der Arbeitgeber für die Einbehaltung und Abführung der Kirchensteuer von Lohnsteuerpflichtigen in Anspruch genommen[13].

Die staatliche und kirchliche Regelungskompetenz im Bereich der Kirchensteuern und das Ineinandergreifen dieser Regelungen machen deutlich, warum dieser Sachbereich zu den **gemeinsamen Angelegenheiten** zwischen Staat und Kirche zählt[14].

Neben der Garantie der Kirchensteuererhebung im GG und der BV – wie auch den anderen Landesverfassungen –, ist dieses Recht auch
RS 110 in den Kirchenverträgen enthalten (vgl. Art. 20 Kirchenvertrag). Durch dieses gemeinsam geschaffene staatliche und kirchliche Recht[15] ist eine einseitige staatliche Änderung ausgeschlossen.

3. Historischer Grund der Garantie in WRV Art. 137 Abs. 6

Die Form der Erhebung kirchlicher Mitgliedsbeiträge als **Steuern** geht zurück auf eine im 19. Jahrhundert einsetzende Entwicklung. Bis dahin war es – neben den Erträgnissen des Stiftungsgutes[16] – im wesentlichen Sache des Staates gewesen, für den kirchlichen Finanzbedarf zu sorgen. Diese Sorge des Staates für die Finanzausstattung der Kirchen ist ein Prinzip von langer Kontinuität, jedoch mit wechselnden

11) Vgl. im einzelnen u. §§ 64, 65.
12) Sog. Kirchensteuerbeschluß, der für ein Steuerjahr oder für einen längeren Zeitraum beschlossen werden kann. In anderen Landeskirchen erfolgt dies zum Teil jährlich.
13) *Giloy/König* (Fn. 9), S. 12. Hierzu u. § 65.
14) Hierzu allgemein o. § 11.
15) Zum Vertragsstaatskirchenrecht vgl. näher o. § 10.
16) Vgl. o. § 56.

Motiven. Waren es zunächst religiöse Gründe eines mittelalterlich-christlichen Gemeinwesens innerhalb der einen »res publica christiana«, dann die Fürsorge des Landesherrn für die Religion seiner Untertanen (cura religionis), deren oberster Bischof er zumindest im System des landesherrlichen Kirchenregiments auch war, oder – beginnend im 16. Jahrhundert, verstärkt dann im 19. Jahrhundert (Reichsdeputationshauptschluß) – der Gedanke der Entschädigung für Einziehung von Kirchengut, die als Kompensation die Verpflichtung mit sich brachte, für den Unterhalt der Kirchen zu sorgen.

Die Veränderungen im Verlauf des vorigen Jahrhunderts führten zu einer Umgestaltung des bisherigen Systems. Durch die industrielle Entwicklung und die Bevölkerungszunahme vor allem in den Städten wuchsen den Kirchen zahlreiche neue Tätigkeitsfelder zu, während das kirchliche Vermögen deutlich schwand. Als Ausgleich für den Verlust linksrheinischer Gebiete waren die Landesherren mit Kirchen- und Klostergut reichlich versorgt worden. Durch die Zehntablösegesetzgebung gegen Mitte des vorigen Jahrhunderts verlor die Kirche eine weitere wichtige Einnahmequelle. Trotz der im Reichsdeputationshauptschluß von 1803 übernommenen Verpflichtung, das eingezogene Kirchen- und Klostergut für den kirchlichen Unterhalt zu verwenden, sah sich der Staat außerstande und war wohl auch nicht willens, seine Leistungen entsprechend dem gestiegenen Finanzbedarf der Kirche zu erhöhen. Statt dessen bot er den Kirchen an, von ihren Mitgliedern selbst Beiträge zu erheben und hierzu seine Hilfe zur Verfügung zu stellen[17]. Hier liegen die Wurzeln der Kirchensteuergesetzgebung im vorigen und zu Beginn dieses Jahrhunderts und der Festschreibung dieses Angebots in der Weimarer Verfassung. Für die Kirchen bedeutete diese ihnen vom Staat eingeräumte Möglichkeit eine größere Unabhängigkeit, indem sie nun nicht mehr auf direkte staatliche Finanzierung angewiesen waren[18]. Letztlich entsprang die Einführung der Kirchensteuer einem Kompromiß: Der sich zuneh-

17) Vgl. für Bayern das Gesetz »Die Kirchensteuer für die protestantischen Kirchen des Königreiches Bayern betreffend« vom 15.8.1908 (GVBl S. 513, GVBl 1910 S. 149). Hierzu *Th. Karg*, Kirchensteuerrecht in der Evang.-Luth. Kirche in Bayern, 2. Aufl., München 1969, S. 9; *ders.*, Die Einführung der Landeskirchensteuer vor 50 Jahren, Nachrichten der ELKiB 1958, S. 232 ff. und Zeitschr. f. bayer. Kirchengeschichte 1960, S. 237 ff.; ferner *H. P. Schamari*, Kirche und Staat im Bayerischen Landtag zur Zeit des Prinzregenten Luitpold (1886–1912), Diss. phil. München 1978, S. 646 ff.

18) Freilich bedurfte es einer gewissen Zeit, bis die Kirchensteuern andere Einnahmequellen, v. a. die Staatsleistungen, in den Hintergrund treten ließen, zumal die Kirchensteuern nach dem Gesetz von 1908 nur subsidiären Charakter hatten, also dann zu erheben waren, wenn die kirchlichen Bedürfnisse nicht durch Leistungen des Staates oder sonstige Mittel ausreichend gedeckt waren. So blieben etwa noch 1927 die Einnahmen der ELKiB aus der Landeskirchensteuer mit 3,7 Mio. RM hinter den

mend religiös und weltanschaulich neutral verstehende Staat sah den finanziellen Unterhalt der Kirchen nicht mehr als seine unmittelbare Aufgabe an, ohne dadurch eine radikale Trennung von Staat und Kirche bezwecken zu wollen. Zudem wurde sichergestellt, daß die Kirchen ihren finanziellen Bedarf nun im wesentlichen allein durch Beiträge ihrer Mitglieder und nicht mehr durch staatliche Subventionierung decken konnten[19].

Staatszuschüssen i. H. von fast 6,2 Mio. RM und freiwilligen Gaben i. H. von 4,8 Mio. DM deutlich zurück. 74,6 % der Pfarrgehälter und 70 % der Ruhestandsbezüge wurden damals noch vom Staat bezahlt. Vgl. die Angaben bei *H. Maser*, Die Evangelisch-Lutherische Kirche in Bayern rechts des Rheins zur Zeit der Weimarer Republik 1918–1933, München, 1990, S. 43; *H.-P. Hübner*, Pfarrer in der Sozialversicherung, Jus. Eccl. Bd. 43, Tübingen, 1992, S. 25.

19) *v. Campenhausen,* Staatskirchenrecht, S. 162. Zu den historischen Gründen der Kirchensteuer vgl. *v. Campenhausen*, ebd. S. 160 ff. und S. 176; *v. Mangoldt/Klein/v.Campenhausen*, Art. 140 GG/Art. 137 WRV, Rdnr. 182 ff.; *F. Giese*, Deutsches Kirchensteuerrecht, Stuttgart 1910, S. 10 ff.; *W. Huber*, Die Kirchensteuer als »wirtschaftliches Gundrecht«. Zur Entwicklung des kirchlichen Finanzsystems in Deutschland zwischen 1803 und 1933, in: *W. Lienemann* (Hrsg.), Die Finanzen der Kirche. Forschungen und Berichte der Evang. Studiengemeinschaft, München 1989, S. 130 ff.; *Chr. Link*, Kirchensteuer, EvStL Sp. 1695/1697; *ders.,* Staat und Kirchen, in: *K. Jeserich/H. Pohl/Chr. v. Unruh* (Hrsg.), Deutsche Verwaltungsgeschichte, Bd. 3, Stuttgart 1984, S. 558 ff.; *U. Scheuner,* Kirchensteuer und Verfassung, Zeitschr. f. Rechtspolitik 1969, S. 195 ff.
Vgl. allgemein zur Legitimation der Kirchensteuer auch u. § 66.

§ 64
Arten der Kirchensteuer

1. Überblick

Kirchensteuern sind regelmäßig **Zuschlagsteuern (Annexsteuern)**, d. h. sie knüpfen an andere Steuern an und werden als Zuschlag zu diesen erhoben. Die staatlichen Kirchensteuergesetze stellen mehrere Maßstäbe für diese Anknüpfung zur Verfügung. Nach KirchStG Art. 1 *RS 430*
Abs. 2 sind dies

- die Einkommensteuer als Maßstab für die **Kircheneinkommensteuer**
- die Lohnsteuer als Maßstab für die **Kirchenlohnsteuer**
- der Grundsteuermeßbetrag für die **Kirchengrundsteuer**[1].

Neben diesen drei Kirchensteuerarten, die unter dem Oberbegriff **Kirchenumlagen** zusammengefaßt werden (Art. 1 Abs. 2 Buchst. a), kennt das KirchStG als vierte Kirchensteuerart das **Kirchgeld** (Art. 1 Abs. 2 Buchst. b).

Die ELKiB hat wie die anderen in Bayern Steuer erhebenden Kirchen und Religionsgemeinschaften[2] von dieser Berechtigung in der Weise Gebrauch gemacht, daß sie nach Maßgabe der staatlichen Bestimmungen alle vier vorgesehenen Kirchensteuerarten erhebt (Kirchenumlagen: KirchStErhebG Art. 1 Abs. 1; Kirchgeld: KirchStErhebG
Art. 11). Dabei ist zu beachten, daß die Lohnsteuer ein Unterfall der *RS 432*
Einkommensteuer ist, einbehaltene Lohnsteuer im Falle der Veranla-

1) In anderen Bundesländern ist überwiegend auch die Vermögensteuer Anknüpfungsmaßstab. Von der Möglichkeit der Erhebung dieser Kirchensteuer nach dem Maßstab der Vermögensteuer wird jedoch von den Kirchen und fast allen Religionsgemeinschaften kein Gebrauch gemacht (vgl. *Giloy/König*, Kirchensteuerrecht in der Praxis, S. 168). Die Kirchengrundsteuer ist nicht in allen Bundesländern vorgesehen. Wo diese Möglichkeit besteht, wird diese Kirchensteuerart z.T. nicht oder nur eingeschränkt genutzt, so auch in Bayern (vgl. die Übersicht bei *Giloy/König* a.a.O. S. 173 ff. und *Chr. Meyer,* Neue Wirtschaftsbriefe (NWB) 1992, Fach 12, S. 1363 ff.).
Bei der Kirchengrundsteuer ergibt sich die Anknüpfung an den Grundsteuermeßbetrag aus folgenden Überlegungen: Der Grundsteuermeßbetrag leitet sich vom Einheitswert des Grundstücks ab, also vom Wert des Steuergegenstands. Der Einheitswert ist auch Grundlage der Grundsteuer, die den jeweiligen politischen Gemeinden zusteht. Die Höhe der Grundsteuer selbst errechnet sich aus einer Multiplikation des Grundsteuermeßbetrages mit den von den Gemeinden unterschiedlich festgesetzten Grundsteuerhebesätzen. Die Anknüpfung der Kirchengrundsteuer an den Grundsteuermeßbetrag führt also zu einer geringeren und vor allem gerechteren Belastung als bei Anknüpfung an die Grundsteuer.

2) O. § 63,2 (S. 538). Kirchengrundsteuer wird allerdings nicht von der altkatholischen Kirche und den israelitischen Kultusgemeinden erhoben. Letztere erheben auch kein Kirchgeld.

gung zur Einkommensteuer[3] daher angerechnet wird. Dies gilt auch für die als Zuschlag zu erhebenden entsprechenden Kirchensteuern: Einbehaltene Kirchenlohnsteuer ist daher bei Veranlagung zur Kircheneinkommensteuer anzurechnen (KirchStG Art. 11). Die Kirchengrundsteuer wird nur erhoben, soweit sie die Kircheneinkommen- bzw. Kirchenlohnsteuer übersteigt (Art. 16 Abs. 2).

2. Maßstabsteuern und Höhe der Kirchensteuern

Die Kirchenumlagen richten sich an den entsprechenden, dem Staat geschuldeten Maßstabsteuern aus (staatliche Einkommen- und Lohnsteuer sowie der vom Staat festgesetzte Grundsteuermeßbetrag als Grundlage für die von den Gemeinden zu erhebende Grundsteuer). Diese sind Bemessungsgrundlage für die Festsetzung der Kirchenumlagen. Nur wer z. B. Einkommen- bzw. Lohnsteuern zahlt, zahlt auch Kircheneinkommen- bzw. Kirchenlohnsteuer (Grundsatz der Akzessorietät)[4]. Als Annexsteuern sind die Kirchenumlagen immer dann fällig, wenn auch die staatlichen Maßstabsteuern fällig sind. Diese staatlichen Maßstabsteuern werden von den staatlichen Finanzämtern im Rahmen der Steuerveranlagung festgesetzt, die Höhe der Kirchenumlagen ergibt sich dann automatisch nach dem von den Kirchen und Religionsgemeinschaften festgesetzten prozentualen Zuschlag zur staatlichen Maßstabsteuer[5], wobei sich dieser Zuschlag innerhalb des vom Staat vorgegebenen Rahmens halten muß.

KirchStG Art. 8 Abs. 1 legt fest, daß der Zuschlag für die Kircheneinkommen- und Kirchenlohnsteuer 10 % nicht übersteigen darf, Art. 16 Abs. 4 legt diesen Rahmen für die Kirchengrundsteuer ebenfalls auf 10 % (des Grundsteuermeßbetrages) fest. Wegen der Möglichkeit der staatlichen Verwaltung der Kirchensteuern kann aus Gründen der Verwaltungsvereinfachung dieser Umlagesatz in einem Bundesland nur einheitlich sein. In Abstimmung mit den anderen in Bayern kirchen-

3) Lohnsteuerpflichtige sind dann zur Einkommensteuer zu veranlagen, wenn sie neben ihrem Lohn bzw. Gehalt aus einem nichtselbständigen Arbeits- oder Dienstverhältnis weitere Einkünfte haben, z. B. aus Nebentätigkeiten aus selbständiger Arbeit, aus Vermietung und Verpachtung u. a., ferner dann, wenn sie bei ihren Einkünften aus nichtselbständiger Tätigkeit bestimmte Beträge überschreiten (derzeit 27 000,– DM als Ledige bzw. 54 000,– DM als Verheiratete). Der Lohnsteuerjahresausgleich ist jetzt ohnehin durch eine Antragsveranlagung ersetzt.

4) Dazu auch u. 4 und § 66,6 (S. 570).

5) In anderen Bundesländern stellen es die Kirchensteuergesetze den steuererhebenden Gemeinschaften z.T. frei, Kirchensteuern nach Maßgabe des Einkommens zu erheben oder kircheneigene Tarife zu entwickeln. Aus Gründen der einfacheren Verwaltung wurde aber auch dort bis jetzt an der Erhebung nach dem Maßstab der Einkommen-(Lohn-)steuer festgehalten.

steuererhebenden Kirchen und Religionsgemeinschaften beträgt nach dem Kirchengesetz über den Umfang und die Höhe der Kirchensteuern – RS 434 – der Umlagesatz für die **Kircheneinkommen**- und **Kirchenlohnsteuer 8 %**[6)] der (staatlichen) Einkommen- bzw. Lohnsteuer, für die **Kirchengrundsteuer 10 %** des Grundsteuermeßbetrages. *RS 434*

Bei letzterer wird nur der Grundsteuermeßbetrag A (land- und forstwirtschaftlicher Besitz) zugrunde gelegt, nicht auch der Grundsteuermeßbetrag B (anderer Grundbesitz, d. h. bebaute und unbebaute Grundstücke). Auf diese – an sich durch KirchStG Art. 16 zugelassene – Möglichkeit, Kirchengrundsteuern auch nach dem Maßstab des Grundsteuermeßbetrages für Grundstücke zu erheben, wird von den steuererhebenden Gemeinschaften in Bayern also verzichtet[7)].

Bei Kircheneinkommen- und Kirchenlohnsteuern sind noch die besonderen Kinderfreibeträge nach Maßgabe des § 51a i. V. m. § 32 Abs. 6 des Einkommensteuergesetzes (EStG) zu berücksichtigen (KirchStG Art. 8 Abs. 2). Nach den derzeit geltenden Beträgen ist daher vor der Berechnung der Kircheneinkommen- bzw. Kirchenlohnsteuer die Maßstabsteuer zu kürzen
- um 300 DM bei Kindern, für die der volle Kinderfreibetrag[8)] (derzeit 4104 DM, vgl. EStG § 32 Abs. 6) gewährt wird,
- um 150 DM bei Kindern, für die der halbe Kinderfreibetrag (derzeit 2052 DM) gewährt wird.

Erst nach Abzug dieser Beträge von der festgesetzten Einkommensteuer ist die Kircheneinkommensteuer mit dem Umlagesatz von 8 % zu berechnen[9)]. Gleiches gilt für die Kirchenlohnsteuer. Hier sind diese Beträge aber bereits in die Steuerabzugstabellen eingearbeitet.

6) So ebenfalls in Baden-Württemberg, Bremen, Hamburg; in allen anderen Bundesländern beträgt dieser feste vom-Hundertsatz 9 %, vgl. Übersicht bei *Giloy/König* (Fn. 1), S. 81 f. und *Meyer*, NWB (Fn. 1).
Eine **Kappung** der Kircheneinkommensteuer, d. h. die Festsetzung einer Höchstgrenze in Form eines vom-Hundertsatzes des zu versteuernden Einkommens (meist 3–4 %), wie z.T. in anderen Bundesländern, wird in Bayern nicht durchgeführt. Diese Sätze werden bei einem Zuschlag von 8 % i. d. R. ohnehin kaum erreicht und können im Fall einer unbilligen Härte individuell geregelt werden (vgl. u. § 65,6; S. 562). Zudem findet durch die Möglichkeit, bezahlte Kirchensteuern als Sonderausgaben steuermindernd abzusetzen, bereits eine automatische »Kappung« statt. Auch eine **Mindestkirchensteuer**, wie sie in etlichen anderen Bundesländern besteht, wird in Bayern nicht erhoben. Vgl. die Übersichten bei *Giloy/König* (Fn. 1), S. 91 ff. und *Meyer* NWB (Fn. 1).

7) In anderen Bundesländern ist dies z.T. nicht der Fall. Auch liegen dort die Zuschläge zu den Grundsteuermeßbeträgen mit bis zu 33⅓ % teilweise erheblich höher (vgl. die Übersicht bei *Giloy/König*, Fn. 1, S. 173 ff. und *Meyer* NWB (Fn. 1)). In Bremen, Hamburg und den neuen Bundesländern ist die Möglichkeit, Kirchensteuer vom Grundbesitz zu erheben, nicht vorgesehen. Eine ins Gewicht fallende Rolle spielt die Kirchengrundsteuer ohnehin nicht, vgl. o. § 62,2 (S. 532).

8) Der Regelfall der Gewährung des vollen Kinderfreibetrages liegt vor, wenn von den Ehegatten die Zusammenveranlagung gewählt wird und das Kind zu beiden in einem Kindschaftsverhältnis steht.

9) Beispiel: Ein Ehepaar wählt die Zusammenveranlagung. Im Haushalt leben 2 Kinder aus dieser Ehe im Alter von 10 und 12 Jahren, außerdem die 21jährige studierende Tochter der Frau aus erster Ehe. Laut Steuerbescheid beträgt die Einkommensteuer-

Für das Kirchgeld schreibt das KirchStG in Art. 22 Höchstbeträge vor. Danach darf das einfache Kirchgeld 3,– DM, das gestaffelte Kirchgeld 30,– DM (im Jahr!, vgl. KirchStG Art. 20)[10] nicht überschreiten. Die Erhebung des Kirchgeldes ist innerkirchlich verbindlich gemacht (KirchStErhebG Art. 11; Nr. 1 Buchst. b VollzBekKirchgeld).

Somit betragen
- die **Kircheneinkommensteuer 8 % der um die Kinderfreibeträge des § 51a EStG verminderten Einkommensteuer**
- die **Kirchenlohnsteuer 8 % der um die Kinderfreibeträge des § 51a EStG verminderten Lohnsteuer**
- die **Kirchengrundsteuer 10 % des Grundsteuermeßbetrages für land- und forstwirtschaftlichen Besitz**
- das **Kirchgeld 3,– DM, bei gestaffeltem Kirchgeld bis zu 30,– DM im Jahr**.

3. Gläubiger der Kirchensteuern

Kircheneinkommen-, Kirchenlohn- und Kirchengrundsteuern sind **landeskirchliche Steuern**. Steuergläubiger der Kirchenumlagen ist
RS 430/ die ELKiB als gemeinschaftlicher Steuerverband i. S. von KirchStG Art.
433 3 und 4 Abs. 1 (vgl. auch AVKirchStErhebG § 1). Es ist dies die steuerrechtliche Erscheinungsform der Landeskirche. Der »gemeinschaftliche Steuerverband« ist also kein von der ELKiB gesondertes rechtliches Gebilde[11].

schuld 5814 DM. Hiervon sind 750 DM Kinderfreibeträge nach EStG § 51a abzuziehen (2 x 300 DM + 150 DM). Die Kircheneinkommensteuer beträgt somit 405,10 DM (5814 DM ./. 750 DM = 5064 DM x 8 %). Ohne Berücksichtigung dieser besonderen Kinderfreibeträge hätte die Kircheneinkommensteuer 465,10 DM betragen (5814 DM x 8%).
Die Kinderfreibeträge des EStG § 51a gehen auf die Einkommensteuerreform von 1975 zurück. Damals waren nach Einführung des allgemeinen Kindergeldes die früher bestehenden Kinderfreibeträge bei der Berechnung der Lohn- und Einkommensteuer gestrichen worden. Die Kirchen wollten aber wenigstens bei der Berechnung der Kirchensteuer die Zahl der Kinder weiterhin berücksichtigt wissen, um dadurch eine sich zwangsläufig ergebende Schlechterstellung der Kirchensteuerpflichtigen mit Kindern gegenüber dem bisherigen Recht zu vermeiden. Nach Wiedereinführung der allgemeinen Kinderfreibeträge und deren stufenweiser Erhöhung wurden die besonderen Kinderfreibeträge des § 51a EStG stufenweise vermindert. Kinder werden bei der Steuerberechnung also doppelt berücksichtigt: Einmal wirkt sich der allgemeine Kinderfreibetrag mindernd auf die Höhe der Einkommen- bzw. Lohnsteuerschuld aus und damit wegen der Akzessorietät auch auf die Kirchensteuer. Der weitere besondere Kinderfreibetrag des § 51a EStG wirkt noch einmal mindernd allein auf die Kirchensteuer. Zur Entwicklungsgeschichte vgl. v. a. *K. Dummler*, Die Steuerreform und die Kirchen, ZevKR 21 (1976) S. 34 ff. und ZevKR 31 (1986) S. 176 ff.

10) Diese Beträge gehen auf das Kirchensteuergesetz von 1934 zurück (GVBl S. 231; KABl S. 70) und sind seitdem nicht mehr erhöht worden. Zum Kirchgeld näher u. 4c und § 65,4 (S. 560).

11) *Th. Karg*, Kirchensteuerrecht in der ELKiB, S. 21.

Als Satzung des gemeinschaftlichen Steuerverbandes (KirchStG Art. 5) gelten die KVerf und die zu ihrem Vollzug ergangenen Kirchengesetze und Verordnungen (AVKirchStErhebG § 3). Vor staatlichen Behörden und Gerichten wird die ELKiB als gemeinschaftlicher Steuerverband durch den LKR vertreten (AVKirchStErhebG § 2 Abs. 2).

Steuergläubiger für das Kirchgeld ist der gemeindliche Steuerverband (KirchStG Art. 3). Das sind die einzelnen Kirchengemeinden. Haben sich Kirchengemeinden zu einer Gesamtkirchengemeinde zusammengeschlossen (vgl. o. § 53), so ist diese »gemeindlicher Steuerverband« i. S. von Art. 3 und 4 Abs. 2 (vgl. auch AVKirchStErhebG § 4). Das **Kirchgeld** ist somit eine **ortskirchliche Steuer** und steht den **Kirchengemeinden bzw. Gesamtkirchengemeinden** zu.

Als Satzung des gemeindlichen Steuerverbands gelten die einschlägigen Bestimmungen der KGO mit folgender Maßgabe: Mitglieder des Kirchenvorstands, die nicht im Bereich des Steuerverbands (Kirchengemeinde) wohnen[12)], dürfen an der Abstimmung über die Kirchgelderhebung nicht teilnehmen. Dies gilt auch für den Vorsitzenden des Kirchenvorstands, der in diesem Fall gemäß der KGO vertreten werden muß (AVKirchStErhebG § 6)[13)]. Entsprechendes gilt für die Mitglieder einer Gesamtkirchenverwaltung.

4. Schuldner der Kirchensteuern

Als mitgliedschaftliche Abgaben können Kirchensteuern nur von Kirchenmitgliedern erhoben werden. Die Voraussetzungen der Mitgliedschaft bestimmen sich dabei nach innerkirchlichem Recht (KirchStG Art. 2 Abs. 1 und 2)[14)].

a) Kircheneinkommen- und Kirchenlohnsteuer

Kircheneinkommen- und kirchenlohnsteuerpflichtig sind – bezogen auf die ELKiB – diejenigen Mitglieder der ELKiB, die im Freistaat Bayern

12) Beispielsfälle: KGO § 6, § 33 Abs. 3.

13) Beispielsfall: Wenn zu einer Pfarrei mehrere Kirchengemeinden gehören (vgl. o. § 37, 4; S. 335), ist – falls nicht nach dem der den Vorsitz im KV führende Pfarrer in derjenigen Kirchengemeinde von der Mitwirkung ausgeschlossen, in der er nicht seinen Wohnsitz hat. In diesem Fall kann er gemäß KGO § 35 Abs. 4 durch die Vertrauensfrau bzw. den Vertrauensmann vertreten werden.

14) Hierzu o. § 14. Dort auch zur Bedeutung von KirchStG Art. 2 Abs. 3. Die strenge Bezogenheit auf die Mitgliedschaft bedeutet auch, daß z. B. juristische Personen (vgl. o. § 4,3 unter »Beachte«; S. 48) nicht kirchensteuerpflichtig sein können. Eine Firma, eine Aktiengesellschaft o. ä. kann nicht Kirchenmitglied sein! Dagegen werden z. B. in der Schweiz teilweise auch von juristischen Personen Kirchensteuern erhoben. (Vgl. hierzu *E. Buschor*, Eidgenössischer Föderalismus und Staatskirchentum: Die Kirchenfinanzen in der Schweiz, in: *C. Rinderer* (Hrsg.), Finanzwissenschaftliche Aspekte von Religionsgemeinschaften, Baden-Baden 1989, S. 197 ff).

ihren Wohnsitz oder gewöhnlichen Aufenthalt[15] haben und »mit einem Steuerbetrag zur Einkommensteuer veranlagt sind oder von deren Einkünften der Steuerabzug vom Arbeitslohn vorgenommen wird« (KirchStG Art. 6 Abs. 1), also die entweder Einkommen- oder Lohnsteuern zahlen. Durch diese Anknüpfung der Kircheneinkommen- bzw. -lohnsteuer als Zuschlag zur staatlichen Maßstabsteuer entfällt für eine nicht unerhebliche Zahl von Kirchenmitgliedern eine entsprechende Kirchensteuerpflicht, nämlich dann, wenn dieser Personenkreis auch sonst nicht zur Lohn- und Einkommensteuer herangezogen wird, z. B. Schüler, Studenten, Rentner (soweit nicht andere steuerpflichtige Einkünfte vorliegen), Arbeitslose, Sozialhilfeempfänger u. a.[16] Die als
RS 430/ 431 Kirchenlohnsteuer einbehaltene Kirchensteuer ist bei einer etwaigen Veranlagung zur Kircheneinkommensteuer anzurechnen (KirchStG Art. 11, AVKirchStG § 12).

Diejenigen Kirchenmitglieder, die zwar in Bayern wohnen, aber bereits in einem anderen Land zur Lohnsteuer herangezogen werden, sind hier nicht kirchenlohnsteuerpflichtig (Art. 6 Abs. 1 S. 2). Ihre Kirchenlohnsteuer wird zusammen mit der Lohnsteuer in dem anderen Land einbehalten. Umgekehrt sind hier diejenigen Kirchenangehörigen kirchenlohnsteuerpflichtig, die zwar außerhalb Bayerns wohnen, denen aber hier für Einkünfte aus einer in Bayern gelegenen Betriebsstätte Lohnsteuern einbehalten werden (vgl. auch AVKirchStG § 4)[17].

Gewisse Besonderheiten bestehen bei der Besteuerung von **Ehegatten**.

Grundsätzlich sind staatliche Steuern und in Folge der Akzessorietät auch die kirchlichen Steuern **Individualsteuern**. Aus dem Gedanken des besonderen verfassungsrechtlichen Schutzes von Ehe und Familie (GG Art. 6) gibt es bei Ehepaaren die Möglichkeit, vom Grundsatz der Individualbesteuerung abzuweichen und statt einer **getrennten Veranlagung** (Individualbesteuerung) auch die **Zusammenveranlagung** zu wählen. Bei letzterer wird das Einkommen beider Ehepartner addiert und hieraus die Steuer berechnet. Die Zusammenveranlagung ist auch möglich, wenn nur ein Ehepartner Einkünfte bezieht. Für die meisten Ehepartner ist diese Art der Steuerfestsetzung günstiger, da nach der in diesem Fall anzuwendenden Einkommensteuer-Splitting-Tabelle (statt der normalen Einkommensteuer-Grundtabelle) weniger Steuern zu zahlen sind. Die Einkünfte beider Ehegatten werden zwar gesondert ermittelt, ihnen aber gemeinsam zugerechnet. Beide Ehegatten werden gemeinsam als ein Steuerpflichtiger behandelt (EStG § 26 b). Für Ehen, in denen beide Ehegatten der gleichen

15) Hierzu o. § 45,2a (zu Fn. 5; S. 415).
16) Hierzu auch u. § 66,6 (S. 570).
17) Wegen dieses Betriebsstättenprinzips findet ein Ausgleich zwischen den beteiligten Kirchen statt. Hierzu u. § 65,2 (S. 557).

Konfession angehören, bringt dies hinsichtlich der Kirchensteuer keine Probleme mit sich. Es wird aus der um die besonderen Kinderfreibeträge des § 51a EStG geminderten gemeinsamen Einkommensteuer der prozentuale Zuschlag als gemeinsame Kircheneinkommensteuer festgesetzt. Anders dagegen bei der konfessions- oder glaubensverschiedenen Ehe. Eine **konfessionsverschiedene Ehe** i. S. der kirchensteuerrechtlichen Bestimmungen liegt vor, wenn beide Ehegatten (verschiedenen) Kirchen oder Religionsgemeinschaften angehören, die Kirchenumlagen erheben (KirchStG Art. 9 Abs. 1; Beispiel: Ehemann römisch-katholisch, Ehefrau evangelisch-lutherisch). Eine **glaubensverschiedene Ehe** liegt dann vor, wenn nur ein Ehegatte einer kirchenumlagenerhebenden Gemeinschaft angehört, der andere entweder konfessionslos ist oder einer Religionsgemeinschaft angehört, die keine Kirchenumlagen erhebt (Art. 9 Abs. 2; Beispiel: Ehemann evangelisch-lutherisch, Ehefrau konfessionslos, oder: Ehefrau evangelisch-lutherisch, Ehemann Baptist).

In **konfessionsverschiedener Ehe** gilt bei Zusammenveranlagung der Halbteilungsgrundsatz: Die Kirchensteuer jedes Ehegatten bemißt sich nach der Hälfte der um die besonderen Kinderfreibeträge des § 51a EStG geminderten Einkommensteuer (KirchStG Art. 9 Abs. 1 Nr. 2). Es ist dies ein steuertechnisch einfach zu handhabendes Verfahren. Wird eine Individualbesteuerung gewünscht, die also an die von jedem Ehegatten tatsächlich erzielten Einkünfte anknüpft, so steht es den Ehegatten frei, die getrennte Veranlagung zu wählen (vgl. Art. 9 Abs. 1 Nr. 1)[18].

Beachte:
Aufgrund eines neueren Urteils des Bundesfinanzhofes (BFH; vgl. u. Fn. 22), das zwar den Halbteilungsgrundsatz unangetastet läßt, dagegen den Grundsatz der Gesamtschuldnerschaft in konfessionsverschiedener Ehe berührt (vgl. u.), sind Überlegungen einer Änderung des KirchStG angestellt worden. Diese haben – nach Absprache mit allen kirchensteuererhebenden Gemeinschaften in Bayern – dazu geführt, das KirchStG im Interesse einer klaren und eindeutigen Regelung dahingehend zu ändern, daß im bayerischen Kirchensteuerrecht nicht nur der Grundsatz der Gesamtschuldnerschaft, sondern auch der Halbteilungsgrundsatz aufgegeben werden soll, also in jedem Fall eine Individualbesteuerung durch-

18) Zur Verfassungsmäßigkeit des Halbteilungsgrundsatzes in konfessionsverschiedener Ehe: BVerfGE 20, 40. Zur Rechtsprechung allgemein: *H.-M. Niemeier*, Die Rechtsprechung staatlicher Gerichte in Kirchensteuersachen in der Bundesrepublik Deutschland nach 1945, in: *W. Lienemann* (Hrsg.), Die Finanzen der Kirche, Forschungen und Berichte der Evangelischen Studiengemeinschaft, Bd. 43, München 1989, S. 230 ff.; *J. Listl*, Das kirchliche Besteuerungsrecht in der neueren Rechtsprechung der Gerichte der Bundesrepublik Deutschland, in: *D. Schwab/D. Giesen/J. Listl/H.-W. Strätz*, Staat, Kirche, Wissenschaft in einer pluralistischen Gesellschaft, FS Paul Mikat, Berlin 1989, S. 579 ff.
Hierzu ferner *Giloy/König* (Fn. 1) S. 62 ff.; *H. Engelhardt*, Die Kirchensteuer in der Bundesrepublik Deutschland, S. 132 f.; *Chr. Meyer*, Zur Ehegattenbesteuerung bei der Kirchensteuer, ZevKR 27 (1982) S. 171ff.

zuführen ist. Dies ist eine Abweichung von der in anderen Bundesländern geltenden Regelung. Vgl. hierzu jetzt das Gesetz zur Änderung des KirchStG v. 8.7.1994, GVBl S. 554.

Dagegen gilt in **glaubensverschiedener Ehe** auch bei Zusammenveranlagung uneingeschränkt der Grundsatz der Individualbesteuerung: Die Kirchensteuer des Kirchenmitgliedes bemißt sich allein nach dem Teil der Einkommensteuer, der auf dieses Kirchenmitglied entfällt[19]. Im Fall der Zusammenveranlagung wird dabei die Einkommensteuer beider Ehegatten im Verhältnis derjenigen Einkommensteuerbeträge aufgeteilt, die sich bei Anwendung der Grundtabelle (getrennte Veranlagung) auf die Einkünfte eines jeden Ehegatten ergeben würden (Art. 9 Abs. 2 Nr. 2; gleichlautend die Vorschriften in anderen Bundesländern. Eine entsprechende Regelung gilt für den Lohnsteuerjahresausgleich.)[20].

Eine weitere Besonderheit ist die Gesamtschuldnerschaft[21] in KirchStG Art. 10. Nach einem neueren Urteil des BFH (vgl. o.)[22] ist diese Vorschrift – entgegen dem bisherigen Wortlaut von AVKirchStG § 11 und dement-

19) Grundlegend BVerfGE 19, 268/281.

20) Durch ein Beispiel soll diese etwas komplizierte Berechnung erläutert werden: Der Ehemann (Kirchenmitglied) hat Einkünfte aus nichtselbständiger Arbeit i. H. von 40 500 DM, die Ehefrau (konfessionslos) Einkünfte aus selbständiger Arbeit i. H. von 60 800 DM. Beide haben 1 Kind. Nach Abzug von Sonderausgaben, außergewöhnlichen Belastungen und Freibeträgen ergibt sich für beide ein zu versteuerndes Einkommen von 86 800 DM.

Gemeinsame Einkommensteuer nach **Splittingtabelle**:	18 122 DM
Hiervon abzuziehen besonderer Kinderfreibetrag nach § 51a EStG:	./.300 DM
Gemeinsame nach Art. 8 Abs. 2 KirchStG gekürzte Einkommensteuer:	17 822 DM

Nach der **Grundtabelle** hätten sich folgende Einkommensteuerbeträge für die jeweiligen **Einkünfte** (beachte den Unterschied **Einkünfte** und **Einkommen**) ergeben:

	Ehemann		Ehefrau
Einkünfte	40 500 DM		60 800 DM
Einkommensteuer nach **Grundtabelle**	8 223 DM		14 687 DM
für beide Ehegatten		22 910 DM	

Für den kirchensteuerpflichtigen Ehemann ergibt sich somit folgender Anteil:

$$17\,822 \text{ DM} \times \frac{8\,223 \text{ DM}}{22\,910 \text{ DM}} = 6\,396 \text{ DM}$$

davon 8 % Kircheneinkommensteuer: 511,68 DM, gerundet (vgl. AVKirchStG 9 Abs. 2): 511,60 DM. (Vgl. entsprechend für die Berechnung des Kirchenlohnsteuer-Jahresausgleichs: AVKirchStG § 14 Abs. 3.)

21) Gesamtschuldnerschaft bedeutet, daß mehrere eine Leistung in der Weise schulden, daß jeder die ganze Leistung zu bewirken verpflichtet ist, der Gläubiger die Leistung aber nur einmal fordern darf. In diesem Fall kann der Gläubiger die Leistung von jedem der Schuldner entweder ganz oder zu einem Teil fordern (BGB § 421). Wenn beide Ehegatten zusammen veranlagt werden, dann schulden beide die Kirchensteuer (gemeinsame Steuerschuld!). Der Kirchensteuergläubiger kann von jedem der Ehegatten – insgesamt aber nur einmal – die Bezahlung der Kirchensteuerschuld fordern.

22) ZevKR 37 (1992) S. 202; hierzu auch *Chr. Link*, Zur Kirchensteuer in konfessionsverschiedener Ehe, ebd. S. 163 ff.

sprechender auch von der bisherigen Rechtsprechung gebilligter Praxis – so auszulegen, daß für das Vorliegen einer Gesamtschuldnerschaft beide Ehegatten ein und derselben steuererhebenden Gemeinschaft angehören müssen, bei konfessionsverschiedener Ehe eine Gesamtschuldnerschaft daher nicht möglich sei. Über die sich aus diesem Urteil ergebende Änderung des KirchStG vgl. o.

b) Kirchengrundsteuer

Auch die Kirchengrundsteuer darf nur von Kirchenmitgliedern erhoben werden. Voraussetzung ist weiter ein im Bereich des Freistaates Bayern gelegener Grundbesitz (KirchStG Art. 16 Abs. 3, KirchGrdStO § 2 Abs. 1), und zwar beschränkt auf land- und forstwirtschaftliches Vermögen (KirchGrdStO § 1). Auf die Besteuerung auch anderen *RS 436* Grundvermögens haben die in Bayern kirchengrundsteuererhebenden Gemeinschaften verzichtet (o. 2).

Maßgeblich sind die Verhältnisse zu Beginn des Kalenderjahres (KirchGrdStO § 2 Abs. 1 S. 2 i. V. m. § 3 Abs. 2). Es müssen also zu Beginn des Kalenderjahres folgende Voraussetzungen gleichzeitig erfüllt sein:

- Mitgliedschaft in der ELKiB und damit auch Wohnsitz oder gewöhnlicher Aufenthalt in Bayern,
- Grundsteuerpflicht für land- und forstwirtschaftlichen Besitz in einer bayerischen Gemeinde.

Mitglieder der ELKiB, die in anderen Bundesländern land- und forstwirtschaftlichen Besitz haben, oder Mitglieder anderer Landeskirchen mit derartigem Grundbesitz in Bayern, sind daher nicht kirchengrundsteuerpflichtig. Hinzu kommt weiter, daß Kirchengrundsteuer nur insoweit erhoben wird, als sie die Kircheneinkommen- bzw. Kirchenlohnsteuer übersteigt (KirchStG Art. 16 Abs. 2, KirchGrdStO § 6 Abs. 1). Zur Kirchengrundsteuer kann also nur herangezogen werden, wer nicht bereits eine entsprechende Kircheneinkommen- oder Kirchenlohnsteuer zahlt[23]. Die Kirchengrundsteuer ist jeweils zum 1.10. fällig (KirchGrdStO § 10 Abs. 2). Aus Verwaltungs- und Kostengründen wird die Kirchengrundsteuer nur im zweijährigen Rhythmus erhoben. Ihre Bemessungsgrundlage ist, wie schon erwähnt, der vom staatlichen Finanzamt festgesetzte Grundsteuermeßbetrag A.

c) Kirchgeld

Die Kirchgeldpflicht gilt für alle über 18 Jahre alten Mitglieder der ELKiB

23) Zu Besonderheiten in glaubens- und konfessionsverschiedener Ehe s. KirchGrdStO § 4 und § 6 Abs. 2.

(also mit Wohnsitz oder gewöhnlichem Aufenthalt in Bayern[24]), die Einkünfte oder Bezüge, die zur Bestreitung des Unterhalts bestimmt oder geeignet sind, von mehr als 3600 DM im Jahr haben (KirchStG *RS 430, 437* Art. 21 Abs. 1; VollzBekKirchgeld Nr. 2). Maßgeblich sind die Verhältnisse zu Beginn des Kalenderjahres. Alle drei Erfordernisse – Mitgliedschaft in Wohnsitzgemeinde, Alter und entsprechende Einkünfte – müssen gleichzeitig vorliegen[25].

Der Rahmen der Unterhaltsbezüge bzw. -einkünfte mit 3600 DM im Jahr, also 300 DM pro Monat, ist – ebenso wie die Höhe des Kirchgelds mit 3 bis 30 DM im Jahr – staatlicherseits bindend vorgegeben, so daß kirchlicherseits hieran nichts geändert werden kann. Da es sich um Einkünfte und Bezüge handelt, die »zur Bestreitung des Unterhalts bestimmt oder geeignet sind« (vgl. Wortlaut Art. 21), sind damit auch solche Einnahmen erfaßt, die etwa wegen ihrer geringen Höhe oder aufgrund besonderer Vorschriften des Einkommensteuerrechts steuerfrei sind (AVKirchStG § 20, VollzBekKirchgeld Nr. 2 Buchst. c)[26].

Die Kirchgeldpflicht besteht neben einer etwa bestehenden Kircheneinkommen- oder Kirchenlohnsteuerpflicht. Es findet also keine gegenseitige Anrechnung statt (VollzBekKirchgeld Nr. 2 Abs. 4, vgl. bereits KirchStG Art. 1 Abs. 2).

Die Bedeutung der eigenen Erhebung von Kirchgeld als Ortskirchensteuer liegt darin, daß hier einerseits der örtlichen Kirchengemeinde (oder Gesamtkirchengemeinde) direkte Einnahmen von ihren Mitgliedern zufließen, und zum anderen auch ein Großteil derjenigen, die überhaupt nicht als Steuerzahler – und damit auch nicht als Kirchensteuerzahler – in Erscheinung treten (Studenten, Geringverdienende, Arbeitslose, Rentner), wenigstens mit einem, wenn auch sehr geringen Beitrag[27], sich an der Finanzierung kirchlicher, d. h. in diesem Fall kirchengemeindlicher Aufgaben beteiligen.

Ein aus einem Teil der anderen Bundesländer bekanntes besonderes Kirchgeld in glaubensverschiedenen Ehen gibt es in Bayern nicht[28].

24) Bei mehrfachem Wohnsitz entscheidet sich die örtliche Kirchgeldschuld nach dem überwiegenden Aufenthaltsort (KirchStG Art. 21 Abs. 2, VollzBekKirchgeld Nr. 2 Buchst. a).

25) Vgl. die Beispiele in VollzBekKirchgeld Nr. 2.

26) Daher sind etwa auch Sozialhilfeempfänger kirchgeldpflichtig, soweit sie mehr als 3600 DM im Jahr Sozialhilfe erhalten. Dies ist auch vertretbar, beträgt doch das jährliche Kirchgeld in diesem Fall selbst bei gestaffeltem Kirchgeld, da an der untersten Grenze liegend, nur 3 DM im Jahr, d. h. 0,25 DM im Monat. Im übrigen bestünde nach VollzBekKirchgeld Nr. 5 eine Befreiungsmöglichkeit aus Gründen der Billigkeit.

27) Bei gestaffeltem Kirchgeld maximal 30 DM pro Jahr, d. h. 2,50 DM pro Monat, wobei diese Beträge bei dieser Personengruppe ohnehin nicht erreicht werden, da sie regelmäßig am unteren Ende der Skala liegen und daher niedriger einzustufen sind.

28) Mit diesem besonderen Kirchgeld sollen die Fälle erfaßt werden, in denen der

5. Dauer der Kirchensteuerschuld

Da Kirchensteuern Mitgliederabgaben sind, müssen Regelungen getroffen werden für die Fälle, in denen nicht das ganze Jahr über eine Kirchenmitgliedschaft bestanden hat, sei es, weil das betreffende Mitglied während des Kalenderjahres in den Bereich der ELKiB zu- oder weggezogen, in die ELKiB ein- oder aus ihr ausgetreten oder verstorben ist[29].

Generell gilt für Kircheneinkommen- und Kirchenlohnsteuer, daß die Kirchensteuerpflicht mit dem Anfang des Kalendermonats beginnt bzw. endet, der auf das Ereignis folgt, welches die Kirchenmitgliedschaft begründet oder beendet. Tritt jemand im Februar in die ELKiB ein, so wird er – falls überhaupt einkommen- oder lohnsteuerpflichtig – ab März kircheneinkommen- bzw. kirchenlohnsteuerpflichtig. Tritt ein Kirchenmitglied im Februar aus der ELKiB aus, so entfällt ab März die Kircheneinkommen- bzw. Kirchenlohnsteuerpflicht. Für die Kirchenlohnsteuer ist dabei die Berechnung unproblematisch, da diese sich nach der in den Monaten der Mitgliedschaft vom jeweiligen Arbeitslohn einbehaltenen Lohnsteuer bemißt. Bei der Kircheneinkommensteuer – Selbständige haben oft unterschiedliche Monatseinkünfte – findet aus Gründen der Verwaltungsvereinfachung gem. AVKirchStG §§ 5–7, 10 eine Zwölftelung statt, d. h. die Kirchensteuer wird aus der gegebenenfalls um die besonderen Kinderfreibeträge des § 51a EStG gekürzten Einkommensteuer für das volle Kalenderjahr berechnet, aber nur mit je einem Zwölftel für jeden Kalendermonat erhoben, indem die Mitgliedschaft und damit die Kirchensteuerpflicht bestanden hat[30].

Bei der Kirchengrundsteuer und dem Kirchgeld ist eine Zwölftelung nicht vorgesehen. Maßgeblich bei diesen als Jahressteuern ausgebildeten Steuerarten sind die zu Beginn des Kalenderjahres bestehenden

kirchenangehörige Ehegatte einkommenslos ist, der andere – verdienende – Ehegatte keiner Konfession oder keiner kirchensteuererhebenden Konfession angehört. Eine Kircheneinkommensteuerpflicht des Kirchenangehörigen entfällt (o. 4a: Grundsatz der Individualbesteuerung). Dieser hat aber am Einkommen des anderen Ehegatten teil. Insoweit wird ihm ein Teil dieses Einkommens als eigener Lebensführungsaufwand zugerechnet. Angeknüpft wird bei diesem besonderen Kirchgeld am gemeinsam zu versteuernden Einkommen, wobei jeweils eine bestimmte Staffelung erfolgt. Diese kann zu einem jährlichen Kirchgeld bis zu 4500 DM führen. Vgl. hierzu den Überblick und die Tabellen bei *Giloy/König* (Fn. 1), S. 152 ff. und *Meyer* NWB (Fn. 1).

29) Zu den Voraussetzungen der Mitgliedschaft o. § 14.

30) Vgl. BVerwG NJW 1988, S. 1804.
Bei Geburt oder Tod während des Jahres entfällt eine Zwölftelung ebenso wie bei Zuzug aus dem oder Wegzug in das Ausland. In diesen Fällen besteht Kongruenz zwischen der Kirchensteuerpflicht und der allgemeinen Steuerpflicht, so daß die ab diesem Ereignis anfallende oder bis zu diesem Ereignis angefallene Jahreseinkommensteuer Bemessungsgrundlage für die Kirchensteuer ist.

Verhältnisse (vgl. KirchGrdStO § 2 Abs. 1; KirchStG Art. 21 Abs. 3; VollzBekKirchgeld Nr. 2 Abs. 3). Da aber auch die Kirchengrundsteuer mitgliederabhängig ist, wird man davon ausgehen müssen, daß Kirchengrundsteuerpflicht nur dann besteht, wenn zum Zeitpunkt der Fälligkeit (1.10.) das Erfordernis der Mitgliedschaft noch gegeben ist.

Literatur

A. v.Campenhausen, Staatskirchenrecht, S. 162 ff.; *F.-G. v. Busse*, Gemeinsame Angelegenheiten von Staat und Kirche. Religionsunterricht – Kirchensteuer – Anstaltsseelsorge – Friedhofswesen – Theologische Fakultäten/Fachbereiche nach der Bayerischen Verfassung, München 1978, S. 150 ff.; *H. Engelhardt*, Die Kirchensteuer in der Bundesrepublik Deutschland, Bad Homburg v. d. H. – Berlin – Zürich 1968; *ders.*, Die Kirchensteuer in den neuen Bundesländern, Köln 1991; *J. Giloy/W. König*, Kirchensteuerrecht in der Praxis, Neuwied–Kriftel/Ts.–Berlin 1993; *Th. Karg*, Kirchensteuerrecht in der Evang.-Luth. Kirche in Bayern, 2. Aufl. München 1969; *Chr. Link*, Kirchensteuer, EvStL Sp. 1695 ff.; *H. Marré*, Die Kirchenfinanzierung in Kirche und Staat der Gegenwart, 3. Aufl. Essen 1991; *ders.*, Das kirchliche Besteuerungsrecht, in HdbStKirchR II, S. 5 ff.; *Chr. Meyer*, Das geltende Kirchensteuerrecht im Bereich der Evangelischen Kirche in Deutschland, in: *W. Lienemann* (Hrsg.), Die Finanzen der Kirche. Forschungen und Berichte der Evangelischen Studiengemeinschaft, Bd. 43, München 1989, S. 173 ff.; *W. Steinmüller*, Kirchenrecht und Kirchensteuer, in: *J. Krautscheidt/H. Marré*, Essener Gespräche zum Thema Staat und Kirche, Bd. 4, Münster 1970, S. 199 ff.; *O. Voll*, HdbBayStKirchR, S. 232 ff.; *ders.*, Kirchensteuerrecht in Bayern, BayVBl 1988, S. 70 ff.

§ 65
Erhebung und Verwaltung der Kirchensteuern

1. Allgemeines

GG Art. 140 i. V. m. Art. 137 Abs. 6 WRV garantiert die Erhebung von Kirchensteuern »aufgrund der bürgerlichen Steuerlisten nach Maßgabe der landesrechtlichen Bestimmungen«. In einer Entscheidung aus dem Jahr 1957 hat der Bayer. Verfassungsgerichtshof unter Berufung auf ältere Kommentarliteratur geklärt, daß »bürgerliche Steuerlisten« i. S. dieser Bestimmung die »amtlichen Zusammenstellungen der Ergebnisse der Veranlagungen zu den Bundes-, Landes- und Gemeindesteuern« sind, die Erhebung aufgrund dieser Listen also die Berechnung und Einziehung der Kirchensteuer als Zuschlag zu diesen Steuern bedeutet, und »nach Maßgabe der landesrechtlichen Bestimmungen« eine Verpflichtung des Landesgesetzgebers enthält, den Kirchen und Religionsgemeinschaften ihr verfassungsrechtlich gewährleistetes Besteuerungsrecht zu ermöglichen[1]. Dies ist im KirchStG erfolgt. Die Garantie der Verfassung umfaßt zunächst nur die Zugänglichmachung der Veranlagungsgrundlagen (»bürgerliche Steuerlisten«) und die Erhebung der Mitgliedsabgabe als Steuer, also die Hilfe des Staates bei der Beitreibung[2]. Die Verwaltung der Kirchensteuer durch die staatlichen Finanzämter ist dagegen nicht von dieser Garantie umfaßt. Gleichwohl ist bereits bei den damaligen Beratungen die Möglichkeit einer Übertragung auf die staatlichen Steuerverwaltungsbehörden bedacht und in der Reichsabgabenordnung von 1919 auch vorgesehen worden[3]. Heute ist diese Möglichkeit in den staatlichen Kirchensteuergesetzen[4], teilweise auch in Staatskirchenverträgen[5]

1) BayVerfGHE 10,87 = ZevKR 7 (1959/60) S. 100 m. Anm. *Karg*; vgl. bereits *G. Anschütz*, Die Verfassung des Deutschen Reiches vom 11.8.1919, 14. Aufl., Berlin 1933, Nachdruck Bad Homburg v. d. H. – Berlin – Zürich 1968, Art. 137 Anm. 11.
2) Vgl. o. § 63,1 (S. 536).
3) *H. Engelhardt*, Die Kirchensteuer in der Bundesrepublik Deutschland, S. 182. Das erste bayerische Kirchensteuergesetz vom 15.8.1908 (vgl. o. § 63 Fn. 17; S. 541) sah die Veranlagung durch die staatlichen Rentämter (Vorgängerbehörden der heutigen Finanzämter) und die Erhebung und Beitreibung mit den direkten Staatssteuern vor (a.a.O. Art. 9,10). Das (bayerische) Religionsgesellschaftliche Steuergesetz vom 27.7.1921 (GVBl S. 459) sah in Art. 12 die Möglichkeit der Übertragung der Umlagenverwaltung auf die staatlichen Finanzämter vor bzw. – bei Umlagen als Zuschlag zu Gemeindesteuern – die Möglichkeit einer entsprechenden Vereinbarung mit der politischen Gemeinde.
4) Vgl. KirchStG Art. 17 Abs. 1 S. 2.
5) Art. 20 des Kirchenvertrages wiederholt lediglich die verfassungsrechtliche Garantie des Art. 137 Abs. 6 WRV; gleichlautend Art. 10 § 5 Bay. Konkordat. Vgl. dagegen z. B. Art. 12,13 Nds. Kirchenvertrag (abgedruckt bei *J. Listl*, Die Konkordate und Kirchenverträge in der Bundesrepublik Deutschland, Berlin 1987, Bd. 2, S. 114 f.).

festgehalten. Von diesem Angebot haben nach 1945 fast alle steuererhebenden Kirchen und Religionsgemeinschaften aus finanzpolitischen Erwägungen Gebrauch gemacht, da sie sich dadurch einen erheblichen Verwaltungsaufwand ersparen. Diese durch die staatlichen Finanzbehörden für die steuererhebenden Kirchen und Religionsgemeinschaften wahrgenommene Auftragsverwaltung umfaßt die gesamte Verwaltung der Kirchensteuer von der Festsetzung über die Erhebung bis zur Beitreibung. Dies erfolgt gegen ein angemessenes Entgelt (in der Regel 4 % des Kirchensteueraufkommens).

Eine Ausnahme besteht in **Bayern**: Hier wird lediglich die **Kirchenlohnsteuer durch die staatlichen Finanzämter verwaltet**, die **Verwaltung der Kircheneinkommen- und Kirchengrundsteuer** erfolgt dagegen **durch kircheneigene Kirchensteuerämter**.

Durch das (staatliche) Kirchensteuergesetz vom 1.12.1941 wurde die bis dahin bestehende staatliche Kirchensteuerverwaltung beseitigt. Mit Wirkung vom 1.4.1942 waren die Kirchenumlagen nunmehr von den Kirchen selbst festzusetzen, anzufordern und zu erheben. Lediglich die Beitreibung war auf Antrag den Finanzämtern zu übertragen. Die Kirchen waren so gezwungen, aus dem Stand eigene Kirchensteuerämter einzurichten[6]. Nach dem Krieg wurde durch staatliche VO vom 21.12.1945 (KABl 1946, S. 36) der Kirchenlohnsteuerabzug wieder eingeführt und die Verwaltung der Kirchenlohnsteuer den Finanzämtern übertragen. An der Einrichtung der Kirchensteuerämter für die Verwaltung der Kircheneinkommen- und Kirchengrundsteuer wurde dagegen bewußt festgehalten, um für die einzelnen kirchensteuerzahlenden Mitglieder eine direkte Ansprechstelle zu behalten und gleichzeitig deutlich zu machen, daß es sich um eine **kirchliche** Abgabe handelt. Von der nach dem Vorbild anderer Kirchensteuergesetze auch im bayerischen KirchStG enthaltenen Möglichkeit, auch die Verwaltung der Kircheneinkommen- und Kirchengrundsteuer auf die Finanzämter zu übertragen, wurde insoweit kein Gebrauch gemacht[7].

Demnach wird in Bayern

die **Kirchenlohnsteuer**	**vom staatlichen Finanzamt**
die **Kircheneinkommen- und Kirchengrundsteuer**	**vom Kirchensteueramt**
und das **Kirchgeld**	**von der Kirchengemeinde bzw. Gesamtkirchengemeinde**

festgesetzt und erhoben. Eine etwa erforderliche Beitreibung kann in allen Fällen durch das staatliche Finanzamt erfolgen.

6) Vgl. für die ELKiB: Kirchengesetz vom 12.1.1942, KABl S. 1. Hierzu *Th. Karg*, Kirchensteuerrecht in der Evang.-Luth. Kirche in Bayern, 2. Aufl. 1969, S. 11; *O. Weiß*, 50 Jahre Kirchensteuerämter in der Evangelisch-Lutherischen Kirche in Bayern, in: 50 Jahre Kirchensteuerämter in Bayern, hrsg. v. Evang.-Luth. Landeskirchenamt, München 1992, S. 33 ff.

Wegen der geringeren Inanspruchnahme der staatlichen Finanzämter beträgt das dem Staat für seine Hilfe zu zahlende Entgelt auch nur 2 % des Kirchenlohnsteueraufkommens[8]. Das waren nach der Rechnung 1991 für die ELKiB immerhin etwas über 14 Mio. DM.

2. Kirchenlohnsteuer

Die Kirchenlohnsteuer wird von den Finanzämtern verwaltet, d. h. sie wird im Lohnsteuerabzugsverfahren erhoben. Der Arbeitgeber ist verpflichtet, die fällige Kirchenlohnsteuer ebenso wie die dem Staat geschuldete Lohnsteuer vom Lohn einzubehalten und an das zuständige Finanzamt abzuführen (Einzelheiten in KirchStG Art. 13, Ver- *RS 430* pflichtung: Art. 14). Voraussetzung hierfür ist die Eintragung der Konfessionszugehörigkeit in der Lohnsteuerkarte.

Dieser Eintrag bezieht sich nur auf das äußere Merkmal der Konfessionszugehörigkeit, stellt insoweit also keine Offenbarung einer religiösen Überzeugung dar und ist daher verfassungsrechtlich unbedenklich[9]. (Vgl. zur allgemeinen Verpflichtung der Angabe der Konfessionsangehörigkeit in diesem Fall: GG Art. 140 i. V. m. Art. 136 Abs. 3 WRV, zur innerkirchlichen Verpflichtung: EKDKMitgliedG § 5 S. 2).

Auch Rechte des Arbeitgebers, etwa dessen Religionsfreiheit, sind nicht verletzt, da er rechtlich nicht für die betreffende Kirche tätig wird, sondern als »Beauftragter des Steuerfiskus«, als »Hilfsorgan der staatlichen Finanzverwaltung«[10]. Der Arbeitgeber wird auch in anderen Fällen in gleicher Weise tätig, z. B. bei der Einbehaltung und Weiterleitung der Sozialabgaben[11].

Das Lohnsteuerabzugsverfahren beruht auf dem **Betriebsstättenprinzip**, d. h. der Arbeitgeber hat die Lohnsteuern und damit auch die Kirchenlohnsteuern an das Finanzamt abzuführen, in dessen Zuständigkeitsbezirk seine Betriebsstätte liegt. Unternehmen und Betriebe

7) KirchStG Art. 17 Abs. 1 S. 2. Aus Verwaltungsgründen ist diese Möglichkeit allerdings beschränkt auf steuererhebende Gemeinschaften mit mindestens 25 000 Mitgliedern in Bayern (Art. 17 Abs. 1 S. 3). Gleiches gilt übrigens auch für die Erhebung der Kirchenlohnsteuer im Lohnabzugsverfahren. Auch hier wird eine Mindestmitgliederzahl von 25 000 verlangt. Ausgenommen sind lediglich Gemeinschaften, die bereits vor Inkrafttreten des KirchStG Umlagen im Lohnabzugsverfahren erhoben haben (Art. 15 Abs. 1 und 2).

8) Statt wie sonst üblich bis zu 4 % des gesamten Kirchensteueraufkommens, vgl. o.

9) BVerfGE 49,375. Aus der Literatur: *A. v. Campenhausen/Th. Maunz/U. Scheuner/H. Scholtissek*, Die Mitwirkung der Arbeitgeber bei der Erhebung der Kirchensteuer. Vier Rechtsgutachten zur Frage ihrer Verfassungsmäßigkeit, Berlin 1971.

10) BVerfGE 44,103; *v. Campenhausen*, Staatskirchenrecht, S. 170 m. w. N. Der Arbeitgeber kann also seine Mitwirkung z. B. nicht mit dem Argument verweigern, er sei überzeugter Atheist, und daher könne ihm ein Abzug vom Lohn seiner Arbeitnehmer zugunsten einer Kirche oder Religionsgemeinschaft nicht zugemutet werden.

11) *v. Campenhausen*, Staatskirchenrecht, S. 171 Fn. 46 m. w. N.

gehen zunehmend dazu über, die Löhne und Gehälter ihrer Mitarbeitenden an einer zentralen Gehaltsabrechnungsstelle abzurechnen[12]. Dort wird also auch die Kirchenlohnsteuer für Kirchenmitglieder einbehalten, die ihren Wohnsitz im Gebiet anderer Landeskirchen haben und Glieder dieser Landeskirchen sind. Die einbehaltene Kirchenlohnsteuer erhält dann die Landeskirche, in deren Gebiet die Betriebsstätte liegt. Da aber Kirchensteuern Mitgliederabgaben sind, darf die betreffende Landeskirche nur die Kirchensteuern ihrer eigenen Mitglieder behalten. Darüber hinausgehende Eingänge hat sie an die jeweils empfangsberechtigte Kirche weiterzuleiten. Dieser **Betriebsstättenausgleich** wird als **innerkirchliches Clearingverfahren** in der Weise vorgenommen, daß für einen Zeitraum von 5 Jahren innerhalb der EKD jeweils eine zentrale Abrechnung mit gegenseitiger Verrechnung von Guthaben und Schulden der einzelnen Landeskirchen erfolgt.

Ist während eines Kalenderjahres zuviel Lohnsteuer – und damit auch zuviel Kirchenlohnsteuer – einbehalten worden, z. B. wegen erhöhter Werbungskosten oder Sonderausgaben und weil entsprechende Freibeträge auf der Lohnsteuerkarte nicht eingetragen waren, dann konnte früher beim Finanzamt ein Antrag auf Lohnsteuerjahresausgleich gestellt werden. In diesem Lohnsteuerjahresausgleich wurde die zuviel bezahlte Lohn- und Kirchenlohnsteuer erstattet (vgl. auch KirchStG Art. 17 Abs. 2 S. 2). In bestimmten Fällen konnte auch der Arbeitgeber diesen Jahresausgleich durchführen. Letzteres ist nach dem Steueränderungsgesetz 1992 (BGBl I S. 297) noch in eingeschränkter Weise möglich (vgl. § 42 b EStG), während der Lohnsteuerjahresausgleich durch das Finanzamt jetzt durch eine Antragsveranlagung ersetzt worden ist, d. h. daß auch in diesen Fällen die Abgabe einer Einkommensteuererklärung zu erfolgen hat. Für die Erstattung der Kirchenlohnsteuer hat dies zur Folge, daß diese nicht mehr durch das Finanzamt erfolgt, sondern ebenso wie die Erstattung zuviel bezahlter Kircheneinkommensteuer durch das zuständige **Kirchensteueramt.**

Einkommensteuererklärungen sind vom Lohnsteuerpflichtigen u. a. auch dann abzugeben, wenn neben den Einkünften aus nichtselbständiger Tätigkeit andere Einkunftsarten vorliegen. Dabei kann es durchaus zu Steuernachforderungen kommen. Soweit dies die Kirchensteuern betrifft, ist ebenfalls das Kirchensteueramt zuständig.

Die von den Arbeitgebern an die Finanzämter abgeführte Kirchenlohnsteuer wird von diesen an die staatliche Oberfinanzkasse weitergeleitet. Diese hat sie monatlich – gegebenenfalls in angemessenen Ab-

12) Beispiel: Sitz eines großen Unternehmens ist der Ort A im Bundesland B. Zweigniederlassungen bestehen in weiteren 8 Bundesländern. Die Abrechnung der Gehälter und Löhne der Mitarbeitenden aller Niederlassungen wird in A durchgeführt. Entsprechend erhält das Finanzamt für A die einbehaltene Lohn- und Kirchenlohnsteuer aller Mitarbeitenden.

schlagszahlungen – an die Allgemeine Kirchenkasse abzuliefern (AV-KirchStG § 18). Dabei werden die vereinbarten Verwaltungskosten (vgl. o.: 2 % des Kirchenlohnsteueraufkommens) einbehalten (§ 18 Abs. 1 S. 3). *RS 431*

3. Kircheneinkommen- und Kirchengrundsteuer

Diese beiden Kirchensteuerarten werden von dem jeweils zuständigen Kirchensteueramt festgesetzt und erhoben. Nach der Zusammenlegung der Kirchensteuerämter Schweinfurt und Würzburg bestehen derzeit 10 Kirchensteuerämter in der ELKiB (vgl. Anl. zu § 10 AVKirch-StErhebG). *RS 433*

Die staatlichen Finanzämter teilen den Kirchensteuerämtern die für die Festsetzung der Kircheneinkommensteuer maßgebenden Besteuerungsgrundlagen (»bürgerliche Steuerlisten« i. S. von WRV Art. 137 Abs. 6) mit, also z. B. die Festsetzung der Einkommensteuer und der Einkommensteuervorauszahlungen, angerechnete Steuerabzugsbeträge, bereits einbehaltene Kirchenlohnsteuer, Zahl der zu berücksichtigenden Kinder (AVKirchStG § 17 Abs. 2 S. 1). Aufgrund dieser Unterlagen setzt das Kirchensteueramt unter Anrechnung bereits einbehaltener Kirchenlohnsteuer oder geleisteter Vorauszahlungen (KirchStG Art. 12) und unter Abzug der besonderen Kinderfreibeträge nach EStG § 51 a (o. § 64,2; S. 545) die Kircheneinkommensteuer fest (Kircheneinkommensteuerbescheid). Ebenso werden in diesem Bescheid die Vorauszahlungen für das laufende und kommende Jahr festgesetzt (vgl. KirchStG Art. 12, AVKirchStG § 13). Für die Übermittlung der Besteuerungsgrundlagen an das Kirchensteueramt werden Kosten nach dem Kostengesetz erhoben (AVKirchStG § 17 Abs. 2 S. 2).

In ähnlicher Weise geschieht dies bei der Kirchengrundsteuer. Die staatlichen Finanzämter teilen die festgesetzten Grundsteuermeßbeträge oder deren Zerlegungsanteile[13)] den Kirchensteuerämtern mit (KirchStG Art. 16 Abs. 5, KirchGrdStO § 9), die anschließend die entsprechende Kirchengrundsteuer festsetzen (Kirchengrundsteuerbescheid)[14)]. Sie wird allerdings nur erhoben, soweit sie die Kirchen-

13) Erstreckt sich eine wirtschaftliche Einheit über mehrere politischen Gemeinden, so werden die Grundsteuermeßbeträge in die auf die einzelnen Gemeinden entfallenden Anteile »zerlegt«.

14) Der Grundsteuermeßbetrag beträgt für Betriebe der Land- und Forstwirtschaft nach § 14 des Grundsteuergesetzes 6 ‰. Bei einem angenommenen Einheitswert von 20 000 DM beträgt der Grundsteuermeßbetrag 120 DM. Die Kirchengrundsteuer davon 10 %, also 12 DM (im Jahr!).

einkommen- bzw. Kirchenlohnsteuer übersteigt. Für ein und denselben Veranlagungszeitraum können also nicht nebeneinander Bescheide über Kircheneinkommen- und Kirchengrundsteuer erteilt werden, vielmehr wird jeweils nur **ein** Kirchensteuerbescheid erteilt, und zwar derjenige mit der höheren Kirchensteuerschuld[15]. Die örtliche Zuständigkeit der Kirchensteuerämter richtet sich nach dem Wohnsitz des Kirchensteuerschuldners. Liegt der zur Veranlagung heranzuziehende land- und forstwirtschaftliche Besitz im Zuständigkeitsbereich anderer Kirchensteuerämter, so haben diese die Grundsteuermeßbeträge dem Wohnsitz-Kirchensteueramt zu übermitteln. (KirchGrdStO § 8).

Als Korrelat der staatlichen Mithilfe haben die gemeinschaftlichen Steuerverbände den Staatsministerien für Unterricht und Kultus und der Finanzen das Kirchensteueraufkommen alljährlich anzuzeigen (KirchStG Art. 24 Abs. 2).

4. Kirchgeld

RS 432, 300 *RS 433/437*

Das Kirchgeld dient als Ortskirchensteuer zur Bestreitung der ortskirchlichen Bedürfnisse (KirchStG Art. 20, KirchStErhebG Art. 13 Abs. 2, KGO § 80 Abs. 1 Nr. 2). Es wird vom Kirchenvorstand – bei Gesamtkirchengemeinden von der Gesamtkirchenverwaltung – festgesetzt und erhoben (AVKirchStErhebG §§ 4 und 5, KirchStG Art. 23 Satz 1 i. V. m. VollzBekKirchgeld Nr. 6). Der Kirchenvorstand bzw. die Gesamtkirchenverwaltung haben über die Erhebung des einfachen bzw. gestaffelten (Regelfall) Kirchgeldes Beschluß zu fassen[16], wobei aber wegen der Verpflichtung gem. KirchStErhebG Art. 11 Abs. 1 **kein Ermessen** besteht, ob überhaupt ein Kirchgeld zu erheben ist[17]. Ein Ermessen besteht allein darin, ob das einfache oder das gestaffelte Kirchgeld erhoben wird (vgl. hierzu die Empfehlung für das gestaffelte Kirchgeld in VollzBekKirchgeld Nr. 6). Nach kirchenaufsichtlicher Genehmigung (bei gestaffeltem Kirchgeld) und ortsüblicher Bekanntmachung ist den Kirchgeldpflichtigen (o. § 64,4c; S. 551 f.) ein entsprechender Bescheid zuzustellen (Kirchgeldbescheid, Einzelheiten in VollzBekKirchgeld Nr. 6). In Ausnahmefällen kann die Kirchgelderhebung auf ein Kirchensteueramt übertragen werden (Nr. 6 Buchst. c Abs. 2).

15) Ergibt sich eine Kircheneinkommensteuerschuld von 1000 DM, aus der Kirchengrundsteuer dagegen eine Schuld von 1200 DM, wird nur die Kirchengrundsteuer erhoben, die Kircheneinkommensteuer entfällt. Liegen die Beträge umgekehrt, wird nur die Kircheneinkommensteuer, nicht dagegen die Kirchengrundsteuer erhoben. Im staatlichen Bereich wird dagegen die der Gemeinde zustehende Grundsteuer **neben** der dem Staat geschuldeten Einkommensteuer erhoben.

16) Bei der Beschlußfassung ist AVKirchStErhebG § 6 zu beachten, vgl. o. § 64,3 (S. 547).

17) Insoweit wird KGO § 22 Abs. 2 Nr. 5 häufig mißverstanden.

5. Rechtsbehelfe

Da Kirchensteuern erforderlichenfalls mit hoheitlichem Zwang beigetrieben werden können, muß ein ausreichender Rechtsschutz für den einzelnen Steuerschuldner gegeben sein. Gegen die Festsetzung der Kirchensteuer können allerdings keine Einwendungen erhoben werden, die sich gegen die Festsetzung der Maßstabsteuer richten (KirchStG Art. 18 Abs. 4).

Gegen die Festsetzung der Kircheneinkommensteuer kann also z. B. nicht eingewandt werden, diese sei falsch festgesetzt, weil die Einkommensteuer zu hoch berechnet worden sei, indem manche Werbungskosten, Sonderausgaben u. ä. zu Unrecht nicht berücksichtigt worden seien. Hierzu bedürfte es eines Einspruchs gegen den Einkommensteuerbescheid; hat dieser Erfolg, wirkt sich dies auch auf die Höhe der Kirchensteuer aus.

Da die Kirchenlohnsteuer von den staatlichen Finanzämtern verwaltet wird (KirchStG Art. 17 Abs. 2), ist gegen die Heranziehung zur **Kirchenlohnsteuer** (z. B. mit der Begründung, man sei gar nicht Kirchenmitglied) **Einspruch beim** zuständigen **Finanzamt** möglich (KirchStG Art. 18 Abs. 6)[18]. Gegen dessen Bescheid ist **Klage zum** (staatlichen) **Finanzgericht**[19] gegeben.

Kircheneinkommen- und Kirchengrundsteuern werden von der ELKiB als gemeinschaftlicher Steuerverband verwaltet (KirchStG Art. 17 Abs. 1 i. V. m. Abs. 2, AVKirchStErhebG § 9). Gegen die **Kircheneinkommen- und Kirchengrundsteuerbescheide** ist daher **Einspruch beim Kirchensteueramt** möglich (KirchStG Art. 18 Abs. 5 i. V. m. KirchStErhebG Art. 9 Nr. 1). Gegen dessen Einspruchsbescheid ist **Klage zum Finanzgericht** möglich. Diese Klage ist gegen das Kirchensteueramt zu richten (KirchStG Art. 18 Abs. 5 i. V. m. KirchStErhebG Art. 9 Nr. 2).

Gegen eine Entscheidung des Finanzgerichts ist unter gewissen, in der (staatlichen) Finanzgerichtsordnung geregelten Voraussetzungen Revision zum Bundesfinanzhof möglich (KirchStErhebG Art. 9 Nr. 3).

Gegen **Kirchgeldbescheide** ist **Einspruch bei dem Kirchenvor-**

18) Soweit beim Jahresausgleich im Wege der Antragsveranlagung das Kirchensteueramt tätig wird (o. 2. a. E.), richtet sich der Einspruch gegen das Kirchensteueramt.

19) Wegen des Steuercharakters **muß** ein staatliches Gericht darüber entscheiden. Vgl. insoweit den Rechtswegausschluß zum kirchlichen Verwaltungsgericht in KVGG § 10, hierzu o. § 44,2 (S. 405).
In den meisten anderen Bundesländern ist in Kirchensteuersachen der Verwaltungsgerichtsweg gegeben. Es entscheidet in diesem Fall das (staatliche) Verwaltungsgericht. Rechtslage wie in Bayern (Finanzgerichtsbarkeit): Baden-Württemberg, Bremen, Hamburg, Nordrhein-Westfalen, Saarland (vgl. Übersicht bei *Giloy/König*, Kirchensteuerrecht in der Praxis, S. 112).

stand bzw. der Gesamtkirchenverwaltung, gegen deren Einspruchsbescheid wiederum **Klage zum Finanzgericht** möglich (KirchStErhebG Art. 12, VollzBekKirchgeld Nr. 7).

Allen Kirchensteuer- und Kirchgeldbescheiden ist eine Rechtsbehelfsbelehrung beizugeben, ebenfalls den Einspruchsbescheiden. Für Einspruch und Klage gelten gemäß den hier anzuwendenden Vorschriften der Abgaben- und der Finanzgerichtsordnung Fristen von jeweils einem Monat nach Bekanntgabe (Zustellung) des Steuer- bzw. Einspruchsbescheides.

6. Billigkeitsentscheidungen

Als echte Steuern sind Kirchensteuern bedingungsfeindlich. Steuerschuldner und Steuergläubiger (ELKiB bzw. Kirchen-(Gesamtkirchen-)gemeinde) können daher keine freien Vereinbarungen über die zu zahlende Steuerschuld treffen (o. § 63,1 a. E.; S. 538). Allenfalls kann die zuständige Stelle auf Antrag unter bestimmten Voraussetzungen eine Stundung oder einen Erlaß der Kirchensteuer aussprechen. Beides sind Entscheidungen im Rahmen der Billigkeit, wenn also die Erhebung überhaupt oder zum jetzigen Zeitpunkt eine erhebliche oder gar unbillige Härte bedeuten würde.

Bei der **Stundung** (Grundlage: Abgabenordnung – AO – § 222) bleibt die Kirchensteuerschuld in voller Höhe bestehen, wird aber erst zu einem späteren Zeitpunkt fällig.

Beim **Erlaß** (Grundlage: AO § 227) dagegen wird auf eine fällige Kirchensteuerschuld verzichtet. Erlaß kann nur gewährt werden, wenn die Zahlung der Kirchensteuer eine unbillige Härte darstellt. Unter der gleichen Voraussetzung ist auch ein Teilerlaß möglich.

Stundung und Erlaß können nur unter Beachtung des Grundsatzes der Gleichbehandlung gewährt werden.

Von diesen beiden Billigkeitsentscheidungen ist die **Niederschlagung** (Grundlage: AO § 261) zu unterscheiden. Wenn feststeht, daß eine Einziehung des geschuldeten Betrags keinen Erfolg haben wird (z. B. weil der Schuldner mittellos ist und keine pfändbare Habe hat) oder wenn die Kosten der Einziehung außer Verhältnis zu dem einzuziehenden Betrag stehen, dürfen derartige Ansprüche niedergeschlagen werden. Ein Erlöschen tritt allerdings erst mit Zahlungsverjährung (nach 5 Jahren) ein.

Zuständig für Stundung und Erlaß sind bei der Kirchenlohnsteuer die Finanzämter, zum Teil aber nur im Anschluß an eine entsprechende Entscheidung über die Maßstabsteuer, also die Lohnsteuer (vgl. im einzelnen KirchStG Art. 19 Abs. 3). Hinsichtlich der anderen Kirchensteuern sind allein die kirchlichen Stellen zuständig. Es sind dies bei Kircheneinkommen- und Kirchengrundsteuer – je nach Höhe des betreffenden Betrages – der Landeskirchenrat oder das zuständige Kirchensteueramt (KirchStG Art. 19 Abs. 3 i. V. m. KirchStErhebG Art. 10). Beim Kirchgeld entscheidet der Kirchenvorstand bzw. die Gesamtkirchenverwaltung als Steuerverbandsvertretung (VollzBek-Kirchgeld Nr. 5 i. V. m. AVKirchStErhebG § 5). Dabei ist zu beachten, daß auch dies eine Billigkeitsentscheidung und damit immer eine Einzelfallentscheidung ist, die nur auf Antrag erfolgt.

7. Vollstreckung

Leistet ein Kirchensteuerpflichtiger seine Steuerschuld nicht, dann bedarf es zur Erlangung dieser Schuld also nicht der Klage vor einem ordentlichen Gericht (o. § 63,1; S. 536). Die ausstehende Schuld kann vielmehr – dem Wesen der Steuer entsprechend – hoheitlich beigetrieben werden. Diese Vollstreckung obliegt in allen Fällen den staatlichen Finanzämtern. Soweit die Verwaltung bei der Kirche liegt, also bei Kircheneinkommen-, Kirchengrundsteuer und Kirchgeld, müssen die kirchlichen Stellen die Finanzämter ausdrücklich um die Beitreibung (Vollstreckung) ersuchen (KirchStG Art. 17 Abs. 2 und 3; zum Kirchgeld vgl. Art. 23 i. V. m. Art. 17 Abs. 3 und VollzBekKirchgeld Nr. 8)[20]. Die Vollstreckung richtet sich nach den Vorschriften der staatlichen AO, wobei allerdings einige der dortigen Regelungen für die Vollstreckung von Kirchensteuerschulden ausgeschlossen sind (KirchStG Art. 18 Abs. 2). Voraussetzungen der Vollstreckung sind ein Steuerbescheid, Fälligkeit der Forderung sowie das Verstreichen von mindestens einer Woche seit der Mahnung mit Vollstreckungsandrohung (AO § 254)[21]. Als Vollstreckungsmaßnahme kommen regelmäßig die Sachpfändung (Pfändung körperlicher Gegenstände) und Forderungspfändung (Vollstreckung in Forderungen und andere Vermögensrechte) in Betracht. Gegen Vollstreckungsmaßnahmen sind Rechtsbehelfe nach der Zivilprozeßordnung gegeben (Beschwerde an die Oberfinanzdirektion und anschließende Möglichkeit der Klage zum Finanzgericht). Auch können Vollstreckungshindernisse entgegenstehen, wie Aussetzung der Vollziehung oder Stundung. In der Praxis

20) Allerdings wird beim Kirchgeld wegen der geringen Höhe nur in den seltensten Fällen eine hoheitliche Beitreibung in Frage kommen, allenfalls bei Rückständen für mehrere Jahre, vgl. auch VollzBekKirchgeld Nr. 8.

21) In der Praxis wird von den Kirchensteuerämtern zweimal gemahnt. Erst nach erfolgloser erster Mahnung erfolgt die weitere Mahnung mit Vollstreckungsandrohung.

spielen Vollstreckungen von Kirchensteuerschulden allerdings nur eine geringe Rolle. Nur in etwa 0,5 % aller Veranlagungsfälle muß tatsächlich um Vollstreckungsmaßnahmen ersucht werden.

Ansprüche aus der Kirchensteuerschuld unterliegen – wie allgemeine Steuerschulden – einer besonderen Zahlungsverjährung (AO §§ 228 ff.). Diese Frist beträgt 5 Jahre. Nach Ablauf dieser Frist erlöschen Ansprüche aus dem Steuerschuldverhältnis und dürfen nicht mehr erhoben werden (AO § 232; zur Unterbrechung der Verjährung vgl. AO § 231).

Literatur

Vgl. bereits die Literaturübersicht zu § 64.

§ 66
Kirchensteuer in der Diskussion

1. Kirchensteuern und staatliche Neutralität

Das Thema Kirchensteuer ist einer der Bereiche des Staatskirchenrechts, der in der Öffentlichkeit mit am häufigsten diskutiert wird. Kirchensteuern werden zum Teil als Restbestand eines der Vergangenheit angehörenden Staatskirchentums empfunden und mit den Grundsätzen der Neutralität des Staates und der Trennung von Staat und Kirche als nicht vereinbar angesehen.

Diese Grundsätze sind jedoch nicht verletzt. Die Kirchensteuern verdanken ihre Entstehung im ausgehenden 19. Jahrhundert gerade einer allmählichen Distanzierung von Staat und Kirche, die die Kirchenfinanzierung als unmittelbare Staatsaufgabe, wie sie bis dahin bestanden und sich auch als Ersatz für die Säkularisierung von Kirchengut ergeben hatte, problematisch werden ließ (vgl. o. § 63, 3, S. 540). Das vom Staat angebotene Kirchensteuersystem sollte gerade einer Lösung der Verbindung von Staat und Kirche dienen, als Umstellung von der staatlichen Finanzierung auf eine Mitgliederfinanzierung, wobei der Staat jetzt nur noch bei der Erhebung Hilfe leistete. Dabei verhält er sich durchaus neutral: Kirchensteuern sind kein Privileg der Großkirchen. Durch die WRV wurden alle bis dahin bestehenden Privilegien der Kirchen und einzelner Religionsgemeinschaften abgeschafft und nunmehr alle Religions- und Weltanschauungsgemeinschaften paritätisch gleichbehandelt. So steht das Recht der Kirchensteuererhebung **allen** Kirchen, Religions- und – dies wird häufig übersehen – **auch Weltanschauungsgemeinschaften** zu. Einzige Voraussetzung hierfür ist die Eigenschaft einer Körperschaft des öffentlichen Rechts (vgl. Wortlaut von WRV Art. 137 Abs. 6). Aus verwaltungstechnischen *RS 101*
Gründen machen die Landeskirchensteuergesetze das über die verfassungsrechtliche Garantie hinausgehende Angebot einer Verwaltung durch die staatlichen Finanzbehörden (o. § 65, 1 mit Fn. 7, S. 557) abhängig von einer bestimmten Mindestgröße der einzelnen Gemeinschaften (vgl. KirchStG Art. 15, 17 Abs. 1). *RS 430*

Die Einführung des Kirchensteuersystems im vorigen Jahrhundert fand zum damaligen Zeitpunkt eine **volkskirchliche Situation** vor. Diese ist aber keineswegs Vorbedingung für die Erhebung von Kirchensteuern. Das zeigt die Ausdehnung dieser Berechtigung auf kleinere Religions- und Weltanschauungsgemeinschaften, die hiervon auch in unterschiedlicher

Weise Gebrauch machen[1]. Im übrigen wird man in einer Zeit, in der im Gebiet der alten Bundesländer noch knapp 85 % der Bevölkerung einer der beiden Großkirchen angehören[2] und – auch unter Berücksichtigung der statistisch schwierig zu erfassenden Religionszugehörigkeit in den neuen Bundesländern – dieser Anteil an der Gesamtbevölkerung mit etwa zwei Drittel bis 70 % geschätzt werden kann, immer noch von einer volkskirchlichen Situation ausgehen können.

2. Religionsfreiheit

RS 100 Die Kirchensteuer verstößt auch nicht gegen die in GG Art. 4 garantierte Religionsfreiheit: Sie stellt streng auf das Mitgliederprinzip ab. Nur die der betreffenden Gemeinschaft angehörenden Mitglieder können von ihr erfaßt werden. Der Staat als Hüter der Religionsfreiheit garantiert dies in der Weise, daß er die Möglichkeit eines Kirchenaustritts mit der Folge der Beendigung der Kirchensteuerpflicht gewährleistet, selbst wenn etwa das innerkirchliche Recht eine derartige Austrittsmöglichkeit gar nicht vorsehen sollte. Die Kirchensteuer ist mithin nichts anderes als ein auf freiwilliger Mitgliedschaft beruhender Beitrag der einzelnen Kirchenmitglieder, den der Staat gegen angemessene Entschädigung erhebt.

Der Umstand, daß nur die Kirchenmitglieder zur Kirchensteuer herangezogen werden können, unterscheidet sie auch ganz wesentlich von der von vielen Kritikern der Kirchensteuer gepriesenen »Kultursteuer«, wie sie neuerdings in Italien und Spanien erhoben wird[3]. Zum einen handelt es sich dort nicht um einen eigenen Beitrag für die Kirche, sondern um einen Teil der dem Staat ohnehin geschuldeten Einkommensteuer, der unter anderem der Kirche oder einem sonstigen ge-

1) Von kleineren Religionsgemeinschaften machen durchweg die israelitischen Kultusgemeinden und die altkatholische Kirche hiervon Gebrauch, einschließlich der staatlichen Verwaltungshilfe, in manchen Bundesländern daneben freireligiöse Landesgemeinden oder auch nur einzelne freireligiöse Ortsgemeinden, in Rheinland-Pfalz z. B. ferner die Unitarische Religionsgemeinschaft Freie Protestanten; vgl. die Übersicht bei *Giloy/König,* Kirchensteuerrecht in der Praxis, Neuwied-Kriftel/Ts. – Berlin 1993, S. 16 – 20. Manche Religionsgemeinschaften erheben Kirchensteuern, ziehen diese aber selbst ein, z. B. die Französische Kirche in Berlin (Hugenottenkirche), die Mennoniten in Hamburg oder etwa die Selbständige Evangelisch-Lutherische Kirche; vgl. *v. Mangoldt/Klein/v. Campenhausen*, Art. 140 GG/Art. 137 WRV, Rdnr. 193, Fn. 39 m.w.N.; *Chr. Meyer*, Das geltende Kirchensteuerrecht im Bereich der Evangelischen Kirche in Deutschland, in: *W. Lienemann*, Die Finanzen der Kirche, S. 178 Fn. 14.

2) Vgl. die Angaben in: Statistisches Jahrbuch 1992 der Bundesrepublik Deutschland, hrsg. v. Statistischem Bundesamt, Wiesbaden 1992, S. 67.

3) Vgl. *H. Herrmann*, Die Kirche und unser Geld, Hamburg 1990, S. 241 ff.; *ders.*, Wie die Kirche mit unserem Geld überlebt, in: *B. Kuckertz*, Kreuz-Feuer. Die Kritik an der Kirche, München 1991, S. 267/285 ff.

meinnützigen Zweck zugewendet werden kann[4]. Zum anderen ist dies unabhängig von der Mitgliedschaft. Denn auch Nichtmitglieder können u.U. zwangsweise zur Kirchenfinanzierung herangezogen werden, nämlich dann, wenn sie in ihrer Steuererklärung keinen Verwendungszweck ankreuzen und ihr Steueranteil dann entsprechend dem Verhältnis derjenigen, die gewählt haben, aufgeteilt wird.

Eine derartige allgemeine »Kultursteuer«, wie sie auch bei uns in der Öffentlichkeit öfter gefordert wird, würde die Einführung einer **neuen zusätzlichen** Steuer bedeuten, da angesichts der angespannten Haushaltssituation unser Staat nicht bereit wäre, auf einen Teil der ihm zustehenden Steuereinnahmen zu verzichten. In Italien und Spanien, wo die neue Regelung die bisherige staatliche Subvention der römisch-katholischen Kirche ersetzte, war dies auch nur möglich, weil dem einzelnen keine zusätzliche Abgabenlast aufgebürdet wurde. Im übrigen reicht dort das bisherige Aufkommen aus der Kultursteuer keineswegs aus, um die kirchlichen Aufgaben zu finanzieren.

Daß im Fall des Lohnsteuerabzugverfahrens die Religionsfreiheit des mitwirkenden Arbeitgebers nicht betroffen ist, da dieser nicht als Hilfsorgan einer Kirche tätig wird, mit der er vielleicht gar nichts zu tun haben will, sondern als Hilfsorgan der Finanzverwaltung, wurde bereits früher dargetan (o. § 65, 2 m.N., S. 557).

3. Förderung im Rahmen kulturstaatlicher Verantwortung

Die verfassungsrechtliche Verpflichtung des Staates, den korporierten Religions- und Weltanschauungsgemeinschaften das Recht der Steuererhebung zu ermöglichen, und seine hierzu weiter angebotene Verwaltungshilfe bedeuten sicherlich eine Förderung, nicht aber eine Identifizierung des Staates mit einer dieser Gemeinschaften. Förderung von Religionsgemeinschaften ist aber durch den Grundsatz der Trennung von Staat und Kirche nicht ausgeschlossen (o. § 7, 2, S. 97 f.). Gerade das heutige Staatswesen mit seiner wachsenden kulturstaatlichen Verantwortung zeigt allgemein Tendenzen einer stär-

4) Zu diesem System eingehend: *J. Michaeler*, Kirchenfinanzierung durch Zweckbindung eines Teiles der Einkommensteuer. Das Beispiel Italien, in: *C. Rinderer*, Finanzwissenschaftliche Aspekte von Religionsgemeinschaften, S. 143 ff.; Überblick bei: *H. Böttcher*, Die Kirchen und ihr Geld, S. 224/226 f.; *M. Branahl*, Kirchensteuer – zwischen Annahme und Ablehnung, S. 31 ff.; *H. Marré*, Die Kirchenfinanzierung in Kirche und Staat der Gegenwart, S. 26 ff.
Lediglich in Island wird eine eigene, für jeden Bürger verbindliche, zusätzlich zur staatlichen bzw. kommunalen Steuer zu zahlende Kultursteuer verlangt, die Kirchenangehörige an ihre Kirche, Konfessionslose für einen sozialen Zweck zahlen. Hierzu *Böttcher* a.a.O. S. 228; eingehend: *B. Sigurdsson*, Geschichte und Gegenwartsgestalt des isländischen Kirchenrechts, Frankfurt/M., Bern, New York 1986, S. 352 ff. und 380 ff.

keren finanziellen Förderung und Subvention durch die öffentliche Hand in diesem weiten kulturellen Bereich, der einerseits der Verwirklichung des Gemeinwohls und gleichzeitig der Ermöglichung der Ausübung von Grundrechten dient. Schulen in privater Trägerschaft, Theater, Rundfunk, um nur einige Beispiele zu nennen, wären ohne staatliche finanzielle Hilfe nicht mehr denkbar. In diesen Bereichen geht es – ähnlich wie bei der Förderung der Kunst oder der Denkmalpflege – durch Hilfen der öffentlichen Hand nicht um eine Identifizierung oder die Gewinnung eines entsprechenden Einflusses, sondern darum, das Eigenleben der jeweiligen Träger zu stärken. Ähnliches gilt auch für die Parteienfinanzierung, z. B. im Bereich der Wahlkampfkostenerstattung. In all diesen Fällen bedeutet staatliche Förderung und Subventionierung eine bewußte Stärkung der einzelnen sozialen Verbände und Gruppen, damit diese in staatlicher Unabhängigkeit ihre Aufgaben wahrnehmen können. In diesem Zusammenhang ist auch die Hilfe des Staates beim Einzug der Kirchensteuer zu sehen[5)]. Es besteht jedoch ein wichtiger Unterschied: Der Staat leistet im Falle der Kirchensteuer nicht Subventionen, sondern lediglich eine gewisse Hilfe beim Einzug der Mittel von den einzelnen Kirchengliedern, für die er eine angemessene Vergütung erhält.

4. Kircheneigene Steuererhebung?

Die Frage, ob die Kirchensteuer von der Kirche selbst oder vom Staat erhoben werden soll, ist aus innerkirchlicher Sicht eine reine Zweckmäßígkeitsfrage[6)]. Für die Verwaltung der Kirchensteuern durch den Staat sprechen rationelle Gesichtspunkte: Der Staat hat ein eingespieltes Behördeninstrumentarium zur Verfügung, welches gegen angemessenes Entgelt nur wenig Mehrarbeit verrichten muß, die Kirchen ersparen sich einen eigenen erheblichen Verwaltungsapparat, der wesentlich mehr Kosten verschlingen würde als das an den Staat für dessen Hilfe zu zahlende Entgelt beträgt[7)].

5) Hierzu v. a. *v. Campenhausen*, Staatskirchenrecht, S. 176 f.; *Scheuner*, ZRP 1969, S. 195/196.

6) *Marré*, Die Kirchenfinanzierung in Kirche und Staat der Gegenwart, S. 53.

7) Schätzungen sprechen von 20 bis 25 % des Kirchensteueraufkommens gegenüber i.d.R. 4 % als Vergütung an den Staat. Hierzu noch einige konkrete Zahlen: Die Einhebegebühren der Evangelischen Kirche Augsb. Bekenntnisses in Österreich (kircheneigenes Beitragssystem) betrugen 1992 etwas über 28 % des Kirchenbeitragsaufkommens (vgl. die Angaben in ABl für die Evangelische Kirche in Österreich 1993, S. 36). Die Verwaltungskosten für die Kirchensteuerämter der ELKiB betrugen nach der Rechnung 1991 17 277 683,– DM (bereinigt). Dies waren gemessen am gesamten Kirchensteueraufkommen (841 287 979,– DM) 2,05 %, an dem von den Kirchensteuerämtern verwalteten Aufkommen an Kircheneinkommen- und Kirchengrundsteuer (141 015 058,– DM), aber immerhin 12,25 %.

Dabei ist dieses »lautlose Steuerinkasso« ein typischer Vorgang der modernen Massenverwaltung, wie er in ähnlicher Weise beim Einzug anderer Steuerarten (z. B. Kfz-Steuer, Grundsteuern), Rundfunkgebühren, Versicherungs- und Mitgliedsbeiträgen etwa in Form des Lastschriftverfahrens zunehmend gehandhabt wird.

Wenn in Bayern an der Einrichtung eigener Kirchensteuerämter und der kircheneigenen Verwaltung von Kircheneinkommen- und Kirchengrundsteuer festgehalten wird, so aus der Erwägung heraus, daß dadurch direkte Kontaktmöglichkeiten mit dem einzelnen kirchensteuerpflichtigen Mitglied gegeben sind. Wenn verschiedentlich gesagt wird, daß die Steuereinziehung keine pastorale Begegnung ermögliche[8], so muß aus der Erfahrung der bayerischen Kirchensteuerämter doch festgehalten werden, daß Finanzfragen nicht immer die einzigen Probleme sind, die dort zur Sprache kommen, sondern auch vielerlei sonstige Nöte, die der einzelne Steuerzahler mit seiner Kirche hat[9]. Insoweit kommt diesen Ämtern auch aus Sicht der Kirche weiterhin eine besondere Bedeutung zu. Gleichzeitig wird dadurch noch einmal verdeutlicht, daß es sich um **kirchliche** Abgaben handelt.

5. Verstoß gegen Datenschutz?

Bedenken gegen das gegenwärtige Kirchensteuersystem können aus der Sicht des Datenschutzes nicht bestehen: Im Lohnsteuerabzugsverfahren werden von den Oberfinanzkassen den berechtigten Gemeinschaften die betreffenden Beträge als Gesamtsumme überwiesen. Die berechtigten Gemeinschaften erhalten somit keinen Einblick in die Steuerdaten des einzelnen Kirchenmitglieds. Gleiches gilt für die Fälle, in denen auch die Verwaltung der anderen Kirchensteuern auf die Finanzämter übertragen ist. Soweit eine kircheneigene Steuerverwaltung besteht, erhalten die Kirchensteuerämter von den staatlichen Finanzämtern zwar die erforderlichen steuerlichen Daten. Durch die in KirchStG Art. 18 Abs. 1 enthaltene Verweisung auf die Vorschriften *RS 430* der Abgabenordnung ist aber gewährleistet, daß das Steuergeheimnis (AO § 30) in sachgerechter Weise gewahrt ist[10].

8) *J. Isensee*, Jus 1980, S. 94/100; *Marré*, Die Kirchenfinanzierung in Kirche und Staat der Gegenwart, S. 53.
9) *H. Krag*, Die »fromme Schöpfung«, S. 41/42.
10) Vgl. auch *W. Hofmann*, Die Kirchensteuer und ihre Kritiker, LM 1984, S. 64.

6. Abhängigkeit von Maßstabssteuern

Problematisch ist in unserem System sicher die Abhängigkeit der Kirchensteuer von der Lohn- und Einkommensteuer. Sie führt dazu, daß nur diejenigen Kirchenmitglieder Kirchensteuern zahlen, die lohn- bzw einkommensteuerpflichtig sind. Neben den Nichtverdienenden fällt dadurch auch ein erheblicher Teil Geringverdienender aus der Kirchensteuerpflicht heraus. Aber gerade für eine Kirche liegt es nahe, soziale Gesichtspunkte zu berücksichtigen, also das persönliche Einkommen des einzelnen Gemeindegliedes als Maßstab für seinen Beitrag zu den finanziellen Aufgaben seiner Kirche zu nehmen, so daß als Folge davon der Mehrverdienende die Last des Wenigerverdienenden mitträgt[11]. Zudem besteht mit dem Kirchgeld, der Kirchensteuer, die der Ortskirchengemeinde zugute kommt, ein gewisses Korrektiv, das trotz seiner geringen Höhe auch in Zukunft seine Bedeutung nicht verlieren wird.

Grundsätzlich ist es zwar sachgerecht, daß die Kirchensteuer wie die Einkommensteuer auf die wirtschaftliche Leistungsfähigkeit natürlicher Personen abstellt. Der Staat hat im Rahmen seiner Steuergesetzgebung für Steuergleichheit und Steuergerechtigkeit zu sorgen. Dies muß auch ein für die Kirche bestehendes Desiderat sein. Die staatliche Einkommensteuer verfolgt jedoch über den fiskalischen Zweck hinaus vielfältige sozialpolitische und wirtschaftssteuernde Ziele, die zum Teil auch kirchlichen Intentionen entsprechen (Förderung der Ehe, Berücksichtigung des Aufwands für Kindererziehung u.ä.), zum Teil jedoch kirchenindifferent sind (Konjunktursteuerung, Einkommensumschichtung). Vielleicht wird es angesichts einer staatlichen Steuerpolitik, die weite Kreise der Bezieher niedriger Einkommen von jeglicher Einkommensteuer freistellt und den Ausgleich hierfür z. B. über eine Erhöhung der Mehrwertsteuer sucht, für die Kirche einmal notwendig sein, einen kircheneigenen Steuertarif zu entwickeln. Eine Anknüpfung an das Einkommen wird es aber auch dann allemal geben müssen. Eine weitere Möglichkeit wäre die Festsetzung eines gewissen Mindestbeitrages, der dann auf die zu zahlende Kirchensteuer verrechnet wird.

7. Freiwillige Gaben oder Beiträge statt Kirchensteuern?

Ein häufig gehörter Einwand gegen die Kirchensteuer ist, daß es kirchengemäßer wäre, die kirchlichen Aufgaben allein durch Spenden

11) *Krag,* a.a.O. S. 41.

zu finanzieren. Nur ein Teil der Mitglieder zahlt tatsächlich Kirchensteuern. Spenden und freiwillige Gaben machen auch heute noch einen gewissen und wichtigen Teil der kirchlichen Finanzquellen aus, wenn er auch gegenüber den Kirchensteuern wesentlich geringer ist (vgl. o. § 62, 2, S. 532). Zum anderen wird gerade durch freiwillige kirchliche Spendenaktionen – außerhalb des landeskirchlichen Haushalts – ein großer Teil kirchlicher Entwicklungshilfe und der diakonischen und Missionstätigkeit geleistet, wie die alljährlichen Aktionen »Brot für die Welt«, »Misereor«, die Sammlungen des Diakonischen Werkes oder der Caritas oder Aktionen von »Missio« und »Adveniat« zeigen. Würden diese Mittel für allgemeine kirchliche Zwecke verwendet werden, würden sie in diesem wichtigen Bereich kirchlicher Arbeit fehlen.

Mit rein freiwilligen Beiträgen lassen sich der jetzige kirchliche Dienst in seiner breiten, volkskirchlichen Form und eine flächendeckende kirchliche Versorgungsstruktur in keiner Weise aufrechterhalten. Wortverkündigung, Seelsorge, Diakonie und Bildungsarbeit sind personal- und damit kostenintensive Bereiche, die ohne eine verläßliche Finanzplanung nicht zu bewältigen sind. Das Kirchensteuersystem entbindet zudem die kirchlichen Mitarbeiter von der Aufgabe, selbst für die Beschaffung der Geldmittel für ihre Tätigkeit sorgen zu müssen. »Money-Sermons« oder wöchentliche Bingo-Spiele für die Gemeindearbeit bleiben unseren Pfarrern erspart, ebenso die Schätzung des Einkommens anhand von Schätzlisten für die Ermittlung der Kirchenbeiträge, wie dies die Kirchenbeitragsstellen in Österreich tun müssen.

Im übrigen gilt auch bei manchen Freiwilligkeitskirchen oder kleineren Religionsgemeinschaften, daß derjenige, der die oft tarifmäßig abgestuften Beiträge (»freiwillige« Beiträge?) über einen gewissen Zeitraum nicht erbringt, in der Regel alsbald seine Mitgliedschaft verliert.

Auch der Hinweis auf ein funktionierendes Finanzierungssystem durch Spendenaufkommen, wie z. B. in den amerikanischen Kirchen, geht fehl. Dort ist dieses System seit Jahrhunderten gewachsen und beschränkt sich nicht allein auf den kirchlichen Bereich, sondern umfaßt darüber hinaus weite andere Teile der Gesellschaft, z. B. die Finanzierung von Theatern, Schulen, Universitäten usw. Die Erfahrungen in Frankreich mit der Einführung eines radikalen Trennungssystems zu Beginn dieses Jahrhunderts statt der bis dahin bestehenden staatlichen Subventionierung haben besonders anschaulich gezeigt, welche Auswirkungen ein derartiger abrupter Bruch in der Finanzierung haben kann. Bis heute haben sich die französischen Kirchen davon nicht erholt. Da die wenigsten Kirchenmitglieder dort auch tatsächlich ihren empfohlenen Beitrag zahlen, sind viele der französischen Priester gezwungen, einem zweiten Beruf nachzugehen.

Ein Beitragssystem mit innerkirchlich verpflichtenden Beiträgen und kircheneigener Erhebung – wie etwa in Österreich – würde sich von dem in Bayern praktizierten System mit eigenen Kirchensteuerämtern nur insoweit unterscheiden, als die Kirche auch bei nichtselbständiger Arbeit den Beitrag vom Lohn direkt erheben müßte, und – beim reinen Beitragssystem – staatliche Hilfe bei der Beitreibung nicht zur Verfügung stünde. Warum aber eine dann gegebenenfalls notwendige Zahlungsklage vor den ordentlichen Gerichten mit anschließender Zwangsvollstreckung grundsätzlich anders zu beurteilen wäre, ist nicht recht erkennbar[12].

8. Kirchensteuer und europäisches Umfeld

Kirchensteuern sind keine deutsche Besonderheit. Es gibt sie in anderen Ländern auch (z. B. Schweden, Finnland, Dänemark, Island, Schweiz)[13], wobei sie dort zum Teil nur der jeweiligen Staatskirche oder nur einer beschränkten Anzahl von Religionsgemeinschaften zustehen, während diese Möglichkeit bei uns für alle korporierten Religionsgemeinschaften gegeben ist.

In anderen Ländern werden Kirchen vom Staat subventioniert[14]. Daß dies zu großen Abhängigkeiten führen kann, liegt auf der Hand.

12) *H. Engelhardt*, Die Kirchensteuer in den neuen Bundesländern, Köln 1991, S. 5.

13) Der Einzug erfolgt überwiegend zusammen mit den staatlichen bzw. kommunalen Steuern, in der Schweiz zum Teil auch durch kirchliche Stellen.
Zu der Besonderheit in Italien und Spanien (»Kirchensteuer« als Zweckbindung eines Teils der Einkommensteuer) vgl. o. Fn. 4.

14) Z. B. Belgien, Luxemburg, Norwegen, Griechenland (beschränkt auf die griechisch-orthodoxe Konfession), Dänemark (beschränkt auf die lutherische Staatskirche; die daneben von den Mitgliedern erhobene Kirchensteuer deckt nur einen Teil der Ausgaben), Elsaß-Lothringen (aufgrund einer historisch bedingten, vom übrigen Frankreich abweichenden Regelung) und im Schweizer Kanton Waadt. Soweit sich diese Regelung nicht nur auf eine Konfession bezieht (Dänemark, Griechenland), gilt diese Subvention nur für einen Teil der dort bestehenden Religionsgemeinschaften. In diesen Fällen wird die Besoldung der Geistlichen, weitgehend auch der Unterhalt kirchlicher Gebäude, entweder ganz oder überwiegend aus allgemeinen Steuermitteln aufgebracht. Eine entsprechende Regelung galt bis vor einigen Jahren auch in Italien, Spanien und den Niederlanden. Hierzu insgesamt: *Böttcher, Branahl, Marré,* a.a.O. (alle Fn. 4); ferner *Böttcher,* Was bringt das vereinte Europa für unsere Kirche? Rechtliche Aspekte, insbesondere im Hinblick auf die Kirchenfinanzierung, in: 50 Jahre Kirchensteuerämter in Bayern, hrsg. v. Evang.-Luth. Landeskirchenamt, München 1992, S. 20/27 ff. Praktisch in allen Staaten Europas, auch dort, wo eine strikte Trennung von Staat und Kirche herrscht, ist die Militär- und Gefängnisseelsorge Sache des Staates. Auch findet fast überall eine weitgehende Subventionierung konfessioneller Schulen statt.

Der Umstand, daß Kirchensteuern in mehreren europäischen Staaten bestehen, die bereits Mitglieder der EU sind bzw. die Aufnahme beantragt haben, sowie mangelnde rechtliche Zuständigkeiten der EU in diesem Bereich, lassen das geltende System durch den europäischen Einigungsprozeß im wesentlichen unberührt[15]. In einem enger zusammenrückenden Europa wird sich unser System letztlich jedoch in der Praxis zu bewähren und zu legitimieren haben.

9. Fazit

Die Finanzierung durch Kirchensteuern macht die Kirchen unabhängig. Unabhängig einmal vom Staat, der sie nicht subventioniert, wie früher zu Zeiten des Staatskirchentums oder wie heute noch andernorts. Unabhängig aber auch von gewissen Großspendern, die ihre Spenden zweckgebunden einsetzen, für bestimmte Vorhaben in einer Gemeinde oder auch für eine bestimmte Gemeindearbeit[16].

Im Vergleich zu anderen Finanzierungssystemen ermöglicht die Kirchensteuer eine äußerst praktikable, gerechte (da grundsätzlich allen Gemeinschaften offenstehend) und unabhängige Art der Finanzierung kirchlicher Aufgaben. Sie hat – wie jedes System – gewisse Schwächen, vor allem in ihrer Abhängigkeit von Maßstabssteuern, ist jedoch ein historisch gewachsenes und bewährtes System, welches größtmögliche Effizienz mit hoher Wirtschaftlichkeit verbindet. Es ist in seinen Belastungen auch nicht höher als andernorts, vielfach sogar wesentlich geringer als bei Freiwilligkeitskirchen. Im rechnerischen Durchschnitt zahlen die Kirchenmitglieder der EKD (westliche Gliedkirchen) etwa 270,– bis 290,– DM pro Jahr an Kirchensteuern, das ist ein durchschnittlicher Monatsbetrag von etwa 25,– DM. Berücksichtigt man, daß unter Beachtung der Möglichkeit des Sonderausgabenabzugs die reale Kirchensteuerbelastung maximal etwas über 2 % des Einkommens beträgt, bewegt sich dieser Satz auch durchaus im Rahmen dessen, was andernorts an obligatorischen oder anempfoh-

15) Vgl. *G. Robbers*, Die Fortentwicklung des Europarechts und seine Auswirkungen auf die Beziehungen zwischen Staat und Kirche in der Bundesrepublik Deutschland, in: *H. Heinemann/H. Marré* (Hrsg.), Die Einigung Europas und die Staat-Kirche-Ordnung, Essener Gespräche zum Thema Staat und Kirche, Bd. 27, Münster 1993, S. 81/94 f.; *Böttcher*, Was bringt das vereinte Europa für unsere Kirche? (Fn. 14), S. 20/29 ff.

16) Bereits bei den Beratungen der WRV hob ein sozialdemokratischer Abgeordneter hervor: »Für die Forderung steuerlicher Vorrechte habe ich praktisches Verständnis. Das amerikanische Vorbild der Unterhaltung der Kirchen durch einzelne Großkapitalisten mit entsprechendem Einfluß des Großkapitals auf das kirchliche Leben ist nicht nachahmenswert ...« (zit. nach *Scheuner* (Fn. 5), S. 196, Fn. 3; vgl. auch *Isensee* (Fn. 8), S. 100, Fn. 55, und *v. Campenhausen*, Staatskirchenrecht, S. 181

lenen Kirchenabgaben bezahlt wird. Zudem sichert die Regelmäßigkeit der Einnahmen eine verläßliche Planung. Wie anders könnte sonst die Beschäftigung der großen Mitarbeiterschaft, die auf regelmäßiges Einkommen angewiesen ist, verantwortet und in unserem Sozialstaat geduldet werden?

Die Kirche lebt nicht vom Geld. Aber zur Erfüllung ihrer Aufgaben braucht sie auch Geld. Als kirchliches Finanzierungsinstrument bietet die Kirchensteuer insgesamt Freiräume, die andere Finanzierungsarten in dieser Weise nicht gewährleisten. Dies gilt nicht nur für viele Bereiche der Diakonie[17)], sondern auch für die vielfältige Unterstützung der Kirchen in anderen Ländern, vor allem in der Dritten Welt. Ohne unser Kirchensteuersystem wären diese Hilfen nicht möglich. Kirche wäre dadurch ein gut Stück ärmer.

Das bei uns praktizierte System der Kirchensteuer als die wesentlichste kirchliche Finanzierungsquelle erhebt sicher nicht den Anspruch, in alle Zukunft festgeschrieben zu sein. Andere Lösungsmöglichkeiten sind durchaus vorstellbar und werden anderswo auch praktiziert. Aber immer wird es dabei um eine mitgliedschaftliche Abgabe gehen, die, um eine verläßliche Planung sicherzustellen, in der einen oder anderen Weise verpflichtend sein muß. Nichts anderes stellt aber die Kirchensteuer im Grunde dar.

Ein bewährtes und rationelles System sollte nicht ohne Not vorschnell aufgegeben werden, zumal es die soziale Sicherheit der in der Kirche Mitarbeitenden gewährleistet. Eine sachliche und fundierte Diskussion über eine Fortentwicklung in den kommenden Jahren ist dadurch jedoch nicht ausgeschlossen[18)]. Letztlich ist es eine Anfrage an die Kirchen selbst, ob sie auch weiterhin die religiöse Energie aufzubringen vermögen, die zweifellos vorteilhaften materiellen Bedingungen des deutschen Kirchensteuersystems nicht nur zu nutzen, sondern auch zu rechtfertigen[19)].

17) Die Zuschüsse der öffentlichen Hand für viele diakonische Einrichtungen, wie Krankenhäuser, Kindergärten, Beratungsstellen u.ä., dürfen nicht darüber hinwegtäuschen, daß immer noch ein nicht unbeträchtlicher kirchlicher Eigenbetrag übrigbleibt. Diese Zuschüsse werden gezahlt, weil die Kirchen, wie auch die Wohlfahrtsverbände, in diesen Bereichen gesellschaftliche Aufgaben wahrnehmen, die sonst vom Staat oder den Gemeinden zu erfüllen wären (Subsidiaritätsprinzip), und ohne kirchliche Trägerschaft der öffentlichen Hand nur teurer kämen.

18) *Krag* (Fn. 9), S. 43.

19) Vgl. auch *Isensee* (Fn. 8), S. 100; *Link*, EvStL Sp. 1706.

Literatur

H. Böttcher, Die Kirchen und ihr Geld, Finanzierungssysteme im europäischen Vergleich, Nachrichten der ELKiB 1992, S. 224 ff.; *M. Branahl*, Kirchensteuer – zwischen Annahme und Ablehnung. Beiträge zur Gesellschafts- und Bildungspolitik, Institut der deutschen Wirtschaft, Heft 177, 2. Aufl., Köln 1993; *A. v. Campenhausen*, Staatskirchenrecht, 2. Aufl., München 1983, S. 171 ff.; *A. Hollerbach*, Kirchensteuer und Kirchenbeitrag, in: *J. Listl/H. Müller/H. Schmitz*, Handbuch des katholischen Kirchenrechts, Regensburg 1983, S. 889 ff.; *J. Isensee*, Die Finanzquellen der Kirchen im deutschen Staatskirchenrecht. Rechtsgrundlagen und Legitimationsgedanken, Jur. Schulung (JuS) 1980, S. 94 ff.; *H. Krag*, Die »fromme Schröpfung«. Überlegungen zum gegenwärtigen Kirchensteuersystem, Nachrichten der ELKiB 1992, S. 41 ff.; *W. Lienemann* (Hrsg.), Die Finanzen der Kirche. Studien zu Struktur, Geschichte und Legitimation kirchlicher Ökonomie. Forschungen und Berichte der Evangelischen Studiengemeinschaft, Bd. 43, München 1989; *Chr. Link*, »Kirchensteuer«, EvStL Sp. 1695 ff.; *H. Marré*, Die Kirchenfinanzierung in Kirche und Staat der Gegenwart. Die Kirchensteuer im internationalen Umfeld kirchlicher Abgabensysteme und im heutigen Sozial- und Kulturstaat Bundesrepublik Deutschland, 3. Aufl., Essen 1991; *W. Pradel*, Kirche ohne Kirchenbeitrag. Mittel und Methoden kirchlicher Finanzierung. Dokumentation aus 75 Ländern, Wien – München 1981 (zum Teil überholt); *C. Rinderer* (Hrsg.), Finanzwissenschaftliche Aspekte von Religionsgemeinschaften. Schriften zur öffentlichen Verwaltung und öffentlichen Wirtschaft, Bd. 117, Baden-Baden 1989 (u.a. mit eingehender Darstellung der Kirchenfinanzierung in der Schweiz, in Österreich, Italien, Spanien und der Bundesrepublik Deutschland); *U. Scheuner*, Kirchensteuer und Verfassung, Zeitschr. f. Rechtspolitik (ZRP) 1969, S. 195 ff.; *A. Schindler*, Die Kirche und ihr Geld, Basel 1983; *R. Weeber*, Die Kirche und ihr Geld. Grundsätzliche Aspekte des Themas, und *H. Herrmann*, Versuch einer Erwiderung, Herder Korrespondenz 26 (1972) S. 395 ff.

3. Abschnitt: Finanzausgleich

§ 67
Innerkirchlicher Finanzausgleich und Finanzausgleich innerhalb der EKD

1. Finanzausgleich innerhalb der ELKiB

Da die gesamten Kirchenumlagen der ELKiB zufließen und die Kirchengemeinden bzw. Gesamtkirchengemeinden als eigene Steuereinnahmequelle allein auf das Kirchgeld angewiesen sind, hiervon aber selbst zusammen mit ihren sonstigen Einnahmen (ortskirchliche Kollekten, Spenden, Gaben) ihre Dienste nicht finanzieren können, bedarf es eines angemessenen Finanzausgleichs zwischen ELKiB und den einzelnen Kirchengemeinden, Gesamtkirchengemeinden sowie den Dekanatsbezirken. KirchStG Art. 24 überläßt dies der innerkirchlichen Regelung. In der Tat handelt es sich hierbei um eine eigene Angelegenheit, in die einzugreifen dem Staat ohnehin durch GG Art. 140 i.V.m. Art. 137 Abs. 3 WRV verwehrt ist. KVerf Art. 80 Abs. 3 regelt daher dem Grundsatz nach diesen innerkirchlichen Finanzausgleich, ebenso KirchStErhebG Art. 2 und DBO § 36 Abs. 1. Näher entfaltet wird er im Kirchengesetz über den innerkirchlichen Finanzausgleich
RS 438, 439 (FinAusglG – RS 438)[1] und der Verordnung über den innerkirchlichen Finanzausgleich (FinAusglV – RS 439).

Der Finanzausgleich ist somit eine Verteilung der Kirchenumlagen auf die verschiedenen Ebenen der ELKiB, entsprechend und abhängig von den von diesen Ebenen wahrgenommenen Aufgaben. Dabei ist zu unterscheiden

- der **vertikale Finanzausgleich**, d. h. die Verteilung des Aufkommens an Kirchenumlagen zwischen der ELKiB und den Kirchengemeinden, Gesamtkirchengemeinden und Dekanatsbezirken, und
- der **horizontale Finanzausgleich**, d. h. die Unterverteilung des auf die Kirchengemeinden, Gesamtkirchengemeinden und Dekanatsbezirke entfallenden Anteils am vertikalen Finanzausgleich auf die einzelnen Kirchengemeinden, Gesamtkirchengemeinden und Dekanatsbezirke[2].

1) Nach KVerf Art. 71 Abs. 1 Nr. 6 bedarf die Feststellung des Haushaltsplanes und die Regelung des innerkirchlichen Finanzausgleichs der Form des Kirchengesetzes. Das FinAusglG spricht nur von einem Finanzausgleich zwischen ELKiB und Kirchengemeinden. Wegen KVerf Art. 80 Abs. 3 und DBO § 36 Abs. 1 findet es aber entsprechend Anwendung auf Gesamtkirchengemeinden und Dekanatsbezirke.

Der vertikale Finanzausgleich wird alljährlich im Haushaltsplan festgesetzt. Darin ist bestimmt, wieviel von dem erwarteten Umlagenaufkommen der ELKiB verbleibt und wieviel Kirchengemeinden, Gesamtkirchengemeinden und Dekanatsbezirke insgesamt erhalten.

FinAusglG § 2 besagt zwar, daß der Anteil der Kirchengemeinden und der ELKiB durch Kirchengesetz in Prozenten festgesetzt werden soll. Dieses Kirchengesetz wurde aber bis jetzt nicht erlassen. Wegen des wechselnden Bedarfs[3] kann dies auch kaum für eine längere Zeit festgelegt werden. Da eine prozentuale kirchengesetzliche Aufteilung nicht besteht, sind die jeweiligen Anteile bis auf weiteres von Landeskirchenamt (gemeint ist: Landeskirchenrat) und Landessynodalausschuß zu bestimmen. Die Mitwirkung des LSA geht in diesem Fall also über eine bloße Anhörung hinaus, wie sie KVerf Art. 82 Abs. 1 allgemein vorsieht. Da letztlich die Landessynode den Haushaltsplan festzusetzen hat, ist ohnehin die entscheidende Mitwirkung des synodalen Elements der Kirchenleitung gewährleistet. Durch die Festsetzung des Haushaltsplans in Form eines Kirchengesetzes ist dem Gebot der Regelung des innerkirchlichen Finanzausgleichs durch Kirchengesetz (KVerf Art. 71 Abs. 1 Nr. 6, FinAusglG § 2) Genüge getan.

Im Haushaltsplan 1993 sind für den Anteil der Kirchengemeinden, Gesamtkirchengemeinden, Dekanatsbezirke und für Zuweisungen an die Verwaltungsstellen 314.966.000,– DM vorgesehen (vgl. Schaubild S. 534).

Der horizontale Finanzausgleich erfolgt in der Weise, daß die Kirchengemeinden, Gesamtkirchengemeinden und Dekanatsbezirke **Schlüssel-** und **Bedarfszuweisungen** aus der allgemeinen Kirchenkasse erhalten (FinAusglV §§ 2 und 3, DBO § 36 Abs. 1). Während früher die **Schlüsselzuweisungen** einem monatlichen pro-Kopf-Betrag für jedes Gemeindeglied entsprachen, werden sie heute – nach einer in einigen Dekanatsbezirken durchgeführten Erprobungsphase – für die Kirchengemeinden, die keiner Gesamtkirchengemeinde angehören, allgemein nach gewissen Typisierungsmerkmalen entsprechend dem Gemeindetyp ermittelt. Diese Schlüsselzuweisungen umfassen Zuweisungen für Personal- und Sachkosten sowie für besonderen Bedarf (Kindergarten, Kinderhorte, zusätzlicher Bedarf infolge Sonderbelastung, Schuldendienst). Die Einzelheiten der Berechnung ergeben sich aus der Anlage zur FinAusglV und der jeweiligen Haushaltsbekanntmachung (vgl. für 1994: KABl 1993, S 198). Für die Kirchengemeinden, die nicht einer Gesamtkirchengemeinde angehören, werden die Schlüsselzuweisungen von der Landeskirchenstelle festgesetzt und über die Verwaltungsstellen ausgezahlt. Für Gesamtkirchenge-

2) *Th. Karg*, Kirchensteuerrecht in der ELKiB, S. 29; *v. Ammon/Rusam*, Verfassung der ELKiB, Erl. 4 zu Art. 80.
3) Vgl. hierzu die Beispiele bei *Karg* a.a.O., S. 30.

meinden erfolgt die Festsetzung durch das Landeskirchenamt (FinAusglV § 1 Abs. 2 und 3). Sinn der jetzigen Regelung ist eine Stärkung der Eigenverantwortlichkeit der Kirchengemeinden.

Für außerordentliche Maßnahmen (z. B. für Bau- und Instandsetzungsmaßnahmen, Grunderwerb u.ä.) werden **Bedarfszuweisungen** gewährt. Über sie entscheidet der Verteilungsausschuß (FinAusglV, Zusammensetzung: § 3). Bedarfszuweisungen gehören zu den außerordentlichen Deckungsmitteln. Für sie bedarf es also eines außerordentlichen Haushaltsplanes (KGO § 71 Abs. 4, ABestHKR § 4 Abs. 4 und § 9; vgl. o. § 49,2a, S. 445).

2. Finanzausgleich innerhalb der EKD

Auch zwischen EKD und den Gliedkirchen findet ein vertikaler Finanz-
RS 70 ausgleich statt. Nach EKDGO Art. 33 Abs. 1 Satz 2 werden Ausgaben, die durch eigene Einnahmen der EKD nicht gedeckt sind, auf die Gliedkirchen umgelegt. Hierzu gibt es für die einzelnen Gliedkirchen einen bestimmten Umlageschlüssel, nach dem sich die Höhe der jährlichen Umlage berechnet. Dieser Umlageschlüssel gilt auch für die entsprechenden Umlagen, die die ELKiB für das Diakonische Werk der EKD und für die VELKD aufzubringen hat.

Bis einschließlich 1992 fand unter den westlichen Gliedkirchen der EKD auch ein horizontaler Finanzausgleich zwischen finanzschwachen und finanzstarken Gliedkirchen statt. Dieser ist seit dem Rechnungsjahr 1993 im Hinblick auf die zusätzlichen Leistungen für die östlichen Gliedkirchen der EKD weggefallen (hierzu o. § 62 Fn. 10, S. 534), soll aber ab 1996 wieder aufgenommen werden.

Literatur

W. v. Ammon/R. Rusam, Verfassung der Evangelisch-Lutherischen Kirche in Bayern, 2. Aufl., München 1985, Erl. 4 zu Art. 80; *D. Bauer*, Kirchlicher Finanzausgleich, in *W. Lienemann* (Hrsg.), Die Finanzen der Kirche, Forschungen und Berichte der Evangelischen Studiengemeinschaft, Bd. 43, München 1989, S. 109 ff; *K. Blaschke*, Kirchliches Finanz- und Haushaltsrecht, ZevKR 27 (1982), S. 45 ff, *Th. Karg*, Kirchensteuerrecht in der Evang.-Luth. Kirche in Bayern, 2. Aufl., München 1969, S. 29 ff; *H.-G. Nordmann*, Kirchliches Finanz- und Haushaltsrecht, ZevKR 27 (1982), S. 155 ff.

TEIL C
DIE KIRCHLICHEN ZUSAMMENSCHLÜSSE

§ 68
Überblick

1. **a)** Im Bereich der **Bundesrepublik Deutschland** gibt es verschiedene **Zusammenschlüsse** evangelischer Glied-(= Territorial-)**Kirchen.** Vom Bekenntnis her bestimmt sind die Zusammenschlüsse der VELKD (s.u. § 69, 1.), des Reformierten Bundes[1)] und der Evangelischen Kirche der Union[2)]. In der Arnoldshainer Konferenz (einer theologisch-kirchlichen Arbeitsgemeinschaft von Kirchenleitungen) sind die meisten Gliedkirchen der EKD (ausgenommen die Gliedkirchen der VELKD) lose (Württemberg sogar nur im Gaststatus) zusammengeschlossen[3)]. In der Konförderation evangelischer Kirchen in Niedersachsen arbeiten die im Bundesland Niedersachsen bestehenden luth. Kirchen Braunschweig, Hannover, Oldenburg und Schaumburg-Lippe mit der evang.-reformierten Kirche (s. Fn. 1) zusammen[4)]. Bekenntnisübergreifend ist die Evangelische Kirche in Deutschland (s.u. § 69, 2.). Der Arbeitsgemeinschaft christlicher Kirchen in Bayern[5)] gehören (wie in anderen Bundesländern) auch die Römisch-Katholische und die Orthodoxe Kirche an[6)].

Die **Kirchenverfassung** der ELKiB betont die Zugehörigkeit der ELKiB zur VELKD (Art. 6 Abs. 2 S. 2), »bekennt sich zur Gemeinschaft der evangelischen Christenheit in Deutschland« (Art. 6 Abs. 3 S. 1) und statuiert ihre Zugehörigkeit zur EKD als eine ihrer Gliedkirchen – allerdings unter dem Vorbehalt der »Wahrung des Bekenntnisstandes« – (Art. 6 Abs. 3 S. 2). *RS 1*

1) Vgl. dazu *Gurth*, in EvStL Sp. 2945 f.; die Evang.-reformierte Kirche in Nordwestdeutschland und in Bayern haben sich ab 1.2.1989 zur Evang.-reformierten Kirche (mit dem Sitz in Leer) zusammengeschlossen (137 Gemeinden mit knapp einer viertel Million Mitgliedern, *epd* 653/7.5.92).
2) Vgl. dazu *Goeters*, in EvStL Sp. 810 – 816.
3) Vgl. *Frost*, in EvStL Sp. 1738; zu inhaltlichen Voten vgl. *Mehlhausen*, a.a.O. Sp. 2551 f.; *Bürgel*, Arbeitsergebnisse der Arnoldshainer Konferenz (AFK), ZevKR 33 (1988) S. 450 – 455.
4) Vgl. dazu *Frost*, in EvStL Sp. 1738.
5) Vgl. dazu *Frost*, EvStL Sp. 1739; *v. Ammon/Rusam*, KVerf, S. 54, Art. 6 Anm. 6; *R. Müller*, Mit Träumen fing es an, und *Zademach*, Arbeitsgemeinschaft christlicher Kirchen in Bayern, Nachrichten 1989 H. 19 S. 367 und 365; s.a. *VELKD*-Informationen Nr. 69 S. 13.
6) Katholisch: Vgl. *Listl*, EvStL Sp. 1529 – 1539; vgl. auch *Schmitz*, a.a.O. Sp. 402 – 407, zum Codex Iuris Canonici.
Orthodox: *Papandreou*, EvStL Sp. 1539 – 1546; vgl. *Döpmann*, Die orthodoxen Kirchen, Berlin 1991; *ders.*, Die Ostkirchen vom Bilderstreit bis zur Kirchenspaltung 1054, Leipzig 1990; *Felmy*, Die orthodoxe Theologie der Gegenwart, Darmstadt 1990; *G. Müller*, Die Orthodoxe Kirche, Geschichtliche und ökumenische Aspekte, Jahrbuch 1988 der Braunschweigischen Wissenschaftlichen Gesellschaft, Göttingen 1988; *Stricker*, Die Bürde der Freiheit ist schwer. Die Russisch-Orthodoxe Kirche heute, Nachrichten 1992 H. 5 S. 84.

b) Auf dem Gebiet der früheren Deutschen Demokratischen Republik war neben den Landeskirchen vor allem der **Bund der Evangelischen Kirchen in der DDR** von Bedeutung[7]. Aufgrund erfolgreicher Vorarbeiten eines **gemeinsamen Leitungsausschusses** (besetzt mit je 5 Vertretern der EKD und des »Bundes ...«) und sorgsamer rechtlicher Vorarbeiten ist die seit 1969 (aufgrund des Eingriffs des DDR-Staates)[8] ruhende Mitgliedschaft der Glieder des »Bundes ...« wieder reaktiviert[9] worden, der »Bund ...« hat also zu bestehen aufgehört[10]. In der EKD sind nun wieder alle deutschen evangelischen Kirchen in der Bundesrepublik Deutschland (also aus derem ehemaligen Gebiet wie aus dem Gebiet der ehemaligen DDR) zusammengeschlossen.

c) Aus der Geschichte der Evangelischen Kirche in Deutschland:

Vorläufer der EKD: **1848:** Deutscher Evangelischer Kirchentag in Wittenberg; **1852 bis 1903:** Eisenacher Konferenz (Treffen der obersten Kirchenbehörden); **1903 bis 1922:** Deutscher Evangelischer Kirchenausschuß; **1922 bis 1933:** Deutscher Evangelischer Kirchenbund; **1933 bis 1945:** Deutsche Evangelische Kirche.

1945 bildete sich vom 27. bis 31. August in Treysa (bei Kassel) provisorisch die EKD. Im Juli **1948** wurde im thüringischen Eisenach

7) *M. Heckel*, Die Vereinigung der Evangelischen Kirche in Deutschland, Jus Eccl. Bd. 40, Tübingen 1990; *ders.* (in Ergänzung), Rechtsprobleme der kirchlichen Wiedervereinigung, ZevKR 36 (1991) S. 113 – 198; *A. v. Campenhausen*, Die rechtliche Trennung erfolgte nie, LM 1990 H. 9 S. 387 (mit kritischer Erwiderung v. *Planer-Friedrich*, Als seien sie ausgeschlossen gewesen, LM 1990 H. 11 S. 507); vgl. auch *Beintker*, Ostdeutsche Verbindlichkeiten und Vereinigungsprozeß, DPfBl. 1993 H. 2 S. 55 – 59; *Kremser*, Der Rechtsstatus der evangelischen Kirchen in der DDR und die neue Einheit der EKD (Jus Eccl. Bd. 46), Tübingen 1993; *P. Maser*, Kirchen und Religionsgemeinschaften in der DDR 1949 – 1989, Konstanz 1992; *E. Schmidt*, Kirche zwischen Anpassung und Verweigerung. Versuch einer Urteilsfindung für den Weg der Evang. Kirche in der Zeit des Sozialismus, DPfBl. 1993 H. 8 S. 371 – 376. – Zu den Folgen der DDR-Herrschaft vgl. *Ch. Grethlein*, Zur religiösen Einstellung Jugendlicher in den neuen Ländern ..., scientia halensis (Universitätszeitschrift Halle), 1993 H. 2 S. 27 f.
Vgl. auch u. § 69 Fn. 10 (Auseinandersetzung mit der und Ergänzung der angegebenen Literatur).

8) Zur Geschichte der EKD vgl. die Aufstellung, Nachrichten 1991 S. 276; kurz o. 1. c).

9) Zur Geschichte des »Bundes ...«: *Lingner* u. *Planer/Friedrich*, Bund der Evangelischen Kirchen in der DDR, EvStL Sp. 538 – 553 mit umfassender Literaturübersicht Sp. 552 f.; *Luchterhandt*, Evang. Kirche in der DDR, Jus Eccl. Bd. 28, Tübingen 1982; *Mendt*, Konsistoriales und synodales Denken im Bund der Evangelischen Kirchen in der DDR und seinen Gliedkirchen, DPfBl. 1976 S. 374; *P. Müller*, Neuere Entwicklungen im Verfassungsrecht der evang. Landeskirchen in der DDR (Vortrag 10.4.1987), ZevKR 33 (1988) S. 380 – 409; *Röder*, Unveränderte Problemfelder-Synode des DDR-Kirchenbundes tagte in Görlitz, LM 1987 H. 11 S. 523; vgl. auch o. Fn. 7.

10) Zur Entwicklung nach der »Wende«: *G. Krusche*, Alles wird neu – und ist neu zu lernen. Die Kirche in der nachsozialistischen Gesellschaft, LM 1990 H. 5 S. 193 – 196; *W. Hofmann*, »Mit Geduld und Entschiedenheit«. Bericht über die ... Arbeit der Gemeinsamen Kommission, Nachrichten 1990 H. 23/24 S. 442 – 444; vgl. auch o. Fn. 7.

die bis heute gültige Grundordnung der EKD verabschiedet. Das ist die eigentliche Geburtsstunde der EKD, die aus 28 Landeskirchen bestand.

1969 trennten sich die acht evangelischen Landeskirchen in der DDR von der EKD und bildeten einen eigenen Kirchenbund (s.o. b)). Auf der letzten Synode dieses Kirchenbundes vom 21. bis 25. September **1990** stimmten alle 60 Synodalen in Leipzig dem Vorschlag zu, die Einheit mit der EKD durch Beitritt **1991** zu vollziehen. Die EKD-Synode faßte einen entsprechenden Beschluß auf ihrer Tagung vom 4. bis 9. November **1990** in Lübeck-Travemünde.

Am 24. Februar **1991** tagten in Berlin-Spandau die Kirchenbundsynode und die EKD-Synode gemeinsam. Die 120 EKD-Syodalen stimmten dem Kirchengesetz zur Einheit der EKD ohne Gegenstimmen bei einer Enthaltung zu; von den 55 anwesenden Kirchenbundsynodalen votierten 43 für und 8 gegen das Gesetz, 4 enthielten sich. Die Einheit der EKD wurde durch Frau Präses des Kirchenbundes, *Rosemarie Cynkiewicz* (Berlin), im Einvernehmen mit dem Rat der EKD für den 27. Juni **1991** in Kraft gesetzt. An diesem Tag kam im fränkischen Coburg die Kirchenkonferenz zusammen. Vom 28. bis 30. Juni **1991** fand die erste Tagung der neuen gemeinsamen EKD-Synode in Coburg statt.

2. **Weltweit** sind die Zusammenschlüsse des Lutherischen (s.u. § 70, 1., S. 596 f.) und des Reformierten Weltbundes[11)] im evangelischen Bereich; überkonfessionell ist der Ökumenische Rat der Kirche (s.u. § 70, 2., S. 598 f.). Die Weltbünde wirken in die nationalen Bereiche hinein, so der Lutherische Weltbund durch das Lutherische Nationalkomitee (vgl. LWB Verf. IX, und Satzung des Deutschen Nationalkomitees des LWB, *RS 95 f.).*

Die **Kirchenverfassung** der ELKiB betont die »Einmütigkeit der einen Kirche Jesu Christi in aller Welt« (Art. 6 Abs. 1), folgert daraus, daß *RS 1*
die ELKiB »an der Zusammenarbeit christlicher Kirchen in der Welt teil«-nimmt (Art. 6 Abs. 4 S. 1), jedoch in besonderer Verbundenheit »mit den evangelisch-lutherischen Kirchen und Christen in aller Welt« (Art. 6 Abs. 2 S. 1) und statuiert die Zugehörigkeit der ELKiB zum LWB (Art. 6 Abs. 2 S. 3) und zum Ökumenischen Rat der Kirchen (Art. 6 Abs. 4 S. 2).

11) Vgl. dazu *Gurth*, EvStL Sp. 2947 – 2951; *Heron*; Reformierter Weltbund im Umbruch, Nachrichten 1989 H. 18 S. 348.

3. Daneben gibt es weitere lose Zusammenschlüsse von Territorialkirchen auf **überregionaler** Ebene (wie die Konferenz Europäischer Kirchen[12]), die Konferenz der Kirchen am Rhein, aber auch fachspezifische Zusammenschlüsse wie die Weltvereinigung für christliche Kommunikation[13])).

12) Vgl. dazu *Kemper*, EvStL Sp. 1831 – 1834; *Frost*, a.a.O. Sp. 1740; *v. Ammon/Rusam*, KVerf, S. 54 f., Art. 6 Anm. 6.

13) Vgl. *Bogner*, Erste Weltkonferenz für christliche Kommunikation in Manila, Nachrichten 1989 H. 21 S. 409 f.

§ 69
Zusammenschlüsse in Deutschland

1. **a)** Für die ELKiB ist von besonderer Bedeutung die **Vereinigte Evangelisch-Lutherische Kirche Deutschlands,** in der die lutherischen Landeskirchen der Bundesrepublik Deutschland (Bayern, Braunschweig, Hannover, Mecklenburg, Nordelbien, Sachsen, Schaumburg-Lippe und Thüringen)[1] zusammengeschlossen sind (mit Ausnahme der Evang. Landeskirche in Württemberg und der Evang. Kirche in Oldenburg, die aber beide als luth. Kirchen in der VELKD einen Gaststatus haben und dem Nationalkomitee des Lutherischen Weltbundes angehören; die Evang.-Luth. Kirche in Baden ist eine Freikirche).

Die Vereinigte Evang.-Luth. Kirche Deutschlands ist eine Kirche; in ihr sind nur Kirchen des gleichen Bekenntnisses zusammengeschlossen (vgl. VELKD Verf. Art. 1 Abs. 1 u. 2). Die Gliedkirchen behalten *RS 60*
grundsätzlich[2] (»soweit in dieser Verfassung nichts anderes bestimmt wird«) »ihre Selbständigkeit in Kultus und Verfassung, Gesetzgebung und Verwaltung«, wollen aber zu einer größeren Einheitlichkeit ihrer Ordnungen kommen (Art. 4 Abs. 1 u. 2; vgl. u. d)).

b) Ihre **Leitungsorgane** sind die Bischofskonferenz mit dem Leitenden Bischof, die Generalsynode und die Kirchenleitung (Art. 8). Der **Bischofskonferenz** gehören die Bischöfe aller Gliedkirchen sowie fünf weitere »ordinierte Inhaber eines kirchenleitenden Amtes«[3] an, davon je zwei aus der Evang.-Luth. Landeskirche Hannovers und der ELKiB und einer aus der Evang.-Luth. Kirche Sachsens (Art. 10). Der **Leitende Bischof** wird aus der Mitte der Bischofskonferenz von der Generalsynode gewählt (Art. 13). Die **Generalsynode** besteht aus 80[4] Mitgliedern, von denen 70[4] Mitglieder (davon 23[4] Geistliche) von den

1) Die Evangelisch-Lutherische Landeskirchen Mecklenburgs, Sachsens und in Thüringen bildeten nach dem staatlichen Eingriff 1969 zunächst die VELK-DDR, die jedoch im Juli 1988 ihre eigene Verfassung aufgehoben und die bisherigen gemeinsamen Aufgaben ab 1.1.1989 dem »Bund ...« übertragen hatte (vgl. zu dieser Entwicklung *Wölber*, Bleibende Chance des Luthertums. Die Auflösung der VELK-DDR ist beschlossen, LM 1988 H. 8 S. 356).

2) Zur Bedeutung des Begriffes »grundsätzlich« s.o. § 16, 3. a) unter »Beachte«, S. 203.

3) Zwischen »ordinierten Inhabern eines kirchenleitenden Amtes« und »ordinierten Mitgliedern kirchenleitender Organe« wird deutlich unterschieden (PfG § 38, Art. 38 a; s.o. § 20, 3. c), S. 247). Es ist also problematisch, wenn die ELKiB auch einen theologischen Oberkirchenrat, der nicht Kreisdekan ist, in die Bischofskonferenz der VELKD entsendet.

4) Diese Zahlen wurden nach dem Beitritt der Kirchen Mecklenburgs, Sachsens und Thüringens entsprechend ihrer Mitgliederzahl erhöht – von bisher 60 insgesamt, davon 50 gewählten, darunter 16 Geistlichen (vgl. Art. 16 Abs. 3 der VELKD-Verf.; danach bestimmt für die nächste Wahl das Nähere die Kirchenleitung im Benehmen mit der Bischofskonferenz; von der nächsten Amtsdauer an erfolgt die Verteilung der Mitglieder der Generalsynode auf die einzelnen Gliedkirchen durch Kirchengesetz).

synodalen Organen der Gliedkirchen gewählt werden; 10 weitere Mitglieder werden vom Leitenden Bischof auf gemeinsamen Vorschlag von Bischofskonferenz und Kirchenleitung berufen. Die **Kirchenleitung** besteht aus dem Leitenden Bischof als Vorsitzendem, seinem Stellvertreter, einem weiteren Mitglied der Bischofskonferenz, dem Präsidenten der Generalsynode und neun[5)] von der Generalsynode aus dem Kreis ihrer Mitglieder und deren Stellvertreter zu Wählenden, von denen nicht mehr als drei[5)] Geistliche sein dürfen (Art. 19).

c) Neben diesen Kirchenleitungsorganen steht das **Lutherische Kirchenamt**, das die allgemeine kirchliche Verwaltung einschließlich der Finanzverwaltung »im Rahmen der Verfassung, der Kirchengesetze und Verordnungen sowie der Beschlüsse der Kirchenleitung« ausübt (Art. 21). Im Luth. Kirchenamt ist auch die Geschäftsstelle für das Deutsche Nationalkomitee des LWB. – Es gibt ein **Verfassungs- und Verwaltungsgericht, ein Spruchkollegium für Lehrangelegenheiten** (Art. 22 f.) und den **Senat für Amtszucht** (AVerG § 95).

Beachte: Skizze zur »Struktur der VELKD« auf gegenüberliegender Seite.

d) »**Kirchengesetze** kommen durch übereinstimmende Beschlüsse der Generalsynode und der Bischofskonferenz zustande« (Art. 24 Abs. 1). Entwürfe von Kirchengesetzen, die Wirkung für die Gliedkirchen haben, müssen vor der Zuleitung an die Generalsynode den Gliedkirchen zur Stellungnahme zugesandt worden sein. Solche Kirchengesetze sind z.B. das Pfarrergesetz, das Kirchenbeamtengesetz, das Amtspflichtverletzungsgesetz, die Lehrordnung. Werden durch Regelungen öffentlich-rechtliche Dienstverhältnisse berührt, müssen die betroffenen Pfarrer (PfG § 79) und Kirchenbeamten (KBG § 63) vorher gehört werden.

Gesetze der VELKD binden die Gliedkirchen (Art. 6 Abs. 1). Zur Frage, ob Gliedkirchen Gesetzeslücken von VELKD-Gesetzen füllen können, s.o. § 19, 1. b), S. 227.

e) Von großer Bedeutung für das geistliche Leben sind die »**Ordnungen für den Gottesdienst**, insbesondere Agende und Gesangbuch« (Art. 5 Abs. 1), die von der ELKiB übernommen wurden (*RS 245 – 276*). Die VELKD hat auch eine Ordnung für das kirchliche Leben beschlossen (Art. 5 Abs. 2), die jedoch in der ELKiB nur als Richtlinie nach Art. 6 Abs. 2 gilt, weil die ELKiB eine eigene Lebensordnung geschaffen hat (*RS 200*).

5) Gegenüber bisher sieben Gewählten, davon zwei Geistlichen.

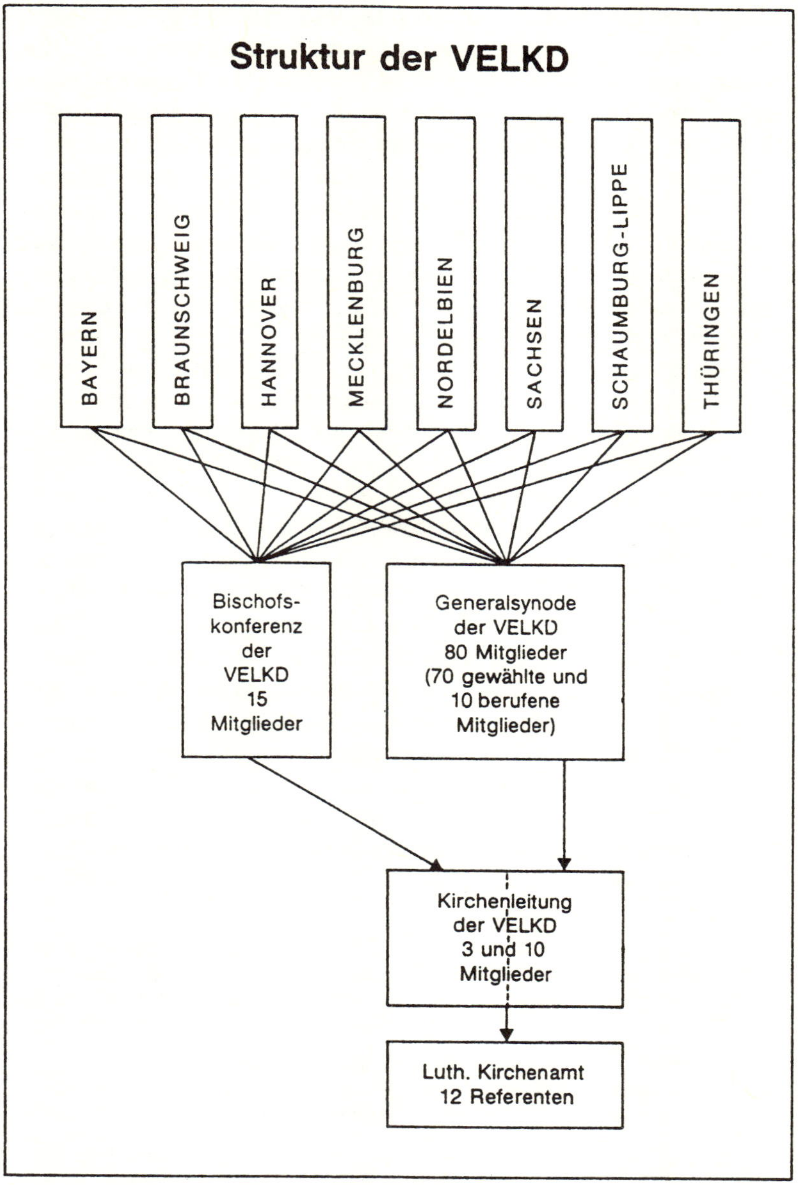
Struktur der VELKD
BAYERN
BRAUNSCHWEIG
HANNOVER
MECKLENBURG
NORDELBIEN
SACHSEN
SCHAUMBURG-LIPPE
THÜRINGEN
Bischofs-konferenz der VELKD 15 Mitglieder
Generalsynode der VELKD 80 Mitglieder (70 gewählte und 10 berufene Mitglieder)
Kirchenleitung der VELKD 3 und 10 Mitglieder
Luth. Kirchenamt 12 Referenten

2. **a)** Die **Evangelische Kirche in Deutschland** war ein Bund lutherischer, reformierter und unierter Kirchen. Im Zusammenhang mit der Reaktivierung der Mitgliedschaft der evangelischen Kirchen aus dem Gebiet der ehemaligen DDR (s.o. § 68, 1. b)) erhielt Art. 1 Abs. 1
RS 70 folgende Fassung: »Die Evangelische Kirche in Deutschland ist die Gemeinschaft ihrer lutherischen, reformierten und unierten Gliedkirchen. Sie versteht sich als Teil der einen Kirche Jesu Christi. Sie achtet die Bekenntnisgrundlage der Gliedkirchen und Gemeinden und setzt voraus, daß sie ihr Bekenntnis in Lehre, Leben und Ordnung der Kirche wirksam werden lassen«. In ihr sind die 17 evang. Landeskirchen der früheren Bundesrepublik[6)] und – als 18. Kirche – die Evang. Kirche der Union – Bereich West – (Zusammenschluß von Berlin-Brandenburg, Rheinland und Westfalen) zusammengeschlossen sowie die sieben Kirchen auf dem Gebiet der ehemaligen DDR[7)] (die Evangelische Kirche in Berlin-Brandenburg gehört auch mit dem Teil ihres Gebietes, der zum Bereich des ehemaligen »Bundes ...« gehörte, zu Berlin-Brandenburg). Angegliedert sind die Herrnhuter Brüdergemeinde und der Bund evang.-reformierter Kirchen Deutschlands. »Zwischen den Gliedkirchen besteht Kirchengemeinschaft im Sinn der Konkordie reformatorischer Kirchen in Europa (Leuenberger Konkordie)«[8)] (Art. 1 Abs. 2 S. 1). »Durch seine Mitgliedschaft in einer Kirchengemeinde und einer Gliedkirche gehört das Kirchenmitglied zugleich der Evangelischen Kirche in Deutschland an« (Art. 1 Abs. 1 u. 4). Im Art. 4 werden nicht nur die in einer Gliedkirche ordnungsgemäß vollzogenen Taufen in allen Gliedkirchen anerkannt, es besteht danach auch Kanzel- und Abendmahlsgemeinschaft; ebenso werden die Ordinationen und ordnungsgemäß vollzogene Amtshandlungen in allen Gliedkirchen anerkannt.

6) Nämlich: ELK in Baden, ELKiB, EK in Berlin-Brandenburg (Berlin-West), ELK in Braunschweig, Bremische EK, ELK Hannovers, EK in Hessen und Nassau, EK v. Kurhessen-Waldeck, Lippische LK, Nordelbische ELK, E-reformierte Kirche, ELK in Oldenburg, EK der Pfalz, EK im Rheinland, ELLK Schaumburg-Lippe, EK in Westfalen, ELK in Württemberg.

7) ELK Anhalts, EK in Berlin-Brandenburg (bez. des ehem. DDR-Gebietes), ELLK Mecklenburgs, Pommersche EK (früher Greifswald), ELLK Sachsens, EK der Kirchenprovinz Sachsen, EK der schlesischen Oberlausitz (früher: Görlitzer Kirchenkreis), ELK in Thüringen; angegliedert war auch beim »Bund ...« die Evang. Brüder-Unität.

8) Abgedruckt in: Das Verfassungsrecht der EKD, hrsgg. v. *Kirchenamt der EKD*, Hannover, 1988, S. 38 ff.; vgl. *Busch*, Christliches Zeugnis von der Freiheit. Zum Prozeß der Leuenberger Lehrgespräche, Nachrichten 1992 H. 7 S. 124; *ders.*, Leuenberger Kirchengemeinschaft vor dem Umbruch? Ausblick auf die 4. Vollversammlung in Wien [Mai 1994], Nachrichten 1994 H. 7 S. 130 f.; auch *Scharbau*, Zustimmung ist (fast) sicher. Die Leuenberger Concordie hat sich durchgesetzt, LM 1987 H. 7 S. 294; *Strauß*, Lehrgespräche und Begegnungen. Bericht über die Vollversammlung der an der Leuenberger Konkordie beteiligten Kirchen, Nachrichten 1987, H. 11 S. 205.

Ob die EKD eine **Kirche** ist, erscheint demnach nicht ganz zweifelsfrei: Auf der einen Seite bestehen zwischen den Gliedkirchen und ihren Mitgliedern Bekenntnisunterschiede, die von der GO durch die Schaffung der Bekenntnis-Konvente (Art. 27) anerkannt werden und die auch durch die **Leuenberger Konkordie** nicht beseitigt worden sind, zumal ihretwegen »die in den Kirchen geltenden Bestimmungen für die Anstellung im Pfarramt, die Ausübung des pfarramtlichen Dienstes und die Ordnung des Gemeindelebens« nicht beeinträchtigt werden (vgl. Art. 29, 37 und 43 Leuenberger Konkordie[8)], KABl 73, S. 303); andererseits besteht Kanzel- und Abendmahlsgemeinschaft und eine Mitgliedschaft der Kirchenglieder bei diesem Zusammenschluß[9)] von Kirchen. – Die Grundordnung selbst traf also bisher divergierende Aussagen: Einerseits sprach sie von einem »Kirchenbund« mit unterschiedlichen Bekenntnissen der Gliedkirchen, andererseits bestand eine einheitliche Mitgliedschaft mit Kanzel und Abendmahlsgemeinschaft; das war der Grund, warum der EKD vielfach die Eigenschaft einer Kirche abgesprochen wurde[10)]. Dennoch ist unbestritten, daß die EKD schon lange auf dem Weg zur Kirche war. Sie ist wohl schon seit dem EKD-Kirchengesetz vom 14.6.1984 zur Änderung der Grundordnung mehr Kirche[11)]. Nachdem nun in der Grundordnung der nicht mehr treffende Begriff »Kirchenbund« beseitigt ist, sollte das Kirche-Sein der EKD nicht mehr in Frage gestellt werden. Die Präambel, die früher als zu vollmundig empfunden wurde, trifft heute zu.

b) Die **Organe** der EKD sind die Synode, die Kirchenkonferenz und der Rat der EKD (Art. 22 Abs. 1). Zu ihrer Beratung werden für bestimmte Sachgebiete kirchliche Kammern aus sachverständigen kirchlichen Persönlichkeiten gebildet (Art. 22 Abs. 2).

9) Bisher »Kirchenbund«, nunmehr »Gemeinschaft von Kirchen« genannt.

10) Ähnlich *Wilkens:* »Die EKD als solche hat demnach kein Bekenntnis, sie ist daher nicht Kirche im theologischen Sinne, sondern Kirchenbund mit Gliedkirchen unterschiedlicher reformatorischer Bekenntnisse.« (LM 1988 H. 10 S. 439 ff./440). – Im Hinblick auf das Kirchengesetz zur Änderung der Grundordnung vom 14.6.1984, wonach es nun im Art. 1 Abs. 4 GO heißt: »Zwischen den Gliedkirchen besteht Kirchengemeinschaft im Sinn der Konkordie reformatorischer Kirchen in Europa (EK)« ergänzt Wilkens, es sei zwar eine Übereinstimmung im Verständnis des Evangeliums gewonnen worden, ohne daß damit aber die Verschiedenartigkeit des Bekenntnisstandes hinfällig geworden wäre; deshalb sei die EKD auch weiterhin ein Bund von Kirchen.

11) *M. Heckel*, (a.a.O., o. § 68 Fn. 7), S. 86 f. u. S. XV. – Dazu Bedenken von *T. Koch*, Die »Evangelische Kirche in Deutschland« – Kirche Jesu Christi?, ein Zwischenruf, mit zutreffender Erwiderung von *Ch. Link*, Grundordnungsreform und reformatorisches Kirchenverständnis, ..., ZevKR 37 (1992) S. 41 – 47 u. 47 – 58. – Ergänzend zu M. Heckel: *v. Schelika*, Miszelle zu Martin Heckel, ..., ZevKR 37 (1992) S. 52 – 58.

Die **Synode** der EKD besteht aus 134 Mitgliedern, die von den synodalen Organen der Gliedkirchen gewählt werden, und 26 Mitgliedern, die vom Rat berufen werden (Art. 24 Abs. 1); höchstens die Hälfte der Synodalen dürfen Theologen sein. Die Amtszeit beträgt 6 Jahre. Eine Besonderheit ist der »**Bekenntniskonvent**« (Art. 27), der zusammentritt, wenn in der Synode gegen eine Vorlage Bedenken erhoben werden mit der Begründung, daß sie dem lutherischen, dem reformierten oder einem unierten Bekenntnis widerspreche, und diese Bedenken durch eine Aussprache in der Synode nicht behoben werden können. Bestätigt der Konvent die Bedenken und können sie auch bei nochmaliger Beratung in der Synode nicht behoben werden, kann die Synode in dieser Frage nicht gegen die Stellungnahme des Konvents entscheiden.

Die Synode kann (mit Zwei-Drittel-Mehrheit der Anwesenden) öffentliche Kundgebungen beschließen und (mit einfacher Mehrheit) Kirchengesetze und Richtlinien für die Arbeit des Rates erlassen (Art. 23 Abs. 2 i.V.m. GeschäftsO § 9 a und Art. 26 Abs. 3).

Die **Kirchenkonferenz** wird von den Leitungen der Gliedkirchen gebildet. Jede Kirchenleitung hat in ihr eine Stimme (Art. 28 Abs. 2 S. 2), Gliedkirchen mit mehr als zwei Millionen Kirchenmitgliedern zwei Stimmen (KG zu Art. 28 Abs. 2 S. 2, in RS 70 S. 9 Fn. 1 abgedruckt). Die Kirchenkonferenz wird vom Vorsitzenden des Rates der EKD geleitet (Art. 28 Abs. 3). Sie wirkt bei der Gesetzgebung und der Wahl des Rates mit (Art. 28 Abs. 1 S. 2).

Der **Rat der EKD** vertritt die EKD nach außen (Art. 29 Abs. 1 S. 2), »kann Kundgebungen erlassen, wenn die Synode nicht versammelt ist« (Art. 29 Abs. 1 S. 3) und besteht z. Zt. aus 15 Mitgliedern (KG, abgedruckt in RS 70 S. 9a Fn. 2). Ihm gehört der Präses der Synode an (Art. 30 Abs. 1 S. 4); die übrigen Mitglieder »werden von der Synode und der Kirchenkoferenz gemeinsam in geheimer Abstimmung mit Zweidrittelmehrheit gewählt« (Art. 30 Abs. 1 S. 1 HS. 2). Der Vorsitzende des Rates und sein Stellvertreter werden aus der Mitte der Ratsmitglieder von der Synode und von der Kirchenkonferenz gemeinsam in getrennten Wahlgängen mit Zweidrittelmehrheit gewählt (Art. 30). Der Rat hat auch (gem. Art. 29 Abs. 1 S. 2) die »**Kompetenz-Kompetenz**«[12)]. Meinungs- und Streitfragen werden vor ein Schiedsgericht, den **Schiedsgerichtshof**, gebracht (Art. 32). Die durch eigene **Einnahmen** nicht gedeckten **Ausgaben** der EKD werden auf die

12) Zu dem Begriff »Kompetenz-Kompetenz« s.o. § 41, 2., letzter Abs., S. 385.

Gliedkirchen umgelegt (Art. 33)[13] – Die EKD hat auch ein »Oberrechnungsamt« und einen Datenschutzbeauftragten. Neuerdings ist ein Verwaltungsgericht für mitarbeitervertretungsrechtliche Streitigkeiten in der EKD durch Verwaltungsgerichtsgesetz – VGG-EKD – v. 12.11.1993 (ABl. EKD S. 515) eingerichtet.

c) Für die Wahrnehmungen der Aufgaben der EKD ist das **Kirchenamt** wichtig, auch wenn es nur »Amtsstelle des Rates« ist (Art. 31). Es setzt sich aus den drei Hauptabteilungen Recht und Verwaltung, Theologie und öffentliche Verantwortung sowie Ökumene und Auslandsarbeit (mit jeweils drei Abteilungen) zusammen und wird von einem Kollegium unter Vorsitz des Präsidenten geleitet, dem die Leiter der drei Hauptabteilungen und der neun Abteilungen angehören.

d) Die besondere **Bedeutung der EKD** liegt in dem Versuch, in den Gliedkirchen zu möglichst einheitlichem Handeln zu kommen und nach außen die Evangelische Kirche in Deutschland als eine Einheit darzustellen (Art. 1 Abs. 2 S. 2 u. Abs. 3 S. 4 sowie Art. 6, 8, 19). Dazu können Synode (Art. 23 Abs. 2 Alt. 2) und Rat (Art. 29 Abs. 1 S. 3) auch Kundgebungen erlassen (Art. 20). Wichtig ist die Einheit diakonischen Handelns (Art. 15) und die Arbeit der Äußeren Mission (Art. 16; dazu auch das Auslandsgesetz der EKD und das Verwaltungsabkommen zwischen der EKD und der ELKiB – RS 78 f.).

Den Gliedkirchen kann die EKD grundsätzlich[14] nur »Anregungen« geben (Art. 8); in bestimmten Fällen kann sie »Richtlinien aufstellen« (Art. 9). »Gesetzliche Bestimmungen mit Wirkung für die Gliedkirchen« kann sie nur erlassen, »für Sachgebiete, die im Bereich der EKD bereits einheitlich geregelt waren« sowie »für andere Sachgebiete, wenn die beteiligten Gliedkirchen damit einverstanden sind.« Umgekehrt müssen Kirchengesetz der Gliedkirchen abgeändert werden (»sind abzuändern«), wenn der Rat mitteilt, daß sie gegen gesamtkirchliche Ordnungen verstoßen« (Art. 12).

Beachte: Schema »Aufbau, Organe und Amtsstellen der EKD« (aus Nachrichten 1991 S. 277) auf S. 594.

13) »Der durch das Haushaltsgesetz der EKD nach einem Verteilungsmaßstab auf die einzelnen Gliedkirchen entfallende Umlageanteil ist eine kirchengesetzlich festgelegte Rechtsverpflichtung für die Landeskirchen.«, *A. v. Campenhausen/J. Christoph*, Göttinger Gutachten, Jus Eccl. Bd. 48, Tübingen 1994, S. 109 – 114/114 Ziff. 1.

14) Zur Bedeutung des Wortes »grundsätzlich« s. § 16, 3. a) unter »Beachte«, S. 203.

Evangelische Kirche in Deutschland

Aufbau, Organe und Amtsstellen der EKD

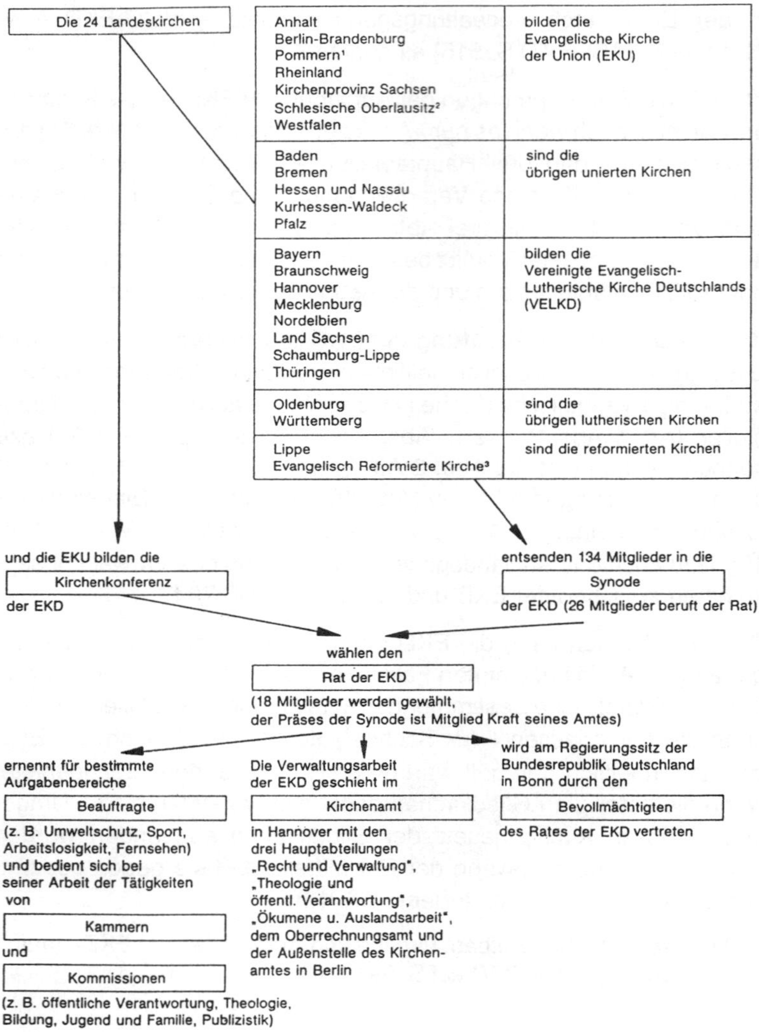

1 auch als Kirche von Greifswald bekannt
2 Früher: „Görlitzer Kirchengebiet"
3 Früher: „Nordwestdeutschland", jetzt jedoch mit der früheren Evang.-reform. Kirche in Bayern vereinigt.

Literatur zur VELKD:

W. v. Ammon/R. Rusam, KVerf S. 51, Art. 6 Anm. 4.1; *J. Jeziorowski*, Kirche – gemeindenah, 40 Jahre VELKD, Nachrichten 1988 H. 13 S. 245; *ders.*, Die gute Adresse der Lutheraner. Programme und Projekte der VELKD, Nachrichten 1992 H. 10 S. 183; *O. Scharbau*, Vereinigte Evangelisch-Lutherische Kirche Deutschlands, EvStL Sp. 3706 – 3715; *H. Schnell*, u.a., Die Vereinigte Evangelisch-Lutherische Kirche Deutschland in: Kirchliches Jahrbuch 1969, S. 317 – 408, Gütersloh 1969; *E. Wilkens*, Einheit aus der theologischen Mitte. Vor vierzig Jahren wurde die VELKD in Eisenach gegründet, Lutherische Monatshefte 1988 H. 10 S. 439.

Informativ: *VELKD.* Vereinigte Evang.-Luth. Kirche Deutschlands. Information, Hrsg. Lutherisches Kirchenamt 1989.

Lindow (Bearbeiter), Recht und Verlautbarungen der Vereinigten Evangelisch-Lutherischen Kirche Deutschlands, Hannover 1989 (Loseblattsammlung), 3. Ergänzungslieferung Stand September 1992.

Literatur zur EKD:

W. v. Ammon/R. Rusam, KVerf S. 52 f., Art. 6 Anm. 5; *H. Brunotte*, Die Evangelische Kirche in Deutschland. Geschichte, Organisation und Gestalt der EKD, Gütersloh 1964; *H. Dietzfelbinger*, Evang. Kirche in Deutschland – quo vadis?, Nachrichten 1984 H. 10 S. 187; *G. Grethlein*, Gedanken zur EKD-Reform, Nachrichten 1975 H. 19 S. 361; *W. Hofmann*, Bemühungen um die Reform der Grundordnung der Evangelischen Kirche in Deutschland, ZevKR 29 (1984) S. 83 – 90; *W. Hammer,* Neuere Entwicklung in der Amtsstellen-Struktur der EKD, ZevKR 29 (1984) S. 91 – 102; *E. Lohse*, Schritte zu wachsender Gemeinschaft (Dok.), Nachrichten 1987 H. 15/16 s. 298; *K. Schlaich*, Änderungen der Grundordnung der EKD nur mit Zustimmung der Gliedkirchen? ZevKR 32 (1987) S. 117 – 157; *E. Wilkens*, Evangelische Kirche in Deutschland. Geschichte, Wesen und Verfassung, Ökumene, EvStL Sp. 816 – 835; *ders.*, Den Partikularismus einschränken. Vierzig Jahre Evangelische Kirche in Deutschland, Lutherische Monatshefte 1988 H. 9 S. 385.

Sehr informativ: EKD. Die Evang. Kirche in Deutschland. Eine Information, Hrsg. *Kirchenamt der EKD*, Hannover 1989; *dass.* (Hrsg.), Verfassungsrecht der EKD, Hannover 1988.

D. Dahrmann (Hrsg.), Das Recht der Evangelischen Kirche in Deutschland, 5. Aufl., Neuwied 1990.

§ 70
Die weltweiten Zusammenschlüsse

1. **Vorbemerkung:**

Der **Lutherische Weltbund** (LWB) hat **seine Verfassung geändert** (s. u.
RS 95 II.). Nach dem alten und neuen Verfassungsrecht (XIII. 1; nun XIV. 1.) tritt die Änderung der Verfassung erst »ein Jahr nach ihrer Annahme durch die Vollversammlung in Kraft, wenn nicht vorher von mindestens einem Drittel der Mitgliedskirchen ... Einspruch eingelegt worden ist.« Das ist nicht geschehen. Damit gilt die geänderte Verfassung seit Februar 1991. Um einen Vergleich und damit Überlegungen zur Reform zu ermöglichen, wird unter I. die bisherige, unter II. die nunmehr geltende Verfassung des LWB dargestellt.

I. **Verfassung,** verabschiedet von der 7. Vollversammlung des LWB **1984** in Budapest.

a) »Der **Lutherische Weltbund** erkennt die Heilige Schrift des Alten und Neuen Testaments als die alleinige Quelle und unfehlbare Norm aller Lehre und alles Handelns der Kirche an. Er sieht in den drei ökumenischen Glaubensbekenntnissen und den **Bekenntnissen** der lutherischen Kirche, insbesondere der unveränderten Augsburger Konfession und Luthers Kleinem Katechismus, eine zutreffende Auslegung des Wortes Gottes« (Verfassung des Lutherischen Weltbundes Art. II). Er ist die »freie Vereinigung von lutherischen Kirchen«, die die eben zitierte Lehrgrundlage annehmen (Art. III 1 S. 1, IV 1 S. 1). Der Lutherische Weltbund handelt (nur) als Organ der in ihm zusammengeschlossenen lutherischen Kirchen »in solchen Angelegenheiten, die sie ihm übertragen« (III 1 Abs. 1 S. 2). Er ist weder befugt, für die Mitgliedskirchen Gesetze zu erlassen noch sonst die **Selbständigkeit** irgendeiner **Mitgliedskirche** zu beschränken (III 1 Abs. 1 S. 4). Jedoch besteht zwischen den Mitgliedskirchen des Lutherischen Weltbundes Kanzel- und Abendmahlsgemeinschaft (III 1 Abs. 2). Es sind also ausschließlich geistliche Aufgaben, die der Lutherische Weltbund hat.

b) Der Lutherische Weltbund kennt die Vollversammlung (VI), das Exekutivkomitee (VII) und die Komissionen (für bestimmte Aufgaben unter der Aufsicht des Exekutivkomitees und des Nationalkomitees, VIII).

Die **Vollversammlung**, die in der Regel alle sechs Jahre zusammentritt, besteht aus Vertretern der Mitgliedskirchen, die ihre Vertreter selbst auswählen. Die Zahl wird vom Exekutivkomitee bestimmt. Die Vollversammlung wählt den Präsidenten und die anderen Mitglieder des Exekutivkomitees; sie legt die Grundlinien für die Arbeit des Weltbundes fest (VI).

Das **Exekutivkomitee**, das mindestens einmal im Jahr zusammenkommt, hat neben dem Präsidenten noch 29 Mitglieder, die von der Vollversammlung gewählt sind. Mindestens sieben der Gewählten müssen »Laien«

sein. Das Exekutivkomitee wählt fünf Vizepräsidenten und einen Schatzmeister sowie den Generalsekretär (XI). Das Exekutivkomitee führt die Geschäfte zwischen den Vollversammlungen und gibt allen Mitgliedskirchen einen umfassenden Jahresbericht (VII).

Bei den **Vorarbeiten zu einer neuen Verfassung** wurde vor allem überlegt, ob nicht an die Stelle des Exekutivkomitees und der Kommissionen ein aus etwa 50 (bis 80) Personen bestehender Rat treten soll, in dem die Kirchen aus Afrika, Asien und Lateinamerika je die Hälfte der Sitze einnehmen (vgl. Nachrichten 1988 H. 17 S. 335 und H. 21 S. 414; DPfBl. 1990 H. 4 S. 161).

II. **Verfassungsänderungen** durch die 8. Vollversammlung des LWB vom 5. Februar **1990** in Curitiba (epd-Dokumentation 15/90)

a) Die Lehrgrundlage (Art. II) wird nun wie folgt umschrieben: »Der Lutherische Weltbund bekennt die Heilige Schrift des Alten und Neuen Testamentes als die alleinige Quelle und Norm seiner Lehre, seines Lebens und seines Dienstes.« (S. 2 unverändert, s. o. I. a) S. 2).

Wesen und Aufgaben werden nun u. a. wie folgt beschrieben (III. (3) und (4)). »Der Lutherische Weltbund ist eine Gemeinschaft von Kirchen, die sich zu dem Dreieinigen Gott bekennen, in der Verkündigung des Wortes Gottes übereinstimmen und in Kanzel- und Abendmahlgemeinschaft verbunden sind. Der Lutherische Weltbund bekennt die eine Heilige katholische und apostolische Kirche und will der Einheit der Christenheit in der Welt dienen«.

Die **Zuständigkeit** (oder besser: Unzuständigkeit) des LWB ist unverändert, die neue Verfassung formuliert knapp: »Der LWB handelt als Organ seiner eigenständigen Mitgliedskirchen in Angelegenheiten, die ihm von den Mitgliedskirchen übertragen werden.« (IV S. 1).

b) Als Organe sind vorgesehen: die Vollversammlung (VII., wie bisher), der (vergrößerte) Rat mit 50 Mitgliedern (der ein Exekutivkomitee, das nicht mehr Verfassungsorgan ist, wählt), und das (neu in Art. VI. der Verfassung erwähnte) Sekretariat.

Die Vollversammlung hat praktisch die gleichen Rechte wie bisher (VII.). Der **Rat** (VIII.) besteht »aus dem Präsidenten/der Präsidentin, dem/der Schatzmeister/in und 48 Personen, die von der Vollversammlung gewählt werden«. Er bestimmt die Zahl der Delegierten auf der Vollversammlung und die Verteilung der Sitze auf die Mitgliedskirchen (VII. 3). – Der Rat wählt aus seiner Mitte ein **Exekutivkomitee**, dem Präsident, Vizepräsident, Schatzmeister und die Vorsitzenden der Programmausschüsse[1)] angehören. Auch die Programmausschüsse besetzt der Rat (VIII. 6.).

2. **a)** »**Der Ökumenische Rat der Kirchen** ist eine Gemeinschaft von Kirchen, die den Herrn Jesus Christus gemäß der Heiligen Schrift als Gott und Heiland bekennen und darum gemeinsam zu erfüllen trachten, wozu sie berufen sind, zur Ehre Gottes, des Vaters, des Sohnes und des Heiligen Geistes« (Verfassung des Ökumenischen
RS 98 Rats der Kirchen I). Mitglieder können nur Kirchen werden, die die Zustimmung zu dieser **Basis** erklären (II S. 1). Die römisch-katholische Kirche ist (und wird) aufgrund ihres eigenen Selbstverständnisses nicht Mitglied (s. aber Fn. 2).

b) Auch der Ökumenische Rat der Kirchen hat überwiegend geistliche **Aufgaben**. Er will jedoch auch »der gemeinsamen Aufgabe der Kirchen im Dienst am Menschen in Not Ausdruck (zu) verleihen, die die Menschen trennenden Schranken nieder(zu)reißen und das Zusammenleben der menschlichen Familie in Gerechtigkeit und Frieden (zu) fördern« (III N. 4) sowie »die Arbeit der internationalen Bewegungen für Glauben und Kirchenverfassung und für Praktisches Christentum sowie des Internationalen Missionsrates und des Weltrates für christliche Erziehung weiter(zu)führen« (III Nr. 7). Der Ökumenische Rat hat nur »beratende Funktion« und »kann im Auftrag von Mitgliedskirchen nur in solchen Angelegenheiten handeln, die ihm eine oder mehrere Kirchen übertragen, und nur im Namen dieser Kirchen.« Er hat »keine gesetzgebende Gewalt« (IV).

c) Der Ökumenische Rat hat eine Vollversammlung (die in der Regel alle sieben Jahre tagt) und einen Zentralausschuß (V):

Die **Vollversammlung** wählt den Präsidenten und (höchstens) 145 Mitglieder des Zentralausschusses; sie legt Richtlinien des Ökumenischen Rates fest und überprüft die Programme zur Ausführung der vorher angenommenen Richtlinien. Sie kann bestimmte Aufgaben an den Zentralausschuß delegieren (V 1 Buchst. c).

Der **Zentralausschuß** (V 2) besteht aus dem (den) Präsidenten, höchstens 145 von der Vollversammlung gewählten Mitgliedern und höchstens fünf Mitgliedern, die vom Zentralausschuß kooptiert werden. Der Zentralausschuß wählt den **Exekutivausschuß** aus der Mitte der Zentralausschußmitglieder sowie Ausschüsse und Kuratorien, bestätigt Programme und Festlegung von Prioritäten innerhalb der von der Vollversammlung angenommenen Richtlinien und prüft und überwacht ihre Ausführung; er genehmigt den Haushalt, wählt den Gene-

1) nämlich für Theologie und Studien, für Mission und Entwicklung, für Weltdienst, für Verwaltungsdienst und für Kommunikationsdienste

ralsekretär und ernennt die Mitarbeiter des Ökumenischen Rates (oder trifft Vorsorge für deren Wahl oder Ernennung). Wichtig ist vor allem die Planung der Tagungen und ihre Vorbereitung. Er delegiert bestimmte Aufgaben an den Exekutivausschuß oder andere Organe oder Personen (vgl. V 4).

d) Die Verfassung des Ökumenischen Rates sieht ausdrücklich vor, daß »konfessionelle Weltbünde und ökumenische Organisationen« sowie »nationale Räte von Kirchen und regionalen Kirchenkonferenzen sowie andere Christenräte oder Missionsräte« auf Vorschlag des Zentralausschusses aufgefordert werden können, »nicht stimmberechtigte Vertreter zu den Tagungen der Vollversammlung und des Zentralausschusses« zu entsenden (VI). Er setzt damit ein Zeichen der Öffnung auf eine weltweite Christenheit hin[2)].

Beachte: die Darstellung »Wichtige Daten der ökumenischen Bewegung« (aus Nachrichten 1991 S. 104) auf S. 600.

3. Wegen anderer Zusammenschlüsse siehe oben § 68, 3.

2) So entsandte Rom, das schon seit 30 Jahren in der Kommission »Glauben und Kirchenverfassung« als Mitglied mitarbeitet, zur letzten Konferenz nicht nur 28 Vertreter, die sich eifrig beteiligten und diesmal Stimmrecht hatten (Münchener Sonntagsblatt 15. und 29.8.1993), es lud sogar nach Santiago de Compostela ein (*Allgaier,* Glasperlenspiel in der Sporthalle, 5. Weltkonferenz für Glauben und Kirchenverfassung in Santiago de Compostela, Nachrichten 1993 H. 17 S. 321–323).
Das kann allerdings nicht darüber hinwegtäuschen, daß es auch für die Zukunft nur die Hoffnung gibt, daß wenigstens »die Gleichzeitigkeit unterschiedlicher christlicher Kultur« *(K. Raiser)* anerkannt und respektiert wird. Denn Rom sieht nach wie vor in dem Amt der Ordination der protestantischen Kirchen kein Vollamt; weiter bezeichnete Kardinal *Edward Cassidy* als offizieller Vertreter des Papstes in Übereinstimmung mit der orthodoxen Delegation »die Ordination von Frauen in den protestantischen und anglikanischen Kirchen« »als das schwerwiegendste Hindernis für die Einheit der getrennten Kirchen« *(Allgaier,* a.a.O. S. 322 f., Nachrichten a.a.O. S. 335).

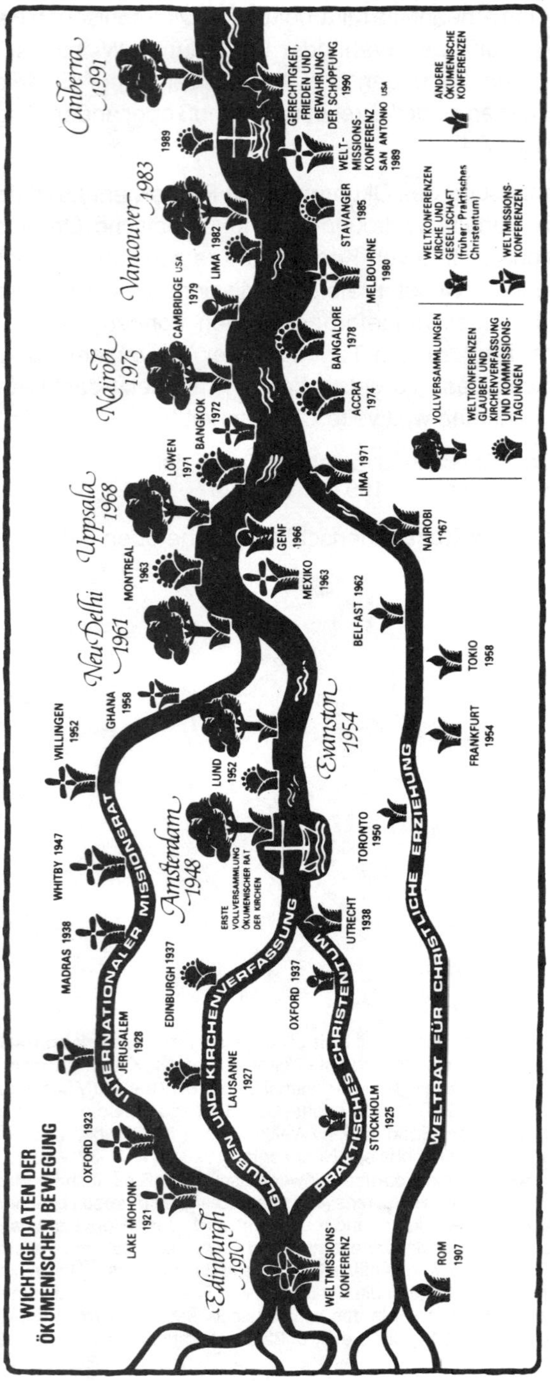
WICHTIGE DATEN DER ÖKUMENISCHEN BEWEGUNG
Edinburgh 1910
WELTMISSIONS-KONFERENZ
LAKE MOHONK 1921
OXFORD 1923
JERUSALEM 1928
MADRAS 1938
WHITBY 1947
WILLINGEN 1952
GHANA 1958
INTERNATIONALER MISSIONSRAT
GLAUBEN UND KIRCHENVERFASSUNG
LAUSANNE 1927
EDINBURGH 1937
PRAKTISCHES CHRISTENTUM
STOCKHOLM 1925
OXFORD 1937
UTRECHT 1938
Amsterdam 1948
ERSTE VOLLVERSAMMLUNG ÖKUMENISCHER RAT DER KIRCHEN
TORONTO 1950
LUND 1952
Evanston 1954
WELTRAT FÜR CHRISTLICHE ERZIEHUNG
ROM 1907
FRANKFURT 1954
TOKIO 1958
BELFAST 1962
NAIROBI 1967
New Delhi 1961
MONTREAL 1963
MEXIKO 1963
GENF 1966
Uppsala 1968
LÖWEN 1971
LIMA 1971
BANGKOK 1972
Nairobi 1975
ACCRA 1974
BANGALORE 1978
CAMBRIDGE USA 1979
MELBOURNE 1980
Vancouver 1983
LIMA 1982
STAVANGER 1985
1989
WELT-MISSIONS-KONFERENZ SAN ANTONIO USA 1989
Canberra 1991
GERECHTIGKEIT, FRIEDEN UND BEWAHRUNG DER SCHÖPFUNG 1990
VOLLVERSAMMLUNGEN
WELTKONFERENZEN GLAUBEN UND KIRCHENVERFASSUNG UND KOMMISSIONS-TAGUNGEN
WELTKONFERENZEN KIRCHE UND GESELLSCHAFT (früher: Praktisches Christentum)
WELTMISSIONS-KONFERENZEN
ANDERE ÖKUMENISCHE KONFERENZEN

Literatur zum Luth. Weltbund:

W. v. Ammon/R. Rusam, KVerf S. 51 zu Art. 6 Anmerkung 4.2; *E. Th. Bachmann,* Die Funktion des Lutherischen Weltbundes, in: Die Evangelisch-Lutherische Kirche. Vergangenheit und Gegenwart, hrsg. von V. Vajta, Stuttgart 1977 (als Band XV. der Reihe: Die Kirchen der Welt, hrsg. von *Harms, Krüger, Wagner* und *Wolf*), S. 384 ff.; *G. Brakemeier,* Gemeinschaft und Konfliktbewältigung – Überlegungen zum Auftrag des LWB, Blick in die Welt, hrsg. vom Missionskolleg Neuendettelsau III. 1991 (zwei Monatsbeilagen zu den Nachrichten); *S. Grundmann,* Der Lutherische Weltbund. Grundlegung, Herkunft, Auftrag, Köln-Graz 1957; *J. Hanselmann,* Gemeinschaft in Zeugnis und Dienst, Nachrichten 1987 H. 12 S. 221; *ders.,* Offene Gespräche und kritische Fragen. Das Exekutivkomitee des LWB tagte in Addis Abeba, Nachrichten 1988 H. 14 S. 261; *ders.,* Lutherische Identität im ökumenischen Gespräch, Nachrichten 1989 H. 14 S. 261; *H. Leiner,* Ist der LWB noch lutherisch? Einige kritische Anfragen, KorrBl. 1990 H. 9 S. 132–135; *H. Meyer,* Lutherischer Weltbund, EvStL Sp. 2046–2050; *K. Schmidt-Clausen,* Dem ökumenischen Dialog verpflichtet – vor 40 Jahren Lutherischer Weltbund gegründet, Lutherische Monatshefte 1987 S. 304–306.

Vgl. weiter in den Lutherischen Monatsheften 1987: *K.-F. Daiber,* H. 11 S. 523; *J. Jeziorowski,* H. 5 S. 236; *F. König,* H. 8 S. 377; *H. Meyer,* H. 10 S. 467

Zur neuen Verfassung des LWB vgl. *J. Jeziorowski,* Lutherische Monatshefte 1990 H. 3 S. 110 f.

Neue Zahlen: Lutheraner 1991, Nachrichten 1992 H. 3 S. 49

Literatur zum Ökum. Rat der Kirchen:

Allgaier, a.a.O. Fn. 2; *v. Ammon-Rusam,* KVerf S. 53 zu Art. 6 Abs. 6; *Gaßmann,* Ökumenischer Rat der Kirchen in: EvStL Sp. 2289–2295; *ders.,* Koinonia als Weg und Ziel. Von der Weltkonferenz für Glauben und Kirchenverfassung, Evangelische Kommentare 1993 H. 7 S. 397 f. (vgl. auch *ders.* und *Heßler,* Ökumenische Bewegung, a.a.O. Sp. 2284–2308); *H.-G. Link,* Zu viele Papierschlachten geschlagen? 40 Jahre Ökumenischer Rat, Nachrichten 1988 H. 15/16 S. 295; *Scheuner,* Die ökumenische Gemeinschaft der Kirchen, ZevKR 21 (1976) S. 351–359; *Schultz,* Ein Schiff in heftigen Winden. Der Weltkirchenrat in Genf ist vierzig Jahre alt, Lutherische Monatshefte 1988 H. 8 S. 337; *L. Vischer,* Rechtsprobleme der Ökumenischen Bewegung, ZevKR 21 (1976) S. 337–351; *H. Weber,* Ökumenischer Rat im Dilemma. Zur Tagung des Zentralausschusses des ÖRK, Nachrichten 1988 H. 17 S. 324.; *G. Wenz,* Auf dem Weg zur Koinonia. Vorschau auf die 5. Weltkonferenz für Glauben und Kirchenverfassung ... (4.–13.8.1993), Nachrichten 1993 H. 11 S. 203–206, und DPfBl. 1993 H. 7 S. 322–325.

Literatur zur Orthodoxie:

Zur russisch-orthodoxen Kirche im Zeichen der 1000-Jahr-Feier der Taufe Rußlands: *Ohme,* Nachrichten 1988 H. 11 S. 207; *Petsch,* Nachrichten 1988 H. 13 S. 251 und DPfBl. 1988 S. 98.

TEIL D
KIRCHENRECHTLICHE FÄLLE

1. Einführung – Begriff der Subsumtion – Anwendungsbeispiele

Die Anwendung und Umsetzung theoretisch erworbener kirchenrechtlicher Kenntnisse auf einen konkreten Fall bereiten gerade jungen Theologen oft nicht unerhebliche Schwierigkeiten. Dies zeigen die Erfahrungen in der Kirchenrechtsausbildung und im schriftlichen wie im mündlichen Examen. Dies ist auch nicht verwunderlich, läßt doch die kurze Zeit der Ausbildung eine hinreichende Übung in der dem eigenen Denken zunächst recht fremden Materie nicht zu. Gewisse Kenntnisse können zwar vermittelt werden und werden auch meist gut aufgenommen, doch die Umsetzung dieser Kenntnisse in eine konkrete Lösung fällt zumindest anfangs schwer. Im Pfarramt erfahrene Pfarrer und Pfarrerinnen tun sich da bereits leichter, weil ihnen bewußt geworden ist, daß fast alle ihrer dienstlichen Handlungen **auch rechtliche Relevanz** besitzen. Die folgenden Fälle und Lösungen sollen den Praxisbezug des Kirchenrechts aufzeigen und eine konkrete Einübung in die Anwendung von Kirchenrecht sein.

Bei der Frage, was in einem konkreten Fall kirchenrechtlich »gilt«, geht es – wie bei der Anwendung von Recht überhaupt – um die **Subsumtion** eines Lebenssachverhaltes unter eine bestimmte Rechtsnorm, also um die Frage, ob ein bestimmter Lebenssachverhalt dem Tatbestand einer Rechtsvorschrift entspricht, d. h. zu ihr »paßt«. Ist dies der Fall, dann gilt die in dieser Norm enthaltene Rechtsfolge. Ist dies nicht der Fall, dann sind andere Vorschriften zu suchen, zu denen unser gegebener Fall besser »paßt«. Lassen sich solche nicht finden, dann bleibt zu fragen, ob unser gegebener Fall dem Tatbestand einer aufgefundenen Norm so ähnlich ist, daß sie wenigstens entsprechend angewendet werden kann. In diesem Fall besteht zwar keine Dekkungsgleichheit zwischen Lebenssachverhalt und Tatbestand einer Rechtsnorm, aber eine so große Entsprechung, daß es gerechtfertigt erscheint, die Rechtsfolge dieser Norm auch für den gegebenen Lebenssachverhalt anzunehmen (**entsprechende bzw. analoge Gesetzesanwendung**).

Bei der Auffindung der einzelnen Rechtsvorschriften ist sehr genau auf die Fragestellung des Falles (welches Ergebnis soll erreicht werden?) und den Wortlaut der einzelnen Vorschriften zu achten.

Fallbeispiel:

Kirchenvorsteher Wammerl fällt immer wieder dadurch auf, daß er Entscheidungen des Kirchenvorstands bereits am nächsten Morgen den Kunden seines Metzgerladens gewissermaßen »aus erster Hand« mitteilt, auch in den Fällen, in denen, z. B. bei Personalentscheidungen, bis zum

endgültigen Vollzug des Beschlusses noch Vertraulichkeit beschlossen worden ist. So entwickelt sich sein Laden mit der Zeit zu einer begehrten »Nachrichtenbörse« innerhalb der Kirchengemeinde.
Hat Wammerl seine Pflichten als Kirchenvorsteher verletzt?
Alternativfrage: Bestehen für Pfarrerin Lind-Blau, die Vorsitzende des Kirchenvorstands, Möglichkeiten, Wammerl wegen dieses Verhaltens aus dem Kirchenvorstand zu entfernen?

Es geht hier um zwei ganz verschiedene Fragestellungen, einmal lediglich um die Frage einer Verletzung von Amtspflichten des Wammerl als Mitglied des Kirchenvorstands, zum anderen um die Frage irgendwelcher Sanktionsmöglichkeiten bei etwa vorliegenden Amtspflichtverletzungen oder aufgrund eines sonstigen Verhaltens, und zwar um Sanktionsmöglichkeiten durch Pfarrerin Lind-Blau. Sollte sich im letzteren Fall herausstellen, daß sehr wohl Sanktionsmöglichkeiten bestehen, diese aber nicht durch die Pfarrerin, sondern durch jemand anderen oder nicht durch die Pfarrerin allein, sondern nur durch ein bestimmtes Organ ausgesprochen werden können, so ist auch hierauf einzugehen.

Dementsprechend unterschiedlich sind auch die zur Subsumtion heranzuziehenden Rechtsnormen. Diese aufzufinden macht gerade Anfängern etwas Mühe, aber auch hier bewirkt schon eine kurze Praxis wahre Wunder. Der gar nicht Geübte und erstmalig die Rechtssammlung zur Hand Nehmende wird vielleicht ahnen, daß hierzu im Recht der Kirchengemeinde etwas stehen könnte und über das Inhaltsverzeichnis auf die Kirchengemeindeordnung (RS 300) kommen. In gleicher Weise würde ihm das Sachverzeichnis unter »Kirchenvorsteher, Amtspflichten« bzw. »Kirchenvorsteher, Ausschluß vom Amt« die entsprechenden Vorschriften in der KGO erschließen. Der Fortgeschrittene bedarf dieser Einstiegshilfen nicht mehr und findet die entsprechenden Vorschriften gleich durch Nachschau in der KGO, notfalls mit Hilfe einer Orientierung an deren Inhaltsübersicht.

RS 300

Bei der Frage nach der Verletzung von Amtspflichten ist § 29 Abs. 3 KGO einschlägig. Hier ist als eine der Amtspflichten der Mitglieder des Kirchenvorstands die Pflicht zur Verschwiegenheit angeordnet über Angelegenheiten, die im Amt als Kirchenvorsteher »bekannt geworden sind und deren Geheimhaltung der Natur nach erforderlich oder besonders angeordnet ist«. **Tatbestand** dieser Norm ist hier die Pflicht zur Verschwiegenheit. Nicht ausdrücklich festgehaltene, aber selbstverständliche **Rechtsfolge** ist, daß ein Bruch dieser Verschwiegenheitspflicht eine Verletzung der Amtspflicht des Kirchenvorstandsmitgliedes darstellt.

Unter diesen § 29 Abs. 3 KGO ist nun unser Lebenssachverhalt zu subsumieren. Dies könnte etwa so aussehen:

»Durch das unverzügliche Weitererzählen an seine Kundschaft auch derjenigen Beschlüsse des Kirchenvorstands, über die (zunächst noch) Vertraulichkeit vereinbart worden ist, verstößt Wammerl gegen § 29 Abs. 3 KGO. Dies stellt eine Verletzung seiner Amtspflichten dar, denn zu diesen gehört es nach dieser Vorschrift gerade, über Angelegenheiten, deren Geheimhaltung besonders angeordnet ist, Verschwiegenheit zu bewahren.«

Vielfach wird von Bearbeitern kirchenrechtlicher Fälle nur der erste Satz obigen Subsumtionsbeispiels gesagt (»Durch das unverzügliche Weitererzählen ... verstößt Wammerl gegen § 29 Abs. 3 KGO.«). Dies wäre zu wenig, denn gefragt war, **ob sein Verhalten eine Amtspflichtverletzung** darstellt, also muß auch als Rechtsfolge angegeben werden, daß der Verstoß gegen § 29 Abs. 3 KGO (Verwirklichung des entsprechenden Tatbestandes) die entsprechende Rechtsfolge (Amtspflichtverletzung) bedeutet bzw. nach sich zieht.

Noch deutlicher wird dies bei der Alternativfrage (Entfernung aus dem Kirchenvorstand). Rechtsnorm, an der unser Fallbeispiel als Lebenssachverhalt gemessen wird, ist § 34 KGO. Danach wird ein Kirchenvorsteher von seinem Amt ausgeschlossen (Rechtsfolge), wenn er bestimmte Tatbestände verwirklicht. In Frage kommt hier § 34 Abs. 1 Nr. 3: »wenn er schuldhaft die Pflichten seines Amtes erheblich verletzt«. Es geht bei § 34 also nicht bloß um eine Amtspflichtverletzung wie bei § 29 KGO, sondern um den Ausschluß vom Amt aufgrund einer derartigen Verletzung. Daher ist Prüfungsmaßstab gleich § 34 KGO, denn nur dieser eröffnet die Möglichkeit eines Ausschlusses aufgrund einer Amtspflichtverletzung, während § 29 KGO die Amtspflichten allgemein – ohne Sanktion bei einem Verstoß – umschreibt. § 34 Abs. 1 Nr. 3 KGO geht gegenüber § 29 KGO noch etwas weiter. Verlangt wird einmal eine **schuldhafte (also vorwerfbare)** Verletzung dieser Amtspflichten, zum anderen muß es sich um eine **erhebliche** Verletzung der Amtspflichten handeln. Daß Wammerl hier schuldhaft gehandelt hat, liegt auf der Hand. Denn es ist kein einziger Entschuldigungsgrund für ihn ersichtlich, der einen Bruch der vereinbarten Vertraulichkeit bereits am nächsten Morgen erklärbar machte. Will man in dem Bruch der Verschwiegenheitspflicht selbst nicht bereits eine **erhebliche** Amtspflichtverletzung sehen, so muß die **Erheblichkeit** zumindest darin angenommen werden, daß es sich um keinen einmaligen Vorgang handelt, sondern dies bereits öfter vorgekommen ist.

In der Fallösung könnte dies etwa so festgehalten werden:

»Grundlage für einen Ausschluß vom Amt könnte § 34 Abs. 1 Nr. 3 KGO sein. (Danach kann ein Kirchenvorsteher von seinem Amt ausgeschlossen werden, wenn er schuldhaft seine Amtspflichten erheblich verletzt)[1]. Durch das grundlose Weitererzählen der Kirchenvorstandsbeschlüsse an seine Kundschaft, selbst in den Fällen, in denen Vertraulichkeit vereinbart worden war, hat Wammerl seine Amtspflichten (vgl. § 29 Abs. 3 KGO) schuldhaft verletzt. Da er dies nicht zum ersten Mal getan hat, sondern bei ihm offensichtlich die Regel ist, liegt auf jeden Fall auch eine erhebliche Verletzung seiner Amtspflicht vor«[2].

An die Feststellung, daß Wammerl den Tatbestand des § 34 Abs. 1 Nr. 3 KGO erfüllt hat (schuldhafte erhebliche Amtspflichtverletzung), müßte sich nun die Feststellung der daran anknüpfenden Rechtsfolge (beschlußmäßiger Ausschluß vom Amt) anschließen. § 34 Abs. 1 KGO läßt diese Rechtsfolge aber erst nach der Erfolglosigkeit seelsorgerlicher Bemühungen eintreten. Das Fehlschlagen dieser Bemühungen ist also **Voraussetzung** für eine entsprechende Beschlußfassung, man könnte auch von einer sog. **Tatbestandserweiterung** sprechen (Ausschluß bei schuldhafter erheblicher Amtspflichtverletzung **und** Erfolglosigkeit seelsorgerlicher Bemühungen). Gleichzeitig wird darin etwas von der Eigenart gerade des **Kirchenrechts** spürbar: Der geschwisterliche Umgang miteinander, das seelsorgerliche Bemühen stehen vor jeder Sanktion. Erst wenn Wammerl sich auch nach seelsorgerlichen Bemühungen (die nicht auf die Pfarrerin allein beschränkt sein müssen, sondern auch den sonstigen Mitgliedern des Kirchenvorstands, ja sogar allen Gemeindegliedern aufgegeben sein können, vgl.
RS 200 OKL Abschn. XII UA 5) nicht einsichtig zeigt und an seinem bisherigen Verhalten festhalten will, könnte ein Beschluß über seinen Ausschluß gefaßt werden.

1) Dieser im Text in Klammern gesetzte Satz gehört eigentlich zum reinen Gutachtenstil dazu und erleichtert die Subsumtion unseres Lebenssachverhaltes unter den Tatbestand der Rechtsnorm. In der schriftlichen Klausurlösung kann aber u. U., z. B. aus Zeitgründen, darauf verzichtet werden.

2) In gleicher Weise wäre denkbar, an die Lösung des Grundfalles anzuknüpfen, also etwa: »Grundlage für den Ausschluß vom Amt könnte § 34 Abs. 1 Nr. 3 KGO sein. Durch das unverzügliche Weitererzählen an seine Kundschaft auch derjenigen Beschlüsse des Kirchenvorstands, über die (zunächst noch) Vertraulichkeit vereinbart worden ist, verstößt Wammerl gegen § 29 Abs. 3 KGO. Dies stellt eine Verletzung seiner Amtspflichten dar, denn zu diesen gehört es nach dieser Vorschrift gerade, über Angelegenheiten, deren Geheimhaltung besonders angeordnet ist, Verschwiegenheit zu bewahren. Wammerl hat dies auch in vorwerfbarer Weise, also schuldhaft getan, da für sein Weiterplaudern kein Grund bestand. Da dies nicht zum ersten Mal geschah, sondern bei Wammerl offensichtlich die Regel darstellte, liegt auch eine erhebliche Verletzung seiner Amtspflicht vor.« Sinnvoll ist es auf jeden Fall, mit der Rechtsgrundlage zu beginnen (hier § 34 Abs. 1 KGO), insbesondere dann, wenn es, wie hier, um die Frage einer Sanktionsmöglichkeit geht.

Nun ist in § 34 Abs. 1 KGO selbst nicht enthalten, **wer** diesen Beschluß über den Ausschluß faßt. Es ist aber ganz klar, daß dies nur der **Kirchenvorstand** sein kann. Dies ergibt sich zum einen aus einer entsprechenden (analogen) Heranziehung der §§ 32 und 33 KGO. Wenn es der Kirchenvorstand ist, der über einen Antrag eines Kirchenvorstehers auf Entlassung entscheidet (§ 32 Abs. 3 S. 1) oder das Ausscheiden eines Kirchenvorstehers aus seinem Amt, z. B. aufgrund Kirchenaustrittes, feststellt (§ 33 Abs. 2)[3], dann ist in entsprechender Anwendung dieser Vorschriften auch der Kirchenvorstand das zuständige Organ für einen Beschluß nach § 34 Abs. 1 KGO. Diese Zuständigkeit des Kirchenvorstands läßt sich auch noch in anderer Weise feststellen: Nach § 109 KGO[4] kann der Landeskirchenrat den Kirchenvorstand zu einem derartigen Beschluß auffordern oder anstelle des Kirchenvorstands entscheiden, wenn dieser innerhalb einer angemessenen Frist dieser Aufforderung nicht nachkommt. Hieraus ergibt sich klar die Zuständigkeit des Kirchenvorstands.

Die vollständige Lösung der Alternativfrage könnte daher folgendermaßen aussehen:

»Grundlage für einen Ausschluß vom Amt könnte § 34 Abs. 1 Nr. 3 KGO sein. Durch das grundlose Weitererzählen der Kirchenvorstandsbeschlüsse an seine Kundschaft selbst in den Fällen, in denen Vertraulichkeit vereinbart war, hat Wammerl seine Amtspflichten (vgl. § 29 Abs. 3 KGO) schuldhaft verletzt. Da er dies nicht zum ersten Mal getan hat, sondern dies bei ihm offensichtlich die Regel ist, liegt auf jeden Fall auch eine erhebliche Verletzung seiner Amtspflicht vor. Ein Ausschluß ist aber erst möglich, wenn seelsorgerliche Bemühungen erfolglos geblieben sind (§ 34 Abs. 1 KGO). Die Pfarrerin kann aber nicht allein über den Ausschluß des Wammerl bestimmen, vielmehr bedarf es hierzu eines Beschlusses des Kirchenvorstands (vgl. §§ 32 Abs. 3 S. 1, 33 Abs. 2 KGO analog bzw. § 109 Abs. 1 KGO). Zu einer vorläufigen Amtsenthebung wären allenfalls Dekan oder Kreisdekan befugt (§ 109 Abs. 1 S. 3 KGO).«

Da die Fragestellung dieser Alternative lautete, ob für **Pfarrerin Lind-Blau** Möglichkeiten bestehen, Wammerl aus dem Kirchenvorstand **zu entfernen** und dabei die Möglichkeit der **Entfernung** im Vordergrund stand, war es nötig, auf die Zuständigkeit des Kirchenvorstands und bei Eilmaßnahmen auf diejenige des Dekans oder Kreisdekans einzugehen. Da nur gefragt war, ob die Möglichkeit des Ausschlusses besteht, war es dagegen nicht notwendig – und wäre eigentlich sogar fehlerhaft –, darauf einzugehen, welche Rechte der betroffene Wammerl gegen einen derartigen Beschluß und welche Wirkung eine etwaige Beschwerde hätte (§ 34 Abs. 3), ferner, welche weiteren Folgen ein derartiger Beschluß nach sich zöge (§ 34 Abs. 4). Es ist daher sehr genau auf die Fragestellung zu achten.

3) Das Ausscheiden tritt hier kraft Gesetzes ein – vgl. den Wortlaut in § 33 Abs. 1 –, der Feststellungsbeschluß des Kirchenvorstands hat daher lediglich deklaratorische Bedeutung.

4) Vgl. hierzu den Verweis in Fn. 1 beim Abdruck des § 34 KGO in RS 300.

2. Umgang mit der Rechtssammlung (»RS«) – Zitierweise

Bei der Lösung von Fällen in der kirchenrechtlichen Klausur wie beim Lösen von Problemen in der Praxis ist die größte Schwierigkeit zunächst die, die entsprechende Rechtsnorm aufzufinden, die für das zu lösende Problem »paßt«. Wichtigstes Hilfsmittel ist dabei die RS. Zunehmende Vertrautheit mit der RS wird auch dieses Problem sehr bald lindern.

a) Die RS will ein möglichst vollständiges Bild des Rechts der ELKiB geben. Es ist nicht alles Recht, aber doch alles wesentliche Recht aufgenommen. Nicht nur kirchenrechtliche Regelungen, auch staatliche Rechtsvorschriften, soweit sie für die kirchliche oder pfarramtliche Praxis von Belang sind, sind mit aufgenommen. Die RS wendet sich an alle Mitarbeiter und Mitarbeiterinnen der ELKiB, denen so die Möglichkeit gegeben werden soll, in Rechtsfragen sich auch selbst kundig machen zu können. Die nicht juristisch vorgebildeten Benutzer werden dabei unterstützt durch umfangreiche Kommentierungen und Verweisungen in den Fußnoten. Diese geben Aufschluß über einschlägige weitere Vorschriften[5)] oder enthalten zum Teil klarstellende Hinweise[6)]. Dem gleichen Zweck dienen Vorbemerkungen zu bestimmten Rechtsgebieten, die einen ersten Einstieg und Überblick verschaffen[7)].

Mit aufgenommen in die RS sind jeweils die entsprechenden Aus- und Durchführungsbestimmungen in Verordnungen und Bekanntmachungen[8)], die das in den – staatlichen und kirchlichen – Gesetzen enthaltene materielle Recht konkretisieren oder die jeweilige Zuständigkeit bzw. das Verfahren näher regeln. In der Regel ist auch hierauf in der RS in Fußnoten zu den gesetzlichen Bestimmungen näher hingewiesen.

5) Vgl. obiges Beispiel mit §§ 34, 109 KGO.
Vgl. ferner die Fn. 3–5 bei Art. 2 KirchStG – RS 430. (Hinweis auf die Kirchengliedschaftsregelungen im Hinblick auf die Bestimmung, daß Schulder der Kirchensteuern die **Angehörigen** der jeweiligen Kirchen bzw. Religionsgemeinschaften sind; Hinweis auf Einzelheiten des Kirchenaustritts in der Bek. über den Austritt aus einer Kirche, Religionsgemeinschaft oder weltanschaulichen Gemeinschaft, die Körperschaft des öffentlichen Rechts ist – RS 431/1 – im Hinblick auf die allgemeine Zuständigkeitsregelung in Art. 2 Abs. 3 KirchStG.)

6) Vgl. z. B. Fn. 2 zu § 43 Abs. 1 S. 2 KGO; Fn. 1 zum RKEG – RS 240 (hierzu kritisch o. § 11, 6 g (3), S. 146 f. mit Fn. 69).

7) Zum Beispiel vor RS 101 (Staatskirchenrecht), vor RS 105 (Bayer. Verfassung), vor RS 200 (OKL), vor RS 430 (Kirchensteuerrecht), vor RS 460 (Stiftungsrecht), vor RS 490 (Urheberrechtsfragen bei Gottesdiensten, Kirchenkonzerten oder Gemeindeveranstaltungen), vor RS 500 (Recht der kirchlichen Mitarbeiter) oder vor RS 950 (kirchlicher Rechtsschutz, zum Teil jedoch überholt durch das Inkrafttreten des KVGG – RS 955).

8) Zum Unterschied von Gesetzen, Verordnungen, Bekanntmachungen vgl. o. § 42.

Die RS ist nach einer systematischen Gliederung aufgebaut, d. h. daß die zu einem bestimmten Rechtsgebiet gehörenden Vorschriften in einem jeweiligen Gliederungsabschnitt zusammengefaßt sind. Es entfällt daher die sonst oft mühsame Suche nach systematisch zusammengehörenden Vorschriften verschiedener Gesetze oder Verordnungen, wie dies gerade bei alphabetisch geordneten Rechtssammlungen häufig der Fall ist[9].

b) Nicht nur in den Klausuren, auch im Schriftverkehr des Pfarramtes ist es erforderlich, Rechts- und Verwaltungsvorschriften zu zitieren. Dies führt zu der Frage der richtigen **Zitierweise**. Durch die Zitierung einer Rechts- oder Verwaltungsvorschrift soll der Leser in die Lage versetzt werden, diese rasch und zuverlässig aufzufinden. Das Zitieren einer Rechtsvorschrift soll außerdem die vorgetragene Meinung rechtlich untermauern. Es ist daher erforderlich, so genau wie möglich zu zitieren. Geht es z. B. um die Beurlaubung[10] eines Pfarrers oder einer Pfarrerin, so hält § 91 Abs. 1 S. 1 PfG diese Möglichkeit allgemein fest. *RS 500*
Die Befristung oder Nichtbefristung richtet sich nach § 91 Abs. 1 S. 2, die Frage nach dem Behalt oder Verlust der Stelle sowie der Dienstbezüge ist in § 91 Abs. 2 S. 1 geregelt. Die Verwendung nach der Rückkehr richtet sich nach § 91 Abs. 3 Satz 1, die Aufsicht während der Zeit der Beurlaubung nach § 91 Abs. 4. Zitiert werden sollte jeweils die Vorschrift im einzelnen, auf die es im konkreten Fall gerade ankommt (also nicht nur allgemein § 91 PfG!).

Zitiert wird nach dem Gesetz in der Kurzfassung laut der Gesetzesüberschrift bzw. der amtlichen Abkürzung oder Kurzbezeichnung, wie sie ebenfalls meist in der Überschrift angegeben bzw. in den Überschriftsleisten der RS enthalten ist (hier: Pfarrergesetz oder PfG). Die Ordnungsnummer in der RS (hier: RS 500) braucht nicht angegeben zu werden[11]. Nur bei sehr langen »Kurzbezeichnungen« empfiehlt sich – zumal in der Klausur – auf diese zu verzichten und statt dessen die Ordnungsnummer der RS zu zitieren, z. B. statt AVKirchStErhebG: AV-RS 433 bzw. VO-RS 433; statt VollzBekKirchgeld: Bek-RS 437; statt VollzVPfG: VO-RS 502. Dabei steht AV für Ausführungsverordnung, VO für Verordnung allgemein und Bek. für Bekanntmachung.

9) Vgl. hierzu im einzelnen die systematische Gliederung und das systematisch geordnete Inhaltsverzeichnis (Inhalt I) der RS (RS S. 7* ff.).

10) Dies ist etwas anderes als der Urlaub von Pfarrer und Pfarrerinnen! Vgl. hierzu § 74 PfG und die PfUrlV – RS 508.

11) Wenn dies in diesem Buch häufig dennoch erfolgt ist, zumal bei unbekannteren Kirchengesetzen oder bei der erstmaligen Nennung von Kirchengesetzen, dient dies lediglich als Hilfestellung zum leichteren Auffinden.

Üblicherweise steht die Gesetzes- oder VO-Bezeichnung **nach** der §§- oder Artikelziffer. Wenn in diesem Buch hiervon abgewichen ist, geschah dies aus pädagogisch-didaktischen Gründen, um zu einem Mitlesen der betreffenden Vorschriften anzuregen und diese schneller aufzufinden[12]. Die Abkürzungen Abs. für Absatz und S. für Satz können auch durch römische (Abs.) und arabische Ziffern (S.) ersetzt werden, also § 91 Abs. 1 S. 2 PfG oder § 91 I 2 PfG.

Ein Problem beim Zitieren taucht vor allem dann auf, wenn in mehreren Gesetzen, Verordnungen, Bekanntmachungen gleichlautende Aussagen enthalten sind. Sollen dann alle zitiert werden? Auch hier gilt der Grundsatz der Spezialität, d. h. zitiert wird diejenige Vorschrift, welche die genauere Auskunft auf die gestellte Frage gibt. In den Fällen allerdings, in denen wirklich übereinstimmende Aussagen enthalten sind, hat das **Gesetz Vorrang vor nachrangigem Recht**[13].

RS 430, 431, 431/1

Geht es z. B. darum, wo ein Kirchenaustritt zu erklären ist, so enthalten sowohl Art. 2 Abs. 3 S. 1 KirchStG, § 2 Abs. 1 S. 1 AVKirchStG und Nr. 1 S. 1 der Bek. vom 6.8.1992 über den Austritt aus einer Kirche, Religionsgemeinschaft oder weltanschaulichen Gemeinschaft, die Körperschaft des öffentlichen Rechts ist, die Aussage, daß dies beim Standesamt des Wohnsitzes oder gewöhnlichen Aufenthaltsortes zu geschehen hat. Zitiert braucht hier nur Art. 2 Abs. 3 KirchStG zu werden. Geht es dagegen um Einzelheiten der Austrittserklärung, so enthält Art. 2 Abs. 3 KirchStG hierzu nichts. Diese ergeben sich nur aus der VO oder aus der Bek., so daß diese zu zitieren sind. Will jemand z. B. seine Austrittserklärung von einer Bedingung oder einem Vorbehalt abhängig machen, z. B. daß sich sein Austritt nur auf die Mitgliedschaft in der ELKiB, nicht dagegen in der örtlichen Kirchengemeinde bezieht, oder daß der Austritt sich nur auf die Kirche als Steuerverband beziehe, nicht dagegen auf die Kirche als Gemeinschaft der Gläubigen, so wären § 2 Abs. 3 S. 3 AVKirchStG bzw. im letzteren Fall § 2 Abs. 3 S. 3 AVKirchStG i.V.m. Nr. 5 Buchst. b der genannten Bek. einschlägig und zu zitieren.

RS 1
RS 236

Soweit es um Grundsatzaussagen geht, die sowohl in der Kirchenverfassung als auch (wiederholend) in den den kirchenverfassungsrechtlichen Rahmen ausfüllenden Kirchengesetzen enthalten sind, können beide Vorschriften nebeneinander zitiert werden, z. B. als Beleg für die Aussage, daß die Kirchengliedschaft an die Taufe anknüpft Art. 9 Abs. 1 KVerf, § 1 Abs. 1 KGliedG. Die weiteren Einzelheiten der Begründung der Mitgliedschaft ergeben sich dann aus den Bestimmungen des KGliedG. Ebenso z. B. bei der Pfarrstellenbesetzung: Art. 25 Abs. 3 S. 1 KVerf enthält den Grundsatz des alternierenden Verfahrens[14]. Weitere Einzelheiten ergeben sich dann aus der

12) Vgl. o. Hinweise zur Benutzung 5, S. XIV.
13) Zur »Normenpyramide« vgl. o. § 42.
14) Hierzu näher o. § 26.

PfStBO. Soweit dabei im wesentlichen gleichlautende Aussagen in der KVerf und der PfStBO enthalten sind, können durchaus beide Vorschriften nebeneinander angeführt werden, um so deutlich zu machen, daß die KVerf den Rahmen abgibt, der durch einzelkirchengesetzliche Regelungen ausgefüllt wird. Z. B. kann für die Aussage, daß vor der Besetzung entsprechende Erhebungen über das kirchengemeindliche Leben und die örtlichen kirchlichen Verhältnisse anzustellen sind, Art. 25 Abs. 1 KVerf i.V.m. § 2 Abs. 1 PfStBO als Beleg zitiert werden. Daß diese Erhebungen vom Kreisdekan geleitet werden, ergibt sich dann allerdings nur aus § 2 Abs. 2 PfStBO. Für diese Aussage wäre also nur letztere Vorschrift zu zitieren.

3. Fallbeispiele und Lösungen

Fall 1:

Pfarrerin Adele Katz bittet um rechtliche Nachprüfung folgender Vorgänge:

1. In der letzten Sitzung Anfang Dezember hatten die Mitglieder des Blaustädter Kirchenvorstands mehrheitlich beschlossen, die Gottesdienste an den Sonntagen 27.12.1992 und 3.1.1993 ausfallen zu lassen, da die Häufung der Feiertage zu dieser Zeit genügend Gelegenheit zum Kirchgang böte. Pfarrerin Katz hatte sich vehement dagegen ausgesprochen, vor allem, weil ihrer Meinung nach der Kirchenvorstand – als Vertretung der Gemeinde – zu einer solchen Entscheidung gar nicht befugt sei. Vielmehr gehe es um einen Kernpunkt des geistlichen Amtes, die Wortverkündigung, deswegen komme ihr als Inhaberin dieses Amtes allein die Entscheidung darüber zu. Im Protokollbuch hatte sie daher bei diesem Beschluß am Rand vermerkt: »Ungültig, da allein Sache der Pfarrerin!« Von ihrem Dekan deswegen gerügt, möchte sie nun doch wissen, ob, und wenn ja, aus welchen Gründen der Kirchenvorstand hier mitzureden und was denn überhaupt der Dekan »dreinzureden« habe.

2. Für dieselbe Sitzung hatte Pfarrerin Katz den Ausschluß des Kirchenvorstehers Werner Treulos auf die Tagesordnung gesetzt. Laut standesamtlicher Mitteilung war Treulos aus der Kirche ausgetreten. Dies habe in der Gemeinde ein so großes Ärgernis gegeben, daß nur der Ausschluß vom Amt als Reaktion in Frage komme. Mehrheitlich verschloß sich der Kirchenvorstand allerdings diesem Antrag und schlug erst noch ein seelsorgerliches Gespräch vor. Kirchenvorsteher Wichtig, der einzige Jurist in der Runde, wies noch darauf hin, daß ein Beschluß ohnehin nicht gefaßt werden könne, da Treulos – wie Pfarrerin Katz auf Nachfrage zugeben mußte – als einziger überhaupt nicht geladen und deswegen auch nicht erschienen war, während sonst alle anderen ihrer Ladung Folge geleistet hatten.

3. Wenigstens einen Punkt hatte Pfarrerin Katz in dieser Sitzung durchgebracht: Der Kirchenvorstand stimmte der Zurückstellung des 15jährigen Hans Bolz von der Konfirmation zu. Bolz war in den bisherigen 8 Stunden nur einmal zum Konfirmandenunterricht erschienen. Als sie ihn Mitte November in der Schule – sie ist auch seine Religionslehrerin – darauf ansprach, erklärte Bolz, das, was sie im Konfirmandenunterricht erzähle, interessiere ihn nicht. Er wolle sich überhaupt nicht konfirmieren lassen. Seine Eltern hätten ihn gegen seinen Willen angemeldet und nun melde er sich eben wieder ab. Gleichzeitig melde er sich auch vom Religionsunterricht ab, da der dort vermittelte Stoff nicht mehr seinen Glaubensvorstellungen entspreche. Nach diesem Gespräch sei ihr, wie Pfarrerin Katz dem Kirchenvorstand erläuterte, gar nichts anderes übrig geblieben, als Bolz von der Konfirmation einstweilen zurückzustellen. Dem stimmte der Kirchenvorstand einstimmig zu. Kurz darauf beschwert sich Vater Bolz und verlangt die Rücknahme dieser Entschei-

dung. Zum einen fehle jegliche Rechtsgrundlage dafür, zum anderen sei er vorher gar nicht informiert worden. Auch von der Abmeldung vom Religionsunterricht habe er nichts gewußt. Auch hierüber hätte Pfarrerin Katz ihn in Kenntnis setzen müssen. Wenn sein Sohn nicht zur Konfirmation zugelassen werde, werde er sich mit seiner gesamten Familie in Zukunft zu der Nachbargemeinde halten. Insoweit beantrage er schon jetzt vorsorglich die Entlassung aus dem Verband der Kirchengemeinde Blaustadt und bitte um entsprechende Bestätigung.

Die angesprochenen Probleme sind unter Angabe der einschlägigen Vorschriften in Form einer gutachtlichen Stellungnahme rechtlich zu würdigen. Zu Punkt 3 (Fall Bolz) entwerfen Sie bitte zusätzlich ein entsprechendes Schreiben an Vater Bolz, in dem Sie die maßgeblichen und für eine rechtliche Beantwortung seiner Anliegen in Briefform ausreichenden Ergebnisse Ihrer gutachtlichen Überlegungen kurz darstellen[15)].

Einige Hinweise und Überlegungen mögen den Einstieg in die Lösung dieses Falles und allgemein in die Lösung kirchenrechtlicher Aufgaben erleichtern.

Der Sachverhalt, also die gestellte Aufgabe, sollte einmal ganz durchgelesen und am Schluß die Fragestellung genau beachtet werden. Es macht einen Unterschied, ob die Frage lautet: »Hat Pfarrer X oder Pfarrerin Y richtig gehandelt?« oder »Wie ist die Rechtslage?« bzw. »Die angesprochenen Probleme sind gutachtlich zu würdigen.« Bei den beiden letzteren Fragestellungen wird die Beantwortung umfassender ausfallen müssen als bei der ersten Fragestellung. Im vorliegenden Fall ist eine rechtliche Würdigung in Form einer gutachtlichen Stellungnahme verlangt, d. h. **alle** im Fall angesprochenen rechtlichen Probleme sind zu behandeln.

Das nähere Herausarbeiten der Probleme im einzelnen sollte bei einem zweiten aufmerksamen Durchlesen Abschnitt für Abschnitt erfolgen. Meist sind die Aufgabentexte nach verschiedenen Problembereichen bereits untergliedert. Ist dies nicht der Fall, sollte ein längerer Text in einzelne Arbeitsschritte in der Weise »entzerrt« werden, daß man am Text entsprechend der historischen Abfolge der Geschehnisse »entlang geht«. Etwas anderes gilt selbstverständlich dort, wo durch die Fragestellung bereits eine bestimmte Reihenfolge der Bearbeitung vorgegeben ist.

15) Originalklausur aus der Theol. Anstellungsprüfung 1993/I (Text auch in KABl 1993, S. 136). Vgl. im übrigen auch die weiteren Klausurnachweise im KABl, so etwa die Klausuren 1984/I u. II in KABl S. 163 u. 338; 1985 I u. II in KABl S. 194 u. 417; 1986/I u. II in KABl S. 231 u. KABl 1987, S. 48; 1987/I u. II in KABl S. 158 u. KABl 1988, S. 47; 1988 in KABl S. 165; 1989/I u. II in KABl S. 209 u. 372; 1990/I u. II in KABl S. 197 u. KABl 1991, S. 31; 1991/I u. II in KABl S. 137 u. KABl 1992, S. 36; 1992/I u. II in KABl S. 241 u. 347; 1993/II in KABl S. 371; 1994/I in KABl S. 203.

Sind im Sachverhalt Zahlen und Daten angegeben, so hat dies regelmäßig seine besonderen Gründe; z. B. leitet sich aus der Zahl der Gemeindeglieder die Zahl der Kirchenvorsteher ab (vgl. § 28 KGO); dies kann wiederum für die Beschlußfähigkeit des Kirchenvorstands von Bedeutung sein (vgl. § 41 KGO); Altersangaben können für das Wahlrecht, die Wählbarkeit (vgl. §§ 6, 8 KVWG, § 4 LSWG) oder für die Religionsmündigkeit (§ 5 RKEG) eine Rolle spielen usw.

Bei diesem zweiten Durchgang des Sachverhalts sollten die Probleme in den einzelnen Abschnitten im Konzept kurz festgehalten werden. Dies dient für die Klausur einerseits der Übersicht, daß keine Probleme vergessen werden, zum anderen auch der Zeiteinteilung bei der endgültigen Ausarbeitung. Bei dem gegebenen Sachverhalt könnte dies etwa so aussehen:

1. Ausfallen von Gottesdiensten: Zuständigkeit des KV? Zuständigkeit der Pfarrerin? Können Gottesdienste ausfallen? Darf die Pfarrerin im Protokollbuch Beschlüsse für ungültig erklären? Beanstandung durch Dekan?

2. Kirchenaustritt des Treulos: Ausschluß oder Ausscheiden kraft Gesetzes? Ladung notwendig? Beschlußfähigkeit?

3. Kann von der Konfirmation zurückgestellt werden (Rechtsgrundlage)? Kann in *diesem* Fall zurückgestellt werden? Kann Hans Bolz sich selbständig a) vom Konfirmandenunterricht, b) vom Religionsunterricht abmelden (Alter: 15 Jahre!)? »Entlassung« aus Blaustadt und Mitgliedschaft in der Nachbargemeinde?

Bei der Skizzierung dieser Probleme ist unschwer zu erkennen, daß
RS 300 das Hauptgewicht der Arbeit im Bereich der KGO liegt; die Zurückstel-
lung von der Konfirmation – falls es denn eine ist – regelt sich nach
RS 200/210 der OKL und dem OKLAnwG, und die Berechtigung zur Abmeldung
RS 240 ist eine Frage der Religionsmündigkeit (§ 5 RKEG und Art. 137 Abs.
RS 105 1 BV). Alles in allem handelt es sich überwiegend um Probleme, die
bereits aus der Behandlung in den Kirchenrechtskursen bekannt sein
müßten.

Es empfiehlt sich, schon bei der Skizzierung der Probleme einschlägige Vorschriften, so sie ohne größeres Nachschlagen parat sind, im jeweiligen Kontext festzuhalten.

In einem weiteren Durchgang sollten dann die skizzierten Probleme »bearbeitet« werden, also die einschlägigen Rechtsvorschriften aufgefunden und der Sachverhalt unter sie subsumiert werden. Etwa die Hälfte der zur Verfügung stehenden Zeit sollte für die eigentliche Niederschrift reserviert bleiben. Hilfreich für diese Niederschrift und bereits für die Subsumtion im einzelnen ist die Anfertigung einer Gliederung, die dann gleichzeitig als Gliederung für die Ausarbeitung dienen kann. Diese Gliederung könnte hier etwa so aussehen:

1. Ausfallen der Gottesdienste
   a) Zuständigkeit
   b) Sonntagsheiligung
   c) Ungültigkeitsvermerk im Protokollbuch
   d) Befugnisse des Dekans

2. »Ausschluß« des Treulos

3. »Zurückstellung« von der Konfirmation
   a) Rechtsgrundlagen
   b) Abmeldung vom Konfirmandenunterricht
   c) Abmeldung vom Religionsunterricht
      – Erklärung der Abmeldung
      – Adressat der Erklärung
      – Form und Frist
   d) Mitgliedschaft in der Nachbargemeinde

4. Brief an Vater Bolz

Schwierigkeiten bereitet – zumal am Anfang – der Aufbau. Hier jedoch ein allgemeines Aufbauschema geben zu wollen, wie dies etwa in der juristischen Ausbildung üblich und auch sinnvoll ist, wäre nicht sehr hilfreich. Erfahrungen in Kirchenrechtskursen der Vikare und Vikarinnen haben gezeigt, daß die Bearbeitenden mehr Gefangene als Herren eines vorher vermittelten Aufbauschemas sind. Es sollte einfach der Fall gegliedert nach den einzelnen Problembereichen angegangen werden, dabei also der Sachverhaltsgliederung oder dem historischen Ablauf folgend, und die Ausarbeitung ebenfalls entsprechend untergliedert werden. Allenfalls ist eine Gliederung in einen formellen und materiellen Teil anzuraten, entweder des gesamten Falles oder eines bestimmten Unterabschnittes, aber nur, wenn dies vom Sachverhalt her angezeigt ist.

Die Formalia z. B. einer Kirchenvorstandsitzung können dann vorab geprüft werden (ordnungsgemäße Ladung, also durch Vorsitzende(n) im Benehmen mit Vertrauensfrau/-mann, mit Angabe der Tagesordnung, Einhaltung der Schriftform und Dreitagefrist, evtl. Heilung, mit der Feststellung der Beschlußfähigkeit). Heißt es im Sachverhalt dagegen, daß zur KV-Sitzung ordnungsgemäß geladen war, und sind sonst keine Angaben über die Zahl der Erschienenen enthalten, dann brauchen hierzu keine weiteren Ausführungen mehr gemacht zu werden. Es reicht dann vielmehr die Feststellung, daß aufgrund der ordnungsgemäßen Ladung und mangels weiterer Angaben von der Beschlußfähigkeit des KV gemäß § 41 KGO auszugehen ist.

In bestimmten Fällen kann es jedoch angezeigt sein, auch Formalia erst nach dem materiellen Teil zu prüfen, z. B. dann, wenn erst die materielle (= sachliche) Prüfung ergibt, ob z. B. jemand noch Mitglied des Kirchenvorstands ist und daher geladen werden muß. Dies ist z. B. in unserem Sachverhalt gegeben. Durch den Kirchenaustritt entfällt kraft Gesetzes die Mitgliedschaft im Kirchenvorstand (§ 33 Abs. 1 Nr. 3 KGO). Dieses Ausscheiden wird zwar vom Kirchenvorstand festgestellt (§ 33 Abs. 2 KGO). Da die Wirkung bereits mit dem Kirchenaustritt eintritt (vgl. Wortlaut), hat dieser Feststellungsbeschluß nur noch deklaratorische Bedeutung (Feststellung des Ausscheidens, damit das Ersatzmitglied gemäß § 24 Abs. 1 KVWG nachrücken kann – ebenfalls durch Feststellungsbeschluß, vgl. Nr. 21 ABestKVWG – oder – bei Ausscheiden eines berufenen Kirchenvorstehers – ein Ersatzmitglied gemäß § 24 Abs. 3 i.V.m. § 21 Abs. 2 und 3 KVWG berufen werden kann). Die Wirkung ist hier also eine andere als bei den Beschlüssen nach § 32 Abs. 3 oder nach § 34 KGO, denen in der Tat konstitutive, also begründende Wirkung zukommt. In unserem Fall reicht dann die Feststellung, daß Treulos durch den Austritt ausgeschieden und damit nicht mehr Mitglied des KV war und insoweit auch nicht geladen werden mußte. Würde diese Frage als förmliche Vorfrage hier vorab geprüft werden, so müßten förmliche und sachliche Prüfung miteinander vermengt werden.

RS 305/306

Überhaupt sollten hinsichtlich des Aufbaus der Arbeit nicht zuviel Gedanken verschwendet werden. Es reicht eine einigermaßen systematische Gliederung, die meist durch die Aufgabenstellung ohnehin vorgegeben ist. In einen förmlichen und einen sachlichen Teil sollte dann getrennt werden, wenn dies vom Sachverhalt her angezeigt ist (z. B. durch eine Fragestellung nach der förmlichen und sachlichen Richtigkeit eines KV-Beschlusses oder Kirchengesetzes usw.). Ansonsten ist die Arbeit nach den historischen Geschehnisabläufen zu untergliedern.

Unter Berücksichtigung obiger, die Lösung vorbereitender Hinweise, wird folgende Lösung vorgeschlagen[16]:

1. Ausfallen der Gottesdienste

a) Zuständigkeit

Eine formale Zuständigkeit des Kirchenvorstands könnte sich aus § 21 Nr. 1 KGO ergeben, nach dem das sog. jus liturgicum bei dem Kirchenvorstand liegt. Der gänzliche Ausfall von Gottesdiensten geht jedoch zumindest dem Wortlaut nach über das Recht der »Gestaltung der Gottesdienste und liturgischen Handlungen« und der »Einführung neuer Gottesdienste« hinaus. Eine entsprechende Anwendung dieser Zustän-

16) Bei den Lösungen dieses wie auch des nächsten Falles handelt es sich um Musterlösungen, die zur Nacharbeit anregen sollen und daher so ausführlich dargestellt werden. Selbstverständlich werden in der Examensklausur (Bearbeitungszeit: 3 Stunden) derart umfassende Lösungen nicht erwartet. In den Kirchenrechtskursen werden z. T. auch – mit Einverständnis der Bearbeiter bzw. Bearbeiterinnen – Originalexamensarbeiten als beispielhafte Musterlösungen ausgegeben.

digkeitsnorm ist jedoch möglich und auch geboten aus dem Gedanken, daß der Gottesdienst eine Feier der *Gemeinde* ist und der ganzen Gemeinde die Verantwortung dafür obliegt, daß das Evangelium gepredigt wird (vgl. § 2 Abs. 2 KGO, I Abs. 2 Ordnung des geistlichen Amtes – RS 506, Abschn. IV UA 4 OKL). Von daher kann auch nur das Vertretungsorgan der Gemeinde, der Kirchenvorstand (§ 18 Abs. 2 KGO), darüber befinden.

Fraglich ist jedoch, ob der Kirchenvorstand in diesem Fall gegen das Votum der Pfarrerin entscheiden kann. Der Pfarrerin als Inhaberin des geistlichen Amtes obliegt nicht nur das *Recht,* sondern auch die *Pflicht* zur Wortverkündigung (I Abs. 3 Ordnung des geistlichen Amtes, Art. 12 Abs. 1 KVerf, § 31 PfG), das Recht und die Pflicht zur Leitung des Gottesdienstes (§ 32 Abs. 1 PfG). Aus dem Grundsatz, daß Amt und Gemeinde »unter dem Auftrag zur öffentlichen Wortverkündigung und zur Sakramentsverwaltung« einander zugeordnet und aneinander gewiesen sind (Art. 4 Abs. 1 KVerf, § 1 Abs. 1, § 2 Abs. 2 KGO), läßt sich folgern, daß eine derart gravierende Entscheidung, wie der gänzliche Ausfall von Gottesdiensten, von weltlichen und geistlichen Mitgliedern des Kirchenvorstandes nur gemeinsam, d. h. einvernehmlich getroffen werden kann.

Insoweit hätte es bei dieser Entscheidung also auch des Einverständnisses von Pfarrerin Katz bedurft[17)].

b) Sonntagsheiligung
Fraglich ist ferner, ob der Kirchenvorstand mit seiner Entscheidung, die beiden Sonntagsgottesdienste ausfallen zu lassen, nicht gegen § 21 Nr. 4 KGO und Abschn. IV UA 5 der OKL (Gebot der Sonntagsheiligung) verstößt. Der gänzliche Ausfall der beiden Sonntagsgottesdienste, ohne die Gemeinde auf anderweitig mögliche und zumutbare Gottesdienstteilnahmen, etwa in einer nahegelegenen Nachbargemeinde, hinzuweisen, dürfte mit dem Gehalt dieser Bestimmungen kaum vereinbar sein.

c) Ungültigkeitsvermerk im Protokollbuch
Der Randvermerk im Protokollbuch ist unzulässig. Hält die Pfarrerin einen Kirchenvorstandsbeschluß für ungültig, weil er entweder kirchlichem Recht (z. B. hier § 21 Nr. 4 KGO und Abschn. IV UA 5 OKL) oder den Rechten und Befugnissen des geistlichen Amtes widerstreitet (z. B. hier Art. 12 Abs. 1 KVerf, §§ 31, 32 PfG), so hat sie diesen Beschluß auszusetzen (§ 51 Abs. 1 KGO) und umgehend dem Landeskirchenrat auf dem Dienstweg vorzulegen (§ 51 Abs. 2 KGO).

d) Befugnisse des Dekans
Der Dekan hat hier eine zweifache Befugnis. Zum einen ist er Dienstvorgesetzter von Pfarrerin Katz (Art. 31 Abs. 3 S. 3 KVerf, § 29 Abs. 2 S. 3

17) Die Meinung, der Kirchenvorstand könne mehrheitlich auch gegen die Stimme der Pfarrerin entscheiden, kann als vertretbar angesehen werden. Entscheidend bei der Bewertung war ein entsprechendes Eingehen auf das Verhältnis von Amt und Gemeinde. Abzulehnen wäre dagegen jedenfalls die Meinung, die Pfarrerin entscheide allein.

DBO, Art. 62 a PfG) und ist von daher befugt, eine fehlerhafte Amtsführung (unzulässiger Protokollrandvermerk) zu beanstanden (auch zu rügen, vgl. § 62 Abs. 1 PfG). Zum anderen obliegt ihm auch die Aufsicht über die Gemeinden seines Dekanatsbezirks (Art. 31 Abs. 3 S. 1 KVerf, § 29 Abs. 2 S. 1 DBO, § 100 Abs. 1 und 2 KGO). Als Ausfluß dessen bedürfen Beschlüsse des Kirchenvorstands, die eine »wesentliche Änderung des gottesdienstlichen Lebens vorsehen«, seiner Genehmigung (§ 102 Abs. 1 Nr. 1 KGO). Selbst das gelegentliche Ausfallen von Sonntagsgottesdiensten wird als eine solche wesentliche Änderung des gottesdienstlichen Lebens und damit als genehmigungsbedürftig anzusehen sein.

2. »Ausschluß« des Treulos

Durch seinen Kirchenaustritt, von dem das Pfarramt gem. Nr. 18 der Bekanntmachung über den Kirchenaustritt (RS 431/1) erfahren hat, ist Treulos kraft Gesetzes aus dem Kirchenvorstand ausgeschieden (§ 33 Abs. 1 Nr. 3 KGO). Der Kirchenvorstand hat dies festzustellen (§ 33 Abs. 2 KGO). Diesem Feststellungsbeschluß kommt lediglich deklaratorische Bedeutung zu, und zwar im Hinblick auf das Nachrücken oder die Nachberufung eines Ersatzmitgliedes. Insoweit bedarf es keines eigenen Ausschlusses, wie er offensichtlich Pfarrerin Katz gem. § 34 Abs. 1 Nr. 2 KGO nach vorangegangenen seelsorgerlichen Bemühungen (§ 34 Abs. 1 S. 2 KGO) vorschwebt. Da Treulos automatisch mit dem Kirchenaustritt aus seinem Amt ausscheidet, ist er nicht mehr Mitglied des Kirchenvorstands und mußte daher – entgegen Wichtigs Meinung – auch nicht geladen werden. Eine Beschlußfähigkeit des Kirchenvorstandes gemäß § 41 KGO war hier also gegeben.

Seelsorgerliche Bemühungen um Ausgetretene sind zwar angezeigt (vgl. Abschn. XI UA 5 Abs. 2 OKL), sind jedoch, anders als bei einem Ausschluß nach § 34 KGO, ohne Relevanz für die Rechtsfolge in § 33 KGO, dem automatischen Ausscheiden aufgrund des Kirchenaustrittes.

3. »Zurückstellung« von der Konfirmation

a) Rechtsgrundlagen

Entgegen der Meinung von Vater Bolz gibt es für die Zurückstellung von der Konfirmation sehr wohl eine Rechtsgrundlage, nämlich § 4 OKLAnwG i.V.m. Abschn. II UA 3 Abs. 8 OKL. Danach kann ein Kind von der Konfirmation zurückgestellt werden, wenn es längere Zeit unentschuldigt dem Konfirmandenunterricht fernbleibt und es u.a. an Ernst und Fleiß fehlt. Dies würde man hier ohne weiteres als gegeben ansehen können. Zuständig für die Zurückstellung wäre gem. § 10 Abs. 2 OKLAnwG die Pfarrerin. Diese hätte *vor* ihrer Entscheidung das Benehmen mit dem Kirchenvorstand herzustellen. Außerdem hätte sie vorher die Erziehungsberechtigten *hören müssen* (§ 10 Abs. 2 OKLAnwG).

b) Abmeldung vom Konfirmandenunterricht

In Wirklichkeit geht es hier aber nicht um eine Zurückstellung von der Konfirmation, sondern um eine reguläre Abmeldung. Hans Bolz ist religionsmündig (§ 5 RKEG). Seine Eltern hätten ihn daher gar nicht ohne seine Einwilligung zur Konfirmation anmelden dürfen. Zumindest kann er sich gem. § 10 KGliedG i.V.m. § 5 RKEG selbständig vom Konfirmandenunterricht abmelden.

c) Abmeldung vom Religionsunterricht

aa) Erklärung der Abmeldung

Nach der in der Literatur und vor allem in der Praxis vorherrschenden Meinung ist in Bayern eine selbständige Abmeldung eines 15jährigen Schülers vom Religionsunterricht nicht möglich. Begründet wird dies vor allem damit, daß Art. 137 Abs. 1 BV (selbständige Abmeldung erst mit 18 Jahren) partielles Bundesrecht geworden sei und daher für den räumlichen Bereich des Geltungsgebietes der BV § 5 RKEG insoweit (d. h. für die Abmeldung vom Religionsunterricht) geändert habe.

Demnach wäre eine selbständige Abmeldung des Hans Bolz nicht möglich. Vielmehr hätten gem. Art. 137 Abs. 1 BV , Art. 25 Abs. 3 BayEUG seine Eltern (und zwar beide!, § 2 Abs. 2 RKEG) die Abmeldung vornehmen müssen.

Diese die bayerische Schulpraxis beherrschende Ansicht führt zu dem merkwürdigen Ergebnis, daß ein 15jähriger Schüler zwar selbständig aus der Kirche austreten kann (und damit automatisch dem Religionsunterricht »entgeht«), zu dem dagegen weniger weitgehenden Schritt der Abmeldung vom Religionsunterricht aber der Zustimmung und des Handelns seiner Eltern bedarf, die – im Innenverhältnis – wegen § 5 RKEG wiederum die Entscheidung ihres Kindes zu beachten haben. Nach anderer Ansicht wird daher auch eine selbständige Abmeldung bereits mit 14 Jahren als möglich erachtet. Dies wird damit begründet, daß Art. 137 Abs. 1 BV nicht die Qualität von partiellem Bundesrecht zukommt, da durch diese Bestimmung § 5 RKEG für den Bereich Bayern seinerzeit nicht formell abgeändert wurde. Zum anderen besagt Art. 7 Abs. 2 GG, daß die Erziehungsberechtigten das Recht haben, über die Teilnahme ihrer Kinder am Religionsunterricht zu bestimmen. Zur Bestimmung dessen, wer »Erziehungsberechtigter« i. S. von Art. 7 Abs. 2 GG sei, bedarf es des Rückgriffs auf die allgemeinen bürgerlich-rechtlichen Vorschriften, hier § 5 RKEG. Im Bereich der religiösen Erziehung gilt somit das über 14jährige Kind als sein eigener Erziehungsberechtigter und kann daher – nach dieser Meinung – über seine Teilnahme am Religionsunterricht allein bestimmen[18].

bb) Adressat der Erklärung

Egal, welcher Meinung man hier letztlich folgt, auf jeden Fall gilt: Eine Abmeldung hätte nicht bei Pfarrerin Katz als Religionslehrerin, sondern bei der *Schulleitung* erfolgen müssen.
(Religionsunterricht als schulisches, d. h. ordentliches Lehrfach; Art. 36

18) Vgl. zu diesem Problem o. § 11,6 g (3) S. 145 f. Ausführliche Erörterungen hierzu wurden in der Klausur nicht erwartet. Es war ausreichend, dieses aus den Kursen bekannte Problem gesehen und benannt zu haben. Dabei kam es auf eine in sich stimmige Argumentation an.

Abs. 2 BayEUG: Zuständigkeit des Schulleiters für einen geordneten Schul- und Unterrichtsbetrieb; ferner Umkehrschluß aus den entsprechenden Bestimmungen der Schulordnung und der Bekanntmachung vom 19.8.1983 – RS 127, S. 28, nach denen jeweils der Schulleiter die Zulassung über die Teilnahme konfessionsloser oder konfessionsfremder Schüler am Religionsunterricht ausspricht. Insoweit gilt seine Zuständigkeit auch für die Abmeldung.)

cc) Frist und Form

Nach den einzelnen Schulordnungen[19] (z. B. § 13 Abs. 2 VSO, § 22 Abs. 2 RSO, § 21 Abs. 2 GSO – RS 127) hat die Abmeldung schriftlich und grundsätzlich zu Beginn des Schuljahres zu erfolgen (regelmäßig innerhalb der ersten Woche nach Unterrichtsbeginn – z. B. § 13 Abs. 2 VSO, § 22 Abs. 2 RSO, § 21 Abs. 2 GSO –, in wenigen Ausnahmen längstens drei Wochen nach Unterrichtsbeginn – § 12 Abs. 1 BSO, § 17 Abs. 1 SBSO –). Diese Fristen wären Mitte November längst überschritten. Die Möglichkeit der Abmeldung vom Religionsunterricht ist jedoch Ausfluß der (negativen) Religionsfreiheit und kann als Grundrecht nicht durch Bestimmungen im Range einer Verordnung eingeschränkt werden. So sehen die einzelnen Schulordnungen auch Abmeldungen während des Schuljahres aus wichtigem Grund vor. Eine auf einer ernsthaften Glaubens- und Gewissensentscheidung beruhende Abmeldung, und damit die Berufung auf Art. 4 GG, ist aber immer ein wichtiger Grund (wobei jedoch insoweit dem Schulleiter kein Recht der Nachprüfung dieser Gewissensentscheidung zusteht). Im vorliegenden Fall beruft sich Hans Bolz darauf, daß der im Religionsunterricht vermittelte Stoff nicht seinen Glaubensvorstellungen entspricht. Damit liegt ein wichtiger Grund zur Abmeldung vor.

Die Abmeldeerklärung bedarf in jedem Fall der *Schriftform* (vgl. im einzelnen die genannten Bestimmungen der Schulordnungen).

Bei Abmeldung vom Religionsunterricht besteht die Verpflichtung zum Besuch des Ethikunterrichts (Art. 137 Abs. 2 BV, Art. 26 Abs. 1 BayEUG). Erfolgt der Wechsel während des Schuljahres, so ist binnen angemessener Frist eine Prüfung über den bis zu diesem Zeitpunkt behandelten Stoff abzulegen (vgl. etwa § 21 Abs. 4 GSO, § 22 Abs. 4 RSO)[20].

d) Mitgliedschaft in der Nachbargemeinde

Die Mitgliedschaft in einer Kirche besteht in der Mitgliedschaft in einer Kirchengemeinde und der betreffenden Landeskirche (Art. 9 Abs. 2 KVerf, § 1 Abs. 4 KGliedG, § 5 Abs. 1 KGO). Zugleich besteht dadurch die Zugehörigkeit zur EKD (Art. 1 Abs. 4 EKDGO, § 2 Abs. 2 EKDKMitgliedG). Eine »freischwebende« Mitgliedschaft ohne Anbindung an eine Kirchengemeinde gibt es nicht. Vater Bolz kann daher nicht schon jetzt vorsorglich die Entlassung aus seiner Kirchengemeinde Blaustadt verlangen, um

19) Nach dem Sachverhalt ist nicht angegeben, um welche Schule es sich handelt.

20) Die sich aus der Abmeldung vom Religionsunterricht ergebende Folge des Besuchs des Ethikunterrichts ist nicht unbedingt gefragt. Es empfiehlt sich jedoch, hierauf kurz einzugehen, da in dem Schreiben an Vater Bolz der Vollständigkeit halber darauf hingewiesen werden sollte.

sich irgendwann später der Nachbargemeinde anzuschließen. Insoweit kann dies auch nicht jetzt schon bestätigt werden. Vater Bolz hat lediglich die Möglichkeit, später, wenn sich sein Wunsch nach Anschluß an die Nachbargemeinde tatsächlich konkretisiert, gem. § 6 Abs. 1 KGO die Umgemeindung aus wichtigen Gründen zu beantragen. Hierüber entscheidet der Kirchenvorstand Blaustadt im Einvernehmen, d. h. mit Zustimmung des Kirchenvorstands der Nachbargemeinde.

Unberührt bleibt selbstverständlich die Möglichkeit für die Familie Bolz, Gottesdienste in der Nachbargemeinde zu besuchen. Bei Erteilung eines Dimissoriale könnten dort auch Amtshandlungen an den Mitgliedern der Familie Bolz vollzogen werden (§ 35 Abs. 2 PfG).

4. Brief an Vater Bolz[21)]

Sehr geehrter Herr Bolz,

Ihr Schreiben habe ich erhalten. Zu den von Ihnen angesprochenen Punkten kann ich wie folgt Stellung nehmen:

Entgegen Ihrer Meinung gibt es sehr wohl eine Rechtsgrundlage für eine Zurückstellung von der Konfirmation. Unter gewissen Voraussetzungen sieht die Ordnung des kirchlichen Lebens i.V.m. § 4 des Anwendungsgesetzes hierzu eine Zurückstellung vor. Im Falle Ihres Sohnes geht es jedoch im Grunde gar nicht um eine Zurückstellung. Ihr Sohn ist über 14 Jahre alt und damit gem. § 5 RKEG religionsmündig. Da das kirchliche Recht diese Altersgrenze achtet (§ 10 KGliedG), konnte er sich rechtswirksam von der Konfirmation abmelden. An diese Abmeldung war ich gebunden. Insoweit ist der von mir zunächst gewählte Ausdruck der Zurückstellung, dies gebe ich gerne zu, falsch gewählt gewesen. Ich hätte Ihre Anmeldung zur Konfirmation, hätte ich vom entgegenstehenden Willen Ihres Sohnes gewußt, schon gar nicht annehmen dürfen.

Ich bin davon ausgegangen, daß Ihr Sohn Sie über seinen Schritt informiert hat. Nur deswegen habe ich Sie nicht gesondert in Kenntnis gesetzt.

Anders sieht es mit der mir gegenüber ebenfalls erklärten Abmeldung vom Religionsunterricht aus. Nach der in Bayern gängigen Praxis kann eine Abmeldung vom Religionsunterricht von einem unter 18 Jahre alten Schüler nicht selbständig erklärt werden. Dies folgt aus den Bestimmungen der Art. 137 Abs. 1 BV und 25 Abs. 3 BayEUG. Danach ist die mir im November gegenüber erklärte Abmeldung vom Religionsunterricht nicht gültig. Wenn Ihr Sohn tatsächlich nicht mehr am Religionsunterricht teilnehmen will, so müßten Sie für ihn die Abmeldung gegenüber der Schulleitung erklären, und zwar schriftlich, zusammen mit Ihrer Frau. Wenn Sie dabei angeben, daß dies eine glaubensbedingte Entscheidung ist, und Sie sich insoweit auf das Grundrecht der Religionsfreiheit berufen, wäre dies ein wichtiger Grund, der auch während des Schuljahres eine Abmeldung vom Religions-

21) Hier sollten die für eine Information von Vater Bolz wesentlichen und ausreichenden Gesichtspunkte zusammengestellt werden. Dabei brauchen nur die wichtigsten Rechtsvorschriften zitiert zu werden.

unterricht rechtfertigt. Ihr Sohn hat dann aber den Ethik-Unterricht zu besuchen und auch eine Prüfung über den bis jetzt in Ethik behandelten Stoff abzulegen.

Was Ihren Wunsch nach Bestätigung einer späteren Entlassung aus unserer Kirchengemeinde betrifft, so muß ich Ihnen sagen, daß ich hierzu nicht in der Lage bin. Unser kirchliches Mitgliedschaftsrecht kennt keine Kirchenmitgliedschaft ohne Anbindung an eine konkrete Ortskirchengemeinde. Wir können Sie daher nicht jetzt »entlassen«, ohne daß Sie sich gleichzeitig einer anderen Kirchengemeinde anschließen. Selbstverständlich können Sie in der Nachbargemeinde die Gottesdienste besuchen, mit meiner Zustimmung dort auch Amtshandlungen vornehmen lassen. Sollten Sie wirklich daran festhalten wollen, sich ganz zur Nachbargemeinde zu halten, so besteht hierfür die Möglichkeit einer Umgemeindung nach § 6 KGO. Dazu bedarf es eines wichtigen Grundes. Wenn Sie sich endgültig entschieden haben, müßten Sie einen förmlichen Antrag stellen. Unser Kirchenvorstand wird dann hierüber zu entscheiden haben. Der Kirchenvorstand der Nachbargemeinde müßte ebenfalls einverstanden sein.

Sehr geehrter Herr Bolz, selbstverständlich stehe ich Ihnen für weitere Rückfragen zur Verfügung. Gerne würde ich die einzelnen Punkte mit Ihnen in einem persönlichen Gespräch noch näher erläutern.

Mit freundlichen Grüßen
verbleibe ich
Ihre

Adele Katz, Pfarrerin

Fall 2:

In der Kirchengemeinde Burgdorf sind drei Pfarrer tätig:

Pfarrer Messer obliegt die Pfarramtsführung, Pfarrer z.A. Gabel und Pfarrer z.A. Teller (beide ordiniert) teilen sich die z.A.-Stelle. In der Januarsitzung des Kirchenvorstands sollen u.a. folgende Themen behandelt werden:

1. Pfarrer z.A. Gabel hat den Kirchenvorstand gebeten zu prüfen, ob er, Gabel, tatsächlich nicht berechtigt gewesen sei, an der letzten Landessynodalwahl teilzunehmen. Pfarrer Messer als Wahlleiter habe nur Pfarrer z.A. Teller zur Wahlhandlung eingeladen, ihn, Gabel, dagegen nicht. Zwar übe sein Kollege Teller laut Dienstordnung im Kirchenvorstand das Stimmrecht aus. Er, Gabel, sehe aber den Sinn dieser Regelung nicht ein. Schließlich sei er – wie Teller – Mitglied des Pfarrkapitels und könne seines Wissens wie dieser sowohl in die Dekanatssynode als auch in die Landessynode gewählt werden. Insoweit sei er gleichberechtigt und verstehe nicht, warum ihn Pfarrer Messer übergangen habe. Der Kirchenvorstand möge daher gegebenenfalls feststellen, daß Pfarrer Messer seine Dienstpflichten verletzt habe.

2. Pfarrer Messer möchte den Kirchenvorstand darüber informieren und um Zustimmung bitten, daß er im Jahr 1990 regelmäßig im Programm des Privaten Rundfunksenders »Burgtalwelle« Kurzandachten halte, für die er ein bescheidenes Honorar erhalte. Ferner wirke er, ebenfalls gegen Honorar, künftig allmonatlich am Samstagabend im gleichen Sender bei einer allgemeinen Lebensberatung mit. Bei dieser Sendung können Hörerinnen und Hörer anrufen und Fragen stellen, die der Moderator an anwesende Psychologen und Seelsorger zur Beantwortung weitergibt.
3. Pfarrer Messer überlegt, ob er wegen dieser neuen Aufgaben bei seinem Dekan um Verminderung seines Regelstundenmaßes für den Religionsunterricht bitten soll. Dadurch hätte er auch wieder wesentlich mehr Zeit für Geburtstagsbesuche in seiner Gemeinde, denn die Unterrichtsvorbereitungen und vor allem der Umstand, daß er an vier verschiedenen Schulen unterrichten müsse, hätten ihn kaum noch zu Besuchen kommen lassen. Er bittet um Unterstützung seines Wunsches durch den Kirchenvorstand.
4. Das Kirchenvorstandsmitglied Finger hat angefragt, ob gegen Frau Faust, ein ehedem rühriges Gemeindeglied, nicht etwas unternommen werden solle. Frau Faust habe sich neuerdings einer Sekte angeschlossen, ohne offiziell aus der Kirche ausgetreten zu sein. Besonders betrüblich sei, daß sie Sonntag vormittags häufig an einem Platz stehe, an dem viele Gottesdienstbesucher vorbeikommen, und Werbematerial dieser Sekte anbiete. Dies könne nicht länger hingenommen werden. Finger denkt dabei an einen Ausschluß aus der Gemeinde oder auch an andere geeignete Maßnahmen.
5. Die letzte Gemeindeversammlung hatte sich mehrheitlich dafür ausgesprochen, jedem Kirchgeld zahlenden Gemeindeglied eine Spendenquittung auszustellen, um so die Zahlungsmoral etwas zu heben. Pfarrer Messer möchte dies jetzt im Kirchenvorstand erneut thematisieren.

Welche rechtlichen Überlegungen wird Pfarrer Messer im Hinblick auf die angesprochenen Punkte bei der Sitzungsvorbereitung anstellen?

Vor kurzem wurde Pfarrer Messer von einem seiner Schulrektoren ermahnt, weil er dreimal wegen Unabkömmlichkeit in der Gemeinde den Religionsunterricht ausfallen lassen mußte und nicht rechtzeitig vorher Bescheid gegeben hatte. Als »Vergeltungsmaßnahme« habe der Rektor, wie Messer meint, ihn jetzt vermehrt zur Pausenaufsicht eingeteilt und ihm im Wiederholungsfall disziplinarische Ahndung in Aussicht gestellt. Schließlich habe der Rektor noch versucht, ihn wegen des Inhalts seines Unterrichts zu kritisieren, da nur aus Messers Klassen Abmeldungen vom Religionsunterricht vorgekommen seien. Pfarrer Messer fragt sich, inwieweit der Rektor hier richtig gehandelt oder gegebenenfalls seine Befugnisse ihm gegenüber überschritten habe. Nehmen Sie hierzu bitte Stellung[22)]!

Bei dieser Klausur liegen die Schwerpunkte im Bereich des Pfarrerrechts. Der zweite Teil handelt von schul- und staatskirchenrechtlichen Problemen.

22) Originalklausur aus der Theol. Anstellungsprüfung 1990/I (KABl S. 197).

Im ersten Teil geht es zunächst um das aktive Wahlrecht bei der Landessynodalwahl in den Fällen, in denen zwei Personen eine Stelle teilen, beide Mitglied des Kirchenvorstands sind, aber nur einer stimmberechtigt ist. Letzteres ist in § 10 Abs. 2 ErprobG – RS 500/1 – geregelt. Dabei sollten auch Ausführungen zu Sinn und Hintergrund dieser Vorschrift gemacht werden (vgl. Sachverhalt: »...sehe aber den Sinn dieser Regelung nicht ein«). Der nächste Problembereich sind die Nebentätigkeiten von Pfarrer Messer. Da Kurzandachten und Mitwirkung bei Lebensberatungssendungen eigens erwähnt werden, liegt es nahe, daß diese Tätigkeiten unterschiedlich zu würdigen sind, möglicherweise auch in der Honorarfrage. Bei der Frage nach der Verminderung des Regelstundenmaßes geht es u.a. darum, ob Nebentätigkeiten zu einer Verminderung führen dürfen, damit der Pfarrer seinen *normalen* Dienstaufgaben besser nachkommen kann. Neben den möglichen Gründen für eine Verminderung des Regelstundenmaßes ist auch angesprochen, wer für eine derartige Verminderung überhaupt zuständig ist. Der Wunsch von Finger nach Maßnahmen gegen Frau Faust führt in den Bereich des Mitgliedschaftsrechts und in die Ordnung des kirchlichen Lebens. Sind Maßnahmen der geschwisterlichen Zucht möglich oder gar ein »Kirchenausschluß«? Der letzte Bereich des ersten Teils führt in das Kirchengemeinderecht, nämlich die Befugnisse der Gemeindeversammlung, und in das Kirchensteuerrecht: Können für Kirchgeldzahlungen Spendenquittungen ausgestellt werden?

Da die Fragestellung am Schluß des ersten Teils lautet, welche rechtlichen Überlegungen Pfarrer Messer im Hinblick *auf die angesprochenen Punkte* anstellen wird, ist auf Formalia der KV-Sitzung, also Vorbereitung zusammen mit der Vertrauensfrau bzw. dem Vertrauensmann, Ladungsformalitäten usw. **nicht** einzugehen. Dagegen ist – da auch extra angesprochen – auf die jeweilige Zuständigkeit des Kirchenvorstands einzugehen.

Im zweiten Teil geht es um die Stellung von Pfarrer Messer in der Schule, in der er Religionsunterricht erteilt. Welche Befugnisse hat der Schulrektor ihm gegenüber, einmal die Schulorganisation und zum anderen den Inhalt des Religionsunterrichts betreffend?

Die Gliederung und der Aufbau ergeben sich hier klar aus der Aufgabenstellung:

I. Themen (Tagesordnungspunkte) der KV-Sitzung

1. Wahlberechtigung von Pfr. z.A. Gabel

2. Nebentätigkeiten von Pfr. Messer

3. Verminderung des Regelstundenmaßes

4. Maßnahmen gegen Frau Faust

5. Spendenquittung für Kirchgeld

II. »Maßnahmen« des Schulrektors

Lösung:

I. Themen (Tagesordnungspunkte) der KV-Sitzung

1. Wahlberechtigung von Pfarrer z.A. Gabel

Wahlberechtigt für die LS-Wahl ist, »wer am Wahltag einem Kirchenvorstand als stimmberechtigtes Mitglied angehört (§ 4 Abs. 1 LSWG). Nach § 27 Abs. 1 Buchst. a KGO gehört Gabel (Pfarramtskandidat = Pfarrer auf Probe, § 17 Abs. 3 PfG) dem KV an, und wäre an sich auch stimmberechtigt. Für Pfarrer im Teildienst enthält bei Stellenteilung im gemeindlichen Dienst § 10 Abs. 2 ErprobG jedoch eine Sonderregelung, die der des § 27 KGO vorgeht: Beide Pfarrer (hier: Gabel und Teller) haben Sitz im KV, jedoch nur einer von ihnen darf das Stimmrecht ausüben (hier laut Sachverhalt: Teller). Gabel war daher gem. § 10 Abs. 2 ErprobG nicht wahlberechtigt i. S. von § 4 Abs. 1 LSWG. Pfarrer Messer – als Stimmbezirkswahlleiter, § 6 Abs. 2 LSWG – hat daher richtig gehandelt, Gabel nicht zur Wahlhandlung einzuladen (§§ 8 Abs. 2, 10 Abs. 1 LSWG).

Sinn der Regelung des § 10 Abs. 2 ErprobG ist, eine Gewichtsverschiebung innerhalb des KV und damit eine Schwächung des Laienelements zu verhindern. Dies wäre nämlich gegeben, wenn statt einem Pfarrer oder einer Pfarrerin bei Teilung dieser *einen* Stelle nun plötzlich *zwei* Personen stimmberechtigt wären. Da bei der LS-Wahl die Stimmberechtigten die Synodalen ihres Wahlkreises *zusammen* wählen (also nicht: Die Geistlichen wählen nur die geistlichen Synodalen und die Laien nur die weltlichen Synodalen; vgl. § 3 Abs. 2 LSWG, Nr. 3 ABest LSWG), gilt der dem § 10 Abs. 2 ErprobG zugrunde liegende Sinn auch hier: Es soll eine Schwächung des Laienelements (hier des Stimmgewichts der Laien) verhindert werden. Daran ändert nichts, daß Gabel ansonsten mit Teller vollkommen gleichgestellt ist (Mitglied im Pfarrkapitel, § 31 Abs. 1 DBO, mit der Möglichkeit, von diesem in die Dekanatssynode gewählt zu werden, § 3 Abs. 1 Nr. 2 DBO; Wählbarkeit in die LS, § 4 Abs. 3 Nr. 1 LSWG – beide bereits ordiniert! –). In diesen letztgenannten Fällen geht es gerade nicht um die Gewichtung des Geistlichen- und des Laienelements wie in §§ 10 Abs. 2 ErprobG, 4 Abs. 1 LSWG. Insoweit ist die Regelung, die nur stimmberechtigte KV-Mitglieder zur Wahl zuläßt, gerechtfertigt[23].

Der KV ist im übrigen nicht das zuständige Organ, welches eine Dienstpflichtverletzung von Pfarrer Messer feststellen könnte. Hierzu wären –

23) Vgl. hierzu auch § 38 Fn. 36, S. 351.

abgesehen von den Verfahren nach dem AVerG – jetzt: DiszG – (RS 960) – nur die Dienstaufsicht Führenden befugt: Landeskirchenrat, Kreisdekan bzw. Dekan, § 62, Art. 62 a PfG (notfalls: Rügerecht).

2. Nebentätigkeiten von Pfarrer Messer

Bei den Kurzandachten und der Mitwirkung bei den Lebensberatungssendungen handelt es sich um *Nebentätigkeiten*, die nicht von dem normalen Auftrag Pfr. Messers in der Gemeinde Burgdorf (§§ 31, 32 PfG) erfaßt sind, zumal sie gesondert vergütet werden[24].

Derartige Nebentätigkeiten können nur übernommen werden, wenn sie mit dem Auftrag und der gewissenhaften Erfüllung der Dienstpflichten zu vereinbaren sind (§ 56 Abs. 1 PfG). Gerade letzteres könnte hier zweifelhaft sein, da Messer ohnehin schon Schwierigkeiten hat, seinen Dienstpflichten nachzukommen (vgl. unten 3.).

Grundsätzlich bedürfen Nebentätigkeiten der vorherigen Zustimmung des Landeskirchenrats (§ 56 Abs. 2 PfG i.V.m. § 2 Abs. 2 PfNV – RS 556). Einer bloßen *Anzeige* bedürfen nicht nur gelegentliche schriftstellerische, wissenschaftliche, künstlerische oder Vortragstätigkeiten (§ 56 Abs. 3 PfG). Hierunter fallen zweifellos die Kurzandachten (wissenschaftliche bzw. Vortragstätigkeit, die nicht nur gelegentlich, sondern häufiger wahrgenommen wird), nicht dagegen ohne weiteres die Mitwirkung beim Lebensberatungsprogramm. Bei gebotener enger Auslegung der Begriffe »wissenschaftliche Tätigkeit« bzw. »Vortragstätigkeit« wird man die Mitwirkung bei der Lebensberatungssendung hierunter nicht subsumieren können, so daß es hinsichtlich dieser Tätigkeit beim Grundsatz des § 56 Abs. 2 PfG verbleibt: Genehmigung durch den Landeskirchenrat (nach schriftlichem Antrag gem. § 2 Abs. 5 PfNV).

Das Honorar, welches Messer für die Nebentätigkeiten erhalten soll, würde ihm im Fall der – nur anzeigepflichtigen – Kurzandachten voll verbleiben, es sei denn, er erhält hierfür eine entsprechende Entlastung im Hauptamt (§ 5 Abs. 2 i.V.m. § 5 Abs. 1 PfNV).Bei der Mitwirkung im Lebensberatungsprogramm als genehmigungspflichtige Tätigkeit würde eine Abführungspflicht eintreten, falls die Grenzen des § 5 Abs. 1 PfNV überschritten sind (Anrechnungsfrei: Vergütungen bis zu 3.000.- DM jährlich nach Abzug der Aufwendungen gem. § 5 Abs. 4 PfNV. Der übersteigende Betrag wäre zur Hälfte an die Landeskirchenkasse abzuführen, § 5 Abs. 1 PfNV, falls nicht ein Ausnahmefall nach § 5 Abs. 3 PfNV vorliegt.)

Die Mitteilung des Pfarrer Messer über seine geplanten Nebentätigkeiten an den KV entspricht zwar der gegenseitigen Informationspflicht (§ 19 KGO). Der KV ist jedoch nicht Zustimmungsorgan (vgl. oben: Genehmigungsorgan und Organ, an das die Anzeige zu richten ist, ist der Landes-

24) Denkbar wäre, Kurzandachten in einer sehr begrenzten Lokalradiostation, etwa begrenzt auf das Gemeindegebiet, noch als vom normalen Auftrag umfaßt anzusehen. Ob dies hier vorliegt, kann letztlich dahingestellt bleiben, da jedenfalls das extra gezahlte Honorar auch in diesem Fall für eine Nebentätigkeit spricht.

kirchenrat, § 56 Abs. 2 und 3 PfG i.V.m. § 2 Abs. 2 PfNV). Wenn die beabsichtigte Nebentätigkeit mit der gewissenhaften Diensterfüllung nicht zu vereinbaren ist, wäre die Genehmigung zu versagen. Aus dem gleichen Grund könnte eine nur anzeigepflichtige Tätigkeit untersagt werden (§ 56 Abs. 1 u.2 PfG i.V.m. § 2 Abs. 1 u. 2 PfNV bzw. § 56 Abs. 3 u. 4 PfG i.V.m. § 2 Abs.1, § 3 PfNV).

3. Verminderung des Regelstundenmaßes

Geburtstagsbesuche gehören zur Seelsorgetätigkeit des Pfarrers (§ 32 PfG) und sind daher wie auch der Religionsunterricht (§ 44 Abs. 1, Art. 44 a Abs. 1 PfG mit dem Regelstundenmaß gemäß § 4 Abs. 1 RUVertV) vom normalen Auftrag und Dienst des Pfarrers umfaßt. Die Übernahme von Nebentätigkeiten darf daher nicht dazu führen, daß die normalen Dienstaufgaben nicht mehr voll erfüllt werden können (§ 56 Abs. 1 PfG). Eine Minderung des Regelstundenmaßes allein aus diesem Grund kommt daher nicht in Betracht.

Bereits jetzt schon hat Messer Schwierigkeiten, wegen des Religionsunterrichts und der damit verbundenen Arbeit Geburtstagsbesuche durchzuführen. Auch deswegen kann er grundsätzlich eine Minderung des Regelstundenmaßes (= 10 Stunden, § 4 Abs. 1 RUVertV) nicht beanspruchen. Eine Minderung allein deswegen, um andere normale Dienstaufgaben besser erfüllen zu können, ist nicht möglich und in den Minderungsgründen gemäß § 4 Abs. 2 und § 5 RUVertV nicht vorgesehen. Messer hätte allenfalls die Möglichkeit, sich wegen des Umstands, daß er an vier verschiedenen Schulen unterrichten muß, auf »außergewöhnliche Belastungen« i. S. des § 5 Abs. 4 RUVertV zu berufen und insoweit (mit dieser Begründung!) eine Herabsetzung seines Regelstundenmaßes zu beantragen. Der Antrag wäre nicht an den Dekan, sondern an den Kreisdekan zu richten, da diesem die Entscheidungsbefugnis darüber zusteht (§ 5 Abs. 4 RUVertV). Die Einreichung des Antrags erfolgt allerdings beim Dekan (§ 5 Abs. 7 RUVertV)[25].

Die Verminderung des Regelstundenmaßes wäre rein dienstrechtlicher Natur. Eine Zuständigkeit des Kirchenvorstands ist insoweit nicht gegeben. Messer bittet auch nur um »Unterstützung« seines Wunsches. Für eine Entscheidung nach § 5 Abs. 4 RUVertV kann dies – allgemein – allenfalls nur sehr eingeschränkt von Belang für die Feststellung der »außergewöhnlichen Belastungen« sein. Rechtliche Auswirkungen können dieser Unterstützung jedoch keineswegs zukommen.

25) Eine weitere Möglichkeit im Hinblick auf eine Herabsetzung des Regelstundenmaßes bestünde für Messer allenfalls noch in einer Teilnahme an einem Sammelkontingent im Sinn des § 6 RUVertV. Hier entspricht aber im Rahmen des Ausgleichs innerhalb der betreffenden Gruppe von Pfarrern und Pfarrerinnen einer möglichen Entlastung im Religionsunterricht die Übernahme anderer, d. h. weiterer Aufgaben, zum Teil in anderen Gemeinden, durch Pfarrer Messer (§ 6 Abs. 5 RUVertV). Insoweit würde sich an seiner Gesamtbelastung allerdings wenig ändern, so daß sich ein diesbezüglicher Antrag beim Dekan auf Einrichtung eines derartigen Sammelkontingents – falls nicht schon eingerichtet – erübrigen dürfte.

4. Maßnahmen gegen Frau Faust

Möglich wären Maßnahmen der sog. geschwisterlichen Zucht (»Kirchenzucht«). Wegen der Zuwendung zu einer Sekte (§ 1 Abs. 2 OKLAnwG i.V.m. Abschn. XI UA 6 Abs. 1 OKL) wäre zunächst an ein seelsorgerliches Gespräch zu denken (§ 2 OKLAnwG), welches nicht nur durch einen der drei in der Gemeinde tätigen Pfarrer, sondern auch durch geeignete Gemeindeglieder geführt werden kann (vgl. im einzelnen OKL Abschn. XII UA 5). Erst wenn dieses Gespräch erfolglos geblieben ist, wäre im Rahmen der »Kirchenzucht« an einen Entzug kirchlicher Rechte zu denken (§ 3 OKLAnwG). Äußerstenfalls könnte der Kirchenvorstand auch durch Beschluß feststellen, daß Frau Faust aufgrund ihres Verhaltens nicht mehr Glied der ELKiB ist (§ 7 Abs. 2 KGliedG)[26]. Auch einem derartigen Beschluß hat ein seelsorgerliches Gespräch vorauszugehen, Frau Faust muß Gelegenheit haben, sich zu äußern (Nr. 10 der VollzBekKGliedG).

Einem Beschluß nach § 7 Abs. 2 KGliedG kommt nur innerkirchliche Wirksamkeit zu. Nach staatlichem Recht wäre Frau Faust trotz eines entsprechenden Beschlusses des KV noch Kirchenmitglied. Auf diese Konsequenz (u.U. weiterhin Einbehalt von Kirchensteuern) wäre in dem den Beschluß nach § 7 Abs. 2 KGliedG vollziehenden Bescheid hinzuweisen (Nr. 10 Abs. 2 VollzBekKGliedG).

Da auf jeden Fall mit Frau Faust noch ein Gespräch zu führen ist, können konkrete Maßnahmen nach der OKL oder nach dem KGliedG gegen Frau Faust, falls solche angezeigt sein sollten, in dieser Sitzung nicht beschlossen werden.

5. Spendenquittung für Kirchgeld

Beschlüsse (= Meinungsäußerungen) der Gemeindeversammlung sind für den Kirchenvorstand nicht bindend. Eine Gemeindeversammlung kann nur Wünsche und Anregungen an den KV herantragen, die dieser vordringlich behandeln muß (§ 11 Abs. 2 KGO, § 5 GemVersV). Insoweit handelt Messer richtig, diesen Punkt auf die Tagesordnung der KV-Sitzung zu setzen.

Dies auch aus einem anderen Grund: Beim Kirchgeld handelt es sich um eine echte *Kirchensteuer* (Art. 1 Abs. 2 Buchst. b KirchStG), also um eine hoheitlich beitreibbare Abgabe und nicht um eine Spende. Die Ausstellung einer Spendenquittung ist daher nicht möglich.

Eines besonderen Anreizes zur Erhebung der Zahlungsmoral bedarf es eigentlich nicht, da das Kirchgeld, welches eine Ortskirchensteuer darstellt (Art. 3 Abs. 1 Satz 2 KirchStG) und erhoben werden muß (Art. 11 Abs. 1 KirchStErhebG), erforderlichenfalls hoheitlich beigetrieben werden kann; d. h. es kann mit Hilfe des Finanzamts eingezogen werden (Art. 23 i.V.m. 17 Abs. 3, 18 Abs.1 und 2 KirchStG; vgl. auch Nr. 8 der VollzBekKirchgeld). Freilich wird von einer derartigen Maßnahme regelmäßig wegen der

26) Vgl. hierzu näher o. § 14, 3 d, S. 182.

geringen Höhe des Kirchgelds (DM 3,– jährlich, bei gestaffeltem Kirchgeld bis zum Höchstbetrag von DM 30,– jährlich) abgesehen. Vielfach läge hier der Aufwand über dem Ertrag. Auf die Zahlungsverpflichtung und den Charakter des Kirchgelds als eigene (Orts–)Kirchensteuer könnte aber in dem Kirchgeldbescheid hingewiesen werden.

Denkbar wäre allenfalls die Ausstellung einer Spendenquittung für den diese Höchstbeträge übersteigenden Betrag, da insoweit eine Steuerpflicht nicht gegeben ist.

II. »Maßnahmen« des Schulrektors

Der Religionsunterricht (RU) gehört zu den sog. gemeinsamen Angelegenheiten von Staat und Kirche. Gemäß Art. 7 Abs. 3 GG, Art. 136 Abs. 2 BV, wiederholend Art. 25 Abs. 1 BayEuG, ist der RU ordentliches Lehrfach, d. h. Träger (»Unternehmer«) des RU ist der Staat. Ihm obliegt daher auch ein entsprechendes Aufsichtsrecht (Art. 7 Abs. 1 u. 3 GG, Art. 130 BV). Dieses erstreckt sich jedoch nicht auf den *Inhalt* des RU, für den allein die betreffenden Religionsgemeinschaften zuständig sind (Art. 7 Abs. 3 GG, Art. 136 Abs. 2 BV)[27]. Eine Kritik am Inhalt des RU von Pfarrer Messer steht dem Rektor daher nicht zu.

Ausfluß der Eigenschaft des RU als ordentliches Lehrfach ist u.a., daß die den RU erteilenden Lehrkräfte mit anderen Lehrkräften prinzipiell gleichgestellt sind. Dies ist in der LDO gesondert festgehalten. Gemäß § 1 Abs. 2 S. 1 LDO gilt diese auch für nebenberuflich tätige Lehrkräfte, zu denen Pfarrer Messer zählt. Allerdings sind bei nebenberuflichen Lehrkräften die gegenüber Dritten bestehenden Verpflichtungen zu berücksichtigen (§ 1 Abs. 2 S. 2 u. 4 LDO). Generell kann Pfarrer Messer daher auch zu Pausenaufsichten herangezogen werden (§ 5 Abs. 1 LDO; zuständig für Einteilung: Schulleiter, § 5 Abs. 2 LDO), jedoch nur, wenn sich dies mit den sonstigen Aufgaben Messers in der Gemeinde vereinbaren läßt. Als »Vergeltungsmaßnahme«, noch dazu gegenüber bisher im vermehrten Umfang, wäre dies also nicht zulässig.

Bei kurzfristiger Verhinderung ist auch ein nebenberuflich RU erteilender Pfarrer – wie jede andere Lehrkraft – verpflichtet, sein Fernbleiben unverzüglich anzuzeigen (§ 11 Abs. 1 u. 3 LDO)[28].

Insoweit hat der Rektor Pfarrer Messer zurecht zur Rede gestellt. Eine förmliche Ermahnung oder andere disziplinarische Ahndungen wären jedoch nicht möglich, da Messer als nebenberufliche kirchliche Lehrkraft

27) Vgl. hierzu näher o. § 11, 6 d (S. 135 f.).

28) Dies schon deshalb, damit – falls kirchlicherseits keine Vertretung gestellt werden kann – wenigstens zunächst für eine Aufsicht über die Klasse gesorgt ist. Ferner wären diese Ausfallstunden – falls nicht kirchlicherseits nachgeholt – bei der Vergütung des Staates für den kirchlicherseits erteilten RU abzusetzen bzw. zu erstatten. Vgl. Einzelheiten in: Merkblatt über rechtliche Grundlagen für den Einsatz hauptamtlicher kirchlicher Lehrkräfte im nebenberuflichen evangelischen Religionsunterricht an weiterführenden Schulen vom 14.6.1985, RS 151 unter IV.

nicht in einem staatlichen öffentlich-rechtlichen Dienstverhältnis steht und daher auch nicht der staatlichen Disziplinargewalt unterfällt. Disziplinarmaßnahmen gegen Pfarrer Messer wären also nur vom kirchlichen Dienstherrn möglich. Dem Rektor verbliebe insoweit allenfalls die Möglichkeit einer Unterrichtung des zuständigen Dekans, damit dieser erforderlichenfalls weitere Schritte einleitet.

Der Rektor dürfte Pfarrer Messer also lediglich sein dreimaliges Fehlen ohne rechtzeitige Mitteilung vorhalten. Hierzu war er in Wahrnehmung des staatlichen Aufsichtsrechts über den RU befugt (hier: Sicherstellung eines geordneten Unterrichtsablaufes). Er kann Pfarrer Messer unter Berücksichtigung von dessen sonstigen Verpflichtungen auch zur Pausenaufsicht heranziehen. Eine vermehrte Heranziehung als »Vergeltungsmaßnahme« und sonstige Verhaltensweisen des Rektors, wie im Sachverhalt geschildert, überschreiten dagegen eindeutig die Befugnisse des Schulrektors.

Sach- und Personenverzeichnis

Verzeichnis juristischer Fachbegriffe und in der Rechtssprache gebräuchlicher Ausdrücke